拳道中枢 大成拳

胥荣东 编著

中国科学技术出版社
·北 京·

图书在版编目（CIP）数据

拳道中枢 : 大成拳 / 胥荣东编著 . — 北京 : 中国科学技术出版社 , 2022.1
ISBN 978-7-5046-9091-3

Ⅰ . ①拳… Ⅱ . ①胥… Ⅲ . ①大成拳—基本知识 Ⅳ . ① G852.19

中国版本图书馆 CIP 数据核字 (2021) 第 123500 号

策划编辑　韩　翔　焦健姿
责任编辑　王久红
装帧设计　佳木水轩
责任印制　李晓霖

出　　版　中国科学技术出版社
发　　行　中国科学技术出版社有限公司发行部
地　　址　北京市海淀区中关村南大街 16 号
邮　　编　100081
发行电话　010-62173865
传　　真　010-62179148
网　　址　http://www.cspbooks.com.cn

开　　本　889mm × 1194mm　1/16
字　　数　1261 千字
印　　张　59
版　　次　2022 年 1 月第 1 版
印　　次　2022 年 1 月第 1 次印刷
印　　刷　天津翔远印刷有限公司
书　　号　ISBN 978-7-5046-9091-3 / G · 901
定　　价　398.00 元

整理者名单

（整理者皆为本书作者弟子，名单以姓氏笔画为序）

丁彦斌　马舒婷　王　航　王　鹏　王云涛　王凤兰
王向东　王咏梅　王继国　王雪菲　尹向前　巴特尔
左经文　史小燕　乐星辰　冯焱颖　邢龙飞　伍佩英
刘　月　刘　璐　刘广涛　刘向英　刘承东　刘俊霖
齐显龙　许文静　孙爱国　杜衍志　李　静　李　坚
李天昊　李玉兰　李进广　李志鹏　李若现　李国亮
李修洋　李清河　李景利　杨　怡　杨戌玥　杨伟峰
杨晓武　宋铁夫　张　西　张　亮　张　娟　张　华
张　芳　张　勇　张　霈　张力旋　张凤敏　张军伟
张志强　张拥军　张松仁　张宗培　张维大　张瑞华
范美玲　金　旭　周　峻　周玉珍　郑景文　赵卫东
赵刚生　赵向东　胡紫馨　胡耀岗　钟　昕　姜继承
袁梦琪　晏　旭　徐春宝　徐鹏久　徐新芳　高叶芝
高雪峰　唐永和　唐晓艺　唐晓丽　黄哲招　曹顺林
梁妮娜　彭　龙　董亚威　董成辉　程文佳　程延君
程谟蕾　傅存民　褚宸鑫　薛云鹏　魏　强　魏一鸣
魏宇宵　魏金红

内容提要

在武术界、养生界王芗斋老先生所创之大成拳，以其大道至简的功法、“源于生活，归于自然”的理念，在广泛汲取儒释道、兵武医传统文化精华的前提下，形成了技击与养生合一的“特殊拳学”，其内用可养生健身、外用可实战技击，故而在国内外有广泛的影响力，并深受广大习练者的追捧与喜爱。本书收录了大成拳创始人王芗斋先生亲笔书写的《拳道中枢》原稿、芗老早期弟子齐执度先生的珍贵拳学著作《拳学新编》油印件、杨德茂先生用毛笔楷书亲笔抄录的《形意要论》及芗老语录原件等珍贵资料，还收录了王玉芳老师赠予作者的几十张芗老及弟子原始照片，皆为研究意拳、大成拳乃至中国武术极其珍贵的第一手资料，可供诸位探求拳学真理时翻阅参详。

作者简介

胥荣东，字乐仁，号道生。1984年毕业于北京中医药大学中医系，现为中日友好医院针灸科主任医师，北京行知堂特聘专家，行知中医书院特聘导师，中国大成拳研究会名誉副主席，《大成拳研究》刊物顾问。曾任中国针灸学会经筋诊治专业委员会常务委员，北京针灸学会针灸技术专业委员会委员，日本关西气功协会指导顾问，瑞士MONTREUX中医中心中方专家，中国大成拳研究会常务理事、副会长，大成拳黑带八段。30余年来一直担任北京中医药大学本科、研究生班及北京大学医学院留学生班的针灸课授课任务，带教临床见习生、实习生、留学生，并承担规培医师临床带教工作。曾参与国家标准《针灸技术操作规范第12部分：火针》的修订工作，对原草案提出的3条修改意见均被采纳。著有《筋柔百病消》《大成拳养生功法》《大成拳：禅拳合一的中国武术》（均已再版）《灵枢经讲解：针法探秘》。1989—1990年在日本大阪从事针灸临床研究工作1年余，并应日本气功界创始人津村乔之邀在关西气功协会总部教授大成拳，2000—2002年在瑞士从事针灸临床工作2年余。2006年8月获得卫生部颁发的主任医师证书，曾担任外交部和卫生部派遣的援外国家医疗小组专家，并受到外交部的表彰。临床上采用独特的内功快针疗法，擅长治疗经筋病、运动损伤、脊柱相关疾病（颈椎病、腰突、椎管狭窄等）、股骨头坏死、膝关节退行性病变、妇产科疾病（月经不调及不孕不育等）、失眠、抑郁症、阿尔茨海默病及其他疑难杂症。倡导百病由筋治，筋柔百病消。把近四十年的针灸临床经验与深厚的武术内功相结合，创立“大成针道”。曾在多家电视台向大众科普中医养生及大成拳站桩功，为科普“经筋”概念第一人。20世纪八九十年代，在北京中医药大学义务教授大成拳站桩功十余年。近10年来，在厚朴中医学堂、东文中医诊所、当归中医学堂举办100多期“站桩经筋学习班”，2020年开始通过网络在线授课方式教授大成拳站桩养生功法，累计6000余名学员从中习得大成拳站桩及中医养生、针灸、按摩知识与技能。有10余位学员考取助理医师资格及中医医术确有专长医师资格。目前有弟子200余人，其中执业医师50余人，执业药师10余人。

意拳創始人

大成拳王薌齋

啓功敬題

启功先生题字

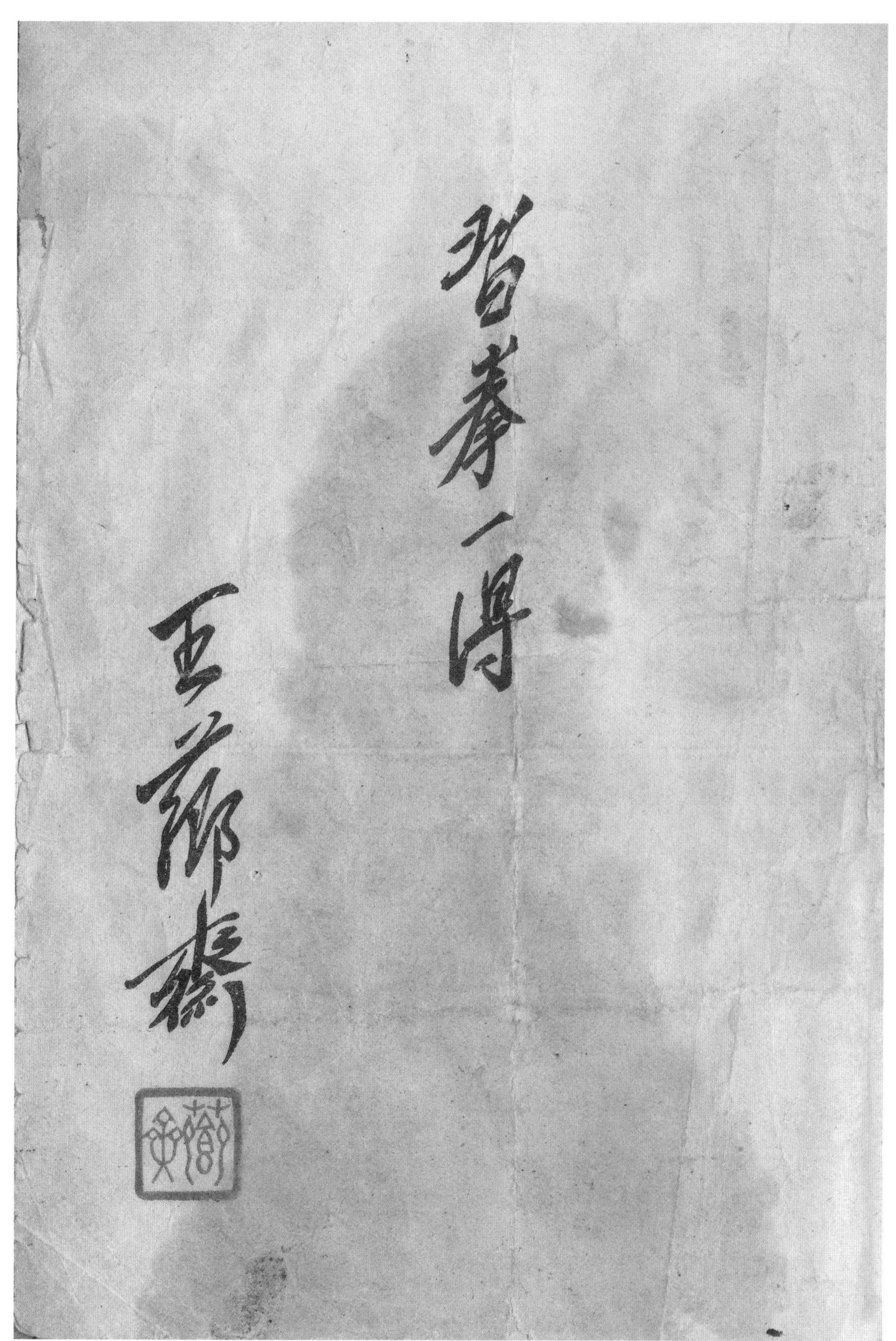

王芗斋先生墨宝

王芗斋先生墨宝

形意拳一代宗师郭云深先生

形意门宗师郭云深、车毅斋先生等合影（徐小明导演提供）

注：穿白大褂黑坎肩坐者为郭云深先生，穿黑大褂坐者为车毅斋先生，中间站立者为陈际德，穿白上衣者为王之贵，一身黑衣者为孟天锡，旁者为武杰，持刀者为樊永庆先生，左起持大枪者为李复祯，身后为吕学隆、王凤翙、郭昆

20世纪40年代创立大成拳时王芗斋先生与弟子合影于中南海

注：前排左起为吴子珍、李见宇、秦重三、王芗斋、赵华舫，后排左一为于永年，左五为朱垚亭

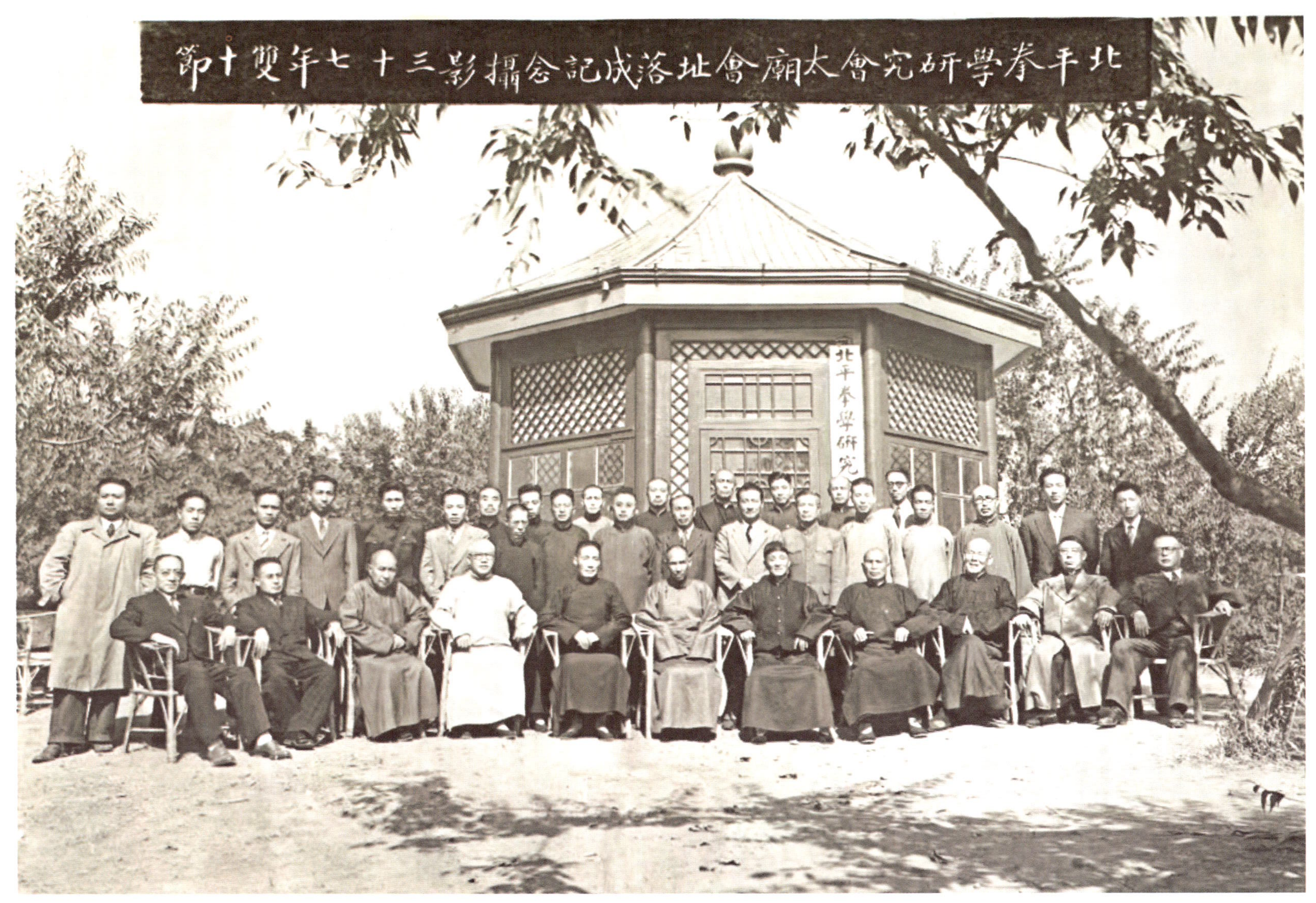

1948 年 10 月 10 日在太庙成立北平拳学研究会时，王芗斋会长与诸位弟子及社会名人合影留念

王芗斋先生与学生合影

注：照片上方题字为“心意拳站樁师生合影留念 60.2.9”。于永年老师述，此照片拍摄于北京中山公园唐花坞，后排左起第四人沈德廉、李见宇、李明、周秉谦，前排左起郭某、庞桂林、王芗斋、姚海川、勾安

王芗斋先生 1960 年冬留影

胥荣东在王玉芳老师家中师徒合影

王芗斋先生 20 世纪 60 年代示范金鸡独立桩

胥荣东在金桐华先生家中做客

胥荣东和部分弟子合影

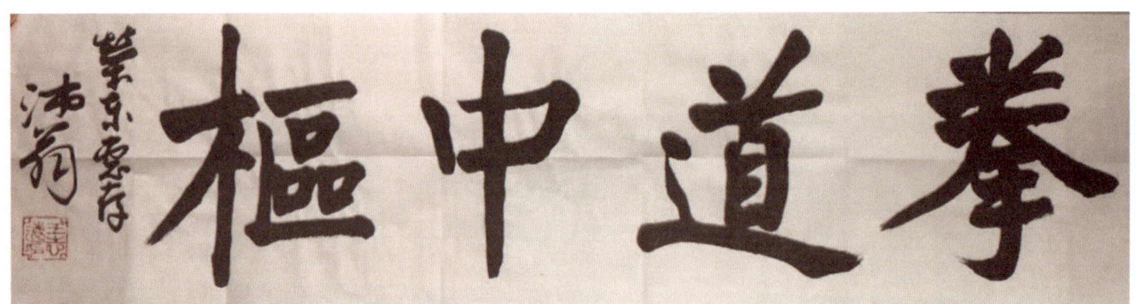

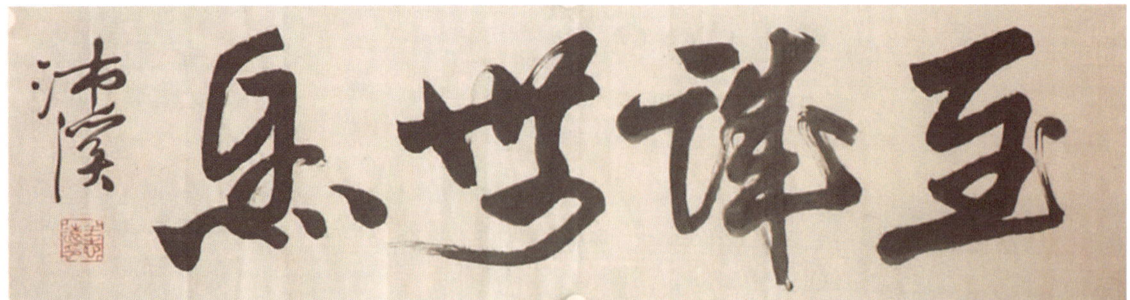

王志远先生为本书题字

注：王志远先生，字正斋，号沛溪。著名佛学家、书法家，中国宗教学会顾问，中国宗教学会前副会长兼秘书长。中国社会科学院世界宗教研究所高研中心主任，中国宗教学会宗教经济学分会会长，中国社会科学院书画家协会副主席，山东省海阳市沛溪书院院长。

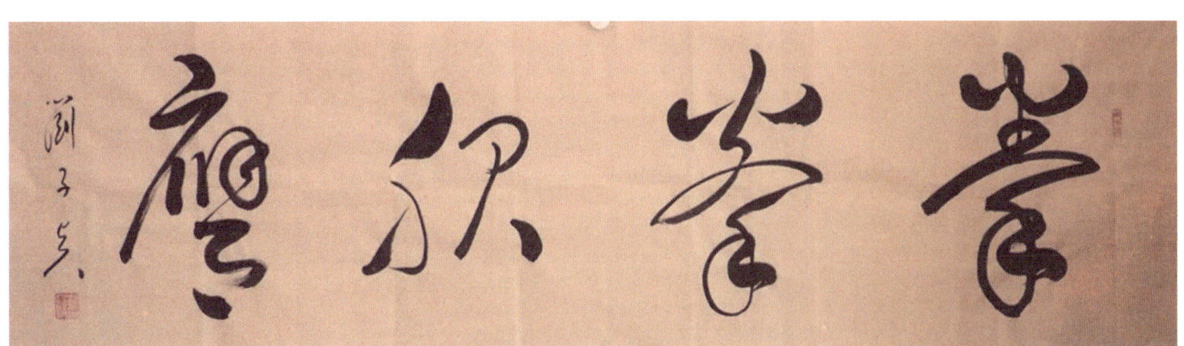

刘子贤将军为本书题字

注：刘子贤，男，汉族，1947 年 5 月出生，山东省滕州市羊庄镇中黄沟村人。1968 年 3 月入伍，1968 年 11 月入党，原空军第七军副军长，空军少将军衔，曾组织陆海空三军演习。

德藝雙馨

庚子杜振高

杜振高先生为本书题字

注：杜振高，现任武警特种警察学院教学科研部搏击教研室教授，专业技术 5 级、大校警衔；中国武术八段，武术国际 A 级裁判，多次出任世界杯、亚运会、全国锦标赛等武术散手赛事的裁判工作，曾荣获第六届“中国武警十大忠诚卫士”荣誉称号，荣立一等功 1 次、二等功 1 次、三等功 4 次，荣获全军育才金奖，全军优秀党员，全军优秀教师，享受国务院科技人才部队三类津贴，曾 5 次夺得全国军警格斗大赛和武术散打比赛冠军，出版武术、格斗、搏击类著作 38 部，其中《防卫绝技 300 招》《格斗攻防组合技法》《军警制敌精粹》填补了武警部队特战搏击领域教材的空白，撰写《反劫机战斗中狭窄空间搏击擒敌技法》等论文 100 余篇。从教 30 余年来，为武警部队和公安系统培育特殊人才近万人，被誉为“功夫冠军”“搏击教授”。

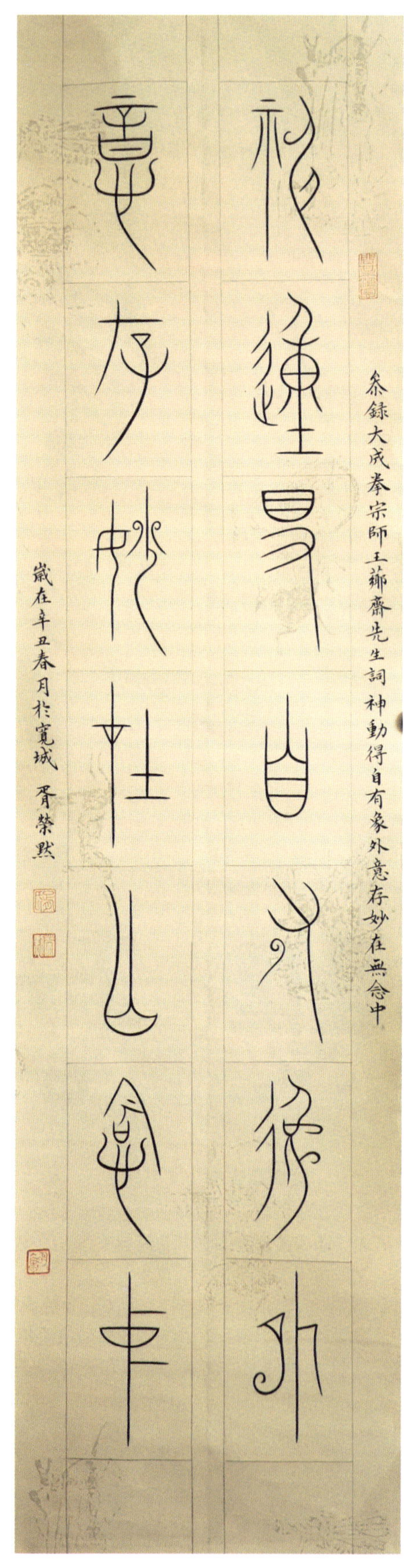

青年书法家胥荣默为本书题写芗老诗句

本书缘起

2020年,《灵枢经讲解：针法探秘》出版后，总算把我近40年的学习心得行诸文字，但总感觉心里空空的。其实每本书出版后我都是这种状态。翻看2016年人民卫生出版社的微博：“胥荣东主任医师科普新作《筋柔百病消》上市不到20天，首印6000册就已重印！”在后面我写了几句感言：“本书书稿交付后，开始如释重负。但没两天，感觉空空荡荡的。决定筹写《黄帝内经针法探秘》(就是后来出版的《灵枢经讲解：针法探秘》)，现在感觉充实多了，这是啥心理？所谓的‘笔耕’就是如此吧，就好比老一代的农民，一天不下地干活浑身难受。”

因为知道自己这种心理，在《灵枢经讲解：针法探秘》绪篇里我就埋下伏笔：“我倡导的‘大成针道’完全是以《大成拳论》为理论基础，并以大成拳功法练习为基础。而我之所以能够深刻地理解《灵枢》及《素问》，主要是因为练习大成拳深入之后，自己的境界提升了，能够深入古人的内心世界，单从文字上用功是无法做到这一点的。这也可以说是我治学的秘密，古人将这种治学方法叫作‘一门深入，触类旁通’。所以对大成拳的理论及历史有必要再写本书介绍一下，以便了解我学习《黄帝内经》的心法，通过了解王芗斋先生创立大成拳的经过，可以更好地解读破译《灵枢》理论，更好地为针灸临床服务。”

以上两本书说是呕心沥血之作也不过分，得到广大读者的欢迎也就不足为奇了。然而，最难得的是，这本否定传统《针灸学》教科书基本理论的著作竟能得到同道的认可和称赞。毕业于广西中医药大学的何德医师收到我的赠书后，看得入迷，竟然到了“忘食”的程度，可谓知音，他在微博里留言：“对于《黄帝内经》‘气至’二字，胥荣东主任医师的解释，精妙绝伦。这一篇我一连看了二十遍，午餐也不吃了。获益良多，太妙了，谢谢你！”一位网友在后面评论道：“我在两年前看灵枢九针十二原篇遇到一句‘徐而疾则实，疾而徐则虚’搞不清楚，上网查了很多解释，基本都在说针刺的快慢，唯独有一篇文章分析讲的是脉象，而且论据充分有力，那时没在意作者，今天忽然看了何老师分享的书，仔细一看发现如出一辙，再上网搜一下那篇文章发现作者就是胥老师。”我请好友李永明将《灵枢经讲解：针法探秘》赠给山东中医药大学校长高树中，高先生收到后马上阅读并回复：“胥荣东先生大作收到，正在拜读，对书中的很多观点颇有同感！请转达我对胥荣东先生的感谢和敬意！”之所以赠书高先生，因为他是针灸学教授。我的目的是试图说服大学校长，推广“大成针道”，让针推系的学生在校期间就成为针灸高手。而要做到这一点并不是很难，秘诀之一就是要站桩，好好练习大成拳。比如就读于长春中医药大学的本科在校生刘俊霖，在读大一时，听了我在当归中医学堂讲的《灵枢》网课，前来北京拜师学习。跟诊十多次后，即为本校师生进行针刺治疗，一些脑梗死后遗症、颈腰椎间盘突出症、运动损伤、外感内伤等患者前往求治，他依照我所教授的针法施治，屡获奇效，1 年时间诊治 300 余人，患者中还有学校的教授、领导，并因此带动了周围同学开始学习《灵枢》。

宁夏一位中医内科主任医师，千里迢迢来东文经筋班学习 3 天大成拳站桩，期间我大约讲了半小时针灸，他回单位后，针刺疗效非常好。他（@ 岐黄千仞）在微博中记录：“一位 63 岁女性患者，双膝关节骨性关节炎，几乎无法走路，北京和福建的医疗支援专家告诉她必须关节置换，但运用胥荣东老师教授的快针疗法治疗 3 次后，患者已完全没有疼痛能够正常走路了。效果非凡使患者和家属都惊叹不已！感恩老师 @ 胥荣东主任医师。”站桩班学员杨伟峰拜师学习大成拳后，2 年即成为武术高手，其经筋按摩手法也得到了我的真传，指力深透。其婶子曾因“腰突”卧床 3 个月，他为之针刺治疗，效果立竿见影。这正验证了我提出的观点：“要想成为针灸高手，先要成为按摩高手；要想成为按摩高手，先要成为武术高手。”

当下对我来说更重要的，是引领这些在中医药大学寒窗苦读多年的年轻学子早日成为针灸高手。2016 年，张亮从某中医药大学针灸骨伤学院针灸推拿专业毕业后，一度茫然、困惑，感觉在校所学知识难以解决临床中遇到的问题，于是来到北京正式拜师，跟随我学习。2019 年他到通州一家新成立的中医诊所出诊，没多久，成为诊所总门诊量最高的医生。一位北京中医药大学针推专业的硕士研究生，观察他在门诊的 1 天后，她觉得在治疗关节疼痛等疾病的疗效比她的导师还要好。弟子杨怡今年 4 月份发来短信：“师父，我在重庆市中医院的工作通过了，他们消化科主任看中我的针灸特长，点名把我留下了，太感谢您了。”类似的例子还有很多，在此就不一一列举了。

除了学习针刺技术，弟子王皓、程延君、尹向前还以我传授的针刺手法治疗疾病为内容，在专业期刊发表了相关论文。其中尹向前的论文《胥荣东主任医师的快速针刺治疗筋结病疗效分析》获得了重庆市中医药学会 2019 年 5 月颁发的优秀论文奖。在带教弟子的过程中，我越来越意识到，当前的中医药院校缺乏的就是这种传统的师承教育，针推系学生缺乏的是武术内功修炼，希望有关领导能够重视，尽早改善目前的中医教育体系。

最早和我学习站桩的多为北京中医药大学学生，自 1987 年起，我应北京中医药大学学生会邀请，在学校大操场南侧空地义务教授大成拳 10 余年，许多师弟、师妹都和我学习过。也经常有武林同道找我切磋技艺，使我受益匪浅。10 年前，原中国电子商会副会长张仲文先生找我治疗失眠，疗效之好，令他惊异。问我原因，我说与练大成拳有关，这位北京御源堂诊所的创办人，也是将松下电器引进中国的前辈，思想十分先进，老人家对我说，这么好的东西你为啥不传授？于是徐文波所长决定在东文诊所开办大成拳站桩培训班，好友徐文兵请我到厚朴中医学堂教授站桩，当归中医学堂李永明校长也邀请我去教授大成拳。

《大成拳：禅拳合一的中国武术》于 1999 年由宗教文化出版社首次出版，2003 年再版后，加印多次，早已脱销十几年，我想送朋友也只好从网上高价购买二手书。当年帮助出版的好友史原朋多次催促增加些内容再版，我试写多次，都不满意。想来想去，或许是书名限制了我的思维。后来我想，干脆重新编写，与中国科学技术出版社的韩翔编辑沟通后，他非常支持我的想法，改变思维方法后，写作很顺畅。当年准备出版《大成拳：禅拳合一的中国武术》时，王玉芳老师曾将所有拳学资料及照片找出来，让我随意挑选并赠送给我，所以才有了本书诸多的珍罕资料。选杰先生当年则对我说，我这里的资料你都拿走，放在你那里用着方便。为了了解意拳、大成拳的历史，我曾多次到何镜平老师家里拜访，得到许多第一手资料；也多次拜访了李见宇老师，当然也得到以上前辈的悉心教授。前年，我与身为记者的徐新芳多次到程岩先生家采访，详细了解芗老当年如何传授大成拳，并有全程录像，为本书的写作积累了大量的原始资料。今年，又邀请与芗老学习多年的郭贵志先生，除了请他教授弟子外，也了解了芗老的拳学心法及具体教授方法。在北京中医药大学留学 8 年的拳友鹈沼宏树曾对选杰先生说，胥大夫是世界上大成拳资料最多的人，此话并非虚语。当然，他也给我提供了许多大成拳资料。当年于永年老师曾委婉地批评我没把宣传推广大成拳放在心上，我答应于老师等忙完晋升正高后一定会全力以赴推广本拳，所以这本书也是对于永年老师嘱托的一个交代。

想要了解王芗斋先生的思想体系，是一件十分艰难的事，为此，我和徐新芳专门采访程岩老师十几次。据程岩老师告知，芗老十分关心时事政治，每天看报，对时局的判断很准确。1940 年前后，通过北平中共地下党、弟子刘龙得到毛泽东的《矛盾论统一法则》油印本，他非常赞赏这篇文章，并命名自己为矛盾老人，对撰写《拳道中枢》有很大影响。在程志灏先生家居住期间，看见鲁迅“所以为生存起见，也得会打拳，无论你所做的事是文化还是武化”的论述，他很赞赏。

感谢这个伟大的自媒体时代！感谢互联网。

2010 年 11 月 1 日我在广西科学技术出版社出版的《筋柔百病消》，就是李佳编辑在雅虎博客看到我的文章后找到我，商讨出书事宜。感谢好友罗炳翔医师教我使用微博，使我通过新浪微博结识了许多朋友和众多粉丝，更好地推广宣传中医针灸及大成拳站桩。著名作家鲍尔吉·原野先生也是我在新浪微博结识的，我几十年前就拜读过原野先生的散文。在我初学书法完全没有信心时，原野先生鼓励我，同时在我的影响下练习站桩，放弃了冷水浴等活动，还写了一篇优美的站桩散文：“晚上，我在房间里站桩。面前是南中国海（中间隔着玻璃窗）。半个月亮被乌云包裹，软红，如煮五分熟的蛋黄。有人说面对月亮站桩好，但没说面对红蛋黄月亮站桩会发生什么。站吧，我们只有一个月亮，对它还能挑剔吗？站，呜——这声音别人听不到，是我对气血在我身体内冲激回荡的精辟概括。40 分钟‘呜’完了，我睁眼——啊？我以为站桩站入了幻境或天堂，这么简单就步入天堂，真的万万没想到——大海整齐地铺在窗外，刚才模糊的浊浪消失了，变得细碎深蓝。才一会儿，大海就换水了。更高级的是月亮，它以前所未有的新鲜悬于海上，金黄如兽，售价最贵的脐橙也比不上它的黄与圆，与刚才那半轮完全不是一个月亮，甚至不是它的兄弟。新月亮随新海水配套而来，刚刚打开包装。夜空澄澈，海面铺了一条月光大道，前宽后窄，从窗前通向月亮。道路上铺满了金瓦（拱形汉瓦），缝隙略波动，基本算严实。让人想光脚往上跑，一直跑到尽头，即使跑到黄岩岛也没什么要紧。”（节选）

感谢崔虎刚、梁昌泰先生提供宝贵拳学资料。崔先生与我是同龄人，数十年来花费巨资，全力以赴挖掘抢救古拳谱。我尽绵薄之力相助后，得到崔先生的积极回报，令人感动。梁昌泰先生不仅提供了当年芗老在《实报》发表谈话的清晰电子版，还告诉我，当年芗老在上海战胜的英格很可能就是西侨青年会英国拳击教练丁格尔。而刘正先生怀疑被杜撰出来的解铁夫老先生的信息可能也会有突破，梁先生正准备实地拜访确认。这就破除了考据的所谓解铁夫先生是子虚乌有的说法，我与刘正很熟，他曾到我家交流切磋拳技及了解大成拳拳史，但我并不完全同意他的观点。

行走江湖四十余载，学到了许多武术门派、道家及佛门的不传之秘。尤其是在我不谙世事的年龄，得到了武林界诸多朋友的关爱，芗老门下的意拳、大成拳诸位前辈及同道更是对我关爱倍加。除了得窥拳学心法及武技外，还学到许多点穴按摩及针灸秘诀，我的许多中医知识是在江湖上学到的。20世纪80年代，我常到好友肖中强（字佳彬，澳洲中医协会主席，姚宗勋先生弟子）家中请教内科方药及社会学知识，当年我去日本研修就是他向院领导推荐的，从此改变了我的命运。感谢我所在单位领导及同事对我的关照，许多医学知识是向同事学习的。感谢母校北京中医药大学诸位老师和我带教过的历届毕业生，许多医学知识与技能是在师生互动过程中悟解的。感谢好友李永明、徐文兵、徐文波对我推广大成拳教学活动的鼎力支持。感谢亲友、家人及诸位弟子对我写作的支持，使我可以心无旁骛地编著本书。

感谢原中共宽城满族自治县县委副书记、政协主席黄殿文先生提供宝贵的抗战历史资料，感谢金会民先生协助拍摄抗战历史资料照片，感谢我的母亲刘月芹女士和叔叔胥俊忠先生提供抗战历史口述资料。感谢我新浪微博200多万粉丝的关爱，书稿许多内容我都先发到微博，征求大家意见，根据大家的建议逐步修改完善书稿，网友的许多意见切中肯綮。不少网友提供相关历史资料及线索，还有素昧平生的考古工作者为本书提供专业考古发掘报告。在某种程度上，本书是集体智慧的结晶，他们一定是本书的最好读者。

在推广宣传大成拳、平日跟诊，以及站桩培训班的招生组织工作中，刘向英、杨伟峰、张军伟、李景利、刘璐、郑景文、董亚威、唐晓丽、晏旭、张拥军、彭龙、徐新芳、程谟蕾、钟昕、刘月、张力旋、张亮、张西、杨怡、周玉珍、李静、袁梦琪、周峻、李天昊、魏一鸣、金旭、杨晓武、张松仁、程文佳等众多弟子协助我做了大量工作。特别值得一提的是，李亚勤同学在人手最为紧缺的时候，牺牲大量休息时间协助我出诊，师生之间，情同父女。弟子张瑞华是神经内科博士、主任医师，身为科主任的她，在百忙中积极主动参与校对书稿，工作态度极为认真，校对出许多我都没有发现的细节问题。弟子赵卫东为中国科技大学附属第一医院主任医师，博士研究生导师，安徽省医学会妇科肿瘤分会主任委员，在繁忙的工作之余还参与书稿的校对，并推荐北京大学人民医院的妇产科专家参加我在当归中医学堂教授的站桩培训班，同时承诺本书出版后一定会推广宣传。弟子齐显龙为第四军医大学皮肤病学博士，西安齐显龙医疗美容诊所院长，经常在国内举办专题讲座，影响力很大，百忙之中还帮助校对书稿并来京请教站桩问题。由于长时间的追随和熏习，各位弟子在协助我工作的同时自然也学到了大成拳及大成针道的心法与核心技术，为自己以后事业的发展奠定了良好基础。

衷心感谢各位弟子的精心校对，发现了书稿中的诸多问题。弟子多为国内诸多领域的顶级专业人员，所以在校对过程中我也学到许多知识。程谟蕾全面负责本书校对，付出了大量时间和心血；晏旭则全面负责修图工作，常常为此废寝忘食。

感谢刘子贤将军、沛公和杜振高、张树新、胥荣默诸位先生为本书题字，特别感谢沛公百忙中为本书封面题字，使本书增色不少。

感谢杨鸿晨、常学刚、于冠英、王成、华安、徐小明诸位友人百忙中撰写推荐序言。

感谢金桐华、路宁、郭贵志、程岩、薄家骢、杨鸿晨、张小元、史美伟、于冠英等同门提供珍贵资料及照片。特别感谢王成师兄对本书出版的鼎力支持。

数年前，弟子张力旋到东直门医院针灸科实习时，我的大学同班同学刘颖教授和原来的老领导李凤萍主任都不约而同地问她：“胥荣东还练大成拳吶？”其实，大成拳之于我，如同水与鱼的关系。恰如《礼记·中庸》所云：“道也者，不可须臾离也，可离非道也。”

胥荣东

辛丑芒种

写于北京望京听雨轩

杨序

拳禅一如　武医济世

《大成拳：禅拳合一的中国武术》一书，是胥荣东先生以无比的智慧抉择，将王芗斋老先生拳道之中枢要义，遵照禅武医诸学科师尊们的车轨，依从循序渐进、明心见性之发心，将多年践行之心得及教学经验汇编而成。令作者始料未及的是，本书一经问世，因其内容翔实，深入浅出，考证有据，详示禅机，使读者捧卷研读之时能收到心境宁静、栖身净土、禅拳合一之效果。故付梓后，很快告罄，后复再版，然仍供不应求。本书就是在第二版基础上增补了更多宝贵资料，包括芗老手稿《拳道中枢》等重新编撰而成。

胥荣东先生愿力宏深，利乐有情，化雨春风之情殷殷，在繁忙的诊务之余，将其内容予以增补和更正，同时在文字、配图、版式、插图等方面也进行了升级和优化，复又付梓。“风乍起，吹皱一池春水。”在现今中华民族传统文化大复兴的历史大潮中，此举正当其时。

我有幸率先详阅本版，深感其凝聚了作者四十余年的艰辛探索的心血，倾注了其孜孜不倦、闻思修学的汗水和热情。当然，最为感人的还是其热爱和坚守传统文化高原珍葩的炙热之心，以及加慧后学，远播法音，如瓶泄水，使大众饱受甘露法味的恳切悲心，细品之余，颇为嘉许，爰为之序荐。

胥荣东先生，原籍河北承德。早年痛感病者缺医少药、求治无着，遂立志业医济世，故自觉奋发刻苦攻读，于 1979 年考入北京中医学院，始偿夙愿。其间，他敬师诚友，勤求古籍，广撷博采，奠基四诊，熟谙辨证，躬行淬砺，矢志不渝。胥先生胸怀远大，谦谨恭慎。他毕业后，广植杏林，致力于中医事业凡四十春秋，医理精深，经验宏富，长于内、妇、儿诸科，尤擅针灸之技，见解独到，理法兼备，乃当代杰出的中医学家和临床专家。为了积学储能，他忙于诊务、从事著述的同时，对历代重要的医学典籍进行了有计划的搜集、整理、考证和校勘，并将诸多心得公之于世；对民间有效疗法，深入采风，随闻随录；对宗匠国手，不存门户、门派之见，虚怀若谷，勤学好问，以人之长补己之短，使他诊察极为周详准确，脉精症符，针药所施，患者无不霍然而愈。他严谨的治学态度、高尚的医德、精湛的医术，赢得了患者和同行的高度赞誉。

在医疗实践中，胥先生逐渐认识到中医药学和华夏文明中的武学等学派都是一脉相承、薪火相传的，都与国计民生息息相关，共同演绎着伏羲人文谱系，护佑着我大中华绵亘千古、协和万邦。为此，他除了研究自己那已臻妙境的医术外，还广泛涉猎祖国优秀传统文化，熟读四书五经、诸史诸子，精研诗词歌赋、鼎简碑帖，并进行有意义的筛选、整合，融入医、武两学文化之中，从而磅礴化育出他医武一如的卓越成就。

他还参访各界明家，和沛溪先生（王志远，字正斋，号沛溪。中国宗教学会前副会长、中国社会科学院书画家协会副主席）学习哲学和书法。和画家华安先生探讨艺术与武术的关系，和我更是亲如手足，共同探讨芗老留下的宝贵遗产。他信手岐黄，优游书画，纵横佛道，一向主张以律动之生命，妙造自然；一切宇宙、时空、生命、人格、真知尽在其中，上下古今，皆可萃取精神，互鉴、互参、互研，在淹贯融通中得到诠释。渊博邃密的文化积淀铸就了他在医、武两界的声望和地位。

思来因缘殊胜，昔日胥先生经友人引荐，得识大成拳宗师王芗斋老先生之女王玉芳先生，开始研求《黄帝内经》所载的桩学之妙。玉芳先生为芗老爱女，深得郭云深祖师之女郭彩鸽践钻裹及龙虎二气之正传，并尽承芗老“拳拳服膺”之心髓。玉芳先生门下学生众多，但甚爱他举止雅逸、耿朴整肃，故格外器重，于1983年正式收其为弟子，授以拳道之枢环。然由于他后天的习惯动作、习惯用力和习惯思维尚未彻底脱换，对玉芳先生的传教不能全部领会和接受，不过他已知此拳高妙，仍坚持锻炼，以期在修习中逐渐加深理解。玉芳先生当时以传授养生功法为主，仅对其子柽华、林华、桐华，女儿秋华、儿媳路宁、孙女金溪、弟子小郑及胥先生等十余人传授技击功法。时恰好王选杰先生携弟子去太庙找玉芳先生议事，胥先生为其潇洒大气的风度所吸引，玉芳先生察觉其意，遂将他介绍给选杰先生。选杰先生亦喜其胸蕴锦绣、敦诚知礼，常亲自带他试力及推手、实作。选杰先生仙逝后，玉芳先生复带他深追力造，经过多年的体悟，胥先生终于认识到玉芳先生所授正是祖国医、武两学之根本法脉。反过头来学初步，他倾全部身心以求，专一不二，见其不期然而然的拳学进展，玉芳先生极为欣慰，视如亲子，深寄厚望。

早在此前，玉芳先生就将保存多年的芗老文稿、墨宝、历史珍照托付他珍藏（当时各刊物发表的芗老文稿、墨宝、历史珍照，大多是由胥先生贡献出来的），尤其芗老的经典著作《拳道中枢》文稿也是由玉芳先生交给他的。斯时，社会上出现了一些不明真相者的无谓争论。不仅造成了芗老原稿的本义失真，也出现了误传的题目之争。转载芗老此经典时，有的人以“大成拳论”为名以“拳道中枢”为副标题，有的人以“拳道中枢”为名以“大成拳论”为副标题。其实，芗老从未有过这样的文题，此部代表作根本不是为了再创一个新拳种，而是站在祖国武学的全局这个高度，吞吐百家、氤氲群域，对武学的宗旨、使命、目的进行了史无前例的取精用宏、去芜存真，以拳参道、以拳悟道、以拳证道、以拳弘道，开启了从拳道—人道—天道、政统—道统—学统两个纵横多维的立体坐标契入慈悲济世的生命哲学之境界与民族家国之情怀的通衢。

芗老的思想植根于丰厚无垠的传统文化土壤，以“拳拳服膺”释“拳”，已经超越拳学本身的意义，而提炼、升华成了一种哲学境界、思维方式、人生态度、生活艺术，使修学者在平凡中进取，在艰难中奋进，自觉地肩负起传承、发展和维护其大雅之纯洁性的责任。

在玉芳先生严慈互济的栽培下，胥先生凝神专注，或栉风沐雨，或梯山航海，乃至受国家及医院委派前往法、日诸国出诊，在飞机上亦不间断恭读诚悟，毅力之坚令人敬佩。另，其勇于在激烈对抗的实战中锻炼出来的身手亦令对手叹服。终心澈神明而登堂入室，成为玉芳先生门下弟子中的佼佼者。

胥先生皈依一诚大和尚门下，赐名养东，并被当作自己的保健医。常聆听大和尚讲授诸经要义，使其法域启三明而妙涤尘心。上师根据其仁厚的根器，悲心眷顾对其开示：佛法不在形式，重在修心。同时详示生离心，菩提心空觉正见之法音，复让其续修知母，念恩，报恩，慈心，悲心，增业心，圆满喜乐心，须具有为利便虚空，一切有情之利他人和为利一切皆有情，自己必须成佛和愿成佛心之二者，才是菩提心。先生聆听奠妙法音，顿觉生尘心洗净的空灵，虚静之威，从而由此精猛精进，弘法利生。遇到各种违缘障难，仍勤修六度而渐入三摩之境。水月涤尘缘，能使心海不扬波，一片光明可渡迷津；愿闻一棒喝，岂独离世能觉悟，安详听法亦开觉悟。经多年静修实证，先生三心彻悟，得宁静虚空，拳禅一如之趣，故其对禅学、拳学、医学及书画等意境领悟独具慧识，在临症施针之时，无论患者和亲属情志和举止如何失控，他均能从容沉静，谦恭涵容而及时精准地予以施治，并及时善巧说法。教诲学生们必具戒定慧三字功德，空色相，绝尘缘，趋归菩提，尤其妙用针刺定行气之际，只有空洞澄明，静心定虑，才能纤细觉察《标幽赋》等医典之巧谕“气之至也，如鱼吞饵之浮沉；气未至也，如闲处幽堂之深邃”。

在中医人才的选拔和培养中，胥先生理论和实践并重，主张先背诵熟记孙思邈《大医精诚》和王芗斋《拳道中枢》之开篇，务必使从其学者首重医德、武德，力倡仁心圣手之风骨节操，而后才是医典和技艺的研习。胥先生认为：《黄帝内经》是欲为上工者的必修之课，站桩之学更是上工治未病的元典功法。他教学和传艺时，首倡桩功，谆谆告诫从学者：“站桩是凝神定意，澄明俨然，经络畅通的根本则要。医者不仅要结合患者之疾病教其适宜之桩法，自身更要苦修不懈，才能培本固元、念静息平。现今很多为医者，自己尚元气虚弱，杂念丛生，怎能四诊正、把脉准、施术精？如遇虚邪之气，恐怕还要伤及自身，又焉能愈症活人？”新学生从其临床之初，他必亲身示范，其仪态之端严、把脉之精确，和以桩功之得寻位进针，准、迅、透，令患者和学生们无不称奇。

胥先生最忌古板拘泥，主张因气候、地区和患者的具体因素等综合辨证后处方施针和授桩，方为正途。一些新学生学医、习武喜欢背药方和记招数，胥先生则明确声称此为庸医之法、武痴之术。胥荣东先生常以芗老“拳本无法，有法也空，一法不立，无法不容”“练就本能自觉之活力，有感皆应”等明训开示从学者，并一再强调无论作拳业医均要在物我同体，色空无碍中获得大自在，而每个人皆有本能自性，参禅修道并不神秘，要通过静虑苦修恢复自身都具有的真知佛性，从而使修习者抱元守一，形骸脱落，通达洞明，以无为法，生如是心，正所谓：教有万法，不可取法，舍法，非法，非非法；拳本无法，功能有异，故说下乘、中乘、上乘、上上乘。实搏之际的反映，亦只能如苌乃周先贤所喻："似梦里着惊，似悟道忽醒，似皮肤无意燃火星，似寒侵膝理打战悚。"由于世风浸染，要使学生们弃枝叶而务本根的确不容易。故而，他苦口婆心予以导向。对于有的学生以现在流传的某些所谓"科学的"概念术语来辩解，胥先生说："是的，如今我们认识到世界并不是牛顿经典物理所描绘的那个机械的、可知的、决定论的世界，而是充满了不确定因素的、主观与客观难以截然两分的量子世界，这就如同在人类起心动念之前，世界处于充满可能性的量子状态。如果借喻这一理论，执一方而治众疾则显然不符合后现代科技，更可以说芗老不讲套路，主张'持环得枢，以应无穷'就可比拟为一种量子状态，在身法涨缩为有形的招式之前是一种包含万有、具足一切的可能性的状态，其身位及能量能以各种想象不到的方式及时机随心变换。"

中国经济的崛起，呼唤着传统文化与人文精神的回归。在激烈的市场竞争中，在快节奏、快餐式的生存逼迫中，人人疲于奔命，焦虑与亚健康状态成为普遍现象。作为国之重器的芗老拳学，包举涵纳了华夏文明的核心元素，正可以充分发挥"神明体健，利国利群"之功。

历史进入社会主义新时期后，在党和政府的关怀、支持下，中医药事业迎来了前所未有的发展机遇，中医教育、中医临床、中医药科研、中医药产业和中医药的国际传播，已呈现出星火燎原的美好愿景。

吾华生生不息的刚健之魂在人类命运共同体、人类与天地万物命运共同体的伟大事业中尽显祖国之大胸襟、大气派、大智慧、大担当，正其时也！

所以，我们热切盼望更多的有识之士，循着芗老高扬的理性之路，参与到站桩原理的多角度、多层面、跨学科、跨领域研究之中。

此责任重大，此使命光荣！

杨鸿晨

杨鸿晨，号滹沱布衣（早年用于书画界）。1946年7月生，河北省藁城市人，任职于河北省石家庄市中医院。自幼酷爱武术，先后从师练过少林、白猿通背、尚氏形意、和程、尹二派的八卦掌拳术。一次偶然的机会，在中山公园有幸目睹王芗斋先生作拳神采，从周子岩先生学习后方初窥芗拳之奥妙，然不久上山下乡到东北大兴安岭和内蒙的呼伦贝尔草原，但追求拳道真谛的恒专之心激励着他，一直坚持站桩。后从军昆明，干测绘工作，常年奔波于天山、峨眉和西藏高原的冰峰雪岭之间，即使如此他也从未间断过练功。多年的执着追求，使他得到了姚宗勋、陈海亭、安耀先、王选杰、杨绍庚、朱之琦、玉海昆等很多芗拳前辈和拳友的指教。并有幸成为马骥良、张恩桐、赵道新的入室弟子，深得三位老先生青睐，尽授毕生所得，并深寄厚望，为大成拳第三代中之佼佼者，门下弟子众多，且多为善于实作之高手。

于 序

欣闻《拳道中枢：大成拳》出版，该书系我的师兄胥荣东先生所作，此书系2003年3月由宗教文化出版社再版的《大成拳：禅拳合一的中国武术》增订删改而成。原书首次出版于1999年，再版后经多次印刷，早已售罄，足以证明此书的价值和社会各界的广泛需求。值此修订出版之际，荣东兄嘱我作序，我欣然接受。此版收录了大成拳创始人王芗斋先生亲手书写的《拳道中枢》原稿，此外还收录了大成拳名家杨德茂先生用毛笔楷书亲笔抄录的《形意要论》及芗老语录原件等，这些都是研究大成拳乃至中国武术极其珍贵的第一手资料。

在武术界、养生界王芗斋老先生所创之大成拳，以其大道至简的功法、"源于生活、归于自然"的理念，在广泛汲取儒释道、兵武医传统文化精华之前提下，形成了技击与养生合一的"特殊拳学"，其内用可养生健身、外用可实战技击。故而在国内外有广泛的影响力，并深受广大习练者的追捧与喜爱。

荣东兄于1983年拜入二姑王玉芳老师门下研修大成拳桩功，若干年后又被王老师介绍至王选杰先生处专修技击，领受二师垂教二十余年，尽得养生、技击之妙！然其素怀仁心仁术，且以悬壶济世为己任，常以养生面目示人，大力倡导并积极推广站桩养生功法。先后出版了《大成拳养生功法》《大成拳：禅拳合一的中国武术》《筋柔百病消》等著作。

2011年应北京电视台养生堂栏目之邀，推广、演示大成拳站桩养生功法。听闻此事，恩师于永年老先生，特委派我前往北京电视台录制现场予以支持。养生堂的节目在电视台播出后，深受广大中老年人的喜爱，于老先生对荣东兄大加赞许，称电视台的宣传力度大，以此方式宣传推广大成拳站桩养生功，造福广大百姓，这真是办了一件大好事儿。

荣东兄既是二姑王玉芳老师的早期弟子，也是恩师于永年老先生的早期学生，在20世纪80年代初期，经常出入恩师家中，接受指导、领受教诲，深得于老先生的养生妙法。

荣东兄1984年毕业于北京中医药大学，现任中日友好医院针灸科主任医师，同时又任中国大成拳研究会副会长及北京分会副会长，他在中医、武术这两个领域并驾齐驱、取得丰厚硕果。

王芗斋老先生所创之大成拳，其历史不过百年，其传承不过四五代，然以其独特的拳学魅力、以其独到的养生功效，在国内外有了迅猛的发展、传播、推广，这当中浸透着一代又一代人所付出的心血与汗水。

中国传统文化博大精深、历史悠久、底蕴深厚，养生文化是其重要的组成部分，而站桩养生功，自古以来，虽经历朝代之更替、战火之侵扰，仍然保留至今，表现了其强大的生命力。武术功法、养生功法等传统文化之传承与发展，不仅需要本门派的薪火相传，更需要在社会上的传播与推广。《拳道中枢：大成拳》的出版发行，恰体现了作者广泛传播、普惠大众、福祉社会之心愿。

为此，我非常高兴地向关注健康、珍爱生命的人们推荐介绍此书。

是为序。

中国大成拳研究会常务副会长　于冠英

于冠英，男，1963 年出生，汉族，大学学历，中共党员，国家人社部退休干部。

1989 年拜大成拳名家于永年先生为师习练大成拳，为于老晚年时期重要弟子和得力助手，全面继承了于老“第二随意运动”拳学理论及“紧松内动”训练体系，并在国内外进行大力推广、积极宣传。

现任欧洲大成拳研究总会副主席、香港国际意拳联合会副主席、中国大成拳研究会常务副主席、全国老子道学文化研究会副秘书长、北京人文大学武学院客座教授等职。

王　序

天岸马　人中龙
——武道禅医胥荣东先生

自古文武交泰，书剑一家。以武体道，以文载武。

胥荣东先生文武兼备，我久闻胥先生大名，可惜多次都是擦肩而过。2003 年，义母意拳大师王玉芳先生给我一本胥先生编著的《大成拳：禅拳合一的中国武术》，拜读后知道他涉猎广泛，不仅是武术界的佼佼者，而且是我国针灸界的精英，是一位难得的奇才。

2020 年 12 月 13 日，在纪念芗斋拳学宗师王芗斋先生诞辰 135 周年研讨会上见到神交已久的胥先生。他学者风范，儒家气度，武至文得上乘，画至书为极则。多年前我就拜读了胥先生出版的各种书籍，知道他在佛、道、医、儒、武等领域建树颇多，培养了大批医学研究生，出版了多种专著，在国际医疗援助做出突出的贡献，获得国际友人及同行的高度赞赏，为祖国赢得荣誉，使中国古老的针灸术在国际大放光彩，北京电视台等媒体多次采访报道。胥兄精骛八极，心游万仞。之后有幸拜访胥先生府上，仅仅两三个小时，我们从芗斋武学到书画艺术，论中医针灸，谈佛家禅学，诸子百家……无所不谈，真是相见恨晚。

胥先生为北京中医药大学科班出身，学识渊博，多年来理论与实践相结合，先后师承武医大师王玉芳先生、大成拳大师王选杰先生。因其天资聪颖，尊师重道，深得前辈的青睐。有诗为证："真心清静道为宗，譬彼中天宝月同；净扫迷云无点翳，一轮光满太虚空。"

胥先生少年得志，博览群书，身怀绝技，傲视群雄，我俩一见如故，是真缘分。俗话说：有贤推举方显圣，能人帮衬方为王。我乃天马行空、我行我素之人，喜欢做自己喜欢的事，只要是正能量的好兄弟，为传播芗斋拳学、弘扬中华传统文化、造福人类健康的好事，我就鼎力相助。

天石王成

天石王成：王玉芳先生弟子，三项国际级三 A（泰拳、MMA、自由搏击）裁判、中国国际意拳联盟常务副主席、国际武术意拳联合会副主席，多次出任国内武术搏击大赛仲裁与昆仑决·子弹飞格斗赛裁判长等。其弟子李亮等曾在全运会、世界跆拳道锦标赛、世界自由搏击获冠军等。

同道寄语

春来草自青。

有人绽放生命，播撒清香，布施智慧……

本书以拳证道，以医悟道，以艺文守道，是穷理致性以至于命。

荣东老师，以单纯之心，深厚的修养，渊博的学识，厚积薄发，撰写本书，回馈社会……

清风拂遍，众鸟归林；让众多学子，迷茫之人再次回望传统文化博大精深与魅力，是本书的期盼，是作者的期盼，也是我们共同期盼……

中国油画家协会秘书长、北京《21·名家》杂志社主编　华　安

“我相信我这拳能流传千百年，因为我这拳有道理。”打开这本胥荣东先生编著的《拳道中枢：大成拳》，芗斋先生的这句话，通过大成拳几代传人的感悟，立体展示在每一个读者面前。这里有第一代学术开创者所揭示的拳道之中枢要义；有二三代继承者对拳学理念的刻骨铭心；更有众多后来者从不同角度、不同层次对拳意精髓的摸索和探求。“真理是对客观事物及其规律的正确认识，真理是客观事物及其规律在人的意识里的正确反映。”阅读这部大成拳宝典吧，它会让你在探求拳学真理的路上，收获更多，走得更快。

原《武魂》杂志副主编　常学刚

（**胥按：**著名畅销书《逝去的武林》的文稿最早就是常学刚先生刊发的，作者徐皓峰在书中特别加了一则“鸣谢”，说明李仲轩老人文章的面世“是由《武魂》杂志常学刚先生首次编辑发表，并提议开设系列文章”。此外，常学刚先生还将王芗斋弟子何镜平先生所有文章汇编成书，并命名为《王芗斋的大成拳》出版，为宣传大成拳立下了汗马功劳。）

胥荣东先生，不管在医道或武林，大都对他认识，故此我不多作介绍，若新朋友对他认识不深的，亦可在本书作者简介中了解。

我从事影视工作多年，身兼编（剧）、导（演）、演（员）、歌（唱）、武（武术指导）及制（作）……多重身份，由于多年来工作积劳及拍动作戏所致伤患，背上旧创时常作祟，隐痛难熬，后得胥先生施针治疗得以痊愈，使我背负廿年之疾刹那间消除。胥先生不单医术高明，更与我同是武林一脉，我有幸师承山东太极螳螂门赵竹溪师傅及邝群威师傅两大宗师教诲，胥荣东先生则得拜大成拳名家王玉芳门下承传王芗斋宗师一脉，可谓名师高徒，在北京闲时与胥先生谈医论武，使我获益良多。

胥先生新编大作洋洋百余万字，其中收录了不少珍贵资料和图片，更将大成拳心法要诀无私与爱武人士分享，突破了武林藏私的保守思维，实属难能可贵，读者不可错过！

与胥先生相识多年，总括了两句话：

大手一双执轻若重拈微针能治大病，

胸无城府藏拳盛义背书剑教化三千。

谨祝胥荣东先生大作《拳道中枢：大成拳》出版，一纸风行！

香港影视导演、监制　徐小明

徐小明，香港著名影视制片人、电影导演、武术指导、编剧、监制、演员。世界杰出华人、中华名人录卓越华人，现任香港影视文化协会会长。曾任香港亞洲电视高級副总裁、英皇电影集团行政总裁等职务。他执导的电视剧《霍元甲》(81 版)、《陈真》(82 版) 更是风靡全中国,《霍元甲》更为首部香港电视剧夺得金鹰奖。执导的电影《木棉袈裟》被文化部电影局和福建人民政府特别授予“优秀故事片奖”。其他著名作品有《海市蜃楼》《夺标》《忽必烈传奇》《霸王卸甲》等。徐小明亦是著名歌手，一曲《万里长城永不倒》传颂至今。他的作品始终以弘扬中华传统文化为己任，为“重塑中华武术真颜”而努力，作品充满了扶弱济困的侠义精神、浓浓爱国主义情怀和振奋人心的力量，产生积极的社会反响。

自 序

大成拳是王芗斋先生创立的。

王芗斋根据自身40多年学习研究中国拳学的实践，在继承传统形意拳、心意拳的基础上，将八卦拳、太极拳、少林拳、宗鹤拳、六合八法拳等各家精华熔为一炉，推陈出新，加之古老的道家功法，20世纪40年代初期在北京创立了新兴拳学——大成拳。其主要特点是技击性强，养生价值高，该拳主张身体训练与心理训练相统一，休息与运动相结合，并且废除了套路练习，没有固定的招法，强调精神、意感和自然力之修炼。通过合理的锻炼，可以取得御敌的技击能力和祛病强身的效果，若刻苦练习则可培养出刚毅果断的大无畏精神。大成拳功法主要包括站桩、试力、步法、发力、试声、推手和实作。如果单纯从力的角度来讲，由站桩而得力，由试力而知力，由步法而知力的变化，由发力而知用力，由试声而补试力之微细不足，由推手而知力的虚实，由实战而知力的运用。

早在1926年，王芗斋先生就倡导“意拳”，在拳学理论和练功方法上都与传统形意拳有很大差别，并在教学和实战中得到验证。20世纪20年代末期，世界轻量级拳击冠军匈牙利籍拳击家英格在上海青年会任拳击教练，扬言中国拳术无实际价值，王芗斋遂与之交手，在相互接触之一瞬间，英格被击出倒地。后来英格在伦敦《泰晤士报》上发表《我所认识的中国拳术》一文，对“如同被电击了一样”表示不能理解。王芗斋先生的诸多弟子多为切磋技艺后钦佩其武功及拳学理论而拜师，且多为当时的顶级搏击高手。如1928年10月上海武学会的张长信与朱国福、朱国禄、张长义赴南京参加国术打擂国考，四人获最高名次。因不忍同门相比，遂不交手而以年龄长序定名次，传为美谈。1930年，高振东、赵道新、张恩桐、韩樵、韩垣及卜恩富均于此时正式拜师王芗斋先生门下。韩氏兄弟之父韩友之为王芗斋师兄李存义弟子，故令其分别拜九彭熙、赵道新为师，但由王芗斋先生亲传技艺。当时张长信、高振东、韩樵、赵道新号称王先生门下“四大金刚”，张长信曾获上海市拳击公开赛冠军。高振东曾战胜武术名家王子平后结为兄弟，高振东和孙禄堂、杨澄甫、杜心五被誉为“武林泰斗”。

1929年王芗斋应张之江李景林之邀，伴张占魁赴杭州参加国术大赛。会后，应师兄钱砚堂之请赴上海传授意拳，在上海南京路先施公司后街牛庄路正式挂牌“意拳社”，正式创立“意拳”并公开授徒。次年著《意拳正轨》一书，作为意拳的理论基础。

1940年6月26日，王芗斋接受了北平《实报》记者羡渔采访，《实报》以《大成拳宗师王芗斋谈拳学要义》为题，陆续刊登了王芗斋回答记者的提问。同年9月12日，接受了《实报》羡渔第二次采访,《实报》以《大成拳宗师王芗斋访问记》为题，陆续刊登了王芗斋答记者问。同年，开始撰写《大成拳提要》，后改为《大成拳论》，1944年定名为《拳道中枢》，作为大成拳的理论基础。《拳道中枢》将武术提升到民族精神、人生哲学及社会教育的境界。

王芗斋当年教授弟子卜恩富时，在其西洋拳击及中国摔跤的基础上，融入意拳的理论观念及力学原理，使其在善扑营先辈所传跤术和西洋拳击的基础上独创了自己的跤法和拳击方法。先后击败了俄、美当时的拳击冠军。1938年时，前往台儿庄前线传授国军意拳刀法，为抗战做出自己的贡献。新中国成立后，卜恩富参加中国人民解放军到沈阳军区，传授大成拳及格斗、搏击，为中国军队特种兵打下了基础。卜恩富早期弟子杨子明（后拜王芗斋为师）一共得了4次全国摔跤冠军，经杨子明培养的运动员在参加全国比赛中获第一名的计60人次，培养出高级教练员7名。卜恩富弟子杨金亮是在东北时培养的拳击运动健将，恢复拳击运动以后，任国家拳击队总教练，在国际比赛中，多次取得优异成绩。原国家柔道队总教练刘永福也是卜恩富弟子，他用卜氏跤法训练柔道运动员，多次获得奥运会金牌，成为名副其实的柔道教父，为国家赢得了荣誉。卜恩富只是王芗斋传人中的一个代表而已，其他传人详见于本书正文。

早在20世纪50年代，王芗斋先生的站桩功就被卫生部列为向全国推广的五大气功功法之一，使无数的慢性病患者通过站桩得以康复，站桩功在国内有众多的爱好者。在马济人编著的《中国气功学》一书中，介绍了几种主要静功功法，其中就有王芗斋的站桩功。本书统计了王芗斋先生的32位著名弟子，这些前辈中的许多人虽然在青壮年时长期处于搏击实战的紧张状态中，但平均寿命却高达83.28岁，远远超出了同龄人的人均寿命。一生与人比武的于永年先生弟子郭贵志，青年时因为胃溃疡出血准备胃切除，站桩治愈后一生练习大成拳，战胜国内外几十位著名搏击家，未遇对手，现年89岁，仍坚持每天早晨单腿站桩一小时，感冒发热从来不吃药，都是靠站桩发汗自愈，可谓吾辈楷模。在芗老、大成拳二世、三世及四世的共同努力下，目前大成拳已经走出国门，在欧美及东南亚许多国家有着众多的爱好者，尤其是法国、英国、意大利、德国及东欧诸国练习者更多。

胥荣东

前 言

《诗经·小雅·车辖》云："高山仰止，景行行止。"虽不能至，然心乡往之。余读《拳道中枢》，想见芗老为人。适太庙，观玉芳师教授站桩，余低回留之不能去。天下君王至于贤人众矣，当时则荣，没则已焉。芗老布衣，已传五余世，学者宗之，可谓拳中至圣矣。文以气为主，气之清浊有体，不可力强而致。《拳道中枢》言辞激烈，直抒胸臆，言简句奇，语重心长，其气浩然。芗老当仁不让于师矣，明其理者皆称其为大手笔。曹丕云：盖文章，经国之大业，不朽之盛事。年寿有时而尽，荣乐止乎其身，二者必至之常期，未若文章之无穷。是以古之作者，寄身于翰墨，见意于篇籍，不假良史之辞，不托飞驰之势，而声名自传于后，吾观《拳道中枢》是也。譬如西伯幽而演易，周旦显而制礼。然《拳道中枢》及芗老所创大成拳知之者寡矣，譬犹宝镜蒙尘，随韬光彩，吾从青年至今全力宣传之。夫法由心得，非经无以寓法，经以人传，非言无以著夫经。爰自《拳道中枢》问世以来，注是经者，无虑数十家，版本各异，更有篇目次序颠倒乃至删减增益者。诸家多为传抄之本，诸多词语虽略有不同，然境界迥异，譬如原手稿之"抒发情感"诸本多作"抒发感情"。至如"小动不如不动"还是"小动不如蠕动"，更是纷纭不一，然此一字之差，不啻天壤之别，使习之者无所适从，莫衷一是，直接影响到具体练功动作。今据芗老手稿整理，保持原貌，且附手稿原件于后，供读者自鉴。

目 录

第一篇　中华武士道与大成拳

第二篇　大成拳创始人王芗斋文集

第三篇　大成拳二世文集

第四篇 大成拳三世文集

第五篇　大成拳四世文集

第一篇

中华武士道与大成拳

第 1 章　中华民族的尚武精神

武术的“武”字，上从戈，下从止（趾），表示人扛着武器行走。甲骨文的字由（戈，兵器）和（止，脚趾，表示行进）组成，表示持戈而行。武的造字本义：肩扛兵器，出征作战。《说文解字》：“武，楚庄王曰：夫武，定功戢兵。故止戈为武。”许慎在《说文解字》中把“武”解释为“止戈为武”，已非古人造字本意。

武，意即为武力服人，亦泛指军旅之事。武术则是指尚武勇、操干戈之术。武术一词最早见于南朝，梁昭明太子萧统所编《文选》第二十卷，有《皇太子释奠会作诗》一首，诗曰：“国尚师位，家崇儒门，禀道毓德，讲艺立言……偃闭武术，阐扬文令。”后两句是指偃武修文之意，当然这里的武术泛指军事行动。《左传》一书则载武有七德之说：“夫武，禁暴、戢兵、保大、定功、安民、和众、丰财者也。故使子孙无忘其章……武有七德，我无一焉，何以示子孙。”

一、善征战者为“黄帝”

中华民族自古就有尚武精神，喜欢中医的朋友都知道有本书叫作《黄帝内经》，问题是“黄”和“帝”字造字的本意是什么？实际上，“黄”字的本意是指射箭的靶子，黄帝时代是用黄泥涂抹箭靶。“黄”加上一个“广”，就变成了“廣”，指的是专门射箭的宽阔之地。“帝”字的甲骨文字形与“束”字接近，一个长木柄，末端绑上石刀，就是“帝”。所以，“黄帝”是善于征战的人，把其他部落都征服了。

《史记·黄帝本纪》记载：“黄帝者，少典之子，姓公孙，名曰轩辕。生而神灵，弱而能言，幼而徇齐，长而敦敏，成而聪明。轩辕之时，神农氏世衰。诸侯相侵伐，暴虐百姓，而神农氏弗能征。于是轩辕乃习用干戈，以征不享，诸侯咸来宾从。而蚩尤最为暴，莫能伐。炎帝欲侵陵诸侯，诸侯咸归轩辕。轩辕乃修德振兵，治五气，艺五种，抚万民，度四方，教熊罴貔貅貙虎，以与炎帝战于阪泉之野。三战然后得其志。蚩尤作乱，不用帝命，于是黄帝乃征师诸侯，与蚩尤战于涿鹿之野，遂擒杀蚩尤。而诸侯咸尊轩辕为天子，代神农氏，是为黄帝。天下有不顺者，黄帝从而征之，平者去之。披山通道，未尝宁居。东至于海，登丸山，及岱宗；西至于空桐，登鸡头；南至于江，登熊湘；北逐荤粥，合符釜山，而邑于涿鹿之阿。迁徙往来无常处，以师兵为营卫。”这段记载有助于我们理解“黄帝”这两个字。

黄　甲骨文

黄，甲骨文有多种写法，但都是在“矢”的字形（箭）上加一指事符号，表示箭头穿透靶心。古人用黄色的泥浆在箭靶上涂抹。金文将“矢”形写成“火”形。篆文承续金文字形。“黄”是古代箭靶的靶心，“廣”是古代射箭广场。

帝　甲骨文

帝，甲骨文写作，在“木”（木棍）的前端加指事符号，表示固定兵器。在没有冶炼金属的时代，捆绑固定的可能是石刀，也可能是坚硬木材加工的尖锐武器。到了青铜时代，前端固定的就是青铜兵器，比如战国时代的青铜铍。指事符号也可能是类似红缨枪的缨子，防止敌人的鲜血流到枪身。金文写作，篆文承续金文字形。

黄帝“与炎帝战于阪泉之野”。其地有数说：一说在今河北涿鹿县东南。《晋太康三年地记》：“涿鹿城东一里有阪泉，上有黄帝祠”；《括地志》：“阪泉今名黄帝泉，在妫州怀戎县（今涿鹿县西南）东五十六里，出五里至涿鹿东北，与涿水合”；一说在今山西运城市解池附近。《梦溪笔谈·辨证一》：“解州盐泽方百二十里。久雨，四山之水悉注其中，未尝溢；大旱未尝涸。卤色正赤，在版泉之下，俚俗谓之‘蚩尤血’。”

二、武艺高超的战国“诸子”

“大成至圣先师”孔夫子不仅是伟大的教育家，同时也是个武艺高超之人。其传授的六艺：礼、乐、射、御、书、数中，“射”是箭术，“御”是驾战车，均属于武的范畴，“乐”中的乐舞亦具有技击含义，也就是健舞。弟子三千人中，精通六艺者就有七十二人，如子路就善剑法：“子路戎服见于孔子，拔剑而舞之，曰：古之君子，以剑自卫乎？”（《孔子家语》）所以，梁启超在《中国之武士道》中把孔子列为中国武士第一人是有道理的。一次孔子表演射箭，居然“观者如堵墙”。据《礼记·射义》篇载如下。

古者诸侯之射也，必先行燕礼；卿、大夫、士之射也，必先行乡饮酒之礼。故燕礼者，所以明君臣之义也；乡饮酒之礼者，所以明长幼之序也。

故射者，进退周还必中礼，内志正，外体直，然后持弓矢审固；持弓矢审固，然后可以言中，此可以观德行矣。

……

孔子射于矍相之圃，盖观者如堵墙。射至于司马，使子路执弓矢出延射曰："贲军之将，亡国之大夫，与为人后者不入，其余皆入。"盖去者半，入者半。又使公罔之裘、序点，扬觯而语，公罔之裘扬觯而语曰："幼壮孝悌，耆耋好礼，不从流俗，修身以俟死者，不，在此位也。"盖去者半，处者半。序点又扬觯而语曰："好学不倦，好礼不变，旄期称道不乱者，不，在此位也。"盖仅有存者。

射之为言者绎也，或曰舍也。绎者，各绎己之志也。故心平体正，持弓矢审固；持弓矢审固，则射中矣。故曰：为人父者，以为父鹄；为人子者，以为子鹄；为人君者，以为君鹄；为人臣者，以为臣鹄。故射者各射己之鹄。故天子之大射谓之射侯；射侯者，射为诸侯也。射中则得为诸侯；射不中则不得为诸侯。

天子将祭，必先习射于泽。泽者，所以择士也。已射于泽，而后射于射宫。射中者得与于祭；不中者不得与于祭。不得与于祭者有让，削以地；得与于祭者有庆，益以地。进爵绌地是也。

故男子生，桑弧蓬矢六，以射天地四方。天地四方者，男子之所有事也。故必先有志于其所有事，然后敢用谷也。饭食之谓也。

射者，仁之道也。射求正诸己，己正而后发，发而不中，则不怨胜己者，反求诸己而已矣。孔子曰："君子无所争，必也射乎！揖让而升，下而饮，其争也君子。"

孔子曰："射者何以射？何以听？循声而发，发而不失正鹄者，其唯贤者乎！若夫不肖之人，则彼将安能以中？"《诗》云："发彼有的，以祈尔爵。"祈，求也；求中以辞爵也。酒者，所以养老也，所以养病也；求中以辞爵者，辞养也。

由此可以看出古人对习射的重视，不仅是个人修养的基础（技术差的不仅不得与于祭，而且是要被削地的，孔子的射箭也不是谁都可以进入观看的），而且关系到社稷的安危，故君子于射是不能谦让的，若被罚喝酒则是极不光彩的事。

在六艺中，习射以五射为主：白矢（射穿箭靶）、参连（三箭连发）、剡注（水平箭）、襄尺（平肘直臂）、井仪（四箭射透箭靶，形如井字）。

在我国第一部诗歌总集《诗经》中，就有射箭比赛的记载："射夫既同，献尔发功，发彼有的，以祈尔爵。"（《诗经·小雅·宾之初筵》）其意是说各自找到射箭比赛的对手，献出个人的本领，争相射中目标，以便罚你（没射中者）饮酒。而"射之为艺，用于朝觐宾燕之时，其事为文；用于田猎攻守之时，其事为武"（《古今图书集成》），可见当时的尚武风气，而男子几乎无不习射，"射者，男子之事也"（《射义》）。

《诗经·周南·兔罝》：肃肃兔罝，椓之丁丁。赳赳武夫，公侯干城。肃肃兔罝，施于中逵。赳赳武夫，公侯好仇。肃肃兔罝，施于中林。赳赳武夫，公侯腹心。

春秋战国时期，烽烟四起，又与夷狄杂处，国家非尚武事则难以生存，作为个体也是如此。据史书记载：春秋 240 年间，战争多达 480 次；战国 182 年间，战争亦数百次之多。因为激烈的政权之争，当政治斗争无法解决时，则必然诉诸武力，而领土之争尤其如是。在此过程中，必然促进骑射等武备的发展。在冷兵器时代，士卒体质的强弱与武艺的高低，往往是影响战斗胜负的重要因素，故各国诸侯都崇尚武功。正如韩非所说："文德不如武备"，"习礼不如讲武"。"搢笏干戚，不适有方铁铦，登降周旋，不逮日中奏百，《狸首》射侯，不当强弩趋发。"（《韩非子·八说》）其中后段文字是其针对当时徒有花架的武舞而言的：手拿盾斧跳舞之官绅，是打不过手持标枪的士兵的；而按周礼行事的儒生，是追不上一天可跑百里的武卒的；按音乐节奏礼射之人，是挡不住强弩疾射的。可见当时就出现了类似现代的武术表演。

为了适应战争需要，各国都严格训练士兵的拳脚及胆量。而管子治齐尤尚拳术，其后孙膑到齐后亦提倡拳术，故齐人独以技击著名。据《荀子·议兵》载："齐人隆技击，其技也，得一首者，则赐赎锱金。"而《汉书·刑法志》则载："齐愍以技击强，魏惠以武卒奋，秦昭以锐士胜。"《国语·齐语》载："于子之乡，有拳勇股肱之力秀出于众者，有则以告。有而不以告，谓之蔽贤，其罪五。"由此可见武艺出众者确实能在战斗中发挥重要的作用，因而受到国家的重视。

除战争外，武艺还被当成一种文化活动，当时已有"相搏"的武术比赛。据《释名》载："相搏，搏谓广搏以击之也。然举手击要，终在扑也。"关于相搏的方法及技击要领，古人说得十分精辟。据《荀子·议兵》和《资治通鉴·秦记》中记载："若手臂之捍头目，而覆胸腹也。诈而袭之，与先惊而后击之，一也。"《荀子集解》则注曰："先击头目，使知之而后击之，岂手臂有不救也。"以上若无实战搏击经验，是难有此体会的。

当时的武术比赛一般在春秋两季，"春秋角试……收天下之豪杰，有天下之骏雄。故举之如飞鸟，动之如雷电，发之如风雨，莫当其前，莫害其后，独出独入，莫敢禁圉"（见《管子·七法》）。比赛必然促进拳术经验的交流，而拳术又是掌握兵器的基础，故王芗斋先生有"拳成兵器就，莫专习刀枪"之语，而兵器则可直接运用于战争。

当时相搏普遍流行，喜爱者众多，"晋侯梦与楚子搏，楚子伏己，而盬其脑"，说明有人做梦都在相搏。而赵简子手下的少室周闻听一叫牛谈的人武艺高强，则请与之战，结果失败了。见《国语》："少室周为赵简子之右，闻牛谈有力，请与之戏，弗胜，致右焉。"

在相搏比赛中，也有个别人不守信誉，违背约定，为社会所不齿。据《春秋·谷梁传》载："僖公元年：冬，十月壬午，公子友帅师败莒师于郦，获莒拏齿……公子友谓莒拏曰：吾二人不相说，士卒何罪？屏左右而相搏，公子友处下，左右曰：孟劳。孟劳者，鲁之宝刀也，公子友以杀之。然则何以恶乎绐也，曰弃师之道也。"

自战国至西汉，文武逐渐分途（大约经历了500年的时间）。正如《韩非子·五蠹》云："儒以文乱法，侠以武犯禁"，指出了儒与侠的区别。古代的士是低级贵族，原本是文武双全的。但是随着社会的发展，社会分工逐渐明显，故好用力尚武者为侠，而惮用力喜文者归儒。其结果是武者不文，而文人轻武。而大多数的奴隶和农民，因无法享有受教育的权利，要想改变社会地位，建功立业，其唯一出路就是建立武功，因受教育程度低，多为文人及士大夫所不齿。因习武者不擅文，故两汉以后，武术专著已很少见。任何技艺都有境界的高低，比如赵文王门下的武夫与越女及鲁石公的斗剑是截然不同的境界。《庄子·说剑》载："昔赵文王喜剑，剑士夹门而客三千余人，日夜相击于前，死伤者岁百余人，好之不厌。如是三年，国衰，诸侯谋之。"及其争斗则“蓬头突鬓垂冠，曼胡之缨，短后之衣，瞋目而语难。相击于前，上斩颈领，下决肝肺。此庶人之剑，无异于斗鸡，一旦命已绝矣，无所用于国事”，这与街头小流氓的打斗没有什么区别。而越女的剑法则不然，她不仅技艺高超，且有高深的理论，可与兵法相通，她把剑术已提升到了艺术的高度。当年越王勾践在准备伐吴之时，范蠡向其进言：“今闻越有处女，出于南林，国人称善，愿王请之，立可见。越王乃使使聘之，问以剑戟之术。越王问曰：夫剑之道，则如之何？女曰……其道甚微而易，其意甚幽而深，道有门户，亦有阴阳，开门闭户，阴衰阳兴。凡手战之道，内实精神，外示安仪，见之似好妇，夺之似惧虎，布形候气，与神俱往，杳之若日，偏如腾兔，追形逐影，光若仿佛，呼吸往来，不及法禁，纵横逆顺，直复不闻。斯道者，一人当百，百人当万，王欲试之，其验即见。”（见《吴越春秋·勾践阴谋外传》）。而《论衡·别通篇》则赞叹地写道：“剑伎之家，斗战必胜者，得曲城越女之学也。两敌相遭，一巧一拙，其必胜者，有术之家也。”《庄子·说剑》关于剑法的论述与越女之论颇有相似之处：“夫为剑者，示之以虚，开之以利，后之以发，先之以至。”越女的剑术理论已精辟地阐明了动静、快慢、攻守、虚实、内外、逆顺、阴阳的辩证关系，而对后世的武术理论有着深刻的影响，这从王芗斋先生及齐执度先生的文章中也可以看出。

三、文人尚武　出将入相

在中华两千多年的历史上，出现了众多文武兼备的帝王及将领，他们不仅以武功及战功著称于世，有些人更因其文采为后人所称道，如秦王嬴政、张飞、曹丕、颜真卿、赵匡胤、岳飞、陆游、辛弃疾等。譬如南宋抗金英雄岳飞，擅使丈八铁枪，不仅通兵法、精武艺，且诗词书法均臻妙境，后世形意拳奉其为鼻祖，笔者收藏有岳武穆书法刻石拓片。南宋爱国诗人陆游曾“学剑十四年”，剑术高超，在一次剑刺猛虎之后赋诗曰：“挺剑刺乳虎，血溅貂裘殷，至今传军中，尚媿壮士颜。”而宋朝另一位著名诗人辛弃疾，更是武功高强，曾勇闯敌营捉拿叛徒。就连大家所熟知的猛将张飞，也并非一介武夫，而是一位会统兵且有文采的大将。据《阃外春秋》记载，张飞不独以武功显，文墨亦自佳。他在四川八濛山大败张郃后，用手中丈八蛇矛在石壁上写下了两行隶书：“汉将军飞，率精卒万人，大破贼首张郃于八濛，立马勒铭。”此段铭文，明陈继儒《太平清话》中曾予记载。

香港的中国书道协会前副理事长张锐道先生曾收藏有此铭文拓本。大家会问,《三国演义》的作者，为什么不写张飞善书法，而是只写他刚猛狂暴的一面呢？因为《三国演义》和《三国志》不同，完全是为了迎合大众口味，为衬托关羽的文武双全，而将张飞脸谱化。在古画中，白脸的是秀才，黑脸的是莽汉，红脸的则以关公为代表——“脸如重枣”。因为白脸的秀才手无缚鸡之力，所谓“百无一用是书生”，所以人们现在仍用“小白脸”来形容身体瘦弱白皙且多心计的男子。而黑脸的莽汉则只有匹夫之勇，人们除想到张飞外，还会想到李逵，自然不会有太好的印象。所以《三国演义》作者，将张飞描写成黑脸豹头环眼，虽然手中一支丈八蛇矛，可百万军中取上将首级，如探囊取物，其武艺并不在关羽之下，但他在人们心目中的位置远远比不上关羽，甚至不如白脸书生模样的常山赵子龙，可见我国人民心中对武将的要求是要文武双全的。所以古画或庙中的关帝塑像，其所穿的是内武衣，而外加文袍，一边是窄袖的盔甲，另一边则是宽大的袍袖，这叫“文武袖”，寓有文武兼备之意。另一方面，文人却又偏带些武装，在画家笔下，峨冠博带、行吟泽畔的屈原则是身佩宝剑。这不是艺术的夸张，在屈原自己的诗篇中也常提到身佩宝剑。古时的文人确有佩剑的风气，“文能治国，武能安邦”是许多读书人追求的目标。

唐代以前，社会崇尚武功，官员可以出将入相。唐·崔颢《江畔老人愁》诗：“两朝出将复入相，五世叠鼓乘朱轮。”到了宋代，由于国家实行“重文抑武”国策，导致中华民族传统的尚武精神开始逐步丧失。即便如此，宋代以后还是出现了岳飞、陆游、辛弃疾等文武双全的名将，但比起唐代以前，就显得凤毛麟角了。

比如秦二世时任少府的章邯，就是出将入相的典型人物。少府本是为皇室管理私财和生活事务的职能机构，始设于战国，秦汉沿置。其职掌主要分两方面：其一负责征课山海池泽之税和收藏地方贡献，以备宫廷之用；其二负责宫廷所有衣食起居、游猎玩好等需要的供给和服务。秦二世元年（前209）九月，章邯受命率骊山刑徒及奴产子迎击陈胜起义军周文部，屡战屡胜。又陆续攻灭义军田臧等部于荥阳直逼陈，迫陈胜遁走。后攻杀反秦武装首领魏咎、田儋、项梁，移师渡河攻赵。

司马迁在《史记·刺客列传》中写道：“秦王谓轲曰，取舞阳所持地图。轲既取图奏之，秦王发图，图穷而匕首见。因左手把秦王之袖，而右手持匕首揕之。未至身，秦王惊，自引而起，袖绝。拔剑，剑长，操其室。时惶急，剑坚，故不可立拔。荆轲逐秦王，秦王环柱而走。群臣皆愕，卒起不意，尽失其度。而秦法，群臣侍殿上者不得持尺寸之兵；诸郎中执兵皆陈殿下，非有诏召不得上。方急时，不及召下兵，以故荆轲乃逐秦王。而卒惶急，无以击轲，而以手共搏之。是时侍医夏无且以其所奉药囊提荆轲也。秦王方环柱走，卒惶急，不知所为，左右乃曰：‘王负剑！’负剑，遂拔以击荆轲，断其左股。荆轲废，乃引其匕首以擿秦王，不中，中桐柱。秦王复击轲，轲被八创。”山东嘉祥武氏祠的汉代画像石再现了这一场景，笔者收藏一幅汉代画像石《荆轲刺秦王》的原拓。秦王展图，图穷匕首见。荆轲一手捋王袖，一手持匕首而刺之。秦王就在这种突然袭击之下，尚能逃脱，拉断衣袖后抽身急走，因剑比较长难以拔出，只好环柱闪避。经旁人提醒“王负剑”后，由肩背拔出宝剑，斩其左股。这期间居然没被荆轲刺中，是见其步法之快。

而荆轲复以匕首掷之，又未命中。既然选荆轲去刺秦王，说明他的功夫绝非一般，而秦王居然能逃脱，反手斩断其股。

秦兵马俑

注：2013 年 3 月 5 日考古工作者在清理秦兵马俑时，在 G11：32 俑左体侧发现佩带宝剑，其手呈持兵器状，臂呈 90° 弯曲，剑通长 91cm，剑茎长 18cm，剑鞘已朽，仅见褐色漆皮附于剑上，再外有一层褐色朽木，朽木呈粉末状。

我推测，秦王的宝剑应该和这把剑长度接近，太长的话就不太容易拔出了。这里说秦王“剑长”，是相对六国的普通宝剑而言，比如越王勾践剑，剑长 55.7 厘米，柄长 8.4 厘米，这种长度的青铜剑出土很多。一般情况下，91 厘米长度的宝剑拔出比较容易，但在突然受到惊吓的状态下则会难以拔出。开始是因为“剑长”而难以拔出，后来又遇到另外一个问题，“剑坚，故不可立拔”，也就是宝剑和剑鞘卡得太紧了。从这张照片我们可以推测，剑在剑鞘里插得很紧，所以不能立刻拔出来，再加上“时惶急”，“故不可立拔”。后来“负剑，遂拔以击荆轲。”之所以“负剑”才拔出宝剑，主要是因为“负剑”可以用双手拔剑，力量大了，就解决了“剑坚”的问题。秦王的反应与楚王被毛遂威逼得只能：“唯唯，诚若先生之言，谨奉社稷而以从。”形成了鲜明的对照，不愧为千古一帝。

在先秦时期，剑是一种装饰，随身佩剑也代表着一种礼仪。

《史记·吴太伯世家》：“季札之初使，北过徐君。徐君好季札剑，口弗敢言。季札心知之，为使上国，未献。还至徐，徐君已死，于是乃解其宝剑，系之徐君冢树而去。从者曰：徐君已死，尚谁予乎？季子曰：不然。始吾心已许之，岂以死倍吾心哉！”

战国时期，列国纷争，礼坏乐崩。即便此时，贫乏不能自存的冯谖在得不到公平待遇时，还要“倚柱弹其剑，歌曰：长铗归来乎！食无鱼。”淮阴侯韩信早年在连饭都吃不上的情况下，还“好带刀剑”以示身份，以至于因此忍受胯下之辱。

笔者收藏的东汉画像石拓片“季札挂剑”原拓

西汉前期诸侯刘胜生前即佩带两把铁剑，出土后发现其长有一米，并有完好的剑鞘。据《晋志》记载：“汉制，自天子至于百官，无不佩剑”，可见当时的尚武风气，佩剑已成为一种礼仪制度。“剑在左，刀在右；剑之在左，青龙象也。”（董仲舒《春秋繁露》）

《史记·项羽本纪》载：“项籍少时，学书不成，去学剑，又不成。项梁怒之。籍曰：‘书，足以记名姓而已，剑，一人敌，不足学，学万人敌。’”

《汉书·司马相如传》载：“司马相如者，蜀郡成都人也，字长卿。少时好读书，学击剑。”

《汉书·东方朔传》亦云：“东方朔字曼倩……十五学击剑……勇若孟贲，捷若庆忌。”《三国志·吴书·鲁肃传》则说：“肃，体貌魁奇，少有壮节，好为奇计，天下将乱，乃学击剑、骑射，招聚少年，给其衣食，往来南山中射猎，阴相部勒，讲武习兵。”而《史记·淮南衡山列传》则载：“太子学用剑，自以为人莫及，闻郎中雷被巧，乃召与戏，被一再辞让，误中太子。”说明太子的剑术并不高。

曹操除谋略过人外，还擅舞手戟，据《魏志·武帝纪》记载：曹操曾私入当时中常侍张让的住宅，图谋刺杀之，发觉后被围捕，乃舞手戟于庭，踰垣而去。曹操在《百辟刀令》中写道：“往岁，作百辟刀五枚，适成，先以一与五官将，其余四，吾诸子中有不好武而好文学者，将以次与之。”曹操把最好的刀给了曹丕，以鼓励他文武兼修。

魏文帝曹丕早年所写的《典论》，是中国文学史上里程碑性的著作，是中国最早的文学批评专著。《典论·论文》先从批评文人相轻的恶习出发，指出：“文非一体，鲜能筹备”，要求人们必须以“审计度人”的态度和对不同文体作不同要求来评论文章。他还提出“文气说”，认为“文以气为主，气之清浊有体”，并以此衡量作家的优劣得失。他把文章提到与建功立业并重的地位，提出了文章不朽说：“盖文章经国之盛事，不朽之大业。是以古之作者寄身于翰墨，见意于篇籍，不假良史之辞，不托飞驰之势，而声名自传于后。”

曹丕不仅文学修养很深，骑射及剑术亦臻于化境，他在《典论·自序》中如下写道。

初平之元，董卓杀主鸩后，荡覆王室。是时四海既困中平之政，兼恶卓之凶逆，家家思乱，人人自危。山东牧守，咸以《春秋》之义，“卫人讨州吁于濮”，言人人皆得讨贼，于是大兴义兵。名豪大侠，富室强族，飘扬云会，万里相赴。兖豫之师，战于荥阳。河内之甲，军于孟津，卓遂迁大驾，西都长安。而山东大者连郡国，中者婴城邑，小者聚阡陌，以还相吞并。会黄巾盛于海岱，山寇暴于并冀。乘胜转攻，席卷而南。乡邑望烟而奔，城郭睹尘而溃。百姓死亡，暴骨如莽。余时年五岁。上以四方扰乱，教余学射，六岁而知射。又教余骑马，八岁而知骑射矣。以时之多故，每征，余常从。建安初，上南征荆州，至宛，张绣降，旬日而返。亡兄孝廉子修、从兄安民遇害。时余年十岁，乘马得脱。夫文武之道，各随时而用。生于中平之季，长于戎旅之间，是以少好弓马，于今不衰，逐禽辄十里，驰射常百步。日多体健，心每不厌。建安十年，始定冀州，濊貊贡良弓，燕代献名马。时岁之暮春，勾芒司节，和风扇物，弓燥手柔，草浅兽肥，与族兄子丹，猎于邺西终日，手获獐鹿九，雉兔三十。后军南征，次曲蠡，尚书令荀彧奉使犒军，见余，谈论之末，彧言：“闻君善左右射，此实难能。”余言：“执事未睹夫项发口纵，俯马蹄而仰月支也”。彧笑曰：“乃尔。”余曰：“埒有常径，的有常所，虽每发辄中，非至妙也。若夫驰平原，赴丰草，要狡兽，截轻禽，使弓不虚弯，所中必洞，斯则妙矣。”时军祭酒张京在坐，顾彧拊手曰：“善。”余又学击剑，阅师多矣。四方之法各异，唯京师为善。桓灵之间，有虎贲王越，善斯术，称于京师。河南史阿言昔与越游具得其法。余从阿学之，精熟。尝与平虏将军刘勋、奋威将军邓展等共饮。宿闻展善有手臂，晓五兵；又称其能空手入白刃。余与论剑良久，谓言将军法非也，余顾尝好之，又得善术。因求与余对。时酒酣耳热，方食芊蔗，便以为杖，下殿数交，三中其臂。左右大笑。展意不平，求更为之。余言吾法急属，难相中面，故齐臂耳。展言愿复一交。余知其欲突以取交中也，因伪深进，展果寻前，余却脚鄛，正截其颡。坐中惊视。余还坐，笑曰：“昔阳庆使淳于意去其故方，更授以秘术。今余亦愿邓将军捐弃故伎，更受要道也。”一坐尽欢。夫事不可自谓己长。余少晓持复，自谓无对。俗名双戟为坐铁室，镶楯为蔽木户。后从陈国袁敏学，以单攻复，每为若神。对家不知所出。先日，若逢敏于狭路，直决耳。余于他戏弄之事少所喜，唯弹棋略尽其巧，少为之赋。昔京师先工有马合乡侯、东方安世、张公子，常不得与彼数子者对。上雅好诗书文籍，虽在军旅，手不释卷。每定省从容，常言：“人少好学则思专，长则善忘。长大而能勤学者，唯吾与袁伯业耳。”余是以少诵诗论。及长而备历五经四部、史汉、诸子百家之言，靡不毕览。所著书论诗赋，凡六十篇。至若智而能愚，勇而能怯，仁以接物，恕以及下，以付后之良史。

邓展能空手入白刃，居然输给了曹丕，可见后者剑术之高超，再试仍输，可见不是偶然的。

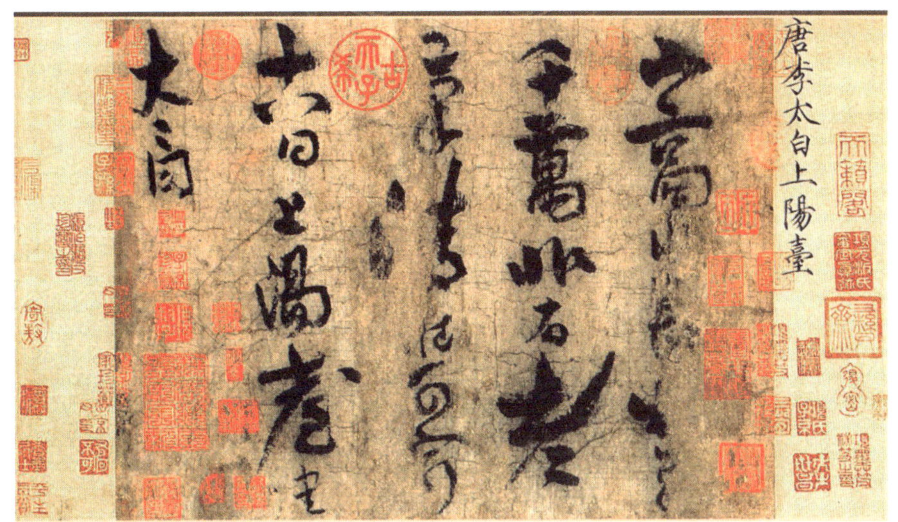

1958 年张伯驹将李白《上阳台帖》赠送毛泽东 后转送故宫博物院

唐代文人习武是极其普遍的，如诗仙李白，擅武功、精剑术，目如虎狼，曾剑穿猛虎、手刃数人。在其诗歌之中，多次提到其习剑之事及佩剑的习惯。李白剑术的师父是当时公认的第一高手裴旻，颜真卿、王维都写诗赞颂过裴将军。李白书法，苍劲有力，有蓄势待发的感觉，若非有功夫在身，很难做到。李白对怀素的书法评价极高，曾经写过一首赞誉怀素书法的《草书歌行》，写得极为传神：

少年上人号怀素，草书天下称独步。
墨池飞出北溟鱼，笔锋杀尽中山兔。
八月九月天气凉，酒徒词客满高堂。
笺麻素绢排数箱，宣州石砚墨色光。
吾师醉后倚绳床，须臾扫尽数千张。
飘风骤雨惊飒飒，落花飞雪何茫茫。
起来向壁不停手，一行数字大如斗。
怳怳如闻神鬼惊，时时只见龙蛇走。
左盘右蹙如惊电，状同楚汉相攻战。
湖南七郡凡几家，家家屏障书题遍。
王逸少，张伯英，古来几许浪得名。
张颠老死不足数，我师此义不师古。
古来万事贵天生，何必要公孙大娘浑脱舞。

《新唐书》是北宋时期欧阳修、宋祁、范镇、吕夏卿等合撰的一部记载唐朝历史的纪传体断代史书，“二十四史”之一。《新唐书·李白传》记载：“（李白）喜纵横术，击剑，为任侠，轻财重施。……文宗时，诏以白歌诗、裴旻剑舞、张旭草书为三绝。”

李白常佩剑出游，他在《与韩荆州书》中写道：“白，陇西布衣，流落楚、汉。十五好剑术，遍干诸侯。三十成文章，历抵卿相。虽长不满七尺，而心雄万夫。皆王公大人许与气义。此畴曩心迹，安敢不尽于君侯哉！”在《在水军宴赠幕府诸侍御》写道：“宁知草间人，腰下有龙泉。”李白直接描写“剑”的诗篇就有四十余首。比如我们熟知的《行路难》：“金樽清酒斗十千，玉盘珍馐值万钱。停杯投箸不能食，拔剑四顾心茫然。”

正是因为剑术高超,《侠客行·赵客缦胡缨》才写得如此传神。

赵客缦胡缨，吴钩霜雪明。
银鞍照白马，飒沓如流星。
十步杀一人，千里不留行。
事了拂衣去，深藏身与名。
闲过信陵饮，脱剑膝前横。
将炙啖朱亥，持觞劝侯嬴。
三杯吐然诺，五岳倒为轻。
眼花耳热后，意气素霓生。
救赵挥金槌，邯郸先震惊。
千秋二壮士，烜赫大梁城。
纵死侠骨香，不惭世上英。
谁能书阁下，白首太玄经。

李白好友，诗圣杜甫的骑射技术亦非常人可比，白发年迈时仍能策马飞驰：“向来皓首惊万人，自倚红颜能骑射。”对舞剑更是激情满怀，其《观公孙大娘弟子舞剑器行》并序，若非自身有深厚的武功，很难写得如此传神。

大历二年十月十九日，夔府别驾元持宅，见临颍李十二娘舞剑器，壮其蔚跂，问其所师，曰：“余公孙大娘弟子也。”开元三载，余尚童稚，记于郾城观公孙氏，舞剑器浑脱，浏漓顿挫，独出冠时，自高头宜春梨园二伎坊内人洎外供奉，晓是舞者，圣文神武皇帝初，公孙一人而已。玉貌锦衣，况余白首，今兹弟子，亦非盛颜。既辨其由来，知波澜莫二，抚事慷慨，聊为《剑器行》。昔者吴人张旭，善草书帖，数常于邺县见公孙大娘舞西河剑器，自此草书长进，豪荡感激，即公孙可知矣。

昔有佳人公孙氏，一舞剑器动四方。
观者如山色沮丧，天地为之久低昂。
㸌如羿射九日落，矫如群帝骖龙翔。
来如雷霆收震怒，罢如江海凝清光。
绛唇珠袖两寂寞，晚有弟子传芬芳。
临颍美人在白帝，妙舞此曲神扬扬。
与余问答既有以，感时抚事增惋伤。
先帝侍女八千人，公孙剑器初第一。
五十年间似反掌，风尘澒洞昏王室。
梨园弟子散如烟，女乐余姿映寒日。

金粟堆前木已拱，瞿塘石城草萧瑟。

玳筵急管曲复终，乐极哀来月东出。

老夫不知其所往，足茧荒山转愁疾。

据唐·李肇《唐国史补》卷上记载："张旭草书得笔法，后传崔邈、颜真卿。旭言'始吾见公主担夫争路，而得笔法之意。后见公孙氏舞剑器，而得其神'"。

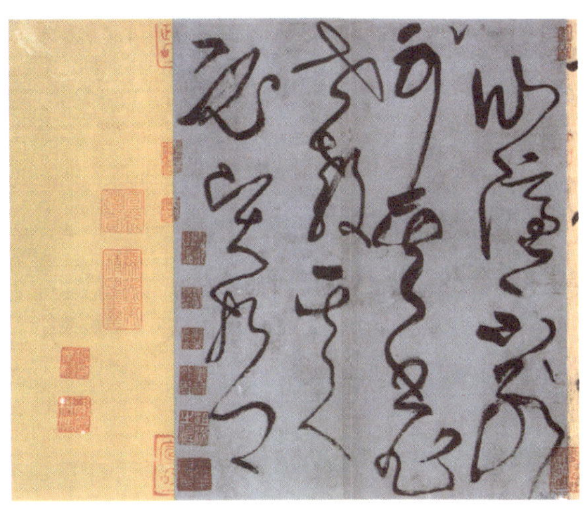

张旭狂草《古诗四帖》

吾尝网购复制件狂草《古诗四帖》，到货后打开一看，真是精美绝伦，感觉从没有见过如此美妙的草书，仔细一看才知道是张旭作品。难怪称之为"草圣"。

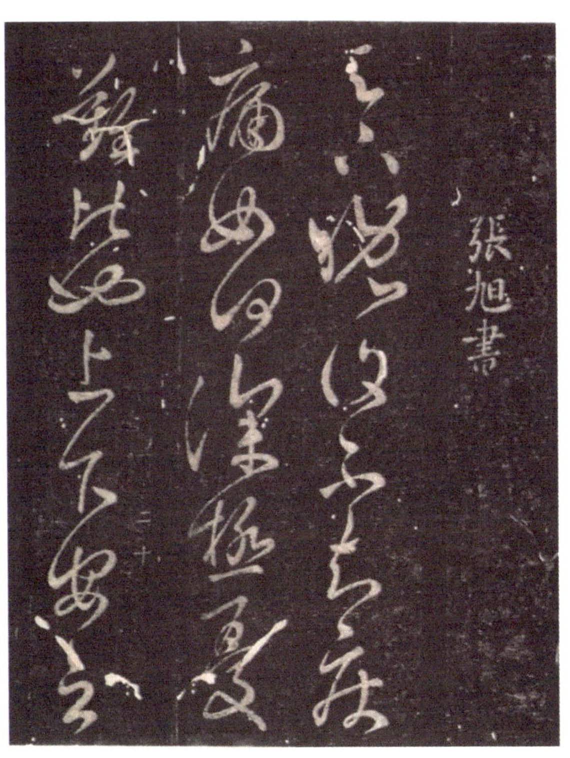

张旭《晚复帖》

《终年帖》(选自《大观帖》故宫博物院藏李宗翰宋拓本)

资料:《终年帖》传为张芝之作，或为唐张旭所作。

张旭用笔如剑划长空，逸势奇状，连绵回绕，气势飞动，可以感受到公孙大娘舞西河剑器的神韵。韩愈在《送高闲上人序》中评价张旭："喜怒、窘穷、忧悲、愉佚、怨恨、思慕、酣醉、无聊、不平，有动于心，必于草书焉发之。观于物，见山水崖谷、鸟兽虫鱼、草木之花实、日月列星、风雨水火、雷霆霹雳、歌舞战斗、天地事物之变，可喜可愕，一寓于书，故旭之书，变动犹鬼神，不可端倪，以此终其身而名后世。"他对书法的热爱达到了痴迷的程度，后人论及唐人书法，对欧、虞、褚、颜、柳、素等均有褒贬，唯对张旭无不赞叹。天宝初，颜真卿曾向张旭求教过草书笔法，因急功近利曾被张旭怒训，此后颜真卿勤学苦练，终成大家，撰有学习笔记《张长史十二意笔法记》，怀素则从老师颜真卿那里获得张旭的草书真髓。张旭不仅字好，诗写的也很有意境。

《桃花溪》

隐隐飞桥隔野烟，石矶西畔问渔船。

桃花尽日随流水，洞在清溪何处边。

《山行留客》

山光物态弄春晖，莫为轻阴便拟归。

纵使晴明无雨色，入云深处亦沾衣。

芗老强调"拳拳服膺"，大成拳讲"行住坐卧，不离拳意，动静处中，皆可用功。"一切艺术、科学到了痴迷的程度，境界都是一样的。管平湖先生除了谱曲、弹琴、绘画，对这些技艺以外的社会应酬都不感兴趣。芗老也是，一生不置房产，租房子住。

汉唐时武官地位很高，《魏书·高祖纪下》："国家虽崇文以怀九服，修武以宁八荒，然于习武之方，尤为未尽。"唐李暠《奉和圣制送张说上集贤学士赐宴》诗："偃武尧风接，崇文汉道恢。"

从唐朝中期到五代十国，武将们的权力很大。唐朝时武将的权力皇帝都管不了，五代时更甚。唐朝走向没落就源于安史之乱，安史之乱之后，节度使们掌控了更大的权力，士兵“唯知其将之恩威，而不知有天子”。唐朝后期的一些节度使不是皇帝任命的，而是将领们拥戴的。五代十国，愈演愈烈，由拥戴节度使演变为拥戴为皇帝，如河东节度使石敬瑭，后晋大将杨光远，后唐大将符彦饶，后唐明宗李嗣源。赵匡胤被黄袍加身拥立为皇帝，则是众所周知的了。

四、重文抑武之转折

物极必反，到了宋代，社会风气开始逆转。国家开始实行了“重文抑武”国策，结果就是出现了“好男不当兵”的情况。宋朝是当时世界上第一经济强国、文化强国，四大发明中有三项在宋朝发明或进入实用阶段。宋朝经济实力和科技实力如此强大，可是为什么却打不过人口数量远远不如自己的辽国、西夏、金国、蒙古这样的少数民族政权呢？主要是因为宋朝实行了“重文抑武”国策所致。

岳武穆画像

因为陈桥兵变，赵匡胤一夜之间由将军变成了皇帝。他虽然当了皇帝，但心中并不踏实，既然将领们可拥立自己，当然也可以拥立别人。从五代十国时代生活过来的赵匡胤，非常明白武将专权的危害，因此“杯酒释兵权”后，着手改革唐朝、五代的统治体制。一是建立“士大夫民主制度”，不以言论杀人。二是建立用文官限制武将制度，办法是在各地设立文官郡守、知州的同时，设立通判制度，而通判有权力向中央直接负责，汇报当地官员的“德、能、勤、绩、廉”，这样形成互相制约。第三是在各地设立转运司，转运使由文官担任，负责将各地的赋税、粮食、物资等“转运”到中央，由中央直接掌控财粮大权。第四是在各地设立提刑司，提刑官也由文官担任，负责司法。这样，各地的军权、行政权、财政权、用人权、案件审断权等全部由文官担任，权力收归朝廷。而原来由节度使掌管的这些权力被全部剥夺，武将只负责打仗，打完仗后将权力交回。宋代武将的地位很低，比如名将狄青虽然战功无数，但在和自己平级的文臣韩琦面前，竟然吓得瑟瑟发抖，他的部下焦用被韩琦当场斩杀，狄青求情都不管用。大家所熟知的名将岳飞，虽然为国家立下汗马功劳，最后还是被以莫须有的罪名杀害。中书舍人虞允文在抗金前线激励士气，竟然对前线的将军说如果打胜仗了就认你做干儿子，而这位将军不但不恼，反而感激涕零。开国元勋、当朝枢密使大将曹彬，只要一遇到文官坐轿过来，立马给对方让路。

在赵匡胤的文官政治改革下，宋朝的文官地位得到显著提高，而且以后世代相传。宋代的文官不只社会地位高，物质待遇也很高，对于文官，设立通判进行制约。赵匡胤有一次微服私访丞相赵普家，他得知吴越国钱俶给赵普送了“海鲜”，当场翻看，却是一坛坛黄金。但赵匡胤并没有处罚赵普，理由是：“朕令选儒臣干事者百余，分治大藩，纵皆贪浊，亦未及武臣一人也。”

宋朝虽然重文轻武，但也有个别文官能上阵杀敌，也取得不错的战绩。比如中书舍人虞允文指挥宋军大破金帝完颜亮，取得采石大捷。名相寇准就是在辽国犯境、一片喊逃声中，激励皇帝赵恒御驾亲征。皇帝和宰相亲自督战，士气大振，守城的宋军用床子弩射杀辽军主将萧挞览，大败辽军。但取得胜利的宋军却与辽军签订了“丧权辱国”的和平协议，答应每年赔给辽国银十万两，绢二十万匹。宋辽自澶渊之盟后，果然达成了一百二十年的和平。而且赵恒对这个赔偿非常满意，重赏了达成这个协议的殿直曹利用。由此宋真宗赵恒给宋朝留下了“金钱换和平”的先例，所以宋朝以后多以此办法办之。

自此以后，宋朝更加轻视武将，赵恒还写了一首家喻户晓的《劝学诗》：“富家不用买良田，书中自有千钟粟；安居不用架高堂，书中自有黄金屋；出门莫恨无人随，书中车马多如簇；娶妻莫恨无良媒，书中自有颜如玉；男儿若遂平生志，六经勤向窗前读”。“好男不当兵”就是从这时候开始的。文臣社会地位高于武将的情况一直到明朝都未改变，就连名将戚继光都说自己是张居正的“门下走狗”。

梁启超对当时国民精神萎靡、身体羸弱的这一惨状痛恨不已，“今日群盗入室，白刃环门，我不一易其文弱之旧习，奋其勇力，以固其国防，则立羸羊于群虎之间，更何术以免其吞噬也！”“柔脆无骨之人，岂能一日立于天演之界？”

五、近代国人觉醒

梁启超在《中国之武士道》的序言中写道："我神祖黄帝，降自昆仑，四征八讨，削平异族，以武德贻我子孙。自兹三千余年间，东方大陆，聚族而居者，盖亦百数，而莫武于我族。"

《中国之武士道》一书写于 1904 年 10 月，写作这本书的时候，梁启超 32 岁，因为戊戌变法失败遭到清政府的通缉流亡日本。国家的衰朽，政治的腐败，国民精神的懦弱，造成了外国人对中国人的歧视，当时西方和日本都认为"中国之历史，不武之历史也，中国之民族，不武之民族也。"这刺激着梁启超敏感的心灵，他激动地说："吾耻其言，吾愤其言，吾未能卒服也。"于是愤而下笔，著成此书。梁启超选取了七十多个春秋战国时期的著名人物作为中国武士道精神的体现者，追寻他们超拔豪迈、慷慨悲歌的一生，缅怀他们为了个人的名誉或国家的利益不惜以命相争的牺牲精神、不为瓦全的铮铮风骨。梁启超历来主张要革新国家，就要先革新国民的精神和思想，他写作此书也是为了弘扬中华民族的尚武精神，以先民的武德作为子孙后代的模范。遂精心选取了孔子、墨子、荆轲、张良、项羽等 70 多位中国历史人物，以此来唤醒国人尚武之热血。自序中论述如下。

新史氏既述春秋战国以迄汉初，我先民之以武德著闻于太史者，为《中国之武士道》一卷，乃叙其端曰；泰西日本人常言，中国之历史，不武之历史也，中国之民族，不武之民族也。呜呼，吾耻其言，吾愤其言，吾未能卒服也。我神祖黄帝，降自昆仑，四征八讨，削平异族，以武德贻我子孙。自兹三千余年间，东方大陆，聚族而居者，盖亦百数，而莫武于我族。以故循优胜劣败之公理，我族遂为大陆主人。三代而往，书阙有间矣。既初有正史以来，四五百年间，而其人物之卓荦有价值者，既得此数。于戏，何其盛也。

新史氏乃穆然以思，矍然以悲，曰中国民族之武，其最初之天性也。中国民族之不武，则第二之天性也，此第二之天性，谁造之，曰时势造之，地势造之，人力造之。

司马迁，良史也，其论列五方民俗，曰种代石北也，地边胡，数被寇，人民矜懻忮，好气，任侠；中山地薄人众，民俗懁急，丈夫相聚游戏慷慨悲歌；郑卫俗与赵相类，然近梁鲁，微重而矜节。濮上之邑徙野王，野王好气任侠，卫之风也：夫燕亦勃碣之间一都会也，人民希，数被寇，大与赵代俗相类，而民雕悍，临淄亦海岱之间一都会也，其俗怯于众斗，勇于持刺，故多劫人者，大国之风也。

由此观之，环大河南北所谓我族之根据地，安所往而非右武之天性所磅礴乎？夫形成社会之性质者，个人也，而铸造个人之性质者，又社会也，故人性恒缘夫社会周遭之种种普通现象特别现象而随以转移。

中国自昔非统一也，由万国，而三千，而八百，而百二十，而十二，而七，而归于一。其间竞争剧烈，非右武无以自存。盖一强与众弱遇，弱者固弱，强者亦不甚强，数强相持，互淬互厉，而强进矣。其相持者非必个人也，强群与强群相持，其强之影响，遍浸渍于群中之分子，而个人乃不得不强。此春秋战国间，我民族所以以武闻于天下也。抑推原所自始，则由外族间接以磨砺而造成之者，功最多焉。

我族之有霸国，始于春秋，寻常称五霸，谓霸主也；吾谓霸者以国不以主，故易称霸国。霸国者，强权所由表征也，其在春秋，曰齐，曰晋，曰秦，曰楚，曰吴，曰越；其在战国，则晋分为韩、赵、魏，吴、越合并于楚，而更益以燕。此诸国者，皆数百年间我民族之代表也，而推其致霸之由，其始皆缘于他族杂处，日相压迫，相侵略，非刻刻振历无以图存，自不得不取军国主义，以尚武为精神。其始不过自保之谋，其后乃养成进取之力，诸霸国之起源，皆赖是也。

请言齐。环齐左右者，徐莱淮，夷綦强，故太公初封营丘，莱夷即与之争国，其后徐偃王朝三十二诸侯焉，故太公以悍急敷政，而管子作内政寄军令，齐富强至于威宣，盖以此也。

请言晋。晋故狄地也，故晋人曰：狄之广莫，于晋为都，晋之启土，不亦宜乎。又曰：晋居深山之中，戎狄之与邻，而远于王室。又曰：吾先君之亟战也有故，秦狄齐楚皆强，不尽力子孙将弱。故春秋之世，晋与狄相终始，而犹未能得志于鲜虞。鲜虞，白狄别种，而战国之中山也，三卿分晋，而赵当其冲，故武灵王曰：中山侵掠吾地，系累吾民，先王忿之，其怨未能报也。故以胡服骑射教民，举国皆执兵焉。全晋之时，其民既以仁悍称，至赵益甚，盖以此也。

请言秦。秦最初以讨戎功得封，秦仲以来五世与戎为仇，死戎难者三焉，秦穆修政，乃伐西戎，灭国十二，辟地千里。秦之建国，以血肉与诸戎相搏而易之也。其后商鞅厉农战，司马错伐蜀，而秦即用是以并天下。

请言楚。楚之封，与古三苗遗裔争地，若敖蚡冒，筚路蓝缕，以启山林，其君无日不讨军实而申警之，曰祸至之无日，戒惧之不可以怠，楚之能强，皆以此也。

请言吴越。吴越通上国较晚，其初代与他族竞争之烈，不可深考。要之亦我族沐甚风栉甚雨而抚其地也。阖闾勾践时代，所以厉其民者至矣。

请言燕。燕僻处东北，自春秋初即有山戎之祸，其后北戎日益暴，而燕亦日益强，是以得并六为七，以显于战国也。太史公曰：天下冠带战国七，而三国边于匈奴，谓秦与赵与燕也，夫使武灵不以幽弑，乐毅不以间亡，蒙恬不以谗杀，三子者有一焉能终其业，则黄帝以来獯鬻之患，或至是而竟消灭，而后此白登之围困，甘泉之烽火，乃至刘石金元之耻辱，或竟不至以污蔑我国史焉，未可知也。

夫其对于外族之竞争，既若是矣，其在本族，亦地丑德齐，莫能相尚，兢兢于均势，汲汲于自完，故尚武之一观念，上非此无以率其民，民非此无以事其上，盖社会之大势，所以鼓吹而摩荡之者如是也。

六国之末，悬崖转石之机，愈急愈剧，有势位者，益不得不广结材侠之民以自固，故其风扇而弥盛，名誉誉此者也，爵赏赏此者也，权利利此者也，全社会以此为教育，故全民族以此为生涯，轰轰烈烈，真千古之奇观哉！

夷考当时武士信仰之条件，可得十数端。一曰，常以国家名誉为重，有损于国家名誉者，刻不能忍，如先縠、栾书、郤至、雍门子狄之徒是也；一曰，国际交涉，有损于国家权利者，以死生争之，不畏强御，如曹沫、蔺相如、毛遂之徒是也；一曰，苟杀其身而有益于国家者，必趋死无吝无畏，如郑叔詹、安陵缩高、侯嬴、樊於期之徒是也；一曰，己身之名誉，或为他人所侵损轻蔑，则刻不能忍，然不肯为短见之自裁，不肯为怀忿之报复，务死于国事，以恢复武士之誉，如狼瞫、下庄子华周、杞梁之徒是也；一曰，对于所尊长，常忠实服从，虽然，苟其举动有损于国家大计或名誉者，虽出自所尊长，亦常抗责之不肯假借，事定之后，亦不肯自宽其犯上之罪，而常以身殉之，如鬻拳、先轸、魏绛之徒是也；一曰，有罪不逃刑，如庆郑、奋扬之徒是也；一曰，居是职也，必忠其职，常牺牲其身乃至牺牲一切所爱以殉职，如齐太史兄弟，及李离、申鸣、孟胜之徒是也；一曰，受人之恩者，以死报之，如北郭骚、豫让、聂政、荆轲之徒是也；一曰，朋友有急难以相托者，常牺牲其身命及一切利益以救之，如信陵君、虞卿之徒是也；一曰，他人之急难，虽或无与于我，无求于我，然认为大义所在，大局所关者，则亦锐身自任之，而事成不居其功，如墨子、鲁仲连之徒是也；一曰，与人共事，而一死可以保秘密，助其事之成立者，必趣死无吝无畏，如田光、江上渔父、溧阳女子之徒是也；一曰，死不累他人，如聂政之于其姊，贯高之于其王是也；一曰，死以成人之名，如聂荣之于其弟是也；一曰，战败，宁死不为俘，如项羽、田横之徒是也；一曰，其所尊亲者死，则与俱死，如孟胜之门人、田横之客是也；一曰，其所遇之地位，若进退维谷，不能两全者，则择其尤合于义者为之，然事过之后必以身殉，以明其不得已，如钼麑、奋扬、子兰子之徒是也；一曰，其初志在必死以图一事者，至事过境迁以后，无论其事或成或不成，而必殉之，以无负其志，如程婴、成公赵之徒是也；一曰，一举一动，务使可以为万世法则，毋令后人误学我以滋流弊，如子囊、成公赵之徒是也。

其余诸美德，尚不可悉数。要而论之，则国家重于生命，朋友重于生命，职守重于生命，然诺重于生命，恩仇重于生命，名誉重于生命，道义重于生命，是即我先民脑识中最高尚纯粹之理想，而当时社会上普通之习性也。

呜呼，横绝四海，结风雷以为魂，壁立万仞，郁河岳而生色。以视彼日本人所自侈许曰武士道者，何遽不逮耶！何遽不逮耶！

呜呼，我民族武德之斵丧，则自统一专制政体之行始矣。统一专制政体，务在位天下皆弱，唯一人独强，然后志乃得逞，故曰，一人为刚，万夫为柔，此必至之符也，作俑者为秦始皇。始皇既一天下，锄群强而独垄之。贾生记之曰：堕名城，杀豪俊，收天下之兵，聚诸咸阳，销锋铸鐻，以弱天下之民。又曰：士不敢弯弓而报怨，民气之摧残，自兹时矣。幸其凶焰不久即被决溃，而前此遗风余烈，且尚未沫。故楚汉之间，前踽弥劭、张良等万乘于褐夫，田横死绝岛而不悔，贯高糜肤以白主，窦婴掷侯以拯友，犹先民之遗志也。

次摧之者则汉高祖。叔孙通定朝仪，尊扬主威，功臣武士，皆戢戢慑伏，汗下不敢仰。嘻，盖稍稍惫矣。然乡曲豪举游侠之雄若朱家、剧孟、王孟、济南瞯氏、陈周庸、郭解等，声气尚动天下。

次则景武之间，复大挫之。徙诸侯强宗豪杰及富人于诸陵，班固所谓三选七迁，充奉陵邑，盖以强干弱枝，隆上都而观万国，此殆犹始皇杀豪俊弱天下之意，特其操术巧拙殊异耳。群天下血气之士于辇毂下，使其心志佚于淫冶，其体魄脆于奢靡。晋狐偃有言，吾且柔之矣。而复选严酷之吏，为司隶，为尹，以次第锄之。盖景帝大诛游侠，孝武承流，法网逾密，至都、宁成、周阳由、赵禹、张汤、义纵、王温舒、尹齐、杨仆、减宣、杜周辈，希指承宠，革薙而禽狝之。而公孙弘、主父偃之徒，复假儒术，文奸言，以助其焰。

至是，而尚武精神，澌灭以尽矣。太史公伤之曰：自是之后，为侠者极众，敖而无足数者。如樊仲子、赵王孙辈，虽为侠，而逡逡有退让君子之风。至若北姚、西杜、南仇、东赵之徒，此盗跖居民间者耳，又乡者朱家之所羞也，呜呼，千百年养之而不足，数十岁锄之而有余，不亦重可悲耶？盖季布以武侠闻一世，而讨伐匈奴之议，犹且以含垢忍辱劝人主，则黄帝以来遗传之武德，既已消磨，而我族之对外，始不竞矣。

要而论之，则中国之武士道，与霸国政治相终始。春秋时代，霸国初起，始形成武士道之一种风气。战国时代，霸国极盛，武士道亦极盛。楚汉之交，时日虽短，犹然争霸也，故亦盛。汉初，天下统于一矣，而犹有封建，则霸国之余霞成绮也，而武士道虽存，亦几于强弩之末，不穿鲁缟。逮孝景定吴楚七国之乱，封建绝迹，而此后亦无复以武侠闻于世者矣。

呜呼，时势造人，岂不然哉！夫历九州而相君，壑四海以为家，其进也，既厉于竞争，有以为功名之地，其退也，复得所保护，有以为逋逃之薮，故士之能以武自见者，非独天性，亦形势使然也。及天下定于一尊，为人上者，无复敌国之足以劳其狼顾，前此强强相持之势，忽变为一强遇众弱，而其所最患，弱者之复起而为强耳，故前之奖之者，今则贱之，前之翼之者，今则摧之，事所必至，理所固然也。而天下一家，山谷海澨，悉受成于天子之命吏，法网所触，欲飞靡翼，束手待司败而已。倔强者死焉，次焉者易其操。前辈死焉，后起者无以为继。

夫社会之势力，必有所承袭，而始得永续性。后起者虽欲自建树，则固于其始萌蘖之顷而牧之矣。以故强武之民，反归于劣败淘汰之数，而惟余弱种以传子孙。昔人诗曰：何意百炼钢，化为绕指柔！君子观此，未尝不仰天而长恸也。

然则我国苟长为战国时代，互均势终不相下，是果为国之利乎？曰，利害未可知，然大势固不许尔尔。中国之地势，为天然统一之地势，而幅员如此其辽阔，户口如此其众多，其在幼稚时代，非厚集权力于中央，无以为治，故专制必与统一为缘，不得不以一强驭群弱，势使然也。夫使境外无复他强以与我相遇，则长此终古，保守秩序，宁不足以致小康。其奈全世界物竞之大势又不许尔尔，夫是以情见势绌，而二千年来，遂以屈辱之历史，播丑于天壤。

他勿具论，即如汉孝武者，岂非一世之雄主耶？其对外思想，雄健沉郁，白登之耻，缯币之辱，刻未尝去怀也。膺惩之志，终身以之，而成功遂不逮赵武灵王者。武灵时代，全赵皆强，孝武时代，则强者仅孝武一人，而其余皆弱也。以全体积弱之民，而从事外竞，未有能幸者矣。孝武欲扬本族之威于域外，而又锄本族之气于域中，此所谓却行而求前也。

自兹以还，经一度枭桀之主，则武德之消磨，愈增一度。前此所谓专制者，则一人刚而万夫柔也，后此所谓专制者，则客族刚而主族柔也。以万夫之柔者，与一人之刚者抗，彼虽武甚，然固极少数，踣之犹易也。至于以主族之柔者，与客族之刚者抗，则彼固亦有多数焉，以为爪牙，始焉以我弱故，彼乃得以强加诸我，继焉以彼强故，而我之弱益不可复瘳，递相为因，递相为果，引而无穷，每下愈况，以三千年前最武之民族，而奄奄极于今日，皆此之由。故曰时势造之，地势造之，而又不得不终致憾于人事也。

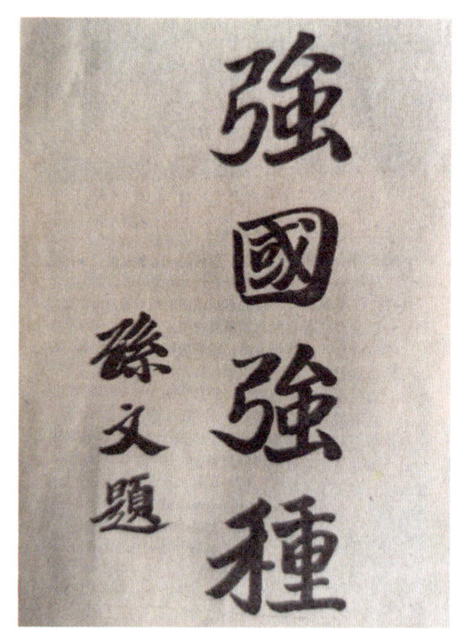

辛亥革命的领导者孙中山先生，不但提倡武术，而且本身也学习武术，其老师就是当代著名武术家蔡龙云先生的父亲蔡桂勤（鉴湖女侠秋瑾亦曾向蔡先生学剑）。辛亥革命成功后，他应孙先生邀请而到广东大元帅府当武术教官。每日蔡先生早起练功，六时许孙中山出来，互致问候然后就在大元帅府庭院中教孙先生扎马、练拳。当年，面对严重的民族危机，孙中山先生积极倡导尚武精神，提出“国术”概念，充分肯定习拳在强身健体、技击自卫、强国强种、振奋民族精神等方面的价值。孙中山出任大总统后，提出了三民主义建国方针，1919 年在为精武体育会的《精武本纪》作序中写道：“慨自火器输入中国之后，国人多弃体育之技击术而不讲，驯至社会个人积弱愈甚，不知最后五分钟之决胜，常在面前五尺地短兵相接之时……从来体育之技击术为务于强种保国有莫大之关系，推而言之，则吾民族所以致力于世界和平之基础。”并手书“尚武精神”赠该会。孙中山针对当时有想废止武术，抛弃技击，纯粹提倡“洋体育”的做法，提出了告诫：“我国人曩昔仅袭得他人物质文明之粗末，遂自弃其本体固有之技能，以为无用，岂非大失计耶？”“我国胞居处竞争剧烈之时代，不知求自卫之道，则不适于生存！”1911 年广州起义，是推翻满清皇朝的一个重大革命运动，是由孙中山亲自筹划，黄兴亲自指挥的。在攻打总督衙署的 130 名敢死队员中，有三个武术家，他们以一当十，子弹用完后，还赤手空拳打死十多个敌人。而黄兴本人亦拜湖南浏南武术家李永球为师，其功夫非常人可比。在一次战斗中，一个清兵向他扑来，黄兴竟把其倒提投入江中。

毛泽东早在青年时代就提倡尚武精神，曾于 1917 年 4 月 1 日在《新青年》第三卷第二号，以二十八画生之笔名发表《体育之研究》的文章，其主要观点与王芗斋《拳道中枢》十分相像，都认为国民积弱是缺乏尚武之风所致，而毛泽东尤其推崇中外圣人文武兼修的全面修养，可见毛泽东的伟岸气质与其身体强健是密不可分的。此摘录《拳道中枢》及《体育之研究》部分文字，可发现其中共有的尚武精神及忧国忧民之心。

王芗斋在《拳道中枢》中写道：“习拳之要，有三原则：一健身，一自卫，一利群，利群为吾人天职，亦其基本要项。然一切之一切，则须完全由于身心健康中得来。不健康绝无充足之精神，精神不足，永无可歌可泣之壮烈事迹。且不必曰杀身成仁，舍生取义。吾恐其人见人溺水或自缢，亦将畏缩而不前也。况路见不平拔刀相助战。不但如此，凡身之弱者，多气量小而情绪恶。是容物怡情，亦非身体健康不可也。健身为人生之本，习拳为健身之基。一切事业悉须赖之，其关系即如是之大，岂能任其以伪乱真，欺天下万世而不辨乎？”“总之，按近代所有拳术根本谈不到养生与技击之当耒，亦无一法能合乎生理原则之需要者，余四十年足迹大江南北，所遇拳家有千万，从无见有一式，而能得其均整者，况精奥乎？夫拳本形简而意繁，且有终身习行而不能得其要义者，至达于至善之地境，则尤属凤毛麟角，又况于此道根本不是者。”“……国民积弱，事事多不如人，病亦在于此。”

毛泽东在《体育之研究》论述如下。

国力苶弱，武风不振，民族之体质，日趋轻细。此甚可忧之现象也。提倡之者，不得其本，久而无效。长是不改，弱且加甚。夫命中致远，外部之事，结果之事也。体力充实，内部之事，原因之事也。体不坚实，则见兵而畏之，何有于命中，何有于致远？坚实在于锻炼。锻炼在于自觉。今之提倡者，非不设种种之方法，然而无效者，外力不足以动其心，不知何为体育之真义。体育果有如何之价值，效果云何，着手何处，皆茫乎如在雾中。

体育者，养生之道也。东西之所明者不一：庄子效法于疱丁，仲尼取资于射御；现今文明诸国，德为最盛，其斗剑之风，播于全国；日本则有武士道，近且因吾国之绪余，造成柔术，骎骎乎可观已。

三育并重，然昔之为学者，详德智而略于体。及其弊也，偻身俯首，纤纤素手，登山则气迫，步水则足痉。故有颜子而短命，有贾生而早夭，王勃、卢照邻或幼殇或坐废。此皆有甚高之德与智也，一旦身不存，德智则从之而隳矣。惟北方之强，衽金革死而不厌。燕赵多悲歌慷慨之士。烈士武臣，多出凉州。清之初世，颜习斋、李刚主文而兼武。习斋远跋千里之外，学击剑之术于塞北，与勇士角而胜焉。故其言曰：“文武缺一岂道乎？”顾炎武南人也，好居于北，不喜乘船而喜乘马。此数古人者，皆可师者也。

学校既起，采各国之成法，风习稍稍改矣。然办学之人，犹未脱陈旧一流，囿于所习，不能骤变，或少注意及之，亦惟是外面铺张，不揣其本而齐其末。故愚观现今之体育，率多有形式而无实质，非不有体操课程也，非不有体操教员也，然而受体操之益者少。非徒无益，又有害焉。教者发令，学者强应，身顺而心违，精神受无量之痛苦，精神苦而身亦苦矣。盖一体操之终，未有不貌瘁神伤者也。饮食不求洁，无机之物，微生之菌，入于体中，化为疾病；室内光线不足，则目力受害不小；桌椅长短不合，削趾适履，则躯干受亏；其余类此者尚多，不能尽也。

然则为吾侪学者之计如之何？学校之设备，教师之教训，乃外的客观的也。吾人盖尚有内的主观的。夫内断于心，百体从令。祸福无不自己求之者，我欲仁斯仁至，况于体育乎。苟自之不振，虽使外的客观的尽善尽美，亦犹之乎不能受益也。故讲体育必自自动始。

人者动物也，则动尚矣。人者有理性的动物也，则动必有道。然何贵乎此动耶？何贵乎此有道之动耶？动以营生也。此浅言之也；动以卫国也，此大言之也。皆非本义。动也者，盖养乎吾生乐乎吾心而已。朱子主敬，陆子主静。静，静也；敬，非动也，亦静而已。老子曰无动为大。

释氏务求寂静。静坐之法，为朱陆之徒者咸尊之。近有因是子者，言静坐法，自诩其法之神，而鄙运动者之自损其体。是或一道，然余未敢效之也。愚拙之见，天地盖唯有动而已。

动之属于人类而有规则之可言者曰体育。前既言之，体育之效，则强筋骨也。愚昔尝闻，人之官骸肌络，及时而定，不复再可改易，大抵二十五岁以后，即一成无变。今乃知其不然。人之身盖日日变易者：新陈代谢之作用不绝行于各部组织之间，目不明可以明，耳不聪可以聪，虽六七十之人犹有改易官骸之效，事盖有必至者。又闻弱者难以转而为强，今亦知其非是。盖生而强者，滥用其强，不戒于种种嗜欲，以渐戕贼其身，自谓天生好身手，得此已足，尚待锻炼？故至强者或终转为至弱。至于弱者，则恒自悯其身之不全。而惧其生之不永，兢业自持。于消极方面，则深戒嗜欲，不敢使有损失。于积极方面，则勤自锻炼，增益其所不能，久之遂变而为强矣。故生而强者不必自喜也，生而弱者不必自悲也。吾生而弱乎，或者天之诱我以至于强，未可知也。东西著称之体育家若美之罗斯福、德之孙棠、日本之嘉纳，皆以至弱之身，而得至强之效。又尝闻之，精神身体，不能并完。用思想之人，每歉于体；而体魄蛮健者，多缺于思。其说亦谬。此盖指薄志弱行之人，非所以概乎君子也。孔子七十二而死，未闻其身体不健；释迦往来传道，死年亦高；耶稣不幸以冤死；至于摩诃末，左持经典，右执利剑，征压一世。此皆古之所谓圣人，而最大之思想家也。今之伍秩庸先生，七十有余岁矣，自谓可至百余岁，彼亦用思想之人也；王湘绮死年七十余，而康健矍铄。为是说者，其何以解耶？总之，勤体育则强筋骨，强筋骨则体质可变，弱可转强，身心可以并完，此盖非天命而全乎人力也。

非第强筋骨也，又足以增知识。近人有言曰：文明其精神，野蛮其体魄。此言是也。欲文明其精神，先自野蛮其体魄。苟野蛮其体魄矣。则文明之精神随之。夫知识之事，认识世间之事物而判断其理也。于此有须于体者焉。直观则赖乎耳目，思索则赖乎脑筋，耳目脑筋之谓体，体全而知识之事以全，故可谓间接从体育以得知识。今世百科之学，无论学校独修，总须力能胜任。力能胜任者，体之强者也。不能胜任者，其弱者也。强弱分，而所任之区域以殊矣。

非第增知识也，又足以调感情。感情之于人，其力极大。古人以理性制之，故曰："主人翁常惺惺否"，又曰"以理制心"。然理性出于心，心存乎体。常观疲弱之人，往往为感情所役，而理性不足以救之。故身体健全，感情斯正，可谓不易之理。以例言之，吾人遇某种不快之事，受其刺激，心神震荡，难于制止。苟加以严急之运动，立可汰去陈旧之观念，而复使脑筋清明，效盖可立而待也。

非第调感情也，又足以强意志。体育之大效，盖尤在此矣。夫体育之主旨，武勇也。武勇之目，若猛烈，若不畏，若敢为，若耐久，皆意志之事。取例明之，如冷水浴足以练习猛烈与不畏，又足以练习敢为。凡各种之运动，持续不改，皆有练习耐久之益。若长距离之赛跑，于耐久之练习尤著。夫力拔山兮气盖世，猛烈而已；不斩楼兰誓不还，不畏而已；化家为国，敢为而已；八年于外，三过其门而不入，耐久而已。要皆可于日常体育之小基之。意志也者，固人生事业之先驱也。

肢体纤小者举止轻浮，肤理缓弛者心意柔钝，身体之影响于心理也如是。体育之效，至于强筋骨，因而增知识，因而调感情，因而强意志。筋骨者吾人之身，知识感情意志者吾人之心。身心皆适，是谓俱泰。故夫体育非他，养乎吾生，乐乎吾心而已。

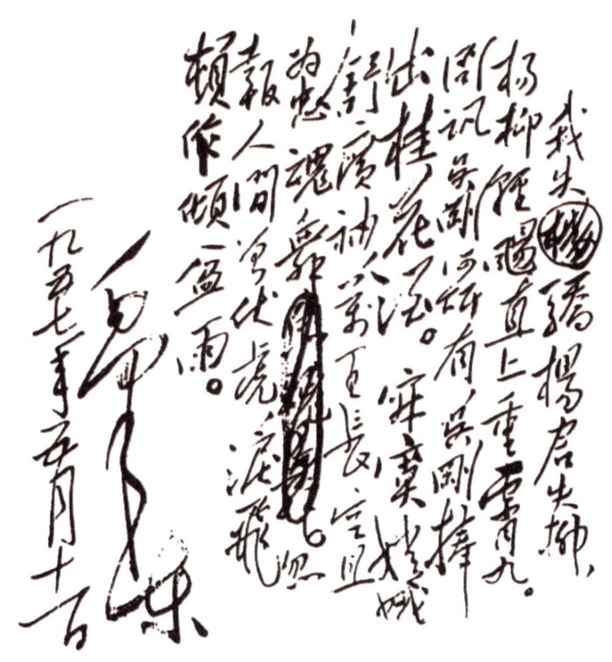

毛泽东《蝶恋花·答李淑一》

毛泽东主席的书法及诗词境界，为世人所赞叹。这当然与其文学修养及特殊人生经历密不可分，但其中更重要的是由于尚武精神。在著名的词《蝶恋花·答李淑一》中有一句“我失骄杨君失柳”，“柳”指的是毛泽东的好友柳直荀，柳直荀的父亲柳午亭是一位留日学生，他不仅是体育运动的热心倡导者，还是一位武术高手，毛泽东曾步行 100 多里去柳午亭先生家登门求教，学习武术。

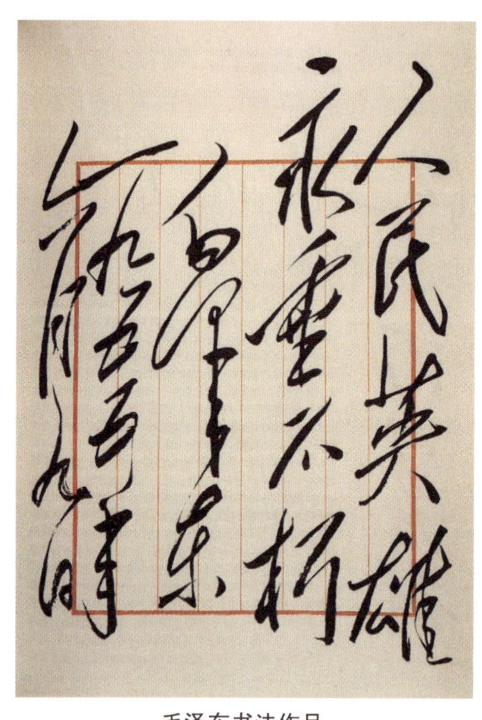

毛泽东书法作品

周恩来总理青年时曾拜师张占魁弟子韩慕侠学习形意拳，其神意有内家拳法“内固精神，外示安逸”的境界。而韩慕侠先生则是击败俄国大力士的人物，与赵道新齐名并为师兄弟。韩的后人至今仍保存有当年康泰尔交出奖牌，电影《武林志》即根据此段史实拍摄而成。1973 年周恩来总理亲自指示国家体委研究意拳，韩樵先生在国家体委作了意拳现代科学鉴定，并论述了意拳拳理融合于体育运动的作用，将意拳理论的完备性、科学性提高到一个崭新的领域，1985 年在香港意拳学会会长霍震寰先生及同仁大力支持下，在珠海成立意拳培训中心，韩樵先生 1990 年出任珠海市意拳研究会会长时仍神采奕奕，韩老于 2004 年 10 月 17 日中午在珠海住所辞世，享年九十六岁。

六、中央国术馆创立

中央国术馆于 1928 年，由张之江创办。

张之江（1882—1969），字子姜，盐山县留老人庄（今属黄骅市）人。张参加北京政变，配合了北伐胜利进军。1933 年，由中央国术馆主办国术国考。1933 年和 1936 年，两次率团分赴东南亚等地做武术表演，对武术的宣传卓有成效。

中央国术馆第一次国考最优等全体摄影

在抗日将领宋哲元、张自忠、傅作义、孙连仲等的部队，都有该馆、该校毕业生担任武术教官，教导各级官兵痛杀日寇。

1954 年张之江给毛泽东主席写信，希望发展武术事业。1955 年 2 月，毛泽东主席亲笔复函约其座谈，并希望他重新创办武术馆。

之江委员：

惠书早已收到。本想约谈，因循未果。近日查询，知先生已返上海，只好待之将来了。先生热忱爱国，如有所见，尚望随时赐教。顺致敬意。

毛泽东

1955 年 2 月 11 日

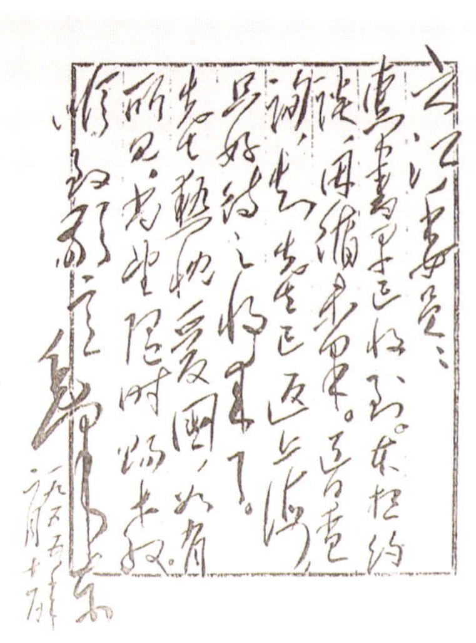
之江委员：惠书早已收到。本想约谈，因循未果。近日查询，知先生已返上海，只好待之将来了。先生热忱爱国，如有所见，尚望随时赐教。顺致敬意。
毛泽东
一九五五年二月十一日

1955 年 2 月毛泽东主席复函张之江的亲笔信

接信后，张之江把《关于成立国家武术机构的建议》提交全国政协。1956年，张建议贺龙元帅成立国家武术研究机构，当年中国武协成立。

1957年3月16日张之江在全国政协二届三次会议上发言摘要如下。

《不要忽视国术的研究整理工作》

76岁老人张之江表示：我还愿参加一点实际工作来配合有关部门共同把这一宝贵的祖国遗产，好好地研究整理，好好地向后一代传授和交代。

我听了毛泽东主席在最高国务会议上的指示与周恩来总理和陈叔通副主席的报告后，感到无限兴奋和鼓舞。我愿竭尽个人绵薄，以实际行动来拥护和贯彻执行所提示的任务和方针。

我虽然是一个76岁的人，我总觉得解放后，由于生活安定，精神愉快，特别是看到我们伟大祖国的建设事业突飞猛进，国际地位不断提高，更有说不出内心的感奋，因而总觉得我的心理年龄比我的生理年龄实在要年轻的多，在这样一个欣欣向荣，生气勃勃的社会里，我应该做些什么工作，才算是为人民服务为社会主义事业服务呢？我想几十年来我除了前半生在资产阶级民主革命过程中作了一些微末的贡献外，当然也犯了不少错误，但在后半生我曾费了30多年的时间和精力来提倡中国固有文化事业之一，即中国武术，借以报效国家和人民，因而获得了一些实际经验和心得，现在，我就谈谈提倡武术的这些经验和心得，开宗明义，这项固有文化事业，东西洋各国都没有，绝对可称为中国所独有，现在提出些许意见和建议，在必要的时候，我还愿参加一点实际工作来配合有关部门共同把这一宝贵的祖国遗产，好好地研究整理，好好地向后一代传授和交代。大家都知道，中国武术是中华民族几千年来最主要的体育活动方式，这个体育活动方式，在民族健康上、民族自卫上以及在民族医学治疗上，都曾发生过很大的作用和效果，这有数千年的历史事实可以证明，谁也不能否认。在国民党反动统治时期，一般所谓西洋体育专家们，只知一味提倡西洋体育。而对于民族形式的体育活动—中国武术，则多方破坏、侮蔑和排斥，反动当局，对于国术也多不重视，因而在二三十年中，虽有一般社会人士，大声疾呼努力倡导，但终不得要领，终未收到应有之效果。言念及此，甚觉痛心！解放以来，中国人民在中国共产党和毛主席领导下，凡百事业，都在大兴大建，所有祖国文化遗产，亦皆在“百花齐放，百家争鸣”的号召下，重新获得重视，恢复整理，发扬光大的机会。例如中医中药、中国戏曲、中国音乐以及中国文史等，这几年来都设有专门研究整理的机构，因而获得了巨大成绩，引起国内外的重视和赞誉，唯独中国武术这部遗产，研究整理工作显然落在后面。目前中央体育运动委员会，正在采取各种措施加强这一方面工作的领导，这是一件值得庆幸之事，我已不揣冒昧另作提案，提请大会共同讨论。这个提案如果获得通过成立，或将有助于中央体育运动委员会在这一工作上裨益于参考和起推动的作用。我认为目前研究整理中国武术工作，首先必须设一研究机构，如中国武术研究院，或中国武术研究馆，以便集中全国较有武术修养之老一辈人士，共同担负这一工作，同时我也感觉到关于这些散处在社会上之武术界人士的团结教育，改造问题，也是个迫切重要的问题。我们国家必须对这些人进行爱国主义和社会主义思想教育工作，帮助他们逐步提高政治觉悟和思想水平，帮助他们逐步化除宗派门户之见，使内家、外家，少林、武当，不再有此疆彼界之划分和老死不相往来之歧视；帮助他们尽心尽意公开教学传授后代，不再有各怀其宝，各秘其密，居奇骄吝，自私自利的坏习气；并帮助他们建立考试制度彻底革除以往“打擂台”好勇斗狠，互争雄长的狭隘恶劣作风。因此我想只有中央设立这样一个武术研究机构，才能在研究整理国故工作上发生较好的作用，收到完善的效果。至于中央武术研究院设立的规模和工作的教规，我在提案中也提了些许意见，希望有关部门参考采择，这就是我在建设社会主义社会过程中对于国家和人民的一点贡献，也就是我对党和毛主席在关怀照顾中表示一点感谢和敬意。以上所言是否适当，敬请各位委员，各位同志批评指教。

并祝大会胜利完成任务，各位身体健康。

（原载：《人民日报》1957 年 3 月 16 日）

张之江本人是武术高手，致力于体育教育，多次率团出国考察，弘扬中华武术，提倡术德并重，文武兼修，主张博采众长，反对门户之见；著有《东游感想录》《国术与体育》《国术与国难》等。张之江幼年上私塾，随祖父攻读诗书，并习练武术，先后毕业于东三省讲武堂、国民政府陆军大学将官班。1901 年，张之江应征入清朝新军。起初为骑兵，先后参加辛亥革命时推翻清廷腐败帝制的滦州起义与反对袁世凯称帝的云南起义。在京郊南口大战中，任国民军总司令，缴讨军阀混战，有力地配合了北伐军胜利进军。后升至陆军上将。张之江在统领西北军时期就非常重视武术，规定凡西北军均须通过练拳、劈刀、刺枪、体操四项主要科目。他在南口指挥作战时，因日夜操劳过度而患中风，中西医药治疗均不见效，他的警卫余国栋教他学练太极拳，身体竟很快恢复了健康，他于是更加笃定武术是中国的国粹，并向中央申请把武术改称为“国术”，以提高武术的重要性。

1927 年，时局突变，张之江急流勇退，被委任为国民政府军政部长而不就，毅然离开军队，脱离军界，只任国民政府委员，以全身心投入倡导国术运动。他认为：“国术是中华民族所固有的国粹，应将其由民间推向上层”，开始筹办国术研究馆。国术研究馆建馆的宗旨，除行政管理和编审教材书刊外，另设学生武术训练队（班），培养武术师资，以便推广武术教育。这种学术教育机构当向教育部申请备案，可是教育部百般刁难，不予支持，他们认为武术早已经被淘汰，并声称如果一定要提倡这种“旧玩意儿”，只能属于民众团体，不纳入教育系统。张之江在无可奈何的情况下，找到当年辛亥革命云南起义的老朋友、时任国民政府常务委员李烈钧。李烈钧当即拍板：“教育部既然不承认，那么就由国民政府直接领导，经费由国库开支。”

中央国术馆发起人：李烈钧、戴傅贤、蔡元培、于右任、纽永建、何应钦、张之江。

中央国术馆创始人：张之江、李景林、王子平、庞玉森、高振东、马英图、柳印虎。

中央国术馆最终在 1928 年 3 月成立，馆址位于南京西华门头条巷。馆长由张之江担任，最初的副馆长是李景林。在军阀混战时期，张之江和李景林曾两度在战场上对垒，是昔日的仇敌。但张之江深知李景林精通武当剑和内家拳术，遂不记前恨，一心以振兴国术、选贤任能为旨，三请李景林，终邀得他担任国术馆重要领导。国术馆开始设少林、武当两个门派：少林门主要包括少林拳、查拳、弹腿、八极拳、劈挂拳等，门长是王子平；武当门主要包括太极拳、形意拳、八卦掌等，门长是高振东。中央国术馆成立不久，国民政府即通令各级行政区设立相应机构。因此三十年代初，各省市均相继成立地方国术馆。

张之江赠给高振东的条幅

中央国术馆成立之初，就有雄厚师资，由马英图担任训练科长。聘任王子平（查拳）、高振东（形意拳、意拳）、朱国福（形意拳、意拳）、张长信（意拳、六合八法拳）、柳殷虎（杨氏太极拳）、杨法武（摔跤）、马王甫（摔跤）、朱国桢（搏击、意拳）、郭长生（劈挂）、孙玉铭（燕青拳、棍术）及孙禄堂、杨澄甫、陈子荣、张骧伍、米连科、李霖春、郭锡山、吴峻山、姜荣樵等武术大家担任武术教官。在培养师资方面，该国术馆的主要课程有国术源流、国术规则、拳术和器械套路、摔跤、武术短兵、武术长兵、散手、拳击等。学生毕业后可应聘担任各地武术教师或教练。每期人数不多，少则十几人，多则百余人；培训期限有几个月、一年、三年不等。国术馆也办比赛，如 1928 年、1933 年在南京举行了两届“国术国考”，进行了短兵、长兵、摔跤、散手（包括女子散手）等项的比赛。1936 年曾组织“国术代表队”到新加坡、马来西亚、菲律宾等地表演。

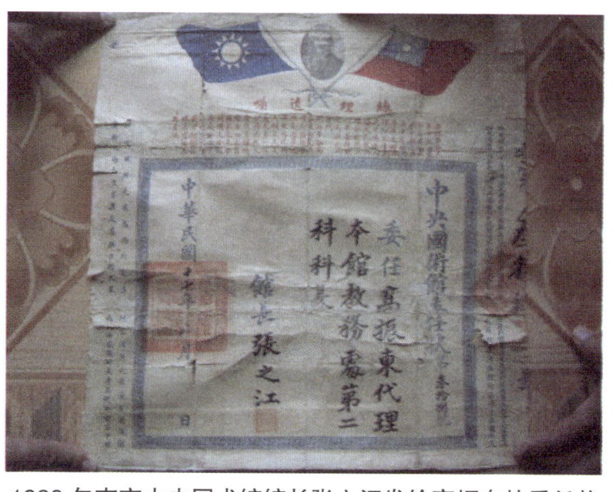
委任高振東代理本館教務處第二科科長
館長張之江
中華民國
日

1928 年南京中央国术馆馆长张之江发给高振东的委任状

国术馆成立之初，王子平和高振东因门派之见，于1928年底矛盾激化，演至比武较量。因此，张之江决定取消少林、武当门，改教务处代之。为了消除门户之见，中央国术馆把各门各户、各家各派融为一体，统称“国术”，这也正是“国术馆”名称的由来。张之江还特别在东渡日本参加第九届远东运动会后，写了著名的《东游感想录》一书，大力倡导日本武风。他在该书中申言“国内宗派门户之见，为害学术进步，甚深且巨”，认为消除武林陋习，共振国术事业，已成为当务之急。并强调指出：“如我不能自强，则举世将视我为俎上肉，咸思染指。”呼吁国人以道德文化为体，以国术运动为用，共相奋勉。张之江还以身作则，以逾不惑之年，坚持和名家学习。此后，中央国术馆门户之见日少，而习武风气焕然一新。各派武师互相切磋，取长补短，张之江本人就师事张长信学习意拳和六合八法拳多年。张长信先生一生门下弟子逾万，后来国家级的武术教授张文广、温敬铭、蒋浩泉等人皆从其学，这和张之江的带头有很大关系。

张之江当年送给张长信先生的丝织绣像

中央国术馆建立之后，为使中华武术更为光大，还创办了《国术周刊》杂志，请武林名宿介绍自己门派的技艺。从武术源流到其功法的演练，从攻防招数到对拆破解，从拳法到拳理，从长兵到短兵等武术问题，无不进行系统的研究整理。各派大师如贾氏青萍剑一代宗师贾耀亭、清末著名武术大师米连科等名流在周刊上发表的学术论文，大大弘扬了中华武术文化，在当时产生过很大影响。

《中央国术馆成立大会宣言》

站在这不竞争，不能生存的二十世纪舞台上，我们神明华胄，要怎样才可以避免人的狎侮，惹起人的尊视，这是现在所公认为重大的问题，先总理曾说过，“无论是个人，或团体，或国家，要有自卫的能力，才能够生存，”原来要生存，就要讲求自卫，人人有自卫的精神，有自卫的能力，凡国际上的自由平等，我们一定可以得到，练习国术，便是我们达到讲求自卫的一条途径。

国术是我们固有的技能，是锻炼体魂（注：原稿为魂）的方法，从前习练国术只知其然而不知其所以然，自从近数十年来，许多同志们，用了科学的方法，来估计我们国术的价值才晓得我们的国术，不但是不反科学的，而且在科学的立场上，还有崇高的位置。

关于这一点，同志们，著书立说的很多，综其要旨约有数端：

一、国术以手眼身步为锻炼的本位，是四肢百体协同的动作；

二、国术锻炼的功效，能增长神气，调和血脉，有百利而无一害；

三、国术不受经济的束缚，有平民化的可能，不分老幼，不拘贫富，不分性别，不拘人数，不拘场合，不拘空间时间，随时都可练习；

四、国术是体用兼备的，既可以强身强种，同时并能增进白兵格斗的方术，不论平时战时，皆可得着国术的功效，使人人皆有自卫卫国的能力；

五、国术是一种优美的锻炼，稍得门径便有可观，果能得其精神，手眼身步，俱有风虎云龙的变化，足以增加体育上的兴趣和美感。

综上所述，可以证明我们所提倡的国术不但是完美最易普及的体育，也就是我们救国的重要工作。

强国必先强种，强种必先强身，我国在国际地位的降低，“东亚病夫”是其一大原因。其实我们四万万同胞，无论体力智慧，都不逊于欧美，衰弱的唯一原因，便是忽略了请求自卫的国术，试看我国的欧美留学生，常常有一人兼攻数种学术，得几国学位的，一般留学生，在学校试验，也常常得着优越的地位，物质文明的原动力，罗盘火药印刷术，也是我们先人所发明的，可知我们的智力，并不比他种人弱，再就广东博济医院的报告，而随便加以比较，则在这二十余年内，因割症而施用蒙药的，约八千五百多人，受不起蒙药的只有两个人，而外国人平均在一百人中，总有三四个受不住蒙药的，可见中国人的体质，并不亚于欧美，而且胜过他们。国家所以衰弱，完全因为我们把与国同生死的武化，就忽略了。

同胞们！同志们!! 我们要注重与国同生死的武化，就赶快来练习国术。

强种才能强国，所以种族不强，国家在这世界里，便无存在的可能，我们的总理，叫我们铲除军阀，以求国家的自由平等，取消不平等条约，以求国际的自由独立，进而为世界大同，但是我们，怎样才能负起这样重大的使命呢，我们应当努力的，原不单是国术这一件事，须要知道，不强种说不到强国，不武装讲不起和平，铲除军阀必须冲锋格斗，取消不平等条约必须拼命力争，那么同胞们同志们，我们愿贯彻总理的主张吗，就要赶快锻炼身手，从国术这一条路做起。

历考我国积弱的缺点，就误在重文轻武四个字上，把堂堂的国民，几乎全变成了病汉，因为有一般志士，每以学万人敌互相标榜，却把冲锋陷阵的事，看成了匹夫小勇，其实运筹帷幄，与效命疆场这两种人，都是缺一不可的，而其武力尤是机谋的先锋，所以总理最后的遗言说“和平奋斗救中国”。我们为什么要奋斗，为的是和平，我们怎样能得着和平，只有奋斗，我们凭什么奋斗，研究国术是其一端。

同时我们国术界的同志们，要认清我们今后所负的使命，是本着三民主义，来努力救国的。所有应当有精益求精的锻炼，自强不息的奋勉，并且要破除门宗派别的界限。古人云：人之有技若己有之，这是何等容量，我们今日应绝对的不秘密，不嫉妒，不矜夸，优于我的，便是我的良师友，我必敬重他，效法他，弱于我的，我必以极诚恳的心，爱助他，指导他，决不轻视他，才能够使国术蒸蒸日上，身强种强国强，我们民族的精神，才能发扬，世界上的和平，才有希望。

据杨鸿晨考据，冯玉祥、佟麟阁、何基沣、张之江等热爱武术的一些军人很早就与王芗斋先生相识。

王芗斋17岁时就被名将刘光才聘为教官（营级），一生从未有过生活所迫的窘况。郭老作古时，王芗斋22岁，在《这不是传说》中已刊出了郭老1902年的照片史证。而且王芗斋在报端明言：“光绪三十三年，我离师远游……”，当时根本没有异议。光绪三十三年就是1907年，时王芗斋已是22岁。在他之前，还没有一个人有条件能在人生学艺的黄金时期由武学泰斗级的人物逼迫其进行先天体态下的专业化训练。是以诸多条件造就了芗老的人品、胆识和艺业，当然，也必然会被当时的军政界要人赏识、重用。王芗斋25岁时，由从其学的张绍曾荐入保定贵胄学堂任教官，后张绍曾调任十二镇统制，王芗斋随其驻扎于沈阳新民一带。当时，冯玉祥任十二镇营长，张之江任骑兵营排长，也驻新民府；在张绍曾的引荐下，王芗斋结识了以后对他拳学事业给予了巨大帮助的冯玉祥和张之江。辛亥年，武昌首义，移驻滦州的冯玉祥、吴禄贞和蓝天蔚等率兵响应反清；虽然由于张作霖告密破坏而遭缉拿，幸而冯是陆建章的内侄女婿，得陆搭救。清亡后，冯玉祥任管代，驻防京郊房山，又邀请王芗斋为武艺教习，佟麟阁和何基沣等从军志士从其学。时任绥远将军的张绍曾亲率四路大军迎击入侵之敌，经运筹激战，打败了入侵的蒙军，保卫了祖国领土，维护了祖国统一。1914年，张绍曾奉调回京，升任陆军上将，加封树威将军，先后又任陆军训练总监和陆军总长等职，王芗斋复被张绍曾聘为陆军部和模范团教官。在此期间，王芗斋同京城各派武林高手切磋技艺，威名愈著。不久，王芗斋的岳父吴封君亡故，其岳母也染重病，为了方便治疗和照顾自己的母亲，他把母亲和妻子吴淑琴都接到北京，先住长辛店，后定居在北京城内的宝扇胡同。自此，他一直在北京从事军旅中的教授拳技生涯。在张绍曾的引荐下，他又结识了黎元洪、段祺瑞、蔡锷和徐世昌等政要人物，先后任拱卫军教习和陆军部卫队长。在此期间，由白西园介绍，又从萧龙友、施今墨等大医探讨医道，并同王国维、刘春霖等国学大师成为挚友，在国学上颇得进益。

1915年，陆军中将江寿祺筹办成立陆军部武技传习所，设拳术、摔跤、举重、射击、火炮、刺杀等科目，段祺瑞和徐树铮等人聘请各科目的代表人物到传习所任教，王芗斋为教务长。传习所内人才荟萃，强手如林，如刘文华、尚云祥、佟忠义、孙禄堂等均为正式教员。王芗斋在教学的同时，经常组织对抗训练和武技交流，京津当地的高手也闻讯常来武技所观摩、实战、切磋，共同提高，使拳术界求真务实的风气大振。

1917 年 7 月，冯玉祥率旧部平叛辫帅张勋的复辟，任 16 混成旅旅长，王芗斋又得以同张之江、鹿钟麟、佟麟阁等人相聚，并共同倡扬拳道。所以，王芗斋在初期授艺之时有两个特点：一是军人多，甚至全都是军人；二是教授的内容必须是上战场时的性命相搏之艺，从而造成了学者大多掌握了临阵真传，却少有正式拜入师门的。王芗斋的初期弟子仅有章殿卿、何基沣、佟麟阁、靳云鹏、靳云鄂和聂恩相、齐执度等少数人而已，而正式收的大弟子乃是齐鲁格斗名手周松山先生。

唐代文学家韩愈在《送董邵南游河北序》中写道："燕赵古称多感慨悲歌之士。董生举进士，屡不得志于有司，怀抱利器，郁郁适兹土。吾知其必有合也。董生勉乎哉！夫以子之不遇时，苟慕义强仁者皆爱惜焉。矧燕赵之士出乎其性者哉！然吾尝闻风俗与化移易，吾恶知其今不异于古所云邪？聊以吾子之行卜之也。董生勉乎哉！吾因子有所感矣。为我吊望诸君之墓，而观于其市，复有昔时屠狗者乎？为我谢曰：明天子在上，可以出而仕矣。"河北自古以来就有尚武之风，金文"冀"字的形象就是一个壮士张开双手搏斗的状态。中华民族的尚武精神在燕赵大地得到了充分体现，最具代表性的就是手持大刀的中国军民共同抗击日寇的喜峰口战役。

我们小时候都唱过《大刀进行曲》。

大刀向鬼子们的头上砍去！
全国武装的弟兄们！
抗战的一天来到了，抗战的一天来到了！
前面有东北的义勇军，
后面有全国的老百姓，
咱们军民团结勇敢前进，
看准那敌人，
把他消灭，把他消灭！冲啊！
大刀向鬼子们的头上砍去。杀！
大刀向鬼子们的头上砍去！

但直到很晚我才知道 29 军抗击日寇的地点就在我家乡不远的喜峰口。当年喜峰口抗战胜利的消息传到上海，担任"上海歌咏界战时服务团"领导者之一的作曲家麦新热血奔涌，以火山喷发般的创作激情，连夜谱写了高亢激昂的《大刀进行曲》，副题是"献给 29 军大刀队"。麦新，原名孙默心、孙培元、铁克。当时麦新只有 19 岁，是美亚保险公司的一名小职员，长城抗战的英勇事迹，也同样激励着麦新。据当年《世界日报》报道："日军二百余名……被宋部大刀队迎头痛击……被斩首者占三分之一。""29 军大刀队急向日军冲锋，相与肉搏，白刃下处，日军头颅落地，遂获大胜。"

"大刀向鬼子们的头上砍去，二十九军的弟兄们，抗战的一天来到了，抗战的一天来到了！

前面有东北的义勇军，后面有全国的老百姓，咱们二十九军不是孤军。看准那敌人，把它消灭！把它消灭！冲啊！大刀向鬼子们的头上砍去，杀！”

《大刀进行曲》最初是为了鼓舞“29军的弟兄们”坚持抗战，后来，随着它雄壮的旋律响彻全国军队和民众之中，“29军的弟兄们”便改成了“全国武装的弟兄们”。《大刀进行曲》塑造了挥舞大刀向鬼子勇猛冲杀的中国军人的英雄形象。它就像抗日的号令，形成了抗日战争开始时最典型的时代音调。在喜峰口战斗中，29军及其大刀队血战日寇，一战成名，喜峰口防线经历多次激战始终屹立不倒。当年的日本《朝日新闻》也不得不承认：“明治大帝造兵以来，皇军名誉尽丧于喜峰口外，而遭受六十年来未有之侮辱。”喜峰口之战对骄横狂妄的日寇给予了沉重打击，鼓舞和坚定了全国人民的抗日决心。从此，29军大刀队名震天下，成了抗战初期中华民族抵御外侮的英雄偶像。

《大刀进行曲》在中国人民最需要的时候出现，是一首诞生在中华民族奋起抗击日本侵略者炮火声中的时代战歌，激发了中华儿女的爱国豪情。成千上万青壮年唱着这支歌参军入伍，走向抗日前线。上海沦陷后，手无寸铁的学生面对日本宪兵，高唱“大刀向鬼子们的头上砍去”，走向街头发起募捐，为前方将士赶制大刀。在台儿庄，中国军队与日军展开血战，硝烟弥漫的战场上不时传来《大刀进行曲》的雄壮歌声。这首歌不仅伴随了八年抗日战争，而且奠定了抗日歌曲特有的凝聚苦难与力量的雄浑风格，它与《黄河大合唱》《义勇军进行曲》等抗战名曲一起，形成了最典型的时代强音和民族精神的象征。《大刀进行曲》还被翻译成多种文字，产生了国际性影响。当时，世界反法西斯阵线42个国家曾在巴黎举行反法西斯大会，音乐家任光指挥旅欧华侨在会上演唱《大刀进行曲》《牺牲到最后关头》（麦新词、孟波曲）等救亡歌曲，激越澎湃的旋律引起各国代表的强烈共鸣。他们说：“中国的现代歌声蕴藏着中国的无限希望，也增强了世界反法西斯的必胜信心。”

宽城县冀东抗战遗址王厂沟村石家拥先生收藏砍杀过日寇的大刀

宽城县冀东抗战遗址王厂沟村石家拥先生

这首《大刀进行曲》没有过分地追求歌词的文学性，而以近乎口号式的呐喊，给人以巨大的震撼力。“大刀向鬼子们的头上砍去”一句作为首句，其居高临下的意味，勇猛之气、杀伐之声使敌人不寒而栗；作为尾句则显得干脆利落，不仅与首句相呼应，而且给人一挥而就、如同切瓜砍菜的快感。“抗战的一天来到了”和“把他消灭”两句被重复，作为一种强调的处理，具有强烈的艺术表现力。前者似乎是一个警句，向全国军民发出战斗的号召，后者则表达了中华民族英勇抗战、不达目的誓不罢休的决心。歌词中“冲啊！”和“杀”的呼喊，也恰到好处，恰如其分，使这首军歌的战斗精神得以最大程度的释放。2015 年 8 月 26 日，国家新闻出版广电总局发布了“我最喜爱的十大抗战歌曲”网络投票结果，《大刀进行曲》是入选的 10 首歌曲之一。

长城喜峰口关

长城喜峰口关（局部）

喜峰口位于唐山市北部迁西县与宽城县接壤处。是燕山山脉东段的隘口，古称卢龙塞，路通南北。汉代曾在此设松亭关，历史悠久。东汉末曹操与辽西乌桓作战，东晋时前燕慕容俊进兵中原，都经由此塞，后易名喜逢口。相传昔有人久戍不归，其父四处询问，千里来会，父子相逢于山下，相抱大笑，喜极而死，葬于此处，因有此称。明景泰三年筑城置关，称喜峰口关。喜峰口关周围是一片低山丘陵，海拔由南 200 余米，向北升高至 1000 余米，地形突兀，交通困难。由滦河所形成的谷道使之成为南北往来的天然孔道。喜峰口关处，左右高崖对峙，地形险要。由此出关折东趋大凌河流域，北上通西辽河上游及蒙古高原东部，向西南经遵化和冀北重镇蓟州（今蓟县）可至北京。

1933 年 3 月，日军从承德出发，兵分三路对长城各口全面进攻，东路冷口，中路喜峰口，西路古北口。3 月 9 日下午，先遣队进抵河北遵化东北 50 多公里的喜峰口，即向东北军万福麟部进攻。傍晚便侵占北侧长城线及喜峰口以东的董家口等阵地。中国守军第 29 军军长宋哲元指挥该军英勇抗击。危难时刻，第 37 师冯治安部旅长赵登禹，奉命派王长海团为先锋，急行军增援喜峰口。王长海组成了一个 500 人的“大刀敢死队”，人均一刀、一枪、5 颗手榴弹，乘夜分两路潜入敌阵，趁日军酣睡，用大刀砍杀，暂时稳定了战局。

20 世纪 70 年代从喜峰口远眺滦河，对岸是潘家口村（季增　摄）

当年王长海团附手枪三连及王昆山营为第一绕攻队，就是从照片远方河对岸的潘家口村沿滦河西岸向北至小河口村，准备渡过滦河到蓝旗地，再东折袭击蔡家峪、白台子敌之炮兵阵地及敌指挥所，奏攻后，即与董团联合进攻喜峰口高地。当时宽城县已是敌占区，但严酷的环境并没有使当地百姓放弃收复失地的希望。由于滦河沿岸是双方争夺高地的必经之路，两岸多个村庄的不少村民都抱定失去一切的决心帮助29军在战斗中渡过难关。三月时节，滦河水已经逐渐解冻。11日夜里，赵登禹组织绕攻部队出潘家口长城，其中王长海团再次组成“大刀队”到小河口（在蓝旗地村滦河对岸）准备渡过滦河奔蓝旗地，再翻山夺取白台子炮兵阵地。然而到了小河口村后发现滦河已经部分解冻，但仍无法行船。小河口村村民见部队无法过河，入夜后悄悄组织人潜入刺骨的河水中，将一块巨大的浮冰托起，放在几根巨大的木杆上搭成“冰桥”，让部队排成一队一个个慢慢踏“冰桥”过河，1000多人的团足足走了一个多小时。“部队过蓝旗地村没有休息，直接翻山夺取白台子阵地，当时我们这儿被日本人占领了，但是国民革命军在这里路过，没有一个吱声的。”57岁的蓝旗地村村支书刘振标说。根据《已故宋将军哲元遗集》记载，王长海部队此次夜袭白台子炮兵阵地，将白台子摧毁，砍死敌人500余人，日军炮兵大佐也在战斗中死亡。然而，随着逐渐天亮，日军开始反扑，国民革命军伤亡惨重。就在敌我双方交战时，处于敌占区的蓝旗地村民并没有心安理得地藏于家中。当时的村主任刘振达组织村民翻山冒死冲入战场，将29军伤亡将士背下火线并藏于蓝旗地村的二道沟没门山的山洞中。战斗结束后，当王长海部队原路返回时，滦河水已经全部解冻，蓝旗地村民用5条大船将伤员及其他将士送过滦河。“当时不光是蓝旗地村这么做，在29军原路返回时，由于受伤官兵数量较多，滦河沿岸的几个村以接力的方式悄悄运送伤员。”曹建民说。今年76岁的蓝旗地村村民刘景仁告诉记者，29军走后，留下了150多具牺牲的将士遗体，临走前委托当时的村主任刘振达将其掩埋。第二天，蓝旗地村15岁以上的劳动力全部出动，来到藏遗体的没门山进行掩埋。“当时地还冻着，铁锹挖不动，壮年们就捡木柴烧火将土地烧化，烧一段，挖一段，最后挖了三排大坑，将遗体一一放在其中，当时的血都流成河了，惨极了。因为埋的是‘大刀队’，剩下好多红缨大刀我们都给收集起来藏到了山上的一个洞中。老百姓以后都管那个洞叫‘藏刀洞’。”曾经参与过掩埋烈士遗体的97岁老人刘景万回忆说。

蓝旗地村藏有29军“大刀队”大刀的藏刀洞（任丽颖　摄）

村民在没有任何组织指示及领导之下，在敌占区冒着生命危险自发地前往战场抢救伤员，这正是中华民族传统尚武精神的体现。

蓝旗地是我姥姥的家，这个村子的男性村民绝大多数都姓刘，刘景万这些“景”字辈的长者我都叫舅舅。

抗日战争中的大刀

这是29军砍杀日寇使用过的大刀，被蓝旗地村民改制成铡刀，刀长76厘米、宽7厘米（木把除外）。

最近得知在孟子岭村还有一把29军使用过的大刀，我本想买来收藏，我妹妹胥荣梅找到那家人一问，说已经当作废铁卖掉了。这段历史我们再不记录，以后就会永远埋没了。

《长城喜峰口抗战史》

曹建民

1933年3月侵华日军占领热河，进而攻占长城，国民革命军29军奉命抗击日军。3月11日夜间，赵登禹、佟泽光两旅长亲率两旅士兵分别出潘家口、铁门关绕攻日军。赵登禹旅王长海团附仝瑾莹营出潘家口，沿滦河西岸渡河到蓝旗地，东折翻山奔袭蔡家峪、白台子之敌。将蔡家峪之敌砍杀殆尽，摧毁了敌白台子炮兵阵地，全歼敌炮兵及守卫，炸毁敌山野炮18门，烧毁敌装甲车、辎重车辆、弹药等无数，此役共歼敌1000余人，该团伤亡600余人。

12日下午奉命原路撤退，部队在蓝旗地修整等待过河。经过一天一夜的战斗，部队非常疲惫，等船的时机，有的士兵就在路边、大街上睡着了。有个连队让刘景平的母亲给他们做饭，烙的大饼，面是部队自带的，刘景平的母亲给他们做了些小米稀饭。部队临走时给了刘景平母亲一块大洋。刘景平的母亲拿着大洋，对小儿子说："我还是第一次见过这么好的军队，真是仁义之师啊。"

蓝旗地紧邻喜峰口，直奉战争时，部队经常从这里过，这些军阀大都军纪败坏，烧杀抢掠，无所不为，军费不足，横征暴敛，兵员不足，强征强派，弄得民不聊生，怨声载道。1922 年直奉战争，奉军溃兵败退出喜峰口，把商铺、老百姓家搜抢一空。29 军此次路过蓝旗地，纪律严明，秋毫无犯。赢得老百姓的赞誉。

破戒开船送大军

王长海团绕攻敌炮兵阵地，去时沿滦河西岸，经小河口过河去蓝旗地，翻山奔白台子。过河时，此时河面上的冰已开化，有的地方出现断裂，部队一时无法过河。小河口村几位村民，把一巨大冰排用木头支过来，搭成冰桥，部队一个个过了河。部队撤退回来时，冰已开化，冰桥已断裂，滦河水非常深，河里流着冰凌，水凉刺骨，根本无法泅渡，一时无法过河。团领导找到村主任刘振达，请村里派人将伤员送过河，并询问过河的办法。刘振达想了想说："只有破戒开船了。"

蓝旗地一带滦河水深有一两米，平时过河都是木船摆渡。秋后结冰就封船了，一直到来年开春才开船。按当地风俗，开船可不是随便就开的。首先等河全部开化，河里没有大的冰凌，然后选黄道吉日，船老大焚香祭奠河神，祈祷后才能开船。此时开船，且不论违背乡里风俗，主要的是河没有全部开化，不好选择码头，河里冰凌多，弄不好有把船撞翻的危险。刘振达把刘振贤、刘振宝、刘振仓、刘景和几个船主找来，和他们商量过河办法。他们说"送大军过河要紧，再危险也得过。往年开船要选黄道吉日，现在顾不得了，择日不如撞日，今天就是开船的好日子"。几个船工来到河边，仔细检查渡船，在士兵的帮助下，进行修补，然后拖到河里。几个船老大焚香祈祷说："河神老爷，惊动您老人家，实在对不住。大军保家卫国，我们必须把他们送过河，求您老人家多多保佑。"

渡船是普通木船，一只船最多只能装一个排的士兵，30 几人坐到船里，河水离船帮上沿只有几公分，船如果摆动大就有进水的可能。船工安排士兵坐好后，向对岸划去。河水奔腾滚动，巨大的冰排、冰块不时撞向船身。如果冰排撞到船的侧面就有翻船的可能。船工不得不时时把船头转向冰排，迎头而上，这样就等于逆水行舟，要比平时行船多费几倍的力气。船好容易划到对岸，船工身上的棉衣都湿透了。夏天 10 几分钟送一趟人，现在要半个多小时。一个团上千人的兵力，几只小船，往返七八次，直到天黑，终于将全体官兵送过河。几个累的筋疲力尽的船工，望着远去的战士背景，真想大喊一声："开船了！"

王长海团从白台子、蔡家峪撤退回来后，翻过山，在蓝旗地二道沟修整，他们把牺牲的战友留在了这里，委托蓝旗地村民掩埋。第二天村子里来了七八十人，都是十七八、二十左右的年轻人，他们看到这些牺牲的士兵，都是和自己年龄不相上下的年轻人，为了抗日救国，牺牲在异地他乡，死了都回不了家，顿时心里对他们感到无限的崇敬。他们像对待自己亲人一样，轻轻地擦去脸上的土，整理好衣衫，并排放在挖好的土壕里，用布盖上脸，埋上黄土。掩埋后，大家围着墓地，默默地三鞠躬，向抗日英雄致敬。这年七月十五，蓝旗地人扎起上千只河灯，在滦河岸边点燃，顺着滦河漂流而下，为29军战死官兵放河灯，“超度”他们。这个墓地在蓝旗地二道沟没门山，从沟底往上走，到了沟里，一面大山挡住了去路，一般人以为走到头了。其实从山侧面攀登上去，上面很开阔。平整的一片平地，四周树木茂密，环境清静幽雅，而且十分隐蔽。日本统治蓝旗地12年，鬼子多次搜山、扫荡，一次也没有发现过这个墓地，加之蓝旗地人严守秘密，使29军阵亡官兵墓得以完整保存，没有被敌人破坏。由于这里隐蔽，还是猫山的好地方，鬼子搜山，八路军、地下工作者就藏在这里，搜查得紧了，翻过山就是椴木峪。有的老百姓受了鬼子的气，也到这里诉苦，祈求烈士英灵保佑早早把鬼子赶出中国。每次人们走出山谷，就更加增添了抗日的力量，坚定了抗日的决心。

新中国成立后，由于种种原因，这个墓地一直没有公开，但是蓝旗地人民没有忘记这些抗日英雄，他们默默守护英灵80载。清明、过年、过节常常有人来祭奠，即便是在文化大革命，这里也没有遭到破坏。这里原来是蓝旗地大队第二生产队的地，每当社员来这里劳动，老人总讲起当年29军英勇杀敌的故事，讲掩埋这些牺牲官兵过程，让村子男女老少都知道这里的故事。一次生产队把这里的活干完了，收工还早，老人又说起当年的事情，听完故事后，生产队长说：“我们给他们添添土吧”。“好”，大家积极响应生产队长的提议。干活中有个小青年说：“他们是国民党部队的。”老队长听了生气地说：“什么国民党？当兵的都是穷人家的孩子，他们是为抗日死的。”老队长说完，再没有人搭茬了，只是土添得更快了。

我因编写《喜峰口长城抗战记》，到蓝旗地考察王长海绕攻路线。村党支部书记刘振标觉得有必要让更多的人了解这段历史，透露了蓝旗地埋有29军阵亡官兵的情况，揭开了尘封80年的秘密。我立即觉得这是个重大发现，对于研究29军抗战史和宽城人民抗战史、沟通宽城与国内外29军后人联系都具有重大意义。于是与同事开展了调查取证，寻找墓地工作，并与历史资料相印证，确定二道沟公墓是29军109旅217王长海团的阵亡官兵墓。先后在我的微博、长城铁血网等发布《河北省宽城蓝旗地发现29军阵亡官兵墓地》等文章。在宽城宣传部的大力宣传下，与新华社沟通，记者马天云、曹国厂亲自到宽城作了采访，他二人的新闻稿件《河北宽城发现抗战时国民党29军阵亡官兵墓》于2013年7月19日新华网发表后，立即引起国内外的关注，国民党29军阵亡官兵墓终于大白天下。

准备战斗的 29 军的大刀队

九一八事变后第三天，宋哲元将军率领 29 军全体官兵，向全国发出抗日通电：“哲元等分属军人，责在保国。谨率所部枕戈待命，宁为战死鬼，不作亡国奴，奋斗牺牲，誓雪国耻。”

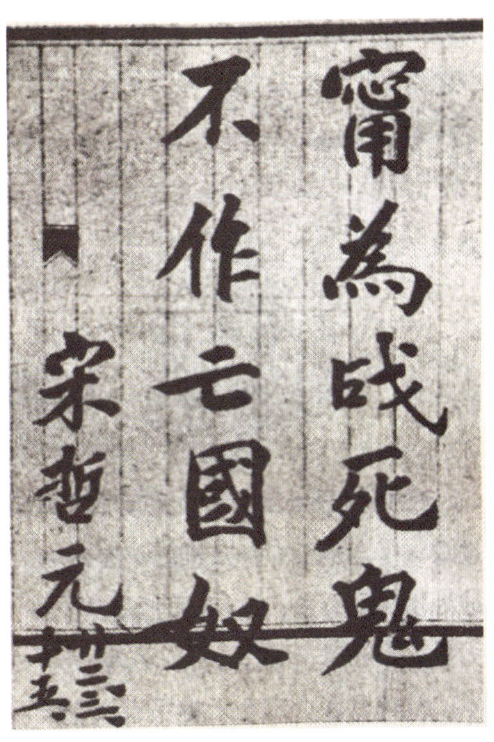

宋哲元将军手书誓言

29 军的大刀队

宋哲元将军在长城上

29军的大刀队这么厉害，那到底是和谁学的呢？在《喜峰口长城抗战记》一书中记载如下。

在训练拳术的基础上，学习劈刺等兵刃格斗术。他们选用中国式的大砍刀作为枪械以外的主要武器，以近战、夜战、白刃战为主要歼敌手段。西北军用的大刀，都是长柄、宽刃、刀尖倾斜的传统中国刀，十分利于刺杀。冯玉祥、宋哲元还聘请了一批武术高手，设计了一套适合对付敌人刺刀的刀术，让部队勤加练习。如宋哲元专门聘请山东乐陵籍人尚云祥为全军的武术总教练，传授“五行刀”等武技。尚云祥绰号“铁脚佛”，曾担任梁启超组织创办的武尚学社河北京蒙藏大学武术教师，以“半步崩拳打遍天下”，系全国著名的武术大师。他一方面传授拳术，增加士兵战场格斗能力，同时将“五行刀”实用精华部分加以改造，编选出适合实战的刀术，选出有武术根基的战士加以培训，待这些人掌握后再在全军传授。29军另一个武术总教官是李尧臣。李尧臣生于1876年，从镖师干起，教过京剧大师杨小楼猴拳，传过京剧大师梅兰芳剑术，还主持过著名的“北京精武体育研究会”。李尧臣一上任，就结合29军将士所使用的大刀本身特点，结合中国传统的六合刀法，创编了一套29军独有的“无极刀”刀法。这种刀法强化了一种理念：刀本是刀，可劈；刀亦为剑，可刺。李尧臣认为应该在29军中抽调骨干，专门组成大刀队，由其直接传授“无极刀”刀法，再由他们传给全军官兵。这种想法得到了佟麟阁的极大肯定，最终实施。数月后，大刀队就开始将练熟的“无极刀”刀法传给全体官兵。29军使用的“无极刀”是经过精心设计的，它的长短与宝剑相仿，长约1米，刀面不像传统的砍刀那么宽，而是比剑柄略宽。传统的刀是一面开刃，无极刀刀头却是两面开刃，接近刀把的地方才是一面开刃。为了让士兵使用时容易用力，无极刀的刀把长8寸至1尺，可以两只手同时握刀，砍向对方。无极刀刀法在于出刀时，刀身下垂，刀口朝自己，一刀撩起来，刀背磕开步枪，同时刀锋向前画弧，正好划向对手脖子，可以一刀划破敌人左动脉。因为磕碰、划破是一个动作，对手来不及回防就中招了。29军将士虽然苦练杀敌本领，单兵技能较高，但装备太差，因此，在喜峰口之战中付出了巨大牺牲。

《德厚流光 陶铸龙象——王芗斋先生的弟子们》一书记载，王芗斋弟子马骥良等十几位武术家也担任训练29军的任务，马骥良和士兵一起参加战斗。当年宋哲元任察哈尔主席后，紧急备战，佟麟阁应宋邀任察省警务处长，孙麟被聘为29军战术教官。因新招募的士兵急需训练，宋哲元紧急招聘武术教官，马骥良得知孙麟来意，立即同17名武术高手奔赴抗日前线。马骥良等赶到29军，就抓紧时间训练。1933年3月9日，日军铃木的部队在重机枪大炮的掩护下，向长城喜峰口展开了全线进攻，马骥良参加了英勇的喜峰口长城抗战。

在抗战时期，马骥良沙场转战，屡立战功。河北抗战学院在深州成立时，杨秀峰任校长，特请马专门负责军事训练的工作，他的教学方法颇有独到经验。与外敌肉搏，争生死于瞬间的残酷经历，使他对王芗斋先生所授“欲复古原始”和“决斗毫无道义可言”及“侵略者为习拳者之天敌”等本质武学的教义有着刻骨铭心的心得和体认，以至于他对芗老关于拳道使命的宏论亦有独特的理解和实践。单兵格斗技术和战争中的战役、战术是相通的，哪里有什么固定的招法套路，只有机智灵活的随机随势及各种条件和因素的整体综合，无常机变。昼伏夜袭，大刀队初战告捷，是由于熟悉当地地形的蓝旗地乡亲们带的路，沿着滦河西岸，夜间奔袭，在黎明前摸进敌营，因为当时鬼子还在熟睡中。事实上武术名家们所传授的刀法，在需要战友们相互配合的战场上，本身就不如步枪加刺刀长而有用，大刀队的教官和队员们之所以令敌丧胆，根本原因是他们都有为国战死的决心，当然也有单兵素质极好一人砍杀十余名鬼子的个别情况。

抗日英雄马骥良先生在练大成拳站桩

1937年7月7日，日寇借口寻找一名失踪的士兵，向卢沟桥进攻，中国军队奋起自卫。99岁的当年老兵王世江回忆，8日下午，日军在战车、装甲车掩护下冲锋，距阵地前三四十米的时候，营长一声令下，枪声大作。“当时心里这个痛快啊！可赶上了！”“换大刀片，上！”战士们甩掉帽子，挥刀出击。“日本鬼子最怕大刀片了。刺刀要两手握，可大刀一手砍，还腾出一只手来，更加灵活。”他说，这一次交锋，敌人败退。11日凌晨，吉星文团三营营长金振中率大刀队与另一个增援营一起出发。凌晨2时，双方在铁路桥激战，19岁的大刀队员陈永一个人就砍死13名日本兵，生擒一个。那日本兵魂飞魄散，跪地求饶。集合号响，大刀队员仍不集合，四处可见举着大刀追赶日本兵的血人。

尚云祥先生

尚云祥（1864—1937），先拜李存义为师，后得郭云深先生真传。他体弱瘦小，身高不足 1.6 米，但却以“大杆子”“半步崩拳”“丹田气打”及实战武功名震武林，与王芗斋先生关系密切，常常一起切磋交流拳技。

雪耻打擂金陵古城
逐日寇親傳無極刀
戰喜峰大刀顯神威
南苑橫刀血戰沙場
拯寺寶北平贊壽佛
救國危以浩氣永長
敬錄張之江紀念國土光復贈
李堯臣先生賀壽
王玉書於

抗战胜利时中央国术馆馆长张之江为李尧臣所写贺寿辞（王玉书录）

李尧臣被聘为29军武术总教官时，曾有一张委任状。委任状大概长40厘米，宽30厘米。不过，这张足以见证历史的委任状六十年代被他自己烧掉了。李尧臣早年在清朝的北京会友镖局里走过镖，在慈禧太后面前表演过八仙庆寿剑；他教过京剧武生大师杨小楼演《安天会》（即《闹天宫》）中的猴拳动作，教过京剧旦角大师梅兰芳《霸王别姬》中的舞剑手法。他开过鼎盛一时的“武术茶社”，也主持过名声赫赫的“北京精武体育研究会”。直到“七七事变”后，李尧臣仍珍存一盏29军的马灯，在北京护国寺隐姓埋名教场子，经常向徒弟讲述29军的英勇抗战事迹。由于暗探告密，日伪警备司令部拘捕了他，一个名叫武田熙的日本军官要在蟠桃宫庙会上和他比武。先是徒手，李尧臣接连把武田熙打翻在地。继而比刀，不下两个回合，李尧臣寻机飞起一脚，踢得武田熙腕伤刀飞。据泽井健一的弟子讲，这个武田熙和被王芗斋先生打败的泽井健一是武友，功夫都是出类拔萃的，当时的泽井健一已经不是军人。

新中国成立后，他在怀仁堂为毛主席和中央首长作过精彩的武术表演。1953年，他率领徒弟积极参加捐献抗美援朝飞机大炮的义务演出。毛主席、周总理、朱委员长、贺龙、陈毅等中共首长，曾多次请他表演武术，讲解武术真谛。贺龙同志对他所讲的浑元一气的养生之道特别赞赏。他曾担任全国武协委员、北京市武协理事，多次应邀担任武术比赛裁判长。直到九十多岁的时候，他还常常手持龙头拐杖，胸前飘动着雪白的胡须，往来于北京南北城之间。

李尧臣老人84岁练功照

转战在喜峰口的冀东八路军（孔望 1942 年 5 月　摄）

八十多年前在我的老家贾家埯村下面一个村子暖河塘村发生了一起日寇杀戮抗日村民的惨案。我上小学的时候，胥殿付老人声泪俱下地给我们讲过这些事情。当年日本鬼子是乘船从滦河上游而下，八路军伏击在岸边，地点就在我们村子不远的滦河上游。但因为滦河岸边河床都是非常平缓的河滩，根本没有埋伏的条件，加之八路军人数太少，武器装备又极其简陋，所以不敢恋战，只好撤到山里隐蔽。小时候我到深山砍柴，还经常能见到八路军搭建的土炕。面对日寇威武不能屈的英勇村民后人，在 20 世纪国家修建潘家口水库需要村民移民远离自己富饶的家乡时，所有村民毫无怨言，主动配合政府搬迁。真正做到了“富贵不能淫，贫贱不能移，威武不能屈”。

1999 年因修建潘家口水库整体搬迁后的暖河塘村旧址（曹建民　摄）

解放军出版社出版的《宽城抗日斗争史》一书《暖河塘惨案》中如下写道。

1941年4月26日，在宽城境域王厂沟驻防的冀东地方武装部队何子桥部。忽然接到民兵送来的重要情报：从承德县方向开来5只货船，有七八十名日军武装护送。于次日开往洒河桥，途经暖河塘。接到情报后，部队领导立即研究作战方案，决定在宽城境域的暖河塘上游的贾家俺截击这股敌人。晚上，何子桥部队到达了贾家俺。首先，部队迅速转移了暖河塘村及附近的群众。然后，沿贾家俺北梁设下了三四华里长的埋伏线。天近中午，敌船从滦河上游开来。狡猾的敌人，将船距拉得很远。前面的敌船快要出埋伏圈时，何子桥从警卫员手里接过大枪，瞄准站在第一只船头上挥动战刀的日军，"叭"的一枪把他打到了河里。随后，战士们机枪、步枪、手榴弹一齐开火。手榴弹在敌群中爆炸，日军被这突如其来的火力打得晕头转向，乱作一团。一阵慌乱过后，敌人进行疯狂反扑。为了避免伤亡、保存实力、部队在向导胥景保、郝振贵2人带领下撤出了战斗。

敌人遭到伏击后，气急败坏，像疯狗似的扑向了暖河塘。下午三四点钟，敌人进了村，堵住了帮助部队的胥景印、胥景堂、胥景孝、胥景文、胥景贵、胥景存、胥景泉、胥俊起、胥俊海、胥殿安、胥殿中、胥殿嬴、胥殿有、胥殿付、张振太、李永朝16名群众。并把他们带到庄里的一个空地上，强迫他们排成两行，又逼着胥俊海从滦河挑来两桶水，放在人群旁边、以备蘸刀之用，并迎面架起机枪。日军端着明晃晃的刺刀将16名群众团团围住。两个日军走上前来，恶狠狠地把胥景孝拉出队，吼叫"八路的哪里去了？说！"胥景孝愤怒地回答："不知道！"话音刚落，另一个日军端起刺刀，猛刺他的后背。胥景孝这个30岁的硬汉子强忍剧痛，转身力夺刺刀。一群敌人见势不妙，连刺胥景孝7刀，铁骨铮铮的胥景孝倒下了……

胥景孝被杀害后，敌人软硬兼施、耍尽花招继续向群众追问八路军的下落。开始，群众以沉默不语进行抗争。敌人黔驴技穷，又露出杀人凶相，他们端起刺刀哇啦哇啦地狂喊乱叫："八路的哪里去了？"15名群众异口同声、斩钉截铁地回答："不知道就是不知道！"敌人气急败坏，端起蘸过凉水的刺刀，饿狼般地扑向人群。霎时，前排的7名群众倒在了敌人的屠刀下。紧接着，一阵枪响，后排的8名群众也倒在了血泊里。敌人唯恐他们不死、又用刺刀在人堆里胡扎乱刺。然后，又把附近的一垛柴火搬来，堆放在人堆上放火焚尸。胥俊海、胥殿有、胥殿付、李永朝等4人身受重伤，倒在死人堆里。此时，身上的干柴烈火烧得他们难以忍受。一看滦河岸边没有日军把守，烈火卷着浓烟正向这边刮。说时迟，那时快，4个人从火堆里爬起来。胥俊海、胥殿有顺着浓烟向东跑。胥殿付、李永朝借着浓烟，朝滦河方向跑。敌人发现后，向他们猛烈扫射，但他们终于脱离了险境。

日军屠杀群众后，又对全村的禽畜狂施淫威。一时间，鸡飞狗叫、羊奔牛逃，临走又一把大火把房子点着。敌人一直折腾到下午六七点钟，才拖上几具死尸，带着伤兵爬到船上奔迁西县洒河桥方向而去。

胥俊海、胥殿有、胥殿付、李永朝4个人，虽然逃出了虎口，但只有胥殿付1人幸存下来，其他3人均因伤势过重，流血过多，不久相继含恨而死。

17户人家，90口人的暖河塘，被日军血腥屠杀后，15户死了男人，暖河塘村成了远近闻名的“寡妇庄”。

证人证言

时间：2006 年 11 月 15 日

地点：张国祥家

原籍：塌山乡清河口村

现住：承德南菜园教委家属楼

调查工作人员：杨润金，王颖

被调查人：张国祥（原名张振友），82 岁，1925 年 10 月生人

张国祥口述如下。

1941 年 4 月 25 日，日本从承德车河铺调集七八十人，押三个大船到清河口站下。把两个大买卖大顺兴、永利成给烧了，又把任继增、任继洲、杨润林三户房子烧了。烧完后到瀑河口住下。4 月 26 日早晨，把瀑河口地主任继成、任继善的房子烧了。吃完早饭沿瀑河下去，去了口里（洒河一带）。4 月 26 日，何子桥部队在贾家安上边暖河塘后山拦截，双方开火，打死日军 10 多个。（日军）靠岸打八路，八路军向后撤。暖河塘 17 户，（被日军血腥屠杀后，15 户死去了男人）。

《德厚流光 陶铸龙象——王芗斋先生的弟子们》一书记载了张恩桐弟子靳贵第等到德国参加第 11 届夏季奥林匹克大赛拳击比赛的事迹，十分悲壮。

靳贵第，1916 年出生，虽出身贫苦，但自幼立志报国。从师父张恩桐刻苦习武，甚得其师疼爱，尽授拳学秘奥的同时，又导以杀敌报国之奇志。靳 1933 年投军于商震部，曾以绝艺参赛于柏林 11 届奥运会，成绩斐然。1933 年参加惨烈的安阳保卫战，出生入死，带伤血搏，重创日寇，激战三昼夜，同战友一起毙敌 3000 余，日寇惊恐骇然！后敌人又投入坦克扑向我方阵地，身负重伤的靳贵第身上绑着炸药冲上敌人坦克，与敌人同归于尽。

《中国抗战研究动态》2009 年第 3 期图片内容：他是我国最悲壮的拳王，曾经是亚洲第一，年仅 21 岁就壮烈殉国。拳王对于很多打拳的人而言，这是拳击界的无上荣誉，像近现代出名的拳王阿里、泰森、邹市明等。大家不知道的是，在二战前期，我国就有一位名义上的亚洲拳王，此人在 1936 年柏林奥运会上，成为唯一进入十六分之一正式比赛的中国人。他叫靳贵第，是河北灵寿人，1916 年生，出身贫苦，打小习武，所拜之人是著名武术家张恩桐。1933 年，靳贵第进入军队，进入山西王阎锡山手下商震的军队中，商震此人注意士兵的体育锻炼，举办了很多体育专业队。靳贵第有底子，所以很快就脱颖而出。商震很看重这些有体育才能的人，不惜花费重金去邀请洋人担任拳击教练，来培养他们。同一批中，有王润兰、靳贵第、靳桂、李梦华，这四人后来全部入围奥运会正式比赛。但是因为没钱，所以我国参赛队伍只能是沿途卖艺筹钱，以至于一路上没有休息，运动员旅途疲劳，表现一般，只有靳贵第表现很棒，进入了十六分之一正式比赛，其他亚洲选手，基本是上不得台面的。靳贵第在对阵英国拳击手的时候，遭遇了无敌黑

哨，裁判十分袒护英国选手，靳贵第遗憾落败。但是，他那样的成绩，已经可以让他成为拳王了。他本可以过上衣食无忧的生活，但是靳贵第回国后，依然奔赴抗日战场。

资料：1936 年 8 月，第 11 届夏季奥林匹克大赛在当时的纳粹德国首都柏林召开。恰逢柏林奥运会选拔备战期间，由于中国奥运代表团经费不足，兼之拳击运动素来不被体育界所重视，具有相当水平的拳手甚少，因此中国奥委会欲放弃拳击这一项目。商震获悉后即决定自出国币一千元用于资助奥运代表团，并于 1936 年 2 月初派遣三十二军拳击队的战士王润兰、李梦华、靳桂、靳贵第四人由三十二军体育部主任赵允谐率领作为中国奥运拳击代表前往上海参加拳击选拔。中国拳击队方面，中量级选手靳贵第，于 11 日晚参加第一场比赛，对手为大不列颠选手理查德·施林普顿，开赛钟鸣，两人握手后，靳贵第即猛击施林普顿下颚至倾倒。但施林普顿于极短呼数下，仍恢复原状，靳贵第复取攻势，转击施林普顿左颊，更以右拳摇击，两人遂斗成一团，但经裁判分开时，施林普顿仍然以左臂猛势冲击，致靳贵第倒地，经裁判计数十秒后，台下有一边裁称："两人分开回复原状后，施林普顿起击过早，应取消施林普顿比赛权，而判靳贵弟获胜"，但大不列颠拳击队领队殊不谓然，即向大会提出抗议，及后于 12 日特别会议中，有其他在场的边裁声称并未见施林普顿有犯规的挥击，且经主裁判证明，遂决议不能变更裁判以计数法所定的胜负，仍然判定靳贵弟被 KO 失败。中国代表团最终以徒争无益，也不再提出争议，而免伤和气。同月 16 日晚八时十五分，柏林奥运会举行闭幕典礼，本届大会的五十一国各派代表一人持本国国旗步入会场，其中中国代表团选派了拳击选手靳贵第持国旗参加。

李梦华　24 岁　籍贯：河北高阳　职业：军人　已婚　身高 1.80 米　体重 90 公斤
王润兰　23 岁　籍贯：河北饶阳　职业：军人　未婚　身高 1.80 米　体重 80 公斤
靳贵第　21 岁　籍贯：河北灵寿　职业：军人　已婚　身高 1.78 米　体重 79 公斤
靳　桂　22 岁　籍贯：河北曲阳　职业：军人　未婚　身高 1.77 米　体重 71 公斤

靳桂
1938 年台儿庄战役（殉国）

靳贵第
1937 年安阳保卫战（殉国）

李梦华
牺牲地不详（殉国）

王润兰
1937 年河北元氏漳河阻击战（殉国）

《中华四拳士——靳贵第等殉国记》——上海《孤岛》周刊 1938 年第 1 卷第 8 期报道："曾参加 1936 年柏林世界运动大会（奥运会）的中国拳术选手靳贵第、靳桂、王永兰（即王润兰）三人不幸殉国疆场。还有一位李梦华仍在前线作战，不仅整个掌拳界（拳击界）的荣耀，更是四万万民众的光辉！古人说燕赵多慷慨悲歌之士。靳贵第、靳桂、王永兰、李梦华，他们四位都是河北人，年龄，除李氏年轻一点，约在二十三四岁外，其他三位都在二十七八岁，都是壮年的时候，他们都有着高个子的身材，结实体格，早已就加入了山西阎主任的军官团的。前年他们代表中国拳击选手出席世运会的时候，曾在上海住了七八个月，那时就由陈先生指导拳术，技术非常高妙，在上海的时候，曾数次在西侨青年会与有名的外国拳击手比赛。结果，外人被他们打倒了。同时他们学问都很好，也曾做过教员，他们加入商震将军统率的三十二军，是早在他们出国之前，出国的时候，他们已经在三十二军担任着干部的重要工作。卢沟桥事变后，他们都振奋得了机会，辗转奉上级军官的命令，调东调西，最近商震将军的军队调防黄河最前线，他们四位驻在豫北和津浦线一带，在安阳的一次大战斗，靳贵第和王永兰为国殉了职，靳桂在津浦线上台儿庄一役中，也受了伤，到十七日也死了，还有李梦华仍在前线杀敌。"

七、书画琴艺戏曲医皆合于武道

王芗斋先生在《拳道中枢》中论述道：鹰瞻虎视威，足腕如兜泥，鹘落与龙潜，浑身尽争力。蓄意肯忍狠，胆大心更细，劈缠钻裹横，接触揣时机。习之若恒久，不期自然至，变化形无形，周旋意无意。叱咤走风云，包罗小天地，若从迹象比，老庄与佛释。班马古文章，右军钟张字，大李王维画，玄妙颇相似。造诣何能尔，善养吾浩气，总之尽抽象，精神须切实。

许多人包括大成拳练习者不理解，练拳和老庄、佛释、书画、文章有何关系？这是因为境界不够，因为芗老讲的是拳道而非一般的武术。芗老在《拳道中枢》开篇即写道："拳道之大，实为民族精神之需要，学术之国本，人生哲学之基础，社会教育之命脉。其使命要在修正人心，抒发情感，改造生理，发挥良能，使学者神明体健，利国利群，固不专重技击一端也。"

无论书画、文章、中医、戏曲、古琴等在"道"的层面上是相同的，现在人技艺不佳，达不到古人的境界，原因也在于此，比如学习中医不打坐不练功很难理解《黄帝内经》所讲的东西。孔夫子传授的六艺包括礼、乐、射、御、书、数，这是对高级人才的要求，当然我们不可能六艺都精通，但我们应该尽量朝这个目标去努力。

书法及绘画与武艺在意境上的内在联系，显而易见，如张旭"见公主担夫争路，而得笔法之意，后见公孙氏舞剑器，而得其神"（《唐国史补》），而吴道子之作画，亦受大将军裴旻舞剑影响而得其神韵。著名画家、艺术评论家华安先生第一次见面就和我讲："胥老师，我学习《大成拳论》二十年了。"我说您练拳吗？他说不练拳，里面讲的都是书法呀！他从书法的角度理解《大成拳论》。华安先生常和我一起探讨武术与艺术，尤其是武术与书法的关系，他十分强调武术内功修炼出的力量对书法的助益，对于运用丹田气有深刻的体会。前些年我读到东汉蔡邕《九势》之论述时豁然开悟："夫书肇于自然，自然既立，阴阳生矣，阴阳既生，形势出矣。藏头护尾，力在其中，下笔用力，肌肤之丽。故曰：势来不可止，势去不可遏，惟笔软则奇怪生焉。凡落笔结字，上皆覆下，下以承上，使其形势递相映带，无使势背。转笔，宜左右回顾，无使节目孤露。藏锋，点画出入之迹，欲左先右，至回左亦尔。藏头，圆笔属纸，令笔心常在点画中行。护尾，画点势尽，力收之。疾势，出于啄磔之中，又在竖笔紧趯之内。掠笔，在于趱锋峻趯用之。涩势，在于紧駃战行之法。横鳞，竖勒之规。此名九势，得之虽无师授，亦能妙合古人。须翰墨功多，即造妙境耳。"其实质与王芗斋《拳道中枢》所说的"今夫本拳所重者，在精神，在意感，在自然力之修炼"道理相同。晋代卫铄《笔阵图》："下笔点画波撇屈曲，皆须尽一身之力而送之。"太极拳则要求："一动无有不动，一静无有不静"。王宗岳拳论上说："动之则分，静之则合。"王芗斋先生说："是故初学时须以站桩为基础，渐渐体会而后行，总之，须有神形意力成为一贯，亦须四心相合（顶心、本心、手心、脚心），神经统一，一动无不动，亦更无微而不合，四肢百骸悉在其中，不执着不停断，再与大气之呼应，各点力之松紧互以为用，庶乎可矣。"李世民《论书》："今吾临古人之书，殊不学其形势，惟在求其骨力，而形势自生耳。"王芗斋先生论述道："但求神意足，何须形骸似。"至此，我终于理解华安先生为何说《大成拳论》讲的都是书法了。我将以上文字发给华安先生，华安先生回复：

胥老师这段文字非常好，让我有点冲动……

您上面四个字写得好，自然，一气呵成，不是为了写字而写字。

东晋的书法神韵肯定是失传了，一个时代有一个时代气息，蔡邕的九势写得太好，是因为时代的气息：王弼八九岁就能清谈善辩，嵇康赴死留下广陵散，这个时代造就王羲之、王献之……

书法是拳的延长艺术，异曲同工之妙，站桩如何站出阴阳，用笔如何意气行走，实为一理，天地人三才都在其中……

芗老的意拳正轨，拳道中枢，远远超出拳学，是在文化与哲学上的领悟……

祝胥老师医学、拳学、文化艺术跨界之大成的新作早日出版与再版，以飨大众……

其实，反过来讲，蔡邕《九势》、卫铄《笔阵图》及李世民《论书》讲的也是兵法与拳法。

最近读到台湾著名书法家曹秋圃弟子黄金陵的论述，感觉与华安先生所讲义趣相同：

“书”为手的动作，属生理；“道”为气的养生、呼吸；“禅”为心系丹田，不使心猿意马，调适神理，使意念集中一处，诸缘自然屏息。如此，人体神经系统的活动随着大脑进入主动抑制状态而自动放松，由混乱状态进入有序状态，慢慢地进入静定境界，“气”随丹田呼吸起落遍送全身，呼吸“深、长、细、慢、匀”，书写运笔速度进入新的节奏感中，产生全新的静趣与喜悦，“是时内外一境，心笔合一，非心非笔，非内非外，水乳交融的静寂之域，无我，无人，亦无生的自在禅境，是谓书道禅”。

华安先生讲，以前文人多习武，武人也多擅长书画及文字，个人很少像今天的大学一样将学科分得这样细，尤其是人文学科和中医学科，这正是当代学术界的弊病，很难产生大家的原因也在此。

当年王芗斋先生常和齐白石、李苦禅、徐燕孙、金协中等书画名家一起切磋交流。芗老和燕孙先生是表兄弟关系，芗老年长，二人亲如同胞兄弟，芗老经常呼燕孙先生为“孙儿”，他也满口答应，不知内情者常感到诧异。齐白石、徐燕孙先生及金协中先生都和芗老学习大成拳站桩，所以笔下人物多有英武之气，燕孙先生画的浑脱剑器舞有大成拳撑抱桩法及芗老健舞身法。芗老也和徐燕孙及齐白石先生学习书画，其水平及意境远远超出许多专业画家。齐白石先生也不光精于绘画、书法及治印，其诗词也相当有水平。当年侵华日军驻北平 1420 部队柔道教官日野，与王芗斋约定在北京西城区跨车胡同 14 号姚宗勋家比武，齐老住邻院 13 号，也过来看热闹。日野主动进攻，在接触瞬间便被王芗斋摔出认输。白石老人当场赋诗：“原说日落天已昏，九州仍有北斗明。庭院周旋只一刹，布衣群中堪玲珑。假虎假威非真烈，黄泥包中一庸颟。亡魂幽灵应犹在，万里彩云观长虹。”

1. 书画家的武学气象

(1) 徐燕孙

徐燕孙先生这幅画有大成拳撑抱桩法及芗老大成拳健舞身法，同时也有王芗斋先生女儿王玉贞、王玉芳的神态。胡佩衡在此画轴背面题字：“燕孙虞姬舞剑图神品”。

据于永年先生回忆：记得 1947 年，在中山公园音乐堂组织武术表演大会，许多门派的人都去了。芗斋先生身穿长袍，最后一个上场表演健舞。只见先生此起彼伏，忽快忽慢，其发力惊、弹、抖、炸，有地动山摇之感；但其轻柔又如行云流水，飘忽不定。最为好看的是空中发力。我是当场亲眼目睹的人。健舞除王先生之外做得好的只有韩星桥师兄了。其舞动时神态与王先生极相似，也能做空中发力。后来50年代王先生在保定开河北省气功研究会时也即兴表演过健舞，动作还像40年代那样漂亮，猛然发力时地板都随之颤动。当时我和李见宇、何镜平等都亲眼所见。

徐燕孙先生画浑脱剑器舞

王芗斋先生示范大成拳健舞

王玉贞、王玉芳（28 岁）老师合影

现在许多人都知道张大千，其实当年徐燕孙的名气要远远大于张大千，人物画的水平也在张大千之上，这点连张大千本人也承认。

徐燕孙先生

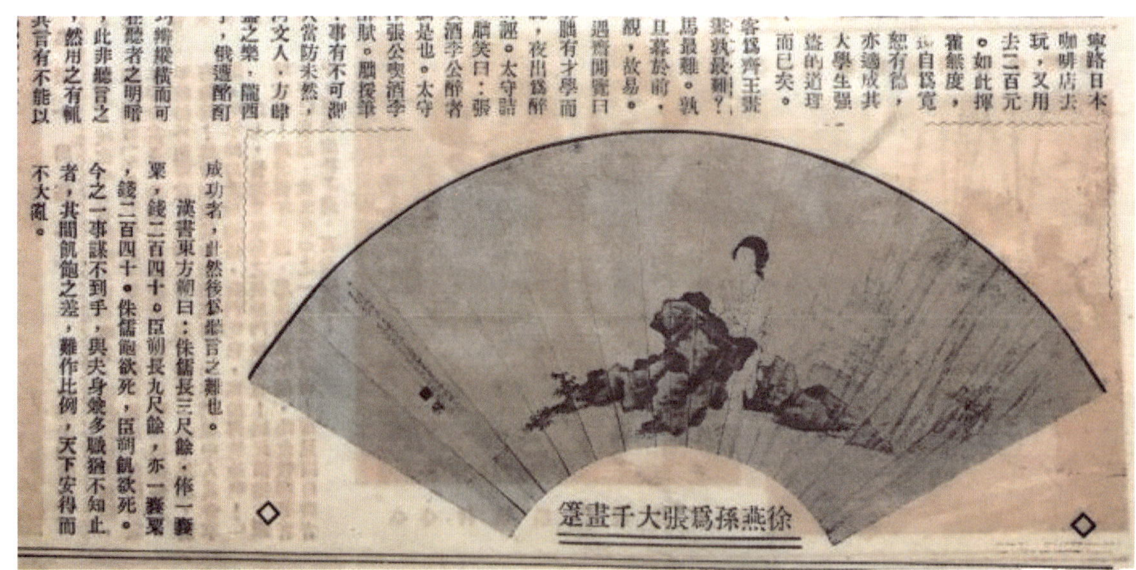

寧路日本咖啡店去玩，又用去二百元。如此揮霍無度，自爲覺恕有德，亦適成其大學生強盜的道理而已矣。

客爲齊王畫畫孰最難？馬最難。孰旦暮於前，覩，故易。

遇齊閔覽曰臘有才學而，夜出爲醉誕。太守詰臘笑曰：張酒李公醉者是也。太守爲賦。臘援筆張公喫酒李，事有不可測人當防未然，文人，方肆之樂，隴西，餓遭酩酊辨縱橫而可聽者之明暗，此非聽言之，然用之有輒言有不能以成功者，卦然後參聽言之難也。

漢書東方朔曰：侏儒長三尺餘，俸一囊粟，錢二百四十。臣朔長九尺餘，亦一囊粟，錢二百四十。侏儒飽欲死，臣朔飢欲死。今之一事謀不到手，與夫身兼多職猶不知止者，其間飢飽之差，難作比例，天下安得而不大亂。

徐燕孫爲張大千畫箑

徐燕孙为张大千画扇（1936 年第 7 卷第 10 期的《北晨画刊》刊载）

(2) 金协中

张大千先生是仿八大作品的高手，多少达官巨贾甚至画界高人均曾被其鬼斧神工所蒙蔽。但在徐燕孙、金协中先生面前则十分谦逊，期间发生一件趣事，徐燕孙藏有许多宋元古画，大家常借去临摹。某日，张大千在金协中先生处见到一幅古画，爱不释手，金先生说你喜欢就拿走吧。他兴冲冲地到徐燕孙先生那里去炫耀，说我得到一幅元人作品，徐燕孙头都没抬，伸手从抽屉里取出一张画，淡淡地说，真画在这里！张大千仔细一看，纸张和墨色显然不是宋元的。

据王玉芳老师女儿金秋华女士回忆："启功先生称母亲王玉芳二妹，是顺着我父亲的关系称呼母亲的。父亲年轻时在中南海向徐燕孙老师学艺时认识王公芗斋及他子女的，互相兄妹相称。徐、王两家住中南海芳华楼，楼上楼下住着关系密切，徐燕孙作画时，王芗斋先生也经常拿起笔来在书案上画起来，可称无师自通。母亲他们后来搬至中南海著名的十间房，王公芗斋喜欢金协中，预言他将来在艺术上必有成，于是把一个姑娘许给他，金协中与来中南海向王公芗斋学拳的一些青年人关系很好，他征求大伙看法，要王芗斋先生的哪个姑娘？最后他听了姚宗勋建议，选择王玉芳，他们结婚后父亲仍称王玉芳二妹。"

笔者收藏的金协中先生作品《蕉阴倩影图》

王芗斋先生外孙金桐华先生书法作品

我在金桐华三哥家做客时，桐华三哥也证实了这种说法，姚宗勋对金协中说：二妹尚武如公孙大娘，三妹是林黛玉，看你喜欢哪种性格。

桐华三哥不仅拳术造诣极深，书法和治印也堪称上乘，在书画鉴赏方面，更是独具慧眼，他常常指导我收藏字画，我常到他家切磋书法及拳术。

金秋华女士回忆：金协中先生是徐燕孙得意弟子，成名较早，27 岁他和妹妹金慈中女士经常举办画展在京城很具影响；他的长兄金执中先生是画鱼专家、收藏家。启功和金协中二位先生是什么关系？启功自幼没有了父母，只有一个姑母。启功和金协中二位是一爷之孙，金协中的父亲名叫金肇宗，很多同族子孙都长在金肇宗的府里，金协中和启功先生同属雍正之后：弘昼族亲（弘昼——乾隆皇帝的弟弟）。

早在齐白石时期的徐燕孙、王雪涛、陈半丁、马晋、金协中、刘继卣、王仲年等十二位近代国画名人对中国书画历史的发展做出了巨大贡献。金协中先生在这一代国画名人中年龄比较年轻，工作热情、积极性相当高，思想也较超前。他率先投身到新中国革命事业中，进入中央卫生部宣教器材所绘画组工作，尽心竭力做新题材的创作。

金协中先生曾是提出建立北京画院主要倡导人之一，成立北京画院得到各有关上级部门批准后很快进入各项筹备工作。

金协中先生和几位同仁在筹备工作中主要负责画家的联络和组织工作，各项筹备工作顺利进行，得到北京市政府领导和国务院领导关怀，朱德委员长代表中央在各方面给予了支持和工作指导并安排中央新闻电影制片厂制作了大型纪录片，镁光灯下留下了国家领导人朱德及北京市有关领导人和老画家们欢聚一堂及绘画活动中全体来宾喜悦的身影。

北京画院落成举办了隆重的典礼，周恩来总理出席并代表党和国家领导人前来祝贺发表了讲话，与全体到会人员合影纪念。

建院后，金协中担任画院常务理事长兼副院长工作。当时那个阶段国画界新老画家经常相聚，气氛祥和，老画家们聚在一起，有的互相赠画，金协中先生有一本收藏画册正是他在为国画事业奔走劳碌之时画界老友有机会画给他的，这本画册十分珍贵，可惜家人没有好好收存它，遗憾。

徐燕孙和金协中先生在武术家和艺术家的氛围里生活，他们自己也站桩，所以手下的三国人物栩栩如生，笔法有力。

芗老为自己女儿挑选丈夫，这和东床快婿的故事如出一辙。

《世说新语·雅量第六》：郗太傅在京口，遣门生与王丞相书，求女婿。丞相语郗信："君往东厢任意选之。"门生归白郗，曰："王家诸郎皆可嘉，闻来觅婿，咸自矜持。唯有一郎在东床上坦腹卧，如不闻。"郗公云："正此好！"访之，乃是逸少，因嫁女与焉。

这个东床快婿的故事大家当然都知道，但为许多人所不知的是，王羲之的岳父郗鉴也工于书法，有《灾祸帖》存于《淳化阁帖》中。他还有文集十卷（《唐书·经籍志》载）传于世，今已佚。作为一位将军，其小楷居然写得优雅精致，颇令人惊奇。

拓片和郗鉴原作相比，肯定会有严重失真，但我们从其工整细致优雅的表面仍能看出其笔力，这就是将军书法与文人书法差别。

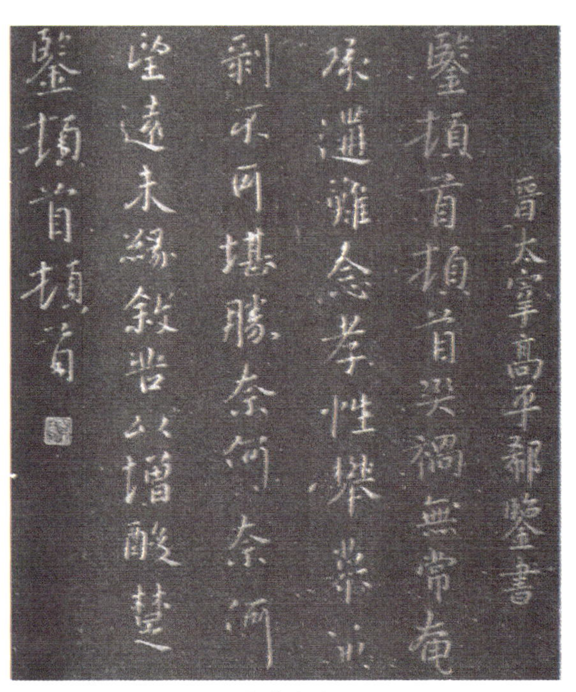

郗鉴书法

碑文：晋太宰高平郗鉴书、鉴顿首顿首灾祸无常奄承遗难念孝性攀慕兼剥不可堪胜奈何奈何望遠未缘叙苦以增酸楚鉴顿首顿首。

资料：郗鉴（269—339）东晋大臣。字道徽，汉族，高平金乡（今嘉祥南）人。生于晋武帝泰始五年，卒于晋成帝咸康五年，年七十一岁。少孤贫，博览经籍，躬耕吟咏，不应辟命。晋明帝初，323年拜安西将军，假节镇合肥。为王敦所忌，征还。寻迁车骑将军，都督徐、兖、青三州军事，与王导、卞壶同受遗诏辅少主。祖约、苏峻之乱，鉴登坛流涕，誓师勤王。事平，进太尉，封南昌县公。卒，谥文成。鉴作有文集十卷传于世。

(3) 张芝

张芝，生年不详，约卒于汉献帝初平三年（约公元192年），敦煌酒泉（今属甘肃）人，字伯英。勤学好古，淡于仕进。朝廷以有道征不就，时人尊称芝为“张有道”。善章草，后脱去旧习，省减章草点画、波桀，成为“今草”，张怀瓘《书断》卷中列张芝章草、草书为神品，曰：“尤善章草书，生诸杜度、崔瑗。龙豹变，青出于蓝。又创于今草，天纵颖异，率意超旷，无惜事非。若清涧长源，流而无限，萦回崖谷，任于造化”；称他“学崔（瑗）、杜（操）之法，因而变之，以成今草，转精其妙。”

张芝从民间和杜、崔那里汲取了草书的艺术精粹，创造了跨时代的大草，即有别于章草的“一笔书”，当时亦称“今草”，一时名噪天下，学者如云。张芝的“一笔书”，“字之体势，一笔而成，偶有不连，而血脉不断，及其连者，气脉通于隔行”；“如流水速，拔茅连茹，上下牵连，或借上字之下而为下字之上，奇形虽合，数意兼包，若县猿饮涧之象，钩锁连环之状，神化自若，变态不露”（张怀瓘《书断》）。这和内家拳的修炼心法是完全一致的。张芝的草书影响了整个中国书法的发展，为书坛带来了无与伦比的生机。

三国魏书家韦诞称他为“草圣”。晋王羲之对汉、魏书迹，唯推钟（繇）、张（芝）两家，认为其余不足观。韦诞、索靖、王羲之父子、张旭、怀素之草法，均源于伯英（见马世晓《张芝创“一笔书”辨及“冠军帖”的审美新探》一文）。羊欣云：“张芝、皇象、钟繇、索靖，时号书圣，然张劲骨丰肌，德冠诸贤之首，斯为当矣”。张芝刻苦练习书法的精神，历史上已传为佳话。晋卫恒《四体书势》中记载：张芝“凡家中衣帛，必书而后练（煮染）之；临池学书，池水尽墨”。后人称书法为“临池”，即来源于此。尤善章草，有“草圣”之誉，当时的人珍爱其墨甚至到了“寸纸不遗”的地步。张芝的墨迹见《淳化阁帖》，收有五帖三十八行。另著有《笔心论》五篇，可惜早已失传。此外，张芝还是一位制作毛笔的专家。

(4) 安道一

北齐的高僧安道一，经历了北周“二武灭佛”之难，认为“缣竹易销，皮纸易焚；刻在高山，永留不绝”。故在迁移中把佛经刻于石崖之上。安道一刻经字大如斗，历来被称为“大字鼻祖”“榜书之宗”。杨守敬《平碑记》说：“擘窠大字，此为极则”。因其书艺甚高，开一代新域，中外影响颇大。铁山摩崖刻经《石颂》称安道一书法“精跨羲诞，妙越英繇”（意指书法比王羲之、韦诞高洁，比张芝、钟繇更圆妙）。康有为、郭沫若对安道一评价极高，日本书道协会更是建议中国书协应立安氏为“书仙”，以与王羲之“书圣”并驾齐驱。

平阴东平一带有北齐刻经 5 处，安道一题名 3 处。平阴东平北齐刻经规模最大、内容最丰富的是平阴洪范池镇南大洪山半腰处的二洪顶刻经。其他几处是天池山、云翠山、黑山。在平阴刻经发现以前，在河北省的响堂山、中皇山，河南省的鳖盖山以及山东的泰山、徂徕山、邹城玉山、汶上水牛山等处均发现北朝刻经，但只有邹县的冈山、铁山刻经有安道一的署名，但刻经稍晚于二洪顶纪年。二洪顶刻经分南北两处，达 600 余平方米，1500 字。其中“大空王佛”四字竟高达 11.3 米，宽 3 米。“佛”字高 4.25 米，宽 3 米多。这四个字的拓片需要朱砂二十斤，我收藏有三幅，需要在院子里才能展开。专家认定：从甲骨文至北齐，此“佛”为大字之最。若无打坐修行的定力及体力，很难在摩崖上写出如此大而且有力度的书法作品。

安道一书“大空王佛”摩崖石刻实景

安道一书“大空王佛”拓片

(5) 李苦禅

李苦禅先生作品

笔者收藏的李苦禅先生作品（中间有李燕先生的题字）

天津美术协会会员、李苦禅再传弟子刘云水先生评价此画为“宗师精品”。华安先生点评此画：“有拳意的东西在里面。”

华安先生在和笔者讨论书画与武术关系时，发来如下文字。

李苦禅师从齐白石，和大成拳创始人王芗斋一生皆为挚友。

一生习武不断，以武证道，以绘画成就天下。

李苦禅谈绘画艺术与武学的关系，李苦禅讲到“屋漏痕”笔法时说：即要有顺劲，又要有一种向外膨胀的横劲。

行笔不可剑拔弩张，要以意先笔，如同太极拳以意领力柔中见刚。

我体会的绘画艺术的用笔如同国术：走如风，站如钉，如太极拳行之流水，重气韵，任何地方不要太露、太突出，要含蓄，云行泉流，不紧不慢。

文武相互成就，融会贯通。

华安先生解释：“书法中的‘吞吐’与‘歙张’皆为国术用语。”

20 世纪 50 年代李苦禅与恩师齐白石探讨绘画

徐新芳曾以《中国美术报》记者身份采访过李燕先生（李苦禅之子）和徐德亮，谈到了武术与艺术的关系，文章发表在《中国美术报》第 51 期美术副刊，现摘录相关文字：

徐德亮：那您父亲和王子平是怎么认识的？

李燕：他喜欢什么就容易接近哪一行，喜欢戏就接触梨园行，喜欢习武就接触了王子平。这里面有一个缘分，就跟他认识意拳大师王芗斋似的。我父亲讲：“中国的武术是文化；文极而武，武极而文。”文人到了相当的才情之后，好家伙，那一来了劲儿，像张旭拿着毛笔写，觉得毛笔不行就把头发散了写。别人看是疯疯癫癫的，米芾是“米癫”、张旭是“张癫”，带“癫”字、“疯”字的过去不是一个两个，这个是“文极而武”。还有“武极而文”。中国的武术是一种文明，不像倭寇那是野蛮种，中国的武到了高处之后不讲砍砍杀杀，练的是内在的修养，修的是德，武德。而且练到高度之后就不露相，一般来说也不惹是生非，甚至不参加打擂。非打擂台不可徒弟去，他不上去，不号召争勇斗狠，练的是一个修养，强身明智，练的是这个，是修德。

徐德亮：王芗斋呢？

李燕：我也没有赶上，我只赶上见他的弟子。对王芗斋先生我父亲真的是佩服，他要是走在街上谁也看不出是练武的，两个眼睛没有神，看胳膊也看不出那个傻大黑粗的劲儿。可是你别招惹他，他练出一种下意识的动作，什么是下意识的动作？也是后发制人。他这个后发，想不到制人就把人制了。也就是说如果谁主动向他攻击，他立时反应，行里讲叫“彼不动我不动，彼欲动我先动”，就好像这每个汗毛眼儿里都带雷达似的，你只要一动，我立刻就准备好了，所以你打我之时就是你挨打之时。练到这个份上了，才是下意识的动作。所以这个意拳练好了就是“腰肩肘臀胯，无处不可伤人”，就是录了像打官司你都赢不了，录像里你看，我没有出拳也没有出腿，是你打我来的，可实际上伤的是你这个进攻者。这个很厉害，浑身上下练出了一个整劲儿。

王老先生有那么一句话，叫“形不破体，力不出尖”，“形不破体”，跟咱们画画一样，浑身上下是一个整体。“力不出尖”，一让人看见出锋芒，那就露馅了，露锋芒的地方必有锋芒的背面，就露出虚处来了。他这让你都看不出我哪里出击，身子是一个“整”的。我也不招你惹你，你非得来挑衅，这是你自招的事情了。所以说老人对这个武术很有一番研究。

徐德亮：我在您这儿见过李见宇先生，他是王芗斋的徒弟？李见宇先生也是您父亲的朋友？

李燕：李见宇先生是王芗斋最小的弟子，是和我父亲交往的朋友。还有功夫最深的姚宗勋先生，那是意拳大师。

我买字画也常请徐德亮先生帮助掌眼，包括上面这幅李苦禅先生的作品，其眼力非凡。他画猫十分传神，有齐白石老人的意趣。

李向明先生在《李苦禅传》一书中，详细地记载了李苦禅和王芗斋先生学习大成拳的经历，李苦禅先生的一些弟子不能理解一位画家为何痴心于武术，抱怨地说道：都把我们老师写成武术家了。我和李向明先生熟识，他说李苦禅先生功夫非常深厚，他画鹰画得好，那是因为有功夫，他的书法也是功夫的体现，不练功你学不来。这一点我有体会，前年闲来无事，我照猫画虎的按照画谱学画鹰。基本就是画美人添上胡子就是张飞的水平，结果弟子刘月将我的涂鸦发到一个画家微信群里，一位职业画家居然说我的笔法老辣，我感到不可思议。想了想，可能是我练拳用功了，笔下有一定力度。我练上十年的话，估计鹰能画出感觉。

1938 年李苦禅先生留影

20 世纪 30 年代李苦禅扮演《铁笼山》姜维

著名剧作家曹禺当年曾为《李苦禅画集》撰写序言，苦禅老人说："先生知我也！"李夫人慧文也说："以后再出版苦禅书画，仍可用这篇序言。"

苦禅老人的一生，我听到过许多传说。在我的头脑里，他仿佛是一个传奇式的人物。他画得一手好画，写得一手好字，还练得一身武艺。他拉过人力车，唱过大戏，听说他扮演"铁笼山"的姜维，还唱得很好。他读过很多书，但却没有迂腐气。他是一个有血性的山东汉子，在街上打抱不平，火气上来便会把欺压百姓的恶棍痛打一顿……因此，他经历着种种人生的磨难，受过异常的苦痛，在风云变幻的苍穹下前进着。那时，我还没有见过苦禅先生，然而，想到他，我往往会联想到司马迁"游侠列传"中的人物。他引起我很多的想象，在我心里他是活生生的。那时，我的前院住着一位画家，他有时来访谈到他的老师——苦禅老先生，他是很敬佩他的先生的。我也曾几次激动，想去看望苦禅老人，对于他，我仿佛有一种心灵上的向往。他于旧社会不容，于恶事物不容。他用他的笔描绘着大自然，是那么神灵！我有时想象着他的样子，必定是力大无比的壮士。苦禅老先生是山东人，我总感觉山东人民的彪悍、朴实，一定集于老人一身。几次想去却没有去看望他，是因为我有一种奇怪的想法：传说得太动人了，总怕见了面会失望，会打破自己的想象。在我的想象中，苦禅先生是雄壮之美的化身。在"四人帮"横行时期，我心情郁闷，心脏病重了，住进医院。一个夏天的下午，我的一位青年画家朋友领着一位老人来到我的病房，他就是苦禅老先生。我惊奇、欣喜，老人家居然来探望我了！称他老人家，是因为他比我大十二岁，其实他并不老。他一见我就把我当作知心似地畅谈起来，我也觉得好像与他相识许久了。"四人帮"横行时，他也挨过毒打，受过欺侮。但他是毫不在乎的，他什么都经过来了。他说起话来，仍是那样的直率、爽快、毫无忌惮。他仍在作画，画他自己想画的画。那些伪君子、假圣人也奈何他不得。老人是午后来的，一直谈到天黑。他的豪放也感染了我，心上的重压似乎都轻了许多。我怕他累，可他却不累。他的性格是永远年轻的。

从那以后，我愈加注意苦禅老人的画了。我逐渐感到他的画正是他人格的体现。笔墨动人，深刻的诗意寓在其中，美的自然的力量就仿佛是从他的心灵通过笔流出来。他画的花没有诱人的媚态，而是一株株坚实的生命，孕育着伟大的生机。我想，这不仅是他的艺术造诣，更是他对人生的执着，对大自然的爱。他画了多少年，他画了多少画，已数不清了。他的画已经与他刚强、直爽的人格分不开了。我是不懂得画的，我喜欢画，但说不出所以然。我去请教行家，苦禅老人的画之中的道理是什么？我听到苦老的画继承了中国人写意的水墨画，特别是文人画的传统。又听说苦老深受清初大画家八大山人的影响，八大山人我是知道的，他有着豪爽不屈的性格，苦老非常仰慕他。苦老还敬佩徐渭，徐渭不仅是明代的大画家，同时又是大戏剧家，我敬佩他，这点我与苦禅老人是共同的。苦禅老先生看过历代艺术大师的画，但他绝不追求相似。他一生追索的是突破前人的窠臼，画自己的生活感受，创造自家的艺术风貌，在前人的基础上开拓自己的新路。苦老曾亲身受过齐白石先生的指教。白石老人说过一句话："学我者生，似我者死。"这话实在是非常精彩、中肯的。苦老也正是深解此意的。他清新而苍劲的作品受到白石老先生的推崇，说："英也过我，英也无敌。"英就是李苦禅先生的名号。

我常想：苦禅老先生对生活，对大自然有着浓厚的感情，他不但观察，而且揣摩。这揣摩我似乎觉得比观察更为重要，反复地写生，反复地揣摩，对于自然中的众多物象，被人注意与不被人注意的，他都去描绘，找出其中的美。我相信像他这样的画家，不光是用手画，同时也在用思想画。思索，深沉地思索，是他作画时不可少的，否则怎么能如此动人呢？一幅画仅仅有技巧、有情感，但是没有对人生的思索，对自己事业的思索，这画就不可能有真正的魅力。一张好的画，必然是高尚的感情和深刻思想融汇而成的。要下大功夫，用大气力，费大精神，人们所说艺术家的"鬼斧神工"，正是由此而来的。

苦老作过巨幅的写意画《盛夏图》（荷塘）《山岳钟英》（松鹰）……那万物的生动之气就在纸上腾起；那美感与振奋之情已不被他所画的物象本身所限囿了。有人说，他的画水墨淋漓，气象万千。但我更感到他的画给了我们生命之感和热爱生命的感情：告诉我们人的伟大创造精神是无限的。

我喜爱苦禅老人所作的"鹰"。我曾想到杜甫的诗句："素练风霜起，苍鹰画作殊，扨身思狡兔，侧目似愁胡。……"后来，我得苦禅老人的一幅"鹰"，打开一看，画上题着"远瞻山河壮"。原来老人的"鹰"并不仅是思"狡兔"而已。他的鹰瞻望祖国山河的壮美，渴望祖国无量的前程；他的鹰有着奋起高飞的壮志雄心！这正是我所相信的。艺术永远是时代的产物，蕴寓着时代的精神。

泼墨风竹苍鹭图

歌德曾引过一句拉丁诗："人生短促，艺术长存。"我知道这并不是说任何艺术，而是人民所肯定的艺术。苦禅老人的画就是这样的艺术。苦禅老人八十三岁了，然而他那生命的活力在他的画中永远年轻。

看见李苦禅先生画的《泼墨风竹苍鹭图》，我就会不由自主地想到站桩。而他的葡萄作品——《篆意》，更验证了书画同源的理论。苦禅先生用笔之苍劲老辣，无人能匹敌，而这与其深厚的大成拳站桩功夫是分不开的。齐白石先生的名言"作画在于似与不似之间，太似为媚俗，不似为欺世"与芗老所讲"但求神意足，勿求形骸似"说的是一个道理。

我把这段文字发给华安老师，他点评道："胥老师说得好，真的是这样，李苦禅先生得笔墨之真谛，得笔墨之情趣，画面上才有笔走龙蛇，墨分五色……老先生好拳，拳画不分。曾和李见宇先生去李燕家，谈老先生……老先生画面线条，就是得力于书法线条'锥画沙'。书画，书画，书在前，画在后，多少人蒙在鼓里……"

胥荣东参观李苦禅先生在北京画院的书画展时拍摄

2021 年 7 月 2 日晚笔者发了条微博如下。

"一直不太理解李苦禅老先生的字为什么这么好看，刚才看 @徐德亮的书，恍然大悟！练拳的懂横劲儿的都凤毛麟角，更遑论书画家了。现在看来，一般的书画家离苦老的境界差的不是一星半点儿。"

徐德亮回复："膨胀力、顺力逆行、六面争力，苦老神人也。"

回复："刚才仔细看了看你写的《此书缘起》，以前没注意。另外，王森然先生写的真好。《李苦禅传》作者李向明我很熟，他和我讲苦老弟子抱怨说，把我们老师都写成武术家了。"

徐德亮："本来也是武术家啊，能文能武很丢人吗？"

回复："现在的书画家有几个懂武术的，话说回来，现在的'武术家'又有几个懂武术的。像苦老这样的大家、通家，以后恐怕再难出现了，你努力吧。"

徐德亮在《李燕聊李苦禅》书中的原文是："我研究《苦禅写意》的纪录片，听到苦禅先生讲'屋漏痕'笔法的时候旁白说：'既要有顺劲，又要有一种向外膨胀的横劲'。大惊大喜，自认为得到了苦老用笔的精窍。因为这乃是武术里很高深的见解，是中国功夫'用劲儿'的关键，甚至表面上是牛顿定律解释不了的，苦禅先生居然在讲画画用笔的时候讲出来了，真是'泄露天机'。不过既懂画画又懂武术的人毕竟太少，大多数人不过入宝山而空回。但我由此认定，苦禅先生一定是武术高手。果然在对恩师李燕先生的访谈中得知，苦禅先生和当年的大高手王子平、王芗斋都有过交集，到老年还曾和李连杰促膝论武。"

展翼鸬鹚图

注：李苦禅先生这张《展翼鸬鹚》特别有大成拳站桩肩撑肘横的感觉。

李苦禅先生再传弟子刘云水赠送胥荣东的作品

徐德亮作品

李苦禅先生再传弟子徐德亮拜张树新为师学习大成拳，他将武术内功表现在书法绘画中，中锋运笔，功力深厚，可谓得苦老心法矣。

(6) 林散之

中国近代书法家，被誉为“草圣”的林散之先生，72 岁时不幸堕入滚水浴池烫伤，右手无名指与小指卷曲与手掌连在一起，自此三指执笔。为练肘腕，活动关节，苦练太极拳，从此书法进入化境。

林散之先生

1928 年，而立之年的林散之负笈上海，拜师黄宾虹门下三年。黄为著名画家兼书法家，熟谙画法通书法，用笔用墨之道精熟，见林书画习作，“纯从珂罗版模拟而成者，模糊凄迷，昧于用笔用墨之道”，授林笔法五种，点明笔病种种，谓林曰：“善用笔者，当知如金之重而取其柔，如铁之重而取其秀。如山岳江河，无轻松之意，笔乃沉着；沉着之后轻松，犹扛鼎者之举重若轻也。否则如狂飙吹落叶，安得有气？”林散之根据大匠指点，在笔法上狠下功夫，如金之柔铁之秀，如山河之沉着，笔笔站得住，作篆如树，画沙如山，把书画之笔融通、化解，学晋唐法帖，临宋元明清大家墨迹。由于新的艺术思维指导，审美目光今非昔比，晋唐帖学之笔法臻于化境，大器指日可成。这是林散之一生艺术生涯上的重大转折点。

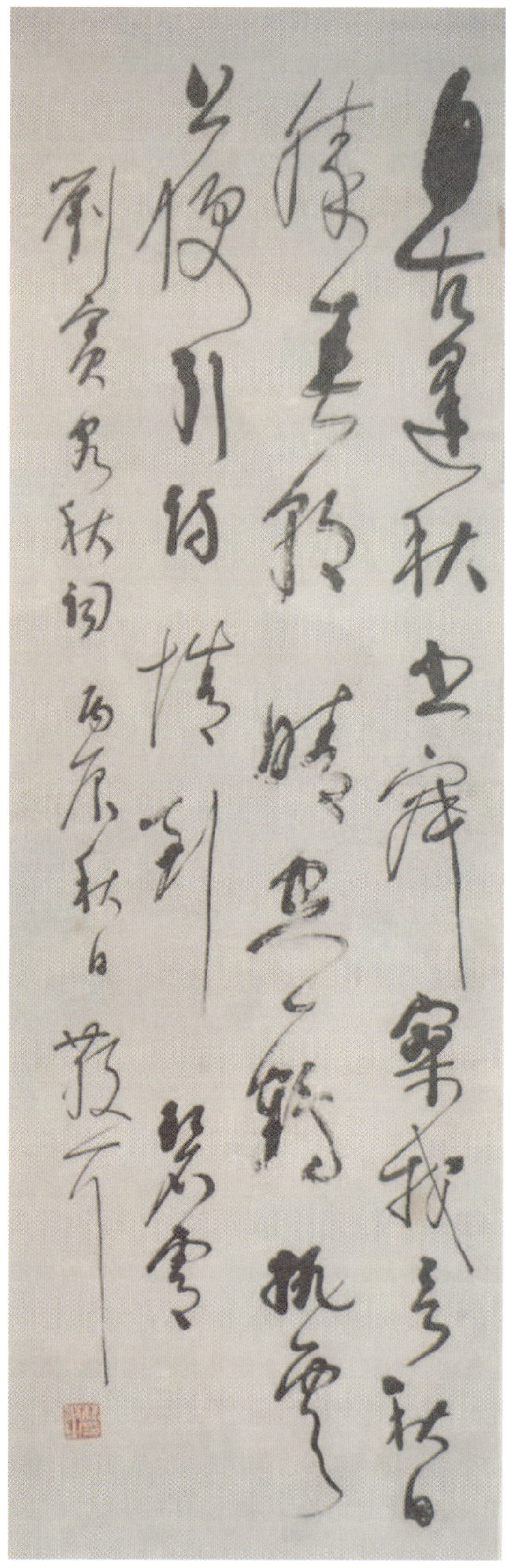

林散之先生作品

(7) 顾廷龙

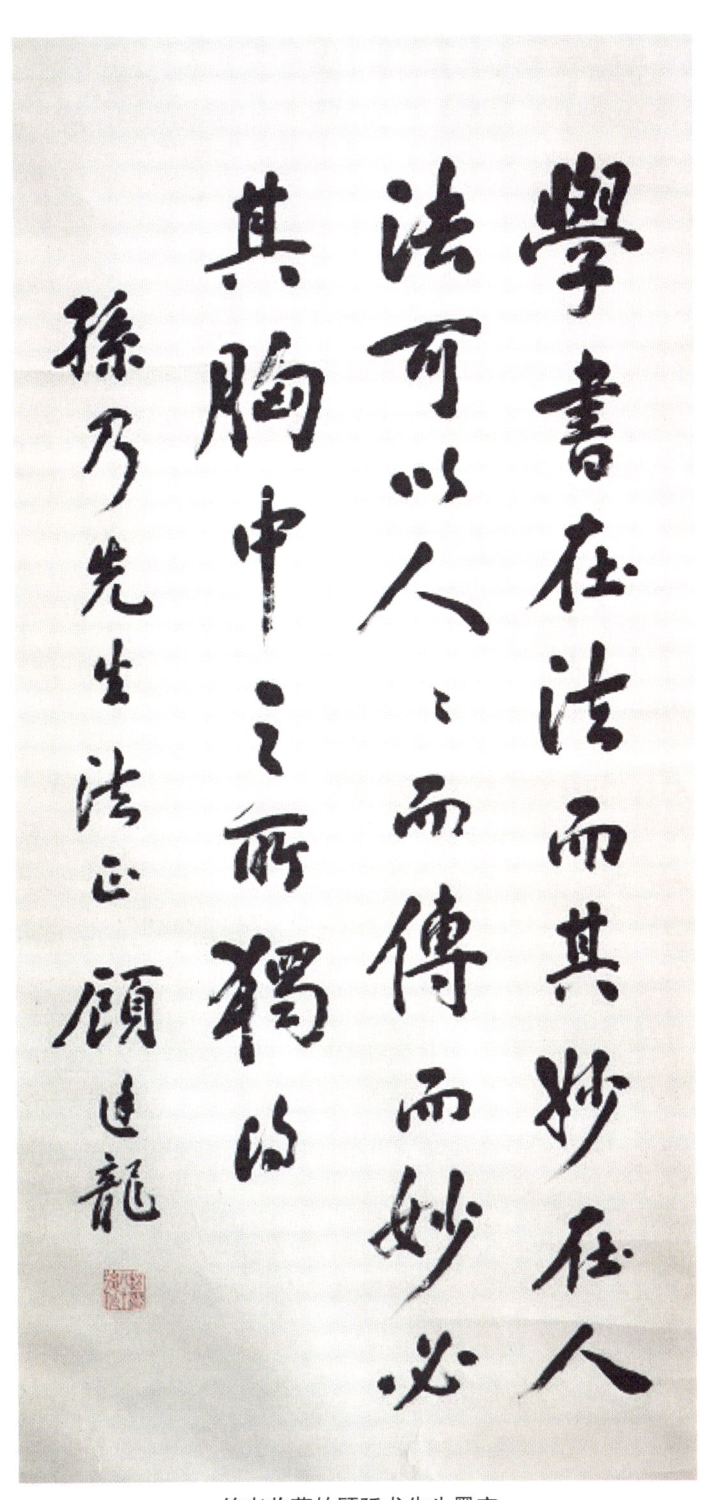

笔者收藏的顾廷龙先生墨宝

著名古籍版本学家、目录学家、书法家，上海图书馆原馆长顾廷龙先生在论述书法时写道："学书在法，而其妙在人，法可人人而传，而妙必在其胸中之所独得。"这和王芗斋先生所讲的"拳本无法，有法也空，一法不立，无法不容"有异曲同工之妙。

1983 年西泠印社 80 周年大庆学术研讨会一隅（前排右起陆抑非、顾廷龙、徐邦达、方去疾、钱君匋）

(8) 徐邦达

文物、收藏界的人都知道，故宫博物院有个徐邦达，人送雅号“徐半尺”。意思是说他独具慧眼，鉴定书画时，常于画轴展开半尺之际，已辨出真伪。1986 年，徐邦达到中日友好医院外康病房查体休养，我第一次在现实社会中见到如此仙风道骨之人。

徐邦达先生

"徐半尺"这个雅号得名于一次经历，有一位来访者将画轴徐徐展开，刚看到一片竹叶的梢头，徐邦达便脱口而出："李方膺！"画轴展开，果然是"扬州八怪"之一李方膺的作品。很多书画卷刚打开半尺，徐邦达就已经说出了与此画有关的一切。而他的弟子则说，其实更应称呼他为"徐一寸"，因为书画卷往往展开寸许，徐邦达便已知真伪。我曾请教他老人家鉴定诀窍，他说鉴定也没有定法可言，这和你们大夫看病一样，看多了一看就明白了。比方小时候住平房，院子里谁回来听咳嗽声甚至走路的声音你都知道是谁回家了。平日里，大家只知徐邦达是享誉海内外、一言九鼎的大鉴定家，许多人却不知他也是丹青圣手和洒脱诗人。正是这种全面的修养，造就了这位书画鉴定大家。到晚年，徐邦达一生酷爱的书画却成了他的"治病"良药。徐邦达的夫人滕芳曾说，徐先生一生酷爱书画，他们家留下这些宝贝，都是为了给徐先生"治病"用的，每当他身体不舒服时，只要把他喜欢的字画挂在眼前，他就高兴的竖起大拇指，心情顿时开朗，笑得像个孩子。徐邦达先生享年101岁，潇潇洒洒，无牵无挂，清风道骨，飘然而去。

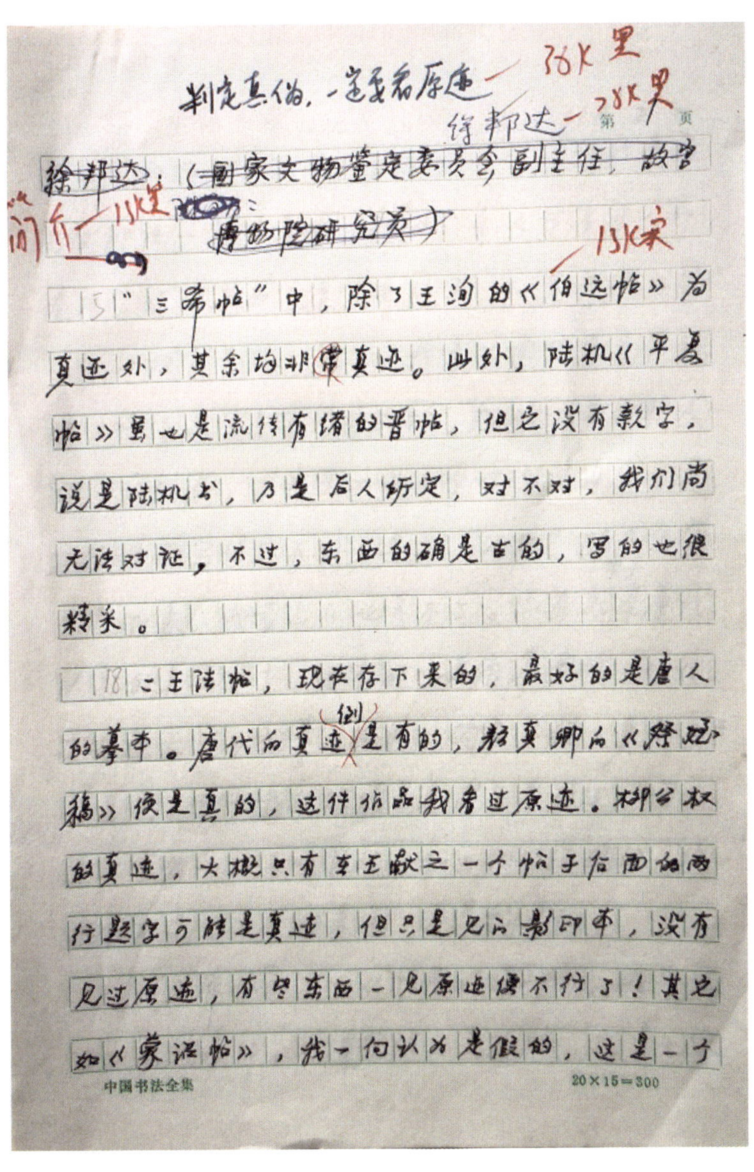

判定真伪，一定要看原迹

徐邦达

~~徐邦达（国家文物鉴定委员会副主任，故宫博物院研究员）~~

13 "三希帖"中，除了王洵的《伯远帖》为真迹外，其余均非真迹。此外，陆机《平复帖》虽也是流传有绪的晋帖，但它没有款字，说是陆机书，乃是后人所定，对不对，我们尚无法对证，不过，东西的确是古的，写的也很精彩。

18 二王法帖，现在存下来的，最好的是唐人的摹本。唐代的真迹倒是有的，颜真卿的《祭侄稿》便是真的，这件作品我看过原迹。柳公权的真迹，大概只有王献之一个帖子后面的两行题字可能是真迹，但只是见了影印本，没有见过原迹，有些东西一见原迹便不行了！其它如《蒙诏帖》，我一向认为是假的，这是一个

中国书法全集　20×15=300

第 2 页

很明显的托柳公权名的假帖，可是一位姓曾的先生却说一定是真的，当然，各人可有各人的看法。这件东西一直是在故宫，一直未流出，我可以经常看到，总之，我是不相信它是真的，但这件作品写是写得较好的，起码也是宋朝人所临的精品，尤其是开头几个字写得好，可是越到后面写得越不好，具名"公权"那几个字尤其不象，我看是以也真不了。关于唐代以前的真迹极少，要有那也是唐摹晋帖，如《万岁通天帖》就摹的极好，确实不错。真正二王的真迹，至少我的眼睛里是没有看到过，国外是否有我也没有听说过，我只相信王珣的《伯远帖》是写出来的真迹，不是钩摹的。

10《三希帖》中的《快雪时晴帖》，我曾见过，是钩摹的。《中秋帖》是米临，这是大家

中国书法全集　　20×15=300

笔者收藏的徐邦达先生手稿

2. 中医书法家

(1) 陶弘景

学习中医的都知道陶弘景，除了医学外，陶弘景对许多方面都有涉猎和研究，医药、炼丹、天文、地理等。他一生才学不凡，是当时有名的知识分子，而中国古代文人大多精通书法，陶弘景也不例外，他工于草书和隶书，还擅长行书。据史书记载，他年仅四五岁就开始喜欢写文章，"恒以荻为笔，书灰中学字"。据说陶弘景以钟繇和王羲之为师，还常常与梁武帝萧衍书信交流讨论他们的书法作品。国家每次遇到大事，梁武帝都会派人前往向陶弘景询问请教，他和陶弘景之间，书信的联系一直不断，每个月常常就有好几封。而武帝每次收到他的书信，都会烧着香虔诚地接过，态度十分恭敬，所以当时的人都称陶弘景是"山中宰相"。陶弘景有一首《诏问山中何所有赋诗以答》，这是他用来回答皇帝的诗句："山中何所有，岭上多白云，只可自怡悦，不堪持赠君。"

陶弘景擅长草、隶、行书，后世对他书法的评价极高，其体势开张，疏密有致，自成一

家。陶弘景的书法作品传世至今的有《屈画帖》《瘗鹤铭》等。其中后者是中国著名的摩崖石刻之一，“瘗”是埋葬的意思，因此就是他埋葬了自己家养的一只鹤然后为其写的铭文，后人评价为“古拙奇峭，雄伟飞逸”，被推崇为“大字之祖”。铭文曰：“鹤寿不知其纪也，壬辰岁得于华亭，甲午岁化于朱方。天其未遂，吾翔寥廓耶？奚夺余仙鹤之遽也。乃裹以玄黄之巾，藏乎兹山之下，仙家无隐晦之志，我等故立石旌事篆铭不朽词曰：相此胎禽，浮丘之真，山阴降迹，华表留声。西竹法理，幸丹岁辰。真唯仿佛，事亦微冥。鸣语化解，仙鹤去莘，左取曹国，右割荆门，后荡洪流，前固重局，余欲无言，尔也何明？宜直示之，惟将进宁，爰集真侣，瘗尔作铭。”

《瘗鹤铭》石刻

《瘗鹤铭》拓片

这种字的沉静内敛，若非修道之人，很难达到如此清净之境。

《陶弘景传》出自《梁书》第六十一卷，列传第四十五。这一列传，名为《处士》，所谓“处士”是指有德有才却隐居起来不出来为官的人，后来一般称之为隐士。《陶弘景传》全文只有八百字左右，简单介绍了他的生平事迹外，还记载了陶弘景因为擅长辟谷导引，八十岁时样子还跟壮年一般。原来认为这种记载不可信，但当我见到88岁的郭贵志先生，并深入交流，尤其是和他搭手之后感到他无穷的力量时，我就相信了。

(2) 傅青主

除了陶弘景,《傅青主女科》的作者——傅山在中医药史上的“大师”地位是公认的。他精通医经脉理，擅长妇科及内外诸科，当时“人称医圣”（蔡璜《傅山传》）。

在医学之外，傅山在诗、文、书、画诸方面，皆善学妙用。其知识领域之广、成就之大，在清初文人中，无出其右者。其书法被时人尊为“清初第一写家”。他书出颜真卿，并总结出“宁拙毋巧，宁丑毋媚，宁支离毋轻滑，宁直率毋安排”的经验。他的画也达到了很高的艺术境界，所画山水、梅、兰、竹等，均被列入逸品之列。《画征录》就说：“傅青主画山水，皴擦不多，丘壑磊砢，以骨胜，墨竹也有气。”他的字画均渗透自己品格孤高和崇高的气节，傅山那种“富贵不能淫，贫贱不能移，威武不能屈”的品格和气节，表现在他的书法上。

上海辞书出版社所出《辞海·医药卫生分册》在“医学人物”中，上自传说中的岐伯、黄帝，下至1975年去世的中医研究院副院长蒲辅周，约5000多年的中国中医药史上，共收中医中药学界重要人物71人，其中山西仅有一人，即傅山。在“傅青主”条中，释述：“名山……博涉经史诸子和佛道之学，提倡‘经子不分’，目的在把诸子和六经列于平等地位。兼工诗文、书画、金石，又通医学。传有《傅青主女科》《傅青主男科》等书，疑系后人托名之作，但其书流行颇广，有参考价值。”在辞海所收71名中医中药学界的“大家”中，绝大部分是一生专门从事医药的，精通经史或兼工书画的仅七八人。只有宋朝的沈括是政治家、科学家兼医学家，傅山是思想家、道家学者、艺术家而又以医名世的大医学家。傅山他自称“老夫学老庄者也”，并将其丰富的道家哲学思想运用到医学中，由此可见傅山在中国医学史上的重要地位。他虽以“余力”研究医学，但却称得上是一位“医学大师”，而决非一时一地的“名医”。在《中国大百科全书》中，傅山的传记收入《哲学》卷中，但同样肯定他“又精医学”。在《哲学》卷中所列中国古今哲学家约为200名，其中除傅山外，其余诸人中讲到精于医学的只有宋代的沈括。

清军入关建都北京之初，全国抗清之潮此伏彼起，气势颇高，傅山渴望南明王朝日益强大，早日北上驱逐清王朝匡复明室，并积极同桂王派来山西的总兵官宋谦联系，密谋策划，积蓄力量，初定于顺治十一年（1654年）三月十五日从河南武安五汲镇起义，向北发展势力。然而，机事不密，宋谦潜往武安不久，即被清军捕获，并供出了傅山。于是傅山被捕，关押太原府监狱。羁拘期间，傅山矢口否认与宋谦政治上的关系，即便是严刑逼供，也只说宋曾求他医病，遭到拒绝，遂怀恨在心。一年之后，清廷不得傅山口供，遂以“傅山的确诬报，相应释宥”的判语，将他释放。傅山出狱后，反清之心不改。大约在顺治十四至十六年间，曾南下江淮察看了解反清形势。当确感清室日趋巩固，复明无望时，遂返回太原，隐居于城郊僻壤，自谓侨公，那些“松乔”“侨黄”的别号就取之于此后，寓意明亡之后，自己已无国无家，只是到处做客罢了。他的“太原人作太原侨”的诗句，正是这种痛苦心情的写照。康熙二年（1663 年），参加南明政权的昆山顾炎武寻访英雄豪杰，来太原找到傅山，两人抗清志趣相投，结为同志，自此过从甚密。他们商定组织票号，作为反清的经济机构。以后傅山又先后与申涵光、孙奇逢、李因笃、屈大筠以及王显祚、阎若璩等坚持反清立场的名人和学者，多有交往。尤其是曾在山东领导起义的阎尔梅也来太原与傅山会晤，并与傅山结为“岁寒之盟”。王显祚见傅山常住土窑，特为他买了一所房院，即今太原傅家巷四号院。

清初，为了笼络人心，泯除亡明遗老们的反清意识，雄才大略的康熙帝在清政府日益巩固的康熙十七年（1678 年）颁诏天下，令三品以上官员推荐“学行兼优、文辞卓越之人”，“朕将亲试录用”。给事中李宗孔、刘沛先推荐傅山应博学宏词试。傅山称病推辞，阳曲知县戴梦熊奉命促驾，强行将傅山招往北京。至北京后，傅山继续称病，卧床不起。清廷宰相冯溥并一干满汉大员隆重礼遇，多次拜望诱劝，傅山靠坐床头淡然处之。他既以病而拒绝参加考试，又在皇帝恩准免试，授封“内阁中书”之职时仍不叩头谢恩。康熙皇帝面对傅山如此之举并不恼怒，反而表示要“优礼处士”，诏令“傅山文学素著，念其年迈，特授内阁中书，着地方官存问。”傅山由京返晋后，地方诸官闻讯都去拜望，并以内阁中书称呼。对此，傅山低头闭目不语不应，泰然处之。阳曲知县戴氏奉命在他家门首悬挂“凤阁蒲轮”的额匾，傅山凛然拒绝，毫不客气。他仍自称为民，避居乡间，同官府若水火，表现了自己“尚志高风，介然如石”的品格和气节。

傅山在内科、妇科、儿科、外科，科科均有很高的技术，而尤以妇科为最。其医著《傅氏女科》《青囊秘诀》，至今流传于世，造福于人。傅山对于那些前来求医的恶吏，则婉辞谢绝。他解释为：“好人害好病，自有好医与好药，高爽者不能治；胡人害胡病，自有胡医与胡药，正经者不能治。”

据《清史稿·列传二百八十八·遗逸二》记载如下。

傅山，阳曲人。六岁，啖黄精，不谷食，强之，乃饭。读书过目成诵。明季天下将乱，诸号为缙绅先生者，多迂腐不足道，愤之，乃坚苦持气节，不少媕允。提学袁继咸为巡按张孙振所诬，孙振，阉党也。山约同学曹良直等诣通政使，三上书讼之，巡抚吴甡亦直袁，遂得雪。山以此名闻天下，甲申后，山改黄冠装，衣朱衣，居土穴，以养母。继咸自九江执归燕邸，以难中诗遗山，且曰：“不敢媿友生也！”山省书，恸哭，曰：“呜呼！吾亦安敢负公哉！”顺治十一年，以河南狱牵连被逮，抗词不屈，绝粒九日，几死。门人中有以奇计救之，得免。然山深自咤恨，谓不若速死为安，而其仰视天、俯视地者，未尝一日止。比天下大定，始出与人接。康熙十七年，诏举鸿博，给事中李宗孔荐，固辞。有司强迫，至令役夫舁其床以行。至京师二十里，誓死不入。大学士冯溥首过之，公卿毕至，山卧床不具迎送礼。魏象枢以老病上闻，诏免试，加内阁中书以宠之。冯溥强其入谢，使人舁以入，望见大清门，泪涔涔下，仆于地。魏象枢进曰：“止，止，是即谢矣！”翼日归，溥以下皆出城送之。山叹曰：“今而后其脱然无累哉！”既而曰：“使后世或妄以许衡、刘因辈贤我，且死不瞑目矣！”闻者咋舌。至家，大吏咸造庐请谒。山冬夏著一布衣，自称曰“民”。或曰：“君非舍人乎？”不应也。卒，以朱衣、黄冠敛。山工书画，谓：“书宁拙毋巧，宁丑毋媚，宁支离毋轻滑，宁真率毋安排。”

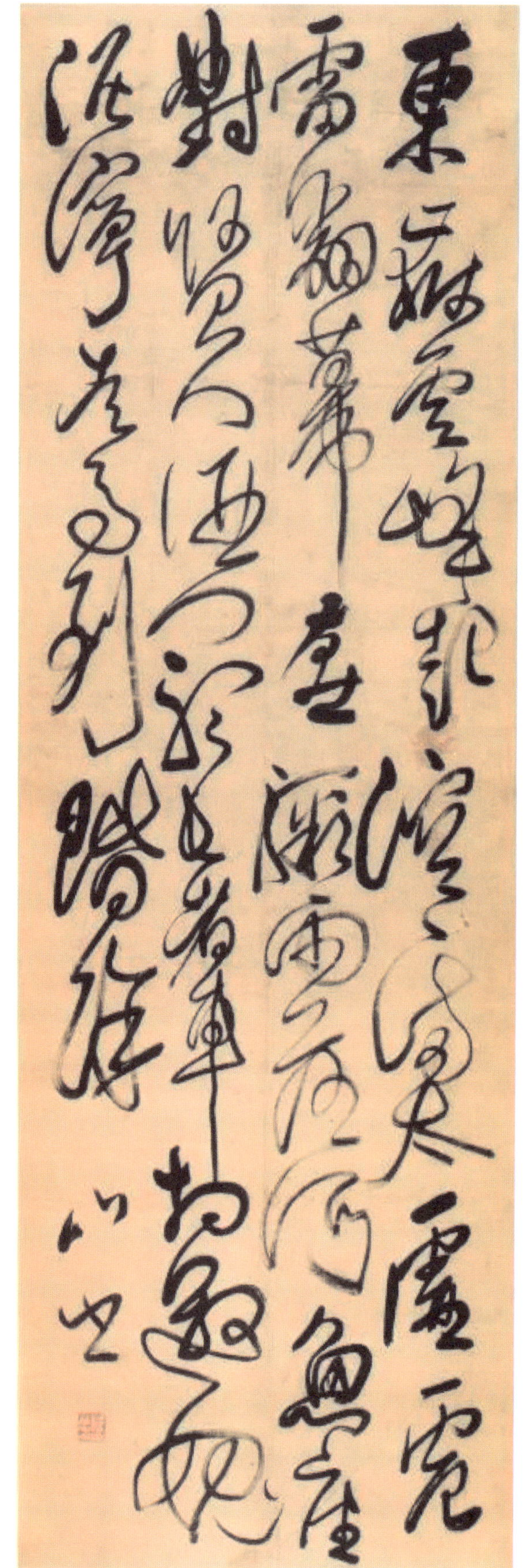

傅青主书法

3. 政治家挥毫

(1) 钟繇

王芗斋先生从拳道的角度理解书法，他认为无论书法作画，抑或文章，乃至于传统哲学等，无不与拳道有相通之处。他在论述大成拳练功高层境界时写道："若从迹象比，老庄与佛释，班马古文章，右军钟张字，大李王维画，玄妙颇相似。"这里的"右军"指的是"右军王逸少"也就是王羲之，"钟张"指的是三国时期的"正书之祖"钟繇和东汉时期的"草圣"张芝。张芝、钟繇、王羲之、王献之曾被称为"书中四贤"。

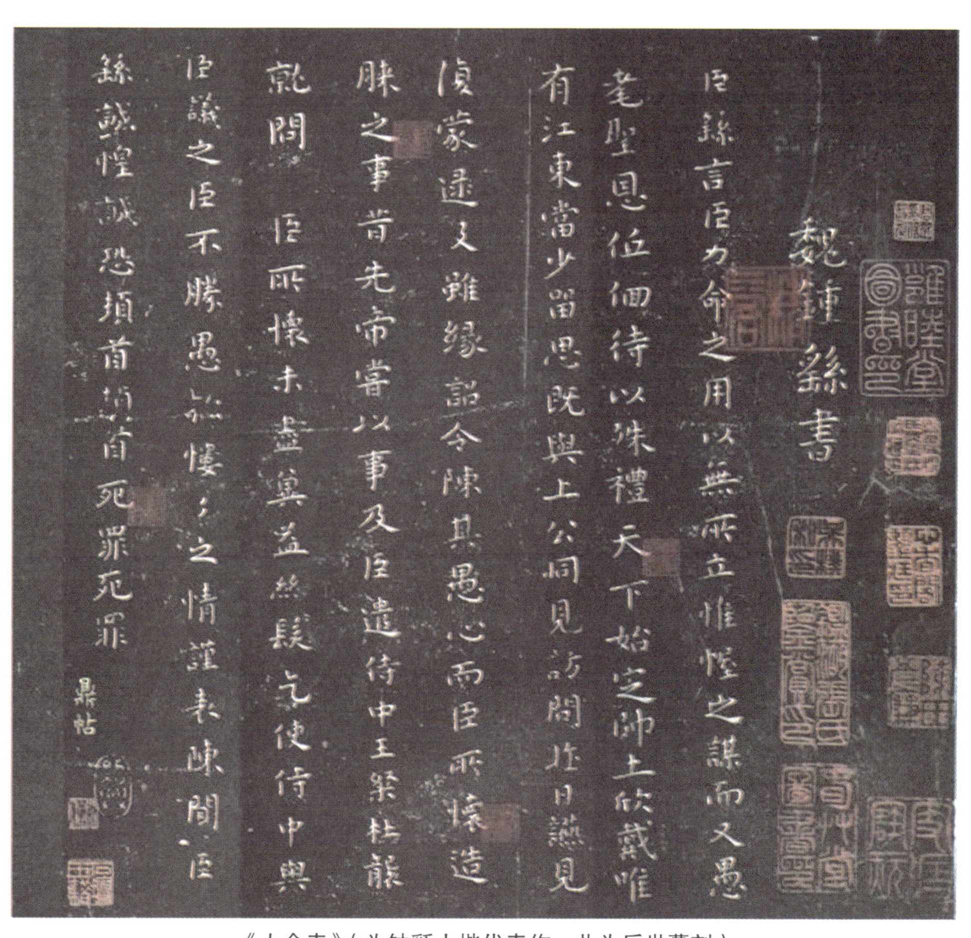

《力命表》(为钟繇小楷代表作，此为后世摹刻)

钟繇（151—230），字元常。颍川长社人。三国时期曹魏著名书法家、政治家。钟繇早年相貌不凡，聪慧过人。历任尚书郎、黄门侍郎等职，助汉献帝东归有功，封东武亭侯。后被曹操委以重任，为司隶校尉，镇守关中，功勋卓著。以功迁前军师。魏国建立，任大理，又升为相国。曹丕称帝，为廷尉，进封崇高乡侯。后迁太尉，转封平阳乡侯。与华歆、王朗并为三公。明帝继位，迁太傅，进封定陵侯。太和四年（230 年）卒，谥曰成。曹操对他的评价："关右平定，朝廷无西顾之忧，足下之勋也。昔萧何镇守关中，足食成军，亦适当尔。"曹丕："于赫有魏，作汉藩辅。厥相惟钟，实干心膂。靖恭夙夜，匪遑安处。百寮师师，楷兹度矩。此三公者，乃一代之伟人也，后世殆难继矣。"

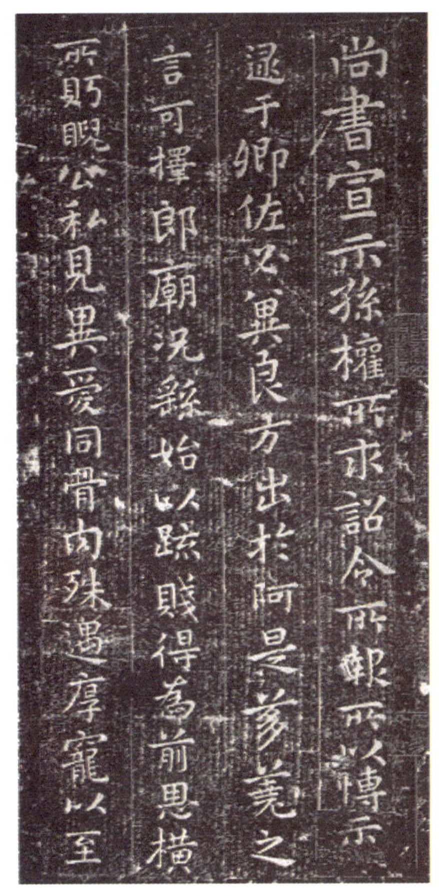

《宣示表》

此《宣示表》故宫博物院藏，梁武帝萧衍誉道“势巧形密，胜于自运”。笔法质朴浑厚，雍容自然。王导东渡时将此表缝入衣带携走，后来传给逸少，逸少又将之传给王修，王修便带着它入土为安，从此不见天日。现在所能见到的《宣示表》只有刻本，一般论者都认为是根据王羲之临本摹刻，始见于宋《淳化阁帖》，共 18 行。后世阁帖、单本多有翻刻，应以宋刻宋拓本为佳。此帖较钟繇其他作品，无论在笔法或结体上，都更显出一种较为成熟的楷书体态和气息，点画遒劲而显朴茂，字体宽博而多扁方，充分表现了魏晋时代正走向成熟的楷书的艺术特征。此帖风格直接影响了二王小楷面貌的形成（从《黄庭经》《乐毅论》《洛神赋十三行》等就可看出），进而影响到元、明、清三代的小楷创作。

钟繇在书法方面颇有造诣，是楷书（小楷）的创始人，被后世尊为“楷书鼻祖”。钟繇对后世书法影响深远，王羲之等后世书法家都曾经潜心钻研学习钟繇书法。与东晋书法家王羲之并称为“钟王”。南朝庾肩吾将钟繇的书法列为“上品之上”，唐张怀瓘在《书断》中则评其书法为“神品”。钟繇篆、隶、真、行、草多种书体兼工，张怀瓘《书断》说：“元常真书绝世，乃过于师，刚柔备焉。点画之间，多有异趣，可谓幽深无际，古雅有余。秦、汉以来，一人而已。”

钟繇所处的时期，正是汉字由隶书向楷书演变并接近完成的时期。在完成汉字的这个重要的演变过程中，钟繇继往开来，起了有力的推动作用。一方面他能适应时代潮流，善于学习民间出现的新书体；另一方面他勤奋学习，善于思考与钻研。钟繇的书法理论，散见于有关书论内。其中最重要的是他关于用笔方面的论述。钟繇的楷书古雅浑朴，圆润遒劲，古风醇厚，笔法精简，自然天成。据唐代张彦远《法书要录·笔法传授人名》说：蔡邕受于神人，而传与崔瑗及女文姬，文姬传之钟繇，钟繇传之卫夫人，卫夫人传之王羲之，王羲之传之王献之。可见，钟繇是蔡邕书法的第二代传人。其实，钟繇的书法艺术之所以取得巨大艺术成就，并不限于一家之学。宋代陈思《书苑菁华·秦汉魏四朝用笔法》就记述了钟繇的书法成功经过，说他少年时就跟随一个叫刘胜的人学习过三年书法，后来又学习曹喜、刘德升等人的书法。因此，钟繇与任何有成就的学者一样，都是集前人之大成，刻苦用功，努力学习的结果。钟繇在学习书法艺术时极为用功，有时甚至达到入迷的程度。

(2) 曹操

曹操所书“衮雪”二字

在今陕西汉中褒谷中的褒河山崖，原有“衮雪”石刻。建安二十四年夏，曹操西征汉中，经过此地时，看到褒河水流湍急，冲击河内乱石，喷沫飞溅如雪团之状，便题写了“衮雪”二字，“衮雪”本为“滚雪”之意，曹操曰：“衮在水边，何以缺水？”这两个字近篆而非，属隶又违，行笔纵放不羁，确有波涛澎湃之势，表现出曹操的风采神韵与魏武精神。“衮”，气势磅礴，充满刚毅，好似一个象形字，上边三点一口似水花，下边，一撇一捺一竖钩，三钩均朝上翘起，像湍急的水流，给人以张扬、不羁、活泼、沸腾、激荡、舞动的阳刚之气。“雪”字平和、内秀、收敛、平静、朴实、飘飘洒洒，柔情万种，合二为一，阳刚而不失柔美。该摩崖原刻在汉中石门南约半里的褒河水中的一巨石上，右行横书，字径四十五厘米，可能这是曹操唯一的手迹。1967年因修路建水坝，现在“滚雪”景象再也看不到了，唯有“衮雪”刻石仍藏在汉中博物馆。

曹操诗文华盖天下，而他的书法却十分罕见。清人罗秀书见此字后叹道：“昔人比魏武为狮子，言其性好动也。今见其书如此，如见其人矣。”

(3) 李世民

书法与武功及兵法亦有内在联系，比如李世民作为一位杰出的军事家，蔑视六朝浮薄软弱、柔媚娇弱的书法风格。他以战阵之法衡量书法之优劣，据《论书》记载其曾言：“朕少时为公子，频遭敌阵，义旗之始，乃平寇乱。执金鼓必有指挥，观其阵即知强弱。以吾弱对其强，以吾强对其弱，敌犯吾弱，追奔不逾百数十步，吾击其弱，必突过其阵，自背而返击之，无不大溃。多用此致胜，朕思得其理深也。今吾临古人之书，殊不学其形势，惟在求其骨力，而形势自生耳。吾之所为，皆先作意，是以果能成也。”

唐太宗《温泉铭》

李世民在《王羲之传论》中写道：“献之虽有父风，殊非新巧。观其字势疏瘦，如隆冬之枯树；览其笔踪拘束，若严家之饿隶。其枯树也，虽槎枿而无屈伸；其饿隶也，则羁羸而不放纵。兼斯二者，固翰墨之病欤！（萧）子云近世擅名江表，然仅得成书，无丈夫之气。行行若萦春蚓，字字如绾秋蛇……虽秃千兔之翰，聚无一毫之筋；穷万谷之皮，敛无半分之骨，以兹播美，非其滥名耶？此数子者，皆誉过其实。所以详察古今，研精篆、素，尽善尽美，其惟王逸少乎！观其点曳之工，裁成之妙，烟靡露结，状若断而还连；凤翥龙蟠，势如斜而反直。玩之不觉为倦，览之莫识其端。心慕手追，此人而已；其余区区之类，何足论哉。”

“自书契之兴，篆隶滋起，百家千体，纷杂不同。至于尽妙穷神，作范垂代，腾芳飞誉，冠绝古今，惟右军王逸少一人而已。”（欧阳询《用笔论》）“逸少、子敬剖析前古，无所不工。”（虞世南《书旨述》）

武则天书《升仙太子碑》

笔者藏有武则天《升仙太子碑》原拓，这方武则天撰文书写的巨碑，彰显这位女皇的雄才大略，饱含着书法神韵。她开草书刊碑之先河，秀美之中极具力度，的确为书法精品。

(4) 郑道昭

唐宋以来，书法界有扬南抑北之风，加上北碑多晚出。故北朝优秀的书法家多被遗忘，比如书法水平不低于王羲之的魏碑体鼻祖郑道昭。

郑道昭摩崖石刻实景

郑道昭（455—516）北朝魏诗人、书法家，字僖伯，荥阳开封（今属河南）人，北魏大臣郑羲次子，自称“中岳先生”。据《魏书》载其“少而好学，综览群言”，“好为诗赋”。历官至中书侍郎、给事黄门侍郎、国子监祭酒、秘书监及光、青二州刺史。孝明帝熙平元年卒，赠镇北将军、相州刺史，谥“文恭”，其在任光州刺史期间，“政务宽厚，不任威刑，为吏民所爱”。

郑道昭是魏碑体鼻祖，工书善正书，体势高逸，作大字尤佳，被誉为“书法北圣”，南与王羲之齐名，有“南王北郑”之誉。史称郑道昭“少而好学，博览群言……博学经书，才冠秘颖。”他书刻于青、光二州山崖的众多题刻，总称“云峰刻石”（包括云峰山、大基山，平度市的天柱山，益都县玲珑山）。清嘉庆、道光间山东云峰山、天柱山等处，发现郑道昭所书 40 多处，成为北魏书法艺术的三大宝库之一。其中以《郑文公上碑》《郑文公下碑》《论经书诗》《观海童诗》等摩崖刻石最为著名。从郑道昭的这些书法艺术代表作来赏析，他的书法风格特点是，下笔多用正锋（偶用侧锋），大起大落；起落转折，处处着实；间用侧锋取势，忽而峻发平铺，既有锋芒外耀，尤多筋骨内含。妙在方圆并用，不方不圆，亦方亦圆。或体方而用圆，或用方而体圆。故能给人以结体宽博，笔力雄强的感受。康有为《广艺舟双楫》把郑道昭云峰刻石 42 种列于“妙品”上。称“云峰山刻石，体高气逸，密致而通理。”其所书《郑文公碑》以古朴淳厚的篆法为主，参以方笔隶意，笔调凝练，如古松蟠屈，体势开阔雄健，神采奕奕。包世臣《艺舟双楫》赞其书“篆势、分韵、草情毕具”，以至去天柱、云峰观摩刻石者接踵，而购得拓片者相以为荣。

郑道昭书法摩崖刻石

晚清金石家叶昌炽评其书曰："郑道昭云峰山《上、下碑》及《论经诗》诸刻，上承分篆，化北方之乔野，如筚路蓝缕进入文明，其笔力之健，可以剸犀兕，搏龙蛇，而游刃于虚，全以神运，唐初欧、虞、褚、薛诸家，皆在笼罩之内。不独北朝书第一，自有真书以来，一人而已。举世啖名，称右军为书圣，其实右军书碑无可见，仅执《兰亭》之一波一磔，盱衡赞叹，非真知书者也，余谓郑道昭，书中之圣也。"近代著名书家沈尹默评价道："通观全碑，但觉气象渊穆雍容，骨势开张洞达，若逐字察之，则宽和而谨束，平实而峻肆，朴茂而疏宕，沉雄而清丽，极正书之能事。"《郑文公碑》在北魏书法中的地位，概可见也。

在北朝文学开始兴起之际，郑道昭是较有成就的诗人之一。其诗长于写景，略具清拔之气，风格与南朝的谢灵运和鲍照相近，跟其他北朝诗人模仿齐梁不同。《诗五言与道俗十人出莱城东南九里登云峰山论经书一首》的"双阙承汉开，绝巘虹萦敕；涧岨禽朝迷，窦狭鸟过亟"，《登云峰山观海岛》的"山游悦遥赏，观沧眺白沙"，笔力劲健，较有气势。他的文章，两篇是章表，无甚特色，仅《天柱山铭》尚有文采。《魏书·郑羲附道昭传》说他"好为诗赋，凡数十篇"，但今仅存诗 4 首，文 3 篇。辑入逯钦立的《先秦汉魏晋南北朝诗》和严可均的《全上古三代秦汉三国六朝文》。郑道昭除了好为诗赋，还爱好炼气化丹，修身养性。曾于延昌元年（512 年）在莱州大基山依东、西、南、北、中虚设"青烟寺""白云堂""宋阳台""玄灵宫""中明坛"等炼气之处，并刻字志之，还做了一首《置仙坛诗》题刻于壁。从此，莱州云峰山、大基山光彩大增，名扬四海。熠熠生辉的石刻，使海内外游人墨客向往。其内功修炼对其书法运笔及整体气韵的把握无疑会有极大的帮助。笔者收藏有郑道昭《白驹谷题名》等多幅原拓真迹，弥足珍贵。

古人多文武兼修，所以书法多刚劲有力，随便找到一幅字，都可以看出这种风韵，比如鄙人收藏的魏圣朝太中大夫造像，铭文峻美，结体古雅，两侧有浮雕人像，风神潇洒。正始（507 年）年二月刻，古阳洞南壁。正书，13 行，一行 9 字，可见九十五字。

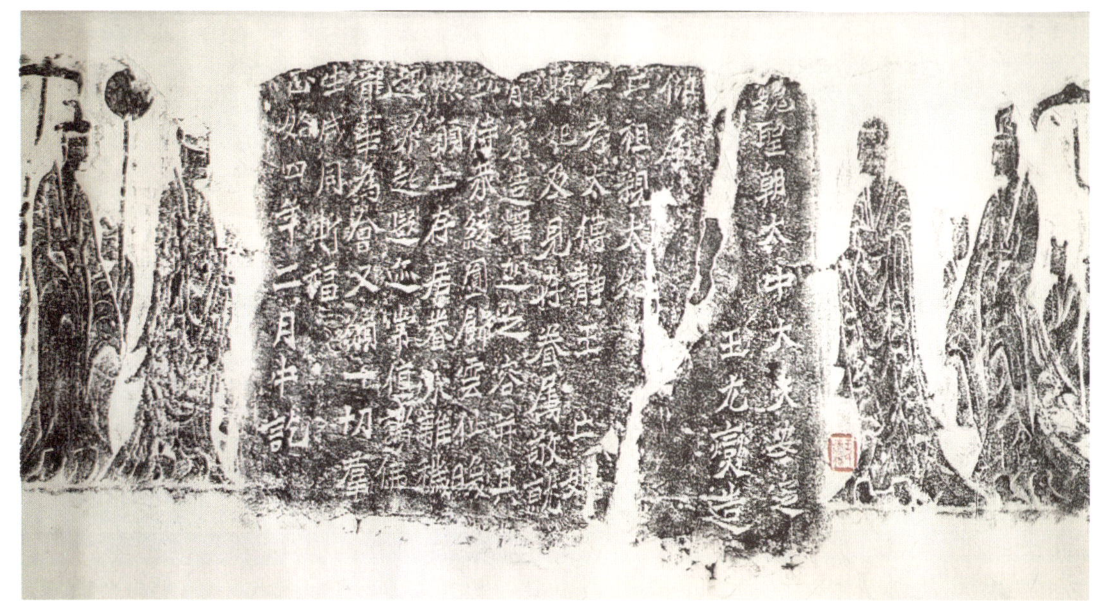

《元燮造像记》

铭文：魏圣朝太中大夫、安定（石坏空五格）王元燮（元燮，安定王元休之次子，世宗初袭爵，官至华州刺史，延昌四年九月卒）造。仰为亡祖亲太妃亡考太傅静王（即元休，官至太傅卒，谥靖王。静靖古通）亡妣（旧释妃，非是）蒋妃及见存眷属敬就静窟（即古阳洞）造释迦之容（容者像也），并其立侍（弟子是也）。众彩圆饰，云仙焕然，愿亡存居眷，永离秽趣，升超遐迹，常值诸佛，龙华为会；又愿一切群生、咸同斯福。正始四年二月中记。

笔者收藏的魏圣朝太中大夫造像，学术界一般叫作北魏《元燮造像记》、全称《安定王元燮为亡祖亡考亡妣造像记》。

4. 将军的铁画银钩

(1) 岳飞

这是前些年发现的一件岳飞手迹，有明代谏臣杨继盛的题款、明代名将史可法和清代大学士蒋廷锡的题跋，此帖字体雄浑峻拔，如锥画沙，笔墨飞动。完全中锋用笔，刚劲有力，气度不凡。正是由于他的武功及无畏精神，造就了他在书法上的巨大成就，这是一般书法家所无法比拟的。

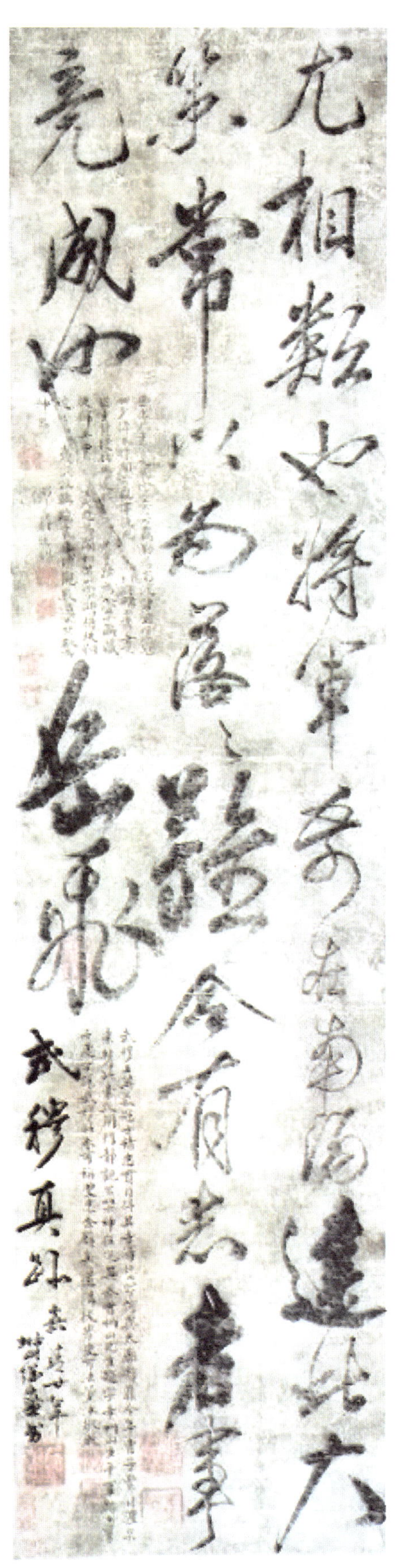

岳飞手迹

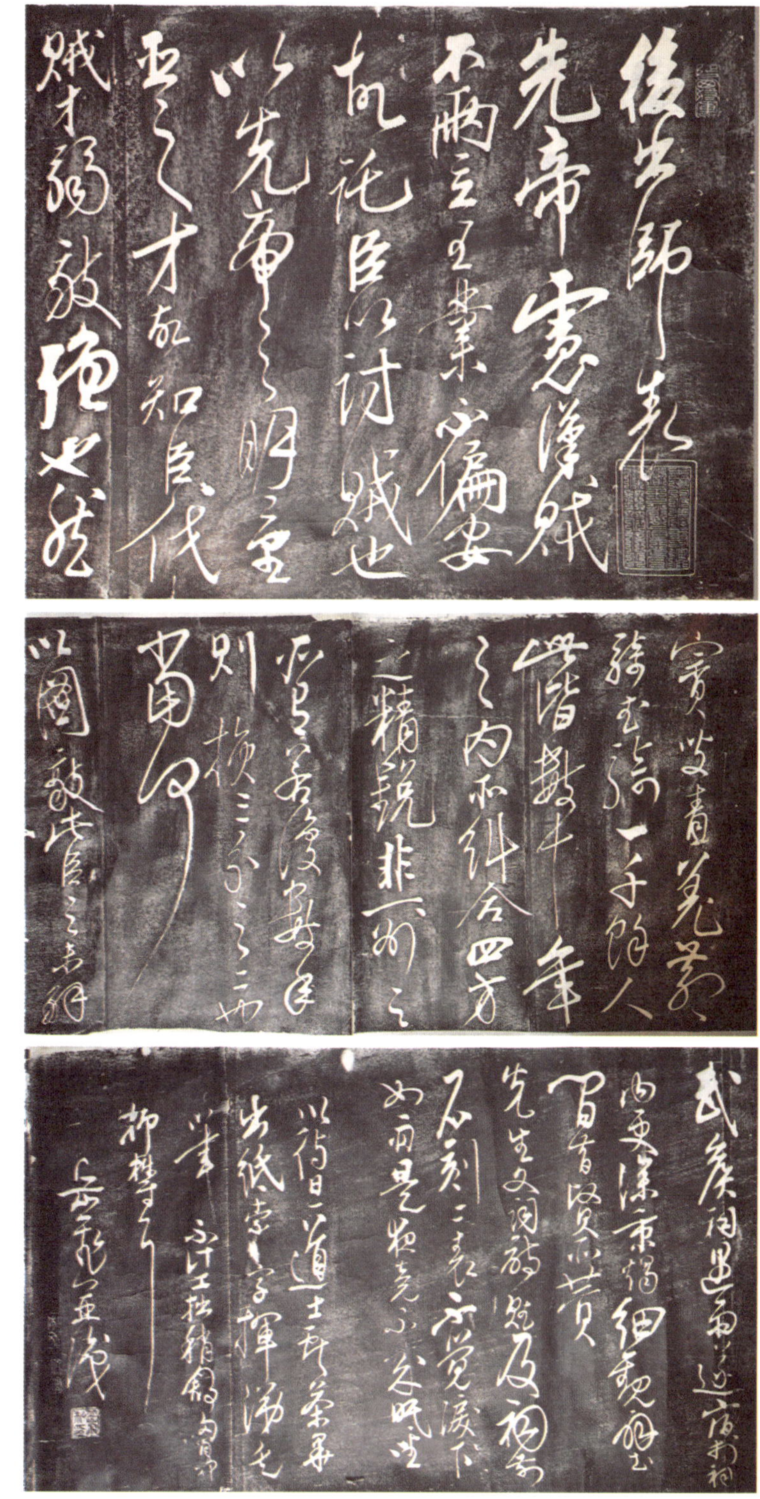

笔者收藏的民族英雄岳飞的后出师表拓片

岳飞所书诸葛亮前后出师表，行草书，只有刻石，未见墨迹。成都的武侯祠，南阳的武侯祠及汤阴的岳庙和济南大明湖遐园都有此帖的刻石。历来对此帖的真伪存有争议，尤其是文中的“桓”字，是宋钦宗赵桓的名讳，此帖缺笔。但即使认为其为伪作者，也丝毫没有否定其艺术价值，如同流传下来的‘二王’杂帖，徐邦达先生就认为不是二王真迹，但并没有否定其艺术价值。

岳飞（1103—1142），字鹏举，出生于相州汤阴（今河南汤阴县）的一个贫苦农民家庭，自幼受到良好的传统教育。宋高宗建立南宋后，金军继续大举南侵。心怀报国之志的岳飞，积极投身于汹涌澎湃的抗金浪潮。他转战南北，收复建康（今南京），三援淮西，四次北伐。他英勇多谋，屡建奇功，由一名普通战士成为威震全国的统帅。他率领的“岳家军”纪律严明，愈战愈强，成为抗金战场上的一支主力。当时连金兵也不得不感叹：“撼山易，撼岳家军难！”岳飞虽出身军伍，然能诗善词，工行草书，其传世书迹，有《满江红》《前后出师表》《还我河山》等。

(2) 颜真卿

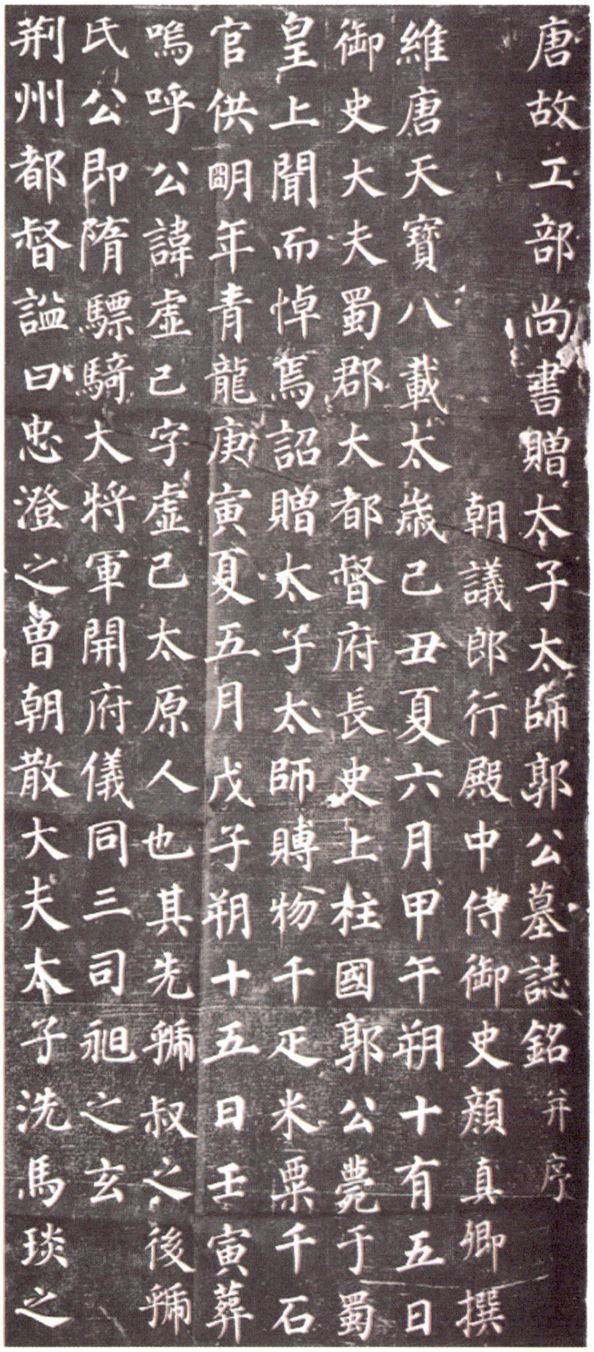

笔者收藏的颜鲁公元次山碑拓片（原拓局部）

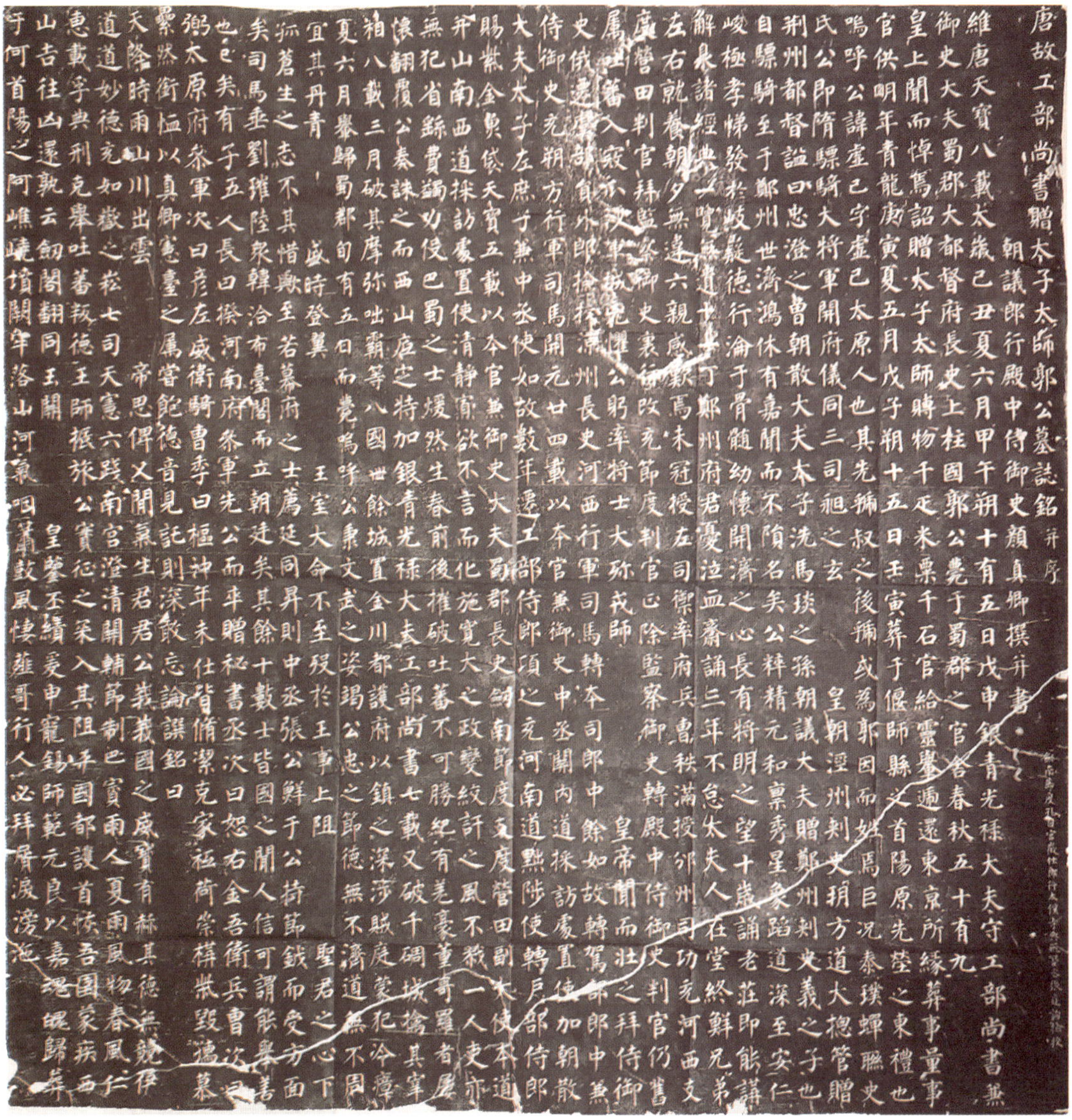

笔者收藏的颜鲁公元次山碑拓片（原拓）

颜真卿书法之所以为世人所推崇，并不仅仅是因为书法技艺高超，更为关键的是因为他的尚武精神反映在书法作品中。其书法乃是自身精神气质的表现，这是后人通过技法练习所学不来的。

颜真卿在平叛安史之乱中起了重要作用，据《旧唐书·颜真卿传》记载："安禄山逆节颇著，真卿以霖雨为托，修城浚池，阴料丁壮，储廪实……无几，禄山果反，河朔尽陷，独平原城守具备。""土门既开，十七郡同日归顺，共推真卿为帅，得兵二十余万，横绝燕、赵。"

颜真卿在安史之乱时，与其堂兄颜杲卿共同抗击叛军。颜杲卿时任常山郡太守，叛军进逼，颜杲卿第三子颜季明往返于常山、平原之间传递消息，使两郡联结，形成掎角之势，齐心效忠王室，抵抗叛军。然太原节度使拥兵不救，以至城破，颜杲卿与其子颜季明先后罹难。颜真卿激昂悲愤，起草了份"气粗而字险"的《祭侄文稿》。文中说"贼臣不救，孤城围逼，父陷子死，巢倾卵覆"。颜真卿在安史之乱后被授为宪部尚书。代宗朝官至吏部尚书，太子太师，封鲁郡公，人称“颜鲁公”。后遭宰相卢杞陷害，遣往叛将李希烈部晓谕被扣押，凛然拒贼，最终被害。他遇害后，嗣曹王李皋及三军将士皆为之痛哭，追赠司徒，谥号“文忠”。

颜真卿《大唐中兴颂》

资料：颜真卿《大唐中兴颂》大字楷书，此摩崖刻石是在戡平安禄山之乱后于唐大历六年（771 年）六月刻于湖南祁阳浯溪崖壁上，碑中简体字不少，更体现了颜氏书法革新的勇气。

另据《新唐书·颜真卿传》载：“立朝正色，刚而有礼。非公言直道，不萌于心。天下不以姓名称，而独曰‘鲁公’”。笔者收藏有颜鲁公元次山碑拓片原拓，元次山碑现存鲁山一高院内颜碑亭中，为国家级文物。颜体书法正是颜真卿人格的写照，所谓“观其书，可想见其为人”也，正如在他《述张长史笔法十二意》中所论。

仆乃从行归于东竹林院小堂，张公乃当堂踞坐床，而命仆居乎小榻，乃曰："笔法玄微，难妄传授，非志士高人，讵可言其要妙。书之求能，且攻真草，今以授予，可须思妙。"乃曰："夫平谓横，子知之乎？"仆思以对曰："尝闻长史九丈令每为一平画，皆须纵横有象，非此之谓乎？"长史乃笑曰："然。"又曰："夫直谓纵，子知之乎？"曰："岂不谓直者必纵之，不令邪曲之谓乎？"曰："然。"又曰："均谓间，子知之乎？"曰："尝蒙示以间不容光之谓乎？"曰："然。"又曰："密谓际，子知之乎？"曰："岂不谓筑锋下笔，皆令宛成，不令其疏之谓乎？"曰："然。"又曰："锋为末，子知之乎？"曰："岂不谓末以成画，使其锋健之谓乎？"曰："然。"又曰："力谓骨体，子知之乎？"曰："岂不谓趯，笔则点画皆有筋骨，字体自然雄媚之谓乎？"曰："然。"又曰："轻转谓曲折，子知之乎？"曰："岂不谓钩笔转角、折锋轻过，亦谓转角为暗过之谓乎？"曰："然。"又曰："决谓牵掣，子知之乎？"曰："岂非牵掣为撇，锐意挫锋，使不怯滞，令险峻而成，以谓之决乎？"曰："然。"又曰："补谓不足，子知之乎？"曰："尝闻于长史，岂不谓结构点画或有失趣者，则以别点画旁救之谓乎？"曰："然。"又曰："损谓有余，子知之乎？"曰："尝蒙所授，岂不谓趣长笔短，长使意气有余，画若不足之谓乎？"曰："然。"又曰："巧谓布置，子知之乎？"曰："岂不谓欲书先预想字形布置，令其平稳，或意外生体，令有异势，是之谓巧乎？"曰："然。"又曰："称谓大小，子知之乎？"曰："尝闻教授，岂不谓大字促之令小，小字展之使大，兼令茂密，所以为称乎？"曰："然。子言颇皆近之矣。工若精勤，悉自当为妙笔。"

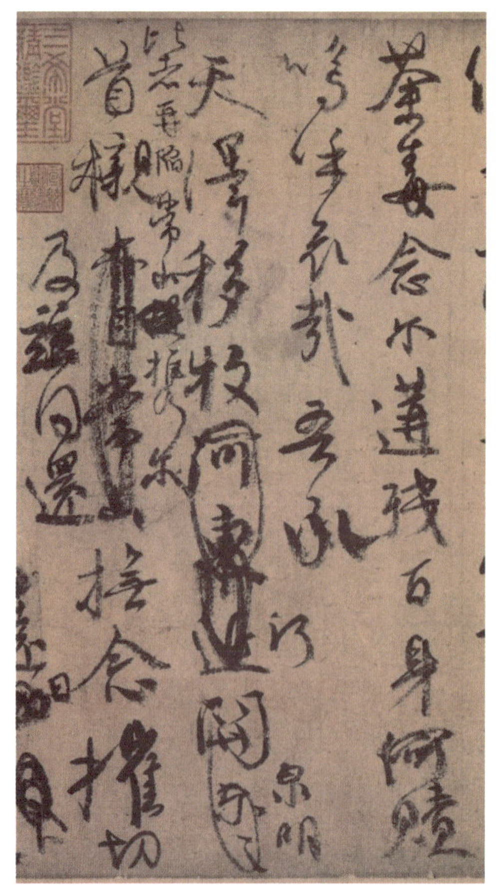

祭侄文稿（局部）

颜真卿被誉为天下第二行书的《祭侄文稿》，与“二王”茂密瘦长、秀逸妩媚的风格完全不同。其厚重处浑朴如虎豹横空，气息若黄钟大吕，细劲处筋骨凝练如鹰击长空。转折处或遒劲如猎豹回首，或戛然如宝马止步。其连绵如长江大河，滔滔不绝，一泻千里，虽形散而神敛。我和杨鸿晨师兄讨论此书法时，一致认为其和芗老拳论里的“力断意不断，意断神犹连，神连再生力，力量不空亡”有异曲同工之妙。字间行气，随情而变，由于心情极度悲愤，错槃之处增多，涂抹勾画随处可见，正是因为不计工拙，我们可以感受到书写时作者感情的强烈起伏。诚如郭云深先生所说“有形有意都是假，技到无心始见奇”。其行笔忽慢忽快，时疾时徐，欲行复止，欲止复行。《拳道中枢》有云：“动愈微而神愈全，慢优于快，缓胜于急，欲行而又止，欲止而又行，更有行乎不得不止，止乎不得不行之意。”

我把这段文字发给华安老师，他点评道：“胥老师这段文字写得好，乃有感而发。孙禄堂有句话‘感而遂通。拳书一如，字如拳风，拳架即书……’我多次临写《祭侄文稿》，深爱有加……颜公书写时，悲从心来，愤从笔走，惊风毫起，泣感鬼神…中锋圆笔，篆籀法转，起承转合，浓淡枯湿，一气呵成，天作之合……兰亭序，祭侄文稿，天下第一，没有第二。胥老师因拳悟书，法理一同，得大体会，给您点赞了……”。

沛溪先生某日告诉我，节奏的控制是书法的要素之一，许多书法爱好者不懂得草书要慢要控制节奏的道理。我结合芗老以上对大成拳试力的论述，在书法练习中用心体会大成拳试力要领后，书法有长足进步。

(3) 辛弃疾

大家都读过宋代辛弃疾的《破阵子・为陈同甫赋壮词以寄之》。

醉里挑灯看剑，梦回吹角连营。八百里分麾下炙，五十弦翻塞外声，沙场秋点兵。马作的卢飞快，弓如霹雳弦惊。了却君王天下事，赢得生前身后名，可怜白发生。

但许多朋友不太了解的是，辛弃疾的武艺及胆略亦非寻常人可比，否则写不出这种豪迈诗篇。其书法中锋用笔，点画尽合法度，书写流畅自如，笔意略显苏黄遗规。作为战将，书法风格反倒谨小慎微，毫无豪纵恣肆之态。

据《宋史.辛弃疾传》记载如下。

辛弃疾，字幼安，齐之历城人。少师蔡伯坚，与党怀英同学，号“辛党”。始筮仕，决以蓍，怀英遇《坎》，因留事金，弃疾得《离》，遂决意南归。澜金主亮死，中原豪杰并起。耿京聚兵山东，称天平节度使，节制山东、河北忠义军马，弃疾为掌书记，即劝京决策南向。僧义端者，喜谈兵，弃疾间与之游。及在京军中，义端亦聚众千余，说下之，使隶京。义端一夕窃印以逃，京大怒，欲杀弃疾。弃疾曰：“丐我三日期，不获，就死未晚。”揣僧必以虚实奔告金帅，急追获之。义端曰：“我识君真相，乃青兕也，力能杀人，幸勿杀我。”弃疾斩其首归报，京益壮之。弃疾绍兴三十二年，京令弃疾奉表归宋，高宗劳师建康，召见，嘉纳之，授承务郎、天平节度掌书记，并以节使印告召京。会张安国、邵进已杀京降金，弃疾还至海州，与众谋曰：“我缘主帅来归朝，不期事变，何以复命？”乃约统制王世隆及忠义人马全福等径趋金营，安国方与金将酣饮，即众中缚之以归，金将追之不及。献俘行在，斩安国于市。仍授前官，改差江阴佥判。弃疾时年二十三。孝乾道四年，通判建康府。六年，孝宗召对延和殿。时虞允文当国，帝锐意恢复，弃疾因论南北形势及三国、晋、汉人才，持论劲直，不为迎合。作《九议》并《应问》三篇、《美芹十论》献于朝，言逆顺之理，消长之势，技之长短，地之要害，甚备。以讲和方定，议不行。迁司农寺主簿，出知滁州。州罹兵烬，井邑凋残，弃疾宽征薄赋，招流散，教民兵，议屯田，乃创奠枕楼、繁雄馆。辟江东安抚司参议官。留守叶衡雅重之，衡入相，力荐弃疾慷慨有大略。召见，迁仓部郎官、提点江西刑狱。平剧盗赖文政有功，加秘阁修撰。调京西转运判官，差知江陵府兼湖北安抚。

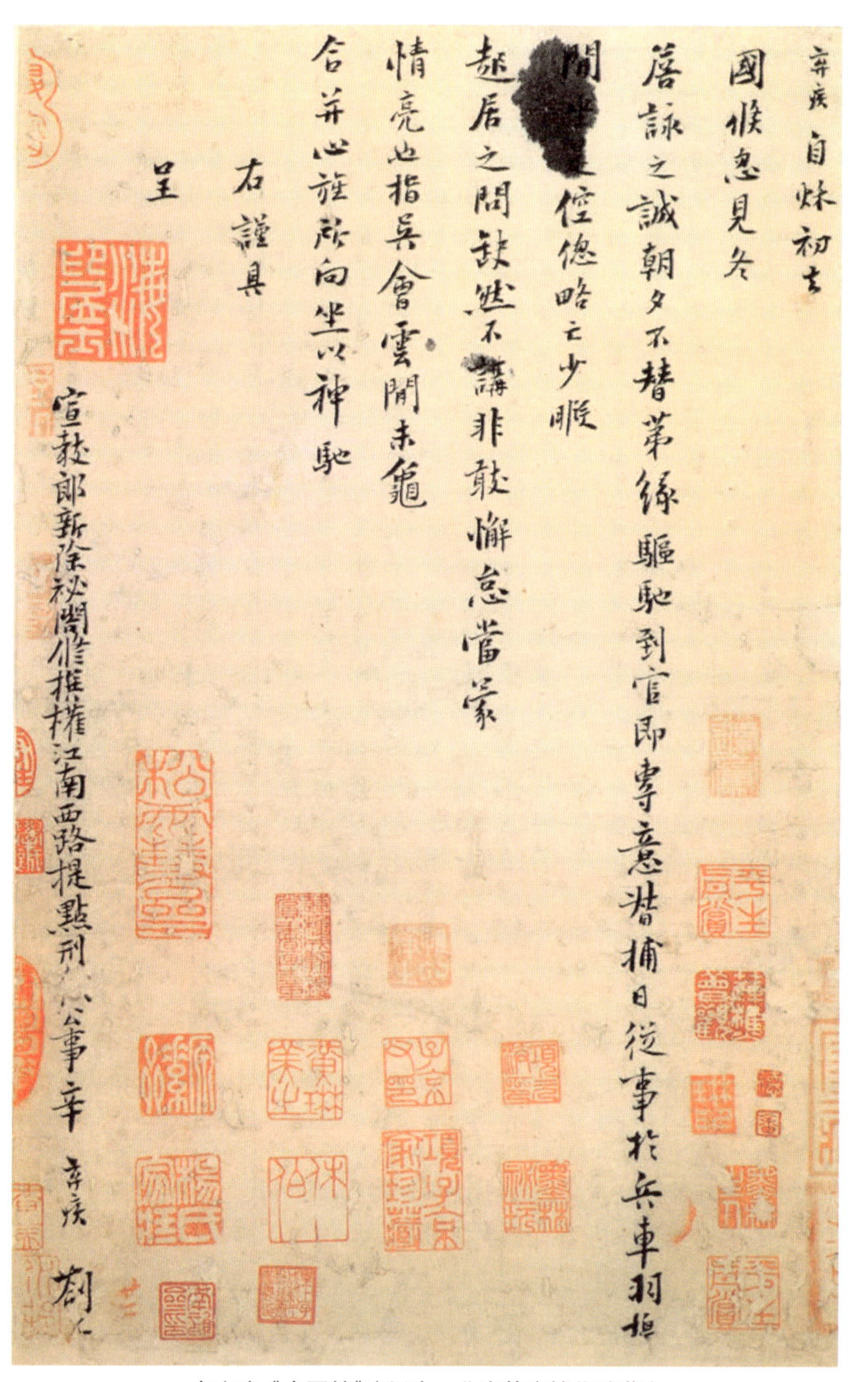
棄疾自秋初去
國倏忽見冬
詹詠之誠朝夕不替第緣驅馳到官即專意督捕日從事於兵車羽檄
間坐是倥偬略無少暇
起居之問缺然不講非敢懈怠當蒙
情亮也指吳會雲間未龜
合并心旌所向坐以神馳
右謹具
呈
宣教郎新除秘閣修撰權江南西路提點刑獄公事辛棄疾劄子

辛弃疾《去国帖》（纸本，北京故宫博物院藏）

当年张安国害主求荣，投降了金人。23 岁的辛弃疾惊闻事变，迅速制定应对措施。他与众人说，我受主帅耿京之托归附南宋朝廷，谁知发生事变，这下如何复命？于是，约统制王世隆及忠义人马全福等“径趋金营”，去捉拿张安国。辛弃疾带 50 人潜入有五万之众的金兵大营，当时张安国正与金兵将领畅饮，辛弃疾突然出现在酒席前，将张安国绑起来，拎上马背，然后飞奔出营。同行的骑兵，在外接应，一同绝尘而去。辛弃疾束马衔枚，昼夜不停，直到渡过淮河，把张安国送至建康，交给南宋朝廷正法，这次壮举让 23 岁的辛弃疾一夜天下知，他的好友洪迈说：“壮声英概，懦士为之兴起，圣天子一见三叹息。”

5. 笔墨文人胸怀天下

(1) 陆游

当年“五四”新文化运动时，苏雪林在 1919 年所著《陆放翁评传》中，开篇就以下面这篇为蓝本，向读者再现了一幅雪夜刺虎场景，随后才切入正题——这位刺虎壮士是谁？

十月二十六日夜梦行南郑道中既觉恍然揽笔作

作者：陆游

孤云两角不可行，望云九井不可渡。
嶓冢之山高插天，汉水滔滔日东去。
高皇试剑石为分，草没苔封犹故处。
将坛坡陀过千载，中野疑有神物护。
我时在幕府，来往无晨暮。
夜宿沔阳驿，朝饭长木铺。
雪中痛饮百榼空，蹴踏山林伐狐兔。
耽耽北山虎，食人不知数。
孤儿寡妇雠不报，日落风生行旅惧。
我闻投袂起，大呼闻百步，奋戈直前虎人立，吼裂苍崖血如注。
从骑三十皆秦人，面青气夺空相顾。
国家未发度辽师，落魄人间傍行路。
对花把酒学酝藉，空辱诸公诵诗句。
即今衰病卧在床，振臂犹思隽征戍。
南人孰谓不知兵？昔者亡秦楚三户。

原题：十月二十六日夜梦行南郑道中既觉恍然揽笔作此诗时且五鼓矣

我们都熟悉陆游的这首诗：“死去元知万事空，但悲不见九州同，王师北定中原日，家祭无忘告乃翁。”其实他还写过几首刺虎的诗篇如《建安遣兴》：刺虎腾身万目前，白袍溅血尚依然。圣时未用征辽将，虚老龙门一少年。

陆游是位多产的诗人，“六十年间万首诗”，与范成大、尤袤、杨万里并称为“南宋四大家”。除了诗文，陆游的书法也堪称一绝。其飘逸潇洒的书风，在宋代书坛独树一帜。朱熹曾称其“务观笔札精妙，意致深远”；元人愈庸赞誉“字画遒劲，犹跃龙凤翥，鹏抟鲲运。对之精爽飞越，诚见所未久也。”清人赵翼在《瓯北诗话》中评价道：“放翁不以书名，而草书实绝一时……是放翁于草书，功力几于出神入化。惜今不传，且无有能知其善书者，盖为诗名所掩也。”

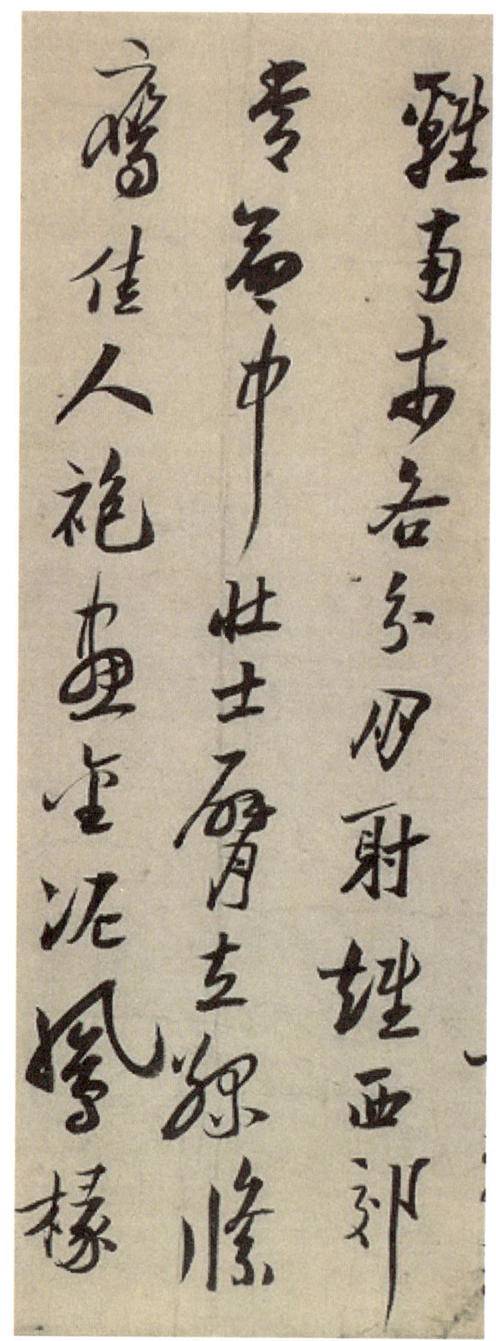

陆游书法作品

资料： 陆游（1125—1210）字务观，号放翁，越州山阴（今浙江绍兴）人。绍兴中应礼部试，为秦桧所黜。后孝宗即位，赐进士出身，曾任镇江、隆兴通判，官至宝章阁待制。晚年退居家乡。他是南宋的大诗人，词也很有成就，有《剑南诗稿》《放翁词》传世。

(2) 于右任

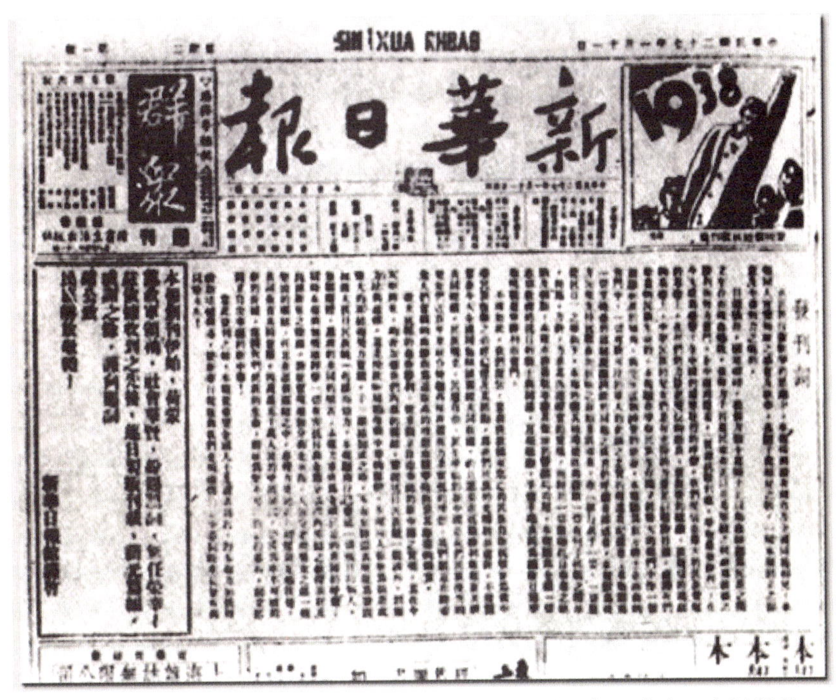

新華日報

群眾

發刊詞

1938 年 1 月 11 日《新华日报》在武汉创刊，新华日报四字为于右任所书

大家都知道于右任擅草书，首创“标准草书”，被誉为“当代草圣”。却忽略了他曾因刊印《半哭半笑楼诗草》讥讽时政被清廷通缉，亡命上海，只得易名刘学裕进入震旦公学。正是因为他有这种无谓的革命精神，所以字才写的敦厚刚劲，有坚韧不拔之感。他喜欢魏碑，因为魏碑有尚武精神，有粗犷豪迈之气。

于右任先生

于右任先生的神态很像一位武术大师。他有一种忧国忧民的意识，以图唤起中华民族的觉醒，他写过一首诗："朝临石门铭，暮写二十品，辛苦集为联，夜夜泪湿枕。"他曾说"有志者应以造福人类为己任，诗文书法，皆余事耳。然余事亦须卓然自立。学古人而不为古人所限。"于右任是近代民主革命先驱、诗人、政论家，更是一代书法大师。1962 年 1 月 24 日作歌，成千古绝唱。

葬我于高山之上兮，望我故乡。

故乡不可见兮，永不能忘。

葬我于高山之上兮，望我大陆。

大陆不可见兮，只有痛哭。

天苍苍，野茫茫，山之上，国有殇。

6. 寻门而入，破门而出

在清末民初的武术界，"定兴三李"是赫赫有名的人物。三李为河北省保定市定兴县张祖庄的李彩亭（字呈章）、李文亭（字星阶）、李耀亭（字子扬）三兄弟，皆为李存义先生弟子。李星阶不仅武术精湛，且工书法，习《石门铭》《云峰山诸刻》，为人重诚信，故而友朋广结。

1930 年初，在上海举办的全国武术擂台大赛中获得第一名的河北人曹晏海先生，身材高大，蜂腰乍肩，臂长腿健。曹晏海不仅武艺高强，而且能双手提笔，能写梅花篆字和清秀小楷，至今其家人还保存他早年阅读过的书札墨迹。

曹晏海先生

1929 年“杭州国术游艺大会”

这张珍贵照片是 1929 年“杭州国术游艺大会”期间武林名家合影，照片持有者李洪钟为照片中李星阶先生后人。照片裱于特制的硬纸上，有黄元秀题识如下：“民国”十八年冬月，吾浙国术馆开全国国术大会，公请河北李星阶、李子扬、张兆东、王向斋（胥注：王芗斋）、赵邃莽（胥注：赵道新）诸国术名家南来赴会。元秀邀褚桂亭、高振东、孙汝江、苏景由诸先生公宴于西湖三雅园，共留一影以志纪念。虎林黄元秀识（钤白文“元秀”），照片上款：“星阶先生惠存”。

黄元秀，字文叔，辛亥革命元老，国学大家，书法取法北碑，用笔不仅骨力遒健，且有太极拳行云流水之味，读者当用心体会。黄先生精太极拳、武当剑术，并有著述行世，时为国术大会的组织者之一。黄元秀早年曾加入同盟会，为同盟会光复浙江的负责人，北伐时即任北伐军少将参议。其子黄正裕为抗战时期马丁轰炸机队的队长，与日机空战中捐躯。孙中山去世后，黄元秀看破红尘，退出政界，专心研究武术、佛学和书法。曾师从杨澄甫学习太极拳，师从李景林学习剑法。著有《武当剑法大要》《武术丛谈》等书。黄元秀禅学造诣也极高，与多位高僧大德均有交往。曾任中国佛学会杭州分会理事长，创办杭州佛教图书馆并自任馆长。黄元秀书法更是潇洒自如，独树一帜，在杭州灵隐寺天王殿前，刻有“灵鹫飞来”遒劲有力的四个大字，在西湖保俶塔、岳王庙、浙江普陀山、四川峨眉山均有黄元秀先生的墨宝。

黄元秀先生

灵隐寺上匾

资料：灵隐寺上匾“云林禅寺”，乃康熙皇帝所书，因为名气太响，几乎无人不晓。下匾“灵鹫飞来”，风格奇特，乃是黄元秀先生所书。

近代国术运动倡导者，武术教育家苏景由（1887—1968），其书法苍劲有力，有金石之趣，这和他深厚的武术内功是密不可分的。早年毕业于浙江两级师范学堂（浙江高等师范学校），曾任燕京、华北（中国人民大学前身）、南方诸大学教授，后入北洋政府国务院任总秘书、主任秘书和南北统一委员会委员。1924年，值孙中山北上，卧病北京，苏景由曾前往探望，受孙氏“慨革命无武力不足成，而武力又赖于国民有强健体魄”之启迪，遂随著名杨式太极拳名师杨澄甫学太极拳，得其真传。

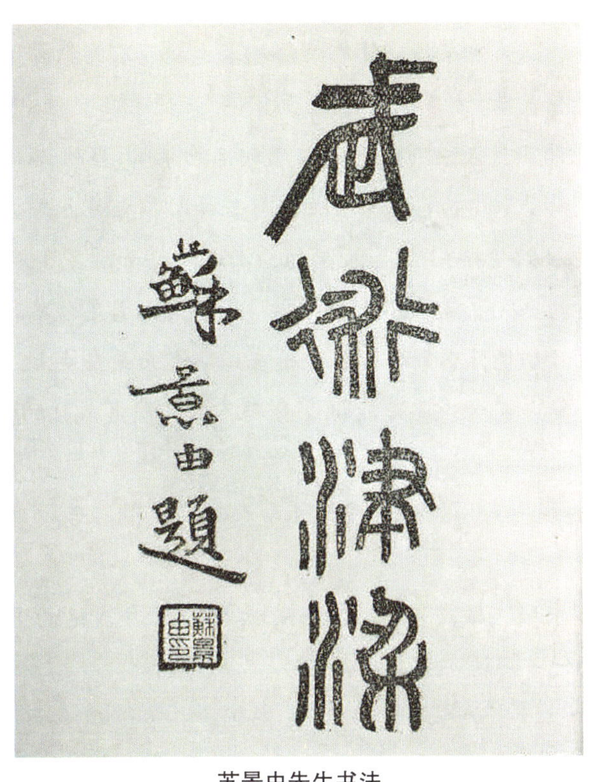

苏景由先生书法

1928年，国民政府倡导武术，在南京创设中央国术馆，尊武术为“国术”，苏景由参与南京中央国术馆的创建筹办工作。1929年初，苏景由回浙江筹建浙江省国术馆。在苏景由的筹划下，按照中央国术馆颁发的组织法，聘请当时浙江省政府主席张静江挂职馆长，自任副馆长，主持馆务，先后聘请了杨澄甫、高振东、刘百川等国术名家来浙江执教，开近代浙江武术之先河。为发扬中华国术，弘扬尚武精神，在成立典礼上，苏景由亲自登台演练了杨家太极刀。1929年11月，浙江省国术馆在杭州举办“浙江国术游艺大会”（全国性国术大比武、全国武术擂台赛），苏景由出任大会常务董事、总务处长，期间撰写了《国术与环境的关系》一文，并为1929年出版的《浙江国术游艺大会汇刊》作序。国术游艺大会盛况空前，被称为国术史上的“千古一会”。1930—1937年，浙江省国术馆先后举办3次全省国术考试、3期国术教练班、6期民众教练班，并指导各县、市成立业余武术教学国术馆，为全省各地培养了一批武术骨干，推动了全国和浙江武术运动的开展。抗日战争爆发，杭州沦陷，随国民党政府去重庆，在国民党中央宣传部担任孙中山论著的编纂工作。苏景由为浙江省武术的发展曾做出过重要贡献，也为还原杨班侯的太极功法留下了重要资料。

笔者熟识的作家李向明在《李苦禅传》第三十三章《形意拳与写意画》中写道：苦禅回乡办完了父亲的丧事，又值一年。1927年隆冬，他突然收到小举人寄来的家书：英杰吾弟：自汝离家之后，婶母与英华弟相继辞世。肖氏近日又重害疾亡……真乃祸不单行！呜呼，令人恸绝心碎。所生小女幸得无恙；已被肖氏娘家抱走抚养。天有不测风云，人有旦夕祸福，望汝节哀。苦禅读罢，痛哭失声，犹如万箭攒心……

他病倒了。他得了严重的肺病，住进了直隶辛集耀西医院。住院期间，他潜心研究诸家草书，坚持临帖，锲而不舍。因为他深知，没有书法艺术也就没有写意画。他认为画是写出来的才有筋骨；字是画出来的才有风韵。他开始自创"画家字"，使书画交融，相得益彰。

一天，苦禅在病床上读唐代朱景玄编著的《唐朝名画录》。当他读到吴道子、张旭观裴旻将军舞剑之"壮气"以助"挥毫"，"奋笔俄顷而成，有若神助"之时，兴奋地从床上跃起，出门寻了一根棍，代剑起舞，他腰随步摆，"剑"随身动，洒脱纵横如游龙飞凤。舞罢，他信步向院里走去。无意中，他远远看到医院罗院长在花园练拳，那拳虽无固定套路和招法，却舒展连绵，随心所欲，精绝超群。他注目细观，感到那仿佛不是在练拳，而是在地上画着神韵飞动，意度堂堂的大写意！他的心不由一动：哎呀，要是能把这含而不露，虚灵威猛的身姿暗劲用到大写意上，那不就如虎添翼啦？

"嗨！"只听罗院长呐喊一声，如幽谷撞钟，令人毛发倒竖。苦禅走过去，连连夸赞："好，好！罗先生身手不凡哪！"

罗耀西从树枝上取下衣服，披在肩上："说不上，说不上！我这两下子都是意拳一代宗师王芗斋先生传授的，我学的还差得远哪！"

"王芗斋？"

"据王先生说，'意拳'源于'心意拳'，也称'心意把'。王先生自幼习拳，得其真传，深谙拳理。近年来他在心意拳的基础上，吸收了太极拳之柔韧，八卦掌之灵活，少林拳之刚猛，创'意拳'，一扫崇尚花拳绣腿之风。众人皆称此拳为武术之大成，故又名'大成拳'。"

苦禅暗暗记在心里，决心拜王芗斋学拳。他匆匆收拾行囊，出院返京，迅即赶到中南海双虹楼去拜会意拳宗师王芗斋先生。王先生见李苦禅来访，喜出望外。二人道了阔别，苦禅开口道："王先生，今天俺特来拜师，请你收留。"

王芗斋笑着说："不必客气。有空就来练吧。既是同好，不必师徒之称，学术才是公有之师尊。"

苦禅叹了一口气："嗨！当初俺就有心跟你学拳，可那时候俺连个落脚的地方都没有，又赶上闹学潮，也就没提。耽误了七八年哪！"，

"听丁五说，你功夫不浅呢！打得警察满地爬。"

"俺练的大部分是外家拳，想跟你学点内家拳功夫。这就跟俺画大写意画一样，先从外形入手，到了一定的时候就得从外向内发展，要有神韵内含"。

王芗斋同意地点点头："练意拳要求整劲儿，劲儿整了再让它碎，碎了再让它整。整整碎碎，碎碎整整，才能出韧劲儿。此外劲儿还要从外向里找，再从里往外寻。里里外外，外外里里，只

有这样才能内外合一……”

“这就像《长坂坡》里的赵云闯曹营啊，七进七出，七出七进。”李苦禅脱口而出。

“你理解得很对。意拳发人不讲招式，全凭整劲儿。练就浑元一气之后，周身无处不是‘弹簧’，无意无形，随感而发，连我都不知怎么把人发出去的。”

“讲得好！这就是大写意画中的‘妙得天籁’说。”

“昔日张旭见担夫争路而得笔法之意，后见裴将军舞剑而得其神韵。王羲之看鹅掌拨水取其意化入书法。司马子长游遍名山大川，才得其文章气势。只有心胸开阔，才能陶融万物，才能蓄养浩然之气！笔墨落于宣纸之上，浓、淡、干、湿，千变万化，绝不可能循规蹈矩地事先筹划出来。否则，无异于刻舟求剑。许多绝妙的效果，往往是在意想不到之中得到的。我练的是意拳，而你画的是‘意画’。”

苦禅兴奋地说：“如此说来，武术和绘画道理是相通的。”

“武术何止与画理相通，与戏理，文理，医理，兵法之理，治国之理，人生之理，乃至宇宙之理皆通。就武术本身而论，武是武，术是术。既要习其武又要参其术，文武之道集于一身。”

苦禅说：“俺们画画的讲‘外师造化’……”

王芗斋不加思索地回道：“拳家假借之良师乃风，波浪是也。”

“画画还讲‘中发心源’。”

“拳术犹重，‘内得浑元’。”

“古人为什么观舞剑而泼墨？”

“文至极则武。”

苦禅指了指书桌上的文房四宝笑着说：“先生可谓‘武至极则文’了！”

二人相对而笑。王先生站起身踱了几步：“苦禅精通绘画，又兼习拳术，人才难得啊！我讲拳中术语，你用画中术语相对，你我共悟文武之道好不好？”

“请王先生随意。”

“形无形，意无意，发拳之中是真意。”

“章不章，法不法，挥笔之处见真法。”

“意即无形拳，拳为有形意。”

“诗是无形画，画乃有形诗”。

“武至文得上乘。”

“画至书为极则。”

……

苦禅大喜。他向王芗斋欠身抱拳：“先生一席话，让俺悟出不少东西，真是千金难买。请先生受俺一礼！”

王芗斋道：“迷者师渡，通者自渡。你自悟文武之道，何谢之有！”

再若详细分析现在的運動都是以青年為对象而设 忽略了四十以後的壮年人和老年人 实际上惟有四十以後的人学识充足经验丰富才能在国家社会中担当重要的职务 忽略了这些人的正当運動就是忽略了这些人的健康 对国家是極大的损失 以運動的原理来讲『静敬虚切』是習運動的要诀 同时还需要渾大深厚的精神来培植他 如運動时不许用氣 心臟搏動不许失常 横膈膜不许稍緊 都要常识丰富的人方易作到 至六十歲以後的人若求技艺上深造似不太易 欲求身心的健康则实非难事。

学習運動大致不外三个目的 (一)求衛生使身体健康 (二)講自衛 (三)寻理趣

求衛生使身体健康是最容易的 祇要舒適自然 輕鬆无力 渾身像泡在水中或空气中 睡覺就大半成功 若矯揉造做 當意別為 则徒然擾乱神经 销磨时日 再要激烈的搞起来 则终将受害而影响健康与生命

運動的结果能使身体健進一步就要講自衛 所谓自衛不外是希望與偶遇不测受外敌侵害的时候伸出一拳半足即可壓倒群伍 若習做到纯熟神化的境地 更有不可思议和语言难以形容之妙。

但是自衛与衛生有不可分離的联系関係 首先要身体康健而身手敏捷 力量適人 方法巧妙 才能適意而行 可是要想增長力量絕不可用力 一用力反没有增長力的希望 要求身手敏捷 動作迅速 锻练时以不動為最好 若是覺得枯燥无味 勇士一贯果难支 也不妨稍事動作 可是要知道大動不如小動 小動不如不動 動时要得有動手不得不止 止手不得不動之意 亦即祇许有動之因 不许有動之果 愈慢愈好 这樣才可能逐渐的体会到四肢百骸各種细胞的工作為何 不致使体混模然滑过 这是学動的最简单的条件 倘若要求速度的美观 表示靈敏 不惟毫无所得 反根本消滅了意趣。

他如方法巧妙以致制敌 那更得要任何方法不许有 要是有了人造的方法拳 雖只间可就把萬变无窮本能的妙用丢净。

这種拳的運動極简易 一目了然 收穫極快 不过须要不用腦力 不用氣力 不單不消磨若何时间 養成生活的好習惯 方可奏效 而有益於身心 若想着要怎樣示强 感必得终无所成

王芗斋先生拳学笔记手稿

王芗斋先生绘画作品

王芗斋先生的书画宛若出自文人之手，可谓武至极则文。

李见宇先生赠送胥荣东的墨宝

王选杰先生书法作品

当年，许多名人向选杰夫子求字，由于我常陪伴左右，也粗通文墨，所以多由我为其准备。一般试笔时要写两张，写得不好他要求毁掉，但我会都留下来，其中不是太差的在写完应酬之作后我会请他签名，我再盖章，这幅字就是。可以看出写得并不是很理想，但中锋运笔，气势不凡。最后签名时已经手熟，极见功力，如锥画沙，如印印泥，堪称完美。我收藏有选杰夫子三幅“慧剑”，各有特色，另外一幅完全是随心所欲地书写，并用小字题写“以智慧剑斩烦恼根”。

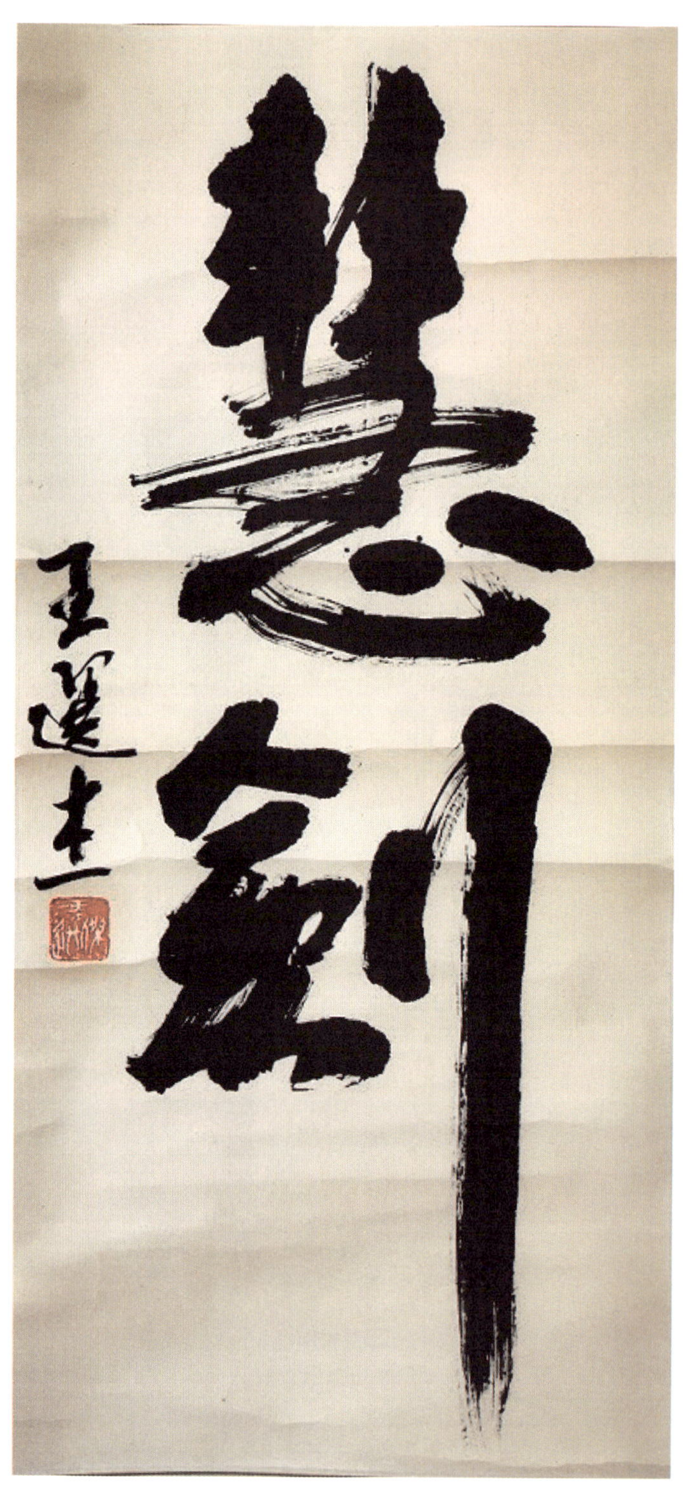

王选杰先生书法作品

这幅“慧剑”则写得认真工整，却不如第一幅潇洒自如。

胥荣东与欧阳中石先生合影

当年欧阳中石先生因为手腕劳损，难以书写。应有关部门邀请，为之针刺后，欧阳中石先生得以为中国探月工程书写“揽月”，由中国探月工程总设计师吴伟仁代表工程接受赠送。欧阳中石先生平易近人，非常谦虚，主动拉着我的手合影，使我十分感动。我请教书法运笔问题。他告诉我，他年轻时非常喜欢运动，篮球打得非常好，虽然身材不高，但弹跳力很强，这对书法腕力有很大帮助。他的书法格调清新高雅、沉着端庄，他对书法学科的发展完善和中国文化教育事业的全面发展做出了重要贡献。

欧阳中石先生书写的“揽月”（中新社记者孙自法　摄）

李骏先生绘画

我有幸从华安先生那里收藏油画界元老李骏先生四幅油画作品，我收藏的这幅油画原来签名在后面画框上，我请李老在画面上也签名，他老人家爽快答应。李骏先生书法也颇有神韵，这在油画界并不多见，曾专门写上我的名字赐我墨宝，使我受宠若惊。

左起：唐建铭、王仲山、郭印川、黎京、柯文辉、丁慈康、叶振坤、胥荣东、华安

王仲山、郭印川为北京油画学会副会长，黎京为原北京文联副主席，柯文辉为著名的文化学者，丁慈康为首师大油画系主任，叶振坤为著名画家，华安为北京油画学会执行秘书长。

应华安先生的邀请，笔者经常参加北京油画学会的名家作品邀请展及研讨会，不想对深入学习研究针灸及拳学理论颇多受益。华安现任中国油画家协会秘书长、法国当代艺术家协会秘书长。2001 年考入中央美院研究生班，师从著名画家靳之林、乔晓光教授。毕业油画作品《色不异空》被中央美术学院评为优秀作品并收藏。

我曾向柯文辉老师请教绘画与书法等理论问题，他老人家告诉我：与其说书法靠近绘画，不如说它更靠近音乐和舞蹈，是心灵上的音乐和舞蹈，也是一座看似凝固、实则流动的建筑。真正的艺术不能重复古人、洋人和自己成功的作品，真正的艺术绝不是重复。

笔者与柯文辉老师合影

资料：柯文辉，男，1935 年 1 月 25 日生于安徽省安庆市，当代著名书画评论家、鉴赏家、美术理论家，中国艺术研究院话剧研究所研究员。曾任当代国画大师刘海粟秘书十年，其间与刘海粟、林散之、李可染等艺术巨匠建立了深厚的友谊。90 年代在中国话剧研究所从事学术研究，1993 年起享受突出贡献政府津贴。现任中华书画名家研究院顾问。

寻门而入，破门而出。无论是习拳还是绘画书法都是一个道理。

著名金石篆刻家王十川先生，1923 年生于北京，1999 年去世，他的一生宛如传奇。王十川出身名门，家教甚严。垂髫之年，他向刘子固先生学习篆书，稍长即成为寿石工教授之入室弟子，主修篆刻、治印，长达四年之久。弱冠之年又学习大成拳，练就了“力透纸背”和“刀在石中行”的硬功。受溥杰、夏衍、邵华泽、邓朴方等社会文化名人或政府有关部门的委托，为日本友好人士西园寺公一、西园寺雪江夫妇、日本皇族嵯峨公元先生、日本前首相田中角荣等政界名流治印，为日本书道界治印共三百余方。

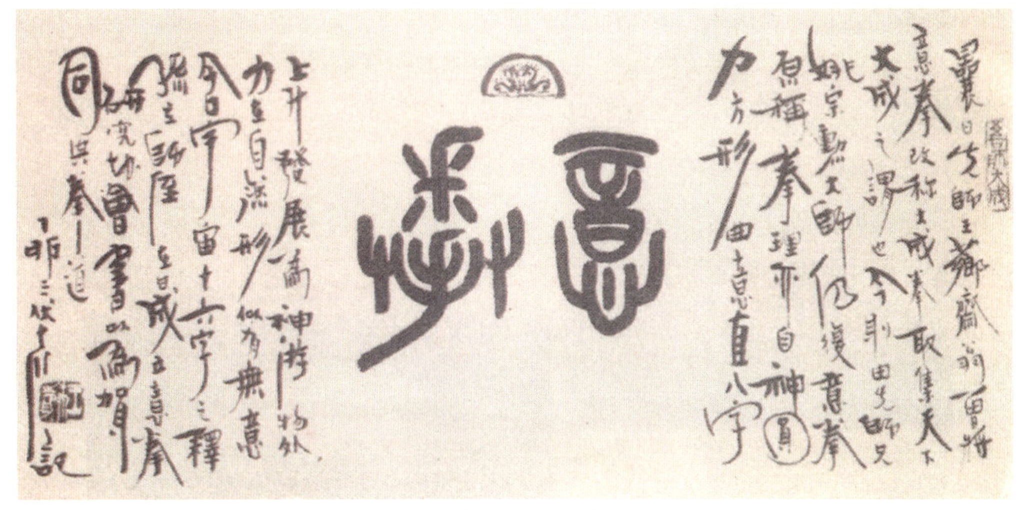

孙立在日本出版的《意拳》一书中刊载的王十川先生作品

王十川先生曾感叹地说："我的篆刻成就很大程度上应归功于王芗斋先生传授高层次的意境和思想方法的指导"，他曾任中国篆刻家协会副会长，为著名的书法家、篆刻家，在国内以及日本、东南亚等地具有很高的声望。其篆刻作品作为中国的国宝，经常赠予外国贵宾。日本的政界要人如田中角荣，中曾根康弘及竹下登等均收有其篆刻的印章。十川先生作品指力刚劲、作品劲力深厚，这与其长期修炼大成拳是分不开的。

张树新先生为本书题字

注：此题字尺寸为135cm 高、65cm 宽，写好这样的大字需要均整笃实的站桩功力和灵活的身法与步法。

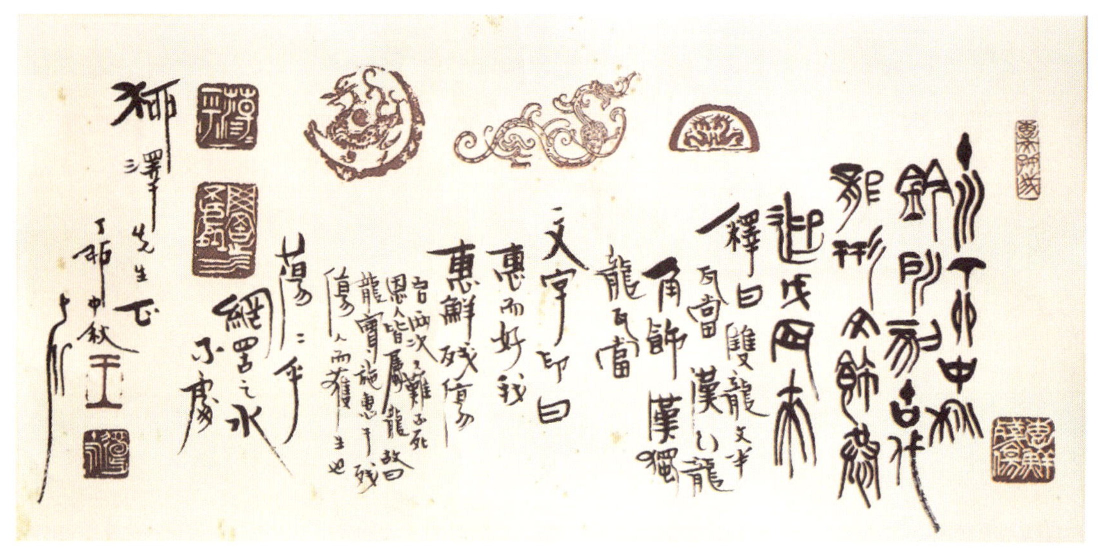

胥荣东收藏的王十川先生篆刻及书法作品

在大成拳界，许多人的书法功夫十分深厚，比如张树新先生为本书所题写榜书大字“膺”字，气势磅礴。我问张树新弟子徐德亮为啥写的这样有气势，徐德亮的回答出乎我的意料，他说：“步法好！”，可见站桩及步法对榜书的帮助有多大。华安先生喜欢武术，其书法能看出太极拳的功夫及境界，当然了，华安先生的油画画得更好。笔者常和金桐华、宋福兴、张树新等师兄弟一起切磋书法技艺，受益匪浅。桐华三哥的口头禅是“临帖就是站桩！”，真是精辟之言，我所缺乏的恰恰就是临帖，在拳术方面，缺乏的也是站桩。所谓“功夫”必须多花工夫去练，在书法就是临帖，在拳术就是站桩。

宋福兴师兄在金桐华三哥家为笔者书写“道法自然”

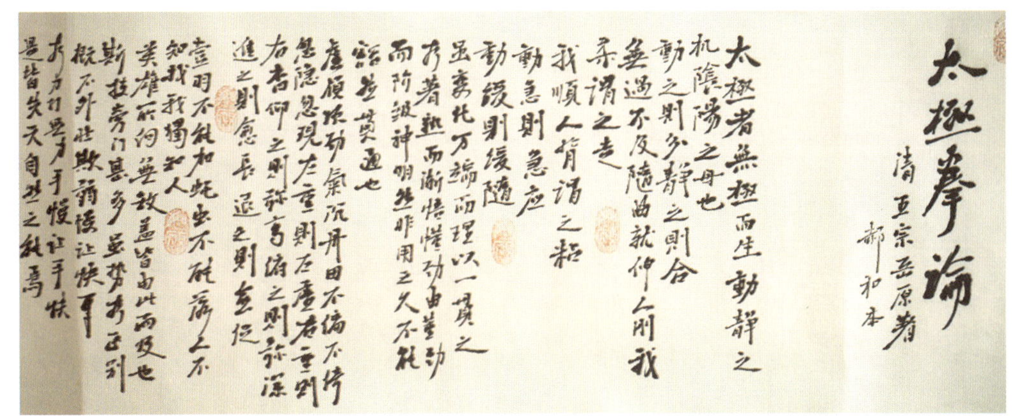

华安先生书《太极拳论》

书法及绘画与武术的关系大家很容易理解，其实声乐及器乐演奏也与武术内功有密不可分的关系。在华安老师的画室，我与华安、常学刚、徐新芳一起听歌唱家王丽华老师讲解歌唱发音与站桩的密切关系。

胥荣东与王丽华老师探讨声乐与站桩的关系

2000 年鄙人在瑞士洛桑经友人杜雪城介绍，与著名琵琶演奏家俞玲玲相识。我没有想到的是她在洛桑还教授太极拳，并邀请我去教授她的学生练习大成拳站桩，她本人也虚心地和我学习大成拳站桩，并常和我切磋推手技艺。她说在琵琶演奏中常需要发力，比如《十面埋伏》。一次我带学生保罗去她宿舍，我请她演奏《十面埋伏》。她说演奏这个需要发力，太累了！结果给我们演奏了比较舒缓的《渔舟唱晚》。我和保罗曾接受她的赠票开车去伯尔尼听她的专场音乐会，她那全身心投入的演出强烈地感染现场观众，演奏结束，观众的反应十分强烈，可见音乐是无国界的。这与她深厚的太极拳功夫也密不可分，在琵琶演奏的力度上鲜有人能企及。你如果细心观看她的演奏视频，会发现她身上有太极拳的功夫，脊柱一直在运动。真正做到了“力由脊发”，“其根在脚，发于腿，主宰于腰，形于手指，由脚而腿而腰，总须完整一气”。

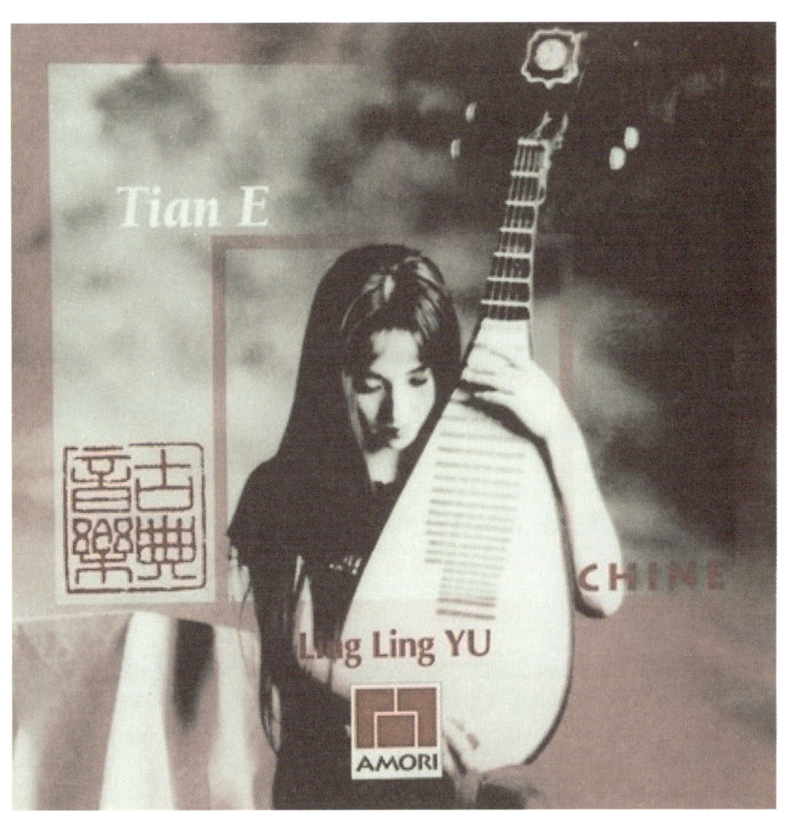

俞玲玲挂在洛桑宿舍的墙上自照

资料：俞玲玲生于杭州市，十八岁升入中国音乐学院大学本科，二十二岁获音乐艺术学士学位，随后任清华大学音乐讲师，二十五岁获在北京举行的全国文化艺术“新时代杯”大赛民乐组第一名，二十八岁拜师于著名琵琶大师、琵琶教育家及作曲家刘德海教授研习琵琶，刘先生带她进入了一个全新的琵琶音乐世界。1998—1999 年入瑞士洛桑音乐学院学习和声、配器，2000 年至 2006 年在日内瓦音乐学院学习欧洲音乐理论及作曲。

我将上述文字照片及俞玲玲演奏《十面埋伏》视频的链接发给华安先生，华安先生很快回复我，可谓知音。

胥老师好！刚听了俞玲玲的琵琶，非常好。

传统文化一脉相承，隔行不隔理……让我想起了梅兰芳名作《贵妃醉酒》段中剑舞是得力于太极十三剑，他的武术老师是李式太极的一代大师高瑞周。

杨小楼武功了得，一代宗师，他的武术老师是三皇炮捶宗师李尧臣……特别是四大名旦之一程砚秋和武术有着很多故事……我发点资料，您做参考。

程砚秋在瑞士日内瓦教授太极拳

最后一张照片是程砚秋在瑞士日内瓦传授太极拳，程砚秋武术老师是武当太极高人与隐士高紫云。

正在演奏古琴的吴景略先生

我曾经去参加一个古琴雅集，主讲人是古琴吴派大师吴景略的儿子吴文光，他是中国音乐学院教授，古琴吴派的传承人。他讲古琴艺术许多东西都用太极功夫来说事，当时，我很好奇。散场后我问他：为什么用太极拳功夫来讲解古琴艺术呢？他说：家父吴景略在民国时期经常与吴式太极拳大师王茂斋、王子英等人在一起盘桓交流，像是沙龙，每月每周常聚。他说他从小就在这环境中耳濡目染，深知太极拳与古琴艺术相通的地方，其中包括呼吸、指法、松柔、丹田用气与借力等，民国时期文化复兴和那么多国学大师出现，绝非偶然。

吴景略先生

吴景略先生这张照片特别有太极拳一代宗师的风范，除了操琴，他还师事萧蜕庵、樊少云学习书法与绘画。他又精于打谱，每每师楷化机，诣绝穷微。其写气图貌，必取象于形器，随手拈来，定为山水人物传其神。其演奏以气韵见长，兼有北之雄奇、豪宕与宏廓，又备有南之清润、柔婉与流丽；落指成珍、挥掌可范，精熟神妙，烨烁琴坛。他自行打谱并擅长演奏的作品有：《潇湘水云》《广陵散》《胡笳十八拍》《墨子悲丝》《秋塞吟》《阳春》《渔樵问答》《梧叶舞秋风》《忆故人》等。此外，吴景略先生还深于琴器制作，髹漆独绝，五十年代与乐器厂合作，致力于琴器改良。在不改变原有音色、保持传统演奏技术、保存民族固有形式的前提下，取得了音量扩大、消除滑指噪音等较为理想的效果。五十年代改良了今虞琴弦，七十年代与乐器厂研制成功了钢丝尼龙弦，受到广大琴人的喜爱，成为古琴器制发展史上的佳话。

管平湖先生操琴

管平湖先生指力极强，他操琴的姿势也是虚灵顶劲、松肩坠肘，与大成拳站桩、试力的要求基本相同。

1961年，年轻的瑞典姑娘林西莉来中国学习古琴，她和王迪学习，并得到管平湖等其他名家的指导。毕业时北京古琴研究会赠送给她一把明代“鹤鸣秋月”古琴。回国后，经过十二年的写作，林西莉完成了《古琴》这部深入浅出的艺术著作，在西方掀起了古琴热潮。书中除却对于古琴知识与文化的阐释，更记录了她在六十年代与古琴大师们交游的传奇经历。在书中她写道：“管平湖自然也因此有理由关注我的进步，时不时地过来看看我的手指和弹法，并鼓励地点点头。他不过一米五的样子，瘦弱矮小，满头灰白的头发。他把那双又大又黑像树根一样凸凹不平的巨手在琴弦上摊开时，会给人特别不协调的感觉。他的弹奏如此有力，仿佛整幢楼都要倒塌一般。”

左起：王迪、曹安和、林西莉、溥雪斋、杨荫浏、管平湖、吴景略

西晋太康二年古琴“猿啸青萝”（胥荣东　拍摄）

西晋太康元年是公元 280 年，我曾经抚摸弹拨过的古琴“猿啸青萝”为太康二年制作，比王羲之（303—361）出生的年代还早，想到此，不禁感慨万千。

我曾经和管平湖先生女儿管涛老师学习过几天古琴，但没能坚持。管涛老师讲，管平湖先生指力很强，他用的这张“猿啸青萝”琴王迪等弟子都用不了。据管涛老师讲：

管平湖先生动手能力很强，连衣服都会自己作。绘画更是专业，自己研制色料，如石青、石绿等，十分擅长，管涛老师常帮助父亲研磨这些颜料。作好画自己去荣宝斋，然后换回粮食，当年就是那样清贫。夏莲居曾与管平湖先生约定，如果能把古琴曲《幽兰》《广陵散》打出谱来，则以“猿啸青萝”琴相赠。后管平湖先生果然打谱成功，夏则兑现承诺，并举行了赠琴仪式。当时京中多位琴友到场观礼，友人作《名琴授受图》以纪念。夏莲居先生也作《题〈名琴授受图〉》九首以志纪念，但管平湖先生不愿无偿接受，还是和学生王迪凑足 400 元送给夏莲居。

夏莲居旧藏、清唐凯改斫的“猿啸青萝”琴，因其发音不圆，管先生为之剖腹重修，现在的“猿啸青萝”比原来加宽了许多，琴面上的玉徽是管平湖先生后配的，原琴上一个小玉件管涛老师当作电灯开关拉线的玉坠。管平湖先生自己曾经制作一张琴，取名“大扁儿”，因为管涛老师的脸有些扁，小名叫“小扁儿”，所以定琴名为“大扁儿”。管涛老师曾陪我去某斫琴名家买琴，恰好那位名家有一款仿“大

管平湖先生绘画作品

扁儿”，当时管涛老师说明“大扁儿”之名的缘由。

管平湖用“猿啸青萝”演奏七分多钟的《流水》被 NASA 送到了太空，2013 年 9 月 12 日，NASA 确认，“旅行者 1 号”探测器已经离开太阳系，《流水》到银河系寻找知音去了。

资料： 夏莲居先生（原名夏继泉，字溥斋，号渠园），早年从政，辛亥革命时期参与山东独立运动，二十七岁年纪就被推上山东各界联合会会长的高位。继而先后出任长芦盐运使、国会议员、北洋冯国璋政府秘书长、张绍曾内阁内务总长、山东盐运使。又以盐务收入与梁漱溟筹办曲阜大学。1925 年因与山东军阀张宗昌政争，被迫流亡日本两年，从此退出政坛。后半生又成为佛学界有名的居士。雅好收藏书画古董，并擅古琴。

王世襄先生

资料： 王世襄（1914—2009），著名文物专家、学者、文物鉴赏家、收藏家，擅长书法与诗词，对文物研究与鉴定有精深的造诣，常被人们雅称为“京城第一大玩家”，著作颇多，曾从事音乐、绘画、家具、髹漆、竹刻、传统工艺、民间游艺等多方面的研究，均有论述。他的夫人袁荃猷女士曾向管平湖先生学习古琴。1947 年，张伯驹、管平湖、王世襄等一同发起组织北平琴学社，与杨葆元、关仲航、溥雪斋等经常琴会雅集。

王世襄先生曾写过两篇记述管平湖先生的文章，对我理解王芗斋先生创立大成拳及《灵枢》都有很大的帮助。

试记管平湖先生打谱

我曾说过，听管先生弹琴，他面对的就是一头牛，因此不配也不敢写这篇文章。但是我终于写了，标题冠以“试记”两字。“试”表明只是试着写；“记”说明此文主要记录管先生有关打谱的言论和我见到的他为打谱做的工作，极少有个人的认识和看法。我有幸和管先生同在民族音乐研究所工作，上班、住宿在近郊同一座楼里，朝夕相处达四五年之久。为此有人认为我尽管缺乏音乐知识和灵感，把管先生的言行写下来，即使有欠缺、遗漏甚至错误，还是可供学琴者研究参考的。

音研所的两位所长李元庆、杨荫浏都是音乐艺术家，对管先生也以艺术家相待，给他一间房，既是工作室，也是卧室。工作就是弹琴或做些与古琴有关的工作。他有时整天弹琴直到深夜，有时喝几杯二锅头，稍有醉意，修整花草后，倚枕高卧。不论干什么，都不会有人打扰，说不定他的高卧正在思考某一指法的运用，某两句之间如何连接，才了无痕迹且符合整曲的气势。这些微妙处琴谱是不可能标明的。我深庆管先生到了晚年，能过上无忧无虑的艺术家生活，搞的是天赋最厚、造诣最高、喜爱又最深的工作。

管先生弹的琴曲，大体可分为三类。

第一类已弹奏多年，常在电台播出并传授学生，如《良宵引》《平沙落雁》《高山》《流水》《水仙操》《墨子悲丝》等，过去修订过多少次已难统计，但早已定型，不需要再修改了。（“猿啸青萝”，管平湖曾用琴，圆形龙池，方形凤沼，通身髹黑漆，漆面呈大蛇腹断纹，琴身嵌十三螺细徽。配有象牙琴轸，青玉雁足。龙池上题“猿啸青萝”行书四字，池下铭文为行书：“事余欢弄，龙舞凤翔。诸色俗累，一时消忘。横琴山庐藏。”再下是五厘米见方满汉合璧“唐凯”大印，琴内墨书“太康二年于冲”。）

第二类不广为人知，弹者寥寥，学者也较少，如《欸乃》《洞天春晓》《长清》《短清》《梧叶舞秋风》《龙翔操》《乌夜啼》等。还有大曲如《胡笳》《秋鸿》《羽化登仙》等，弹一次都达二三十分钟。对上述各曲管先生虽也曾打谱订正，但少于第一类，且觉得还会发现不甚惬意之处。说不定哪一天重弹，又有改动。正因如此，此类琴曲的先后录音，即使相隔不久，也会出现不同，后一次总比前一次要好一些。我的听觉甚差，前后两次录音，各放一遍，听不出不同之处。倘经管先生跟着录音明确告知哪里做了修改，我多少才能对二者的不同略有体会。

第三类只有一曲，即《广陵散》。管先生用了两年半把琴谱变成音乐，真是下了极大的功夫。此曲时代很早，嵇康之后便有失传之说，虽不可信，至少说明长期以来，能弹者甚少。它描写的是战国时期聂政报仇行刺的故事，激昂慷慨，幽怨凄清，兼而有之。有的段落如疾风骤雨，有的又如儿女怨诉，和明代以来琴曲，文人气息浓厚，以高逸淡雅为尚，风格迥不相同。正因如此，弹琴的指法也完全不同。为打此谱，管先生必须从研究指法入手，至少用了半年多时间，等于一次重新学习，为了了解古曲所用指法，他查阅了若干种早期琴书，在明清琴谱中是找不到的。他先探索指法动作，再研究如何运用到实际弹奏中。在这段时间内只听到他在琴弦上练指法的声音，右手拇、食、中三指已经红肿，左手拇指指甲也已磨出深沟。他在弄清指法并掌握了如何运用之后才开始打谱，打的是《神奇秘谱》本《广陵散》，是现存最早的《广陵散》谱。两年之后才完全脱谱，可以不假思索，一气呵成，弹完近三十分钟的大曲。风格气势，完全符合元人耶律楚材所作描写《广陵散》的长诗。不用说，在打谱的过程中说不清曾经有过多少次的修改。

鉴于当今人士接触琴谱的机会不多，不妨简单说一下明清以来是怎样记谱的。一个突出的特点是琴谱不记音高，也无节拍，少数琴谱只在谱侧画个圈，算是一句。琴谱所记的首先是某一曲的定调，也就是七根弦的音高排列。谱一般分段，段内直行排列一个个符号，符号由左右手的指法和所触动的弦数及徽位经过缩写拼凑而成，故通称“减字谱”。不难想象，如此记谱会给弹者留有极大的空间，随打谱者的意想弹奏，正复因此，不同的人打同一谱的同一曲，不会相同。所以打谱也不妨称之为再创作，再创作的好与坏，距离原曲的远和近，自然有很大的差异。

记得管先生给我说过一个简单的比喻：琴曲好比一个大盘子，其中有许多大小不同的坑，每个坑内都放着和它大小相适合的珠子。打谱者开始摸不着头脑，珠子都滑出坑外。打谱者须一次又一次晃动盘子，使每颗珠子都回到它该在的坑内。珠子都归了位，打谱也就完成了。盘子须不断地摇晃，要晃到珠子都归位为止。打谱也须不断地改正，改到对全曲的音律满意为止。琴谱也不是绝对不能改，原作者也有把珠子放错了位的时候。何况琴谱刊版时的徽位写和刻也都难免会出错。上述的比喻管先生当年只是随便地一说，现在回忆肯定有失实或遗漏的地方。但至少可以说明管先生在一曲脱谱后为什么还要再三弹、再三改，足见精益求精的精神。

我十分后悔没有在一九六二年，即调离音研所回文物系统之前试写这篇文字。那时可以随时向管先生请教，而且有意识地去记录和多年后的追忆当然大不相同。再者那时我写完《古琴曲〈广陵散〉说明》一文（见《锦灰堆》贰卷页五一二至五二五）不久，对不少琴书还有印象。光阴流逝，过了四十多年再记，对当年音研所的一切，真有恍如梦寐之感。

多才多艺的管平湖

管平湖，苏州人，字吉庵，号仲康，在北京参加中国画学研究会后，从金北楼先生学画，改号平湖。北楼先生幼年曾学画于平湖先生之父劬安先生（名念慈，供职清宫如意馆有年，为慈禧代笔），故两家有世交之谊。

平湖先生曾称因不愿受父亲约束，十六七岁时即自家中出走，只身来北京。我上中学时已和平湖先生相识，他常来芳嘉园，称先慈曰“三姑母”。惟当时我对绘画、古琴不感兴趣，只知其精于各种玩好，艺花木、养金鱼、蓄鸣虫等均有独到之处，远非他人所能及。如盆栽花木、香橼、佛手，均枝繁叶茂、果实累累。

近年，春节前后果树装火车从南方运来已不足为奇。而当年管先生则全年在家中培养，使南方植物适应北京水土气候，实非易事。又如养常春藤，窗台上小小一盆，一根长条蜿蜒而上，直到顶棚，又转而攀缘墙壁，绕室一匝，总长何止数丈，由根到梢，碧绿不缺一叶。诸如此类，不胜枚举。

他爱养金鱼，每年选出鱼苗，千百得一，稍长看出成色，金鱼池专业养家自叹弗如。家中小院入冬仅一间画室，有小煤炉取暖。卧室却与放鱼缸的半间厢房相邻。他常说如爱鱼入冬必须陪鱼受冻。金鱼入室过冬，要求水面有一层薄冰，鱼在冰下，已同入蛰，不食不动，如此可以保存体力。倘温度稍高，鱼游泳活动，明春容易伤损。以上两项因非我所好，只能约略言之。至于冬日蓄养山中所捉蝈蝈，或暖房培育的各种鸣虫，因癖好相同，故能言之较详。

有些故事当年即传为佳话，我已写入《中国葫芦》(亦见《锦灰堆·冬虫篇》)：如罐家（专业用火炕培育冬虫者）麻杨高价售出大翅油壶鲁，因翅动而不能发音，以致一文不值。管先生看出问题出在两膀之间有距离，不能交搭摩擦，故不能发音。他将药（一种特制近似火漆的物质，点在虫翅上，可改变鸣声频率，使高音变成低音）点在盖膀膀尖，压之使降低，与底膀摩擦，立即发出绝妙鸣声，使听者惊叹。当大家得知此即过去不能发音之虫，更钦佩管先生有回天之力，故无不叹服。

管先生还擅长火绘，即用炙热之针在葫芦上画花卉人物等题材。与当年著名火绘艺人如白二、文三、李润三等相比，自然高出甚多。我曾请他示范，学此雕虫小技，在虫具与鸽哨上火笔描绘图文，一九三九年先慈逝世，始专心读书，摒绝一切玩好。

管平湖先生世人公认是画家及古琴家。平心而论，他画人物不能与当时年长他的徐燕孙先生及年幼于他的陈少梅（云彰）先生相抗衡。但研制色料，如石青、石绿等却十分擅长而被人称道。画上题款，多用隶书，行楷罕见，且未见有长题，似有藏拙之意。常见其信札及讲述有关音乐文字，似并不善于表达一己的意见。结合其幼年即只身来京，可能当年劬安先生要求他努力学习的是读书、写作及书法等。因他的兴趣不在这些方面而离家出走。当然这仅是臆测而已。

我直到前些年才感觉到一个人的聪明才智究竟在哪一方面最高，并不容易被正确地认识。不仅他人难分辨，就连本人也未必十分清楚。因为这和所处的时代对不同区域门类的重视程度相关。我和管先生相识多年，因自己对古琴的无知，从未注意到他在琴学方面的成就，到荃猷拜师学琴才有初步的认识。直到他晚年受聘于音研所，才庆幸他终得发挥他的专长，可以专心致志从事琴学研究。他走过的大半生，正是古琴不被人重视的年代，从他学琴的人寥寥无几。为了谋生，不得不大部分时间用在作画和教画上，对他来说是一种损失和浪费。他的音乐天才不仅被人忽视，可能连他自己也难免或多或少低估了本人的天赋。我有幸和管先生有一段时间朝夕相处，尽管我五音不全，全无欣赏音乐的能力，听琴只能当一头牛，但我相信管先生的最高天赋是在音乐方面。他的古琴造诣将越来越被国内外人士推崇和珍视。姑且记之，留待日后验证。

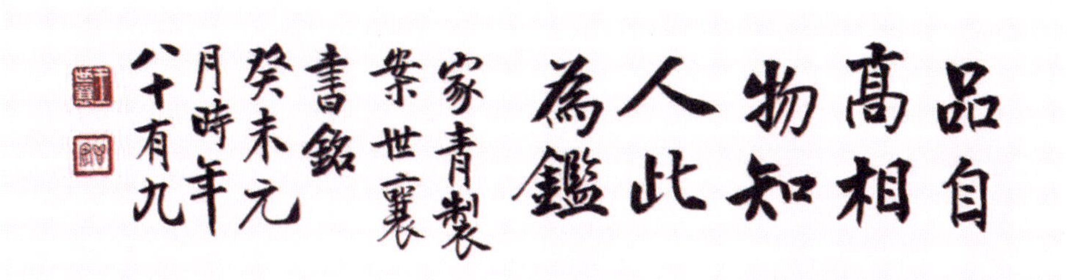

王世襄先生作品

王世襄先生的字不仅有神，且极具力度，这和他青少年时代习武有很大关系。他曾拜前清宫廷里的“扑户”为师学摔跤，这些人喜欢养鹰捉兔挈狗捉獾，因此他也学会了调教鹰犬。

由于王世襄在鉴定方面的杰出才能，抗日战争胜利后，经马衡和梁思成推荐，他跟随故宫博物院原文献馆馆长、北京大学教授沈兼士回北平清查战乱损失的文物。1946 年 2 月 25 日，王世襄在中山公园董事会宴请了当时北平四五十位知名古玩商，请他们提供文物线索。王世襄通过其父友人找到宋子文，没收了德国人即将偷运出境的青铜器 240 件，其中包括价值连城的“宴乐渔猎攻战铜壶”和“商饕餮纹大钺”。追回美军德士嘉定少尉非法接受日本人的宋元瓷器一批，抢救面临战火威胁的长春存素堂丝绣约二百件，接收溥仪留在天津张园保险柜中的珍贵文物一千八百余件，收回海关移交德孚银行的一批文物。这些文物绝大部分都移交给了故宫博物院。还曾被派往日本，费尽周折追讨回 107 箱被劫掠的善本图书。

关于家具及杂项乃至于书画的鉴定，他只需要看一眼，就“一眼明”，这种鉴定叫作“望气”。所谓的“气”就是“气韵”，实际上它是透过看被鉴定器物本身，看到它背后的精神世界，气韵表现的是一个时代的精神。此种鉴定的方法实际上才是最本质最精准的，把握住的是整体的气息。对于“望气”，王世襄在《锦灰三堆》中有一篇论文做了讲述，文章很谦虚，但讲到了鉴定的实质。透过物质的表面现象深入本质的“望气”境界，没有几个人能真做到，他能行，是因为底蕴深厚。他从小涉猎中国文化，首先研究中国书法和绘画，气韵和精神在书法和绘画上的反映最为鲜明。这种“望气”鉴定方法和王芗斋先生所讲的“但求神意足，勿求形骸似”道理相同。和中医的望诊完全是一个心法，如《难经·六十一难》：“经言，望而知之谓之神，闻而知之谓之圣，问而知之谓之工，切脉而知之谓之巧。”这和《灵枢》里面讲的“粗守形，上守神”也是一个道理。

“粗守形，上守神”不仅是针刺治疗的基本原则，也是中医学诊断治疗中的根本大法。广而言之，也是中国传统文化中的基本法则。诸如中医、武术、传统戏剧、国画、书法，乃至文学、文物鉴定等，无不以“粗守形，上守神”为基本法则，比如中国画里的大写意不求形似，只求神似。在《世说新语·容止》中有这样的记载：“魏武将见匈奴使，自以形陋，不足雄远国，使崔季珪代，帝自捉刀立床头。既毕，令间谍问曰：魏王何如？匈奴使答曰：魏王雅望非常；然床头捉刀人，此乃英雄也。魏武闻之，追杀此使。”我们现在常用的“捉刀”二字就源于这段文字。这位匈奴使者在察言观色方面，就达到了“守神”的境界，他并不是根据人物的外表及其所在位置（也就是“形”），来判断人物的能力，而是根据人物内在的精神气质（也就是“神”）来判断。

这是比较难的，也是很高明的，这是优秀政治家及外交家的基本素质之一，他真正做到了“上守神”。可惜的是，他不懂“敏于事而慎于言”的处世哲学。

再打一个比方，比如说你出国数载，回国后在机场见到了前来接你的家人，难道你还用观察并思考一番，然后再做出判断吗？虽然他们的容貌已经有所变化，衣服肯定也异于以前，也就是“形”和以往大不相同，但其内在的“神”是变化不大的，所以你不会认错。但是与你同行的人哪怕是你的好朋友，虽然与你的家人也见过面，但未必会像你一样快的认出来，这也是所谓的“俱视独见”。还有在我们的周围，常有双胞胎的同学或亲友，同学处的时间长了，一般比较容易辨认，当然在父母的眼里更容易辨认，而在不熟悉的人眼里，几乎无法辨认。我初中的时候有一对双胞胎同学，弟弟比较调皮，经常捣蛋，开始大家分不清楚哥俩，他又不承认，老师和同学有时搞不清楚是谁干的，时间长了大家也就很容易分清楚了。其实道理很简单，主要是因为逐渐熟悉的缘故，因为虽然他们的外形长得差不多，但精神气质以及性格还是有很大的差别的，所以就连辨认双胞胎都要“守神”，光是“守形”肯定是要出错的。

“上守神”之所以不太好理解，因为我们用的是古人的概念，换成现在的概念，相当于心理学中的“直觉思维”，是指人们在已获得经验、知识的基础上，直观地把握事物的本质和规律的一种思维方式。在直觉思维过程中，人们对事物本质的把握既不靠逻辑推理，也不靠思维空间、时间的连续，而是靠灵感，即直觉和顿悟，它是在思维中断时对事物本质的突然领悟和全体把握。因此，直觉思维具有整体性、直接性、非逻辑性、非时间性和自发性的特点。

在中国传统哲学中，直觉思维以其与逻辑思维和形象思维相区别的独有优势而居于十分重要的地位，同时，它也是中医学创造性思维的基本形式之一，在中医理论研究及临床实践中发挥着重要作用。比如中医的脉学就号称是“心中了了，指下难明”，而医书《三指禅》讲的就是脉学。禅宗的修行方法之一就是“参禅”，如果到达了“解悟”的境界，当然就可以“乾坤独步”了。明末的憨山德清禅师曾经说过：“凡修行人，有先悟后修者，有先修后悟者。然悟有解证之不同。若依佛祖言教明心者，解悟也。多落知见于一切境缘，多不得力。以心境角立，不得混融，触途成滞，多作障碍，此名相似般若，非真参也。若证悟者，从自己心中朴实做将去，逼拶到山穷水尽处，忽然一念顿歇，彻了自心，如十字街头见亲爷一般，更无可疑，如人饮水，冷暖自知，亦不能吐露向人，此乃真参实悟。然后即以悟处融会心境，净除现业流识，妄想情虑，皆融成一味真心，此证悟也。”

学习中医和参禅在心法是一致的，必须真参实悟，从临床实践中理解体会《黄帝内经》原文的本意。在《素问·八正神明论》中对此有精辟的论述：“上工救其萌芽，必先见三部九候之气，尽调不败而救之，故曰上工。下工救其已成，救其已败。救其已成者，言不知三部九候之相失，因病而败之也。知其所在者，知诊三部九候之病脉处而治之，故曰守其门户焉，莫知其情而见邪形也……岐伯曰：请言形，形乎形，目冥冥，问其所病，索之于经，慧然在前，按之不得，不知其情，故曰形。帝曰：何谓神？岐伯曰：请言神，神乎神，耳不闻，目明心开而志先，慧然独悟，口弗能言，俱视独见，适若昏，昭然独明，若风吹云，故曰神。”

文中的下工就是“粗守形”的粗工。上工能达到“耳不闻，目明心开而志先，慧然独悟，口弗能言，俱视独见，适若昏，昭然独明”的“守神”境界，所以能够做到“救其萌芽，必先见三部九候之气，尽调不败而救之”。而下工只能达到“形乎形，目冥冥，问其所病，索之于经，慧然在前，按之不得，不知其情”的“守形”境界，所以只能“救其已成，救其已败”。

王世襄先生曾以录音的方式记录下他对书法的一些见解，时间长近一小时，除了论述了理论之外，他还谈到了对当今书法发展的一些看法。他认为，一个人没下过苦功夫，书法不可能成事，更不可能成为书法家。他提到书法家应具备的几个客观标准：一个称得上书法家的人，应该能写好史上各体的书法，对历史上重要的名家名帖都能临摹到位，在此基础上要有所创新，要创出完全属于自家风格的字体。还有最后两点极其重要也更难：对中国书法历史有精到的研究和贡献，例如启功先生解读了西晋陆机的平复帖。书法家必须有深厚的古文和文学功底，有吟诗赋词的功夫，诗、词、对联、序文、跋文都能自己撰写，不能像现在有的“书法家”，只会抄写历史上古人的东西。

“外师造化，中得心源”，是中国画的创作精髓。石涛认为：“古人未立法之前，不知古人法何法。古人既立法之后，便不容今人出古法。千百年来，遂使今之人不能出一头地也。师古人之迹而不师古人之心，宜其不能出一头地也。”石涛还说：“搜尽奇峰打草稿”，不仅仅是强调写生的重要，游历也很重要。不光绘画如此，古琴、书法、戏曲等艺术也是如此。管平湖先生正是精于绘画、精于修琴，精于养鱼养蝈蝈并能调理其发声等，才造就了他古琴演奏打谱的极高境界，后人单独学琴岂能望其项背哉。曾有多位古琴爱好者，为了增强指力而专门参加站桩培训班和我学习，学习大成拳站桩、试力、推手之后不仅指力明显增强，对古琴的理解能力也加深了。

相较于书画古琴，戏曲表演和武术的关系更为密切。王芗斋先生喜欢看昆曲，昆曲及京剧等戏曲的身法和内家拳有许多相通之处。

梅兰芳（右）与李式太极拳名家高瑞周切磋推手

梅兰芳先生经常与李式太极拳名家高瑞周切磋推手并得其真传，其推手水平远远超出了一般太极拳名家。

喜欢京剧的朋友一定都知道李少春，但鲜为人知的是李少春也是王芗斋先生的弟子，他父亲很早就和王芗斋先生学拳以充实技艺。李少春的表演之所以有强烈的感染力，是和王芗斋先生的指导及刻苦练习大成拳分不开的。金桐华先生一日和笔者闲聊时说芗老曾指导李少春说，以后你用手指人时要身手反衬作争力状，李少春在舞台实践中体会，结果和以前神态迥异。

中央五七艺术大学戏曲学校

编号 146

姓名	李少春	性别	男
籍贯	河北省霸县		
年龄	1919年11月4日出生		
部门	京剧科		
校址	北京市宣武区半步桥		

注意事项

1、此证必须妥善保存随身携带不得转借。

2、证内所载各项不得私自涂改。

3、如有遗失立即声明经审查后补发。

4、工作如有调动此证须交回。

1974年4月15日填发

杨鸿晨先生曾考据李少春与王芗斋的师徒经历，记述如下。

芗学曾被社会名流和文化界的著名人士推名“大成”。芗老亦言非个人新创，而是“无长不汇集”，实乃“集古大成”之千年功法和各文化门类之精华。我们从其遗著中可以明显洞明：芗老之学实际是涵盖儒、道、兵、医、法等学说，以艺臻道的修身之载体，体现着深厚的积累和丰富的内涵。经过去伪存真，弃莠取菁，熔古烁今的艰辛劳作后，重又指导服务于各艺术门类。由此而大受其益的艺苑名士们已多见于媒介，在此仅简介芗老的一名梨园弟子，他就是著名的京剧表演艺术家李少春。

李少春，生于1919年，逝于1975年，河北霸州人。其父李桂春（艺名小达子），多才多艺，善于创新，是著名的南派演员。李少春幼年在“永胜和”梆子班坐科，23岁起改学京剧，曾在天津挑班演出，擅老生及武生戏。李少春自幼在家中受到艺术熏陶与严格的庭训，逐渐养成良好的艺术气质。7岁从师沈延臣练功，11岁又请名师丁永利、陈秀华到家中指导正式练功学戏。李少春十分刻苦，无论寒暑，每天学、练十三四个小时。他虽然不曾进过科班，但由于家中督责严苛，倍尝辛苦，终于练出深厚功底，成就一身功夫。1931年，他从上海赴天津，1932年正式登台演出，后返回上海。1934年仅15岁，在上海与梅兰芳同台合演《四郎探母》，得到梅的称许和观众欢迎。1937年李少春在天津演出，声誉大起，一跃成为头牌演员。他并不自满，1938年拜余叔岩为师，成为余叔岩的入室弟子，因而使自己的表演艺术得到了飞跃发展。此时，杨小楼已经去世，余叔岩也已不再登台，李少春驰骋于北京、天津、上海的舞台上，宛如一颗新生的明星。他确实是一位文武全才的京剧表演艺术家。

李少春老生宗余派，武生宗杨（小楼）派，被视为文武兼备，是不可多得的人才。他练功极为扎实，戏路宽广，博采广取，勇于创新，虽然宗余、宗杨，但不拘泥成规，善于体察剧情，运用技巧、程式刻画各类不同人物。文戏唱腔韵味清醇，武戏长靠、短打皆精，武功精湛，开打迅疾干净。演猴戏身手矫捷，对武打套路多有创新。他把杨派和余派的真髓掌握得深入、透彻、娴熟、传神。在此基础上，他又创造演出了新剧目《文天祥》，唱、念、做、打更是得心应手，舞台形象激昂慷慨、气势夺人。李少春的扮相清秀，嗓音宽厚，唱腔清醇，身段优美。

他的表演感情饱满，武功出众，拥有大批的追随者。京剧《野猪林》是他在继承了杨小楼的剧本基础上，自己创新编排的一出新戏，成为他的传世之作。从立意、框架、场景设置、情节的贯穿、人物的刻画、角色的唱、做、念都是李少春亲自构思、设计，费尽了心血，可以说这是他全身心投入的一部经典剧作。但是，他尊重传统，尊重老师，注意听取别人的意见和建议（剧本最后请翁偶虹填写和润色）。在编演过程中，他还得到袁世海很好的合作，而且毕恭毕敬地征求了郝寿臣先生的指点，得到了赞同和支持。正是李少春的虚心、热情、宽容和诚恳，众星捧月，使这个新剧目在剧坛上大放异彩。

李少春常演老生剧目有《战太平》《定军山》《空城计》《珠帘寨》《断臂说书》《打棍出箱》《红鬃烈马》《击鼓骂曹》《宝莲灯》《洪洋洞》《打渔杀家》《打金砖》等。常演武生剧目有《挑滑车》《两将军》《长坂坡》《战翼州》《恶虎村》《三岔口》《武松》《连环套》《八大锤》《金钱豹》等。常演猴戏剧目有《水帘洞》《闹天宫》《智激美猴王》《五百年后孙悟空》《十八罗汉斗悟空》等。新编、改编之代表剧目有《野猪林》《响马传》《将相和》《满江红》《云罗山》等。现代戏有《白毛女》《红灯记》等。

新中国成立后，李少春加入了新中国实验京剧团，任团长。1955年，加入中国京剧院，任一团团长，并于1958年加入中国共产党。此时，他的艺术创造热情达到了高峰，他与袁世海、翁偶虹结成艺术集体，连续编演新剧，主要有《云罗山》《将相和》《虎符救赵》《大闹天宫》《响马传》《满江红》《战渭南》等。

《将相和》获得第一届全国戏曲会演一等奖。此时《野猪林》也进入了演出盛期，得到更多观众热爱。1962年，此剧被搬上银幕，成为长期流传下去的艺术珍品。

搏击界都知道：芗老给周松山、高振东、赵道新、卜恩富、马骥良和姚宗勋等人物当老师是件很不容易的事，同样能给李少春这样的人物当老师也是不容易的。李少春早就耳闻过芗老的威名，但欲拜师则是在拜访梅兰芳时油然而生的。社会上流传的一句话是“好武把子打不过赖戏子”，话虽粗俗，但也说明了戏曲艺术高难和艰辛。这句话语对比很强烈，从侧面反映出戏剧演员们自幼下的童子功如何巨大，其身体的素质（指力量和灵活性）要高出专业习武者甚多，何况这只是唱、念、做、打中的一项功夫而已。

因为戏剧不同于歌舞、舞剧和话剧，它融歌、舞及其他艺术和唱（指传情传声的歌唱）、念（指有节奏感和音乐性的念白）、做（泛指表演技巧，一般又指舞蹈化的动作）、打（指传统武术和翻跌的舞蹈化，是生活中格斗场面的高度艺术提炼）为一炉。比如：目看鸽子时，不是死盯着，是意想能听到很远的虫鸣鸟叫或涛声，不可野视，目光虽远望，但要收神。最好静静地似乎能听到很远的地方，有微风细雨之声或雨打芭蕉的天籁之音，故养神炼神之法是“敛神听微雨”。这些武学绝传李少春闻所未闻，当然铭记于心，刻苦训练了，其效果我们从他的剧照中可以明显地看出来。

李少春拜入芗门后，受益良多，不再一一赘述，在这里仅列举一下起霸之演技。凡研究过芗老著作者都知道芗老是对起霸有研究的，其整体身架应该是起霸云云。这里和拳学一样，内蕴着形式与神意、生活与艺术诸多关系。这就是在戏剧表演不能一味追求形似，而应以神似来反映生活的真实，但是演员如果没有规范而随心所欲地乱比画，观众肯定如坠云里雾中，失去想象的依据。故应在严格遵守曲牌板式的规范下，按照艺术的原则，从生活中提炼、概括出来，具有鲜明的节奏和舞蹈化的特征，才能略似传神，以神制形。

起霸的戏剧起源是用精心设计的壮美动作表现项羽披挂上阵的英雄气概的，后来广泛地运用于表现武将出征迎战前披甲、整冠、蹬靴、扎靠的一系列准备过程，成为一整套规范性的动作。李少春的起霸动作（侠义之士的武打预备或亦同），在通过从芗老苦练站桩后有了很大提高和特色，其形体动作完全是均衡圆满的。

内行们常说戏曲是综合艺术，不仅指它能把这四种表演形式有机地结合起来，更深一层的含义是指在表演过程中，这种综合能把不同的艺术有机地融为一体。戏剧中的服饰、帽翅、翎子、水发、水袖、髯口、鸾苇等等在人物行动的过程中，均能发挥各自的功能，帮助人物思想感情、性格刻画以及交代人物所处的环境等，最有代表性的程砚秋的水袖，能合为勾、挑、撑、冲、拨、扬、掸、甩、打、抖等多种表演形态。再如李少春的代表剧目《野猪林》中，林冲在遭权贵陷害、身受重刑时，步履艰难地向前行动，李少春用跪步前行连带甩水发，把林冲承受着的钻心疼痛，非常形象地告诉了观众。由此可知，一般的武把子且不论其能否知道并掌握戏曲的整体艺术技艺，仅就实战一项也非“武松”“猴王”等演员的对手，何谈要做人家的老师。

自然，李少春同芗老动真格的亦是正常和必需的，但李惊诧的是芗老的学识和对艺术门类的精通与独到见解。李开始是在程砚秋（程亦从芗老站桩）处初闻芗老论戏剧表现之“神”引起好奇而关注芗学的，而后在梅兰芳家中才弄明白了炼神的究竟，从而使其演技大进。每一动作都成为整体高度协调下的艺术美学动作，身段优美、表演细腻、威武雄壮、气度飘逸，尤其是起霸头领脊拔、意聚神起、整体齐动、周身牵连、乾坤分明，更是不拘成规的经典艺术形象。至于其苦练神龟出水后的身段，淋漓尽致地在《打金砖》中表现出刘秀的惊恐和悔恨，以及《长坂坡》中的赵云，既演出了这位常胜将军英气逼人的神威，又表现出他对刘备的忠心。即使在《别姬》中，李少春的精提意拔也是让观众们同情项羽这位失败的英雄，在此就不一一赘述了。

这也印证了王芗斋先生在《拳道中枢》所说的：“若从迹象比，老庄与佛释，班马古文章，右军钟张字，大李王维画，玄妙颇相似，造诣何能尔，善养吾浩气，总之尽抽象，精神须切实”的话语。对此，杨鸿晨先生评论道：芗老通诗文，懂音律，且精医道，书画皆善，书法各体皆能，与其武学堪称双璧，只是因其武学影响甚巨，而其作品又大多散失，才被世人忽略了其他艺术的成就。芗老喜欢以梅兰竹菊为题作画，尤喜画兰，其画风疏淡飘逸，蕴藉风流，韵味醇漾，可惜现今所能见到的已经甚为稀少。如果细细品味，我们会深切感动，芗老虽痴于兰，然无意于佳，他皆以平常心而为之，使观者颇感轻松、惬意，回味无穷。挥毫作画之际，必然会使芗斋先生引起内心的悸动，牵动其内心的万缕情丝，故每于画兰之余忽有灵光闪烁，自然令其内心充满亢奋与激动而毕集毫端，展现出那温文尔雅、摇曳多姿的线条，宛如带露之玉兰，充满清灵与温馨之气息。揣摩其用笔风格，隽逸洒脱，畅达儒雅，丰润蕴藉而轻灵流畅，章法疏密顾盼而又纵横揖让，不禁使我们叹服其鹤品兰风之人格魅力。我们再欣赏一下芗老的书法作品。初观其作，首先被淋漓酣畅的开张笔势所打动，但见走墨连连，草行相间，倏忽多变，使人感到那“同自然之妙有，非运动之能成”的神韵玄机和孤同标出的品位。其用笔率真、中锋挥洒、藏头护尾；既盘铁曲钢、老辣跌宕，又灵动飘逸、空阔疏朗；疾而不滑，涩而不滞，垂而不浊，轻而不浮，正所谓“百炼钢化为绕指柔”。然其可贵之处，还在于融雄浑与清逸为一体，既见势延伸，又见韵回旋，在法的规范下，使不可遏止的激情点线，气势连贯，自由畅达。整幅作品既如画沙折股，又如虹飞鹤舞，明显看出其已融进了武学、诗文、绘画等艺术的精华，而又自然流露出其胸中丰厚素养和超越的人格精神。在王芗斋先生的垂范和教导下，其后学勤修拳道，并进益于各自所专艺术门类者很多。如韩樵、孙闿泉等人的书法和朱垚亭的昆曲造诣以及聂春荣的围棋、管平湖的古琴艺术均已具极高的水平。芗门有“艺苑三逸士”之称的王十川、李见宇和李苦禅，在各自的艺术领域均臻化境。

资料：聂春荣先生是聂卫平的父亲，和芗老是老乡，曾和芗老学习站桩并颇有心得，曾写过一篇回忆学习站桩的文章。聂春荣（1911—1991），直隶深州人，1934年毕业于天津工业学院机电系，1939年加入中国共产党。曾任东北经济委员会计划处副处长、东北工业部机械局副局长。1953年后，历任第一机械工业部二局副局长、机械科学研究院院长，中国科协书记处书记，国家科委情报局局长，中国科技情报所所长。

除了书画琴戏等文艺界的前辈高人，我经过多年的游历求学及考据发现，历代针灸大家大都也修炼内功，兹举例如下。

- 华佗

首先来谈谈华佗。华佗之所以被誉为针神，与他常年坚持修炼五禽戏是密不可分的。根据西晋史学家陈寿所撰《三国志》的记载：“华佗，字元化，沛国谯人也……晓养性之术，时人以为年且百岁，而貌有壮容……若当针，亦不过一两处，下针言‘当引某许，若至语人’。病者言‘已到’，应便拔针，病亦行差。”若没有高深的内功修炼为基础，针刺水平是很难达到这种境界的。之后又记述了吴普、樊阿跟随华佗学习五禽戏的情况，而“普依准佗治，多所全济”。

• 孙思邈

孙思邈是我国唐代著名的医学家，针灸医药，俱无不精。自谓“幼遭风冷，屡造医门，汤药之资，罄尽家产”。长大以后，通老庄及百家之说，兼好佛典。十八岁时立志学医，颇觉有悟，亲邻中外有疾厄者，多所济益。先是隐居太白山，学导引行气之术道，后来隐居终南山，与名僧道宣律师相友善。他终身不仕，隐居山林，曾入峨眉山修炼道家内功。唐太宗、高宗等几位帝王数次征召他到京城做官，都辞谢不就。曾经亲手治疗麻风病人600多例，痊愈者高达百分之十，自己没有被传染，而且享年百余岁。如此高寿的医学家，古今罕见，与他常年坚持内功修炼有着直接的关系。北宋崇宁二年，被追封为“妙应真人”。他的导引行气之术主要记载于《千金要方·卷第二十七·养性》中：“虽常服饵，而不知养性之术，亦难以长生也。养性之道，常欲小劳，但莫大疲，及强所不能堪耳。且流水不腐，户枢不蠹，以其运动故也”。“既屏外缘，会须守五神（肝心脾肺肾），从四正（言行坐立），言最不得浮思妄想，心想欲事，恶邪大起。……仍可每旦初起，面向午，展两手于膝上，心眼观气上入顶，下达涌泉，旦旦如此，名曰迎气。”只有平日坚持锻炼，在临证之时，才能够做到“夫为针者，不离乎心，口如衔索，目欲内视，消息气血，不得忘行”。

• 马丹阳

马丹阳原名从义，字宜甫，后更名钰，字玄宝，号丹阳子，世人多称之为马丹阳。他擅长针灸，总结出马丹阳天星十二穴，至今仍广泛用于针灸临床。金大定七年七月，王重阳到宁海传道，丹阳遂与妻孙不二师事之，后来他抛弃巨大家业，出家修道，励行苦节，专务清静，勤习导引吐纳之术。马丹阳的针灸成就与他所习的导引吐纳之术有密切关系。元世祖至元六年赠其“丹阳抱一无为真人”的称号，后世称为“丹阳真人”。

• 杨继洲

《针灸大成》的作者杨继洲以修炼周天功法为主，注重任督二脉及五脏的导引行气修炼，并在《针灸大成》中有记载：“要知任督二脉一功，先将四门外闭，两目内观。默想黍米之珠，权作黄庭之主……督任原是通真路，丹经设作许多言，予今指出玄机理，但愿人人寿万年。”此外，书中关于五脏导引也有详细的论述，如在论述肺脏导引时写道：“导引本经：肺为五脏之华盖，声音之所从出，皮肤赖之而润泽者也。……盖息从心起，心静气调，息息归根，金丹之母。”

李鼎教授指出：杨氏重视五脏和任督二脉的导引，将此看作是经络理论在临床上的运用，与针灸学理相通，故列为该书的一部分，以供医家和病家的练习是有重要意义的。医者的运针着重调气治神，气功导引则由本人自我进行调气治神，两相配合，对于防病治病自可发挥更好的作用。《灵枢·终始》曾指出：作为施治者必须是“必一其神，令志在针”，通过具体的方法以使病人积极配合，达到“以移其神，气至乃休”的地步。针刺与导引的结合，不仅在于施治之时，更在于施治之后的调养，指导病家采用合适的导引方法，自然大有利于疾病的治疗和康复的。

• 承淡安

著名针灸家承淡安先生，十分强调内功修炼（导引行气）的重要性，曾论述道："以前的针灸家在修习针术时，最主要的就是练气和练指力，这几乎要占去三分之二的学习时间。练气称为修内功"，"先父在日谆谆以练气为嘱，由于先父不能说明为什么要练气，因而不能引起我的信心，在临床治验上，我总不及先父的针效；久后相信先父所教注意练气，针效果然大增，所以在 1935 年从日本归来办针灸讲习所时，在课程中加入了练气练针一课"，"神针黄石屏衣钵弟子与我神交多年……承叶君告以魏君每天练拳术与气功，及以针钻捻泥壁，历久不断，修炼相当艰苦，成效也很巨大"，"以前有点穴术，完全凭他平素练习的指力，能在不知不觉间，在别人要穴上轻轻地按上一按，即能使人受伤，甚至死亡"。为使学生重视内功修炼，他曾托名紫云上人，以强调内功修炼在针刺中的重要性："运针不痛，端赖养气，养气不足，其功不著，养气之道，寅时起身，端坐蒲团，两足盘起，手按膝上，腰直胸挺，口闭目垂，一如入定，无思无虑，一心数息，自一至百，反复无间，行之卯时，振衣始已，积日累月，不息不间，气足神旺，百邪不侵"。

• 黄石屏

方慎盦先生在 1937 年所著的《金针秘传》一书中，详细记载了针灸前辈黄石屏应邀为袁世凯治疗头痛的具体经过。袁氏"因受风过久，时觉头痛，一遇思想太过即发……其病系前后脑痛，第一日针百会，第二日针风池、风府……第一针刺入，袁谓头脑中发有大声，冲墙倒壁而出，再针如服巴豆、大黄，直抉肠胃而下。师曰：此即风散热降之象，袁总统称奇不置，厚谢而归。"至于为何能取得如此神奇的疗效，除了选穴独到，取穴准确，手法娴熟之外，还有更为关键的一点易于被一般人所忽略，那就是要在平时苦练内功以"治神"，在临证之时才能做到"聚精会神，提起全身力量，贯注于针尖上"。

正如黄石屏先生自己所说："吾始习少林运气有年，萃全力于指，然后审证辨穴，金针乃可得而度也。"由此看出，首先要习内功运气有年，待能够萃全力于指之后，才谈得上审证辨穴以及针刺手法，否则针刺治疗水平是难以达到这种出神入化的境界的。

据黄岁松《黄氏家传针灸》一书介绍，黄石屏先生针法特点有三：其一，必须精少林拳术和内外气功，才能将全身精、气、神三宝运于二指之上，施于患者患处，而有不可思议之妙。其二，纯用金针，因金光滑而不生锈；其性软，不伤筋骨；其味甜，能祛风败毒，补羸填虚，调和气血，疏通经络，较之铁石，截然不同。黄氏用针，软细而长，最长的达一尺三寸，最短的也有四寸，非用阴劲不能入穴。其三，取穴配穴，略有不同。深浅、补泻、随迎、缓急、主客、上下、左右、腹背、脏腑、经络、辨脉等等，凡下针前必慎重。黄岁松在回忆黄石屏先生治病时的情景说："必先临证切脉，沉吟良久，立眉目，生杀气，将左右两手握拳运力，只闻手指骨喇喇作响。然后操针在手，擦磨数次，将针缠于手指上，复将伸直者数次，衔于口内，手如握虎，势如擒龙，聚精会神，先以左手大指在患者身上按穴，右手持针在按定穴位处于点数处，将针慢慢以阴劲送入肌肉内，病者有觉痛苦，直达病所，而疾霍然。"

承邦彦在《民国名医黄石屏》一文中写道："黄父命石屏拜圆觉为师，读书习武，时已三年，未言针事，三载过半，老僧开始教以练针运气之法，以朱笔画红圈于白墙上，命石屏离红圈数步，用铁针击之，每日击红圈，红圈也日日缩小，步子日日放长，铁针也逐渐缩小，后再改成小钢针，而每针必中，后再改画成铜人经穴图刺之，穴无不中，再后以软的金针，亦能插入墙壁上几寸，圆觉曰：'功力已到'，乃再授人体穴位及治病补泻各种手法。"

黄石屏先生的针灸学习方法及经历应当引起我们的高度重视，他的针灸学习经历是："读书习武，时已三年，未言针事，三载过半，老僧开始教以练针运气之法"，读书等于是文化学习，除此之外这三年时间里基本上就是练功习武了，而且以后的学习也是习"练针运气之法"。等练到"改画成铜人经穴图刺之，穴无不中，再后以软的金针，亦能插入墙壁上几寸"之时，"乃再授人体穴位及治病补泻各种手法"。这与承淡安先生所讲的："以前的针灸家在修习针术时，最主要的就是练气和练指力，这几乎要占去三分之二的学习时间"是完全吻合的。有这种严格的基本功训练，何愁针法不精？而我们目前的针灸教学中缺少的正是内功修炼这一关键环节。

• 贺普仁

贺普仁老先生年轻时起就练习八卦掌，70 多岁时，一个下午诊治八十多人，连续工作五个多小时，仍然精力充沛。当年笔者请教练功对针刺疗效的影响时，贺老说：练习拳术内功后首先可使指力增强，这对针刺手法来说是必要的基础，进一步则可以培养自身之气，通过针体及手法，驱赶病人体内邪气，只有如是才能取得理想的疗效。

• 张士杰

以运用太溪穴闻名的张士杰先生，其针刺手法为业内人士所推崇。笔者曾请教过张老，张老告知他也经常练习站桩功以养气治神，他是和秦重三先生学的站桩功。

• 焦勉斋

焦勉斋先生不仅以针刺手法闻名针灸界，并且精于武术与内功，武术内功与针刺手法相结合，明显提高了他的针灸疗效。

• 郑毓琳

以擅长烧山火、透天凉手法闻名于世的针灸名家郑毓琳先生，历来为针灸界所推崇，除手法独到外，究其根本，与他的内功修炼有很大的关系。郑老早年曾经和当地的一位霍老先生学习针灸及内功，尽得其传。他认为针刺与内功相结合，不仅进针无痛，而且容易体察针下气感，易于"得气"和"气至病所"，其疗效高于单纯针刺，并曾告诫学生：许多身怀绝技的针灸家都是有很深内功造诣的。

八、民间的比武风气

在北京市的民间比武中，崔有成、高京立、夏成群、夏成祥、刘耀茂、章长旺等大成拳选手名震北京武坛，罕有对手。可是有人会说："私下里抡拳头算什么？有本事去擂台上跟高手比比啊！"夏成群就是这么做的，他以一个民间习武者的身份，在擂台上对阵体重远大于他的专业散打运动员，并轻松获胜。

左起：夏成祥、夏成群、王选杰、刘耀茂

当年北京民间比武风气很盛，官方一般也不干预。那时人都好面子，双方比武都是互不服气，所谓认赌服输，极少因此报警，打伤了顶多赔钱了事儿。当年崔有成先生就是经常身上带钱，打伤对方扔下钱就走。这是刘耀茂先生写的回忆当年民间比武的文章，记录了当年私下比武的情景——《我所习练的大成拳之三种炮拳》。

王芗斋先生所传之大成拳技博大精深，造就了多位技艺精湛且风格各异的名家高手。笔者有幸师从于王选杰、姚宗勋、刘龙诸先生，对三位先生所传之三种不同风格的炮拳印象尤深。姚先生的炮拳三角相挟、力均相争、浑圆爆炸，刘先生炮拳的惊炸之透力，王先生炮拳的浑厚摧坚之力，虽均体现了王芗斋前辈拳学之真义，但因每人心理、生理条件及习拳之历史环境不同，而呈现出不同的风格且各有秘练之法。以下谈谈在站技击桩有一定基础后，练出这几种炮拳的应用效果。所述皆为本人亲身所经历。

1969 年 6 月，我跟王选杰先生练拳，所学第一个拳式就是炮拳。此拳式表面看类似拳击直拳，其实不一样。身体各部位撑力（即肌肉炸力，若练不得法，也不知何时能做出），发力时，浑身肌肉均炸出，意念调节，内功调理，而且打出拳非是直线，而是往斜上方“掤”着打。

1977 年 9 月初的一天上午，王先生带着我、夏成祥等几个弟子在紫竹院公园练功。当时武术名家李子鸣、张旭初先生也在场。李先生在我们西侧教一外国人转八卦，张先生在旁边观看。这时来了一位气宇轩昂的年轻人站在一边看我们练功。经交谈，得知此人是现役军人，自幼练南拳，现给一位首长当警卫，在部队他们也经常练对打。他问我们练什么拳，怎么看着练的方法和别的门派不一样。夏成祥说我们练的是大成拳，他又提出想听听劲。当时我有些顾虑，因他是现役军人，思想有压力。夏成祥初生牛犊不怕虎，说比就比。王先生说：你们两个留点神，手轻着点儿，别碰坏了。他两人试探着变了几个步子寻找对方空隙。那人猛然一记拗步探掌直刺夏成祥头部；夏成祥闪身一记窝心脚直蹬对方胸口；那人撤步拧身，前手未收横削而来；夏成祥窝心脚收回落地时，前手与后腿一争便是一记炮拳直中对方头部，对方被打出两米多远昏倒在地。这时李子鸣先生、张旭初先生都跑了过来。王先生捏人中，张先生点涌泉，李先生从衣袋里掏出一个花瓶（李先生衣袋里经常放一瓶云南白药，以备学生碰伤抢救使用），掏出一颗小红粒说，这是保险子，服下就没事了。我买来一瓶汽水（当时没有水），掰开那人的嘴给他服了药。过了大约两分钟那人醒了过来，说拳劲真好，打在头上如同铁锤一样。他盘腿在地上调了一会气，有十几分钟工夫起来就没事了。他说久仰王选杰先生的大名，以后复员一定专程到北京来学拳。

这次比试体现了王选杰先生炮拳击人的威力，劲道浑厚，因有往上“捌”起之角度，所以加速了被击打人的翻跟斗。一般不会有生命危险，只是错顿而已。这是王先生的过人之处，锻炼较技与生死相搏不同，不出人命则好处理。

1978年，姚宗勋先生传授我们姚氏炮拳。姚先生炮拳特点是三角相挟、力均相争、浑圆之炸力，动作小，寸点打人。夏成群在1983年北京市第一次散手比赛上，战绩卓著，使姚氏炮拳威名大振。因同门师弟均是75～82公斤这一级别，夏成群体重80公斤，为了顾全大局，他上跳一级打80公斤以上重量级。他的对手体重107公斤，曾获得过两次中国式摔跤冠军，是专业队柔道教练，并拜拳击名家练拳击。此人志在必得，称参赛就是拿冠军来了。赛场在什刹海体校西南角的训练房内。比赛开始，夏成群冲上去闪电般一记姚式炮拳，将对方打起一尺多高，平板落地。一记直拳将对方击倒（对方比夏体重重27公斤），充分体现了大成拳的威力。

1986年，我们又从刘龙先生学刘氏炮拳。刘先生炮拳特点是惊炸之力，出拳速度快，回来快（类似当年中国女排国手郎平扣球，速度快，分量重，手粘球即回），力透脊骨，置人死地，易出人命，非拳击之刺拳，乃浑圆之爆发。1990年我与一京西武师较技用的即是此拳。

比武在颐和园南侧一师弟家客厅举行。此武师练过八极、太极、形意等多门拳术。比我高6厘米，重15公斤，是某饭店厨师，吃得好，体格魁梧健壮，一手能开好几块砖，属于横练，亦找过许多拳家比拳，几无败绩。经朋友相约，我与夏成祥带两个弟子前往。在相搏之前，我说打打反应、听听劲算了，或戴拳套玩玩。但此人很固执，非徒手格斗不可，说好生死自负，药费自理（现在看来，此种说法做法欠缺法律观念，不宜提倡）。较技开始，我一个猫行马奔步冲上去，此人未反应过来，我已至跟前，一记刘氏炮拳，对手当即扑倒在地，眉骨开了一寸半长的一个口子，我大约用了五成劲，力已透矣。此人到医院缝针回来后向我道歉，说刘师傅我不应该和你较劲，要是按你说的听听劲不致如此。他心直口快，态度诚恳，事后我们成了好朋友。刘龙先生知道此事后训斥了我一顿：下次不许用此拳打人，此乃杀人之术。不但以后禁用，亦不许轻易传人。记住你打人时脚踩两院，一脚是法院，一脚是医院，后果太严重！

以上说了我们所习的三种炮拳应用于格斗中的体会和效果，意在说明，大成拳实有非常丰富的内涵。

刘耀茂先生在庚子岁末还著文《大成拳的传承与中国武术的中兴》，回忆昔日练拳习武的文章，从文中我们不仅能感受到大成拳的威力，而且得知大成拳技击高手章长旺的书法也笔力遒劲，其书法力度远远胜于许多职业书法家。其文如后。

一、与当代综合搏击接轨

王芗斋老先生早年以郭云深先生为师，习练形意拳。后期郭云深先生因病卧床不起，王芗斋先生侍床伺候三月不离身，直至郭云深先生病愈。清末时郭云深、董海川（八卦掌）、刘金兰（南拳）三大高手为结拜兄弟。董海川、刘金兰看王芗斋先生仁孝之至，遂将八卦掌和南拳全授予王芗斋先生。得此三门真传，王芗斋先生功力大增，从此无敌于天下。国民书局出版的近代名人录有记载，可到图书馆查阅。王芗斋先生又将拳中的真意加以整理，改成不打套路以单操手为主，加以桩法、试声、走摩擦步。站桩以中国武术传承，发扬光大，无敌于天下。养生桩与试力、操拳结合，治愈了无数病人。解脱痛苦得重生，悬壶济世，仁德天下。王芗斋老先生是中华武术的传承发扬者。中华武术的技击传承是：发力时禁抬后脚跟；坐腰旋拧错，力发于足跟，主宰于腰，含胸拔背（含胸，不论发力前后，均要做到含胸拔背），拧腰顺肩；肩催肘，肘打手，行发于指；达到落地六争。前后、上下、左右、内三合、外三合如一，达到四如境界：毛发如戟、整体如铸、身如灌铅、肌肉若一。其中肌肉若一就是做哪种发力，浑身肌肉均应炸起。但一抬后脚跟发力，便没有肌肉炸起，肌肉爆炸便不产生。王芗斋老人的第一代传人在技术上就有了分化。一是按中华武术传承，发力不抬后脚跟；按王芗斋老人的传承站桩，这就是大成拳。二是发力时与拳击融合，抬后脚跟发力，这就是意拳。至此，按发力的技术方法的不同，王芗斋老先生的传承分化为两个拳种：意拳和大成拳。王芗斋老人是武术界的开明绅士。融入西方文化，使用拳击手套用于格斗和训练，以减少不必要的伤害。大成拳是唯一继承发扬中华武术的技击精华的拳种，即使是在当下其技击水平仍优于拳击与现代综合搏击的水平。大成拳中可用于戴拳击手套格斗的招式：1. 直拳；2. 炮拳；3. 十字圈捶；4. 钻拳（又分为：摇钻、单手钻、双手钻）；5. 鬼扯断；6. 栽捶；7. 撕打；8. 崩拳；9. 反背圈捶。其中每个发力方法细腻程度超过人的想象。其技击技术水平仍超过拳击及现代综合搏击，领先世界。有先进的技术才能打败别人。任何情况下机关枪都比手枪威力大。所以近百年的各门派武术名人如果活到现在，即便与受过拳击、散打训练半年的学生比试一下，也保证把他们打败，不是吹牛。所以现在各门各派纷纷投降了，练起直、摆、勾、正蹬腿和鞭腿了。有诗为证：城上守军十五万，更无一个是男儿。王芗斋老人言：吾这部经典，千年之后有人能解就不错了。王芗斋老人一生从未遇到对手，凭的就是技术比别人高。所以许多门派的小人造谣，说某某打败过王芗斋，自己吹牛往脸上擦香粉。简单说日本的井上尚弥出道六年，得了十八次世界冠军。打遍天下无敌手，就几个简单的打法。你们哪个门派能敌？现在看来只有王芗斋老人大成拳的训练方法能打败井上，使中国的武术及拳击重新崛起于世界武术之林。诸位从技术上分析：1. 拳击打后拳时抬后脚跟，身体重心加高，增大了受打击的面积。脚肌肉没有炸起，并非是圆满爆发力；2. 打后手拳顺肩小（渗透力差）；3. 没有贴身拳；4. 打前手拳没有后手相撕（渗透力差）；5. 没有站桩（精神假借意念调节）。他们打后拳抬脚跟是为了延长拳头的延伸，增大身体的冲撞力，产生力量打击力。各拳王有各自的训练秘诀，每一个拳法、步法、身法都有其训练方法。通过打大小不一的沙袋、手靶，利用各种体育器材，跑步、举重等各种方式进行科学有效的锻炼来增大或弥补较弱的肌肉。利用身体的起旋、躲闪，增大功力。中国人没有黑人、白人体质强壮，生搬硬套外国的训练，将必败无疑。中国人若想摆脱困境，走向世界，除非按照中国武术传承练，解决拳根、拳势问题。拳根是发力方法。拳势头肘肩膝胯手脚的招式。内三合、外三合，达到落地六争，四如境界。大成拳可用手套格斗的这九种拳，从力量、速度、角度、力量、变化结合是优于西方的直、摆、勾。请问各门各派你们有哪些招式优于直、摆、勾？另外大成拳降低重心发力，减少了被打的面积，增强了其抗打击，凝旋身体躯干加大，空胸紧背，发力前后如一。拧腰顺肩，增大打击力。四如境界（有前上方绷力）拳击无绷力，前手打出，扣腕，向外拧旋，增大顺肩。对方使靠打可抵消一部分。顺劲可打出上步，后拳、肘、灵活自然抢中。拳击向内方扣腕，只能向外拧旋打肘灵活性差，对方使靠打则无力抵抗。无法使后脚上步打人。有向前上方绷劲，增大打击力，被击中的人易翻跟头，加大反作用力。快速移动步伐，攻防到位，增加增大连击的力量。利用手脚身体的各种打法和身法融合，实行连续一体的攻击。步法是关键。在移动重心的同时使打法连接起来，改变对峙的角度，不停地攻击对方的薄弱环节，给予致命的攻击。用九种拳打连击，攻击彼不同角度位置，使彼防不胜防。不断变换角度攻击，变幻莫测。刘龙先生在 1978 年传我与夏成祥九种打法。及王老的 16 字应用：身无准位，脚无定位，落无定位，手无准法。

刘耀茂早年习练大成拳子午桩

大成拳脚法：穿裆脚、窝心脚、趟踢均有桩功和秘练之法及技击桩；侧踢也有秘练之法。龙形脚、勾踢、抹脚、尖腿、抹腿、膝打、肘打、头打、肩打、胯打也均有迎敌之法。步法更是灵活多变。摔打：反别、反切、捧胳膊踢、抹脖摔、靠摔等。我练过八极拳、形意拳、八卦掌、通背拳和大成拳。大成拳得到过王斌魁先生、李永良先生、王选杰先生、姚宗勋先生、刘龙先生、王玉芳先生的传授，使我的技术日益成熟。王芗斋老先生空手格斗技术不在上述九种拳之内。我得到的不过是王芗斋先生的拳学的一鳞半爪而已。王芗斋老先生传授的拳法，即使戴拳套也可以使用，很容易与当今的世界格斗接轨。仅此一项，即可载入史册。精华与糟粕——发力方法的正确与否决定了拳种技术的优劣。我练过八极拳、形意拳、八卦掌、通背拳和大成拳。我没有门户之见，各门各派均能格斗，但发力方法（拳根）是关键。我用各门派招式均能打人，可以代表各门派比试。发力方法对（拳根对）才是正确传承。内三合：心与意合、意与气合、气与力合；外三合：肩与胯合、肘与膝合、手与脚合。头顶项领，空胸紧背，后背横向绷圆，翻髋，掖胯，上下绷圆，提肛门小便，松肩探背，吸胸沉气，小腹充实，轻灵活快，步似灵猫，身似游龙，腿似钻，身似蛇行，步似蛇行；生冷硬脆快，弓背松肩，力发于足跟，主宰于腰，腰催丹田，丹田打手。手长出短出均为浑圆力。膝争胯转，拧腰探肩，两肩相撕，松肩探背，胯转腰旋。

刘耀茂大成拳炮拳的近照（由高速摄影中视频截图）

注：图中，由高速出拳时产生的虚影，更形象地体现出：前手三分力，后手七分力，后手相撕，速度更快。同时由于产生出反作用力，使第二拳更重。惊抖，前手三分力，后手七分力，脊柱旋转，前手打人，后手使劲。后胯打前膝。脚踩提蹬撑。发力前含胸拔背，发力后还应含胸拔背，攻防浑然一体，坚不可摧。神龟（向内）出水（向外），下潜闪打。王选杰先生赠我“武技高深”，这是大家都没有的殊荣。拳根，拳势不正确者，不堪教化，朽木也。真正毁灭了中华文化的传承。表演性武术文化，毁灭了中华武术的技击文化。表演性的东西毁灭了武术传承格斗精华。我只讲拳根、拳势，技术方法，不讲玄学。可能会得罪一些人，但真理永远是真理，因为这是中国武学唯一的传承，使中国在历史上重新屹立东方。

刘耀茂早年习练大成拳十字圈捶

二、我与夏成群、夏成祥先生的终生友谊

夏成祥生于武术世家，自幼练摔跤。17 岁就获得了北京市摔跤比赛的亚军。练大成拳深得姚宗勋先生、刘龙先生教诲。练功刻苦，功力深厚。最终练就一身钢筋铁骨，无人能敌。第一次北京市散打比赛时，我们在章长旺家训练，姚宗勋先生亲自指导。我和夏成祥的单位都在西城区，归属西城区什刹海体校报名比赛。但由于夏成群单位和崔瑞彬单位都在丰台区比赛（二人是同一级别）。夏成群让崔有成找梅慧志商量，把夏成群调整到西城区参加比赛。这样我和夏成群、夏成祥就在同一体重级别。夏成群的水平最高，最终决定由夏成群参加比赛，我和夏成祥弃权了。于是后来就有夏成群大胜西城教练潘某的比赛，取得了散打比赛的冠军。成就了大成拳声震北京的佳话。

前排右起：章长旺、夏成群、刘耀茂、夏成祥　后排：许炳俊

照片为当年的亲历者们。从八十年代到九十年代，我们经常在一起切磋比武，凡是与夏成祥比武，几乎没有超过 20 秒的。夏成祥的脚法堪称冠绝一时，常常一记侧踢就把对方踢出 6、7 米倒地不起。他的窝心脚更是厉害。对方手持护盾，他也能使对方倒地不起，盾牌砸到脸上。

还曾经与美国一个州的综合搏击冠军比武，将其击倒获胜。美国人邀请他去美国教拳，被他婉言拒绝。他对我说："不能为了几个钱，就把中国武术的传承交给外国人。"真可谓刚正不阿，威武不能屈，富贵不能淫。有与美国综合格斗冠军的合照为证。

三、大成拳的传承与中国传统文化的振兴

练习大成拳站桩极易提高书法绘画的功力。站桩让你松静自然，排除杂念，使身心投入书法绘画之中。书法悬肘悬腕增加腰力，使书法绘画笔透纸背，意念力加大趋于完美，所以老一代书法家、画家，如启功先生、屠厚先生、李苦禅先生、黄胄先生、路远先生、齐白石先生等一大批有名的文人墨客都向王芗斋先生学习大成拳提高技艺。例如张家口市大境门城墙上题写的"大好河山"四个大字，至今犹在。"大好河山"这四个大字遒劲有力，浑厚大方，气壮山河，那是清朝总兵书写的。但若你让启功先生、郭沫若先生来写这四个字的话，或者可以写出更加高明的书法技巧，但就未必能写出这样粗犷雄武的气概吧！章长旺这草书既有文人的韵味，又有武者气概，文武兼得，合二为一。练武术气功书法于一身，得其大成者有章长旺、付巍二人。章长旺在第一次散打比赛，荣获北京市冠军。大成拳炮拳打得出神入化，令对方无法招架，荣获第一。但后因手腕受伤而没有参加全国比赛。

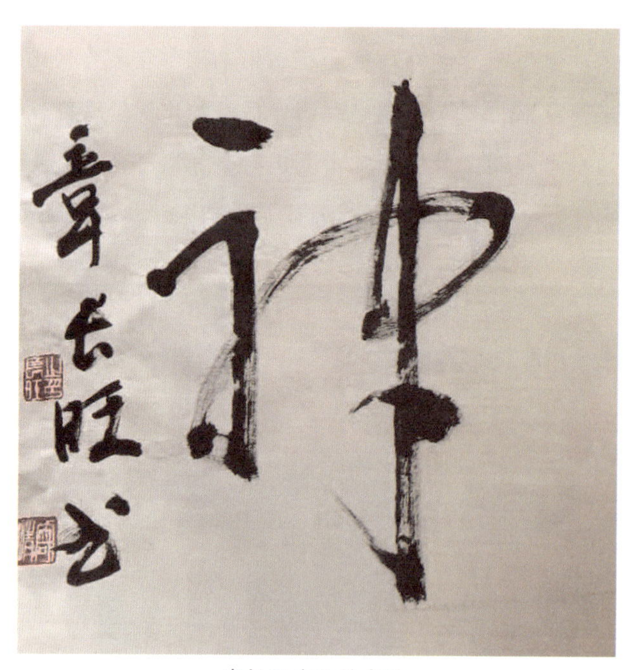

章长旺先生的书法

章长旺的书法笔法遒劲，大有黄庭坚的风格，因其练武术气功于一身，笔走龙蛇，堪称天下无双，力度深厚。银钩铁划，结构沉着，点画飞扬，雍容华贵，神韵悠长。我师弟付巍，武术练得好，摔打踢拿样样精通，运用武术气功得法，书法清秀端庄，大气磅礴，多力筋骨，善用中锋笔法，20 年前就是北京书法协会会员，是文武双全，一枝独秀。

四、追忆王选杰先生大成拳

书法家王选杰先生在中国历史博物馆的全国书法展览中，启功先生名列第一，王选杰先生名列第二，这是我们大成拳的荣誉。王选杰先生在北海公园植物园门口东侧的平台上，教我们推手，我双手往右下切采，旋而上放，一个虎扑发力，不料王选杰先生变步，一个蜻蜓点水发力，将我抛出五、六米，脚跟踉跄后退，才勉强站住。此时有人喊了一声“好”！我险些翻了个跟头，竟然有人看热闹喝倒彩。我不禁有点生气，就说：“你捣什么乱，你懂拳吗？”这小伙子马上说：“我从小练咏春拳，怎么不懂拳？不服气，咱们比试比试！”看来人都选软柿子捏，其实他不明白的是，王选杰先生的蜻蜓点水，是极高明的功夫，堪称发力第一，无人能敌。但是面对眼前的挑战，我也没办法回避，就问：“你想怎么比？打趴下了算吗？”这小伙子说：“好啊！”上来就给我一个直拳。我拧身上步，削手一个十字圈捶，击中了他的头部。我当时面朝南，对方面朝北。我打中对方头部，对方在空中转了 360 度，被我打飞了有两尺多高，在倒地之前就休克了。然后又头朝北，像一截木头般倒地不省人事了。

我眼看他面朝地直挺挺地倒下，心想他的鼻子非碎了不可。正不知道如何解救时，忽见他在倒地的瞬间，身体一歪侧面着地，没有碰到鼻子。我高兴坏了（终于没有伤着他）。过了一会他人苏醒过来，也就没事了。这真是最好的结果。如果不是人被打飞了，在空中转了一圈，卸了力，头颅脊椎必断，后果不堪设想。王选杰先生也很高兴，回家后即为我题写了“武技高深”的条幅。这是我的荣幸！也是王选杰先生能给予徒弟的最高荣誉。

王选杰先生给得意弟子刘耀茂的题词

注：刘耀茂，北京人，自幼习武，学过八极、八卦、形意、通背等拳术，1969 年拜王选杰先生为师习大成拳，1977 年得姚宗勋先生指点，1982 年师从刘龙先生。

追忆往昔，往事历历在目。从技术上而言，十字圈捶外形上是拳击中的摆拳，或叫斜刺拳。但实际上这里有秘练法（动作有出入），技术含金量比上述两种都要高，加大打击力，是刘龙先生传授的王芗斋老先生的真传之一。这就是王选杰先生赐我“武技高深”四个字的由来。王选杰先生说：“你这是典型的竖击横将其打飞，破坏其重心支撑力。”

近现代武术搏击史研究员徐帆在《百家争鸣的散打时代——中国散打的黎明》一文中记载（原文配有后面的训练照片）如下。

而在各院校单位组建散打队外，同时一些有志推行技击的实战派民间武术家也开始积极进行散手对抗，虽然训练条件相对院校较为艰苦，但依然接轨散手对抗时代的大潮。1979 年 10 月，北京意拳（大成拳）武术家姚宗勋先生在得知国家体委开始推行武术散手后，认为意拳的实质就是从实际和实用的角度出发，不附加任何条件的徒手搏击。因此在其居住地组建了一支意拳散手队伍。队伍主要成员为其子姚承光、姚承荣兄弟以及徒弟崔瑞彬、刘普雷、武小南等人。根据姚宗勋制定的训练方法，需要一天近 7 小时的强化集训，上午近 2 小时的技击桩，1 小时的试力，一小时拳法发力训练等，下午进行 3 小时的包括站桩、推手、击打沙袋以及散手训练等。实际早在 30 年代王芗斋即开始研究西洋拳击技术和训练方法，并在深县（现深州市）对弟子们进行集训时就让门人进行打沙袋和意拳的各种出拳技术（非拳击技术）训练。

在王芗斋《拳道中枢》中，其将意拳练习方法总结为七个方面："1. 站桩，2. 试力，3. 摩擦步，4. 试声，5. 发力，6. 推手，7. 散手等。"

姚宗勋先生训练弟子意拳散手

姚宗勋在全面继承王芗斋的拳学基础上，正式引进西方拳击的训练方法（主要指体能训练和训练器材的运用），将训练体系发展的更为完善，增加了一些辅助训练方法如："1. 中长距离跑步，2. 快速冲刺急停练习，3. 提高身体保护性反射能力练习（科学的抗击打能力训练），4. 眼功，5. 沙袋练习，6. 手靶练习等。"

至1982年春，首届全国武术对抗项目表演赛即将在北京开幕。为了检验近两年的训练效果，姚宗勋挑选了姚承光、崔瑞彬、刘普雷及武小南等准备参加在北京各城区的选拔赛。然而在同年4月，北京市体委领导及制定散手规则的北体院教授专家们为实施首届全国散手比赛规则，决定先行组织一场表演赛。参加60公斤级的姚承光于第一回合47秒即一记右拳重击对手脸部，造成其当场倒地休克，而当时散手规则由于禁止对头部连击及重击而失去了比赛资格。事后，姚宗勋认为，比赛只是检验水平的一种手段，成绩只能说明一时，要想在武术上有所成就，最关键是要踏踏实实地去训练，不断增强自己的实力。姚宗勋后于去世前与北京体委科研所合作组织意拳强化训练，力图将意拳的传统技击技法和现代擂台搏击相结合，希望在有生之年组建和培养一支真正的意拳散手队。

第2章　真正的中国武术

一、"武术"一词

武，意即为武力服人，亦泛指军旅之事。武术则是指尚武勇、操干戈之术，又称为拳术，拳学及拳道。武术一词最早见于南朝，梁昭明太子萧统所编《文选》第二十卷，有《皇太子释奠会作诗一首》，诗曰："国尚师位，家崇儒门，禀道毓德，讲艺立言……偃闭武术，阐扬文令。"后两句是指偃武修文之意，当然这里的武术泛指军事。

武术一词的普遍使用是在辛亥革命前后，如1911年青岛就有"中华武术会"的组织，但到1917年，有人提出用"国术"一词代替"武术"，其后"国术"一词风行一时，如1927年成立的"中央国术馆"等。新中国成立后，正式通用武术一词。

那么，什么是真正的中国武术呢？从武术的概念可以看出，武术的主要精神是尚武，主要作用及目的是实战搏击，从武术名称的历史变迁上也可证明这一点。在我国最早的诗歌总集《诗经》中就有"拳"字，如《小雅·巧言》："无拳无勇，职为乱阶。既微且尰，尔勇伊何。"春秋战国时则多称之为"技击"，意即以技术击打对手。如《荀子·议兵篇》有"齐人隆技击"的记载。今天为与表演的武术相区别，称实战武术为技击拳法。汉代已有了"武艺"的名称，如《三国志·刘封传》有"武艺气力过人"的记载，仍指的是实战搏击。至汉代以后，唐、宋、元、明、清多沿用"武艺"一词，至今民间仍多称某人武艺高强云云，而"武术"一词则具有官方语言的色彩。由此可以看出，真正的武术与海外人士所说的功夫一词在概念上是一致的，即是以技击为主要目的，兼具养生及表演作用。

二、武与舞

单纯以表演为目的的武术无异于武舞，正如采桑舞不能用于采桑一样，武舞也不能用于实战。实际上，亚运会上表演的武术套路就是舞蹈教师参与编排的。而我们的武术运动员，为了在国外不被人欺负，出国前是要参加半年拳击训练的。据载，某全国武术冠军被街头流氓挑逗时，竟吓得尿了裤子，真是莫大的讽刺。这样的"武术"恐怕只可称为"舞术"，已经失去了武的本意。从美学角度讲，这种武舞的观赏价值又远远低于舞蹈。真可谓百无一用，且徒使人误以为中国武术不过如此耳。即使表演的武术，亦需以真实武功作基础，否则难得其神韵。如唐代妇女公孙氏及其弟子的剑舞表演，可使"观者如山色沮丧，天地为之久低昂"。据习云太先生考证：公孙大娘舞剑时穿的是军装。如司空图在《剑器》中写道：“楼下公孙昔擅场，空教女子爱军装”。“剑器”指的是剑具而非彩帛之类的东西，所以“剑器”实际上就是舞剑。

与公孙氏同时代的裴旻的剑舞，其境界又超出公孙氏。唐代诗人苏涣在观看其舞剑后写道：“忽如裴旻舞双剑，七星错落缠蛟龙”。裴旻是唐代的将军，而且战功卓著，当时北平多虎，他一日之内竟然射杀猛虎三十一只，诗人李白从其学艺后，技艺大有长进，李白夸张地写道“一射两虎穿……转背落双鸾”。裴将军的剑舞与李白的诗歌，以及张旭的草书并称为唐代三绝。

大成拳宗师王芗斋先生表演的健舞：游龙、惊蛇、白鹤、挥浪。在演练时必须做到“身动挥浪舞，意力水面行，游龙白鹤戏，含笑似蛇惊，肌肉含动力，神存骨起棱，风云吐华月，豪气贯日虹”。若无深厚的武术内功基础，则难得其妙。

而说到武术的表演套路，在世界范围内，真正的搏击术都是没有套路的，如拳击、泰拳、摔跤、柔道、跆拳道、截拳道、心意拳及大成拳等。有些拳种的套路则是后人加上去的，如形意拳、八卦拳及太极拳等，其主要原因是为便于谋生及保留核心技术（如桩功等）。正如著名武术家马贤达先生（1952 年全国散打冠军）指出：“中国武术的真谛归于技击，武术不是文术，更非舞术。武术，顾名思义，理所应当突出技击，从某种意义上来讲，武术的生命力即在于此。套路只是武术的一部分，决非武术的全部内涵，有不少传统拳种原本就没有套路，如二十式通臂就只有趟子而无套路，赫赫有名的大成拳也不讲究套路。”此讲话的时间是 1986 年 3 月 6 日，地点是西安形意八卦散手研究会发起召开的古城首次散手运动学术讨论会上。

“民国”三十四年，林世钦先生曾撰写过《搏击经验不是自拳套中来》的文章，切中肯綮。

经验不是学来的，而是亲身体验得来的。此点难以用理论说明。

我第一次比拳系出于一时的激愤，并无必胜的把握，是由他人的鼓励，才下决心去试一下。因为学武术的，应当有勇气，就算败了，也不必以为耻辱。如同打篮球、赛跑一样。惟是自身受到损伤时，如何处理每日自身事务，需要慎重考虑。侥幸得很，此次比赛却于无意中战胜了对方。因为我当时尚在学习套拳，并不知道自己所学者是否适用。事毕之后，还回忆着之所以得胜，是得力于所学的哪一手？是什么道理？想来想去，总不知其所以然。

后从拳家陈师游，陈师讲解拳理，并实地以手示教，我始知上次战胜的对手，所学者多于我，体力优于我，我之所以能战胜之，是猛攻乱打，而对方却是套拳。我因初动手时处于劣势，迫于一时之急，又不知用哪一套好，于是就来了个拼命猛冲，乱打一气。对方却因为拳套套不上去，于是乱了手脚，因而就吃了莫明其妙的亏。

其后，我比拳的兴趣更浓，自恃年纪轻，气力壮，就常常找人比拳，不怕自己打败，只怕人家不打。我的心意不计胜负，但求多打。打的次数多，得的经验多，我的技术才会进步。

在学习拳理时，陈师一面口授，一面手领，就是讲了再打，打了再讲。待真正领悟后，再同师兄弟以打为练习，每天均打十数次。结果，发现以往所学的套拳，只是体操，一无所用。刚学了一年半，我双手已能敌住陈师的单手，我师即病故。由此深知武术确有真理和妙术，只要勤恳学习，并无难处。我也因此学拳之心愈急，择师若渴。每逢有拳教师至，即前往以身手领教，希望遇有技术优良者，继从其学。不幸得很，每年都在比拳，但从未遇到对手，此愿亦终未能偿。

及至抗战军兴，辗转走到重庆，然研究拳术的志趣，并不因工作忙碌、生活困难而稍减。惜人地生疏，学习、练习均无从着手。

“民国”二十九年秋季，在重庆有过一次拳术比赛大会。因为当时有临时可以参加的规定，所以我虽然工作忙碌，亦决意临时参加，藉观南国之武技，以开眼界，追求进益。及至前往参加时，不意竟遭拒绝。

“民国”三十三年四月初，又有一次国术竞赛大会，深恐再失掉机会，乃极早报了名。虽竞赛到有云、贵、川、湘等各处选手，但在拳脚比赛中却似乎未见有一人练过技击术者。我的对手亦是摆架势、弄拳套，甚为死板。然并非体质弱，而是技术劣。其最大特点，临阵时多像表演姿势一样，先做出一个架势，尚未到交手的距离，便已精神过度紧张。及至交手，则又手忙脚乱，不知所措。我比了几次，对方均系这样失败的。当拳已到达面时，而犹不知我拳自何来。经过淘汰，只剩九人。应决赛时，因我系外界，而非馆内之人员，乃百般刁难，中途忽加三十余人——多系已经淘汰者，使我一一与之比赛。揣其意，欲在犯规之名义下淘汰我。吾见其如此，意兴顿消，遂自动退出，不再入场。

综上所述，实战之经验不是自拳套中来，而是自亲身之体验中来。拳脚到肉之训练是积累经验，真打实斗之比赛亦是积累经验，打得多经验才能丰富。

其实，早在1929年浙江国术游艺大会中，就验证了林世钦和马贤达先生的观点，证明了名满天下的高手多名不副实，名气大的不一定能打，或者不敢上擂台，或者经擂台一检验，优劣立显。用赵道新先生的话来说，就是“要么被打破了头，要么被吓破了胆”。大部分传统武术不能实战，乃是“虚设的套子”，不能临场实用，被当时形象地称为“空头拳术”。有关传统武术的话题始终争论不休，其中一个重要的原因就是传统武术已远离擂台，缺少检验机制。这场比赛后，对当时的武术界具有巨大的震撼作用，使人们重新认识了传统武术，可惜的是，由于种种原因，一些当时得到了明确的东西，经过一个轮回，时至今日又成为疑团，以至于争论不休。在今天看来，这场全国武术实战比赛，对认识传统武术仍有宝贵的借鉴意义，被人们称为“千古一会”。

这次比赛由浙江省国术馆承办，遍邀各派高手，就想看看“到底谁的功夫好，谁的不好”，比赛规模空前，军政界要人胡汉民、孔祥熙、孙科、蔡元培、宋哲元等均为大会题词，在近代很有影响。

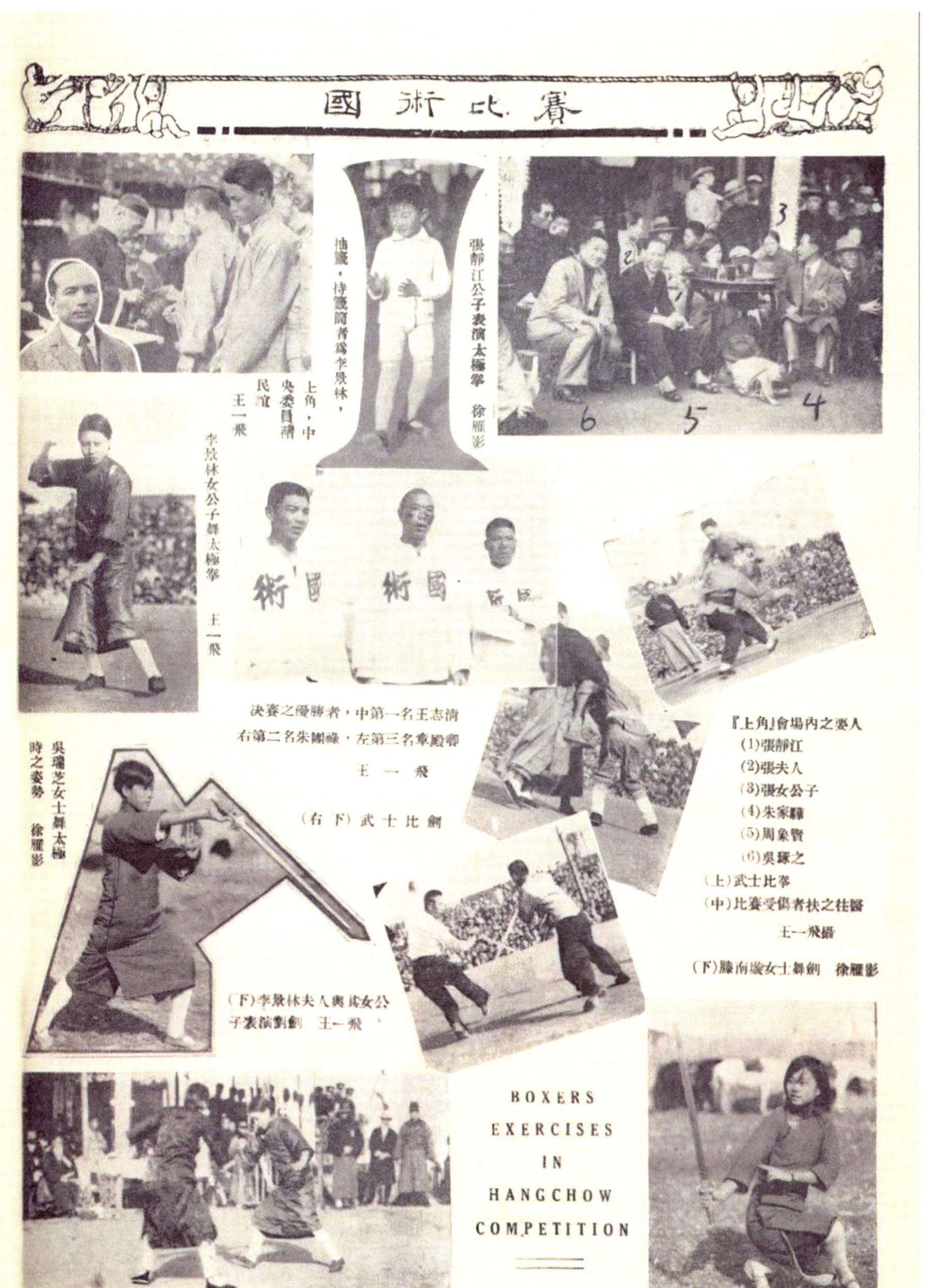
國術比賽
BOXERS EXERCISES IN HANGCHOW COMPETITION

比赛历时 6 天，比赛过程十分精彩，因无录像资料我们今天很难想象当时的惨烈情景，与当年民国时期其他几次国考及全运会的比赛不可同日而语，被称为“拼命擂台”。比赛结果令人耳目一新，和尚道士纷纷落马，南拳不敌北腿，桃李满天下的名门宗师被乳臭未干的后生追得抱头鼠窜，来自深山老林名山大川的神秘高人难过首轮，比赛的优胜者全部是中央国术馆的学员。

名满天下的高手名不副实的比比皆是，名气大的不一定能打，或者不敢上擂台，或者经擂台一检验，优劣立显，用另一名家赵道新的话来说，就是“要么被打破了头，要么被吓破了胆”。

大部分传统武术不能实战，乃是“虚设的套子”，不能临场实用，被当时形象地称为“空头拳术”，而优胜者自报家门时虽都是五花八门的传统门派，但无一例外的暗地另搞一套独有的格斗训练，训练内容我们不得而知，但从个别人身上可推测一二，如亚军获得者朱国禄兼练拳击，其打法当时遭一太极名家非议，说“不合国术”，其弟朱国祯要与名家请教，名家不敢迎战，在深秋的天气里竟满身是汗，看来朱的打法有拳击加腿之嫌；获得第十三名的赵道新赛前一个多月接受王芗斋先生临时指导，并借鉴了西方的训练体系。赵曾对国术的弊端进行了无情的批判，后来散打王的裁判津门二张曾受教于赵，张鸿骏曾获全国散打比赛亚军。

都说武术门派无优劣，但这次比赛南派选手普遍不敌北方拳师，南拳选手第一轮全部败北，有的刚交手就被打败，有的简直无还手之力，后为照顾南派，抽签时将南北分开；另太极打法毫无建树，四两难拨千斤。

比赛对社会上的空头拳术痛刺一针，“要学打擂台的拳术”成为当时练武者的要求，但持艺者看到其真实效果，反而出现一个空前保守的局面。如此看来，今天广泛流传的我们六千万武术爱好者练习的传统武术是否多半是那“空头拳术”？

传统与散打势如水火吗？这次比赛没有看到高深的内功，没有发人于丈外的场面，看看优胜者的打法吧，王子庆运用“你打你的我打我的”的战术打法获得冠军，其不招不架甚至中招反击的打法颇像散打，且身高体壮，以力降人，非传统观念的以巧取胜，倒合乎现代比赛分体重级别的观念；朱国禄借鉴拳击打法，善于声东击西，虚实结合，想起了人们对散打的指责：拳击加腿；第四名曹宴海，公认的第一高手，不怕“起腿半边空”，以里缠外踢，勾挂起落易如手便的腿法横扫各路豪杰，因照顾面子，让其获得第四，与重视腿法的散打还是有着相近的一面。其实现在的散打在试验阶段主要在武汉体院和北京体院进行，其领头人分别是温敬铭和张文广，都是当初中央国术馆的学员，散打和传统的关系他们应该更清楚。

高手在民间吗？高手不食人间烟火吗？有一江西老僧上台比试，被打塌头骨，抬上救护车；最后比赛的最优胜者都是中央国术馆的学生，相当于现在的国家队，且多来自河北山东，民间未见高手。

【1929 年杭州国术大赛前十名资料】

第一名王子庆：河北保定柏乡县人，时年 30 岁，兄弟五人，其为长兄。幼从名师刘春海先生习艺，尽得其技，久历戎行，身经百战。卢子嘉督浙时曾来浙任事，以勇猛著称，后辞职去专攻国术，由是技益精，遂留任中央国术馆教官，精擅少林拳，尤精摔跤。其躯干伟大，性情长厚，不善文饰，有古侠之风。

第二名朱国禄：河北定兴县人，时年 29 岁。少聪颖喜读书，其父母颇钟爱之。幼从王桂亭习形意拳，后又和王芗斋学艺，任职江苏警官学校。有一子，已四龄。朱国禄 16 岁时，国势日蹙，日帝国主义以不平等条约迫我，慨然抗笔曰："文人尚空言，不足以救国。其习自强之道乎。"王（桂亭）盛冠全国，为北方名师，所以游者均一时俊秀。王见朱即以毕生绝技尽授无少吝，二年尽得其传，寻以事中辍。至 22 岁，复埋首精研，技益猛进。

第三名章殿卿：河北保定新安乡人，时年 25 岁。君少即喜技击术，12 岁时投名师王芗斋及杨振邦两先生之门，先后习技，研究颇勤，两先生均爱之逾恒，尽授其秘。精于翻子拳、摔跤、形意拳，时任国民革命军第十一师司令部少校副官。

第四名曹晏海：幼习滑拳，1928 年 4 月，进入中央国术馆学习国术，从马英图习通背，从郭长生习劈挂，后随孙禄堂习拳。

第五名胡凤山：形意。后随孙禄堂习拳。

第六名马承智：安徽藿丘人，幼从黄树生习少林门诸艺。甚具功力，能用手指拈碎绿豆，且周身上下不怕踢打，能举手仆人。后随孙禄堂习拳。

第七名韩庆堂：近代北少林长拳传人，山东即墨人，精娴北少林武技及各项点打摔拿功夫，尤精擒拿术。

第八名宛长胜：山东人，查拳马金镖之门生。

第九名祝正森：山东人，1928 年青岛国术馆第一代武术教员之一。

第十名张孝才：山东人，查拳马金镖之门生。

比试优胜者照片 1

比试优胜者照片 2

大会设评判委员会及检察委员会。评判委员长李景林，副委员长孙禄堂、褚民谊，委员包括刘崇峻、杨澄甫、杜心武、吴鉴泉、刘百川、蒋馨山、张兆东、王润生、张绍贤、刘协生、王宇僧（胥注：王芗斋）、蒋桂枝、高风岭、尚云祥、张秀林、邓云峰、马玉堂、许禹生、韩化臣、黄柏年、刘彩臣、杨季子、王茂斋、刘恩寿、吴恩候、金佳福等26人。监（检）察委员包括孙存周、高振东、左振英、佟忠义、刘高升、田兆麟、褚桂亭、杨星阶、萧聘三、李书文、叶大密、陈微明、刘丕显、任鹤山、汤鹏超、姚馥春、万籁声、李丽久、张恩庆、耿霞光、朱霞天、朱邵英、李子杨、傅剑秋、候秉瑞、韩其昌、赵道新、武汇川、程有功、窦来庚、谌祖安、杨明斋、朱国福、施一峰、刘善青、任虎臣、陈明征等37人，其中也有许多年轻的，除了22岁的赵道新外还有万籁声、朱国福、韩其昌等人。大会的评判委员和监（检）察委员亦可参加比赛，不受限制。大会顾问为钮永建、张群、程振均，会长为当时浙江省府主席张静江。评判委员和监（检）察委员除了个别年轻的做些抄写之类的事以外，大都是聘请全国各地的著名拳家。他们之中唯王子平未到，其他都按时到会。大会设有总会处、交际处、秘书处、场务处，都有专人负责，共奏其成。

1930年《浙江国术游艺大会汇刊》首页刊载孙中山先生遗像

競爭時代　首重武裝　貧由於弱　富基於強
東瀛三島　武士道彰　曰歐曰美　技擊擅長
緊惟我國　共祖軒黄　蚩尤戰勝　國運乃昌
期門佽飛　漢將航航　自閉海禁　敵勢披猖
內訌未息　外侮猶狂　止爭弭亂　思患預防
偉武貴館　振導有方　恢復武術　發揚國光
風聲所播　振羸起尪　各顯身手　少林武當
彙刊所載　意美法良　強種強國　斯乃濫觴
宋哲元敬題

宋哲元将军为浙江国术游艺大会题字

徐永昌为浙江国术游艺大会题字

资料：徐永昌（1887 年 12 月 15 日— 1959 年 7 月 12 日），字次宸，山西崞县人，民国时期著名军事家，国民革命军陆军一级上将，中原大战晋绥军的总指挥，抗战时期的军委会四巨头之一。徐永昌是陆军大学出身，曾参加过倒袁运动、国民革命军北伐，历任国民党军多个要职，并在抗日战争中担任国民党军委会军令部长。1945 年抗日战争胜利后，徐永昌代表中国政府于密苏里号军舰上接受日本政府投降。1959 年 7 月 12 日病逝于中国台湾，享年 72 岁。

浙江國術游藝大會顧問題名

張之江 鈕永建
張 羣 程振鈞
褚民誼 孫祿堂

浙江國術游藝大會評判委員錄

委員長 李景林
副委員長 孫祿堂 褚民誼
劉崇峻 楊澄甫 杜心五 吳鑑泉 劉百川 蔣馨山 張兆東
王潤生 張紹賢 劉協生 王宇僧 蔣桂枝 高鳳嶺 尚雲祥
張秀林 鄧雲峯 馬玉堂 許禹生 韓化臣 賈岱年 劉彩臣
楊季子 王茂齋 劉恩壽 吳恩俠 金佳福

浙江國術游藝大會檢察委員錄

孫存周 高振東 左振英 佟忠義 劉高陞 田兆麟 褚桂亭 李星階
黃晶三 李書文 姜大衡 陳微明 劉丕顯 任鶴山 馮鵬超 姚馥春
萬籟聲 李麗久 張恩慶 耿霞光 朱霞天 朱國英 李子揚 傅劍秋
侯秉瑞 韓其昌 趙道新 武匯川 程有功 寶來庚 溫頌安 楊明齋
朱國福 施一峯 劉善青 任虎臣 陳明徵

1930 年《浙江国术游艺大会汇刊》刊载内容

1930 年《浙江国术游艺大会汇刊》中刊载的王芗斋先生照片

原定于 11 月 15 日开始，因天雨乃在 16 日上午 9 时正式开典。16 日大会之第一天，上午 9 时整，军乐声中，鞭炮齐鸣，"国术游艺大会" 开始了。在会长和执行部主任讲话结束后，旋即开始了大会第一项，为期四天的国术表演。

第一日共比试打了两组。闻振飞、王浦（南拳）与河北侯秉瑞（意拳）、山东周化先二对打平，朱国禄、王林喜对打，王因与朱师兄弟自退外，尚有二对北拳对打，余者皆为南北拳对试。因南北技击差异太大，故习南法者全部败北。南北拳对打往往是一动手即分胜负，所以打得快而利索，唯第八对高守武与韩其昌（意拳门）之北拳对打还能引人入胜。高用猴拳，韩用形意，双方均对对方动作心领神会，格击互不相让，势均力敌，全场观众多次为之鼓掌。打致六十余合时，高以一腿胜。第十六对为江苏泰县（现姜堰市）27 岁的姜尚武对同县 46 岁的闻学桢。第二声笛鸣后，姜即甩手逗闻，闻一出手即将姜夹肩臂摔倒。细观前日表演，姜所习的均为花法套子，故有此败（姜挨打后忽然开悟，第三天复试时第一个弃权）。

比试人员照片 1

比试人员照片 2

22 日比试前褚民谊、金寿峰表演了太极拳、推手等节目。第三组比试，第一对为刘高升与曹宴海，这是观众期待已久的一对。比试开始，曹左手一扬欲试刘的掌力，刘一拍曹即半身麻木。曹后退两步，发现刘的步法呆笨。10 秒钟后，曹见到刘求胜心切，气往上冲，体力也渐不济。当曹退到李景林座前时，适有招待员为李沏茶，李即指着桌子对招待员一语双关地说："把它抹干净。"此时，刘正好右掌打来，曹即 45 度上右步用了一个抹踢将刘打倒。刘不服，李景林说："怎么不算输？" 刘说："是摔倒的。"李说："就是摔牛般将你摔倒也算输。"但曹已知刘空空如也，即说："刘老师，我们再打好了。"台下观众拍手说："曹晏海好汉！" 军乐队奏乐。再打时刘上前一掌，只见曹一拧身，未见何势即将刘打倒。刘起身吐了两口血。曹此时说："刘老师，这回算不算输？" 刘认输。翌日晨《当代日报》第一版特写："曹宴海用钥匙打开刘之铁门，内无一货"。该天共打了八对，因未到者多，故刘百川表演了剑侠刀、风云刀。褚桂亭三合刀，孙存周八卦剑等 18 项。三时半后又打了三对。其中叶椿才（苏南嵩派）与谢庚年（浙东天台派）的对打较为典型。二人俱是南法，叶为江湖壮士，谢为军队教官，初打半小时未分胜负，观众不能久耐，全场哗然。两人为众所激，奋力相搏，又交手数十合，各中数十拳，血流满面，最后由两评委定为平手。乃至张汉章与马春泉对打时，因对方用力过猛同时跌倒，马自退张胜。四时半，第四组比赛已经全部结束。但是在第三组比赛结束后，有参观者郭某某要与李景林也进行一场比试，李慨然应允。郭为北方高手，海内闻名，与韩李鼎足。李素精剑拳，号"飞剑"，又擅拳脚，并精太极拳太极剑诸法。郭高大魁伟，筋骨粗壮。李则清解有余，一老秀才也。上场前观众无不担心，不意交手未数合，郭奋拳向李，李不招不架，抢先直入一拳，将郭横击出丈许。全场为之一振，叹为观止。

李景林先生在大会上舞剑英姿

23 日，由前两天四组比赛中迟到及未参加者先比。马金标与黄学乃对阵马胜。打到赵璧成与郝家俊一对时，又成为大会之另一典型。赵郝二人始则各取守势，自立门户，互相盘旋，且言且笑。赵自退郝胜。而王建东与王旭东对打二人均取对方下路，尽平生本领打成平手。继之由金铭恒与李好学对打，金 62 岁白须飘拂，攘心意诸技，李亦 60 岁矣，素好查拳。二人互鞠一躬，即不退让，各使解数，其打击迅猛不异青年人，终至相互悦服为止，乃携手同至摄影机前合影。一时观人喝彩声不迭。打了九对之后，乃将前二日两对平手交叉再决，复打成平手。是日又有江西一僧，带二徒前来观摩，二徒技痒，屡欲出头，老僧知二徒不济，即自挺身上前要求一比，适胡凤山愿与之比试而增此一对。上台后老僧乃先发制人，出手如连珠炮猛击而前。胡凤山则候老僧拳至两腿作偷梁换柱式，飞出一右手崩拳，击中老僧额上。该法做出后，黄文叔当即赞好，见此一击，可以领悟棍法中这“拍拉”一词。而老僧则因二力相撞作用于一点，顿时被击之处头骨塌陷，倒地流血不止，为停在一旁急救车救去。此事发生后，三时十分大会复将前二日失败的 36 人进行复试，结果有 20 人弃权，16 人参加。其中以余先君自退负，僧拾得、王执中等四对平手外，余皆分胜负。比试结束后进行表演，计有褚桂亭龙形剑、田兆先太极剑、刘百川稍子加盘龙鞭，奚诚甫七星四路棍等 20 项。鉴于当天比试情况，当晚开会研究决定：明日比试不得打头面，不得言笑，如故意拖时间而不攻取，超过 10 分钟则同时取消资格。

24 日赛前，先由 23 日打成平手者抽签复试，共 6 对（叶椿才自退）。下午一时四十分，由得胜者 46 人决赛，打至四时结束，其中除了王普雨、丁保善、陈国栋、张汉章四人取消资格，王喜林因不敌王子庆而认输外，余皆分胜负，共 23 对，取 21 人胜。四时十分再进行负者复试，有 12 人弃权，比了 5 对取五胜。至此优胜者已剩 26 人。在该日比试之中可以看出，由于大会采取胜利者可进入下一次比试，而负者复试取胜后仍可进入下一次，于是出现了钻“细则”空子的“客套”（客套一词为观众所取）。在场观众也能看出苗头，如朱国禄与赵道新对打时只是敷衍几下，使得赵有机会参加下一次比试，结果赵道新名次提前至第十三名。

25日（大会第九日），由26人作一度不计成绩分队比试（即以腰带为识，分红白二队），共打了11对，三平，余分胜负。第八对为曹宴海对章殿卿。曹腿法极佳，只见里缠外踢，勾挂起落如手便。曹捧起章之快速短拳，似知其必用腿即做金鸡独立式，适章右腿蹬，曹左膝正顶彼右足足心处，章随之后倒丈余落地。黄文叔先生看到此法后赞曰：“是谓有备无患”。当天分队比试完毕，又作了表演。至下午三时半后又由两委员之名家作平生绝技之表演。如田兆麟、陈唯铭之推手，朱霞天之混元剑，陈明征虎头钩，吴鉴泉、孙禄堂之太极，李景林之太极剑等13项。当日下午共表演了五十五项拳术或器械及器械对练。

26日进入最后决赛。赛前特在杭州羊头坝、宫巷口、大众桥、法院、陈列馆附近张贴海报：今日上午十二时准时决赛。十二时以后，因邱景炎、高守武弃权分为12对，其中除袁伟自退外11人胜。负者12人再进行比试，而马金标、林定邦弃权。选出五胜，合二者三胜者复打出八胜，因朱国禄无对手并入负者中再对。裴显明因伤自退，故选出四胜。至三时十分由八胜与四胜进行第三次决试，打出六胜。负者再比，先出三胜。四时三十分九胜加入张孝才（张因胜朱国禄）其为十人再进行四决，抽出五胜。四决之负者加入祝正森（也因胜过朱国禄）再决，张孝才自退，高作霖（因被胡凤山所伤）自退，得两胜王子庆、韩庆堂。至四时五十分又以四决胜者与负中胜者作五决。韩庆堂自退王子庆胜，章殿卿自退曹宴海胜。该日比赛至三时十分之后，观众连日观看也懂得细观门道。场中除了“啧啧”之赞扬声外并无半点喧哗，而比试各员亦尽力相搏。休息片刻，负者再决得马承智、章殿卿，最后共有6人：王子庆、朱国禄、曹宴海、胡凤山、章殿卿、马承智。自前日朱国禄退让后今日决赛亦然，曹让高作霖进入四决获第十一名，王子庆让章殿卿进入五决，宛长胜复自退让，使章进入前六名得最后决赛权。但是这种让也只限于中央国术馆教授班学员之间，其目的是（一）垄断优胜者名次；（二）同派系中之同仁提高名次列位，并非在其他比试员中都存在者。章殿卿系保定新安乡人，12岁投王芗斋、杨振邦二人门下学艺，后当兵仍继续练武不辍。1928年参加国考入教授班不久即离去。当晚李景林因看到对打双方异常凶猛，马承智、高作霖、李庆从均为胡凤山所伤；又看到胡凤山技艺确实不错，恐朱、王等人不敌，因此对胡说：“凤山，明天就算你的第一，不要打了，前六名排排名次算了。”胡说：“不打怎行，算我第一多难听，我打了第一得五千元，还要在西湖边为X老师盖座大洋房，让他养老哩。”胡虽说也是中央国术馆教授班的学生，但因各有承师，不同派系，也是判若冰炭，相互保守。这次他带妻妾同来观阵，以为稳打第一，故骄横特甚，结果第二天即输给了朱国禄、王子庆。

27日大会比试之最后一天，马承智弃权、故胡凤山与朱国禄对打。二人体魄相当，技艺勇力均称对敌。胡凤山则取守势，伺机进攻，不料朱国禄连发快拳空打，待胡凤山注意其左侧时一个反劈，胡猝不及防，即为朱打中面部而晕倒。

左起：章殿卿、赵道新、胡凤山、尚振山

曹宴海与章殿卿打二次，交手未及二合，曹右手扶地，后一回对峙作滑地右手撑地样，居第四。王子庆与胡凤山对打时，胡接受与朱对打时的教训，连出崩拳，王侧身时面部两颧骨均中一下，但不重。与此同时，王用挑踢将其踢倒。因二力交叉忒猛，胡双膝双肘都跌伤，牙齿跌落两颗，所受之内伤亦重。胡后与其在苏州馆的老师抱头大哭一场，当即离去。章殿卿与朱国禄对打时，章一腿踢去反让朱接住，章几次想以落地腿法反击朱不成，为朱用十字腿向章转立一腿踹去倒地而负。王子庆与朱国禄对打，朱则忽专取下路作逼腿之虚法，不料王就其势直沉下去，用一硬开弓之势将朱打倒，并伤及其左臂左膝，朱失利而王胜。当章与王对打时，章自退王胜，王子庆打章是最后一局，遂得冠军，第二名朱国禄、第三名章殿卿、第四名曹宴海、第五名胡凤山、第六名马承智、第七名韩庆堂、第八名宛长胜、第九名祝正林、第十名张孝才，最优胜者都是中央国术馆的学生。之后，李景林又将前十名照片挂在中央国术馆大门内通壁上，以示荣耀。

左起：朱国禄、王子庆、章殿卿

大会得将名次全部评定好后，由前三名登台向观众致意。王子庆略云：“本人参加比赛完全是为了提倡国术，决非为图名利，特将大会奖励之五千元与26人平分。”朱国禄略云：“希望中华民族一致努力国术，民众有了强健的身体和力量才能打倒帝国主义，中国才有希望。”章殿卿云：“请全国同胞注意国术，锻炼身体一雪东亚病夫之耻。”全场观众无不为之鼓掌，庆祝优胜。三人话毕，复有杜心武表演了鬼头手，张绍贤表演无极拳等十三项至四时半才结束。大会宣布闭幕式于明天下午一时在省政府大礼堂举行。接着在鼓乐声中前三名拍照，前六名（胡不在）拍照，评判委员会、监察委员会分别合影纪念。

28 日下午浙江省府礼堂，会长因浙江财政困难，四处筹饷，要到晚方能回杭，故由秘书长代莅大会，副会长及两委员会成员均出席，比试各员皆到场参加。台上悬中山像，旁有一联似马一浮手书，上联云：“刚柔正奇变化莫测”，下联云：“动静虚实妙悟惟心”。像下排列各要赠奖之银盾、镜架之物，并大会奖品。讲话结束后即开始发奖，第一名奖五千元并张之江赠送的银盾一具，上海武当社镜架一个，中华体育会银盾“艺勇超群”一具，黄文叔（黄元秀）先生赠的手书一联“读书未必能经世，学武逢时可干城”；第二名奖一千五百元并张之江赠对联一副，中华体育会银盾“有勇知方”一具；第三名奖一千元，中华体育会银盾“积健为雄”一具；第四名奖五百五十元并中华体育会银盾“武德可风”一具；第五名奖四百五十元，中华体育会“自强不息”银盾一具；自第六名至十名分别奖四百、三百五十、三百、二百五十、二百元不等；第十一名至第二十名各奖龙泉剑一柄；第二十一名至第三十名奖金壳表一只。当晚又在杭州聚丰园设宴招待大会上层各员及优胜者。为时半月余的“国术游艺大会”，在杯觥交错之中至此全部结束。

再行相互比試臨試馬金標與林宠邦二人未到結果 （一）袁偉與韓慶堂對打韓勝 （二）張孝才與紀雨人對打張勝 （三）祝正森與王雲鵬對打祝勝 （四）董殿華與趙道新對打趙勝 （五）闞學植與斐顯明對打斐勝至是初決勝員十二人負者再決得勝者五人共十七人再行抽籤複試結果 （一）張孝田與宛長勝對打宛勝 （二）韓慶堂與曹宴海對打曹勝 （三）岳俠與祝正森對打岳勝 （四）高作霖與尚振山對打高勝 （五）胡鳳山與李慶瀾對打胡勝 （六）張孝才與王子慶對打王勝 （七）章殿卿與趙道新對打趙勝 （八）抽籤分對時係斐顯明與馬承智對打斐因傷未試自退而朱國祿因無對缺試乃復併入負者八人復為負者之選勝結果 （一）張孝才與朱國祿對打張勝 （二）祝正森與李慶瀾對打祝勝 （三）尚振山與章殿卿對打章勝 （四）韓慶堂與張孝田對打韓勝至三時十分更為第三次之決賽計二決勝者八人二決後負者決試得勝者四人共十二人抽籤分組再行決試結果 （一）宛長勝與岳俠對打宛勝 （二）馬承智與胡鳳山對打胡勝 （三）韓慶堂與趙道新對打韓勝 （四）祝正森與章殿卿對打章勝 （五）高作霖與曹宴海對打高勝 （六）張孝才與王子慶對打王勝負者六人再作比試結果 （一）曹宴海與趙道新對打曹勝 （二）馬承智與岳俠對打馬勝 （三）祝正森與朱國祿對打朱勝四時十分三決勝者六人加入負者決勝之三人共計九人又為奇數故加入三決負者之張孝才（因曾勝朱國祿故）共十人分對作第四次之決勝比試結果 （一）張孝才與朱國祿對打朱勝 （二）章殿卿與王子慶對打章勝 （三）高作霖與胡鳳山對打胡勝 （四）馬承智與韓慶

浙江國術游藝大會彙刊　會場之概況　三七

当年的《杭州国术游艺大会汇刊》描述会场之概况

儿日比赛下来，大家发现，太极拳选手的战绩较差。本次大会，大多数太极拳选手均报了套路表演，只有 5 人报名参加擂台赛，这 5 人分别是冯致光、于鹏飞、彭育尧、李椿年、杨达，都是北方选手。在预赛中，4 人晋级，3 人止步于第二轮，仅于鹏飞进入第三轮，但未进入决赛。其实，通过这次比赛可以看出，在格斗当中，力大者胜，但力不如劲。刘高升的铁掌也是一种特殊的劲。力不如劲，劲不如灵。曹晏海因达到周身灵劲的层次，所以技高一筹。太极拳也是如此，即使你练到松沉有根的阶段，仍无法参加这种格斗，因为劲整欠灵是无法打倒有经验的武林高手的，最多也就像刘高升一样，遇见一些普通练者足以大胜，但碰到曹晏海这类高手只有挨打的份儿。此次赛事也揭示了一个事实：被称为“四两拨千斤”“以柔克刚”的太极拳不是擂台拳。

说明：以上资料主要来源于 1930 年编辑出版的《浙江国术游艺大会汇刊》（南京中央国术馆编审处、浙江国术游艺大会筹备委员会秘书处主编，金一明主笔），同时参考了浙江省武术挖整组凌耀华先生发表于 1986 年《武魂》杂志第 4、5 期的《千古一会——1929 年国术大竞技》。

此次打擂结束颁奖会上，张人杰特制一口七星龙泉宝剑赠给高振东先生。

张人杰特制龙泉宝剑赠给高振东先生

大会结束后，还发生了一段趣闻，据高振东先生后来回忆：发奖大会后，被录取的人休息一个星期再任职工作，就在大家休息聊天时，我听见一位在谈话中藐视内家形意八卦，他们正在描述打擂的情景，并说：形意八卦厉害，看来也不过如此了，另一个说：闻景别见景，见景更稀松，声言把人打死等等。我在一楼床上正休息呢，闻听此言顿时火冒三丈，我走了过去，那些人的声音立刻减弱了许多，我问谁在出此狂言？一位走出来不服，我就和此人交起手来，惹的众人纷纷前来观看，我在交手中击中对方两拳，对方只好认输，此人正是我后来的好友高守武。从此我们二人结拜，互相学习，亲同手足。国术馆长获悉此事特制一尊银盾以示奖励，银盾刻字“冠军 夺得锦标”，浙江省主席挥毫赠书“湍流喧石濑，浓翠暗林霏”。

国术馆长赠给高振东先生的银盾刻有“冠军 夺得锦标”

此次比赛及前一年10月在南京第一届“国术国考”的赛场细节，在杨鸿晨、尹洪波所著《德厚流光 陶铸龙象——王芗斋先生的弟子们》一书中描述的十分精彩。

1928年10月，震动中国近代武坛的第一届“国术国考”在南京拉开帷幕。全国数百名高手、名家纷纷赶赴南京。这是一场实力的较量，也是一场残酷的较量！多少名家被毫不留情地淘汰，多少高手被打得筋断骨折、头破血流。因为是全国范围内选拔武术精英，所以全国各地的武术名家、高手无不争先，如有72岁的李汇亭、64岁的梁占魁、62岁的陈富有和刘永祥、61岁的金恒铭和60岁的李好学等老一辈拳家，还有正值盛年的六合摔跤名家佟忠义、北派少林大师赵鑫州、八卦名家贾凤鸣、岳氏连拳及鹰爪大师陈子正、八卦名家高凤岭、形意八卦名家左振英、查拳高手于振声、太极名家吴图南及八极、劈挂名家马英图等，通过首场预试者就有333人之多。以后的比赛则更趋惨烈，伤筋断骨之事时有发生，有人甚至把棺材抬至场下进行比赛。

经数日恶斗，许多名家、大师纷纷落马，像赵鑫州、陈子正、贾凤鸣、高凤岭、左振英、于振声、吴图南等名家仅通过第一届国术国考预试，闻名全国的万籁声也仅获得中等（获81名）。最后优胜者只剩下17人，这17人中就有朱国福和朱国祯兄弟。为了避免这17位高手发生意外，在这17人中未再进行比武，而是通过文试决定最优等15人。最后在颁布的最优等15人中，朱氏兄弟竟占了3人，为五分之一，其中朱国福名列首位，当时轰动武林。

朱国福先生

朱国福是朱氏四杰（福、禄、祯、祥）的大哥，河北省定兴人。兄弟四人自幼从张长发学罗汉拳继从马玉堂先生习形意拳，后又得到李存义、张占魁两位师爷的栽培。四兄弟天赋过人，吃苦又异于常人，故武艺突飞猛进。他们还旁及弹腿、摔跤和拳击。早在1923年时，朱国福就立下生死合同，在上海法租界战胜拳击家裴益·哈伯尔初露锋芒。后在马玉堂先生的引荐下，朱国福受教于王芗斋先生，继续攀登在追求武学高峰的崎岖山径上，在专业化的格斗训练中，朱国福和师兄弟们一起迎来了擂台争锋。

第一届“国术国考”朱国福、朱国禄获优胜纪念照

这里需要强调：经过厮杀苦斗进入前17名者，大多数是同胞骨肉或情深意厚的师兄弟，再就是平时相熟，早已切磋过的挚友，大家彼此的实战水平是心中有数的，故无论品德和武艺这15名选手都是相近的，是值得后辈学习和景仰的。大会主执者的排名方式是公平的、正确的。这15名真正技艺高强者是：朱国福、王云鹏、张长义、马裕甫、张英振、窦来庚、杨法武、杨士文、顾汝章、王成章、朱国祯、张维通、朱国禄、马承智、胡炯。还需要提醒读者注意的是：现今影视大肆鼓吹的侠士僧道、大师宗师，当时根本不敢登擂或不堪一击。什么大家熟知的以柔克刚、四两拨千斤、木人桩等绝技根本就无用于赛场。

朱国福演练器械

赛后，朱国福被聘为中央国术馆教务长，执教多年。朱国祯则参加了上海国术大赛，赛中其连胜十场，夺冠呼声甚高，后却突患重感冒，高烧卧床，强行上台时，被裁判好言劝阻，抱憾放弃。后朱国祯被何键聘为国术教官，成为湖南队的领队，多次参赛，成绩优异。

抗战爆发后，朱国福先后经湖南等省来重庆，任重庆国术馆副馆长，使形意拳在四川开花结果。朱国福技艺超群，多次谢绝为权贵做护卫的高薪聘请，却无偿地接受了冯玉祥的邀请，为部队训练"大刀队"。后来到重庆高等院校任国术教授，落居渝州三十余年，倾心传播，为中华武术文化在巴渝山川大地的发展，立下了不可磨灭的功劳。朱国福经常组织巡回表演队，为抗日募捐及游艺集会义务表演，从而为开展国术馆业务，振兴国术运动大造声势。其中组织了两次规模较大的表演比赛，比赛会场均在原川东师范学校广场（即现在的重庆文化宫），大会由原中央国术馆馆长张之江主持，朱国福、赵振江等任裁判。以后又在金山饭店底层办国术讲习班，以教授形意拳为主，三个月为一期，全是义务教学。

1941年，国民党教育部国术教材编写委员会在重庆成立，朱国福被聘为筹备委员会委员，直接领导教材编写。经过三年的努力，编成小学教材一套、中学教材两套、大学教材六套及摔跤、擒拿、技击等三套实用教材，对统一术语也做了一番努力。朱国福后在西南师范学院任教。1968 年离世，终年 78 岁。

朱国福与夫人魏效俣及女儿朱庆霞合影

1928 年首次大赛的硝烟未散，各地的英雄好汉又开始摩拳擦掌，加紧了练功，尤其是格斗训练，他们要备战第二年更大规模的大赛。

1929 年 11 月在杭州举行的“浙省国术游艺大会”，和上届的国考实际上是中国近代最大的两次全国性的擂台大赛。筹备的时间也较为充分，当时全国各地有名的拳家几乎全被邀请参赛，其中浙江、江苏、湖南、河北、山东、福建、四川等省和南京、上海、北平、天津、青岛等市的地方政府尤为积极，倾其国术精英前来比赛。包括一些异僧、神道也赶来参赛，甚至日、俄等国拳手也跃跃欲试。

当然，对上届大赛中获胜选手们的技法特点和心理素质的关注研究，也是必需的。因为朱氏四杰中的长兄朱国福已成为赛事的组织者，所以强手们的目光自然就集中到朱国禄身上。是以战事未启，有针对性的火药味已强烈地弥漫起来。朱国禄生于 1900 年，河北省新城县（今高碑店市）新城镇仁和庄村人，1972 年逝于黑龙江省齐齐哈尔市，是中国近、现代著名的武术家、技击家。朱国禄幼习形意拳，后一度弃武从文，20 年代到上海加入由长兄朱国福创办的“中华武学会”，深究形意、西洋拳击等各式功夫；王芗斋先生到上海后，又从芗老追求实战拳法的精蕴，是芗老早期的得意弟子之一。他积极参赛的目的是为了以武振奋积弱的民族精神，在实战的激烈碰撞中检验、提高艺业。浙江大赛，他是和师兄弟章殿卿、赵道新携手参加的。

朱国禄先生

赛事开始后，选手们无不奋勇争先，龙争虎斗，险象环生。虽然都做了充分准备，但是因为没有任何护具，还是造成了严重伤残。尽管如此，参赛者仍然全力以赴，性命相搏，较全面地发挥出了自己的特色。经过腿断臂折、鲜血迸溅的苦战，终于熬到了优胜者决战的时刻。而结果也是在人们的意料之中，那些异僧、神道及世外高人们皆纷纷落马。此时，大赛组织者实在不忍再看下去了，欲停赛握手言和。大会定出名次，因多为熟识的好友相斗，故大家都同意这个提议。只因其中一人反对，复又燃战火，又经过一番拼杀，终于打出了名次。第一名王子庆，第二名朱国禄，第三名章殿卿，第四名曹晏海，第五名胡凤山，第六名马承志，第七名韩庆堂，第八名宛长胜，第九名祝正式，第十名张寿才。

朱国禄决赛时的对手是胡凤山，而胡凤山身材粗壮、体力极大，而且习拳日久，每日崩拳800下，出手即击对手要害。大多较技者惧其崩拳连击小腹和心窝，未战先把咽喉、心窝、两肋护严，致使运转不便反而更易遭创；而此时的朱国禄早已把三体防护式改为抬起执桩，前臂与口鼻平齐前探，后手则从肋侧升至与前臂肘窝相平。当二人在擂台上眈眈逼近时，不少惯战者就认定朱国禄的胸腹失去防护，咽喉和双肋必遭重创。岂知当胡凤山熊膀晃动、惊蛇伏草，以崩拳击向朱国禄心口时，朱国禄双臂却不招不架，只是在以侧取正身法的驱动下两臂自由落体，在后手震横崩拳的同时，前拳早已劈砍在撞进来的胡凤山脸上，台上台下都愕然一怔，而胡凤山却已经昏倒台上。

朱国禄是深具爱国情怀和民族气节的武术家。据当时的报刊记载，在杭州国术大赛获奖后，他发表感言："希望中华民族一致努力国术，民众有了强健的身体和力量才能打倒帝国主义，中国才有希望。"

朱国祯先生

不久，朱国福被聘为中央国术馆教务主任，负责指导中央国术馆的教学工作；其三弟朱国祯被聘为技击队队长，二弟朱国禄为副队长。他们在教学中大胆革新，一是鉴于国术馆中的学员都具有一定的传统武功的基础，故而利用国术馆高手众多的条件，大幅度加强相互间的散手练习，用以提高实战能力；二是大量增加了西洋拳击的研习，当时定名为搏击课，并培养出李成希、郭世铨等搏击高手。由于训练成效突出，朱国禄被江西省警官抗战军校聘为教官，而后朱国禄又任贵州国术馆馆长，培训出一大批军中弟子，投身抗战御侮。他早年奔走大江南北，往来各界；中年以后，赴黑龙江省齐齐哈尔市，在当地精传武术；晚年定居昂昂溪区。虽然日夜怀念自己的恩师，但直至1953年在天津参加全国第一届全国少数民族运动会时，才见到了长兄朱国福，并一起探望了芗老。

六十余年的武术生涯，朱国禄练就了强健的体魄，进入耄耋之年依然心广体健，精神矍铄。他一直坚持闻鸡起舞，每日练功。他由博返约，精炼归纳，创造性地发展了形意拳文化，并系统而全面地传播于世。他以学校公园等场地为场，授徒教艺，诲人不倦，传承拳术，把自己的武功毫无保留地传授给弟子。

1929年末到1930年初，为解决南方灾民过冬资金以及给慈善机构筹集善款，由李景林带头发起了全国国术比赛大会，比赛地点定在上海。此次国术大赛得到了蒋介石及上海市市长张群的大力支持。

到现场观看比赛的淞沪警备司令熊式辉

12 月 18 日，比赛在上海亚尔培路的逸园开幕。而这次比赛的奖金也格外惊人，前 12 名选手的奖金共为一万三千块大洋，第一名奖三千块大洋，第 12 名也能获得 500 块大洋。与此前的杭州擂台大赛相比，前 12 名的奖金增加许多。因为组织者承担所有参赛者的食宿费用，所以 12 名以后的选手不再给予奖励。

大会评判正主任李景林

通过杭州擂台赛的经验，上海比赛的组织者重新完善了规则：第一，主办方提供全套的比赛服装，比赛时选手身着白衣红腰带或灰衣白腰带进行区分，不再由个人置办；第二，选手进入等待区后，裁判员第一声鸣哨，选手进入台中指定地点，第二声鸣哨，选手相互各鞠一躬，听到第三声鸣哨，比赛才正式开始；第三，比赛分为三局，每局三分钟，每局中间休息三分钟；第四，比赛三局不分胜负，转天重新抽签比赛，不再进行两人之间的重赛；对于消极比赛二分钟不主动进攻，则被判失败。

大会评判副主任孙禄堂

评判委员张兆东

评判委员吴鉴泉

冠军曹晏海与第十四名杜氏比赛情形

亚军马承智与第九名韩其昌比赛情形

第八名袁伟与第五名李树桐比赛情形

这次比赛依然是年轻选手们的天下，曹晏海、马承智、张熙堂（前三名）等年轻人主宰了擂台赛的整个过程，经过十几天的搏杀，1930 年 1 月 7 日，擂台赛落下帷幕。感人的情况再次出现在发奖现场：曹晏海、马承智、张熙堂三人代表所有获奖选手，将一万三千块大洋的奖金全部捐献给灾民以及慈善机构。

1930 年 1 月 6 日上海国术比赛大会纪念摄影 二排左起第六人为王芗斋、第七人为钱砚堂

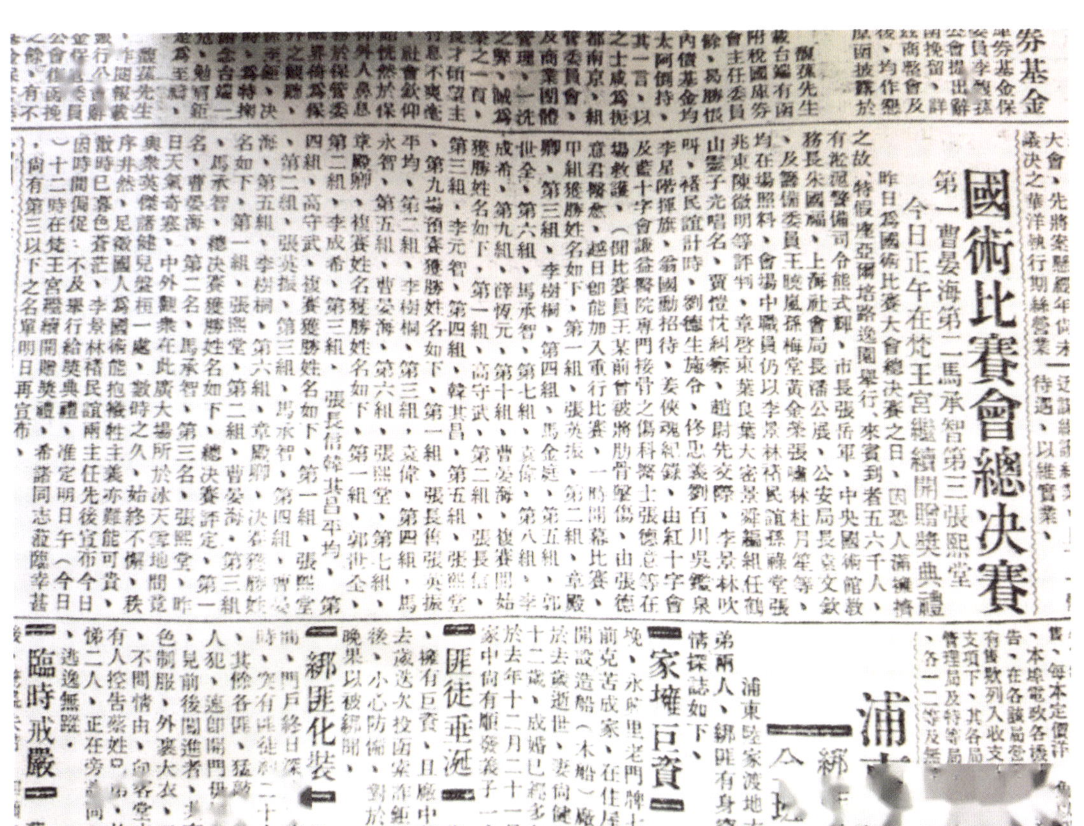

券基金

國術比賽會總決賽

第一曹晏海第二馬承智第三張熙堂

今日正午在梵王宮繼續開贈獎典禮

昨日爲國術比賽大會總決賽之日、因恐人滿擁擠之故、特假座亞爾培路逸園舉行、來賓到者五六千人、有淞滬警備司令熊式輝、市長張岳軍、中央國術館教務長朱國福、上海社會局長潘公展、公安局長袁文欽……

家塲巨賫

匪徒垂涎

綁匪化裝

臨時戒嚴

当年的《申报》报道了上海国术大赛总决赛成绩

当时中央国术馆教授班的任课班主任是朱国祯，朱国祯主教散手、搏击。曹晏海在武艺上是吃百家饭的，曹晏海跟郭长生学通背拳，还跟朱国福、朱国祯学习意拳和拳击，跟李景林学武当剑，跟同学窦来庚学太乙门的腿法。又由于江苏省国术馆开办之初也在南京，曹晏海还经常利用假日去江苏省国术馆向那里的教师学习八卦拳散手，即使后来江苏省国术馆迁到镇江后，曹晏海还仍常去学习，所以他的技术非常全面。

三、中国武术

那练武是不是光有技击就行了呢？答案是否定的。因为中国武术历来主张养练用并重，养生是技击的基础，技击是养生的究竟。试看以技击著称的泰拳手，不少人一到三十岁，身体机能便明显退化，而平均寿命只有四十岁左右。其正规训练从十五岁开始，异常艰苦、残忍，如以木棒及铅球击打身体，用拳脚踢击树木等。常常打得鲜血淋漓，惨不忍睹，是常人所不能承受的，尤其是体弱之人。虽然技击上较一般格斗略高一筹，但其代价却过于惨重。与此相反，真正的中国武术首先从养生开始，并且养生贯穿在所有训练当中。许多武术家就是从健身祛病开始，而后步入拳坛的。王芗斋先生便是很好的例子，他幼年因患喘疾不能上学，家人恐其不寿，遂送郭云深先生处习形意拳，后来不仅体魄强健，还成为一代武术宗师。到底什么是真正的中国功夫，一篇署名静磨剑的文章《拳种的优劣》，对此问题作出了很好的回答。

好像武术中人特别谦虚，在谈到中国武术拳种谁优谁劣时，大多这样说："各有所长，各具特色，没有优劣之分。"果真如此，倒也罢了，但实践是检验真理的唯一标准，有太多太多的花拳绣腿而对西洋拳击、泰国泰拳、日本空手道之类不堪一击，甚至连街头盲击瞎打的混儿也敌不过。"武术"成了"舞术"，让人对中华武术的信心怀疑起来。

一方面很谦虚，一方面在书刊上论到本拳种时总是"快速有力""疾如闪电""变幻莫测"，只见神点，不见特点，更不见躲避点，这把那些初学者心里撩得痒痒的："一旦学会这拳，端的了得；一招在手，天下无敌。"然而，在学会该拳拳套，抑或还有些神奇古怪的招法后，在实战中一考证，觉得并不是那回事儿，更有那些不觉悟者，认为自己功夫不深；只要功夫深，就能如前辈那样成为"神拳""无敌"。于是蛮练苦练起来。诚可叹也！

但是，只要是觉悟者，潜心琢磨研究武道，就会发现拳种有优劣之分，而且优劣之分差距很大，简直有天壤之别。

优秀的拳种，其理论体系科学完善、不玄乎不神乎，不在所谓的"二仪""四象""五行""八卦""生克"里兜圈子。更重要的，优秀的拳种其实效果显著，以其强烈的技击实战性证明一切。它没有所谓点穴，所谓神招绝招，所谓外气打人，有的只是真实的功夫，而且当今的后学者也有真实的功夫。低劣的拳种在这一点上是模糊的，只说早已作古的前辈如何如何，而当今的后辈只是武术家不是技击家。

当前，表演的武术正方兴未艾（各种套路拳术），养生强身术也蓬蓬勃勃（以太极拳为代表），技击的武术却寥若晨星。笔者认为真正的中国武学武道只有极个别的拳种才能称得上，王芗斋创立的大成拳即是中国优秀的拳种之一，因为它彻底否定了套路，以站桩为核心培养人一触即发的功力，其理论体系科学完整，其实践实战更是显著，王芗斋及其弟子后学们以显著的战绩令人信服。

中华武术要走向世界，首先就要对拳种的优劣进行从理论到实践的科学考证，不能用“各有千秋”来敷衍和稀泥。假如我们连拳种的优劣都不敢承认，我们还有什么资格来谈中国武术呢？还有什么资格来谈“走向世界”呢？

意拳、大成拳传人用自身的实力证明了芗老拳法的实战技击作用。据姚承光先生回忆：在1982年4月的一天上午，北京市体委的一个训练馆内聚集着很多市体委武术界领导及制定全国散打规则的北京体育学院的教授专家们，特为实施即将在北京召开的全国首届散手比赛的竞赛规则而组织了一场演习赛。当时我是第一个出场的60公斤级选手，对方是小有名气的武术界人士（武警教官），一切都是按正式比赛的规则要求去做，全身护具齐全。只听裁判哨音一响，对手频频起脚进攻，就在对方一个起脚欲踢之时，我顺步突前，双拳猛一发力，拍到对方的手臂上，将对方发出圈外。哨音一响后，双方运动员又回到场地中央，对手随即再次起脚，猛踢我心窝处，我随即向后撤了半步，就在对方起脚踢空脚还未落地之瞬间，我上步一记右拳重重的击在对方的左脸颊下部，只听一声沉重的闷响，对方倒地。休克竟达6～7分钟。当时场上一片寂静，只有抢救人员的忙碌声。裁判在等待三四分钟后，仍然没有看到对方有上场的可能后，遂吹哨让我站在场地中央，高举右手宣布我为绝对的胜利。此战仅用47秒钟，击昏对手，充分地显示出意拳训练的科学性和实用性。此后我的师兄们分别参加了北京各个城区的选拔赛，都取得了好成绩。由于我在场上47秒击昏对手，对当时制定散打规则的专家们震惊极大，他们认为姚承光的拳头会打出人命的，随即在全国首届散打赛规则中，规定不得重击头部。因此我失去了参加全国散打比赛的一次良机。我无缘全国冠军，实乃我一生的遗憾！现在看来，这也不能不说是意拳之憾事、中国武术之憾事！

无独有偶，类似的情况也发生在河南。现居河南洛阳的梁贵斌先生，祖籍山东，自幼好武，师承杨绍庚先生，先后得到王玉芳、姚宗勋、窦世明先生的口传身授。在二十世纪八十年代，连续参加四届河南省武术散打比赛，五次获得冠军，三次将对手打残，两次打伤。而且每次都是越级参赛，每次都是重拳秒杀对手，首开河南武术散打秒杀对手的先河。从此，洛阳意拳以重拳名扬武林。比赛后，河南省体委把散打优秀队员调郑州集训，准备参加全国武术散手大赛，集训后河南省体委领导考虑他发力太猛，如果在全国擂台再重拳伤人，无法向国家体委交待，最后领导只好决定不让他参加全国比赛。

张立德先生在为于鸿坤《大成拳》一书序言中写道：“我与大成拳的初次接触远在北京育英中学念初中的时候，只是接触而已。十几年后，我已在北师大体育系学习，兼教拳击课。在以后的日子里，我有幸见到了王芗斋先生，并与其弟子姚宗勋、王选杰、常志朗、卜恩富等大师成为好朋友，逐渐认识到大成拳之深奥，而各位大师各有独到之处。我学的是西洋拳击，我与王选杰先生的交往中，一直想中洋结合，各取精华，努力地身体力行，在我以后的拳击教学中，也吸收了很多的大成拳的功法”。

资料：张立德先生1925年出生于天津，从小就喜欢各种体育项目的张先生对足球、篮球、击剑以及体操等项目都颇为在行，但最突出的还是拳击，从十几岁开始便开始练习拳击。20岁左右，他便已在天津周边小有名气。

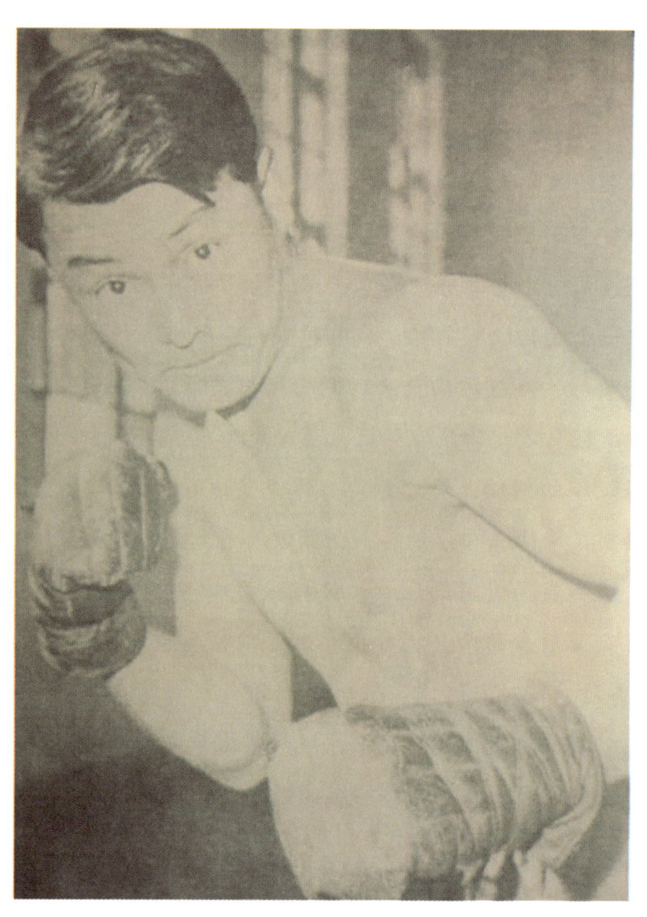

1953年，在天津举办的第一届全国民族体育运动大会上，张立德代表华北区参加了拳击表演项目。顺利晋级决赛后，他爆冷击败了当时已经赫赫有名的“南拳王”周士彬，成为第一个打败“南拳王”的人。之后，他便赢得了“北拳王”的称号。在之后的全国拳击比赛中，张立德又连夺三冠，扬名全国。从1959年到1986年期间，中国拳击运动因为“打死人风波”等种种原因，几乎处于停滞状态。但是张立德没有放弃，经常自费筹集经费，组织一些比赛。而且在学校的拳击专业被取消期间，张立德“偷偷”指导了一批学生，这也为之后世界拳联主席乔杜里和拳王阿里访华期间留下了佳话。张立德先生桃李满天下，曾带出了广岛亚运会亚军潘峰等一批拳手，之后的著名拳击健将、国家拳击队主教练王守信、王国钧等人均为其得意门生。他的徒子徒孙们一直是中国拳坛的顶梁柱。2018年2月18日，张立德逝世，享年93岁。

第3章　大成拳的创立与中兴

一、形意传承

河北深县民风强悍，民多习武，名家辈出，如八卦掌名家程廷华兄弟，河北省形意拳鼻祖李洛能先生，李先生的弟子刘奇兰、郭云深也都是深县人。

李洛能（1807—1888），名飞羽，字能然，时人尊称其“老农”。据王玉芳老师讲，李老少时嗜武如命，变卖部分家产，到山西祁县小韩村投心意拳名师戴文雄学艺。多次叩访，均以“戴氏心意不外传”为由被拒之门外。但他毫不气馁，携所带的百两纹银在祈县城南开一菜园，四季给戴家送菜，风雨无阻。年终戴氏管家付其菜钱，李洛能固辞不收，言明只求学拳，由此感动戴家。

李老比较木讷，开始戴先生并不喜欢他，但戴母很喜欢李洛能。所以戴先生常常单独传授技艺，主要是站桩。戴先生去世后，各位师兄弟问他，单独传授你什么东西？李老说是站桩，大家不信，说你小子不说实话，咱们一比试就知道。结果比试的时候，李老抬手一碰，对方就招架不住，所谓“不招不架就是一下，犯了招架十下八下”，就是这个意思。

道光三十六年，李老自晋返乡。本地绰号“金眼雕”的郭云深欲拜师学形意拳。

郭云深身材矮小，面微润黑，高颧骨，大眼睛，鼻直口方，眉毛过寸还翻卷，经常眯缝着眼睛，双目睁开神光炯炯，威如猛虎，神道冯老夫子送其绰号“金眼雕”（冯老夫子是郭习武的启蒙老师，其儿时拜“神道冯老夫子”冯兰生学长拳，打下了扎实的武术功底，有深州出土的“冯老夫子大人誉彰神道”石碑为证）。

李老观其性格刚烈，又好与人比试，起初不愿意收徒。没想他赖着不走，偷着学拳，李老见其天资聪颖过人且习拳之心虔诚，遂收为徒。郭云深后来成为李洛能的八大弟子之一。

郭云深刻苦习练形意拳，如醉如痴，行走坐卧无不练功。师父待客会友时，允许众弟子稍微歇息，而郭云深站定三体式，立于师父身后，任他人谈笑而不动。李洛能每次外出都骑一匹体力强健的菊花青驴，郭紧跟左右，且每次都以崩拳之动随行，点滴中练就了过硬的技击之术，令李洛能很感动，倾授所悟得的形意拳之法。郭云深如鱼得水，不分寒暑四季，朝夕苦练，艺高技精，在河北形意拳坛有“常胜将军”“不倒翁”的口碑。郭云深得形意拳之精髓，交流晋冀，遍游比武，广交同道。不仅以“半步崩拳打遍天下”而著称于世，刀、枪、剑、棍等器械也用得炉火纯青，又得岳武穆《六合拳谱》，不仅如此，笔者闻其还通兵书，善战策，且禅学功夫很深，对拳学理论多有论述，清光绪三年设教西陵，曾在宗室等地任教。

• 江湖往事

郭云深，深县人，身不及中人，而精力强雄，志意专一，李洛能弟子也。生平遇敌每以崩拳进半步而已，敌无不摧者，故有半步崩拳打天下之名。性暴烈，好角胜，初习形意，李恶其性靳不之教，郭力做苦若为佣，觊见崩拳式，揣摩偷练者三年。嗣李见其可教也，始传之。尝为深县捕贼匪，得县令某欢心。值仇携利刃觅郭，郭夺仇刀反醢（肉酱）之。县令爱才，袒得不死，监禁三年焉。及其释之日，令问之曰："云深拳功已荒乎？"曰："不敢荒。"见堂前有壁墙矗立，因用虎拳扑之，墙随手崩。盖三年之禁，铐镣在手，他拳不便练，郭练虎扑拳者三寒暑焉。

——杨明漪《近今北方健者传》

直隶深州，当咸同间武技极盛，由山西传来形意拳派，斯时首推郭云深先生。郭极精斯术，朝夕磨炼，可谓炉火纯青。曾在京师为某邸护院师。因杀人论狱，在狱中三年，手梏足桎，只能蛙步而行。日在狱中演形意拳之虎形，三年如一日。先辈自治之力，可谓深矣！先生出狱，遂成绝技，河南北闻先生名。先生尝令门徒强有力者数人，各持巨梃，抵先生腹，尽力撑之。先生一鼓腹，则数徒皆仆丈余外。又尝用虎扑形扑败壁，应手而倒。先生功夫之精，真令人不可思议也。

斯时有所谓大枪刘者，执长拳之牛耳，为门徒所唆，与先生角技于都门。是日各派师徒云集，移午而两师来。寒暄毕，各卸长衫，至场中举手相逊，谓之开门。先生曰：请。请字未毕，而拳已至刘师腹下矣。此即先生至精之技，所谓崩拳者是也。先生尝云，半步崩拳，已打遍天下矣。此拳一出，观者咸咋舌称险，而刘一跃避之，所还手已从先生左腕下来矣。两师往复数手，如空中惊电，开合无端，相牵相掣，妙若天成，真令人叹为观止矣！两师技相敌，一校即止，各道倾心。

先生返里，因对形意派师弟曰："予自得此拳之诀，更益以数十年精力，悉心研求，别多会心。尤恐不精，更致力气功，因之化刚为柔。加以入狱三载，所成尤大。自出狱后自信愈深。因走直、鲁、豫等省，遍访名师与角。予只以崩拳加之，无不应手而跌。孰料大枪刘能从容与予对垒！予不禁心灰意怠矣！更知天下事不可骄，骄则盈而不进。予今果能虚心力进，则又安知来日不可胜大枪刘耶？予闻大枪刘曾从雄县刘武师学，凡形意、长拳、太极、少林无不能，能无不精，是所谓博而能精者也。以此知雄县刘武师技术之神，尤不可以道里计矣。某年春，远走江南，相传湘地有一茶肆，肆中有一老叟，自称秦淮健儿，未悉是先生否？"

按予爱拳术，尤喜形意。形意者，因年代久远，人体退化，反不如禽兽，因之乃纵观虎豹鹰燕之一扑一击，集而化之，如神龙夭矫，莫测端倪。观云深先生所云，予求学之心更厉，而自信之心愈薄也。

——王竹铭《纪深州郭云深武师》

原载：《华语学校旬刊》1922 年第 1 卷 6 期

本文作者王竹铭，1886 年出生河北省阜城县小农村后宋庄。自幼聪颖好学，而家境寒素。十二岁中秀才，十八岁中举人，乡中父老呼之为才子。1905 年入保定直隶优级师范学堂，旋考取官费赴日留学，进入东京高等工业学校（即日后之东京工业大学）纺织科攻读。1911 年毕业回国。历任直隶省议会议员、天津河北工业学院教席、天津河北工业学院纺织实验馆主任、直隶模范纺纱厂厂长、全国棉业统制委员会委员、纺织学会理事长、天津市公营企业管理处技术顾问，以及中国纺织建设公司天津纺织技术训练班主任等职。

同治年间，郭云深先生在河北正定府做幕宾，当时正定府有一武举叫窦宪钧，自恃精通技击，横行乡里。就连过往正定府的镖师，也要登门拜谒。郭云深来正定府谋生，却不登门送礼，窦宪钧挑衅郭云深，被郭老打死。正定府的百姓集体到正定府衙门口，为郭云深开脱，坚决要保郭云深的性命。正定府的知府钱锡彩保下了郭云深的性命，郭云深以误杀罪被处三年囚禁。钱锡彩因慕其名将其留在府中，教习其子钱砚堂，故郭老并未受牢狱之苦。后来赶上光绪皇帝大婚，实行大赦，郭云深获得自由，钱锡彩先生晚年隐居上海。

据深州武林人士介绍，清末深州校联（相当于现在的教育局长）李镜斋63岁时向郭云深学拳，又拜师于李洛能门下，约70岁时和郭云深切磋、交流，探讨拳理、拳法，对形意拳提出了新见解，把理法提高到一个新的境界，撰写出《解说形意拳拳经》，至今仍为习练形意拳者的必备教材。郭云深认为，形意拳有三层道理：一练精化气，二练气化神，三练神化虚；有三步功夫：一易骨，二易筋，三易髓；有三种练法：一明劲，二暗劲，三化劲。

王芗斋幼年体弱，又患喘疾，家人恐其不寿，拟送到郭老处学拳以强身健体。郭云深年迈，原不拟收弟子，经另一亲戚赵乐亭先生极力说项，方破格允准，并留其居于家中。年幼的王芗斋聪敏过人，锻炼刻苦，郭云深爱如己出，倾囊相授。郭老晚年习惯盘腿坐炕上搭手传艺，王芗斋则立炕下站桩换劲。冬季郭老起床后，首先查看站桩脚印的湿润程度，如不够，则怒目视之，王芗斋须再练习站桩，直至湿度充足方可休息，可见郭老对王芗斋要求之严。从郭老学拳者多矣，但能克承其教者不多。郭老曾有“非其人不能学，非其人不能传”之叹。郭太师母曾对王芗斋说：“你们爷俩真有缘分！”

河北深州的王芗斋先生故居

正如王芗斋先生在《意拳正轨》所述："吾与郭先生同里，有戚谊为长幼行，爱吾聪敏而教之，且于易箦之时犹以绝艺示之，谆谆以重视相嘱。"

• 江湖往事

民间曾传说咸丰年间，郭老（郭云深）在京师任清室载纯、载廉的私人武师，遇到了八卦掌祖师董海川，两人曾比武切磋，未分胜负。程岩先生曾向芗老求证，得知此乃乌有之事。郭老和董老见面，便觉相见恨晚，一同研究武术，互相取长补短，这也是形意八卦不分家的原因。

董海川先生画像

芗老曾见过董海川的弟子程廷华先生和郭老切磋技艺，虽然程先生远远逊于郭老，但王芗斋和程先生学到很多东西，被吸收到大成拳功法之中。芗老回忆说，程廷华先生是被流弹误伤去世的。当年德国人在教堂外面开枪追捕人，流弹误伤程先生，芗老每次路过程廷华先生喋血之处都会静默致哀。

程廷华先生

芗老拜师郭老练拳，本无争议。然而在李瑞林先生的《形意拳侠》中写道："深州的形意拳传人说，王芗斋拜师李振山属天经地义，而李振山和王芗斋的姐姐结了婚，辈分有碍。郭云深在生前也给王芗斋指点过武艺动作，由李振山出面，请黄秀庭作为中证人，找到郭云深的老伴，让王芗斋磕头认师娘。"并称芗老是郭老"死后拜帖的弟子"。

笔者认为此说不通情理，在形意界，大家公认李振山为郭老弟子（李振山仅仅年长王芗斋先生两岁），却偏偏想尽办法否定芗老是郭老的弟子，此事耐人寻味。更让人意想不到的是，杨鸿晨师兄曾多次去深州魏家林村实地考察，得知王芗斋先生为独子（曾有一个弟弟早年夭折），根本没有姐姐！

资料的迭代总有失真，需要后人考据。

以往资料认为郭云深先生逝世于光绪二十四年（公元 1898 年），而那时王芗斋先生只有 12 岁，一个 12 岁的孩子怎么能完整地承袭郭老的功夫呢？这确实是个问题。撰写本篇文稿时，笔者就此请教杨鸿晨师兄，他提醒我，1940 年 6 月 26 日（夏历 5 月 21 日）王芗斋先生接受北平《实报》记者采访时说道："承一般友好以大成拳之代表者相期许，真使我羞愧交集。鄙人自清光绪卅三年离师后，即奔走四方，藉广交游，足迹遍大江南北。"光绪卅三年即 1907 年，离开郭云深先生，那时王芗斋先生 21 岁。由此可见，郭云深先生去世时间肯定晚于 1907 年。

大内高手郭云深、王兰亭、李尧臣、翟禹臣等和宫廷画师管念慈合影（摄于1902年）

注：前排右一：屈兆麟

中排左起：大刀刘德胜、李尧臣、翟禹臣、郭云深、管念慈（古琴名家管平湖先生之父）

后排左起：王兰亭、王豪亭、王显亭、李淳风、白云峰、孙立亭、大枪侯金魁

这张郭云深先生与王兰亭、李尧臣、翟禹臣和宫廷画师管念慈先生等的合影，来源于柳琴所著的《最后的镖王》，照片标明拍摄于1902年，当时李尧臣先生26岁，李尧臣先生和爱国将领博尔金之女金氏的订婚照在书中标注为1908年，1972年还有与弟子柳琴等人的合影。李尧臣先生不可能将自己的订婚照错误标注日期，当然也不可能将与郭云深先生等的合影错误地标注日期。

照片中的郭云深为张占魁和王芗斋的老师，以“半步崩拳打遍天下”称名于世，清光绪三年设教西陵，曾在宗室等地任教。李尧臣，有“镖王李”之称，年轻时曾为皇室保驾，慈禧太后观看其武功绝技后，曾赐予长虹宝剑。王兰亭为端王府总管，乃是杨露禅设教于端王府时收的弟子，王兰亭颇得杨氏太极拳的真传。翟禹臣亦为皇家镖师。管念慈为古琴大师管平湖先生之父，工书、画，光绪间应召入内廷奉旨改号莲盦，光绪称为横山先生，恩遇有加，继张乐斋掌画院，名望一时。善篆刻，光绪所用玺印多出其手。

宫廷画师管念慈为大内高手李尧臣所刻印章“劒气诗情”

• 江湖往事

李洛能生前不支持郭云深到山西搞拳艺切磋，担心在自己“出道”的晋地“惹出麻烦”，便嘱咐车毅斋（李洛能八大弟子之一）派人将郭云深送回深州。车便派弟子吕学隆护送郭云深。郭云深借机绕道拜访了绥远、内蒙古、北京等地的习武人。到北京时，吕学隆已经身无分文，为了完成师父的护送任务，“违规”地在北京撂场卖艺凑盘缠，旗开得胜。送郭云深回深州后，又回到北京教徒。樊家三世传人樊宜兴，也多次回籍贯，了解爷辈及家庭的其他情况。樊瑞峰（中原国术研究会会长）也对儿子樊宜兴谈到了珍贵照片的拍摄地点，就在爷爷樊永庆先生任钱庄经理的徐沟“晋源泰”分店，当时还拍有生活照。

形意门宗师郭云深与同门车毅斋先生等合影（徐小明导演提供）

注：左起持大枪者为李复祯，身后为吕学隆、王凤翙、郭昆，穿黑大褂坐者为车毅斋，中间站立者为陈际德，穿白大褂黑坎肩坐者为郭云深，穿白上衣者为王之贵，一身黑衣者为孟天锡，旁者为武杰，持刀者为樊永庆先生。

照片用纸产自意大利，照片的始有人是山西形意拳名家樊永庆先生。太原第一家照相馆诞生于1886年，照片应该是在李洛能1888年去世后拍的。

二、形意分衍

近代武林谈及形意拳者，常将形意拳分为三派：一是以一直教授传统形意拳的张占魁先生为代表的保守派，二是以创立了孙式太极拳的孙福全（字禄堂）先生为代表的综合派，三是以李存义、王芗斋先生为代表的心意派。

张占魁先生

孙禄堂先生

1911 年，王芗斋先生居北京授拳，后应张占魁先生之邀赴天津授拳。王芗斋先生在天津授拳期间，发现许多人过分注重动作外形之优劣，而忽视了精神意感的训练，遂将形意拳复“意拳”原称，提醒后人重视拳法中的意感，后来写下了《意拳正轨》，文中称郭老所传意拳既无五行生克之论，也无套路及十二形等练法。正如李英昂先生所述：“《意拳正轨》一卷，原为先师王芗斋先生民初在天津传艺时，师生间传习之纲目，本非问世之文……云深先生喜先师之颖悟，以心意拳大旨授之……心意拳，原称心意六合拳，简称意拳。”

注：此照片 1926 年摄于天津中原公司楼顶花园。左起座椅者为张占华、尚云祥、张占魁、王芗斋先生。

李瑞林先生标注：左一站立者为魏美儒，张占魁身后为翟树珍，其左侧为马祺昌，尚云祥左后白衣站立者为其弟子辛健侯。赵道新在穿白衣者左后方，站立左起第三人为韩慕侠。照片提供者为好友周明先生，据周明先生见告：站立左起第五人为赵道新先生，和李瑞林先生标注一致。以前见到的照片不够清晰，多标注“站立左起第三人为赵道新先生”，这张照片能够确定站立左起第五人为赵道新先生。

1926 年，王芗斋去天津拜访师兄张占魁，并在太古公司及青年会授艺，弟子大部分为张占魁所介绍。其中的赵道新、顾小痴、马其昌、郑志松、苗春雨、张宗慧、裘稚和、赵作尧、赵逢尧、张恩桐、卜恩富，被称为津门十一杰。

除上述三派之外，李洛能的弟子、郭云深先生的师兄弟——宋世荣先生创立了宋氏形意拳，后又由其第一代弟子宋虎臣、宋铁麟、贾蕴高、任尔琪等人的继承、发展和完善，已经成为一整套完整、系统、科学的武学体系。

宋世荣先生

宋氏形意拳的练法是以《内功四经》为指导的，它先从内功经入手练习，再次为纳卦经，然后再练内功十二大力法，又次为神运经，最后以地龙经收全功。宋氏形意拳发力，要求做到上下互撑，左右争衡，前后互为作用，内外相合，全身整体协调，先松后紧，紧而速松，随松随紧的六合浑圆整劲。其劲路讲究通、透、穿、贴、松、悍、合、坚。劲法则讲究惊、弹、抖、炸、寸、绝、滚、颤。伏如横弩，动若发机，能瞬间骤然爆发出鼓荡抖颤的弹性炸力，周身激荡回旋，振荡不已，即所谓“遇敌好似火烧身，炸力发出无断续”的连续爆炸力。

三、意拳溯源

意拳是心意拳的简称，相传为南宋抗金英雄岳飞所创，然首传其技者，则为山西蒲州人姬际可，迄今已有三百余年历史。河北深州人李洛能从山西戴文雄学得心意拳后，返回河北改名易派为形意拳。有的拳家因此将形意拳与心意拳不辨异同，混为一谈。

中国体育史学会黄新铭先生，为了探寻两种拳法的渊源，曾走访河南山西等地，对各派代表人物的故里作了大量的实地调查，终于查清了心意拳与形意拳的渊源关系及地区分布，对研究大成拳与心意拳的关系颇有助益。

心意拳与形意拳不可混为一谈

心意拳（全称是心意六合拳）与形意拳有着渊源关系，但不是同代拳法。创立时代不同，基本架势有异，因而不能混为一谈。形意拳是从心意拳中衍化出一支。

许多年来，世人常把两拳并提，认为是一拳两名,《体育词典》中的“形意拳”一条，也说“形意拳一名心意拳”。某些形意拳专著和专论也坚持这一说法。这是由于许多年来，一些撰写形意拳史的拳家，只注意从社会上流行的形意拳作逆向考察而未注意从心意拳初创时往下分支作顺向考察；只注意从形意拳流布地区的纵向考察，忽略了对心意拳河南派（马学礼系）与山西派（戴龙邦系）的横向考察，只注意研究了古代遗留下来的少量文献，忽略了对该拳创始人及各派代表人物的故里作实地调查，忽略了对各派流行地区的不同拳法作细致观察，因而得出了错误的结论。

笔者认为，心意拳与形意拳不能混为一谈。理由如下。

一、从时间上辨别

心意拳创始于明末清初，迄今已有三百余年的历史。创始人是山西蒲州的姬龙峰（后人误写为姬隆丰、姬龙丰、姬隆风，还有误写为姬龙、姬凤的），创拳时间在1645—1655年间。

形意拳，是李洛能从山西祁县戴文勋（戴龙邦之次子）学艺后到太谷县绅士孟绰如家教拳以后另取的一个拳名，时间是1856年以后。只有一百余年的历史。

二、从拳名上辨别

心意拳从产生到现在，一直名为“心意”，从来就未混称“形意”过。无论少林寺的心意把、河南心意拳和山西祁县心意拳都是如此。形意拳此名产生后，至今无论郭云深——刘奇兰系，还是车毅斋——宋世荣系大都称“形意”，极少有人也称“心意”的。可以说一百二十五年中，各叫各的名，双称者为数甚少。

就具体架势名称来说，心意拳中的“单把”“双把”“挑领”“斩手”“卷地风”“鹰捉把”“马闯槽”“蛇吐信”等，在形意拳中并没有，而形意拳中的“安身炮”“九套环”，在心意拳中也没有。

三、从基本架势上辨别

心意拳的基本架势是侧身弓箭步，要求：头、肩、背、胯、后腿、后足要斜成一线；头、前肩、前膝、足要垂直成一线，名为“箭杆穿叶”，构成一个直角三角形。“消息全凭后腿蹬”，后腿一定要用力蹬直。

形意拳的基本架势是前腿、后腿都弯曲，（有练后腿七成劲，前腿三成劲的，有练后腿六成劲，前腿四成劲的）名为“三体式”的桩法。郭云深称“三体式”为“万形之基础”。

四、从技击要求上辨别

心意拳动作，可以明显看出头打、肩打、肘打、膝打、脚打、手打的用法。而形意拳只能明显看出手打，即梢节打法，看不出肘打、肩打、头打、膝打、足打之处。心意拳的技击法与古拳谱（如雍正十一年王自诚编《心意六合拳谱》中所强调的“六合十要”“虎扑鹰捉”以及后来的“七星歌诀”），是一致的。

许多形意拳专著也引用或附录《心意六合拳谱》中的第九章《六合十大要序》（易名为《曹

继武十法摘要》）和《七星歌诀》，但理论与实用很难一致。

五、从传递系统上辨别

少林寺的心意把其十二大势，自清初至今在少林寺部分僧人中秘传，延续三百年。（今考此拳应为姬龙峰的初传拳法）河南马学礼传心意拳，分两支，其一为马学礼之外甥马兴（马三元之长兄）传子马梅虎，逐代传习于洛阳东关、北瑶、马坡、塔湾四处的回民中，外地人不知此拳真相。另一支为马学礼徒张志诚传李祯，李传张聚，张传买壮图，在洛阳以外回民中流传。

山西祁县戴龙邦氏将心意拳传子戴文量（大闾）戴文勋（二闾），戴文勋传戴良栋、李洛能。戴氏心意增创了五行拳（劈、崩、钻、炮、横）但基本架势与李洛能所创形意五行拳也不同。（山西心意五行拳也是以弓步为主体，并非三体式）

目前，河南心意拳马兴一支已传至第八代，张志诚一支已传至第十二代。祁县心意拳已传至第七代。形意拳从李洛能以后，分为河北深县一系，由刘奇兰传李存义、张占魁等人；郭云深传李奎垣、许占鳌、王芗斋等人，统称形意拳河北派；山西太谷车毅斋及宋世荣一系，称形意拳山西派（车氏形意架势，仍带有戴家拳痕迹），心意、形意两拳各有各的传人，各有各的传布地区和范围，多少年来，都是“互不干扰”的。

山西农业大学体育教学部的王文清先生对心意拳的创始人姬际可及其拳法传承做了更详细的调查。

形意拳与心意拳的渊源关系

关于心意拳的创立，众说纷纭，近十几年中，经黄新铭、吴殿科等学者考证，心意拳当属明朝末年山西蒲州人姬际可所创，已为广大形意界同仁认定。据《姬际可自述》记载：“老朽感焉，悉心研习其精义，十易寒暑，会其理于一本，通其形于万株，以六合为法，五行十形为拳，以心之发动曰意，意之所向为拳，名曰心意六合拳……以心意诚于中而肢体形于外，含藏先天之本，性命生死之道，阴阳之母，四象之根，以夺阴阳之造化，扭转乾坤之气机。”又据雍正十三年（1735）河南进士王自成《拳论质疑序》记载：“拳之种类不同，他端亦不知创自何人，惟此六合拳则出自山西姬龙、姬凤（实为一人），二师乃系明末人也，精于枪法，人皆以为神，而先生犹有虑焉。以为吾处乱世，出则可操兵，归则执枪可自卫，若太平之日，刀兵鞘伏，倘遇不测，将何以御之。于是将枪法为拳法，会其理为一本，通形于万株，名其拳曰六合。”等史料，均证实了心意拳创立于反清复明的民族斗争十分激烈的清王朝立国之初，为山西永济人姬际可所创。

姬际可，字龙峰（有的拳谱记做龙凤、隆风或隆丰），生于明万历末，卒于康熙中期，为八世姬训之次子。自创立心意六合拳后，便离开终南山，物色传人。《姬际可自述》记载：“然沿途所遇，皆为庸俗之辈。到苏、常一带访友，巧遇王辅臣父子，承他父子另眼看待，其子耀龙尚能刻苦用功。转瞬五载，又西南行，至秋浦遇曹公托其子继武与我，一教十二年，其技方成。”据曹继武《拳论·十法摘要》记载：“余从学姬氏，以接姬氏之传，得之甚详，就其论而释之，定为《十法摘要》，非敢妄行于世，聊以训子弟云尔。”乾隆十五年（1750）戴龙邦《心意六合拳序》也载：“独我姬公名际可，字隆凤，生于明末清初，为蒲东诸冯人氏，访名师于终南山，得岳武穆王拳经，后授师曹继武先生于秋蒲。”可见姬际可传曹继武心意六合拳，曹继武又传戴龙邦已确信无疑。

戴龙邦学得姬氏所创心意六合拳，得五行、十形真传及《拳论·十法摘要》《姬际可自述》珍贵墨本后，从师命返晋，途经洛阳时，于马学礼书室作《心意六合拳序》。回归故里后，因种种原因，将心意六合拳禁锢，只传子、侄及内亲，不再外传。因此，心意门人中有“戴氏祖传心意拳”之说。据祁县体委武术挖掘整理小组李秀宁等学者考证：“祁县戴氏心意拳的始祖为戴龙邦先生，系祁县小韩村人。龙邦先生将心意传于其子文量（大闾）、文勋（二闾）。”“二闾晚年隐居祁县小韩村，将此拳传于戴五昌，本族戴良栋。”又据现存于山西太谷县贯家堡村碑文《车君毅斋纪念碑记》记载：“拳术，中国绝技也。有少林内外家之别。吾郡则自咸同间此术独盛。一曰王长乐弟子，一曰戴文雄弟子。长乐，交人。戴氏小字二闾，则祁人也。戴氏祖传心意拳，少林外家支派，外传李老农。老农为吾世丈孟綍如先生座上客，再传车毅斋。”等历史文献，均证实了继戴龙邦后，心意六合拳传人有戴文雄（勋）、李老农、车毅斋的事实。其中，戴文雄收李老农为徒，开创了“戴氏祖传心意拳”外传的历史。而李老农则是心意拳向形意拳衍化过程中起关键作用的传人。

戴龙邦先生曾于清乾隆十五年岁次庚午荷月，于河南洛阳马学礼处书有《意拳原序》一文，认为意拳为岳飞所创。

王当童子时，受业于少林侗大禅师，精通枪法，以枪为拳，立一法以教将佐，名曰意拳。神妙莫测，盖从古未有之技也。王以后，金元明数代，鲜有其技。独我姬公，名际可，字隆风，生于明末清初，为蒲东诸冯人氏，访名师于终南山，得岳武穆王拳谱，后授余师曹继武先生于秋浦，时人不知其武勇。先生习练十有二年，技勇方成。清康熙癸酉年连捷三元，钦命为陕西靖远总镇大都督之职，致仕归籍。余游至池州，先生以此拳授余，学之十易寒暑，先生曰：“子武勇成矣。”余回晋至洛阳，遇学礼马公？谈势甚洽，嘱余为序，余不文，焉能当此，但见世有能悍之士，未尝无兼人之力，及视其艺，再扣其学，手不应心，论不合道，何也？不得个中真传故也。所谓真传者，名曰武，其实贵和。和者，智与勇顺成自然之谓也。岂世传捉拿、钩打、封闭、闪战，逞其跳跃，悦人耳目者之可比。有其论，古今英勇之气，刚正之慨，威武矫矫不群者，尽为所失，而与做戏之辈，夫相同也。而论此艺，其大要不外阴阳、五行、动静、起落、进退、虚实、而其妙又须六合。六合者，分内三合外三合，内三合眼与心合，心与意合，意与气合，外三合，手与足合，肘与膝合，肩与胯合，内外如一，称其六合。苟能日就月将，智无不圆，勇无不胜。得乎之知礼，会乎之知精，自然能去能就，能弱能强，能进能退，能柔能刚，不动如山岳，难知如阴阳，无穷于天地，充足如太仓、浩渺如江海、炫耀如三光。以此观近世之演武者，异乎不异乎，同乎不同乎，学者不可不详辨之。是为序。

在河南心意门流传的《心意六合拳谱》则异于戴氏之说，其序云：“拳之类不一，其端不知创自何人，惟六合出于山西姬龙凤先生，先生明末人也，精枪法，人呼为神，先生曰：‘吾处乱世，执枪卫身则可，若处平世，兵刃诸灭，倘遇不测，以何御之，'于是变枪为拳，理会一术……"

《心意六合拳谱》中还题有谱序"雍正十一年三月河南李天名，雍正十三年正月新安王自诚，乾隆十九年七月汝州王琛琳，乾隆四十四年汝州马定振……"

李慎泽先生总结道："撰谱者皆是姬氏隔代弟子，则其说各异。有关岳飞史料中，仅有'精武技，通兵法，曾学射于周侗'等语，而所治何拳，均无记载。从南宋到明末，历经几百年历史，未见有类似拳法或文献传于世。至于姬氏如何得到岳飞拳谱，众说不一，皆无充分资料。因此'岳飞创意拳'之说，尚无考证根据。然从上述诸谱皆可证实，心意六合拳首传于姬隆峰，姬氏之后，其流传已历历可考，历代各有传人。据今人考证，姬氏确有其人，其原籍，生平年代，精枪法，创意拳，传艺河南等考证，均与二百多年前所撰之谱吻合，唯有访师终南山得岳武穆王拳谱一事，结论相反。因此，姬隆峰是心意六合拳的创始人已无疑，列为第一代开山鼻祖，当之无愧，正像八卦掌之董海川，首传其技，师承无系。姬氏原习何种拳法，枪术师承何人，已不可考。所创心意六合掌，应归于何派？旧谱相传，是源于达摩之内经。今人考证，是姬氏居少林寺时，见二鸡争斗，启发心悟，而创此拳。就此两种见解，都应将以心意六合拳归宗于少林派拳法。"

不同于前者考据意拳起源的结论，王芗斋先生认为是达摩创立意拳，他在《意拳正轨》序文中写道："技击一道，甚矣哉之难言也。诗言拳勇，礼言角力，皆技击之起源。降至汉代，华佗氏作五禽之戏，亦技击本质，良以当时习者甚少，以致湮没无闻。迨至梁天监中，达摩东来，以讲经授徒之余，兼习锻炼筋骨之术，采禽兽性灵之特长，参以洗髓易筋之法，而创意拳，又曰心意拳。徒众精是技者甚多，少林之名，亦因之而噪起。岳武穆复集各家精华，编为五技连拳、散手、撩手诸法，称为形意拳。"

王芗斋先生晚年的得力助手于永年先生对意拳起源考证的结论与芗老意见不同，他在《站桩的近代发展》中发表了自己的观点。

过去一般相传为宋代名将岳飞（1103—1142）岳武穆王所创。但根据黄新铭著《姬际可传》（原载《武林》1983年第四期）认为：姬际可……是心意拳的创始人，为第一代拳法。据文献记载，姬际可居少林寺十年，见雄鸡相斗，遂悟其理，而兴此拳。心意把在少林寺为秘传绝技，外人很难见到。

又据黄新铭著《心意六合拳各代拳法初探》（原载《武林》1985年第四期）载有：第二代拳法，河南心意拳与山西心意拳，此拳分为南北二支，马学礼一支称"河南派"，戴龙邦一支称"山西派"。

第三代拳法：形意拳。

形意拳是从心意六合拳衍化出的一支，它既非始于岳飞，又非始于姬龙峰，而是始于李洛能。李氏在1840—1850年间到山西祁县戴家学拳，此时上距戴龙邦在洛阳马学礼书室作拳谱序时约晚一百年，李洛能不可能直接从戴龙邦学艺，祁县人说他是跟戴龙邦之子戴文勋的表弟郭维汉学的拳。李氏将"心意"改为"形意"，形意之名由此始。李洛能弟子车毅斋、宋世荣一支称形意拳山西派，郭云深、刘奇兰一支称形意拳河北派。

另一说法为山西口音“心”字同“形”字发音相同，河北深县人李洛能误认为“心”字为“形”字，因此，回故乡后称为“形意拳”，实系“心”字之误，流传至今。

第四代拳法：意拳

意拳为郭云深弟子王芗斋所创，此为最年轻一代拳法，意拳又名大成拳。

意拳是王芗斋先生二十年代在上海教授拳学时所使用的名称。

大成拳是王芗斋先生四十年代在北京教授拳学时所使用的名称。

……

五十年代日本人泽井健一在东京开始传艺时称之为“太气拳”，他在1976年出版了《中国实战拳法——太气拳》，书中详述了四十年代他在北京与王芗斋先生试手失败后向王先生学习大成拳的经过，并对中国拳学有了新的认识，从学者除日本人士外尚有不远千里漂洋过海前往学习的西方人士。泽井健一（1903—1989）是日本的武术名家，创太气拳，被誉为日本的拳圣和太气圣至诚拳法宗师。

1994年，香港意拳学会编辑小组成员霍震寰、禤绍灿、李敬棠先生编辑出版了《意拳汇综》一书，其中的《大成拳论》附记中写道。

《大成拳论》，河北深县王芗斋先生著。此外尚有《拳道中枢》《意拳正轨》以及《习拳一得》与《健身桩漫谈》(或作《养生桩漫谈》)等。《拳道中枢》与《大成拳论》名异而实同；《意拳正轨》早经先生否定；其余二者，则为先生所口述，学者笔录。然系转相传抄，字多伪误。今以此本为主，参校《拳道中枢》，是正伪误，稍加修订；其于拳论，一字未易。

先生幼学于同县郭云深，郭为形意大师，先生得其神髓，创为“站桩”，技绝一时。从游者甚众。

形意拳，一名心意拳。由陕西传入河南，河南传入山西。清康熙间，姬际风以贡举不第，自言于终南山得岳飞秘本，闭门三年习之而成。此形意拳始于岳飞之说所由来，实含有民族意识，盖有讬而言者也。昔所谓“内家拳”，原指在家所习之少林拳；“外家拳”乃指出家僧众而言，非今俗所谓“内家拳”与“外家拳”别为一事。

又言：形意拳最初叫“践、钻、裹”老三拳。王芗斋先生认为当时学形意拳的人，连形也不似，因此他把形字去掉，只叫“意拳”。一九四〇年，改名“大成拳”。嗣后，连“大成”也不叫了，把它叫“站桩”。此皆他人所未道，用并及之，以资博识。

意拳的起源、传承、演变虽说尚未定论，却不离上述几位前辈的观点，笔者汇于一处，供读者参考。

另，笔者发现戴龙邦之师曹继武先生留传有《拳论·十法摘要》一文，其认为意拳为岳飞所创立，除此之外，文中详细地论述了三节、四梢、五行、身法、步法、后足法、上法进法、顾法、三性调养法及内劲的理论，大成拳的理论亦有不少源于此，故收录全文。

拳论·十法摘要

一曰三节。何为三节？举一身而言之，手臂为梢节，腰胯为中节，足腿为根节是也。分而言之，三节中又各有三节，如梢节之三节。则手为梢节，肘为中节，肩为根节；中节之三节，则胸为梢节，心为中节，丹田为根节；根节之三节，则足为梢节，膝为中节，胯为根节，皆不外起、随、追三字而已。盖梢节起，中节随，则根节要追。三节相应，不致有长短曲直之病，亦无参差俯仰之虞，所以三节贵乎明也。

二曰四梢。何为四梢？盖浑身毛孔为血梢，手指、足指为筋梢，牙为骨梢，舌为肉梢。与人相搏时，舌顶上腭，则肉梢齐；手腕足腕撑动，则筋梢齐；牙齿相合，则骨梢齐，后项撑动，则血梢齐。四梢俱齐，则内劲发矣。所以四梢，尤其要诀耳。

三曰五行。五行者，金、木、水、火、土也。内对人五脏，外对人五官，均属五行。如五脏则心属火，心急勇生力；脾属土，脾动大力攻；肝属木，肝急火焰蒸；肺属金，肺动成雷声；肾属水，肾动快如风。此五行之存于内也。目通于肝，鼻通于肺，耳通于肾，口舌通于心，人中通于脾，此五行之著于外也。故曰五行真如五道关，无人把守自遮拦，天地交合，云蔽日月，武艺相争，蔽住五行，真确论也。又手心通心属火，鼻尖通肺属金，火到金化，最宜注意。余可类推矣。

四曰身法，身法有八要，起落、进退、反侧、收纵是也。起落者，起为横，落为顺；进退者，进走低，退走高；反侧者，反身顾后，侧身顾左右也；收纵者，收如猫伏，纵如虎放也。大抵以中平为宜，以正直为妙，与三节法相合，不可不知。

五曰步法，步法有寸步、垫步、快步、剪步是也。如三尺远，寸一步可到，即用寸步；如四五尺远，即用垫步；快步者，起前足带后足，平走如飞，并非踊跃而往也，犹如马奔虎践之意也，非意成者，不能用也，谨记远处不发足。倘遇人多或有器械者，则连腿带足，并剪而上，即所谓踩足二起，鸳鸯脚是也。善学者，随便用之，总不可执，习之纯熟，用于无心，方尽其妙。

六曰手足法。手法者，单手、双手、起手、拎手是也。起前手，如鹞子入林，须束翅束身而起；推后手，如燕子抄水，往上翻，藏身而落，此单手法也。如双手，则两手交互，并起并落，起如举鼎，落如分砖也。至于筋梢发，有起有落者，谓之起手，筋梢不发，起而未落者，谓之拎手。总之直而非直，曲而非曲，肘护心肋，手撩阴起，而其起如虎之扑人，其落如鹰之抓物也。足法者，起钻落翻，忌踢宜踩，盖足起，膝起往怀，膝打膝分而出，其形上翻，如手起撩阴是也。至于落，即如以石钻物也、亦如手之落箱同也。忌踢者，一踢浑身都是空也，宜踩者，即如手之落鹰抓物也。手法足法，本自相同，而足之为用，尤必知其如虎之行无声、龙之行莫测也。

七曰上法、进法。上法以手为妙，进法以步为先，而总以身法为要，起手如丹凤朝阳是也，进步如抢上抢步、进相踩打是也。必须三节明、四梢齐、五行蔽、身法活，手足相连，内外一气，然后度其远近，随其老嫩，一动而即至也。然其方法有六，六方者，工、顺、勇、急、狠、真也，工者巧妙也，顺者顺其自然也，勇者果断也，疾者紧急快也，狠者不容情也，心一动而内劲出也，真者发心中得见之真，而彼难变化也。六方明，则上法、进法得矣。

八曰顾法、开法、截法、追法。顾法者，单顾、双顾、顾上下、顾左右前后也。如单手顾则用截捶，双手顾则用横拳，顾上则用冲天炮，顾下则用扫地炮，顾前后则用前后扫捶，顾左右则用填边炮，拳一触即动，非若它门之勾连棚架也。开法者，有左开、右开、刚开、柔开也，左开如里填，右开如外填，刚开如前六艺之硬劲，柔开如后六艺之柔劲也。截法者，有截手、截身、截言、截面、截心也。截手者，彼手已动而未到则截之；截身者，彼微动而我先截也；截言者，彼言漏其意则截之；截面者，彼面漏其色而截之；截心者，彼目笑眉喜，言其意恭，我须防其有心而迎机以截之也，则截法岂可忽乎哉？追法者、与上法进法贯注一气，则随身紧起，追风赶月不放松也，彼虽欲走而不能，何虑其邪术哉？

九曰三性调养法。何为三性？盖眼为见性，耳为灵性，心为勇性。此三性为艺中之妙用也。故眼中不时常观察，耳中不时常报应，心中不时常惊醒，则精灵之意在我，所谓先事预防，不致为人所算，而无失机之虞也。

十曰内劲。夫内劲者，寄于无形之中而接于有形之表，可以意会难以言传者也。然其理则可参焉。盖志者，气之帅也，气者，体之充也。心动而气则随之，气动而力则赶之，此必然之理也。有谓撞劲者，非也，有谓攻劲崩劲者，亦非也，殆实粘劲也。窃思撞劲太直而难起落，攻劲太死而难变化，崩劲太拙而难展抬，皆强硬漏形而不灵也。粘劲者，先后无之气；日久练为一贯也，出没甚捷，可使日月无光而不见形，手到劲发，可使阴阳交合而不费力。总之如虎之登山，如龙之行空，方为得体。以上十法，练为一贯，而武艺不已成乎？吾会其理，摘其要而释之，以为后学者训。

结　论

闻子不语力，固尚德不尚力，意之也。然夹谷之会，必用司马，且曰吾门有由，恶言不入于耳，是武力诚不可少矣。于是顾其身家，保其性命，有拳尚也、拳之种类不同，他门亦不悉创自何人，唯此六合意拳则出自宋朝、岳武穆王，嗣后金元明代，鲜有其技，至明末有山西姬隆风先生，遍访名师，至终南山，曾遇异人，以岳王拳谱传授。先生自得斯谱，如获至宝，朝夕磨炼，尽悟其妙。而先生济世心切，尤虑人民处于乱世，出则持器械以自卫尚可，若夫太平之日，刀兵伏鞘，倘遇不测，将何以御之？是除学练技击外无他法也，于是尽传其术。于六合意拳，变为十二势，十二势仍归于一势，又曰三回九转是一势，且又有刚柔之分也。刚者在先，固征其异，柔者在后，尤寄其妙。亦由显入微，由粗入精之意也，观世之练艺者，多惑于异端之说，而以善走为奇，亦知此拳有追法乎？以能闪为妙，亦知此拳有截法乎？以左右封闭为得力，亦知此拳有动不见形，一动即至，而不及封闭乎？其能走能闪能闭能封，亦必自有所见，而能然也。其于昼间遇敌，尚可侥幸取胜，若黑夜之间，偶逢贼盗，猝遇仇敌，不能见其所以来，将何以闭而避之？不能见其所以动，将何以封而闭之乎？岂不反误自身也，唯我六合意拳，练上法、顾法、开法于一贯，而其机自灵，其动自捷，虽黑夜之间，风吹草动，有触必应，并不自知其何以然也，独精于斯者自领之耳。然得姬老师之真传者，只有郑师一人，郑师于拳枪刀棍无所不精，会通其理，因述为论，乃知一切武艺皆出于拳内也。但世之学六合意拳者，亦各不同，岂其艺之不同，究未得授真传，故差之毫厘，谬之千里，而况愈传愈讹，且不仅毫厘耳，余幸得学于郑师之门，以接姬老师之传者也。故法颇精，而余得之尤详，就其论而释之，著为十法摘要。非敢妄行诸世，余意在保姬师之传，亦聊以诲后进之人云尔。曹继武识。

四、意拳创立

1913 年，王芗斋在京城武术界已颇有影响，被称为少壮派武术家。山东临清武术名家周子岩，功夫深厚，曾与众多名家高手较技而未有失手，后闻王芗斋先生之名，遂专程来北平找其比武，结果惨败而归，第二年试技依然败北，回去后继续苦练，第三次比武依然惨败。自此周子岩先生才心悦诚服，恳求追随王芗斋先生学艺，后来成为王芗斋先生的得意门生。周先生自己后来说：“我本来是想当先生的，谁知成了学生。”

周子岩先生

当时，袁世凯的陆军次长齐振林之子齐执度等人拜在芗斋门下学艺。齐执度著有《拳学新编》一文，实际上是芗老将自己的拳学笔记交给他整理而成的，现在仍然是练习意拳、大成拳的指导性文章。齐当年曾与章乃器于报端讨论拳学，名盛一时。

1928 年，张静江主浙，在杭州举办全国武术比赛大会。芗斋先生应李景林、张之江之邀，随师兄张占魁参加大会。大会由李芳宸任评判长，王芗斋应聘为评判。在会上，以王宇僧之名表演了“沧海龙吟”。在大会期间，王芗斋还结识了五式梅花桩名家刘丕显，彼此切磋技艺，相互均有受益，大成拳的穿裆脚即源于刘丕显先生。刘自幼习武，精通许多拳种，尤其是梅花拳及弹腿功夫，其用腿已臻于绝妙地步。

运动会结束后，王芗斋先生与师兄钱砚堂先生相认，钱砚堂先生为郭云深先生最得意弟子，在郭云深先生获罪服刑 3 年，期间受钱知府的护佑恩泽，未受牢狱之苦，居住钱知府家中，在后院密授钱砚堂先生 3 年。

钱先生早就风闻王芗斋先生功夫超众，颇得老师郭云深真传，这次一定要听听劲，看看到底功夫如何，王芗斋先生则逊称不敢。但钱氏坚持要试。王芗斋先生回答道：如兄愿看小弟之学业，弟请兄落于身后沙发上。钱先生随即以上步崩拳直取之，芗老则以双臂迎击，钱先生即落于指定沙发之上。王芗斋先生赶忙上前扶起师兄，钱氏则激动地说道：“没想到你真的得到了老师的看家功夫！”时张长信先生亦在座，对先生武技钦慕万分，即请钱砚堂先生做介绍人拜入师门学习意拳。我们从张长信先生晚年的练功照中，还能看出其深厚的内功。

张长信先生晚年练功照（张小元提供）

朱名山在《张长信史略》一文中如下写道。

中国武术，源远流长，浩如烟海。千百年来，各门各派互争雄长，非但门户甚严，陈规墨守，抑且套路繁复交相演变，不一而足，或称少林、武当、杂家，或统称内家、外家，凤爪龙鳞，难求有绪。然则寓意强身健体，图强御侮，则殊途同归，犹如百川汇海。中国积弱，数千年来朝代更迭，民智鸿蒙未开，内忧外患交侵，生灵涂炭，诚属国族最大之不幸。凡我国人，亟应奋起，健身强国，优之倡之，刻不容缓，有识之士，当不河汉斯言！

张长信先生

• 张长信学武渊源

近代之杰出武术家张长信（1902—1990）先生，武技蜚声国内，海外则较少人知，实因其人敦厚，沉默寡言，不求闻达。他籍隶河北新城县，出身寒微，幼年时父亲为恶霸殴伤致死，兄弟三人在弱冠之年即投形意拳名家马玉堂门下。马玉堂乃名震华北形意拳名师单刀李存义之高足，长信自投马氏门，朝夕苦练浸润，深得马氏器重。十七岁时已能揣摩形意拳之精粹，五百斤重之石磙能单手竖之，站三体式桩，上身前后能承受重拳猛击，双臂引气时不畏牙齿噬咬。十九岁时能一口气打形意崩拳八百下，与同辈交手，三五健者视若等闲。斯时方拟为父报仇，其师善言开导："习武当以健身强国为宗旨，尤以行侠仗义为先，不应计及私仇，冤冤相报无了期，今后应与武艺超群豪侠相结纳，使形意拳日益发扬光大，出而协助大师兄朱国福兄弟光大上海武学会。"并为其阐释1900年义和团抗御外侮之种种可歌可泣义行。张听后感激涕零，决意为形意拳争光。

• 加盟上海武学会

1915年，形意拳名师马玉堂门下朱国福、朱国禄昆仲于上海首创"武学会"，助教中不乏头角峥嵘、身手不凡之辈，例如朱国祯、朱国祥、张长信兄长张长义、张长海、史云章、史佩文、田瑞芳、井山、王书田、马元基、赵飞霞、赵云霞、医生蔡香春等。不久张长信也前来会合，济济多士，会务蒸蒸日上，此为该会之全盛时期。以教授形意拳为主，旁及弹腿、少林大小洪拳、燕青拳、通背拳、罗汉拳、刀、枪、剑、棍，多不胜数。平日常有术界各门各派同道登门请求观摩试技，多由张长信出而相陪过招。张以惊人内力震慑对方，使其知难而退，但从不挫败伤人或自炫技高，其宅心仁厚可见一斑。

• 挫苏俄大力士

1926年，菲律宾拳师绰号“软牛”者，在上海南京路公开设擂台比武，在台上以横幅布条大书：能击败他的赏银五百大元，门票分五元、十元两种。当时银圆价值不菲，虽然重赏之下必有勇夫，但是扰攘多日竟无人胆敢上台挑战。事为张长信得知，便于某日化名张士良登台与之较。孰知出台应战的却是一位身重二百八十斤的苏俄大力士——巨人思可洛夫，此彪形大汉体重拳精，应战经验极丰富，图以巨鹰搏兔及快速猛攻的老练手法取胜。张长信洞悉其诡计，便运用形意拳之猴、燕、马形灵活多变的步法与敌人展开周旋，使敌拳尽数落空，更趁敌人回手之俄顷，佯以猛攻而双手乏力之手法诱敌，扰乱敌人思路。在第五回合时，思可洛夫已汗流浃背，气喘如牛。第六回合时，思可洛夫的身法步法更呈散乱无章，张长信此时看准时机，迅即以形意拳之黑虎掏心、野马闯槽，双拳猛击其胸。敌人虽然身躯庞大，不料要害中招不堪连环相击，遂颓然倒地，但是不旋踵便又就地爬起，势如疯虎迎面猛扑，张氏气定神闲，又给他一个龙虎相交，拳脚并施之下，再次击中其要害，敌人便再次倒地不起，饱尝了形意拳的真正滋味，最后不得不由菲人“软牛”出面，双手捧出大洋六十元并答应立即折去横幅大字认输，悄然离去。在场的数百名观众掌声雷动，叫好之声不绝。此一击败苏俄大力士之消息不胫而走，轰动京沪，传为美谈。当时由静安寺通往外滩的一路电车上，张师大败苏俄大力士的大幅画像广告，宣扬一个多月。

除此次擂台比武之外，张长信还参加了1928年中央国术馆在南京举行的首届国术国考，获得中等；在1930年上海举行的国术大赛中获得第十名，成绩斐然，实战技击经验之丰富，在同辈中亦属佼佼。

• 王芗斋、吴翼翚的得意弟子

王芗斋（1886—1963），河北省深县人。十四岁时投入大师郭云深门下，深得形意拳十二桩功秘传，朝夕苦练揣摩，功夫大进。弱冠之年，已成一代名师。嗣后遍访高深造诣之武术同道，以形意拳为基础，集各家之长，创编了独树一帜的大成拳桩功，其武术造诣已达登峰造极之境。在机缘巧合下，张长信获得他的青睐，投入其门墙习艺。王师亦深庆收得一名技艺超群、出类拔萃的好徒弟，因爱其才，每月津贴他二十元作为零用，此举已远远超出了师徒的关系。自此张长信朝夕勤修苦练，不间风雨，拳艺精进，被人喻为王氏徒众中“四大金刚”之首，威名远播。

吴翼翚（1887—1958），东北铁岭人。出身书香世家，文学渊博、武功极深，是六合八法拳历代相传之健者陈光第、阎国兴两先生的入室弟子，为近代华岳心意六合八法门中的中心代表人物，身怀绝技而不为人知，亦不求人知。王芗斋常推许吴氏为武术界之泰山北斗，可知其拳艺之造诣深不可测。当日南京中央国术馆长张之江慕其高义，武术超逸绝伦，遂礼聘其出任该馆编审处主任及教务处长以示备极推崇。所谓六合八法是六合为体、八法为用、刚柔并济、阴阳互应的高深拳学。

综上所述，张长信先生在王、吴两大宗师苦心孤诣传授下，历数十年浸润，尽得其传，王、吴两宗师拳艺均有独到之处，可以“雷霆万钧”之势比喻之。张长信得彼两人口传身授，深悟攻守刚柔并用之法，阴阳五行相生相克互应之机，深得形意、大成拳及六合八法合一之妙谛。晚近数年，张氏以八十余岁高龄尚且精神矍铄，步履矫健，其日常体现于“精、气、神”三方面仍不减当年之勇，举手投足间挟劲带风，大有昔日擂台上俨若天人之威武气概。

张长信先生晚年生活照（张小元提供）

张长信先生临终前将其从师吴翼翚多年学拳之经验、心得，并搜集吴师平日极珍贵之“片段札记”，穷其毕生之力编写成之《华岳心意六合八法拳》，一招一式详细解说，并过去条件所限未便公开之资料倾囊相授，实则发前人之未睹未闻，应属不世出之巨构。数十年来张师门下弟子逾万，纵如今日国内国家级武术教授张文广、温敬铭、蒋浩泉等人皆从其学，前南京中央国术馆馆长张之江亦师事张长信习六合八法拳有年，并聘张长信出任国术馆教官。由于张长信门下弟子众多，彼则因材施教，因习拳非比寻常，有天分而无恒心亦属徒然，有恒心而无天分更难有成，必须两者兼备方能登堂入室，得窥堂奥。因此，跟张师学艺的多数只能学到形意拳、八卦拳及搏击散手，而六合八法拳则非其人不授，因为它的拳理深不可测，乃一真正之心意拳种。其所谓“心意”并非单指人的思想及行为，还互参了宇宙变化、阴阳、五行、八卦等契合之机，极富高深哲理，与其他拳种相较实难其论，是以张师曾追随吴翼翚多年，锲而不舍其故在此。张师众多弟子中能得到六合八法拳真髓者亦仅十余人而已，如张师次公子张小元、刘基升、刘仲福、倪明康、谭锡和、方铭岳、韩锦春、赵龙发、陈靖等，其中之机缘殆有天焉。张师非但武艺超群，待人亦谦恭儒雅，传艺时既严格且富耐心，视徒儿如己出，其诲人不倦及任事一丝不苟的精神令人铭感终生。追怀一代武术大师之陨落，其流风余韵将名垂千古。最后谨以“高山仰止，景行行止，虽不能至，而心向往之”作结，不禁掷笔三叹。

胥荣东和张小元先生合影

张长信先生主要弟子有：张小元、陈靖、宣泰馨、刘基昇、刘仲福、倪明康、谭锡和、郭士奇、王继振、董大培、方铭岳、恽银森、王金贵、史美伟、李敏坚、涂荣康、赵龙发、刘显法、万勇南、林志鹏、王元坤、徐杰、韩锦春、朱小青、应炜、应煜。其子张小元全面继承了张长信先生的学术体系。

1990年，张长信先生在上海无疾而终，享年89岁。

王芗斋先生应钱先生之邀去了上海，并在上海牛庄路成立意拳社，其会员多为第一流的各派选手，不仅在私下比武中屡屡获胜，在公开比赛中也取得良好成绩。其中：韩樵、赵道新、张长信、高振东号称王芗斋门下“四大金刚”。张长信曾夺得上海市拳击公开赛冠军，赵道新在上海曾足穿拖鞋轻取宋子文的保镖挪威籍拳击家安德森。

王芗斋先生赴上海之约的这段往事，在韩樵先生晚年口述，韩竞辰整理的《见证意拳》中有详细叙述，引述于此。

以往习武之人，只知一心向学，刻苦训练，唯恐功夫不及他人。每日一睁开眼，所想、所讲、所练不离一个“拳学”，绝少有人刻意地去记录拳学历史，保存资料，这种状况，同传统的教学方式有很大的关系。传统教学主要是以口传心授的方式，以讲、练为主，先生讲，学生听、看，听完、看完就是一个练，讲究一个“悟”字，老话讲，师傅领进门，修行在个人。绝少有拿着书本，带着纸笔去学拳的人。

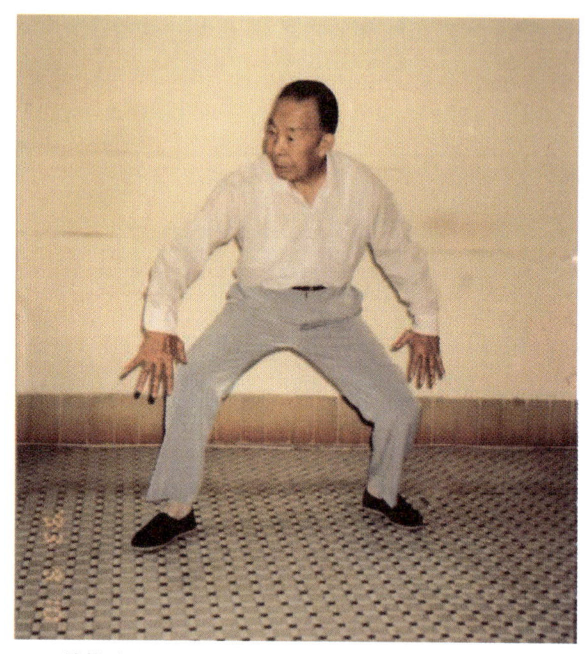

韩樵先生 84 岁练功照（王玉芳老师提供照片）

如今我年事已高（九十五岁），感觉到很有必要将自己追随先生十五载（1931—1946），所见、所闻原原本本地讲出来，希望对关注意拳历史的人，有所帮助。

王芗斋先生，自幼习练形意拳，天资聪颖，勇于实践，曾三次出门，前两次失败返乡，第三次才立住脚，青年时期其技击已然名噪京津一带，其后以形意拳门人身份，游历武术界，技艺大进。

至二十年代末期，先生赴上海拜会形意门师兄钱砚堂先生，钱先生是郭云深先生的亲授弟子，郭先生因命案发配，正遇钱先生之父（任知府）受理此案，因慕其名留在府中，教习钱先生，故未受牢狱之苦，后人传言郭老在狱中，悟得新法，纯属杜撰。钱先生对王先生之技艺，曾赋诗予以评价："夫子之墙高万仞，唯君入室且登堂。"

王芗斋（左）在沪期间与钱砚堂（中）、贾蕴高（右）的合影

在这段时期，王先生对自己练过的拳术实践，进行了全面细致的研讨与总结，祛除不实之学理，改进训练方法，逐步建立了独有的学术与训练体系大纲。在这个过程中，王先生与钱砚堂先生和吴翼翚先生（心意六合八法宗师）就拳学与拳术问题，进行了深入的探讨，因而意拳学术的建立，钱、吴二位先生的参与功不可没。并由钱先生首先支持创立新拳种，有力助长了王先生创立意拳的决心。

意拳的创立是在上海，在上海南京路先施公司后街牛庄路正式挂牌“意拳社”，公开授徒。

对于这段意拳创立的历史了解，是因为钱先生是我（韩樵）学习中医推拿的授业老师，而且本人亲身经历过三位老人在一起讨论的情景。

意拳的学理与训练方法，也是在不断完善的过程中。就拿桩法的改进来说，最初是受到了“一指禅”传统训练方法（易筋经）的启迪，形成“二十四式桩法”（在拙著《意拳学》中有具体介绍），后经先生“祛繁就简”，定为“浑元桩三式”为主要站桩形式。先生的锐意改革精神，非常人所能想象，首先革的是自己的命，随时会有新的观点的训练方法产生，从学者往往无法适应这种进展速度。

钱先生曾笑谓：“你（指王先生）只能教天才，可世上又有多少天才让你教呢？”王先生回答：“宁缺毋滥。”就像握拳的拳架，最初是没有的，之所以有此改进，是为适应拳击规则而改进的，目的是为参加拳击比赛，起因是 1932 年王先生与上海银行家余鲁伯先生，订立协约，余先生出资，王先生倾囊传授，立志培养出拳术人才，从中国一路打到美国去，一为证明中国的拳术水平，二为国人争光。我（韩樵）很有幸为先生首选学员，同期入选的还有张恩桐师弟、张长信师兄（张师兄因其他原因未能坚持，一个月后自动退出），这次培训从 1932 年至 1936 年，因上海沦陷而终止。

1935 年至 1937 年期间，先生带我（韩樵）与张恩桐师弟返先生家乡河北深县继续深造，在此期间有卜恩富师弟加入。曾有人言及深县训练时穿着拖鞋，抱着大公鸡，走摩擦步，此事纯属杜撰。先生是一个教学严谨之人，而且也是一个很注重仪表之人，如此颓废之相，早已将之赶出师门。

先生在北京推广意拳是在四存学会名下，四存学会会长最初是齐振林先生，后换届由张玉衡先生接任。先生推广意拳先是在羊宜宾胡同，后迁金鱼胡同那家花园，再迁弓弦胡同。

我（韩樵）是在 1946 年离开先生赴上海行医。见先生最后一面，是在首届全运会时，我作为上海摔跤队领队兼医务监督身份参加。

先生一生有两大感叹，一是上海培训协约未能完成，二是所创拳学不为大多数人所认同，先生曾赋诗以表情怀：

拳术别开一面新，筋存劲力骨存神。
静似伏豹腾空越，动似蛟龙扶浪奔。
叱咤一声风雷动，打破藩篱有几人。

几分骄傲，几分叹惜，又有几分期望。以上所述是我（韩樵）追随先生十五载，所了解和亲身经历的点点滴滴，希望对关注意拳历史的人，有所帮助。

王芗斋先生在上海期间，登门较技者甚众，然无不败北而归。许多人在比武较技后感到武功境界相差极其悬殊，于是投师其门下学艺，如张长信、卜恩富、高振东等。

当年世界轻量级拳击冠军，匈牙利籍的英格，扬言中国武术无实战价值，许多武术名家亦败在其手下。因著名相声大师马三立先生与英格亦熟识，马先生邀芗老与之试技（在马三立先生说的相声里提到过大成拳），两人约战上海，在试技的一瞬间，英格随即倒地，他对自己如被电击一般百思不得其解。

张小元在《纪念王芗斋先生诞辰 135 周年、王玉芳女士诞辰 100 周年暨“王芗斋站桩与健康”学术研讨会》演练六合八法拳

左起：张长信、崔瑞彬、姚宗勋合影于上海

• 江湖往事

德高则谤兴，当年上海某王姓练八卦拳者，在《解放日报》发文诋毁王芗斋先生。后姚宗勋先生携弟子崔瑞彬专程去上海找其交涉，崔瑞彬先生回忆说：

那是1981年，上海的《解放日报》发表文章，上海一位姓王的拳师自称1937年在烟台击败过“武林巨擘王芗斋”，影响挺大。姚老师让我跟厂里请假，带我到上海，找到《解放日报》编辑部，见到发表这篇文章的编辑程康宣。姚老师说：“据我所知，王老根本没有去过烟台。既然王说他打败过王老，我要当面和他核实一下。虽然在乡下十年我没怎么练，我也可以和他切磋。如果他有学生愿意交流，我也带来了学生，他们可以试试。”程康宣说，原来王跟记者说的要比登出来的文章邪乎得多，都被他删掉了。听到姚老师的意见，程说可以，回头就叫：“王老师，王老师……”一看人没了。他说：“你们进来的时候王老师正在这里……”上海武协主席顾留馨和上海体院武术系主任蔡龙云先生征得姚老师的同意，二人共同设宴，请王前来和姚老师说清此事，但是王那天没有去。我们打听到王平时教学生练拳的公园，去找他们，到了那儿也没见到他们。后来，为了挽回影响，《解放日报》发表了张长信师伯介绍王老当年在上海传授意拳引起轰动的情景，此事就这么过去了。1985年姚老师去世之后，我去天津看望赵道新大爷，一进门，赵大爷就说：“小崔呀，辛苦啦辛苦啦。”我一听，就知道姚老师生前把我们到上海找王某某的事情告诉了赵大爷。我说：“我老师告诉您啦？”赵大爷说：“我都知道啦，知道啦。”我坐下之后，赵大爷说：“本来呀，你们去上海之前，你老师来天津，跟我商量这个事儿。我本来不同意你老师去找他。王老已经是故去之人了，咱们后人没必要因为这些事情跟他们（指王某某）计较。但是话说回来了，”说到这儿，赵大爷“咳”了一声，说：“谁让你老师他是扛这大旗的呢！”

当时在上海的九彭熙先生写信给姚宗勋先生赞叹道：

相逢相看两炘炘，话旧谈新思不群，
老我情怀惟炳烛，羡君才气尚凌云，
郢书燕说谁为笔，执是绳非匠有斤，
从此师门声誉好，传薪还仗有心人。

解放日报载我芗斋夫子于一九三八年甘拜下风事，乃向壁虚构之词，不审是何齐东野人之语也。君尝多次大力交涉要求报纸公开更正，终获成功。孤雁出群体七律一首书赠宗勋师弟。

辛酉仲夏九彭熙草于海上

相逢相看两忻忻，話旧談新思不群，老我情怀惟炳烛，羡君才气尚凌云，郢書燕説誰為笔，执是绳非匠有斤。解放日报载我芗斋夫子于一九三八年甘拜下風事，乃向壁虚构之词，不审是何齐东野人之语也，君尝多次大力交涉要求报纸公开更正，终获成功。从此师門声誉好，傳薪还仗有心人。

张雁出群体七律一首书赠

宗勳师弟

辛酉仲夏九彭熙州于海上

但王某不思悔改，1989 年又在《人民日报》发文诋毁王芗斋先生人格及武功，大成拳界群情激奋，纷纷要找王某比武，选杰夫子及时制止，并向大家施以法治教育。杨鸿晨先生则带一只防身铁箫只身去上海找王某交涉，王某吓得躲进公共场所里不敢出来，当时在武林里传为佳话。当时日本的泽井健一也来信关注此事。当年夏天笔者奉选杰先生之命，代表大成拳界前往朝阳区金台西路 2 号的《人民日报》报社交涉，当时体育版负责人陈昭先生接待了我，他说全国有上千封读者来信，要求报社澄清事实。报社党委亦十分重视此事，拟派专人赴上海等地调查，后因众所周知的原因未果。其后选杰先生及笔者分别发表文章，说明事实真相。笔者在《搏击》杂志发表了《王芗斋在上海的武术生涯》一文，称欢迎王某及其学生前来切磋比武。时隔八年后，陈昭先生有事找我帮忙，他说十几年接待过众多来访者，唯王芗斋一事印象最深，可见此事影响之大。我建议《人民日报》发文，以正视听，陈先生表示同意，于是在《人民日报》海外版发表了署名王选杰先生的文章，题目为《兼收并蓄、独树一帜——王芗斋创大成拳概述》，以告慰王芗斋先生的在天之灵。

专门性的体育训练或体育比赛，与天气的关系都十分密切；特别是大型的运动会，更需要良好的气象条件作保障。

兼收并蓄 独树一帜

——王芗斋创大成拳概述

王选杰

王芗斋先生号宇僧，原籍河北省深县人。自幼因体弱多病，十四岁拜本村郭云深老先生门下，学练形意拳。郭老拳学造诣极深，当时在武术界被尊为拳法大师。王先生天资聪慧，再加勤奋好学，因而不数年即得拳学三昧。

郭老先生作古之后，王先生欲在拳学上精益求精，决心外出再访良师益友。故在弱冠之年，离家远游，从北到南，遍访武林高手。

王芗斋先生成名于二十年代初期。也就是在这时，他致力于发扬光大中国传统武术的艰巨工作。在上海教授众徒之时，他发现多有只注重形式招法，而忽略精神意感方面锻炼的倾向，有本末倒置的弊病。为了纠正这种错误倾向，能够时时提醒学生注意，王先生特将自己所学的形意拳改名为意拳。其意是在练习拳术的任何动作中，都应该加上与动作相关的意念活动。也就是说，在每一个动作中，不应单纯追求外形方面的锻炼，而必须要有一定的意念；练到日久功深，就可以做到行、住、坐、卧不离拳意，达到拳拳服膺的地步。先生当时为矫枉，曾言：『锻炼拳学只求神意真，不求形骸似。』

王先生从上海返回北京之后，才将意拳发展为大成拳。大成拳是以形意拳为基础的，形意拳又名心意拳，据说是我国南宋名将岳飞所创。

大成拳的特点是技击性强，有很高的实战作用。它注重人体的精神、力量和灵活性的锻炼，以及人体肌肉的协调和肌肉松紧、精神松紧方面的锻炼，而不注重套路练习。但在表演中，可随心所欲地做各种动作，虽有单操手方面的练习，但不强调固定的招法，在技击时可以随机应变，待机使用任何招数。不论平时在锻炼何种功法或在技击时作何种动作，都必须做到周身一动无有不动的整体运动，并要做到『神不外溢，意不露形，形不破体，力不出尖』；同时，要做到神态安然，动作连绵不断，潇洒自如。

所谓大成拳，顾名思义，乃是综合各家拳术的精华而成，并非含有唯我唯大之意。大成拳目前在我国华北一带以及上海、新疆等地享有盛名，在台湾、香港和国外日本也相当流行，它对当今世界拳术的发展有着深刻的影响。

《人民日报》文章

五、英才辈出

王芗斋先生创立意拳后未遇敌手，其弟子多为全国顶级的搏击高手，限于篇幅，现将芗老部分弟子进行介绍。

1.卜恩富

卜恩富先生（1911—1986），天津人，是集中国式摔跤、拳击、击剑、国际跤、大成拳为一身的近代杰出的武学搏击大师。他自幼身体强健，膂力过人，酷爱撂跤，自 7 岁起就长在了跤场，因为习练刻苦、悟性聪慧，十几岁就练就了一身好功夫，成为擅摔好斗的硬汉。

1930年，卜恩富第一次见到王芗斋先生，芗老见面第一句话就是："你给我当儿子吧！"卜恩富先生心想你有什么本事，我凭什么给你当儿子？交手才知相差甚远，于是拜在芗老门下。这是薄家骢先生讲给我的，我向薄家骢先生咨询当时两人交手情况，薄先生说他曾问过卜先生："卜大爷，您一个全国摔跤和拳击冠军，怎么就输给一个干巴老头了？"卜恩富先生回答："芗老一个白鹤亮翅我就出去了！接触的瞬间就像触电一样"。卜恩富先生师从于王芗斋先生系统学习后，成为王先生门下能征惯战的名弟子之一。他将拳击灵活多变的拳法，灵活多变的跤术与意拳相结合，如虎添翼。同年，他又慕名到北平拜清朝善扑营头等扑户"小鬼崔"崔秀峰先生为师，成为崔先生第六个入室弟子，因而，人们尊称其为"卜六爷"。卜先生深得崔先生真传，系统掌握了宫廷大内掼跤技艺。

资料：薄家骢先生回忆，芗老在津养病期间，有许多津门武术界人氏如张魁元、穆成宽、李文涛等都到家中探望，每当看到那些彪形大汉拜见王老时，那种毕恭毕敬很滑稽的样子，都更增加了我们对这位传奇老人的神秘感。芗老和他的弟子们均以父子相称，所以王家兄弟在提起芗老弟子时都称呼张舅、李舅、姚舅什么的。按照我国民俗，无亲不叫舅，这在意拳（大成拳）界又是个例外。

1933年，卜恩富考入了意大利消防队，因胆大、机智、灵活，总监送他到意商运动场学习拳击。他带着强烈的民族感和好奇心跟意大利拳击教练乔麦迪和瓦利格学习拳击，不到半年，他的拳艺已相当娴熟。

卜恩富

1934 年 3 月，卜恩富在南京国术考试拳击中量级夺得第一名，获得“拳王”称号后，俄国领事馆特邀来全俄拳击冠军马夫洛格、亚军阿尔桑柯，点名要和卜较量。卜沉着应战，先后将两个膀大腰圆、体重超他 30 多斤的拳击手全部击倒在拳台上，这是历史上中国人第一次以拳击规则击败外国拳击冠军。

1935 年卜家六兄弟与父亲合影 后排右二为卜恩富

半年后，美国花旗洋行在天津又邀来了美国拳手卡迪逊（曾获得过全美冠军）。卜恩富在比赛中仅用一记下勾拳就将其击下拳台，又一次大长了中国人的志气。

1935 年 10 月，卜恩富代表河北省参加了在上海举行的第六届全国运动会摔跤比赛，一路过关斩将，均以 3 比 0 的战绩战胜当时全国跤坛名手佟顺禄、左锡五、孙荣、苏祥麟等。卜恩富决赛对阵北京的宝善林。宝善林人称宝三，天桥跤场的穴头，北京跤界大腕。他自幼爱摔跤，家住西四附近，离善扑营右翼较近，经常看扑户们练跤，后去前门外宏济院拜宛八爷为师，得到真传，又拜护国寺中幡艺人王小辫为师学中幡，接手铁三（历铁存）跤场，表演中幡和摔跤，后来又接管了天桥跤场。决赛时无论宝三还是卜六，都势在必得。比赛开始，二人在场上跳了一圈黄瓜架，互相斗手抢把位。卜六身材高大，健壮魁伟，拳击加摔跤二合一，远打近摔，出手极快。他上手拿到宝三大领，底手攥到小袖，双手一拉扯，上手往下一按，上步就走。宝三见状重心后移，卜六用左腿一拨宝三右腿，宝三抽腿避开，卜六右腿向后，背步到宝三右脚外侧，左腿在宝三裆内，裹上手，紧底手，长腰，变脸，左腿把宝三高高挑起。这招“挑勾子”干净利落，把宝三爷摔个四脚朝天大翻盘儿，场上一片叫好声。二人起来遛了两圈，接着比赛，宝三扳回一跤。第三跤决胜负。二人在场上转了好几圈，相互斗手寻找战机，半斤对八两，谁也不好赢。斗了十来分钟，卜六像上满弦似的，上手抓大领，底手攥小袖，上左腿弹宝三右脚腕内侧。宝三刚一动右腿，卜六上步横右腿就是一踢。宝三用跪腿逃出，卜六抽回左腿，扭胯转身，上手底手向下一摔腕。宝三腿一打软儿单膝跪地。裁判喊停，卜六得分胜。有句老话：“多年把式，当年的跤。”宝三毕竟 35 岁了，而卜六 20 多岁正当年，有使不完的劲儿。卜恩富获得中量级“跤王”。实际上组织者早已把第一名的锦旗绣上了“宝善林”的名字，无奈只好拆下来改成“卜恩富”三字，从此名噪全国。比赛结束后，国立体专总务处主任庞玉森邀请卜恩富赴国立体专，任摔跤总教练。

1935 年在上海第六届全国运动会上获摔跤中量级第一名获奖奖牌

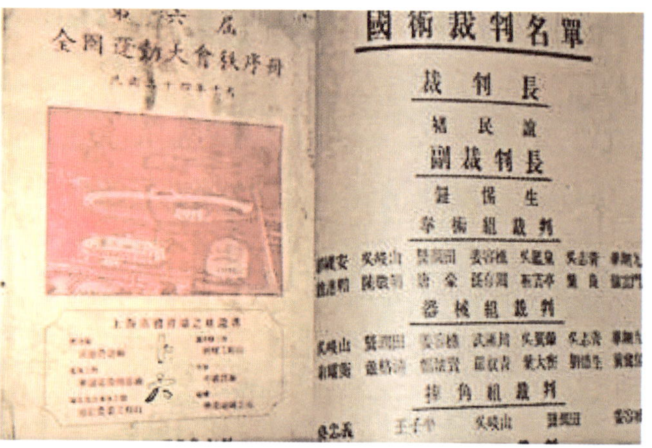

第六屆 全國運動大會秩序冊

國術裁判名單

裁判長

褚民誼

副裁判長

鈕惕生

拳術組裁判

器械組裁判

摔角組裁判

1935 年在比赛中均以 3∶0 轻胜对手，决赛以 2∶1 战胜宝善林的大会秩序册

	1614	溫關鈞	摔角(中)	
	1615	海友義	摔角(中)	卜六 卜恩富
	1616	阮有志	摔角(輕)	
	1671	修順祿	摔角(中)，踢力(中)	卜六 卜恩富
山東省	1673	左錫五	摔角(中)，踢力(中)	卜六
	1674	魏文海	射箭(中)，射箭(遠)	
	1552	寶善林	摔角(中)	卜六 卜恩富
	1553	許麟	摔角(中)	
	1554	孫棨	摔角(中)	卜六 卜恩富
	1555	蘇祥麟	摔角(中)	卜六 卜恩富

第六届全国运动会秩序表

第六届全国运动会（1935 年，上海）卜恩富摘取第一个摔跤中量级第一名时获奖留念

第六届全国运动会卜恩富为河北体育代表团获奖时合影留念（“省”字右下侧为卜恩富）

1936 年 3 月，上海举行国际拳击比赛，卜恩富转战多场，从未失利，最后在决赛中以灵活多变的凶狠的下勾拳把美国著名水兵拳手、全美中量级拳击冠军兰柯斯根击倒在台上，夺得冠军，成为中国最早的拳王。

抗日战争爆发后，他和全国人民都投入到抗击日本侵略者的战斗中去，用自身技艺打击日寇、汉奸，为保卫自己国家贡献力量。后卜恩富受中央军委聘请在原东北工学院、东北军区教授大成拳、擒拿、格斗、搏击摔跤、拳击、击剑、自行车、射箭等运动项目，为军队培养大量人才。长篇小说《林海雪原》中的侦察英雄绰号“坦克”刘勋仓（本名刘蕴苍）就是其中之一。刘勋仓是笔者小时候心目中的英雄，后来才知道也是大成拳传人。

新中国成立后，卜恩富受国家军委邀请，先在东北军区、沈阳东北工业学院任摔跤、拳击、击剑、射箭、自行车五个项目的教练，后又在八一体工队、北京队为国家培养出许多著名的摔跤运动员。卜先生是中国现当代唯一的拳击、摔跤双料冠军，是一代武学大师，是爱国、敬业的典范，孜孜不倦地把一生都奉献给中国的体育事业。正如他晚年的雄心誓言所说：“让伟大的五星红旗下的子孙们去骄傲吧！”

兹授予卜恩富
为中华人民共
和国 壹 級
摔跤 运动裁
判員称号

辽宁)003035 号

中华人民共和国体育运动委员会
一九五八年 七月十三日

中華人民共和國體育運動委員會

刘蕴苍先生

资料： 刘勋苍的原型刘蕴苍出生在天津南市地区，讲一口地道的天津话。1946年冬，《林海雪原》的作者，时任团政委的曲波带领解放军一支小分队剿匪，刘蕴苍任二团一营一连一排长，和曲波并肩战斗，与国民党在牡丹江一带的残匪进行周旋，经过近半年的艰苦战斗，终于歼灭了这些顽匪。由此，刘蕴苍与曲波建立了深厚的感情，《林海雪原》中杨子荣、曲波等不少英雄人物的原型都是他的战友。在小说中，曲波对他也有生动的描写，说他勇猛过人、心急胆大，被人们称为“坦克”。鲜为人知的是，这支“智取威虎山”的英雄部队也就是后来的四野一纵（38军）一师二团官兵，在东北剿匪胜利后，又先后参加了辽沈、平津两大战役和南下剿匪的战斗，浴血沙场。（2006年6月3日《今晚报》）

为了充实摔跤技术，卜恩富除了拳击，又练习击剑、游泳……把拳击、击剑灵活多变的手法、步法，以及出拳爆发的力，及恰到好处不费力四两拨千斤的“寸劲”，国际跤柔韧而又强有力的腰功也都糅进摔跤之中。他边学边钻研摔跤技术，并在教学中把意拳中的意念训练糅进摔跤训练中去，产生了不同凡响的效果，不但提高基本功训练的效率，也延长了一个运动员的跤龄。同时又把灵活多变的拳法、跤术糅进大成拳之中，从而也使大成拳自由搏击的实战性更强了。他把毕生的精力、心血全部献给了中国式摔跤、拳击事业，为发扬光大中国式摔跤、拳击做出了卓越贡献。几十年经验、心血又积累成一套科学、系统的训练方法，这种独特的训练模式在现在也是超前的。

卜恩富先生与弟子训练

2013年第九届中美电影节的开幕式暨颁奖典礼于11月3日在好莱坞举行，参赛的功夫影片《宗师卜六》荣获“入围奖”。制片人祁欣和主演吴樾在颁奖现场接受采访时讲述了该影片是为了纪念中国式摔跤之父卜恩富，他是我国历史上第一个击败外国拳手的人，是近代中国集中国式摔跤、拳击、击剑、国际跤、大成拳于一身的杰出的武学搏击大师。

卜恩富先生与弟子们合影

卜恩富先生（中）与摔跤运动员合影

卜恩富先生（左）指导弟子摔跤技法

卜恩富女儿卜志起在《纪念王芗斋先生诞辰 135 周年、王玉芳女士诞辰 100 周年暨“王芗斋站桩与健康”学术研讨会》上发言

卜恩富弟子，原北京市摔跤队教练、北京市散打队教练李宝如先生说：摔跤是竞技性很强的武学运动，搭手出招必见胜负，是勇敢者的专利。从小练功实战到三十多岁左右达到巅峰，三十多岁还可以实战，但是已经开始走下坡路。跤业有“五年为一拨”之说，就是差五年就不是一个层次了。民国第六届全运会中量级比赛，宝善林在冠亚军决赛中遇上了天津的选手卜恩富。卜先生是 1911 年生人，时年 24 岁，而宝先生已经 35 岁了，已经过了摔跤最佳年龄。最后宝先生获得亚军，卜恩富获得冠军。

卜恩富弟子杨子明在解放初的十年里，一直保持中量级全国冠军，后亦投师王芗斋门下。

杨子明 1928 年出生于天津市一个贫苦家庭，家里兄弟姐妹六人，作为老大的他，自然要为家里分忧，于是在 11 岁那年，他被送到玻璃厂当学徒。当学徒虽然很苦，每天起早贪黑，但自小活泼好动的他还是喜欢在业余时间进行体育锻炼。12 岁的时候，他跟人练习地秧歌。在他 14 岁那年，一个偶然的机会，他看到工厂门口的道馆里很多人练习摔跤，一招一式都非常讲究，杨子明被深深吸引住了。从那以后，他对摔跤产生了浓厚的兴趣，于是便拜天津卫的一位摔跤前辈“一条龙”史占坤为老师。“我从小就爱运动，因而身体素质很好，老师也看好我，认真的栽培我。”1947 年，在他 19 岁时拜卜恩富先生为师深入学习。

中国式摔跤是我国最古老的体育项目之一，这项技艺在流入到天津后得到了很好的继承和完善，并有了更大的创新和发展。20 世纪二三十年代，天津有很多供百姓观看跤手切磋的跤场，有的跤场有几十名跤手，观跤者把跤台围得“里三层外三层”，甚至整个跤场都被围个水泄不通，可见当时摔跤扎根天津的土壤之深和天津人对摔跤的热爱程度。杨子明就是在这样的背景下学习中国式摔跤技艺的。“旧社会学东西讲的是不学成不出师，因此，我每天除了当学徒，业余时间都是在苦练摔跤。”但是，家里人知道杨子明在练习摔跤之后，却极力反对。“因为在那个时代，摔跤被人们看成是‘下九流’的职业。所以只要我回家，父母亲看到我一身土，就知道我又练摔跤了，就罚跪，还不给饭吃。”但就算是这样，杨子明还是偷偷地练习。所幸那时候当学徒，不住在家里，因此，家里人虽然反对，却不能阻止他。

1948 年，经过六年时间的苦练，杨子明出师了。年轻气盛的他一出师便如出山猛虎，来往于天津市的各个跤场，几乎没有输过。他甚至还赢了天津卫跤场赫赫有名的“四大张”中的两位，也就是张鸿玉和张连生。

晚年的杨子明先生

据融媒体记者南开宇、苗静报道《杨子明老人：四世同堂的体育世家 习武之人必先修德》。

《燕赵晚报》刊发征集四世同堂家庭消息后，杨老先生家是最早通过热线报名参加的家庭之一。2019 年 1 月 24 日，当记者来到 92 岁的杨子明老爷子家时，一眼认出了眼前精神矍铄的老者：这不是摔跤柔道大家杨子明嘛！

面前的老人走路稳健，说话清楚，思路清晰。如果不是一头白发和脸上的老年斑，你会觉得这位健康的老人最多 80 岁，可杨子明老人却是 1928 年生人。这个家庭不仅是四世同堂，更是体育世家。

杨子明老先生是中国摔跤及柔道大家，新中国首代国家柔道队组创人之一。早期因过硬的摔跤技术创造了连续 10 届全国冠军的跤坛神话，被称为“一代跤王”。曾在 1959 年全运会庆功会上得到了周总理等国家领导人的亲切接见。20 世纪 60 年代起，他被聘为国家摔柔教练，国家比赛仲裁委员会主席，在此后的漫长岁月里，为中国培养出无数优秀的摔跤教练员及运动员。

杨子明老人的儿子杨光和今年 65 岁，原先在天津桂发祥十八街大麻花食品厂工作，直至退休。老人的孙子杨兴，从小被爷爷“操练”，成为一名职业柔道运动员，退役后成立子明堂柔道馆，欲把摔跤柔道技艺发扬传承。老人的重孙杨田文硕今年 11 岁，还上小学的他也是一名柔道运动员。

四代人的生活在一起，我爷爷爱听戏喝茶，父亲平时采买做饭，天津人的一手好菜体现得淋漓尽致。说起太爷爷，重孙杨田文硕说，太爷爷老怕他长身体的阶段吃不好，总会换着花样亲自去买鱼虾肉回来让家里做。每年过年，一大家子会聚在一起吃饭喝茶，聊摔跤，聊做菜。

这一家人几辈习武，杨子明老人总说，习武之人必先修德。别看老人家92岁高龄，可有空了还是爱跟孙子杨兴比划两下。说起重孙子，他5岁半时，太爷爷手把手教重孙摔跤。可那时孩子听不懂、看不懂，也不喜欢。直到上小学一年级后，学校让写一篇作文：《我的太爷爷》。于是，杨兴给儿子讲起了他太爷爷的光荣历史，听后，这孩子就主动开始练摔跤。问他为什么，小家伙说，他崇拜太爷爷。在看到了爸爸杨兴和太爷爷的诸多奖牌奖杯后，小家伙有次说：我有一天也要成为这样优秀的体育人。

2018年，重孙杨田文硕参加了“第二届青岛国际学生柔道公开赛”，当他拿着一等奖的奖状和奖牌到太爷爷面前“炫耀”时，杨子明老人的眼中噙满泪花。

杨子明教授——中国式摔跤

王文永　撰

中国式摔跤国家级教练员杨子明，童工出身，12岁学习地秧歌，13岁跟天津卫老前辈一条龙（回民、北京人）学习摔跤整6年。6年后又跟老前辈卜六卜恩富进一步深造。

20岁后他功夫在身，开始到南市于永泉于七爷跤场帮场。杨子明在帮场过程中任人不惧，穿上褡裢都是“黑脸赌”，不管老少爷们一跤不让，因此他摔了“四大张”中的俩大张。以前在天津摔跤界除了高登弟，四大张是天津卫跤场上的台柱子。他们被杨子明赢了，面子上过不去，于是他们就约人想把杨子明废了。废杨子明一事被于七爷知道后，他马上找到仁三爷和王连元，请他们出头摆平此事。几个人商量后，他们出主意叫杨子明给四大张之一的大老九张魁元叩了瓢，叩瓢后理所当然地招致张连生、张鸿玉二人的反对：杨子明把我俩摔了，你大老九不帮助我们报仇，反而收杨子明做了徒弟，这不是吃里爬外吗？为此四大张之间又闹了矛盾。于是仁三爷、于七爷、王连元等人出头又给他们说合，在酒桌上仁三爷说：

“你们四大张是天津40年代跤坛英雄，现在天津又出来一个新的跤坛能手，是你们的晚辈是你们哥几个的接班人，有什么不好的？都是天津卫人，相煎何急？”

仁三爷此话说完后，四大张等人面对事实也就无话可说了。这时仁三爷等人对事先安排好在屋外等候的杨子明说：

“子明，你进来，给你的各位师大爷行个人礼吧！”

杨子明进屋给每位师大爷行了礼后，张鸿玉怨火全消，并答应从今往后给杨子明说功夫、说洋子，共同挟磨自己的师侄杨子明。这场风波就这样解决了，多亏了仁三爷、于七爷、王连元等人，杨子明才躲过了这一劫难。特别是仁三爷，他对杨子明乃至中国掼跤的成长和发展做出了应有的贡献。

说到仁三爷，他是穷小子出身，用天津人的话说他拉过胶皮（北京人叫洋车），当过学徒，卖过各种苦力，用他自己血汗挣来的钱开了个小橡胶厂，后来他做买卖公道因此发了大财。仁三爷发财不忘穷哥们，吃不上、穿不上、拉胶皮交不上车份的他都给予周济。同时在天津跤界，无论四大张也好还是杨子明等，以及北京的熊德山、赵文仲、宝三宝善林、陈金泉等人都被仁三爷热情招待过。张连生的职业是买卖果品的，仁三爷成列车的果品、资金周济过他，又如杨子明1953年到北京参加全国摔跤比赛，仁三爷出手大方，赠100元作为杨子明的食宿差旅费用。杨子明摔跤的成长与仁三爷大力支持是分不开的。

杨子明第一次就在1956年9月10日至15日在北京举行的全国摔跤锦标赛上拿了全国冠军。参赛的有北京、上海、贵州、青海、甘肃、河南、吉林、湖北、云南、浙江、山西、辽宁、黑龙江、山东、内蒙古、江苏、四川、河北、湖南、新疆20个省市，裁判长是温敬铭。杨子明参加次重级别的比赛，当时进入前六名的有天津的杨子明、内蒙古的苏达那木、新疆的阿不力孜、内蒙古的额尔巴图、山西的肖登海。在这5名劲敌中，最强的硬手就是内蒙古跤手苏达那木了。当杨子明与苏达那木争冠军时，身强力壮，号称摔死牛的苏达那木根本不把杨子明放在眼里。在较量中，杨子明从外圈反挂对方直门，冷劲一搁，对方的胳膊刚抽出来，杨子明打闪纫针般跳进去使了个撩勾，这一招叫反挂直门勾子，对方在空中翻了180度，内行人看此跤真是大饱眼福。第二跤杨子明抢先攥上了底手，就在苏达那木刚一伸胳膊够杨子明的小袖时，杨子明使了个揸闪，对方一翻，倒在地上。我目睹了这场14日在北海体育场的比赛，不过当时我还没登跤坛呢。

杨子明一共得了4次全国冠军，每次进入决赛时，我都为他捏着一把汗，这可能是由于与杨子明教授有交情的关系。

我1957年9月在内蒙古宾馆认识了杨子明，他代表天津队，教练是张鸿玉；北京的教练是王德英，因为王德英先生看得起我，还给我派了个副教练的职务。我代表北京队，经我大师兄徐文会给我和杨子明致手，我们才认识的，初次见面听他的谈吐，给我一种诚实感，所以我打心眼里愿意接近他。有一次我们聊天中他以老哥的身份教我怎样做人，他说摔跤的人，不要学旧社会流氓地痞那些臭习气，我们摔跤的人无论到什么地方也不能跟人耍胳膊根，因为我们是新中国培养出来的人才，身教重于言教。杨子明是这么说的，他以身作则，也是这样做的。

1958年10月5—13日全国摔跤锦标赛在天津举行，参赛的有北京、上海、天津、浙江、宁夏、湖北、江苏、黑龙江、陕西、山西、福建、广东、河南、安徽、吉林、四川、内蒙古、新疆、湖南、贵州、山东、河北、辽宁、云南、甘肃25个代表队，185名运动员，裁判长张文广。

在这次大赛中，进入前六名的有天津的杨子明、北京的陈金泉、内蒙古的孟和、河北的白友文、新疆的吐鲁逊、辽宁的武友。进入前三名比赛时，杨子明先碰孟和，如果孟和输给杨子明，北京的陈金泉与孟和争第二、第三，如果杨子明输给孟和，那么杨子明就得与陈金泉争第二、第三。

孟和摔跤凶狠，身高1.82米，面目奇特，一只眼睛，赛前过体重时他就满场打听：

“谁叫杨子明、陈金泉？”

因为他们这次参赛是有备而来的，他知道天津的杨子明和北京的陈金泉是他这次金牌得主的阻力，不可逾越的鸿沟。当杨子明称体重时，孟和指着杨子明就问：

“你叫杨子明？”

杨子明很客气地回答说：

“我正是杨子明。”

到场上比赛时，孟和确实是一员猛将。初赛时，他的拿手绊子是一下“缠叨”，人人难防，不成想他遇上了强敌杨子明。杨子明以左为攻防，孟和右边攻防，俩人的底手同样在一边，他们互相同时做好底手和上手。杨子明的上手占外圈，用力一格，又拉起上步，突抢胳膊就给孟和使了个脑切子（划步脑切子），孟和两条腿朝上，直上直下倒地，而杨子明原地未动，亮相。当时天津第五体育场观众5000多人，没有一个不喊好的，内行人说：

“这一跤摔出了国跤的风味，达到了最高水平！”依我看，这是杨子明一生跤史中，使观众和内行最为满意、最过瘾的一场比赛了。

如今他已从石家庄体工队退休了，由于他知名度高和主持正义，各省市举行全国摔跤比赛，国家体育总局重竞司都请他出来担任仲裁委员会的负责人。每次新老朋友聚在一起，他总是和蔼可亲，无论大小人物都先与你打招呼。

2000年6月，国家体育总局在宁波举办的非奥运项目全国运动大会，接近尾声时，他的老伴突然去世了，家人给他打电报的电文中都没敢跟他说实话，只说“病重”两字。他接到家里来的电报，风风火火往回赶，到家时老伴已经去世3天了。这时杨子明的心情我们可想而知了。杨子明作为我的老大哥经常教育我说：

“我们这些摔跤的，不要动不动就和自己的老婆子发脾气，我们全身心地投入摔跤，家里老婆子拉扯着几个孩子过苦日子，这一辈子真不容易。现在日子好了，该叫她们享点福了，我们这些摔跤的谁顾过家了？一年到头不总是山南海北的参加摔跤比赛吗？我们把青春精力都给予了摔跤运动，而她们的青春又给了谁呢？”

杨子明回家的第二天，亲戚、朋友、儿女们已经把杨母火化一事安排好了，因为他有高血压，大家怕他承受不了，所以没叫他去火化场。

自杨母去世后，他的3个儿子对他更孝顺了，他说的话儿子们百依百顺，他们深有感触地对我说：

“爸爸凭摔跤给我们小辈攒来的家业，真是不容易。今年他老人家都七十有二了，我们劝他再找个老伴侍候他，只要他老人家高兴，身体健康，我们这些做儿子的也就心满意足了。”

跤界朋友们对杨子明也是关怀备至，知他年岁已高，在生活上主动体贴他，天津的高富桐（两次全国冠军，运动健将）老两口总是三天两头给杨子明打电话请吃饭，有时来北京到我家住个三两天，看看老朋友，到我的徒弟设的跤场看看小年轻摔跤，当他看的兴浓时，还要给小伙子们说说绊子，比比手，还是那样慈祥和蔼，杨子明大哥是我们学习的榜样，是我们人生的一面镜子。

杨子明大哥的事迹平凡而伟大，他为中国的摔跤事业真是呕心沥血。现在又为中国的柔道比赛项目创造新的技术，他培养的年轻柔道队员崭露锋芒，在古稀之年还为我国的摔跤柔道技术做出了更大的贡献，让我们这些比他岁数小的人怎能不振奋精神和他一道去努力呢！

杨子明论摔跤运动的基本功

王文永　撰

一、为什么要练基本功

所谓摔跤运动的基本功，就是摔跤的基本动作和基本练法。

各项体育运动都需要扎实的基本功。武术新星李连杰之所以能在功夫影片《少林寺》中轰动国内外，首先是他有扎实的武术基本功。不仅如此，各行各业也同样需要过硬的基本功。我们经常看到的、听到的歌唱演员、戏剧演员早晨练音，虽然只是几个简单、高低不同的音节，他们却不厌其烦地反复练习，甚至多年练习，乃至一生不断练习。我想这就是他们起码的基本功。只有首先练好这些简单的、起码的基本的功夫，才能唱出悦耳动听的歌曲、戏曲来。一个摔跤运动员，没有多年刻苦磨炼的基本功是练不好摔跤的。这就好比建造一幢大楼首先要打好地基一样，地基打不牢，建起楼房的质量就大受影响，成为空中楼阁。一个摔跤运动员基本功练不好或不扎实，就练不好摔跤，更谈不上成为一个好跤手。摔跤基本功不单是增强摔跤运动员的身体素质（力量、耐力、速度、灵敏）的有力措施，更是直接掌握摔跤技术的基本训练。不只是进攻、反攻、防守技术的基本训练，而且也是防止运动创伤出现的良好手段。这已为我们多年的实践证实。

二、怎么练摔跤基本功

摔跤基本功既是技术训练，又是素质训练，关键是跤胆。不练基本功，动作就不扎实，不准确，有了扎实基本功，也就有了跤胆。基本功训练必须有腰、臀、腿和手臂力量的配合，也就是行家们常说的上下手腕、肘、臂、腰、髋、腿、足的全身一致的动作。使用一个摔跤动作，必须从头部开始至全身的配合一致，才能奏效。“手是两扇门，全凭腿赢人”。摔跤不练腿，摔时也白给，摔跤手不明，一辈子也不成。这说明手、腿协调一致的重要性。

摔跤的基本功练法很多。我按空手练基本功和拿器械练基本功分述如下。

（一）徒手练基本功

1. 徒手练基本功

几种步法练习：磨盘步、车轮步、切跪、上步、背步、盖步、格登步、跳步等。各种步法都有不同的用途，如盖步用于揣、别、勾；磨盘步用于踢；格登步用于赶切、别、勾子等。

大挽桩、小挽桩：摔跤运动员必须练大、小挽桩。这是摔跤的根本，是百绊之祖，即能进攻又能防范。

上步大挽桩：靠、管、挤、穿、裆等都来源于此基本功。柔道的横落、横分、里投等也都与此基本功相同。

小转髋：练腰、髋的灵活性和力量。如：小个头的攥中心带或借对手中心带揣，必须卧腰卧腿有小挽桩的功夫。

提腿：有专门的练法（如田径选手的高抬腿跑）用于挤、顶以及由搓变成挤再变到顶桩，这是三部曲。

勾子空腿担劲（撩腿）要直，不能打弯练别子、勾子等动作，每天得练“勾子空”，起码底腿有力量。

揣人：练四眼揣（北京叫四眼崩子）。揣的动作很多，此基本功代表很多技术动作的练习。

崩子：挽、长腰等练习均属于崩子。

横叉、纵叉、压腿、过腿、摆合腿、盘腿、跪腿、抽腿等总的是抻筋（拉韧带）。不但在摔跤进攻、反攻、防守中所需要，而且防止受伤。

蹲踢、冲踢、长腰踢、长臂踢等都属于踢的基本功。

2. 持器械的基本功

(1) 推子练习

蹲推：要求腹部内收、手臂前推、略向上倾，要短促有力，是专门力量练习，又是专项技术练习。

行进间的推子练习：速度要快、力量要好。

长臂推子练习：转体练推子、转体 180 度。

四眼推子练习：包括崩、耙、踢等动作。

(2) 大棒子练习

骑马蹲裆式横棒（紧棒）：练起来属于半圆形，练腕、臂、肩、腰等处的力量。

盖棒：原地和前进、后退等行进间的练习。

持棒练大挽桩：跳步挽桩和上步、背步挽桩。

另外像抖皮条、抖麻辫、拉滑车、转缸、挑地秤等，民间各地不同练法很多，在此只是略举几种最常见的练习，其余恕不赘述。

练任何动作都离不了上中下力量的配合，即三力合一。练任何动作都离不开上下手的协调一致。

三、练基本功的注意事项

1. 练基本功必须准确、扎实，要严格按每一个基本动作去练，不能似是而非，似驴非马。否则准是事倍功半，甚至是徒劳无益。

2. 练基本功要持之以恒，不能三天打鱼两天晒网。俗话说："拳不离手，曲不离口"。我们练基本功就必须坚持经常练，长年练，时刻练，才能收到预期效果。

3. 练基本功要全面练习，不能有所偏，摔跤运动是全身运动，它需要手、臂、腰、腿、脚的密切配合，因此要全面练习协调一致的基本功。

4. 练基本功也要遵照循序渐进的原则，不能操之过急，急躁冒进。否则功夫不扎实、基础不牢，是不能有所长进的。常言道："欲速则不达"就是这个道理。

5. 练基本功是单调的，有时是枯燥无味的，所以必须要端正态度，有自找苦吃的精神才能持久地坚持下去。

四、摔跤基本功对柔道运动的影响

柔道运动的投技动作很多是与中国式摔跤技术动作相似的，因此练好摔跤基本功对柔道技术水平的提高有直接的影响。

为尽快提高我国摔跤运动技术水平，苦练基本功。从我练摔跤几十年的切身体会中，深深感到基本功的重要。如果说我练了几十年摔跤，更确切地说我是坚持练了几十年的基本功。

2. 张恩桐

张恩桐（1910—1978），又名张恩彤，天津人，自幼即喜欢舞枪弄棒，初习摔跤和拳击，继从天津著名的正骨专家魏长海习独流太祖拳法。在少年时，已自成名，尤于实战崭露头角。后王芗斋先生受张占魁先生之邀赴津授艺时，引起轰动，在天津地面教拳实非易事，几乎每天都有人来试武艺。张恩桐体貌魁伟，又有功夫在身，自然也同芗老较量。搭手间被凌空抖起，遂拜王芗斋先生为师学习。

1935 年，王芗斋先生携弟子卜恩富、韩星桥、张长信、张恩桐等北上经天津回深县，进一步研究意拳，准备组队参与国际性竞技搏击比赛。据张恩桐先生后来回忆，在深县学艺期间，芗老要求极为严格，练功后全身疼痛难忍，曾想不辞而别，但最后还是坚持下来，这次训练时间达二年左右。

张恩桐发力凶狠，曾抱着骡子的头只一动，即将其摔倒在地，观者认为是神力。他喜欢用黑布蒙上双眼与敌手对抗训练，目的在于培养适应夜间作战的能力，亦是检验功力是否达标的方法。试验者可随意施力于受试者间架，其效果都是施力者被反弹失重。张恩桐不仅能任意掀翻烈马，而且以此浑元桩形与张魁元等名手试艺，在蒙上双眼的情况下也能将对手撞起。张恩桐功力深厚，他的背侧大筋高高挑起，连走路时两手都是往外张开的，他的腿一绷劲，腿上筋立即腾了起来，跟钢筋似的。

张恩桐先生示范大成拳矛盾桩

张恩桐先生示范大成拳钩锉试力

张恩桐先生教授弟子大成拳近身打法

张恩桐先生教授弟子大成拳推手

张恩桐先生（前排）和弟子张鸿骏（后排右一）等合影

张恩桐先生1955年在天津与天津“四大张”之首的张魁元试技。张魁元身高体壮，臂力过人，手大脚也大。张恩桐身材中等。张魁元伸手欲抓张恩桐，张恩桐骤然发力将其摔出倒地。后张魁元专程到北京东北园胡同54号院，进门见到王芗斋先生便跪倒磕头，然后说明缘由，拜在芗老门下。

张魁元为天津“四大张”之首，绰号“大老九”。1956年张魁元已经43岁，参加了全国民族形式体育表演赛和全国摔跤比赛，均获第二名，并获得“运动健将”称号。1959年担任河北省摔跤队教练参加第一届全运会，男子摔跤获团体第一名。时任国家体委主任的贺龙元帅在接见全体教练员时说：“我们中国式摔跤很科学，技术也高，我们不要光学外国人的东西，也要外国人学学中国人的东西。要把中国式摔跤推向世界！”贺老总的话激起所有教练员的掌声。接见结束后贺老总又说：“张鸿玉老师，我还没有看过你们摔跤，能不能让我一饱眼福？”于是张鸿玉拉过同是天津“四大张”之一的张魁元说：“咱俩给老总献献丑！”贺老总和大家围了个场子，张鸿玉和张魁元换上跤衣下场子就搭上手了。俩人各使出自己拿手的绊子，你来我往摔了六跤。他们精彩的表演，看得贺老总和在场的所有人不断喝彩。俩人脱了跤衣，贺老总走上前去亲切地握着俩人的手说：“这是我有生以来看到最好的摔跤。谢谢你们呀！”贺老总接下来又对大家说：“记住，一定要把中国式摔跤拿到世界体坛上去，我把希望寄托在你们身上，特别是天津队，各地的摔跤队也要向天津学习。”全体教练员一起鼓掌。

在20世纪二三十年代，天津“四大张”威名远扬，先后培养出了一大批优秀的摔跤运动员。“四大张”是张魁元、张鹤年、张鸿玉、张连生。张魁元弟子杨子明在解放初的数年里，一直保持中量级全国冠军，后亦投师王芗斋门下。

关于这段历史，于永年先生回忆道：当年张恩桐到北京，大部分时间住王先生家，他当时年纪有四十岁。正当壮年的张恩桐一米七八的个子，骨骼粗壮，体型像“国”字体方方正正，敦敦实实的。冬天看他穿得很少，里边一件绒衣，外面就是单罩卦，给人感觉总认为他穿着棉袄呢。

听王先生讲1935年在深县集训时，张恩桐非常吃苦，站的桩架又低又大，很耗劲。我曾经注意观察过他的腿。他那腿一绷劲，腿上的筋就腾了起来，跟钢筋似的，又粗又韧，下盘瓷实。他跑起来步子很大，他说二十多岁时和卜恩富、韩樵、张长信随王先生到深县进行强化训练时，每天起床后都得先绕深县旧城墙跑一圈回来再练，跑惯了一直没搁下。他还跟我说在深县时见到过郭云深的儿子郭园，他管郭园叫园叔，郭园那时也跟王先生学，麻子脸。

张恩桐是一个待人以诚的人，他跟我说“我不像你，我这人笨，能出一些功夫，全靠站那儿死用功”。陈海亭有一回请王先生和张恩桐去他家吃饭。过后王先生跟我说“恩桐真饭桶一个啊，人家家里五、六口人，全家的饼让他一个人全吃了，我在那瞪他，给他使眼色，他也不抬眼皮，看不见也不抬头”。

1955年，张恩桐在天津与张魁元较技获胜，轰动武林。张魁元跤技精纯，又精通拳击，称霸跤坛多年，津门人称“大老九”。“大老九”找到了张恩桐，这位全国重量级摔跤冠军，上前欺身抢把。张恩桐与其搭手接触瞬间冷劲发出，张魁元不及变劲，人已摔出，目瞪口呆之后，询问张恩桐发力缘何如此脆快。答：出自芗斋先生的真传，随即张恩桐又详细介绍了王先生的经历与所传之大成拳功法。后来张魁元先生进京在东北园五十四号找到王芗斋先生。

听王先生跟我说大老九敲开门就问：“您是王先生吗？”

“我是！”王先生答道，没说第二句话，“通”的一声张魁元就跪地下磕头了。说：“我和张恩桐比过拳，我比不过他，我觉得大成拳太好了，摔跤里练不出这个劲，今天我特来拜师，请您老收了我这个徒弟！"

王先生没拒绝并在发力方面给予了精心指点。

与张魁元比武后王先生数次召张恩桐进京深造。

张恩桐身上松，尤其搭上手后浑身的整劲，弹劲非常好。在我见到过的人当中除王先生外，他是最好的。

他下盘功夫比一般人要瓷实得多，但东西不是太规矩，可能离着王先生时间长和摔跤的朋友在一块多的缘故。

张恩桐发力虽然有力拔山兮的雄强气势，但所发劲力大都留多行少，失于黏滞，不像王先生那样清澈透明，可是一般人被扫上也得拔根。他有时也展示摔跤的玩意，跟人家推手先给身上接近了，一接近你，查上了一转"啪"对方就翻个，有好多查闪的功夫，他查闪用的别人看不出来，不抬脚不变脸就是正脸拌，令人防不胜防。那时他家里头有一间练功房，弄一个大棉被，四个角斜着跟露天电影院的大银幕似的给拴在一侧墙上，有来比画拳的，他站在棉被对面搭手试劲，准一下子给对方扔被上，怕你撞墙上撞坏了。

他放人不像王先生"腾"一下就起来，有时"啪"给你一下你一歪，接着给你第二下，第三下，催的你站不住，把你往那赶，有时让你一歪就成，不让你找到这步倒稳重心，再跟一下人就出去了，他里边的劲很快，听力很好。

张恩桐曾经跟我回忆起当年听王先生拳劲的一件事。

有一回张恩桐听王先生聊天儿，王先生讲拳头碰人身上可以使人重伤甚至毙命，所以做发力只可打对方的劲上就够了！

张恩桐回忆说"王先生放人的功夫的确好，可以一下把人扔起来抖出去，而且我亲眼见到王先生腿部发力给人整体撞出去扔到墙上又弹回来，真可谓'打人如挂画'。但这个拳头使人毙命是不大可能的！"这事过了一段时间，张恩桐依然没有忘记，大着胆子向王先生提出，"您可不可以在我身上试试"随后拿起垫子保护好胸脯。

王先生轻轻一笑，随后站了起来，往前慢慢一走拿身上劲这么一落，看着王先生往前走时已搁上点身上劲了，腕关节的劲力刹那间一下杀入张恩桐体内。张恩桐回忆当时他一手冲王先生一摆就半天说不出话来，等了好一会儿才恢复过来说"能打死人！能打死人！"

王先生自己也亲口和我讲过，他用身上劲时，也不知是用什么肌肉，筋骨发挥的威力，他只说肌肉似惊蛇，那么身上一收敛的感觉太好了，至今未看见有谁做出过那么一点意思的。张恩桐见了王先生永远是那么毕恭毕敬的，提起王先生的功夫更是佩服得五体投地。

赵福江先生曾声情并茂地回忆大成拳前辈张恩桐先生："我在这提提张恩桐老先生，他是跟王芗斋老先生练大成拳的。我跟他早就认识，一九四九年一月份。钱老师的师父是谁呢，也就是我的师爷，是谁呢，周明泰，他是形意拳刘奇兰老先生的弟子。张恩桐老先生的师父是王芗斋，王芗斋的老师是郭云深。郭云深半步崩拳打天下，郭云深老先生和刘奇兰是师兄弟。要说起这个来，我真看不上他张恩桐，我不了解他，头一次见面，他胖，个不算矮，胖不就笨吗。后来，他一九五二年在天津，天津昆纬路就是中山路直路，在那开一个大成拳馆。后来，我的老师钱老师也不在了，我去找赵华章老师，他说福江啊，你张师叔开一个大成拳馆，哪天咱俩去看看，我说好啊，就去了。正好，王芗斋老先生在那，我不认得，介绍说这叫师爷，我就鞠了三个躬。王芗斋老先生说，好，坐那吧。我哪敢坐，都是老先生。王先生一来，天津练形意拳的都站满了。我在那看他们说功夫，这么一看，神奇啊，我也不懂啊。在那站着，脚这么一蹬，力就到了，也不着劲，好像带点风，后脚一蹬，扑哧出去了。也不是打你，这么一按，还有这样，一撑，我就模仿意思意思，稍微这么一动，人就撞墙上了，太神了，太神了。可是对张恩桐老先生来讲，我就没那么深的印象。有一次，距离上次时间不长，赵华章老师，那会叫师叔，领着张老先生上我那去，去了就坐屋里面，我就挨赵老师坐，我那些师兄弟，都住得不远，说师叔来了，我告诉你，你告诉他，一会都来了。其中有一位师兄好动，特好动，眼睛铜铃似的，两个大颧骨，一进门，说："师叔来了，师叔来了，给您请安，师叔，您好。"不是请安吗，这样请安，请安，一拳就打出去，照张恩桐老先生打过去。师叔，您好，一猫腰，一拳就打过去。我那时候也没注意，也没想到，全场人都看着，腾一下，一坐劲就挑起来，掉下来，屋里的土都满了。我们都傻了，不知道怎么回事啊，还有这种事儿。哎哟，这是什么功夫呢，没有见过。较量较量吧，他就在那站着，全身不动，大家都放拳过去，形意拳，八极拳，打人还不会打吗，我上去，嘭就一拳，我就上去了，你看这位老先生，大家迷糊了。那个屋鸡舌头屋，窄的，有张床，下面横着一个铺。劲大，从窗户出去了；劲小，落到床底下了。我是这么站着，面向这边，窗子在后面，床是这样的，我应该是这样躺下就对了，原来是怎么躺下的，还怎么躺下。当时我就特别纳闷，后来我就问，为什么我非得躺那床上，我问这个事。老先生乐了，不让你这样躺下，怕把你腰搁了，我的力抖你的时候把你身子调过来了，转过来了就给你身子调过来了，床是软的，摔不着你。那时赵华章，还是师叔，说："福江，怎么样，该拜师了吧？"怎么拜，就在那磕头吧，什么也没有，就是冲人就磕头，磕了三个头，那头磕的可响了，咣咣的。

赵福江先生

资料：赵福江祖籍河北沧州，生于1930年，卒于2007年，享年78岁。赵福江五岁读私塾，八岁跟随父兄辈文武兼修，更得到强式八极拳创始人强瑞清众高徒之一的班连亭的悉心传授。十二岁时投奔早已在津谋生的两个兄长，习文练武勤耕不辍。两年后拜津门名宿长拳"双鞭杨"杨广义为师，习练六合长拳。又两年后被杨师好友形意名家"铁指"钱雨生收为弟子，研习形意拳法。1951年，赵先生的两位授业老恩师先后辞世。翌年，经久居天津的绅士本家二叔的引荐拜其盟弟，流落津门的沧州孟村八极名家吴秀峰为师，并接到家中奉养聆教三年余。1960年被形意拳"儒侠"赵华章收为弟子，随师深研形意拳学。1966年，经赵华章师推荐，被大成拳名家"狂狮"张恩桐收为义子，潜心研习大成拳功法。赵福江先生集长拳、八极、形意、大成拳功法于一身，功力深厚。

赵福江与弟子合影

1982年，赵福江的师弟吴连枝从沧州孟村寄来急信，请其速到他家商讨迎接日本武术访华团的事情，并希望传给他应对日方可能性的武术较量的功法。赵福江立即在天津召集了各支系八极拳精英36人叮嘱他们加强武功训练，待得到日本人来孟村的确切日期后再抵达孟村。赵福江带领两名得意弟子王振义、窦少卿先期奔赴孟村吴连枝师弟家，吴连枝惊喜不已紧紧握着他的手流下了感动的泪水。赵福江昼夜不休传授吴连枝拳术招法、技击功法、功力运用、拳理学说诸项精要奥妙，吴连枝敬佩万分感激涕零。为使吴连枝感受到功力功法奇妙的搏击效果，赵先生毫不吝啬体力，连续几天黑白不歇的功法发放。由于日方指明要八极拳"正宗后裔"吴连枝与他们切磋交流，吴连枝有些胆气不足，赵先生鼓舞他"你身大力不亏，怕啥，壮起胆子，放开手脚，照我教的用，保你没事。实在不行，不还有哥哥我了吗！”赵福江先生豪气地说：“我把他们打了，八极拳的威名就保住了。他们把我打了，八极拳的能人还有的是。不就是人争一口气吗！”先生的大无畏精神激励了吴连枝陡升英雄胆。结果中日武术交流空前友好，日方本着学习的态度以说手的方式充分感受到了吴连枝“正宗八极拳术”的神奇，称“这才是我见到的真正的八极拳。”对吴连枝“阐发”的“六大开”的新奇说法翘指赞赏“六大开是理论，不是高级套路。”赵先生携助师弟吴连枝圆满完成对日友好武术交流并促成日方投入大批力量潜心学习八极拳的侠肝义举，获得了沧州市和孟村县两级政府相关部门的盛誉以及武术界的好评。市、县体育局及武协，均聘请赵福江先生为荣誉顾问、名誉主席。

3. 高振东

高振东，字旭初，河北省雄县昝岗镇高辛庄人，生于1879年。自幼挟燕赵之风喜爱武术，从小就向本地拳师学习一些拳术器械。二十岁时加入义和团抗击八国联军，义和团失败后，去河北新城县“恒义厚”店铺做事，在东家刘春山的介绍下拜程子和先生练武。不久程子和先生去世，又拜形意拳名家马玉堂为师，系统地学习形意拳。高振东先生勤学苦练，深得形意拳真谛。军阀混战时期，为了生计，凭一身武艺，在吴佩孚军队中任武术总教官，后来为避战事，经吴佩孚介绍到了上海教授形意拳。

高振东先生20世纪20年代照片

1928年3月24日南京成立中央国术馆，馆长张之江颁发委托状，委任高振东先生为中央国术馆代理武当门长，并以武会友与“千斤神力”王子平结为金兰，王子平亲书兰谱。京剧大师梅兰芳闻讯前来祝贺，一时成为武林佳话。由于高振东先生武德兼备，深得别人尊重和钦佩，各名流纷纷赠书。清宣统皇帝老师郑孝胥手书：“始向蓬莱看舞鹤，试横云汉翦长鲸”，江浙两省主席张人杰手书“湍流喧石徽，浓翠暗林集”一幅，中央国术馆馆长张之江手书“礼法并重，德术兼备”一幅赠予高振东先生。高振东先生热爱戏曲，与京剧大师梅兰芳、李吉瑞结为好友。

当时高振东先生与田绍先、郑佐平、杜心五、李景林、刘百川、孙禄堂、杨澄甫、沈尔乔、黄文叔、褚桂亭、钱西樵、苏景由被称为武林泰斗。

1929 年 10 月，苏景由与黄元秀等在杭州涌金门外的三雅园“放庐”宴请时任中央国术馆副馆长的“神剑”李景林将军，一起聚宴的有杨澄甫、高振东、孙禄堂、刘百川、杜心五、郑佐平、田兆麟、褚桂亭、钱西樵及沈尔乔等人。期间，苏景由与高振东、黄元秀、褚桂亭等一起师从李景林将军研习武当剑法与八卦太极拳。黄元秀在其所著的《武当剑法大要》一书中也记载了这件事情。此次聚宴影响深远，后世遂有“国术泰斗合影”或“南北武林十三泰斗”之称。嗣后，苏景由又与高振东、黄元秀、褚桂亭、孙汝江诸先生于三雅园公宴由直隶南来赴会的河北中华武士会张占魁、李星阶、李子扬、王芗斋、赵道新诸国术名家巨子。

国术界泰斗合影

注：此为高振东之孙高玉国珍藏照片，黄元秀题字：“‘民国’十八年，浙江举行全国武术比试大会，李芳宸将军暨武术巨子先后到杭参加盛会，元秀邀集涌金门外三雅园放庐，宴后摄影。武林黄元秀识”。这幅照片曾登载在《国术统一月刊》1934 年第 1 卷 5、6 合刊，照片旁边的说明文字如下：“河北李芳宸将军，剑术武技得有真传，海宇宗仰。比为主持国术比试，棨戟遥临，湖山生色。振东、尔乔、西樵公宴之于涌金门外放庐。共摄一景，籍留纪念。时‘民国’十八年秋。黄文叔记”。杂志在照片上方写有“国术界泰斗合影”。

高振东先生的形意拳源于师祖刘奇兰先生、李存义先生、马玉堂先生，经过几十年的刻苦钻研，在名师所授的基础上，吸收各家国术之精华，融于形意拳之中，创立了自己独特的拳经理论，并用以指导日常单式精练和层次的提升。如在武德上对忠、义、礼、智、信的理解和体现，以及五行拳和人体经络的关系，高氏形意拳和其他内家拳一样，非常注重桩功练习及单式动作的精练，如三体桩、无极桩、混元桩，单练动作为五行拳（劈、崩、钻、炮、横）和十二形（龙、虎、猴、马、鼍、鹘、鸡、蛇、燕、鹞、鹰、熊）。高振东1926年春与王芗斋先生试手，瞬间倾跌丈外，遂拜师学习意拳。由于有良好的形意拳基础，习练不久就达到了“一抖搂气贯十指坚如铁”之境，为日后战胜王子平等武林顶级高手打下了基础。

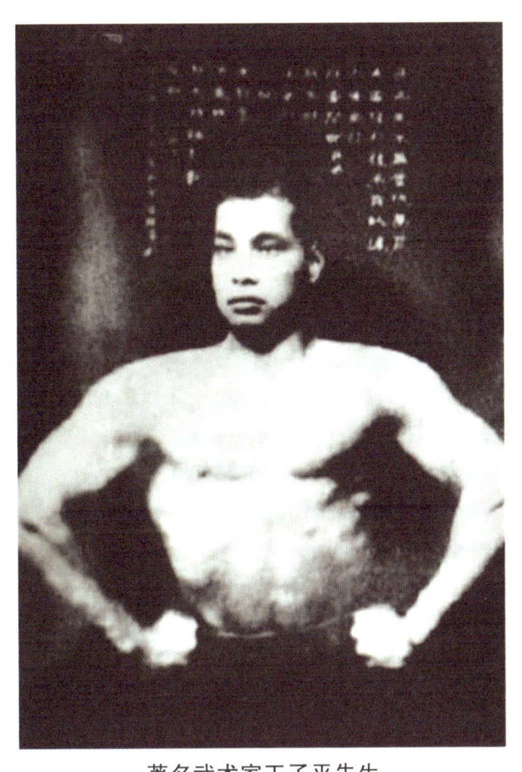

著名武术家王子平先生

由于高振东先生有在南京中央国术馆与浙江国术馆的经历，与太极名家杨澄甫、少林名家王子平交往甚密。与太极、八卦和外家拳种有较深的探讨与交流，吸取了其他拳种的一些精华，融入意拳，形成了独特的演练方法和理解，在实践中带来意想不到的效果，形成了自己独有的风格和理念，其特点是：朴实明快“一寸为先，一发即至”，严密紧凑“两肘不离肋，两手不离心”，“起如钢锉，落如钩杆”，沉实稳健“迈步如行犁，落地如生根”，协调整齐，“打法定要先上身，手脚齐到方为真”，“手到脚也到，打人如拔草”，三尖相对，三节相随。意、气、力相配合，做到内外合一。

1929年高振东先生应邀到浙江省国术馆任教，亲传其得意门生奚鑫法先生，在与高振东先生朝夕相处近七年，跟随左右，其练法正统，通医合道，奚鑫法先生九十九高龄善终，一生未有得病，身体健康，晚年行步非常精神、挺直，至逝前几天都能洒扫庭院、生活自理，看报、读书从未戴过老花眼镜。高振东先生回河北后传其子高清先生，其嫡孙高玉国全面地继承了高振东先生的学术体系。

高玉国在《纪念王芗斋先生诞辰 135 周年、王玉芳女士诞辰 100 周年暨“王芗斋站桩与健康”学术研讨会》上表演形意拳

左起：程岩、高玉国、杨鸿晨、王成

2020 年 12 月 13 日高振东先生嫡孙高玉国参加了“纪念王芗斋先生诞辰 135 周年、王玉芳女士诞辰 100 周年暨‘王芗斋站桩与健康’学术研讨会”，并在大会表演了形意拳，笔者因时间紧迫，未能和高玉国先生深入交谈。

胥荣东与王成师兄合影

旅歌先生在《天生我材必有用——高振东先生回忆录》一文中记录了高振东先生口述的这段历史（资料为高振东之孙高玉国提供），弥足珍贵。

天生我材必有用——高振东先生回忆录

我就到国术馆吃住下来，没啥事。过了段时间，张之江馆长找我，要给我发委任状，任命我当武当门长。我当即表示拒绝武当门长的职务。我说，因为我在这里只是代理孙（禄堂）师伯，回来我还要到上海，所以不能受此委任。张馆长说，那这事以后再谈吧，说了会话出门走了。

在中央国术馆，每月发我工资洋钱300元。一天早上，我刚起来，子平进来了，说：大哥刚起呀？我忙端茶请他喝，子平说：大哥，今天早晨我们两个在客厅比武较量。我问子平为什么，并说我是代理师伯，等他回来我就回上海，怎敢和你比武较量呢？子平说：大哥你想，教授、主任、教员们，还有上下这些人，早起晚睡，辛辛苦苦，一个月才拿四五十块钱，最多也就是一百多块钱。你在国术馆身不动膀不摇，凭什么一个月拿三百元，看见你什么啦？不比，那些教授、主任、教员，上上下下这些人谁服呢？说完就走了。约莫十分钟的功夫，子平掀帘进来，说：大哥走吧！我到了客厅，人已齐满。大家起来让座，我向大家谢座。

当着大家的面，我先说明了自己这次到中央国术馆的来历。表示，这次受托，是因我师伯已年迈，自己到南京来帮助打点形意、八卦的教学工作，自己天大的胆量也不敢来这与人比武哇。而且这两天正值孙先生有事外出还没回来，暂叫我代理几天。子平先生为此问我凭什么一个月拿三百元工资，看见我什么啦，提出要和我比武。我现在处于无法（无奈），有两句话必须讲在当面，诸位静听。我和子平比武好比两虎相争，必有一伤，不可能打成平手。子平先生要伤了我，说明我经师不到，学艺不高，并不记恨子平先生。万一我伤了子平先生，可不许寻短见。在座的哪位不服，出来，咱们在大庭广众之下当场较量，可不许暗箭伤人。暗箭伤人算不上英雄好汉，只能算匹夫之辈。大家听了，都说我讲得对，说堂堂中央国术馆不能出这种事。讲完话，我问子平怎么比，子平就出了个劈掌势，要我进招。我用蛇形风轮掌钩挂封闭，并不进招打。但这一下子平的褂子被我用掌挂坏，子平知艺力不能敌，认输。第二天，在清真饭店请我和其他教师。自此，子平和我结拜兄弟。我长子平一岁，子平亲书兰谱，愿一起互教互学取长补短。后来，子平去了上海。

事后，我急着想回上海。在很长时间里申请几次，张之江馆长总是不允。并说你代理内家门长，会手后子平又去了上海，你若再走，我中央国术馆怎么办？张之江馆长又秘传凡是上海给高振东的来信一律不叫他知道，并密造了几封给上海的回信，还造了上海几处的回信念给我听。信中都是责怪我失信等话，说几处都已另请了教师，你回来我们也不用了，都是刺激的话。当时我不知其中内情，当了真。张李二位馆长趁机留我，孙先生也说他已年迈，愿让我留下来一同研究武术，我想当时也无处可去，也只好应下来。从此，我为中央国术馆第二科科长，也就是内家门长，孙禄堂先生改任教授等职。

当时，练内家拳的在中央国术馆并无多少人。所以我任内家拳门长职务后，主要事情是，来国术馆的全国各地习武者，都由门长接待；凡是来要求比武的，都由门长来比。当时，人们可以随便来馆里要求比武较量，但得依照馆里的条例——死伤无论。记得当时来人不少，对所有来比武的人，我都手下留情，让他们心服而去，从来没伤过一个人。

自从我和子平比武后，国术馆不久就改变了编制，把各门派的教学人员混编在一起，不再有什么门派之分，在教学中各取所长。从此，门派的隔绝大墙从国术馆组织中被折除，从人们的意识中消失，教务上有科别之分，再没有武当、少林这种称呼，强调中国武术是一家，共同发扬武术的遗产，为国家贡献出自己的力量。各拳种的人来馆我们都热情欢迎，对老前辈们也非常尊重，尤其韩、左先生来馆比武，不但心服口服，还高兴而回。英国人也来比过，说从来没看见过这种打法，比试后愕然而去。

随着中央国术馆的发展，馆里颁行了新章程。依据这个章程，在全国的各省、市、县先后成立了国术馆，甚至村都成立了拳社。为了提高国术水平，国术馆在这年秋季通过报纸晓与全国，定在十月份在南京举行全国国术大考。考试办法是县、市、省逐级选拔，再到南京参加预选赛，取得资格的可参加全国擂台赛。决赛时，是采取抽签法配对，淘汰者仍愿意参加比赛的也允许；取得擂台赛资格的，如果觉得抵不过对手，随时可弃权罢赛，取得及格成绩的可录取安插在国术馆做教务工作。这期间，曾任清朝国务大臣、宣统皇帝的老师——郑孝胥参观了打擂，非常赞佩这场选拔赛，还亲书墨宝送给我，他写的条幅是“始向蓬莱看舞鹤，试横云汉翦长鲸”，当时我还得到其他一些名人赠送的字画。

我去杭州游览，拜会了浙江省政府主席张人杰，此时张馆长邀请我来浙江，并说：“浙江这个地方比其他地方好”，我答应了他的邀请，并且委任我为浙江省国术馆一等教习。就这样我第二次去浙江离开了南京。我任教后开始筹备浙江省考，因为打擂的人来自全国各地，所以这也算是国考了。在这次考试中，我被聘请为大会检查委员，此次考试大体和南京考试是一样的。打擂结束颁奖会上，张人杰特制一口七星龙泉宝剑赠给我。

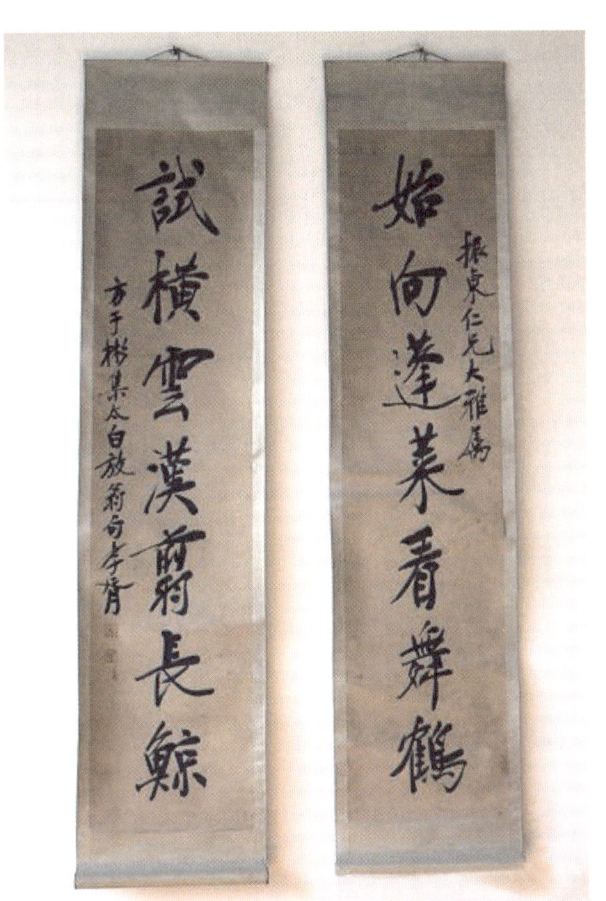

宣统皇帝老师郑孝胥亲书“始向蓬莱看舞鹤，试横云汉翦长鲸”之联送高振东

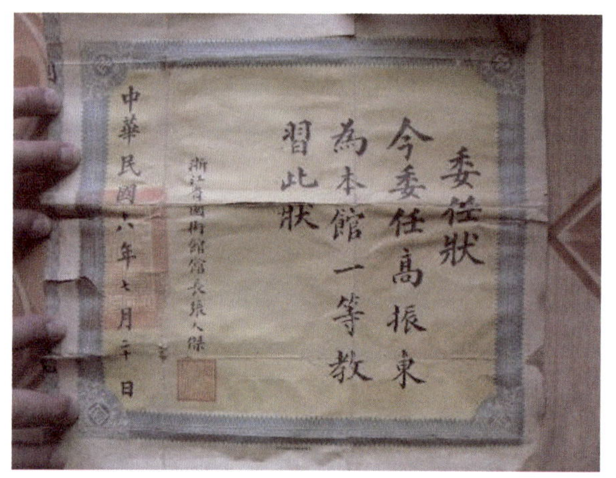
委任狀
令委任高振東
為本館一等教
習此狀
浙江省國術館館長張人傑
中華民國十八年七月廿日

张人杰委任高振东为浙江省国术馆一等教习的委任状

胥注：“始向蓬莱看舞鹤”出自李白的《侍从宜春苑奉诏赋龙池柳色初青听新莺百啭歌》。

东风已绿瀛洲草，紫殿红楼觉春好。池南柳色半青青，
萦烟袅娜拂绮城。垂丝百尺挂雕楹，上有好鸟相和鸣，
间关早得春风情。春风卷入碧云去，千门万户皆春声。
是时君王在镐京，五云垂晖耀紫清。仗出金宫随日转，
天回玉辇绕花行。始向蓬莱看舞鹤，还过茝石听新莺。
新莺飞绕上林苑，愿入箫韶杂凤笙。

“试横云汉翦长鲸”出自南宋陆游的《野外剧饮示坐中》。

悲歌流涕遣谁听？酒隐人间已半生。
但恨见疑非节侠，岂忘小忍就功名。
江湖舟楫行安往，燕赵风尘久未平。
饮罢别君携剑起，试横云海翦长鲸。

资料：《金钢钻月刊》1934年第1卷第12期曾刊载高振东先生弟子许天马撰写的《形意拳微义》一文。

清道光间，北方言形意拳者，莫不奉郭云深为泰山北斗。盖当时虽名家辈出，然终不逮郭技深邃。同门切磋，郭时以崩拳出击，当者莫不披靡，甚有身受钜创者，是以有一崩拳打遍天下之谚。郭尝曰：“彼徒知崩拳势如连珠，而不知有巨浪奔腾之义。是只知有顺力而不知运逆力也，只知原动力而不知反震力也。故同一崩拳，彼不能抗我者以此。岂真有神秘之术哉？”余尝闻诸前辈云，凡与郭较艺，两手相抵，即牢不可脱，微特不能前进，即欲后退亦不及矣！

溯形意拳于明清遭递之际，自蒲东姬际可于终南山得武穆拳谱后，抉其精微，传授门徒甚众。迨神拳李洛能出，遂为形意拳之魁师。而郭云深则实其入室弟子也。郭仅一子，好骑射，坠马死，乃以绝技尽授予同里王献斋。嗣因丧明之痛，年四十余（应为七十余，应该是排版错误）。同样是许天马写的，此前发表的另一篇文章，《八卦形意拳名家小

传——郭云深》(《金刚钻月刊》1934年第1卷第8期)中记载的是“寿至七十余而终，深县王宇僧、李奎垣、许占鳌等皆其入室弟子也”，竟忧愤卒。伤已！

十五年春，王献斋（胥按：即王芗斋）先生来沪，我师高振东往访于一品香。倾谈良欢，若有宿缘。吾师遂以师礼事之，而献斋先生亦倾心相授，初不自秘。于是吾师形意拳之形势，遂为之一变。一日，欣然告余曰：“余遇人多矣，若王献斋先生者，真可谓能形意拳者矣！当余手与彼手相接时，第觉彼手跳动不已，有如激电。余思运劲前进，不知余手经彼手震撼，遂致全身散漫，瞬息余已倾跌丈外。余既佩彼技之神，乃益知余二十余年所殚精研力之形意拳，苟与献斋先生较，实无异于邱垤之与泰山争其巅也。余鉴子学艺心诚，今将所得于献斋先生者，转以授子矣！”由是高师暇即莅余处，为余矫正形势，口授真谛。果与向者迥异而切于实用，乃不揣谫陋，爰将高师口授精义，及自以为心得者，记录于后，傥亦为爱习形意拳者所乐闻，而以为探索之资乎！一抖擞，气贯十指坚如铁。何谓抖擞，自顶至足无非力。气由毛孔发，力从足根生。心胸宽平，空空洞洞，不着纤微尘。气降丹田响连声。若一努气，周身若将绳捆住。外貌虽强梁，内实寡灵机。立如平准，腰如车轮。目内视，耳内听，一息灵光悬头顶。唇似张非翕，齿骨微龄，舌搅上腭，津液口内生，味甘胜琼浆。提膝裹胯，意似旋螺，顺中求逆，意若全身腾起，自能完整一气。足有三夹，足背湾处，膝后湾处，膀胱处，此三处宜夹。手有三夹，手背湾处，肘湾处（胥按：以上四个“湾”均当为“弯”)，腋下处，此三处宜夹。此六夹，是用意夹，不是用力夹，又非拼紧之谓。若一拼紧，即为死劲。死劲即断劲，断劲不能发新力。劲断气不断，气断意不断。有意无意，虚空粉碎。节节分段，处处联络，是为听劲。由听劲而臻懂劲。能懂劲，然后能随人而不虚发矣！

形意拳微義

（許天馬）

清道光間。北方言形意拳者。莫不奉郭雲深爲泰山北斗。蓋當時雖名家輩出。然終不逮郭技深邃。同門切磋。郭時以崩拳出擊。當者莫不披靡。其有身受重創者。是以有一崩拳打遍天下之譽。郭嘗曰。彼徒知崩拳勢如連珠。而不知有巨浪奔騰之義。是祇知有順力而不知運逆力也。祇知原動力而不知反震力也。故同一崩拳。彼不能抗我者以此。豈眞有神秘之術哉。余嘗聞諸前輩云。凡與郭較藝。兩手相抵。卽牢不可脫。微特不能前進。卽欲後退。亦不及矣。溯形意拳於明清遞嬗之際。自蒲東姬際可。於終南山得岳武穆拳譜後。抉其精微。傳授門徒甚衆。迨神拳李洛能出。遂爲形意拳之魁師。而郭雲深則實其入室弟子也。郭僅一子。好騎射。墜馬死。乃以絕技盡授於同里王獻齋。郭因喪明之痛。年四十餘。竟憂憤卒。傷已。十五年春。王獻齋先生來滬。我師高振東往訪於一品香。傾談良歡。若有宿緣。吾師遂以師禮事之。而獻齋先生亦

金鋼鑽

一

《金钢钻月刊》1934年第1卷第12期原文

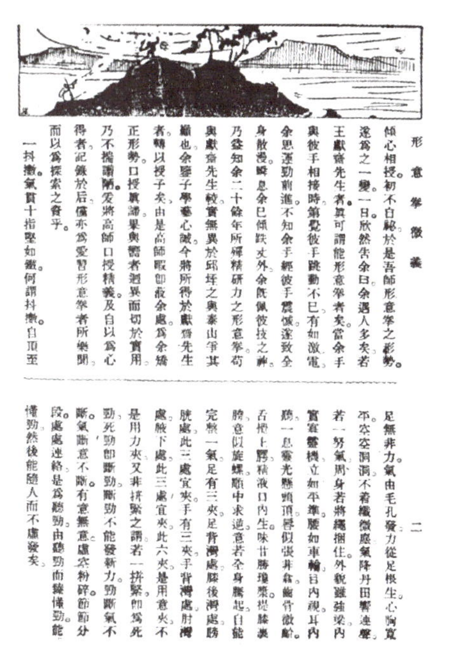

形意拳微義

傾心相授。初不自秘。於是吾師形意拳之形勢。遂爲之一變。一日。欣然告余曰。余遇人多矣。若王獻齋先生者。眞可謂能形意拳者矣。當余手與彼手相接時。第覺彼手跳動不已。有如激電。余思運勁前進。不知余手經彼手震撼。遂致全身散漫。瞬息余已傾跌丈外。余旣佩彼技之神。乃益知余二十餘年所殫精研力之形意拳。苟與獻齋先生較。實無異於邱垤之與泰山爭其巔也。余鑒子學藝心誠。今將所得於獻齋先生者。轉以授子矣。由是高師暇卽蒞余處。爲余矯正形勢。口授眞諦。果與曏者迥異而切於實用。乃不揣謭陋。爰將高師口授精義。及自以爲心得者。記錄於后。儻亦爲愛習形意拳者所樂聞。而以爲探索之資乎。

一抖擻。氣貫十指堅如鐵。何謂抖擻。自頂至足無非力。氣由毛孔發。力從足根生。心胸寬平。空空洞洞。不着纖微塵。氣降丹田響連聲。若一努氣。周身若將繩捆住。外貌雖強梁。內實寡靈機。立如平準。腰如車輪。目內視。耳內聽。一息靈光懸頭頂。唇似張非翕。齒骨微齡。舌攪上腭。津液口內生。味甘勝瓊漿。提膝裹胯。意似旋螺。順中求逆。意若全身騰起。自能完整一氣。足有三夾。足背灣處。膝後灣處。膀胱處。此三處宜夾。手有三夾。手背灣處。肘灣處。腋下處。此三處宜夾。此六夾。是用意夾。不是用力夾。又非拼緊之謂。若一拼緊。卽爲死勁。死勁卽斷勁。斷勁不能發新力。勁斷氣不斷。氣斷意不斷。有意無意。虛空粉碎。節節分段。處處連絡。是爲聽勁。由聽勁而臻懂勁。能懂勁。然後能隨人而不慮發矣。

二

《金钢钻月刊》1934年第1卷第12期原文

4. 尢彭熙

尢彭熙，1902年出生于江苏无锡市，毕业于上海同济大学和德国的海德堡大学（Heidelberg University），于1926年获得德国医学博士，上海著名皮肤科医生，也是象棋高手。1925年王芗斋先生受师兄钱砚堂先生之邀赴上海迎战拳王英格，威名大震，被武友们挽留于沪授艺。尢彭熙亲眼见到当时比武情景，又见芗老与武友切磋武艺之绝技，遂萌生拜芗老为师之望，经上海名律师江一平及江梦华介绍，于1928年拜入芗老门下。1981年尢彭熙夫妇被美国加州的斯坦福大学研究院（Stanford University Research Institute）邀请去做实验和医学交流。后来被当地的武术界人士邀请开班教授芗学，尢与妻子欧阳敏就在美国居住下来，由其美籍华人徒弟黄德辉博士担保定居于旧金山，1983年7月21日在美国逝世。

尢彭熙、欧阳敏夫妇（史美伟先生提供照片）

尢彭熙在中、美两国传人甚多，最有成就的有梁子鹏、黄德辉及史美伟。黄乃是世界知名度很高的武术家，现在他的学会已发展到世界37个国家。

1987年，美国武术协会副会长黄耀桢先生（尢彭熙先生弟子），来北京拜会选杰先生时，笔者一直负责接待。他虽年长于选杰先生，但仍称之为师叔，对选杰先生功夫深为折服。

鄙人早在二十年前就与尢彭熙弟子史美伟先生书信及电话联系，并请教了关于“气沉丹田”的要诀，得到史先生的悉心指导。2020年12月13日，史先生来京参加《纪念王芗斋先生诞辰135周年、王玉芳女士诞辰100周年》学术研讨会期间，得以向笔者详细讲解传授“气沉丹田”秘法，我深受其益。关于拳史问题，我也常请教史先生。

胥荣东问史美伟："有资料说李小龙和梁子鹏先生学习过，请问具体情况如何？"

史美伟答："李小龙的父亲介绍给梁子鹏，梁子鹏要小龙舍去原来学的东西，重新从站桩开始，小龙不愿意，所以没结成师徒，梁只教了一些步法，因此也让小龙与人动手时得益不浅。如果小龙真跟梁学站桩，不仅功夫还要高而且也能活得更长久。小龙的死在我们看来是芗老说的戕身运动，自己把自己打死的。他的发劲都是努气而发，而且气息都没沉到丹田，因此发他人的劲力都会返回己身的胸部，打别人一百返回己身八百。故长年累月等于天天被人打心胸部位，如此心肺岂有不伤之理？小龙是死于心脉断了，所以西医查不出死因，一直至今都是一个谜团。尢老师说气沉丹田是保命的法宝，因为有内气裹身，外力打到身上后受力会随裹身的气而散发出来，不会直接影响内脏。这就是保命的原理。这也就是要气沉丹田的一个重要原因！"

胥荣东问："史先生，今日见到《尢彭熙与乐幻智》，文中称'尢老师却说他的姓氏上无一点的'，请指教！"

史美伟答复："尢彭熙是无锡大族人家，据尢老师说他的祖上与同族发生不可调解的矛盾，其祖上就与族人一刀二断，为表示二者之间的区别，把一点舍去，以表其心志。"

胥荣东和史美伟先生合影

2006年3月6日《新闻晚报》访谈"武林泰斗"蔡龙云先生，蔡龙云说："李小龙不仅从自己父亲那儿继承了吴式太极，还向叶问学过咏春拳，向王芗斋学过意拳，向邵汉生学过节拳、功力拳和螳螂拳。后来又自学了洪拳和蔡李佛拳，甚至上少林寺自修了'罗汉心意拳'，我所精通的华拳也被李小龙自学掌握"。

老胥解说：李小龙并未直接向王芗斋先生学过意拳，我估计蔡龙云先生说的是"李小龙曾经学习过王芗斋的意拳"，记者写出来有些差错，这在访谈里面十分常见。其实李小龙只是梁子鹏先生的一名挂名弟子，并未磕头拜师。

梁子鹏先生

意拳传人：李润、(名待考)、梁子鹏、陈乙燊、林植生、魏华

梁子鹏出生于 1900 年，早年在上海跟随陈子正学习过鹰爪拳，后来又跟王芗斋先生弟子九彭熙学习意拳，为九彭熙得意弟子之一。曾入上海中央精武体育会，与吴鉴泉、田兆麟熟稔。抗战期间与李道立练拳六年，共研六合八法拳。战后吴翼翚在上海重开拳班，得李道立推荐为导师。1946 年将意拳、六合八法拳南传香港。主要弟子有李英昂、孙秩、方伯诚等。李小龙少年时在港由其父推荐，曾向梁子鹏求教内家拳法、拳理，结下短暂师生之缘。后李小龙亦有收集梁子鹏弟子李英昂所著武术书籍自学，并融汇于振藩功夫之中。

李小龙在练太极拳

笔者在1999年出版的《禅拳合一的中国武术——大成拳》一书中曾引用资料称李小龙曾败于王芗斋再传弟子梁子鹏，李建豪先生在《武林》2003年第11期中纠正了这一说法，并讲述了事情的真相。

由于李小龙当时在街头打斗的需要，曾想放弃太极拳的修炼，但遭到了父亲李海泉的反对，因为李海泉知道李小龙的性子太烈，而通过练习太极拳，可能会有一定程度的克制，但在李小龙逐渐放弃对太极拳的修炼，他只得想办法另辟蹊径来弥补。李海泉此时想到了自己朋友，另一位武林前辈梁子鹏，梁子鹏是专业武师，于武学有相当高深的造诣，尤精于内家拳法。他不仅精通太极拳与形意拳，还跟随另一位宗师陈子正学过鹰爪拳，并研习过六合八法拳，后来拜九彭熙先生为师学习意拳。他曾经指导过李海泉先生，故而李海泉认为以梁先生的博学多才与高超拳艺必能慑服李小龙。梁先生深厚的武学修炼基础与拳理果然深深地打动了李小龙，并由此明了内家功夫的真正技击含义，而这一切都是李海泉未曾讲到的。这段时间，李小龙从梁先生那里学到了许多有关中国功夫的内家拳法与外家拳法的原理，李小龙当时虽未把这些拳理用笔记录下来，但却将之深深地印于自己的脑海中，为自己在武学上的巨大成功打下了深厚的基础。后来李小龙在美国讲授武学时，常常提到梁子鹏师父。

李小龙练习站桩

据徐小明导演和我讲，他和李小龙是好友，当时一起拍电影。由于经常有人找李小龙寻衅，所以剧组规定李小龙不得和人比拳。一次一个人找到李小龙，当面辱骂他，李小龙忍无可忍，飞起一脚将来人踢倒，干净利落。我说你们没拍摄下来吗？他说大家都没反应过来就已经结束了。

胥荣东与来访的徐小明导演合影

小明哥每次来京均要找我叙谈，谈到早年和师父刻苦练功时说道：当时在工厂工作，早四点就起床练功，然后再去上班。现在的年轻人吃不了苦，武术的前途堪忧。2010 年他就给上海政协提案，民国时上海武术很兴旺，上海应该发展武术文化，后来有了答复，他的建议被采纳。

2011 年元旦我应黄杰理事长之邀到香港中医骨伤学会讲课。元旦晚上黄杰理事长百忙当中从澳门匆匆赶回，连晚饭还没吃就亲自和开车的弟子一起到机场接我，并送我到酒店入住。我住宿的龙堡国际酒店南面就是著名的九龙公园，再远处是维多利亚湾。3 日上午我到前台问了下服务员，元旦那天的房费将近 2000 港币，真是居大不易！次日到总部做了讲座，到会有一百五十余人，黄杰理事长说因为听讲座能挣学分，所以以往的讲座来的人也很多，但最后可能只剩下十几个人听课。开始我讲针灸理论，大家兴趣不是很大，我随时调整战略，请大家体会我的内功针刺手法。边讲边治疗，先后有十几人体验，基本上当场见效，有的头痛头晕等治疗后甚至症状完全消失。从早九点开始讲课，中午稍做休息，晚上六点结束，几乎无退场者。我说过大成拳就连我这样的普通水平推手放人时都可以“泼水能收”，这下可给自己找了麻烦，摄像的朋友是学会的一位领导，坚持要我现场表演放人并录像。幸运的是当场有位练意拳的武友愿意体会，搭手间将那位武友放出，因为对方太紧张，手臂没有抬起，我无法瞬间将其挂住。因为是在台上表演，十分危险。情急之下我抢上一步抓住其衣领，虽然撕开一道口子，但是人还是停下了，他离讲台的边缘大约还有半步距离，课后聘我为香港中医骨伤学会客座教授。次日预计有十几人参加大成拳学习，结果有九十多人到场。

第三天中午小明哥亲自到酒店接我，并携夫人请我及我在港的几个兄弟一起在九龙尖沙咀的喜来登酒店中餐厅就餐。吾友人乃小明哥多年粉丝，听其歌而成长，自然十分欢喜。小明哥也是很开心，高兴之余谈及武术和李小龙。有一次徐小明问李小龙说，我问你小龙你自己的弱点是什么？李小龙沉思片刻说道，你速度要比我快力量要比我大。过一会儿小明哥对我讲，现在有人在研究李小龙在电影中打斗时的怪叫声如何如何，其实李小龙拍电影打斗时是在骂脏话，后期制作时当然要删掉，只好用怪叫声来配音。我听后也是目眩然而不瞚，舌挢然而不下。

胥荣东在香港中医骨伤学会讲座后合影留念

5. 姚宗勋

1937年，王芗斋先生到北平定居。北京武术家洪连顺（张占魁胞弟之弟子），听闻芗老名声，上门切磋，被芗老折服，并将其弟子全部带到王芗斋先生处叩头拜师，其中有姚宗勋、窦世明、李永悰先生等。姚先生成为当时王芗斋的得意门生，1940—1948年间，代替芗老比武，曾先后战胜多名中外技击名家，被誉为青年武术家，威名大振。

- 江湖往事

1937年，王芗斋先生到北平定居。住在西单辟才胡同东边路北的涵静园，而此胡同西头住着另外一名武术家洪连顺，乃张占魁胞弟之弟子，人称“大力洪”，可单掌将大城砖击碎，闻王芗斋之名，遂趋前拜谒，以愿试师叔身手为请，王笑允之。洪以劈掌猛击，王芗斋举手相应间略发力，便将洪摔倒在沙发上，洪躺在沙发上两眼发愣，不知怎么被摔出去的；洪第二招用的是虎形的“虎扑”，其势如猛虎出山，但亦被弹出倒地；第三招用的是崩拳，势如山倒，猛扑向前，方一接触即被王先生抖出，身体腾空而起撞于西墙之上。芗斋先生说：“这几次都不算你输，起来吧！我们再试一次，我还叫你躺在这里。”洪内心不信，左躲右闪，不肯靠近沙发。洪氏后来对弟子们说：“当时我想宁愿倒在别处，也决不倒在沙发上。”而芗斋先生举手左晃右晃，紧步相逼，找准时机，突然发力，洪又坐到沙发上了。由于这次发力过猛，沙发下边的横梁粗木皆被砸断。正如王玉祥和于永年先生所说：“芗斋先生指定哪里，就能将人打倒在哪里，这种先定位、后打人的绝技如同射击之中环。而枪支与打靶都是死物，可任人调整，随人意愿，它与打活人，而且是不肯合作的敌方不同，此可谓拳术之出神入化也。王芗斋常对弟子们说，大成拳打人，不管中不中，要先问己身正不正。大成拳打人时，要使被打倒者产生一种舒服感，认为从来也没有挨过这样的打，而且还会主动要求你再打我一次，让我再尝尝这个滋味好吗？谁能相信挨打，还有舒服感？哪有这种傻人，情愿挨打？这就是芗斋先生在拳术上达到炉火纯青地步的表现。他能精确地掌握发力方向与力量的分寸：重力能将人一拳击毙，轻力不但不痛而且使人莫名其妙。”

据王玉芳老师讲，当年姚宗勋先生因为不服气，经常和芗老比试，每次都被芗老打得很惨，芗老夫人钱笑佛说：你别把孩子打坏了！芗老说打不狠他不服，没法练。整个四十年代，西城跨车胡同 14 号姚宗勋先生寓所成了技击训练的专门场所。自 1941 年后，芗老就将技击班的训练、普及推广和交流工作委托姚先生负责，其训练内容以技击为主，此即所谓的代师授徒，芗老这个时期的绝大多数弟子都由姚先生教授，所以这些人和姚先生感情非常深厚。

姚宗勋先生练功雄姿

• 江湖往事

当时，芗老的老友齐白石先生住跨车胡同 13 号（现在这个院落依然保留），李苦禅先生也拜芗老为师并时常到姚宅参与训练。1937 年，七七事变后，身在沦陷的北平，齐白石义愤填膺。愤然写下“寿高未死羞为贼，不辞长安作恶饕”的诗句，表明自己饿死也不会去迎合日寇。还在大门口贴上“白石老人心病复作，停止见客”，并在门口贴出告示，上书：“中外官长要买白石之画者，用代表人可矣，不必亲驾到门，从来官不入民家，官入民家，主人不利，谨此告知，恕不接见。”李苦禅先生在抗战时期是中共晋察冀中央局社会部黄浩地下工作组成员，曾参与营救掩护抗日爱国军官、为中共地下组织卖画筹集经费等众多抗日活动。1939 年，李苦禅被捕，不惧酷刑，痛骂日寇，出狱后仍借书画宣传抗战。

王玉芳老师曾和笔者讲，成立“北京市武协意拳研究会”时，也邀请王选杰先生参加，姚宗勋先生弟子薄家骢前往选杰先生家，邀请他参加“北京市武协意拳研究会”。选杰先生婉拒了邀请，并给相关负责人侯郅华先生写了一封信，并随信寄去一张自己的练功照片。近日，薄家骢先生把这封信的复印件送给笔者，作为珍贵史料，刊载于后。

前排左起：樊明玉、卜恩富、司徒柱、姚宗勋、侯郅华

后排左起：张增瑞，贺相左，刘普雷，崔瑞彬，武小南，李士铁，苏肖发（卜恩富弟子），姚承光，高长友

侯先生：

您好！半年前我和您在中山公园相见一面，实感肯甚并感到彼此实为有缘。本人料想您的工作一定很忙，故未敢轻易去信问候，希见谅！

昨日小薄同志，受您委派前来敝舍，言及打算成立北京"意拳研究会"之事，说明您对我的指爱，本人深受感动！我自幼好武，曾学太极、八卦、形意、弹腿等拳术。后和李永宗、杨德茂二师学大成拳，之后，又得到王芗斋先生的青睐，收为关门弟子。因本人天性愚鲁，缺教成性，故拳学造诣不高，只知大成拳之梗概而已。

目前，我在家应付的稿之事，已有些招架不住了，故无暇顾及他事。所以对这次成立"意拳研究会"之事，我是心有余而力不足，希望您能够对我理解。姚先生一生热心拳术，拳学造诣颇深，资格又老，即可全面维持，况且又有其他有识之士辅助，此研究会必可圆满成立。我很尊重姚先生，又和他多年未见，请您代问他好！

顺致

大安

（随寄像片一帧，以留念！）

选杰 再拜

83.12.26.

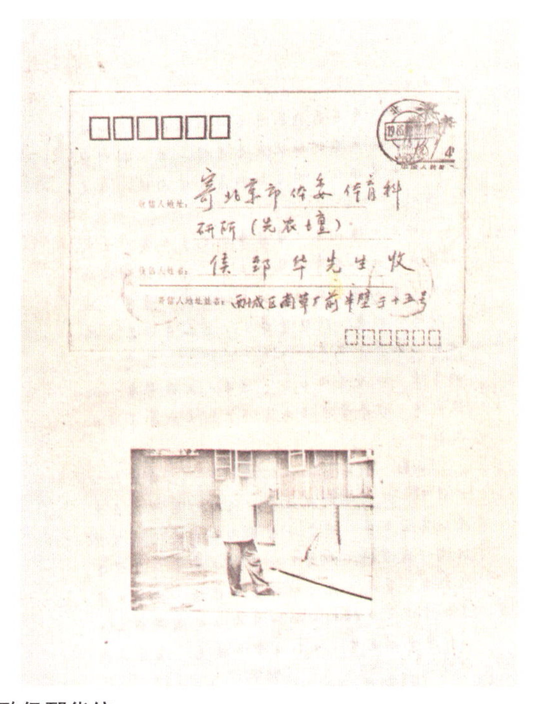

王选杰致侯郅华信

资料：侯郅华，男，1925年5月出生，河北人，北京辅仁大学1944年社会学系、1952年经济学系毕业。1976年调北京市体育科学研究所工作。1980年，姚宗勋先生与北京市体育科学研究所合作成立意拳研究组，受研究所领导指示，侯郅华在意拳研究组任指导员，主要负责研究组的日常管理。期间，在姚宗勋先生的积极组织下，研究组对意拳开展了系统的科学研究，并选拔人才进行全面系统的科学训练，培养了一大批意拳的栋梁之材。同时与国家体委和北京市体委携手，对如何将意拳训练的核心内容运用到射击、游泳、举重、田径、足球等现代体育，进行了积极的探索，取得了显著成效。1984年5月，

当时担任北京市武术运动协会主席的刘哲到意拳研究组视察工作，指示可以申请成立北京市武协意拳研究会，经姚宗勋先生等商议后，正式提出申请。1984 年 6 月，市武协批复同意成立研究会，侯郅华负责草拟意拳研究会章程上报武协。8 月在科研所意拳研究组办公室，召开了意拳研究会筹委会第一次会议。1984年10月，北京市武协意拳研究会正式成立，姚宗勋先生任会长，侯郅华担任秘书长，负责主持研究会的日常工作。后因忙于其他研究课题及论文撰写，离开意拳研究会。

胥荣东和北京市武协意拳研究会原会长、现任监事长薄家骢先生合影

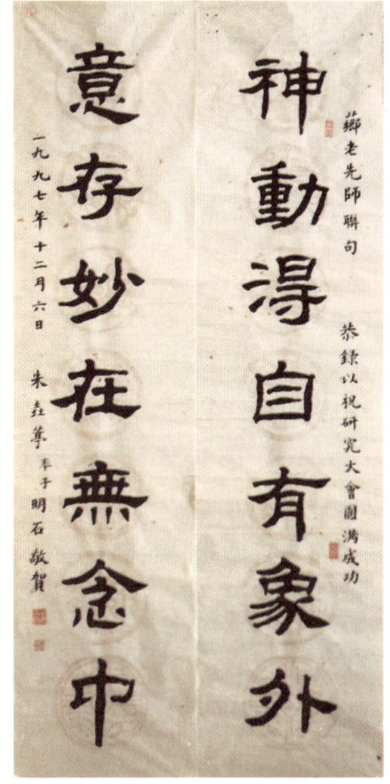

朱垚葶先生赠送薄家骢先生的墨宝（薄先生赠予胥荣东）

6. 于永年

于永年老师示范浑元桩（于冠英提供照片）

据于永年老师讲，光站桩(浑元桩)的手形，芗老就教了两年(他当年几乎每周都去中南海)，可见站桩有多深奥。

李见宇和于永年老师合影（王玉芳老师提供）

于永年老师早在 1942 年就得到芗老的口传身授，他曾深情地回忆往事。

• 往事堪怀

我和王芗斋老师相处近二十年，每每聆听他那诲人不倦的教导和那刻苦的治学精神，无不钦佩之至。芗斋老人那和蔼的面容、从容的神态、纯笃的功夫至今还一直回荡在我脑海里。回想芗斋老师生前和我相遇，对拳术的学习和探索点滴之中都溶着老师的教导之恩，直至先生匆匆话别，遂成永诀。今静心回忆草拙此文以表对老师的怀念之情，言不尽意之处望读者谅之。

记得那是 1942 年，我在河北省石家庄道立医院工作，和当地的一位高老师练习形意拳和太极拳，刻苦的练功和老师的教导使我进步很快。后来高老师在与我推手时讲“你底子好，学这个太慢，去北京找王芗斋先生吧！”我惊讶地问：“您不教我了吗？”高老师认真地说：“王芗斋功夫好，他练的是大成拳，是革命拳。”

带着一丝的惊喜与疑惑我回到北京，找到高老师介绍的罗耀西先生，他和王芗斋老师是同乡，有着很好的关系，很痛快地答应了我见王芗斋先生的请求。

夏天的一个下午，罗先生带我到了中南海万字廊，当时老先生就住在那里。第一次见到王芗斋心情很不平静，先生正在和朋友聊天儿，后来知道先生的朋友是同住一院的著名画家徐燕孙，住在北屋二层楼，和芗斋老师关系很密切。王芗斋先生不是传说中的那样，很瘦，有点小肚子，貌不像武人，给人的感觉完全像文雅的书生。

罗耀西大夫说明我的来意后，王先生看了看我说：“就真学，不要挂名学。”就这样我开始和芗斋老师学拳，当时去家里练拳的人不多，所以我一有功夫就到老师家里去。

老师头一次让我站浑圆桩，摆好姿势站那不动，站了有半小时，老师突然指着院里的树问我：“那棵树为什么粗，这棵为什么细？”我当时被问糊涂了，植物和人站桩有什么联系呢？老先生笑笑说：“树哇，站的年头多就粗，站的年头少就细。”话如禅机，直指要害。以后随着站桩功夫的深入，慢慢明白了，站的年头多角度不够也不行。老师的比喻给我留下深刻的印象。

在北京一千多年的树哪儿都有，据说澳洲有一种能活一万多年的树，人们称为“世界爷”。人顶多能活百余岁，动物中凶禽猛兽寿命都短，五六十年而已，可乌龟有三五百年或更长的寿命，因为它动作缓慢，而猛兽动作快。所以凡激烈运动如拳击、泰拳等运动对身体没有什么好处。之所以练武可以长寿是指那柔和深静的功夫。中国传统养生有句话，鹤发童颜，即指修炼功夫有为者而言。

于永年老师年轻时示范大成拳矛盾桩（于冠英提供）

开始那段时间，在老师家站桩就特舒适得力，回家练功就常感到憋气、酸痛、乏力等不舒适。都是站一样桩为什么有两样感觉呢？后来疑惑地问先生。先生听后在屋里走了几圈转过头缓缓地对我说："小孩子妈妈抱着不哭，放在床上就哭，为什么呢？好好想就明白了。"我当时不懂，后来就慢慢地明白了。小孩子妈妈抱着拍动着舒服，放在床上没人拍了。在老师家站桩比如间架紧了，老师不用说话，只需轻轻给你扶一下，让紧张的肌肉放松下来就立刻感到轻松，或简单的语言提示马上就会非常得劲。在家里因没有人给予及时矫正，所以出现种种不适之感。所以现在教学生也很注意这个，有的人学个姿势就觉得会了，自己去站，或照书去练。这个不是不行，会事倍而功半。

• 锲而不舍，终身以之

我作为王芗斋老师的追随者，一个深受芗斋老师教益的学生，每当回忆起与老师学拳的经历，心中不免泛起层层涟漪，久久不能平静。

王芗斋先生是中国武术的改革家、革命家和理论家。在先生生活的那个年代，民间武术家有百分之百的人练习拳术套路，而老师却倡导站桩，这在武术界引起很大反响，受坚持以招制胜的传统武术家的排挤与反对。

芗斋先生一直是以不屈不挠的顽强毅力和惊人的才智涤荡尘世，以纯笃的拳术功夫惊显于世，树立起一面精湛而浑厚、富有民族拳术特色的丰碑。他付出的代价，直至现在未有多少人能明白。其功不可没，其精神长存。

不吃苦中苦，怎能出功夫。在老师影响下刻苦练功，冬天站桩雪花落在袖子上马上就被融化，两脚周围的雪也被融化，因长久在一处站桩春天到来练功处寸草不生，足以见得我对站桩练功所下的功夫。

记得是 20 世纪 50 年代，王先生搬到琉璃厂居住，张恩桐师兄在天津居住。王先生与我经常提起他，说有一些东西还没有给他讲完，希望见到他。我便去天津找张恩桐，当时他五十来岁，个子不高但非常健壮，家中有其年轻时的照片，肌肉发达，很是漂亮，师兄原在铁路上做会计。

张师兄得知王先生之意后便欣然与我来京住在我家里约有半年。白天师兄在我家里练功，晚上等我下班后与我一起去王先生家学习。有一次张师兄让我站低位浑圆桩，他则搬个小凳坐在我前，用两手按住两个膝盖，使其膝关节固定不让上下屈动，稍站一会儿就会觉疼痛难忍。

师兄回忆在深县集训，早起跑步，夏天睡完午觉就一人抱一个公鸡到村边斗鸡，观看斗鸡时的形、神兼备之意，可见王先生教学绝非墨守成规。每日练习摩擦步时要穿拖鞋，用以增强练功难度，强度训练之大令张师兄几欲不辞而别。张师兄平时喜站低位浑圆桩、大步伏虎桩。他发力威猛，与人接触稍一发力便难以站稳，强大的功力是来自刻苦的练功和持之以恒的精神。

现在年轻人不肯吃苦，功夫没有就说拳不好、不科学，老师没有认真教，但反问自己是否像老前辈那样肯吃苦，那样执着。永远都应记住老先生所说的话："功夫不亏人，不练拳是不要命的呆子"。

- 武苑琼林

记得 1947 年，在中山公园音乐堂组织武术表演大会，许多门派的人都去了。王先生身穿长袍，最后一个上场表演健舞。只见先生此起彼伏，忽快忽慢，其发力惊、弹、抖、炸，有地动山摇之感；其轻柔又如行云流水，飘忽不定。最为好看的是空中发力，我是当场目睹的人。健舞除王先生之外做得好的只有韩星桥师兄了。其舞动时神态与王先生极相似，也能做空中发力。后来 50 年代王先生在保定开河北省气功研究会时也即兴表演过健舞，动作还像 40 年代那样漂亮，猛然发力时地板都随之颤动。当时我和李见宇、何镜平等都亲眼所见。

记得有一次先生教我推手，王先生手臂没有什么肌肉，皮肤松松的。我和一般人推手只是皮肤痛，和老先生搭手觉得是骨头里痛，他小臂好像冰窖里拉冰的钩子，与我手臂一搭就如同钩到骨头里，疼痛难忍，想跑又跑不了，想进又使不出劲来，怎么也不得劲，先生稍微一动我就两脚失稳，东倒西晃了，只有顺他的劲走了。但王先生很少把人放倒，王先生常讲："想办法让对方僵住就好发力了"。

王先生讲拳当时很难一下明白，几个月明白了就算不错，因为拳学理论是需要亲身体认才能真正明白。要想练好拳就要刻苦练功，勤于思考，加之明师指点。如王先生说试力和哄孩子玩一样，劲大不行，劲小不行。望读者认真思考与体认一下。大拇指和小指掐起来，方可手上得劲，就这手指头我就改了近一年，手指没有劲，达不到梢紧，手上很难长功夫。我和李永綜关系很好，他个很高，挺瘦。我经常和李师兄与太庙的一个练桩治病的病号推手，这也很困难，因为我当时练习站桩不久。从此我下了决心刻苦练功，每日除工作之外的时间全都用来练功。李永倧生活有些困难，就在北京和太原之间来回跑生意，生活没有规律，练功也少了。过了几年我又与李师兄推手，他就很难推过我了。所以刻苦练功长功夫非常快。

于冠英与于永年先生合影于九十寿辰庆祝宴会

我见过一次赵道新师兄表演八卦掌走圈，步法灵敏，身法矫健。他中等身高，很瘦。王先生称赞道：“这些学生中最聪明的就是赵道新。”在天津张占魁先生让王先生选一些学生，看上谁教谁。当时号称“津门十一杰的”有赵道新、顾小痴、马其昌、郑志松、苗春雨、张宗慧、裘稚和、赵佐尧、赵逢尧、张恩桐等皆经张占魁先生推荐拜在芗老门下。王先生收赵道新为徒时有一段趣闻：王先生在选学生时刚走过赵道新，赵伸手抓先生长袍，先生自觉身后异常，猛一回头一发力赵随即坐下。后赵道新给先生磕头拜师，这一跪就不起来了。芗斋老师一看便明白其用意，他是还想试试王先生的功夫。于是就上前扶他起身，道新等王先生走到身前，便突施冷手一手兜芗斋先生脚跟，另一手拍王先生膝盖，想把王先生拉倒击出，哪知刚一接触王先生腿部，芗老惊炸力骤发，腿往回一带，一下把道新整个身子拉平，趴在了地上。道新彻底服了气，于是站起再次礼拜了芗斋先生。听芗斋先生讲，道新师兄在拳学研究上极为认真，王先生与之讲拳也是随时搭手便试。可见，能够当道新的先生也不是一件容易的事。

王先生当年曾和大家说过，要想见我的真东西，你们可以试着偷袭我，看我是怎么反应的。作为职业武术家应该随时防备着别人的攻击，这也是训练技击的一种手段。道新师兄是拳坛真正的斗士，他是芗斋门下能上擂台竞技和与名家试技最多的弟子。任何想要追求真正武技的拳者都应像道新师兄那样能将自己推进到搏杀的边缘，把自己的拳学艺术发挥到极限。

王芗斋先生与弟子李见宇合影

• 江湖往事

据李见宇先生讲，他曾随王芗斋先生见一外号“海龙”的前清大内扑户，此人身材高大，就像个金刚似的，据说一顿能吃好几个羊头，烙饼能吃一尺多高，用手一比也不说要多少张。手掌大如葵扇，力大无穷，玩上百斤石锁就如弄丸一样。用不着技巧，将人一提就起，曾有掷死人的记录。话说芗老当时在京颇有名气，所谓树大招风，说什么一触即发，一碰就倒，口气倒不小，你什么大成拳也能一碰就倒，倒要看看谁一碰就倒。于是透过人向芗老挑战，芗老一般人也不放在眼里，乐得接受挑战。这个“海龙”能在前清做扑户，此时年纪也不小了，一般也不在江湖上行走，所以芗老对他也不知道内情，只道是一般扑户而已，也没放在心上。话说按着时间地点到达比武场，王先生抬头一看对手，对面就像个人塔似的，也是一愣，自己那个身段才到对方的胸口。对方手如葵扇，神情亦足，绝不是个庸手。心想一定要在他刚力已发柔力未至之前，就借这一瞬间将他打出去，机会只有这一点，赢不了再斗下去就不好搞了。果然一出手，一切都按王先生之所料，将这“海龙”放了出去，海龙也输得心服口服，没想到这小个子还真有本事，后来两人成为好友。

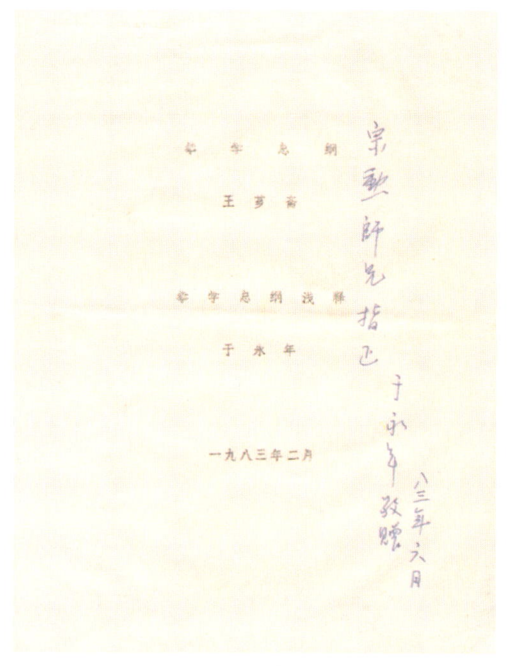
拳学总纲

王芗斋

拳学总纲浅释

于永年

一九八三年二月

宗勋师兄指正

于永年敬赠 八三年六月

《拳学总纲》封面

《拳学总纲》为于永年老师送姚宗勋先生的打印稿件，封面钢笔字迹为于永年亲笔题字，可以看出于永年老师的谦逊态度。此件为薄家骢先生赠送胥荣东，在此叩谢。

1998 年，一位在北京中医药大学学习的欧洲留学生跟我学习针灸，我说到学好针灸要练功时，他说他正在和于永年老师学习大成拳，我说太巧了，我也和于老师学习过大成拳。他见到于老师后汇报了我们聊天的情况，于永年老师给我写了一篇长信，情真意切，希望我努力弘扬大成拳。看完信后我十分感动，但又很惭愧。回家后赶忙给于老师打电话，谈的都是大成拳，包括大成拳历史，以及我练功中的许多疑问。最后，于永年老师嘱咐我要努力练功，好好宣传大成拳。当时我忙于晋升等杂务，无暇练功，更没时间宣传大成拳，感到非常惭愧，但于老师表示理解。

胥荣东和于冠英畅谈如何发展推广大成拳

2010年底，应出版社之邀，笔者出版了《筋柔百病消》，里面加入了大成拳站桩内容。2011年，应北京电视台《养生堂》节目组邀请，录制“筋柔百病消”节目。笔者想在节目中加入大成拳站桩内容，恰巧节目组里一位编辑和于永年老师练过大成拳站桩，我们一拍即合，不仅在节目里加入站桩，还加入了神龟出水等大成拳特有的技击功法。那个节目一共录制5期，从周一播放到周五的节目，在大陆地区收视率排名第一，影响很大。我终于了却了一件心事，也没辜负于老师的嘱托。节目录制期间，于老师特意安排得意弟子于冠英师弟到场助阵，冠英师弟每次都不辞辛苦到场，令我感动不已。节目播出后，受到了于老师的表扬和称赞。近几年来，笔者常和于冠英师弟一起练功，切磋技艺。他将于永年老师的许多心法都毫无保留地告诉我，令人感动。值得一提的是，前些年，杨鸿晨师兄也是将他多年学到的技击秘诀都无保留地告诉我，我和鸿晨兄情同手足。

胥荣东与武术名家传统文化学者杨鸿晨先生合影

去年秋天，我登门拜访程岩老师，又得到了程老师的无私传授，将芗老当年教给他的不传之秘都毫无保留地告诉我。当谈起于永年老师时，大家都钦佩于老师的修养。当年于老师书中选用的练功照片，都是和程老师一起商议选用的。程老师和我讲，当年一位名家和于永年老师推手时，被于老师弹出，那位先生后来找到姚宗勋先生问：“你不是说于永年是大石碑吗，我怎么被弹出来了？”姚先生回答：“那可是活的石碑。”可见于永年老师的推手功夫，无人能匹敌。

华安、杨鸿晨、常学刚、胥荣东、于冠英（从左至右）合影

2019 年 5 月，于永年老师的长子于东平先生和冠英师弟打算去大同拜访郭贵志先生，邀请笔者同去，因出诊、授课，无法抽身，遂安排弟子徐新芳同去。徐新芳带回了拍摄的照片和录像给我看，东平先生就像于老师那般儒雅、亲和。郭贵志先生也提到这一点：于老师待人极好，只是对身边的人特别严厉，越看重的人，越是批评得多。东平先生还提到儿时趣事：他们兄弟姐妹犯了错之后，父亲就罚他们到墙根站桩，小孩子站不住，想偷偷溜出去，父亲一伸腿挡住去路，顺手就把他们抓回来了。

于永年老师除了教授学生，还整理、校注王芗斋先生的著作，同时出版《健身良法——站桩》《站桩养生法》《拳道中枢站桩功》《站桩求物》《大成拳——站桩与道德经》等多本专著，推广宣传站桩功法，并创编了特有的整体发力“紧松内动法”，继承、发扬光大了王芗斋先生的拳学思想。

于永年弟子郭贵志为大成拳的发展做出了巨大的贡献。

20 世纪 50 年代，郭贵志先生工作于大同市铁路分局装卸作业所，在一次搬运货物到火车上时，由于用力过猛，导致胃出血，于是到北戴河疗养院进行疗养。1957 年 7 月，在疗养院遇到于永年先生，先生告诉他，站桩能治他的病，不必做胃部分切除术。跟随先生站了二十多天，他便感觉身体有劲，胃好多了，吃饭也香了。7 月底，他的疗养期到了，院方让他出院，可于先生看他是块练武的材料，不想让他走，但没办法，于是写了一封信，让他拿着信去北京找王芗斋先生学拳。

前排为王玉芳、李见宇老师，后排中为郭贵志先生，左右为其学生

1985 年 10 月 27 日大同市大成拳研究会成立合影留念

身高一米八多、号称有八百斤力气且年轻气盛的他，见到又瘦又小的芗老，心生疑惑。在公园树林下，二人比试。第一次，他双手往前扑，芗老身子往后一移，突然后脚一蹬地，身子往前，把他撞出去了。第二次，他面对面连打带撞，芗老的身子一斜，用左手拍了他背部一下，他又趴倒在地。他起来又从右面击来，芗老用右手拍他，他仰面朝天跌出去。连续六次被摔出去，他认输了，便跟着芗老学拳。芗老嘱咐他，学好了把此拳带回山西去。他不负众望，不仅把此拳带回了山西，使之发展壮大，而且还在国际上扬了名。这离不开当年于老师的识才、惜才。

当年郭贵志先生和选杰先生都在芗老那里练拳，俩人常常切磋技艺。有一天选杰先生用摔跤方法将“大老郭”扛了起来，“大老郭”则抱住了选杰先生的脑袋，两人僵持不下，芗老出来呵斥道：“差不多行了啊！”可见芗老对两个人的喜爱。最近了解到，“大老郭”多年来曾战胜数十名国内外顶级技击名家，未遇敌手，为大成拳的传播与发展立下了汗马功劳，在国际上也为大成拳扬名，我感到由衷地钦佩。当年许多人没见过真正的大成拳，都说王芗斋是吹牛，“大老郭”让他们真正认识了大成拳。许多技击高手当面拜师，有的领导也要拜师，“大老郭”说你是领导，没法称呼，那些领导就说背后叫师父，当面不叫。

1985 年大同市大成拳研究会成立合影（二排从左到右：常志朗、王选杰、于永年、王玉芳、郭贵志）

1985 年 10 月大同市成立了大成拳研究会，郭贵志任会长。于永年、王玉芳、王选杰、常志朗老师参加了成立大会，这也可以看出这几位老师关系很密切。据冠英师弟和我讲，于永年老师和选杰先生当年在大同郭先生家曾经彻夜长谈，商议如何弘扬大成拳。想到此情此景，令人动容。

李颖、宋元增、于东平、胥荣东、郭贵志、张树新、张铁良、刘俊杰、武正河（左至右）合影

注：胥荣东、张树新、刘俊杰为王玉芳弟子，张铁良为姚海川弟子，李颖、宋元增、武正河为郭贵志弟子。

关于习拳及武林往事，郭贵志先生自己回忆说：

1957年本人因胃溃疡在北戴河疗养期间，2月到6月和唐应武教授学习了杨氏太极、吴氏太极、孙氏太极、太极推手和气功。7月初有北京铁道部总院于永年教授（他是练大成拳的），早晨7点，本人正在北戴河教太极推手。当时于先生过来非要和本人切磋推手。练大成不懂得太极推手法，通过双方一搭手，于将我放出很远。早上7点吃饭时两人各自走开，当时在场练太极的人们笑话我，好像篮球似的让人家放出去了。下午2点，我找于先生正式比武切磋，比了一个小时后，本人失败。于先生是练大成拳的，有站桩、走步、发力等，引荐我学习大成拳，他说没有套路，技击性强，同时能治疗各种慢性病。他问我啥病，我说胃溃疡，疗养院的大夫建议我做手术，切除胃。于先生说你身体不好，不要切除胃，通过站桩能治疗你的病。当时我不相信，他比喻冬天的冻柿子放在凉水中从内往外发热，放在热水中从外往内热。他说我的病通过站桩一定从内往外发热才能好的。我说站了7年少林桩功不如你的功夫，于先生说少林站桩是紧的站，大成拳站法是松的站。我就试着放松站了10天，感觉胃特别舒服，有打嗝放屁的感觉。从此以后，我就跟他学习大成拳的站桩、试力、走步、发力、推手。学了20天，感觉身体有劲了，胃也好多了，吃饭也香了。同年7月底，我的疗养期到了，院方让我出院，于先生和院长谈了两次，不想让我走，院方不同意，必须出院。于先生看到了我是块练武的材料，就给王老写了一封信，推荐我向王老学习，我拿信到了北京中山公园找到了王老。他正在茶厅喝茶，我把信交给了王老，他看到信时就生气了。信的内容说一个月学会了大成拳，简直胡说八道，第二句说山西郭贵志有八百斤的力气，意思说练武的一块好材料，请师父收下，在此期间王老更生气了。在公园树林下王老把我叫到一起，想试试我八百斤的力，我看到王老又瘦又小的样子，有点看不起他。我双手往前一扑，他身子往后一移，我以为他不行，认输了，突然他的后脚一蹬地，身子往前一窜，把我撞出跌倒在地。第二次我面对面连打带撞，王老的身子一斜，用左手拍了我背部一把，我又趴倒在地上。我起来从右面又向他击来时，他用右手一拍我，这时他腿正插在我的中心，手脚一发力，我又一个跟头，面朝天跌出去。我从左面又击他时，他左脚插到我中心，又让他摔出去了，我认输了。王老还不让，还要和我动手，说你是八百斤的力，你用两手压到我的两手上试一试。压得他两手抬不起，见他两手朝天一指，我看他手时，前步一进又让他发出去了。王老说我把你的双手压住怎么办，他压不动我，但他的步法往后一移，前腿前手一个发力，又把我放倒。

比试后，王老对我说了三句话：①有势的凭权势办事不为本事；②有钱的凭钱买的办事不为本事；③有力的凭力打人不为本事。没势、没钱、没力能办到的才算本事。最后又说了两句，此拳是山西拳，希望你好好学习，学好了把此拳带回山西去。每天和王老学习，约一个星期，王老一看我勤学苦练，当时王老教人以养生为主，所以，特意安排本人与练习技击的常志朗、王选杰一同学习。王老向常志朗介绍山西八百斤的力，王老和常志朗说连摔六个跟头，不怕摔。当时王选杰不服我，要和我推手，王选杰用摔跤倒口袋的办法想把我摔倒。在这时我看他真不是和我推手，同时我用左手从后搬住他的耳朵，右手从前搬住他的下巴，用扭羊头的招法，在此期间，王老说停住，谁也不能动，王老批评我以后不能用扭羊头的招法伤害人。又批评王选杰人家和你推手，你用摔跤的招法，不能这样做。因此我和王选杰关系一度不太融洽，后来年龄大了，互相能够包容了，两人关系很好。因为能够得到王老亲自教授的人并不多，所以得到王老教授的几个人关系都不错，我和常志朗的关系特别好，他功夫也很厉害，只是这个人不爱表现，王选杰和常志朗的关系也很好。和王老比武切磋后，我自身体会到了大成拳，又能治病，又能技击，从不伤人是个好拳种。以后每个星期从大同坐火车去北京学习。

1957 年到 1959 年与常志朗一起和王老学了三年多，1959 年 12 月我去太原学习内燃工，以后就没时间去北京学了。我和王老切磋武功后，感觉王老的功夫一触即发，不伤人，所以我非常喜欢王老的功夫。学习王老的功夫，现在也感觉在和人比武切磋中，不伤人。对方也对自己无恶意，不记仇。过去，我和朱国选姥爷、杨金明经常动手切磋比武，但比武完后，他们在练习中是真打，练完后，身上伤痛半个月，和王老的练法不一样。我说：您们动手时下手轻点儿，但二老都说：打得轻你不记，打得疼你才能记住。

1963 年为了跟王老学习大成拳，为了离北京近点，我把工作调到了张家口。去了于老家之后，才得知王老去世。于先生说在北京练大成拳姚先生排第一，也是第一继承人，于先生又引荐本人和常志朗三人去中山公园找到姚宗勋，于先生说我的朋友是山西八百斤的力。希望跟你学拳。当时姚先生看不起我们三个人，转身又教拳去了，等了半小时后，慢慢地又过来同我谈话，你说你是山西八百斤的力吗？你把我的双手抓住，我抓住他的双手后，姚先生试了试说不愧是山西八百斤的力。

1979 年国家体委开放发展武术，要求每个省不超出 10 名运动员，带队 1 人，裁判 1 人，奖励最多每个省一个或两个金牌。大同市 60 人选拔 10 人（其中有我）。1979 年 3 月去参加选拔，地点在榆次，有 300 多人，当时我报名是大成拳，从上级到下级一听大成拳，有的骂，有的指骂王芗斋吹牛，又来了一个吹牛的。王芗斋的师父是形意拳郭云深，王芗斋称大成拳是欺师灭祖，所以山西人全体骂大成拳。在选拔赛时，我和领导们谈话，准备回大同，不参加选拔了，当时榆次下午没车。第二天早晨准备坐火车回大同，我在榆次住的是会议室，在下午 4 点钟有 5 个人到会议室找我，有师景旺（身高 1.9 米，体重 190 斤）带了 4 个形意拳的名师马二牛、赵永昌、王英、李福元，连喊带问谁是练大成拳的。我说我是来参加选拔赛的，找我干什么？他们说要和我比武，我说要想比武你请示领导批准。师景旺说领导算个啥，我非要和你比不可。我还是不想打，我说远日无仇，近日无恨。他们不行非要动手，四位名师同时喊："师景旺打死那个狗东西！"我一看非打不行，我说我站在原地让你三拳，我离地就算输。师景旺照我胸部打了一拳，我丝毫未动，同时他倒退了一步，又把右手腕给崴了。他又用左手打我两拳，他手已无力了。我就说你的拳法太差劲，没资格和我比武，我又说你练八极拳还有啥高招，尽管拿出来。他说：八极拳劈掌厉害，他一劈掌把鞋底一蹬两节，功力很大的。我说劈掌厉害，我脖子让你三掌。这时候宋家形意拳的赵永昌说："瘦干鬼做不得，那里是动脉血管，劈下会没命的"。我说不怕。师景旺在我脖子上连劈两掌，我丝毫未动，第三掌劈下时，我一个大成拳整体发力，把他弹出，腾空而起，跌倒在折叠床上，反过来又跌在另一个折叠床上，当时床已砸乱了。从地上爬起来后，磕头拜我为师。到了晚饭时，大家就议论大成拳厉害。吃完饭后，史宝林找我说，师景旺和你比武他输了，我说玩一玩，他说我和你比行不行，我说行。他把我领到屋子里头，照我身上一打，我一个发力把他打到床上，起来后，我又准备放他时，他说住手。我停手后，史宝林说我拜你为师。我说你是领导，身份高，我是个练拳的身份低。他说什么高低，我非拜你为师不可。他说我是领导，有人的时候我叫你名字，没人的时候我叫你师父。我回屋休息时，我想大家看法也不一样了，我的名誉也提高了，参加比赛，我也不走了。早晨师景旺出来找我学拳，师景旺和我说，昨天我和你比武，是集体选我和你比的，不是我单个和你比武，大家看我身高 1.9 米，体重 190 斤，又看你又单又瘦，你不是我的对手。我说你在哇，我出去买点东西去。这时又来了两个人要和郭贵志比武。师景旺说我是郭贵志的半拉手，你先和我比，把我打倒，再和郭老师比武，怎么打？师景旺说你们两个同时打我，师景旺用八极拳的掌法把两人全打倒。两人起来后说我们想跟郭老师学一学。师景旺说，人家该是你了凭啥教你哩，师景旺就把两个人给骂跑了。

下午省体委选拔赛开始啦。我上场表演大成拳，观众一看，给我起了个“和面手”，和住就了不得，观众相当欢迎。

山西省选出 10 人，体院教授陈正普，技术员杜振元，杨氏太极杨振铎，戴家心意拳马二牛，车家形意拳李福源，宋家形意拳的贾宝寿，八极拳的师景旺，大成拳的郭贵志，通背拳的秦根基等人，裁判李贵昌，选出后去南宁参加全国比赛。陈正普夺了一块金牌，杨振铎夺了一块金牌，其余的都是铜牌。回省后，山西领导对我说我的功夫那么高，没拿金牌，真可惜。

1979 年从此在山西大成拳挂了号。

1979 年山西省在大同市举办全省比赛，体委王立源主任说庞尔国为什么大同市不成立大成拳辅导站。1989 年我在雁北地区吴家窑成立大成拳分会，我担任教练。2001 年朔州成立大成拳协会。

1980 年全国武术比赛在山西举行。山西省选拔赛 3 月份开始。1979 年省体委对我没夺金牌很可惜。通知大同市体委郭贵志必须来选拔。我去山西选拔赛并不费劲。选山西省 20 名，其中有我一人。山西代表武术的是张喜贵。山西体工队教练庞太林提出山西全体武术比散打。山西省的张喜贵叫人们报名，没有一个报名的。史宝林和张喜贵找我报名，我也不参加。晚上 9 点省体委主任王立源叫我去他办公室。王主任说咱们山西很多练武术的，连一个报名的也没有，真丢人，不敢和人家打。他叫我小郭你怎也不报名，你是怕人家打坏，还是打不过人家。他说，万一叫人家打坏你，省体委包你工资。我说，不是怕打坏，我和刘春芳在 1960 年已交过手，他输了，他也不是我的对手。我说山西省山大体院教授陈正普他不出来应战，杨氏太极全国有名的杨振铎他也不报名，山西省形意拳也是全国有名的也不出来报名。他说那些人为了保名，不报名，又说小郭你给把这个担子担起来吧。我说主任既然这么说那我就报名吧，但我必须和庞太林打，不和他的徒弟打。我又找了四个人，师景旺、小米、小杨、小冯。这时省体委写出了应战书，地址：山西党校，裁判也全找好了，人们都到齐了，这时庞太林没来，等了 20 分钟后，他来了三个人：庞太林、刘春芳、刁要祖。来了以后，庞就问主任和散打教授陈正普，双方打散手，如打坏打伤由谁负责。王立源和陈正普说，你挑战，他应战各负其责。庞太林说，你不负责，我就不打了。王立源就骂庞太林，挑战也是你，不挑战还是你，愿打不打。当时庞太林三个人就走了。庞太林听刘春芳说我应战，刘春芳说我1960年和郭贵志打过，你打不动他，他打你你受不了，所以就不打了，放弃了。

5月份，全国在太原比赛开始，山西省领导史宝林、国家体委管武术的是门惠丰，史宝林汇报门惠丰山西武术的情况，汇报说郭贵志的功夫相当厉害。门惠丰说是不是个子高高的，身子瘦瘦的，说话爱笑的。史宝林说就是。门惠丰说，你告诉他明天我和他打散手，看他敢不敢打。这时史宝林就问我，门惠丰看不起你，要和你打散手。我就说他是个教授，我是个练拳的，我打败他，我的名望更大，他打倒我，我是个练拳的没什么。史宝林回报门惠丰明天7点打散手，等到了第二天早晨去门惠丰门口等他，等了约一个小时还没出来，史宝林就去找门惠丰，门说昨天工作太累了，不打啦，以后再说吧。

5月全国比赛完后，全国评奖评到大成拳我这里，山西的张喜贵（管武术的）说，郭贵志不能得奖。庞太林（是全国比赛的裁判长）说，国家正需要郭贵志这样的人才，为啥不能得奖。庞太林又说，全国参赛的24个省、自治区谁敢出来和郭贵志比试散手，如打倒郭贵志就不给了，打平手也得给郭贵志。在这时候，没有一个敢出来报名的，裁判长说没报名的第一块金牌就是郭贵志。这时候全国就知道大成拳的厉害了，同时国家体委对大成拳重视起来了，国家体委要我练功的姿势像，在全国宣传报道，各种报纸也宣传播放。回大同后，大同体委庞尔国（管武术的）对我说，以后再不要参加了，出外就打，出了事儿我担当不起。

1981年铁道部成立火车头协会参加全国武术比赛合影

前排左起第五人为万籁声先生，后排最高者为郭贵志先生。郭先生和万老关系非常好，也得到了万老的真传。2021年5月15日，郭先生得意弟子张永蓬发给我这张照片及如下文字：“胥主任好，我师父希望通过你把这两张他和万籁声先生在一起的合影照、家里供奉的万老照片，发给那位福建来的学员，这是他和万老结交拳缘的见证，她可发给万老在福建的弟子。”

1981年铁道部成立火车头协会参加全国武术比赛。在哈尔滨举行选拔赛，有300多人参赛，都是各地的练武精英，共选拔出10人，其中就有本人。当时担任铁道部火车头协会的总教练是非常有名气的自然门名师万籁声，万籁声是南昌铁路局长的师父，10名队员想让万老表演他的拳法。表演完后，大家印象非常不好。众人问万老你练的是啥拳？万老说练的是太极拳，大家又问，你是哪家哪派的太极拳？他说张氏太极张三丰的徒弟。大家中午吃饭的时候就议论，下午把这个吹牛的打倒。到了下午众人提出要和万老切磋功夫，万老非常同意，大家说怎么个比法？万老说随便打我就是。九个人都各自使用自己的拿手拳法，都被万老一个个抓倒，万老的抓功特别厉害。九人输了以后，他们就问郭贵志你怎么不出手切磋？是不是不敢动手？当时我就和万老动手切磋，我右手照他脸部一打，左手一个栽拳打到万老的胸口，万老反应很快，突然把我的左手抓住，我立即半身麻木，我用练大成拳的争力，右手往前打、左手往后拉，前后同时争力，将万老打倒在后面的长条凳子上，起来后万老问我黑大个你练啥拳的？我说练大成拳的。又问道你是王芗斋的徒弟？我说是姚宗勋、于永年的徒弟。他说怪不得，只有练过大成拳才能破此法。万老又说以前蒋介石的人在南京擂台赛时，王芗斋是裁判长，有一个大个子很有力气，不服王老的功夫。王老说：让你一个手指头，你把他扳倒就为胜，对方一用力扳，王老一发力将大个子打飞起来。从此以后，我和万老的关系特别好，我问万老你的抓功怎么练出来的，万老说，师父教我的时候走梅花桩，而我头朝下，手抓着木桩，身体往上拔，练的是逆争力。一换手，手往上，身往下，通过这个力我才练出来的，所以我的抓功很厉害。从此万老就教我逆争力。他用一米长的板子，三个手指抓住，让我用两手往出拉，拉的时候他的手指及脚往后移，而身体往前移，这是个前后逆争力。我的双手拉不动，最后万老说你用同方向顺力，是用的一个力，我身子和手相反是用的两个力。以后我又问万老轻功怎么练，他说走大笸箩，里面装满沙子，每天沿边走，每天往外抓一点沙子，时间久了，沙子也抓没了，轻功也就练成了。我和万老比武时，外形看上去我把万老放出去了，实际上被他抓到我手后半月麻木，已伤及内部。后来在1982年南昌举行的全国武术比赛时，万籁声派徒弟领着记者采访了我并同时登报宣传。在武术杂志也发表相关事迹，为大成拳在全国的普及做了宣传报道。

我比赛的时间到了，上场裁判长就问我，你需多少时间，我说大成拳得十分钟。裁判说不行，其余的拳种都是3～5分钟，你不能上场。我说我是练大成拳的，就得这么长时间，裁判长说，这个事我们请示领导。当时裁判长请示领导门惠丰说大成拳比赛需十分钟，咱们没有十分钟的规定。门教授说，特殊拳种，特殊对待，随便比，这时我就上场比赛了。大成拳各种发力特别快，其他拳种发不出这样的力。老教授齐说，怨不得王芗斋吹牛，大成拳的发力就是快。比赛后，所有的教授、体工队的教练都评价说，大成拳发力真快，体工队也发不出这样的力。西南有个体委主任直接找我，他是练马形拳的，他说我啥也不学你的，就想学习你脖子的力。从此以后，全国人都评价大成拳发力真快。

比赛完后，全国开始评奖，大家都说大成拳发力真快，全铁道部就一块金牌给了我，所以火车头的九位运动员没有得上金牌，全都生气了。散会后，火车头协会总结，大成拳得了一块金牌。铁道部的领导就派北京的记者刘昌春给我写材料，说郭贵志又不是科班出身，又不是职业队队员，病号得了金牌。这时候由中央人民广播电台进行了20分钟的报道。1982年、1983年我不是运动员了，以教练的身份参加2年全国比赛。从1981年、1982年、1983年，3年代表铁道部参加全国比赛。

1986年5月，全国比赛在徐州。这时候，86年比赛最后一年了，领导不出席了，靠下边的人比赛了，奖励也变了，每个队员参赛后都有奖。山西省把任务交给大同体委庞尔国，庞尔国选了10名运动员，选我为教练。全国开幕时教练表演，我代表山西省表演大成拳。我看到教练何福生表演的套路相当好。我表演完以后，徐州的十五六个练形意拳的相当喜欢我，非要和我切磋切磋，他们一搭手，个个全被我放出去了，全部输了。其中有一名打拳击的高手叫张广宇，一出手，被我在腿上踢了一脚，当时起了个包，输了后拜我为师。

比武完后，每天请我在大饭店吃饭，同时跟我学习大成拳。我就问你们这样尊敬我为啥？他们说：我们形意拳的祖师是天津张占魁，张占魁的师父是郭云深，王芗斋是张占魁的师弟，所以我们就喜欢你，咱们是一家人。形意拳的李老能家人教了一个徒弟叫薛颠，来天津后和全天津的武术界比武，谁也胜不了薛颠，所以薛颠在天津统治了全部的武术，全跟薛颠学拳，张占魁没徒弟了。韩慕侠是张占魁的徒弟（功夫很好），张占魁没有办法了，就给北京王芗斋写信，说来天津和薛颠比武。王老从北京到天津直接找薛颠比武，双方互不认识，王老说薛老师的龙形震遍天下。薛颠当时照王老的身上打下来，王老一发力，把薛颠摔出去了。薛颠爬起来跪地上说，神拳王芗斋师叔来了。王老把薛颠搀扶起来后，批评薛颠，你把天津的武术全统治了，不应该这样做，张占魁是你师大爷，他没有生活来源了。薛颠组织起徒弟们把钱拿上给张占魁送去了。薛颠比武失败后，离开了天津。王老去找张占魁，他很喜欢，当时就让王老在天津发展大成拳，徒弟们全磕头拜王老为师，其他人进去全部站起来了，只有赵道新没有起来，王老去搀赵道新，他一看王老来了，用两手把王老的双腿抱住。王老往后一拉腿，把赵道新仰面迎天跌出。这时赵道新也拜王老为师，所以我们徐州的形意拳就这么喜欢大成拳。

我代表山西省参加全国1979年、1980年、1986年全国比赛。

1986年5月，铁道部在合肥举办铁路系统武术比赛，我代表北京铁路局以教练的身份参加比赛，北京局的成绩很差，只得了一块银牌，比赛最后一天了，软器械比赛，17个人比一组，奖牌是一块金牌。北京局没有练软器械的。领导知道我能练绳鞭，让我上场。我说，第一我是教练身份，第二我没有集训过，第三没有拿表演服，第四我是全国拿金牌的，如果上场得不了奖怕丢人。领导说不管你什么原因，你必须上，上也得上，不上也得上，我是领导。我一看推托不了了，就接受了这个任务。从晚上9点练到早晨6点，一眼也没合。第二天10点开始比赛，我一上场，观众就轰我，没穿表演服装。上场以后，鞭随人转，人随鞭转，练的相当出色。当时全体观众鼓掌欢迎。比赛完，裁判给打了99分。17人软器械我拿了金牌。铁道部的领导得知后，说全国铁路人都学郭老师的绳鞭。

因为20世纪40年代王芗斋和世界武术名人切磋以后都取得胜利，日本人相当佩服王老的功夫，有一个空手道九段叫直春茂，他到了法国入籍教空手道，欧洲、非洲、美洲都有他的徒弟，有400多名徒弟。1981年直春茂从法国来到北京找于永年比武，于老在八一湖公园教拳，直春茂直接找于老比武，于老答复，我们推手比赛，直春茂说推手是哄孩子玩哩，必须和你打散手。正好我和儿子郭福海在81年7月份去找于老，一看公园人围的很多，有一个人指手画脚称英雄的。我就问于老这是干啥这么多人。于老说你来得正好，直春茂来要打散手，那你就对付他吧。我说行！你不要管了，我来吧。我就接见直春茂。我让儿子郭福海同他先打，郭福海当时16岁，不是他的对手。我让过郭福海，就直接和直春茂动手比武，直春茂的腿法相当好，左腿照我头部踢上来，我用左手的裹拳把直春茂打在头部，跌出一丈多，第二次一出手我直叉住他的脸部，用抖劲使他眼睛都睁不开，他抵挡不住了，低下头就往山上跑，观众说把日本人打死。我说他已经输了，不能打死哩，一会儿直春茂下了山头找于老就说，我再练十年也不是郭贵志的对手，我要拜他为师。他又说："我比武输的那个镜头你们给照上，我回法国讲大成拳的功夫好，我每年七月来北京和郭贵志学习"。从 1981 年开始到 1984 年，直春茂每年 7 月份带着两个徒弟来北京学习。

1984 年姚（宗勋）老去世后，北京意拳协会通知我 5 月安排姚老去世的事后。因为我跟姚老学大成拳都是于老给介绍的，所以对他的恩情永不忘。我问于老姚老去世后为什么你不去，于老说没有通知我。有一个英国籍华人叫林锦全，在英国伦敦成立太极拳协会，他任会长，来北京要拜于老为师。当时住在旁边宾馆。于老说这个人和香港李小龙是结拜弟兄，功夫相当好，善于打散手，我想叫你去切磋切磋，我说行，现在就去，到了宾馆找见后，我说，听于老介绍说你的功夫很好，想和你切磋切磋。我就和林锦全交手，他往我身上一扑，我一发力把他放在床上，第二次起来又把他放到床上。林锦全一问我，我说出姓名郭贵志，他就想跟我学习。比试完后，我们要走了，他说你来北京干啥来了，我说安排姚老的后事来啦。他说你们不要走，我给你们买饭和鱼等，就在宾馆和他们吃完饭后，又留住我们在北京宾馆住了一夜。同时教了他大成拳功夫，他很喜欢我的功夫。他说我每年 7 月份来北京带好多徒弟，希望你每年 7 月份来北京。

国家体委领导曾在 1981 年找我谈话，说全国要推广三个拳术。第一陈氏太极拳，陈小旺为主，成立陈氏太极拳协会；第二杨氏太极拳，杨振铎为主，成立杨氏太极拳协会；第三大成拳，郭贵志担任。当时我拒绝，不承认不担当这个。国家体委领导问我为什么，我说大成拳北京有好几位前辈，我不能挑头。门教授很生气，说不干你就走吧！当时就把我轰出来了。从此以后，再也没有见过门教授，也没参与这个事儿。

1982 年国家体委开会发展武术，大同体育局庞尔国去参加，门教授特指庞尔国谈，大同市成立武术协会必须把郭贵志安排在武术协会，第二必须在大同市成立大成拳研究会。庞尔国回同后安排，1983 年大同市成立武术协会，大同市体委书记武真义担任主席，我担任第一副主席。1985 年成立大同市大成拳研究会。

1997 年起，我被邀请到法国、英国、瑞士、意大利授拳。在国外授拳期间，与意大利拳击手马克斯比武获胜后，马克斯始习练大成拳。法国自由搏击冠军伊利亚和我切磋后，钦佩我的武功，和我学大成拳。1999 年空手道教练方索和我比武败北后，也开始学大成拳。法国剑道高手阿兰是欧洲比赛冠军，他看到大成拳的威力和精妙，拜我为师学习大成拳，从 2000 年至今，坚持不懈。日本空手道教练一冈等人和我比武切磋后，败在我的手下，于 1988 年习练大成拳。

2021 年谷雨前日　胥荣东和于冠英宴请来京教学的郭贵志先生（唐晓丽 摄）

注：前排左起为黄庆霞、于冠英、郭贵志、胥荣东；后排左起为郑景文、刘向英、李修洋、王炳皓、张军伟、李天昊、晏旭、袁梦琪、张力旋、李景利。后排王炳皓为于冠英弟子，其余为胥荣东弟子。此次教学活动中，郭贵志先生传授了芗老晚年密授的"活桩"功法。

2011 年 3 月份，我已经 79 岁了。香港邀请世界武术比赛，我代表大同市，带了三个徒弟去香港参加比赛，同时北京的常志朗（他在香港也是练大成拳的）想去看看他，香港奖我世界优秀辅导员牌。大成拳、双刀各得金牌一块。闭幕会开始名人表演，我代表大同市名人表演，有一位无锡的何剑川，我看到何先生表演的套路、身法、发力相当好，我要求何先生留了个电话。比赛完回国后，出国讲课。6 月份回国后，我自己买了车票到南方找何先生想和他比武。未去之前，给何先生打了个电话说，我要去访你。坐火车到了杭州，何先生指示上海同济大学的王晓鹏从杭州接我到上海，到上海后，先是王晓鹏和我切磋，一切磋，连着摔了他十几次。他输了以后，给何先生打电话说我的功夫好，王晓鹏从上海把我带到无锡，到无锡后，何先生要和我切磋，我说你身边的徒弟那么多，咱们背后比吧。万一你输了，你的徒弟怎么看你，到了晚上两人就切磋，切磋中，何先生看自己不是我的对手，功夫差得太大。从此以后何先生对我相当尊敬，何先生从无锡又带我到苏州接见了很多武术家们。从苏州又带到南京，南京练武术的很多，同时我给他们介绍了大成拳，接见完南京后，何先生给我买了火车票回到了北京。从此以后何剑川经常来大同和我探讨大成拳，学习大成拳，同时在南方也发展起来大成拳了。到现在关系一直很好。

初识大老郭

袁梦琪

经常听师父提起大老郭的武林故事，也曾在书中见识过大老郭从一个因为身体健康疗养的人历练成一代武林名家的传奇，亦在视频中看到过郭先生演习大成拳拳法的矫健身姿。但直到今日见郭先生之前，我对其的认识仅仅停留在别人的转述与视频上，总觉得是一个那么遥远而不真实的存在，心中总是疑惑年近90的老爷爷，真的会拥有如此功力吗？起码在我的认知中，我没有见过。然而，直到今天见到郭先生本人后，心中更加疑惑——郭先生真的是年近90岁的耄耋老人吗？！

瘦骨嶙峋、肌肉松弛、皮肤干燥脱屑、步履蹒跚是我既往对耄耋老人的认识，尤其是在医院见过许多因为中风而瘫痪在床，生活不能自理甚至神志不清的80多岁的老年人后，今天再见郭先生，只觉得如果忽略生理年龄，单从肌肉骨骼判断其年龄，说60岁都不为过，其精神之矍铄、状态之从容自在，不禁令人心生敬佩。

在师父为其针刺治疗的时候，看到郭先生的肌肤——细腻、紧致而充满弹性，便想起王冰引用庄子《逍遥游》中的话：肌肤若冰雪，绰约如处子。师父常常提到《黄帝内经·上古天真论》中的养生观——“上古真人者，春秋皆度百岁，而动作不衰”，并说这才是养生的终极目标，随着医疗水平的提高，我国的人均寿命已经可以达到70岁以上，而像北京这样的发达城市，人均寿命80岁已是司空见惯，但是如何保证老年人的生活质量，让老年人生活更轻松、自如才是养生的目标，而不仅仅只是停留在延长寿命。郭先生则为当代人做了最好的示范。虚岁90的年龄，动作不仅不衰，甚至十分强健有力，练起功来炯炯有神的双目、似笑非笑的表情以及怡然自得的神态，活脱脱就是一个“精神小伙儿”，仅仅是看着他便已经能感受到那份舒畅与愉悦，那他练功时所能体会到的快乐自然不言而喻。老子说的：“专气致柔，能婴儿乎？”大抵就是这种状态吧！也是见完郭先生后才明白，古人诚不我欺！

杨伟峰拜郭贵志先生为师合影留念

2021 年郭贵志先生来京后，我和他商议，希望他能够好好培养杨伟峰。我将杨伟峰引荐给郭先生后，他很喜欢伟峰，认为是一块练拳的好材料。我说干脆让他也拜您为师吧，这样您就能把芗老的东西完整地教给伟峰了，郭先生爽快地答应了我的请求，并说收伟峰为“关山门弟子”。郭先生高兴地拍着伟峰的肩膀说：“你 30，我 90，好好练吧！去我那儿住，我那儿有地儿。你基础好，身体好，好好练一年就行。”郭先生然后对我说：“我不缺徒弟，是替你培养，培养一个顶门弟子！”

杨伟峰和郭贵志先生合影

六、意拳鼎盛

姚宗勋先生负责教授的技击班先后吸收李永倧、窦世明、窦世诚、敖硕朋、张中、张孚、王斌魁、孔庆海、韩嗣煌、杨绍庚、李文涛、王十川等人，此时芗老这些学生全部由姚宗勋先生代师授徒。其中能够经常受到芗老直接指导的人主要有姚宗勋、程志灏、朱尧亭、杨德茂、孔庆海先生等人。笔者曾和侯志强一起看望在中日友好医院住院的韩嗣煌先生，韩先生对我们讲：“一般弟子很难见到王芗斋先生，三个月也见不到，偶尔见到他也不和你讲拳，和大家聊哲学。”杨绍庚、韩嗣煌先生等人的功夫虽然非常厉害，但也都是和姚宗勋先生学的，所以和姚先生的感情非常深厚，令人感动。姚宗勋先生为意拳及大成拳的发展立下了汗马功劳，受到同门的普遍尊重，被尊为“亚圣”。

与此同时，又开设养生班。养生班几经易地，最后定在北平太庙中（现在的北京劳动人民文化宫）。养生班学生有：秦重三、陈海亭、布毓昆、孙闻青等人。李少春、马祥麟、王少兰等人，为充实本身技艺，也先后从王先生习站桩。

而在此之前，王芗斋先生致电在沪的弟子韩樵（星桥）先生来京，协助授拳，并重点培养姚宗勋先生。韩先生不仅武力超众，按摩技术亦炉火纯青。笔者在日本与苗思温先生一起工作时，苗先生称韩先生手法极轻而透力很强，内功非常深厚，极其推崇其按摩手法。故练习大成拳站桩对于传统技艺，如京剧、国画、书法、篆刻、针灸、按摩等，均有很大的帮助。不仅从技法技术上使习之者受益，更主要的是从精神及意境上使人达到更高的层次，此即《黄帝内经》所讲的“粗守形、上守神”。不单是针灸、按摩、武术，凡中国传统技艺无不如是，这从李苦禅及王十川先生习拳后对作画及篆刻的影响中即可看出。

姚宗勋先生主要弟子有白金甲、薄家骢、张鸿诚、王金铭、赵绪泉、霍震寰、尚京堂、崔瑞彬、李洪锦、刘普雷、彭安弟、武小南、白学政、魏玉柱、姚承光、姚承荣、夏成群、杜洛伊、肖中强等。

王斌魁先生的传人有崔有成、王永祥、王永利、王安平等。王安平先生后又创立浑元功，成为当代著名气功家，从学者甚众。然其理论与意拳及大成拳已有所不同。

1939 年，设四存学会技击班于东城区金鱼胡同那家花园，后因学员过多，又迁东单大羊宜宾胡同，其后又迁至东四弓弦胡同。

1940 年初，芗斋先生在北平《实报》公开发表声明：“欢迎武术界人士亲临赐教，以武会友，共同研讨武术发展，借以倡导意拳并阐明拳学真义。”登门来访者颇多。由周子岩、洪连顺、韩星桥、姚宗勋四位弟子接待，来访者如愿试艺者，可由四人中任何一人先招待过手，然无一人下场，莫不称服而退。

此后，日本柔道、剑道名家泽井健一、渡边、八田、宇作美、日野等人曾先后到北京与王芗斋先生比武，莫不铩羽而归。其中的八田一郎是代表日本参加 1936 年第 11 届奥运会的柔道六段选手。

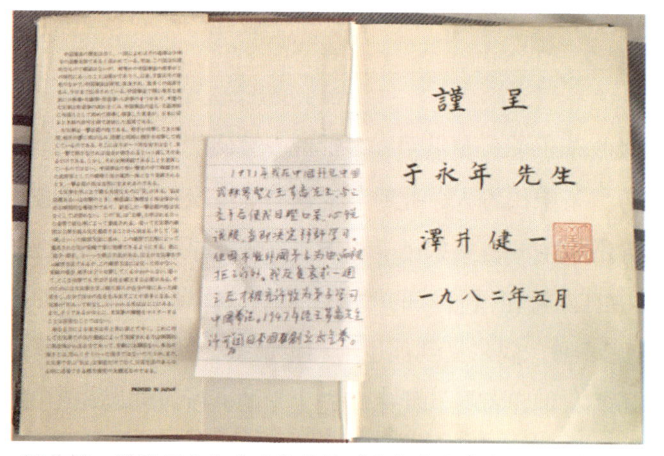
謹呈

于永年 先生

澤井健一

一九八二年五月

武林界聖人王芗斋先生，与之交手后使我目瞪口呆，心悦诚服，当即决定拜师学习。但因不收外国弟子为由，而被拒之门外。我反复哀求一周之后才被允许收为弟子学习中国拳法。1947年经王芗斋先生许可后回日本国创立太气拳。

泽井健一送给于永年先生的著作《实战中国拳法——太气拳》及于先生的部分翻译手稿（于冠英提供）

泽井健一在练大成拳站桩

泽井健一在其1976年出版的《实战中国拳法——太气拳》一书中，详细地叙述了他的比武惨败细节，可见泽井是个很诚实的武士。笔者一九八九年在神户的关西气功协会教授大成拳时，泽井健一的两位弟子参加学习，其中寿八郎先生多次请我单独教授他推手，并和我说日本人都不会大成拳推手。他说泽井先生不仅技艺高超，且颇有修养，禅学方面也颇有造诣，故在日本武术界很受敬重。曾击败世界上负有盛名的空手道头号人物大山倍达，大山及其许多弟子随泽井学习大成拳，泽井先生的大弟子佐藤嘉道原来就是大山的弟子。后来日本的空手道在技术上有很大的改进，主要原因是大山倍达受到泽井的影响。

虽然如此，泽井先生还是经常提起自己的老师王芗斋，并说自己的功夫较老师相去甚远，后经老师同意才创立了“太气拳”，并在书中多次提到王芗斋先生，把自己与王芗斋比武的失败情况也如实记录，并把大成拳站桩功称为“立禅”。

出版于2001年的日本《格斗》杂志，当时为了纪念刚刚过去的20世纪，该杂志社以日本人的视角评选出了20世纪的10位最强武术家，其中就有泽井健一、大山倍达和李小龙。

1989 年 11 月胥荣东在日本关西气功协会总部教授大成拳站桩

注：中间为著名养生家石见哲子，后为日本气功界创始人津村乔。

胥荣东在日本关西气功协会与日本气功界创始人津村乔等合影

注：前排左一为泽井健一弟子寿八郎，后排左二亦为泽井健一弟子。

1989 年 11 月 5 日泽井健一弟子寿八郎先生等在神户宴请笔者时留影

• 江湖往事

芗老当年指示姚宗勋先生对待泽井的原则是“收而不教，把他打跑”。姚先生曾经对程岩老师讲述了当时的情景：“泽井天天上中南海，站门口，干吗，求王老收徒。我就在这站着，反正你是出去也好，出去回来也好。王老就躲起来，一天，两天，泽井天天来，你说闹得这事，没办法。后来王老就琢磨琢磨，琢磨出一个主意，我呀，收而不教，把他打跑。什么意思呢，这个事呢就跟姚先生说了：宗勋啊，泽井这事，你去教他，让他跟你学，但是你别教他，就让他傻站，什么都别告诉他。他要跟你们一块练习，也就是做做断手什么的，你就给他狠打。他要问你怎么挨的打，也甭管他，来了就打他。多会儿给他打跑了，这事咱们就好说了。那日本军部找我来，不是我不教，是他自个走的。是吧，他要学，来啊，来了揍你。王老是这么个意思，所以八个字的原则，教的他，姚先生，收而不教，把他打跑，完了以后，姚先生是听话的学生，好，王老就把这事，他也不收徒，也不说你是我学生，你要来吧，好，你就跟着学吧，你就找宗勋去吧，反正那时候姚先生是代师授徒，是吧。你就跟宗勋那练去吧，去了以后，姚先生好啊，你就看我们怎么站，你就怎么站，那就一傻站，什么都不告诉你。只要是一练断手，一搞实作，那姚先生拳头很厉害，姚先生打完了，杨先生打，杨先生打完了，李永倧打，反正是一直能打他的人都打了，鼻青脸肿，但是泽井，就是我挨成这样打，我也天天来，他有那武士道的精神，你没办法，打不走怎么办，我就是不告诉你，不教真东西。”

王薌齋先生

姚宗勳先生

とを許された。しかし澤井健一が、王薌齋のいう〝気〟を真の意味で理解できたのは、それから数年たったのちであった。終戦後帰国して、ある道場での立ち合いにおいて、「これが師のいわれた〝気〟というものか！」と驚嘆したというが、その驚きは澤井健一をして、一生を武道家として辿る〝太気拳としての出発〟ともなった。

236

这是《拳圣 泽井健一》一书中的一页，照片分别是王芗斋和姚宗勋先生

1940年初日本成立大东亚武术竞赛大会，邀请中国武术家参加，汪伪政府组织了一个代表团前往东京。伪新民会顾问武田熙，特邀王芗斋出席这次比武大会。王芗斋对弟子们说："这是儿皇帝代表团"，假称生病谢绝。但是他告诉武田熙："欢迎日本拳界派人来中国切磋拳技"于是八田一郎、渡边、宇作美及在北平的泽井健一、日野等找到王芗斋比武。泽井健一晚年时，他的一位弟子们好奇地问："您和王芗斋先生谁更强？"泽井健一回答："我是人类的强者，王先生则是超出人类的强者。"

此时，意拳在王芗斋先生和姚宗勋等众多弟子们的共同努力下，发展到一个崭新的鼎盛时期。

七、推名大成

"大成拳"之名是医学家何绍文最早在报纸发布的，当时四存学会的许多学员由于学习意拳，体会到了站桩的神奇疗效。又看到王芗斋的弟子在新的拳学理论指导下屡胜中外技击高手，大家都认为王芗斋先生的拳学造诣已臻大成境界，故建议改名为大成拳。何绍文先生在《实报》发表的"四存学会的体育班"一文中写道："大成拳，合乎卫生自卫的道理，大成拳名乃同人等所加的名号，非王芗斋的自称，合乎卫生自卫，合乎科学，更能合理的推进，而又能发扬国粹，保存数千年拳学精髓，命名大成拳，亦足当之无愧。"可见"大成拳名乃同人等所加的名号"。据杨鸿晨先生考据，1937年齐振林邀请王芗斋先生进京到北京四存中学和四存学会体育班教授意拳，当时齐振林先生任北京四存中学校长（1937—1946年）。齐振林先生首先提出了大成拳之名，其他人不过是附议而已。

齐振林（1872—1947），字晓山，河北省蠡县南沙口村人。清光绪二十年（1894年）考中举人，后入保定北洋速成武备学堂第二期辎重科，毕业后入新建陆军，曾任北洋陆军排长、连长、副营长、团参谋长等职。1917年任北洋政府陆军部三等少校副官、二等中校副官、陆军部军械司司长参事，1919年12月任陆军部参事，1925年12月任陆军部次长，并任宪法起草委员会委员，授陆军少将衔，获三等文虎章。1918年在北京与同乡齐树楷共同倡导弘扬颜李学派的四存学说，曾任"四存学会"会长。在同芗老交往和学拳后，齐对芗老了解愈深，又将儿子和侄子都送到了芗老处求学，当时武林中有"齐氏五叔侄，靳家两弟兄"之说。

资料：靳云鹏和靳云鹗系同胞兄弟，自小就酷爱武功，当他俩亲眼见到芗老同周松山比武后，对芗老的绝艺甚为钦佩，后来也拜在芗老门下。当时武术界广为传颂："形意王宇僧，技高传威名，齐氏五叔侄，靳氏两弟兄。"由于风云多变，政局无常，北洋政府的段祺瑞、冯国璋、徐树铮、靳云鹏、吴佩孚等人都是依仗武力，明争暗斗，为了私利而给国家和民族造成过灾难的人物，但他们的确是有政治和军事才干的，尤其在晚年拒绝为日本人做事，保持了民族气节。段祺瑞还有儒将之称，对围棋和武术事业的贡献也是陈毅同志肯定过的。靳氏两兄弟是山东省兖州府邹县苗庄村人，因家庭穷苦当兵吃粮，后逐步升迁。靳云鹗后升至师长之职，而靳云鹏则成为民国初期有影响的人物，曾任陆军总长和国务总理。在此期间，还发生过有趣的事情，靳氏兄弟非常重视实用，曾多次换便装改名同民间好友较技，并暗通教官，竟冒充士兵与其他士兵们劈刺训练，深恐士兵知其真实身份不敢真为。虽执步枪，然其所施之技，均为芗老所传阵前大枪之术，故屡屡将对手打倒。为此，许多武林高手和官兵曾向他本人推荐靳氏兄弟任教习，可见二人还是有真实功夫的。靳云鹏作为民国初期的政要人物，见证了清亡、袁氏称帝和蔡锷讨袁、张勋进京等重大历史事件，唯反袁复辟符合历史之潮流。他在离开政界后，居于天津，搞经济实业，每天坚持站桩、习拳、练功，在居士林还辅导众多居士站桩养生。靳云鹏是段祺瑞手下“四大金刚”之一，其余三人为徐树铮、吴光新、傅良佐。

齐振林是王芗斋先生的好友，更是大成拳命名者，身为军人，然文采飞扬，书法亦臻于上乘。笔者收藏有其撰文并书丹的李景林碑文，端庄刚劲，有魏晋之风。

资料：李景林与齐振林为保定军校同窗，东北军著名军事将领，近代武术大师，武当剑术传人，人称“武当剑仙”，民国时期中央国术馆的创始人之一，山东国术馆的创始人。李景林自幼随父习武，1888 年被父亲送入奉天的“育字军”陆军青年学校就读，期间被管带宋唯一收为弟子，密授武当剑术。1907 年毕业于保定北洋陆军速成武备学堂（保定军校前身）。后入黑龙江巡防队。

前陸軍部次長陸軍中將齊振林撰文并書丹
清季拳匪之亂聯軍犯畿輔乘輿播遷時公甫弱冠慨然曰治世
後供職黑龍江第一鎮疆吏稔公才擢軍署參謀長黑與俄鄰夙
奉吉屏藩設匪與俄通邊事益棘手莫若乘其未協而撫之事成
帖定其心匪意稍解曉以大義痛陳歷代異族亂華之禍匪皆羅
圉庚申長東北軍第七混成旅積功升長第一師訓練卒伍信賞
久洞悉日人叵測經營南滿大蓄戎心屢陳扞圉之謀事未果行
兼署省篆整軍察吏恢宏遠猷惟在職未久弗獲一一實行識者
場有事與人抗爭必無勝算我國舊有武術最足[illegible]鍛體魄
肆其毒爰集同志倡設國術館呈請國府樹之風聲全國勃然應

笔者收藏的齐振林撰文并书丹的李景林碑文（局部）

齐振林先生

据杨鸿晨先生考据如下。

关于齐振林的身份，前辈们曾经说过，但具体情形，因工作性质详情不得而知，后世也鲜有提及。后有公安战线的负责同志刘光人回忆，对于齐振林父子的历史才予以公开。刘光人同志与齐为蠡县同乡，早年从事中共地下工作，后曾先后担任《光明日报》资深记者、《光明日报》文艺部副主任、北京市公安局副局长。在公安月刊《啄木鸟》2004 年增刊第 5 期上，刘光人同志发表了一篇题为《红色地下情报员》的文章，介绍自己从事秘密情报工作的光荣历史，其中就有关于齐振林的最可靠的身份。据文章讲述：1943 年 3 月的一天深夜，刘光人乘坐的火车停在了北平前门火车站，他从怀里掏出化名刘泽民的良民证，递给在火车站盘查的伪警察。冷雨纷纷，寒风凛凛，火车站外大街两旁的霓虹灯若明若暗，不时有日军和伪军的巡逻队伍恶狠狠地踏着路面走过。按照事先安排，他顺利地住进了北平东煤厂二号齐振林老人家。齐振林既是他的蠡县老乡，又是北平颇有声望的开明人士，清末举人，曾任段祺瑞政府的陆军次长兼保定军官学校校长。北洋军阀时期结束后，他离开了军政界。日伪时期，北平伪政权多次请他出山，都被他拒绝了。表面上，齐家是官宦家庭，三子齐执度在伪治安军任上校作战科科长，长孙齐宝顺在北平警察局任督察。实际上，齐振林老人家是受家乡蠡县解放区和根据地政府的秘密安排开展工作，齐家帮助了很多地下党员，而齐执度则是中共地下工作者。齐振林的长孙齐宝顺帮刘光人办理了北平居住证后，刘光人一边熟悉北平的情况，一边把搜集到的北平敌伪机关的机构和人员等情况秘密写在一张小纸条上。齐振林培养了许多优秀的学生，大多文武兼有，很多人奔赴了抗日前线，其中当数他的三子齐执度最为杰出。齐执度的岳父是当时很有名望和造诣的数学教授王则雍，1923 年王则雍在北平去世。1925 年，齐在“四存中学”任教期间，以“四存学会”的名义，出版发行了由王则雍编著的《中等算术》，为初级中学教学所用课本。齐执度世家子弟，传统文化功底深厚，好古琴，为“九嶷琴社”创始人杨宗稷弟子，与现代著名古琴大师管平湖为同门师兄弟。杨宗稷，字时百，自号“九嶷山人”，重要的古琴流派“九嶷派”因之而得名。齐执度曾藏有一古琴，取名为“存性”，并铭文以记之；盖“存性”者，四存学会宗旨之一也。铭曰：“此四存学会藏琴也，丁卯秋度学琴于杨师时百借用之。杨师抚而叹曰：“良制也，其声坚实宏亮，华之性具此矣。华姓秦，山西潞州人，向业铜匠。壬子腊月，佣予家精制造，惜其一生无多制也。今度得琴，将囊归四存学会取习斋先生‘存性’名之，并记杨师之言于此。丁卯冬月齐执度志。”齐执度乃文乃武，博学多才，聪慧过人，从芗老学艺多年，颇有心得，尤为难能可贵的是能将平日芗老教诲和释拳整理记录珍存，并能融汇于心而得法成文，故早就成为芗老的得意弟子和得力助手，并在 1938 年发表《国术新论》评章乃器著《科学的内功拳法》一书，引起社会各界轰动。1939 年尊芗老之嘱开始整理芗老日常教学记录，1940 年经过芗老审定编印后在部分学生中传阅修习，这就是有明确记载的《拳学新编》。可以说这是一本详细的意拳训练教程，从理论到实践体用合一，精准地记载、诠释了芗老拳学的核心思想和教习方法，至今仍要视作芗学修习和教学的纲领。

四存学会对于今天的人来说是一个十分陌生的组织，但在民国时期却是为人熟知的。

四存学会由当年的民国大总统徐世昌提议成立的。

康熙年间，河北省博野县北杨村出过一位思想家，这就是敢于向当时禁锢人们思想并占据统治地位的程朱理学提出挑战和批评的教育家颜元（号习斋）。颜习斋反对理学家空谈义理和“静坐读书”的唯心主义修养方法，倡导研究实际，强调亲身“习行”。主张“以七字富天下：垦荒、均田、兴水利”；“以六字强天下：人皆兵，官皆将”；“以九字安天下：举人才、正大经、兴礼乐。”并且向往和推崇“天地间田宜天地间人共享之”的土地制度。颜习斋的学生李恭（字刚主，号恕谷）师承了颜习斋的学说，世称“颜李学派”。

1919 年，徐世昌到博野北杨村瞻仰颜习斋故居，认为颜李学说可以富国强民。次年，徐世昌在北京组织了“四存学会”（后改为“习斋学会”），主要由其手下张凤台、李见荃出面组织而成立。由于徐世昌有文人总统之称，这使得当时的一大批社会名流参与其中，如林纾、赵尔巽、严修等人。徐世昌早年中举人，后中进士，1905 年曾任军机大臣。1916 年 3 月任国务卿，1918 年 10 月被国会选为民国大总统，最先提出较完整的近代军事理论。徐世昌出身翰林，博学多才，文章诗词书画皆精，传统文化造诣很深。曾在北京班大人胡同设立“徐东海编书处”，编辑《清儒学案》208 卷，并创作诗词 5000 余首，楹联一万余对，多为质量上乘之作。

颜元画像

1921 年在府右街筹备建立了一所“四存中学”，该中学以颜习斋的主要著作《四存篇》中的“四存”（即存性、存人、存学、存治）而命名。学校编制为两个教学班，60 余学生（1936 年四存学生包揽全市国文会考前六名，获张学良将军赠银盾一尊）。

1922年，由四存学会拨银2800元作为建筑费，在河北省博野县北杨村创立一所小学，徐世昌定名“四存小学”，颜氏宗族后裔慷慨捐献村北地产15亩为校址。后又将此“四存小学”改为“四存中学”，热衷于“乡村建设”的梁漱溟亲赴北杨村，他本着颜李学派的务实精神，确定了“以适应社会为基础、改进社会为标的”的教育方针。倡办农村教育，纳教育于整个生活中，旨在由学校社会化而跨入社会学校化。要求学生严格具有农人身手，军人体魄，科学头脑，超物意识及服务农村的精神，而后用这些人才去领导、改造和建设农村，达到强国富民的目的。“四存中学”教育内容有：公民训练、自卫训练、生产训练、卫生训练、民族精神训练、教育训练，以上训练最后一项为师范班所独有。在教育上，本着“手脑并用、教学做合一”之原则，使理论与实践、教育与生活、学校与社会打成一片。“四存中学”的办学方针、实施办法及各种活动，在当时是新生事物，因此，引起多方面的关注，参观者络绎不绝。既有教育行政领导，也有教育专家，乃至各界政要，捐款资助者亦不乏人。1935年一年中到该校参观者达29起、570多人次。时任北京师范大学教授，后曾任河北省人民政府主席、教育部长、最高人民法院院长的杨秀峰应邀到“四存中学”参观演讲，并对“四存”的学以致用、注重实践加以赞赏。

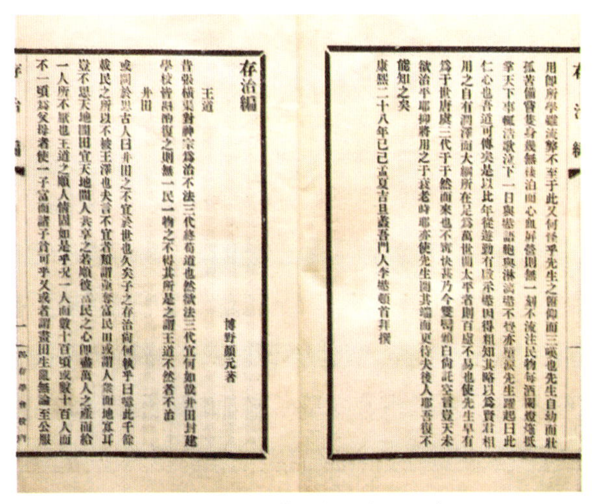
用卻所學壅流弊不至于此又何怪乎先生之俯仰而三嘆也先生自幼而壯孤苦備嘗隻身幾無棲泊而心血屏營則無一刻不流注民物每酒闌燈燼抵掌天下事輒浩歌泣下一日與塨語輒與淋漓塨不覺亦墮淚先生躍起曰此仁心也吾道可傳矣是以比年從遊勤有啟示塨因得粗知其略以爲賢君相用之自有渥澤而大綱所在足爲萬世開太平者則百慮不易也使先生早有爲于世唐虞三代于于然而來也不寧快甚乃今隻矚猶自倚託空言豈天未欲治平耶抑將用之于衰老時耶亦使先生闡其端而更待夫後人耶吾復不能知之矣

康熙二十八年己巳孟夏吉旦蠡吾門人李塨頓首拜撰

存治編　　博野顏元著

王道

昔張橫渠對神宗爲治不法三代終苟道也然欲法三代宜何如設井田封建學校皆斟酌復之則無一民一物之不得其所是之謂王道不然者不治

井田

或問於思古人曰井田之不宜於世也久矣子之存治首何執乎曰噫此千餘載民之所以不被王澤也夫言不宜者類謂亟奪富民田或謂人衆而地寡耳豈不思天地間田宜天地間人共享之若順彼富民之心卽盡萬人之產而給一人所不厭也王道之順人情固如是乎況一人而數十百頃或數十百人而不一頃爲父母者使一子富而諸子貧可乎又或者謂畫田生亂無論至公服

笔者收藏的《四存学会校刊》

四存学会以发扬颜李学为宗旨，借助于颜李学鲜明的事功主张和经世致用的特点，阐释自己的文化观。其宗旨是以颜李为主体，兼顾中西新旧。既反对全盘西化，又反对顽固守旧，而是主张中西文化互补，这和当时中医界中西医汇通学派的衷中参西观点有许多相似之处。四存学会欲借颜李学与西学的汇通来重构中国人的精神家园，建设一种新的文化价值观。反对激进主义派不顾中国具体国情而对西方模式的照搬抄袭，它深刻认识到中国的现代化不是西方模式的简单移植，而是中国传统文化的现代转型。在当时激烈的文化碰撞中，四存学会对于新文化运动、传统文化的改造、中西文化之争等问题，有着自己独特的认知，至今都有一定的借鉴意义。对王芗斋先生创立大成拳有着深刻的影响，从本书收录的《拳道中枢》中，我们很容易看到这点。所以练习大成拳者，不可不了解“四存”教育的内容。

关于大成拳的创立，芗老本人很谦逊，经常对弟子讲：“咱们这个拳的发展主要经历了三个时代：一拳一腿、一刀一枪的年代、吸收动物之长的年代和锻炼筋骨的年代。”还说过：“自唐代以后到明末锻炼筋骨法越来越被拳家重视，许多拳家都认为此种练法是集天下之大成，明末已非常普及。”

芗老说当初他跟郭云深先生习拳时，郭老教他的称之为功夫，郭老还说过，他练的“功夫”是集天下之大成，李洛能先生也说过，咱们的拳是集天下之大成。芗老说过：“大成拳不是我所创，要真的是我所创就不值钱了，你想啊！我就是从出生就创拳创到现在才创了70多年，70多年能创出的拳不值钱，你70多年能创出个拳，别人70多年也能创出个拳，天下聪明人又不是我一个，聪明人有的是，大家都70多年创出个拳，那中国得有多少拳呀，还值钱吗？大成拳之所以值钱就是因为它是中国的能人用几千年的时间共同创造出来的。中国人用几千年时间创造出来的东西，外国人用几百年创造不出来，因为中国人比外国人也不笨。再说了，以前中国的能人都练拳，以后外国的能人不可能都练拳，它的学科多呀，能人就分散了。”

芗老还说过：“这人要想真棒就得练咱们这拳，不练咱们这拳真棒不了，你看李洛能先生，没练咱们这拳的时候，觉得自己挺棒，遇上戴先生了，知道自己不成了，跟戴先生站了十年桩真棒了。郭先生也是觉得自己挺棒，找着李先生了知道自己不棒了，跟着李先生站了十年桩可就真棒了。尚云祥也是，以前是练过很多拳也不成，后来跟着郭先生站了十年桩，尚云祥40岁才练咱们这拳，50岁成名。李先生和郭先生都是三十七八岁才练这拳，四十七八岁成名。”

芗老曾说过：“一时的胜败在于力，千秋的胜败在于理，我相信我这拳能流传千百年，因为我这拳有道理。”“我教的有学问的人多了，没有不佩服我这拳的，学问越大的人越佩服我这拳，因为这拳是中国千百万拳家几千年共同创造出来的”。

1940年6月26日，王芗斋先生接受了北平《实报》记者羡渔先生的第一次采访，《实报》以《大成拳宗师王芗斋谈拳学要义》为题，陆续刊登了王芗斋先生回答记者的提问。同年9月12日，芗斋先生接受了《实报》羡渔先生的第二次采访，《实报》以《大成拳宗师王芗斋访问记》为题，陆续刊登了王芗斋先生答记者问。

1940年6月27日北平《实报》发表文章

大成拳宗师王芗斋名重南北，素为全国武术家所推许，最近卜居京门，为观摩拳术起见，特订每星期日下午一时至六时，在大羊宜宾胡同一号招待各界，借以与拳学名家交换意见，使我国尚武精神日益发扬光大，意至善也。昨日记者走访王氏，与作下列之问答。

记者问：王先生拳术高超，素所钦仰，敢问先生对于拳学之抱负如何？

王答：承一般友好，以大成拳之代表者相期许，真使我羞愧交集。鄙人自清光绪卅三年离师后，即奔走四方，借广交游，足迹遍大江南北，所遇名家老手甚多，饱尝风霜，三十余年所得代价，就是明师益友的交互攻磋。故于拳学，自信老马尚能识途，日前何绍文、张玉衡两先生，于报章先后评述，唯恐各界人士，不明内容，致生误会，故极愿将本人真意掬诚奉告。

王芗斋先生并没有否认“大成拳宗师”的称谓，并以“大成拳之代表者”自居。当记者问：“先生有无著作？敢请见示。”芗老答：“拟著《大成拳提要》一书，现在起草中，或不日即可问世也。”

王芗斋先生四十年代摄于北平

1940 年，王芗斋先生在《意拳正轨》基础上，起草《大成拳提要》，经过几年的反复修改，最后定名为《拳道中枢》。其拳学理论与境界较早年著作《意拳正轨》已有明显提高，而将武术提升到民族精神、人生哲学及社会教育的境界。原稿内容比较多，回答了许多同门的疑问及诽谤，后来这部分在程志灏先生建议下，删除了许多内容，浓缩为“余因爱道之诚，情绪之热，遂不免言论偏激，失之狂放，知我罪我，笑骂由人”，芗老赐名程志灏先生为“匠门”。

姚宗勋（左）、程志灏（右）探讨拳学理论（程岩先生提供照片）

程志灏先生为人低调，他是新中国的著名纺织专家，国家给他配备工作组并享有专车待遇，但在这种照片里完全是一位武术家形象。由于芗老在他家居住三年之久，所以享有天时地利人和的条件，武功十分厉害。其实，如果你真懂武术的话，从上面这张照片程老和姚宗勋先生谈话的神态就能看出他身上的功夫。对此，杨鸿晨所著《德厚流光 陶铸龙象——王芗斋先生的弟子们》一书有详细记载：

程志灏，1919年生于天津一个有着浓郁艺术气息的儒雅名门——同堂和。同堂和以修造古典建筑和制作经营古典家具为业，因其选料严真、制作精良、信誉卓著而闻名津、京、晋、鲁、豫、冀等地，时誉同堂和为“江北第一家”。

程志灏幼承庭训，熟读四书五经，家学深厚，好学上进，知荣明耻，勤劳负苦，年及而立就成为同堂和第三代传人。程曾率工匠修缮承德普宁的九脊十龙殿。此项工程包括砖、木、瓦、灰石的凿、磨、烤、錾、写、画、镶、嵌、雕、刻、铸、镂多种工艺，难度极大。程亲自选料、设计、施工，如期交工后，引来众多民众和行家观赏，后受到梁思成先生的盛赞。程虽然钟情于同堂和的专业技艺，但同时亦痴迷于武学，自少年起就从名师学练梅花、螳螂、八卦、太极等拳种，后又从郭云深老先生的弟子高月亭先生苦习形意拳。

程志灏的叔叔时任民国政府的将军，与政要黎元洪、段祺瑞、张绍曾等人交厚，并一起向芗老学拳，后在供职于陆军部时又同芗老是同事，交谊甚厚。在其叔的引荐下，程的父亲和很多亲友都跟芗老学练站桩，芗老亦常在同堂和小住，这就使程志灏很早就耳濡目染芗老的德艺，眼界大开，而提出要正式拜芗老为师。虽然芗老因其年龄尚小而未应允，但程却私下里开始站桩。当芗老传授其家人时，则在一旁专心倾听，牢记要诀，认真揣摩。数年后，竟对芗学有了自己独到的体会，在练拳与实作交流中显示出了桩功的混元威力。高月亭先生甚为惊喜，复因他已清楚，程是一个不满足、不停步、不断追求、不停探索、不断进步的人，为了其前途，高师再三向芗老力荐。芗老亦对其逐渐了解，对其豪侠率直、光明磊落、好学上进的品格甚为赞赏，于1943年春，芗老正式收程为入室弟子。

程志灏步入芗学正轨后，愈加精专求索。他的哥哥和弟弟，尤其是其夫人刘富恩亦一同学习。刘本是知书达理的大家闺秀，温文尔雅，颇具敬孝友恭之仪，对芗老瞻顾甚周，与师兄弟们亦多有交流过往。凡到过同堂和的师兄弟都在芗老面前盛赞程、刘夫妻俩的慷慨坦诚、重情重义，是以芗老对程、刘甚为疼爱，深寄希冀，以无比的热情口传身授，严厉督导。程志灏原本学练过很多拳种，复因行业的经营需交往各方面的人物，故其友人甚多，交往和所学亦众。然自从服侍芗老杖履，即明白了任何学问均应是“由约而博，由博返约”，广学博闻后，做学问必须尚专精，研磨纯一。于是，程跟随芗老从喧嚣回归了祖国传统文化艺术的本位，在神凝气静后，选择了深入桩功苦修，并有意把自己所学的各种技艺贯通，夯实武学之基。在芗老的辛勤培养下，程内心深处展开了一片广阔的空间，那些久积的修养，很快使情、神、意、思得到统一，使之意幻为拳道修为的“外师造化，中得心源”。不仅熟谙了徒手的训练和实作及剑、大枪的临阵杀法，而且使其原则指导着同堂和的艺业而相得益彰，使他的制作和经营的理念上升为不急于卖出、不急于变现，精细诚谨、天然随成而匠心巧运，使其产品成为祖国传统文化的符号和载体。其本人也由匠人成长为风格独特的艺术家（1951年，国家文物部门经过严格鉴审后认定，同堂和的家具定位为文物，予以保护）。

程志灏同芗老的三女儿王玉白是近邻，刘富恩同王玉白的关系甚为密切，如同胞姐妹。在

1945年至1947年，程志灏把芗老接到家中长住，衣食起居，均照顾周详，芗老甚为感动，一直把程、刘夫妻视同自己的亲生儿女。在芗老临终前住王玉白家，程、刘夫妻二人不离左右，尽心侍奉。直至芗老谢世，刘富恩一直守候在床前。芗老家人和弟子们无不为之感动。

程志灏在自修和传拳时，须臾不离芗老力倡之拳道中枢，时刻以拳道的使命谨求之、慎行之，以超迈的胸怀，突破了世人寻求拳式招法的束缚而追求整体之学、自然之学、本能之学。

1952年夏，张恩桐和韩其昌几位师兄弟到程家探望芗老，程志灏热情招待之余，自然就相互切磋起来，其中一位性情耿直的武友吴某茶未喝完就站到客厅中请程出手。已经多次代师比武的程本意是到院中交流，但站起身来到吴某身旁向院外一伸手说了一声“请！”，吴某误以为程已准备好可以开始动手了，便身形暴起，双手连环疾出，一马三箭，直捣程的面部，程闪电般起桩吞吐鼓荡，浑元争敛，吴某即被惊弹而起，重重落在了一张雕刻精美的紫檀木圈椅上。这种现象在芗学门人中屡有发生，本不为奇。而此事由于当事者广传而至今的原因不是以为可惜被砸坏器物的珍贵，也不是程露了绝招，而是因为大家拾断裂材料时发现，这些椅材工料都是从中间被砸断裂的，而榫和铆的结合部却丝毫未动（当时这种工艺没有一枚钉子，亦都是不露榫头的暗锲）。武友们在对程志灏的精绝技艺大为惊叹后又请教芗老：“程刚才所练是什么绝技高招？”芗老停盏微笑，让程试答。程略一沉吟答道：“拳本无法，若说有法，也非形式上的套路招法，历代前贤大德早有定论，是指心法。即习拳者首要正心，而挥拳施腿之术仍是末技，即使是行走坐卧不离拳意，练就完整身法下的整体浑元之力，一触而跌人丈外亦只是中乘之境。吾师芗斋先生所倡之拳道乃是要求习武者必须继承弘扬中华民族的传统道德观，从国家、民族的高度去教化、教诲、教育习武者，从人生、社会、精神、学术、教育和哲理诸方面潜心苦修才能步入真正的拳道之域……”。众武友深为叹服，又请教了很多具体入门心法，程志灏一一作答，后又应请为大家做了健舞表演。在大家的喝彩声中，一直点头默许的芗老应请为程家的中堂题写了一副对联：“神如天马横空立，意似云龙物外游。”程志灏于2005年谢世。他尽瘁拳道，一生未怠。其传人多能承其真传，其子程岩尽得其心法。

程岩先生回忆：

王老在武技教练所教拳时，我家亲属在当时的陆军部供职，与王老既是同事，又是朋友，回到家中每每谈及王芗斋的技艺赞不绝口。我父亲喜武，两人心中仰慕王老，几却拜师，因年小而未能如愿。

1943年，经王老的师兄高月亭（郭云深的学生）介绍，我父亲程志灏到中南海王老处拜师，很受王老的喜爱，允其到中南海由王老亲自教授。《拳道中枢》第一稿就是独让我父亲看的，并嘱其指出自己的看法。“身我放大”就是我父亲看后的一个体会。

1945年至1947年，王老从中南海前迁至我家居住。自此我父亲每日承王老教授并谈天说地，用王老的话说“一天见不到你（指我父亲），心里就像缺了点什么的”。

王老在我家居住时，我家老幼及亲戚、朋友（常来我家的）没有一个不学习站桩的。王老把我母亲看作自己的女儿，我母亲也把王老作为父辈一样地尊敬伺候，并跟随王老一起学习站桩，老少二位心抒兴致。

1960年，我父亲、张培炎与王老三人共叙师生情谊。我父亲一句“中国历来有大成就的人都是死后留名，我看老师您也是如此”使得王老笑逐颜开。

1962 年，从我处得知王老患病在津后，父母即去探望。从此我母亲每日前往王老处，予以服侍，即使父亲病重和住院病危时，也未曾间断过。王老曾一度好转，向三师姑王玉白及某学生说：“我再好点儿，把宗勋叫来，要举行收富恩做干女儿和学生的大礼”。从此，互相转告，到王老处的学生都把我母亲的称呼从“弟妹”改为“师妹”。

1963 年，王老病逝前，我母亲一直守候在旁，尽了一个干女儿、一个学生应尽的孝。我父亲出院之日，正是王老归天之时，师生未能见到最后一面，我父亲总以此为憾。

王老初稿是《拳道中枢》，姚宗勋先生看到的及现今流行的已是经修改后的第二版。在初稿中王老有响应其他人对意拳的指责。

当站桩时，王老经常用手杖去拉横手肘。

站桩时，王老叫设想自己是竹，竹是人，人是竹，竹中心是空的，只向上长。站桩时，王老谓设想是小松树，根向下长，干向上，树丫是肩，树枝向外，汗毛是树叶。

目视前方，眼迷迷蒙蒙，把前面的城墙看穿。看地平线，呼吸自然，呼到地平线，吸也到地平线。

技击桩，后胯要夹球。站时如在大海中的一木板上，不要掉下来，如冲浪，也有风平浪静时。

与刘建平练推手，先定步单推，定步双推，后活步单推，活步双推。

一次王老看到他们推手，走了过来，与程岩先生兄长接手，王老两手在上，程两手在下，程人不能动，王老谓他们不是在练打圈吗？为什么不打圈，程谓打不了圈，连想跑也跑不了。

王老说只有一个浑元桩，站好以后，缺什么，便用其他去补，是补个人之不足。

《拳道中枢》原稿有一句“立己立心人”，但现在很多版本都没了这句。

王老谓郭云深之桩功只教了他，以作为以其为传宗接代之代表。

芗老在程志灏先生家居住这段时间，能够常去见他的弟子仅有几人而已，随时能够去见芗老的为姚宗勋、朱垚亭、于永年、杨德茂等几位前辈。其他人都和姚宗勋先生学习，很少得到芗老本人指导。

北平太庙成立北平拳学研究会时合影（1948 年 10 月 10 日）

局部照片

注：正中为会长王芗斋。

1948年，由王芗斋先生弟子于永年、陈海亭、孙文青、李见宇、窦世明、王少兰、秦重三、胡耀贞等人，呈请成立“北平拳学研究会”，王芗斋先生同意并亲任会长，并派弟子窦世明到有关部门正式登记注册。当时还给每个会员发了徽章，于永年先生还曾电话询问程岩先生那个徽章还有没有，程岩先生说找不到了。

• 江湖往事

杨绍庚先生记录了拳法更名后，“大成”与“形意”的一段冲突。

当“大成拳”一名公诸报端后，刺激了形意门派内的一些人。山西形意拳大师车毅斋的再传弟子武丕卿，于是年十月在《新民报》著文，称其师李复贞是车毅斋的大弟子，晚年技艺已超过车毅斋，而武丕卿得其师真传时，又有三十多年的苦功，言外之意技艺已在其师之上。笔锋一转，言郭云深乃车毅斋师弟，其技艺乃师兄所授，不言而喻，郭云深的弟子们的技艺不在话下。该文最后声称要公开摆擂，欢迎武术同道随时登门较技。此文刊出后，北平的拳界哗然，议论纷纷。芗斋先生弟子们争相要找武丕卿较技。最后，芗斋先生指定姚宗勋前去与武丕卿比武，由韩星垣师兄及友人敖石朋陪同前往。公证人由北平中央国术馆馆长许笑羽（形意大师尚云祥弟子）、大兴县（现大兴区，下同）国术馆馆长唐凤亭（形意名家）担任。比武地点在花市大街火神庙大兴县国术馆，日期是在十一月下旬。是日大雪，室外积雪甚厚，难以行动，遂在该馆的西廊房室内比试。该室三间通连，约二十余平方米，较宽敞。喧宾不夺主，由武丕卿先出手。武先以崩拳进击，姚宗勋向稍左略一偏转，右手五指即捂在武的脸上。姚没有发力，只是想使其知难而退。武不以为然，第二次以蛇形步欺进，出左手卡姚宗勋喉部，姚不躲闪，而是顺势收颏，将武的手扣住，同时右手一记栽捶打在武的左颊，武丕卿当即身子一软，瘫倒原地，口吐白沫，接着两颗臼齿连根脱落。由于这次比武，大成拳之名在华北拳术界逐渐传开，为人们所知。姚宗勋之名亦随之远扬，为拳界朋友所敬仰。芗斋先生对姚宗勋倍加厚爱，赠诗一首亲笔书于扇面，诗云：“愧我工拙难造极，指顾相究继之成。赐名姚生字继芗，意在拳学种未亡。可怜自幼孤无依，吾且权代作爹娘……老夫受授有宗勋，当知吾道不全沦……壮心若儿堪降虎，收性谦和须让猫。”从此芗斋先生就将教拳之重任委之宗勋，有来学拳者不再亲自传授，只对学有基础的，见有不足之处才即兴予以指点。（胥按：此前芗老曾赐名姚先生“道宏”，后将此名转赠赵逢尧先生）

资料：《实报》1940年12月13日和14日连续两天的记者采访，题为《大兴县第一国术社社长：武丕卿先生访谈志》，记者羡渔报道如下：“武丕卿先生，即为晋省之太谷县人，今年四十八岁。于十六岁时，拜入同里车毅斋高足李复贞门下，习艺孜孜，不舍昼夜者三十余年。专于岳穆正宗，始终发扬其道，又经本门诸大师父师祖之随时密授，笃练浸久，遂跻淳精。盖车李二老，德劭艺高，身名具泰，车即李洛能高弟，往曾折服不远千里专诚比艺之直隶崩拳名手郭云深，被郭氏敬佩至五体投地者是也。复贞道艺，颉顽车公，晚且手挫车公，徇致赫赫宗师，饱尝一蹶之苦，良以弟方锐盛，师已经衰颓。”

对于“意拳”“大成拳”的传承、更名争论，姚宗勋先生有一段概括的描述，摘录于此。

今天我给大家介绍一下意拳。意拳来源于心意拳，相传山西祁县人戴龙邦先生到河南学来的心意拳，后来他传给河北深县李洛能先生，这时候就把心意拳改成形意拳。李洛能先生回到深县以后，传授了刘奇兰先生、郭云深先生、车毅斋先生、宋世荣先生，是他比较杰出的学生。王芗斋先生学自于郭云深先生，据王芗斋先生讲，他是光绪三十三年离开深县到保定去，从保定又到北京，从北京待了一段时间，又往南去到河南，曾到少林寺，和当时的住持恒林和尚曾有过切磋。以后他又到湖南、湖北、广东等地。在1929年的时候，他到杭州去，由杭州到上海。后来又回到北京，他在北京的时候，到四十年代时期，他把意拳改名为大成拳，这个名称一直沿用到1949年。1949年以后，王芗斋先生就专注于健身，他不再用意拳或大成拳的名了，他用意拳健身桩就是完全注意在保健方面。后来他在60年代初，曾在北京中医研究院开展体疗，在1961年的时候就到河北省中医研究院任顾问，开展体疗。直到1963年因病逝世，那是1963年7月。这是简单的意拳的这么一段经过。

八、养生闻名

1949年后，拳学研究会随即停办。王芗斋先生主要致力于养生事业，分别任中医研究院及河北省中医研究院站桩功顾问。奔波于北京与保定，并在中山公园业余教授站桩功。这实际上是当代气功的正式开始，故王芗斋实为当代气功的先驱。而“气功”一词，20世纪50年代才为刘贵珍先生所命名。据当时唐山市气功疗养院院长王锦溥先生及负责医师王树彬先生讲，当时定名为气功，也是“无以名之，姑以名之”。而现在许多人在气与呼吸上大做文章，而且以气功的气字为理论根据，实属可笑。当年，蒋维乔先生在《谈谈气功治疗法》中写道：“现在大家都称‘气功’，其实这个名称并不妥当，不过已经通行，我也只好从俗了。在古时叫‘养生法’。”王芗斋先生则一直未从俗，直至20世纪60年代还坚持叫站桩功而不叫气功。

王芗斋先生六十年代留影

以前，多数人只知王芗斋先生是有名的拳学家，而蒋维乔、周潜川等气功名家不但敬佩芗老精湛的拳学，也深知他是具有上乘功夫的养生大家。气功名家胡耀贞、刘贵珍等都曾经常求教于王芗斋先生。芗老指出，养生并不神秘，人之所以生病是因为脏腑机能失去了平衡所致，而站桩功就是通过练功来增强人体的调节平衡与控制平衡能力，以达到治病健身的目的。

王芗斋先生示范站桩

气功界的许多名家常去拜访芗斋先生，而此时胡耀贞及秦重三先生已成为著名气功家，其三圆式站桩的桩法多源于大成拳，如三圆式站桩及伏虎桩。后来成为气功名家的焦国瑞先生，亦为芗老此时的学生。

当年，因环境关系，芗老对外只传授养生桩法，不再传授技击。但对入室弟子，从此时才开始真正传授传统武术技击真义。正如李英昂先生在忆及姚宗勋先生时写道："一九八〇年著者往北京访友，与姚师兄相叙甚欢。据姚师兄见告，彼一九三七年随先师，到一九五二年，先师始授传统真义云。"姚宗勋先生晚年曾谦虚地对程岩老师讲："在你师爷眼里我身上都紧，我只得了王老百分之三十的东西。"

芗老对外传授的养生功法，让许多当时难以医治的患者通过站桩练习，不仅治愈了自身的疾患，而且到晚年身体还很健康。比如秘静克老人在年轻时因长期夜间工作双眼患上视神经萎缩，左眼视力 0.01，右眼 0.3，经医院治疗无效，后跟芗老学习站桩而治好了眼病并获得长寿。秘静克老人九十多岁时思路清晰且行坐自如，她说："人老腿先老。练习站桩功除了使人身体内部的器官、细胞得到锻炼、疏通经络外，还有一个最重要的作用，就是锻炼人的腿。""我都九十岁了，现在上下楼像走平地一样。腿还很柔软，盘腿打坐能够五心朝天。这就是练站桩、走摩擦步的好处。"

芗老晚年以治病救人为己任，何镜平先生有专文论述。

王芗斋先生又名向斋，字宇僧，晚年常自称为矛盾老人，是我国当代著名拳术家、气功家，名扬海内外，门徒众多，堪称桃李满天下。芗斋先生的早年轶事如战胜拳王英格、杰姆士和柔道剑道高手渡边、八田、宇作美、日野、泽井等，已广为人知，而其晚年轶事则鲜有能道其详者。现将我所知道有关先生晚年轶事的片断介绍于下。

一、以治病救人为己任

芗斋先生晚年在北京中山公园，以教站桩气功——养生桩为主。广收各类病人，经先生治愈者已无计数。由于名气大，每日求治者众多，月收病人多达数百人。曾见一髓空洞症及一严重妇科病患者，多年不愈，身形羸弱、有气无力，站桩一年左右即逐渐恢复正常。又见一患者患血栓闭塞性脉管炎，脚趾小腿部分肌肉已坏死，医院定为截肢处理，站桩治疗三年后好转，数年后未截肢竟痊愈（以上皆有病历可查）。其他治愈各类疑难重病，不胜枚举。每遇此类患者，先生莫不亲自设式，细心辅导，口传心授，谆谆劝诱。有的患者心情抑郁，先生则以"大肚能容，了却人间多少事；满腔欢喜，笑开天下古今愁"等语予之，使患者心领神会，一扫满天愁云，树立信心，坚持练功，治愈疾病。当时每周六为先生讲课解答问题时间，召集全体病人围坐，先生以深入浅出的站桩原理，以幽默的语调、和蔼可亲的仪容，使患者不仅领悟站桩治病的道理和练功方法，并且由于精神的感染而使患者的心情更为之舒放。因此，患者对先生极为敬佩。

李见宇（左）、王芗斋（中）、周秉谦（右）1960 年冬合影于北京中山公园

先生在招收病人练养生桩时，不因社会地位及家境贫富而区别对待。当时有些知名人士慕名而来，有名画家、书法家、名演员、作家、科学家、高级干部等，先生皆以礼待之，决不厚此而薄彼。每遇贫困者，不但不收费，反而予以资助，更加以热心辅导。有一从甘肃来的少年，因患重病向亲友借路费来京治病，食宿皆有困难，医院未能治愈其病，到中山公园投奔先生，先生每日亲自辅导，后悉该少年家境贫寒，即经常资助其伙食费，一年后其病基本痊愈，欲返故里，先生又解囊相助。时值隆冬，给备制棉衣一身，资助数十元路费，该少年感动得痛哭流涕，临行前深深叩拜而去。先生常云“练功者应常存仁德之心”，对先生其言其行，见者闻者无不深受感动。

二、坚持以科学思想治学

1960 年春，经董德懋先生介绍推荐，卫生部中医研究院请先生到内外科研究所担任气功专家，先生欣然受之。当时社会上初次掀起学气功之风，一些所谓气功家往往把气功与封建迷信相联系，把气功说得神乎其神，使群众心存疑惑而无所适从，社会上的某些功法老师亦皆随之，人云亦云，把练功者引入五里雾中以致难辨真伪，上当受害者不乏其人。此时，先生则力排众议，提出了气功并不神秘，指出，人之所以生病是因为脏腑机能失去平衡所致。而站桩气功的理论就是通过练功来调整人体的松紧、动静、刚柔、虚实、上下、前后、左右的平衡，增强人体的调节平稳与控制平衡能力，以达到治病健身目的。先生以科学的学术思想，对于一些歪门邪道的“气功”都加以抵制和抨击。

芗斋先生晚年以治病救人为己任，但知道先生为当代一流拳术家慕名求教者仍不乏其人。每遇及此先生并不推辞，都先授以养生桩，学者莫名其妙存有疑义，以为先生隐讳拳术而不传人。先生则耐心释疑，说明养生和技击是一件事，拳术是一种养生运动，不应是戕生运动，拳者不是一招一式三拳两脚谓之拳，拳拳服膺才谓之拳。招数拳脚功夫看来顿足捶胸凶猛异常，练者首先憋气紧张不利于养生，用之御敌则毫无用处。因为与敌相击胜败只在刹那间事，绝没有去想用什么招法来破对方招法的时间。故指出“拳本无法，有法也空，一法不立，无法不容”。只有通过桩法训练出的各种力，既有利于自身的养生，遇敌时能自发本能的破坏被击者的平衡，将其击出使之不知所措即丧失了抵抗能力。先生有说服力的说教使疑虑者豁然开朗，对先生创立的大成拳有了真正的理解。

王芗斋先生20世纪60年代照片

1961年，气功界门派斗争激烈，先生离开了中医研究院，在家深居简出，因年事已高对事诸多感慨，常以“早年壮志堪降虎，晚岁依人总让猫”诗词聊以自慰，大有壮志未酬之感。不久一些老友、师母钱氏（笑佛）相继去世，以“如今老友晨星少，残荷冷月过断桥”的诗句抒发对老友、师母的怀念。先生在悲痛之余，对来家求教练功者仍热心讲解与辅导，以能为他人服务而无比欣慰。

三、发扬求学学风，维护科学真理

1961年秋，前河北省卫生厅长（时任中医研究院院长）段慧轩同志请先生到省中医研究院任气功专家，根据工作需要领导指派了段厅长的秘书郑文同志等二人随先生工作，受到芗斋先生的指点，对功法初有所悟。先生虽身在保定但对在北京的关门弟子王选杰先生仍通过信札进行教诲，王选杰先生因此受益匪浅。1961年11月7日卫生部批准在河北保定市召开一次气功会议，名为养生学协作会。会间很多气功专家发表了有价值的气功论文几十篇。芗斋先生亲自参加并带领学生何镜平，虚心求教，取长补短，但对歪门邪道的功法则毫不留情地加以抨击。先生指定笔者就站桩气功的理论及方法在会上做了系统发言。要求从理论上坚持气功并不神秘的观点。发言稿定名为《我对王芗斋先生气功疗法（站桩疗法）的实践与体会》。发言内容得到芗斋先生的认可和会议的肯定，会议文献《中医学术参考资料第七辑》将先生本人所写《站桩功》一文连同此发言稿均载入文献之中。会议期间芗斋先生还即兴表演了惊蛇舞的惊蛇遇敌动作，神采奕奕、轻健灵活，与会者一致喝彩。

四、孜孜以求，学无止境

芗斋先生在去保定前，住在北京西四兵马司内山门胡同。当时由于各种原因，一般门徒都不常登门，经常不离左右者只有王选杰先生等少数几人。先生对王选杰先生聪慧、勤奋好学颇为喜爱，因而对其在拳学方面的教诲亦多于他人。先生闲时，也常去学生家串门，如长辈对子女的关怀。笔者喜爱中医学，先生则以诗词加以鼓励，1960 年 10 月 9 日即兴赠诗一首："养生别开面目新，筋含劲力骨存神，静如伏豹横空立，动似腾蛟挟浪奔，吐纳灵源合宇宙，喊声叱咤走风云，不知素问千年后，打破樊篱更多人"。先生也甚喜爱地质科学，常说地质科学是揭发地球奥秘及人类进化过程的科学，与站桩拳术有着潜移默化的联系。一日先生患感冒卧床仍向人提及生物进化、恐龙绝迹等，大家认为先生虽已年逾古稀，而寻求知识的欲望则极为旺盛，诚为广大青年学习的楷模。

五、主张建立实事求是的师徒关系

先生晚年非常厌恶旧的师徒制。常说："你是不是我的徒弟，不在于形式而在于实质。即便你给我叩头三千呼师八万，你没有学到我的学问，也并不能算是我的徒弟，即便你没给我叩头拜师，而把我的学问学到，你那自然就是我真正的徒弟。"先生对师徒关系从实际出发这一精辟见解，打破了几千年旧师徒制的枷锁。

先生在旧社会对旧的师徒制亲睹，并身受其害，表示深恶痛绝，认为那种师徒只有百害而无一利，既有碍于团结，又不利于学术的发展。因此，王芗斋先生在晚年是非常反对形式上的拜师活动。有些学生愿意因循以往的旧师徒制拜先生为师，先生皆以善言劝之，在盛情难却之下才不得已而收之，但仍看其有无真才实学，不以拜门称徒而另眼看待。有些有因循守旧思想的人，对先生在师徒制上的改革，常以恶言相加，先生并不在意而一笑置之，但改变建立新型师徒关系的意志决不因此动摇。

王芗斋先生练功后饮水小憩

六、独创健身舞，惜成绝响

先生博学多才，知识面极为广阔，不仅精通书画、曲艺，对古玩亦有相当高的鉴赏力，常被邀请作文物鉴定。先生晚年对站桩功法中的舞蹈更为重视。所创舞蹈有白鹤舞、惊蛇舞、游龙舞、挥浪舞（又称大气舞），这种舞蹈独具一格举世罕见。先生在指导练舞的诗词中指出："身动挥浪舞，意力水面行。游龙白鹤戏，含笑似蛇惊，肌肉含动力，神存骨起棱，风云吐华月，豪气贯日虹。"另一首诗中指出："精贫出豪举，得闻慷慨声，大气包寰宇，挥浪卷溯风。吴钩运起吞长虹，发声喊，海洋谷应，舞龙象，飞似梨花影。赋长歌，整备山河定。七尺躯，任纵横浑一似山崩潮涌，顿开金锁走蛟龙，打破樊篱舞。"认为这种舞蹈不仅可以作为医疗保健之用，而且可作为艺术欣赏。先生深感能学舞蹈的后继乏人。常说：练习舞蹈既要有站桩的功力，还要有适宜的体型和相当的文化素养。在一次讲白鹤舞时，首以展翅动作继以凌空及至翱翔，最后以斗鹤而结束。若非像先生功力纯厚，则实难表现得尽善尽美。先生常嘱之："练习舞蹈时必须注意'意'之领导。把精神气质之表现，全部贯及形体动作之上。"先生此一席话至今犹在耳边回响。可惜先生舞蹈之大部未及传下即过早离去，至今已成绝技。

芗斋先生晚年有些事情未遂心愿，但在先生门徒中如王选杰先生能秉承师教，刻苦钻研大成拳功法，并能结合自身体会，不断发挥与创新。想先生对能有王选杰先生这样的大成拳传人亦能含笑于九泉矣。芗斋先生晚年轶事当然不限于此，因篇幅所限未能全部尽述，只写出轶事片断以飨后人，并以此表达作者对芗斋先生的怀念之情。

九、大成中兴

当年我常去何镜平先生家请教拳学问题，尤其对芗老闯荡江湖倡导意拳创立大成拳的历史尤其感兴趣，何老师和我无话不说。何老师精通中医方剂，而我又是学中医内科出身，我还常向他老人家请教中医学术问题，这也是何老师喜欢我的原因之一。何老师与芗老关系十分密切，师徒感情很深，所以我了解了很多芗老及弟子的事情。但两个人谈话很私密，许多内容不便全部公开发布，我尽量选用何老师已经公开发表的文字，以免引起争议。据何老师讲，选杰先生之父王凤伍将军与王芗斋先生早年相识，故选杰先生长兄王选良早在四十年代就和芗老学习大成拳，并与姚宗勋、于永年先生同在北京围棋社和当时的围棋国手学弈。选杰先生是受长兄选良先生影响和芗老学拳的，选良先生与何镜平老师是小学同学，所以他们早就熟识。选杰先生早在 1954 年就曾去北京琉璃厂和芗老学拳，一起学习的还有常志朗、郭贵志先生。当时姚宗勋先生在京协助王芗斋教拳，也就是代师传艺，1956 年王芗斋先生到兴隆胡同姚宗勋先生家住之后，选杰先生则由姚先生传授技艺。

- 江湖往事

1950 年，中华体育总会筹备委员会成立，会长廖承志对王芗斋先生颇为敬慕，推举王芗斋为武术组组长，负责武术工作。当年，中苏处于友好时期，社会主义运动会在京举行，苏联、保加利亚、波兰、罗马尼亚运动员角逐竞技，盛况空前。会末为拳击赛及武术表演，拳击冠军为匈牙利名将诺尔瓦茨力夺得。及武术表演，虽观众掌声阵阵，然拳击手皆漠然视之，且提出切磋要求，称中国武术无实战价值。王芗斋先生以六旬高龄迎战诺尔瓦茨力，一交手其即被芗老凌空抖起，倒地不起，廖承志先生对王芗斋大加赞许。王芗斋先生不谙官场规则，这里写个小插曲：当年他见到一位苏联来的运动员，他问身边的人："这小姑娘是干什么的？"，答曰："击剑的！"芗老："这个他们不行！"。答曰："人家是老大哥。"王芗斋先生本来欲振兴真正的中国武术，无奈武术界积习已久、积重难返，芗老先生于会议中，当谈及拳学原理时，与人常有格格不入之感，于是不久辞去该职。

从王芗斋先生创立意拳开始，许多武术名家和他学习过，但由于芗老常常直言不讳，得罪许多武林同道，有些人出于自保，就很少提及从芗老学习过意拳及大成拳，就连有的学生和弟子都以形意拳及太极拳面目出现。大家看看郭贵志先生这段回忆就能理解这些武术名家了：铁道部为了参加全国比赛 1981 年 3 月份在哈尔滨举行，本来我不准备参加全国比赛了，可我是铁路职工，有北京路局领导刘昌春直接来大同分局找我代表北京铁路局参加火车头协会，有哈尔滨铁路局陈局长任主席，南昌铁路局董局长副主席，剩下的职务不说了，我什么职务也没有。在哈尔滨集训了一个半月，五月份全国比赛在沈阳，我们一齐去了沈阳参加比赛。有国家体委门惠丰（管武术的）和我谈话，这次来沈阳比赛，他说 80 年全国在太原比赛，山西省的领导说你武功好，当时我不佩服你，当时我要和你打散手，当时没有和你打，这次来我要探讨大成拳的功法，了解大成拳的功法，同时学习大成拳。每天早 6～7 点半，我们两个人一块练习。门教授感觉大成拳很难练，他叫我在会议时给大家讲大成拳的功法，当时我讲不了，门教授替我讲："过去的武术全靠站桩，现在的武术全不站桩了，花拳绣腿，只有大成拳站桩，功夫很好。"门教授说完以后，各省的武术队找我比武，轮流比。他们打我一拳，我不动，反过我打他们一拳他受不了。还有的是推手，他放不出我，我一搭手就把他放出去。各省的队员比试后，大家说大成拳一触就发。第四天就比赛了，有日本空手道 9 人坐飞机到沈阳参加全国武术比赛，人家的比法是比散打，不比套路，9 人全上场，相互打，最后不挨打的就为冠军。下午 5 点散会后，我看他们相互打时，和我小时候学过的都一样，远踢近打，贴身摔。当时日本人提出要和中国人比散打，只有门教授说郭贵志能出场。国家体委一考虑怕输给人家，最后门教授和我谈，让我上场。我说一定上场，非和他们打不行，为国争光。晚上吃饭后，有北京太极拳他们相互推手时，日本人看到说你们推手是假的。北京有个王培生说日本人你们不相信，我和你们切磋切磋，结果双方一搭手切磋，日本人从南门进摔到北门，从北门进摔到了南门（当时东北的房是南北门），九个日本人全输给了王培生。日本人说真的功夫还在中国，太极拳真厉害。第二天早晨日本人一看不是中国人的对手，就坐飞机回日本了，我和日本人的散手没打成。这时候王培生在中国的名望很高，我就找王培生谈话，我说你的太极拳真厉害，他说我并不是练太极的，我跟王芗斋练过站桩功，是练大成拳的。我说你既然练大成拳的为啥叫太极拳哩。他说北京市武术比赛曾把王芗斋请去讲话，王老上台讲了两句，说外国的牛毛比桶粗，北京人会武术吗？北京全体人当时把王老轰出去了，我也不叫大成拳了。从这时候，我又练习了摔跤，因为练太极的人太多了，以后我也练太极，所以我的功夫还是站桩，摔跤的功夫。

资料：门惠丰，1937年出生于天津静海县。中国武术十大名教授、中国武术九段、东岳太极拳的创始人、担任北京国际商务学院体育系技术顾问兼名誉系主任，国际级武术裁判。曾任中国武术协会副主席、北京体育大学武术系主任等职。

王芗斋先生反对传统的师徒制，笔者请教程岩先生得知，这些学生见到芗斋先生都称为“老师”而不是“师父”。芗老在《解除师徒制之榷商》中论述道：“师徒之制，诚为美德，然往往极美满之事，行之于我国则流弊丛生，丑态百现，而拳界为尤甚焉，故社会多以为不齿。学之者，意若不拜师，难能得其密。教之者，亦以不拜师不足表其亲。更不肯授之以要诀。尤而效之，习为固然。噫！诚陋矣哉！姑不论浅肤者流，根本无技之可密，即云有焉，则彼密、此密、始密、终密，势不至将拳道真义，秘之于乌何有之乡也。甚至门墙之内，亦自有其密而不传者，余实不解其故，此真下而极下者也。拳道之不彰有故也！夫降至今日，异拳瞽说遍天下，作俑阶历，可胜叹哉。盖拳道之真义，可云与人生大道，同其凡常，亦可云与天地精微同样深奥。不以其道而习之，终身求之不可得。果以其道而习之，终身习行不能尽。又有何暇而秘之乎。凡属人类，都应以胞与为怀，饥溺自视，果肯如此，而天下定，否则纵全世界人类死光，只余你一家存在，可谓自私之望已极，则又将如之何？吾恐人类之幸福，永断绝矣。国民积弱，事事多不如人，病亦在于此也。而况学术为千古人类共有之物，根本不应有畛域之分。更不必曰一国之内，同族之中，不当有异视。即于他国别族，亦须旨抱大同，而学术更不为国界所限也。熙熙然皆生于光天化日之下，又何可密之有？其作用卑鄙，真不值一文也。是以余传授拳学一事，从本来者不拒之旨，凡属同好，有来则教，教必尽力；有问则告，告必尽义，惶惶然唯恐人之不能得，或无以使人得之。故每于传授之际，有听而不悟，或悟而不能见诸实行者，辄憾然自恨。唯一见其知而能行，行而有得者，则又色然自喜。区区此心，一以尉人为慰，固未尝以师自居也。盖以人之相与，尚精神、重感情，不在形式之称谓，果有真实学术以授人，我虽不以师自居，而获其益者谁不怀德附义而师事之，是师之名亡而实存也，又何损焉？若以异拳瞽说以欺世，纵令拜门称弟而明达者，一旦觉其妄，且将痛恶之不置，此又何师徒关系之有？师名虽存而实亡也，又何取焉？不但此也，师徒之名分一定，而尊卑之观念以起，徒对师说即觉有不当，常恐有犯师之尊严而不敢背，即背之而师为自保尊严计，亦必痛加驳斥，而不自反。此尚何学术道义之可言？师徒制之无补拳道可概见矣。又何况门派之争，常以师徒制之流行而愈烈，入主出奴，入附出污，纷纭扰攘，由师承而成门户，由门户而成派别，更由派别之分歧而致学理之庞杂，如此则拳道真义将永无昌明之一日矣。其患不亦更甚乎？且学之有得，始乃有师。若叩头三千，呼师八万，而于学术根本茫然，是究不知其师之所在也。要知学术才是宇宙神圣，公有师尊，此吾所以力主师徒制解除也。虽然此为余个人之见，而师徒制在拳界积习已久，如一时不能遽除，为慎重计，则亦须俟双方学识品德，互有真切认识而后行之，藉免盲从扞格之弊，似较为妥当也。”

芗老历来主张拳术是一门学术，反对僵化的传统师徒制。比如韩樵、韩垣先生，因为其父韩友三先生是芗老师兄李存义先生弟子，所以二人分别拜九彭熙、赵道新（芗老弟子）为师，二人若直接拜芗老为师，则与父亲同辈。但二人所有功夫都由芗老亲自传授，其后芗老的弟子也都称韩樵、韩垣先生为师兄，我从未听说过哪位芗老弟子按照当时的拜师关系称呼韩樵、韩垣先生。

2019 年秋季我和常学刚先生及徐新芳一起采访程岩老师，我请教芗老对师徒制的真实看法。

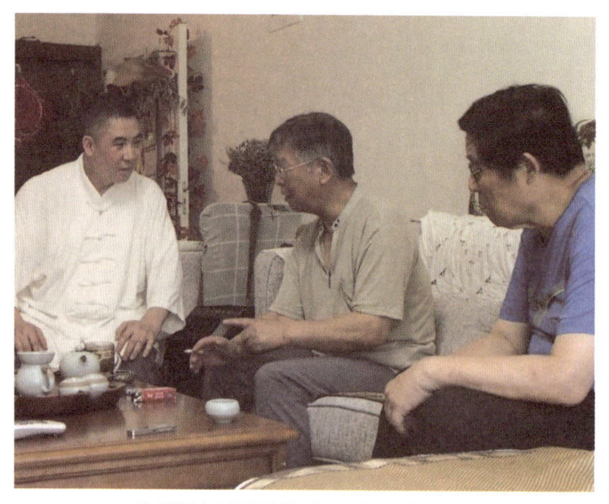

常学刚陪同胥荣东采访程岩先生

程岩老师："王（芗斋）老明明讲,《拳道中枢》里有，不要搞拜师！不要搞拜师！"

胥荣东："老先生那会都没有那收徒弟的仪式吗，徒弟都没有拜师吗？"

程岩老师："拜什么，俩人，我亲自问的，我父亲没给过帖，姚先生没给过帖，你还说什么？没磕过头。"

胥荣东："怎么算师徒，有没有一个（形式）？"

程岩老师："你来了，我就教你。来吧！"

胥荣东："没有拜师仪式？"

程岩老师："没有，还仪式？没有！"

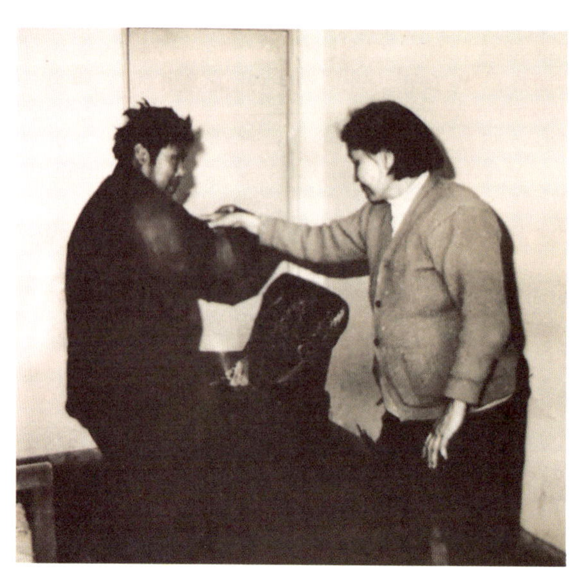

王玉芳老师和选杰先生示范大成拳单推手（金柽华拍摄并赠送笔者）

当时，因为练习技击的人不多，王玉芳老师就将几位弟子分别派往不同的技击高手那里训练。比如和我同时学习的一位北中医毕业的师弟小李被派往窦士明先生那里学习，武国忠则到朱垚亭先生那里去学习。我们不定期到王玉芳老师家里汇报学习体会，老师有时还会让我们一起推手，以便检验学习成果。现在想想，除了锻炼我们外，让我们去学习还可以起到联络感情的作用。当时我理解派我到选杰先生那里学拳，为的是感受浓厚的技击气氛。到选杰先生那里学习以后，我常回老师家汇报学习情况，她老人家很高兴，说选杰那里的技击气氛有利于你成长。一次她在家里对我和几位外地来的师弟说："我爸最喜欢选杰，选杰要是功夫不好我能让小胥去他那里学吗？"

当时我正想进入这样的技击环境，第二天就去西四北二条找选杰先生，当时选杰先生不在，等了好久才回来。当先生看我时，从他的目光中我感觉到大成拳的威慑力，有不寒而栗之感。我说明来意后选杰先生说道："王玉芳介绍来的不能不教！"。于是将我叫到院中，摆好姿势，并用手将我的脚扶正，这个动作我一生都不会忘记。大家知道八十年代初北京的街道并不是很洁净，我想任何一个有良知的人都不会不为之心动的，这与方才那个威不可犯的武术家形象形成了鲜明的对照。没过几天，选杰先生在给别人写字时也给我写了几个大字"大成拳学妙本能"并题字："送小徒荣东"。过了几年，我写大成拳文章时，他说你写"入室弟子"，我说我是入室弟子吗？他说你不是谁是？现在想想，因为我是王玉芳老师派去学习的，所以待遇非常特殊。先生待人随和，不拘于师徒之礼，一次我坐在他的椅子上，而他站在我的身后，突然用手一拍我的双肩开玩笑道："兄弟！"，当我正发愣时，他却爽朗大笑，但我从内心里更加尊敬他。选杰先生亲口对我讲，他曾和姚宗勋先生学习，后来两人关系不睦，有极其复杂的原因，并说自己年轻时不懂事儿。当年姚先生病逝时，笔者见选杰先生心情非常不好，言语间流露出对姚先生的怀念。对我说："姚先生一生也不容易，我还是希望他活着！"在选杰先生处，当大家谈到姚宗勋先生时，均称"姚先生"。选杰先生管教过他的人都叫老师，管杨德茂先生叫老师，管李永倧先生叫老师，原来管姚宗勋先生也叫老师，后因两人关系不好改称姚先生。曾有人问程岩先生某某大成拳名家和王选杰比谁厉害，程岩先生回答："跟第二代学的与跟芗老学的能一样吗？"

- 江湖往事

关于选杰先生和姚宗勋先生的矛盾，开始是从一些琐事开始，后来主要还是拳学理念不同，网上有许多传言纯属局外人的猜测。关于选杰先生和姚宗勋先生矛盾的起因，我在没到选杰先生处学习时就曾问过王玉芳老师，她老人家说："选杰的大哥选良和姚宗勋是围棋棋友，都和当时的国手学习围棋。介绍选杰去和姚宗勋学习，当时选杰在公园和吴图南先生的弟子推手，将对方放了出去，吴图南先生批评了选杰，说应该好好推手，不能放人，选杰不服。对吴图南先生说，你也不行。后来吴图南找到姚宗勋告状，姚宗勋很生气，批评了选杰，说我教不了你，选杰不服。此后两个人关系开始变得不好，当然还有其他一些事情。后来我父亲见选杰赢李福寿之后，就重点培养他。因为选杰酷爱练拳，没有工作，他爸说你练拳肚子就饱了，不用回家。我父亲就养活他，让他专心练拳，我还给他喝过羊汤呢。和我父亲学习后，进步很快。因为年轻气盛，还是常出去和人比拳惹事儿，得罪了许多人。我爸令其三年不许外出与人试技，专心在家练功。有人说选杰这不好那不好，谁没毛病？选杰没功劳还有苦劳呢！谁宣传大成拳我就支持谁。"一位门内同道曾问王玉芳老师："二姑，王选杰是王老的关门弟子吗？"王玉芳老师回答："我爸去保定前，不是在山门胡同教的他吗，1961 年你师爷上保定了，山门胡同关门了。"

王玉芳老师和选杰先生示范大成拳双推手（金柽华拍摄并赠送笔者）

王玉芳老师除了教授大成拳外，还教授我宫廷指科按摩，并让我治疗一些患者。当时我在上学，衣服比较朴素，老人家给我一百多块钱买衣服，为的是在患者面前有良好的形象。开始我比较拘谨，和老师和家人熟了，常在老师家里吃饭，老师的长子金柽华像大哥一样关心爱护我，后来就管他叫大哥，亲如家人。现在回想，老师一直把我当成自己的孩子来对待，而我也一直把她老人家当成母亲，而这一切又极其自然而平淡，所以也没有再想专门有个仪式成为义子。在王玉芳老师仙逝后，桐华三哥告知，王玉芳老师生前嘱咐收我为义子，得知这一消息，我还是很激动，激动地不是正式成为义子，而是为老师在病危时还惦记我。当时王玉芳老师病重时，我到家里去看望老人家，她握住我的手久久不放，此情此景，至今仍历历在目。

金柽华先生送给胥荣东的照片

王玉芳老师 61 岁留影（胥荣东珍藏）

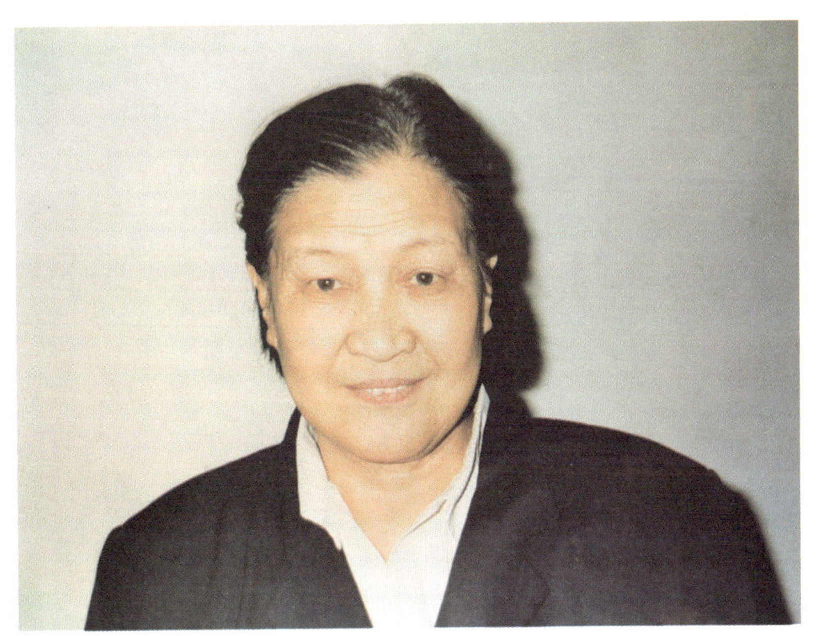

王玉芳老师晚年照片（胥荣东珍藏）

当年我再版《禅拳合一的中国武术——大成拳》，我预先打印了一段推荐的文字，王玉芳老师看都没看就签字了。聊了一会儿后，又让人找出一页空白稿纸，并在下面签字盖章，对我说："你愿意怎么写就怎么写！"，我想这种信任，只有对家人才会有。同时又找出许多芗老和弟子练功照片及她本人的照片送给我，我也很自然地就接受了。

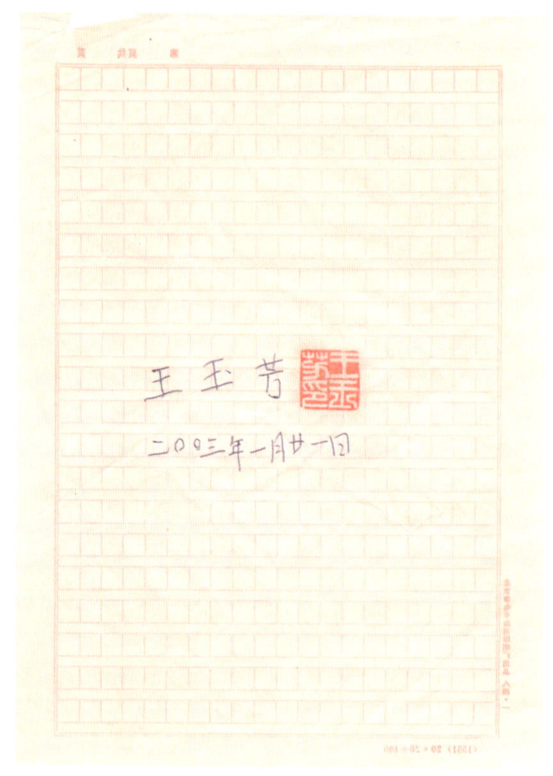

这是王玉芳老师签字盖章的空白稿纸

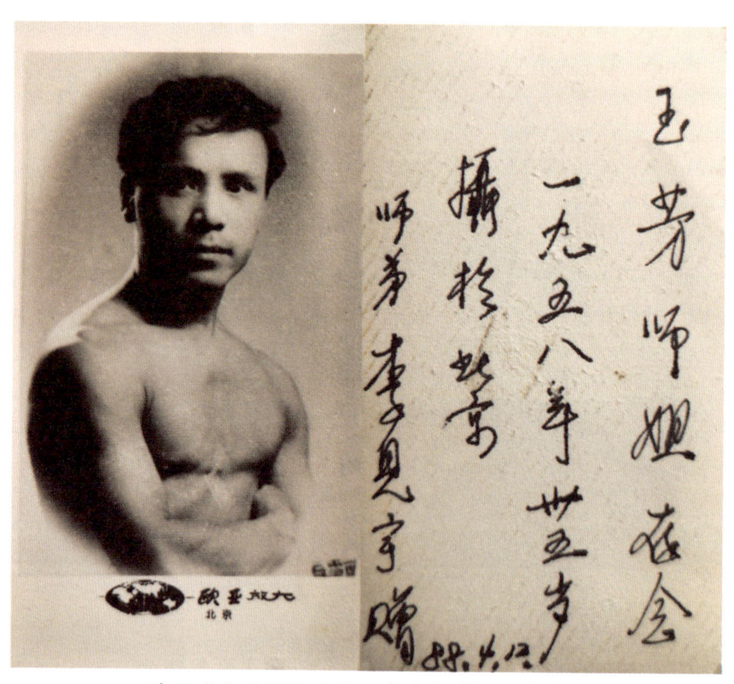

李见宇先生照片（王玉芳老师赠给胥荣东）

当年，我见过多位芗老在京的弟子，并得到他们的耐心指导，如于永年、陈海亭、李见宇、孙闻青、何镜平等前辈，当时王玉芳老师和这些前辈的文件多由我来传送，我常去于永年老师家里学习站桩。曾到太庙后面的筒子河边上去见孙闻青老师，远看孙老师很威武，近看才发现他很瘦小，孙老师教授我大成拳的精神放大训练法。

李见宇老师指导胥荣东站桩

我曾陪同王玉芳老师去王玉贞老人家里，姐妹两人见面十分亲密，当时我和王玉贞老人、王玉芳老师一起走在东冠英胡同，感到莫名的荣幸和温暖。

王玉贞、王玉芳老师合影

王玉贞老人和选杰先生也很亲密，我常随选杰先生去王玉贞老人家里看望她老人家，选杰先生家离王玉贞老人居住的东冠英胡同很近。后来我自己也常去看望老人，老人曾多次对我说：我爸把东西都教给两个小徒弟了。王玉贞老人也常去选杰先生家，她儿子胡魁英先生也和选杰先生学拳，并曾在《武术健身》杂志发表文章。后来王玉贞老人回河北了，选杰先生还曾问我，你怎么没和老太太合张影呢？我说没想过这事儿。

选杰先生和芗老长女王玉贞老师合影于选杰先生寓所

选杰先生放人照片（对方为其得意弟子李长明）

1989年王芗斋大成拳全国研究会成立，同时研究会内部学术刊物《大成拳研究》创刊。1993年经国家体育部门批准，王芗斋大成拳全国研究会更名为中国大成拳研究会，张礼义先生任主席，在国内外建立分会48个，会员达23万余人。2020年12月13日，由中国红十字会总会事业发展中心发起，北京王芗斋拳学文化传播有限公司、北京市武协意拳专业委员会、浙江大成拳协会等单位共同举办的纪念王芗斋先生诞辰135周年、王玉芳女士诞辰100周年暨“王芗斋站桩与健康”学术研讨会在北京举行。“亚武联”主席霍震寰发来贺词，来自全国的武术界、医卫界代表和意拳（大成拳）传人100余人参加了会议。活动中，播放了专题片《站桩与三代人》。随后，王芗斋后人、北京王芗斋拳学文化传播有限公司主任金桐华作发言，表示要继承芗老拳拳服膺，为更多人服务。来自全国各武术流派名家和意拳传人进行了拳术交流表演。

《纪念王芗斋先生诞辰135周年、王玉芳女士诞辰100周年暨“王芗斋站桩与健康”学术研讨会》

作者：王芗斋意拳发展中心 金辰

此次纪念活动的主题是健康。设立这个主题，不仅是因为习近平总书记提出了“没有全民健康，就没有全面小康”的重要论断，而且还因为在多年实践王芗斋站桩的过程中，愈发感受到了王芗斋所创的意拳（大成拳）站桩不但可以使人具备超强的技击能力，而且还对各种慢性疾病有着显著的疗愈康复功效。

经过长期的研究实践，我们将站桩方法逐步精细化、规范化、程序化，形成了一套有效的“健身+养生+治疗”的模式手段——“检膳站”，即“现代医学检测、膳食进补调理、站桩养生治疗”三者的有机结合。我们希望通过这次学术研讨会，将“检膳站”理念正式向社会发布，并就此开启王芗斋站桩理论研究的新高潮。

本次纪念会首次采用线下+线上直播方式，希望能让更多人了解和学习中国传统武术文化，也希望能借此将“检膳站”理念推向社会，为实现全民健康做出一份贡献！

本次大会由红十字会总会事业发展中心领导、北京市武协领导、全民健身活动推广委员会副主任、知名传承人、中医名家从不同的角度本着言简意赅、通俗易懂的原则讲述“检膳站”理念，介绍王芗斋站桩对于康复的经验意义。希望能借此大会让人们了解和学习中国传统武术文化并将“检膳站”理念正式向社会发布，为“全民健康”做出贡献！

在此次大会上笔者做了简短发言。

大家好，桐华三哥安排我在大会上讲话本人很激动。我为啥叫金桐华为三哥，把这个渊源先说下。

开始的时候我先和董彦琴老师练站桩，她是北大毕业的，英语特别好，做外贸。她当时容易犯困，到什么程度呢？她说走到马路上，过去汽车那么大噪音，她能趴在汽车上睡着了。和王芗斋老先生练了站桩之后，身体特别好。

她第一次给我讲站桩，问：你能懂么？

我：能懂啊。

问：都能懂啊？

我：都能懂。

因为我之前还练习过其他的功法。

我当时还在北京中医药大学读书，她认为我还值得培养，直接把我带到王玉芳老师教学的太庙地方。王玉芳老师的大儿子金柽华在那，对我影响非常大，说：你这么弱不行，你想着站桩的时候，那个树杈子一拽就下来。这气概一下子就把我震慑住了。后来就带我去他家里。所以就叫他大哥，就这么开始学了。

我的机缘特别好，第一个老师就是芗老的学生，然后就是去王玉芳老师家里学，得到金柽华大哥的指导。后来王玉芳老师给于永年老师送信都是我去。

所以于永年老师也教我。他问：王玉芳老师怎么不教你啊？

我说：王玉芳老师教，您也教。

2011 年我在北京电视台《养生堂》做节目，于永年老师的弟子于冠英亲自到现场祝贺。

于老师还说，在《养生堂》节目上宣传大成拳站桩效果很好。

因为我从王玉芳老师这里出去的，包括李见宇先生，何镜平先生，孙闻青先生这些前辈都对我很客气，对我帮助很大，让我非常感动。

再说个印象深刻的事情。有一次在南馆公园站桩，来了一个人，也不认识，估计是姚承光先生。

问：你和谁学的？

我：和王玉芳老师学的。

问：哦，你（站桩时候）这个膝盖应该顶着刀子。

所以我机缘特别好。

在会前见到了于均刚先生，见面称呼我为老师。我特别不好意思。我当时在山东卫视做节目宣传大成拳站桩的时候，他还没有练。

还有些资料给大家展示下。

这是芗老著名的照片，这张照片也挂在于永年老师家里。这都是王玉芳老师给我的最原始的照片，我这里有几十张资料照片，极其难得。

还有一张咱们门里都想得到的照片，是郭（云深）老和车（毅斋）老合影照片。是香港导演徐小明提供的，是特别好的武友。

这张是咱们的祖师爷芗老在中南海照的合影。有于永年老师，李见宇先生，资料来源保密。

还有一份芗老的《习拳一得》，有红（章）印，是（芗老）亲手写的，特别的珍贵。展示的是复印件，是我拿着原件亲自复印的。

我见到芗老亲手写的东西，我特别激动，也对原件拍了很多照片。我还有两年就退休，一般事不激动。

还有一份是原件，杨德茂先生亲自写的《形意拳九要论》，这面是芗斋先师意拳经，这字写得不得了，佩服得五体投地。

我还有很多原件在手里，机缘特别好。（台下掌声不断）

我一般称呼王玉芳老师为老太太，既不叫老师也不叫师父。当年老太太曾经带我见过王玉贞老人，所以我曾和两位老太太在东冠英胡同一起走路。

我是这个圈里很幸运的一位，所以也为这个拳稍微做了些工作。1991 年出过一本书《大成拳养生功法》，并再版。2003 年《禅拳合一的中国武术》，也再版。

于冠英师弟说，当年于永年老师曾给他讲这本书。我写的书被前辈拿出来讲，我很激动。

今年出版的《灵枢经讲解——针法探秘》是很专业，博导看都可以，因为我给研究生讲课。这本书里面用了三张芗老的照片。

我不是利用一切机会宣传大成拳，而是我认为你不练大成拳不练站桩不练内功理解不了灵枢。我认为我能理解一些就是因为站桩。

我为大成拳做了一些事，因为我是受益者。我母亲她年轻时候喘因为农村条件差。现在一次站桩两个小时，身体特别的棒。

整个家庭、周围，我的学生都是受益者。就不多说了。

我旁边助手张力旋是北京中医药大学的研究生，说句吹牛的话，我学生的学历是相当的高，很多都是研究生、博士生、博导。

开会前和薄家骢先生聊了一下午，他也不累，真是找到了知音。

程岩老师，我叫老师，我去他家里请教了几十次。第一次在餐馆从中午两点半聊到晚上十一点半。

受时间限制不说太多了，谢谢大家，感恩！

辛丑年清明节前笔者为王芗斋师爷扫墓

目前，国家体育总局已经认定了129个拳种，在著名拳种中大成拳（意拳）位居第二位。

著名拳种：形意拳（心意六合拳）、大成拳（意拳）、八卦拳、八卦掌、八极拳、六合拳、查拳、华拳、红拳、节拳、绵掌、绵拳、太虚拳、二郎拳、大悲拳、功力拳、石头拳、连城拳、两仪拳、独臂拳、疯拳、埋伏拳、迷踪拳、缅拳、缠丝拳、磋跤拳、曦阳掌。

著名武术家、武术教育家习云太先生在其著作《中国武术史》第五节《大成拳》中写道：

大成拳，原名意拳，为王芗斋（字宇僧，1885—1963年）所创编。王系河北深县人，身材矮小，但力大无穷，自幼爱好拳术，清光绪年间，在他14岁时拜本村郭云深为师。郭的师父李洛能曾在山西向戴龙邦学“形意”多年，郭云深得其真传。王芗斋拜郭为师，学习了形意拳。形意拳要求做到以形取意，以意象形，意自形生，形随意转，并有龙、虎、猴等十二形拳术，如“蛰龙探首”“怒虎搜山”“白猴斗鹤”“惊蛇遇敌”等等。形意拳模拟动物形象练“外功”，按“意”设“站桩功”，以强内气；练时，着重“形”，而轻其意。王芗斋总结了他多年学习形意拳的经验，认为以“意”设“站桩功”为形意拳的核心和精华，遂在形意拳基础上重“意”弃“形”，强调练意并用各种“站桩功”以练“内气”，而不拘于外形的完美，去掉形意拳的“形”，而为“意拳”。正如王芗斋《意拳要点》抄本所载，“以形为意，以意为形，形随意转，意自形生，力由意发，式随意从”。王芗斋成年后，周游国内，走访各名流拳友，相互交流，又学太极、八卦、少林等拳术，于1937年抗战前夕在上海教拳，名盛一时。抗战后，他回北京传授拳术。社会推崇王芗斋拳术高超，拳理集古今中外拳术之大成，建议将“意拳”改为“大成拳”，并登报扬其名。他在北京故宫太庙（今劳动人民文化宫）成立了“拳术研究会”，有会员200多人。从1950年起，改在中山公园教拳，较有名的学生有吴振法、王玉芳、陈海亭等。

该书中并配有王选杰先生示范的大成拳矛盾桩插图。

《纪念王芗斋先生诞辰135周年、王玉芳女士诞辰100周年暨“王芗斋站桩与健康”学术研讨会》集体合影

北京市武协意拳研究会、大同市大成拳研究会以及中国大成拳研究会的成立，以及《纪念王芗斋先生诞辰135周年、王玉芳女士诞辰100周年暨“王芗斋站桩与健康”学术研讨会》的成功召开，标志着大成拳进入了中兴时期。

辛丑年清明节前金桐华（三哥）和路宁（三嫂）带领师兄弟为王玉芳老师扫墓后合影

左起：路宁、严洪亮、刘俊杰、胥荣东、金陆、金桐华、张树新、李全有、吴昂坪

王芗斋先生的拳学思想博大精深，绝不仅限于武术技击和养生，学习研究中国传统文化者都可以从中得到有益的借鉴。尤其是中医学者，更应该潜心学习研究《拳道中枢》及芗老其他著作，如果能够学习修炼大成拳则会有更深刻的体验，我研究针灸医学主要是在《拳道中枢》指导下进行的。芗老尝云“学术不分古今中外”，这是何等的胸襟与气魄。当然，王芗斋先生的学术思想也不是无本之木，除了继承前辈学术成果及广泛向各门各派学习外，也从传统哲学中汲取营养。比如《拳道中枢》之名以及文中的“持环得枢，机变无形”就出自《庄子·齐物论》：“彼是莫得其偶，谓之道枢。枢始得其环中，以应无穷”《意拳正轨》结尾“任敌千差万异，一惊而即败之，所谓枢得其环中，以应无穷。”更是和《庄子》原文无异。1949 年日本第一位获得诺贝尔物理学奖的物理学家汤川秀树说庄子的书给他很大的灵感，让他在混沌的时候，能够清醒地看到另外一个世界。阅读庄子的《庄子·应帝王》后，他产生了新的想法，认为人在世界面前很小，人尽管可以通过自己的努力去改变一些微小的事情，但更多的时候是需要人去顺应自然。他研究粒子学说遇到瓶颈期，从庄子学说得到启发，提出“介子说”，将量子物理学带入了一个新的领域。他认为庄子关于自然和人生的哲学是深刻的、合理的和富有人性的。天地万物有其自身的客观规律，人类不能无视规律而主观妄为，而只能尊重和顺应“道”这一根本规律。

最近一位在美国投行工作的青年男性患者，找我治疗，取得了不错的疗效。他说自己因剧烈头痛曾到美国著名的梅奥诊所治疗，也找过哈佛大学医学院的医学专家，所有检查指标都没问题，可是头疼一直没有缓解，同时伴有左半身麻木。后来哈佛大学的一位知名教授对他说：“你是从东方来，回到东方去，回到你生长的地方，那里应该有能解决你问题的智慧”。于是，他回来了。可见，这位哈佛的教授对东方人的智慧很充满信心。而我的大成针道理论就是在芗老《拳道中枢》理论指导下逐步完善的。

1989 年我在日本关西气功协会总部教授大成拳站桩时，和一位大学心理学教授探讨东西方学术交流问题时，他告诉我，著名心理学家，国际心理分析学会会长卡尔·荣格深受中国道教思想的影响。荣格在其自传中说："几年之后（1927 年），我由于做了一个梦而使我对有关这个中心及自性的想法得到了确信。我可以用我称之为'永恒之窗'的一幅曼荼罗来表示其本质性的理解。这幅画后来印在了《金花的秘密》一书里。一年之后，我又画了一幅同样的曼荼罗，在此画的中央处则是一个金色的城堡。这幅曼荼罗画完后，我问自己道：'为什么这么像中国画？'我对于其形式和色彩中透露出来的中国感觉印象深刻，尽管其外观上并没有任何中国画的东西。但是我却深感它与中国的联系。于是，接着就发生了奇妙的巧合，我收到卫礼贤寄来的一封信，信中附有一部论述道家炼丹术的书稿，标题也是《金花的秘密》。他还要求我就此写一篇评论文章。我即刻如饥似渴地来阅读这书稿。书中所述内容，对我心中关于曼荼罗以及自性作为中心的想法，给予了我做梦也不曾想到过的证实。这便是打破了我孤独的第一件事。我慢慢感受到了一种共鸣，我终于可以与某件事和某个人建立起联系了。"卫礼贤在荣格生活中的出现，不仅给荣格带来了东方的智慧，带来了《易经》的意义，带来了道家内丹的理论，而且见证了荣格面对无意识的经验，使荣格获得了莫大的支持。荣格在研究与撰写《金花的秘密》（与卫礼贤合著）的过程中，将道家"自然"、"无为"的意义付诸于这种心理分析的技术之中。《金花的秘密》见证了荣格通过曼荼罗对于自性的探索与感受，同时也在象征意义上，促成了荣格对于"炼金术"的融会贯通。通过卫礼贤，荣格获得了对《易经》的理解。在此之前的 1899 年，作为基督教传教士的卫礼贤来到中国，他在全真道家龙门派的祖庭胜地崂山接触到了正宗的全真道教，为道教深奥的玄理和真实的修证所著迷，在中国生活了 21 年之久，学到了道家全真派的正宗修炼方法。1929 年他将《太乙金华宗旨》翻译成德文，并请荣格为该书德文版作序，该书出版后，轰动欧洲，成为畅销书之一，后又翻译英文，畅销到全世界。日本人又从德文译成日文，在日本也极为畅销。这也验证了王芗斋先生学术不分古今中外的论断。

资料：卫礼贤（Richard Wilhelm，1873—1930）原名为理查德·威廉，来中国后取名卫希圣，字礼贤，亦作尉礼贤，德国汉学家。他原本以传教士的身份来到青岛，转而将兴趣和精力投向办教育、办医院，进而学习探究中国传统文化。翻译出版了《老子》《庄子》和《列子》等道家著作，还著有《实用中国常识》《老子与道教》《中国的精神》《中国文化史》《东方——中国文化的形成和变迁》《中国哲学》等，他是中西文化交流史上"中学西播"的一位重要人物。

第二篇

大成拳创始人
王芗斋文集

第 4 章　意拳正轨

技击一道，甚矣哉之难言也。诗言拳勇，礼言角力，皆技术之起源。没（胥注：“没”当为“降”）至汉代，华佗氏作五禽之戏，亦技击本质。良以当时习者甚少，以至湮降（胥注：“降”当为“没”）无闻。迨至梁天监中，达摩东来，以讲经授徒之余，兼及锻炼筋骨之术，采禽兽性灵之特长，参以洗髓易筋之法，而创意拳，又曰心意拳。徒众精是技者甚多，少林之名亦因之而噪起。岳武穆王复集各家精华，编为五技连拳、散手、撩手诸法，称为形意拳。逮及后世，国家宴安，重文轻武之风日盛，而精拳技者复多以好勇斗狠，贾祸于是，士大夫相率走避，致将此含有深奥学理之拳术，不能见重于历世。相沿既久，无可更易，即后之有道，怀瑾握瑜者，率多埋没于乡村闾里间，不敢以技术著称。此固使后之学深资悼惜者也。清代晋之太原郡戴氏昆仲精于是技，而独详传于直隶深县李洛能。先生授徒甚众，获得李老先师之绝技者，厥同县之郭云深先生。郭先生之教人习形意也，首以站桩为入学初步，从学者多矣，能克承其教者迨不多遘。郭先生亦有非其人不能学，非其人不能传之叹。吾与郭先生同里，有戚谊为长幼行，爱吾聪敏而教之，且于易箦之时犹以绝艺示之，谆谆以重视相嘱。晚近世风不古，学者多好奇异，殊不知真法大道，只在日用平常之间，世人每以其近而忽之，“道不远人，人之为道而远人”之说益徵。不愿以此而求闻达，无如晚近世俗趋于卑下，不求实际，徒骛虚名，于是牟利之徒，不自学问，抄袭腐败之陈文，强作谋生之利器，满纸荒唐，故入玄虚，忽而海市蜃楼，迹近想像，忽而高山远水，各不相干，使学者手不释卷，如入五里雾中，难识半点真假。一般无知之士，犹以圣人之道，不可钻仰。

呜呼！利人当途，大道何昌，午夜深思，曷胜浩叹。向虽赋性不敏，而于技击一道，窃焉心喜，既获得亲（胥注：此处应加“炙”字）真法正道之指导，每日承其教诲之语言，多具有记载之价值者，连缀成册。本利己利人之训，不敢自私，以期同嗜均沾斯益，非徒以此问世也，是为序。

“中华民国”十八年菊月深县王宇僧

一、桩法换劲

欲求技击妙用，须以站桩换劲为根始。所谓使其弱者转为强，拙者化为灵也。若禅学者，始于戒律，而后精于定慧，证于心源，了悟虚空，穷于极处，然后方可学道。禅功如此，技击犹然。盖初学时，桩法颇繁，如降龙桩、伏虎桩、子午桩、三才桩等。兹去繁就简，采取各桩之长，合而为一，名曰混元桩，利于生劲，便于实搏，精打顾、通气学，学者锻炼旬日，自有效果，亦非笔墨所能表其神妙也。夫桩法之学，最忌身心用力，用力则气滞，气滞则意停，意停则神断，神断则受患。尤忌扬头折腰，肘腿过于曲直，纵（胥注："纵"当为"总"）以似直非直，似曲非曲为宜，筋络伸展为是，头宜顶，闾骨宜直，气宜下沉，心宜静思，手足指尖稍微用力，牙齿似闭非闭，舌卷似顶非顶，浑身毛孔似松非松。如是则内力外发，弱点换为强，自不难得其要领也。

二、锻炼筋骨

力生于骨，而连于筋，筋长力大，骨重筋灵，筋伸骨要缩，骨灵则劲实。伸筋腕项（手足四腕与脖项）则浑身之筋络皆开展，头顶齿扣，足根含蓄（含有若弹簧之崩力），六心相印（手心、足心、本心、顶心也）。胸背宜圆（阔背筋、大雄筋异常有力），则气自然开展，两肱横撑要平，用兜抱开合伸缩劲，两腿用提挟扒缩蹚崩拧裹劲，肩撑胯坠，尾闾中正神贯顶，甲背（胥注："甲"当为"脊"）三关透丸宫，骨重如弓背，筋伸似弓弦，运劲如弦满，发手似放箭，用力如抽丝，两手如撕绵，四腕挺劲力自实，沉气扣齿（胥注：此处少了一个"骨"字）自坚。像其形，龙蹲虎坐，鹰目猿神，猫行马奔，鸡腿蛇身。骨查其劲，挺腰沉气，坐胯提膝，撑截裹堕，粘定化随。

若能得此要素，如遇敌时，自能随机而动，变化无穷。任敌巨力雄伟汉，运动一指拨千斤。所谓身有平准，腰似车轮，气如火药拳如弹，灵机微动鸟难腾。更以心小胆大，面善心恶，静似书生，动若龙虎，总以虚实无定，变化无踪为准则，自能得其神妙之变幻。故郭云深大法师常云：有形有意都是假，技到无心始见奇，盖即此也。

三、用劲

拳术之妙，贵乎有劲，用劲之法，不外刚柔方圆，刚者直竖，柔者灵活，直竖长伸有攻守力，柔者缩短有惊弹力。刚劲形似方（图一），柔劲外方而内圆（图二），伸缩抑扬，长短互用，刚柔相济，有左刚而右柔，有左柔而右刚，有稍（胥注："稍"当为"梢"）节刚而中节柔，亦有时刚时柔虚实变化之妙，半刚运使之精。更有柔退而刚进，刚退而柔进，遇虚则柔，而刚随其后，以临实则刚，而柔在其先。无论千差万异，总以中线重心不失，周身光线不断为枢纽。横撑开放，光线茫茫谓之方，提抱含蓄，中藏生气谓之圆。所不（胥注："不"似当为"以"）筋出力而骨生棱。

凡出手时，用提顿撑抱兜坠蹿裹，顺力逆行，以方作圆（图三）。落手时，用含蓄缠绵滔滔不断，以圆作方（图四），盖圆劲能抽提，方劲能转顿，开合若连环（图五），若万缕柔丝百折千回。令人不可捉摸，其玲珑开朗，如骏驹跃涧，偏面矫嘶，神采丽丽，壮气森森，精神内固，如临大敌，虽剑戟如林、刀斧如山，亦若无人之境。身如强弓硬弩，手如弓满即发之箭，出手恍同蛇吸食，打人犹如雷震地。

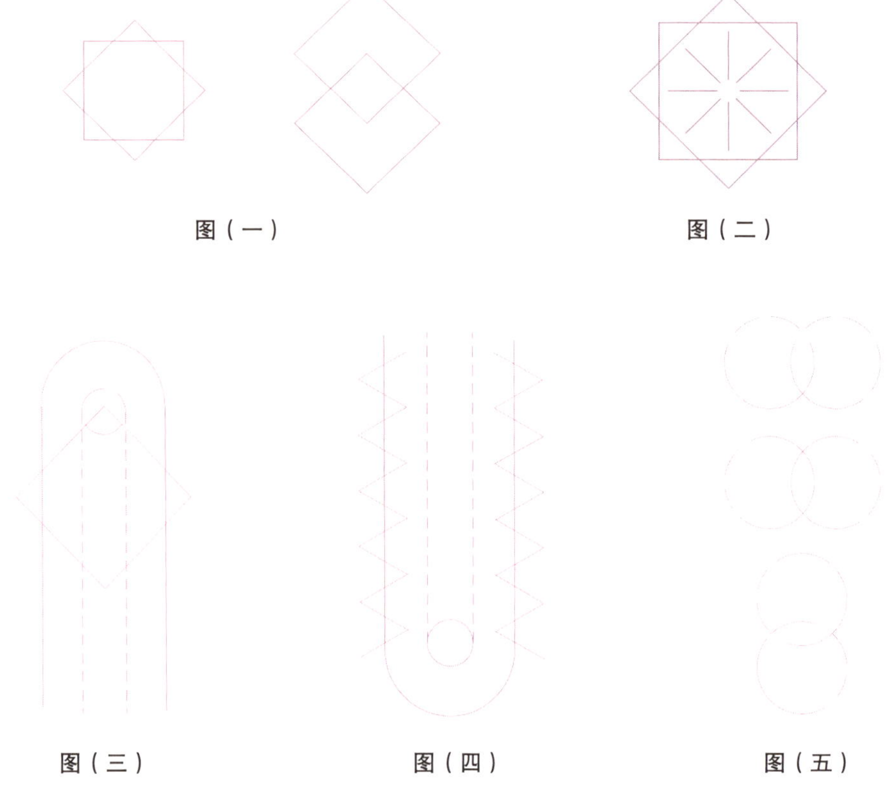

图（一）　　图（二）

图（三）　　图（四）　　图（五）

夫用劲之道，不宜过刚，过刚易折，亦不宜过柔，过柔不进，须以竖劲而侧入。横劲吞吐而旋绕，此种用劲之法，非心领神悟，不易得也。若能操之纯熟，则劲自圆，体自方，气自恬，而神自能一，学者其勿惰。

求劲之法，慢优于快，缓胜于急，而尤以不用拙力为最妙。盖运动之时，须使全体之关节任其自然，不稍有淤滞之处，骨须灵活，筋须伸展，肉须舒放，血须川流，如井之泉脉然。如是方能有一身之法，一贯之力，而本力亦不外溢。若急急于拳套是舞，徒用暴力以求其迅速之美观，如是则全体之气孔闭塞，而于血系之流通，亦大有阻碍。观诸用急暴力者，无不努目皱眉，顿足有声，先闭其气，而后用其力，即毕则又长吁一声，叹气一口，殊不知已大伤其元气也。往有数十年之纯功，而终为门外汉者，目睹皆然，岂非用拙力之所致也。亦有用功百日而奏奇效者，可知谬途误人之甚，学者于此求力之法，当细斟之，自能有天籁之机，然亦非庸夫所能得之道也。

四、练气

夫子养性练气以致治（胥注：“治”似当为“知”），轩辕练神化气以乐道，达摩参禅，东来传道，始传洗髓易筋之法，而创意拳及龙虎桩，故为技击开山之宗，自古名贤大儒、圣人豪杰、金刚佛体，未有不养性练气及习技者。庄子云：“技也，而即道矣”。然技虽小道，殊不知学理无穷，凡学此技者，非风神潇洒而无轻浮狂躁尘俗之气，堪与圣贤名儒雅乐相称者，不足学此技也。夫练气之学，以运使为效，以鼻息长呼短吸为功，以川流不息为主旨，以听气净虚为极至。前为食气出入之道，后为肾气升降之途，以后天补先天之术，即周天之转轮。盖周天之学，初作时，以鼻孔引入清气，直入气海，由气海透过尾闾，旋于腰间。盖两肾之本位在于腰，实为先天之第一，犹为诸脏之根源，于是则肾水足矣，然后上升督脉而至丸宫，仍归鼻间，以舌接引肾气而下，则下腹充实，渐渐结丹入田。此即周天之要义，命名周天秘诀，学者勿轻视之。

五、养气

养气练气，虽出一气之源，然性命动静之学，有形无形之术，各有不同。盖养气之学，不离乎性，练气之学，不离乎命，神即是性，气即是命，故养气之术须由性题参入。

夫性命之道，非言语笔墨所能述其详也。况道本无言，能言者即非道。故孟子云：难言也。今以难言而强言之，惟道本无也。无者天地之源，万物之根，人有生死，物有损坏，道乃永存。其大无外，其小无内，视之无形，听之无声。而能包罗天地，弥满六合，塞充乾坤，混含宇宙。性命之学，亦即天地之阴阳也。然欲养气修命，须使心意不动，心为君火，动为像火（胥注："动为像火"似当为"肾为相火"），君火不动，像火不生。像火不生（胥注："像火不生"似当为"相火不生"），气念自平，无念神自清，清而后心意定，故云：一念动时皆是火，万缘寂静方生真，常使气通关节敏，自然精满谷神存。若能有动之动，出于不动，有为之为，出于无为，无为则神归，神归则万物寂，物寂则气眠，气眠则万物无生，耳目心意俱忘，即诸妙之圆也（胥注："圆"当为"源"）。如对镜（胥注："镜"似当为"境"，然用"镜"亦通）忘境，不忱（胥注："忱"当为"耽"）于六贼之魔，居尘超尘，不落于万缘之化。诚能内观其心，外观其形，形无其形，达观其物，物无其物，三昧俱悟，即见虚空，空无所空，所空欲无，无无亦无，大抵人神好清而心绕之（胥注："绕"似当为"扰"），人心好静而欲乱之，故言神者不离性，气者不离命，若影随形，不爽毫厘。

六、五行合一

五行者，生克制化之母，亦即万物发源之本也。如世俗之论五行者，则曰：金生水，水生木，木生火，火生土，土生金，谓之相生。金克木，木克土，土克水，水克火，火克金，谓之相克。此朽腐之论，难近拳理，而亦不知拳术为何物。又曰某拳生某拳，某拳克某拳，此论似亦有理，若以拳理研究之，当两手相接对击时，岂能有暇而及此也？若以目之所见，心再思之，然后出手制之，余实不敢信。况敌之来势，逐迭更变，安有以生克之说能致胜之理？此生克之学，欺人误人，谬谈之甚也。苟能不期然而然，莫知击而手足已至，尚不敢说能制人。如以脑力所度，心意所思，出手论着，操技论套，是门外汉也，不足与谈拳。

盖拳术中之所谓五行者，换言之曰：金力，木力，水力，火力，土力是也。即浑身之筋骨，坚硬如铁石，其性属金，故曰金力。所谓皮肉如棉，筋骨如钢之意也。四体百骸，无处不有若树木之曲直形，其性属木，故曰木力。身体之行动，如神龙游空，矫蛇游水，犹水之流，行无定踪，活泼随转，其性属水，故曰水力。发手如炸弹之爆烈，忽动如火之烧身，猛烈异常，其性属火，故曰火力。周身元（胥注：“元”似当为“圆”）满，墩厚沉实，意若山岳之重，无处不生锋茫（胥注：“茫”当为“芒”），其性属土，故曰土力。凡一举一动，皆有如是之五种力，此方谓五行合一也。总之，不动时周身乃一贯之力，动时大小关节无处不有上下前后左右百般之二争力，如是方能得周身之混元力也。

七、六合

六合有内外之分，曰：心与意合，意与气合，气与力合，为内三合。手与足合，肘与膝合，肩与胯合，为外三合。又曰：筋与骨合，皮与肉合，肺与肾合，为内三合。头与手合，手与身合，身与足合，为外三合。总之，神合，劲合，光线合，全身之法相合谓之合，非形势相对谓之合。甚矣哉，六合之误人也，学者慎之慎之。

八、歌诀

歌诀者，拳术中之精粹也。若能参透其意，穷尽其理，自能得道矣。

心愈专，意味三，精愈坚，气愈安，神愈鲜（此学技五大要素）。

浑噩身一贯，形具切忌散，（周身用力，无处不圆满，取内圆外方之意，始终不懈）。拳出如流星，变手似闪电（变化迅速，神捷果断）。舌卷齿更扣［舌为肉之稍，肉为气之囊，舌卷气降，注于气海，又能接引肾气，结丹入田。齿为骨稍，扣则骨竖（胥注：“竖”当为“坚”）］。头顶如悬磬（头为六阳之首，五关百骸，莫不本此，头顶若悬，三关九窍易通，自能白云朝顶，一点灵光顶头悬，此亦禅学之要素也）。

两目神光耀（精光收缩而尖锐）。鼻息耳凝敛，心目宜内视（以鼻作长呼短吸之功，耳目心作收视反听之用）。腰转如滑车，进足如钢钻（灵敏活泼，进蹾夺位）。提蹚裹扒缩，滚锉兜撑元之血（胥注：“元之血”当为“拧”）（动静须有此力）。手足指抓力，毛孔如生电（指为筋稍，扣则力自充，周身毛发为血稍，血为气之胆，毛孔不睁，毛发不竖，则血不充，血不充，则气不振，气不振，则力不实，不实则必失战斗力矣）。

九、交手径法

人之本性，各有不同，有聪明者，有智慧者，有毅力恒心者，有沉着精敏者，更有奸滑阴毒者，其性不同，其作为亦（胥注：此处似脱“因”字）之而异。如技术之击法亦然，有具形而出，无形而落。败势而往，发声而来。千变万化，不能尽述。须以功力纯笃，胆气放纵，处处有法，举动藏神，不期然而然，莫之至而至。身动快似马，手动速如风。平时练习，三尺以外七尺以内，如临大敌之像，交手时，有人若无人之境。颈要竖起，腰要挺起，下腹要充实，两肱撑起，两腿夹起，自头至足，一气相贯。胆怯心虚，不能取胜，不能察颜而观色者，亦不能取胜。总之，敌不动，我沉静，敌微动，我先发。所谓打顾之要，亦其击先者也。不动如书生，动之如龙虎。发动似迅雷，迅雷不及掩耳。然所以能致胜者，皆在动静之间，动静已发而未发之间，谓之真动静也。手要灵，足要轻，进退旋转若猫形。身要正，目敛精，手足齐到定要瀛（胥注："瀛"当为"赢"）。手到步不到，打人不为妙。手到步亦到，打人如把草（胥注："把"当为"拔"）。上打咽喉下打阴，左右两肋在中心，拳打丈外不为远，近者只在一寸中。手出如巨炮响，足落似树栽根。眼要毒，手要奸。步踏中门，蹿入重心夺敌位，即是神手亦难防。用拳须透爪，用掌要有气，上下意相连，出入以心为主宰，眼手足随之，两足重量，前四后六，用时颠倒互相（胥注："相"当为"换"）。夫有定位者步也，无定位者亦步也。如前足进后足随，前后自有定位。以前步作后步，以后步作前步，更以前步作后之前步，以后步作前之后步，前后自无定位矣。左右反背如虎搜山，乘势勇猛不可挡，斩拳迎门取中堂，抢上抢下势如虎，鹘落龙潜下鸡场，翻江倒海不须忙。丹凤朝阳势为强，云遮天地日月交，武艺相争见短长。三星对照，四稍会齐，五行俱发，六合弥结，勇往前进，纵横高低，进退反侧，纵则放其力，勇往而不返，横则裹其力，开合而莫挡，高则扬其身，而身若有增长之意。低则缩其身，而身若有蹿捉之形。当进则进摧其身，当退则退领其气。至于返身顾后，亦不觉其为后，后即前也。侧顾左右亦不觉其为左右矣。进头进手须进身，身手齐到法为真。内要提，外要随，打要远，气要摧。拳似炮，龙折身，发中要绝随意用，解开其意妙如神。鹞子入林燕抄水，虎捉绵羊抖威风。取胜四稍均要齐，不胜必有怀疑心。声东击西，指南打北，上虚下实，灵机自揣摸。左拳出右拳至，单手到双手来。拳由心窝去，发向鼻尖前。鼻为中央之土，万物产生之源，冲开中央全体皆糜。两手结合迎面出，自然把定五道关。身如弩弓拳如弹，弦响鸟落见奇鲜。遇敌犹如身着火，打破硬进无遮栏。何为打，何为顾，顾即是打，打即是顾。发手即是处。计谋精变化，动转用精神，心毒为上策，手足方胜人。何为闪，何为进，进即是闪，闪即是进。不必远求尚美观，只在眼前一寸间。静如处女，动若雷电。肩窝吐劲，气贯掌心，意达指尖外，气发自丹田。按实用力，吐气开声，遇敌来势两相交，风云雷雨一齐到。

十、龙法

龙法有六，曰：沧海龙吟、云龙五现、青龙探海、乌龙翻江、神龙游空、神龙缩骨。其为物也，能伸能缩，能刚能柔，能升能降，能隐能现，不动如山岳，动之如风云，无穷如天地，充实如太仓，浩气如四海，玄曜如三光。度来势之机会，揣敌人之短长。静以待动，动中处静，以进为退，以退为进，直出而侧入，斜进而竖击。柔去而惊抖，刚来而缠绕。缩骨而出，放劲而落。缩即发也，放亦即缩。甲欲透骨而入髓，发劲意数在尺间（胥注："发劲意数在尺间"似应为"发劲意在数尺间"）。

十一、虎法

虎法亦有六，曰：猛虎出林、怒虎惊啸、猛虎搜山、饿虎剖食、猛虎摇头、猛虎跳涧。揣其性灵，强而精壮，横冲竖撞，两爪排山，猛进猛退，长扑短用，如剖食，若摇头，犹狸貌（胥注："貌"当为"猫"）之捉鼠，头顶爪抓，鼓荡周身，起手如刚（胥注："刚"当为"钢"）锉，用斩、抗、横、兜、顺，落手似勾杆，用劈、搂、搬、撤、撑。沉、托、分、拧，伸缩抑扬，头欲要撞人，手要打人，身要催（胥注："催"当为"摧"）人，步要过人，足要踏人，神要逼人，气要袭人。借法容易上法难，还是上法最为先。较技者不可思悟，思悟者寸步难行。宁教一思进，莫教一思退。有意莫带形，带形必不瀛。犹生龙活虎，吟啸叱咤，谷应山摇，其壮哉如龙虎之气，临敌毫不虚，安有不胜之理哉。

总之，龙虎二法，操无定势，势犹虎奔三千，气若龙飞万里，劲断意不断，意断神连。非口传心授，莫能得也，聊写其大意，未克详述。

十二、意拳正轨

意拳之正轨，不外古势之老三拳与龙虎二气。龙虎二气为技，三拳为击。三拳者，践、躜、裹也，践拳外刚内柔有静力（又曰挺力），曰虚中，以含蓄待发之用。躜拳外柔内刚，如绵裹铁，有弹力，曰实中，乃被动反击之用。裹拳刚柔相济，有惊力，曰化中，乃自动之用。任敌千差万异，一惊而即败之，所谓枢得其环中，以应无穷。

姚宗勋先生在《意拳正轨》附记中写。

《意拳正轨》一文，系先生壮年之作，早已散失。近由香港同好，寄至保定，请重加修订者，先生已无暇及此，遂搁置迄今。因传抄之讹，间有错字，余因限于水平，不敢谬为补正，将有待就正于高明。

纵观全文，与先生于一九四四年所写《大成拳》一文中所说未能尽同，与近世之说差距愈显，兹举数例：（一）自序中之意拳来源；（二）交手径法；（三）练气之说；（四）龙法、虎法，与老三拳之解释。

余之谬见，为先生著文时之水平，若是秉承师说，博采各家，犹未能尽说旧说。史辟新路，历经二十余年之不断提高，去芜存菁，弃者弃，立者立，遂成今日之说。然此文犹有供学者参考之价值，更了藉此文，略见其发展之迹，不足为先生累也。

注一：《桩法换劲》《锻炼筋骨》《用劲》三章与近二十年之说法大致相同，无大出入。

注二：《练气》一章系根据传统养气、练气，更参以释道之说而成，三十年前先生已批判之，弃之而弗谈。

注三：《五行合一》一章，与后说无异。

注四：《六合》一章，后仅保留"全身之法相合谓之合，非形势之合相对之谓合"之说。

注五：《歌诀》一章，与后日之说，无大出入，仅"形具切忌散"之"具"字，疑为"體"

字之误书，后改为“神形切忌散”，与原著有出入。

注六：《交手径法》一章，大致系传统之准则，与后日之说尚符，然本文中“下腹要充实”，“吐气开声”二句与后日之说不同，前者改“小腹常圆”，后者即用“试声”之法。

注七：《龙法》、《虎法》二章，近三十年已不再谈。龙法之意为身形矫健，神形力具，忽隐忽现无常，不可捉摸。虎法之意为气势逼人，周身之力浑圆一贯，一到全到，如虎之勇猛无畏也。故后文有“龙虎二气为技，三拳为击”之语也。

注八：最后一节，三拳之说，后增益为“践拳”系指步法，“钻拳”亦即手及前臂，“裹拳”指身法，包裹万象之意。

不揣冒昧，妄为先师遗著作补注，疏狂之处尚乞鉴谅，并乞指正。

后生　姚宗勋　谨识

于北京兴盛胡同二十八号西屋

公历一九六三年四月十五日

【附】李英昂先生注：《意拳正轨》一卷，原为先师王芗斋先生民初在天津传艺时，师生间传习之纲目，本非问世之文。时有门人刘汇臣者，初习形意于李存义先生之门，经营励志出版社，并服务于商务印书馆，因经营出版之便，请先生补序于一九二九年十月，集而付印焉……考此卷为先师最早之著作，所述仍多本乎太老师郭云深先生之传，不失为意拳之正轨，若以此卷与先师晚年著作比观，当更易体会意拳之精髓也……

相传古之心意门，只有劈颍砲三拳，心法则为践攒裹。自宋世荣先生增攒横二拳，配合五形之说，始有劈（金）颍（木）攒（水）砲（火）横（土）五拳。

先师所云老之三拳，并非拳势，乃是心法。心意拳古谱，有三拳像云：攒拳似闪电，裹拳如虎咒，践拳类马奔，连环一气演。又有拳棍赞云：三拳三棍非寻常，临阵圆满是正方，理法若至神通处，武艺之中状元郎。

第5章　拳之刚柔相济论

自当局提倡国术以还，于是习之者日众，如云拥霞蔚，相继而起，甚盛事也。盖国术之旨，略有二端：一健身，一卫身，厥功殊伟。此旨也，人且知之谛矣，又何待余之一言而后信。

人之生于世也，孰不愿其体健身泰，而甘终身辗转于病痛间耶？孰不愿其能自卫其身，而甘为强暴者横加勠辱耶？此则习国术者，能如今兹之众，决非妄加盲从，如瞽者观兽，人曰此马也，则应之曰马，人曰此驴也，则应之曰驴者，其来盖有自也，然而国术之途，何止万千，人各一派，派各一说，入则主之力，出则侮之甚，互相诋侮，不可究诘，全凭意气，而不细心研讨于其间，于是弊窦丛生，而遗害于无穷矣。

曩者余曾见有某拳师，挺其胸，突其肚，肌肉既富且坚，可以举重，可以摧坚，于是人咸相指而言曰：铁浇铜铸，不过如此耳，诚入世之金刚，其寿必无量也。然而不半载，遽呕血死，于是人又相顾而怪曰：是何故？是何故？其天欤！殊不知其外虽坚，而内伤已甚，是则习国术能健身，而反害身矣，习之又奚为哉？

又有某拳者，动作时，毫不用力，如十七八女郎，作婀娜之舞，可以顺气，可以活血，是诚合于健身之道，然又不足以应敌摧坚，言国术能以卫身，殆又属之子虚。

上之二端：由前之说，虽能壮其表面，而内实大有悖于生理，不仅不能健身已也，其失在于过刚。由后之说，虽能合于卫生之道，而又不能用以卫身，其失在于过柔。过刚与过柔，皆有所偏激，不合正轨，不能有成也，既或有成，亦不过断简零章，不成片段之学问耳。

实则国术之正眼法藏（胥注："正眼法藏"应为"正法眼藏"），务求其合于原理而已，形式之繁简无关也，动作之美丑无关也。且繁简美丑，本无绝对，盖其式虽繁，而其内部之工作实简，其式虽简，而其内部之工作实繁，此中有难言者矣，未可求之于皮相中也。世所谓美，而其质实丑，世所谓丑，而其质实美，真正之美丑，全视其质为何如耳。亦如西施，虽粗布荆钗，而其美自不可掩，若东施，涂脂抹粉，则益形其丑耳。须舒其体，畅其气，曰舒也，而实则使之练，曰畅也，而实则使之适，使之练适者，盖为技击之始基也。使之适练必自舒畅中求者，盖既无悖于生理，而有益于身心，且如此方可得适练之真境焉。体既舒，气则畅矣，则须统一其精神，精神统一，可以静悟其内部之工作，可以养成大无畏之精神。静悟有素，则应敌有方，养成大无畏精神，则能超脱生死恐怖之域。有佛家所谓我入刀山，刀山毁折，我入油锅，油锅枯竭之慨，而后虽泰山倒于前，东海倾于后，而心君泰然，处之若平素矣。凡此所述，既足以健身，复足以卫身，是二者盖互为因果者也。

至若应敌之方，对于敌方之精神为何如？间架为何如？面积为何如？力量为何如？意义指使，精神领导之力，在皆须详分而缕析之。分析既明，然后则可拿准火候，因以用之，因以攻之，如此则左券可操矣。

因吴君翼翚之征，故以一得之愚，谨布于此，仓卒报命，未尽所怀。且国术之道，言之至艰，非有专著，不足以发其底蕴于万一，凡此所言，不过荦荦其大者耳！

注：此文系芗老当年应好友吴翼翚先生之请所作，原载于1935年《国术统一月刊》第五十六期。

《国术统一月刊》杂志是上海国术统一月刊社于1934年7月创办的。该刊主编姜侠魂，是一位热心于武术事业的人。起初他邀集了当时的一些武术名流，像徐致一、唐豪、卢炜昌、陈徵明、胡朴安、章启东等诸人，倡办了"国术统一特刊社"。特刊者，据姜氏自云是当时《市民报》的副刊，每周一次。由于该报的版面有限，加以其他稿件的充塞，以致常常不能及时登出。因此，他就与同好一起设法创办了这份《国术统一月刊》杂志。

第6章　拳学要义

胥注：1940年6月26日（夏历5月21日）北平《实报》记者采访王芗斋先生，次日开始陆续发表此文。【红色文字部分来源于《新北京》1940年6月27日、6月28日、6月29日版。在《实报》文章中这部分阙如】

一、拳套招法拍打都是表面的　拳不在形势而在包罗万有

大成拳宗师王芗斋名重南北，素为全国武术家所推许，最近卜居京门，为观摩拳术起见，特订每星期日下午一时至六时，在大羊宜宾胡同一号接待各界，藉以与拳学名家交换意见，使我国尚武精神日益发扬光大，意至善也，昨日记者走访王氏，与作下列之问答。

记者问：王先生拳术高超，素所钦仰，敢问先生对于拳学之抱负如何？

王答：承一般友好，以大成拳之代表者相期许，真使我羞愧交集，鄙人自清光绪卅三年离师后，即奔走四方，藉广交游，足迹遍大江南北，所遇名家老手甚夥，饱尝风霜，三十余年所得代价，就是明师益友的交互攻磋，故于拳学，自信老马尚能识途，日前何绍文、张玉衡两先生，于报章先后评述，惟恐各界人士，不明内容，致生误会，故极愿将本人真意，掬诚奉告。余年渐衰，生活尚可自了，名利之念，更无所萦心，所急急于此者，愿趁此躯尚未十分颓唐之际，与海内贤达，负起艰巨，将人生所固有之“本能”与“武德”，提倡而光大之，并革除误已误人之旁门异道，绝非倩人嘘誉，以图欺世盗名者比也。

问：拳学以何作基本？

答：拳学之基本原则，究为何物，虽言人人殊，但习拳套，讲招法，练拍打，皆属于表面者，奈流行既久，实属误人太甚。

问：“形意”“八卦”“太极”“通背”俗称为拳术之内家，未知其派别如何？

答：社会常云“形意”“八卦”“太极”“通背”为内家，余不知内外之名，由何而起，似不值一论。姑就几（胥注：几似当为前）辈名家论之，以见一斑。“形意”嫡派与河南“心意把”“六合步”为一宗，查河南李岱东（乡称老岱）为李致和先生之曾孙，致和先生乃戴龙邦太夫子之业师也，济源阮氏，命名虽异，而实宗于李。戴先生虽以“心意”变“形意”，然亦不背原意，因拳之本源，宗于六法，故以拳拳服膺之意，名之曰拳，要知“形意”嫡传，并无十二形练法，然周身十二形之意力，当尽有之。亦无五行生克之论。不过指五行为五种力之代名词，非手法与（胥注：此处少了一个“拳”字）套也。曾记先师惯语：五行相某某，谓金者，为筋骨含力，意

如铁石之坚，有斩金截铁之意。木者，指曲折面积而言，若树木支撑形势。水者，势如汪洋游动，活泼若龙蛇，用之无孔不入。火者，力如火药，手如弹发，有一触即烧身之力。土者，用力敦厚，阔大沉实，混元气壮，有与天地相接，合为一体之势。此之谓五行合一。非若今人动谓某拳克某拳也，若以目之所见，一再思之，然后出手以迎敌，鲜有不败者。盖较量身手，于瞬息胜败之际，绝无暇再三思考始能应敌之理。故生克之论，虽三尺之童，亦难尽信矣。至如“把势”，“连环”，“杂锤”，“四把”等名目，则尤为茫然，而无实际。该拳之底蕴功夫，不过“践”，“蹿”，“裹”三拳而已。然三拳实只一拳，且拳不在形势之好坏，亦不在乎手法之繁简，要在包罗万有，所谓意足不求形象似也。谱有云“广见世间习武汉，说什么一百零三枪和九十一拳，其实如隔万重山，真正可怜，费尽了工夫与臭汗，结果两手空揩杆，急回头，莫迟延，愿君须要听吾言。总不如三拳三棍精熟练，取无穷，用无边，不必徘徊模糊脸。”由这一段看来，当知吾言不谬。先辈非不以真学传人，惜学者多不能领略也。今人只知学金刚怒目，顿足求声，这样一来，既不卫生，又不自卫，且不美观。未悉是何取意。总之该拳可谓荒谬绝伦，无收拾之余地，然过错不在今人，应罪前辈秘而不宣也。

二、八卦拳最深邃太极拳已失真　我国拳术杂乱至今多失精髓

“八卦”原名叫“川掌”，余幼时曾与程廷华先生晤，回忆其神情，真若神龙游空，百折千回，令人难追其功劲。遥想董师海川先生，更不知其人法海，博道要，深邃何似。刘凤春先生与余交善，工力（胥注：“工力”似当为“功力”）极深，而造诣稍逊，然亦非习八八六十四掌，及七十二腿者所能望其项背。希望习“八卦”者，专研单双“川掌”，在一举一动上，加意体会，深造力求，而于理论上，亦当切实究讨，行之有素，庶乎近之。

“太极拳”嫡传宗匠，当推少侯，澄甫杨氏昆仲，此亦余之老友也。故知该拳确有几种力学含义，得其要者，百不得一，即或能之，亦非具体。因基础体认工夫，早经消亡，故身之下部，无理力之可言。该拳原为三拳，又名“老三刀”，王宗岳先生改为“十三式”，又一变而为百四五十式之多，此失真之一大原因也，若以养生而论，徒使精神气质被拘而不舒，如论技击，专为裁制肢体之用，其它附用，亦不过徒足使学者神经扰乱消磨时日而已。至于练法，这一拳，那一掌，左一腿，右一脚，说来可怜亦可笑。对于应敌，如遇高手则勿论，倘对方而不紧滞呆板者，纵令该拳名手，则也无所施其技矣，流弊所及，大有成为棋谱势之“太极拳”，近二十年来，习此拳者，多是非莫辨，即或能辨亦不能行，至于一般学者，大都以耳而代目，故将该拳葬送而破产，是为可惜耳。愿该门之有力份子，迅速严格整理，以图进益于将来，他日有成，以作拳好知音之良友。余对“太极拳”敢云知之藩（胥注：“藩”似当为“深”），不觉论之切，知我罪我，唯高明有以谅之。同时想“太极拳”学之有得者，观吾所论，恐将颔首默认，哑然失笑矣。

“通背拳”通行华北，都门尤盛，余所遇者大都不成形，然亦有持理论而近是者，考其功能，相去甚远。想前辈当不至如是，抑后人之失传也。虽偶有局部深邃之绝大工力者（胥注：“工力”

似当为“功力”），然终不易走上拳学轨道。

“梅花拳”又名“五式桩”，其嫡派，至今仍有辈行传统，河南、四川最盛。与福州、兴化、泉州、汕头等处操“五技散手”者，有异曲同工之妙。对于应敌，亦多有深造独专之长，惜片面多，而具体少。

“八翻”“绵掌”“劈挂”“八极”“大功力”“三皇炮”“粘腿”“连拳”，互有长短，大都偏于刚多柔少，缺乏精神内敛功夫。至如“大小红拳”“弹腿”“戳脚”，长短全拳，及其他各家，余不欲论之矣。

问：先生对保存国术，有何高见？

答：我国拳术，杂乱无章，有令人无所适从之叹，一言以蔽之，遗弃精髓，仅守糟粕而已。东洋之武士道，西欧之拳斗，虽非具体，然均有独到之处，若与我国一般拳家相较，相去真不可以道里计矣，令人羞愧欲死。然则整理旧学，发扬而光大之，舍吾人其谁与归，区区不揣浅陋，故振臂高呼之倡，其唯一宗旨，则在于斯。

问：先生此次订期招待各界，足证虚怀若谷，热心武道，未知对此有何意见？

答：学问之道，藉比较而增进，拳术亦然，虽比较有胜负，而于人格无损，且人格道德，赖此而增高，倘观摩日久，既可免门户之争，更可塞雌黄之口，愿我同道，勿河汉斯言，海内贤达，都会高隐。如肯屈驾赐教，无任欢迎，若不欲轻移玉趾，即请一纸见示，定竭诚造访，藉聆一切。总之，但求拳术之精进，其他非所计也。

三、大成拳要义不在外表形势之优劣　步骤是训练神经试力试声和自卫

问：先生为大成拳宗师，对于本门拳术，必有卓识，请赐其详。

答：拳学一道，万绪千头，繁杂已极，择其大要，亦极简单，然吾人学拳，应先研究为什么来学拳，始易于认识而有所得。大部学拳，一为卫生，二为自卫。身体强健为人类一切事业之基础，故养生保身之道，实不可忽，夫锻炼之法，学之得当，受益非浅，学之不当，乃能致死，凡剧烈运动者，绝少享寿高年，至拳术家，因锻炼之不当，而损命残身者，更不知凡几。诚可怜亦可哭之拳术也，既知学拳之利弊，应在用工时，动静之间，加意体察，非仅使身体外形上为多种情形之运动也，应用神意观察全身内外，一举一动是否合于卫生自卫的条件，动为什么，静为什么，结果是什么，中间过程的现象是什么，如此体认操存庶乎近矣。至于精微道要，方可继续研求，否则未易有得。兹简述大成拳之要义，并质诸同道，而为学术上之探讨。首言学拳阶段，以上所谈卫生自卫，二者有互为之不可分离性，失一则流弊生而入于歧途，应首先使气质本能加以精神的训练、培养，而后始谈到发挥神经肢体的本能力，学拳第一步，就是训练神经，为基础练法，体认四肢百骸蠕动的工作，第二步为试力、试声的练习，第三步为自卫。分述于后。

（一）基础训练：吾人在日常活动中，欲使行站坐卧随时随地，可以得到适宜的训练，须先依据桩法作起。将全身间架，安排妥当，使身体端正，意念空洞，从静的状态中，去整饬神经调息呼吸。温养肌肉，使各细胞，自然的发动力由内而达外，通畅全身，如此筋骨不锻而自锻，神

经不养而自养，尤须用意体察其细微动静。工夫一到，当知如此一站，大有无穷的妙趣。欲尽拳功之妙用，应先致力桩法。

（二）试力与试声：学拳已有基础训练，其本能当日益增强，对于运用须严防欲的支配，引起幻象之误用。往往本能力量因人欲支配，而反为不合本能需要之运动，故子舆有勿助长之戒。如何运用，方能适于需要，须先认识力之动的情态，可以继习第二阶段，试力为拳功入门之最重要事，试力为得力之由，力由试而得知，由知而得其所以用，初试须使浑身气力均整，筋肉灵活，骨骼支撑，故能筋肉收，放，松，敛而互用，力应于内而外发，初作时慢优于快，缓胜于急，动愈微而神愈全，欲动又止，欲止而又行，更有动乎不得不止，止乎不得不动之意，试力不可有偏面力，更不许有绝对力，首要体认全身之气力圆满否，力量能否随时发出自身能否和空气发生应合作用，更须意不使断，灵不使散，轻重操持而待发，动一处牵全身，气力一致归于虚灵沉实而圆整，上下左右前后不忘不失，总之非达到舒畅有趣而得劲者，不足曰拳，盖试声为辅助试力之微，盖人之生理构造，因先天关系，各有不同，故人生亦各有难通之点，所以试声而用身内呼吸之功夫以补之，又名内呼吸，亦名脑背呼吸者是矣。

（三）自卫：即技击之谓也。须知大动不如小动，小动不如不动，要知不动才是生生不已之动，譬如机械的轮子，快到极点，像是不动，如有形之动，正是不动无力的表现所谓不动之动，动犹不动，一动一静互为其根，其运用之妙，多在神经支配，意义领导，及大小关节，韧带伸缩之互根作用，和支点坚强，螺旋的争力与枢纽之转移重心路线之稳，及运用呼吸所发之弹力，能用之得机适当，则技击之基础备矣，以上所言多系抽象之语，然尚有许多意义非言语所能形容者，若能习行不辍，自不难领悟也，所谓大动小动之别，实在乎个人之基础，功夫对于各种力量，身得意领否，如能抬手动手，混身处处都含有力学的本领，大动亦可，小动亦可，不大不小均可，若根本无力学的能力，任凭怎样都不可。至于用力与不用力之分亦如是矣。夫常人之力，非注血不得有力，凡注血之力，皆板滞失和而不卫生。不注血而有力，即不用力之有力，用时得力，乃为本能之力也，他如虚无假借而求实当之种种微妙，则尤非简易笔端，所能写于万一。总之，大成拳不在外表形势之优劣，实在一意之应付，一言以蔽之，有形有质都是幻，技到无心始见奇，意即此也。

记者昨日访晤大成拳宗师王芗斋氏，当做问答如左。

问：前次报端发表谈话，想近来访者必不在少，其中有无高明奇士。

答：承诸位关心提倡，鄙人甚感，京师方面之同仁，仍无一人肯来赐教。惟各地来函表示同情者尚多，并有数处来人商讨，愿聘往教授，更有一事堪为知己告，近今京中真研拳学就教者日夥，多系自动请求，经人介绍者亦有之。盖提倡之唯一宗旨即在此一点，并非与人有所争，而更不屑以竞，愿使国人对于拳学，都有相当的认识，亦希望拳学之立法根本改善，莫以胜负为荣辱，愿拳术同仁勿以盲操胡练为自是，尤盼同仁都为书生之拳学家，不愿尽流为江湖之把式匠，但今之习拳者，百无一是，大有举目全非之感，至赖此谋生之拳师，只要以任教后，复从人学为可耻，而精神中能不自苦，应以优于我者当力从之，须时刻存莫误人子弟之良心，今之拳师，既不知拳学精神之所在，只得以此谋自活，但万不可以神秘，及刚暴语人，则庶不致天渊大谬。不过此中人识见薄弱者太多，一时不易悉教感化，惟希渐渐使其觉悟，自省而已。

问：武道起于何时，门派之多，各言其是，而学者终有茫无所从之感，究竟如何为合法？

答：世界一切学术，都是比较而后可以分优劣，否则各云其是，门外人难能辨也。然拳不能就以胜负之一点，即为定是非之准则，要以在合理与否，与为人之需要适合与否，所谓合理者非达到舒适，得力，而有趣者不足曰当。至拳术的历史，知道与不知道无什关系，只看学术方面有无研究价值与合乎人生的需要与否，不过说道我国拳学，虽说有很悠久的历史，而战国时始露头角，逐渐推进，和演变，直到唐宋时，始汇成斯技而有系统，元明清初为最盛，习者亦夥，只因工力造诣之不一，识鉴智愚之不同，故随分宗别派，各言其是，即所谓今之各家者也。清康雍时代，火器尚未盛行，恐此道张，于国不利，欲使斯道崩溃，永堕而不拔，以倡重文倡轻武，一方面提而飞仙剑客，故事神秘，一方面倡导拳套招法，以走歧途。中庸大道，无从问得，复利用戏剧和小说为宣传工具，更以使习此者，为士大夫所不齿，始有而今每况愈下，丑态百出之日矣，诚可惜，而复可痛之事也。幸我拳学前辈，秘有传人，尚留一线光明。近二十年来，各地虽设立专科提倡，而提倡愈快破产愈速，永不得走上拳学的轨道。其实学本不难，因世人仍是小说荼毒的头脑，更有今之拳师，大都以此为业，对于拳学根本茫然，即有觉悟，再加羞从人学，亦就无可如何。近半载以来，同仁常有来我处，作零星之身手小试，余不愿指明其人，以留谋生之具。现在大家亦多知自已错误，然为何不肯作公开讨论之举，而更不肯作身手之较，以求学术之增进，而竟良心扭转，反摘他人之非，只知暗地妄造蜚谣，而表面都装聋作哑，是何理欤？至无职业自以为能武，欲假此以作神秘之拳阀者，如研戏剧欠通之票友，只顾妄加指摘以炫自能，诚不齿之至。倘以余言为谬，敢请无职业之研拳者，能肯赐教一谈乎？更希作友谊的小试身手，于人格饭碗，一切都无问题，如不肯屈驾赐教，请示知地点时间，我当遵时往谒，倘有微长，定当竭力为之宣扬，如无可取，亦绝口不谈，若总闭门称帝，此真不值一文也。

问：多云先生之论，道破国术之要道，别开生面，另辟一新途径，为国人谋幸福，但亦有云，指摘太极拳似有过当之处。

答：鄙人识道尚浅，非敢云别开生面，不过遵前辈传统推广而已。在太极门中，余之好友极多，而尚有好多不好意思之处，亦因该拳较之其他流弊少，明理者较多之故，尚不吝指摘，否则亦早不屑论矣。谈到实在批评的话，吾恐太极门中，从未认识拳学者颇多，至通家更谈不到。余总角时曾闻有丹士张三丰先生之名，及长外游，得识各家同仁亦惟习太极者夥，故对该拳怀疑已久。闻该拳为张三丰先生所传，故余早有卑视三丰之意，后来读三丰先生全集，始知先生乃为一贯大道之先进，已深入法海，博得要道，可是余更深信该拳绝非先生之传。其实是与不是没有一些关系，就即便是三丰后裔未得其要亦无足论，三丰先生之传人不知为谁，想当不及三丰有道又何用假借其他，要在个人得传之真伪与否。况今习该拳者，各人各样，理论不一，任意伪造者乎！曾记三丰先生云：离开己身不是道，执着己身事更糟。太极拳百四五十式之多，有没有一式一法不被执着。用这些姿势作什么？而精神方面牢牢绑定不可解，实为妨害神经肢体之自由。遥想三丰先生高明若是，当不致传有如此欠通之太极拳。就以该拳谱文字方面论，单双重不偏不倚种种尽善尽美的意义，亦仅不过拳学一部分的初步。就以拳谱论，请问太极名手扪心自问，能否有一式一法，合谱之所论者？既是自以为无上拳学，为什么实际上不生效果？更闻该拳有机坛扶乩而学技者，此更荒天下之唐矣。纵使该拳一切法则优于其他，技能亦高出一般，然在精神方面而言之亦是错误，无他疑义，况皆不如是矣。太极拳不过人多势众，擅广宣传，其实明理人早知不攻自破。余言或有不当，甚愿同仁不留丝毫客气的质问，如有见教，我更当扫径欢迎也。

问：先生批评太极拳之错误，自当承认，然友中习拳而得健康者亦尚多，恐先生之所批评似有失当。

答：拳学之价值，不仅轻松而微末。要知拳学乃人之需要，不可须臾离一贯之学也。故庄子说：技也，进乎道矣。诚文化艺术之基础，禅学哲理之命脉，若仅以此微效而可以代表拳术，则拳学当无考究之必要矣，习拳之拘泥若此而能生效？更应知道，若能将习拳时间，不用一切方法，任意慢慢地体会操存，而收效之大，吾敢深信更有胜于此者。

问：拳术的门派太繁，理论不一，知友中习者尚多，亦有照书练习者，然皆不生效，未知何书可采？

答：拳学无所谓哪一家，拳理亦无中外新旧之别，只查其是与不是，和当与不当可耳。社会普遍各家，大都以拳套手法为习拳途径，要知此种做法都是后人的伪造，不是原来拳学精神，虽稍有偶知讲些枝节的力学，及技术的片面，然而总未离开方法和套子，所以终是无用。至于著作者，亦不出此范围。此道虽是学习很易，但亦非如此盲从之简单，往往经名师之口传心授，尚有数十年而是非莫辨者，岂刻板文章所能济事。凡一件学问应先明理，由基础体认工夫渐渐做起，再加以慎思明辨及多方实验的证明，然后方可进研其技。且锻炼时有忌对镜操作之戒，恐流于形似而神不真，况照书本练习者乎？此真盲人骑瞎马也。不过看书是博采各项理论之结晶，非注意其姿态如何耳。余据卅年教学的观察，这件学问是极难亦极易，倘遇天才的学生，不满百日之工，则有成通家大器之望，然于百中未有一二，大凡天资聪敏者，多欠忠厚，且虚伪而欺诈。故中道多为业师弃之，此亦可惜乎！如社会之一般学者，其困难诚可怜之至矣，多人总是以耳代目，岂知名实二字根本不能并论，且世之拳师多若牛毛，得要者如麟角，凡得其要者，个性多异于常人，不为名诱不为利招，当然不愿与伪君子为伍矣！甚矣哉：得师之难也。即遇明师何以能辨，即或能辨，则未必肯如所请，如肯应请亦未必有教学的良法，假使得法而学者亦未必能领略，种种困难，非过来人不能知也。不过现在比较以前则易于学习者，因值科学昌明的时代，对理解拳学原理当得帮助不少，然尚不能以此范围拳学，若以科学之层次及局部剖析之解释，则当推为求学之阶梯不二法门。惟我拳学中尚有许多原理，而不可以解者，但若干年后或可得证明。夫学术本无止境，或永无以名之，亦未可知。总之，在此时而论，应以拳学之精神加以科学的方法，则当不难解决矣。

问：屡闻读者多对先生之理论都不否认，惟闻学时无拳套感觉不易，初学者尤甚！

答：人身百骸诸般功能，任何聪明者一生练之不尽，那有舍精华而习糟粕之理，且拳套方法愈学愈远如妇女缠足无异，功夫愈深愈不易使其舒放，故初学者进步反速而胜老手者多矣。此论有多人作比拟之铁证。后世之所谓某式生某力之说及某法可以克某拳之功，此真大言欺人，恐云此者，对于拳学认识尚远。

问： 先生所言极是，技击茫然若是，能否示大家一简便要诀，易使有效乎？

答： 前者已略述养生大意，能肯如此，则养生之道思过半矣，如欲学习高深技击则亦由此经过，但非极愚之士及称之大智慧者不肯如此。若天才而性近者，则应习一切法则。盖技击之法则亦需由站桩试力学起，前已述其大概。夫试力之法太繁，况各项力量身得之后，莫以为技击之道已毕，乃始有学技击之可能性，如得“松紧紧松勿过正，虚实实虚得中平”的支配，则又一问题也。总之，得师之后，而造诣深浅，实在个人天资功力如何，若能出手而得已发未发时机之扼要，则非久经实作之惯手难能得也。

问： 闻拳家云：不用力如何使力之增长？勿论古今名手总不脱丹田气之充实方能奏效？

答： 用力之说为门外汉之论，而亦有一般似是而非持不用力之方者，而不知其不用力究为何意？要知不用力则可，不用意则不可。盖用力则器官死，百骸不灵，板滞呆痴易为人所乘。换言之，即抵抗之变象，盖抵抗之意，乃畏对方之击动而起，殊不知精神已接受被击，安得不为人击乎？故用力为拳学之大忌。至论丹田之气者，在原理方面，及实地之验和鄙人体察之感觉，此论似有不妥。腹内乃肠胃肝脏之宿舍，并无盛气之所，至于动力之功能都是争力、弹力与宇宙力之接触和运用呼吸鼓荡开合的作用，及精神假想天空浑然之大气也，非世人所谓功之气也。总以下腹充实大肚子即以为丹田气者，则错误极矣。要知运用时，力宜均整，尤尚空灵以达舒畅得力方为合理。今之学者不明斯理，费数十年之纯工，反将灵活之身心练成机械，岂不惜哉？

问： 先生如此批评是则是矣，但无异永久之擂台，长期之挑战，倘有失足，可当如何？

答： 摆擂之事余岂敢当，更不敢为挑战祸首，不过愿同仁苟肯人人如此的提倡和讨究，则拳学前途自不难发扬光大，倘大家都不如此，终愿自欺欺人，亦唯有苦口婆心，常给我国同仁多打几次强心针和兴奋剂，以渐渐疗其麻痹之症也，至个人成败得失，非敢计也。缘为抛砖引玉，但愿体无完肤而此道倡，则鄙人希望已臻其极矣。

问： 世人对先生之论多很接受，而亦有一般仍加厚非？

答： 知我者明理之士也，罪我者应于夜深人静独坐观心，总之笑骂由他，余亦不辨，倘拳学真髓复见光明，个人之毁誉何敢惜哉？

问： 君之学问道德，世所公认，惟研道之士，理应含蓄？

答： 所言是矣，殊堪羞愧，惟含蓄二字已为国人之社会性，夫含蓄者诚学术道德修养之基础，换言之曰：即内实而外虚，或外坚而内灵，正如老氏常无观其妙，常有观其窍一理也。然不知又为一般人所利用，已成为混事误人者之护身符，社会之伪亦为此辈所造成。自外涉交游几近四十年，每感社会中仅有“戏法”之一术不许丝毫将就，戏剧亦不许门外汉任之，但其间之伸缩应有别论，余者不识。至所谓对人含蓄，以为应视对方而施，似不应无理之客气，如先贤之敬事而信，节用爱人深所乐从，若善交久敬之篇不愿闻也。学问道德则不敢当，研究道德愿附其骥尾矣。所谓道者乃混元错综不二之真理也，亦即合理与否，合理即为道，不合理非道也。非玄奇之事，亦非世之俗酸文人动辄引经据典故事神奇之为道也。尤非性情怪癖，假作疯狂伪佛老之学以求貌异者，所能梦见大道之门墙也。如对社会认识不足，只好不谈其他。

问： 前云戏剧中尚有不少有本之处，较一般拳学高一头地，但不知君有何本出此言，愚以为此点批评未免失当。

答：戏剧原为补助教育之不足，武功都本拳道而来。拳中原有“起拔”锻炼，为试力功夫之一。夫“起拔”者为求头项两足重心之枢纽力，使身体均整放大，与宇宙合为一体，故名“起拔”之锻炼，戏剧误名“起霸”，然观其姿态与理论之取意，虽不中亦不远，所以知其有本，至求美观博人爱悦之种种姿势，皆伪造也，今之拳家所有姿势未见一式而能得其均衡者，且多老马少驹，反效伪幼，尚有不可能者矣，更何能窥见武道深邃哉？

问：近请道者，料不乏人，不知先生感想如何？

答：日来承各界见教者虽不少，然都是好奇之士，所论于拳学多不相干，至同道来访者，而都不是余之所希望者。

问：先生所希望为何？

答：余虽不才，甚盼访者尽量问难，研讨拳学究竟如何合理与人生之重要关系及注意武道之真正精神之所在，技击虽系末技讯事，然结果非由此不足以为证，故亦愿作友谊的比较身手。日来琐事较繁，故来宾未能一一亲自接见，余有愧，故拟今后在星期三、五两日下午一时至六时亦为接待时间。

问：先生此学，同仁对之如何？

答：余已抱定不顾笑骂不作神奇的倡导，以究拳学之真正要义，永持利他主义，不患无人不来赐教或就教者。所患者，名家老手不肯前来观摩研讨，恐难博拳学最后成功之希望矣。总之，但愿拳学之进展，改善社会武道之目标，一洗积习，则其他非所计也。

问：先生有无著作？敢请见示。

答：拟著《大成拳提要》一书，现在起草中，或不日即可问世也。

大成拳宗师王芗斋访问记

记者久未与大成拳宗师王芗斋先生晤面，顷闻其移居于隆福寺西口，弓弦胡同6号，昨特走访，畅谈甚久，兹将谈话录后。

问：自前次报纸发表谈话后，耸动一时，度必不乏来访者，其中有无同道？

答：辱承社会之不弃，枉顾者确不乏其人，而来访者，多系就学之士，同道中仅丰台之庐志杰，邵泽邠二君，欲作推手，内行所谓“听听劲”而已，余无其他，更无一人肯作实地之研讨。盖推手一法，仅拳道之一局部，非余所欢迎者也，至于北京之名手专家，并无一人肯来见教，实出余意料之外，未悉我同仁何以吝教若是也，抑余从来所重者，为武德，故以礼让为先，然亦有限制，即年老者让，谦和者让，技弱者让，若以余言为欺世，请询曾经来访者便知，如庐君初来访时，略作推手以为技仅如斯，故不肯降心服气，继而屡次驾临，始知相差甚远，今则一变而为忠实信徒矣。

问：武术先辈，先生所服膺者有几人？请以见告。

答：查拳术先辈，近百年来，舍董海川，车毅斋，郭云深，诸师尊，余皆旁技末节而已，但我国地广人众，道中人余未结识者尚多，不敢妄加评论。

问：世人常云有杨露禅者，其所学如何？

答：露禅先生亦为拳学先辈，工太极，今人多宗之，余据各方面观察而论，露翁仅得此道之一部分，即明王宗岳先生，亦非通家。不过宗岳先生，得岳武穆双推手之局部，以三拳而变为十三式，至于命名太极，则为张三丰所传，实无从考证，抑世人之一种附会耳。如百四五十式之多，则更不知其所以由来。就该拳之作法论，于肢体上仅仅不生流弊，而精神上却受无限损失，距实作之学相去尚远，不足道也。

问：报端屡次发表拳论，同道中对之有何表示，曾有所闻否？

答：同道中明哲之士，无不接受，至其甘于抱残，守缺，及是非莫辨者，只好听之而已，即使能知都不易行，况根本是非难明者乎？然一般拳家，现多以锻炼身体为口号，技击二字，绝口不谈，就此点看来，亦可知同仁现亦渐有觉悟，不过以拳套工作之法，认为拳生（胥注："拳生"当为"养生"）原则，实谬误极矣，余最注意至者盖即此也。至于技击之道，与之相较，则份量轻微多矣。夫养生之道，是在凝神养性，思与虚灵成一体，所谓身心性命之学也，如这么一招，那么一式，前窜后跳，实难梦见养生之门，盖养生实为简易，人之本性是爱天然无拘自由之运动，一切本能，亦俱因是而发，如每晨于新鲜空气中，不用一切方法，仅使浑身关节，似曲非直着想天空，任意慢慢运用，一面体察内部气血之流行，一面体会身外虚灵之争力，所谓神似游泳者是也。而精神体质舒适自然，非但不受限制，而大自然之呼应，渐有认识，久之，本能发，而灵光见，技击之基础，不期自备矣，如总拘泥机械式之运动，弄杖舞枪，求美观以为能武之荣耀，殊不知识者一见，可作十日呕，诚冤哉枉矣，且终身不能领悟也。

问：先生意在研究真理，发扬武术，何以访者如此之少，其故安在？

答：此事甚难索解，据敝人揣想，吾国武术界中，贤者固多，而不肖者尤夥，凡习某一派者，苦练多年，自以为造诣独深，堪称某派传人，挟此足可以与社会往来，且可得以解决生活问题，一旦使之尽弃其所学，从头学起，情实难堪，而生活问题，恐亦受其影响，关系个人前途，既如此之大，亦无怪访者之稀少也。所最不幸者，竟有一般无识之徒，既不敢较长论短，乃妄造蜚语，信口雌黄，以自掩其短，社会人士不加细察，受其愚蒙者，实在不少，是为可惜耳。此层障碍不去，吾国武术终难望有长足进步。

问：先生为武术先进，既抱有决心，更望持以毅力，武术自不难有精进之日。

答：此言甚可感，余自当尽个人最大之努力，成败毁誉，不敢计较，而唯一目的，即在如何可以使拳学得以进步，于此敬告同仁，技击本系末技，然世人多以技击之高下，为拳术之定评，故拟有二种研究方法，如愿研究一举一动究竟如何为适当，则余无任欢迎，若愿作技击比较及推手，亦无不可，以此范围宽广，访者或可增多，不致进退维谷矣，果来者如有微长，余定极力为之宣扬解说，倘无可取余决缄口不谈，盖谈亦不能使之领悟也，甚希望来友尽量问难，以期互相切磋，谋拳学之进步，凡我同道，皆负有光大拳学之责，万不可以个人之关系，误此重大前程，果于大体有益，个人纵受任何牺牲，亦应舍小以成大，敝人抱此决心，倘有高明之士，技能品德皆为所钦，余愿附尾以佐文，更望同仁不以菲材见弃，移尊赐教，彼此观摩，倘拳学藉此而精进，岂个人之幸，而天下后世，食其赐多矣。

记者与王君倾谈至此，为时已晏，乃互道珍重而别。

第 7 章　拳道中枢

一、自志

拳道之大，实为民族精神之需要，学术之国本，人生哲学之基础，社会教育之命脉，其使命要在修正人心，抒发情感，改造生理，发挥良能，使学者神明体健，利国利群，固不专重技击一端也。若能完成其使命，则可谓之拳，否则是异端耳。习异拳如饮鸩毒，其害不可胜言也。余素以己立立人为怀，触目痛心，不忍坐视，（胥注：手稿有划掉的痕迹）余本四十余年习拳经验，采其真义之所在（胥注：手稿有划掉的痕迹），参以学理，证以体认，祛其弊，发其秘，舍短取长，去伪存真，融会贯通，以发扬而光大之。另成一秐（胥注："秐" 同 "种"，下同）特殊拳学，而友人多试之甜蜜，习之愉快，因以 "大成" 二字名吾拳，欲却之而无从也。随听之而已。今夫（胥注：手稿有划掉的痕迹）本拳之所重者，在精神，在意感，在自然力之修炼，统而言之，使人身与大气相应合。分而言之，以宇宙之原则原理以为本，养成神圆力方，形屈意直，虚实无定，锻成触觉活力之本能。以言其体，则无力不具。以言其用，则有感即应。以视彼一般拳学家，尚形式、重方法、讲蛮力者，固不可相提并论也。诚以一般拳家，多因注重形式与方法，而演成各秐繁冗、畸形怪状之拳套。更因讲求蛮力之增进，而操各项激烈运动。误传误受，自尚以为得意者，殊不知尽是戕生运动。其神经、肢体、器官、筋肉已受其摧残而致颓废，安能望其完成拳道之使命乎。余虽不敢谓本拳为无上之学，若以现代及过去论，信他所略而我独有也。学术理应一代高一代，否则错误，当无存在之必要矣。余深信拳学适于神经肢体之锻炼，可因而益智。尤适于筋肉之温养，血液之滋荣。更使呼吸舒畅，肺量加大，而本能之力亦随之而渐长，实现一触即发之功能。至于致力之要，用工之法，统于篇内述之，兹不赘述。但此篇原为同仁习拳较易而设，非问世之文者比也。盖因余年已老，大家迫求，只得以留惊鸿爪影，于雪泥中寻之。（胥注：手稿有划掉的痕迹）谨将平日所学，拉杂记载，留作参考。将来人手一篇，（胥注：手稿有划掉的痕迹）领会较易。【但余素以求知为职志，果有海内贤达，对本拳予以指正，或进而教之，则尤感焉。以一得之愚，得藉他山之攻，而益有进益。日后望从学诸生，虚心博访，一方面尽量问难，一方面尽力发挥，倘有心得，希随时共同究讨，以求博得精奥，而期福利人群，提高国民体育之水准，实为盼甚，否则毫无价值也。如此提高而不果，是吾辈之精神不笃，或智力未符故耳。夫学术本为人类所共有，余亦何人，而敢自秘。所以不揣简陋，努力而成是篇。余不文，对本拳之精微，不能阐发净尽，所写者，仅不过目录而已，实难形容其底蕴，以详吾胸中之事矣。一隅三反，是在学者，余因爱道之诚，情绪之热，随不免言论扁激（胥注："扁激" 应为 "偏

激”)，失之狂放，知我罪我、笑骂由人。】(胥注：本段手稿有划掉的痕迹)

博陵芗斋王尼宝志于太液万字廊

二、习拳述要

近世操拳者，多以筋肉之暴露，坚硬夸示人前，以为运动家之表现。殊不知此秐畸形发达之现象，纯系病态，既碍卫生，更无他用，最为生理学家所禁忌，毫无运动之价值也。近年以来，余于报端，曾一再指摘其非，虽有一般明理之士，咸表同情，而大都仍是俗庸愚昧，忍心害理，尤其信口诋人，此真不齿，故终不免有诸多衔怨者。大凡从来独抱绝学，为人类谋福利者，与极忠诚之士，和聪明绝顶者，社会从来鲜有谅解。水准之低，亦可概见。然余为拳道之永久计，实不敢顾其私，希海内共谅之。(胥注：本段手稿有划掉的痕迹)

按拳道之由来，原系采禽兽搏斗之长，相其形，会其意，逐渐演进，合精神假借一切法则，始汇成斯技。奈近代拳家，形都不似，更何有(益)于精神与意感乎。然亦有云，用力则滞，用意则灵之说，询其所以，则又瞠然莫辩。用力则筋肉滞而百骸不灵，且不卫生，此固然矣。然在技击方面言之，用力则是力穷，用法即是术罄：凡有方法，便是局部，便是后天之人造，非本能之学也。而精神便不能统一，用力亦不笃实，更不能假借宇宙力之呼应。其神经已受其范围之所限，动作似裹足而不前矣。且用力乃是抵抗之变象，抵抗是由畏敌击出而起，如此岂非接受对方之击，则又安得不为人击中乎？用力之害，诚大矣哉！要知用力、用意乃同出于一气之源。互根为之，用意即是用力。意即力也！然非筋肉凝紧，注血(胥注：“注血”右侧注“僵硬”二字，似非芗老所注)之力谓之力。若非用意支配全体之筋肉松和，永不能得伸缩自如，遒放致用之活力也。既不能有自然之活力，其养生与应用，吾不知其由何可以得！要知意自神生(胥注：“神”字右侧注“形”字，故此句当为“要知意自形生”)，力随意转，意为力之帅，力为意之军。所谓意紧力松，筋肉空灵，毛发飞涨，骨生锋棱。非此不能得意中力之自然天趣矣。本拳在廿年前，曾有一度“意拳”之名，举一意字以概精神，盖即本拳重意感与精神之义也。原期唤醒同仁，使之顾名思义，觉悟其非，而正鹄是趋，孰知一般拳家，各怀私见，积重难返，多不肯平心静气，舍短取长，研讨是非之所在。情甘抱残守阙，奈何，奈何！遂至余愿无由得偿，吁可慨也。余之智力所及，绝不甘随波逐流，使我拳道真义，永堕沉沦，且犹不时大声疾呼，冀以振其麻痹，而发猛醒，此又区区之诚，不能自已者也。

三、论信条与规守

拳学一道，不仅锻炼肢体，尚有重要深意存焉。就传统言，首重德性，其应遵守之信条，如尊亲，敬长，重师，尚友，信义，仁爱等，皆是也。此外更须有侠骨佛心之热诚，舍己从人之蓄志，苟不具备，即不得谓拳家之上选，至于浑厚深沉之气概，坚忍果决之精神，抒发人类之情感，敏捷英勇之资质，尤为学者所必备之根本要件，否则恐难得其传，即传之，则亦难能得其神髓矣。故先辈每于传人之际，必再三审慎行之者，盖因人才难得，不肯轻录门墙。至其传受之程序，率皆先以四容、五要为本，如头直、目正、身庄、声静，再以恭、慎、意、切、和，五字诀示之。兹将五字诀歌解列后，以释其义。

习拳既入门、首要尊师亲、尚友须重义、武德更谨遵、
动则如龙虎、静犹古佛心、举止宜恭慎、如同会大宾、
恭则神不散、慎如深渊临、假借无穷意、精满混元身、
虚无求实切、不失中和均、力感如透电、所学与日深、
运声由内转、音韵似龙吟、恭慎意切和、五字秘诀分、
见性明理后、反向身外寻、莫被法理拘、更勿终学人。

四、论单双重与不着象

以拳道之原则原理论，勿论平时练习，抑在技击之中，须保持全身之均整，使之毫不偏倚。凡有些微不平衡，即为形着象，亦力破体也。盖神、形、意、力皆不许着象。一着象、便是片面。既不卫生，且易为人所乘。学者宜谨记之。夫均衡，非呆板也。稍板，则易犯双重之病。然尤不许过灵，过灵则易趋于滑而不实也。须要具体舒放，屈折含蓄。如发力时，亦不许断续，所谓力不亡者是也。盖双重，非指两足步位而言，头，手，身，足，肩，肘，膝，胯，以及大小关节，即一点细微之力，都有单双、松紧、虚实、轻重之别。今之拳家，大都由片面之单重，走入绝对之双重。更由绝对之双重，而趋于僵死之途。甚矣单双重之学，愈久而愈湮也。就以今之各家拳谱论，亦都根本失当。况其作者，尽是露形、犯规而大破其体。所有姿势，诚荒天下之唐，麻世人之肉矣。愈习之，则愈去拳道之门径而远甚。不着象而成死板。一着象散乱无章。纵然身遇单重之妙，因无能领略，此亦无异于双重也。非弄到不舒适，不自然，百骸失正，而后止。是以不得不走入刻板方法之途径。永无随机而动，变化无方，更无发挥良能之日矣。噫，亦诚可怜之甚也。至于神与意之不着象，乃非应用触觉良能之活力，不足以证明之。譬如双方决斗，利害当前，间不容发。已接未触之时，尚不知应用者为何。解决之后，复不知迩间所用者为何。所谓不期然而然，莫知至而至。又谓极中致和，本能力之自动良能者也。

五、抽象虚实有无体认

习拳入手之法，非只一端，而其结晶之妙，则全在于神，形，意，力之运用，互为一致。此种运用，都视之无形，听之无声，无体亦无象。就以有形而论，其势如空中之旗，飘摆无定，惟风力是应，即所谓与大气之应合。又如浪中之鱼，起伏无方，纵横往还，以听其触，只有一片相机而动，应感而发，和虚灵守默之含蓄精神。要在以虚无而度其有。亦以有处而揣其无。诚与老庄佛释无为而有为，万法皆空即为实象，一切学理多称谨似。又如倪黄作画，各以峭逸之笔，孤行天壤，堪并论也。其机其趣，完全在于无形神似之间，度其意向以求之，所以习时有对镜操作

之戒者。恐一求形似，则内虚而神败矣。

习时须假定三尺以外，七尺之内，四围如有大刀阔斧之巨敌，与毒蛇猛兽蜿蜒而来，其共争生存之情景，须当以大无畏之精神而应付之。以求虚中之实也。如一旦大敌林立，在我若入无人之境，以周旋之。则为实中求虚。要在平日，操存体认，涵蓄修养，总之都是由抽象中得来，所谓神意足，不求形骸似，更不许存有对象，而解脱一切者是也。

切记，习时要慢，而神宜速。手不空出，意不空回。即些微细小之点力动作，亦须具体无微而不应。内外相连，虚实相依，而为一贯。须要无时无处，不含有应付技击之本能。倘一求速，则一切经过之路径，滑然而过。再由何得其体认之作用乎？故初学时，须以站桩为本，渐渐体会而后行之。

总之须要神，形，意，力成为一贯。亦须六心相合（顶心、本心、手心、足心），神经统一。一动无不动，亦更无微而不合。四体百骸，悉在其中。不执着，不停断。再与大气之呼应，各点力之松紧，互以为用。庶乎可矣。离开己身，无物可求。执着己身，永无是处。旨哉斯言。细心体会，自不难窥拳道之堂奥也矣。

六、总纲

拳本服膺，推名大成，平易近人，理趣丛生，
一法不立，无法不容，拳本无法，有法也空，
存理变质，陶冶性灵，信义仁勇，悉在其中，
力任自然，矫健犹龙，吐纳灵源，体会功能，
不即不离，礼让谦恭，力合宇宙，发挥良能，
持环得枢，机变无形，收视听内，锻炼神经，
动若怒虎，静似蛰龙，神如雾豹，力若犀行，
蓄灵守默，应感无穷。

七、歌要

古人多以歌诀之法，以为教授之具，谨师此意，略加变更，特制歌要列后，以饷学者。

拳道极微细，勿以小道视，开辟首重武，学术始于此，
当代多失传，荒唐无边际，本拳基服膺，无长不汇集，
切志倡拳学，欲复故元始，铭心究理性，技击乃其次，
要知拳真髓，首由站桩起，意在悬空间，体认学试力，
百骸撑均衡，曲折有面积，仿佛起云端，吸呼静长细，
舒适更悠扬，形象若疯痴，绝缘屏杂念，敛神听微雨，
满身空灵意，不容粘毫羽，有形似流水，无形如大气，
神绵觉如醉，悠然水中宿，静默对天空，虚灵须定意，

洪炉大冶身，陶镕物不计，神机自内变，调息听静嘘，
守静如处女，动似蛰龙迷，力松意须紧，毛发势如戟，
筋肉遒欲放，支点力滚丝，螺旋力无形，遍体弹簧似，
关节若机轮，揣摩意中力，筋肉似惊蛇，履步风卷席，
纵横起巨波，若鲸游旋势，顶上力空灵，身如绳吊系，
两目神凝敛，听内耳外闭，小腹应常圆，胸间微含蓄，
指端力透电，骨节锋棱起，神活逾猿捷，足踏猫距似，
一触即暴发，炸力无断续，学者莫好奇，平易生天趣，
返婴寻天籁，躯柔似童浴，勿忘勿助长，升堂渐入室，
如或论应敌，拳道微末技，首先力均整，枢纽不偏倚，
动静互为根，精神多暗示，路线踏重心，松紧不滑滞，
旋转谨稳准，钩错互用宜，利钝智或愚，切审对方意，
随曲忽就伸，虚实自转移，蓄力如弓满，着敌似电急，
鹰瞻虎视威，足腕如蹙泥，鹘落似龙潜，混身尽争力，
蓄意肯忍狠，胆大心更细，劈缠蹚裹横，接触揣机时，
习之若恒久，不期自然至，变化形无形，周旋意无意，
叱咤走风云，包罗小天地，若从迹象比，老庄与佛释，
班马古文章，右军钟张字，大李王维画，玄妙颇相似，
造诣何能尔，善养吾浩气，总之尽抽象，精神须切实。

（胥注：“距似”二字框起，在其下方注“跼蹐”，故此句应该为“足踏猫跼蹐”。“跼”，局的异体字，“蹐”，后脚紧接着前脚，形容用极小的步子走路。一般多形容人拘束而不敢放纵的样子。如清·廖景文《罨画楼诗话》：“苏子瞻谪黄州，布衣芒屦，出入阡陌，每数日，辄一泛江上。晚贬岭外，无一日不游山。故其胸次洒落，兴会飞舞，妙诣入神。我辈才识远逊古人，若跼蹐一隅，何处觅佳句来。”芗老在这里形容猫在捕鼠时蓄势待发的状态。）

八、练习步骤

本拳之基础练习，即为站桩。其效用，在能锻练神经，调剂呼吸，通畅血液，舒和筋肉，诚养生强身益智之学也（胥注：此处手稿旁边有添加文字，辨识为“此处应加改造生理、抑长力量二句”），亦为优生运动。

其次为试力，试声，假想，体认各法则。再次为自卫，与大气之呼应，和波浪之松紧，良能之觉察，虚实互根之切要。兹将各阶段逐一分述于后。

（一）站桩

“站桩”即立稳平均之站立也。初习为基本桩，习时须首先将全体之间架配备，安排妥当，

内清虚，而外脱换，松和自然，头直，目正，身端，项竖，神庄，力均，气静，息平，意思远望，发挺腰松，具体关节，似有微曲之意，扫除万虑，默对长空，内念不外游，外缘不内侵，以神光朗照巅顶，虚灵独存，浑身毛发，有长伸直竖之势，周身内外，激荡回旋，觉如云端宝树，上有绳吊系，下有木支撑，其悠扬相依之神情，喻曰空气游泳，殊近似也。然后再体会各耘细胞（胥注："耘细胞"右侧注有"部肌肉"三字，故此句当为"然后再体会各部肌肉"）动荡之情态，锻练有得，自知为正常运动。夫所谓正常者，即改造生理之要道，能使贫血者，可以增高，血压高者，而降低。盖因其勿论如何运动，永使心脏之搏动，不失常态，平衡发达，正常工作，（胥注：本段手稿有划掉的痕迹）夫所谓正常运动者，在运动中能使心脏之搏动增加而呼吸却不失常态，即不憋气、不缺氧之谓也。然在精神方面，须视此身如大冶洪炉，无物不在陶镕体认中。同时须觉察周身细胞，均在自然工作，不得有丝毫勉强。更不许有幻想。如依上述原则锻练，则全身之筋肉，不锻而自锻，神经不养而自养，周身舒畅，气质亦随之而逐渐变化，本能自然之力，由内而外，自不难渐渐发达。然切忌身心用力。否则，稍有注血，便失松和。不松则气滞而力板，意停而神断，全体皆非矣。总之不论站桩，与试力，或技击，只要呼吸一失常，或横隔膜一发紧，便是错误，愿学者慎行之，万勿忽视。体认假想，括述其内，不单独再论。（胥注：手稿有划掉的痕迹）

（二）试力

以上基本练习，既有相当基础后，则一切良能之发展，当日益增强，则应继续学试力工作，体认各项力量之神情，以期真实效用。此项练习，为拳中之最重要，最困难之一部分工作。盖试力为得力之由，力由试而得知，更由知始能得其所以用。习时须使身体均整，筋肉空灵，思全体毛孔，无一不有穿堂风往还之感。然骨骼毛发，都要支撑遒放争敛互为。动愈微，而神愈全。慢优于快，缓胜于急，欲行而又止，欲止而又行，更有行乎不得止，止乎不得行之意。以体认全体之意力圆满否？其意力，能随时随地，应感而出否？全身能与宇宙之力，起感应合否？假借之力，果能成为事实否？欲与宇宙力起应合，须先与大气发生感觉。感觉之后，渐渐呼应，再试气波之松紧，与地心争力作用。习时须体合空气之阻力何似，我即用与阻力相等之量，与之应合，于是所用之力，自然无过，亦无不及。初试以手行之，逐渐以全体行之。能认识此力，良能渐发，操之有恒，自有不可思议之妙，而各项力量，亦不难入手而得。至于意不使断，灵不使散，浑噩一致，动微处牵全身，上下，左右，前后，不忘不失，非达到舒适得力、奇趣横生之境，不足曰得拳之妙也。所试各力之名称甚繁，如蓄力，弹力，惊力，开合力，以及重速，定中，缠绵，撑抱，惰性，三角，螺旋，杠杆，轮轴，滑车，斜面，种种力量，亦自然由试而得之，盖全体关节，无微不含屈势，同时亦无节不含放纵与开展，所谓遒放互为，固无节不成钝形三角，且无平面积，尤无固定之三角形，（不过与机械之名同而法异，盖拳中之力，都是精神方面体会而得之，形则微矣。）表面观之，形似不动，而三角之螺旋，实自轮转不定，错综不已，要知有形则力散，无形则神聚，非自身领略之后，不能知也。盖螺旋力，以余之体认观之，非由三角力，不得产生。而所有一切力量，都是筋肉动荡，与精神假想，参互而为，皆有密切之连带关系，若分而言之，则又走入方法之门，成为片面耳，所以非口传心授，未易有得，更非毫端所能形容。故不必详述也。（胥注：手稿有划掉的痕迹）

总之一切力量，都是精神之集结紧密，内外含蓄一致而为用。若单独而论，则成为有形破体机械之拳道，非精神意义之拳也。余据四十余年体会操存之经验。吾感各项力量，都由混圆阔大，空洞无我产生而来。然浑圆空洞，亦都由细微之棱角形成，渐渐体会，方能有得，是以吾又感天地间之一切学术，无一不感矛盾，同时亦感无一不是圆融，然而须得打破圆融，统一矛盾，始能融合贯通，方可利用其分工合作，否则不易明理，至于用力之法，浑噩之要，绝不在形式之好坏，尤不在姿势之繁简，要在神经支配之大义，和意念之领导，与全体内外之工作如何，动作时，形式方面，不论单出双回，齐出独进，横走竖撞，正斜互争，浑身之节，点，面，线，一切法则，无微不有先后，轻重，松紧之别，但须形不外露，力不出尖，亦无断续，更不许有轻重方向之感，不论试力，或发力，须保持全体松和，发力含蓄，而有听力，以待其触，神宜内敛，骨宜藏棱，要在身外三尺以内，似有一层罗网包护之，而包罗之内，尽如刀叉勾错，并蓄有万弩待发之势，然都在毛发筋肉伸缩拨转，全身内外，无微不有滚珠起棱之感。他如虚无假借，种种无穷之力，言之太繁，姑不具论，学者神而明之。

以上各力，果身得之后，切莫以为习拳之道已毕，此不过仅得些资本而已，始有学拳之可能性，若动则即能，"松紧紧松勿过正，实虚虚实得中平"之枢中诀要，则又非久经大敌，实作通家，不易得也，然则须要绝顶天资，过人气度，尤须工力笃纯，方可逐渐不加思索，不烦拟议，不期然而然，莫知为而为，本能触觉之活力也。总之，具体极细微之点力，亦须切忌无的放矢之动作，然而又非作到全体无的放矢而不可，否则难能得其妙。

（三）试声

试声，为补助试力之细微所不及，其效力在运用声之音波鼓荡全体之细胞工作，其原意不在威吓，而闻之者，则起卒然惊恐之感。实因其声力并发，与徒作喊声，意在威吓者不同。试声时口内之气，不得外吐，乃运用声由内转工夫，初试求有声，渐以有声而变无声。盖人之声各异，惟试声之声，世人皆同。其声如幽谷撞钟之声似，（胥注："似"字上下标注"相""故"二字）老辈云："试声如黄钟大吕之本"，非笔墨毫端所能形容。须使学者，观其神，度其理，闻其声，揣其意，然后以试其声力之情态，方能有得。

（四）自卫

自卫，即技击之谓也，须知大动不如小动，小动不如不动，要知不动才是生生不已之动。譬如机械之轮，或儿童之捻转，快到极处，形似不动，如观之已动，则是将不动，无力之表现矣。所谓不动之动，速于动，极速之动犹不动，一动一静互根为用，其运用之妙，多在于神经支配，意念领导与呼吸之弹力，枢纽之稳固，路线之转移，重心之变换，以上诸法，若能用之得机适当，则技击之基础备矣。亦须在平日养成，随时随地，一举手一投足，皆含有应机而发之准备，要在虚灵含蓄中，意感无穷，方是贵也。然在学者于打法一道，虽无足深究，亦似有必要经此之过程，如对方呆板紧滞，且时刻表现其重心、路线、部位之所在，则无足论，倘动作迅速，身无定位，而活若猿捷，更不必曰各项力之具备者，就以其运动之速，则亦非一般所能应付。故平日对于打法，亦应加以研讨，习时首应锻练，下腹充实，臀部力稳。头、手、肩、肘、胯、膝、足，各有打法。至于提打，钩打，按打，挂打，锯打，蹭打，搓打，拂打，叠打，错打，裹打，践打，截打，堵打，摧打，拨打，滚力打，支力打，滑力打，粘力打，圈步打，行步打，进步打，退步打，顺步打，横步打，整步打，半步打，斜面正打，正面斜打，具体之片面打，局部之整个打，上下卷打，左右领打，内外领打，前后旋打，力断意不断，意断神犹连，动静已发未发之时机，和一切暗示打法，虽系局部，若非实地练习，亦不易得，然终是下乘工夫，如聪明智慧者，则无须习此。

（五）技击桩法

技击桩、与基本桩，神形稍异，然仍依原则以为本，步如八字形，亦名丁八步，又为半丁半八之弓箭步也。两足重量，前三后七，两臂撑抱之力，内七，外三，何时发力，力始平均，平衡之后，仍须返原，如枪炮之弹簧，伸缩不断之意也。而手足应变之距离，长不过尺，短不逾寸，前后左右，互换无穷，操之愈熟，愈感其妙，至于松紧沉实之利用，柔静惊弹之揣摩，路径之远近，间架之配备，发力之虚实，宇宙之力波，以及利用时间之机会，都须逐渐研讨拳学之整个问题也。在平时，须假定虎豹当前，蓄势对搏，力争生存之境况，此技击入手之初，不二法门，亦为最初之法则，兹再申述神，意，力，三者之运用如左：

1. 神意之运用

技击之站桩，要在具体空灵均整，精神饱满，神如雾豹，意若灵犀，具有烈马奔放，神龙嘶噬之势，头顶项竖，顶心暗缩，周身鼓舞，四外牵连，足指（胥注：足指当为足趾）抓地，双膝撑拔，力向上提，足跟微起，有如巨风卷树，思有拔地欲飞，拧摆横摇之势，而具体则有撑裹竖涨，毛发如戟之力，上下枢纽，曲折百绕，垂线自乘，其抽拔之力，要与天地相争，肩撑肘横，裹卷回环，拨旋无已，上兜下堕，推抱互为，永不失平衡均整之力，指端斜插，左右勾拧，外翻内裹，有摧动山岳、地球之感，筋肉含力，骨节生棱，具体收敛，跃跃思动，含蓄吞吐，运力纵横，两臂开合，拧裹直前，有横滚推错兜卷之力，毛发森立，背竖腰直，小腹常圆，胸部微收，动则有怒虎出林，搜山欲崩之状，全体有灵蛇惊变之态，亦犹似炽火烧身之急，更有蛰龙振电直飞之神（胥注："直飞"右侧注"起欲"二字，"神"字右侧注"势"字。故此句当为"更有蛰龙振电直起欲飞之势"），尤感筋肉激荡，力如火药手如弹，神机微动雀难飞，颇似有神助之勇焉，故凡遇之物，则神意一交，如张网天罗，无物能逃，如雷霆之鼓舞鳞甲，霜雪之肃杀草木，且其发动之神速，更无物可以喻之，是以余于此秐神意运动，命名之曰，超速运动，言其速度之快，超出一切速度之上也，以上所言多系抽象，而精神方面，须切实为之，以免流入虚幻。

2. 力之运用

神意之外，力之运用，更为切要，但系良能之力，非片面力也，惟大部份（胥注："份"当为“分”），须于试力上求之，习时须先由节段，面积之偏倚，而求力量之均整，继由点力之均整，揣摩虚实之偏倚，复由偏倚之松紧，以试发力之适当，更由适当之发力，利用神光离合之旋绕，与波浪弹力之锋棱，再以浑身毛发，有出询问路之状，而期实现一触即发之功能，且时时准备技击之攻守，亦时刻运用和大敌之周旋，尤须注意发力所击之要点，万不可无的放矢，见虚不击击实处，要知实处正是虚，虚实转移枢纽处，若非久历永不知，混击蛮打亦有益，须看对方他是谁，正面微转即斜面，斜面迎击正可摧，勤习勿懈力搜求，敬，谨，意，切，静揣思。

技击在性命相搏一方面言之，则为决斗，决斗则无道义，更须要抱定，肯、忍、狠、谨、稳、准，六字诀要，且与对方抱有同死决心，若击之不中，自不能击，动则便能致其死，方可击之，其决心如此，自无不胜，此指势均力敌者言之，如对方技能稍逊，不妨让之，若在同道相访，较试身手方面言之，则为较量，较量为友谊研讨性质，与决斗不同，须首重道义，尤须观察对方之能力何似，倘相去远，则须完全让之，使其畏威怀德为切要，较量之前，须以礼让当先，言词应和蔼，举动要有礼度，万不许骄横狂躁，有伤和雅，夫而后武德可以渐复，古道可以常存，实我拳道无上光荣，则余有厚望焉。

九、论拳套与方法

拳之深邃本无穷尽，纵学者颖悟绝世，更具有笃信力行精神，终身习行，亦难究其极，而拳套与方法，所谓人造之拳架子是也。由清三百年来，为一般门外之汉，当差表演而用，即拳混子谋生之工具，果欲研拳者，则又何暇而习此，非但毫无用处，且于神经肢体与脑力，各俱有碍，戕害具体一切良能，故习此者，鲜有智识，而于应用，尤不适合，且害处极多，笔难写罄，对于拳之使命，卫生原则相距太远，则根本不谈，对于较技，设不用方法拳套，而蛮干混击，或不致败，倘或用之，则必败无疑，至谓五行生克之论，则尤妄甚，在决斗胜负一瞬之间，乃无暇思考，若以目之所见，一再思察，然后出手以应敌，鲜有不败者，生克之论，吾恐三尺幼童，亦难尽信，夫谁信之，可询之于决赛过者，自知吾言不谬，见《汉书・洪范五行志》，乃指政治人民，需要开发金、木、水、火、土应用而言，后经一般不学无识之辈，滥加采用，妄为伪造，致演为世之所谓五行生克之论，此不过为江湖者流信口云云而已，岂学者亦可以读此，盖拳套一项，大都系人伪造，然招势方法，又何尝不是人作伪，皆非拳之原则，发挥本能之学也。纵有纯笃之工夫，信专之坚忍，恒心毅力而为，然亦终归是舍精华而就糟粕者也。要知拳学根本无法，亦可云无微不法，一有方法，精神便不能一致，力亦不笃，动作散慢不果速，一切不能统一，更有背于良能，所谓法者，乃原理原则之法，非枝节片面之法而为法。习枝节之法，犹之乎庸医然也，所学者，都是备妥药方以待患者，而患者则须按方患病，否则无所施其技矣。凡以拳套方法而为拳，是不啻以蛇神牛鬼之说乱大道，皆拳道之罪人也，叹今之学者，纵有精研之志，苦无入径之门，故余不顾一切，誓必道破。夫拳套方法既毫无用，而且有害，何传者、习者尚不乏人者何也，概因此中人，大都智识薄弱（胥注：“智”右侧注“知”字，“识”字右下方注“浅”字，故此句当为“知识浅薄”），故多好奇喜异，即告之以真，彼亦难悟，悟亦难行。盖习之者，咸假拳套方法眩人而夸世。而传之者，更以拳套方法能欺人，且尤藉此以消磨时日而便于谋生，根本不识拳为何物，故相率以误遗误，永无止境，诚可怜可笑，亦复可气也，噫！岂仅拳之一道，吾感一切学术，大都亦是畸形发展，思之好不令人心痛哉，余实不忍目睹同好之走入迷途浩劫而不救，故不惜本体认，及实地之经验，所得所知反复申论，以正其妄，而期唤醒一切爱好拳道者，勿复执迷不悟也。大凡天地间之高深学术，皆形简意繁，而形式繁杂者，绝少精义，固不仅拳道然也，愿同志三思之。

十、论拳与器械之关系

古云拳成兵器就，莫专习刀枪，若能获得拳中之真理，与复对各项力之功能，与节段面积之屈折，长短斜正之虚实，三段九节之功用，路线高低之方向，及接触时间之火候，果能意领神会，则勿论刀枪剑棍，秐种兵器（胥注：当为“种种兵器”），稍加指点，俱无不精，即偶遇从未见闻之兵器，且执于使用该兵器专家之手，彼亦不敌，何则，譬如工程师比小炉匠，医博士比护士，根本无比例之可拟。

十一、论点穴

点穴之说，世人都以为奇，有云穴道者，有云时间者，其秐种之（胥注：有划掉的痕迹）纷论不已，闻之令人生厌而欲呕，所论皆非也。盖双方较技，势均力敌，不必曰固定之穴，不易击中，即不论何处，亦击中甚难，如仅以某穴之可点，再加以时间之校对，则早为对方击破矣！总之若无拳中之根本能力，纵使其任意戳点，亦无所施其技，即幸而点中，亦无效果。若已得拳中之真实理力，则不论两肋前胸之某一部位，一被击中，立能致死，非有意之点穴，而所击之处，则无不是穴。若仅学某处是穴，某时可点，其道不愈疏远乎。

十二、天赋与学术之别

世人常云，某甲身高八尺，力逾千斤，其勇不可当，要知身高八尺，力逾千斤，只可谓得天笃厚（胥注：“笃厚”当为“独厚”），不得用以代表拳学。

又云，某一拳击断巨磨扇，单掌劈碎八块砖，及前纵一丈，后跃八尺，果能如此，仅不过愚人局部工夫，则必将走入废人途径，此且不谈，然都不得以拳道而目（胥注：“目”当为“视”）之，如上所谈，世人都以为特殊奇士，若与通家遇，则毫无能为，至论飞椽走壁（胥注：“椽”当为“檐”），剑侠之说，此皆小说家，梦想假造，只可传之一笑（胥注：“传之一笑”当为“付之一笑”）。如开石头，过刀枪，乃江湖中，所谓吃托之流，此下而又下，不值一道。

十三、解除神秘

每有天资低，而学识浅者，其为人忠诚，然已承师教，且有深造独专，绝大纯笃之工夫，虽系局部，但多不及，听其言论之玄妙，观其效用之功能，识别浅者，即以为人莫能比，便以神秘视之，殊不知神秘之说，根本荒谬，概由智识薄弱，鉴别力浅，及体认未清而起，即或偶尔侥幸得到，拳中真义，奈无能领略，而漠然放过，所以每于理趣较深厚者，辄起一耘神秘思想，若夫习之深，见闻广，理有所遇，自能豁然洞悉，而不疑有他，凡事皆然，岂独拳哉。

十四、知行解释

学术一道，要在知而能行，行亦能知，否则终不免欺人自欺，妄语丛丛，言之多无边际，知行二字，名虽简易，实则繁难，世有谓知难行易者，亦有谓知易行难者，更有谓知虽难而行尤不易，与知行合一，及事之本无难易者，以上所谈各具有理，然究属笼统且多片面，不能使人彻底明了。余以为凡对一门学问，有深刻之工力，已有相当效果，而因智识所限，不能道其所以然者，皆可云知难行易。如识鉴富，工力深，知虽易，而行亦不难。若有识别而无工力，则可云，知易行难。倘无工力，又乏智识，则知行二字两不可能。学术本无止境，其有若干知，或有若干行，行到如何地步，知到怎样程度，方为真知，真行，则余实不敢妄加论定。然应以能知者，即能行，能行者，亦能知，始可谓知行一致。非由真知，永无真行之一日。亦非由真行不克有真知之时也。诚以相需而相成，为不二真理，学术皆然，武道尤甚。盖因此道中，须时刻兑现，双方相遇，无暇思考，更不容老生常谈。夫学术一道，首要明理，更须切实用工。若不首先明理，不知用工切要之所在，易于走入歧途，工夫愈深，戕害愈烈。不论读书，写字，任何艺术，往往在幼时多以为可造，岂知年长工深，名满天下，反而不堪造就矣。此比比皆是，概因师法不良，用工未悉明理，所谓盲从者是也。若习而不果，则亦永无体认之可言，茫然一生毫无实际，且易起神秘思想，终不得望见门墙，由是而罄其所学，以至终无体认也。哀哉！须知，巧者不过习者之门。故曰，子孙虽愚，读书不可免，亦要明理，更要实践，表里内外，互相佐之，否则终难入轨。

十五、拳道丧失之原因

习拳之要，有三原则，一健身，一自卫，一利群，利群为吾人天职，亦其基本要项，然一切之一切，则须完全，由于身心康健中得来，不健康绝无充足之精神，精神不足，永无可歌可泣之壮烈事迹，且不必曰杀身成仁，舍生取义，吾恐见人溺水或自缢，亦将畏缩而不前也，况路见不平，拔刀相助哉，不但此也，凡身之弱者，多气量小，而情绪恶，是容物怡情，亦非身体健康不可也。健身为人生之本，习拳为健身之基，一切事业悉利赖之，其关系既如是之大，岂能任其以伪乱真，欺天下万世而不辩乎。按拳道之起初最简，厥而后始趋繁伙。夫拳道为改造生理之工具，发挥良能之要诀，由简入繁，则似可也。由繁而违背生理之原理，原则则不可也。形意拳当初有三拳、且三拳为一动作，所谓践蹟裹，若马奔连环一气演为三秝力之合一作用也。至五行十二形亦包括在内，盖五行，原为五秝力之代名词，如十二形，乃谓十二秝禽兽，各有特长，应博采之，非单独有十二形，及各秝杂类之拳套也。八卦拳，亦如是矣，初只有单双换掌，后因识浅者流，未悉此中真义，竟妄为伪造，至演有六十四掌，及七十二腿等伪式，非徒无益，而又害之。太极拳，流弊尤深，惟其害不烈，于生理方面，尚不十分悖谬，但一切姿态，亦毫不可取，如以该拳谱论，文字较雅，惜精义少而泛泛多，且大都有笼统之病。总之按近代所有拳术根本谈不到，养生与技击之当否，亦无一法能合乎生理原则之需要者，余在四十年中足迹大江南北，所遇拳家无数，从未见有一拳式能得其均衡者，况精奥乎。夫拳本形简而意繁，且有终身习行，而不能得其要义者。至达于至善之地境，则尤属凤毛麟角，又况于此道，根本不是者。此非拳道之原理难明，实因一般人缺乏平易思想，与坚强意志。降及今世，门户叠出，招式方法多至不可以名状，询其所以曰博美观，以备表演耳。习拳若以悦人为目的，是何如舍习拳而演戏剧乎。且戏剧中，尚有不少有本之处，较之一般拳家，诚高一头也。每闻今之习拳者，常语人曰，能会若干套，与若干手，自鸣得意，殊不知识者，早经窃笑于傍，更为之叹惜不止也矣。然则拳道之丧失，岂非拳套方法阶之为厉哉。三百年来，相习既已成风，积重难返，下焉者流，推波助澜，致演为四象五行之说，九宫八卦之论，以及河洛之学者，凡荒唐玄奇之词，尽量采用而附会，使习者不明真象，惑于瞽说，趋之若鹜。拳道之原理，焉得不日就澌灭哉。此外尚有学得几套刀枪拳棍，欲假此以谋生，幸尔机遇巧合，其计获售，于是谋生之不遂者，认为有机可乘，争相效法，布满社会，此等行径，不惟拳道之真义，背弃无余，而尚义侠骨之风，亦相与随之而俱废。然其间或不免有特达之士，能窥拳中之奥蕴者，惜又为积习成见所囿，不肯将所得精华迳以示人。岂知汪洋之水，何患人掏，何所见之不广，其小之若是也。夫学术本为人类所共有，苟有所得，理应公诸社会，焉可以私付密，使之湮没不彰乎。迩来更闻有依傍佛门，说神，话鬼，妄言如何修道，如何遇仙，其荒诞不经，又为邪怪乱道之尤甚者，良可慨也，夫今为科学昌明之世界，竟敢作此野狐谬说，传之人口，公诸报端，此秝庸愚昏愦之徒，真不知人间尚有羞耻之事矣，佛如有灵，不知对此流传谬秝之事，作何相思想欤，世间求名谋生之道，不祇一端，何必利用社会弱点，自欺欺人，突言及此，不禁为拳道悲而更为世道人心叹也。拳道之凌替，固应罪康雍二帝，以其时倡之不以其道也。然亦归咎同仁智识不足，根性不良，以致为其所愚，迄今以误传误，而于此道都莫能识辨。即或间有觉悟者，因守门户之成见，而是己非人，遂愈趋而愈下也。拳之一道，学之得当，有益身心，更可补助一切事业之不及。学之不当，能使品德，神经，肢体，情性都可失常，且影响生命，因而误及终身。谓余不信，请看过去拳术名家，多因筋肉失和，而罹瘫痪下痿者，比比皆是。习拳原为养生，反得戕生，结果殊可悯也。世人多呼拳道为国粹，如此岂非制造废人之工具乎。

民国十五年后，各地设有国术馆，以示其他各术皆不配当之一国字也，然则此丢人丧气，毫无价值之国术，亦仅我国可以见，但未悉个中，尚有如此高明之奇士，能赐其伟大之命名，余不知其大胆，若辈又作何想也，至论提倡运动一般大人先生，终日振臂高呼为天下倡，岂知凡是运动健将，都是提前死亡之领导者，噫！何以盲从之若是矣，惟愿世人静夜慎思，须明辨也，（胥注：本段手稿有划掉的痕迹）人生最宝贵者，莫过于身，岂能任一般妄人之支配，信意而摧残乎？甚矣！投师学技不可不慎也。余之学拳，只知有是非之当未，不知有门户之派别，为使拳学昌明，愿将平生所得所知，交代后任，更愿社会群众无不知之，故有来则教，向视人类如骨肉，从不喜有师徒之称，以期逐渐扫除门派之观念，则拳道或可光大乎，是所愿也。

十六、解除师徒制之榷商

师徒之制，诚为美德，然往往极美满之事，行之于我国，则流弊丛生丑态百现，而拳界为尤甚焉，故社会多以为不齿，学之者，意若不拜师，难能得其密。教之者，亦以不拜师，不足表其亲，更不肯授之以要诀，尤而效之，习为固然。噫！诚陋矣哉！姑不论浅肤者流，根本无技之可密，即云有焉，则彼密，此密，始密，终密，势至将拳道真义，密之于乌何有之乡也。甚至门墙之内，亦自有其密而不传者，余实不解其故，此真下而极下者也。拳道之不彰有故矣。夫降至今日，异拳瞽说遍天下，作俑阶历，可胜叹哉。盖拳道之真义，可云与人生大道，同其凡常。亦可云与天地精微，同样深奥。不以其道而习之，终身求之不可得。果以其道而习之，终身习行不能尽。又有何暇而密之乎。凡属人类，都应以胞与为怀，饥溺自视，果肯如此，而天下定，否则纵全世界人类死光，只余你一家存在，可谓自私之望已极，则又将如之何，吾恐人类之幸福，永断绝矣。国民积弱、事事多不如人，病亦在此也，而况学术为千古人类共有之物，根本不应有畛域之分。更不必曰一国之内，同族之中，不当有异视，即于他国别族，亦须旨抱大同，而学术更不当为国界所限也。熙熙然皆生于光天化日之下，有何可密之有，其作风卑鄙，真不值一文也。是以余传授拳学一事，从本来者不拒之旨，凡属同好，有来则教，教必尽力，有问则告，告必尽义。惶惶然，惟恐人之不能得，或无以使人得之。故每于传授之际，有听而不悟，或悟而不能见诸实行者，辄憾然自恨。惟一见其知而能行，行而有得者，则又色然自喜。区区此心，一以尉人为慰，固未尝以师自居也。盖以人之相与，尚精神，重情感，不在形式之称谓。果有真实学术以授人，我虽不以师自居，而获其益者，谁不怀德，附义而师事之。是师之名亡，而实存也，又何损焉。若以异拳瞽说以欺世，纵令拜门称弟，而明达者，一旦觉其妄，且将痛恶之不置。此又何师徒关系之有，师名虽存而实亡也，又何取焉。不但此也，师徒之名分一定，而尊卑之观念以起，徒对师说（胥注：此处右侧添加“如有非难，”）即觉有不当，常恐有犯师之尊严，而不敢背，即背之而师为自保尊严计，亦必痛加驳斥，而不自反，此尚何学术道义之可言，师徒制之无补拳道可概见矣。又何况门派之争，常以师徒制之流行而益烈，入主出奴，入附出污，纷呶扰攘，由师承而成门户，由门户而成派别，更由派别之纷岐（胥注：“纷岐”当为“分歧”），而致学理之庞杂，如此则拳道真义，将永无昌明之一日矣，其患不以更甚乎，且学之有得，始乃有师，如叩头三千，呼师八万，而于学术根本茫然，是究不知其师之所在也。要知学术才是宇宙神圣，公有师尊，此吾所以力主师徒制之解除也。虽然此为余个人之见，而师徒制在拳界积习已久，如一时不能遽除，为慎重计，则亦须俟双方学识品德，互有真切认识而后行之，藉免盲从扞格之弊，似较为妥当也。

胥注：文中的“入主出奴，入附出污”，见于韩愈《原道》：“其言道德仁义者，不入于杨（杨子，杨朱），则入于墨（墨子，墨翟）；不入于老（老子，老聃），则入于佛。入于彼，必出于此。入者主之，出者奴之；入者附之，出者污之。”其大意是说，崇信一种说法，必然会排斥另一种说法，以己信者为主，排斥者为奴，用指不同派别的门户之见。《明史・马孟祯传》：“臣子分流别户，入主出奴，爱憎由心，雌黄信口，流言蜚语，腾入禁庭，此士习可虑也。”“纷呶”指纷乱喧哗，出处：苏辙《蜀论》：“叫号纷呶，奔走告诉，以争豪氂曲直之际。”

十七、结论

习拳不尽在年限之远近与工力之深浅，和身体及年龄之高下，更不在方法之多寡，动作之快慢，辈分之高低，要在于学术原则，原理，通与不通故耳。尤须在天赋之精神，有无真实力量，再度其才志之何似、始定其造诣之深浅，将来之成就，至何地境也。习拳最贵明理和精神有力。换言之，即有无兽性之笃力也。果能如是之力笃，再加之以修养，锻成神志清逸之大勇，自不难深入法海，博得道要，至通家而超神化之堂奥也矣。夫所谓通家者不仅精于一门，而于诸般学术，闻其言，便知其程度何似是否正轨，有无实际。观其作法，一望而知其底蕴，或具体，或局部，或具体而微，至用何法补救，自能一语道破，所谓得其环中，以应无穷。夫为教授者，能语人之规矩（胥注：“之”字右侧注“以”字，故此句当为“能语人以规矩”），不能示人巧，更不得为人工（胥注：“工”字左侧注“功”字，故此句当为“更不得为人功”），是在学者，精心摩仿，体会操存，然后观察其功夫与精神动作之巧妙，如何耳，以上所谈为拳道，乃拳拳服膺之谓拳，亦即心领神会，体认操存之义，非世之所见一般为之拳也。

胥注：《拳道中枢》已经出版的几十个版本多根据手抄本整理，错误之处颇多。诚如《吕氏春秋・察传》记载：“有读史记者曰：‘晋师三豕涉河。’子夏曰：‘非也，是己亥也。夫己与三相近，豕与亥相似’。至于晋而问之，则曰：‘晋师己亥涉河也。’”

本篇根据王芗斋先生亲笔书写的《拳道中枢》手稿整理，避免了鲁鱼亥豕之谬。此手稿1983年恩师王玉芳先生在家中亲手交给我，当时我还在上学，比较拮据，但我还是复印了三份，给王玉芳老师和董彦琴老师各一份，我留一份。早在1999年宗教文化出版社出版的《禅拳合一的中国武术——大成拳》，书中的《大成拳论》就是根据这个手稿整理的，我还特意在该书扉页附上一页手稿照片。该书出版后，我马上到王玉芳老师家中，送去数本，老太太很高兴。2003年再版时我和编辑商议，希望将手稿原件全部放在书中，但出版社考虑印刷成本问题，未能如愿。我要求在书中加入了数页手稿照片，主要是许多书籍有争议的部分，出版社同意了我的要求。本书约稿时，我和韩翔编辑商议，请求将芗老手稿全部放在书后，韩翔编辑爽快地同意了我的意见，这对读者是件幸事，尤其是芗老传人，我想大家见到芗老《拳道中枢》手稿全部扫描件时一定会心情激动的。

杨鸿晨先生在《王芗斋拳学》一书中曾经写道：

“芗翁论拳之作颇多，尤以《拳道中枢》为其代表，斯作论崇议微，渊奥典雅，焕然拳儒之笔也。

余尝叹武者不文，无复能如岳武穆，独芗翁此作，深远精微，其成法班如可诵也，成规森如何寻也。盖其悲拳道之不明，戚国人精神之不振，论拳以明其义，虽名《大成拳论》，然非论一家一派之拳也，其旨乃中华武学之经也，其义则论，其又则不欲以经自居者也。

《拳道中枢》，武学之经典也。拳道真谛，开合详尽；功法窍要，又无余蕴。凡陋习伪技狂瞽之谈，痛斥殆尽。使诵其说者如出乎其时，求其指教者如即乎其人，涤尽胸中愚顽。其文简，其意博，其理奥，其趣深，其义初，其情真。真伪必分，至理不繁，易于学者也。

此著竣于1940年，由芗翁弟子张正中先生楷书誊请，今存芗翁三女王玉白先生处。今世之流传者，多为传抄之作，或改篡原文，或抛荒正义，脱文断字者亦复不少。余曾拜读多种抄本，唯觉马骥良、杨绍庚二先生所抄尽同，且文字端庄，皆符芗翁绳墨，故今将诸本异同，一遵马、杨。

至若世人之诠释，虽不乏体贴入妙，融洽分明者，然多枉费曲说，隔靴搔痒之论。且多于文难体会处，强行就我。余因不文，岂敢妄为穿凿，而别立论？其文中之少有疑似字句，未尝考正，亦依马、杨二先生之抄本，乃后学尊经之意也。是故业是者，性必夙授，质必灵明，诵其言而不泥其言，寻其法而悟其所以法。谚云：“开卷了然，临阵茫然。”深望后学同仁，精读原著，更需切实体认，方能天机迅发，妙识玄通焉”。

关于芗老在本文中提到的践、蹿、裹，并非是三种拳法，也不是特定的拳术动作，而是心意六合拳训练与实作的根本原则，必须在每一个动作中都能体现出来。对此，马胜利先生有精辟论述。

“练习心意六合拳的人，大都知道“裹、践、蹿”乃为心意六合拳法之要义，但是对于“裹、践、蹿”的真实含义，却没有多少人明白。有的人将“踩鸡步”中的三种手法解释为“裹、践、蹿”，而且进一步指出这是三种拳法，即裹拳、践拳和蹿拳（可是古人在拳经里从来没有将“裹、践、蹿”与拳法沾边）。

实际上，所谓“裹、践、蹿”并非是三种拳法，也不是某一个特定的拳术动作，而是贯彻心意六合拳训练始终的根本原则，必须在每一个动作中都能体现出来。可以说不懂“裹、践、蹿”三字的含义，就不懂心意六合拳。练习心意六合拳，一上来就必须练习“裹、践、蹿”，而在以后的学习中，又必须在每一个动作中找到“裹、践、蹿”，理解“裹、践、蹿”与运用“裹、践、蹿”。那么，到底“裹、践、蹿”的真实含义是什么？而且如何又能将“裹、践、蹿”练上身呢？

所谓“裹”，也叫“束”或者“存”，是每一个动作发力前的蓄力方法（注意，这里我特别强调的是方法，而不是动作！)。我们知道，无论哪一种拳法，只要它发力，就一定有一个蓄力的过程，尽管这个过程很短暂，但这是必然的。而蓄力的方法，实际上就是如何利用地球引力与地面的反作用力的方法，因为这两种力是我们人类向外发放力量所必须借助的条件。心意六合拳的先贤充分了解这一原理，并且十分明确地运用这一原理来指导训练。其具体的作法是：在一个动作的发力运动之前，首先使重心主要移注到一条腿上（此为实腿），于是该腿突然放松，身体（臀部）向地面沉落，一松即紧，一紧即蹬，使地面的反作用力十分明确地向上传达于后腰（牮柱之式），这样蓄力的过程便完成了。当然，"裹"与"践、蹟"是不可分割的，这里由于语言的局限性，表述是分段的，但是真做起来是不能停顿的。

所谓"践"，就是向前进一大步，带有前闯之意。此为"进步"之法。所谓"蹟"，就是向前上方运动与发力，也就是要求以头上领之力，挺颈、拔背、提中节，带动身体向前上方"蹟"方。发力也是由向下向前上发出。此为"进身"之法。我们说"进身"发力与"近身"发力是不同的，一般人大多混淆。所谓"进身"是身体"蹟"起之法，而"近身"不过是接近对手而已。可以说不懂"进身"之法，就不可能获得心意六合拳打人如"拔草"的效果，更无法理解"打人如亲嘴"是什么意思。

在训练中，"裹、践、蹟"是不可分的，其运动过程连续在表述就是：先松腰腿（实腿）以沉身→蹬地以使反作用力上行于腰→同时虚腿进步跨踩→重心由后向前移动、头上领、拔中节、身上向前上方拔起催动发力。我们知道，心意六合拳练的是"三关九节劲"，"裹、践、蹟"的身法调配正确了，"三关九节劲"便贯通了，心意六合拳的所谓"整劲"，或者说"混元劲"也就出来了。

这一个过程的动作形态犹如海浪扑打礁石一般，形成了一种明显的起伏弧旋发力的所谓"翻浪劲"。所以，过去心意六合拳被称为"翻浪拳"，盖由此而来。我们说，"翻浪劲"是心意六合拳的基本特征，无论你怎么练，也无论你能练出多少个"真形"，有了"翻浪劲"，你练的就是心意六合拳。如果你根本没有将"翻浪劲"练上身，那么你会的动作再多，也不是心意六合拳。

以前，老拳师教拳时总是强调："不要用手劲，要用上身劲"，那么如何用上身劲呢？一般拳师未必就知道，所以教的人糊涂，练的人更糊涂，结果大家一味地晃着身子猛发力，无非是蛮练而已，实不足取。如此这般，将先贤智慧练成了蛮俗之法，真是对不起创拳的姬际可老夫子。为什么会出现这种状况？"裹、践、蹟"不明也。

第8章　站桩功（初稿）

站桩是我国古代养生术的一种，早在两千多年前的《黄帝内经》中，就有“上古有真人者，提挈天地，把握阴阳，呼吸精气，独立守神，肌肉若一，故能寿敝天地”的记载。但千百年来，这种方法只是被人们当做习拳过程中的基本功。根据站桩中刚柔、虚实、动静、松紧错综为用的原理和阴阳相交、水火既济的功用，结合自己几十年的练功体验，创造了一种动静相兼、内外温养、用于防病治病、健身延年的功法——站桩功。通过北京医学院附属医院、北京铁路医院、河北省中医研究院附属医院及本人多年与人治病的实践证明，这种功法适用于胃肠病、肝脏病、心脏病、肺病、神经病、关节炎、高血压、半身不遂和妇科、眼科等多种疾病的治疗。而站桩功之所以能够治病的基本作用就在于，它既能保养心神，又能锻炼形骸；既能健强脑力，又能增长体力。现代医学认为这种功法不仅可以使血液循环畅通，新陈代谢旺盛，加强各脏器、器官以至细胞的功能，同时使全身肌肉得到惰力性的体育锻炼，产生一种内向的冲动，从而给大脑以良性刺激，再则未入静前，体会轻松舒适之感，对大脑也是良性刺激，入静后，进而产生抑制性保护作用。祖国医学认为这种功法既能疏通经络，调和气血，使阴阳相交，水火既济，又能助长精神，锻炼形骸，增加力气。但是站桩功又不同于一般的练功方法，它的特点主要有以下几点。

1. 练功时嘴微张，自然呼吸，不守窍，不讲周天循环，因此，绝不会产生任何副作用。

2. 实践证明，初学练功的患者，只要坚持锻炼，虽然没有达到入静要求，也可收到较好的疗效。

3. 不拘时间、地点、条件，不论行、站、坐、卧，随时随地都可以练功。因此这种简单易行，完全可以和生活打成一片的功法，就很容易被广大群众所接受与掌握。

4. 根据不同的体质、病情、年龄、性格、禀赋、生活习惯等，给予调配不同的姿势和意念活动，因此这种辩证论治、因人制宜、因病设式的方法，既可加速疗效，又易于提高疗效。

5. 由于这是一种形、意、气、力互相关联、互相制约、调整阴阳平衡的整体活动，所以它又是一种动静相兼、内外温养的练功方法。既可休养心神，又能锻炼形骸（特别是站式）。因此不仅适用于医疗方面，更重要的是坚持不懈的锻炼，可以使原来体质较弱的人逐渐强壮，使强者更强，防止衰老、却病延年，从而轻松愉快地担负起社会主义建设中复杂而艰巨的重大任务。

操作方法

站桩功是形、意、气、力互相联系、互相制约、调整阴阳平衡的整体活动。形（姿势）和意

（意念活动）又是这一功法的根本，二者互相作用，不可偏废。“以形取意，以意象形，意自形生，形随意转”。只要练功时形和意得到了灵活适宜的配合，则力不练自生，气不运自行，可见站桩功的治疗作用，绝不单纯在于姿势的繁简和次序的先后，更不在于所摆的姿势是否美观，也不是某个意念活动机械地套在某个姿势上就能治某种病。而是要通过教功者较全面地了解了患者的情况后，把适应其本身姿势的动静、虚实、松紧和意念活动方法安排得当，使患者在较短的时间内，感到全身舒适得力，轻松愉快，借以达到祛病健身的目的。因此，要求教功者本身必须亲自练功，切实体验，熟练地掌握调配方法。只有这样，治病时才会收到满意的效果。若不从这方面深钻精研，单纯计较某个姿势的作用，就容易形成呆板僵硬，只注意某个意念活动而忽略姿势的适当配合，就必然会气、力不足，收效不大。

一、姿势

站桩功的姿势既繁又简。繁者，姿势种类繁多，调配灵活，辨证论治，因人而异；简者，姿势虽多，但有共性，即练功开始，先将姿势设好，使躯干四肢保持相对均衡，心胸开阔，筋肉舒展，全身放松，但松而不懈。调配虽活，但有原则，即强弱、动静、虚实、松紧的调配，应以患者舒适得力，不超本人身体负担为度。

站桩功的姿势大体可分为站式、坐式、卧式、行走式、半伏式等几个大类。在一类中，又可分为几种甚至几十种姿势，现概要介绍如下：

1. 站式

站式练功的方法较多，治疗应用范围也比较广。初学练功的人，只要身体没有严重疾患或特殊情况（如肢体残缺等），都可做些站式。

① 提抱式：两脚八字形分开，广度与肩宽，两脚着地平均用力，全身力量放于脚掌稍后处。两膝微曲，最大限度不过脚尖（少曲或不曲应视病情而定）。上体保持正直，臂半圆，腋半虚，肩稍后张，使心胸开阔，呈虚灵挺拔之势。双手手指相对，相隔三拳左右，位于脐下，掌心向上，有如抱一大气球，头正或稍后仰，目闭或自然睁开（多用于练功开始阶段），嘴微张。全身放松，但松而不懈，保持似笑不笑，似尿不尿的状态。

② 扶按式：两臂稍抬起，手指分开稍弯曲向斜前方，双手位于脐际，手心向下偏外方。有如扶按在漂浮水中的大气球上，其他要求与提抱式同。

③ 撑抱式：两臂抬至胸前，松肩，肘关节稍下垂，双手与胸间隔一尺，手指分开，手心向内做抱物状，或手心向外做撑物状，其他要求与提抱式同。

④ 分水式：两臂稍弯曲并向左右侧自然伸展，双手保持在脐横线以下，手指分开，手心朝前有如分水。其他要求与提抱式同。

⑤ 休息式：

第一式：双手反背贴于腰部，或将双手插入上衣袋内，大拇指露出，其他要求与提抱式同。

第二式：两臂抬起，两肘弯曲，搭扶在相当于胸高的栏杆上，两脚前后相距约四横指。前脚满掌着地，后脚脚尖自然着地，两脚可不定时的轮换。

第三式：臀部轻靠桌边作休息式中第一式或提抱式。或双足并立，脚跟提起。双手插入上衣袋内，大拇指露出。

第四式：左手扶桌或椅背，右手反背贴腰。左脚在前，全掌着地，左腿直立或微曲，右脚在后，右腿自然微曲。足跟微提，有似走未走之意，或以足尖为轴，缓慢、自然的转动。头微左歪（最多不超过一拳头），全身重量主要放于左侧使右侧处于松懈、舒展状态。如是，左右（手）前后（脚）作不定时轮换。

2. 坐式

一般适用于病情虽然较重，但身体又有一定负担能力（如暂时不适于作站式的重度关节炎等），以及肢体残缺的患者。另外它也可能作为站式练功为主的一种辅助功法。

第一式：端坐椅边，身躯直立，闭目、嘴微张。两脚平行或八字分开（相距约四拳头），脚掌与脚跟均着地，两膝弯曲约九十度，双手放于大腿根部，手指向斜前方，臂半圆，腋半虚，全身放松。

第二式：两脚向后收，脚跟离地作里八字状。两膝弯曲四十至五十度，双手放于大腿根部或两臂抬至胸前约一尺，手指分开，指尖向斜前方，掌心向内作抱物状或掌心向外作撑物状。其他要求与一式同。

第三式：两腿前伸，膝微曲，足尖回勾，足跟着地或稍离地面，双手放于大腿根部，或两臂抬至胸前约一尺，作抱物状。其他要求与一式同。

3. 卧式

一般适用于重病，或不适宜起床的患者，另外，也可作为以站式或坐式练功为主的一种辅助功法。

第一式：身体仰卧、闭目、嘴微张，两腿平直分开（不超过肩宽），或两膝微曲，足跟着床，双手放于小腹部位，肘着床，腋微虚，全身放松。

第二式：双手放于身体两侧，手心向下或向上，肘着床，腋微虚。其它要求与一式同。

第三式：两臂抬至胸前作抱物状，肘着床，两膝微曲。其他要求与一式同。

第四式：双手放于身体两侧，或两臂抬至胸前作抱物状，两腿平直微分，足尖前伸（即脚面下压），或两膝微曲，足尖回勾。其他要求与一式同。

4. 行走式

对一般患者多作为一种辅助功法，但对于肝脏病患者，练功初期多与站式等并重使用。

第一式：两手插上衣袋内，拇指露出，两腿微曲，双肩向后舒张，腋半虚，上体呈懒洋洋后依状，闭目凝神，待全身有了轻松舒适的感觉时，一只脚开始作欲动欲止，欲止欲动的懒状前移（一拳左右），迈出左腿时，头自然右歪，使上下呈一斜式的舒展。如是左右脚交替前进，有如趟泥。

第二式：双手反背贴腰或自然伸向身体两侧，其他要求与一式同。

5. 半伏式

一般对于消化系统有病的患者疗效较好，可作为单纯或辅助功法。

第一式：双手扶按在椅背上，或双肘搭扶在桌面上，闭目，左腿在前稍弯曲，右腿在后自然直立，臀部后依，腹部放松，头部可轮换向左右侧偏，两腿可交替使用。

第二式：两脚平分分开，两膝微曲或直立，其他要求与一式同。

第三式：将棉被垛于床沿，两脚平行分开，或一脚微向前立于床沿，两臂半圆撑开扶于被上，手半握拳，下颌自然着于拳上，其他要求与一式同。

二、意念活动

意念活动的目的，主要在于凝神定念，诱导入静。所以意念活动的过程，也就是克制杂念，万念归一的入静过程。意念活动的原则，设想的事物或情景，应是轻松舒适，心旷神怡悠然自得的，避免紧张的或不愉快的，一般应用有以下几种：

① 放松活动：一是以似笑不笑、似尿不尿的方法体会整体放松，一是从头部向下体会放松，继而颈项、两肩、两臂、两腕、两手，胸背、腰腹、胯、腿、脚、一直到脚趾。如是上下循环不已的反复进行。但是这些整体的上下全体放松，初学者还不易做到，必须先从逐段放松开始，熟练后，再按上述方法，进行整体放松活动。

逐段放松法：先后部，再前部，即先从头顶开始，从后头、颈项、双肩双臂双手（开始时如果不能左右同时放松，就先松一边，后松一边，熟练后再同时放松）、背、腰、臀、胯、大腿后面、脚跟、脚掌、脚趾，反复进行三、五次，再从头顶、眼皮、颜面、口、颈，再从天突左右向两肩的前面、两臂的前面、两腕、两手、胸、腹、腿的前面、脚面、脚趾。反复进行三、五次，熟练后，再上下左右一起进行。

这种放松活动，可做为站桩功的基本意念活动，初学练功者，无论采取何种姿势，都必须先学会放松，然后再做其他意念活动。

② 远听活动：一般先从近处听起，越听越远，直到细听极远方微弱的声音。听远时切忌急躁。也不应死听一个声音，而应漫无边际由近及远的细听微弱的声音。

③ 逆水浴活动：设想自己笑卧于适应本身舒适温度、上下流通的浴池中，水自头部缓缓下流，永不间断。

④ 淋浴活动：设想自己在浴室中进行适宜本身舒适温度的淋浴，水不间断从头部缓缓流到脚下，然后用耳注意听冲到脚下的水流声音。

⑤ 半身浴活动：设想自己的下半身泡在适应本身舒适温度的水中，体会其感觉。

⑥ 直立水中活动：设想自己直立在适宜本身舒适温度、将要没胸的水中，水从四面八方缓缓向身体冲撞，任其自由摇摆。

⑦ 生根活动：设想自己如千年松柏之劲立，两足稳如生根，不为飓风吹动。

⑧ 趟泥活动：设想自己在深没脚腕、适宜本身舒适温度的泥水中行走，虽有阻力，仍可缓缓前进。

⑨ 踩棉活动：设想自己脚踩在松软舒适的大棉花包上，并不时的使身体左右微摆。

⑩ 依靠活动：设想自己背、臀、小腿部位，都依靠在柔软舒适的东西上休息，全身轻松，没有任何负担。

⑪ 悬发活动：设想自己有几根头发系悬于矮树枝上，既要保持头发的直立状态，又要使其不断，如是，则全神贯注于头顶之上。

⑫ 搭扶活动：设想自己的两臂搭扶在栏杆上，或双手扶于飘浮在水中的气球上，使全身始终处于轻松舒适的状态。

⑬ 反观内视活动：练功时，如万念纷至，不易排除，则可反观内视，体察身体各个部位是否轻松舒适，如发现某部不松不适，即有意地将其放松。如是，精神意念完全寄于体内，反复体会在全身轻松舒适的感觉，杂念不排自除。

⑭ 听之任之活动：练功时，如杂念很多，不易克制，则听之任之，顺其自然，来者不拒，去者不留，认为我身如海，杂念似波，风浪虽大，无损于我，风平浪静，水自无波。如是，杂念则不期克而克，不期制而制。

⑮ 吸收活动：练功时，如杂念难于克制，即可尽量吸收，认为我心如烘炉，杂念似枯叶，四面八方，来者即熔。如是，能使心胸开阔，胆气壮大，正气一胜，邪念自负。

⑯ 集散活动：当练功有了一定基础，完全体会到全身轻松舒适的感觉后，即可在练功过程中，不时地将这种感觉，由全身集中于身体某部，然后再放散于全身。如是，将这种集中与放散反复进行，不但可以收到整体锻炼的效果，而且对局部病变很有好处。

⑰ 静观活动：设想自己站、坐或卧在优美舒适的地方，若即若离地静观沧海、明月或优美的景物，心旷神怡，逐渐达到迷离忘我的境地。

⑱ 天人合一活动：设想自己站、坐、卧在优美舒适的地方，体会我身为大气所包裹，逐渐感到我身与大气融合为一体，极为舒适，飘然自得，逐渐达到忘我的境地。

三、举例

为了举例说明姿势与意念活动的具体配合，这里只原则地介绍几种疾病的部分治疗方法。一般的高血压、神经衰弱、关节炎患者，只要有负担自己身体的能力，没有特殊情况，开始都适于站式功。比如，高血压患者，可做站式中休息式的第四式，并配合淋浴的意念活动；神经衰弱的患者，可做站式中的休息式第一式或提抱式，并配合踩棉式的意念活动；关节炎患者，可做站式中的提抱式或分水式，并配合悬发等意念活动。这里需要再次提醒的是，教功者必须认真体察患者的一切，熟练掌握姿势与意念活动的配合原则，辨证论治，因人而异，万不可生搬硬套或执着于一法一式。

四、注意事项

1. 练功前，应排除大、小便，并把衣扣腰带松开。练功开始，可将头微向后仰。两臂上举，两脚跟随着身体的左右微摆或微转轮换着地或离地，使身躯呈挺拔状（与伸懒腰颇类似），然后使身体逐渐复原，沉静少时，即按着准备锻炼的姿势，全身放松，正式练功。练功结束时，可双手扶膝顺向或逆向转动数次，然后两臂做数次斜前后的摆动，可按照医生所教的简单按摩方法按摩。

2. 饭前、饭后一小时内不宜练功。

3. 练功时应注意循序渐进，不可急于求成，过犹不及。

4. 练功时间的安排因人而异。一般身体较好的，可从十分钟开始，身体较差的，可从五分钟开始，然后逐渐延长。时间的延长，可以是渐进的（如从五分钟延长到六～七分钟），也可以是跳跃的（如从十分钟延长到二十分钟）。练功次数每天可进行二～三次，多不过五次。练功时间长短及次数多少，以有余力、有余兴、舒适得力、不超过本人身体的负担（不疲劳）为原则。如是，才能达到周身舒适、气血流通、心神得养、筋骨健壮的目的。

5. 练功过程中，可能产生酸麻疼痛、津液增多、哈欠、打嗝、虚恭、刺痒、蚁走、发热、出汗等感觉或现象，甚至多年前的外伤部位在练功期又有疼痛、刺痒的感觉。其实这些都属于练功过程中的正常反应，过一定时期后即自然消失。最后会达到全身的极度轻松舒适，产生肢体丧失感，从而使病情显著好转或症状消失。

6. 凡是练过“注意呼吸、意守丹田”功种的患者，在初习站桩功时，应放弃原来的练功方法，因二者在练功基本方法上有矛盾，故对于初学站桩功的患者不宜同时并举，否则不但不易奏效，反而会产生胸闷、气短、头昏等反应。

7. 患者应树立信心，下定决心坚持练功，充分发挥主观能动作用，抱有革命乐观主义精神，并认真遵照医生指导练功，不间断，不向困难低头，才能收到好的效果。

附：饭后功

饭后睡眠，往往食滞不消，饭后做剧烈活动亦不适宜，气功锻炼也有人主张饱食不做动，故有“饭后百步走”养身法的传说。为此介绍以下坐、立、行三种简易的饭后功，以消食顺气，和筋活血，如能不间断地锻炼，有防病健身的作用。

1. 饭后功的坐式或立式：平坐、盘膝坐、自由立均可。先凝神、静气、松肩、含胸，然后运动双肩，左（右）肩向上、前、下、后方运转，同时右（左）肩向下、后、上、前方运转（如辘轳转式），身躯随肩轻微摇摆。肩转一周，一呼或一吸。呼吸的速度随肩动的快慢，但宜慢不宜快。

2. 饭后功的行走式：全身放松，两膝微曲。左（右）足向前，右（左）足在后，左右足成一直线，足尖微向外斜，两腿交替徐徐前进。三、五步、数十步均可，然后双腿交替徐徐后退，与前进式同。

胥按：此站桩功（初稿）为笔者1984年在广安门医院实习时，带教的刘丹阳老师所赠，原件为兰皮十六开本铅字印刷，未署日期。因饭后功与“注意事项”第二条似有矛盾之处，但未敢擅自改动，原文录之供大家参考。时董德懋老先生（芗老好友）亦在场，诚可谓有缘也。

第9章　站桩（二十四式）功法

一、站式

1. 预备式：两脚开立约与肩同宽，初站者可站成八字形，两腿直立放松，或略弯曲，双手反背贴于腰部（放入上衣兜内亦可），十指分开略弯曲，松肩、含胸。

2. 浮托式：两脚同预备式，两膝略弯，最大弯度前不过足尖，两脚平均用力，全身力量放于脚掌稍后处，两手提于肚脐左右，臂成半圆形，松肩撑肘，手心向上，十指分开略弯曲，双手指相对，距离二拳左右，似托一个气球，上体保持正直，臀部下蹲，似坐一个高凳，目微闭，嘴微合，心胸开阔，面似笑非笑，自感全身浮飘，有虚灵挺拔之意。

3. 扶按式：两臂抬起微弯曲，手心向下扶按，十指分开，两手距离约与肩同宽，高度与脐平，其他要求同浮托式。

4. 撑抱式：双手轻轻提起，放于胸前，远不过尺，近不贴身，十指分开微微弯曲，手心向里如抱球状，松肩坠肘，关节稍下垂外撑，其他要求与浮托式同。

5. 推托式：根据撑抱式，双手手心反转向外，似推物状，其他要求同撑抱式。

6. 浑圆式：两手提起在胸前，手心向内两手指向下，高不过肩，其他要求同撑抱。

7. 前后分水式：两足站成丁字步，膝微曲，双手在胸横线以下，手心向前为前分水式，手心向后（拇指向下）、小臂后拧为后分水式，全身放松，似在水中游泳。

二、坐式

1. 端坐椅边，身躯直立，两膝自然分开，两膝约为90º，双手轻放于大腿上，手心向下，亦可手心向上似托一气球，松肩撑肘，头正，闭目，嘴微笑，全身放松。

2. 两手放在胸前，松肩提托，距胸远不过尺，近不贴身，十指分开，全身肌肉放松，意念似托一气球，其他同坐式1。

3. 两脚前伸，两脚放平着地，两手撑托，其他要求同坐式1.2。

4. 正坐，将手举肩前上方，双手距离略宽于肩，靠背含胸坠肘，头上领，两脚提起回勾，全身左右轻轻摇晃数十次后自然稳定放松。体弱者也可把两手放于大腿上。

三、卧式

1. 身体仰卧，两腿平伸，约与肩同宽，闭目嘴微张，双手放于小腹部，枕头高低相宜，全身放松如在水中荡漾。

2. 两手放于胸前，手心向下，松肩坠肘，意念似听风雨之声，两膝提起，两脚分开约与肩同宽，其他同卧式 1。

3. 两膝提起，弯曲约为 45°，双脚平放下踏，两脚分开，约与肩同宽，两臂抬至胸前，手心翻转向上，手指向侧前方，肘离床半尺左右，注意肩部肌肉放松，头部同卧式 1。

4. 两臂抬至胸前作抱球状，肘离床半尺左右，注意肩部肌肉放松，其他与卧式 3 同。

四、行走式

1. 双手搓按式：两腿微弯，两手分开，双手似扶按弹簧，带领全身移动，两足擦地出步，前足似踩一小球滚动，两足轮流倒换，上领下随，目向前视。

2. 双手揉球式：足站丁字步，两臂抬起在胸前，两手似揉球状，左手心向里，右手心向外，十指分开，似直非曲，臂半圆，腋半虚，两手慢慢转动，似揉一气球。

五、辅助式

1. 双手扶椅式：双手扶椅，距离约二尺左右，松肩，腹部放松，臂部向后掀，两脚站丁字步，也可两脚开立，稍宽于肩，上体向前倾斜，头上领，带动全身微微摇晃数次后稳定不动。

2. 双手扶树式：双手扶树一上一下，脚站丁字步（可轮流调换），上体向前倾斜，闭目，头向前微低，或向左右歪斜，意念，脚似踏棉花包，头如绳吊系，自觉全身轻灵并有睡意之感。

3. 按摩式：两脚开立约同肩宽，双手扶按肚微微颤动（①双手在肚脐左右，②双手在肚脐上下，③双手按肚脐处，时间不限）。然后手背贴腰，以头带动全身慢慢左右转动（向后看）。

六、金鸡独立式

直立挺拔，左腿提起，脚尖回勾，右腿弯曲，臂部和足跟成直线，左手搓按，右手提携，头领脊柱神经，目向前视，精神集中。

七、丁八式

足站丁字步，两足距离同肩宽，裆撑，两膝分争，三夹两顶，前足着地，足跟略抬起，后足吃力，前四后六，两臂抬起，手指向前，三分撑，七分抱，头领脊柱神经，目向前视，精神集中。

八、降龙式

两脚大步分开，前足横平放，前腿弓，后腿绷，两臂分撑，一手向前，推托式，一手向后搓按式，头向后扭，目视后手虎口，精神集中。

九、伏虎式

形如丁八式，前四后六，前腿弓，后腿撑，三夹两顶，松肩撑肘，双手虎口向前，左手提抓，右手搓按，头带动全身，目向前平视，精神集中。

附：站桩功要点

站桩功不需注意深呼吸，不意守丹田，不讲大小周天循环，更不讲阴阳八卦。通过自然呼吸全身放松，凝神定意，姿势动静虚实松紧的调配，适当的意念活动，渐渐地达到呼吸方面慢、紧、细、匀，思想入静，身体舒适轻灵，体内息息相生，在练功时间内精神无思无虑，不论站、行、坐、卧均可锻炼，简单易行。

练功时无论采取哪种姿势都要全身放松，摆好姿势保持不动，各大小关节似曲非直，经常注意全身放松，但要“松而不懈，紧而不僵”，也就是在放松的前提下，又要保持全身和谐完整一致，在拳技上称为内三合，外三合。内三合是指：心与意合，意与气合，气与力合。外三合是指：手与足合，肘与膝合，肩与胯合。体内空灵，外形中正圆合，以意为用，以形为体，以静为合，形意一致，可以取意，意自形生，形随意转，内外合一。以上要领经过长期锻炼，才能领会其精神。关于姿势的调配，需根据个人情况而定，体质弱的可采用坐卧为主，站式为辅，体质较好的应采取站式为主，扶树等辅助式相配合，一般病情不重，体质中等的人锻炼举例如下：

初练阶段：预备式和浮托式为主，适当配合辅助功，以松为主，适当注意松而不懈，紧而不僵，以放松意念活动为主，适当体会水浴活动，每次可站三十分钟，勿疲劳。这一阶段可能感到四肢疼痛，也可能旧伤（局部）似有复发的反应，要防止失去信心，一定要坚持下去，也有舒服的感觉，心身愉快，精神饱满，食欲增加，体力增强，病情初见好转，这一阶段，大约需三个月左右。

第二阶段：疼痛等不适感觉基本消除，既使有些反应也无关痛痒，自然感到舒适得力，通过相应的意念活动，消除杂念，体内微动，病情大有好转，信心大大增强，精神面貌有了显著的改变。这时可练推托式、分水式，学会掌握两三种站式和两三种辅助式功，可以加强推手，这段时间大约需半年以上。

第三阶段：是属于强功不作详述。

病症适应姿势举例

病　症	姿　势	病　症	姿　势
神经衰弱	撑托及卧式	肾脏病	揉腹、环托、分水式
高血压	撑托、扶树、扶椅式	肠胃病	扶椅、揉腹式
心脏病	靠树、浮托式	半身不遂	扶椅、浮托、撑托式
肝脏病	揉腹、上浑圆式	关节炎	浮托、分水式（加深）
肺　病	浮托、举手式		

以上是根据一般情况而言，无论什么病初练时均需以浮托式为主，再根据疾病、体质等具体情况调配不同姿势加强配合，不可强调哪种姿势。

• 意念活动和入静

“凝神定意”是练功的重要一条，它能使中枢神经得到充分的修正，调整生理机能。因初练时往往不易入静，即通过意念活动来克制杂念借以达到入静的目的。意念活动也叫意念假借，即是设想某一种轻松愉快风景幽美的境地，使自己仿佛置身于此景中，以达到万念归一、心旷神怡、悠然自得的心情，免受七情（喜、怒、忧、思、悲、恐、惊）的侵袭。一般可用下列几种。

(1) 放松活动：由上而下的检查自己是否全身放松了。①面部应似笑非笑；②上下牙齿应微张；③松肩松肘；④继而胸、背、腰、腹、胯、腿、脚……的放松。

(2) 水浴活动：设想在一个舒适的温泉大浴池里，飘然自在，静听泉水的涓涓流动之声。

(3) 搭扶活动：设想双手扶搭于飘浮在水中的气球上，使全身始终处于轻松舒适状态。

(4) 幻景活动：设想自己站在广阔的田野上，在欣赏人民公社的丰收景象或站在寂静的山林里清流之旁，湖水之滨都可以。

以上仅举几个例子，还应根据自己的所练姿势，所处环境去结合意念，此外，意念活动还有两点作用。

(1) 练功时体内效感是轻灵、飘浮、内动，意念活动对这种效感起着极大的诱导和促进作用。

(2) 人体有随意肌和不随意肌，通过放松意识，暗示随意肌肉的放松。

第10章 站桩功漫谈（养生桩）

养生桩是内在锻炼的一种基本功夫，是一种健身之术，同时它的姿势动作都是和人身的生理组织相配合，一方面使高级中枢神经得到充分的休息与调整，一方面使机体得到适宜的锻炼，兼有防病和治病之效（这是经验已经证实了的），因而也可说是一种医疗学术，又可说是艺术的锻炼。这本小册，原为同学们人手一册，领略较易，不同于问世之文，故不详解。大家都知道口传心授尚不能在很短时日领会到，因此，我决不敢认为这是完整无缺的。就算对的，也还需要逐渐改进。

我幼时多病，医药无效，于是弃读投师，寻求健身之术。既长，外游各地，访名师益友，凡有关健身养心的学术和技艺，无不用心钻研，采其精华，舍其糟粕，博采广收，以期于健身一道有所成就。平生师友最多，皆各有所长，在教益和切磋琢磨中，经过数十年的研究体会，并结合《内经·素问篇》的要义和拳学的基本功夫，参互为用，终于获得健身术的梗概。因此术的姿势，行站坐卧皆可用功，但以站桩为主，故名为养生桩（又称为浑元桩）。

我年逾七十，身外无他物，仅对健身一道稍有心得，深愿贡献给广大人民，作为健身治病的一种方法。但我国健身之学，没有系统的文字记载，除了片断点滴地散见于古人遗著外，仅凭口传心授流传下来，加之个人天性愚鲁，学识浅薄，用文字来详细而正确的说明健身桩的具体内容是不可能的。因此这段说明文字，不但失于简单，有挂一漏万之处，而且缺点错误也是不可避免的。深望国内同好多加指正，并盼同学们在学习中体会改进。

一、养生桩的来源和变迁

我国养生之术历史悠久，但没有书籍稽考，也乏文字记录，偶获片纸，也多残缺不全。根据先辈传述和多方的参考，个人认为，应是古代人类，在大自然界同毒蛇猛兽竞争生存时从斗争经验中逐渐积累演变，不知经过多少千年多少万人的研究探讨中得来。

二千余年前，即有《内经》一书，为中医宝库，对防病治病之法，记载甚多，其中《素问》一篇，就是专讲健身的。原文是："提挈天地，把握阴阳，呼吸精气，独立守神，肌肉若一"。文虽简单笼统，但意义深厚，先哲把它列入《黄帝内经》，一方面视作防止疾病的（健身）术，另一方面，凡药石刀针不能奏效的多种疾病，就根据这种道理，使患者锻炼休养，作为体育医疗并和《灵枢》相互为佐。其主要内容是"养静"，就是"独立守神"。

东汉以前，很多文人武士都会静养，行站坐卧皆可用功，成为一种普通的健身术。后梁武帝时，达摩行教游汉土（此时达摩年六十七岁，是天竺国王第三子番王之子——见高僧传，东流小传，梁武帝诏文、祭文），传来洗髓易筋等法。唐代有临济、密宗两派，相继传出插条、柔杠三折、四肢功、八段锦、金刚十二式、罗汉十八法——印度统名柔杠。后又有岔派，派别迭出，不可枚举，居士尤多，标新立异，花样繁多，方法极乱，异论杂出，遂使此术没有发展，反而有分裂情况，早在五百年前，已形成抱残守缺。

宋代之后，多变为禅坐等法，也是门派迭出，互有异同，而且坐法多不够自然，也不够具体，舍精华而取糟粕，不仅达摩师所传湮没已尽，而且我历代先哲遗产也随之俱废。大好学术，无形销毁，殊为可惜。

日本相近此术者不少，每在用功之前首先凝神站立以定神思，并得到各方面的提倡支持，也确有深造独专精特的功夫，但也系支离破碎，只鳞片爪。

我生平对祖国遗产——健身术、拳学，特别爱好（这和幼年多病是有关系的）。从青年时代略识养生门径之后，就一面求师访友，认真学习，一方面博览古籍，细心体会，同时按照师友的指导和《内经·素问篇》所载的道理，朝夕不辍的练习。虽受个人智慧和其他条件的限制，存在着不少缺点，但五十余年的经验证明，它不仅有健身防病之效，而且对很多医药无效的慢性病，确有不可想象的治疗作用。

二、养生桩的意义和作用

养生桩是一种学术，也是一种医疗体育运动。参加这种运动的人，不限年龄性别，不拘身体强弱，亦无任何局限，有病者治病，无病者防病。运动时不尽在姿势方面着想，也不在式之繁简上注意，更不在姿势的前后次序，主要使大脑得到充分休息，使肢体得到适当锻炼，即静中生动，动中求静。

这种运动能调整神经系统的机能，促进血液循环，发挥体内燃烧，且能加强各种系统的新陈代谢作用，因而能调整恢复和加强人体各个器官组织的机能，对保持健康治疗疾病具有显著的特效，五十年来从无一人出流弊且百分之九十几都有效果。这种运动能加强人体的吸收和排泄作用，古人云“提炼精华，洗净糟粕”，其意义就在于此。这是自力更生的运动，就是说，它对于人身及其部分机体，具有生生不已的效能，譬如体弱的通过锻炼可使身强，人体某一系统或器官组织有毛病的，通过锻炼可使毛病消除，恢复健康。健康者更健康，且容易体会到无穷的理趣。

这种运动和一般体育运动不同，它是把锻炼和休息统一起来的一种运动。是在锻炼中休息，又在休息中锻炼的运动方法。因此它具有调整中枢神经和末梢神经功能的作用，从而使人体各部分在高级中枢神经支配下密切协作。

三、养生桩应注意的问题

养生桩不仅是健身治病的运动，也是一种锻炼意志的功夫，所以学习养生桩的人必须注意这种锻炼。粗暴浮躁、气愤、忧虑、悔惧，得失之念和侥幸思想等，都是缺乏意志和品质的表现，学者切要禁忌。对于治病的人来说，凡是学养生桩治病的大半是久病不愈，药石刀针不易奏效者，但须要气不自馁，应该积极的锻炼，认真的治疗，精神要焕发，蓄有弹力，时时作反复斗争的准备，才能战胜病魔，恢复健康。如果悲观失望，生气着急，毫不振作，一曝十寒，时作时辍，是不起作用的。医生常说病人的心情要愉快，学习养生桩的人，首要心情愉快，虚心体会站桩的意义，耐心地、持久地锻炼，使精神焕发，久而久之，自可功到病除。

练养生桩必须心神安详，摒除杂念，“神不外溢，力不出尖，意不露形，形不破体”。神态要轻松自如，蓄意要深邃雄浑，力量要稳准虚灵。“无动不机，无机不趣，虚灵守默，而应万物”，虽是平易近人的道理，但初学不易理解，主要是以神意为主，不求枝节片爪形式问题。意在整体与内部，不要使局部破坏整体的统一，不要使外部动作影响内部失调，要浑身轻松自如，心旷神怡，好像沐浴在大自然之内似的。要做到这样，在运动前就必须做到心安神定，摒除杂念。

还要注意四容五要。四容是头直、目正、神庄、声静；五要是恭、慎、意、切、和。对人对事都要恭敬谨慎，意思周密切实，任何事不说硬话不做软事。这是学者内心和外貌应具备的练功条件，从个人意念来说，应具善意，最好是以子女的行为、父母的心肠对人。在练功方面来说大都就是“只要神意足，不求形骸似”，这样才是练功应有的要义。

养生桩是因病设式，因人而异的。病症不同，其有关的神经或肌肉系统自然就不相同，患者的生活条件、习惯、性情以及其它各种特点，对于设式也有一定的关系。必须根据这些不同的情况，考虑适当的姿势和运动与休息时间的长短，以及身体负担的轻重等。教者对此自应充分了解情况，做适当的安排；学者应注意掌握、慎重锻炼，不可忽断忽续、任意活动，只有这样，才能收效快，并防止在锻炼中发生不正常的现象。

有的人，初学时多有怀疑、幻想，或任意活动或拘泥执着等现象，须细心体验，待实验充实之后才能解决。主要是：师古不泥古、谨守师法未易有得，不要浮聪明，不要笨用功，精神要愉快，肌肉常劳动，离开己身，无物可求，但执着己身，都是错误，力量在身外去求取，意念在无心中来操持。若本着以上所谈，切实用功，细心体会，自不难得到万变无穷、奇趣横生之妙。

四、“独立守神，肌肉若一”的锻炼

关于《内经·素问篇》的“提挈天地”“把握阴阳”“呼吸精气”，大医师们早已说过。在此，我对于“独立守神、肌肉若一”的修养锻炼稍加补充。

“独立守神”，用功之前，思想先准备一下，应首先着想游于物初，静会全机之意，视同植物外形不动内里却有着根生发展顺逆横生的变化，万不可走入招式断续的方法，那就是破坏无余了。局部运动纵然有益，长久也有害，慢性的戕生运动。

锻炼时要永远保持意力不断的虚灵挺拔、轻松均整，以达到舒适得力为原则。

锻炼时，要凝神定意，默对长空，内要清虚空洞，外要中正圆和，同时要脱换一个心目喜欢的状态，洗涤一切杂念，扫除一切情缘，寂静调息。内外温养，浑身毛孔放大，有如来回过堂风之感，使肌肉群不期然而然的成了一条空口袋挂在天空，上有绳吊系，下有木支撑，有如躺在天空地阔的草地上，又像立在悠悠荡荡的水中，如此肌肉不锻自炼，神经不养而自养，这是锻炼的基本要义。

怎样才能凝神定意呢？要使意念如烘炉大冶，无物不在陶熔中，并尽量吸收一切杂念，来则熔之，不久杂念自可消除。倘若故意拒绝杂念，则一念未去，万念齐来，精神分散，神意外驰，就不能做到意定神凝。

锻炼时，还要有这样的意态，使肌体和大气相呼应，自然而自在的发挥整体和本能的作用，不可有丝毫的矫揉造作，一有矫揉造作和局部方法，就破坏了整体和本能的作用。所谓这种运动是一种人体本能学术，“一法不立，无法不备”的意义就在于此。

锻炼方法虽简实难，初步锻炼是大动不如小动，小动不如不动，由不动才能体认到四肢百骸的一动而无不动之动，如此神经始易稳定，热力才能保持，自然地增强新陈代谢，有了这个基础，才能逐渐学动，才容易体会不动之动，动犹不动，一动一静，互相为根之动。然后才能体会大气的压迫，松紧力的作用，也就不难控制一切平衡中的不平衡，以及动荡枢扭之动，不动而动，动而不动，同时起着刚柔虚实松紧错综表里为用之动（至于假借一切之动，言之太繁，姑不叙谈），全体就自然地发挥了上动下自随，下动上自领，前后左右都相应之动。以上是试验各种力的功能作用。盖力由试而得知，由知而得其所以用。锻炼是在无力中求有力，在微动中求速动的运动，一用力身心便紧，百骸失灵，并有注血阻塞之弊。这种力量是精神的，是意念的，有形就破体，无形能神聚。

先由不动中去体会，再由微动中去认识，欲动又欲止，欲止又欲动，有动中不得不止，止中不得不动之意，要注意从笨拙里求灵巧，平常中求非常，抽象中求具体。

用功时，浑身大小关节都是形曲力直，神松意紧，肌肉含力，骨中藏棱，神犹雾豹，气若腾蛟，而神意之放纵有如巨风卷树，拔地欲飞，其拧摆横摇之力，有撞之不开，冲之不散，湛然寂然，居其所而稳如山岳之势。外形笨拙，意力灵巧，大都平凡，反是非常，不由抽象中求根本，找不到具体，学理自通，自然明了。

肌肉若一是特别重要的一步功夫，这一步功夫表面好像另是一种，其实是和以上所述是有密切联系的，没有这步功夫作基础，任何动作也没有耐劳持久的能力，这虽是肌肉锻炼但仍是以形为体，以意为用，因形取意，意注全身，以精神内敛为主。

这种运动，加强运动也是减低疲劳，减低疲劳正是加强运动，锻炼和休息是一件事。要在调配适当，使患者在不觉中增强了耐劳持久的能力，并尽量减免大脑和心脏的负担，以达到舒适得力为止。

五、调配方法

1. 肢体调配，不外高低、左右、单重、双重，不论头、手、身、肩、肘、足、膝、胯各处都有单双、松紧、虚实、轻重之别，凡体会得到的精微细小之处，也都如此，要使用骨骼支撑，或力量的弥合、肌肉的联系等法。

2. 内脏调配，是神经支配、意念领导，心理影响生理，生理作用心理，互根为用。

3. 时间调配，是以学者性情浮沉、体质强弱为基础，总要不超过负担能力，不使思想上产生烦闷或厌倦。

六、养生站桩歌

养生桩，极容易，深追求，头万绪，用功时，莫着急。应选个适当场地，充足阳光，流通空气，有水有树更相宜。不论行走坐卧和站立，要内外放松，身躯挺拔，腰脊骨垂线成直，浑身大小关节，都含着似曲非直意。守空洞，保清虚，凝神也静气，臂半圆，腋半虚，体会无微不舒适。不思考，不费力，心脏无负担，大脑得休息，想天空虚阔，洗涤情缘和尘俗万虑。虚灵独存，悠扬相依，绵绵如醉也如迷，笑卧如在水中宿，返婴寻天籁，平凡无奇有天趣。师法当遵守，不可太拘泥，这里边包罗着无限深思多甜蜜。动转颇似水中鱼，自在自在真自在，先哲并无其他异。

再谈试验各种力，名称用途各不一。有形和无形，有意和无意，具体、局部、自动、被动及蓄力，有定位，无定位，应用和练习，大都是骨藏棱、筋伸力，沉、托、分、闭、提、顿、吞、吐，筋络鼓荡弹簧似。毛发根根意如戟，一面要含蓄缠绵力旋绕，一面要斩铁截金，冷决脆快，刀剪斧齐。曲折路线存松紧，面积中分虚实，有忽高而低，高低随时任转移，精神犹怒虎，气质若灵犀，身动似山飞，力涨如海溢。这种学术并不太稀奇，都是以形取意，抽象中求具体的切实。

七、基本姿势

下面画的几个姿势轮廓，只供初学的参考，略补记忆之不足，不可认为就是用功的依据。

运动的特征，是在运动中体会身体内外的变化，如何使浑身大小关节，都成钝形三角，更好是不要平面积，尤不许有执着点，而是轻灵浑然，想浑身血液循环有如水钻沙之意，按之如水中漂木之力，而全身又像湖水空舟飘摆无定，惟风力是应，听其自然，这种神意的表现是随着个人的风度、性格、天赋、特征以及年龄的老幼、体质的强弱、用功时间的长短、病情种类之不同而不同，当然就不是几个姿势所能表现。

因此，说明这种运动必须根据一切不同的条件，深入体会，逐步加强，随时调配，都是根据具体情况运使变通，使局部跟着全体起作用，经过锻炼大都有效，如果某处有病就治某处，非但无效，且恐有损失，如果忽视这一点，那么精神、力量一切就不够了。

按调配的方法，一有形、一无形，有形的是姿势、骨骼肌肉，无形的可就无穷了，精神、意念、假想、力量，不是几个姿势所能涵盖的，但姿势确为神意的代表，按照轮廓来说明神意，所以姿势也是需要的，不过要把这种运动完整地用图表现出来，目前因客观条件和能力的限制，还不能做到。

1. 站式

① 休息式：两脚略成八字形分开，宽度与肩齐，两脚着地，脚趾微微抓地，全身重量放在脚掌上，两膝微曲前不过脚尖，臀部似坐似靠，上身保持正直，两手反背贴腰，臂半圆、腋半虚、身躯挺拔、正直。

② 扶按式：两臂稍抬起、手指微曲并自然分开，指向斜前方，掌心向下，如按水中浮木或浮球，其他同休息式。

③ 托抱式：两手近不贴身，远不过尺，手指相对，手心向上相隔约三拳左右，位于脐下，如托抱一大气球，其他同休息式。

④ 撑抱式：两手抬至胸前，距胸约一尺，手指自然分开微曲，两手相隔约三拳左右，手心向内如抱物状（为抱式），或手心向外如撑手状（为撑式），其他同休息式。

2. 坐式

① 端坐椅上，上身正直，两膝弯成约 90° ，两脚掌着地，相距约与肩齐，两手放于腿根部，手指自然分开并微曲，指向斜前方，臂半圆，腋半虚。

② 两脚前伸，膝微曲，足尖回勾，足根着地，双手如抱物状（见站中之撑抱式）。

3. 半伏式

一般对消化系统病有较好疗效，双手扶按在桌、椅背上等或两肘搭伏在桌面上亦可，两腿分开如站式，臀部后倚如坐凳，腹部放松。

4. 卧式

身体仰卧，两腿微微分开，两足根着床，两膝稍弯曲，肘部着床，两手放于腿窝或小腹部位，也可抬至胸前作抱物状。

以上几种姿势，其头部可正直，有上顶感，也可向后仰或左右稍偏。两目可闭，亦可半闭，也可睁开看远方一点，或漫无目标的看远方，全身要放松。意念活动极为重要，请阅正文。

八、练习站桩的体会和常见的现象

随着各人身体强弱和病情不同，在练习过程中的体会感觉及表现各不同。一般的情况是：练习十日左右就能体会到站桩的好处，感到练功之后轻松愉快，而且这种感觉是随着练功的进程逐日增长的。有的练习几天之后，就发生肌肉震颤、疼、酸、麻、胀等现象，多半是肌肉运动障碍、气血欠通，或疲劳过度，或生理上有其他缺点所致。只要防止疲劳过度，注意舒适得力，力求放松，避免紧僵，渐渐地就会气血畅通，肌肉灵活，使以上现象逐渐消除。至于不觉疲劳的有规律地颤动，是经络和气血闭塞已经消除的好现象，只要顺其自然，不可故意地抑制，也不要有意识的扩大。另外还有流眼泪、打哈欠、饱嗝、虚恭、腹鸣、蚁走等现象，都是练功过程中的好现象，病愈之后，自可消失。

九、站桩对各种疾病的疗效

站桩有调节神经机能、调整呼吸、增强血液循环和新陈代谢的作用，因而对神经系统、呼吸系统、循环系统、消化系统、肌肉系统以及新陈代谢各个方面的病症，特别是急性转为慢性的病症，都有良好的疗效。

经过四、五十年的经验，其效果虽因人因病而异，有大小快慢之别，但除去随学随止外，没有疗效是很少的，而且有很多人病愈之后继续锻炼，大多收到转弱为强，老而益壮之效。

由于缺乏文字记录，对于过去的经验不但未能总结，就是学者的人数姓名也无法统计，现在为了供大家参考，只好将最近一、二年来对于站桩治疗各种病的一点体会，分类略述于下：

高血压——神经性的收效较快，官能发生变化的如血管硬化或冠状动脉硬化收效较慢。

神经衰弱——一般的头晕脑胀、头痛等症状较易治疗，收效的快慢主要在于能否稳定神经，已经引起消化不良或便秘者收效较慢。

关节炎——一般的风湿性和多发性关节炎都易于治疗，属于后遗病或先天性的关节炎比较难治。

气管炎——气管炎的种类很多，大多有肺气肿和心脏喘的症候，得病不久者，收效较快，先天性的不易治疗，但和年龄、体质、性情及生活条件有密切关系，只要耐心持久的练功，饮食起居多加注意，也是可以治愈或减轻的。

肝脏病——肝肿和肝硬化只要耐心地适当地练功，再注意饮食和环境方面的保养，可以逐渐减轻以至治愈。

胆囊炎——经历过的胆囊炎患者，大多已作过胆切除的手术，有的已经转为肝脾病或神经衰弱病，根据过去的几个患者来看，在练功过程中病状是逐步减轻的，痊愈的前后效果都很好，将来能否把握，尚难预测。

肺病——只要按照步骤适当地耐心练功，再加注意饮食保养，一般都可治愈。

半身不遂——要耐心练功，持之以恒，一般是可以治好或减轻的，但此病最易复发，必须一面练功，一面避免生气、着凉、劳累方可，如舌头手脚都坏，就不能治疗。

胃肠病——疗效良好，但比较迟缓，病情较轻者三四月可好，病情较重者八九个月，三五年不等。

精神分裂病、筋肉失和等症——比较容易治疗。

心脏病——经过的患者，大都效果良好，但这种病主要是在个人性情和生活环境，如性情和生活条件不好，就见效不显著。

第 11 章　养生桩简介

养生之术历史悠久，方法繁多，锻炼方式虽各有不同，但总的目的都是为了祛病延年，防止早衰。回忆数十年来我对养生术的学习和锻炼，自觉简而易行，受益很大的是站桩（养生桩）。

站桩的姿势大体可分站式、坐式、卧式、行走式、半卧式等类型，每个类型可分为几种，甚至几十种不同姿势，虽然姿势种类繁多，但除行走以外，都有个共同特点，就是开始练功时要做到闭目、凝神、静气，然后慢慢地把姿势摆好，使躯干四肢一直保持不动，直到锻炼结束。初练站桩的人，可以先练站式，站式练功开始时，要两脚八字形分开，宽度与肩齐，两腿保持一定的弯曲度，臀部似坐，再把双手抬起，抬手的位置要求是高不过眉，低不过脐，近不贴身，远不过尺，臂半圆，腋半虚，左手不往右身来，右手不往左身去，动作变化在这范围内。站桩每天可站两三次，开始每次做十分钟左右，以后逐渐延长到四十分钟，下面谈站桩问题的几个体会。

一、养生桩的起源和作用

养生桩是由我国“形意拳”的站桩演变而来。所谓“形意”者，即：以形取意，以意象形，意自形生，形随意转，也就是形体精神同时锻炼的一种基本运动。它的基本作用，一方面能使中枢神经得到休息，另一方面能促进血液循环，增强个人系统的新陈代谢。中枢神经得到充分休息，调节功能就会加强，血液循环加速和新陈代谢增强，使五脏六腑四肢百骸得到充分的灌溉。如果全身润泽生机旺盛就能达到祛病延年的目的。

二、养生桩的特点

健身之术虽繁多，但总的不外乎两大类——即动、静两种。一般说来，运动是强身健体的体育活动，静功多是锻炼内在的真气，充实三宝（神、气、精）。站桩是精神、形体同时锻炼的一种方法，它的主要特点是，在练功的时候，不一定要注意呼吸和意守丹田，一般通过姿势、动静、虚实调配与适宜的意念活动，就可达到腹式呼吸的要求和入静的目的，锻炼中虽然讲究形式，但不必拘泥，虽言意念，但不必执着，它不仅能锻炼体力，而且简便易行，无论行、坐、卧、立，随时随地都可以练功。

三、姿势和时间的掌握

养生桩虽然是一种静中求动、动中求静的功夫，初学者按照一定的姿势做下去，但也不宜固定姿势和时间，可以根据体质的强弱和病情的不同给以适当的安排，不要超过学者本身的负担能力。一般说来，姿势不宜多变，因为在神静气平和姿势安定后，血液循环开始加速，当内部正在运动变化时，姿势突然一变会将内在的运动打乱。所以，先师一再提醒我们："大动不如小动，小动不如不动，不动之动才是生生不已之动。"但是，若真正掌握了内在运动规律，能在形体的变动中毫不减低内在的运动时，则可随意变更，不受姿势限制。先师所谓"形意是不求形骸似"就是这个意思。练功时间最好让学者自己掌握，如觉轻松愉快全身舒适，则可多站些时间，如感疲倦不适或神思烦乱，则必须停止练习，不要勉强支持。

四、松紧问题

站桩是一种无力中求有力、不动中求微动、微动中求速动的运动。形体愈松，血液循环愈快，气力增长愈快。如用力，则身必发紧，全身失灵，甚至有血气阻塞之弊。这种力量主要是精神的、无形的，如有形着力则失去运动本质。故先师一再告诉我们："有形则破体，无形则神聚。"也就是说，形体尽量放松，精神尽量收敛，虽外形拙笨，而神意灵巧，功作久者自有体会。

五、肌肉锻炼

"肌肉若一"，是锻炼中进一步的功夫，这与上述有密切的联系，就是姿势改变一点，使肌肉的运动进一步增强。若没有这步功夫做基础，任何动作也没有耐劳和持久的能力。但是，在肌肉锻炼的同时，不应该放弃精神的修养，仍是以形为本，以意为用。如此，加强运动，即可减轻疲劳，减低疲劳正是为了加强运动。所以，把锻炼和休息应看作是一件事，但是调配适量，使学者在不知不觉中增强持久耐劳能力。并注意到，在加强锻炼的同时，要尽量减少大脑和心脏的负担，以舒适得力为原则。

六、调配原则

1. 姿势调配：姿势的变化建立在意识的基础上，反过来说，形式也可以改变意识，所谓"意自形生，形随意转"的基本道理，就在这里。在调配方面，根据学者的具体情况，不外乎高低左右，单重双重。不论头、手、身、肩、肘、膝、髋等，都要有单双、松紧、虚实、轻重之别。凡是轻微细小之处，都要如此。

2. 内脏调配：内脏调配的关键是意念领导，心理影响生理，生理作用心理，互相作用。这种调配，必须通过学者的主诉后，从意念上给以暗示，必要时也可以通过机体的局部调配而直接影响某一脏器。以上所说的调配，仅是一般要领，也是针对初学者提出的。如果功行已久，有了深刻体会后，这些方法就无关重要了。

七、克制杂念问题

因为这项运动是一种双重锻炼，不仅锻炼机体，而且能驯服精神，所以，克制杂念也是比较重要的。但是人的思维是广泛的，尤其成年人杂念更多，一般来说排除杂念是不易的。因此，多数学习养生者都把排除杂念看成一个困难问题，注意追求入静，但却不知追求愈急，精神负担越大，以贼攻贼，贼去贼入，前念未消，后念又起。为此，历来养生学家设有许多方法，如外寄、内托、固守一处等，对初学者有许多帮助。但以本人体验，唯有采用任其自然，不加克制，来者不拒，去者不留的方法，才能稳定情绪和达到入静的境界。在杂念干扰很厉害的时候，本身应像烘炉大冶一样，宇宙间万事万物尽在我陶熔中，这样，往往不期却而却，不期制而制的情况下而达到入静。

以上介绍，只能参考，不可执以为法，必须亲自锻炼体验。

第12章　芗师日语随笔

王芗斋　口述
何镜平　整理

胥按：此文为何镜平先生记录的芗老平日语录，并根据芗老拳学笔记整理，其后经芗老审阅修改，可以视同王芗斋先生著作。

一、总则

1. 以形为体，以意为用，以静为和。

2. 以形取意，以意象形，形随意转，意自形生，力由意发，式随意从。

3. 松即是紧，紧即是松，松紧紧松勿过正。
实即是虚，虚即是实，实虚虚实得中平。
动即是静，静即是动，动静静动互根用。
顾即是打，打即是顾，出手即是处。

4. 静中求动，动中求静，动中不动动有静，静中不静静有动，动中之静是真静，静中之动是真动，动静互根，错综为用。

5. 神不外溢，意不露形，形不破体，力不出尖。

6. 内空虚外脱化，随时注意遍体轻灵。

二、桩法

1. 站立摆好姿势，意念放大，先由头部开始，逐渐使毛孔放松，全身毛孔有过堂风吹拂之感。然后左右伸展，挺拔项部肌肉使之起变化，要求达到虚灵守默，具体悠扬，毛发如戟之感。

2. 初练时宜远看，静观宇宙，默会全机。觉得有懒惰心情，再将全身舒放，身形中正，腹内空虚，悠然荡然如浮太空之中。

3. 绵绵若存，似有若无，身在洪炉大冶中，无物不包容。

4. 练功时不可有执著心，从虚无中求实际，不可著象，著象即非真。

5. 神动，意动，力量动。

6. 劲断意不断，意断神犹连。

7. 形虽不动，意念不停，使精神气血有如巨海汪洋之水，波浪横流，回旋不已之势。

8. 比我心如洪炉大冶，杂念如枯叶飞雪，四面八方来者即熔，如此使心胸开阔，胆气壮大，正气一胜，邪念自负，烈日高悬，雾露自散。舒适从缓中，以应万无穷，运动时保持浑圆，浑圆为一，动作为一，不可拘于形式执着，一法不立，无法不备。

9. 在松静中求挺拔，在运动中求舒放，寂静调息，内外温养，内轻松而外脱化，由动静而接近神明，使气血肌肉处于氤氲太初之中，生生不息，蕴灵虽动，仍须保持静中原状。

10. 神动得自有象外，意存妙在无念中。

11. 只求神意足，不求形骸似。

12. 站桩的单双重，不偏不倚的调配方法，使浑身血行曲折，路线适当。要使曲折面积得力，无处不有单双重、松紧、虚实、轻重之别 。调配分三部，即休息的调配、治疗的调配、锻炼的调配，因病设式，因人而异。

13. 加强锻炼是为了减低疲劳，减低疲劳也是为了加强锻炼。留有余力，留有余兴，以不超过身体负担能力为适当。

14. 用功时，莫发急，先找个适宜场地，凝神静气去站立，身躯直立，两足分开与肩齐，浑身关节都含有似曲非直意，内空灵外清虚，两手慢慢轻松提起，高不过眉，低不过脐，臂半圆，腋半虚，左手不往鼻右来，右手不往鼻左去，往怀抱不贴身，向外推不逾尺，双手变化在范围里。不计较姿势好坏、繁简和次序，须察全身内外得力不得力，守平庸，莫好奇，非常都是极平易，这种运动也算真稀奇。不用脑，不费力，行站坐卧都可练习，里边蕴藏无限神思精金和美玉，钻研起来生天趣。有谁能知这种自娱能支配空虚宇宙力，锻炼的愉快难比喻，飘飘荡荡随他去，精力充满神意自不疲。注意顶心如线系，遍体松静力如泥，慧眼默察细胞系，如疯如癫如醉如迷，虚灵独存，悠扬相依，海阔天空涤万虑，哪管他日月星球的转移，只肯恒心去站立，就有想不到的舒适，此即前人不传之绝密。

三、技击

1. 提纲

① 头直、目正、神庄、声静，静、敬、虚、切、恭、慎、意、和。

② 全身关节形曲力直，神松意紧，肌肉含力，骨中藏棱，神犹雾豹，气若腾蛟，神意放纵，如飓风卷树，拔地欲飞，拧摆横摇之力，有撞之不开、冲之不散，湛然寂然居其所而稳如山岳之势，外形笨拙意力灵巧，平凡中求非常，抽象中求具体。

③ 筋藏劲，骨藏棱，悠扬相依，虚灵独存，浑身毛发直竖如戟，齿欲断筋，爪欲透骨，发欲冲冠。

④ 鹰目、猿神、猫行、马奔，起如举鼎，落如分砖。

⑤ 动静虚实、快慢松紧；进退反侧、纵横高低；争敛遒放、鼓荡开合；伸缩抑扬、提顿吞吐；阴阳、邪正、长短、大小、刚柔等，都是矛盾的矛盾，错综而为。做到圆融之圆融，返回头

来学初步。

⑥ 高则扬其身，若有增长收敛之意；低则缩其身，若有钻提放纵之形；纵则放其势，勇往搜索而不返；横则裹其力，开合分争力，侧顾左右，无敌抵挡者。

⑦ 足占七分手占三，身如弓弩拳如弹。

⑧ 肩撑肘横，指弯爪拧，头顶更多增强顶缩力，腰胯如轮，扭锉提旋，交叉互换，膝纵足提，全身力如抽丝状。

熊蹲，虎坐，鹰目，猿神，猫行，马奔，鸡腿，蛇身。

⑨ 静如潮涨，动似风云。

⑩ 态似书生若女郎，伟大犹比项庄王，一声叱咤风云响，神情毫放雄且壮。遇敌接融似虎狼，举步轻重如履沟壑深万丈，一面鼓，一面荡，周身无点不弹簧，齿叩足抓似金枪，一经触觉立时即紧张，如同火药爆发状，炸力发出意不亡，无形机变却又深深暗中藏，闪展进退谨提防，打顾正侧丝毫不虚让，势均力敌须看对手方，犹如鹰鹘下鸡场，翻江倒海不须忙，丹凤朝阳势占强，拨钻拧挫断飞蝗，勾错刀叉同互上，腿足提缩似螳螂，揣敌力量有方向，察来势之机会，度敌身之短长，势如龙驹扭丝缰，谷应山摇一齐撞。

2. 拳式

蜇龙探首 进退卷臂 沧海龙吟 波浪三顿首

半窗观夜雨 兔起鹘落 澈地追鼠 勒马听风

惊蛇遇敌 怒虎搜山 提弓捉狐 白猿斗鹤

3. 试力

① 由不动中去体会，再由微动中求认识。欲动又欲止，欲止又欲动。有动中不得不止，止中不得不动之意。

站桩与试力是一件事。站桩是试力的缩小，试力是站桩的放大，二者互为因果。

② 体动为作用，动则静，守静则是发动，动静互根，颠倒变化无定。

③ 动则有奇趣横生之感，四体百骸终归一贯，行动如趟泥，运力如抽丝。

④ 动时不要散了不动时力量之均整，不动时不要减低了动时之力量，其作用之巧妙，从体会而得之。

⑤ 欲上则下，欲下则上；欲前则后，欲后则前；欲左则右，欲右则左，上下前后左右浑然一体。

上欲动下相随，下欲动上自领，上下动中间攻，中间攻上下合，内外相连，前后左右都相应之动，此为试验力之功能，力由试而得知，由知而得其所用。

4. 发力

① 本身发动力量，是否有前后左右上下的平衡均整，具体螺旋的错综力量和无往不浪的力量，轻松准确，慢中快的惰性力量，是否为本能发动的，不期然而然，莫知至而至的力量。

② 注意单双重的松紧，单双重不单指手足而言，头身、手足、肩肘、膝胯、大小关节、四体百骸，即些微细的点力都含有单双重、松紧、虚实、轻重之别，撑三抱七，前四后六，颠倒互用。

③ 发力有形无形，有意无意，有定位无定位，自动被动，整体局部，应用时当别论，各种基础完备，再学轻松准确具体而微的力量。两足重量永无定准，发力无论进步发、退步发、顺步发、横步发，以及前后左右上下百般的发力，要以前步作后步，以后步作前步，更以前步作后步之前步，以后步作前步之后步，颠倒互相，虚实为用，前后力量交叉，使人不可捉摸（撑抱力、开合力）。

5. 实作

① 拳学之道尚精神，内要提、外要随，手脚齐到方为真。意要远，气要摧，拳似炮，蛇蜷身，应敌犹如火烧身。充华必强骨，饰貌须表真，计谋须远划，精神似霹雷，心毒称上策，手狠方胜人。何谓闪，何谓进，进即闪，闪即进，不必远求尚美观。何谓打，何谓顾，顾即打，打即顾，发手即是处。力如火药拳如弹，灵机一动鸟难飞。

② 敌不动，我沉静；敌微动，我先发。

③ 不动如书生，动之如龙虎，发动似迅雷不及掩耳。

④ 手要灵，足要轻，进退旋转若猫行；身要正，目敛精，手足齐到定要赢。手到步不到，打人不为妙；手到步亦到，打人如拔草。上打咽喉下打阴，左右两胁在中心，拳打丈外不为远，近者只在一寸中。手出如巨炮响，足落似树栽根。眼要毒，手要奸，步踏中门钻入重心夺敌位，即使神仙亦难防。

⑤ 鹞子入林燕抄水，虎捉群羊抖威风，取胜四梢均整齐，不胜必有怀疑心。声东击西，指南打北，上虚下实，灵机自揣摩。左拳出右拳至，单手出双手来。拳由心窝去，发向鼻尖前，鼻为中央之土，万物生产之源，冲开中央全体皆糜。两手结合迎面出，自然把定五道关，身如弓弩拳如弹，弦响鸟落见奇鲜，遇敌犹如身着火，打破硬进无遮拦。

⑥ 推手时必定保持自己中线位置不受侵犯，还须用最大能力控制对方中线，双手永不离对方鼻口部位，意如牵牛任我所为。

⑦ 推手时更需注意步法夺位，往往进半步或退半步，即足以将对方击出，而并不在于手臂的动作大小。

⑧ 力量发出都是在一刹那间，在有形无形，有意无意，有定位无定位，整体局部，自动被动，具体而微，使力时多半是举、抗、推、旋、搂、劈、钻、刺。

四、力量

1. 总纲

劈搂搬拔撑，展抗横抖顺；

提镗扒缩，滚错兜拧；

沉托分闭，提顿吞吐。

2. 分布

① 头：撑、拧、顶、缩　　② 肩肘：横撑（肩撑肘横）

③ 手腕：勾、错、敛、抗　　④ 腰：摇、旋

⑤ 胯；坐、锉、旋、提　　⑥ 膝：撑、纵

⑦ 足腕：刀叉分刺　　⑧ 力的运行：其根在脚，发于腿，主于腰，行于手臂。

3. 运用（四十四种）

① 浑元争力：争力是无所不争，四肢百骸，大小关节，无处不争，所谓虚虚实实，松松紧紧，实际上就是争力，不争就使不出力来。宇宙间无处不争，人身之四肢百骸，无时不争，总之即浑元一争。

② 大气呼应：使大气与人体有了呼应关联的关系，一动一静都利用它，使它有所反应，站桩日久，内部逐渐膨胀，有与大气发生联系的感觉，这时就易入门了。

③ 浑噩逆体：全身任何地方都像没有空隙，处处都有逆力，从任何地方打来都不怕，没有很顺当的力量，但又极顺当，这也是从矛盾中统一出来的力量。

④ 动静互根：动静是一个整体，互为其根，所谓动即是静，静即是动，一动一静互为其根。松即是紧，紧即是松，松紧紧松勿过正；虚即是实，实即是虚，虚实实虚得中平，也就是此意。天地间无中平，哪一个地方也没有绝对平衡，能够控制暂时的平衡即是正。也就是单双、松紧、轻重，作用力与反作用力起错综复杂的作用。

⑤ 遒放本同：力量不遒劲，放的力量也就不大，必须是遒得紧，放的力量才大，欲放先遒，欲遒先放。

⑥ 有无统一：有无是一件事，有了这种东西才可预见到它的没有，从有形的东西中，才可预见到没有的东西，如果没有就不会知道还会出来什么东西。总之，有了就有没有的一天，应当活用。这与人情道理相同，自高自大的人，别人一定讨厌他，越谦虚别人就越尊敬他，心目中也就有了他。学术、物质、事情、人情，都是如此。

⑦ 顺力逆行：手往后拉，力量就出去得远，手往前指，力量则往后来。

⑧ 勾锉刀叉：也包括有形无形两方面，就形象来说，出手如钢锉，回手如勾杆（实际上却还未动），全身如起了大波浪（谁也看不见），全身力量，毛发如戟，胳膊上好像处处有刀叉一样。这方面有时不易形容，其中还有精神力量的存在，无形就完全是一种意念的假设，不应该真的做出来，在有意无意之间不很露形。

⑨ 不动之动：外形不动，内部就动的越快，外形动的很多，内部反而动的慢了。其原因是不会动。所谓会动，也就是一动一静时，能掌握住“动即是静，静即是动”的原则。不会动的人，初练功时更不应动，不动才是生生不已之动，一动就破坏了真动。如果会动的人，内部是否就更快了呢？这须看怎样来动，假如能假借地动，头手足身肩肘膝胯都能假借，神动、意动、力量动，但形式上不做出来，那力量就最大。不应从形式上看，这也是动静互根之意。动静两字，研究起来没完，因而做起来就更复杂了。

⑩ 斜正互参：斜面就是正面，而正面也是斜面，由于支撑面的不同，全身关节力量互有影响，但要做到力圆为止，一动是横，横即是正面，作用是斜面，但作用时使人看不见，只是紧错了一下正面与斜面的位置。

⑪ 多面螺旋：全身各部位稍一动作都有螺旋力，这种力形成原因是：在随便动作时，全身各大小关节都要有支撑力，所有部位形成钝形三角。此时，力欲膨胀，又欲收敛，因而全身各地方都起了螺旋力，连腿下也应如此，这种力如同电力一样，使人碰上就被弹打出很远。在用这种力时，全身一定先成钝形三角，然后突然变换方向，如同爆炸，“澎”地一下子就发出了螺旋力。

⑫ 面积虚实：用“不有平面积”及“不是固定的”词句来解释面积虚实是不够的，主要的是使全身各部肌肉保持住如“盘内之珠”永远滚动，无停留的时候。

⑬ 形曲力直：形不曲则力不直，无法将力量真正运用出来，研究艺术也是如此。在成了平面积时，前后左右就没有了呼应，形曲则前后左右都有力量，想用到哪里都行，形不曲则必破体，力量也自然出尖，这种力就没有什么用处，甚至不等用上，就被人瓦解了。形曲则力量没有方向，四面都能用上。如美术家画一块石头，若画出是圆的就没有意思，而一定要曲曲折折不许有平面积。总之，有平面积就没有力量，因之作用也就不大。“起伏升降”“进退吞吐”，把虚实大意表达出来。力直则不易形容，力直就可以说各方面都有力，也可以说是力圆。虽然直去，其中也含有旋绕螺旋，形成波浪式的向前，而表面则不易看出，也可以说是旋绕一条直线的力量，旋绕与直是矛盾的统一，做时也要具体而为，但是没有力量也不行。

⑭ 神松意紧：神松易懂，意紧是在锻炼中寻求出来的，具体的说，“神”与“意”的区别，神为第一信号系统，突然受惊是神动，意是第二信号系统，也就是在受惊之后考虑怎么办。可以说神是本能反应，而意就包含了主观能动作用，“神松”就是使全身放松，无处不松，使筋肉、毛发、气血运行无阻；“意紧”也就是以意领气，正由于意紧才能使气血运动得更快些。

⑮ 刚柔相济：刚不是硬，柔不是软，百炼之钢，是绕指之柔才算是刚。柔是真刚百炼之钢，真入骨之柔，刚经磨炼才算是刚，表面上硬，一碰就碎了不是真刚，也只是硬而已。刚是锻炼出来的才能是刚，百折不回，令人不可捉摸，才是刚柔相济。

⑯ 无形神似：形不动而神意足，与在空气中游泳相似。

⑰ 进退反侧：退时步步为营，含蓄待发。进时一言其进，必定是统全体而具无抽撤游移之形。横则裹其力，开合而无敌挡，反侧与斜角是一个意思，同样作用，左右防备。

⑱ 旋绕撑拧：看着旋绕，实际是撑拧，后拉回缩，左右前后撑拧力全是如此。

⑲ 滚错双叠：用滚错破开对方之力，然后用手挤腕部附近，而被挤之胳臂力量旋转而向斜方向。这种力量是身动、力动、精神动，如果手一动就破体，面目全非了。

⑳ 半让半随：是技击的力量，是让又是随，在半让半随之一刹那，本身力量就发作了而打击对方。

㉑ 随让牵随：当对方手按在自己身上时，随着就挤点牵动对方跟随走，而重心却放在自己身上，然后要撑一下，就可把对方撑出，此力应大胆真做，才能做好。

㉒ 迎随紧随：这个力的作用大，在实作或发力时都可以用，也就是迎着对方的力又随着，所以要紧，松就不是这种力了。

㉓ 截让截迎：随让当中有截的作用在内。

㉔ 空气游泳：是全身四面八方都有阻力意思，运用时怎样增加或减少阻力，如在水中游泳

一样。减少阻力方法全是肩膀的扭错。一个人的巧妙灵活全在肩膀上，肩膀动腰才能随着动。空气游泳也包含有悠扬相依，虚灵独存，以听其触之意在内，同时也必须是如与物遇，这样力之发作，收敛才能运用自如。

㉕ 榔头拷打：身如榔头力如机轮似的连珠发出，所发之力是拧着出去而不是直的，有直线也很短促，不能做出来，做出来力量就不对了，用出之力不是继续动，一定要达到“意断神连”。

㉖ 推拉互用：推拉互用，没有绝对的力量。

㉗ 控制平衡：控制小鸟难飞，犹如拈鸟，用力拈不行，而不用力就飞掉了，所以既不能拈死，也不能使之逃跑，这也就是控制平衡。所以说“力如火药拳如弹”，“灵机一动鸟难飞”，也就像把鸟吸住一样，这就是控制，使不平衡的得到平衡。天地间的大气压力、地心的吸力、人体的动力，没有绝对的平衡的，一般称这种力为蛇动之力或蟒动之力。兔起、鹘落、龙潜、鹰瞻、虎视，静中之动，动中有静，一羽不能加，蚊蝇不能落。

㉘ 单双轻重：与控制平衡近似，控制平衡是把没有平衡的通过控制使之平衡，因此，与单双、松紧、虚实、轻重部分有连带关系，控制平衡也是根据单双重而来的。

以上共 28 种力，尚有 16 种力未做解说。

伸缩抑扬　起顿吞吐　纵横高低　远近长短
分闭开合　提按抗横　悠扬撑抱　翻扣裹拧
沉托提纵　钻提搜索　拧卷惰涨　举抗推旋
搂劈钻刺　斜面三角　杠杆滑车　蓄弹惊炸

第 13 章　谈谈试力和试声

试力为习拳中最重要最困难之一部分工作，盖试力为得力之由，力由试而得知，更由知之而始能得其所以用。习时须身体均正，筋肉轻灵，骨骼毛发都要支撑，遒放争敛互为，动愈微而神愈全，慢优于快，缓胜于急，欲行而又止，欲止而又行，更有行乎不得不止，止乎不得不行之意。习时须体会空气阻力之大小，我即用与阻力相等之力量与之应合，于是所用之力自然无过亦无不及。初试以手行之，逐渐以全体行之。能逐渐认识此种力，操之有恒，自有不可思议之妙，而各项力量也不难入手而得，上下左右前后不忘不失，非达到舒适得力奇趣横生之境，不足曰得拳之妙。

所试各力，名称甚繁，如蓄力、弹力、惊力、开合力、三角、螺旋等各种力量，亦自然由试力而得。表面观之形似不动而三角、螺旋实自转不定，错综不已。要知有形则力散，无形则神聚，非自身领略之后不能知也。盖螺旋力以余观之非由三角力不得产生也，而所有一切力是筋肉动荡与精神假想相互而为，皆有密切连带之关系，若分而言之则又成为片面也。至于用力之法，浑噩一贯之要，绝不在形式之好坏，尤不在姿势之繁简，要在神经支配之大义，即心意之领导，与全体内外之工作如何耳。动作时不论单出双回，齐出独进，横走竖撞，正斜互争，浑身之节点无处不有先后、轻重、松紧之别，并须形不外露，力不出尖，意无断续。不论试力或实际发力均须保持身体松和、发力含蓄，而听力以待其触。神宜内敛，骨节藏棱，毛发筋肉伸缩拨转，全身内外无处不有滚珠起棱之感。他如假借种种之力，言之太繁，姑不具论。就全体而论，要发挥上动而下自随，下动上自领，上下动中间攻，中间攻上下合，内外相进，前后左右都相应。上述试验各种力量得之后，始有学拳之可能，功力笃纯，可逐渐不加思考，不期然而然，莫知至而至，得本能触觉之活也。具体细微之点力，亦须切忌无的放矢之动作，然又非到全体无的放矢之不可，否则难得其妙。

试声为补足试力之细微所不及，要声力并发，与徒作喊意在威吓者不同，而闻之者起卒然惊恐之感，试声口内之声不得外吐，乃运用声内转功夫。初试求有声，渐以有声变无声，故先辈云：试声如黄钟大吕之本，非笔墨毫端可以形容。须使学者观其神，度其理，闻其声，揣其意，然后以试其声之情态，方能有得。

第14章 习拳一得

通常说有了健康的身体，才有伟大的事业，意思就是人的身体健康，生命得以延长，而后才能从事一切事业。所以健康是非常重要的。而健康与否，在于平时休养和运动的得当不得当，也就是运动合于卫生，不合于卫生，须要详加研讨并经实际的考验。究竟怎样才是正当的运动呢?应于练习某种运动前根据医学的方法检查心脏的能力、血压的高低、脉搏与呼吸的次数、赤白血球的数目。至练习一个相当时期以后，再行检查，自然就知道这种运动正常不正常。所谓正常的运动是适应人体的自然发展的运动，唯有适合这种规律的运动，才能增强人体的健康。

正当的运动能使全身的细胞及各个器官的新陈代谢提高，促进呼吸血液循环，增加体内燃烧。换言之就是使身体内部呈现活动状态，因此适当的运动，可以给予细胞以一定的刺激，对在成长期者可以促进其成长，增强体力，对已经成长者可以使之维持其效能，因而保持了体力与健康。若运动不当，必然招致相反的结果，运动过激或运动不适当，不但损伤健康，甚至戕害身体，也就是发生疾病的诱因。

现在一般的运动，在筋肉疲劳以前，心脏已因呼吸困难而急性心脏扩张，因此不得不停止运动以使心脏得以休息，减低呼吸的困难，恢复正常状态。

中国的拳学是以完全与此相反的方法来锻炼身体，这种运动是筋肉气血的运动，更可说是具体细胞运动。在运动中以使全身各种细胞器官同时平均发展为原则，即使运动时全身之筋肉虽早已呈疲劳不能忍受的状态，而心脏搏动并不失常，呼吸并不困难，相反的在运动后尚能感觉到较运动以前的呼吸轻松舒畅。是以其个人的筋肉、心脏所能负担范围内的能力，来求其个体平均渐次发展生长，不限年龄，不限性别而达保持健康增强体力的目的。更因没有任何招式，所以在运动时脑神经不受刺激不紧张而能得到恢复，也是与一般运动不同的地方。

站桩方法虽然只是站立不动，实则其内部筋肉细胞已在开始工作，完全在于求得身体内部的筋肉细胞的发展与血液循环之适当，亦即所谓身体内部呈活动状态，而非探求其外形之变动与转移，以使身体各器官平均发展，减少心脏扩大后的不良现象。要知拳学的运动是大动不如小动，小动不如不动，不动之动才是生生不已之动。

这种运动可以说是我中华民族所独有的特殊学术，但从未被一般人所注意，同时也不是一般人所能只凭主观简单了解的。若主观地认为以很简单的姿势站住一动不动，如何能长力，如何能练好身体，那是根本没有认识。实则就是这桩站着不动，不但能很快增长力量，而且能够医好许多在医学上治疗不好的慢性疾病，在治疗医学与预防医学上是具有相当价值的，是一种最合生理的运动方法。

至于一般的运动，有的失于激烈损害身体，有的失于偏颇而促成局部发达。因此在生理上本有欠缺的人不习运动尚可在日常生活中自然得其复原，一经运动反受戕害，致使疾病加深，甚或生命夭折。每见著名运动家和运动成绩优良的青年，而研究学术课程反多落后，这都是运动不当所发生的各种不正常的现象。至于过去拳术名家老手，也有因违背生理而顿足努力，老年瘫痪下萎者，凡此种种，都是与运动生理相背驰。要知研究学术，不贵墨守成规，更忌抱残守缺，重在体认与创造。但须根据原则与事实，继续不断的求创造，然须切实再切实。所以良好的运动必能发挥具体聪明，与读书足以增长知识而能致用之理并无二致。所以运动无论如何不能过激，再若详细分析现在的运动，都是以青年为对象，而忽略了四十以后的壮年人和老年人。实际上唯有四十以后的人学识充足经验丰富，才能在国家社会中担当重要任务。忽略了这些人的正常运动，就是忽略了这些人的健康。对国家是极大的损失。以运动的原理来讲，静敬虚切是习运动的要诀，同时还要浑大深邃的精神来培植他。如运动时不许闭气，心脏搏动不许失常，横膈膜不许稍紧，都要常识丰富的人，方易体验。至六十岁以后的人，若求技击深造似不太易，欲求身心健康实非难事。

学习运动大致不外三个目的：①求卫生使身体健康；②讲自卫；③寻理趣。求卫生使身体健康，是最容易的。只要舒适自然，轻松无力，浑身像躺在水中或空气中睡觉，就大半成功。若矫揉造作，蓄意别为，则徒然扰乱神经，消磨时日，再要激烈的搞起来，则终将受害，而影响健康与生命。

运动的结果能使身体强健，进一步就要讲自卫，所谓自卫，不外是希冀倘遇不测受外敌侵害的时候，伸出一拳半足即可压倒群流。若习到纯熟神化的境地，更有不可思议和言语难以形容之妙。

但是自卫与卫生有不可分离的连带关系。首先要身体健康，继而要身手敏捷，力量过人，方法巧妙，才能适意而行。可是要想增长力量，切不可用力，一用力反没有增长力量的希望。要求身手敏捷，动作迅速，锻炼时以不动为最好。若是觉得枯燥无味或是烦累难支，也不妨稍事动作。可是要知道，动时要有动乎不得不止，止乎不得不动之意，亦即只许有动之因，不许有动之果。意思就是精神意念要深切，不需要形式上做出来。形式上一做出来，就如所谓有形则力散，无形则神聚，破体而力散，所以愈慢愈好，这样方可能逐渐的体会到四肢百骸各种细胞工作如何，不致使体认漠然滑过，这是学动最简单的条件。倘若求速度的美观表示灵敏，不唯毫无所得，反根本消灭了希望。

倘若方法巧妙以制敌，那更要任何方法不许有，若是有了人造的方法，掺杂其间，就可把万变无穷的本能妙用丢净了。

这种运动极简易，可以一目了然，收获也极快，不过须要不用脑力，不用气力，不单独消磨任何时间，养成生活的好习惯方可奏效，而有益于身心，若想要花样示强威，必将终无所成。

这种运动虽简单，而有绝顶聪明的人愈学越感其难，竟有终身习行，苦心锻炼一生是非不能辨者。要知道宇宙间平常才是非常，若舍平常而学非常，就无异走入了歧途。

这种运动的理趣是无穷的，千头万绪一时无从说起，愿略举一二原理竭诚欢迎同好者参研究讨。

如动静、虚实、快慢、松紧、进退、反侧、纵横、高低、争敛、遒放、鼓荡、开合、伸缩、抑扬、提顿、吞吐、阴阳、斜正、长短、大小、刚柔，种种都是矛盾的矛盾，参互错综而为的，做到圆融的圆融还要返回头来学初步，这一切一切都是不能分开的，要分开可就不能认识这种运动的真谛。

在这种运动中，松即是紧，紧即是松，并且要松紧紧松勿过正；实即是虚，虚即是实，要实虚虚实得中平；横竖撑抱互为根，打顾钻闪同时用。

以上是为初学求力的人所说的，若不依照这种规范来学习，终身锻炼不能识，果守这种规范来学习，一生学之不能尽。至于试力运力、发力蓄力以至有形无形种种，假借的力量言之太繁，姑不具论。若非逐渐的搜求钻研，深造力追未易有得，一经入手便感平凡无奇，非常容易。因为这是一种平易近人、一法不立、无法不备、虚灵守默而应万物的运动，若能以此相推，不日就可以触类旁通。

拳学一道，不是一拳一脚谓之拳，也不是打三携两谓之拳，更不是一套一套谓之拳，乃是拳拳服膺谓之拳。

习拳主要的是首重卫生，其次是自卫。习拳能使医药无效的多种慢性疾病患者很快的都能恢复健康，使劳动者劳而晚衰，使失去劳动力者能够恢复劳动。这样才是拳的价值。这种运动可以说是运动的休息，休息的运动。

自卫是技击的变象，学技击不是社会人士所想象的这手这么用，那手那么用，所谓技击既不是那样的复杂，但也不是所想象的如此简单，而是首重修养，再按身心锻炼、试力及发力循步骤学习，才可以逐渐的进行研讨技击，否则恐终于是非莫辩。盖修养是先由信条及四容八要方面来做起，信条是尊长护幼，信义仁爱，智勇深厚，果决坚忍。四容是头直目正，神庄声静。八要是静敬、虚切、恭慎和意和。有了以上沉实的基础才能说到身心的锻炼。锻炼首重桩法，同时研讨关节和筋肉的控制及利用单双重的松紧。单双重不是专指两手两足的重量而言，头、手、身、足、肩、肘、膝、胯以及大小关节，四体百骸，即些微的点力都含有单双松紧虚实轻重之别。至于撑三抱七前四后六颠倒互相为用，则不是简单笔墨所能形容。总之大都要由抽象做到实际，这不过是仅略述其目录而已。

试力，力之名称甚繁难能具体，盖力由试而得知，更由知而始能得其所以用。无论做何力的练习也得要形不破体，意不着象，力不出尖，只要力一有了方向就是出尖。有穷的局部片面的动作，呆板而减低力量的效能，并且断续散乱茫无所从，较技如牛斗而趋于死僵之途。试力要从假想去作，假想是无形的、是精神的、是永存不断的也是无往不浪的。拳学这门学术都是要由空洞中得来，有形则力散，无形则神聚，精神意思要实足，不求形体相似。

发力要发这种力量的功效，须有基本的造就，有了各种力学的知识然后与大气的力量起应合，能与大气起呼应，才能利用波浪的松紧。要知发力不是注重击出，或没有击出，击中未击中是要看自己本身发动的力量，是不是有了前后左右上下的平衡均整，具体螺旋的综错力量和无往不浪的力量，是不是轻松准确慢中快的惰性力量，是不是本能发动的不期然而然，莫知至而至的力量，有了以上的条件，始有学拳的希望，至于能学与否则又当别论。

第 15 章　歌要与诗词

一、歌要

1. 站桩时既愉快又甜蜜，省力得力增力而舒适，继续再把技击谈几句，最便利就是军士操的稍息。要在内外均整力合一，由虚空寻求力之真实，拳学要道，一大半在抽象求实际，内外浑噩要调息，神经支配一切力，毛发直竖意如戟。用力轻松，含意如铁石，高则扬其身，筋肉宜遒敛，低则缩其身，具体含着蹚捉拧裹待发的时机，间架配备常合适，节段曲折面积存虚实，点力松紧均衡无偏倚。无形变化，纵横高低。体察周身无乘隙，以及假借种种力，言之繁难以极，略举一一简单式。空中旗浪中鱼，都是借境之良师，他如动似山飞，静如海溢，神犹雾豹，气若灵犀，语虽抽象神意要切实，想来真是无边际，做起反觉很容易，只要处处留点意，并没什么奇能事。不过和聪明学识有关系，和个性之距离，与所需不所需。

2. 运动时慢思量，内外安排须妥当，变转轻移不慌忙，遍体筋撑骨棱尖而放，态似书生若女郎，伟大犹比楚项王，一声叱咤风雷响，神情豪放雄且壮，遇敌接触似虎狼，举步轻重如履沟壑深千丈。一面鼓，一面荡，周身无点不弹簧，齿扣足抓毛发似金枪，根根无不放光芒；神光离合旋绕在身旁，譬水之有波浪，回旋不已，纵横在汪洋，无穷如天地，充实如太仓，悠悠扬扬舒且畅，一经触觉立时即紧张。如同火药爆发状，炸力发出意不亡，无形机变却又深深暗中藏。闪展进退谨提防，打顾正侧丝毫不虚让，势均力敌须看对手方，犹如鹰鹘下鸡场，翻江倒海不须忙，丹凤朝阳势占强。拨钻拧挫断飞蝗，勾锉刀叉同互上，腿足提缩似螳螂，揣敌力量之方向，察来势之机会，度敌身之短长，势如龙驹扭丝缰，谷应山摇一齐撞。

3. 用功时莫发急，应找个适宜的场地，利用大树的吸炭呼氧，和紫外线的杀菌力，再凝神静气的站立，身体宜直两足分开与肩齐，周身关节都含着似曲非直意，内空洞外清虚，手要慢慢轻松提起，高不过眉低不过脐，臂半圆腋半虚，左手不往鼻右来，右手不往鼻左去。往怀抱不粘身，向外推不越尺，双手变化在这范围里，不计姿势之好坏，更不重式之繁简与次序，须体察全身内外得力不得力，守平庸莫好奇，非常都是极平易，研究学术不分今古与中西。这种运动真稀奇，因为世人多不知，不用脑不费力，并不消磨好时日，行站坐卧都可练习，这里边蕴藏着许多精金美玉和无限的神思，钻研起来生天趣，有谁能体会到这自娱能支配虚空宇宙力。锻炼的愉快难比喻，飘飘荡荡随他去，精力充沛神不疲，注意顶心如线系，遍体轻松力如泥，慧眼默察细胞系，如疯如痴如醉如迷，蓄灵独存悠扬相依，海阔天空涤万虑，哪管它日月星球在转移，只要你肯恒心去站立，自有你想不到的舒适，这就是前辈不传的诀密。

4. 试验各种力，名称用途各不一，有形和无形，有意和无意，具体、局部、自动、被动及蓄力，有定位无定位，应用和练习，大都是骨藏棱，筋伸力，沉托分闭，提顿吞吐，肌肉鼓荡弹簧似，毛发根根意如戟。一面要含蓄缠绵力旋绕，一面要斩金截铁、冷决脆快、刀剪斧齐，曲折路线存松紧，面积中分虚实，有忽高而忽低，高低随时任转移。精神犹怒虎，气质若灵犀，身动似山飞，力涨如海溢，这门学术并不太稀奇，都是以形取意，抽象中求具体的切实。

二、诗词

脱肩松臂懒束腰　神情意力似黏糕
一切知感全不要　静室长鬚赤条条

站桩从来不喜平　养生自古贵平庸
神动得自有象外　意存妙在无念中

浑身肌肉挂青霄　毛发根根暖风摇
慧眼默察三千客　凝耳息听二八娇

沧海飞波游龙戏　流云吐月紫兔嚎
无穷假借无穷象　早欲蓬壶踏六鳌

养生别开面目新　筋含劲力骨存神
静如伏豹横空立　动似腾蛟挟浪奔

吐纳灵源合宇宙　喊声叱咤走风云
不知素问千年后　打破樊篱更多人

大法别开生面新　陶熔万物浑乾坤
承党栽培千年后　打破樊篱有多人

眼底手腕都留痕　直取旋绕力横撑
矛盾错综须统一　精神杠杆要伸长

力光闪，卷枯叶　惊吓天涯鸟飞绝
裹缠横绕云龙蛇　光茫无限力如铁
手握提按斜撑错　足踏泥泞半尺雪

雷电交加轻也重　眼底心头扫鲸穴

不动如山岳　南指如阴阳　无穷如天地　充实如太仓

养生不喜平　岂知贵平庸　身动超象外　法在无念中
深究求精造　利用虚无空　意力似猿猴　脚步似猫轻
神意自内变　力由远处听　不即亦不离　日久便成功

拳学理至精　运用在虚实　灵机自内变　力由远处听
身动似猿捷　踏步如猫轻　勿忘勿助长　久久自登峰

身动挥浪舞　意力水面行　游龙白鹤戏　含笑似蛇惊
肌肉含动力　神存骨起棱　风云吐华月　豪气贯日虹

大肚能容，了却人间多少事；满腔欢喜，笑开天下古今愁。

精贫出豪举，得闻慷慨声，大气包寰宇，挥浪卷溯风，吴勾运起吞长虹，发声喊，海洋谷应，舞龙象，飞似梨花影。赋长歌，整备山河定，七尺躯，任纵横。浑一似山崩潮涌，顿开金锁走蛟龙，打破樊篱舞。

胥注：以上诗词在大成拳爱好者的传抄过程中，多有讹夺之处，为此何镜平先生曾专门著文论述，今引述于后。

芗师生前所授诗词，在我受业期间的1960年3月16日所编著的《芗师日语随笔》中记载了一些，该项笔记当时有卫生部、华北局组织部、铁道部等一些同志抄阅过，并在1975年油印散发了一部分，不久，即发现该笔记部分内容包括部分诗词，均被人改动。芗斋先生遗留的大成拳学术应用之为广大练功者服务，而如果把妄加改动的学术留传后世则恐贻误后人。现将部分诗词的正误加以对照介绍。

1. 养生

一首：

脱肩松背懒束腰。
神情意力似黏糕。
一切知感全不要，
静室长鬚赤条条。

这首诗是针对初练功者全身处在紧张而不能达到放松状态下的指导，也就是引导练功者包括形体、精神、力量的放松，也就是芗斋先生常说的“初练功者要保持松静自然舒适得力”“每次练功留有余兴、留有余力，以不超过自身负担能力为原则”。但此诗的最后一句，被人用粗俗语言改为“静室常露赤条条”，真可谓一字之差谬之千里。

芗斋先生另一首诗词写道：

浑身肌肉挂青霄，
毛发根根暖风摇，
慧眼默察三千客，
凝耳息听二八娇。
沧海飞波游龙戏，
流云吐月紫兔嚎，
无穷假借无穷象，
早欲蓬壶踏六鳌。

这首诗比前首诗在指导练功意义上较为宽广，不仅要求练功者保持放松，也包括了一些紧的因素在内，即芗斋先生常说的“松而不懈、紧而不僵”。“沧海飞波”“流云吐月”是动态的表现，“慧眼默察”“凝耳息听”表达了静态的意境。但这首诗中的第四句被人改为“凝耳细听两人娇”，第六句被改为“流云吐白紫兔嚎”，第八句改为“有如蓬壶踏六鳌”，如此胡编乱改，实在让人痛心难过。

芗斋先生对中医学有兴趣，笔者亦喜爱中医学，经常和芗斋先生在闲谈时，谈论到中医的《黄帝内经》及中医的经典医学、中医学术和养生的关系。1959 年芗斋先生在生日期间，兴之所至送给作者一首诗。

养生别开面目新，
筋含劲力骨存神，
静如伏豹横空立，
动似腾蛟挟浪奔。
吐纳灵源合宇宙，
喊声叱咤走风云，
不知素问千年后，
打破樊篱更多人。

芗斋先生用“素问千年后”夸张的手法，指出中医学再过多少年后，取得更大的发展创造又何止一人，鼓励笔者将来能把中医养生与大成拳的养生很好地加以结合。这首诗的第四句被人改动了一个字为“动如腾蛟挟浪奔”，虽只改动一个字，但总感觉不如原句顺畅。

2. 技击

芗斋先生在拳术方面写的诗词也不少，这些诗词每句含义都较深奥，现介绍芗斋先生在指导实战方面的词一首。

力光闪，卷枯叶，惊吓天涯鸟飞绝，裹缠横绕云龙蛇，光芒无限力如铁。手握提按斜撑错，足踏泥泞半尺雪，雷电交加轻也重，眼底心头扫鲸穴。

芗斋先生在这首诗中，把大成拳实战情景描写得淋漓尽致。开始的“力光闪”形容实战速度之快可以横扫一切，使大片枯叶纷纷零落，吓得大群鸟类都已飞掉。在实战中大成拳多方面力的运用且不断变化，如龙蛇缠绕，而精神气质光芒四射，使人望而生畏，力的运行在自下而上的虚空变化，使人莫测难以捉摸。在实战中还要保持胆大心细的威武气概，不断应对对方的变化而打击对方。

这首词现在竟被改得非驴非马，如：第一句被改为“刀光闪闪卷枯叶”，第四句被改为“光烂无限力如铁”。经粗俗文字的改动，该词的原貌意境尽失。

3. 舞

芗斋先生在指导练舞时，提出了四种舞式，即白鹤舞、惊蛇舞、游龙舞、挥浪舞（又称大气舞），在所写的诗词中如：

身动挥浪舞，
意力水面行，
游龙白鹤戏，
含笑似蛇惊。
肌肉含劲力，
神存骨起棱，
风云吐华月，
豪气贯长虹。

这首诗中写出了四种舞的基本情况，而在另一首词中又加以刻画了舞的表现。

精贫出豪举，得闻慷慨声，大气包寰宇，挥浪卷溯风，吴勾运起吞长虹，发声喊，海洋谷应舞龙象，飞似梨花影。赋长歌，整备山河定，七尺躯任纵横，浑一似山崩潮涌，顿开金锁走蛟龙，打破樊篱舞。

芗斋先生在这首词中用了不少典故，如“吴勾运起”是指古代越王勾践卧薪尝胆，最后打败吴王夫差的故事。又如“赋长歌，整备山河定”是指岳飞抗击金兵侵略时所写的《满江红》一词中，充满了慷慨激昂的气概。在金锁锁住蛟龙的神话故事中，发挥蛟龙挣脱金锁的束缚，而腾飞造福人类的想象。

但在这首词中的“吴勾运起吞长虹”的句子，被改为“吴钧云起吐长虹”，“大气包寰宇”被改为“大气包环宇”，“海洋谷应”被改为“山摇谷应”，“浑一似山崩潮涌”被改为“泻一似山崩海涌”，造成这首词的不伦不类，不知其所云为何意。

第16章 杂 谈

一、论养生

我国养生学，历史悠久，惜多失传散逸，门派迭出，多至不可名状，而各有专家独造之功，以致深奥精邃老手，都各有其特长。所有理论，大都歧正相生，参互为用，而结果多自矛盾错综，辨证再辨证，发挥出人体及多种生物独赋特有之精神。盖人飞不如禽，走不如兽，故采鸟兽之长，补人身之短，都是在“以形取意、以意象形”，颠倒互用，体会操存，逐渐得来些掣电轰雷、惊神泣鬼之术，而是学它的精神特能所在。如果学其形体，则风度、禀赋、性格特有的良能就完全销毁。这种方法是在求神意足，不求形骸似，永远保持有毛发如戟之感。大凡鸟兽多有无畏精神，它的智力不会增长，而特具的本能是永远在的。鸟兽的头是灵活的，目坚锐，肩撑肘横，指弯爪拧，而头颈更多增强顶缩力量。腰胯如轮，扭挫提旋，交叉互换，膝纵足提，浑身力量含抽丝之状。察其形大致有熊蹲、虎坐、鹰目、猿神、猫行、马奔、鸡腿、蛇身，会其意，静如潮涌涨，动似风云。先师云：“神如雾豹容窥管，气似灵犀可辟尘”。这种练功方法，肌肉里总含有活动力，骨中存着横撑拧转动荡的精神力量。力的发作“有形无形”，“有意无意”，“有定位无定位”，“被动自动”，“整体局部”，可具体而微。

练功时不在于姿势如何，也不在于形式之繁简，更不在于次序之先后，而在于精神中支配之虚实大意，以达舒适得力为止。有人问，力量如何以为之活动？上至头顶，下至足底，都是牵一发而全身动，上欲动下自随，下欲动上自领，上下动中间攻，中间攻上下合，前后左右都相连，四肢百骸，大小关节，手足膝胯，都是不期然而然，莫知至而至，五脏之内亦都有所配合，此之所谓“活力如蛇，游泳相似”。又有人问，即云养生，又何以为动力？按养生和锻炼都是一回事，养生基础已定，就要学习锻炼肌肉和力学。养生和锻炼虽出一气之源，然而虚实动静，有形无形之别，可就相距悬殊。养生原理是神经稳定，内在舒适，虚灵守默，而应万变。大致是神好静而意纷扰，意性本定，而欲来乱，实际都是虚象，应当是对境忘境，不堕于庸俗愚昧，居尘出尘，免沉于得失忧惧万念之中。有动之动出于不动，有为之为出于无为。无为则神息，神息则万念俱寂，耳目心意俱忘，即诸妙之源与所谓“耳目生意”颇相近似。

二、论舞

运动是平易近人的学术，然而理趣无穷。古人大都以射、御尽求为基础，到清初就破坏无余。从前不论文人武士，无不精心研讨，文人善拳技，武士诸多能文，自清初以来，拳学已被湮灭迨尽，而舞道更是久湮不闻。殊不知舞道是启发人类天赋良能活力的一种学术，也是抒发感情，振奋精神的最高艺术，并且可以却病养生，陶冶性情，更可使爱好者延年益寿。

舞道分四项：游龙、惊蛇、白鹤、挥浪（又称大气）。初练时浑身肌肉伸展，骨节起棱，头直、目正、神庄、意静、手指腕拧，有勾、搂、扭、错、裹、卷、横、撑之力，两足如在泥雪中求动，双膝提纵，力若抽丝，目光远望，手底留痕。掌握这些基本动作之后，方可进而学较复杂舞法。

第 17 章　大成拾遗

薄家骢按：大成拾遗亦称大成拾粹，是意拳爱好者手中流传的芗老未成文的拳学手稿。各种版本不一，内容也不尽相同。本人手中的芗老手稿，是 1961 年暑假我从北京体院返津期间，适逢芗老在三姑家中颐养天年。近水楼台，得天独厚我有幸于芗老书榻而获至宝。出自对芗老的崇敬，原件重抄不敢续貂。文章参差之处有待就正于高明。掬诚奉献广大意拳爱好者共享，祝意拳事业蓬勃发展，是为夙愿。晚生薄家骢叩识。

1. 初学须知

学拳者，莫好奇，平常都是非常事，果肯恒心毅力为，逐渐身受无限益。夺造化，转天机，蕴藏着许多精金和美玉，世人缘何不知取，唯一大宝都放弃。不用脑，不费力，不去消磨好时日，只要你平心静气去站立，不期然就到你的身上去。有谁认得这舒适支配虚空宇宙力。不论朝夕用工时，注意顶心如线系，遍体轻松力如泥。外脱换，内清虚，蓄灵存，悠扬依，奇妙横生有天趣，慧眼观察细胞系，时时刻刻如云提，躺在云端换大气。如疯如颠如醉也如迷，恍恍惚惚随他去，飘飘荡荡任呼吸。毛孔都似穿堂风，小腹沉松尿欲滴。这种愉快谁能比，谷神充满精不遗，海阔天空涤万虑，那管他石破天惊、山飞海啸，日月星球都转移，且顾眼前我自娱，浑身舒畅乐无极，用功才是真便宜。锻炼本是容易事，可惜世人多不知。道理从来无古今，学术更不分中西，随时随地具有相当适宜义，守定平庸用功吧，一生健康保有益。

2. 站桩诀要

站立时，莫着急，内空洞，理姿势。外中正，长出气，看虚空，天涯处，觉得身躯随云起。两足分开与肩齐，两手平衡往上提，上至眉，下至脐，左手不往鼻右来，右手不到鼻左去，往怀抱不粘身，向外推不逾尺，两手变化在范围内。上下左右不高不低，具体关节都有似曲非直意。

3. 拳学杂记

脚打七分拳打三，身如弓弩拳如弹。脚踏中门夺敌位，纵横任意无阻拦。争于米粒秒忽之间，不在对方中与不中，而在己身正与不正。学拳不慌忙，间架配适当，出入螺旋意，处处似弹簧。离开己身无物可求，执着己身永无是处。顶夹撑提腹沉松，舌顶齿扣目视耳听。背靠胸松毛千丈。五趾抓地，脚跟外撑，两腕夹顶，内扣外撑，提肛缩会，胸收腹松。呼吸均净，肩沉肘横，两腕轻松，形若无事。遇敌犹如身着火，风吹大树摆枝摇，力如巨风卷树拔地欲飞，有拧摆横摇摧裹错，欲起难移之势。借法容易打颇难，还是打法最为先。交勇者不可思悟，思悟者寸步难行。起手如举鼎。落手似分砖，起是钻，落是翻，起手如钢锉，落手似钩杆。顶抱担，提跨缠，怀抱婴儿手托天。

与人动手一切运用均在手腕之变化，眼光放大，即用功试力均须从远大处着想，有形力散，无形神聚，形不破体，意不露形，力不出尖。长手贵力足，短手能自顾，平时练习非长手不足以运力，对敌时非短手不足以自保，故长短互用，刚柔相济理也。

至于用功之法，首先身要端正，意念空洞涤除万虑和情缘，浑身关节都似曲非直，无节不是钝三角，没有平面，亦没有直的节段，更无方向可谈。如此方可以形曲力直，具形才能起作用，逐渐发挥热能电力，各种细胞才可能同时工作，所以能健身祛病，而后即可改造生理发挥良能，本能是自然的，若用方法即是人造的，基本锻炼只要具体舒适就全对了，毫无其他，愈想多了愈坏，反把自然舒适弄得适得其反。

所谓用力用法则力法皆穷。更要知道用力则气滞，气滞则意停，意停则神断，神断则全体皆非。

夫养生者，先知爱其身则可修身，知修身则可治心，能治心则可养生，摄养之道在乎戒暴怒，节嗜欲，慎起居，省思虑，调饮食。则自然血气平和，百病不生。治病先治心，斯理也。心为神主，动静从心。心为根本，心为道宗，静则心君泰然，百脉宁谧，动则血气混乱，百病相攻。

此种拳学的原则效能，改造生理，发挥良能。具体细胞同时工作，锻炼神经，调和呼吸，活动筋肉。

基本功能发挥高度新陈代谢，沟通全身而发挥热能。劳动不能代替体育，体育是一门学问。运动的正常表现在合于生理，神经支配，意念领导，心脏大脑处于正常活动。

病者，锻炼法，站好姿势，意念放大，首先由头部做起。毛孔再放松，有过堂风之感，挺拔项部。施术，休息，治疗，锻炼，调配合适。

4. 力之运用

浑圆争力：争力是无所不争，四肢百骸大小关节无处不争，虚虚实实，松松紧紧还是争力。不争就使不出力气。宇宙间无处不争，自己与自己的四肢百骸争，总之全体浑圆一争。

大气呼应：大气与个人相呼应，你能利用它，叫他能答应，站桩久了，内部自然慢慢地膨胀起来，与大气发生呼应之后就好办了。

浑噩逆体：浑身好像什么地方都没有空隙。整个都有逆力，什么地方打我都不怕，没有很顺当的力量，但又极顺当，这也是矛盾出来的力量。

动静互根：动与静是一个东西，互为其根，静即动，动即静，一动一静互为其用。松即紧，紧即松，松松紧紧勿过正。虚是实，实是虚，虚虚实实得中平。天地间没有中平，哪个地方也没有平衡，控制其平衡就是正。都是单双松紧，虚实轻重，作用力与反作用力起错综复杂的作用。看着一动不动，其实里面动得很快。如动得很多，里面气血跑得反而慢，原因是不会动。如会动的话，动即静，静即动，动静互根为用。初做应该不动，因为不会动，不动才是生生不已之动。会动了，动起来才更快。假借地动，头手，身足，肩肘，膝胯，能假借来动就更快，神动意动力量动，但形式上不动出来，那力量就最大。不在形式上看，这就是所谓动静互根的意思，动静研究起来没完，做更复杂。

遒放统一：力量不遒紧，放的力量也就不大，要遒的紧，才能放的远，欲放先遒，欲遒先放。

有无互用：有与无也是一件东西。有了才看见没有，有了就有没有这一天。没有就不知道能生出什么来，世间一切均是如此。

顺力逆行：手朝后拉，力量出去越远。手往前指，力量越往后来。

钩锉刀叉：也是有形无形。形象化来讲，出手如刚锉，回手似勾杆（实际上都还未动），浑身若起大波浪（谁也看不见），浑身力量毛发如戟，胳膊好像处处有刀叉一样。人身机能不好形容，因为里面有精神的力量存在，全是无形的假借。

斜正统一：斜即是正，正即是斜，由于支撑面不同，浑身关节的力量互有影响。力圆为正，一动是横。横是正面，一作用是斜面，但作用你看不到。

多面螺旋：各方面全是螺旋，随便一动作，全身大小关节都有支撑力。全成钝三角，在这时候力量欲膨胀又收敛，浑身都起了螺旋。连腿下也是如此。这时一碰上去，就出去，像过电一样。先是浑身都成钝三角，一变方向浑身就膨的一下子，起了螺旋的力量。

不动的转移：动作的转移，随机而动变化无方。这种动是本能的动，不是形势上的美观，而是实用合适。比如手触热铁，应即缩回不容思考。不意绊了一跤，而能站住未倒，都是本能反射。越不动，转移的就越快。一般人不会动，如果会动的转移，那就更好。静若处女，动若脱缰之马，迅雷不及掩耳。静若书生，动若雷霆，神意含蓄，力似惊蛇。力之强弱须当体察。

面积虚实：没有平的面积，但里面肌肉好似盘子里的滚珠，没有停留的时候。

神松意紧：突然受到刺激是神动，考虑怎么办是意动。神是本能反应，意加上了主观能动作用。神松，使全身肌肉至毛发都放松，利于气血运行。意紧，以意领气，意紧则气血运行就更快了。

形曲力直：形不曲则力不直，就没有劲了。成了直面积，前后左右就没有呼应。形曲则前后、左右、上下都有力量，想到哪里去都行。一直力就出了尖儿，就破体了，想用力量，直了四周都没用。这点用不上，就完全瓦解了。形曲则力没有方向，四周都能用上。画一块石头圆了就不行，一定要曲曲折折，不许有平面积，有平面则无力（绝对了），起伏、升降、进退、吞吐，把虚实大意形容出来了。所谓力直是各方面都有力量。力圆也可以说是直去、也是旋绕着去、也有波浪地去。但外形不露，旋绕一条有直的力量，旋绕和直是矛盾之统一体。做的时候，都用具体的东西，没力量也不行。

刚柔：刚不是硬，柔不是软。百炼之钢成绕指之柔，才是真刚。柔是真刚，是百炼之钢，真绕骨之柔。刚经锻炼才是刚，一碰脆了也不是刚，是生铁。只能说是硬。刚是锻炼出来的，百炼千锤，令人不可捉摸，才是刚柔相济。

虚实：宇宙虚而容万物，屋室虚而住人。都堆上石头是实，而什么用也没有。无形是虚，有形是实，无形无害，有形有害，无形永久，有形不长。

进退反侧：退时步步为营，含蓄待发。进时，“一言其进，统全体而具无抽撤游移之形”，反侧就是斜向一个意思，同样作用，左右防备。

空气游泳：是各方面都有阻力的意思。怎么增加阻力，怎么减小阻力和游泳的技术原理一样。减小阻力的办法，全在肩胯的扭错，人巧妙不巧妙，腰灵活与否，全在肩胯上，唯肩胯动，腰才能动。

随让随牵：你手按上，随着就牵走了。重心放在我身上，要摔一摔就出去了，随让之中有个截。

推拉互用：一切都是推抗，拉拢互用，没有绝对的力量。

旋绕撑拧：这个力量好，看着是旋绕，实际是撑拧，往后拉，向回缩，前后左右横撑力量全是如此。

双叠：身动、力动、精神动，手一动就是破体。

迎随紧随：这个作用不大，发作时行，积极上引，迎着、随着要紧，松了就不行，不是这个东西了。

单双轻重：与控制平衡里面东西多，精神意思总应着，有形就完了，控制平衡是根本。单双重与控制平衡有连带关系；单双松紧，虚实轻重都是单双重的东西。

5. 力量运用总名

浑元争力、大气呼应、浑噩逆体、动静互根、斜面三角、杠杆滑车、遒放统一、有无互用。
顺力逆行、勾锉刀叉、斜正同一、多面螺旋、面积虚实、不动转移、神松意紧、形曲力直。
刚柔虚实、无形神似、起顿吞吐、伸缩抑扬、进退反侧、推拉互用、拧卷惰涨、撑抱悠扬。
纵横高低、开合分闭、单双轻重、远近短长、提按抗横、撑拧旋绕、滚错双叠、翻拧裹扬。
半让半随、随让随牵、截让截迎、控制平衡、空气游泳、榔头拷钉、钻捉搜索、蓄弹惊炸。
沉托提纵、举抗推旋、搂劈钻刺、迎随紧随。

6. 全身各部之力量

头：撑拧顶缩。

肩肘：横撑，肩撑肘横。

手腕：勾错敛抗。

腰：摇旋。

胯：坐锉旋提。

膝：撑纵。

足腕：刀叉分刺。

7. 歌诀

直取旋绕力横撑，眼底手腕都留痕，矛盾错综来统一，精神杠杆要长伸。

拳学顾指精，运用在虚空，灵机自内变，力由静处生，身动似猿捷，踏步似猫轻，勿忘勿助长，久久自登峰。

拳技一道尚精神，内要提，外要随，手脚齐到法为真。力要远，气要摧，拳似炮，蛇卷身，应敌犹如身着火。充华必强骨，饰貌必表真，计谋须运划，精神似霹雳，心毒称上策，手狠方胜人。何为闪，何为进，进即闪，闪即进，不必远求尚美观。何为打，何为顾，顾即打，打即顾，发手便是处。力如火药拳如弹，灵机一动鸟难腾。

力光闪，捲枯叶，惊嚇天涯鸟飞绝，裹缠横绕似龙蛇，光芒无限力如铁。手握提按斜撑错，足踏泥泞尺半雪。雷电交加轻也重，眼底心头扫鲸穴。

身动挥浪舞，意力水面行，游龙与鹤戏，含笑似蛇惊。肌肉含动力，神存骨棱中，风云吐华月，豪气贯日虹。

拳道极微细，勿以小道视，开辟首重武，学术始于此，当代多失传，荒唐无边际，拳道基服膺，无长不汇集，切志倡拳学，欲复故元始，铭心究理性，技击乃次之，要知拳真髓，首由站桩起，意在悬空间，体认学试力，百骸撑均衡，曲折有面积，仿佛起云端，呼吸静长细，舒适更悠扬，形象若疯痴，绝缘摒杂念，敛神听微雨，满身空灵意，不容粘毫雨，有形似流水，无形似大气，神绵觉如醉，悠然水中宿，默对向天空，虚灵须定意，洪炉大冶身，陶熔物不计，神机自内变，自然听静嘘，守静如处女，动似蛰龙迷，力松意须紧，毛发势如戟，筋肉欲遒放，支点力滚丝，螺旋力无形，遍体弹簧似，关节若机轮，揣摩意中力，筋肉似龙蛇，履步风卷席，纵横起巨波，若鲸游旋势，顶上力空灵，身如绳吊系，两目神凝敛，听内耳外闭，小腹应长圆，胸间微含蓄，指端力透电，骨节锋棱起，神活逾猿捷，足踏猫蹁躋，一触即爆发，炸力无断续，学者莫好奇，平易生天趣，神动如山飞，运力如海溢，返婴寻天籁，躯柔似童浴，勿忘勿助长，升堂渐入室，如或论应敌，拳道微末技，首先力均整，枢纽不偏倚，动静互为根，精神多暗示，路线踏重心，紧松不滑滞，旋转谨稳准，钩错互用宜，利钝智或愚，切审对方意，随屈忽就伸，虚灵自转移，蓄力如弓满，看敌似电急，鹰瞻虎视威，足腕如蹩泥，鹘落似龙潜，浑身尽争力，蓄意肯忍狠，胆大心要细，劈缠躜裹横，接触揣时机，习之若恒久，不期自然至，变化形无形，周旋意无意，叱咤走风云，包罗小天地，若从迹象比，老庄与佛释，班马古文章，右军钟张字，大李王维画，玄妙颇相似，造诣何能尔，善养吾浩气，总之尽抽象，精神须实际。

力量发作刹那间，在有形无形，有意无意，有定位，无定位，具体，局部，自动被动，具体而微。

8. 养生与锻炼

我国养生之术历史悠久，惜多失传散逸。各门派迭出，多至不可名状，而各有专家独造之功。以致深奥精专老手，都各有其独特长处。所有理论大都歧正相生，参互为用，而结果多自矛盾错综，辩证再辩证，发挥出人体及多种生物动力之独赋特有的精神。盖人飞不如禽，走不如兽，故采鸟兽之长补人身之短。都是在以形取意，有意象形，颠倒互用，体会掺存，逐渐得来些掣电轰雷，惊神泣鬼之术。而是学它的精神力量，特长之所在。如果学它的形体，则气度、秉赋、性格特有的良能，就完全销毁。这种运动是在神意足，不求形骸似。时有毛发如戟之觉感。

大凡鸟兽多有无畏精神。它的智力不会增长，而特有的良能是永存的。鸟兽的头项都是灵活坚锐，肩撑肘横，指腕抓拧。而头项更易增强顶缩的力量。腰胯如轮，扭锉提旋，交叉互换，膝纵足提，浑身力量含有抽丝之状。

察其形，大致有熊蹲、虎坐、鹰目、猿神、猫行、马奔、鸡腿、蛇身。会其意，静若潮涨，动似风云。先师云："神犹雾豹容窥管，气若灵犀可辟尘。"

这种运动肌肉里总是含着活变动力，骨中存着横撑拧转动荡的精神力量。力的发作有形无形有意无意，有定位和无定位，自动和被动，具体和局部，具体而微。

运动时不在姿势如何，亦不在姿势的繁简，更不在秩序之先后，要在神经支配虚实之大意，以达舒适得力为正。

有人问：力量究竟何以为之活动。上至头顶下至足心，都是牵一发而动全身，上欲动，下自随。下欲动，上自领。上下动，中间攻。中间攻上下合。前后左右都相需。四体百骸，大小关节，而手足膝胯都是不期然而然，莫知至而至。而五脏之存内，亦都有所配合。所以说活力如蛇，游泳相似。

又有友来见问：你即是研究养生的，怎么说起动力来了。

养生和锻炼是一件事。养生基础已定，就是要学习锻炼肌肉各种力量。

那么请你谈一谈养生的道理可以不可以。没有什么可不可以，不过基本的东西我更谈不好。养生与锻炼虽出一气之源，然虚实动静有形无形之别，可就相距悬殊。按着养生原理是神经稳定，内在舒适，虚灵守默，而应万物。

大致是人神好静，而意分扰，意性本定，而欲来乱。实际都是虚像。应当是处境忘境，不堕于庸俗愚昧。居尘出尘，免沉在得失忧惧，万虑万缘之中。有动之动，出于不动，有为之为，出于无为。无为则神息，神息则万念寂。耳目心意俱忘，即诸妙之园（胥注："园"似当为"源"）。

芗老生前使用过的折扇（薄家骢先生珍藏）面 1

芗老生前使用过的折扇（薄家骢先生珍藏）面 2

第三篇

大成拳二世文集

第18章　拳学新编

齐执度

胥按：在选杰夫子送我的另外一本《拳学新编》手抄本中，有如下文字："余斋取名习恕，于庚申春选录，颜习斋先生习字解，李恕谷先生恕字解，并录两先生嘉言各十一则，附以师友藏言汇成一册，名曰习恕斋鉴用资荣历习也。王芗斋先生曾以《拳学述要》一文汇赐议录原文于首卷，斯编之总论。齐执度 谨志。"可见此段《拳学述要》为王芗斋先生原著。据程岩老师告知，《拳学新编》是齐执度根据芗老拳学笔记整理而成的，《拳学述要》一文也可以佐证，所以《拳学新编》与芗老原作无异。

一、总论

拳学述要

我国拳学兴自战国时代，后以达摩易筋洗髓两法参之于华佗之五禽，始汇成斯技。虽今门派繁多，其渊源一也。不论如何分派，总不出以拳为名。夫拳者，乃拳拳服膺之谓拳，动静处中，能守能用，此即吾人气质本能之道，非纯讲套数、专论招法之所谓拳也。

拳学一道不可认为奇难事也，须知非常功夫多得自平易，无论行、站、坐、卧，随时随地都能用功。首要端正身体，使意念空洞，凝神静气，扫尽情缘，寂静调息①，以温养内外，涤除邪秽，筋骨气血不练而自练，不养而自养，人之本能逐渐发达矣。动作时不论姿势之优劣与形式之繁简，只看全体大小关节能否上下前后左右相互为用，以及神经支配之大意和气血流行与调息所发之弹力如何，总以达到舒畅得力为止。察其神情，身如凌云宝树，须假众木之撑持。又如在气浪中游泳动荡，毛发悠扬相依，大有伸长之意，气血如巨海汪洋之水，有波浪横流回旋不已之势，精神如大冶洪炉，无物不可陶熔，而身心将似渡海之浮囊，不容一针之罅漏，此身心气血修炼之要旨也。若是者非涤尽妄念，动静不失于自然，未易有得。然无论如何去作，最忌身心用力，用力则气滞，气滞则意停，意停则神断，全身皆非矣。他如试力之均整，间架之配备，发力之自乘②，三角之螺旋，种种之构造不一之力，又如浑元假借之一切法则，均不可忽。尤应注意全身枢纽之松紧，面积之曲折，和遇敌时相机接触之利用，此皆非言语笔墨所能形容，愿学者恒心毅力，切志研究，自不难入法海而懂道真矣。

① 寂静调息乃养气功夫，非作到孟子所谓勿忘勿助之境界，不能真有所得。尔雅云：勿念勿忘也。

② 发力之自乘是说明争力作用。

二、释拳

近世拳术分宗别派，作法各异，命名无不以拳，而对拳之意义实少研究。论者多就拳之字义为之解释，或指握手为拳，或指练习勇力能徒手敌人者为拳，皆属泛论，未得拳之真义者也。

芗斋先生解释拳义曰："拳者乃拳拳服膺之谓拳，动静处中，能守能用，此皆尽吾人气质本能之道，非纯工套数，专论招法之所谓拳也。"动静处中，能守能用（静即动，动即静，其守用一也。）拳拳服膺，永系不失也，尽吾人气质本能之道也，即言拳理之所在，非纯工套数招法，则辨歧途纳学者于正轨也。"

芗斋先生变言（胥注：原文如此）申明拳义曰："拳之为拳，实不在身体动运之形式如何，而在于筋骨气力松紧之作用，精神之指挥，以及心意之领导如何耳。"习拳专重形式是本末错认，攻其末而忘其本，终无是处。非得其本者，不能言其践形致用之实学，故应机而发，因势而变，动无有误，其神妙莫测者当非所谓专习套数招法者所能得也。

三、意拳

1. 意拳倡导之意义

人身外内一致，意动一致，拳功拳理，只有是非而不能分以内外。（所以芗斋先生）反对内家外家之拳名，并反对不合实用与拳理之招法套数，复为阐明拳理发扬拳学计，于一九二六年倡导意拳。拳以意名，乃示拳理之所在，其练习方法重在站桩，以求实用，不讲求形式演变之套数，无论动静皆以意领导，使意、气、力合一，以尽拳功、争力之妙用，（由此可知先生）正拳名曰意拳，意在诋（胥注："诋"应为"泯"）宗派内外之纷争以存拳学之真义也。

芗斋先生论意拳桩法曰：拳学桩法阴阳、动静、虚实、开合、胸腹呼吸与鼓荡，皆不得分开而论，都是互为根用，不在外感之交乘，而在一意之应付，此谓之意拳也。

2. 意拳之解释

意存于吾人自身，为心之动，其作用厥自我，确实存在，不得疑之。习拳应先明此意，然后动静始能合于理而有益于身。西谚云："身体之发达，可促进心之发达；身体的损害，多为心之损害。"如何使身体与内心得以发达而无损害，当求之于身心动用之合一。

身心合一之动用为健全之动用，应用有之动用也。如何使身心合一？须知心之动用为合意，身体动用即身心合一之动用，自是发达身体而有益无损之动用，此乃顺自然之需要应机合理之动用也。意为心之动，而欲达此意，司命全身者为脑，脑为身心之关键，故知脑之于身，如军中之帅。所以习拳先讲头直，意之发动属之于自由于万全，不附带强迫之感情者也，吾人之动作顺于自然，合于需要，方为合意之动用，为自由之决定，乃本能之作用。此种决定和作用从属于各人，能感得而受之者惟其个人不待言也。

人身动用可分两种，合意之动用为有益运动，不合意之动用，心理学者为之冲动运动（胥注："为"当为"谓"），乃发于欲望之运动，非正规之运动，系因受到冲动后，由此冲动一变而为欲望，一变而为执意，由执意而引起之实际运动也。故谓冲动运动反乎自然之运动，非出于自主（自由之决意）之运动，是谓妄动。此种运动，动必吃力，吃力则血注，则血流失其自然，而神经为之伤害。故运动结果必由此发生一种反射之冲动，神经梢端受到冲动，发生抵抗；同时发出反射运动，生出此种反射运动最为强烈，神经中枢感受到刺激而受损伤。此种运动不但无益反而有害。所以习拳忌妄动和吃力，即不许有冲动运动也。

合意运动，心理学家谓之本能运动，是由用意（运用神经觉察能力）来考察全身之需要，顺意之支配而起运动，系出于自主而顺于自然，所以本能运动是心身一致合乎需要之运动，有益无损之运动也。本能运动分为有意与自动，有意运动是基于心意支配之运动，做到妙处则成为自运动（胥注："自运动"当为"自动运动"），不感觉受意之支配，而其运动无有不合意者。习拳原为发达本能之工作，非臻于自动之境，不能得力、得气、得神而入化境。

四、习拳六要

1. 要知拳益

芗斋先生曰："不学拳是不要性命的呆子。"言拳功与人身关系切要，能健身修养性命，人人应知此理，应习此拳，普劝吾人练习之理由，一语道尽。若知习拳之益，习拳之乐，致力于练习功夫，定有欲罢不能之概。误入歧途，吃力努气，伤及身体，是学习错误，非拳不可习也。

拳功如做到妙境，真得窍要时，在他人看来反认为不精熟不好看者有之。故要知习拳为己非为人，此防身养身贴骨之事也。更须平时一心存之于拳，蓄养气血，无论何时何地何事，无不拳拳皆在操练，有时限之功夫不如无时限之功夫纯正确切，所以有固定时间而非广场不能练习者未必尽是也。

2. 要明拳理

拳有拳之理拳之法拳之意，得其法理意方得谓之能拳。故有拳法而无拳理者非也，有拳理而无拳意者亦非也。拳之动其法不一，而有原理，动静变化，机神无方，出之自然，臻于神妙，盖由于一意之支配，得理尽法而成其用，所以习拳理字最为紧要。理字须从规律中得来，能于规律中得理渗透（胥注："渗"似当为"参"），方能有成，妙悟在己学须自成之。

习拳者得其理后，方可与言气力。有气有力而不合于理，非真有之气力，知其理而不能用于气用于力，亦非真理。理与气会，气与力谋，动静合于理则气力为之用，而气力之神自见。然神其用者，还权（胥注："权"似当为"拳"）之于意，故习拳之初，对其法理意均须彻底认识，方有所遵循也。

3. 要重桩法粗迹

世人多以拳为小技不值一习，岂根本之论哉。拳为吾人动之始基，其理简而明，其迹粗而显，其用妙在几微。故论拳理言之深者本于几微，言之浅者本其粗迹。须知粗迹亡，其几微之理无从存，几微之理亡其粗迹则非。夫粗迹者极简易之动作方法也。得此粗迹即能变化于无穷，但非今日之拳套招法。拳之粗迹为何？乃桩法是也。岂可因其平易而忽之。观乎拳功用之神者无不由此一站生出也。

习拳须先求下手及着实功夫之门，习拳下手处站桩是也，久站乃为着实功夫之门也。舍此恐无真实下手处，故学者，应从此教，以此习，认定在此，终日乾乾，奥蕴自得，教学之道，不过如此，微乎微乎。

4. 要作体认功夫

习拳须知“心传意领”四字是得力关头，此四字须于“体认”二字中求之。体认是一种实行功夫，运用意之支配，发挥自身智能体能之作用，将脑所接受者使身体实行出来，以身验知并以求其所不知者是也。要知口传心省，非真学真知，须得自实行，方是实学实知。故习拳重体认功夫，乃易空想为实相之实功也。且精神气力之运化，非由体认，不足自发自知自成也。

体认功夫有内省、外观、实验三要点，缺一不可。内省者省察自己之意象如何也。外观者，内省自己，外观他人，以他人之表现参证其内容，作内省之助。实验系合内省外观之所得行诸身而得有实效之事也。

习拳有得于师者，有得于己者，得于师者为规矩，得于己者乃循规程经体认实得于身之妙用也。学拳不得于身则规程无益于己，论及体认原有力气神三步功夫，力气神体认功夫分言之则为拳功深浅之界限，合言之心一气齐，万力并是。力气神原有不可分离之性，三者实总于一气。气调则神经之训练，血气之调理，筋骨之煅炼，均得体认之实功。故曰：三步功夫实一步功夫也。桩法所示要点，皆为此气而培人生之基也。

5. 要去三病

习拳有三病，一曰努气，二曰吃力（即用拙力），三曰挺胸提腹。

染得三病则动静不合于理，拳功实难得力、得气而神之于用，慎之慎之。

习拳吃力是一大病。近之授拳者皆以快用力教导初学，误矣。教以快用力是欲手足用力也，要知四肢用力人身真动力必凝结，久之为害甚大。于今学拳应明此害，避之远之，庶几近之，而免入歧途也。

芗斋先生曰：今之学拳者多急于拳套，用暴力以求迅速和美观，全身气空为之闭塞（胥注：“空”似应为“孔”），而于自身气血之流通实大有阻碍。所有拳家凡用暴力者无不努目皱眉，顿足有声，是先用其气后用其力，至练毕则长吁短叹，急喘不止，伤及元气，所以往往有数十年功夫而终为门外汉者，岂非用此拙力之所致哉。

6. 要求实功

习拳忌好高求速，恐不达也。余某岁请示发力，芗斋先生曰：汝已得环中味道，当能自信，对发力要领，恐尚未能领略。因发力种类甚多，无应用经验，敢断言，不易知。望加意用功，届时必将详告。现在即告亦不能懂，即懂亦不能行，虑有务高反艽之病也。又曰：功夫宜久经朝夕操练，无时或已，得有日新成绩，方是进步消息。语云：非有百折不回之真心，那能有万变无穷之妙用。

芗斋先生曰："用功须知全身气血川流（身外有物），养神敛性，通体无滞，是初步功夫。若听得全体嘶嘶有声，无论行坐，一触即发，能跌人丈外，是中乘功夫；身外生气，光芒四射，如用目视人，其人如失知觉，然后渐入神化之境矣。"

五、习拳阶段

习拳步骤有三，分述如下：

1. 基础功夫

人之力生于气血，自然发动，由内达外，故通畅气血，煅炼筋骨，为习拳基础，其法为站桩。站时须间架安排妥当，再从静止状态去作，整饬神经，调息呼吸，温养筋骨，锻炼筋骨之各项体认功夫，而使内外合一，以达拙者化灵，弱者转强之目的。

2. 试力

前项基础功夫，做到妙处，应练习气力之运用，试力是其初步。试力为得力之由，力由试而得知其所自发，更由知而得其所以用，故试力为习拳最大关键。

3. 实用功夫

拳功做到全身舒畅而得力，运用变化，始能随机发动。至于快慢虚实与精神时机之运用，开始松紧动静之互根，以及力量和假借之分析等等，尚须实地研究，故习拳功夫未可稍松懈也。

又论习拳各段功夫曰：习练桩法时，形虽不动，而浑身之筋肉气血与神经以及各种细胞，无不同时工作，若机盘之旋转快到极点，正是不动之动，所谓生生不已之动也。此学拳当注意之要点。一念之差，舍此正轨，则终身难入门墙矣。应敌时势如猿兔，如龙蛇，而身心意力都要含蓄，暗中分析对手究竟，须全身收敛，随敌而动，以待发动之机。虽动用极速，亦有高低左右纵横之转移。而心身气血之悠扬飘荡，实动犹不动也。以上为基础、实做两部工夫与动静区别原则。其中间试力方法太繁矣，兹简述一二。

试力既不许有绝对力，首要体认全身气力园（胥注："园"当为"圆"）满否，光线锋棱与毛发接触否，气力能否随时随地可以发出，自身之神与气能否和空气发生应合作用，抬手动足全身各处都如有敌欲相比较，外形尚无动作，而精神早已与之周旋，非如是其力不能试得，学者于此，岂可忽哉。

六、桩法前论

1. 桩法为操练全身之工夫

吾人一身虽分身手足头五官五体，内外原是整个一体，习拳操练者为人之全身一体，内外表里，身手头足，五官五体，既不得分开讲论，更不得分别操练。拳理是非之分在此。而学拳能否入道亦在此。

意拳桩法是统一意志，统一动作，统一力气神，是基础功夫，乃统一全身发达，增强气力神之法也。拳为全身动作，五官百骸、十指四肢以及毛发，各有轻重慢急之司，要知少一件非完人，有一不动不足为万全之动。全身一致受命者此意之所使，心之所系，气之所运，神明之感，自然之应也。所以练习时，自习身，习心、习手、习足，须全身同时一致练习，不可分开，又不可偏重，尽其本能，统于一命曰意。若各不受命，自为动作，是自为肢解，无能曰拳矣。

2. 应知全身之位置

习拳应先知自身之位置。吾人一立，戴天履地，而有上下左右前后中，其所处之境则天地四表，而身居空气中，此人人所晓，不待言也。习拳者须首先求得自身之位置，其法为本身以外，四面八方，向自身看来乃得中立，立基乃园（胥注："园"当为"圆"）。得中用中，妙用无穷。

3. 须明动静曲直

习拳应知人之能生在于能动，其动源之于静，静直动曲，一动一静，一曲一直（形曲力直），拳理尽之于是。故习拳静以理其气，动以致其用，借此气活吾血，强吾力，运动全身，事其所事，而其动静，互因互生，习拳者乃习此动静也。习此动静，须慎之于始，其始则由直而曲，由静而动，形曲力直，动而还静之时也。静中有动，动中有静，求之之法则站桩耳。

4. 习拳基础功夫为桩法

习拳站桩用意体察全身动静，功夫一到，方知如此一站，大有无妙不臻，无法不备之滋味。欲尽拳功之妙用，应先致力于桩法。凡百运动皆基于此，此论实不我欺。古人躬行实践，乃寻此滋味之惟一法门。学者曷致力乎哉。

或曰："习拳不站桩"。拳以站桩为基，以行动为用，基不固则无根。习拳不可站不站桩，为是而自误，一身功夫须从根本做来方属真实耳。

七、浑元桩一

浑元桩一为整饬立容（一名立式），立为拳功之基本间架，立时垂手直立，两足跟并齐，两足尖外分，角度为60°，要安安稳稳，气静神怡，应戴天履地，有与天地合而为一之意。站时应注意以下各点：

"头"居人身之最高位置，为一身之主宰，不宜倾斜，须用力上顶，收颏挺颈而欲直，似顶非顶，似被绳提，要有领率全身之意。

"足"两足放平，大趾外蹬，小趾内扒，足心涵虚，脚根微起，两膝微曲而上缩，使筋络舒展，不可吃力。足一吃力立便不稳。要知吃力于足必顶于头，身体不舒，气力被阻，全身关节即不能灵活，又焉能求其站立稳定。故曰修容足重者非吃力于足之谓也。

"闾骨"为脊神经之壳，居人身之中部，为支配上下肢体之中枢。闾骨要正直，平肩正臂，收颏挺颈，心窝微收，使胸宽而腹园（胥注："园"当为"圆"）松，自无折腰、努胸、挤背之病。

"手"两手下垂，指欲插入地内，但须向上微提，使肘稍曲，舒筋络，并有外撑里裹之意。平肩正臂，腋下筋松，虚灵守默，如能容球。

"齿"齿轮上下啣（胥注：此处似为"啣"，"啣"通"衔"）接，不宜用力扣合，咬牙瞪眼，乃最大毛病。

"舌"舌尖微卷，接触上颚，似顶非顶，要领悟其有接引之意。

"鼻"鼻为气官，呼吸要匀而无声，气不可提，尤不可沉，匀静自然，为其要诀。气能主肃调息，方恰得其妙。切忌用口呼吸，犯之则气失通，鼻失其职，易致疾病，不可不慎。

"目"两目视贵平直，能不为物引（不他顾，不转睛，不流视左右），心意自然不乱。

"耳"耳听八方，要用神凝。

八、浑元桩二

起以立式，立式站稳，使足向左右展开（横步），曲膝，蹲身成骑马式，两手高提，使骨肉筋络平行舒展，气血川流。此桩功力在于通气增力以及温养筋肉，训练神经，使各细胞无不工作。站时应注意下列各点：

"步"横步展开时，两足尖向前平行站齐，不可前后参差，其距离按各人足之长短计算，以两足尖相距约一尺七、八寸为宜。

"手"：出手时，两手向左右伸张，均不过鼻，以保中线。高不过眉，下不过脐，前伸不过足尖，回搬不许靠腹，此乃最重要而不可违犯之规律也。又不许有平面处，无处不曲，曲处力无不相乘，体认八面出锋一语便得其奥妙。变掌为拳，五指相次，如拧麻花，各指力一如婴儿之持物，要有紧捻密持之意。（此握击时易发力）切忌死握。能不吃力于手两臂园活，而气力畅达手足相应矣。两肘要永久保持横撑力，勿使两手忽而接近，忽而远离，失去活动之空间（所应与之面积），与人以进击的机会。

"肩"步法改变两臂能否得力全系于两肩。要诀为松肩，松肩则下垂，左右腋支持其空间，如能容球。两臂得此空间，活动方能自如，再使心窝微收，胸虚背园（胥注："园"当为"圆"），肩得其平，浑身气力贯于掌矣。

"筋骨"力生于骨而达于筋，筋长力大，骨重筋灵，筋伸则骨节缩，筋灵则力实。伸缩腕挺（手足四腕与脖颈）则浑身之筋络开展，两肱横撑空平，有挽抱开合伸缩之力，两腿有提挟扒缩蹚崩拧裹之力，肩撑胯坠，尾闾中正，均不可忽。骨重如弓背，筋伸似弓弦，运动如弓满，发手似放箭，用力如抽丝，两手似撕棉。

站此桩时，全身上下左右前后八方并头与足，头与手，手与胯，肩与膝，肘与胯等处处相应，如有交互反向之绳索牵拽，或有人互为推移，不为行动之意。实际并无有绳索或人之牵拽及推移，不过存意如是。若真做出好似有被牵拽及推动之状则又误矣。是被欲望之支配其动作不觉而已吃力，失于自然。站时从此体认，全身易于完整。久之当能做到得中之意，气力乃得中之意气力也。人身运动既有其运动之空间，而其运动头足身手各处所占之面积，因头足身手各处作用之不同而亦各不相同。至其争力作用与各处因应之关系，复因之各异。欲明乎此，于浑元三桩中求之，自然得其奥妙，凡百运动皆由此基生出，岂可忽哉。

九、浑元桩三

学习以上二桩后，继习此桩。仍起以立式，站稳再行开步，左右两足前后展开（是为进退步），曲膝蹲身，两手环抱，横撑拧裹，向前伸开，使筋肉束裹，骨骼无节不曲，成钝形三角，（即90° 以上的角），不可有锐角，全身无有平面部分，更无有绝对力，曲折玲珑，浑元一体，兼有以上二桩之功用。遇机施巧，应变无穷，便于实搏，精于打顾。站时应注意浑元桩一、二腰膝两节所示各点及下列各点：

舒神情，周身轻快，妙不可言。李恕谷有云："涤荡邪秽，动荡血脉，流精神（胥注："流精神"应为"流通精神"，《史记·乐书》："音乐者动荡血脉，通流精神而正心也"），养其中和之德，而救其气质之偏。"夫站桩之功用尽于是矣。

初站桩时，气血流行未能通畅，遇有阻塞时，发生震动现象。要知此种震动，并非错误，亦非病态。用功日久若仍有此现象，气血流行不能平静，恐无良好成效。若遇震动时，可以神经起变化分解之。经此分解，如仍抖动，可每一姿势起变化，神经姿势同时起变化亦无不可，务使其平衡，至要至要。

习拳动静殊操，宜寂弄趣之现象最难免去，此皆站桩功夫未到，心神混淆所使然。平时锻炼应将心放下，不使浮动。气肃则胆壮，心静则神清。守之不失，自然动无不合。习拳不从此做去，为之旁求，是妄费心力，定难求得处一化齐之妙。

初习站桩，必觉浑身疲软，反如无力之人，及气血渐渐畅通，真力（即筋骨气血受意志之支配，自然发生之力）生发，则不分动静，气力周身一贯，而力之强大则当不可思议。功到自知，学者应求诸己者也。

芗斋先生曰："习拳平日用功，常使神气聚而不离，如站桩之时，用神不外驰，意不外想，精不妄动，气不轻浮，神不乱游，无站桩之形而收其实效，有不可思议之妙。"

或曰："细思站桩之益，学者何以不觉，则其心意注于手而不注于腰，不注于周身之故。"斯言颇堪玩味。又曰："习拳心动身不动则枉然，身动心不动亦枉然。身心一致加功，除站桩外无第二法门。"心动系说心意之动用，身动系说筋骨关节之动用，气血应合所生彻诸身之动用也。故习拳应从站桩下功夫，不然是以有用之精神付之无用之地也。

站桩功夫是使吾人生机活动，纯任自然，毫无残害生理之实。故真善拳者，其人必气力充，精神足，皮肤柔润，筋骨强健，绝非皮粗肉厚结为铁石者。

练习站桩乃习拳攻本之学，有一势可变千百势，有千百式而归于一势之基也。须着实勤习（知其理，习其事），践迹是要，岂独拳学哉。

十、桩法后论

习拳站桩时间愈久愈妙。站时所生现象，依功夫深浅而有所不同。初学站桩，初站不数分钟，汗即涔涔而下。再站过数分钟，即觉肤中蠕动，甚至牵及全身。及练习已久，只觉周身嘶嘶作响，气血之动盛如源泉滚滚。初练气血尚未通畅，两腿感有痠楚疲倦时，可以稍憩再练，以免因劳强行而致吃力。拳功本在日积月累，以行之不间为要。（站的时间要逐渐增加）站桩毕气身心要稳，再举两手（胥注，原文如此）。

“膝”开胯曲膝，骑马裆欲其低不欲其高，向下坐，胯往回收，臀前裹而胯外张（横撑腰平），两膝扣合，有外撑之意。膝盖骨处力之生发动用最堪体认。由膝至脚面至膝有上撑之力，又有欲直立却被绳索将脚面与膝相连不得撑开之意。而膝盖骨以上部分复有向上急提之力，同时更具有下坐之力，膝内曲，大小腿筋络有相聚之力，同时又具有相反之支撑力，此等力量生之自然相等相乘，名曰争力。习拳功夫一到，力动情形自然能领悟而知其难于讲述也。

“腰”：腰为人身上下四肢运动之枢纽，全身中线之所在，乃重心之所系，最忌腰背弯曲。头直、肩松、胯坐（臀勿前掀）则腰直而上下通灵一气。

“手”：两手高举，意在使筋肉伸展，而顺左右肩之方向向左右伸张，两手要向前微抱，肘曲腕按，五指离开，向上伸张，如此手势，乃此桩基本姿势。两手姿势不论如何，筋肉与骨骸均系平行舒展，无拧裹力者皆属此桩。

按式：提两手于脐前，大指朝脐，掌心向地，指尖相对，两臂环垂。

托式：两手高提与心窝高处相平，掌心朝天，指尖相对，两臂环垂。（以上两式托式小指，按式大指离身四寸，两手指尖距离三寸，不可靠近）

推式：两手高举，手伸出后再使两手指尖相对，掌心向外，肘腕平行，形曲如弓。

抱式：两手平伸后使掌心向内，指尖相对。腕肘平行，形如抱鼓。

提式：两手下垂，使肘微曲，并微卷各指，如提物状。

举式：两手高举过头，使肘微曲（不可靠近头部），指尖相对，掌心朝天。手中五指不可紧靠，应行分开，求其活而得力也。五指卷曲，如爪如钩，虎口撑圆而指尖微敛，掌心内吸，有持物欲坠之意。掌心吐力，手指向外扩张，又如柔丝束缚有不得伸展之意。而此种神情（亦是争力妙用）同时并具，出之自然，方得其妙。

十一、养气

习拳者多言气功，言论纷歧，莫衷一是，芗斋先生授意拳，时常以意、气、力三字并用，或气力并称，极重气字。而所授养气之理在于不为气害，其法至简至易，本乎自然。以鼻呼吸，要细匀而无声，而以匀静自然为要诀。今言气，须知此气呼吸炭（胥注：“炭”当为“碳”）氧二气而言，并须先讲明，人身动作与呼吸运动之原理，习拳养气。调息呼吸，及运用呼吸所生之弹力，以尽拳之妙用，非如世人练成大肚子，即是气功名手之谓也。

气充力强为学拳之结果，气之顺逆虚实关系人之壮老勇怯，而身体四肢筋骨之运使变化因之赖之，所以无气无以养其用。气之于人为无量供应，此人生原动力之所由生也，欲力之强大，须从养气入手自不待言也。

养气功夫亦可谓之理气功夫，气系呼吸碳氧二气而言，前已言之，用呼吸方法，使身体内外之气川流不息，此种呼吸功能，全身血脉之催动，由此可知气在体中或在体外，养之用之变化神乎至于无形，微乎至于无声，引自体外，充于体内。操拳动也灵妙莫可推测，静也严肃莫可撼移，无不基于此气，非养之有素何能臻此，养气之道岂可忽哉。

讲养气者多矣，或胸内努力以鼓荡两肺，或沉气腹内以求气实而气结不通者，皆不明养气之理者也。养气之理在于呼吸自然，既不许用力来鼓荡，亦不许故用我意之支配，不急不迫，徐徐为之，顺其自然。能于不觉呼吸而为呼吸，全身血脉鼓荡，方能与呼吸相合，无论行动立止，均能如此。方得气肃真实功夫，而后得孟子浩然之气，而明至大至刚之奥蕴矣。

芗斋先生曰："士大夫常以坐功为禅学之秘。自认已得且极是矣，其实不过口云自然，其盘腿一坐便不自然。即练之无害，必无所得。只知一时之神经清呼吸静，不能明此，非具体功夫也。"（神经不能敏捷，肌肉不能舒展）

气贯全身为养气要诀，气非通畅关节不能敏活也，盖因呼吸而血液之鼓荡，浑身各种细胞（毛发气孔）均同时为鼓动而生吸引之动作。此种呼吸动作乃拳之基本功点。从此基点发生之操作，乃合理自如之动，动能自如然后方得天然生生不已之气而知其真滋味矣。

全身毛发同司呼吸，与鼻之呼吸互为应合。毛孔呼吸之功能实大于鼻息而人不自觉。故言气功者多论鼻息而鲜及于毛孔。要知调息以匀静自然为要诀。呼吸免去急迫短促，使肺量增加与毛孔呼吸互为应合。故曰鼻息调而毛孔呼吸细匀一致。但知鼻息而不知毛孔呼吸者对于气力运用恐难入妙境，以其不明了身内外之气运养而裕之也。

肺量增大，在于垂肩虚胸（心窝微收），努胸挤背者误也，一试自知。拳要虚中取气，气为虚中之实。芗斋先生曰："动时要于身外留有余不尽之力与气。而浑身毛发直竖如戟（气达稍端方谓之气足），不见力处正是有力处，不觉呼吸时正在呼吸。"应于此处去下功夫。

或有问曰：芗斋先生曾云："用神用意勿用力，能养气调息，川流不止，使神意与气合，便得此道之真主宰和其奥妙机运矣。"前言养气不许故用我意之支配，而用神用意勿用力一语，而又重在用意，岂非矛盾耶？答曰：未也。不许故用我意支配者，乃不许故意使气如何动用以防滞其气而失于自然也。所谓用意，系以意体察使气归自然，全身周到，而保其匀静也。语虽不同而其用意则一，前者用则助，助则暴而乱其气，后能用则勿忘，得于自然而气肃，不可不知也。

养气专主讲求调息，反不如求之身外，使气不去而自调。其方法以目注视远方，假定一标点，神合意合光线合，我动时使标点随之而动，标点放大，其光如轮，缩小则大不可破，起始作时须令标点离身在十丈左右，与目光相平成一直线，练习日久，可使此标点由远缩近，或由近推远，或上或下。如此做去，气不练而自练，不养而自养矣。

气沉丹田，气贯小腹，为近来拳家所乐道。要知提气固非，沉气亦属非是。求沉其气则气不能自然，实不如听其自然，不加经意为妙。所以拳家讲运使以练其气者不足尚也。先哲有云："气不养则馁，何以充体。"充体者，气充全身也，非如拳家只言丹田也。既得养气之道，功夫一到，自然充实全身，无不贯到。惟腹部因发力上运用之不同，而有松丹、实丹之别（胥注："松丹、实丹"为松圆、实圆之误，下同）。

松丹：气极静之时也，其气至平，贯然全身，浑然一致，此乃常态也。

实丹：气由静而动之时也，胸宽腹实为发力时瞬间之动用现象也。头顶足蹬，手张胯坐，气注于腹，用以足力，此乃变态也。

十二、论意

芗斋解释拳义，说明精神气质之运使，至为详尽。运用肢体使筋骨伸缩，气血川流，强健身体，则属之气质方面，至筋骨因何运动则属之于精神方面，身体之动用原由于一意之支配，意为所计虑及精神现象之总称，意之所用，神即前往，全身因之运动而行发力，顺乎自然出露体外，由此可知吾人之运动原之于意。而意之于身有全体统一之性。知悉之、觉察之、应付之、虚实动静，互为根用，乃均一意之所为。欲达此妙用，须要领会芗斋先生“争力之生发和一意之支配”二语。意气力运用于自身以外尚须有其运用之空间，意气力之守中处一，舍此空间不能成其妙用。所以习拳有以身外空间为运使，方能尽其运化之妙。芗斋先生曰：“练拳如在空中游泳，意在身外守中，身自然自整。”又言：“学拳存意，使意离开己身不合道理”，“只有己身，更有不妥”。

习拳须具精神合气质，拳练合一之要件，方能其为拳。欲达此境须求之于存意。欲言存言，须先知学者习拳之通病，在欲求速效。欲求速效，乃是贪欲，此念一生，身心定然吃力，能阻气血运行，使其力不能外发。过于助长，欲速不达。故制止身心用力是第一要事。制止之法厥为存意，存意检身，稍觉吃力，便要挽回。一动便觉，一觉便转，久之归于自然，全身舒适，如无力之人。其气方能畅达全身，应运外发，无往不利。此即用力不可反为所害之谓也，学者宜熟思之。

“意存动之先”为习拳要诀，觉古人千言万语尽于此矣。要知力随动生，基于争力，而以取势为主，系由静而动，由动而静所生之势也。运力得势则随意动作无不得力，此则存意勿吃力之实功，所谓得意应手则便成此也。

势欲左行者意先顾于右，势欲右行者意先顾于左，或上者势欲下垂，或下者势欲上耸，俱不可从本位经精一往。古拳谱云：“用力如春蚕吐丝”，又曰：“起势如挑担，进步如槐虫。虚中取实，以势为之变化得一。先以顺施，继以逆送。”即详示势字运用也。顺施逆送，互根互用，同时并具。芗斋先生曰：“习拳须知来势去势”，来字去字，颇堪玩味，存意在此来去二字则得之。若先如何用力，而后如何用力，此样讲求则非矣。意存动之先，其动已止而意仍在，乃指示初学之语，亦求知求得求存之途径也。

芗斋先生曰：“操拳能作到不用心处方好”，又曰：“写意”两语最为微妙，意非从外面来至身内，而是由身内达于外面。芗斋先生复常言：“身外须有意，此意还存于身”。学者宜领悟也。

习拳宜知拳理拳意拳形，将意存于周身之外，使意在身外，领取身上法度，神理自然得之。专习拳之外形而不知拳理拳意者，劳心乱意，不但终无获益，恐身反为之伤。芗斋先生曰：“意足不求外形似，意足者神足，动则合意而得力，不求合而自合也。”习拳时时刻刻想着芗斋先生“为什么有此一动，此做的是什么？”二语，去体认，去努力，无有不成功者矣。

习拳讲求存意，须知得意为其前一步功夫，不能得何以言存？何谓之得意？须先知何谓之意。意字解前已言之，勿庸赘述。知字功夫要在动静变化中求之。无论如何一动，便要先问为什么有此一动？继要问此动是否合于需要？大小关节曲折面积及点力有何作用？更问此动恰应时机否？尤要检查动后全身处处是否完整舒适如不动之时，习拳如此用功无不得意者矣。

存意作到无有不至，身之动静完整舒适，非知意之存在者不能以意检身，以身知意，意自能存，意存不出于意求，则拳功臻于几微。故曰脑中想存意者，不能存意者也。因此一想便将此一点意用错。所以习拳者能自知意做到得意，由得意作到存意，再臻不知存意而意存，方达知意得意存意之真境界。芗斋先生曰："有形有意都是假，真到无心始见奇"即此之谓。

先哲论拳尝言守神专一，此说明得到存意真境界之情形和作用也。功夫不到如此境界后之情形和作用也。功夫不到如此境界，何能言及自然，身动与意相忘，方得勿忘而免助长之害矣。

讲到存意，学者最易误解，认定存意乃一种欲望作用。须知助长之病多生于欲望，芗斋先生常教以求放心，讲求勿忘，以免助长，并常以《尔雅》云"勿念勿忘"用来解释勿忘之真义。如此看来，欲望必须根除，拳功方臻神化，此理当不谬也。芗斋先生论养气尝言："气调则意念平，能无念而神自清，神清方能心意定。"心意定，动则神归气足而如不动之时，如斯方谓之能动。故心不外弛，意不外想，神不乱游，精不妄动者，乃从存意养气入手到来之真功夫也。

十三、试力

站桩基础做到妙处，应习气力之运用，其初步为试力。试力为得力之由，力由试而知其所自发，更由知而得其所以用，故试力为习拳最大关键。

初试须使浑身气力均整，关节灵活，骨骼支撑，筋骨收敛而舒放，然后所有力气，自然应运外发。动时慢优于快，缓胜于急，更须注意意不使断，灵不使散，动一处牵全身，所谓动无不动，动犹不动也。习拳若能达此地步，全身合一，自然动静守中，试力功夫方得其奥妙。

前言气力匀整，关节灵活，骨骼支撑，筋骨收敛而舒放，冠以全身二字，系说明四种作用同时并具于一身，互为关系，是整个作用不得分开。作拳从此体认，自能得到动静基于一意之支配，须使全身任其自然，不可稍有滞处。最妙连试力二字亦勿存于意中，徐徐运动肢体，动一处即全身想，以意领导神经支配全身。动时大动不如小动，快动不如慢动，动愈微而神愈全。如能做到不动之动才是生生不已之真动，心意照顾周到，气力圆整，上下左右不忘不失，如此则全身力一，力一则力止于圆中，动静处中，自无妄动矣（滑力、硬力、滞力、图力以及丛杂乱发出而四种不善之力自不生矣）（胥注：此处原稿"图"字模糊，待考。图今作溷，有不洁之意。）

力止于中者，永是而不变为静之至也。力一者形变之始、形变之终，始终为一动一守静，定心在中，无所妄动，动即适当也。此静为本体动为作用之真理也。芗斋先生曰："不觉力之力，莫大于变化，顺生于自然，而不觉其力也，故谓之浑元。"

试力要从"徐徐"二字作体认功夫，不如是不能试得本身气力如何以及运使之所以用。

习时若出于急迫必先行吃力，吃力则不自然，必偏重一方，失之于滑于暴，全身原有之浑元力（一贯力）不能畅达于体外矣。力之为莫大于变化，阴阳虚实开合顺逆，互为根用，顺生自然，滔滔不绝，用之不竭。变化虽有不同，其力则处一不变。而力之外发，手肩肘胯全身关节，缩骨伸筋，气血鼓荡，面面有力出锋，生生不已，共争一中也。力出共争一中者，乃言相乘力也。其力名曰争力，又曰浑元力，全身处处交互均具有上下左右前后四隅之相乘力。初步试习应求二争力，如手伸出，同时有前伸后撤，上托下压，外撑里裹相乘之力，从一中心异向发出，相等相乘。悟得二争力，再求得全身各部分均同时面面发力，无不相乘，互有应合，浑元一致，共争一心，气力贯通，全身无空隙。习拳得此争力，才能神气意力真实合一，然后可谓之得中，可谓之得力矣。

力不从一边发出，今失此意，故无八面玲珑之巧，而失分合虚实互用之基。"一动全身转"，此身字正宜领会，于有意无意间悟得自然神机之妙，方是试力功夫之到境。

芗斋先生曰："初习试力，使手自腕及指尖可稍加力，腕以后则不可用力，如此作法，容易入门。"又曰："不论怎样作法，总要勿忘勿助长，以动静互为枢纽，全身无不浑元一争，始得象外之妙，身外之意，拳外之拳。能否得之在于一试，从此一试而得之者可与言拳道矣。"

芗斋先生教拳，申明争力作用，以求气力自然发动，乃拳学不传之秘。今揭以示人，其理显，其法易，能得与否，则系于学者，学者志向体认如何耳。

十四、运力

习拳得力后，才能进言运用运力之妙。因在于周身力一，运之于内灵之于外而神之于用。夫力静为动之基，动为静之效。习拳致力于静，正是求动。气充理（胥注："理"当为"力"）足然后运用，方能静不滞其机，动不见其迹。能静者方能动，静者乃万有变化之源，桩法各章已详论矣。身手足之运用须要用意，使之灵通一气，其用则腹为之主（胥注：此处手稿有圈注痕迹）。语云"身化"，此之谓也。手为全身力气神之前锋，其发出撤回非玩耍两手往来之谓，实根于腰之运转及两臂之伸缩而成。发出收回之动作，实际上两手不使之局部动转也。所以习拳忌于空发空回，同时变换或拳或掌或指，翻转变化运用灵活。但举忌过高，按忌过低，总以高不过眉，低不下脐，左右不出肩窝为常度。至于步法应知步大不灵，所以进前足须跟后足。两足虚实互为根用，前足尚虚，后足尚实，虚为灵活，实则山安。前后虽分虚实，其力并无二致。而肩脐之间，为身手变幻之地，又神经中枢之所在，上达于手，下贯于足，成一神经线，名曰中线，全身照顾在此，可免有失矣。

手之变换或拳或掌或指，切忌死握紧攥，能不吃力于两手，两臂方活，气力畅达，手足相应矣。拳学要决步行要猫行一语颇堪玩味。若吃力于足，或顿足进退，变换不得灵活，甚或戕害神经，易致脑病。神经末梢受到刺激，因反应作用，致使神经中枢为受伤也。

习拳对于声势二字，应加领会。声字今姑不论，先言势字。运力得其势则得其力而妙其用。势生于气，为意之所失，因形体动静变化表露于外，势虽有不同，其气则一也。

拳家言"合"有内外之分。心与意合，意与气合，气与力合为内三合；手与足合，肘与膝合，肩与胯合为外三合。复有肝与筋，脾与肉，肺与身，肾与骨为内三合；头与足，手与身，身与足为外三合。皆未知拳之至要。须力气神以及光线声势统一于一意，方得谓之合也。但求形象对，岂得谓之合哉。

或曰："意拳在十字当中求生活也。"妙哉斯言，拳学真谛，一语道破。所谓十字者，乃明争力之作用环中之奥理也。拳家皆言得其环中，以应无穷。然所谓中者何在？所谓环中何为？环即俗称之圆圈也，其结心即中所在。环中之力，同一结心而有若干相等相乘之十字也。人身上肢掌腕肘臂，下肢趾踵膝胯各身各部，无不有其环中，然须统一为一体。所以操拳非各处皆不能得环得中，而得其环中。中属之于静，环属之于动，能静者方能动，待时赴机，动静运用之妙也。习拳如何能得其环中，总之须由中以求其环，并由环以求其中，两者化一乃得其环中，练之之法，应求之于站桩。

敌我两力相接即分强弱，运力之妙见矣。两力相接之时应知有所谓点力者存乎其间。点力者何？即全身力气出露于外与对方相接部分之梢端力量也。其力根源于周身之气力，彼此克化各求其中，妙在一转。彼力经我一转即化为乌有，手腕腰背头等处之转皆然。浑身所觉松紧矛盾回旋者是也。有时见于形，有时藏于肤中内部一点转动，全身一致各处动则俱应。各处俱应对于点力之作用为足力作用，其实非各处俱应，乃同时俱动也。更有时无转动之形变，而其默化之妙用须细心领会。俗谓某式为拳打某式为肘打者，实未明运力之妙，不许部分推进或转动，岂得谓之是耶？

芗斋先生曰："力不可由内外张，须由外内引，其力方能外发"。又曰："应敌出手前进时，不许力向敌发，方能应机应时"。此言运力须有意，勿努力，并言意中不可有敌人，意中有敌则己之力己之气不免受气力之阻也。我之行动要正正堂堂，如入无人之境，气力不为敌夺，方得莫可当锋之效。然后始得运力之妙也。

芗斋先生曰："运力外发，因其用之不同，运力可分为三种，曰虚中、实中、化中。"又曰："应敌周旋，顺应来势，形变不测，通体齐动，敏捷异常。而力之为用，不外刚柔方圆斜门螺旋以及蓄力、弹力、惊力等等。变化虽有不同，按其总要不外乎得其环中以应无穷耳。"兹分述之于后。

刚力直竖（刚者力方，便于转顿）如撞针然，浑身毛发皆竖如戟，其力尖锐出露体外，利攻守。

柔力短缩而力长（柔者力圆，便于抽提），灵活如弹簧然，毛发动荡，锐力内含。

斜面力以偏击正，机灵异常，易于进攻。

螺旋力出于拧转，不论刚柔，应按运用乘隙而入，最易得力，有引导抛掷与缠绕拧拨之用。

蓄力即全身气力波涌于内未荡发于外者，外刚内柔，静以待动，转变利用，能生挺力及粘着摄引之力，其妙在于虚灵守中，易于变化，故曰虚中。

弹力又名挺力，如弹簧所发之力，此力生于振动，外柔而内刚，如绵裹铁，为被动反击之用，故曰"实中"。

惊力运用，在于身体之梢端，其变化主动如腰，如蛇如龙，刚柔相济，而阴阳虚实互为根用。任敌千差万异，纵敌近我围绕而缠裹之，极其神速，故曰“化中”。

拳学通于易理，操拳用力，不出乾坤。乾者力之一，坤者力之二，而仍一者也。圆出于乾，方出于坤，而坤浑于乾则绕于圆。知其方而圆，遇机变化不一，动分静合，阴阳交错，运转乾坤，其道得矣。

芗斋先生曰：“世之论拳者，有某拳生某拳或某拳克某拳之说，似亦有理。但仍基于招法之讲求，若绳以拳理，当两手相接对出时，岂能有暇及此。若以目之所见，心再思之，然后出手制之，实不敢信其能也。况敌之来势逐迭更变，安有以某拳某式生克之说，而能致胜之理，此欺人误人谬误之甚也。苟能习得争力，守中不失，不期然而然，莫知出而手足至，尚未敢说定能制人，如察来势思应付，出手论招操击论套者，真可谓门外谈拳者也。”

运力之妙，百出尽致，随机应变，方拟去而忽来，乍欲行而若止，阴阳刚柔，形体无方，意则一定而不易，故操不可好奇，但取适意，适意则流，永用不疲，初学应知吃力则力失中，不吃力而力自足，此乃用功所进之火候也。

芗斋先生曰：“全身要浑元”。浑元力乃是争力，动静因而不同，不动时其力一贯，属之于静，动时大小关节无处不有上下左右前后百般之二争力，其力一贯属之于动。动时之力，又因其动之不同，而分为金木水火土五力，实则乃一争力耳，兹分述五力于后。

金力：浑身之筋骨坚硬，心如铁石，运用时其力内虚化为实中，有攻坚之能，其性属金，故曰金力。所谓皮肉如棉筋骨如钢之谓也。

木力：四肢百骸，处处皆有，若树木之曲直形，其力实中有动，其性属木，故曰木力。

水力：身体之行动如神龙行空，矫蛇游水，行无空鲜灵活随转，犹如水之流动，其力虚中，其性属水，故曰水力。

火力：发手如炸弹之爆烈，忽动如火之烧身，猛烈异常，其力由虚中化为实中，而反归于实中（胥注：“实中”疑为“虚中”）。动也甚速，其性属火，故曰火力。

土力：元满敦厚、沉实，意若山岳之重，无处不生锋芒，其力化中，具有虚实之妙用，其性属土，故曰土力。

芗斋先生曰：“古人有云：静如水止，动如水流，身若蛇龙，气若长虹，能得枢纽环中窍，自然动静互为根。而周身之气力其中乎其化乎，堪与天地一争，全身动用与天地应合。”此力学之运用，加以精神之支配，对于拳理与实相，非得其三昧者，未易知也。

力之运用，阴阳虚实开合刚柔横竖等变化不穷。阴中藏阳，阳中合阴，阴阳有剥复之变。动为静地，静为动机，动静有感通之妙。虚为实用，实为虚体，虚实有真幻之巧。不开何合，不合何开，开合有噬嗑之理。刚须寓柔，柔能克刚，刚柔有姤夬之化。横不离竖，竖不离横，横竖有衮（胥注：原文如此）补之功。更长出短出，专出抑扬。左柔右刚，或梢节刚而中节柔，亦有时刚时柔，半刚半柔，复有柔退刚进，刚左而柔右，遇虚则柔而刚随其后。实刚刚（胥注：“实刚刚”似当为“逢实则刚”），而柔在其先，过刚易折，过柔不进，刚柔互用，随机应变，百出尽致，拟去忽来，若行若止，虽形变而无方，意则一定而不易。运用之妙，不外归总于“重心不失，中线不断”为准。

天生万物，尽其象各有其能，习拳取象参其变化，以合形体之妙用。而操练之时，应注意其动作神情，得其神则得其动静之势，得其势则得其力，妙其用，若尽学其动作形式已失其真，则形非其形，便失取象之意。语云：“假道练形，真道练神”，学者善自取法，运化之妙不难得也。（龙蹲，虎坐，鹰目，猿神，猫行，马奔，鸡腿，蛇身）。

人身与空气互运，身体力运左旋，空气则反而右旋。身体有静力，所向殊方，空气则随之亦生变化。空气动则生力，无形无象，与体力应合为一。此所谓体生力，体外有力，回旋空际盘绕如游丝，虚动如飞龙，实则腾空去来无迹。习拳能体外生力，则势合意一，其力乃大。然能无中取势。空际用意，此不传之秘也。芗斋先生尝言：“操拳要和空气做争战而使合为一体。其运力施意之妙，与游泳相似，善游者忘水，忘水则神全，所以能水也”。

十五、对手功夫

习拳练习对打，以求实搏功夫，是拳功中一部分也。练习时应辨虚套与真气之不同。谚云：“到断打时忘了拳法”，此语说虚套花招之病，足见美观不实用，实用不美观。而拳法应用，须随意用敌，临敌致胜，对敌发力，要不早不迟，恰合时机，势势相乘而变化无穷，微妙莫测，方可谓之得了应字因字功夫。可知花法转身跳打，你来我往，不惟无益，且学熟误人，以其死套不堪实用，盖以其非由此应字因字而生之变化，不合时宜之动作也。

推究花法来源，想系因练习实用，而行对打，演成之把戏也。对打一名对手功夫，原系练习实搏，因先有损伤之戒心，失去实搏精神气力，成了好看勾当。观今对手套数，可资证明。

由此看来，周旋华彩，俨然对局，拳术之病在于花法胜而正法昧定无谬也。所以花法胜而拳学对手功夫教习之道远，于今论拳虚套而使其艺之难成，当以此为因也。

练习对手功夫以备应用，须知其要点为比较二字，比较者比较其真实功夫也。习时最好与真可相对搏打者为之，以免你强我弱，徒支虚架，演成花法，以备人前美观之现象。致于实敌（胥注：“致于实敌”当为“至于应敌”）本事丝毫无得反增若干害处。

芗斋先生曰：“作拳时如身之前后左右均有敌人来与搏打”。又曰：“坐作进退，要与空气（假设之敌）争地位，久之对敌，则动不可当矣”。又曰：“闲居坐睡嬉戏亦在练习，习以定时或场所，岂得谓之真练习哉”。

芗斋先生论拳极重“中”字，尝言“守中，用中，保中线，守中神，不失中气，不失中力，不失中神”，又尝言“当中一点，敌我相搏，彼此应当留意”。此力对于自身则为守着当中一点，以防敌方侵入，对于敌方则向着敌人当中一点，以收权败之功。初习对手功夫，最好用当中一点来说明或体认中字奥妙之所在。能得当中一点之妙用，然后出手对敌，不必假眼目之端详，一动即有夺其心志之神气，如此焉有失败之理。语云：“不招不架，只是一下”，乃此理之申明。要知一下，即万一之谓也。

人身鼻居其中央，其两侧形成长只有七、八寸，交手时拨转敌力，出此七、八寸即不及我身，此乃动之果。言其动则俗语所云：“妙在一寸中”之言耳，此语说尽操拳时无须两手高舞为也。先哲有言曰："不必远求尚美观，只在眼前寸间变"。又曰："不论姿势好坏，只看进退虚实之大意"。动作不拘繁简，任意所之，得力为止，因好看者未必有实用。

习拳能学会打圈已足，此说极精。习拳打圈，打大圈不如打小圈，打小圈不如打不显形之小圈，打不显形之小圈不如全身之齐动。全其神，全其气，全其力，此习拳求中用中之道也。

揉手你我争中线之功夫，亦试习与人对敌之功夫也。忌虚为招架，应着实推究。各求其空隙，遇有可乘即行进击，不使失掉时机。作实功不可以胜负为丑为奇，当思何以胜之，何以败之，勉而久试艺自精，胆自大，无怯敌之虑。若虚为招架，徒具尔来我往之形式，乃于己无利之事，何须习为？语云："对功夫不相等人打不得"，此语正防人有畏怯之念或自欺欺人之病，而不能有所获益也。明于此后，手之转圈，足之进退，腰之运转，方有所因有所为而得其效。身手步运用方法可以毕得，何旁求乎哉。

芗斋先生尝言："换转游身，如行空游水"，是说明"活"字功夫。使动静一体，因势生发，八字灵动（胥注："八字"似当为"八面"），力匀交插相乘，向左不离右，向右而起于左，左无不宜，右无不有。上下四隅皆然，照顾周到，无顾此失彼之念，此争力之运用也。争力者乃得其环中，以应无穷之实质也。

动无直出直入，是说明运力由曲处求其劲促之状，更由直处以取拳曲之意。曲直相因，其变化不露痕迹，而力尤须内含，形曲力直，乃是说明此理，应善自体认争力，不难求得也。

练习时要注意实搏功夫，前已言之，交手时彼此进退互相攻击，当知人之头部或两肋前胸小腹心窝等处，一受拳击，重者能截断营卫，毙性命于倾刻，轻者或致伤其内部。要知攻击要害为应敌决战之动作，练习时慎勿行此，致伤于人，至为切要者也。

十六、应敌

应敌千言万语，不外乎"制人而不制于人"。对敌要审，如何为审？是一注意要点。今人言审敌，乃是（胥注：此"乃是"二字当删除）审敌乃是审的，目中有敌在前去讲求如何应付也。殊不知审的不过是审中之一事，审字功夫求于"审之"二字可以尽之。使吾人身体神气力动静守中，手之举，足之动，腰之运转，无不守中，安固如不动之时，力之发出自无不中，无往不利矣。

审之功夫，作到妙处，出于意求，自然能审。芗斋先生曰："拳能得八面意自然灵妙"。此审字功夫奥妙也，勿庸去讲的，审的已审己，仍审己工中一部功夫，只专重审的则谬矣。拳家所言心中有敌，方可出拳，意中有敌，方可动足也，审的功夫也。然动有原因，自无妄为，仍审己也。

"应敌要明彼此"，顺人之势，借人之力，借力者乃拨转敌力而用之之谓也。所谓一指拨千斤者是也。要敏速，适应时机，又要似进实退，不可急进，以求攻敌。先退后进，蓄势审敌，分析敌人，得其力，得其隙，退以备进，不败之道也。对敌"运力应机"，须在势气力相因相生之际，求之后人发、先人至，不可早，尤忌迟，更不管来的是拳是掌，认定他全身临"机"时一下（其机要在敌方真实击出将着未着之间，或当应手而击即恰当之火候），何须费力，以静待动，以逸待劳，微乎微乎。然应机者知机，“机”者神用以意得之，以意应之，神之所为，任运而成，游于规矩准绳之中而不为所穷，方谓之能变化应用，知机当神乎技矣。

芗斋先生曰：“畏心存则侮”，敌前先自怯，怯敌者必败，所以习拳者平日须练得精熟，临时手软身颤，拳艺不起，此必缺勇气而无实功也。有实功而得其艺者当无所畏也。

发手应敌，开声吐气，观（胥注：“观”似当为“乱”）敌心意，以张气势，须合时机，不用力变势，只此一声而使敌胆寒。古人“声击”之说即此之谓也。但未与敌接，故意来张威武而开声吐气者实出于畏怯，先示人以弱，应知禁忌，岂可轻于开声自馁其气，以致败于人也。

芗斋先生曰：“应敌要审要因，更具有以下之神情和气势，头要撞人，手要打人，身要摧人，步要逼人，足要踏人，神要过人，气要袭人，得机发力，胜券定我操，事所必然，岂可疑乎？”又曰：“较技者概不思悟，思悟者寸步难行。进退动转着意莫带形，带形定不赢。气如龙虎而动无定势，应机发动，劲断意不断，意断神犹连，神全则身安，如斯临敌，安有不胜之理哉。”复曰：“应敌知机，方能发动制人，不必度来势、机会自能揣敌人之短者，均在有意无意之间也。静以待动，动中处静，以退为进，以进为退，直出而侧入，斜进而竖（胥注：此处似脱一“击”字），柔去而惊抖，刚来而缠绕，力之外发，缩骨而出，缩即发也。发力时意透其骨而入其髓，意存数尺外，敌身为我所束，岂能逃哉。”

或问两人较拳，甲于未学之时固胜于乙，既学之后，反为所败何也，芗斋先生曰：“此由于较拳时不能应机运用也。较拳时不忍不可，不肯不可，不狠不可（气要稳，心要狠，手要准）。李广射虎，视虎则中，知其为石则羽不能入者，其神异也。胜负之际顷刻而决，其间错综变化之由不一而足。学理富而功力不敌不可，学理功力俱为富强而经验不足又不可，经验亦既富矣，其权变不能应机而神气不全亦不可也。故艺之优劣，有时不能尽以胜负判断，所谓是非不能以成败论也。学者但求其是而已，未可以一时之胜负馁其志也。”

应敌最要之诀则“守中用中”四字而已。总之身心一致，手肘肩腕并一身之关节处处都应如起锋棱，头足闾骨垂成直线，均有前后左右上下诸般之争力，三角之螺旋，身不难六通含灵共一壳，苟能如斯，不但己中不失，即对方之中，不期然而然为我所乘，一击即发。此周身筋骨精神气力均归一贯，得其环中枢纽，自能变化无穷，常生变化，无时不生，无时不化，千化万化，不使留隙与人，浑元不可破，所谓己正不管他人斜也。

应敌出手守着面前尺许之路线，左右互相扶助，动用合一，而击动敌方起于一线，指欲透其骨入其髓，筋骨微为转动，则括（胥注：此缺一字）成，说来何须崩攀勿履地上，无论地势高低平坦自然气贯于小腹。随跳观点，擎气负着脚趾头，要知手足转动源于腰之运转，腰转如轮首尾顾到重心，保持皆在腰，自头至足一气相贯。至于筋骨，则筋如弹簧骨如针，筋骨一缩骨节生棱，针簧一动气力外发，万棱伸出，所遇莫可当锋。

芗斋先生曰：“两手结合迎面伸出，前伸后撤，左右封固，多须守着中线，两足钻进抽撤保住重心，并无定位。踢踏如卷地风，纵横高低扬落进闪，随意变化，直奔敌人。重心莫为旁求，揣度情势，当进则进操其身，当退则退领进气，前后左右反转照顾，浑元一争。语云：“手到步不到，打人不得妙；手到步也到，打人如玩笑”。手足齐到乃全身应付也。

遇敌时须要浩气放纵，心小胆大，静似木鸡（面善心恶），动若曳浪，举动藏神，处处有法，身动似虎蛇，手动速如风。平日练习面前如临大敌（在三尺以外七尺以内如有劲敌）。但交时纵有千万人，我若入无人之境。神在手前，意透敌背。交手时有人若无人，有怒虎惊啸之势，扑食之勇，横冲直撞，头顶脚抓，周身鼓荡，出手似锉，回手如钩，不使分开使用，运使浑然纳于一圈。力不空发，意不空回。起手分折、抗、横、抖、顺；落手分劈、揣、搬、扒、撑、沉、托、分、拧。力动缩亦即发，发亦即缩。动静合一，出之自然，起顿收扬，犹如生龙活虎，吟啸生威，谷应山摇，壮而无敌矣。

临敌发力，缩骨而出，如弓之反，鱼之泼刺（胥注："泼刺"为象声词，唐·卢纶《书情上大尹十兄》诗："海鳞方泼刺，云翼暂徘徊。"清·赵翼《五月望后正在插秧大雨连日夜不止喜赋》："聋犹闻泼刺，眊益视糊涂。"茅盾《劫后拾遗》："海浪打着艇舷，泼刺泼刺地响。"这里借指鱼被抓住时全身抖动逃脱瞬间的发力状态），其制胜要点，在于动静虚实已发未发之间。捉摸其火候，此随机施巧之时也。此中动静非明式上，动静全在筋骨气血之运用，其奥妙必资神遇，其机巧必须心悟，不可以目取或以力求，学者三致意焉。

芗斋先生曰："应敌要诀为身手齐到。"所以进头进手须进身，内则提起精神，外则动作疾速；拳未动而力已盖（胥注："盖"当为"蓄"），打要远，力要绝（放字要诀），取胜尚须随意于运气，倘然不胜必是心有怀疑耳。

十七、琐记

1. 提倡拳学，反对练习拳套，申明拳理法。

2. 拳功妙用，原为整仪容，养气血，一心志。

3. 剑法拳功，异曲同工，不得过练习时须得浑元力，方可再分节，不外乎面积与进退之配合或应合，大概言之，只要梢节直刺，中节持转，根节及全身动要摧而已。至其各种运用，则难于尽述，有待于身习矣。

4. 今之学者同道（胥注：此处疑缺字），去宗派门户之见，共研拳学之真理，拳学振，拳理明，实为国学之续。吾人之任务在于以诚接物，勿倾轧，及专门较技以争胜负。

王芗斋先生诗

拳法别开一面新，筋藏劲力骨存神。
静如雾豹横空立，动如腾蛟夹浪奔。
气似长虹犹贯日，欲将大地腹中吞。
风云叱咤龙蛇变，电掣雷轰天外闻。
吐纳灵源含宇宙，陶熔万物转乾坤。
不知吾道千年后，参透禅关有几人。

附：齐执度先生简介

齐执度为王芗斋先生早年在北平授拳时所收弟子，颇得意拳奥秘及芗老心法，于武术理论及实践均有很深造诣。曾于1938年于北平晨报发表《国术新论》一文，评论章乃器先生所著之《科学的内功拳》一书，影响很大。次年即著《拳学新编》，惜当时只油印数十册，意拳及大成拳爱好者有传抄本流行，但亦限于少数人手中，且其中讹脱之处颇多。后又有学者将原文删改后以王芗斋先生为作者发表。笔者发现原油印本后，首先发表文章，指出原文作者为齐执度，并在1999年出版的《禅拳合一的中国武术——大成拳》中根据原油印本整理后全文发表，其后所有意拳及大成拳书籍全部改作者为齐执度。本文仍根据原油印本整理而成，保持了文章原貌，原文错误之处亦未擅自改正。本文对于意拳及大成拳爱好者来说，是十分珍贵的拳学资料，代表了芗老早年的拳学思想。齐氏三兄弟均为芗斋先生之弟子，其父即当时的陆军次长齐振林先生。

第 19 章　国术新论

齐执度

一、致“科学的内功拳著者”函稿

记者识：此稿对拳学理论，多所探讨。特征得齐君同意，刊登本报，以供学者共同之研究。复摘录齐君学拳笔记数则，并代质于同道。

日前拳友某君，过余斋，出示大著《科学的内功拳》一书，并告余曰：“此书纠正近世教拳者之错误，申明拳理，为学者辟一正轨，得此真可为拳学庆，并为有志者庆”。余整容受书，历三小时而读竟，感有可服者，可惊者，并有可疑而待质者，谨以爱道至诚，略陈固陋，一一质诸高明。

尊著反对“国术”二字之命名，申明限用国界之荒谬，见人之所未见，道人之所未道，宏文至论，此可服可惊者一也。

对于阴阳五行……一类解释，认为不适当，不满意，并且直陈知其然，而不知其所以然，又不肯自居于不知其所然者，自欺欺人之种种伎俩，并断以背道而驰，愈趋愈远，如此快论，唤醒若干迷者，此可服可惊者二也。

“胸部的紧张，肌肉的紧张……都是无意识，而且不应有的，因这种紧张，而起的疲劳，就是不应有的疲劳，在运动时，无意识紧张部分，往往很多，不过一般人不容易觉到。”“孩提们胸部，是不紧张的，紧张是经历较多痛苦惊慌以后的状态，受着一点惊慌，内脏的筋肉便起了收缩……因此便……不能落在自然的位置了”。以上两段，畅论紧张之害，见地之高，令人惊服。不过“紧张”二字，系拳学运力中，最适合争力原理之作用，实乃意气力顺乎自然，一致由内达外，处处灌注之一种运使作用也。若工夫精到，能出之自然，对此运使作用，真有不知不觉之妙，臻此境界，正拳家所谓“一致紧张动如婴孩”者是也。如此看来，“紧张”二字，未可轻于引用，今一再推究，“胸部紧张和肌肉紧张，是无意识紧张”一语，似错认吃力，即是紧张，误矣误矣。吃力乃是常人或初学拳者易犯之病态，无论何处，一经吃力，神经末梢，受到刺激即时发生反应作用，神经总枢不但为之所伤，甚至因此阻气力之运行，不能自然畅达于周身。戕害生理，莫甚于此，学者为免入歧途，于此不可不慎（齐经堂族长习形意拳于刘文华，吃力于手足，竟废于神经失常，乃误解古人“一致紧张”之语而错认吃力，即为紧张所致也。）再者前言“孩提……是不紧张的……”余认为此语，适得其反。凡习拳主张意气力合一者，对于如何为紧，如何为张，更如何为紧张，经过体认工夫，自能洞悉其中奥理，紧张与吃力，实有不同，此待质者三也。

“内功拳是形意拳、太极拳、八卦拳、意拳的总称。”读此语，方知先生对上述各拳认识未深，不然何轻以意拳与他拳并列，复以“内功拳”三字为其总称，察世人知意拳之名，始自“民国”十五年为余业师王芗斋先生所倡导。拳以意名，乃示拳理之所在。其练习方法，重在站桩，并不讲求各种形式演变之套数，无论动静，皆以意领导，使意气力合一，以尽拳功争力之妙用，由此可知王师正拳名曰意拳，意在泯宗派内外之纷争，以存拳学之真义，此王师倡导意拳之主旨，不得不请同道加以注意者也。余曾学形意拳，太极拳，八卦拳，对此三拳，略有认识，其姿势妙用，以及其所病，各有不同。余自执贽王师后，均弃之不习，深知人身内外一体，意动一致，拳功拳理，只有是非，未可分以内外，今为发扬拳学计，似毋庸提出“内功拳”三字，以致仍存门户之见，想王师设见此书，又不知应如何致叹也。见有不同，此待质者四也。

“满体弛松的静止”一节内，有“在内功拳的演习之前总先有一度满体弛松的静止的准备姿势，这种准备姿势是很重要的，他的部位完全适合于力学的支点的定则”一段。但此段所述做法，及力学支点，颇似王师教授桩法之语，惜对于身体各处关节，与站桩法则，及其作用，未详言之。夫支点须与点力对照解说，方能得其奥理，尽其妙用，此书未提出点力之名，又未详述须要静止姿势之理由和支点内容之所以然，不由令人有闷葫芦不肯打破之感。支点和点力，均是解释争力作用之名词：支点是说明静时争力之作用，点力是说明敌我交手，两力相接时，争力之运用作用。习拳若有得于此，则意气力定能动静一致，古人所谓“得其环中”，不难领会矣。至“一度满体弛松”六字，是明显表示静动不同，此论似难赞同，盖习拳者意气力之运使，和争力之作用，不分动静，均属一致，此拳学不易之真理也。“一度”二字，是认定静时如是，动时不如是也，若动时不如是，当是不须如是，又何须有此弛松为也。读此“弛松”二字因思王师尝以“使心放下使全身松开”一语，指示初学者，乃为免去初学者吃力努气之法，与此段所述弛松二字，绝不相同，非静时如是，动时不如是也。此待质者五也。

“在动作的时候，紧张状态，由胸部移到腹部”，主张胸宽腹实。夫胸宽腹实，此种情形，并非习拳者之常态，只于应敌发力时，一刹那间，运用上有此现象，即古人所谓应敌发力，两顶三尖，开声吐气之时也。非动即如是也。再者肩垂腋撑，心窝微收，胸虚气调，小腹松圆（此松字意在求其自然），乃练拳不易之规律，原文言动时紧张状态，由胸移腹，疑是将胸部所吃之力，所努之气，下压至腹，设若如此，必失之自然，岂不与运气丹田，和入力丹田之伟论，又相矛盾耶，此待质者六也。

“人的意识决不能同时供对外对内，两种作用，俗语‘心无二用’，是完全不错的，所以对外的意识，和对内的意识，是要轮流间断运用的。”人身各部分动作，同受一意之支配，所谓意无二致（心无二用）是也。人身是一整体，此处动彼处应，无论何处，所有动静，无不统之一意，而照顾周到，今言对内意识，对外意识轮统（轮流）运用，似误解心无二用，未明内外一体，及争力作用，而实有体认心得之言也。此待质者七也。

“意识和动作的一致，就是形意合一。意识动作呼吸的一致，叫作气意力的合一。目光在古术里叫作神，所以向外用力的时候是要有神气意力的合一。”此段的要论，不过神气意力如何使之合一，未发翔抉微，示学者以入手之法。今究“一之”之道，实在于一意之支配，其功则在于站桩，全身由一意之支配，而处处发生同时并具交互之争力，仍是神气意力自然合一，此待质者八也。

“流传下来的种种姿势，一加研究，往往有极好的合于科学的理由，不过在这本书里，我还不能对于各种姿势，加以解释。”此段所言种种姿势一语，疑是指拳套而言，此论承认拳套种种姿势，各有极好科学理由，不过对于弛松静止的姿势，及所述力学支点之理论，似有未合，静的姿势是使意气力一致，自然生发之法，练习有得，无论如何动作，其意气力之合一，无不与静时相同，若因姿势变换，即认意气力之运使，亦随之而有差别，并各具极好之科学理由，复有分别加以解释之价值，如此看来，尊著所持理论，前后实难贯通，此待质者九也。

总观全书，注重静止姿势，讲求力学支点，及自然，适意，放心，与神气意力之合一，或申述坐立行止，一举一动，均可练习，并能养生疗疾，所有论述，多与王师教授初学，尝用贯语（一部分）相似，而书中复述有意拳之名，因疑先生为王师之门徒，但客岁王师北游，并未道及，因又有非是之疑，设若不然，既述意拳之名，何不详及命名之意，继而复疑先生为海上从学王师之友，间接得闻王师之论，自为引申，以致前后所论拳理，未能一贯，而生矛盾，不然何相似之语，又如是之多也。此可疑而待质者十也。

以上所陈陋见，谬误孔多，诸祈教正，不胜感盼之至。再者研究拳学，彼此间应以诚相接，若分宗别派，互为倾轧，或较技争胜负，殊为可叹。今日拳学之不振，拳理之不明，究其症结，或即在此，故今之学者纠合同道，去宗派门户之见，共研拳学之真理，实为要务。至于文字著述，似应免用无关道要之虚文，以求便于研究，此又不知阁下以为如何也。专此顺颂文祺。

二、摘录拳学笔记六则

1. 拳义

近世拳术分宗别派，做法各异，名称亦殊，但总不外以拳为名，故拳之意义，实有研究之必要。就拳之字义为之解释者，或谓握手为拳，拳者屈也。又有指练习勇力能徒手敌人者为拳，此皆泛论，未得拳术之拳字真义者也。

王师芗斋解释“拳”义曰：“拳者乃拳拳服膺之谓拳，动静处中，能守能用，此即尽吾人气质本能之道，非纯工套数专论招法之所谓拳也。”动静处中能守能用者，言既得拳理静守动用，拳拳服膺永葆不失也。尽吾人气质本能之道者，即言拳理之所在也。非纯工套数招法者，辨歧途纳学者于正轨也。

王师又曰：“拳之为拳，实不在于身体运动之形式如何，而在于筋骨气力之作用，神精之指挥，以及心意之领导如何耳。”习拳专重形式，是本末错认，攻其末而忘其本，终无是处，非得其本者，不能言此践行致用之实学。故应机而发，因势而变，动无有误，其神妙莫测者，当非所谓专习套数招法者所能得也。

习拳若能明了习拳意义及作用之所在，当知拳术为发达吾人气质本能之日常功夫，无论行站坐卧，随时随地，均可用功。其学习步骤，可分三个阶段：第一阶段为基础功夫，第二阶段为试力；第三阶段为实用功夫。

2. 基础功夫

人之力生于气血，自然发动，由内达外，故通畅气血，以锻炼筋肉，为习拳之基础。其方法为站桩。站时须将肩架安排妥当，再从静止之状态，去作整饬神经、调息呼吸、温养气血、锻炼筋肉之各项体认功夫，而使内外合一，以达弱者转强，拙者化灵之目的。

王师所授拳功桩法，名曰“混元桩”，分作三式，依次练习便初学也。

- 混元桩一

混元一为整饬立容。立容一名立势，立为拳功之基本肩架。立时垂手直立，两足根并齐，两足尖外分，角度约六十，要安要稳，气静神怡，应有戴天履地，与天地参合为一之意。站时应注意下列各点。

“头”：头不宜倾斜，忌用力上顶，收颜挺颈，而欲其直。似顶非顶，好似绳提，要有领率全身之意。

“足”：两足放平，大趾外蹬，小趾裹扒，脚心涵虚，两膝微 曲而上缩，使筋络舒展，不可吃力，足一吃力，立便不稳。

“闾骨”：闾骨要正要直，平肩正臂，收额挺颈，心窝微收，使胸宽而腹松圆，自无扬头折腰，努胸挤背之病。

“手”：双手下垂，指欲其插入地内，但须向上微提，使肘稍曲，以舒展筋络，并有外撑里裹之意，而平肩正臂，腋下筋松，虚灵守默，如能容球。

“齿”：齿轮上下衔接，不宜用力扣合。

“舌”：舌尖微卷，接触上腭，似顶非顶，要领悟具有接引之意。

“鼻”：鼻为气官，呼吸要细要匀，要无声，气不可提，尤不可沉，“匀静自然”四字，为其要诀，气能至肃，调息方沿得其妙。

“目”：两目视贵平直，能不为物引，心意自然不乱。

“耳”：耳听八方，要用神凝。

- 混元桩二

混元桩二起以立势。立势站稳，使足向左右展开，屈膝蹲身，呈骑马式，两手高提，骨骼筋肉，平行舒展，使气血川流。此桩作用，在于通气增力，以及温养筋肉，训练神经，使各种细胞无不工作。横步展开时，两足距离，按人足长短计，以二足半为宜；两手高提，意在使筋肉伸展，两手顺左右肩之方向，向左右伸张，或向前伸，再行环抱，使形如抱鼓，或两手环垂，如携物者，均无不可。不论如何动作，亦不拘如何形势，均如水中游泳。但其筋肉与骨骼，均系平行舒展。习拳如此作去，工夫一到，内生波浪，而力动情形，自能领悟。出手时五指离开，拳曲如爪如钩，虎口撑圆，而指尖微敛，掌心内吸而外吐，均出之自然，方得其妙。

- 混元桩三

学习以上二式后，应继习此式。起以立势，与第二式同。立势站稳，再行开步，左右两足，前后展开，屈膝蹲身，两手环抱横撑拧裹，向前伸开，使筋肉束裹骨骼，无节不曲，处处为钝形三角（钝形三角系九十度以上之角度，不可有九十度以内之锐角），全身无有平面部分，更无绝对力，曲折玲珑，混元一体，此式兼有上二式之功用，遇机施巧，应变无穷，便于实搏，精于打顾。步大不灵，为步法要诀。开步时前足进后足随，两足最大距离，约一尺二三，动作周旋，不过七八寸耳。两足若站于一直线之上，不易稳固，须向左右稍为展开，其宽度应以两肩之宽度为准，此种步法即古人所谓“半八步”者是也。出手时左右手向左右伸张，均不可过鼻，以保中线；高不过眉，下不过脐，前伸不过足尖，回撤不许靠腹，此乃最重要而不可违犯之规律也。如至神化之境，凡空虚断力有破绽之处，正是神妙不可思议之点，变化使然，规律可活用，不可死守，此为学之要道也。

3. 养气

习拳者多言气功，立论分歧，莫衷一是。王师授拳，尝以“意气力”三字连用，或“气力”并称，极重“气”字。而所授养气之法至简，已详“混元桩立势”节内。今言“气”字，应先明人身动作，与呼吸运用之原理。气者乃指呼吸碳氧二气而言。习拳讲调息呼吸，不过运用呼吸所生之弹力，以尽拳功之妙用，非如世人练成大肚子，即是气功名手之谓也。

4. 试力

站桩基础做到妙处，应习气力之运用，其初步为试力。试力为得力之由，力由试而知其所自发，更由知而得其所以用，故试力为习拳之最大关键。初试须使浑身气力均整，关节灵活，筋肉收敛，骨骼支撑，然后所有力量，自然应运外发，动时慢优于快，缓胜于急，更须意不使断，灵不使散，动一处牵全身，所谓动无不动，动犹不动也。习拳能达此地步，全身力一，自然动静守中，试力之工夫，方得到奥妙。气力均整，关节灵活，筋肉收敛，骨骼支撑，冠以“浑身”二字，系说明四种作用，同时并具于一身，互为关系，是一整个作用，不得分开，作拳时从此处体认，自能得到。动静属于一意之支配，须使全身任其自然，不可稍有滞处，最妙连“试力”二字，亦勿存于意中。徐徐运转肢体，动一处即做全体想，以意领导神经支配全身。动时大动不如小动，快动不如慢动，动愈微神愈全，如能做到不动时，方得生生不已之真动。心意照顾周到，气力一致，归于圆整，上下左右不忘不失。如此则全身力一，力一则力止于中，动静处中自无妄动矣。

力之为用，莫大于变化：阴阳虚实，开合顺逆，互为根用，顺生自然，滔滔不绝，用之不竭。变化虽有不同，其力则处一不变，而力之外发，手肘肩胯全身关节处，均起锋棱。起锋棱者，非外形屈伸之谓，周身关节，缩骨筋伸，气血鼓荡，面面有力出锋，生生不已，共争一中也。力出共争一中者，乃言相乘力也。其力名曰“争力”，又曰“混元力”，全身处处均交互具有上下左右前后四隅之相乘力。初步实习，应先求“二争力”，如手伸出，同时有前伸后撤，或上托下压，相乘之力，从一中心异向发出，相等相应。悟得“二争力”，再求身之各部分，同时均面面生力，无不相乘，互为应合，混元一致，共争一心气力贯通，全身无有空隙。习拳得此争力，方能神气意力真实合一，然后可谓之得中，可谓之得力矣。

5. 存意

拳之意义，前已言之，兹再为申述。夫运用肢体，使筋骨伸缩，气血川流，以强健身体，则属之于气质方面；至筋骨因何运动，则属之于精神方面。身体之动用，由于一意之支配。意为心之所计虑，乃精神现象之总称。意之所向，神即随往，筋骨因之运动而发力，顺乎自然出露体外。由此可知吾人之运动，原之于意，而意之于身，有全体统一之性，知悉之，觉察之，应付之，虚实动静，互为根用，均一意为之。欲达此妙用，更要领会前述“争力之生发”和“一意之支配”二语。意气力运用于己身之外，尚须有其运用之空间，意气力之守中处一，舍此空间，则不能成其妙用。所以习拳有此身外之空间为之运使，方能尽其运化之妙。王师尝言：“练拳如在空气中游泳，意在身外守中，身内自然均整。”又言：“习拳存意，使意离开己身，不合于道理，执着己身反更有不妥。”即此之谓也。

习拳须具备精神与气质养练合一之要件，方能成其为拳。欲达此田地，须求之于存意。存意检身，制止身心吃力，稍觉吃力，便要挽回，一动便觉，一觉便转，久之自然，全体舒适，如无力之人，其气力方能畅达，应运外发，无往不利矣。

6. 实用功夫

拳功做到全身得力，运用变化，始能随机发动。至于快慢虚实，与精神时机之运用，开合松紧、动静互用，以及力量和假借之分析等等，尚须实地研究。故习拳未可稍懈也。

习拳应注重“体认”二字，体认工夫，是以身验知，更由此以求其所不知。口授心省，非真学，亦非真知；须得自实行，方为实学实知。故习拳重体认工夫者，易空想为实相之实功也。且意气力之运化，非由体认工夫，实不足以自知自发自成也。

附：《科学的内功拳》之一

章乃器

胥按：

因为一般读者看不到《科学的内功拳》原文，所以将原文录入，有很高的文献价值，可供大家学习。根据现有资料，尚不能确定章乃器的“意拳”是否从学于王芗斋先生，或许和其弟子学习过。

一、绪言

（一）这样的所谓“国术”

现在，进步的青年们都在反对所谓“国术”。的确，像现在一般人所提倡的立于科学之外的“国术”，是应当反对的。学术是不应该有国界的；用国界来范围学术，根本上就已经是反科学。

他们是在怎样提倡呢？“无极”“太极”“阴阳”“八卦”“三才——天，地，人”，“五行——金、木、水、火、土”……这些，就是他们所用以解释“国术”的，这是“玄而又玄”的玄学——反科学的玄学。他们是知其然而不知其所以然，而又不肯自居于“不知其所然”，所以不得不“自欺欺人”地抬出这可以随意附会而无可捉摸的“阴阳”“五行”……你再要穷根究底，他们只有回答你“可以意会而不可以言传”“神而明之，是在学者”。这不能表示他们的懂，而只是表示他们的不懂，——只是表示他们的穷于应付和莫名其妙。

科学和玄学，不但是距离十万八千里，简直是背道而驰，愈趋愈远。科学的内容，固然还是残缺而且幼稚，然而它的基础是稳固的，途径是对的。科学里面的定理，只容许科学自身出来修改或者推翻，而决不容许玄学的入寇——因为玄学实在没有入寇的能力。所以，这是无疑的：反科学的一切都要灭亡——而且早该灭亡！

就在这知其然而不知其所以然的现象上，科学家发明他的科学。苹果的坠地，在诿诸“不可知之列”的玄学家，永生也不会得着什么。因为牛顿能对它怀疑，怀疑而能进求其所以然之理，于是便发明了地心的引力。（地心引力的地位即使动摇，地心引力的功绩，决不会减少。）

中国内功拳的锻炼心身的功效，有超越于别种运动的成绩，这是不可掩的事实。只因为学习而得着成绩的人们，往往缺乏科学的基本知识，或者因为中了太深的玄学毒，阻塞了他们的通科学的门；同时，懂得科学的人们，只懂得科学而不能应用因怀疑而进求其所以然的科学的方法，对于隐藏在玄学幕里的科学，没有勇气去试探：因此，内功拳便终究不会和科学会面。

我敢说，倘使那怪诞不经的符咒，跳神等“左道邪术”，能够早点引起中国学者的注意，那么，催眠术的发明者，或者要属诸中国人。科学的真理，往往躲在怪诞不经的现象里面。因为怪诞不经而“深恶痛绝之”，就难免要失科学于交臂。用科学的方法以整理旧学，先要丢开属于玄学的一切，进而求其实在的奇迹；得到奇迹，再进而考究这奇迹在科学上的地位，然后能发现那中间的精华。从腐臭的外壳里救出精华，本来是科学家应取的途径。

（二）死里逃生的经验

这是在十五年的夏天，我因为原来的身体的脆弱，加以事务的纷繁和精神上的刺激，得了很严重的神经衰弱病。恍惚的神思，竟至要忘记了握在手里在查阅的文件；经手的事件，没有一件不觉得可疑；灯下独坐，仿佛见了鬼影的憧憧；有一次，竟在办公室内昏厥了去！那时，因为记忆力的锐减，体质的虚弱，顿时觉到前途无限的悲观，深感到人生的无意义。同时，性情变成异常的暴戾，思想变成十分的顽固。的确，那是我生命史上最危险的一段！

后来，因为朋友的介绍。我加入上海武技研究会，练习内功拳；在每天用早点以前，练习半小时至一小时。大约只有三个月吧，我就把我的生命由死的一条路拉向活的路上来；神经衰弱的症状，竟大大地减轻了。以后我的身体渐渐地强健了，精神渐渐地复原了；甚至我的秃得几乎精光的头顶重新生出了不甚浓厚的头发来。

继续练满了一年，到了十六年的夏天，我的身体得到前所未有的强健：能够不断地疾行二十里而不觉到疲倦和气喘；能够继续每天十六小时的工作至一星期之久而不觉到劳神。同时，我的性情温和了，思想清晰了，态度镇定了，意志坚强了；而又生出一种进取的勇气。总之，三十年梦想中的康健人的幸福，是落到我的手里来了。

当然，这奇迹不是命运给我的。我对于“阴阳”“五行”……一类的解释，也认为不适当不满意。同时，我觉到这奇迹的得到，也不是什么“户枢不朽，流水不腐”，“肌肉愈练则愈强”，“身体强则精神健”一类的句子，把一切功绩归于一个“动”字的一般运动强身理论所能解释。仅仅一个“动”字决不能有这样的奇迹。换句话说：我认为内功拳有超越于专在“动”字做工夫的一般运动术的价值。我认为内功拳自有独到的科学的基础。那个基础的发现，要在人类社会占很高的地位，可以大大地增高人类的幸福，更可以大大地提高科学的功能。

下文，我就写出我的研究的心得。

二、内功拳的本质

（一）疲劳的真面目

一般人对于疲劳的解释，往往是浮薄而不彻底的。“多动劳身，多虑劳神”，这就是一般人对于疲劳的见解。倘使再问：“为什么多动要劳身，多虑要劳神”？他们就要回答你：“是因为力的消耗”。这种解释，我认为完全不透彻，完全没有了解人和机械的区别，完全把人的消耗看作机械的消耗一样。

在顶寻常的步行一件事里面，我们就可以见到上面的解释的不当。

在同一个十里的距离，同一每小时八里的速率，当你和几位友人无目的地闲谈散步过去，你或者可以觉不到疲劳；倘使你和别人约定了时间，心里存着践约的目的走过去，你就要觉着疲劳；倘使再是你走的时候，你的身体的某部分带着疼痛，你就觉到更厉害的疲劳。倘使疲劳的成因，仅仅是力的消耗，那么，行走同一的距离，力的消耗应当是一样；在同一时间之内，速率同距离同，时间当然是同的，力的补充当然也是一样；怎会有不一样的疲劳的程度？

再比方，一件同一的事情，你在恼怒的时候做起来，便觉到疲劳；你在快乐的时候做起来，便不觉到疲劳。对于同一的事情的力的消耗，当然也是一样的。何以疲劳的程度又要两样？

这些当然可以证明疲劳并不仅仅由于力的消耗。

但是，到底怎样才会疲劳的呢？

答案是：①由于胸部的紧张；②由于不运动部分肌肉的紧张；③由于运动部分肌肉的紧张；④由于力的消耗。

①②属于不应有的疲劳，③④属于应有的疲劳。

这是谁都觉得到的，快乐的时候和无目的地闲谈散步的时候，胸部是开爽的；倘使心里怀着一种目的——一个心事，觉着一些疼痛，或者感到一种恼怒，胸部便要多少地紧张起来。因为胸部的紧张，于是肺脏的呼吸功能和心脏的收放作用，都受着压迫。肺的呼吸变成短浅，甚至停顿；心的运动——跳动，因心房的不能完全展开，变成急促而不舒畅。呼吸的功用，在一面吸收空气中的氧素——养气，一面散放血内的碳素——碳气，使污血变成新血。现在，因为呼吸的不充分，污血就不能完全漂清。同时心的收回污血放出新血的作用，因为心房运动的阻滞，变为缓慢；静脉管内常留存过多的污血。于是，污血的郁积，阻滞身体内一切官能新陈代谢的运动，而使全身陷于中毒的现象。中毒的现象既成，身体自然就疲劳了。

运动时局部肌肉的紧张，是无可避免的。肌肉的紧张，一面拉动骨骼，演成运动的状态；一面压出细胞内的力，使趋向于目的物。肌肉的过度或者继续过久的紧张，会使组织失去伸缩的弹性。如同一条橡皮带，伸得过度或者过久之后，就不能再缩了。肌肉失去伸缩的弹性以后，组织就松懈，而不能再紧张起来拉动骨骼；同时细胞内存储着的力，因压迫过久，几乎完全消失了，因之起了一种消渴的要求补充的现象。这两种现象的集合，便造成疲劳。这是正当的疲劳——真性的疲劳。

肌肉的紧张，应当以运动部分为限。所谓运动部分，并不单指行动时的两腿，或者挥拳时的手臂，是兼指有关系的部分的。譬如躯干的肌肉，不论行走或者挥拳的时候，因为要维持躯干的安定，多少总要紧张的。不过，无意识的肌肉的紧张，是一般人所常有而不应有的。比方，在看别人恶斗的时候，自己要紧握双拳；写字时的口部肌肉的颤动和紧张；安坐时候的肩，背，和两腿的紧张：这种种的肌肉的紧张，都是无意识而且不应有的。因这种紧张而起的疲劳，就是不应有的疲劳。在运动的时候，无意识紧张部分，往往很多，不过一般人不容易觉到，所以单举上列几个比较显明的例。

（二）不应有的疲劳多于应有的疲劳

倘使把一般人所觉到的疲劳加以分析，加以统计，至少，不应有的疲劳，要占百分之六十！在一般人，也许以为说得过分；那是他们昧于自觉的缘故。

单就胸部而言，一般人除了睡觉以外，就无时不在紧张。即在快乐或者无目的地散步的时候，胸部也不过比较的宽松一些；那宽松还并不是充分的。原因是一般人的胃肠，除睡觉以外，常不安放在自然适宜的位置，常是虚悬着——是错觉中的虚悬，详见下文。为要维持虚悬着的肠胃，因有腹部的上压，以防止错觉中的胃肠的下坠。

读者试测探自己的腹部，一定会觉到常在用力向内收缩，以维持胃肠的下坠。物因地心引力而下坠，本属自然的趋势。而一般人的内脏，则适反乎这自然的趋势，是背乎地心引力而向上收缩的。腹壁上压，侵犯了肠的位置；肠侵犯了胃的位置；胃侵犯了肝，肺，心和胆的位置。因此，胸部就感到紧张。所谓“提心吊胆”“炙肺煎肝”：一般人的内脏，的确逃不了这个情境，不过有点多少的区分罢了。

孩提们的胸部是不紧张的；紧张是在经历较多的痛苦和惊慌以后的状态。受着一点惊慌，内脏的筋肉便起了收缩；一次收缩还未恢复，又来了二次的收缩；因此便经常收缩着而不能落在自然的位置了。愤怒，伤悲等，凡足以刺激神经的，就会使内脏的筋肉收缩。人们在痛苦和惊慌的时候，腹壁的内向收缩，一定格外厉害：这是很容易觉到的。

只有睡觉的时候，神经系失去了知觉，休止它的努力，然后内脏的筋肉才得着解放。但有许多人，仍然不能完全解放，因此成了梦。梦中的惊慌和痛苦，会使人的内脏感着同样的紧张，醒后得着同样的疲劳。但是要明白，乃是紧张造成梦，而不是梦造成紧张。我们是先有腿部的酸痛，然后有行路艰苦的梦；是先有内脏的不休止的紧张，然后有惊慌或者痛苦的梦。置火光于睡者的眼前，可造成他的“失火”的梦；就是一个好证例。

胸部的紧张能造成疲劳，在一般人所谓“心焦”的时候最容易见到。我们在等待一个我们所急欲见到的人的时候，就会发生重大的疲劳；往往一小时的等待要等于两小时的工作。再以乘车乘船为例，在游玩旅行的时候，我们随处赏玩眼前的四围风景，丝毫不关心到远处的目的地；那样，就可以得着身体上极好的修养。反之，倘使旅行的目的，是因为急要的事务；那么，我们就不会有心流连眼前的风景，而只会挂念着远处的目的地。那样，就会因为胸部的经常紧张而成极大的疲劳。

我们在看电影看戏剧的时候，也可以得着明白的感觉。倘使台上的剧本是在描写明媚的风光，我们就可借以恢复精神。倘使是在描写激烈的斗争或者凶恶的灾难，我们就容易因为胸部紧张而得着疲劳。电影场内的音乐，一般人说它有调和耳目的神经的作用，所以能解除许多疲劳；

此说尚未透彻。它的最大的作用还在于解除胸部的紧张。

除了胸部的紧张以外，还有不运动部分肌肉的无意识的紧张。这两种紧张所造成的不应有的疲劳，虽因人而异；然而它的成分的大是无疑的。这个，在练习内功拳得着功效以后，格外容易觉到。在一般人，日日受着不应有的疲劳的侵袭，而自以为当然；对于因心肺的阻碍而起的中毒作用，丝毫没有察觉到；对于疲劳的解救，只在力的补充——饮食——上做工夫；这是大大错误的。

（三）内功拳和疲劳

内功拳是“形意拳”“太极拳”“八卦拳”“意拳”等的总称。它的锻炼的方法，是要“内外兼修”“心身交益”；锻炼的效果，不在肌肉的发达，而在内脏的坚实和舒适。所以，对于专重外廓的发达的外功拳，称之为内功拳。

然而这些话，都还不能说明内功拳的内容；能说明内功拳的，莫善于疲劳。上文已经说过，一般人所感觉到的疲劳，恐怕要有百分之六十是不应有的，而这种不应有的疲劳的成因，就是因为胸部的紧张而起的中毒作用。现在我们问：“这种不应有的疲劳，有没有解除的方法”？

这答案是肯定的：只要能够经常地解除胸部的紧张，就可以免除这种不应有的疲劳。这个方法有二种：静的是静坐，而动的就是内功拳。

内功拳解除不应有的疲劳的方式有下列三种。

一，在静止的时候，藏储内脏的胸腹两部，完全弛松。

二，在动作的时候，紧张的状态，由胸部移到腹部。

三，免除不动作部分的无意识的紧张。

内功拳在消极的免除不应有的疲劳的基础之上，再进一层，求身体的强健，体力的发达，意志的坚定，胆量的雄伟，和智慧的启发。一般人所视为内功拳的精髓的决胜于斗争场上的技击，不过是内功拳的应用的一部分罢了。

（四）满体弛松的静止——所谓“无极”

在内功拳的演习之前，总先有一度满体弛松的静止的准备姿势。这种准备姿势，是很重要的。它的方法，先是正面或者半侧面的站立，使全身的部位，完全适合于力学的支点的定则，没有一处觉得不落位；各处的关节，保持天然的稍微地弯曲。然后，再自上而下地从头部到颈部，再到肩部，胸部，两手，腹部，臀部，大腿，两胫，依次察觉下去，看有否不自然不适意的紧张的部分。有的话，就立刻改正过来——姿势不对就改正姿势，无意识的紧张，就以意识使他松懈。然后，再察觉呼吸的是否自然而不受阻碍，留意把呼吸安定下去。然后，一切弛懈，一切宽松；整个的身体，顺着自然的地心的吸力，往下垂注——完全是无意而自然的垂注。骨架子依着力学的支点的定则安置着，不必十分依靠筋肉来维持。筋和肉便似一件衣服挂在安定的架子上一样；中间一缕的气，很自然地呼吸着——完全顺着肺的自然的伸缩而不加以一丝的干涉。这时，耳目当然不可注意于外界的一切。因为一注意外界，胸部就不免无意识地紧张起来一些；而单只是留意全身各部的弛懈的状态的保持，尤其留意于呼吸的自然。这种对内的留意，可以免去外向的注意。

如呼吸粗而有声，这往往不因为呼吸的太急，而因为气道的紧张。只需除去口，鼻，颈，胸各部的紧张，气道变宽，气息自然就轻了。

上面，我已经说过：小孩们的胸部是不紧张的。此处所说的满体弛松的状态，是小孩们所本有的。小孩们的胸和腹，是同样地微向外突的。现在所说的满体弛松状态下的胸腹形状，也是这样。这时的胃肠，是放着的，不是悬着的。

一般人的胸腹的状态就两样，除肥胖者因脂肪质充满腹部，成为病态的外突外，余者腹部往往比较胸部微向内凹。在这种形态之下，胃肠是仿佛悬着的。虽然事实上并不是虚悬着，但是心理上总觉到下面没有可以安放的所在，而只是在上面悬挂着。因为觉到胃肠是悬挂着的，所以常有无意识的下坠的忧虑，更有无意识的腹壁的向上压，以支持胃肠的下坠。这种无意识的胃肠下坠的忧虑，是和胸部的紧张互为因果的。因为胸部的紧张，内脏筋肉随而收缩；此时胃肠离原在地位而升高，因之而有胃肠虚悬的错觉，更因之而起胃肠下坠的忧虑。这种忧虑，能再引起胸部的紧张。这种忧虑和紧张的因果循环，要造成很疲劳。

腹壁的上压，是很费力而易致疲劳的事，这也是谁都觉得到的。因为费力的缘故，所以时时要放松一些。但是心里一有所思索，或者一有动作，便立刻要恢复上压的状态。这连续的一紧一松，使胃肠多无谓的运动，也要造成好些疲劳。

一般人这种易致疲劳的状态的成因，上文已经说过了。这在道家，叫作“七情六欲之所侵”，叫作“蔽于后天”，这是完全的确的。像孩提既没有利害的观念，除了很简单的食以外，又别无欲望；当然，身体各部分，就很少紧张。所谓“先天”，就指初生时无思无虑的景象；所谓“后天”，就指已有思虑以后的景象。平时虽因思虑而起不可免的紧张，静止的时候却可以排除一切而恢复到无思无虑的孩提时代的满体宽松的景象：这就叫作“恢复先天”。

所谓“返老还童”云者，亦不过上述之“恢复先天”而已。心境可以还童，胸腹的状态可以还童，而容颜决无可以还童之理——可以减轻衰老的状态则有之。稗官小说所记，都属后人附会的说法，不足置信。能减轻衰老，延年益寿，则为理所当然。

这种竟体弛松的状态，在道书里又叫作“无极”，或者叫作“阴阳未判”。什么叫作阴？阴就是虚。什么叫作阳？阳就是实。此时竟体弛松；胸部和腹部处同一弛松的状态，(动作以后便要变成腹实胸宽，) 所以说是虚实未分——就是阴阳未判。这种状态，又叫作“混沌一气”。总之，道家以人体拟宇宙；古代的天文学者，谓天地未分之际，混沌一气，是为先天——即先于天地之意。故所谓“先天”“无极”“混沌一气”“阴阳未判”，都是一样的意义。

在佛经里叫作“自在”。自在就是任其自然存在的意思。此时身体内外一切，都任听依着地心吸力，向下垂注，而不加以丝毫勉强的支撑：身体内的亿万细胞，似乎是个个独立，谁都不管谁，所以无论那一个都自在。佛家还有“观自在”一语，就是上节所说的“对内的留意”。这时意识似乎是独立于形体之中，保持着各部分的自在，不是谁压迫谁，所以叫做“观自在”。

同善社一派的静坐，自谓求“无极”求“先天”，就因为他们的静坐，不似炼气一派求腹实胸宽，而只求满体弛松。所以他们的静坐时的心境，和内功拳满体弛松的静止时一样。

俗语“落位”二字，有极好的意义。落位就是安于其位的意思。一般人的胃肠虚悬，就是不落位——不落在应在的地位。内功拳家的胃肠安放在腹腔之内，下面有自然的支点：这就是落在应在的地位。不但胃肠如此，身体各部分都是如此。

俗语所谓“放心”也有这样意义。“放心”与“悬心”相对；放心意味一切放下，悬心即内脏虚悬的感觉。

（五）腹实胸宽的状态——所谓“太极”

我们在静止的时候，可以满体弛松，而动作的时候则不能。第一，赖有筋肉的伸缩，然后才能运动身体；第二，赖有筋肉的紧张，细胞互相压榨，然后能发生力。所以肌肉是不能不紧张的。

除了上述的外部的紧张，同时内部也要发生一种紧张。这是很容易觉到的，我们向外挥一拳，胸口要同时紧张一下。这种内部紧张的原因，约有四种。第一，是反动力的关系。我们的拳足向外用力的时候，当然身体要受着一种物理学上的反动力。即在向空气挥拳的时候，也要因空气的抵抗力而受着较微的反动力：犹如向空中放炮时炮身要向后坐动一样。这种反动力，是要作用于内脏的；内脏感受到这种反动力，自然起了紧张的反抗。第二，是神经系的连带的影响。虽然手足和内脏，一个受脊髓神经的支配，一个受交感神经的支配；但脊髓神经的命令，往往要影响及于交感神经。所以，当我们向外挥拳的时候，脊髓神经命令手臂筋肉紧张，交感神经也受影响而使内脏筋肉紧张；这种连带的影响，在神经衰弱者尤为显著。第三，是肺部的作势。肺部当手足向外用力的时候，必然呼气，造成一种由体内趋向体外的势，以便体力的外趋。因肺脏的呼气，便有胸部的紧张。第四，是肋骨筋肉的紧张。这种紧张是跟着手臂筋肉的紧张而连带起来的；因为肋骨筋肉和臂筋肉，同隶属于脊髓神经，所以有连带的作用。肋骨筋肉的紧张，能使胸廓容积减小，因之心肺同时要感到压迫。

在一般人，这种内部的紧张，在于胸部。一般人的胸部，无事的时候，已经免不了紧张；一到向外用力的时候，就要发生极度的紧张。胸部紧张能造成多量的不应有的中毒性的疲劳，我在上文已经说过了。当然，用力时胸部的极度的紧张，要造成更多疲劳。一般人在用力的时候，面部先现赤色，次由赤变紫，更由紫变青；这就是碳素中毒的现象的进程。这种猛烈的极度的胸部的紧张，除了造成极厉害的疲劳以外，还要损伤内脏。用力过猛之后，常有得着吐血的病症的，就因为紧张过甚，使肺部血管破裂之故。还有得着心跳的病症的，这是因为心房里的血，不能自由向外输送，渐成心脏涨大的现象。这些病症，练习外功拳和从事剧烈运动的人，常有得着的。

但是，这个内部的紧张，是不能没有的。我们最高的希望，是把他移到一个比较适当的部分，这就是腹部。腹部的适宜于建设紧张点，有三种原因。第一，因为大小肠的质地，究竟比较心肺坚实。谁都知道肺是内脏中最脆弱的东西，而心也是最容易致病的东西。唯其如此，所以需要肋骨的保护。一面加以肋骨的保护，而一面却使之担任受剧烈的压迫的紧张点，这当然是矛盾的。第二，因胸部的体积，有肋骨的限制，没有很大的伸缩性；而腹部则纯属筋肉组织，伸缩的范围很大。伸缩的范围大，则虽有强烈的压迫，亦不至于损伤。第三，腹部紧张点设立之后，变成坚实而沉重，同时胸部变成比较的轻盈而宽松。下重上轻，坐立因此可以格外安定，姿态因此可以格外舒适而且自然。吾人所用的煤油灯，要在它的下部加点重量，使不致易于倾倒，就是这个意思。

在此，我要把紧张的意义，加以明白的解释。紧张和收缩不同，所以腹部的紧张，不能视为腹部的收缩。紧张是上下前后左右，同时内压，使腹部成为饱满坚实的状态；而收缩的现象，则往往于腹壁上压时见之。所以收缩的时候，腹部反而枯瘪。紧张的时候，腹壁虽然也有收缩的趋势，但因为同时还有横膈膜的下压和肛门的上压，所以腹部的体积并不减小——和在满体弛松的静止时差不多；这时腹壁的收缩运动，不过使腹部变为格外坚实而不至涨大罢了。这个区别，是十分紧要的。

为便于行文计，我们叫满体弛松的静止做准备状态，叫本节所说腹实胸宽的状态做基础状态。由准备状态进到基础状态，在玄学派的拳术书内，叫作“无极生太极”。“无极”是满体宽松的意思，这上面已经说过了。“太极图”的样式，大家都见到的，是半阴半阳的。阴阳，照上面所说，是虚实的意思。所以“无极生太极”，就是由全体宽松的状态，进到腹实胸宽的状态。

必须先有全体宽松的静止状态，然后能照理想的计划，使需要紧张的部分变为紧张，不应当紧张的部分保留宽松的原状。好比折纸手工，必须先使一张纸十分平直，然后能照图案折成某处曲折某处平直的状态。所以，这种静止，是十分重要的；没有适宜的静止，就不能有正确的基础状态，更不能有得当的动作。因为一切的内功拳，都要经过这种静止的状态，所以叫它做准备状态。因为一切的内功拳的动作，都要由腹实胸宽的状态下实行，所以叫它做基础状态。

在此，我更把一般人所视为神秘之谜的“丹田”，加以明白的说明。

在道学和内功拳里面，丹田是认为很重要的。关于丹田的位置问题，有种种不同的说法。同善社里一班人，说它在两目之间；其余的，有说在脐下二寸，有说在脐下一寸。学道和练习内功拳的人，往往先努力探求丹田所在，这完全是舍本逐末的工作。其实所谓丹田，不过是一个注意点或者内部的紧张点。同善社的信徒，静坐的时候，注意于两目之间，所以他们的丹田就在两目之间；其他炼气者和内功拳家，注意而且紧张腹部，所以他们的丹田就在脐下。至于一寸二寸，则随人之感觉而异，更无研究之必要。总之，只要明白上述的生理上的紧张状态移到腹部的必要，不必求所谓丹田而丹田自见。倘使不明白这个生理上的关系，就是找到丹田也没用，而且还要酿成有害的错误。

古书里“运气丹田”四个字，是极端有害的。气不能通到丹田——腹部，这是谁都知道的了。目下懂得点科学的人，如蒋维乔、冈田藤田辈，把它改作“入力丹田”。入力丹田的结果，是腹部变成不需要的庞大，却并不坚实；胸部故意向下运力，反感到不适。总之，这是完全离开了原来的目的了。虽然也有许多人知道这种现象的不良，但是没觉到这是根本的教授法的错误。他们只知道对学者说“失之毫厘，差以千里”，却没有觉到根本上“失之毫厘”的，还在“运气丹田”和“入力丹田”的说法。

因为觉到“运气丹田”的易流于错误，于是更创“提肛”之法以救济之。实则腹部紧张，肛自上提。所以这都是枝枝节节的方法。我们只要留心于腹部的必须紧张和胸部的必须宽适，就一切都有了。那“留意”时候的一点“意”，就是古人误会做“气”的；以后的人更误会做“力”——由胸部故意下压的“力”，那更愈错愈远了。

上文已经说过，腹部的紧张，是要腹的各方面同时内压的：然而运气丹田者往往只有下压力。紧张时各方面同时的内压是极自然的，而运气丹田者往往要勉强以力下压。紧张的内压，何以会自然？这是因为由上而下，有自然的地心吸力和反动力；由下而上，有因腿部臀部的紧张而生的自然压力；同时，腹壁周围，因受压而生出自然的反抗力，向内紧压。

因为这个基础状态的重要，我再详细点解说一下。在上文，我们已经见到内部的紧张有四种原因；现在，就说明内功拳家应付这四种原因的巧妙的方法。第一，对于物理上的反动力，当它达到肺脏的时候，肺脏呼气缩小体积以避之，使这种反动力越过肺脏而达于腹。第二，对于无意识的胸部的连带紧张，代以有意识的腹部的紧张。或者可以说：以有意识的腹部的紧张，夺去无意识的胸部的紧张。内脏的体积，始终不过这一些；所以，充实了腹部，当然不致再充实到胸部。第三，对于肺部的作势，顺其自然而扩大之。在向外用力以前，肺脏吸足空气。躯干因充实而感到安定，精神因胸腔饱满而感到雄伟，胆力因之增大。在向外用力的时候，同时呼气作向外的势，使力易于外出。当此作势的时候，肺脏起急剧的收缩。那急剧的收缩，一面压肺内空气，向气管奔放，一面更使肺体轻向下压——完全是自然的下压。此时的形势，正和放炮时相仿佛：气管犹如炮口，肺体犹如炮身；炮口放射子弹，炮身要向后退，气管放出空气，肺体要向下移。所以说是完全自然的。这种肺脏自然的下压，除能使腹部紧张和轻移反动力向下外，更能造成一种很有效的向下的势，使身躯稳定，不致倾跌。第四，对于因肋骨筋肉的紧张而起的胸廓的缩小，一面用意识减轻紧张的程度，因为那紧张有一部分是无意识的；一面呼气缩小肺体以避压迫。这是必须极端注意的，下移腹部，只需用本段所说外来的自然的反动力和肺脏作势呼气时自然的反动力，而不可有丝毫勉强的用力或者所谓“入力”。

这种基础状态的重要，有许多简单的实验方法。在独脚停立的时候，倘使是胸实腹虚，就要摇摇欲跌地感到不稳定；一变换到腹实胸宽的状态，马上就觉到稳定。倘使把一个人的两眼封闭，移他到一张凳子上面立着，他当然会很安定地立着。然后请一位他平时所极信任的人告诉他，他此时立在百尺高台上的一角，他就非倾跌不可。这是什么缘故？这是因为他没有感到危殆的处境的时候，不致有极度胸实腹虚的状态，所以还能安稳站立。一感到处境的危殆，就立刻提心吊胆起来，成为极度的胸实腹虚的现象；上重下轻，自然就要倾跌了。

道家还有“水升火降”“阴阳易位”的说法，顺便在此处解释一下。

所谓“火”，就是中国医家的所谓“实火”。一般人胸部实而腹部虚，所以，照他们的说法，是火在上而水在下。学道之后变换到腹实胸宽，就叫作“水升火降”。“阴阳易位”，自然更明显了。一般人胸实腹虚，是阴在下而阳在上；道家腹实胸宽，是阳在下而阴在上；所以叫作“阴阳易位”。道家又说：火属阳，水属阴。所以“阴阳易位”和“水升火降”是相通的。

道家炼气的一派，他们静坐时的状态，是和内功拳家的基本状态一致的。所以，同善社的一派，斥他们是在求后天。意思是，阴阳未分的无极是先天，阴阳已分的太极就是后天。上文已经说过，阴是虚的意思，阳是实的意思。炼气者的腹实胸宽的状态，就已经有虚实，就已经分阴阳。同善社的一派保持着满体弛松的状态，不分虚实，所以说是阴阳未分的无极。

"水升火降"以后，水在上，火在下，成为平常烧煮的形式；因此就有道书内"烧炼"的说法。更有丹炉、丹鼎等名称。这都是以外物拟人体，都是寓意。是因为这种养生的法术，发明者极为不易，而听者或视为平凡，故不肯明白示人，免致为世所轻视。为表示神秘起见，更指为神人密授，名为"天机"。"天机不可泄露，违者天神谴之"，这是他们的禁条。后人不知此意，竟要真个造起丹炉来炼丹，真是可笑之极！

此种故示神秘的风气，不仅道家为然，儒家释家亦然。佛典的玄秘，是一般人所知道的。儒家也有"夫子之言性与天道，不可得而闻也"之语。所谓"性与天道"，也不过是这一些养生的工夫。其实，这种养生的法则的精妙，除了不了解的愚夫以外，谁都不能否认的。古人所怕的是过于简单易学，易见轻于人。其实就在这简单易学的特质上，格外增高这种法则的伟大的价值，何至于见轻呢？

顺便再在此处指出通常的错误的姿势。

练习外功拳的人，往往紧缚腰部，目的是在使腰部坚实。因为缚得太紧了，往往生出不良的影响。因为通过腰部的大动脉的受压迫，血液的循环便受了阻碍。那经过的神经系，也易因同样的压迫而起麻痹现象。还有，当腹部所受的反动力过大的时候，没有向外随意伸缩的可能；因之大小肠受着过重的压迫而损伤，成了便血的病象。同时，腹部虽能因束缚而紧张，然而不能解除胸部的紧张——不能像内功拳能移胸部的紧张状态于腹部。

练习内功拳的人，虽然也加腹部以适宜的围束，但决不紧缚；要保留它的弹性以备肠脏感受反动力时的应有的伸缩；要在这种自由的状态之下造成坚实的腹部。

练习运动和体操的人们，欢喜挺突出胸部，以造作强壮的姿态：这也是完全错误的——提倡挺胸的生理学家，当然是一样的错误。当然，我们的胸部，不能陷于佝偻，以致心肺受着压迫；但是过度挺突，使上体成为后倾的形势，也要使心肺感到紧张——这是一般人都可以觉到的。这种紧张的成因，一部分由于向后倾倒的恐惧，一部分因为背于心肺的自然的形势。

练习内功拳的人，不要有这种不需要的胸挺突。他要时时使身体的位置，适应于力学的支点的定则；不论坐立，要得着自然的安定——"自在"。他不要用任何部分的力，勉强维持他的坐立的姿势；所以不但胸部不觉到紧张，任何部分的紧张，都要设法除免或减少它。

肺部的扩大，当然是需要的，但是那应取决于适宜的练习，使它自然地扩大，而不能勉强使它张大。上文所说肺部的作势的方法，是使肺部扩大的最好方法。

（六）意识和动作的合一

现在讲到动作了。动作的时候，紧张达于四肢。四肢的紧张，因动作种类之不同，有时左紧右松，有时左松右紧，有时左右同紧。紧即实，实即古人所谓阳；松即虚，虚即古人所谓阴。紧松虚实的参互，就是古人所谓"阴阳的参互"。因此，古人就有"太极生八卦"的说法，稍微了解易学的，总晓得八卦就是阴阳参互的种种形态。

在一般人，他那组织内脏的不随意筋，固然不受他们的意识——神经中枢——的支配；就是随意筋，何尝真能随他们的意？这种意识不能指挥筋肉肢体的状态，可以分做下列三种。

第一，完全无意识的动作。

第二，意识和动作先后的不一致。

第三，肢体不受意识的支配。

完全无意识的动作，本来是用不着解释。可是，一般人所认的无意识动作，范围甚狭，仅仅指拿铅笔蘸墨，心想往西足向东走之类。此处的所谓无意识动作，范围要稍微扩大一些：要兼指一切无意识的筋肉的紧张，如写字时口部的努动，读书时腿部的紧张或双拳紧握等。

所谓意识和动作先后的不一致，是指有动作的意志之后的形体的抢先，或意识的抢先。形体的抢先，在连续重复演习同一的动作时很易见到。譬如，练习形意拳者，在演习“劈拳”“崩拳”一类的拳式的时候，经过较久的时间，就要发生肢体抢先的弊病：往往意识还没有命令伸拳，而拳已先伸了出去。弄到后来，不是手足听从着意识，而变做意识跟着手足。要手足出去了以后，意识才觉到；意识失去指挥统率形体的能力而反被形体所统率了。意识的抢先，在趋赴一个目的地时，至为显著。因为心急的缘故，往往身体还在半途，而意识已经飞越到目的地去。并不是意识真能单独地飞出去，是说意识在幻想到目的地的一切了。古书有“意马难收”之说，就指这种情景而言；意识虽然不能真个疾驰向前，但此时体内确有一种向前的势，似欲夺躯壳而出。

所谓肢体不受意识的支配，是说在有意识的动作当中，意识依然不能支配肢体。比方，意识命令右手用全力向前挥拳，而右手畏缩不前，不能用出全力。这个，一则由于不娴熟：肌肉有如未经善良训练的兵卒，不能执行中枢的命令。孩童不能从事于重大的工作，也就是这个原因。二则由于下意识的作用：神经中枢——上意识——命令右手用全力向前挥拳，而下意识会在半途给右手一个戒备的暗示，右手因而起了畏缩：这在神经衰弱者，最为显著。

“形意拳”的意义，就是在使“形”和“意”合一。形就是动作的意思。手足所到之处，意识亦随之而到——一切动作，都是有意识的。这个方法，是很简单的：只需先注意——灌注意识——于向外用力的手，再使足和手相应——同时动，同时止。练拳的人在手向外伸的时候，目光注在手上，就是这个意思。

形意拳的合一，是很重要的，它的功效，有下列两种。

第一，体力和意志的集中。

第二，可以经常保持腹实胸宽的状态。

体力的集中，当然是很重要的。练习拳术，并不能直接使体力增大，不过能使体力集中罢了。体力的增大，是要在筋肉发达以后，才能真个发生更多的力。这是生理上的定则。

但是，要集中体力，先要集中意志。意志是体力的先锋；我们先有确定的意志，然后能用集中的体力。比方，我们要向壁上击一拳，我们必定先有不畏痛的决心，有非击不可的意志，然后能用出十分的力。倘使心里有丝毫的游移或者疑虑，手便会犹豫退缩，当然不会用出很大的力来。

一般人的乏力，并不是真实的力的缺乏，而因为力的分散于各部而不能集中。这是一个很显明的例子：倘使你的两足的位置，对于你的身体不合力学上支点的定则，使你的身体有倾跌之虞，你就不能在你的拳上用出很多的力，因为一部分的力是分到足部去做维持身体免倾跌的工作去了。一般人的力的分散的程度，尚不止此。简直连不需要的所在，都在无意识地分散他的力。不需要的紧张，差不多的人都难免的吧？坐立的时候，肩往往耸而不垂，这就是在肩部不需要地紧张，紧张的所在就是分散力的所在；有无意识的紧张，便有无意识的力的分散。大约意志愈散乱的，紧张的部分愈多，力的分散亦愈甚。患神经衰弱病的人，他自己觉到处在紧张；而别人看起来，也觉到他身体的各部分都不自在。于是他要有分外的疲劳，因为力分散得太厉害了。

形意合一地经常维持腹实胸宽的状态的功效，在练习时可以很明显地觉到。不注意地无意识地——或半意识地——动作的时候，心神常是不安定的——不放心的。瞎子走路的时候，就是半意识的行动的一种，他的心神当然是很不安定的。他并不是不用他的全部的意识，是因为他的意识的本不健全。再，我们在无意中倾跌的时候，胸部便要感到突然的紧张和压迫。在这时候，腹实胸宽的状态便要不能保持。所以，只在有意识的动作中间能够保持腹实胸宽的状态。

形和意的合一，在古语里有几句很好的话如："随意之所之""得心应手""写意"。"写意"两个字有很好的意义；"写意"表示娴熟的技巧和自然的动作。"写意"，就是说动作能写出那动作者的意。这就是形和意的合一。

不论在太极拳或者八卦拳内，形和意的合一都是很重要而且必需的，并不单是形意拳要形意合一。

（七）向内的意识和向外的意识

在"腹实胸宽的状态"里，我已经说过：在基础状态的时候，注意于腹部。这就是说：意识使腹部紧张。在上文，我又说：在动作的时候，要注意于向外用力的手。这就是说：以意识率力。这样，意识要同时有对外对内的两种作用，应当如何分派呢？

人的意识决不能同时供对外对内的两种作用。俗语"心无二用"，是完全不错的。所以对外的意识和对内的意识，是要轮流间断运用的。方法如何呢？手向外伸的时候，意识统率着手向外；手向内收的时候，意识统率着手向内，随而顺便移意识于腹部。

移意识于腹部的时候，肺的吸气运动给我们以很大的帮助。意识随着空气的向内而向内，再稍微移下一些就是腹部了。在意识向外的时候，除肺的呼气运动，能造成一种向外的势，以助意识的外运外，目光也给我们以很大的帮助。

在运动的时候，有许多人的呼吸变成粗暴而有声。这个，我在上文已经说过，多半因为气道的紧张变狭。所以只需弛松口，鼻，颈，胸各部的肌肉，则气息虽猛，亦不致有声。

意识和动作的一致，就是"形意合一"，上文已经说过了。意识，动作，呼吸的一致，术语就叫作"气，意，力的合一"。目光在古术语里，叫作"神"。所以，向外用力的时候，是要有"神，气，意，力的合一"，至于什么神，气，意，力相生相克的说法，是完全错误的；这四者不过能互相帮助罢了。

意识的一外一内地轮流间断的运用，可以使意识专一而不致流于散乱。意识的内顾，是十分紧要的。倘使手向内收的时候而忘却意识的内顾，便要使以后的动作变成无意识。

古人的"丹田真力""运用丹田真力"等说法，也是完全错误的。他们是误认意识为力；误认意识的内顾为力的收回；误认意识的外注为力的外发。事实上，他们称为“丹田”的腹部，不过如上文所说能造成一些向下的势罢了。

（八）正确的姿势和坚强的筋骨的必要

正确的姿势，是十分重要的。第一，站立的时候，肢体要合于力学上支点的定则。这个，上文已经说过一些了。内功拳手和足动作的一致，意义就在得适宜的支点。当我们以全力向外挥拳的时候，倘使不以一足随拳的方向外伸，那么，那个身体就因失去支点而跌倒。而且，因为在跌倒之前已经有跌倒的畏惧，就不能用出全力。要外有同时外伸的足做支点，内有腹部增加坚实所造成的向下的势，然后，躯体可以得着充分的稳定。

内功拳家有“三尖同向”的说法，是很有意思的。所谓三尖，是鼻尖，手尖和脚尖。鼻尖和手尖同一方向，则目光正对着手而意志集中。手尖同时和脚尖同向，则身体得着适宜的支点。

内功拳家的手足关节，常留适宜的弯曲。这个，一面保持充分的关节附近筋肉的伸缩弹性，使之不致因外力的压迫而断折；一面使筋肉不至十分紧张，可以保留一部分的力，以作最后的抗拒。伸直的手臂，只需在它的阳面上加一种压力，就可以在关节处中折：这是前一说的例。执着弯曲的手臂，比较不易拉动全身：这是后一说的例。

流传下来的种种姿势，一加研究，往往有极好的合于科学的理由。不过，在这本书里，我还不能对于各种姿势加以解释。

筋骨的锻炼，和力的集中有同样的重要。你的集中于手臂的力，可以担负八十斤，然而你的筋骨脆弱，却不能抵抗这八十斤的压力：这样，你的力虽然集中，仍然是没用。

照样，你的拳挥出去，可以发二百斤的力，然而你的手臂太脆弱了，一遇到抵抗，或许要折断。那么，你的力也是没用。或者，虽然不折断，但是你的筋骨脆弱，使你生了折断或疼痛的畏惧：那样，因为畏惧的缘故，便要使你的力分散。因此，我们也可以说：没有坚强的筋骨，就不能有集中的力。

在举起或者提起重量的时候，更可以觉到坚强的筋骨的必要。你的力尽可举起那个重量，然而你的手臂和腰部往往不能胜任。

药可以疗病，而不能免病。饮食起居的调节，可以免病，但不能强身。强身的唯一的法则，就是锻炼。筋骨固然非锻炼不能强，内脏更非锻炼不能固。筋骨的伸缩，可以增加弹性和韧性，可以增加抵抗力。内脏的自然的震动和摩擦，亦可以使之坚固而富于抵抗力。锻炼的方法，主要的当然是拳术的演习。此外沙包等物，也不妨用作补助。

腹部的紧张，还有一种极大的功用，就是能使腰部坚实；因为腹部的充实，腰部就得着更大的维持力。同时，因腹部的力的灌注，更可使脏肠和腹壁的筋肉，增加坚实。

（九）不宜练习内功拳的时间

运动家有饭前一时饭后二时不宜运动的说法，内功拳是否也是这样？

饭后，是绝对不能练习内功拳的。否则要引起肠病——腹痛。原因是：胃内的食物，在未完全消化以前，就因运动而入肠。肠不能代胃的工作，所以食物在肠内，仍是不消化。且因不消化而发酵作气，因此要腹痛了。至于时间，则不一定，总以胃内不觉饱胀为度。大约饱饭后，须过二小时；若略用糜粥，则半时至一时已足：这要因食物种类和进食多寡而异。早起后略进牛乳，嫩蛋等易于消化的滋养物，随即练习，则不但无损，反而有裨于肠的吸收。

内功拳的练习，不至如剧烈运动之造成极度疲劳。所以，饭前忌练，不必有一时之久。总以略事休息，以脉搏及呼吸均已回复常态为度。大约功夫深者，休息时间可以格外减短。工夫浅者，至多亦不过十五分钟足矣。

除出伤寒病，脑炎病及其他较重的肠病以外，内功拳的练习，似与患病者无碍。不过身体虚弱者，只可轻微练习，不可使感到疲劳。若胃病，受寒，发热，神经衰弱，肺病，则不但无碍，反而成为极有效的治疗。

一般人的迷信，以为性交以后，是要避忌练习的，否则要成虚痨的病症。在能致充分疲劳的外功拳，因二重的过劳伤害身体，是可能的，而内功拳则不然。内功拳的练习，是不应有多疲劳的。学者固多为养生而来，不拼死以求大力；教者亦往往不令学者疲劳。所以，内功拳在性交以后的练习，是不必避忌的。

三、内功拳的效用

（一）内功拳能强身延年的原理

内功拳能使身体强健，是没有问题的。外有坚强的筋骨，内有坚实的脏腑，自然就没有疾病能够侵入了，自然也不怕什么劳苦了。

虽然内功拳家不求外廓的发达，然而瘦削者习之，肌肉自然会在适宜的程度以内增加，不过那增加是很缓慢的罢了。内功拳家虽然不挺胸以求肺量的扩大，然而“腹实胸宽的状态”所述作势的方法，可以使肺量得着自然的扩大。这种肺量的扩大，在平时，则因体内养化作用的旺盛，使体力易得到补充；在动作的时候，更可以做成更大的势，以增大向外的力。肥胖的人习内功拳，可以在短时期内减少体内的不需要的脂肪质。

内功拳能够延长寿命，是无复疑义的。在“满体弛松的静止”，我们可以见到内功拳家静止时候的满体弛松的状态，是回复到孩提时代的人身的状况了。道家所以有长生不老之说，就因为自己能够回复到——而且保持着——孩提时代的状态。孩提时代的人，不但能维持生命，而且能够得着躯体迅速的长大。年长的人回复到孩提时代的状态，不再求躯体的长大，而只求永久维持生命的存在。他们（道家）以为总可以做得到的。他们以为人之所以会病，老，死，都因为在有了意识以后，为“七情六欲之所侵”，成为腹虚胸实的颠倒状态；如作茧自缚，斲丧元气，以夭天年。

这种说法，在理论上，确有极好的立足点。反对者或谓：自然界的寒，暑，风，雨，都能促人衰老，难道会只有起于自身的“七情六欲”？但是，我们可以回答他：孩提的时候也要受到气候的侵袭的。还有些人以为：人身一切组织的衰老颓废，是无可避免的。这又当人做机械了。他没有晓得人身的一切组织，都有循环不绝的新陈代谢，可能修补一切的损伤。这个，不但人如此，生物都是如此的。所以世间不能有千年不坏的机械，而可以有千年不死的生物。古人称龟鹤为长寿动物，谓可活千年：这个我们无从证实。然而北平北海里的鱼，已经活了几百年，是绝对的确的。至于植物，那是实例更多了。所以，我们可以说：如无外来的不可抗拒的强敌——如猛兽，刀枪，病菌等——人是可以长生不老的。

不过，倘使人真个做了一个不动七情六欲的东西，那又何必有人生？而且，在事实上要绝对不动七情六欲，是不可能的。所以，长生不老，我认为是理论上可通而事实上万难做到而且不应当做到的，因为这是背乎自然和人生的意义的。所以我们只能退一步而求强身延年。我们要有工作，以维持社会的存在，以求人类的进化。因此，我们不能消灭情感作用而只能减轻情感作用；除去不应有的情感而留存应有的情感；喜怒哀乐，发乎神经中枢，及乎面目，而不伤及心肺。这层，也许有人以为是神秘，其实不然。只要你能永久维持腹实胸宽的状态，就无所谓“开心”——因为心本来开着，更无所谓“焦心”，当然就不至于伤及心肺了。此外，它更能除免多量不应有的疲劳，使身体常留有余的精力，不似一般人的寅吃卯粮，终至枯竭以死。它免除脏腑的内伤，而且使之增加坚实。每日留有余的精力而又疾病不侵，当然就可以延年增寿。

说到衰老的原因，我们知道骨骼是不大会在活人的体内腐朽的：埋在土里的尸骨，经过数百年都还存在呢。老年人的骨，不过是坚硬而不强韧，所以比较青年人容易折断罢了。说到肌肉和神经系，只要如上文所说，能除免不需要的力的消耗，使每日都能留有余的精力，是永不至于磨灭瘦削的。

以机械比人的生理学家，真是荒谬绝伦。人到了衰老的时候，体内的各器官，除因受跌击而得的硬伤和因疾病而起的创伤以外，绝对没有因多用而磨损的；因少用而至运动不灵常有之。磨损是只有机械会有的。这是很显明的：机械的摩擦面，要逐渐损伤，而人的摩擦最多的手足，皮肉反而加厚。所以，人在这一点是与机械相反的。人体各器官中，最易损坏而至关重要的，要算心脏和肺脏。内功拳家消极的使心脏避免因压迫而起的损伤，积极方面又顺其自然加以适宜的运动，使之臻于强固，所以他的器官也不大会损坏。一个人的骨骼，肌肉，神经系和各器官脏腑，既然都不致损坏，就没有衰老的可能。

我们虽然不能说疾病是可以绝对的避免，但是，外有坚实的肌肉，内有强固的脏腑，当然就有对于疾病的顽强的抵抗力。所以病和死，虽然因为科学的能力还不能除灭病菌，不能永远避免，但至少可以减少病和死的机会。

说到容颜，我要说：老人面上的皱纹，一半固由于肌肉的枯瘪，而一半则起于肌肉的连续不断的紧张；中年人面上的皱纹，是要完全起于肌肉的紧张了。多愁的人的眉额间的皱纹之多，就是一个明证。

面部的肌肉的紧张，往往是不需要的。写字时口部肌肉的紧张的无谓，上文已经说过了。运思时眉间肌肉的紧张，也是无意识而可免的。所以，一面能保持肌肉不消瘦，一面再免除面部肌肉的无意识的紧张，容颜就不至于衰老。悲伤烦愁能使人易老，就因为内有胸部的紧张，造成不应有的疲劳，因而使肌肉受损，外有面部肌肉的无意识的紧张，造成多数的皱纹的缘故。

因为所发的感情不同，牵连到面部的地位也就不同，因而有不同的皱纹：多愁者有眉间的皱纹，多哀者有口辅的皱纹。这是十分明确的：世间的形形色色的事实，画成各不相同的面貌。相者就利用这一点以行其术。

上文已经说过：一般人是连随意筋都不能尽随他的意的。内功拳家却不然，他是要把不随意筋都变成半随意筋。肺的呼吸，可以使之深长；可随意使令肺部下压横膈膜；更可以腹壁的压力，使横膈膜升降；更可因横膈膜的上下运动而连带运动胃脏；更可利用腹壁的压力运动肠脏。所以随意筋和不随意筋的称呼，实在是不透彻的。

内功拳家，即使没有多于一般人的精神，但是已有少于一般人的精神的消耗。他并不是用贪懒惰的方法去节省精神，而不过是用经济的办法运用精神——避免不需要的精神的消耗。所谓不需要的精神的消耗，就是我在“疲劳的真面目”中所说因血液循环的阻滞而起的中毒现象，和不需要的紧张而起的力的消失。

虽然这件事还没有过解剖的试验，但我很相信内功拳能增进内分泌的机能。分泌的机能，往往因注意而增进。我们注意于口腔的时候，唾液的分泌便要加多，就是一个明证。一般人平时，对于自己身体的内部，很少注意。他们的意，老是飞飏在外面：所以内分泌的机能，不能旺畅。内功拳家就不然，他在休暇的时候，意存于内；就在有事的时候，内部也要轮流间断地存了一些意。他的身体，大部分总是很自在的。因此，各处的细胞都能充分地活动，而不受因压迫而起的束缚。内分泌器官的细胞，当然也得着这种充分的活动，而充分地行它们的分泌。

上面的说法，可以解释甲状腺，上皮小体，脑下垂体，胸腺，胰腺和副肾等的内分泌机能。睾丸的内分泌机能，除了上述的解释以外，更有内压力的关系。当练习内功拳的时候，腿部和臀部有由下而上的内压力，这已经在“不应有的疲劳多于应有的疲劳”中说过了。这种内压力，我很相信它能够使睾丸的内分泌旺盛。这完全是物理的作用，是和取乳的时候在乳房施行压力一样的。

我很相信内功拳的健身益智效用，内分泌的增进是主要原因之一。

（二）性情的变换

烦恼和愤怒，与其说是由于外来的刺激，还不如说是由于内在的感受烦恼和愤怒的状态。这是极易觉到的。当我们感着第一件烦恼的事情的时候，往往即使再遇了第二件平时以为是不烦恼或者是快乐的事情，也会觉到是烦恼。这是什么缘故呢？这是因为第一件烦恼的事情，已经造成他的恼怒的态度——胸部的紧张。

胸部的紧张往往是烦恼和愤怒的根源。在胸部紧张的状态之下，一切事都会感到是烦恼。神经衰弱的人到处悲观，就是这个道理。在胸部紧张的时候，温和的蜜语都要变成暴戾的言辞：这种经验，谁都觉到的。同时，因为胸部的紧张，便有因血液循环不良而起的胸部的充血，所以对于外来的问题更不能得到有条理的应付，所以更增加烦恼和失望。这种种互为因果的状态，很自然地会把一个人的性情变恶。一般人劝人不要烦恼，要说“请宽宽心吧！”是很有意思的。

终朝提心吊胆的人，当然就是优柔寡断疑神见鬼的人。提心吊胆的状态，便是胸实腹虚的状态。在这种状态之下，一切的内脏都悬挂着不落在它们的应在的位置。因为身体的主要部分的内脏的不安定，随而起了全神经系的不安定的感觉。不安定的神经系，当然感到外界一切都不安定——如坐在船内看两岸一般。因之对于事事都存在着不需要的怀疑：因此就成了优柔寡断的懦夫了。这是很容易自己觉到的，我们决定一件事，总得先安静一下子，这一下子的安静，就是使你的内脏得到比较的安定，使胸部比较的不紧张些。腹实胸宽的状态之能辅助决断力，于此可见。

要有持久的坚忍力，亦非先有腹实胸宽的状态不可。胸实腹虚的人，有时也很有一些冒险精神；可是他的冒险，完全是靠不住的。只要他的气定了一些，随而他的胸稍微地失去了一些充实——这在俗语里叫作“心虚了一虚”，马上他的勇气就消失了。所以他的冒险，完全是没有基础的。这在古语中，叫作“客气用事”。这种无基础的勇气，绝对经不起挫折：遇到挫折的时候，就要因“心虚”而变成畏缩了。腹实胸宽能增进忍耐的精神，在寒冷时更易觉到。寒冷发抖的时候，一变到腹实胸宽的状态，就马上不会发抖。

一个人新改了一种装束，便要觉到“手足失措”的不自在。这是什么缘故？这是因为他注意于他的新装束的缘故。只要他不注意到他的新服装，就立刻不会觉到不自然了。同样，倘使我们不注意到疼痛，疼痛至少可以减轻。的确，疼痛是愈注意愈厉害的。奔跑的败兵，会不觉到足心的伤破；我们在急难的时候，都会不觉到身体的痛苦。这都是不注意的缘故。

内功拳家的忍耐痛苦的精神，较一般人为胜，这是什么缘故？这是因为他能集中他的意志：可以任意在某处存着意志而某处留存较少的意志。当他把意志集中在腹部的时候，他散于外部的意志就很少，所以不会十分感受到在外部的疼痛。他可以使身体的某部分，变成“自己催眠”时的状态。

痛苦的状态，可以增加痛苦。通常的痛苦状态便是胸部的紧张。因为胸部紧张的缘故，于是，除了痛苦部分的痛苦以外，还要加上胸部压迫的痛苦。因此，痛苦便自然增加了。内功拳家的腹实胸宽的状态，往往在痛苦中还能保持，所以他不会受着那因胸部的紧张而起的额外痛苦，所以痛苦便减少了。

内功拳家当他静的时候，是一切自在；当他动的时候，是外动而内静，肢体急而心不急。一般贪懒惰的人们，以迂缓为整暇：行走要开八字步，举手如重百金；转一转身，仰一仰头，要费三分钟的时间；说起话来，有若垂死人的呻吟。他们的外形是算得沉静了，可是他们的内心却未必沉静，依然是紧张着。他们是外静而内动，外缓而内急。他们自己以为这是“养性”或者“养气”；实际上真是“南辕而北辙”，不过掩饰掩饰他们的懒惰罢了。

一个人的整暇不整暇，不在外形而在内心。尽可形体敏捷得如生龙活虎一般，而内心保守着整暇；也尽可枯坐不动，而内心紧张急迫到万分。但是内心的整暇，当然也要显露于外。最容易看得出的是嘴。整暇的人，他的嘴老留着微笑的神气，嘴角微微向上斜着。

同样，我们可以见到许多写字不到家的人们，他们装腔作态地费九牛二虎之力画了一画，要嘴跟着运动用力——紧张而且蠕动。他的动作是迂缓了，但是心是紧张的。

这种外动而内静的工夫，是要较长的时间才能练得出的。当然，内之所以能静，就因为胸部的宽松。一个人在平时练拳的时候，遇着用力急促的动作，仍能保持着腹实胸宽的状态，自然，以后他就能在不论何种急促的举动保持着腹实胸宽的状态了。

内功拳家能够经常地存意于内。在一般人，他们的意既然是终日飞飏在外；他们遇到一件事，要先把在外的意收回，然后才能应付。因此，他们的应付常是迂缓而不敏捷的。有时遇到一件急迫的事情或者突然的声响，他们便要惊慌失措，因为他们来不及收回他们的意了。这种意离于形的情景，在俗语叫作“灵魂出窍”或者“出神”。本来意并不是一样独立的东西，所以我上文说“意离形”和“收回意”，都是为便于了解——自觉——起见的一种说法。照科学的说法是怎么一回事呢？所谓“意离形”的时候，实际上不过是一种回忆或者幻想。所谓幻想，是由种种不规则的希望反映到许多回忆堆砌而成的。一个人的过去的经验，往往印在脑纹的深处，愈久远的愈深。要在脑纹深处找出复杂的回忆，当然是很费事的；要把这复杂的回忆联成有系统的幻想，尤其费事。因此，全部的脑细胞都因为忙于回忆和幻想，成了极端的疲劳。因此，对于全体的神经系，就暂时失去支配的能力。所以，当五官四肢遇到一件突来的事情时，脑——就因疲劳而不能令那遇到突来的事情的一部分肢体或者器官去对付那事。这就是上文所说的“来不及收回他们的意”的科学的解释。

所回忆的事实的时间和空间愈远，它印在脑纹上的印象愈落到偏僻而不易找到的所在，而且印象愈淡。因此，脑细胞的找寻的工作愈劳苦，所以愈不容易消除疲劳而给外来事物以适当的应付。因此，在理想上，“意”很像是一件独立的东西：它从远处回来，愈远需时愈久。因此，便有灵魂的说法。

（三）内功拳的应用

练习内功拳以后，往往对于一切事物的处理，一切学术的学习，都有比往前更高的本能。这是什么缘故？我的答案是：他已经得到技术的熟练的姿势了。

外观上，某种技术的所谓熟练，就是态度的闲适安详，而表演的敏捷精纯。实际上，表演的敏捷精纯，还靠着态度的闲适安详。态度的不闲适安详，过于积极便是一般人所谓“火气”，过于消极便所谓“僵”。这种情形，在戏剧上很可以看得出，在写字上更容易看得出。

态度怎样能够闲适安详呢？这在“知其然而不知其所以然”的古语，便叫作“得心应手”“火候纯青”“熟能生巧”。在我呢，以为这不过是进到“腹实胸宽”和“形意合一”的状态罢了。写字的人倘使进不到这种状态，无论工夫怎样深，总逃不出一个“板”，总不能由“碑帖”脱胎出来。写字要能够“自成一家”，能够“脱化”，非到了“腹实胸宽”和“形意合一”不可。

我曾经见到许多会写字的人，在写字的时候，态度总是极其自然。在他的面上，一点不现出卖力起劲的样子。我还见到许多人，在写字的时候，两肩高耸，两手僵直，口随笔动，显出他们的胸部的紧张。他们要不是有一旦觉到把态度改正过来，永远也不会写好字。“看见字就可以晓得那人”：这话是有至理的。

在放枪的瞄准上，尤其显出腹实胸宽的状态的重要。必要腹实胸宽，然后脉的震动轻微，然后能有准确的可能。

治事的时候，倘能保持腹实胸宽的状态，则神清气爽，敏捷果决，而不至于错误；心平气和，而决不至于操切躁急。徐树铮氏能一面作书，一面谈话，一时传为奇才。实则不过脑筋运用之敏捷而已，并无神秘可言。心无二用，人所同然。不过聪明者，有敏捷的决断，能于极短时间解决一件事或者某件事的一段落。更有敏捷的分析力，能将一件过于复杂冗长的事，分为若干段落。更有敏捷的鉴别力，能在许多件事中间或者某一件事的许多段落中间，分别出来那一件或那一段落要速办，那几件或那几段落可以缓办；那一件或者那一段落要自办，那几件或那几段落可以交别人办。所以他遇到事，一点都不游移，当机立断给它一个解决。在办理冗长的事件的时候，遇有别的事情，他可以在相当的段落暂时停止，先去应付那新来的事。倘使那新来的事也是很冗长的，他又要把它分为几个段落。因此，他可以用点狡猾把两件事的许多段落参互交错甲作乙辍地办理起来。因为太敏捷了，一般人就以为他在同时连续地办理两件事：如同多片的影片接连迅速地映演起来会看作连续一气的影戏一般。

他不但不如一般人所想，要同时分心于两件事，而且是绝对一个时间是十分专心于一件事的，不过那个时间可以能缩至很短罢了。处理繁杂的事务，专心尤为紧要。上举的例，还不是正常的，不过说明好弄机智的人的方法罢了。现在说正常的治事方法。譬如桌上堆着十件应办的事，在一个不善办事的人，他见了就要手足失措，心慌意乱起来。因为心慌意乱，便有胸部的紧张，便有因胸部紧张而起的昏沉和疲劳，一切事都做不好了。善办事的人就不然，他先考察一下，定一定先后的次序。然后先拿一件事来办，而完全不记念其余的九件。平心静气地，办了一件，再办另件，如流水般下去。倘使中间存着顾此失彼的心思，要同时顾到十件事，那就没有一件可以办好。倘使中间存着无谓的急迫的心思，也要起了不应有的疲劳，因为胸部就要紧张了。有许多办事的人，他们的臀部常不安放在椅的上面：他们不用椅支持身体而要用两腿的力来支持身体，现出一种“坐不安席”的样子。那样，满体紧张起来，自然不会办得好事。

总之，办事的时候，要留意保持着腹实胸宽的状态，自然就会注意到避免急迫和顾虑，就可得到事乱而心不乱，手急而心不急的工夫。

一个不负责任不肯做事的人，往往在做事的时候要得着更多的疲劳。他见了一件事，先就觉到恼怒或者畏惧，胸部马上就紧张了，就要造成不应有的疲劳了。所以做事的时候，取快乐的态度和奋勇的精神，是十分紧要的。不然，不但工作的成绩不会好，而且要伤身体。

这是很平常的：一个人做事往往愈想讨好卖力，愈容易错误。这是什么缘故？这些问题在内功拳里可以得到透彻的解释。因为想讨好的缘故，便不免提心吊胆：提心吊胆就是胸部紧张。因为胸部的紧张，循环系的作用便要阻滞，脑部就变成充血现象。人当这时候，会觉到面部发热，这就是充血的象征。脑部一经充血，神经自然就错乱了。

“艺术”一语，是很不容易给它一个适宜的定义的。但在内功拳上，我们找到极好的定义。职业有职业的艺术，技艺当然也有技艺的艺术。艺术是怎样成功的呢？我以为就是在“腹实胸宽”的基础之上所显出来的熟练的技巧。一件作品只要能当得起艺术的称呼的，总可以表现出来那作者的心平气和的神气。心浮气躁手忙足乱的人，无论如何造不出艺术来。所以，我们可以叫“腹实胸宽”的闲适态度做艺术的态度。我以为教授艺术的人，不先纠正学者的态度，而只在“艺术”上用死工夫，是很不得法的。

在此，我们可以知道内功拳能够提高人的从业和习技的本能的理由了。这是因为，内功拳家的态度，已经是一切艺术家的态度。一般习艺术者，要经过很长的时间，才能进到“腹实胸宽”的态度；而内功拳家习艺术，则一开始即具备“腹实胸宽”的态度。一般人是要先求艺术的态度，再进于艺术；内功拳家是已有艺术的态度，再进求于艺术。虽然以后的进于艺术，要经过较长的期间的练习，然而当然比一般人要快；他是一开始就走上正路，而一般人却先要费工夫找寻正路。

一般所谓艺术家者，往往只能在本业上显出艺术的态度。内功拳家的艺术的态度，是经常的；所以他不论习何种技艺，都能得事半功倍的利益。佛典所谓“大智大慧”，就是这个意思。

总之，精于一艺或专于一业而能有所成就的人，至少他在从事于那一业或一艺的时候，能保持着腹实胸宽的状态，至少他的胸总是宽的。否则就终身不能成为“专家”。凡是能成就惊人的功业的，他一定经常地能够保持着腹实胸宽的状态，所以，他有了这种功夫而并不自觉。艺术家和成功的事业家，总有从容不迫的态度和闲适安详的神情：这个我们可在他们的相片上看得出。

休息会成为有害的吗？是的，的确有的。有一班人，形式上很静止地坐着，而心神却一点都不静止。其实，在稍知养生的人看起来，连形式都并未静止。他的眼光，是向外的直射；他的口，不是疲劳式的哆开，便是用力的紧张；他的项颈，硬直而不安；他的两肩，耸而不垂；他的胸部，紧张而不舒适；他的腹部，用力向上压；他的四肢的筋肉，无一处不呈紧张的状态。他坐在椅子上，和坐在针毡一般的不落位。他的心意，飞到千里以外或者回复到十年以前去。他不但外体处处紧张，连内脏也处处紧张。因为紧张的缘故，便要不必要地感到烦热而流汗，疲劳是没有问题的了。

这样的休息，便是有害的休息。失眠的人睡在床上的情形，仿佛也和这一样。这样的休息，还是去运动好；就是拿本书来读读，也比这种休息胜万倍。胸部的逼迫的程度，和心意所在的时间或空间成正比例：心意所到的时代愈早距离愈远，胸部的逼迫亦愈甚。所以，在读书的时候，心意还不过一尺之间，胸部的逼迫还轻；在休息的时候，心意远驰到千里之外，胸部的逼迫当然更甚了。所以这是有害的休息。这种休息的结果，会使那个人变成神经病者。

怎样可以得到真休息呢？在内功拳里，我们可以得到极好的方法。其实，“满体弛松的静止”所说的准备的姿势——“无极”，就已经是极好的休息。现在再说到坐卧的姿势，坐卧的时候，先要留意到身体的各部的位置，都已经很自然地安放在椅或床上：各部分都已有很好的支点。其次，再从头到脚自省有否不需要的紧张部分。等到全身统统弛懈地委在椅或床上，再进而求呼吸的自然而无阻碍或者勉强。再求腹部的自然下垂——要使它因重量的关系，自然下垂，不可勉强。这种休息，只消五分钟就能得着极大的功效。

吸烟之所以能恢复精神，一半固由于刺激神经的作用，而半由于呼吸的调节。因呼吸的调节，便能解除胸部的紧张。一般人谓吸烟能宽心，以为至乐，就因于此。这是很可怜的，一般人除了吸烟以外，就会没有调和的呼吸。“宽心”的方法，不直接由呼吸调和入手，而求助于烟，也是很可笑的。

在做摄影的目的物的时候，得着一个很好的实例。你必依照着满体弛松的状态坐立着，然后所被摄的影，能有自然逼真的仪容。你倘使提心吊胆尽心竭力以求得一张好的相片，结果要适得其反——反要呆滞而不生动。

总之，不论在坐，立，行，止，一举一动，我们到处可以应用内功拳的方法，到处可以见到这种方法的效益。

（四）内功拳和疾病

内功拳的治疗心脏病和肺病的功效，是很显明的。肺病的成因，一般人都以为由于空气的污浊，实则这并非重要的原因。因为，有许多生在空气清鲜的地方的人，也要患肺病，而生在空气污浊的地方的人，也不见得个个患肺病。这个，一般人或者还要认为体质强弱的缘故。但是，往往在同一个地点，一个体质强者会受到肺病，另一个体质弱者反不会。这种实例，是很易见到的。

肺病的重要的成因，还是因胸部的紧张而起的肺部的压迫。因为压迫，就起了血管的损伤，肺痨菌便得乘机而入。恼怒和烦忧能致肺痨，也就是这个缘故。明乎胸部的紧张对于肺病的重要，便可以知道内功拳能治疗肺病的理由了。心脏病的成因，胸部的紧张更占重要的地位。患心脏病者，恐怕十人中有九人起于因胸部的紧张而起的心脏的压迫。所以，当然，内功拳对于心脏病的治疗有极大的功效。

对于神经衰弱病，内功拳的治疗功效也是很大的。胸部及各处的不需要的紧张，是神经衰弱病者的一种症状。这种紧张能使他的神经系受重大的痛苦，使他因痛苦而感到不安。这种互为因果的作用，能加重他的神经的衰弱。思想的纷乱和意志的远飏，是神经衰弱者的又一种症状。这种症状，能加重他的胸部和各处的紧张。照上文所说的种种，我们可以晓得，这两种症状，内功拳都能呈极大的治疗功用的。

晕船的病症，恐怕只有内功拳能给它一种根治。晕船的原因，是因为船的摆动的时候，身体因支点的滑动，而呈紧张。胃部因紧张的缘故，胃壁黏合而成扁平形。胃壁黏合以后，再经继续的摆动，则胃内壁互相摩擦。因为这种摩擦，便生出刺激甚大的痒感，因此就要呕吐了。小孩不解晕船，就是因为没有预防的恐惧心，因此不感到紧张的缘故。腹饱的时候，晕船的病症较好，就因为胃部饱胀，胃内壁不至变为扁平而互相摩擦，而且胃内部也不易震荡的缘故。既然晕船由于紧张，内功拳的方法当然可能解除这种不需要的紧张。

有不少的病症，都由感冒转变而成。内功拳家是不易受到感冒的。他的身体的抵抗力，本来就强，不易受到什么病。即使受到了感冒，他只需练习一次拳，出一身汗，马上就痊愈了。每日早晨一次的练习，的确可以免去大部分的病。它把晚间所受的一切风寒都驱逐出去了；同时肠胃内一切淤积的物质和血液里停滞的毒质，也都可以得到迅速的排泄了。

此外内功拳能治疗的病症很多，一时也未能列举。

四、结论

（一）内功拳和静坐

由上述的种种，内功拳高于其他养生方法的价值，是很明白了。

格言式的养心法，固然是没用，就是静坐的方法，也永不及内功拳的有利无弊。静坐是静中求静，而内功拳是动中求静。静中求静的人，即使得着了静，也难在动中保持着那个静。而动中求静的人，却无时不可以静。静坐者甚至须逃世以求静，而内功拳家则随处皆自有他的静。当练习的时候，静坐易因沉寂而伤于惊惧，或因闭目而流于虚幻：这就所谓“入魔”。静坐者，往往自谓得着“奇境”：这都是因虚幻而成的神经上病的现象。所谓“奇境”，不过是下意识乘上意识的沉寂而现形作祟而已！静坐有发狂者，就是这个原因。所以，即以道家而论，古人以内功拳学道，实在是比静坐更进步的法则。

（二）内功拳和外功拳

内功拳之优于外功拳，是没有疑义的。外功拳练到工夫较深者，往往也会于不知不觉中得着内功拳的腹实胸宽的状态，不过是很不容易的。原因是：外功拳手势繁又迅速，胸腹不易安定；而缚腹挺胸，又先与腹实胸宽状态冲突。外功拳之缺点，为对于身体，易致损伤，绝对非虚弱者所宜；技术上的力的运用和假借的巧妙，亦较内功拳逊色。所以，以拳术言，内功拳也是最进步的。

内功拳的方法，既然是随处可以运用，所以内功拳的姿势是不必限定的。内功拳的方法应用于剑术刀术，已有先例；内功拳的方法——腹实胸宽的姿势——之应用于外功拳和体操，当然是可能的。

（三）内功拳的改良问题

一般人以形意拳须足踵向地重踏为不合卫生，其实不然。所谓不合卫生，是因为使神经系震动过甚。神经系之需要磨炼，犹如肌肉。所以练习初时，每重踏觉神经震动，到后来就毫不觉到。神经一到重踏而不觉震动，就可以受重大刺激。不过练习时要由轻而逐渐入重，那是很要紧的。

所以，一般人以为这点须改良，我以为是不必的。

我以为内功拳和音乐的调和，倒是很重要的。音乐能率领人的意志，是没有疑义的。军士随军乐前行，可以减轻疲劳；跳舞时随乐声而进退，可以修养精神。这都是因为音乐的节奏，能致“形意合一”。形意合一能减轻疲劳，已经在“意识和动作的合一”里说过了。倘使内功拳能因种类之不同，配置音乐，演习时随音乐而动作，一定可使学习者格外易于见效。

原书序言

《科学的内功拳》再版自序

经常地站在思想界的最前线：这是我多年来的一个志愿——事实上能不能达到这个志愿，那是另一个问题。为了这个志愿，我不能不反对所谓“国术”“国学”……一类用国界来肢解学术的荒谬行动。然而，为了我自己的健康，我却已经研究过他们所谓“国术”范围之内的内功拳，而且曾经写过一本《内功拳的科学的基础》。这成了我自己的矛盾，而因为这个矛盾的存在，使我没有勇气再版这一本书。然而许多朋友读过这本书的，都催促我再版；许多身体虚弱的青年们，也来信责问我为什么让这本书绝版。不是我自负，这本书在读者的反响中，的确是很不错的。读了许多以玄学解释内功拳的书籍的人，一朝得到一个科学的解释，必然会感到满意的。于是，我只好把这个问题严重的考虑一下，而企图解决这个矛盾。而结果呢，是辩证法地解决了。学术界内偏狭的国家主义和民族主义，我们是应该反对的。然而文化遗产我们却应该接受而且应该加以整理。用科学方法整理文化遗产，决不反对学术的国际性，更不反对科学，而是充实学术的国际性，和充实科学的内容。假如大家都放弃了文化遗产，人类的文明是哪里来的呢？所以，我反对“国术”，然而可以研究内功拳：这是矛盾中的统一，是辩证法所启示我的。于是，我修改了原书里一小部分的内容，把书名改为《科学的内功拳》，而把它再版了。因为我的科学知识不够，我相信错误是难免的。那只有请读者指教。

《科学的内功拳》初版自序

照例，出一本新书是要请名人作序的。不过这本书，我还没有意思要别人买去做装饰品，所以鼎鼎的大名似乎不需要。一种作品的价值，固然要客观的判断，但是苦心经营和很得意地偶然恍悟的所在，当然还是自己最明白。在这本书里，有几点我自己以为是多少可以影响学术界的。道家的养生方法，在所谓"东方文化"当中，当然要占很重要的位置。可是，因为中国人好卖弄秘诀的缘故，到现在，不但外界的人莫名其妙，连学道的人都没有几个人真能懂得。原因是：祖师本来已经是知其然而不知其所以然，他原来的虚幻的认识，已经离实际的科学的真的本体很远，再用怪诞的隐语寓言烘托起来，自然就不会有人懂得了。在这本书，我已经把他们所谓"踏破铁鞋无觅处，得来毫不费功夫"的所谓"道"赤裸裸地揭露了。什么"丹田""太极""无极"……都变成了极平凡的现象。从此，谁都能"豁然贯通"，而不必"踏破铁鞋"了。这本书不但说出他们所能说的，而且说出了些他们所不能说的。他们心目中的所谓"道"，就在他们自己都还是一个闷葫芦，到底还要自己骗自己在玄想中幻出仙境天堂来聊以自解！近年蒋维乔、刘仁航、顾实诸氏所著静坐养生等书，以科学做幌子，实际上还不是在走玄学的门？他们还在拾日本冈田藤田二氏的唾余，但冈田藤田自身，就是玄学家！荒唐到要说，脊骨可以养呼吸，还有何说？要看见这本书，他们才会恍然：原来有的不过是生理学的现象，而有的不过是物理学上的作用！以上是讲对于旧的整理，现在再讲到对于新的贡献。在这本书里，可以见到好多一般生理及医学的书籍中所没有说到的事情，如：疲劳的新解释，胃腹的天然位置，衰老的根由，长生的可能。更可以见到艺术的书籍里所找不到的事情，如：艺术的新意义。实际上，这本书打破二元哲学论者的"东方文化是精神文明"的谬说；而同时也纠正一般人对于文化遗产的漠视，使他们晓得外观上残缺不完的文化遗产中，隐藏着重大的科学价值。

资料：章乃器（1897年3月4日—1977年5月13日），原名埏，字子伟，又字金锋，别名嘉生，汉族，浙江青田人，中国近代政治活动家、经济学家、金融学家、银行家、社会活动家和收藏家，爱国民主先驱，救国会"七君子"之一。曾任浙江实业银行副总经理，创办《新评论》月刊。1932年创立国内第一家中国人自办的信用调查机构——中国征信所，自任董事长。1936年5月成立全国救国联合会，通过由他起草的《抗日救国初步政治纲领》。是年11月23日，章乃器等七人被国民党政府逮捕，爆发了震惊中外的"七君子事件"。抗日战争时期，任安徽省政府委员、财政厅厅长等职。1945年12月16日，在重庆发起成立

"中国民主建国会"（简称"民建"），任中央常务委员。新中国成立后，历任中央人民政府政务院政务委员，中央财经委员会委员，中央人民政府粮食部部长，中国民主建国会中央副主任委员，全国工商联副主任委员。生平著述甚多，有《章乃器论文集》《激流集》等。章乃器曾将收藏的1192件文物捐献给故宫博物院，名留故宫博物院景仁宫内的"景仁榜"。笔者曾到故宫博物院参观过章乃器捐献的文物，价值不菲。

"七君子"出狱时合影

左起：王造时、史良、章乃器、沈钧儒、沙千里、李公朴、邹韬奋

第20章　马庄老拳谱

赵佐尧

胥按：本文为王芗斋先生弟子赵佐尧所传，与外界所传形意拳拳谱有所不同，有很高学术价值。因为郭云深先生是深县马庄人，此拳谱出自郭老一系，故称为马庄老拳谱。文中“饶邑”即今河北省饶阳县，“保阳”即旧时保定府饶阳县，简称保阳。

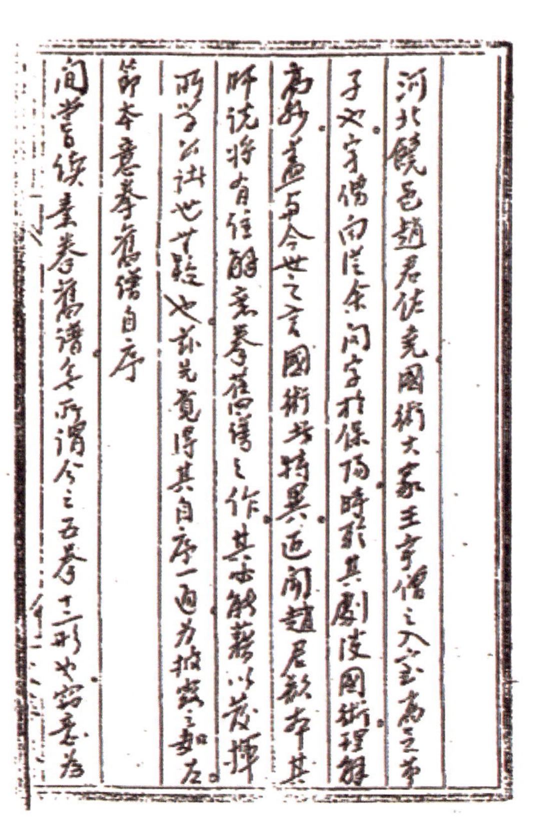
河北饒邑趙君佐堯國術大家王宇僧之入室高足弟
子也宇僧向從余問學于保陽時聆其劇談國術理解
高妙蓋與今世之言國術者特異近聞趙君欲本其
師說將有注解意拳舊譜之作其必能藉以發揮
所學公諸世無疑也茲先覓得其自序一通為披露之如左
節本意拳舊譜自序
間嘗讀意拳舊譜無所謂今之五拳十二形也竊意為

• 俟序

河北饶邑赵君佐尧，国术大家王宇僧之入室高足弟子也。宇僧向从余问学于保阳，时聆其剧谈国术，理解高妙，盖与今世之言国术者特异。

近闻赵君欲本其师说，将有注解意拳旧谱之作，其必能藉以发挥所学公诸世无疑也。兹先觅得其自序一通，为披露之如左（下）。

• 节本意拳旧谱自序

间尝读意拳旧谱，无所谓今之五拳十二形也。窃意为，后人所加而合称之曰形意。其初，盖为迎合初学之心理，谓暂后而先形，犹之可也。继则原因武人之浅尝，但知余形而遗意。终且并所谓形者，亦渐失其真，而滋为弊。噫，其甚矣！即间有耗十余年自强不息之功，或幸缘形得其意者，而究亦莫明其所以，无所挟以传之其徒。于是意拳之精义，遂数十年来湮没而不彰。滋可痛也。

考意拳之名，创始于南宋岳氏。据旧序云：兹见岳武穆王拳谱，意既纯粹，语亦明畅。王少受业于名师，精通枪法，以枪为拳。立一法以教将佐，名曰意拳。又云："世有勇敢之士，未尝无兼人之力。及观其艺，并扣其学，手不应心，语不合道者何？不得真传故也。真传者，非近世捉拏拘打，封闭闪展，逞其跳跃，悦人耳目之谓。而其意不外阴阳、五行、动静、起落、进退、虚实，而其精妙又须六合。六合明，则智圆勇生，能去能就，能弱能强，能进能退，能柔能刚；不动如山岳，难知如阴阳，无穷如天地，充足如太仓，浩渺如沧海，炫耀如三光，以此视近世，异乎不异乎？"

姬寿曰："今之习武者，专论架式（势）封闭等法，不知日间了然在目，还可少用；若黑夜之中，伸手不见，如何用之？必至误及自身，悔何及哉？惟刚大之气，养于平素，而忽发于一旦，依本心本性，直扑上去，逢左打左，逢右打右，不怕身大力勇者，一动而即败也。"然则所谓应心合道，所谓八触六如，所谓刚大之气，所谓本心本性，又岂徒一味炼形者所能得其仿佛耶？

惟旧谱历经武人传抄，其文字之伪夺脱漏，次序之颠倒，几至无从校正。且原有语句，意多简奥，似当时作者不愿尽情披露（或亦作不能），以致后学浅识，莫名真谛，多所误解，失其本意，识者憾之。兹因择要节录，附以注解。间亦有义不能明而仍之者，姑阙疑以存其真，俟就有道而正焉。世有存得其真本者乎，尚勿过为秘惜，向即教之也。

深县　侯序伦

• 例言

斯谱名《岳武穆王拳谱》，亦名《意拳》，又名《六合拳》，或称《拳经》，俗称《老拳谱》。

斯谱创自专制时代，对于技击不敢明言，故词多含浑，今特将难解之句一一注释，以公同好。倘有误解之处，尚望明达指正。

或谓斯谱系节录，有不完整之诮。盖斯本无印行本，俱是谱本。学者每将斯谱抄毕时，尚余白纸若干页，后见俚俗歌词等，一一继录于其上，嗣又被他人借抄者，不知拳理，乃满幅抄写，遂至以讹传讹，写了许多没用的话，殊为可笑。

佐　尧　赵银墀　识

"民国"二十年二月十二日

即庚午年十二月廿五日录于津沽草庭并记

• 六合拳序

天下之治道有二：曰德、曰威。天下之学术有二：曰文、曰武。然武之所重者，技艺也。而其间精微奥妙，更有不考，率意妄陈者。余尝拟著为论，公诸同好，特恐言语不精，反误后世。此心耿耿，曷其有极？兹见岳武穆王拳谱，意既纯粹，语亦明畅，急录之，以志余爱慕之情云。

王讳飞，字鹏举，相州汤阴人也。智勇绝伦超群，当时诸将莫不与为伍，屡尚战功，遂成大将。善以小击众，凡有所举，必谋定而后战，故有胜无败。猝遇敌，不动，故敌为之语曰："岳家军难撼如山"。尝言用兵之术，以仁、信、智、勇、严，缺一不可。平生好礼贤士，博览经史，恂恂然如书生。当童子时，受业于明师，精通枪法，为拳立一法，以教将佐，名曰意拳，神妙莫测，盖自古未有之技也。

王以后，金元明数代，鲜有其技。独我姬公，名际可，字隆风，生于明末清初，为蒲东诸冯人氏。访明师于终南山，得武穆王拳谱。后授余师曹继武先生。先生习武十有二年，技勇方成。康熙癸酉科连捷三元，钦命为山西靖远总镇。致仕归藉。余至池州，先生以此拳授余，学之十易寒暑，先生曰："子勇诚矣。"命余回晋。至洛阳，遇学礼马公，谈势甚洽，属余为序。余不文，焉能为序，但见世有勇敢之士，未尝无兼人之力，及观其艺，再叩其学，手不应心，语不合道者，何也？不得其真传故也。所谓真传者，名虽曰武，其实当和。和者，智与勇顺成自然之谓也。岂近世捉拏拘打，封闭闪展，逞其跳跃，悦人耳目者可比？其意拳大要，不外阴阳五行、动静起落、进退虚实，而其妙又须六合。六合者，手与足合，肩与胯合，肘与膝合，眼与心合，心与气合，气与力合。苟能日就月将，则智无不圆，勇无不生，得乎之知理，会乎之知精，自然能去能就，能弱能强，能进能退，能柔能刚；不动如山岳，难知如阴阳，无穷如天地，充足如太仓，浩渺如沧海，炫耀如三光，以此视近世论武者，异乎不异乎？

意拳目录

斩　截　裹　胯　挑　顶　云　领

出势　虎扑　起手鹰捉　鸡腿　龙身　熊膀　虎抱头（原注：或抱作豹）　践蹟法

一寸　二践　三踏　四就　五夹　六合　七疾　八正　九惊　十胫　十一起落　十二进退　十三阴阳　十四五行　十五动静　十六虚实

（夹注：一至十六之数目字，乃次序之意，非如后人讲七疾有七处与疾也。即六合之合字，亦不过道须六字之下。）

- 正文

寸，是足步也。践，是退也。蹟，当进也。就，是束身也，上下束而为一也。夹，是剪也，两腿行如剪也。合，是内外六合也，外三合，手与足合，肩与胯合，肘与膝合；内三合，心与意合，意与气合，气与力合；内外如一，成其六合也。疾，是毒也。正，是直也，看正是斜，看斜却是正也。惊，是惊起四梢也。胫，是摩胫也。火机一发动，物必落。摩经摩胫，意气响连声。起落，起，是去也；落，是打也。起也打，落也打，打起打落，如水翻浪，方真起落也。

进退，进步低（原注：言其勇也），退步高，进退不是艺枉学。

阴阳，何为阴阳？看阳而有阴，看阴而有阳。天地阴阳相合能下雨，拳上阴阳相合能成其一气，此谓之阴阳也。

五行，内五行要静，外五行要动。静为本体，动为作用。若言其静，未漏其机。若言其动，未见其迹。动静已发而未发，皆谓之动静也。

虚实，虚是精也，实是（胥注：此处似当加"灵也"。原稿旁注："腿摩敌人之胫也非摩着肉处不能止听力，所谓不丢不顶尽在此摩字，即用脚摩敌人之腿部。脚手齐到，意与气合。”）。

起手横拳势难招，展开四平前后梢，望眉斩夹反肩背，如虎搜山截手炮。俱行如风，鹰捉四平，足下存身，进步跐打莫容情。抢上抢下十字步，剪子股，势如擒拿。进步不胜，必有寒势之心。

打人如走路，看人如蒿草，胆上如风响，起落似箭钻。遇敌要取胜，四梢俱要齐。手起脚不起则枉然，脚去手不去亦枉然。未起是摘子，未落是堕子。三意不相连，必定意儿浅。拳去不空回，空回总不奇。

兵行诡道，枪扎如射箭，拳上一气，兵战杀气，无不取胜。君与臣合，将与兵合。一气，盖乾坤并无反意。远隔一丈步为疾，两头回转寸为先，早知回转这条路，近在眼前一寸中。守住一心行正道，小路虽好车难行。

拳打遍身是法，脚踏浑身是空。远去不落脚，落脚不打人。见空不打，见空不上。先打顾法后打人。先打那里。顾法，浑身是法，俱打的是本身随机应变。手起莫要往空落，闪展两边，提防左右。强退者往后跟，接连紧迫。

随高打高，随低打低。起为横，落为顺，为其正方。心不勇，手不推墙。不止多出变化。

三存者不上心理所悟，原来是本性。不明四梢，上节不明，浑身是空；中节不明，焉出七十二把神变；下节不明，焉出七十二盘跌。

有反意必有反气，有反气必有反力。言其形未动，必有异反之心。面笑眉喜不动唇，提防他人心上，必有伶俐之能。知其归一合顺，则天地之事，无不可推矣。

姬寿云：文武，古今之贤圣传，且系国家之大典，上有益于社稷，下能趋吉避凶。此生不可缺也。今之习武者，专论架势，封闭闪法，不知日间了然在目，还可少用；若黑夜之中，伸手不见，如何用之？必致误于自身，悔何及哉？惟刚大之气，养于平素，而忽然发于一旦，依本心本性，直扑上去，逢左打左，逢右打右，不怕他身大力勇者，一动即败也。习艺者，其深察否。

• 手脚法

眼要毒，手要奸，脚踏中门往里钻。眼有鉴察之精，手有拨转之能，脚有行逞之功。

两肘不离肋，两手不离心。出洞入洞紧随身，乘其无备而攻之，由其不意而出之。

前脚趁后脚，后脚跐腿弯；后脚趁前脚，前脚抬后连。右腿起（胥注：“起”字疑衍）先进左腿随。

心与眼合多一力，心与舌合多一精。先分一身之法，心为元帅，两手两脚为四哨，左为先锋，右为元帅，手脚相顾，准备万般一旦无，千着不如一着熟。要知此应验，过后见识不如无。

头为一拳，肩为一拳，把为一拳，肘为一拳，臀尾为一拳，胯为一拳，膝为一拳，足为一拳，肚腹为一拳。

头打起落随脚走，起而未起占中央，脚踏中门抢地位，就是神手也难防。

肩打一阴反下阳，两手只在洞中藏，左右全凭盖世力，束展二字一命亡。

肘打去意占胸堂（应为“膛”），起手好是虎扑羊，或在里胯一旁走，后手只在胁下藏。

把打起落头手当，降龙伏虎霹雳闪，天地交合云遮月，武艺相战蔽日光。

胯打中节并相连，阴阳交合必自然，外胯好似鱼打挺，里胯抢步变势难。

臀尾打落不见形，猛虎坐窝藏洞中。背尾全凭精灵气，起落二字自分明。

膝打几处人不明，好似猛虎出木笼，和身展转不停势，左右明拨任意行。

足打跐意不落空，消息全凭后足登，与人交勇无虚备，去意好似卷地风。

脚打七分手打三，五行四梢要知全，气兼心意随时用，打破硬进无遮拦。

肚腹行去意要隆，好似弯弓一力精。丹田久练灵根本，五行合一见奇能。

起无形，落无踪；起似蛰龙登天，落如霹雳击地。

以上十四处打法，俱不能脱丹田之精。习者宜深玩之。

• 十形练法（夹注：以上言身体方面，以下言精神方面。）

龙、虎、猴、马、鼍（剪子股也）、鸡、燕、鹞、蛇、鹘（即兔虎也）。

鹰熊二形合一处（夹注：以下注解语也）

龙有搜骨之法，虎有扑食之勇，猴有纵山之灵，马有迹蹄之功，鼍有浮水之精，鸡有期斗之勇，燕有抄水之精，鹞有入林之妙，蛇有拔草之巧，鹘有竖尾之能，鹰有捉拿之精，熊有竖项之力。

束身而起，藏身而落。起如风，落如箭，打倒还嫌慢；起如箭，落如风，追风赶月不放松。

论身法：不可前俯，不可后仰。不可左落斜，不可右落歪。往前一直而出，往后一直而落。

论步法：寸步，快步，践步，不可缺。

讲脚法：脚起而蹚，脚落而翻。不蹚不翻，以寸为先。肩催肘，肘催手，腰催胯，胯催膝，膝催足。

（夹注：以上言一勇之法，后人曲解十二形，乃有各漆一形之俗谬。）

• 五行合一处法

远践近蹚，蹚进合膝，粘身纵力。手起如钢挫，手落如钩杆。摩经摩胫，心一动浑身俱动。心动如飞剑，肝动如火焰，肺动成雷声，脾肾肠夹攻，五行合一处，放胆即成功。

身似弩弓，拳如药箭。能要不是，莫要停住。蛰龙未起雷先动，风吹大树百枝摇。上法须要先上身，脚手齐到才为真。内要提，外要堕，起要横，落要顺，打要远，气要催。拳似炮，龙折身，遇敌好似火烧身，起去身平进中间。手起似虎扑，脚去不落空。拳打三节不见形，如见形影不为凭。能在一思进，莫在一思存。能在一气（原注：去）先，莫在一气后。

起横不见横，落顺不见顺。起不起，何用再起？落不落，何用再落？低之中，望为高；高之中，望为低；起落二字与心齐。死中反活，活中反死。明了四梢永不惧，明了（原注：闭住）五行永无凶，明了四稍多一精，明了五形多一气，明了三星多一力。三回九转是一势。势怕人间多一精，一精知其万事精，万事只要圍圍中，身体圍他要圍奇。好字本是无价宝，有上将往何处找。要知好字路，还往四梢求。

何谓四梢？舌为肉梢，牙为骨梢，手指脚趾为筋梢，浑身毛孔为血梢。四梢俱齐，五行并发。血梢起不出，牙梢肉梢不知情，筋骨发起不知动，身起未动可知情，才知灵心大光明。三起不见，三进不见，所见也好，不见也好，势与中央最难变化。

与人交战，须明三前。眼前、手前、脚前是也。跐定中门去打人，如蛇吸食，内使精神，外要安稳。见之似妇，毒之似虎，布形使气（原注：如猴），与神齐住。急如脱兔，追其形，逐其影，纵横往来，目不及瞬。大树成林在其主，巧言莫要强出来，架梁闪折不在重，有秤打起千百斤。

行其溺色之事，丢去虎狼之威，三思无心自己悔，保住身体现今福。演艺者，思吾之道，依吾之言，永无大害。交勇莫思悟，思悟者寸步难。血梢发脚心，发起列天门。未学武艺先学精，先学伶俐后学根。不知起落极伶俐，不知进退枉学艺。要务庄农先委苦，未至寒冬早备棉。看书千卷备应考，武艺只论见识浅。世事人情都一般，看人心专心不专。有人留意数句话，命蹇求通也不难（胥注：蹇迟钝，不顺利）。

言不明，艺不精。心似元帅，眼似先锋，腿似战马，手似刀枪，肝肺好似五营四哨，身为营盘，浑身七孔好是千军万马，抽身似纵炮，哈声如号令，发手如点炮。

士农工商皆可（胥注：手稿似为“并”，但“可”更通顺）练习，并不费多大工夫，只于入手三拳、三棍，务令精熟，斯亦足矣。何多事欤！

三拳像（攒拳，裹拳，践拳是也）

攒拳，形似闪。裹拳，类裹践。践拳，似马奔。连环一气演。

三棍像（崩棍、炮棍、反背棍是也）

崩棍只要猛，炮棍似风行，反背疾如矢，奥妙真乃在其中。

拳棍赞

三拳三棍非寻常，紧阵圆满是正方。习时如至通神处，武艺之中状元郎。

习艺二勤

一曰腿勤。今习艺均有常师，即其所能者，学者要之艺之。世人本自无穷，有等量吾者，有高超吾者，弗畏山川之险，道路之遥，亲觅其人，诚心求教。我以诚心相求，未有不真心教我者。朝渐夕摩，何者不至高超之境。所谓一处从师，百处学艺也。

二曰口勤。枪刀拳棍，自有真形实像，始而蒙混不明，继而舛错难精。苟能虚己求人，而人未有不真心教我者。耳濡目染，何患不至明道之域。所谓耳聪，莫若兼听之广也。

总结赞

旷览世间许多习武汉，说什么二总、三毒、五恶、六猛，未及讲谈，说什么六合、八方、十三格言，不曾经见。即论眼前一百零三枪九十一拳，如隔万重山，真正可怜，枉费许多功夫，究竟是两手空攒杆。学人若肯依吾言，这入手三拳三棍精熟练，取无尽，用无边，唤醒许多习武汉，急回转，莫迟延，何须仰着模糊脸。

• 五行相克表（小字注：从新本抄）

手足四梢并顶心，久练内外如一气，迅雷电雨起怪风。拳无拳，意无意，无意之中是真意。诚心精意养精神，眼前变化此中存。固灵根而动心者，是武艺也。养灵根而静心者，是修道也。动则为武艺，静则为神仙。

游艺引

盘根三步岂无因，配合分明天地人。
要把此身高位置，先从本宝练精神。

旋　转

丈夫学得擎天手，旋转乾坤多不朽。
岂止区区堪小试，洪功大业何难有？

旁　通

不是飞仙体自轻，居然电影令人惊。
试看挑拨奇谋势，尽是旁通一片灵。

冲　空

一波未定一波生，仿佛神龙水面行。
忽而冲空高处跃，声高雄勇令人惊。

翻　浪

从来顺理自成章，送则难行莫强梁。
寄语聪明人学艺，水中翻浪细思量。

熊　意

行行出洞老熊身，为要防心胜不伸。
得丧只争斯一点，真情寄予个中人。

虎　风

撼山何易军何难，只为提防我者完。
猛虎施威头早抱，其心合意仔细看。

鹏　情

一艺求精百倍功，功成云路自然通。
扶摇试看鹏飞势，才识男儿高世风。

雷　声

夺人千古仗先声，声裹威风退万兵。
就是痴情天不怕，迅雷一震也应惊。

总　意

武艺虽精教不真，费尽心机枉劳神。

祖师留下真妙法，知者不可轻传人。

- 自己偈赞

六合拳谱盖世稀，精深奥妙论谈奇。学者参透中妙意，武艺场中称第一。

侯佔光

垂（原注：沉）肩下气，气贯丹田，蓄于腰际，谓之合。脚蹬，腰挺，肩再一压，溢于四肢，谓之开。阴合，阳开。

第21章　道新拳论

赵道新

一、桩法

桩法活动是最基本的实践活动，也是决定性的一切活动的东西。通过桩法活动，就在各种不同程度上逐渐认识了锻炼身体的内在东西。由桩法获得的一切知识，是不能在抛弃了它的情况下得到的。

桩法获得的知识概念，它是推理和判断的阶段，它对于整个的锻炼——拳术锻炼的认识过程中是很重要的阶段，也是理性认识阶段。由于它达到逐步了解拳术的内在实质东西，了解它规律性的发展，因而了解在总体上或离开总体的一切方面的联系。因此，桩法的研求，是基本工作、预备阶段。无论为了修养身心、变换气质、强壮筋骨还是在具体生活实践中，都有现实意义和深远意义。

学习一件东西，我们要强调最初阶段的正确性，不能有些微的含糊。果尔，它必然影响着进度的顺利进行。我们必须弄清楚在各个阶段的方式方法。如姿势、意识、气的运用等。

首先是姿势。姿势的构成是由肩、肘、腕、胯、膝、踝、颈、脊椎、腰各关节的位置变换而产生不同姿势，也就是肌肉的伸缩做成的。但是决不可过度使关节曲折成死角，这样就使关节的活动变换限制在一定的范围，也就影响了它的屈伸性能，另一方面也阻碍了气血流通，使气血不能畅通无阻地达到末梢、贯于锐颠，完成其全部循环。

脱换意义，姿势的正确可以使气血循着脉络行走，贯于全身，温养筋骨肌肉，化拙笨为灵敏，变换其性能，也即去旧生新的意思，渐进而达到质量变化自然的境地，这是质变过程。

经络遍布全身是人体气血动行的通路，它的正干是经，旁支是络。一切器官和组织的联络通行、往复循环、周而复始，所有经络又互相衔接，保持完整统一。因之，脉络的传注，所以气血方能荣养保卫全身，贯彻上下，运行不息达于表里。

质变过程需要较多时间的培养，不是三朝二日便可以见到显著效果，也不能有意地助长。它的进变必须是心安意实地实际修养中进行稳定的进步，则得到的效果才是真实可靠的。

姿势的变换是关节在它活动范围中的活动表现出的动态，我们采取的是有意义的环节，并根据这认识的指导而规定我们的需要来从事研究、来锻炼。在这基础上所生产的姿势，尽可能多也不外乎关节活动领域中的可能活动。一个人在生存中所表现的姿势活动出不了这个范围。但是我们所需要的、选择的、采取的姿势是有着意义的，就是吻合力的支点，动作性能灵活，有利于生长发展的姿势。

其次是意识的集中，意识集中起主导作用。我们做什么事要是分心于别处，必不能做好这件事。把精神意念集中于所做的事上，就能慢慢见着事物的内部，在桩法练习中，则能得到体验，提高身体素质，不仅是推理到判断。

俗说收心，是不叫意念奔驰，心浮意燥是要不得的。那就对于所做的事，永远格格不入。这就是凝聚精神和调气息、扫除杂念，一心一意地守存你做的事上，按着气息，按着意的注守而进行锻炼。

人们的思想意念不是怎样听你摆布的，它的活动反而可以摆布你，这就需要随时检查，如有外驰现象，立即纠正挽回还于所守的事。它的情况是若即若离、时隐时现，在松静体态中气性活泼。

精神意念存住周视于通体内外各部，体察悖谬立即解除纠正，归于通顺并意识着气血循着脉络行走，用以温养内外。

意识的作用，使周身因脉搏的跳动，与呼吸气的推动呈膨胀鼓荡现象，由表面上看肢体是静止的，体内则作有序化规律的意识刺激，以引起或加强周身各系统的功能活动。

气的运用，随着意识的作用达于周身，使内部充和外部概括，不简其运用，不繁其意念，不作玄虚幻想，脚踏实地地去做，至少在提高身体素质上有所获得。

注意呼吸方法先系念注守于气海，待气充采取腹蒸腾发势转向肩背夹脊（即任督交会之感），这时以意导之运行于四肢百骸之间，意念专注于一处，不得旁顾渐及周身，凡意念秘注即运气血贯之。

鼓荡和宽松状态的交替，促进了身体的代谢功能，也就是促进全身气血的流转，因而加强荣养的供给作用，积极地给功能以适当的刺激，消极的则起新物质的补充作用，加深地发育体质。

吸要静、细、深、长。呼要短、促、急、迫。吸入多、呼出少，吸时以意导之，随意之所立而存注，呼时胸腹作排压动作，短促急排，同时通体呈收缩紧张状，排气后立即回复弛缓、松静状态，吸气尽量充实饱满，呼时要适可而止。必使腔体有留量，不觉有些微空虚感，氤氲回荡，周环于体内，其他呼吸气运用方法不在此例不论。

从整体来说，是内空外松。内空是把内脏安放舒适服帖、心平气稳、意念娴适，这是虚静的前提。外松是筋肉弛张、气血充畅鼓荡、感觉敏锐，是富于弹性反应的前提。

内空外松是解除紧张，使精神意志活泼开朗，肢体动作舒放开展的正确方法。内部虚静可以意念专注于某处，外部宽松可以收缩灵敏，动作反应迅捷，如此则形与意是相合的，动和静也不相背。

寓静于动作之中，隐动于静虚之间，形之变换如意识的支配，意识的冲动则表现在体貌动态，彼此互为因果，相互促成的统一现象，这就是拳术锻炼上的必然法则。

这个锻炼中的对立统一法则，是拳术锻炼的最基本法则，离开了它则无从归依。循此前进，积累经验，总结和整理合于实际以达到质变量变，丰富了实在性的东西，也就是拳术知识的深化。

二、训练

在一般练习中，我们常见到的，存在着一些错误倾向，例如，全身各部动作不能协调一致，因之身体不能发展联串的力，即集中的力。动作不是意识支配的，还有最大的缺陷，就是动作意识中没有敌情观念。只是个人在那里做茫无主宰的空洞的动作，也许是完全熟练了才丢掉意识的。

训练应当以全面发展为主，要有严肃的态度和严明的训练的规定：如研求技术细节、战术的运用、各种素质的提高，随时总结从而打下良好的基础。不论在骨骼、肌肉以及神经中枢各方都获得改善，尤其是在神经中枢得到提高、锐敏灵活正确的反应能力。

克服被动，加强时间概念，创造多种多样的方式方法手段以利于使用，在技术战术和意识方面有机地联系起来，使身体素质与技术达到全面提高。

三、训练方法

习武者的第一目的是提高战斗水平。可是许多青年虽花费了漫长的时间，流出了大量的汗水，但收效甚微，其拳技仍难以同身体健壮者或惯于殴斗者相抗衡。其原因就是在训练中他们走了一条极其曲折的然而并不通向目标的蹉跎之路。

当然，成功不会垂青那些只顾寻求捷径而不想下苦功夫的人。但是，有决心“悬发锥骨”而不讲究效率和方法的人也必将一事无成。

能以最少的精力、最短的时间、最大幅度地提高战斗水平，则需要有一套科学的训练方法，攀登一条近乎直接通往顶峰的路径。

训练应接近实战，而不是把实战去模仿训练。在训练中我们注重传统，要注重创新。发挥自己全部的才智和能力，一切为实战。

端正我们的“拳术观”是训练的前提。不要轻信那些不可思议的功法，也不要被一些人的言语和一些表面现象所迷惑，要克服迷信、盲从和崇拜的心理。某些习武者最大的错误是他不承认自己有错误，总认为自己的想法与技法是最正确的、最完美的。从来不能容忍别人提出的异议，并固执地认为无论在任何方面外国的拳术不如中国，旁门的拳法不及本门。这要引以为戒。掌握一门技艺并不是越多、越复杂就越好。要知道深奥的技巧就存在于那些司空见惯的招法中。训练就是使平凡的招式产生不平凡的效果。

提高我们的战斗水平，应从哪几个方面实现呢？其实，格斗能力的提高就是神经机能的改善，运动素质的增长和行动技术的熟练。因此，科学的训练不外乎心理训练、素质训练和技术训练。

具体到训练的方式方法，我们的方案是把能迅速提高战斗水平的训练分为基础训练、爆发力训练、抵抗力训练和实战训练。

纯粹的基础训练一般作为训练的开始，它包括如长跑、最简便的攻防动作。而力量训练作为一种辅助的练习，对于那些肌肉发育不好的人来说是必要的，但应特别注意保持有肩部和胯部各肌肉的放松。

在执行了短期的基础训练后，就要以爆发力训练与实战训练为主，以抵抗力训练为辅，交叉进行训练。同时，不应放弃基础训练，只是把他当作一项准备和整理的活动。

爆发力训练是“功力”增长的主要方式。一般采用具有一定阻力的弹性或突发性动作进行反复操练。空操是在没有器械的辅助下，反复进行几个角度的发力动作。其要点在于注重动作的急停，用以发展动作反方向的劲力。抖杆是提高爆发力的极有效的方法。通过使蜡杆朝某个方向的反复抖动，努力把劲力贯于杆头，使杆躯浑然一体。击物训练是爆发力与进攻技术的结合训练，包括击打能主要提高速度的梨球、主要提高力量的重沙袋和主要提高协调性的吊球，还包括击打能提高灵敏反应的那些无常规晃动的手靶。另外，各个拳派中那些有价值的练法，以及其他运动项目的训练方法也值得我们借鉴。

身体不可能刀枪不入，故抵抗能力的训练只能是一种辅助性的训练。在剧烈的运动中，甚至在挫折中能坚持下去，最终夺得胜利，不仅要靠顽强的意志，也要靠身体的抗击能力。提高抵抗能力一般采用实心球或硬质棍棒滚压腹部与四肢的方法，也可以用硬物体或对要害部位练习。

把实战视为艰苦和危险，并作为最后才能进行的高级训练是不对的。我们在进行了短期的基础训练后，就应把实战作为家常便饭。但为了安全还是应戴拳套，禁穿硬底鞋，不要身着任何尖硬物品，并注意场地与环境。实战初期，双方可采用一种单一的打法反复攻防，用以熟悉这一技术。也可采用全攻全守的方式，即进攻者全力攻击，但慎重击、防守者全力防御，但不准还击的方式训练。这种练法中，防守者挨打是正常现象，不必对此心有余悸。如果开始了真正的实战，初期应尽量避免与强手对阵，攻防中允许使用任何技术打法、允许重击，关键是在实战中保持强烈的意念和舒畅的心境。要把“实战”视为学习的良好机会，要同各种不同风格的对手进行训练而不计较胜负。连续地多人轮番交战，或同时与多人交战是一种超实战训练法则，它能进一步提高训练者的搏击水平。

在进行以上的各种训练时，通常会提出一些问题：如动作是走直线好，还是走弧线佳？运动快与慢何者为优？劲力的刚柔孰是孰非？应该留意呼吸吗？重心应放在那只脚上？等等。这类问题的答案是：动作中应曲中有直、直中有曲、运动快慢相兼、劲力刚柔相济、呼吸在有意无意之间、重心在两脚之间灵活的变换……总之，处理这种问题不可走向极端，物极必反，只有在其中选择适当的位置，才能取得最佳效果。另外，“用较少就可以做到的，较多反而无益”，在训练中力求简捷，要知道若干个音符可汇成无数篇乐曲。简单的技术在实战中可组合，发挥出无穷种新颖的打法。烦琐与奇特只能在表演时使人耳目一新。简便与精深才能在实战中应付自如。一种打法能否成为自己的进攻武器，不是看这一打法是否正统，而是看这种打法在实际使用时是否舒适、有效。招法应因人而异，不必统一拘泥。

“没有疲劳就没有训练”。快速的训练要求每一个训练者在每一次训练中都应超过其疲劳的极点。训练可以隔日进行，但每一次都要有足够大的运动量与运动强度，在完成训练后最要注意有充分的休息与充足的营养。

成为一名出类拔萃的拳术家不是像训练以前所梦想的那样。艰苦的训练会使你乏味，在实战中你所学的知识可能变得毫无踪影，在强劲的对手攻击下会饱尝挨打的苦果，如果稍微放松训练，你的格斗水平会产生大幅度的下降等等。克服这些困难只能靠不畏艰险的意志和科学的训练方法。

四、提高身体运动素质

身体的运动素质就是指人体运动的能力。从事任何运动所进行的大部分训练都是为了增强这种能力。在拳术练习中，提高身体素质被称作“练功夫”“增长功力”。具备了良好的素质才能使技术起作用，而技术正是为了发挥素质所采用的方式方法。

现代体育运动理论中，把人体运动的基本素质分为力量素质、速度素质、耐力素质、柔韧素质和灵敏素质。这些素质虽各有特色，但彼此关系密切。任何一种素质的提高都会对其他素质的发展产生良好的影响。相反，某种素质的低劣必将妨碍其他素质的提高。

力量素质：它是人体在运动中抵抗阻力的能力。各项运动都极重视力量的训练，提高力量素质就是要发育肌肉并提高神经调节机能。其原因在于：力量来源于肌肉的收缩，肌肉的粗壮必然导致肌力的增加。而神经的调节使应该用力的肌肉协调集中的收缩、对抗的肌肉高度放松。

速度素质：它是指人体进行快速运动的能力。通常表现为反应快慢。单个动作完成的时间、重复动作的频率以及整体移动的速度等。但是，它们都依赖于反应的速度和肌肉收缩的速度之和（当然短跑的速度还取决于步子的跨度）。神经的反应速度一般用从发生刺激到开始行动所花费的时间来表示。感觉越敏锐、大脑越兴奋、技术越熟练，则反应时间就越短。肌肉的收缩速度是由肌纤维的类型、肌肉的力量、肌组织的兴奋性和条件反射的巩固程度所决定的。肌肉中快肌纤维（即爆发型肌肉、条形肌、活肌）越多，肌肉力量越大，其收缩速度就越快。

耐力素质：它是指人体长时间运动的能力。耐力与呼吸有着极其密切的关系。身体有运动时能够吸入氧气的体积越大，能够忍受氧气欠缺的数量越多，其耐力就越好。所以呼吸系统、心脏及血液循环系统肌肉耐受能力越强壮，其耐力就越好。

柔韧素质：它是身体运动范围和肌肉放松程度的量度。它取决于关节的活动范围、关节周围组织的大小，以及韧带、肌腱、肌肉和皮肤的伸展性。另外，还取决于神经对肌肉控制的协调性。

灵敏素质：它是指人体在对抗运动中随机应变的能力。似乎是各种素质的综合表现，是人体灵敏度在空间、时间中的应激反应。

以上是人体运动的基本素质。如果把它们综合起来应用于拳术，就可以总结出实战技击应该着重提高的主要格斗力。

爆发力是最重要的实战素质。它是力量素质与速度素质的配合。力量的增加可使动作的速度加快，而动作速度的提高又会使击打的力量增强。一个人爆发力素质的优劣，既取决于先天的遗传，又依赖于后天的培养。一般来说，四肢与肌腱较长，肌肉柔韧的人具有天赋的爆发力。但是，通过科学的训练也能使爆发力远远超过常人。

弹跳力是人体爆发力大小的一种体现，弹跳力出众的人大多能练就一身惊人的爆发力。良好的弹跳力能帮我们在搏击中防御对方的进攻，保持自身的平衡。

协调能力是又一重要的实战素质。它是柔韧素质、灵敏素质的综合体现。身体各部位之间，各种动作之间的协调配合可使整个行动完成得优美、准确、集中，并能大幅度地减轻疲劳。提高协调能力最重要的是发育条形肌肉和熟练运动的技能。

应激能力是指对激烈竞技的适应能力。它是一项不可忽视的实战素质。包括素质、抗击能力、意志和胆量。在长时间的生死决斗中，或在艰苦的环境和遭受挫折的情况下，若要取得胜利，就必须具有良好的应激能力。

以上所列出的各项素质就是为训练者提出一个初步的依据，使他们明确在训练中究竟该提高什么，并针对自己的情况制定计划，进行有重点的训练，这样才能真正有效地提高自己的实战能力。

五、辨劲

最近发现有些朋友对我的拳技，特别是拳术的劲法进行夸大，渲染乃至神化。其实，拳术中惊人的劲力并不是什么虚无缥缈、可望而不可即的神来之技。我所获得的拳劲是从事劲路研究并进行了一套有效的劲力训练的结果，它确实对我实战能力的提高有着不可言状的裨益。

劲力的研究是实战拳术中最为关键的内容。人与人的打斗格击无非是人体之间劲力的相互作用，一切武艺拳技从招式到战术不外乎是寻求怎样更好地运用劲力。拳术家们之所以要区别“劲”与“力”二字，目的是想说明通过拳术训练而形成的“劲”与先天所具有的僵滞之“力”有着天壤之别，但从本质来说“劲”仍属于力量的范畴。结合实战的经验对拳术进行力的分析和研究，可使拳术的学习、训练和运用有所依据。使我们能够辨明真伪，并可以帮助我们找到一条升堂入室的最佳途径。

（一）拳术中力的本质

拳术中力是指什么呢？它是看不见的，但却能感觉到。它表现为人体内部和人体之间的相互作用，是能量从出击部分传递到被击部分的一种趋势。人力是肌收缩的结果，是把化学能转变为机械能的结果。能通过力的作用，最终可使物体产生形变或获得加速度。在实战中力的使用效果表现在：

1. 使被击部分遭受破坏（形变）。例如：骨折、脏器破裂、脑震荡等内伤、外损。

2. 使被击部分的速度改变（加速度）。例如：被发掷出、被摔倒等。

3. 上述两种变化兼而有之。

我们在格斗中就是利用力的这些效果来击倒、击出、击伤、击昏甚至击残、击毙敌手的。

力的使用效果不仅与力的大小有关，而且与力的方向、力的作用点有关（力的三要素）。对于比较复杂的情况还应全面考虑力的作用时间、力的变化速度、力的合成或分解等因素。

（二）拳术中力的分析

发力物体击打的速度不同、受力物体所发生的变化亦不相同。一般说来，打击物体运动速度越快，被打击物越易损坏，而不易被打动。打击物运动速度越慢，被打击物越不易损坏而易被打动。当然，这与打击力度和被击物体的强度有关，这一切都必须符合牛顿的运动定理。

我们把快速打击的力称为冲击力，把缓慢作用的力称为持续力，把介于两者之间使受力物获得最大速度的力称为发掷力。

1. 持续力

持续力是实战者双方以较慢的速度或静止不动的用力。常存在于推拉、托按、顶压等动作中。持续力往往使发力物与受力物向着施力方向以相同的速度运动。除了遇到受力物的反抗力而使受力组织撕裂、扭伤外，并不会使受力物损坏。

根据牛顿第二定律：力 – 抵抗力 = 受力物质量 × 受力物加速度

由此可见，只要你施加的力大于抵抗力就能使受力体按照你力的方向移动。另外，抵抗力越小，受力物越易运动，而其承受的内力亦越小，且不易被损坏。

譬如在擒拿术中，将对方的手臂向外侧拧转的手法。由于人体的构造所限，使反抗力不能大于拧转力，从而使手臂被拧动。如果抵抗力较小，则容易造成身体的仰翻；如果抵抗力较大，则容易造成骨骼的损伤。在这种情况下，拳手们多顺其劲力，做到宁倒勿伤的。

2. 冲击力

冲击力的基础是爆发力，恒见于踢、打、点、撞等击法中。它是实战中最常见的力。虽不易打动对方，却最易击伤敌手。

根据力学中运动量与衡量的关系，应力与强度的关系可以推导出：

$$冲击应力=\frac{冲击体的质量\times 接触前冲击体的速度}{力的作用时间\times 力接触的面积}$$

如果冲击应力超过了被冲击物体的强度，就会导致被冲击物体的破坏。怎样去提高冲击的应力，才能使击打更具有杀伤力呢?

(1) 增加冲击体的质量：一般情况下，膝撞和肘击，比拳打和脚踢更具有威力，其原因就是膝、肘的质量大于拳脚。在技击中常用的增加冲击体质量的方法，就是在接触对方的刹那，全身肌肉突然极度紧张、用力，使浑身成为一个冲击的整体。

(2) 提高接触前冲击体的速度：没有速度就没有冲击。人体的肩、胯虽然力量很大，但因为运动速度较慢，所以难成为最锐利的武器。一个极为粗壮有力的人，却难以在搏击中获胜，其主要原因是他出击的速度太慢。正确的击打应使冲击在接触被击物之前的瞬间达到速度的高峰，肌肉的多余紧张阻碍这个高峰的出现。因此，在还未接触目标的出击过程中应尽量使肌肉放松和协调。

(3) 减少力的作用时间：力的作用时间是指从接触到被击物到打击完毕所花费的时间。减少这一时间不可误解为一打即回，或点到为止，而应理解为用坚硬的部位去打击较脆弱的部位，不给被击物以缓冲的余地，这样就减少了力的作用时间。

(4) 减小力的接触面积：刀刃越锋利，枪头越尖锐，力的接触面积越小，越具有杀伤力，在较量时拳手们也惯用拳、掌、指、足、膝、肘、头等骨骼的尖端作为冲击体，以便减少接触面，增加压强。

譬如直击拳的运用。首先在训练时应获得快速的反应能力和强大的爆发力。为了获得冲击速度的顶峰，出击时全身特别是手臂必须放松，做到有力而不用。同时后腿蹬地，腰身拧转使身体各部获得相应的最大速度。

整个动作越协调，放松越好。

几乎在接触对方身体的刹那，前脚踩踏，阻碍全身整体的前进，这样使全身的动量上升集中输送于手臂，使拳头前冲的速度更大。

拳头击中目标的同时，全身尤其是上肢肌肉应急骤收缩，尽可能加大冲击体的质量，并伴有握拳、扣腕旋转等动作，以提高冲击的强度、定向能力和变换可能性。

3. 发掷力

发掷力使用的目的是把对手打出到较远的地方。此时，出击速度要小于冲击力所使用的速度，而大于持续力的使用速度，它是根据对方的体重而定的，是能使力接触对方的时间尽量长的一种速度。这要在千百次实作中逐步寻求，才能达到最佳境界。

对手被发的速度越大，则被发出的距离越远。根据衡量～动量关系：

$$\text{被发掷出的初速度}=\frac{(\text{发掷力}-\text{抵抗力})\times \text{力的作用时间}}{\text{被发掷者的体重}}$$

由此可见，发掷的力量越大，力的作用时间越长，则发掷的效果就越好。反之，对方的抵抗力越大，体重越沉，就越难被发出。故此身体沉重、矮壮、有力的人在这方面占有一定的优势。

交战双方的体重固定不变的，提高发掷效果的途径：

(1) 增大发掷力：具有强大发掷力的人既要有雄厚的体力，又要有一定的爆发力，而且要整体集中发力。发力时重心要低，动作要小，两足后蹬前踩，并尽量使自己的根节接触对方。

(2) 减小对方的抵抗力：减小抵抗力的主要方法是通过一系列的技巧来撼动对方的脚跟，破坏其身体的稳定。比如：在使用发掷力之前，运用惊炸力去打乱对方防守的形式；运用连绵不断的脉冲力迫使对方移动；运用身体或力的突然变换使对方失去平衡；运用上擎之力托举对方使其蹬地不实。

(3) 延长力的作用时间：这是发掷的窍门所在。相同力量的人中能发人较远者，一定是他用力使对方加速的时间较长一些。掌握了适当的发掷速度（即所谓火候）就能延长这个时间。这个时间与对方相接触的时间。这期间发掷力一定要大于抵抗力，也就是要使对方加速。另外，还应尽量延长力的作用距离，力施于对方时移动的距离越长，对方被发的速度就越大。

以上对技击中常见的三种力进行了初步的分析。实际上这三种力的本质是相同的，只是使用的结果不同罢了。在实战中冲击力的威力明显大于其他。作为一名拳手掌握了发掷力会提高你的战斗水平，但是不掌握冲击力就难以应付强手的进击。

（三）拳术中劲的辨析

刚劲—柔劲：拳术中刚柔是不可分割的。刚非僵硬之蛮力，柔非绵软之化劲。硬中有软的韧劲谓之刚，软中有硬的弹劲谓之柔。很难说清刚与柔实用时何优何劣。只有两者兼而有之，并能根据客观情况灵活地变换，才能真正做到“懂劲”。

听劲、运劲：听劲不是用耳朵去听，而是用皮肤去感觉对方的劲路。需要肌肉放松，注意力集中才能使其感觉灵敏。

运劲是发劲前神经和肌肉的准备，一般表现为神经的兴奋和肌肉的拉长等，并伴随心跳、呼吸的加快现象。

直劲、螺旋劲：朝一个方向的用力为直劲，它具有力度大、速度快、容易使用等优点，但也存在着不易回旋、变化，容易被化解等不足。方向随时变化的劲可称为曲劲，变化轨迹为圆时便成为滚劲，它们变化灵活，但不够简捷。然而，既有直劲又有滚劲的组合力就是螺旋劲。它兼有直、滚二劲的优点，还具有很好的定向、顶钻能力。

借劲、化劲：借劲与化劲是属于力的合成或速度的合成问题。如图所示：

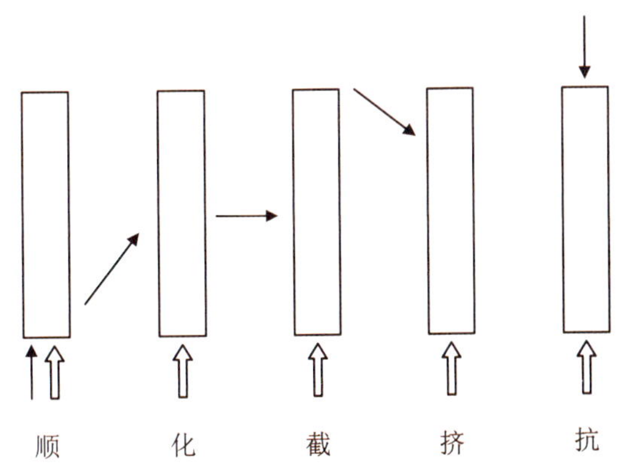

⇦ 为对方力量或速度方向，⟶ 为我方用劲方向。

= 力方向相反（夹角 180°）为抗劲。

= 力方向成钝角（夹角 90°～180°）为挤劲。

= 力方向成直角（夹角 90°）为截劲。

= 力方向成锐角（夹角 0°～90°）为化劲。

= 力方向相同（夹角 0°～90°）为顺劲。

拳术中把顺劲、化劲统称为借劲。显而易见，顺劲最省力，化劲其次，截劲再次，挤劲较费力，而抗劲最费力。

以上五劲在交手中都会遇到，若要以弱胜强、以小制大，就必须学会尽量使用比较省力的方法。即尽可能地去借劲，但是一味地强调“四两拨千斤”而忽视了本身实力的提高和其他的劲的运用，是极为片面的、危险的。

向心力～离心力：两人旋转就涉及向心力和离心力，但这两个力量是分别作用于两个人的。

一个人被另一个人抡转起来，旋转者承受向心力、被旋转者承受离心力。二人脱离后，被旋转者沿着旋转周边线速度的方向被掷出。此力与旋转半径同旋转角度的平方的乘积成比例，因此只有把圈转得更快、转得更大，才能把人抛得更远，其中转速更为主要。

空劲～场力：所谓空劲，是指不通过接触而能施力于对方的超距力。好似磁铁间吸引或排斥的场力。耸人听闻的“百步打人”“隔山打牛”“轻功”等据此而生。人体还有些未知的功能和潜力。但这些“特异功能”应用于技击尚未见实，在较量中人们能够运用的场力目前只有地球的吸引力。

辨劲是拳劲的分析与区分。它的目的不是让习拳者在实用时生搬硬套，而是能帮助他们根据具体情况制订出一套科学的、高效的拳术训练方法。同时也是把拳术的经验与力学的理论初步结合的尝试。

六、论爆发

拳术是实战的操练，而实战实际上就是劲力的相互传递。所以，运用劲力是拳术最关键的课题。

在搏斗中，身高力大者往往容易取胜，但以弱制强的战例更是屡见不鲜。这是因为劲力运用的效果，不仅依赖于本力的大小，同时还与力的方向、力的变化、着力点、发放的速度等许多因素相关。也就是说劲力的实用效果是这些方向的综合体现。

强烈的取胜欲望促使着人们去突破攻守运用的难关，至今发展成一种在进攻意念支配下，利用积极变位、真假变换以引起对方的迷惑和失误，进而不失时机地使用快速多变的战术，以自然、锐利、精确的进攻技巧打击敌手。不言而喻，技术的熟练、素质的提高和主观能动性的发挥都将加强劲力运用的效果。

击打的最终阶段通常是劲力爆发式的施展，这是最可怕的、最富有实效的劲力，在拼搏中多为致命的打击。古今拳术名手的“神奇功力”就是这种高质量的爆发力。

爆发是力量与速度的统一，我们把迸发出的极大力量称为爆发力（俗称炸劲、惊劲、弹劲）；在力学中力量与速度的乘积等于功率，爆发则是达到了人体功率释放的最大极限（或最佳极限）。因此爆发力的提高取决于力量素质和速度素质的共同提高，也就是人体最大功率的提高。

速度是神经反应速度和肌肉收缩速度的组合。速度的提高可增大力量，而力量的增长又可加快速度。一般我们采用力量训练增强爆发力，即选择一些接近某种行动的爆发性动作反复操练，用来发育常用肌肉，并通过实战对抗提高神经的反应能力。这种似乎枯燥而危险的方式都是提高水平的捷径；在动力性练习中还应辅以静力性练习，以便具备一定的耐劳性。另外，每一个发力动作都应特别讲究有关肌肉的协调配合和无关肌肉的高度放松。因为每种爆发力的发放都要由体内相关的许多环节和谐传动。例如：一种手击动作，是臂、肩、躯干采取腹、臀、腿相互配合产生出的速度旋转动作，如果胳膊用力过大，那么力量难以进入对手躯体，而是回到自己的腿上。

经过严格的训练，使发力动作协调、准确和连贯，呼吸规整，全身发育出一种饱满、光润、富有弹性的流线形肌肉，这种肌肉平常是松柔、敏感的，但几乎在意念冲动的同时即可达到收缩的极点。

在实战时，贵能随时果断地运用爆发力和连续的爆发力。由于巨大的力量是在瞬间突发的，致使对方丝毫没有接受的准备，这不但能打乱他防守的形势，而且可打断其规整的气息和正常的神经反应，使对方不知如何应付。

爆发力的施用不应有规律性，但都有明确的目标。任何一种爆发力发放时都要力求放松，以增加出击的速度。当接触目标前的刹那，肌肉整体突然紧张，力量骤然集中，劲长而透。随后迅速复原、放松，并在意念上已经形成了再次攻击的准备。整个行动如疾雷不及掩耳、迅电不及瞑目。

当然，爆发力使用的成功率还受竞技状态、对方实力和外界干扰等因素的影响，所以在每次实战前后都要进行更具体的分析研究。

最后还要请注意，只有年龄适宜、身体健康的人才能进行爆发力的训练。只有循序渐进、持之以恒的人才可望获得成功。尽管如此，也不是每一个积极的训练者都能达到一个相当高的水平。

七、拳术意念

在拳术训练和实战中，每每见到这样一种错误的倾向，就是操拳者的技术动作虽已相当熟练，但精神涣散、动作脱节、肌肉制约。表现为敌情观念薄弱，喜欢卖弄“漂亮”招式，把握不住良好的战机，难以进行连续性的攻击。这些运动“病态”的根源是缺乏拳术中的意念。

意念并非是什么神秘或超高级的东西，它是精神上欲达到某种明确的目的而产生的一种抽象而又强烈的愿望，是人体运动的总的趋向。假如一只手把你头部按到水中你会体验到什么是向上的意念的。拳术意念在其他竞技运动中称之为进攻意识。它不是思维的活动，而是精神的欲望，是一种不择手段、不惜代价，而置敌于死地的欲望。在训练中如果不具有这样的意念，只能独自在那儿做一些毫无主宰的空洞动作，这会严重阻碍技术水平的提高。在交战中如果丢掉了意念，很可能遗憾地败给一个实力较低的对手。

在拳斗中意念不足会使神经得不到充分的兴奋，注意力难以贯注、反应迟钝，从感官接收外界的刺激到肌肉做出相应的收缩，或者从发现了进攻的机会到完成进攻的动作所需要的时间较长。并且容易产生留情、犹豫和多虑等现象，导致打击速度、强度欠缺，造成打击无效或被敌所乘的被动局面。

但是意念过分强烈，神经系统反而处于抑制的状态，同时也影响了大脑敏锐的思维，从而使力度、速度和灵敏度下降。此外，容易产生锋芒外露、孤注一掷和加速疲劳等副作用。

拳术中意念的合理运用应以适中的意念强度贯穿于训练或实战的始终，并能根据客观需要在有意无意之间进行灵活的调整。在战斗中，视较技为角斗，已将生死置之度外，把战胜敌手作为神圣的职责。但真正做到这一点，可不是一件计日成功的容易事，这必须使自身与环境达到高度的和谐统一。

拳术意念的提高与人们的性格和意志有着紧密的关联。性情刚毅、果敢的人在对抗中往往主动进攻，出手无情，并能经受困难的考验。智慧、精干的人遇敌冷静、反击凌厉。但是鲁莽好斗者或善良怕事者将难以长时间地保持强烈的意念。其实性格是复杂的，许多人的性格难以捉摸。但是拳术的锻炼可以改善人的性格，变懦弱为刚强，化愚笨为聪颖。所以拳术意念的训练是拳术心理训练中不可缺少的组成部分。

八、动作的病点与实战的禁忌

（一）动作病点三十四例

(1) 歪斜：身体无中、不稳定。

(2) 低头。

(3) 软顶：无顶劲。

(4) 瞪眼：故作怒容。

(5) 张口

(6) 寒肩：两肩耸起。

(7) 腆胸：含胸过度。

(8) 弓背：脊椎极度前曲如驼背。

(9) 俯身：上体过分前探。

(10) 仰体：身体后仰。

(11) 屈腰：过分塌腰、扭腰。

(12) 脱肘；肘臂浮动，根梢脱节。

(13) 折腕。

(14) 握拳：一味地紧握双拳。

(15) 分指：手指分张过大。

(16) 扭臀。

(17) 屈膝：过多地下蹲。

(18) 敞档。

(19) 直立；膝关节完全挺直。

(20) 老步：步子迈得过大，不能灵活收发。

(21) 软腿：腿不协调。

(22) 不知放松。

(23) 不知用腰。

(24) 双手齐出。

(25) 有去无回。

(26) 妄发乱手。

(27) 屏息努劲。

(28) 虚实不明。

(29) 不相连贯。

(30) 畏首畏尾。

(31) 动作空洞。

(32) 神气间断。

(33) 求猛图快。

(34) 走向极端。

（二）应敌十三忌

(1) 怯敌：慑于对手的名声，或临敌紧张，以及在挫折中丧失斗志。

(2) 轻敌：应敌前不作思想与技术上的准备，在战斗中轻举冒进。

(3) 轻试：喜欢同陌生人轻易地交手，毫无防人之心。

(4) 酒后：饮酒或精神状态不佳时与人交手。

(5) 不识敌意：不观察对手、不揣摩对方、不了解对方。

(6) 不量地势：不顾及环境的影响，忽视天时、地利、人和等作用。

(7) 不审强弱：不观察对手的长短之处，不能因人而异地实施对策。

(8) 见空不入：缩手缩脚、消极对敌、失机误势。

(9) 着点不实：只求悦目，不管实效。

(10) 气浮力猛：心焦气躁、歇斯底里、昏头昏脑、一味蛮干。

(11) 心慈手软：进攻意念薄弱、瞻前顾后、思虑过多、注意力涣散，手下留情。

(12) 使用成式：热衷效法正宗的招式，没有变化、没有创新。

(13) 招后无备：孤注一掷，绝力尽出，不留后路。

九、进攻

拳术发展于今，单凭防守取胜是极为罕见的，人们不能只是依靠对手的失误，要知道最为杰出的防御也不可能风雨不透，渴望战胜敌人就必须采取主动的行动——进攻。

进攻就是积极地使自身的较坚硬部位与对方较脆弱部位相接触，并把一定的能量通过力的形式传递给对方，以达到威慑对方的心理及损伤对方身体的目的。实行进攻的训练与进攻的研究，无非是想增加能打败敌手的那些富有实效的进攻在实战中出现的次数。因为：

有实效的进攻次数 = 进攻次数 × 进攻成功率

故提高有实效的进攻次数就需要在较量中想方设法创造进攻的条件，占据优势，以保证较多的进攻次数，但更重要的是要谨慎进攻，注意提高进攻的成功率。进攻成功率的提高才是“进攻研究”的首要课题。

进攻的成功率取决于进攻的命中率和有效率。

$$命中率=\frac{命中次数}{进攻次数} \qquad 有效率=\frac{成功次数}{命中次数}$$

发动进攻而未命中目标，就谈不上有效，更谈不上成功。因此“攻则必中”是进攻的基本要求，可是只做到命中目标是不够的，那些轻描淡写、不痛不痒的无效进攻即使命中，也算不上成功。所以，“中则必果”也是不容忽视的。

进攻成功率 = 命中率 × 有效率

怎样提高进攻的命中率和有效率呢？提高命中率的两条途径是：其一，使进攻出乎对方意料，让对方难以预测，不及变化。其二，提高在快速运动中进攻的准确性与精确度。然而提高有效率的方法是尽量把较大的能量施于对方较薄弱的部位。这就是要在明确人体要害及薄弱环节的前提下，尽可能地增大接触时的应力与纵深。

怎样使进攻出其不意，敌莫能测呢？一是要缩短攻击的进行时间。二是要提高进攻的突变性。进攻的进行时间是从发现战机到进攻完毕所花费的时间。意欲缩短这一时间，就必须进攻快速、简捷。快速系指用较短的时间完成较长距离的动作。而简捷就是简化动作的复杂性，减少多余动作，缩短进攻路线。进攻的突变性表现为进攻的发起、停止、转向和变换要做得突然、急剧。既提高运动的加速度，同时要注意动作的无规性。

为了使以上叙述清晰、明朗，兹归纳如下。

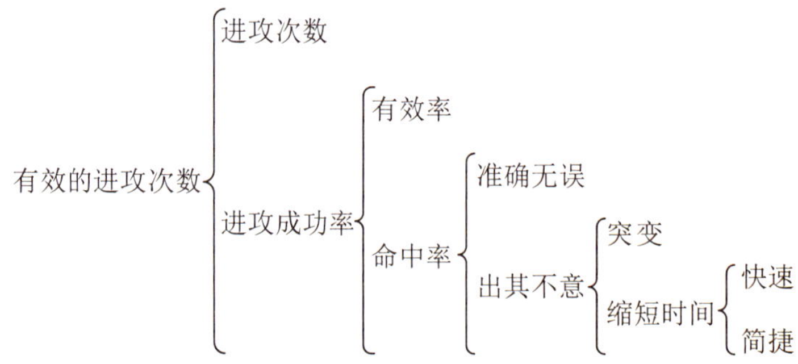

总而言之，要想提高进攻的质量就要在训练与实战中努力使进攻快速、突变、简捷、准确。并要提高进攻的纵深，加强击打的力量、硬度，减少接触面，明确打击的部位。我们在保证进攻成功率的基础上应该多多地进攻，但决不能因追求进攻的高次数而降低了成功率。

人体中能够产生较大速度的、坚硬的、尖锐的部分都可望成为进攻有力武器。掌握进攻的基本打法越多，其格斗技术就越好。虽然一些拳术名家在他们的实战生活中把一两种进攻方法作为主要的武器，但一名优秀的拳手应掌握全面的技法。在全自由、全接触式的实战中，主要的进攻包括击法、摔法、拿法和掷法。其中以击法为主，常见的有灵活多变的手击、范围大力量强的腿击，以及在近战中凶悍的膝击和肘击。

进攻是多种多样的，大体上可分为佯攻、快攻、强攻和反攻等基本形式。它们各有其特点与妙用，在攻战中这些形式相互组合、相互弥补，但不可相互代替。

佯攻通常作为进攻的先锋，它可以用于进行“火力侦察”，做到知己知彼；也可用于声东击西，造成对手的判断错误。佯攻是在保持自己严密的防卫条件下实施的，在佯攻的背后，快攻与强攻正严阵以待，一触即发。佯攻贵能以假乱真，它是运用模仿进攻的假动作和假神志而造成的全力进攻的假象，最忌讳在没有真正攻击的配合下多次重复同样的佯攻。

发动快攻必须捕捉良好的时机，这样出其不意地进攻往往使对手来不及防御，它是以小制大，以技巧战胜力量的最有效的手段，具有很丰富的内容，需要更为具体的探讨。

面临已有所准备的敌手，就要以强攻突破或摧毁敌手的防御体系。强攻是功力的抗争、素质的较量。这需要视死如归的斗志、果决的判断和高杀伤的招数。然而强攻之时是自己的防御状态的最低点，易被敌所乘。所以，不要轻易地使用强攻，注意强攻的成功率。强攻一般是在对手处于无力还击的被动地位时使用。

在防守中要始终保持着反攻的意识，正如以上所述，对手的进攻越强，其防守就越弱，只要能摆脱他的攻击，反攻就会很容易奏效。反攻与快攻有很多相似之处，反攻就是防御加上快攻。

拳手在格斗中可分为进攻型和防守型。进攻型选手重点追求实战中的进攻次数，而防守型选手并不是不重视进攻，而是更注意进攻的成功率罢了。对于一个矮个子来说，应用蜷缩式的架势，尽量钻到对手的内线去打，要贴着对方。而对于高个子，他则应放长击远，与对手保持一定距离。总之，进攻与进攻战术的运用要因人而异、因地而异、因势而异。

十、防御

每一个人在遭到袭击时都会本能地去招架，防御就是这种自然防卫能力的发展。面对进攻能做出适当的保护性反应，则需要在实战中合理地运用防御的技术。

传统的拳法中，因对“以静待动、后发制人”的曲解，多不愿主动出击，而讲究等待看清了对方的拳路后再施以对策，甚至寻求一种“我不欲伤敌，敌亦不能伤我”的理想防御技巧。然而，经受实战考验的人都知道：如果不采取进攻和反击，无论怎样防守，也只能是被动挨打，故此，防御最大的忌讳就是抱着“只凭防守去取胜”的念头。防御的要诀在于：不管你是想迅速打败敌手，还是与敌周旋，至少要使敌手时刻担心你的攻击。

防御技术的运用远难于进攻，因为进攻是执行自己想要做的事情，而防御是应付对方想要做的事情。因此，我们提倡在格斗中以攻为主，但不是说进攻高于防守，也不是说进攻可以代替防守。有时进攻者即使技高一筹，也难免败给一名优秀的防御者。

请看我们师兄弟的一次较量：进攻者技术娴熟、出击凌厉。防御者阻挡闪躲、伺衰而击。进攻者想以刚烈的攻势速决，但是诱敌深入、扬长避短的防御很快就使他上了当，从而使进攻者陷入难以挽回的被动局面。

回顾、分析当时的情形，可总结出正确的防御对于实战有着如下几个作用。

(1) 能更明确地摸清对手击打的规律。

(2) 使自己的打法隐而不露。

(3) 使求胜心切的对方造成麻痹大意的心理。

(4) 造成对方防守的空虚。

(5) 造成对方的疲劳或心理压力。

防守动作应是在快速、灵敏的直觉（预感）反应和思维的支配下进行自然的、本能的防护性动作。它没有时间去按照拳法对号入座。不存在万能的防御方法，某种防御方法可轻而易举把一种进攻化解无形，而对于另一种进攻就可能束手无策。

防守的方式方法是多种多样的。有使对方的攻击偏离我要害的格挡防守；有通过自我移动避开或滑过对方打击的躲闪防守；有在对方出击之前，就将其遏止的封堵防守；还有紧紧跟随着对手，或紧紧贴着对手的距离防守。另外，在比较艰苦的交战中，还可能用到：以身体中较坚固的部位去承受对方打击的阻挡防守，以卷曲、收缩身体的姿势减小被打击面的卷缩防守。甚至还要学会挨打时怎样减轻或避免损伤。无论哪种防守都贵在：速度快、动作小，并能与反击配合使用。在防守中不要一味后退，更不可转身逃跑。

在我们进攻时，自己的防御处于虚弱的状态，因此，巩固进攻中的自我保护也是极其重要的。进攻中一旦发手就要见效果，不可狂发乱手，或如蜻蜓点水一样地出击。

防御需要进行专门的训练，在步法的移动、跳荡、腾挪，身法上的俯仰、回旋、拧翻，手法或腿法上的拦截、吸空、化解等各方面都必须下一番苦功，并要培养出精确的距离感、方向感、时间感和劲力感。必须牢记的一条是：不要在防守失败或挨打后气馁，要善于总结经验和教训，去夺取战斗的最后胜利。

十一、快攻战术

高水平的格斗与其说是较力，倒不如说是斗智。其实，每个人都具备保护自己和攻击敌人的本能。人们之所以渴望学习拳术，其原因是他们想要战胜比自己更为强壮的对手，人并非完美无缺，再高明的技艺也不可能无懈可击，更要积极地寻找优于彼方之处。从而设计采用一系列巧妙的办法来扬长避短。以智慧战胜膂力就是总把自己的优势与对方的劣势相较，并且使对方的优势无从发挥。

一名粗壮、有力、攻击性很强的人，就很可能在速度、灵活度等方面存在着欠缺，这正是快攻得以大显身手之处，快攻是在实战对抗中发展起来的最为积极的进攻战术。

如果说强攻能使对方防守不住，那快攻就使敌人根本来不及应付。其运用通常是在对方防守未固、进攻未果，或退避不及之时出其不意的进攻。表现为在对峙、攻进或防御中通过骤然的变化或乍然的侵袭而出奇制胜。这种闪击战术最显著的特征就是行动突然、迅速和简捷。

快攻虽是一个统一的行动整体，若深入剖析其结构，可把快攻战术的整个过程分解为动机、行动和结束三个阶段。

动机阶段是快攻的形成阶段，其间最为关键的问题是快攻时机的掌握。这一时机是对方对其本身要害的护卫出现了瞬间的空虚，能否发现并抓住这一瞬间是实行快攻的前提条件。能够捕捉这一瞬间就能发动快攻，如果错过了这一瞬间就只能进行强攻了。欲利用快攻的战机首先是要能发现这一战机。这需要我们能有效地控制心理，以保持强烈的进攻意念、冷静的头脑和舒畅的心境。只有这样注意力才能集中，感觉才能敏锐，才能在瞬息万变的竞技中发现对方的破绽。动机阶段就是从发现时机到开始行动的阶段。而战机不能靠侥幸和等待，要靠我们积极地创造和争取。创造快攻的时机应在激烈的攻防变化中，特别是在防守中具有强烈的反攻意识，并有赖于主观能动性的发挥。

行动阶段是快攻的发动与加速阶段。发现了快攻的战机并不等于利用了战机。利用战机就要采取行动，并在对方回防、躲避或还击之前完成行动。鉴于这种特点，速度是整个快攻行动的精髓，也表现了“快攻”二字的真正含义。快攻的行动需要最大限度地提高速度和速度的变化。时机的出现几乎就是行动的完成。这样，快攻行动的动作应是那些最为自然、最为简便，能达到极大速度的动作。对这些动作掌握的熟练程度应达到无意识支配的自动化。

结束阶段是给予敌人以最终的打击阶段。快攻的动机联合体使我们抓住了有利的时机，快攻的行动阶段使我占据了优势。在掌握了时间、空间之后，就要注意到能量的运用。因为优势是暂时的，随之而来的可能是很大的危险，以险招取胜就是要把这种暂时的优势变为永恒的胜利。这需要在快攻的结束阶段以无情的手段沉重地打击敌人。任何同情、犹豫的心理都会使整套快攻战术前功尽弃。

应该承认，发动快攻并不一定都能获得成功。所以，不能把击中对方作为快攻的最终结束，而应在击打之后迅速恢复原来临战时的姿势，加强防御并意识上做好了再次发动快攻的准备。

十二、点穴一说

在拳术里有“点穴”一说，数十年中我只听到过这样的说法，但是从来没有见过一个人这样做过，尤其是在二三十年代的时候，道途所闻无非是点穴、点穴！

依照他们的说法与做法，是根据时间以两个指头戳点在人身的不同部位，就能使这个人失去动作的能力，不能自我控制，任人捉弄，并且是轻重随心、收发任意，甚至可以置人于死地。说起穴道有三百六十之数，大概分为死穴、活穴、哑穴、哭穴、笑穴、麻木酸痛等穴，一点即得，极尽玄妙之能事。

我未尝学过点穴，不知其中的奥秘，故不敢妄加评论，但是他们从未拿出事实来证明他们的这一论述，这就使我不无疑惑了。

我们学习拳术，具有数十年的纯功，与同道较技，尚且不能发而必中，即使击中又不敢说一定能致人至伤。因为对方也是处于运动变换之中，攻守之间或隐或现、举动无常、捉索不定，收到预期的攻击效果并不是一件容易的事情。

好像是一旦学习了点穴术，便立即能够使用。点到与时辰相对应的穴位上，就能使对方失去控制自我的能力，而任其摆布，似此已近幻想，荒唐之甚。

按时辰点穴的说法，竟似人体内有一个“活东西”，它循着周身运转，某个时辰必行至某处。所以，点穴要点到这个“活东西”上，不然的话是不灵验的。

我不知道，如果两个点穴者相遇，他们都知道某时某穴之所在，预先有了防备，谨护持之，则又将如何？

我们数十年间耳闻目睹，人与人在游戏竞技或相互扑打时，有没有偶然击中点中对方的穴道以致失去控制能力而呈现种种姿态呢？如此多的人、如此长的时间、如此多的机会，尚且没有一件事可以证实他们的说法，还毋庸说“点穴”没有科学的根据，仅此已足以否定了它。

在中医学里有以按摩、掐穴，以人体的穴位疗疾治伤的，据记载我国古时对病患的原始疗法是砭法，尔后针砭并用。后来又出现了灸法，到明朝灸才得以完备。所举穴道，图文并茂，有兴奋、抑制、疏通、化解等作用。

明代黄百家所著《王征南墓志铭》等内家拳说，绘制出一个铜人，其中标明穴道有：死穴、哑穴、晕穴、咳穴、蛤蟆、猿跳、曲池、锁喉、解颐、合谷、内关、三里等。其中有无法根寻的，有异名的，也有人体的生理弱点，这恐怕就是点穴所依此夸大的材料。

按铜人图法所示的人体穴道在医学上并非全部具有价值。拳术据此为用显有不妥。许多穴道即使击中也没有任何效验。所以说点穴是为了迎合那些幻想用某种毫不费力的绝技，得到意外效果的人的心理，而凭空编造出来的。

人体虽然不存在那些周身运转的穴道，但却有许多生理上的薄弱环节。如果这些要害部位遭受打击，必然影响到大脑、神经和内脏，故打击部位是拳术所必须遵循的法则。包括以两个手指或并拢五指戳击对方的柔弱部位，同样也具有很高的实用价值。

以手指戳击对方具有打击范围大，接触面积小，收效速度快的优越之处。但也存在着力量小、手指的坚固程度低的不足。这就需要我们能准确地击中对方的薄弱柔软部位，并能与其他的打击方法相互配合，这才是点穴在实战中真正的含义。

十三、兵器

兵器（指冷兵器）的产生早于拳术。远古时代的原始人就已经懂得了运用石块和木棒比赤手空拳更能有效地对付野兽和敌人。随着人类文明的发展，材料由石器变为铜器，继而又被铁器取代。兵器的制造亦逐渐精良多样，其威力也随之提高。

古时人们把械斗用于训练士兵，至今仍留有刺枪劈剑等军事课程。为了减少兵刃训练中的伤亡，拳术作为一种使用兵器的准备技术孕育而生，习武者多先拳术而后兵刃。后世甚至弃兵刃而不顾，仅习拳而止。直至近代，流行于世者多是套路，兵器的实战用法堪为凤毛麟角。

我们既然对此进行学习，就应透彻地认清本末和实质。

兵器种类繁多，古有“十八般兵刃”之说，但实际种类远非止此。一般归纳为长兵（枪、棒）、短兵（刀、剑）、超短兵（匕首）、软兵（鞭）和抛射兵刃（弓箭）等。可这些都不外乎由锋利或尖锐的金属物件配合长杆或手柄形状的木质物件所构成。所以，只要精熟一两种兵器，余者皆可触类旁通。

兵器的威力大于拳脚，其原因在于：兵器有更大的打击空间范围，有很高的硬度，并有极小的接触面使力量集中。另外，由于杠杆的原理使兵器的末端具有较高的速度，从而增加了挥捌冲击力。

但兵器的使用也有不及拳脚之处。由于兵刃是人体运动的一件身外之物。其擎执运掣总不如空手便捷自如。故兵器的练习与应用远难于拳术。另外，在贴身近战中，有些兵器则难以发挥效能。

鉴于上述比较，兵器那些久经沙场的招数无非是刺、劈、挑、抹等简单几下。毋庸说复杂的招式，就是这简单几下也需要刻苦的磨炼才能掌握。重要的是在运用中使精神和气力贯穿于兵器，使兵器与身躯融为一体。好似自己手臂的延长。达到手忘器、器忘手，运用操纵两不相知的境界。

拳术水平的提高有助于兵器的运用，而兵器操习水平的进步又能促使拳术技击的飞跃。

第22章 意拳的来源与练习方法

姚宗勋

胥按：此文为姚宗勋先生讲话录音，标题为笔者加。

开始我先介绍一下意拳的来源，意拳最早的来源就是心意拳，又叫“心意把”。后来山西祁县的戴龙邦先生到河南，学的心意拳，回山西以后由河北的李洛能先生到祁县去求学，在李洛能先生学习十二年回河北深县的时候，戴龙邦先生把心意拳的名改为形意拳，后来发展的是现在上海有教心意拳的，又名“十大形”，就是它有十种动物的形象，这个非常明显了。形意拳就是十二形，比心意拳多了两形。如果我们再来看心意拳，打的十大形的套路和形意拳的十二形套路是有区别，但是它的风格跟它的动作表面看是有些不同，在实质用力、发力、攻击的方式、力量和精神还是一致的。因为心意拳真正最早来源目前尚未定论，过去老师假说，就是岳武穆创始的，就是岳飞。在最早的手抄本的形意拳里讲姬龙峰先生由终南山得到一本书，练形意的就说是形意拳，练心意拳的就说是心意拳，得到这本书以后回去钻研了三年，拳技就大成，这个说法不太可靠。另一种说法就是姬龙峰先生创的心意拳，他精通枪术，由枪术而悟解出的拳术，创造出这个意拳。但最近有的同志到姬龙峰先生家乡去了解，听他们后代人说姬先生的枪术是马上的枪术，当然马上的跟步下的枪术是又有区别的，由马上的枪术而演变成拳术也不大可能。总的来说究竟是谁呢？现在还没有结论，还有一种我个人想法，应该还是证据不足，我开始在头些年的想法是因为汉民族对于自己的祖先向来是神圣都是推崇先人，那么姬龙峰先生为什么不说他的老师是谁呢？而说是捡了岳飞将军的一本书。那么从南宋一直到清朝初年有好几百年，在书籍也好，传说也好，没有心意拳的名家或者遗留下来的拳谱，这是一件值得怀疑的事。还有一点就是我的设想：因为在最近有人到山西去，访了姬龙峰先生的后代，说是姬龙峰先生曾到少林寺去，闯过少林寺。我想究竟他到少林寺干什么去呢？因为我的老师在二十年代初他曾到过嵩山，跟当时的嵩山主持衡林和尚关系不错，互相交流拳技。据王先生讲因为我们是同源——一个源流，所以他能开诚布公，这事也反映了当时门户之见。同门同一个源流才是一家人，这是王老先生讲的，可是到解放后20世纪60年代初少林寺教武的和尚是德昆，有人也知道他曾经对人讲过心意拳是少林“镇山之宝”。1978年我和杨绍庚曾到嵩山去，跟正举和尚谈过，他哥哥已经死了，正举现在还在少林寺。跟正举和尚谈过，他也认为心意拳是少林的正宗，虽然说有若干拳但以心意拳为正宗。前年我们又去了，现在的德举和尚也是这种说法。所以我就产生了这么一个疑问：究竟是姬龙峰先生把这个心意拳教给了少林和尚，还是姬龙峰先生学自于少林？为什么有这想法？就是因为少林寺和尚在当时还有反清复明的民族思想。到现在你们要去的时候，在方丈室旁边有一棵柏树被冬青树缠着的大树，正觉和尚说这是少林的一景——冬青缠松柏。松树底下有个花池子，有个很高的花台，上头堆着石头，正觉和尚跟我讲这是围山，当时我就一惊，清代覆灭了这么多年了，少林和尚还要供着这种残品，当时我跟正觉说了个笑说：我说您去过北京吗？他说没有。我说那个围山可比这个大得多，当时我意识到，所有少林和尚知道。现在这些老人还有传统想法，我为什么说这个事呢？就是因为姬龙峰他不说他的老师是谁，因为少林有这么一种传说，在尊我斋主人写过少林拳法秘诀，上头也谈到这点：少林的本领传出去的时候，传给俗家人就叫内家，传给和尚就叫外家，为什么叫外家，和尚出家山外之人，王老师也说过，虽然是学心意拳的，但是谈起来都是得有反清复明的思想意识。所以我想到，因为少林寺在那个时候，在明末清初的时代，曾经有一个明朝的宗使叫功德仇，他在明亡以后，他曾跑到少林待了几年，他又留了头发跑到福建，到福建干啥呢？到郑成功那去了，开始第一次，做实际的第一线斗争。失败后，他又回到少林，他在少林名称叫“痛禅上人”，“痛”是痛苦的痛，“禅”是禅宗的禅，后来又走了，据说到台湾去投奔郑成功，大概要去打和义，后来又回来了，有这么一段事情，所以我这是一种猜想：是不是姬龙峰先生不敢说出真正的老师是谁，是怕受到清廷的追捕？不过这只是一种怀疑，因为现在找不到确凿的根据，所以究竟这心意拳是从哪来的，有待将来搞清。

再接着说李洛能先生学完形意拳回来后教的学生很多，他拳术很高明，当时在深县有“神拳”之称。在李洛能先生学生里出名的有：郭云深、车毅斋（车永宏山西人）、宋世荣（山西人），刘奇兰（深县人）跟郭先生一个地方的。这是当时在郭云深弟子中最出名的（胥按：应该是“当时郭云深最出名”），刘奇兰再传的弟子中李存义、耿其善、周明泰是当时的名手，实际呢是跟郭云深先生学的。郭云深先生呢，练形意拳的谈到郭云深先生时，这是顶门立户的人，即使有夸大的成分，也说明郭先生拳艺也是相当高超。有人说他是“半步崩拳，打遍黄河两岸”，也有人说郭云深先生“半步崩拳打遍天下”，不管这是不是真的，到过的几个地方都不大准确，但是这个流传华北一带还是很盛行的。

王芗斋先生年幼体弱多病，因为这个跟郭先生学拳。学的时候年纪很轻，王先生他的记述里是光绪三十三年由深县出来。那个时候郭先生已经不在了，出来以后曾到保定河北省各地去。最后在 1915 年在北京那时正是袁世凯执政的时候在陆军部武技教练所当教头，当了三年。民国 7 年（1918）结束后他到南方去了，在他出来以后长时间在北京。在当时保定、北京及周边当时的形意、八卦、太极的名家以及各种拳派（炮捶、岳氏散手）等名家他都接触过，也都有相当的友谊。后来南去的时候，王芗斋先生跟我讲过到嵩山少林寺结识了衡林和尚，他的功力很大，据王先生讲但学术并不是最高。他辗转又往南去，在福建省的福州遇到了一位和少林武术有一定渊源的老师叫方恰庄，王先生跟他在拳术上交过手，方先生功力很大，王先生亲自跟我讲：“我要跟他动手到十次的话，我得败六次，我得胜他四次，但是有一个特点，他胜我的那六次是因为他功力大体力强，他得把我逼迫实在没有退路的地儿，他发力我是窝窝囊囊坐下去过。但是我赢他的四下，都非常干净利落。”这是什么意思？那就是他的学术并不是到了很高的境地，由那以后王先生往回走，到湖南，离长沙一百多里地的一个县（现在实在想不起来这个县的名字），他说有一个大拳术家，解铁夫先生到底高明到什么程度，头一次听到王先生讲“说我离开老师得益最多的是从解铁夫先生，再往浅里说，我跟解铁夫先生动手，不管推手还是散手我是十战十败，他出手很软，杂乱无章，你别碰，一碰就挺硬，人家非常刚，你就摔出去了或被击中。说你看他动作很刚，你一碰上，他就松。他就是聪明。”说法上呢就是解先生拳术虚实莫测，所以他说除了他老师以外受益最多的就是解铁夫，也使王先生在拳术的境界上提高一大步。从那儿回来后，拳技加上自己的经验，跟见过高手、跟自己的用功，在拳术上又突飞猛进。

后来他就回到北方，在天津，那时候就是1929年国民党的第一届国术比赛，在杭州，当时王先生与他一个师兄张占魁先生应聘当裁判，结束后，王先生到上海，在上海传授意拳。他用意拳的名字是开始于1929年前后，回到上海教意拳，从上海1934—1935年回来，他回到他的家乡深县。在第二年又到北京来，那就是1937年。我认识王老就是在1937年秋天，后来在1938年，在现在的北京东单，金鱼胡同一号，那里是四存学会体育班组织，王先生在那里任教，推广他的意拳。到1940年6月，那期间推广意拳在北京知道他的人很多，这就是历史性的关系啦。过去好多的老拳家对他都熟知了，后来就不熟悉了，因为外出几年，也都知道他。所以在那时候，他对于当时的拳术崇尚于套路呀、表演呀，他认为既失真，从前传统的优点没有了，又保守，又不往前发展了，所以他把意拳改名叫大成拳。这是1940年，并且在报纸上发表过他三篇对于拳术的看法。头一篇里是1940年6月20日。当时在北平的《时报》《新民报》都转载发表了题目为《大成拳宗师王芗斋谈拳学要义》，这是头一篇；头一篇并不是一天登完了，而是连续登的。到7月份发表了第二篇，题目为《大成拳宗师王芗斋访问记》，也是连续登的。

到1940年9月中，第三篇还是《大成拳宗师王芗斋访问记》。在头一篇里头谈拳学要义就牵扯到当时在北京流行的拳，如太极、形意、八卦、通臂等，当时他着重批判了这几个拳。对于别的拳种就是一带而过。就贯穿在他这三篇文章里头，除了讲他的学术观点以外，对于别的拳术都涉及。在第一篇谈的《拳学要义》以后，那时我们就从金鱼胡同搬到大羊宜宾胡同一号，也是在东单。那房子呢被日本特务机关非要占了不可。所以就被迫搬了出去，暂时借的大羊宜宾胡同一号。他又发表这些东西，当时他为证明他说的话是实话，就希望各拳派的老师到那儿去观摩交流。理论也好，谈拳也好，接现代说就是比划比划，都欢迎，当时定的是每星期日1点到6点。这是一个礼拜一次。等到9月份的第三篇文章发表呢，又加了一次，是礼拜五跟礼拜六，这说得就更明确了。说我所在报纸上发表的这些东西，不是为我个人，我为中国的拳派。知我罪我，笑骂由人。我这是好意，还是希望咱们同道的名誉教头到这里来咱们谈谈，如果你要比我好，我一定就帮着你推广，还是希望大家去交流观摩，这就说得更明确了。咱们从理论上探讨也可以，推手也可以，推手比散打文明多了，咱们真打也可以，都欢迎。所以在这个时候因为去过人，陆续去过，只是正式的不多，可是非正式的也不多，因为在当时有的人不愿公开去或正式去，因为正式比赛要败了，万一被报纸登出来，自己就没饭碗了，不体面了，所以不敢去比。当然也有过几次公开的交流，这是1940年，1941年到1943年，还陆陆续续有这些事，到1944年后就几乎没有这事了，这一直到解放，这些年中，王先生在1948年的春天，在现在的文化宫（以前叫太庙）成立了拳学研究会，公开推广意拳直到1949年建国。因为改为“劳动人民文化宫”可以在里而教太极拳，不管在教什么拳的有一千多人。

后来在拳术上对技击上（实用的拳术上）多少也受些限制，王先生就专门在中山公园教健身。他在教健身的时候，站桩功就是从那里来的。他倒挺痛快的，不叫拳了改叫站桩功了，专门致力于教锻炼身体，50 年代末，曾到北京中医研究院在广安门那开展体疗，教站桩，任顾问。一直到 60 年代，到保定河北省中医研究院，由当时的河北省卫生厅厅长段慧轩先生段老邀请去了。直到他得病，在 1963 年 7 月 12 日在天津去世。这就是王芗斋先生的一部分经历。

今天我给大家介绍一下意拳，意拳来源于心意拳。相传戴龙邦先生是山西祁县人，到河南学来的心意拳。后来他传给河北深县李洛能先生，这时候就把心意拳改成形意拳，李洛能先生回到深县以后，传授了刘奇兰先生、郭云深先生、车毅斋先生、宋世荣先生，就是他比较杰出的学生。王芗斋先生学自于郭云深先生，据王芗斋先生讲，他是光绪三十三年离开深县到保定去，从保定又到北京，从北京待了一段时间，又往南去到河南，曾到少林寺，和当时的住持衡林和尚曾有过切磋。以后他又到湖南、湖北、广东等地。在 1929 年的时候，他到杭州去，由杭州到上海。后来又回到北京，他在北京的时候，到 40 年代时期，他把意拳改名叫“大成拳”，这个名称一直沿用到 1949 年。1949 年以后，王芗斋先生就专门致力于健身，他就不再用“意拳”或“大成拳”的名了，他用“意拳健身桩”就是完全注意在保健方面，后来他在 60 年代初，曾在“北京中医研究院”开展体疗，在 1961 年的时候就到“河北省中医研究院”任顾问，开展体疗。直到 1963 年因病逝世，那是 1963 年 7 月。这是简单的意拳的这么一段经过。

下面我们谈意拳，有它的什么特点及锻炼方法。意拳锻炼方法跟它所训练的就是分两种，分两大类：一种是健身，一种在王先生当时称它叫自卫，实际在古代所说的叫技击，在今天说也就是散打，分这么两种。它没有套路的练习，也不注重招法。招法就是在搏斗的时候的一切方法，并不是没有方法，他只有总结的一种训练的方法，不崇尚某招破某招，某式破某式。在我们认为，两个人在搏斗发挥自己本领的时候，其间不容思考，完全靠自己的反应跟自己的力量和速度来决定。因为有这种看法所以不崇尚招法，训练不管搏击、拳术、技击这面也好、健身这面也好。它的最基本的功法就是站桩，一般来说对于保健的就叫健身桩。关于技击这方面的“技击桩”，“技”是技术的技，“击”是打击的击，叫技击桩。在古代的名叫“浑圆桩”，三点水一个军字“浑”，“浑圆桩”，“圆”圆满的圆，浑圆桩。在健身桩里面，是采取静止不动的状态，摆一个姿势，在静止不动的状态下锻炼。当然有站式，也有坐式，也有卧式，也可以在行走中锻炼。这是健身桩所包含的，它在站桩中有几个不同形式。在健身桩里面，开始站桩锻炼的时候，它有三个比较原则的要求。第一个就是精神集中，第二个就是周身放松，第三个就是呼吸自然，精神集中并不是说易于锻炼，一开始的时候就能做到什么也不想，要求精神比较安静就可以了，也是相对的静，比较安静就行了。只要脑子里头不要乱想，比如说，最不要想的是不愉快的事情、愤怒的事情、琐碎的事情，这些事情最好不想。不要想这些事，但是还要想在站桩里头的精神集中，还有一个要求就是在意拳里的意念活动，意念活动呢，就是我们主动的想一想，用这种方法把别的杂念驱除去，这是它第一个用意念目的，第二个就是通过意念，假设一种境地，自己去想，仿佛来到想象的一个境地中，使人精神舒畅，精神上放松，所以精神集中是要求精神上首先能松下来，我举个例来说：在开始站桩的时候摆好一个姿势，首先不要想自己是在这练功，通过练功我可以祛病也好，健身也好，先不要想。或我们来到一个空旷地方站桩也好，如果在屋里头可以把屋里的窗户打开换一换新鲜的空气，我们可以从窗子里往外看。在这个时候不要想我在练功，我是想站在这，要休息休息这么一种心情，等自己心情稍微安静点，然后再开始练。

这时候把姿势摆好，用意念举例说就是开始在脑子里设想，自己不是站在地上，练习时最好把眼睛闭起，设想自己是躺在游泳池里也好，在洗澡的盆里也好，就想自己躺在温度跟自己体温差不多的水里头，这个时候自己的面部在水的外面，自己设想这个水不是完全静止的，稍微有一点水波浪的浮动，自己在水里头有浮荡的感觉，随着水的动荡，自己跟着水有一点起伏，尽量让周身放松，这个就是要求目的，就是用这种假借，好像身体以外都是一种很松很软的力量来推动自己，诱导自己放松。也可以用这个意念，自己开始站在地上练功的时候，可以设想自己是在春暖花开的时候，春风徐来，自己好像能听到鸟语甚至自己能够闻到花卉的香味。自己还要设想一种很轻微的风吹到自己的周身，使自己的头发都被风浮荡或飘荡感。再进一步想这微风吹到自己的周身，使周身的汗毛都有一起一伏的感觉，这样就是要求皮肤都要松下来，如果不松下来，好像微风我们自己就察觉不到，这种都是通过一个假想的一个境界而诱导自己身上、精神上跟肢体上，能够相对的松下来，这是意念所起的作用的一面。再一个是可以通过意念，使自己的肌肉、肢体得到较重点的锻炼，也举例说，就是开始站桩以后，可以设想自己两手环抱着一个球，我们设想是纸球也可以，是塑料薄膜极薄的球也好，我们两手轻轻地把它环抱住，并且想周边有轻微的风。

如果我们没有环抱这个球的意思，这个球就会被风吹走，如果自己怕它飞走，就要拿手环抱它，但是稍微一用力这个球就会爆破，也可能就把它压瘪了，既不让它飞，又不让它瘪，这是要用意念去想，实际就是在爆与不爆之间，如果锻炼有一段时间的人，通过学习意念，他会感到有这么一种球的感觉，从而能感到肌肉里头当时就能发生冲胀感，有热的感觉，有的感觉到自己身上的血直向手梢上冲撞，这是初步能够达到这样的感觉，但是意念不是要求我们一开始用某种意念，一直到最后。而是要开始用意念后，如果身上有感觉，好！也就是用两三分钟就可以了，如果没这感觉，想这么一两分钟或者没有这感觉就不要想下去了，这个时候注意一下我们的身上，是不是身上有不舒服的感觉，比如肩酸了，腿酸了等，如果说感觉有肩上发酸，我们手开始摆的位置可以自己往下移一点，如果感觉还是不合适，还可以再往下放一放，让它感觉到不难过就可以了，腿要求是有弯曲，周身都有微曲，如果感觉腿部，尤其小腿发胀也可以把姿势略微站高一点，如果高一点后感觉过于轻松了自己还可以往下调一调，还要注意身上的感觉，一般初练的人，可能感觉身体有酸呀、麻呀，甚至有轻微疼痛的地方，热胀的感觉，有的神经衰弱的同志也会出现打哈欠，往外滴眼泪，不过这都不是长时间的，有这么几天这种反应就会过去。滴完眼泪后就感觉自己的眼睛很清凉。

再有一种就是过去身上受过创伤比较重的，或者动过大的手术，也有的是自己身上已经有了疾病，但是不明显，在通过站桩以后都会出现不同的反应，会感觉到那个地方不舒服，如果我们自己在锻炼中感觉到有这种或者酸或者是疼，有的甚至于晕，过去受过创伤的地方肌肉都会有微微的抖动，但是不要害怕，可以坚持一会儿，有的时候坚持一会儿这种感觉就消失了，有的坚持一会可能感觉到更加剧了，这种感觉这样就可以休息了，散散步或走一走，如果站的时间很短，那么就可以再站一次或两次。意念呢，用就是一种方法，如果能达到我们所想的那个要求就可以停止了。等一段感到身上什么感觉也没有了，就是说风吹自己或水漂浮身上有一种轻微的舒适感没有了，那么就可以再用一次。这是第一个所要求精神集中跟意念。第二个要求就是周身尽可能放松，因为我们有姿势在站着，就是随随便便在坐着，也不可能有绝对的松。说我们站着再加一个姿势，我们周身的肌肉都做张力性的运动，否则的话我们也站立不住，坐着也是如此。有的久病的病人坐也坐不住，说明在座的时候身上也要用一部分力量，肌肉也要有紧张，所以周身放松也是相对的，简单地说也就是我们仅够将将维持那个姿势就可以了。不要用更多的力量，在意拳站桩功里的要求就是松而不懈，“懈”是懈怠的懈，虽然放松但是不能让它太软下去，要保持最低的消耗体力这么一个姿势，仅仅能维持这个姿势就可以了，松也是相对的松，但是这也是强调了身上放松，如果我们在站桩的锻炼中，如果感觉到自己的肢体紧了，那就自己要注意，是不是姿势摆得时间长了，疲劳了，就是说可以把姿势变一变，降低一些，让它轻一点，也要注意自己心脏跳得是不是过快，如果心脏跳得过快，或者身上的用力过大。自己注意一下是不是我们脑子里头想紧张的事情了，想紧张的事情稍一长会导致自己肌肉发紧，心脏跳动得越来越快，再注意是不是用力过大，用力过大也会出现那样的情况，自己注意一下，如果心脏跳得快是因为自己用力过多了，那就少用力，如果自己脑子里想紧张的事、不愉快的事，那就可以不想，这松也是相对的松。

第三个就是呼吸自然，就是在练功里头要求自然呼吸，也就是说我们平常怎么呼吸，在练功里头也要求怎么呼吸，不要我们过于造作，气也不必往起提，也不要往下沉，让它保持自然。因为王芗斋先生曾说过，人生来就会呼吸，我们不必去追求矫揉造作，去追求什么腹式呼吸，气沉丹田，等等，他认为人生来就会呼吸，他也举过例：婴儿躺在那会怎么呼吸，尤其在入睡以后，我们看会发现婴儿躺在那的呼吸，腹部一起一伏，一起一伏非常匀称；再有一个例子可以说明人在睡眠了的时候，他的呼吸都比较深比较长，也就是一般养生家所说的呼吸能做到匀细深长，最明显的就是有人睡眠的时候，会打呼声，当然打呼声不是正常的，我们可以观察一下打呼声的声音非常长，呼呼的，像那么深长的呼吸我们平常是不会出现的，我们模仿也模仿不了，造作也造作不到。也就是说我们脑子能够相对静的，和肢体能够适当的松，周身能感到舒服，受到良性的刺激，在这种状态下时间一长，所谓匀细深长的呼吸就会出现，所以我们不要去追求，说是自然呼吸，实际上也就是强调了自然呼吸。

如果我们在站桩中间发现我们自己憋气了，那可能就是跟身上放松，脑子是不是想紧张的事，是不是用力大，或者是发现自己呼吸短促，心脏跳快了，在这个时候练功我们轻轻地可以把嘴张开一点，同时有意识地做比较深长的呼吸，就是口鼻同时呼吸，呼吸三四次或者一两次感觉到呼吸恢复正常了，那么我们再把嘴轻轻地闭上，就能够解除呼吸紧张就可以了，每一次练功多长时间，我们最好不做硬性的规定，自己以前有规定，或者就是 10 分、15 分、20 分不等，我们在那练功不管你站也好，坐也好，如果感到安静和舒适，那时间就会长，如果我们感觉到脑子里头安静不下来，想些个杂念纷至的时候，或者身上不舒服，那就站的时间不会长，因为烦躁，感觉时间过得很慢，如果说我们练得得法，身上感受很舒服，时间会过得很快。有的同志们练功，开始练的时候五分钟都感觉过得很慢，好容易才做到五分钟。等他某一天能做到脑子相对的安静下来，他身上也感到舒服了，甚至于说，能把自己忘掉了是在练功，能做到忘我的情况下，从五分钟一下就跳到三十分钟这种例子很多。他一看见我，哎呀，练了三十分钟了怎么时间过得这么快，实际上时间还是时间，只是自我的感觉不同，这就是说我们练功的时候不要追求时间，也不要追求姿势，要求姿势抬到怎么样的高度，手型什么样，腿要求什么样，这些要求在初练的时候不是主要的，就是说应该注意到上面提到的那三点："精神集中、周身放松、呼吸自然"。做到这三点，姿势呢不要追求它。但是不是说练健身桩就一直不讲姿势，而要观察观察通过练功他身上的反应、观察他的体力是不是适合他，也就是说不适合站就会造成他的紧张，在站桩里反会收到不好的效果。所以一般来说可让同志们坐着练，但是有的同志认为坐着练效果差非要站，结果在站桩里头有一段他适应不了，效果反倒不好，所以得在为自己保健，或者是为增强体质，使慢性病得到好转，以至恢复健康。那必须我们符合自己身体的客观条件，不要凭主观，我想这么练实际我们的身体不能适应，这一点在锻炼里头也是主要的。这是练健身桩一般的要求。

再重复一下松紧的问题，"松而不懈，紧而不僵"，这个大家都知道了，这实际上就是松紧的转换，在技击中什么时候该松什么时候该紧，这没有什么标准，但也有标准，为什么时候说这种话呢？我举个实际例子，有的同志不管是练过这个拳也好，练过太极拳的也好，推手真一点劲都没有了，那对手手进来了，就把你推出去，如你真的一使劲，人家一扒拉你转悠了，你被人牵动了，所以你究竟应该用多大的力量，那是完全凭你的感受去分析，所以该松的时候就松，假如说他想牵动我，我一松他利用不上我的力量他滑了，那实际是他的失败，我松就对了，如果他朝我身上推，我也跟着松"叭"地一下他的力量进来了，就可以打到我身上，我这么松就错了，所以在这个松紧上，我应该时时得有松紧，你感觉他的力量，我应该用身上多大劲，应该松到什么程度，这个是灵活的，所以得需要大家要在实践里去摸索，这个紧就是松紧的互用，稍微紧点也不要紧，真正的紧就是你发力的一瞬间，调动你身上的所有能调动的力量，甚至于说到那时候也就要求你所谓气沉丹田，就是压迫横膈膜，叫你整个腹部的肌肉整个膨胀，所有能调动得出来的力量，你都应该出来。在那一瞬间这一发力马上就完，技击跟养生都一样，松紧互用的时候，应该松的时间占得很长，比重要大得多，紧的时候应该时间短。

我举例说明，我们站健身桩设想这有一个球在，在我们同学里头，同门里头教站桩的人也不少，大概都爱用这种意念，就是把这种意念设想抱一个纸球没有，你要稍微一用力呢，会破了，通过你的意念训练你身上的功夫，也就是你脑子想这支配你的神经肌肉也在轻微地这样动。这个你可以把它这样做，如果老想这样它老要飞，大家可以做这个试验，如果想它要飞又不让它飞用不了几分钟，汗都出来了，呼吸也不行了。这个意念想跟不想，那是绝对是不一样的。如果你去真想，跟你真不想那不会一样的。去年，《世界之窗》翻译说，运动员心理训练的方法，有一个女运动员对我说，坐了 20 分钟还是半个小时，她就是用意念练的，练完以后觉得浑身都紧。别让它飞了，但是你得注意别让它破了，所以它刚飞你稍微一拿手，它不飞了，你就应该松弛下来，你再一想不要想得太快，要想得太快你就受不了了，在技击里就受不了了，别说我们健身了。我还再往下说一个，说一个球还好办，你不信再变两个球，这环一个那环一个，你还可以想这个球要飞，我把它抱一下，这个球我怕它破，这个力量可产生矛盾了。在总的还得统一你的意念支配下，实际上力量就不一样，这样练跟你讲的一个球的效果不一样，但疲劳的程度也不一样，所以我再重复一句，就是我们练拳的同志也应在松的时候应该时间长，不能因为想练拳，本来是为身体好嘛，身体健壮嘛，如果累得把身体搞垮了，那就本末倒置，那就不对了。

尤其练健身的同志，应该进一步摸索摸索（对不对？我认为还是对！），但是一定自己要控制好了，因为在整个意拳中说，在“不动中求微动”，什么叫“不动中求微动”呢？我还举刚才那个例子，就是说我们外形是不动，好像是静止状态，如果我们想这儿有个球要飞，实际上球的细微运动，我想我们站在水里，水波浪在晃动我们不让它晃动，实际身体上是不是都在很小的晃动，也就是在不动中求微动细小的动，但在一开始摸索的时候一定应该缓慢，由精神上先不紧张，由精神上先放松，有那么一点感觉就行。没有也不要紧，极轻微的。这样容易保证你的身体不因为求进一步的锻炼，而使身体受到损失，当然了也许这个月有的同志身体还不行，也许到下个月就完全可以了，这个还得靠自己在实践中注意找一下。

技击桩：下面我再介绍一下技击桩，技击桩是意拳里头技击的这一部分，技击桩说来是拳术，拳术的要求也是那三点是主要的，就是精神集中、周身放松、呼吸自然，因为有的人说，这三点对于养生或者健身是有好处的，对拳术上如果是对抗性的武术那是非常激烈的，为什么也要采取这三点的训练方法呢？就我本人的体会当然很肤浅，我做一个解释，我们的武术在古代是用来训练兵士或将士，作战的一种基本功训练，在这里头一个要求精神训练，在平常训练中应该能做到忘我，就是脑子里头一切杂念都没有。甚至说应该是无人无我，有一种勇猛，勇往直前的精神，就没有考虑到自己个人荣辱与安危，这是基本，这一点也是跟养生相同，它要求能够做到忘我。第二点就是周身尽可能放松，这个松是相对的，所以在拳术训练里这种松就跟养生桩的初步不一样，它要求是松紧互用，因为在意拳里头对于松紧有这么两句话，上面在健身桩里说到上一句就是“松而不懈”，下一句就是“紧而不僵”，从这两句话里就可以知道意拳中的松紧这是相对的，也就是说松紧经常在互换也就是它主要的训练手段，所以要做到身体放松，这放松是相应的，每个人在搏斗中都要发挥自己的能力越迅速越好，也就是现在所说的具有爆发力，但是爆发力呢，得事先有相应的松，如果你在发力以前松得不好，你的力量发得也不会好。所以它要求的松跟养生的松多少有一些区别，松紧互换得很快，也不是说一点力量也没有，就谓之“松”，多少也应该有力量，究竟应该用多大力量，就看我们发力的当时的情况而断定，如果我们把力量全都用出来了，那还发什么力就根本无力可发了。

第三个呢也要求在练习模拟实战的时候，要注意到呼吸自然，就是呼吸不让它紧张，就是让自己的动作中，或从自己的动作中或轻重缓急，调和自己的呼吸，不让它一直紧张下去。这在拳术中也是这样要求。但是这也有些事例。举个例子，第一个是，训练精神也就是说心理状态，这是很主要的。拿现代来说，体育运动对抗性比较明显，有的运动员平常训练有素，有相当高的水平，但是因为比赛的经验少，可能面临重大的比赛，到临场的时候，平常的水平发挥不出来。有的甚至动作还远远不如平常，这就说明受精神紧张，患得患失，顾虑等这些影响。

在明代的民族英雄戚继光在他的《纪效新书》《拳宗鉴定》两篇谈到武术的训练方法，有这么两句话说："他们训练一般军士，如果在战场上能发挥出他平常所训练的武功，发挥出十分之五来在战场上可以不死，如果全部能发挥出来，就可以天下无敌。"这么几句话。还有两句话："军士每临战阵，面黄口干"，这就说明经常应该做这些训练，如果说自己精神高度集中的时候影响到自己肢体，使肢体僵板了不灵活了，这样也发挥不出来自己的本领。因为精神过度紧张而使呼吸都停，那也不能持久。造成身体更紧张，所以在技击里头，这种都是关联的，主要训练精神，能够瞬间就高度集中，一定要有反应，集中精神平常就要锻炼，在精神高度集中的时候，也就是说如何集中，那么我们可以设想有大敌当前，当时的情况非常紧急，就是我们在生与死之间的斗争，平常就能假设模拟，如果在这个时候我们能精神集中而不紧张，肢体上能够相应的松，就是能够动作自如，并且能发挥出自己的灵活性和力量，还要保持自己的自然呼吸，就是说在拳术上所要求的东西。这跟健身是没有矛盾，在拳术里所要求的意念，那就是比健身桩里用养生的这个部分要求得激烈，不是像躺在水里头，或在风里啦或是想自己站在淋浴的喷头底下，还应该想水珠很细碎比实际的水珠小得多，顺着你的头发，身体的皮肤都滚滚而下，让周身都感到一种舒服的感觉。

在拳术里的意念是要求由简单进入复杂，由不大紧张而转入紧张，主要是通过自己的意念假设来做基本训练，但是对意念的要求：用意不用力，就是我们用脑子去想就可以了。但是有的人对这也有怀疑，说想就能解决问题吗？就我个人的肤浅认识就是这人总能够集中精神想，时间长了以后他就可以支配神经；神经就可以支配我们肌肉。虽然外形没有做出位移的动作来，实际上，肌肉在里面动得虽然微小，但是它已经在动，同时也就是说精神、神经、肌肉都在锻炼。在稍微练过几天或者十几天以后，就会发现到意到力到，就是说我们只要是意念所注意的地方，就感觉到有一种力量。但是就不要再过多用力，所以在王芗斋先生讲"揣摩意中力"。"意"是"意念"的意，"中"是"中间"的中，"力"是"力量"的力，这种力量不是完全凭我们肌肉收缩做出来的，得有意念支配。

王先生也解释过意拳，他说"意拳"就是"意念领导，神经支配"，这是他做出的解释，这是要求第二步，在练技击时要求用意不用力。第三点就是要求意力不分。意到力到，再进而就是意力不分，我认为在实际搏斗中用意力才到，那就不行不能用，也就是通过训练能够做到下意识的反应。由于条件的反射可以做到近无条件的反射，这是训练的一个向往的境地。可以说呼吸自然也是，呼吸自然也不是说在实际搏斗中呼吸像睡觉似的那么安静，这也是相对的。我们也尽可能地控制，不要让自己喘都喘不过气来。通过肢体动作的调节，松紧动作的起伏，跟精神状态一定的松弛，可以使呼吸也受到影响，不至于过度的紧张，在这三个原则上说拳术跟养生是没有矛盾，至于具体的锻炼呢还是不一样，意念不一样，姿势也不一样，姿势不一样也能够导致强度不一样。因为在保健这面应用到体疗上，得适应锻炼的人的需要，所以把过去传统的练法得有所改变。在王芗斋先生生前他讲的话也好，写的《拳道中枢》也好，都谈到过这些问题。养生呢，这个东西是很细微的。不仅仅我们通过练功，在练功里要求要留有余力。在养生里头，就是站完以后应该感觉到周身更轻松，精神饱满，本来不愿意做些事情，或愿意休息了，通过站完桩以后不是那样，感觉到自己好像有种力量愿做一些事情。有的同志通过站桩锻炼，能够感觉到自己工作一天回来感觉到很疲劳，无论体力劳动还是脑力劳动老感觉到头胀，身上不舒服，连饥饿感都没有，体力劳动感觉就是身上酸软没劲，只要你能躺在那或坐在那安静的锻炼它十几分钟，就可以感到自己的精神恢复了，疲劳感没有了。

但是不是说就做这么一个桩就可以代替睡眠了，并不是那个意思。这时的疲劳感全消失，精神面貌全变了，如果头胀的人可以感觉消失了，自己头脑很清晰了。有的人没锻炼过，可能对这不太信。如果通过锻炼一段时间，这是很容易做到的一些事情。但是在健身里头尤其是身体弱的同志应该注意到保留有余力，这是最主要的。不要像北京话“恨病吃药”，这个锻炼方法不行，会收到不好的效果。但是也有的时候是这样的情况，他在锻炼中的时候，精神集中，身体也感到舒适有良性刺激，很舒服，所以在意拳中感到舒适得力，在这样的状态下，他自己感不到疲劳，时间练得比较长，一般体弱的人，在精神高度集中四十分钟不算回事，实际这样也自己注意，应该适当控制自己的时间。

至于自己怎么能够测出自己的体力情况呢？一般说来可以这样做，我们开始练功两三天后，在早上起床的时候，假使感到自己身上有些疲劳感，或者某个地方发酸或精神不如平常好，这就说明已超出自己体力所能负担的，这就应适当减少我们的运动量，但不一定说原来站四十分钟现在非得改为半小时，我的意思不是那样，就是说你可以把站式的时间缩短，那一部分时间可以用坐式或卧式，这样去补助它，弥补它，这就是说我们少消耗体力，但让它得到精神集中、周身放松、呼吸自然。也就是说能够做到脑子比较安静，逐渐做到我们脑子所留下事物的影子越来越模糊，越来越淡，能使大脑皮层呈现半抑制状态，大脑皮层能出现半抑制状态，使我们的身体机能和内分泌及我们高级的神经活动可以得到体内的自动平衡，这样对于身体的好处最大，所以不要完全追求对体力消耗得多，消耗得大。

这一点学员在站桩中应该注意，在站桩中要跟自己当时的身体健康和体力要量力而行，不要让它练得力竭筋疲，一定得留有余力，做完了感到精神非常愉快，体力觉得很充沛，这样时间长了就可以把我们的病态心理就会多少扭转。（有的病人感觉身体不能劳累，不能有痛苦），使病折磨自己的，如果他通过练功以后老是感觉到自己身上是舒服的，体力好像老用不完似的，这时间一长就能把自己病态的心理会起到改变，这时在健身里应该注意。更有中医老大夫讲，锻炼也要求跟看病一样“三分医药七分养”，锻炼也应该如此，尤其是对身体弱的或是老年人，“三分锻炼七分养”应该采取这样的方法。在站桩的里头锻炼包含两方面：一是要求我们脑子里头要能够安静过渡到忘我的境地，如果做不到，如果能够对一切事物的印象模模糊糊的，也会收到静的好处（身体内的各种功能能够自动调节平衡，这方面呢是起到这一点作用），就是说我们如果做到安静。但是它又有意念活动，意念活动就是自己的肌肉在里面活动，意念呢也不是像开始练时那样平静。可以感觉到周身发热，练一段后感觉身上有力量，但是呢应该相互，就是开始锻炼时应该尽可能追求它的舒适感，周身轻松，脑子安静，在进一步练身体好一点，以后假如说我们站半小时，最起码有五六分钟的意念活动，想一想，比较重一点的意念，就比如说是我们在那感到怀抱个纸球，还有一种，那就可以想自己站在小船上，或者木筏上，但是我们设想这个船在水里头，水微微有点晃，船不是完全那么静止。

我们在船上保持一个锻炼的姿势，我们设想船头微微向下倾斜，如果我们在船上不把自己的重心向后移，那么我们就会在船上就站不稳，要掉下去了，这时我们要求用意念，外形不要做出来，用意念把重心稍微向后靠一下，如果做到了，感觉自己重心往后比较平稳了，那么再有意识的向后靠得过多，船要向后倾斜，那我们自己再把重心向前。这样反复去做，就是刚一要往前，又要往后，刚一要往后又要往前，那么我们可以想象船往左右的倾斜。这样想意念就会诱导我们脚底上的肌肉会活跃起来，小腿的肌肉会活跃起来，再进一步传达到周身都有活动。因为意拳它要求强调整体锻炼，在拳术中它要求的浑圆力也就是整体力，也就是平衡力，上下、左右、前后，力量都让它尽可能是平衡的，也就是拳术所说的一动无不动，甚至就比我们想象躲在水中漂浮的那些意念就加重多了。在这里也不是让做多长时间，举例说做三十分钟，这里做五六分钟也就够了，做完以后我们尽量还把它松弛下去，还要它安静下去，因为这一段可以说消耗体力比较大，但是有了这么一段以后，还要把它松弛下来，还能让它达到恢复体力的目的。站完桩以后，因为它时间比较短，利用这种锻炼，在进一步等它站完，感到精力还是很充沛的。在 50 年代初，王芗斋先生在中山公园传授站桩功时，有的同志跟王先生讨论站桩时曾得出这么两句话来："站桩是运动中的休息，休息中的运动，也就是说站着有个姿势，肌肉都得有张力形。运动，在这种情况下通过意念也就更强烈了，它有的时候是处于节能状态，如果意念强一点，肌肉活动就强一点，这也是耗能状态。

"技击"是古代的名称，始于战国"齐人嗜技击"就是说当时的齐国技击之风很盛。这是最早的咱们中国拳术的名称。再早的还有在文字上见到的，也就是在王先生当年，他不用"技击"这两个字，他说拳术就两部分：一是卫生，就是健身；二是自卫，就这么两大部分。没有套路也不讲求招法，因为有的拳种，重视套路重视招法（招法也就是方法）和怎样进攻人家，人家来了我怎么破，几乎已成定式。所以王先生认为"不能开好药方等病人"，他反对讲究这么一招那么一手。那么他主张什么呢？拿他的话来说，发挥人之良能。现在说反应，如整体力，简单地说，只要你跟我接触，我就可以发挥我的力量打击对方，不讲究具体这么一招那么一手，说你碰我哪儿哪儿就发力，是这么一种打法，所以他没有套路更无招法，他反对局部的锻炼什么打铁沙子、踢这个等等。他认为局部的锻炼是戕生运动，练长了不会有好处的。强调整体，强调整体感，这是意拳特别突出的一点。

至于意拳的怎么解释。我见过王老做过两种解释：一种呢他也分对象，一种人可能年轻，可能知道的事物少的那些人们，他这么解释，意拳是一举手一投足一抬手一迈步都得有这样含义——为什么这么做，说得很隐晦，实际上这正是对于练套路练招法的人进行批判，天天练套路你来干什么？连蹦带跳地等等，姿势优美的节目，你已失去了拳术的意义。你对健身有什么好处，你对技击有什么好处？实际上它内涵已尽失。第二种解释，也就是他写在文字上，"神经指挥，意念领导"，所以它叫"意拳"。所以它突出个"意"字，它在健身部分里头，也是要求以意念为主，健身部分呢发展下来以后叫健身桩。健身桩其主要目的就是使弱者转强，有病呢可以锻炼成没病，他的说法是要练拳术，你身体不好怎么能学呢？第一步把身体练好，精神充沛，所以你自个能精神集中，能够全神贯注才能练拳，这是关于健身桩在意拳里头呢算是一大特色；第二种呢，就是技击，健身是以站桩为基础，百分之九十五以上都是这样的，到技击上也是以站桩为主。但是这个比重呢不像健身桩那部分那样。因为这个里头主要是站桩，站桩还要做试力，当然还包括试声。试力还有走步，就是脚的试力，这里头所有的都学习了，还要学习发力，把力量发挥出去。一边学发力就得一边学推手，这个推手恐怕大家都看过，太极拳也推手，现在还举行太极拳的推手比赛，但意拳的推手跟太极拳还有一些区别，第一个没有像太极拳那样必须得打轮，打几个轮，这里没有，并且一开始就不要求定步推手。一开始就活步，意思是什么呢？为什么要练推手，就是说，在实际应敌，应敌跟散打还不一样，应敌就是我们突然遇到什么事，就是对方甚至要你的命了，这个当然比散打更凶了。在那种情况下对方在接近你的距离，两个人僵持住了，甚至被人抓住了，抱住了的情况下，打不方便，甚至是抽不来手，还要在两个人接触的时候，他能把他的整体力量发挥出来。

这一开始怎么训练，就是通过推手，因为推手的条件是束缚你打或者击，包括了肩、肘、腕、胯、膝等等都算上，技击不虚手。所以在两个人接触以后，不脱离接触的点，要双方都发挥出水平力量，首先呢，第一点就是一接触以后我就能察觉到你的力量，要做什么及你的力量的变化；第二个因为不许打击，但是你在推手里你的精神的警惕性得提高，所以他不主张站着不动，因为在实际散打里头，不能站着不动，双方都是在运动中，主要是说你们推手。你站那不动，在散打是根本站不住的，所以他认为推手是补充在散打里头接触后，用散打的训练方法不足的地方。就是抓住你的骨头的时候不能打的时候，就得用这种——接触后发力的这种功夫来取胜。所以他的步骤也贯穿在推手里面。还有一个是在推手里锻炼的，是破坏对方的平衡，力量的平衡，再进一步说，要牵住对方的重心，让他重心不稳，在他重心不稳的时候稍一动，当然谁在这时候都要稳定重心，就在利用他要稳定重心的时候发力，把对方发出去。再接着前面的说，就是说两个人在推手的中间，还应该注意的就是说在技击的警惕带动下，虽然是推手，应该注意到，如果这时候他不按照推手的规则，突然袭击我，给我一拳或一肘或者一掌也好，我是不是能化解。当然我们绝对不去打对方，但是在这里也应该试验，如果对方压迫我，压迫得很厉害的时候，我是不是能抽出手来攻击对方，但不去打，你应在这里头试一试。这就是意拳推手的要求。这里我介绍完了，我可以跟练的日子多的同志在动作上解释一下，这是推手。

站桩呢？技击桩。站桩在干什么呢，站桩除了健身以外，还要通过静止不动的状态，让你摸索浑圆力，什么叫浑圆力，“浑”是一个三点水一个“军”字，“圆”就是一个口中间一个“员”，现在说就是平衡的力，上下、前后、左右力量保持相对平衡。大家站桩几年了都有体会，站桩之后感到手往前伸，好像后手相拽，往回来也有阻力，往外推也有阻力，往回合也有阻力，上抬下压都有阻力。由这个局部的而感到周身都有阻力，这就是所谓的浑圆力，但是你站着静止不动的时候，有这种感觉，有这种力量，可是一伸手一动，全没了，它让你在慢动里头用意念支配，举例说，就是我们做试力时，假设前面有一大团稀面，我们要把手插进去，要在技击上说最标准的试力，按站桩前三后七步子都一样，假设前面有一大堆稀面，我拿手慢慢插进去，自己假设这手都被稀面包住了，然后把手抽出来，一边抽出来，一边手还在旋转，等转到手心相对时，手往里侧旋，转到手心向下，再往横推，就是往前推往后拉都摸着有阻力感，好像真有东西粘着手，同时还要求你手往前去的时候，如果有人往前转，不管他什么时候转，快转也好，慢转也好，你马上要能反应过来，让他转不动，说我手往回拉的时候，虽然手往后掰，虽然手往后去的时候，我随时这力量可以往前来，那个时候是不是这样去呀，不错，力量还是那个力量，但是要求意拳外形不许做出来，内在力量是哪样还不能显出顿挫，还得让运行的速度均匀不能有快有慢，因这它是试力而不是发力，同时还要求你手向前去有往后的力量，或者说往回来的时候也要有往前指的力量，这在形意拳拳谱上讲得很清楚，叫顺力逆行，顺着力量相反着走，就是矛盾拳往前走，这就是试力。

不光他这么一个前后，甚至你做上下也要求你往下走我往上走，你往上走，我往下走，开合也如此，你往外开，我往里合，你往里合，我往外开，撑着，再往复杂的说：你上下，这得挑着东西，这还钩着东西，你虽然在开合的力量，还得斜往前指，这时肘往后指，它所要求的都是浑圆力，这就是试力里所要求的，做试力。同时也应该做步法，也就是摩擦步，这个摩擦步呢，我们可以顾名思义。因为今天来我是介绍拳术部分，所以没谈到养生。因为我在学习班也教过摩擦步，但要求不一样，如果说这个身体弱的人走不了太多路那也可以，实际跟拳术锻炼没有矛盾，有时候练拳术的人应该知道，所以开始走这步可以设想，我不是在地下走，沙漠上也好，地上铺满了棉花，甚至在沙滩上弹性很大，可在那个上面你决不能这样做，因为你站不稳，所以你要求一步松松地落在上面，你又想底下很软，自己慢慢地把底下压住，然后还得走，你再走的时候，再走两步还得要求放松，我所说的都是意念。

我在学习班的时候讲过走摩擦步，身体站正，像立正一样，头顶领起来，把这儿提起来，这就要求正，太极拳强调立身中正，这个不说你们也明白，然后把它分开，这个没什么奥妙。

在初练的时候要求身体平衡，因为走钢丝时拿的竹竿或拿一把伞意思都是一样，要求平衡都站正了，然后把这脚提起来向前方直着伸出去，脚往边上落，直着伸出去有个意念，好像脚下有这么高的小草，我往前一迈脚尖或脚底板都受到草的阻力，到这落的时候呢，脚尖先着地，然后才是全脚掌着地，从这个时候要把身体的重量转移到这个腿上，退也如此，也就是回去慢慢地蹚着草回去，要正式练技击，要求比这多一点，也是这外形多样，稍微这一脚提起来的时候，就好像我们在烂泥里站着一样，如果我们在烂泥里站着这么迈步的时候，鞋非得被烂泥拔掉，所以提脚的时候就得整脚提起来，更需要拖了，脚提前不要高，从这往前去的时候，假设有个擀面棍，或者是一个小球，也是矛盾的状态，一点一点地来，到这个时候不能把腿伸直，膝盖还有点弯，然后往这边挪过来，这脚挪过来，也是矛盾地往前走，退回来再去。

但是还有一个要求，假如我想脚滚着棍往前走，设想脚尖在地上碰着一块石头，你是不是能够马上就停，这个得有这种神意，你脚尖好像蛇往前走，蛇那个芯子一样，老是往前探，得有那种训练的敏感，往后撤步也是，一落步，地下是个坑怎么办？难道我们也落进去吗？你得试验是否能拿起来。还要训练拳术里头的敏感。但是注意有的同志比如就是完成了要求意念不错，这是一部分这个要求，实际上它怎么结合站桩呢，比如说我走这步上来我这力量放在这条腿，胯也坐在这条腿上，我直着迈步落在技击桩完全一样的步子，向前走步的时候不是光向前伸前腿，因为教有病的同志只好这样教。实际上这个腿一拔出来，就是等于拿后腿力量把前腿整个把它送出去，一点一点送出去，所以它等于发力，一上步就到了，如果不成，我马上就把脚提起来，所以这样练呢，大家记住如果在练习技击桩一定要注意放松，到那时候不大好放松，所以一定得身体好点，如果身体弱点，精神也紧张，身体用力容易憋气心跳得快，那是肯定的。咱举一个摩擦步基本功，实际上说来也就是腿脚的试力，也是摸矛盾的力量。这是一个基本步法。再一个就是说这个步子可以走大步摩擦步，走这应该到落了吧，你应该拿后裤腿一催，滑步过去，前脚把它滑开，这个比较在步法里是最基本的，以后别的步法用力跟这都差不多，只是形式变一变，这是摩擦步的最基本的练法。

发力，说到发力的问题上，发力的要求究竟是什么呢？就是我们在说的试力摸到的阻力甚至最简单的有一种试力，试力有的是站着不动的，有的是配合步法的，当然意念很多，我举一个最容易的，因为别的拳也有，比如太极拳手揉球，不过跟这个略有不同吧。这个所揉求的是，据我老师讲，这个球的形状大小，椭圆的或扁圆的或正圆的也好，球的质量是重或者是轻，由我们自己的意念去决定，做试力的时候，我的手就揉着一个球，很明显这个球是在我手下，我用意把这个球沾起来很重很重的意念，大约摸起来还挺轻挺轻，可以自己做个比较，这个发力有什么关系，这最简单的一种发力就是我揉着这球觉得很重，假如一用力“啪”的一下我把这个球整个摔在你身上去。这就是说，也可以说我随便把这么大的铁球撞在你身上，这个胳膊在外头，铁球在里头，在利用球的重量把人就支撑不住了，发力并不是只包括掌，得用拳，拳的发力很厉害，用这个地方发力就是整，你要是用肩发力就用肩打，你用背后拿这个臀部往这一坐，臀部发力，最主要的是腿，随着自己的锻炼时间跟自己用功，能发力的地方越来越多，拳发力我可以做，还要求跟摔人，放人发力略有不同，因为打人那是一种打击力量，我用掌打也好，不采取我刚才的方法，它要求在极短暂之间能发出我们最大的力量，等于现在叫的爆发力。

他的想法就是我这个拳术讲间架，要是说散打就这么说，我假设这两臂前段没用，这俩好像两个大铁钉子，前手是锤，因为这离敌人近，前手近，身体设想好像是一个锤子似的，因为没有那两段所以我在发力的时候给大家做出形式慢，我是想用自己身上的力量猛然撞击前手，这劲小，这是意，还得配合，这时你身上头也撞，同时脚要踩下去，在发力的一瞬间猛然下踩，一踩的同时，还要把脚同时提起，这等于汽车刹车时的那种力量，“叭”一下就完了，那力量从这手两手之间如同这只手里攥着一根弹簧，或一根绳，在发力的时候这一瞬间“叭”地一下子要把这绳子给揪断，它就是力量要脆，要穿透。

练习的时候开始是站着不动，虚握拳不许手回拉，这手起来，所以你在动起来的时候非常脆，要求是一紧即发，一发就止，因为一停的时候你还能连续发力，这是拳的发力。

以后谈到所谓散打，在意拳里的散打，头一个先讲它不是说散打的招，你的发力算不算招呢？算。那怎么算招呢？你使的是方法吗？但是它不固定，我哪都能发力，你要认为是方法，除了练拳套的它讲练操手。什么是操手呢？操手就是一手老练。在北京人来说，不怕千招会就怕一招熟，也就是指操手。

你可以说在意拳训练中也有方法，发力不都是方法吗？在王芗斋先生他用禅宗的话解释："一法不立，无法不备"，每个方法我们都把它用起来，说这就是一个方法。但是哪碰到我哪儿就有反应，也就是什么法都有。练拳术练到一定时候会理解的。但是初学有规矩有框框，不是没规矩的，刚才我说的发力不就是规矩框框吗！在两人交锋时，初练的时候也有规矩，所以头一个就是要讲间架。什么叫间架呢？

假如说我们两个人都站着，你出手，你初学，说是他忘了基本姿势，可是一出手。为什么有这个姿势，为什么要有斜度，就是说在调整好间架，就是说我要打他，我向他头部猛击一拳，因为意拳它主张不是单纯防御，是攻守结合。如果我狠击他一拳，他如果挡我，就是犯错误，犯意拳的错误。假如我奔他去，他应该直接打我，手这么一拧，你的头别低，哎，对（注：姚先生示范动作语），你看我一拳打上他，是滑过去，他在这儿一拧，就把我的方向拧偏了。同时关键来说是来打我，如果出现这种情况，对任何拳术家来说都是预期的动作。如果打他底下，对，你打他底下，干吗截他一下，你直接往前来不就完了吗？（注：姚先生示范动作语）说明你把他底下给堵上了，那我们就冲底下，就这样，你说说他这个在这时候我打击他的时候我就拧住他最尖锐的方向，这叫间架有那么去打的吗？对，这小李子步法吃亏了，往这边绕，从这两边，正是我给他控制了，你老怕，怕什么，击哪儿呢？对，讲距离，他先打我，所以这叫间架，你一上前来，一沾边，我这儿正等你，当然这是身步，在动作里头，往后退，假如你朝我来了，我手在这保护我自己头部，我的头部掩护在我手后边，我不用去挡，这一踏踩中他的重心垂线。这在少林拳叫"踏中门"，又叫"踩中门"。

这个道理就是人的重心垂直线，如果谁在这被踩中你不抵抗还好，你越抵抗挨摔的就越多，底下坐稳了，你只有后腿不能前进，仅仅是一个手的打，主要一开始就是我们两个人距离问题，就跟下棋似的，我常跟年轻的同志讲，假如拿下象棋说，我是臭棋我先声明，假如说不管他是谁，如果他让我造成既成事实，假如马后炮，他就是今天的象棋大师也得认输。因为既成事实，但是怎样才能走成那样呢？当然，我一辈子也走不上一次，能走上了那是学问。你怎么能造成那个形式。所以拳术不要研究一招一式，应该有个全局观念，从一开始我们怎么能造成那样，有的是两人弄和了，有的是我如果比他本事大，我步步为营把他逼到这条道上去，有的是陷阱，让他不知不觉跑到那无路可退的地方。所以头一个就是研究两人距离与位置，在这里头拳术还讲一个没有接触的松紧，我们俩人打了，说两人打了以后讲松紧，说两人没挨上怎么有松紧呢？这也有松紧，这叫精神上的松紧。你在动作里头就能够让对方紧，因为你比他本事大，自己应该知道你怎么去做，能不紧这非唯心论，下面我给大家稍微形象一点。

你看，他这儿，我还没进呢，这叫毛病（注：姚先生示范动作语），实际上说，在意拳当中，他已经完全被动，让我指挥他，你也不知道应该怎么进攻我好，所以我才知道你自己的矛盾，实际上你忘了打我，在那个时候忘了打我，所以你完全被我的精神吸引了，就是这么一种东西，当然这只是概括。但刚才是说推手，这个推手应该按规矩咱们自己练习，我们俩就这么站着，这就是机会均等，谁也不占谁便宜。推手两人一接触时，他一手在我的这个手上，我一手在他的手上边，这也是机会均等，谁也不占谁便宜。我头一个要说明的就是咱俩头一次交手，要用感觉知道对方，不要用方法，彼此配合步法，你看他这步子侵进来，我这步子所以在这时候我自己撤回，所以说步子都是活的。但是要求这个不能出线，像太极拳说都捂到这了，因为这样在实战中，人家底下一腿你就躺下了，必须不能让他占便宜，跟步法得灵活，我要能够明白他怎么用力，不仅是我拿手去让他方向变，同时把他距离拉长，他的力量也就没有了。在这里头也有它的框框，这就是变活，比如说我们俩接手后，一上一下，假如对方他来，在这时候可以用两个相反的力量，把它推到我这儿，这手把对方两个地方分开，在往前塞的时候我可以一手上一手下，就是说他在底下我在上面，这两手也是机会均等，我手拿上去，你主动进攻我，这时候怎么办，一个是说如果我比他功力大，他朝我身上来了，我朝这边去，我要把他推出去，如果我们俩功力相等，甚至我不如他，这时要把他重心牵动，假如要他向我来了，就把他牵到我这儿，往这儿牵也行，往那儿牵也行，这么一个行动方法。

假如我在下面他在上面可以有很多变化，我用这边这两手往这边，他用手这样摔我，我用这两手往这边指，这叫形曲力直，我这两手往那边指，实际上我舍了这，我这让呢，他认为这样呢，就可以完全把我的力量分开，就在这时候我要跑得慢一点就完了。所以不同于太极拳，太极拳讲“引进落空，牵动四两拨千斤”，把对方完全牵过来，然后再发出去，哪怕我把你牵过去了，我在这时候，我这样一肘，一肘照样把你打倒，甚至打残。第二个就是我手不让他落稳，他一落稳我就有变化，所以往往在贴肘的时候，比如你带我，我这么一拨，在你刚往前一栽，我这就往这方向打你，所以这推手跟太极拳是有区别的。因为它始终没有离开真正的散打的范畴，咱们在打散打的要求第一个是合乎《孙子兵法》中的“两军相遇，勇者胜”这种精神饱满，所以这个养生里头讲，精神集中，周身放松，呼吸自然，在拳术里也讲精神集中，还得高度集中，然后是周身放松，尽可能放松，第三个，是呼吸自然，因为拳术呢在古代训练用来训练军人打仗，你没有胆子不行，所以开始训练时高度集中，我有假想敌，比这屋子还高，他拳头那么大个，或者是拿把枪有多长，如何对付他，所以自己得精神自我放大，而我的头把楼顶顶破了，我胳臂能到街上，我一动都得随着我动，在形意拳叫“无坚不摧，无意不破”，得有这种气魄。别吓唬自己，一瞅是他那这么大的拳头，哎呀，看你的腿都打战了，你还打什么，所以精神得高度集中，得有忘我的精神，还有一线希望，就得打，排除一切困难，到两人真正拼命的时候，要是想我家里还有孩子，父母，这就不成了，银行里还有存款没花完等等，到那时候马上就得有个决断，它得有平常这个训练。

为什么要修炼精神？我们都知道疯子的劲头大，人要是疯了劲头就是大，那是怎么回事，我们老是说：“人疯了是不是病呢？”他是病，他病了为什么那么大力气，应该病了没有力气呀。对，所以人在高度集中的时候产生咱们平常人没有发授的力量，参加过战争的同志们讲，那一战役包围我们了，我们跑过了，等过两天我们又走到那儿一看，这峭壁我怎么上去的，对，人在最急的时候能发挥能量。在意拳里训练一开始就让精神高度集中，待你有经验了，有假想敌随时再放松，所以为什么要讲放松呢？你要是不放松就累死了。尤其是如果说人在精神高度集中的时候，没有经过长期训练的人肯定周身发紧。咱不用举别的例子吧！就比我们没有经验的运动员，尤其是对抗性比赛的运动员一临到大比赛的时候，他发挥不了平常的技术，这脑袋瓜子都不灵了，为什么，就是因为精神紧张，他放松不了，所以要求你在精神极度集中的时候，你还能够放松，动作灵敏，反应快，为什么要呼吸自然，你还老憋气身体不舒服，你使劲就憋住气了，憋气一长就完了，你自己就气力不足，所以这三者跟养生健身是一致的，并没有丝毫的矛盾。并且我认为过去咱们中国的拳术在咱们的古代，也都像是现在的泰国拳那种都是蛮打蛮踢，因为少林“大雄宝殿”有好多壁画我可没见过，画家李苦禅去过，但它有一个特点，它们壁画里不是一套拳一套拳，都是拳术的名人。我举个例子，大家都熟悉赵匡胤，宋太祖，唐宗宋祖，在宋人中他擅长棍，到成功以后，有时他喝酒醉了，他就跟大臣说这拳术如何如何，一醒就后悔，但他也有自己的独到之处，他有两句话留在少林，戚继光将军在他的《纪效新书》里头说；“不招不架，只是一下”，挨打就挨一下，“犯了招架定打数下”，“犯”就是犯错误的犯，如果不打完全防守就挨好几下，为什么少林就把他记下了呢？据我们研究，这时拳术已经发展到连击的时候了，不是单打一下，你打一下他就挡，所以你硬挡的话，他连击的话，那是久守必败，非挨打不可，这认为他有创新。第二个证明是岳飞，说岳公武王创双推掌，这样可以完备他进展的话，那肯定在这以前都是一只手防守，一只手进攻，因到岳飞那时候形势上能双手齐出，实际上在拳术上是犯忌讳的，在中国武术里双手齐出，但我们老师对这事还作过补充。他说是双手齐出单手独击，这很有意思，用这个形意拳的虎形，做虎形的变化，你合适，假如说虎形，形意拳一般通常作为中国传统的比武都用这种姿势，这是有意思的，在进攻中，它可以这样做。什么叫虎形呀？俗名叫老虎扑，它一起手就是双手齐出，如果你要这样进那你就太吃亏了，因为你这两手等于比齐了才去了，王先生做解释说就是双手齐出单手独进，让你看着双手一块去，但是到时这只手先到，这样做虎扑还是双手的作用。但是最后还是两个力量合二为一，还是一块的。尤其到清朝开国以后，因为在它以前戚继光那经典著作，他所在《拳经》上所说的，那还并不全面，他说“纪佩仙之腿，鹰爪王之拿，就是擒拿，千跌张之跌，绵张短打”等等，他把武术分成几类，各有擅长。总之，到了清朝开国百十年后，这时中国拳术有很大变化，太极拳、形意拳、八卦掌、梅花拳、通背拳等都讲劲，就是摸索内在的力量，如果练得高了，这散打在古代没有规矩，哪都能打，眼睛都能打，裆也能踢，肘头都能使，那时我也学过外家拳，肩、肘、腕、胯、膝都能使，打击部位随便，所以比较残酷，还很近似于今天的泰拳比赛，可是这一类拳出来了、所谓内家拳出来了，分内功和外功，内功拳出来了。它发展到什么阶段了，如果拳术高明的人，可以对方比较弱他可以不打伤，他可以把对方摔出去，但摔出去吧还不把他摔伤，所以这种我认为这是拳术的技术升华，本来是一个很残忍的，如果都能够有相当高的技术水平，都能够做到那儿，我认为这倒是一种挺好的体育运动。既能够防御自己，又能够打击别人，但是这个基础还得从生打硬干中来。

你没通过那个训练，你干脆说就沉不住气，因为你心直跳，甚至想跑，那是不行的。总之在传授这种意境中因为内家拳的出现，确实挺好，它讲到我们摸索劲、人的精神状态，说得比较全面，过去所有拳家谈到，尤其到清朝中叶以后，越来越盛行，在北京就代表形意，八卦、太极当时在北京来说这三派拳术处于垄断地位，因为这三种都还不是互相剽窃，互相抄袭，各有各的基本功练法，但总的目的是一个都要求力量的整，太极拳叫圆，圆就是平衡！往哪去都是那么大的力量，形意拳讲平衡力，讲浑圆力，八卦掌讲整、讲合，实际上都是说一个平衡的力量，整体的力量，但是他的摸索力量的方法并不相同，尤其他动作做出来也各有各的风格，所以我认为在那个时候这三种拳出来，在历史上那一个是最高潮的时候，但不是说将来，是在当时，以前没有能达到这么高潮的时候，往前迈进了一大步，无论在理论上在技击上在养生上，它都到了极细的地方。我想将来在国家体委的提倡下逐步会再出现新的高峰。前面关于录音的问题是这样，因为我们讲这些东西不太系统，还有呢我希望是给大家介绍以后呢，大家多提些意见，哪个讲的不清楚，或哪个重点不突出，甚至我没有认识到想到的地方，希望大家给提出来，我们再研究一下，有利于下一次给大家介绍的时候，可能就比这第一次要好一点儿。

我先介绍技击桩，技击桩呢，跟养生桩原则要求都一样，也要求三点，头一点要求精神集中，第二点周身放松，第三点是呼吸自然，这个要求都一样，在意拳是以站桩为基础，所以在学技击桩以前也让学技击的同志们先站健身桩，它是有利于你精神集中，周身放松，能保持呼吸自然，这原则上都一样，所以站桩尽管它的要求有所不同，实际上基本还是一样。意拳站桩在技击桩里头也得通过意念活动假借等手段去摸索力量。

技击桩的主要的要求是什么呢？除了增强体质，增加我们的力量，体力以外，得要摸劲（这是我们中国传统武术的一个术语）。“摸劲”，劲区别于我们平常习惯于用力，北京的土话“拳打寸劲”，就是适当即可的劲，就跟我们平常用力呀，搬东西呀，扛东西的那种力量就有所区别了。

这个劲在意拳里头是怎么求来的呢？是通过意念，简单地说要摸索这个力量，是什么力量？是平衡的力量，过去在意拳的前身形意拳叫浑圆力，太极拳前辈说得有圆劲，有的拳术叫它整劲、合劲。据我的理解是指的一个劲，上下左右前后的力量让它均整平衡，非得在这均整平衡里头你才能把这个力量发向一面，发完之后，再发的时候还能让它平衡，如果不平衡，我们发力时自己的身子都站不住，那力量怎么发出去呢？所以要求去摸这个力量，在技击桩主要是摸浑圆力。

具体的练法，我给大家介绍一下，当然有好多同志已经练过一段时间了，因为这些东西也跟我们健身分不开，我再给大家介绍一下，站技击桩跟养生桩不一样，养生桩我脚是平行的，大家都会站，是平行的，这个要求斜步，采取我们立正的姿势，然后把身体站正，把左脚伸出去就顺着这个方向伸出去应该多远的距离，就是后脚不要太用力，前脚就能随便抬起来，这样的步子能随着我们的高低，就我们本身来说是最灵活的步子。因为在意拳里站桩，不是要求站的我们腿的力量非常大，别人推推不动，拉拉不动（当然有这种功力更好），但是要求活的力量，因为拳术都在活动中、动荡中，不是光站在那里有劲就能解决问题的，所以步子要求灵活，我们前脚伸出去能随便拿起来，同时后胯往后靠一下，前膝盖用力往前指，这是在意拳里头术语叫争力，一个力量往后，一个力量得往前，相反的方向所以叫争力，在这样以后，身子一靠，向后一坐，身子微靠，同时两条腿上分担的力量支撑着我们的重量，大约是前三后七，这就是在不平衡中求平衡，这靠膝盖的力量往前指，然后这手顺着前脚步的位置拿起来，手心向内，等于我们站这个桩一样，不过步子斜过来，左脚在前，左手上前边来了，手心向内，手也顺着脚的位置拿起来了，这头顺着手的上方，向前看，这个前手跟前脚在一个位置上，最好这个手在脚尖后边，这个牵扯到以后学发力的时候，如果我们站的时候这手超过了自己的脚尖了，如果我们一发力，这个力量就往前去了，我在脚后的一点，我们往外发力的时候连步子动，整个我们最有利的姿势，不是往前倾，在这时候有个意念活动，开始我们要求假设环抱着一棵树，但没有一棵能长得像我们这样的要求，我们把这树拿走，把它环住，同时我们感觉到，我们站在那的时候我们的胸、腹、小腹、胯、大腿，膝盖到小腿完全跟这树挨住了。当然我们身体是侧着的，我们这个头部这个地方都挨着树，好像我们跟这个树都密合在一起。

然后要求用意念，用意念初练的时候要求用意不用力，用意想，别真的使劲。第二跟着我们做到的就是意到力到，如果一想就感觉有一种力量。王芗斋他学的时候“揣摩意中力”（意支配下的力量）。不是我们平常习惯的，要拿东西，这样使劲，这个意念在前边开始练，最后意力不分了。假如把这树抱住了，开始要求把这树往回抱，同时想身上都跟这树密合在一块，往回抱一下，身子、腿都挨着。如果成这样的情况，好像两腿中间轻轻夹着什么东西似的，这总都挨着它。我们不是单纯用两个手或两个臂这样抱回来，而是我们周身要把这树往回抱，真有像这么粗的一棵树，我们抱不动，但是用意念好像这棵树能跟我们的意念稍微地有这么一个很细微的颤动。我们只想用意念这树跟着我们稍微一动，然后就不抱了。开始应当慢一些，不要真用力完全凭自己的精神集中高度去设想，眼睛往前看。这时往回抱这树能抱动一点，往回这一抱，它这么一动还没颤完呢，我们拿周身都把这个树要推出去，推也推不出去它，也只能颤动一点，如果我们这个能够有所感觉了真像有一个树我们在晃动它，我们的身子跟着树动，我给大家做出点样子来，练习时并不要求这样，只要求我们到这时候我们周身在这，这么一个动作，这时候把它形容一下，大家看一下，这个力量找着了，然后把这棵树分开，拿手抱住，也不是拿两只手去把这个连身子都要往外张它，把这树把它扒开，也扒不开，它也跟我一颤，在这时候我们力量再把它慢慢地往回挤回去。我给大家做个形象来，就是这样，我把这棵树哗地一下把它抱开，我用整个力量再把这棵树再给挤回去，都挤不动，都使它能有一点弹力就行了。这个如果能做到了。

第三个要求，上下，我们刚才做头一个是明显是前后，然后我们左右，第三个要求，上下，我们要好像把这棵树整个从地上拔起来，也拔不动。设想刚起来这么一点，所以我们设想把树往上拔，刚要起来又把它整个栽下去。我也给大家做出样子，大家可以想一想，就是我把这棵树不是两个手就这么容易拔的，我是周身把这树从地上硬给它拔起来，刚要拔起来，整个拿身子一下把树插下去，这就变成了上下前后左右了，这是最基本的练法。

当初我学的时候（因为有我们师兄在那儿，他也能证明我的话）我们老师教人的时候，他让你一下子都会了，不让你做局部，因为我比较笨，当初我练的时候，我那么做不着，我自己没敢跟老师说，我就把它切开了，我是这么摸索的，我觉得这样可能容易一点，但是第二步，不要求这样了。说你的力量都有了，都掌握了，然后那你把它分开锻炼。

就是我把这树想开始往回抱，因为一抱以后就别往前推了。我这一抱就是分，一分我喜欢一插，一插我喜欢一推，一推我喜欢一抱，整个把这顺序打乱，因为拳术不能安排好了用力，所以把它都打乱，随你自己想，训练自己的反应，外形不要做出来，是这种训练。

到第三个阶段就是说跟养生接近的阶段了，几乎差不多，再进一步就是画等号了。就是我们站在那时候外形不要显示出来，完全用意。说我往这一站这有棵树我也不拔它也不插它也不推也不抱，然后我就想，很模糊的是不是我有这么一种力量？都有一点还都没有，就要求你这么摸索。就是你的精神不要那么集中，反倒精神比那时要懈，很自然地摸索。这种练法就跟同志们练健身桩要求是一样的，在有意无意间，因为形意拳的先辈在总结形意拳时说过这样的话："拳无拳意无意，无拳无意是真意。"我的理解拳是外表的形式也没有了，意，那时也可有可无。那就是最高的原则，在有意无意间这一个说法。

我们技击的练法，跟养生有什么关系，在这一点上很多是来锻炼身体的。我想是应该结合地说一下，还有一个说法，我们平常练的站健身桩的时候，说往这一站一想：假如冷天的时候一想，春暖花开的时候，站在一个鸟语花香的地方，春天的风呀是很小的风，拂荡自己，周身的汗毛头发都吹起来了。这个在技击里头王芗斋讲过周身的毛发飞涨。更说到进一步，在站桩的时候毛发飞涨还得有出寻问路之感。我讲的就是比如蟋蟀那须似的，能够收缩，实际这跟拳术有什么关系，应该松弛到你的意念，你没用力，但是你的意感那种敏感，你得放远把那种力量，在你的精神里头就得有波浪。不是光我们身体做出来的那种，就你不做出的时候，你精神就细微的控制你的力量和你的精神，都是在这矛盾状态，又去又回，又回又去，搁在养生上用这种方法是我老师，在公园里，在五二年，教人的时候开始用这个，当时我就是理解到，因为我学过这技击桩怎么摸劲，当时我领会到就是他把技击桩比较深度大的些东西，因为它不让使劲，完全凭你的意感，用到健身上来，这例子很多，以后我再逐渐地给大家介绍。

刚才说的意念是我们抱着一棵树，实际上在这里头还包括一个东西，没有确指出来所谓争力，争力就是相反的力量，所以如果你这个抱着，如果像我才给大家形容的做的这样大，这个争力就不容易体会了。如果你把它缩小，你往前后都是这么着，开那也是往外去，你想发出来这两个地儿得有联系，往外争往回合呢，外边东西拉出去往里合，拔出去是上下，从底下往上，刚一上头就下来了。实际上这都是建立拳术的争力，这就是意拳在技击里头比较核心的东西——就是训练争力。

为什么我先介绍浑圆力，因为浑圆力比较难练，现在要求学技击的锻炼的技击的基本功的人就要求先有对浑圆力有概括的认识，摸索摸索就行了，然后等到第二步我明确让你去摸索争力，换句话说，争力明确指出怎么去训练，就等于分解你浑圆力的，那个倒比这个容易。为什么把容易的搁在后边呢？就是容易让你开始的时候有一个概括的认识，将来你们把争力和浑圆力糅合成一致，那是我们意拳将来发展进步的一个方向，就是这样做。

意拳的本身也就是说，技击跟健身的关系比如说在这站着说想在水里有漂浮的得起来了，我们身上有漂浮感或者在进一步练呢？我们站在水池里头，水是动荡的而不是静止的，那么我们可能就想这水也许从前面来，也许从后面来，也许从左边来，也许从右边来，也许把我们放在水中，也许站在水中间往下降，在这个时候如果想水从前边来的时候，我们让水推到后面去，或让水冲躲下，但我不能像一块石头，中流砥柱似的，水一来就把它撞出去。所以这时我们用意念，在健身也如此。旁边有轻微的力量水冲击自己，我可以利用后面的水，我靠后面的水把前面力量抵住。后面来的水我可以用前面的水阻力往后，左右也如此，上下也如此。

在技击里头明确这一点，通过你的精神意念就是假借，摸索到空气的阻力比我们平常不练时加强了，因为我们在空气里生活惯了，所以不感觉到它的阻力多大，但是只要通过意念，我们认为空气的力量，就是我们在这里假设一棵树，实际就是增强了空气的阻力，我们在这如果说没有这个意念的话，我在这摆着晃的晃的不就行了吧？如果说这树很粗很大，很有力量，那么我们要在精神意念就要加强了，要通过的感觉是什么，如果要真有这么一棵树，我这手真的推不出去，很难推出去，也很难回来，分也分不开，合也不好合，不仅里面有阻力，外面也有阻力包住我。尤其到周身前后的时候我们身后有没有阻力呀？这也是我们需要注意的。脚底下小腿上有没有呀？如果说我们不好对摸的话，在意拳里有一句话，“上下头顶如线系”，有根绳把你系起来，这膝盖以下“如有木支撑”，好像我这腿在这个地方，这边有根棍，把它支住了。所以在这晃这棵树的时候哪边都有力量，所以利用这假借让你去摸索这个技击的浑圆力，这个是在开始练的时候，最主要摸索的东西。

浑圆力就是上下、前后、左右都是平衡的力，然后你有力量以后，你站这个桩也是做这个形象，我也可能往前往后，往左往右往上往下，但是你的力量都有了以后，就不要求做出形象来。就让你模模糊糊我觉得那都有这么一个意思，也就是跟写字似的，初写楷书的时候，横平竖直，见棱见角，等你写行草的时候画画大写意的应该把这锋芒都没有了，实际上锋芒是在里头，实际还是有，没有怎么能用呢？

浑圆力，浑三点水一个军字，“浑圆”就是浑然一体，不是真正的圆或者是椭圆，它就是浑圆一体的意思，然后想到就是说用意念，王芗斋先生说“意即力也”（意就是力）当然是学习时间短的人可能不好理解，所以我再重复一下，用意就是用力，这比较明确，就是说咱们还返回来，开始练的时候用意不用力，我们讲的我们这时候做这种动作，但是你想想感觉有一种力量，所以意到力到，但是不要求你再用更大的力量。你要用更大的力量，你变成一种僵力，所以你那么一点力量就行了，不要再使那么大的力量。然后就是说在你将来的做试力也好，做发力也好，你这意念往这边一指你这力量马上就能发挥出去，如果这意力不分就是在高阶段，我随便动作，我没有用什么意，往这发力往哪发，可一发力，力量就在这出来。

我们跟平常练的养生的同志讲过试力，实际这跟技击也能联系到一块，这么做我往身上拨动水，让你身上感觉很舒服，手上的阻力（轻微的阻力）发展到周身都在水里，身子也在晃动水，实际上这个呢，到技击上的训练，就变了一下。我这个手拨水呀，这个水的阻力不一定一边大，你老这样，是养生，优哉游哉周身都很放松，但你如果你要练技击，我就想到水，在我刚一拨到水，力量非常的大，我感到吃力，但是我别真使劲。这个阻力很大，但是我也想可以让这阻力小，也可能小也可以大，也可以不大不小，让你这样去摸索，都在意的支配下，将来说你要用到技击上，当然技击上也是力的对比，力的平衡，力的对偶，咱们做这种发力的时候，这手一横，这个力量就可以出去，你转回来，这边也能出去。

它这种力量是怎么训练出来的，是在我们很放松的时候练出来的，因为一这么用力呢，力量太笨了，到时候你发不出去，为什么呢？你身子不灵活，所以呢，开始的时候让你灵活，用意念不仅使你关节间灵活且让你感觉跟你皮肤的感受，你力量的灵敏，所以说“意就是力”这是最后阶段意力不分。如果搁在拳术上在应用的时候（自卫）跟我们说受到意外的袭击，或者歹徒如何如何的时候，我们那时候还用意用力吗？没有那种事，那就是意力不分。

因为松紧在精神上也应该有松紧，刚才刘普雷同志讲眼睛的训练也应该有松紧，这是在技击上应该练的养生上也应该练。训练眼睛嘛，我再举个例子说一下：精神的松紧跟肢体的松紧利用眼睛统一它，比如我站在这，我的眼睛看前面电厂有楼有树，我开始练的时候，我都看见了，我也都不看，都模模糊糊，待一两分钟我可以把眼睛的肌肉收缩一下，我要看清它，刚一看清了，我又把它松弛下来，再等一个阶段我再试试。这个练的时候，也可以由远及近，在近的地方看在院子里头一看或在屋子里，从窗子里头往外看，有树有绿色对眼睛有好处。我们看到树叶离我们比较近，可以看到绿茫茫的一片，树叶的形状我们不看，待会儿我们集中精神，要看清，一看清，又把它松弛下来，所以反复去摸，这样的时候你做一段你就会体会，看与不看你会感觉到你周身上皮肤上先有感觉，好像松紧那皮肤上的感觉跟你看是一致的。你再往下练，你一看的时候，一松的时候，你应感觉到眼睛好像有力量，周身松紧跟眼睛能受到精神支配，也都能跟它呼应合作。这个呢，也就是说松紧也有好多感觉，主要还是松的时候应该多，紧的时候应该少。刚才我举的技击桩只举了这么一个例子，为什么我刚才说这姿势呢？也就是在技击桩上，最主要的一个，将来还有。

今天我再把它的主要几个原则来介绍一下。这个姿势是这么环着一个，两个应该手心向下，手指相对，这棵树变到这儿来了。练法都一样，意思都一样，第三个你可以把手张开，这个锻炼按技击上讲为什么有了 3 个阶段，一般假如练拳间架就是我们防护姿势，一般都是手心斜着向下，如果你要做发力，用拳也好，你也得扬，所以从这种姿势，变成种这样，是不是你得有明显的 3 个阶段，这个也就是加强你每一个阶段的力量。

我今天要介绍的这个什么意思就是有的同志不要看他练。他那个可能比我这个高（不一定），因为如果你到那个阶段，你就应该练。如果你一个还不能掌握，那么我希望你不要练第二个，你练第二个我保证你会返工又回来，这个你自己可以去体会，认为我行了行了，你可以提出来，我站着试一试行不行，也不要客气，可以提出来我认为我能站了，这个是外在形上的三个不同的样子，在意念上我们设想的接触面不一样。

今天由于时间关系，我就介绍到这里，希望大家多提一些意见，下回再给大家补充时，再把今天的缺点找一些。

第23章　站桩功概论

杨德茂①

自全国解放以来，党和政府对于开展体育运动非常关怀，对提高人民健康水平起了巨大作用（此处删除原稿政治口号37字）。伟大领袖毛主席“发展体育运动，增强人民体质”的指示日益深入人心，群众性的体育活动正在蓬勃开展。际此时机，本人愿将几十年练习站桩功和教授站桩功的体会，初步总结公诸于世，以供同志参考。

站桩功本来是形意拳的基本功，分为三才桩、混元桩两种。由于三才能够使人的身体上中下各部分平均发展，具有增强体质、祛病延年的作用，不论男女老幼身体强弱一般均可练习。除了有志学习技击者应以此为基础更求深造以外，一般人有病者可以去（胥注：“去”当为“祛”）病，无病者可以强身，故又名健身桩（原名养身桩），至于混元桩则是专为学习技击的基本功，故又名为技击桩。

拳术本是我国古代优秀的文化遗产之一，是劳动人民在生产生活斗争中积累了丰富的实践经验而创造的。先师王芗斋先生常说：在各种艺术中，拳术是发展最早的艺术之一。因为人类的祖先最早就需要和各种野兽作斗争，为了防身自卫，为了猎取食物，都必须讲究技击之术。以后人与人作斗争，在部落内和部落外之间经常发生战斗，更必须研究如何克敌制胜。最初用拳用足，又逐渐发明了器械，这都是后代拳击（胥注：“拳击”当为“拳术”）的萌芽。以后经过我们祖先积累了多年世代相传的实践经验，历代的拳学名家又有所创造和发展，逐渐形成了内外结合的练功方法。由于在旧社会反动统治阶级对人民中学拳术者加以鄙视和压迫，使不少技术而因（胥注：“而因”当为“因而”）失传，有些名拳师又将其技术秘不传人，也由于各人练功的方法不同，便出现了内家拳、外家拳以及各种派别和门户，其实不仅同出一源，其理亦并无二致。由站桩为基础来学习技击就是内外结合的练功方法。先师王芗斋先生常谈，古代拳术家没有不练习站桩的，在南方谓之蹲盆，在北方称为站桩。只因过去一些拳术家把站桩功作为不传之秘，遂使此功湮没不彰，甚至学拳几十年而不知站桩功者比比皆是。王芗斋先生幼年得拳术名家郭云深先生的秘传，以后出而问世，最初亦不肯传人，中年以后才开始授之门徒。以后又将健身桩作为医疗体育

① 杨德茂先生，北京人，早年曾随太极名家王茂斋先生习太极拳，造诣极深，尤精于推手，与王芗斋先生切磋推手后，钦佩其听劲与发力，遂拜在芗老门下改习大成拳，由于其为人诚朴，颇得芗老真传。其所著之《站桩功概论》，系统地论述了站桩功的理论与练法，对于习意拳、大成拳及站桩功者，是不可或缺的指导性文献。原油印册数极少，间有传抄本流行，有的版本错误之处竟有300多，今据油印本整理而成，保持了文章原貌。

运动对外传播，才流传日广。

站桩功只是拳术的一种基本功，并没有什么神秘。练习站桩首先要有正确的认识，要有信心，要有恒心，既不可一曝十寒，更不可拔苗助长。只要勤学苦练，持之以恒，循序渐进，一定会收到预期的效果。片面地看待站桩功是不对的。站桩虽有增强体质，祛病延年的作用，但是首先必须树立革命的乐观主义精神，胸襟开朗，心气和平，还要勿为七情六欲所伤，饮食起居等都应注意。不要认为只要练习站桩功就可以百病不生。当然长期练习站桩功体质既然增强，也就增强了抗病防病的能力，可以提高劳动能力和耐力，这已经可以说是大有益处了。

另外，过去有些小说家把拳术加上很多荒唐迷信的色彩，如飞仙剑侠之类，先师王芗斋先生经常痛斥这些荒诞无稽的说法，学功者万不可追究（胥注："追究"当为"追求"）某些违反科学和人的生理本能根本不能达到的东西，否则就是误入歧途，为害不浅。如有教功者故弄玄虚，讲些荒诞无稽的理论，初学者亦不可上当。

一、健身桩的初步练法

站桩功是形意拳的精华所在，所以锻炼几十年仍是学无止境。但是如果单纯为了祛病强身，又是极其简便易行的医疗体育运动。而且站桩功虽有许多姿式（胥注：文中所有的"姿式"均应为"姿势"）和意念上的要求，初学者懂的过多，反而有害无益。懂得越少，意念越专，功夫越纯，收效越大。本人在教功中曾遇到不少实例，有的同志只听到过一两次讲授，所知甚少，即潜心用功，结果收效很大，所以，初学者必须懂得循序渐进、水到自然渠成的道理，不可好高骛远（胥注："骛"当为"骛"）。

初练健身桩者可采用抡救（胥注："抡救"当为"抱球"，下同）式或捧球式。两腿平均站立，两脚成八字形分开，宽度约与肩齐，两膝微曲，臀部稍向下坐，胸部放松，头向上顶，两眼向前平视，闭目或垂帘均可，呼吸纯任自然，平心静气后两手向前出伸（胥注："出伸"当为"伸出"），成抡救或捧球状，两手距离约两拳之隔，高度是上高不过眉，低稍过脐，一切要求松静自然，舒适得力。

在意念中不可以认为自己是在用功，更不可有任何企求，否则就会造成紧张，违反了松静自然的原则。意念中认为自己是在休息，非常舒适，如果不能入静，亦不可强制入静，久久练习，自可达到入静的境地。先师王芗斋先生曾经讲过，求卫生使身体健康是最容易的，只要舒适自然，松静无力，浑身像躺在水中或空气中睡觉，就大半成功。学功者可体会此意。

初学者能站多长时间，可由自己来决定。由于体质、性情等条件素质不同，有的人一学会就能站较长时间，有的人站十分钟或五分钟已感到不能忍耐，在此情况下也不可过分强求延长，可以休息一下或散散步再练。时间久了，自可延长。每次可站四十分钟，甚至一小时以上。

一切开头难，据本人多年教功的经验，只要坚持两三个星期甚至一个星期，就会在身体内部产生感觉，就容易继续坚持下去。最初练习时由于身体不习惯，必然产生一些两臂酸痛、腿足疲涨等不舒适的感觉。练习稍久，舒适感就会胜过不舒适感，而逐渐引人入胜。练习既久，就会感到全身非常舒适，有非笔墨所可形容的妙趣。

上述内容看来似乎很简单，但只要坚持练习，就有很好的效果。不仅可以使体质转弱为强，有一些体弱年老的同志，在练习一个时期后，提高了劳动能力和耐力；而且，实践证明，不少疾病都有很好的疗效。根据王师和一些同门以及本人教授站桩功的经验，用在医疗上适应症非常广泛，如高血压、低血压、半身不遂、关节炎、肺炎、肝脏病、肠胃病、血管硬化、神经官能症、精神分裂症等等。有的单用站桩功即可痊愈，有的在配合药物治疗下获得痊愈。曾有不少各个工作战线上工作的同志，因病长期休养，在练习站桩功一个时期后，恢复了工作。只要诚心诚意，并能坚持练功，没有效果是极其少见的。

一般学站桩功，均是如此入手，以后如果再求深造可以循序渐进，逐步在姿式上要细致，并逐渐增加意念活动。

二、健身桩和技击桩的基本姿式

在前面已经讲过，站桩功本来是拳术的基本功，由于习拳者在练功之初，必须增强体质，充实三宝（精、气、神），而三才桩能使人的身体各部分平均发展，所以又名健身桩。但是健身桩并不是没有技击方面的作用；同时专为强身祛病者固然可以不练混元桩，而混元桩对增强人的体质也是有很大作用的。因此这两种桩法是截然不能分开的，所以在下面介绍各种功法时也不可能不互相关联。

人的自我锻炼，不外形体和精神两个方面，即形和意两个方面。形意拳就是形和意同时锻炼的一种体育运动，其原则是“以形取意，有意象形，意自形生，形随意转”。站桩功也离不开这些原则。初练时，以形带意（意自形生），久练后以意领形（形随意转），姿式不可不讲究，但不能只求形似而神意索然。王师所传“神意足不求形骸似”是最宜玩味的。人的自身锻炼又有静和动两个方面，细分起来又有意念的动和意念的静，形体的动和形体的静。由人的生理功能来说，大脑皮层、四肢百骸、五脏六腑，无时无刻不在运动中，就连每一个细胞都在时刻起着新陈代谢的变化，因此动是基本的，绝对的；静只是相对的，都是为了更好地动。而静和动又是矛盾的统一体，所以练功者要静中求动，动中求静，静中有动，动中有静，内静外动，外静内动。这就是王师所讲的“一动一静，互相为根。”站桩功的指导原则是“大动不如小动，小动不如不动，不动之动才是生生不已之动。”这里所说的不动，实际上是外静内动，静中求动，所以是生生不已之动。因此练习站桩功要保持一定的姿式不变，有了一定基础之后，才能“从不动中求微动，微动中求速动”。静如渊停（胥注：“停”当为“渟”）岳峙，动如潮涌山移，缠绵如春雨，迅捷如雷霆，练习既久自能有此体会。

“四容五要”是练习站桩功必须遵守的基本原则。“四容”是头直、目正、神庄、气静。“五要”是：恭、慎、意、切、和。具体解释是：恭则力空灵，慎履薄水（胥注：“水”当为“冰”）神，假借无穷意，精神混园（胥注：“园”当为“元”，下同）真，虚无求实切，勿失中和均。学者要深刻体会“四容五要”的涵义。

"松肩、坠肘、紧背、含胸、提肛、叠肚、裹裆、护臀"是练习各种内家拳的共同要求，健身桩和技击桩的基本要求也是如此。这里应提起注意的是：松肩是肩部的肌肉松弛，不是单纯的沉肩；坠肘不是片面的坠，而是要向外撑；叠肚是指脐以上的腹部，不是指小腹。同时，凡是对一切姿式的要求，都要适度，不可过火（勿失中和均），如果过火就过犹不及，差之毫厘，谬以千里。王师常谈："一切不可绝对"就是这个意思。

练习站桩功时要做到的气静神闲，怡然恬然，全身形曲力直，松静挺拔，如宝塔之矗立云端，如青松之耸出领表（胥注："领表"当为"岭表"），神不外溢，力不出尖，意不如形（胥注："如形"当为"露形"），神态要松紧自如，蓄意要深憨雄浑，遍体松轻舒适，如沐浴在大自然之内。有志练习技击者，除同样需要符合健身桩的要求以外，更需要加强意念的锻炼，必须形如怒虎，气似腾蛟，有泰山崩于前而不顾的镇定，有气吞山河、拔山扛鼎的气魄，有辟易万人风云变色之威势，有擒龙伏虎倒海移山之勇气，筋藏劲力骨藏棱，有视敌如蒿草之意念。所谓技击无非三个内容：一、蓄力，二、试力，三、发力。站桩即是蓄力，各种动作都是试力，把力由体内（包括全身四肢和关节）放出就是发力。王师常谈：练习技击要练出各种力来，全身有精神力、三角力、二争力、三角螺旋力、波力、撬力、杠杆力、片面力、分力、合力、矛盾力、假借力、爆发力、滚豆力、速力、惰力、顿挫力、钻力、劈力、横力、惊力、弹力（周身无处不弹簧）等等，功力愈深，其力愈全。这些力都要在站桩和试力中求得。专为健身祛病者虽可不学发力，但必须兼做一些试力，才符合动静相兼要求，效果才能显著。

下面介绍一些基本姿式，但王师曾说"虽然讲究形式但不必拘泥，虽言意念但不必执着。"所以总以松静自然、舒适得力为原则，初学者不可不知。但初学者又不可不讲究形式，在形式按排（胥注："按排"当为"安排"）和意念活动上总要出于自然，不即不离，在有和无意之间，方能得其妙理。

甲、健身桩的基本姿式

养生桩以站式为主，但亦有坐式、卧式、半伏式、行走式，其基本原则为：平均站立，内浑厚而外园（胥注："园"当为"圆"，下同）合，全身关节都自然有微曲之意，成为钝形三角，两手高不过眉，低稍过脐，远不过尺，近不贴身，右手不向身左去，左手不向右身来。在这些原则下，可以变为很多姿式，但练习者不宜求多，求多则功力不深，欲速不达。这里所介绍的只是一些基本姿式，对一般练功者已经足够选择采用。

1. 站式

① 叉腰式：在开始练功时要平心静气，两脚分开，宽度约与肩齐，两足足尖均稍向外前方。两目睁开向前平视，半开半闭或闭目均可，但两眼睁开时要神光内敛，不可注视任何目标，须有视而不见之意，谓之神不外驰。足掌和足跟着地，足心向上吸，意如双足吸着地面，自膝盖以下意如埋在土中。胯部放松，臀部似坐，脊部挺拔，下颌微向后收，挺劲，头顶上提，意如有绳吊系在空中，但顶心在意念中似向内收缩（紧背含胸，胸微向内收，小腹松园）。两手放于身体的腰眼部，手心向后。这种姿式既是锻炼，又是休息。可以作为其他桩的预备式，也可作为练其他

桩时中间的休息。

注：为了便于练功者逐步深造，故对该姿式的要求提得比较细致，初学者按上节初步练法中所要求的就已经够了。万不可马上要求各方面都达到标准，总以舒适得力为原则，循序渐进，逐步向细致要求。

② 提按式：两臂提起，两肘向外撑，两手略低于脐，放在身体左右两侧，但不贴身，指尖向前，掌心向下，五指分开微曲，双手既有向上提又向下按之意，其余要求同第一式。

③ 提插式：两肘向上提，向外撑，指尖向下，五指分开自然微曲，意如插在泥中。其余同第一式。

④ 托球式：两手向外撑，两手向前，指尖向内，手心斜向上方，高度略高于脐，两手距离约为两拳，意如两手如托一大球，其余要求同一式。

⑤ 撑抡（胥注："抡"当为"抱"，下同）式：两手前伸成环抡状，指尖相对，掌心向内，手指分开自然微曲，两手距离约七八寸，高度在眉下肩上，意如抡球，但同时又向外撑，其余要求同一式。

⑥ 拧裹推式：两臂前伸成环抱状，位置高不过眉，掌心向外，指尖斜向内上方，两手食指之力欲搭成十字，两手距离约七八寸，手指分开自然微曲，两腕向外拧向里裹，两肘向外撕，两掌向外推又向上托，其余要求同第一式。

⑦ 撑扶式：两手抬起，掌心向下，指尖向内，手指分开自然微曲，高度约与肩齐，两肘向外撑，两手意如扶在物体之上，其余要求同一式。

⑧ 按球式：臂向前伸，手指分开自然微曲，指尖向前，手的高度在乳下脐上约与中脘穴相平，掌心向下，两手如按水中浮球，其余要求同一式。

2. 坐式

坐式虽然姿式繁多，但手部、臂部的姿式和站式的变化相同，下肢的变化可分为三种：

① 坐于适当高度的椅上或床上，两腿分开比肩略宽，两脚平均着地，此种姿式对脚腿部的要求与站式相同。

② 两腿分开比肩略宽，脚跟着地，脚尖向上跷起，向回勾，脚心向上吸。

③ 两腿悬空，脚尖跷起向回勾，脚心向上吸。这三种姿式对上半身的要求均站式相同，两手的姿式可按照站的姿式加以变化。只是叉腰式应改为双手放在大腿根部，两肘撑开。另外，凡坐式除病情严重不能直坐者外，背后均不可靠在椅背上。

3. 卧式

卧式可分为仰卧式和侧卧式两种：

① 仰卧式：仰卧后全身放松，意如在水上仰游。两肘着床，两臂抬起成抡球状，两膝弯曲、足跟着床，足尖回勾，足心内吸。

② 侧卧式：以左半侧着床为例，左手放于枕上，手心扶头，右手放于右腿之上，或用右手轻轻按在床上亦可，使胸部空起。左腿伸出，右腿拳起（胥注："拳起"当作"蜷起"）放于左腿之上。如向右侧卧可以类推。均意如卧于水中侧游，遍体舒适轻灵。

4. 半伏式

两腿平行或一前一后均可，把重心放在一条腿上，另一条腿放松，用脚尖着地，两腿可交替练习。双手伏在案上，使胸部扩大松开，头略向上扬。有气喘病不能练站式时，练此式最为适宜。

5. 行走式

在行走时平心静气，头部、劲部（胥注："劲部"当为"颈部"）、胸腹部的要求均与站式相同，臀部亦应稍向下坐，惟（胥注："惟"当为"唯"，下同）站式要求小腹收园（胥注："收园"当为"松圆"），行走式则要求小腹长园。两肘上提，手向后勾如挎兰（胥注："兰"当为"篮"）状，或用提按式亦可。意想小腹催步前行，如在泥水中行走。此功在初练时须缓步前行使意念不断，练习一个阶段后，即可用正常行路速度前行，久久练习能使步履轻捷、疾如奔马。

乙、技击桩的基本姿式

练习技击桩最好在练健身桩有了一定基础之后再开始，技击桩有很多要求和健身桩相同，不再重复。技击桩为了求得各种力而有不同姿式，所以姿式也可以有多种变化，但练习技击桩同样不宜求多。少则功力易深，有的拳师只练一两种桩式，由于功力深厚即成名家，否则贪多务广，浅尝辄止，反而效果不大。为此，这里所介绍的只是几种主要桩式，已经足够一般习拳者选练。

1. 矛盾桩：站好后平心静气，左脚伸出成稍息状，右足足跟稍向外扭，成丁八字步（以下谈到丁八字步均是此种姿式）。大趾向内抿，其余四趾向外抿，脚脖子向里拧，膝盖向外拧、向上提、向前指，大腿根微向里拧（练习健身桩者如求深造亦应有这些要求）。左臂伸出抬起略成半园（胥注："园"当为"圆"）形，左手五指分开，掌心向后，高度约与眉齐。右手在后约与肩齐，两手距离约七八寸，右手五指向前，对前手手腕，扭项面对前手手腕，两眼向前波视（波视即目光斜向远上方），但神光内敛，意如将光线收回，并不注视任何目标（凡站技击桩均不可闭目，以下站桩式同）。两腿前虚后实，用力约为前三后七，前手如盾，后手如矛，故称为矛盾桩。前手要拧裹提拔，意如欲将大树拧倒起出；后手如矛，有无坚不摧之意。此为左式，右手和右脚在前，姿式可以类推。

2. 托宝贝：此桩亦以左式为例。左脚在前，右脚在后，站成丁八步。对脚、腿部的要求与矛盾桩相同。两眼向前方波视，左手在前，右手在后，两手前后相差一手，左右距离约七八寸。前手高度与肩齐，后手略低于前手。五指分开自然微曲，两手手心均向内微向上托，手指向前斜向下插，大指根节及腕部向上挑。此桩的姿式有似两手托一婴儿之状，故名"托宝贝"，意如托婴儿既不敢用力，又不敢松手，但又有将婴儿扔出又吸回之意。又劲如拧绳，前手如有一能松紧的绳向前拉，又有一绳将手套在颈上，两手之间又有一绳，前手与腿又有一绳，意如拧绳时一松则全身皆松，一紧则全身俱紧。

3. 鸟难飞：一脚在前一脚在后，站成丁八步。姿式略同于托宝贝，唯两手成半握拳状，拇指食指略似环形，有如虚拢鸟颈，掌虚握如虚拢鸟身，既不能握紧以防将鸟握死，又不能松开，以防鸟飞走。同时意念中鸟不断挣扎欲从掌内飞出，因此形和意都必须一紧一松。此桩因形象防鸟飞出，故名之鸟难飞。此系比较高级的桩法，初学者不可练习。

4. 抓球桩：站成丁八步，两眼向前波视。两手相对举起略高于肩，两肘下垂，两腕亦向下曲，指尖向内向下，手指微曲，如提两大铁球。

5. 伏虎桩：站成扩大的丁八步，根据个人的体质和功力把步迈出最大限度后，再把前脚向前挪一只脚的位置。臀部下蹲，上身挺直略向前倾，目光远视，光线内敛，两手前伸，肘向外撑，两手一前一后距离约一手，后手略低于前手，掌心向内相对，指尖向下，手指微曲，如掐虎颈。此桩与下面的降龙桩均为大步桩，增长体力较快，但练习时消耗体力较大，体质强壮练技击桩有一定基础者方可练习。

6. 降龙桩：尽量把步放大，后腿微曲，成为弓蹬步（即前腿弓，后腿蹬）。劲（胥注："劲"当为"颈"）项向后扭，目光向后看。前手横掌向前推，掌心向外，后手略低于前手，手向后推，手指微曲。要有胜过毒龙狠毒之意，才能制服毒龙。

7. 子午桩：一腿立于地上，微曲，另一腿放在一米左右或略高一点的台上（或桌上亦可），脚横放在台上，足尖回勾。如右脚抬起时，右手亦随之过顶，左手齐胸，两手手指微曲，向前指，腕曲臂曲，手指向前指时亦微向下。

除此桩一脚着地以外，练习矛盾桩、托宝贝桩在有相当功力以后，前脚在保持原来形状下亦可微离地，但离地后仍如着地一样，又提又踩，足腕又拧。

三、试力

先师王芗斋先生在谈到试力时曾经说过："蓄力由试验得知，由知而知而所以用（胥注："由知而知而所以用"当为"由知而知其所以用"）"。因此学习技击者除了在站桩上下功夫以外，必须同时练习试力，就是专练健身桩的也必须同时兼练试力，才能达到动静相兼，效果才能显著。

试力时要外动内静，全身放松，用意不用力，一举手一投足之间都以舒适得力为原则，同时又要精神贯注，意不断而力亦不断。先师王芗斋先生谈过：要想增长力量，确不可用力，一用力反没有增长力量的希望，用力则气滞，气滞则意停，意停则神断，全身皆非矣。王师谈试力时又讲过：在无力中求有力，在微动中求速动，一用力心身便紧，并有阻塞之弊。这种力是精神的，是念的（胥注：是意念的），有形便破体，无形能聚神。王师又说过：习时须身体均整，筋肉空灵，然骨骼毛发都要支撑，动愈微而神愈全，慢优于快，缓胜于急，欲行而又止，欲止而又行，更有行乎不得不止，止乎不得不行之意。习时须体会空气阻力何似，我即用与阻力相等之力量与之应合，所用之力自无过与不及。初试以手行之，逐渐以全身行之，能逐渐认识各种力，持之以恒，有不可思议之妙，而各项力量也不难入手而得。这些都是练习试力的基本原则。

试力虽然初试时以手行之，但绝不是局部的动作，而是一动无处不动。所谓上动下身随，下动上身领，上下动中间攻，中间动上下合，内外相连前后左右均有相应之动。试力虽然切忌用拙力，但是形松意紧，肌肉含力，骨中藏棱，决不可松懈从事。

广义言之，各种动功都是试力，现在简单介绍以下几项动作。

1. 站成丁八步，左脚在前，右脚在后（此为左式，右式可类推）。膝微曲，肩胯要松，左手在前右手在后，双手距离约七八寸，前后距离约一手左右，用身体催手前行，臂需保持弯曲，不能伸直，推时掌心向下，手指向前指，如推水中浮球。向前推的程度，以勿身体（胥注：此处似缺一“失”字）平衡的标准（膝盖不能超过前足尖），随即变为两个掌心相对，用身将双手拉回，身体向后的程度，也以不失中为标准（勿失中和均），再随即把双手掌心向下向外推。如此反复练习，左式和右式可交替练习。试力的要领是：以身体带动双手，不是手和臂的局部动作。王师常谈：“用手要身子，不是用身子要手。”就是这个道理。手不空出，意不空回，练时要使神意不断，向前推和向后拉，均不需拙力，推时如按着手（胥注：“手”当为“水”）中浮球向外推出，向回拉时如抱着浮球拉回，练到一定程度后，意念中的水中浮球要变为泥中木球，以后逐渐变为铁球，但仍不需拙力，手往回来，力向前指，手向前推力向后收，双肘横撑，手上要有拧裹撑拔提插顿挫之力，王师常谈：“双手要如钩锉刀叉”，就需要在试力中求得。

2. 站成丁八步，双手抬起，两手横撑，掌心向下，如在水中按一浮球，此球在水中时起时伏，旋转不已，双手并随之揉动，同时意念中这个浮球，有时要用手推出，有时要用手吸回，有时可以拉长，有时可以挤扁，甚至有时还会变为两个小球，两个小球又合为一个大球，双手均随之反复揉动。

3. 站成丁八步，双手一手在前，一手在后，意念中如按一大弹簧，双手下按，将弹簧压缩，双手随即随着弹簧的弹力而胜起（胥注：“胜起”当为“升起”），如此一起一伏，反复练习，不许使用拙力，但练习既久，弹簧之弹力在意念中要逐渐增加。

四、走摩擦步（附“陆地行舟”）

走摩擦步，亦称揉球步或三角步，实际主要用双脚来试力。练习开始时先将两脚站成八字形，略似立正的姿态，但两脚微分开。然后两手各举向前侧方，手指向上，掌心向前（或指尖向前掌心向下亦可），一脚向前方伸出，不可离地太高，意念中如地面上有一小球用脚将其揉动，脚向前伸出后向外侧方徐徐落下，站稳后，另一脚随即向前伸向另一外侧方落下。慢优于快，须使意不断而力亦不断，小腹用意催步前行。初练时如在手（胥注：“手”当为“水”）中行走，逐渐如在泥中行走。此系进式，退式则照上式一脚向后退，然后向外侧方落下，另一脚再向后退，亦向外侧方后落下。一般进式练完后即可接练退式，走摩擦步其他方面的姿式如头向上顶、臀向下坐、含胸紧背等均站相桩同（胥注：“站相桩同”当为“与站桩相同”）。

站桩、试力、摩擦步是一整套基本功，不论学健身桩或技击桩的都应同时练习，初学者应先从站桩入手，然后再学试力，最后再学摩擦步。在初练阶段，试力和走摩擦步应分别练习，练到一定程度后，可以结合练习，即边试力边走摩擦步。

另有一种练功称为“陆地行舟”，是专为练习技击的一种基本功。练法是：站成丁八步，两手抬起，指尖向前，两手亦一前一后，姿式要求与练技击桩相同。两手下按，带动前腿前进，后腿亦同时跟随前进，如向前滑行，意念中如拉一粗绳能够带动全身前进，脚下是滑道，可以一下滑行很远。此功久练久熟，在技击时能使步法迅捷如飞。

五、试声

试声是和试力相辅而行的一种功夫，由于力不整声即不整，所以又是检验力是否整的最简便的方法，而且不会试声就不会发力，和技击大有关系。王师曾说过："试声为补足试力细微所不及，要声力并发，与徒作喊声意在威吓者不同，而闻之者起猝然惊恐之感。"试声是由丹田用力喊出声音来，声音要园要整，如幽谷钟鸣，而气不外吐。即所谓声由内转的工夫。练习时可用手在口鼻前试验，声音出而气不出才是正确的，如果感到有气撞在手上就不对了。

六、关于站桩功中的一些内容

（一）五盈四稍（胥注："稍"当为"梢"，下同）

五盈是指五脏（心、肝、脾、肺、肾）充盈；四稍是舌、发、齿、甲［手指甲与脚指（胥注："脚指"当为"脚趾"）甲］，即舌乃肉之梢、发乃血之梢、齿乃骨之梢，甲乃筋之梢。古代拳学者说过："明了五行（指五脏）多一气，明了四梢多一力。"五盈是指练习站桩功时要上虚下实，胸腹空灵。但空虚是为了使之盈满，故练到胸腹空灵境地时，要在意念中使之盈满充实；四梢是指气达四梢［王师所讲毛发根根意如战（胥注："战"当为"戟"），亦即气达四梢之意］，技击时惊起四梢，舌、发、齿、甲都如受惊时的状态，可以增加真力。

（二）五心归一

五心是指两手心、两脚心和顶门心（心宫穴）（胥注：原文"心宫穴"之"心"字模糊难辨，似为"心"字，有抄本作心宫穴、性宫穴或囟宫穴。按：囟门又叫顶门。），在练习站桩功到一定程度时，要意想五心向内吸，均归于丹田，故称为五心归一。亦有连心窝在内称为六心归一者。

（三）六合

指心与意合、意与气合、气与力合，称之为内三合；肩与胯合、肘与膝合、手与足合，称之为外三合。久练者自可体会。实际上功力深的，精神方面和全身各处，都能达到非常谐调的地境，一般只提出六合，不过就其主要的提出而已。

（四）三园

站桩时小腹松园，走步时小腹长园，发力时小腹实园。

（五）三夹两顶

裆内、腋下、颔下均要夹（所谓夹不要误解为夹紧，而是裆内似夹一铁杠，牢不可拔，颔下、腋下似夹一球体），头要上顶，舌尖要顶上颚。练久以后实际上不止三夹两顶，周身关节应该无曲不夹，无节不顶。

（六）三段九节

三段是指人的身体从头至小腹是一段，肩至手是一段，胯至足是一段。九节是指头、胸、腹、肩、肘、腕、胯、膝、足。在技击时各有各的用处。古拳谱有云：“上节不明，无依无宗；中节不明，浑身是空；下节不明，根本不清。”明了三节九段（胥注：“三节九段”当为“三段九节”）后，在技击时各段各节都可以发挥作用。

（七）齿似咬筋、舌似吞虹

在站桩时口微开，齿咬着但不紧闭，意念中如咬着牛筋，谓之齿似咬筋。舌向内缩抵上颚，谓之舌似吞虹。

七、练习站桩功中的一些问题

（一）关于放松的问题

松和紧本来是对立的统一体，只是由于人的身体、肌肉、关节在日常生活和劳动中经常处于紧张状态，所以在练功中特别要强调放松。因为放松后经络气血才可以达到自然畅通，各种舒适感才能产生，体质才可以加强。但是，初学者往往苦于不能放松，愈想放松而愈感到发紧发僵，所以要想放松必须自然。王师还传授一个放松的诀窍是：“上身似笑非笑，下身似尿非尿。”对初学者有很大帮助。但是，学者必须了解到，身体的绝对紧和松是没有的，松和紧总是相对而存在的。比如：含胸是紧背相对而存在的。又如练功者讲究上虚下实，具体说来膝盖下如埋在土中，而上身要求放松，所以上虚是以下实为基础而存在的，而且需要注意的是脖颈、手腕、足腕（亦称五个脖子）不能放松，否则就不能保持固定的姿式，也可说其他各部位的松是以这五个脖子的紧为基础而存在的。因此站桩并不是绝对的松，而且松中有紧，紧中有松，时松时紧，时紧时松，要做到松紧适度，松而不懈，紧而不僵，练功者应在实践中体会之。初学者往往把下沉当成放松，实则下沉不是放松，放松是使肌肉松弛，但身体还要挺拔，如云端宝树，耸立冲霄。另外，有的初学者觉得既然是练功，就得用劲才能得到工夫（胥注：“工夫”当为“功夫”），则更是大错特错。正如王师所云：“形体愈松，血液循环愈畅，气力增长愈快。如用力则身必发紧，全身失灵，甚至有血气阻塞之弊。”学者不可不知。练功学还讲形松意紧，所谓意紧是指精神专一，意念连贯不断，与精神紧张完全不同，否则精神一紧则形体亦不能放松了。

（二）关于入静的问题

练功时的各种意念活动都是在入静的基础上进行的，练功不能入静就不能收到明显的效果。但是初练者又往往感到入静很困难，强制入静，反而造成精神紧张，更加思绪纷繁，心如乱麻。

对此，先师王芗斋先生曾经说过：“注意致力追求入静。但都不知追求愈急，精神负担愈大，以贼攻贼，贼去贼入，前念未消，后念复起。为此，历来养生家设有许多方法，如外寄内托固守一处等，对初学者有许多帮助。但依本人的经验，惟（胥注：“惟”当为“唯”）有采用听其自然、来者不拒、去者不留的方法，才能恢复和稳定神经。在杂念干扰厉害的时候，不但不要有意识的排除，而且要大量吸收，本身好像大冶烘炉一样，宇宙间的万事万物尽在我的陶冶中，这样往往在不期却而却，不期制而制的情况下达到入静。”这是王师的宝贵经验。根据个人的体会，如果一时不能达到王师所说的身如大冶烘炉境地，当杂念纷起的时候确实不可强制排除杂念，可以经常对自身是否符合姿式要求进行检查，如顶上是否似有长绳吊系，臀下是否和坐在凳子上一样，足心是否吸起等等，这样不强制排除杂念，而自然起到了排除杂念的作用，久而久之，练功时自可不生杂念。诱导入静还有一个办法就是“细听微雨声”，耳中听到绵绵雨（胥注：“绵绵雨”当为“绵绵细雨”）淅淅沥沥，不疾不徐，声音越听越远，雨声越小，而始终在耳边。这样对入静很有帮助。又如，在意念中两只脚似站在两只船上，这两只船随波涛而起伏，此伏彼起，此伏（胥注：“伏”当为“起”）彼伏，人无颠复（胥注：“复”当为“覆”）之虞，而颇感悠然自得，这也是诱导入静的好办法。在初学者一要求入静，往往昏昏欲睡，这虽是一种比较正常的现象，对健康也有益无损，但昏昏欲睡并不是练功家所要求的入静。真正的入静应该是虽然杂念不生，但精神活泼泼地，神光内莹，犹如明月清潭，尘埃不入，久练者自可达到此种境地。为了便于入静，在练功初期固然应该尽量选择比较清静环境，比较优美的地方，但在练功中间应锻炼闹中求静，能够适应外界各种不同的条件。例如，在练功当中听到乐音歌唱，甚至人语喧哗时，不宜产生厌烦情绪，而是应该认为音乐歌唱正如为我练功伴奏，人语喧哗与我无涉。又如练功之地，空旷寂寥，则应认为正好开拓我的胸襟，可以远眺原野山川，使人心怀豁然；如在斗室中练功，则应认为容膝已足，正好养静；又如天气较冷，则应认为清凉世界，可以洗除尘嚣，如天气较热，则认为熏风徐来，催人入静。对外界的飞、潜、动、植，均抱着“万物静观皆自得”的心境，不仅不受外界条件的干扰，而总是心情喜悦，怡然自得，只有这样的入静才能巩固。

（三）关于呼吸

练习站桩功是用自然呼吸，即呼吸一听其自然，因呼吸本是人的生理本能，一有矫揉造作，往往有害无益。口虽微张，但用鼻吸鼻呼。练习者不应注意口鼻的呼吸，更绝对不应故意长呼吸或憋气。但是这种自然呼吸并不等于平时的呼吸，练功既久，自然会形成腹式呼吸，即每次呼吸均能达到丹田（关于丹田的说法很不一致，本人认为不必拘泥于某一种说法，只认为丹田在脐下小腹部位即可）。而且在自然呼吸的基础上逐步达到匀细深长，最好的境界是完全忘记了口鼻的呼吸，似呼（胥注：“呼”当为“乎”）已经不会呼吸，实际上呼吸是在非常自然地进行，而意念中周身毛孔都已张开放大，所有毛孔都在呼吸。这种境界非常舒适，但不可强求，工（胥注：“工”当为“功”）夫精纯自可达到。总之呼吸必须自然，不可人为地追求任何情况，这是练站桩功的一条很重要的原则，否则容易练出毛病来，初学者必须切记。

八、关于站桩功的意念活动

站桩既然来源于拳术的基本功，所以它的立足点在于“动”，静是为了更好地动。这就和过去某些佛家道家所传的禅功道功根本不同，并不追究那种虚无寂灭，四大皆空的境地，而是在入静的基础上进行各种适当的意念活动。在前面我曾强调入静的重要性，则因为不入静，则思虑纷繁，无法进行适当的意（胥注：“意”当为“意念”）活动。古人有云：“心猿意马最难收”。我们强调入静也就好比是要降伏住心猿意马，使其听我支配。初练者必须注意入静，在入静的基础上逐步增加意念活动，不可精神负担过重，否则对练功的进步反有妨害。

古代练功学（胥注：“学”当为“家”）说过：“全凭心意用工夫”。先师祖郭云深先生说过：“神意足不求形骸似”。可见练功中意念的重要。这是因为形和意固然是对立的统一体，而形终究是受意支配的，所以姿式固然重要，但只有形式而无意念，有如只得其皮毛而失其神髓。

根据四容五要中所说的“假借无穷意，精神浑圆真。”王师也说过：“本身皆具备，反向身外求”，可以体会到意念的范围是极其广泛的。可以说，专为健身祛病的凡一切怡情悦性有益于身心健康的事物和境地都可以作为意念活动的范围。譬如以游历过的名山大川、雄伟秀丽的风景，绿草如茵、繁花满树的园林，波平如镜、游鱼可数的湖泊，花香鸟语的春天，月明风清的良夜，以及身体的各种舒适感觉，都可以作为意念活动的内容。练技击桩的随着桩式的不同所求之力不同，而有不同的意念活动。例如降龙桩要意念中有夭矫盘踞的毒龙；伏虎桩要意念中有咆哮发威的猛虎等等，一般的凡可以增加自己威力的，如：暗呜叱咤则风云变色，纵横驰骋则万人辟易，拔山扛鼎，穿金裂石，轻如飞鸟，捷似猿猱，都可作为意念活动的内容。为了便于初学略举几例，学者既不可受此范围所限，更须勿忘勿助，于有意无意之间求之。

1. 站桩功中的各种姿式均应有在水中游泳的意念，想像身在水中，清流浩浩，不冷不热，在全身荡漾，全身各部位均能假借水中之浮力，因而遍体轻灵，异常舒适。

2. 意念中全身毛孔放大，全身汗毛须发都直立起来，即“毛发根根意如战（胥注：“战”当为“戟”）。”而且意念中可以遍身毛发在不断地增长，数寸数尺以至数十百丈，甚至其长度不可计量。最初如毛发在空中来回扫，以后逐渐意如毛发搭在遥远的四面八方，将自身悬在空中。这就是王师所说的“浑身肌肉挂青霄，毛发根根暖风摇。”

3. 意念有如春风吹拂全身，非常舒适，逐渐达到全身皆空洞无物，好像一个没有糊纸的铁丝灯笼悬在空中，悠悠荡荡，风能吹身体而过。王师所说来往有过堂风之感，就是此种意境。

4. 温水浇头的意念，好像有人用一瓢冷热适宜的温水在自己头上浇下，水由头上经过颈、肩、胸、背、腹、股、腿缓缓流下去，全身似乎都能感到，直流到脚下为止。然后再意想有人自头部将水浇下，如此反复多次，非常舒适。所以（胥注：当为“之所以”）不用淋浴感，淋浴感虽然比较容易理解，但是因为淋浴时水在头上不断浇下，容易造成精神紧张。所以乃用王师所传温水浇头的意念为好，这种意念最适合于上实下虚的高血压等症的患者。

5. 意念中身体成螺旋形上升，即自双脚成螺旋形向上旋转，左转右转均可，旋转时身体亦随之升高，然后再向相反方向成螺旋形向下旋转，身体亦随之下降。另一种意念活动时（胥注：

"时"当为"是")在入静的基础上，意想身体前后和左右都在慢慢扩大，自觉扩大到了一定限度以后，再逐渐收缩还原。这两种意念对提高功力效果较大，但运用不好亦易出偏差，初学者不可轻用，特别是高血压病患者应视为禁忌。

九、练功中的注意事项

在前面已经再三谈到松静自然、舒适得力的原则，这是在练功过程中时刻注意的。站桩功的特点是：一切不能违反生理之自然，不能（胥注：这里应该去掉"不能"两字）姿式和意念总是以感到舒适得力为原则，不可拘泥执着。练功者如果感到不舒适，除了由于初练阶段身体还不能适应以外，大部分是由于姿式不正确或意念活动过重，必须随时加以纠正。

在前面已经几次讲到循序渐进的原则，这也是练功者不可忘记的。姿式只可逐步要求正确细致，意念活动也只能在入静的基础上逐渐增加，桩式的选择也应该先易后难。有志学习技击者应该在练健身桩有了一定基础之后，再开始练技击桩。这个标准就是在试力时感到空气浓度很大，好像有了相当大的阻力，就可练习技击桩了。练习技击桩也应循序渐进，初练时只可练习矛盾桩（或练托宝贝桩亦可，但意念应逐渐增加），较难的桩法须待以后再练。有的人往往好高骛远，急于求成，殊不知瓜熟必然蒂落，水到自然渠成，拔苗助长，躐等而进，定为事与愿违。急于求成者往往有害无益，而潜心用功者往往于无意中收到很大效果。这是学功者所必须了解的。

练功者还必须注意火候适度。所谓火候适度是多方面的，在姿式的要求上必须注意全身的均整（勿失中和均），过松则懈，过紧则僵。其他如含胸紧背，头向上顶，臀向下坐等具体要求，都要适度，不可过火，王师常说："一绝对便错"，就是这个道理。意念活动不能过重，过重则造成紧张。就是练功也应适度，过去不少人为了技击精进，用功太过，虽然拳术造诣甚深，而对身体健康反而有害，可以引为鉴戒。

以上一般都是原则上应该注意的问题，以下再谈初学者应该注意的具体事项。

1. 过饱过饿时均不宜练功，饭后如果练功，最早应隔开半小时。

2. 收功后不可立即饮食，特别是切忌立即饮水，须休息片刻再进饮食方无妨害。

3. 练功前先解完大小便，裤带如过紧时应放松一些。

4. 情绪过分激动时不宜练功。在平时为了有益于身体健康，亦应尽量避免感情过于激动。特别是学习技击达到一定程度后，更应谦虚谨慎，心气和平，如果好勇斗狠、负气争强，则练功便以戕生。

5. 在户外练功时，最好选择风景优美、空气清新的地方，如有树木、花草、溪流、湖泊之处最为适宜。冬季如在室内练功，应该把窗子打开一些，使空气新鲜。

6. 久练功者由于抵抗力增强，一般不易患感冒，但练功过程中也应注意，夏日要避免日光曝晒，冬日应避免寒风侵袭。

7. 在练功过程中，任何时候胸部都应该放松，在用力时应小腹用力，不能以胸部用力。王师常说："胸部用力是戕生的，小腹用力是养身的。"

十、练功过程中的效应

练功者只要根据舒适得力、循序渐进的原则，不自作聪明，不矫揉造作，就不会出什么偏差，所产生的效应一般都是正常的。但由于每个人的体质不同，感受也就不同，所出现的现象也就有很大的差异，现举一些普遍的现象如下：

1. 初学者感到胳膊、腿发疼发酸或胸部发紧是正常现象，也是初练功者的必经过程，不必介意，可休息一下再练。但胸部无论何时都应放松。

2. 如果感到躁急难耐、心烦意乱，不必勉强支持，可睁开眼把手放下，原地休息片刻或散散步，待心情安定后再练。

3. 如果感到憋气时，大多是胸部和腰胯未能放松，可停一下再练，并矫正姿式。

4. 如果感到发困时是正常现象，对身体有益无损，但练功最好达到神光内敛，湛然怡然。所（胥注："所"当为"所以"）虽是正常现象，也应逐渐改正。

5. 有些初练站桩功的人在闭目练功时，身体摇动过甚。身体的轻轻摇动是有益无害的，但摇动过甚就容易发生偏差，特别是前后摇动，易使身体发紧。如果发现此情况时可把眼睛睁开，并用意念加以制止，对前后摇动亦可用意念引导改为左右轻微摇动。

6. 曾经发现个别人练功时反应很特殊，如跳跃，手舞足蹈，甚至发生过躺在地下打滚的现象。这都因为最初发现不正常现象时，未在意念中及时加以制止，以至越发展越严重。只要一发现时及时纠正，各种不正常的动作都是完全可防止的。这虽是极其个别的情况，但学者不可不知。

7. 一般练功者在最初练功阶段，多数出现食量大增的现象，过一个时期即可恢复正常。练功时唾液增多是好现象，应徐徐咽下，对身体有好处。另外，练一个阶段后多数人身体虽未见发胖，但体重却有增加。这都是正常的现象。

8. 身体上感到有如虫爬、蚁走、肌肉跳动、身体颤抖、肠鸣、出虚恭、打嗝、嗳气，稍一活动骨节作响等都是正常现象，凡是正常现象都不用过多注意，应听其自然。

9. 凡在某处有病者，往往在练功时患处有特殊感觉。例如，腿关节有风湿症者在练功时往往在腿关节处出现疲、麻、胀、痛或发热等感觉，这一般都是好现象，不必在意，应继续练功。

10. 一般的正常效应是练功一个阶段后，手上先有感觉，以后自觉手足变粗，手变重，指尖跳动，腋下出汗，身体内部有发热感，遍身类似实行针法治疗之感觉，但非常舒适，这都是练功有进步的正常现象。但是这些现象由于每个人的体质不同，出现有早有晚，不可故意追求。

十一、对站桩功理论机制的几点体会

站桩功自先师王芗斋先生以之授徒并以养生桩（即健身桩）为人治病以来，有些同门亦相继将此功法传播于世，有的医院并以此作为各种慢性病综合治疗的措施，练习此功的人已逐渐增多，但对站桩功的理论研究工作还很缺乏。特别是先师在逝世前未作系统的著述，我同门等对先师的养生学和拳学，不过十得一二，仅见一斑，因此对先师所传如何进一步加以整理研究，就显得更为重要。德茂虽从师数十年，只可说粗涉藩篱，实尚未窥堂奥，现在是把个人的一些体会结合先师的教导谈一下，作为引玉之砖。用健身桩来治疗疾病虽然已为实践所证实，但还有些人见到就那样简单的站着，怀疑未必能收到祛病延年的效果。对站桩功在医疗疾病上的机理作用，确实值得进一步研究，现在只谈一下个人粗浅的看法。

1. 我国医学认为“心为君主之官”，相当于现代医学中大脑皮层神经中枢所起的作用，实为全身的主宰，人的思维和肢体脏腑的活动无不受其调节和支配。平时它的活动量是很大的，它的工作也是非常细致和复杂的，不仅需要很多的营养物质，而其本身的功能亦起着很大的消耗作用。在练站桩功之后要求入静并将大脑皮层的活动引导到适当的意念活动，这就使大脑皮层和神经中枢得到了相对的休整，由消耗作用转而成为恢复和建设的作用，这对增进人的身体健康自然是有很大益处的。

2. 根据我国医学，经络的畅通和气血的调和是身体健康的根本。练习站桩功要求全身松静自然，舒适得力。长时间练习，经络自得畅通，气血自得调和，无病者自可防病，有病者可以转为健康，能收祛病延年之效。

3. 一切局部运动往往有利于此而有害于彼。有些有过于激烈的运动，对长期的身体健康来说更是得不偿失。站桩功是动静相兼的全身运动，使人的神经和肌肉同时得到锻炼，对增强体质有很大的作用。古语有云：百病乘虚而入，体质得到增强，可有病去病，无病防病，能保持人的身体健康，并延缓自然衰老。

4. 人的生理状态可以影响人的精神状态，人的精神因素也能影响人的生理状态。换言之，五脏六腑的功能，四肢百骸的活动皆是有形，精神因素是通过所谓“心”，亦即大脑的活动则属于意，形和意是互相关联互相影响的。站桩功是形和意同时锻炼的一种运动，形体的松静自然、舒适得力，不仅使形体得到了锻炼，对精神状态也起了良好作用。在这种同时锻炼相互作用的情况下，定会收到保健强身、祛病延年的效果。

十二、关于站桩与技击关系的体会

关于上面所谈站桩功理论机制的问题，当然也还可以讲出一些道理，但本人认为上述四条是根本的。

也许有人会怀疑站桩功为什么是技击的基本功？对技击有什么作用？由于我们在这里不是讲技击，不准备详谈技击的精义，只就个人体会把这个问题略谈一些。

1. 人的形体是受意念支配的，但形并不是都能准备执行意的命令。关键在于形和意的锻炼，先师王芗斋先生称之为有体认和无体认。王师常以筷子作为比喻，为什么右手使筷子能得心应手呢？一般人左手都不能熟练地使筷子呢？这就是右手有体认，左手没有体认。在四肢百骸也无体认，也就是俗语所说的“不听话”，在此情况下，岂能谈到技击。要使形和意达到非常协调的境地，只有通过形和意的锻炼。古人有云：“天君泰然，百体从命”，天君就是指心意而言，这就是站桩功由静中求动的基本道理。

2. 站桩功不仅使大脑皮层神经中枢得到恢复和休整，对全身神经末梢也是很好的锻炼，所以功力越深，反应越为迅速。技击时在临敌应变中瞬息万变，其反应之迅速有不期然而自然者。如先师祖郭云深先生，先师王芗斋先生在技击时反应之迅速，有不可思议之妙，甚至有人乘其不备而攻之，不仅不能得逞，反遭挫败。这种反应迅速的能力，皆由站桩功力深厚中得来。

3. 前面已经讲过，王师常谈的技击各种力皆需由站桩和试力中求得。当然站桩和试力与实际比拳和推手还有一定的距离，临机应变之机智果敢，发力时机和力量大小之适当等，均需于实践中求得。但是各种力量既已求得，发力和实际操作是比较容易的。欲得各种力，需于形体在不动和微动中体会和求得，所以站桩和试力是拳术中最基本的和比较困难的功夫。学拳者应将主要精力和时间用在站桩和试力方面，就是这个道理。各种力不是同时可以求得的，站桩和试力的功力愈深，其力愈全，所以在技击上已有相当成就的，也必须经常不断地在站桩和试力中下功夫求得深造。

4. 或者有人认为克敌制胜，自卫防身，双方交锋，间不容发，以站桩之松静，试力之柔缓，与人角技，未免迂阔。殊不知外动之力不如内动之力，外动之速不如内动之速，古代兵法上说：“善动兵者守如处女，出如脱兔”。精于技击者也是这样，在临敌应变时，静则松静自然，浑噩无方，使对（胥注：“对”当为“对方”）无隙可乘；动则迅雷掣电，石破天惊，使对方无从抵御。无论静和动都是气定神闲，如行云流水极其自然。一般人临敌时自谓精神集中，实则头脑紧张，自觉攒拳怒目，实则遍体僵直，与人角技是没有不失败的。善于技击者在动静松紧之间掌握得是极其适当的，非平时在站桩和试力中下功夫，不能到此境地。

5. 有的人不懂拳学的道理，感到站桩和试力既不花团锦簇，又不紧张热烈，怀疑这种功法的作用。实则技击之道应求实用，不必追究美观。站桩试力是由无力中求有力，由笨拙中求灵巧。先师所传：“大动不如小动，小动不如不动，不动之动才是生生不已之动”，先师并曾解释说：“外边大动里边不动，外边不动里边大动。”所以，不动之动才是内动。至于临敌时动愈小则愈速，敌未动我不动，敌欲动我先动，完全切于实用。花团锦簇、紧张热烈，但求美观之姿式，是并不切合实用的。

拳学之妙理，有时但可心领神会，有非言语所可表达、笔墨所可形容者。欲在实践中体会拳学的妙理，必须从站桩功入手，站桩功似易实难，似难实易。所说它难是由于学无止境，练功几十年也难尽其奥妙；所以说它易是由于人人可练，很少出偏差，只要坚持下去，就会不断进步。但是，先师王芗斋先生曾说研究拳学“百日一小成，千日一大成”，这当然是指各方面条件都具备而又刻苦用功的人，不可（胥注：“可”当为“过”）由此也可以理解到，只要肯于用功，深造并非难事。凡习练此功的，只要具有恒心、毅力是一定会大有成就的。

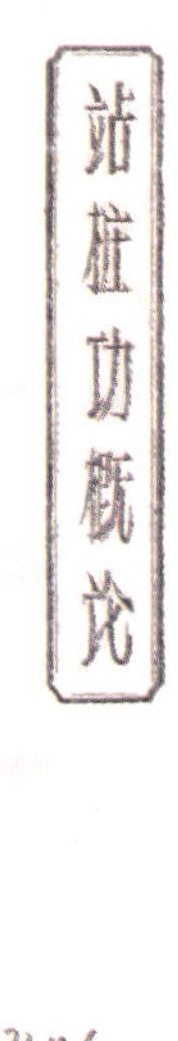

站桩功概论封面

第24章　站桩功法三十一式

王玉芳

一、撑抱式

站桩功基本间架：全身自然直立，气静神怡，应戴天覆地与天地合一，头居人体最高处，为一身之主宰，不宜倾斜，周身舒展，微有挺拔之意。横步展开时，两足尖向前平行站齐与肩宽，不可前后参差。脚心涵虚，不可吃力，如果足用力，则站不稳，心顶于头，气机受阻，全身关节不灵，焉能求其稳定；臀部略向下坐，似坐高凳，膝关节微有弯曲，小腹常圆，双手慢慢移至胸前，高不过眉，低不过脐，松肩坠肘，腋半虚，臂半圆，双手距胸一尺左右，手心向内如抱球状，手指分开而微曲，两手指相距二、三拳远。心窝微收，头直目正，面部似笑非笑，牙齿上下衔接，不要用力扣合，舌尖似顶非顶，自然为主，呼吸求自然，嘴微张露一缝隙，以达到舒适为原则。远望眼前景物好像为轻雾所遮，隐约可见，或两眼轻轻闭合，要精神内视，“收视听内”，切忌意守眉心，静气听极远处微细的声音，由近到远，渐渐就听不到了，感到耳边有声响，就像下雨一样作响，这就是先父王芗斋讲的“敛神听微雨”的意思。

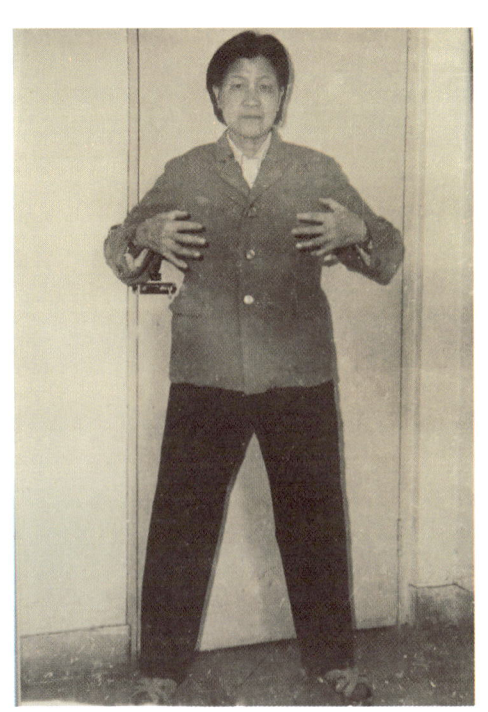

王玉芳老师示范“撑抱式”

二、浮托式

两脚同前式，两膝略弯，最大弯度前不过脚尖，臀不过脚跟，两脚力量平均，全身重心置于两脚中间。两手提于肚脐左右，臂半圆，腋半虚，松肩坠肘，手心向上，十指分开略弯曲，双手手指相对，距离三拳左右，似托一个气球。头直目正身直，臀部似坐高凳，目似闭非闭，自感全身飘浮，有虚灵挺拔之意。

三、浑元式

身体直立，双腿站成丁八式，双臂提起，小臂下落，手心向内，十指分开，双腕用力，手指用意下指地，设想自己如千年松柏之劲立，两足稳如生根，不怕飓风吹动，因而站如松，适合体强加力者。

王玉芳老师示范“浮托式”

王玉芳老师示范“浑元式”

四、矛盾式

设想自己如千年松柏之劲力，两足稳如生根，成弓箭步；撑肘，目从虎口远视，此间架讲求形、意、气、力相合。形（姿势）和意（意念活动）二者不可偏废，才能收到灵活适宜的配合。

五、扶按式

两手提于胸前，闭目，手心向下，如按水中气球，身略前倾，上下有浮动之感，要以腰为轴左右划弧，要缓动 2～3 分钟一个单程，设想自己下半身泡在舒适水中，水从四面八方缓缓向身体冲撞，任其自由摇摆。

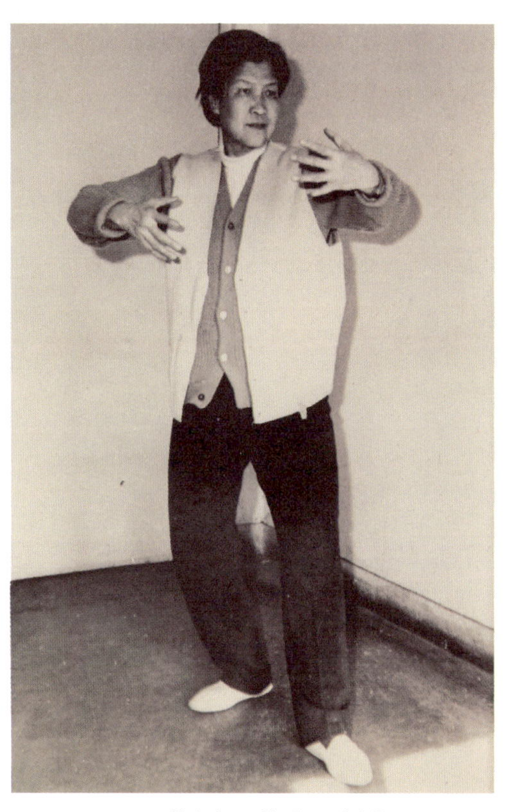

王玉芳老师示范“矛盾式”

王玉芳老师示范“扶按式”

六、行走式（陆上行舟）

身体直立，目视远方，双腿略曲，两臂自然平展，松肩撑肘，手指前伸，抽胯出腿，左腿向左旋转约 45°，左脚着地，右腿同左腿动作一样，轮换动作，双手掌似按两个大气球，随身缓缓滚动，随机前进。

七、坐式（一）

身体直立，端坐椅边，两膝自然分开，膝曲约 120°，双手撑起似抱球状，松肩坠肘闭眼，嘴微张，似听百鸟争鸣，视青山绿水行舟坐船上，犹如春风徐徐吹拂。

王玉芳老师示范“行走式”

王玉芳老师示范“坐式（一）”

八、坐式（二）

松肩坠肘，双手搭扶在大腿上，两脚分开比肩宽，两腿微曲放松，两脚跟着地。闭目、静想面前优美风景，面部似笑非笑，如杂念丛生不易克制，则听之任之，来者不拒，去者不留，还可静观活动，好似高空思明月，远方传来悦耳歌声，逐步进入迷离忘我之境界。

九、坐式（三）

两腿前伸，两脚平放着地，脚距比肩宽，双手自然平伸，似放于水面，手心向下，十指分开，似夹非夹，用意不用力，才能做到意到力即到。

十、坐式（四）

身坐椅边，两臂左右分开，自然抬起，高不过眉，十指分开，似夹非夹，似推物状，闭目养神，意贯全身，两腿分开，两脚平放，略比肩宽，两臂也可自然轻放腿上。

王玉芳老师示范“坐式（二）”

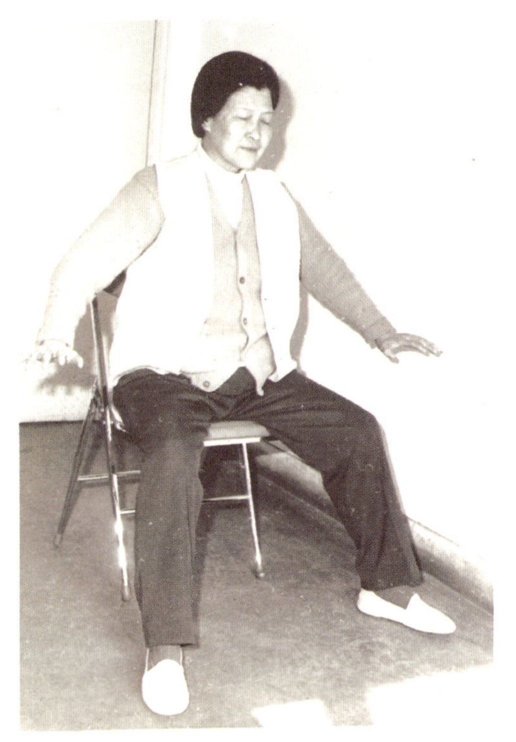
王玉芳老师示范“坐式（三）”

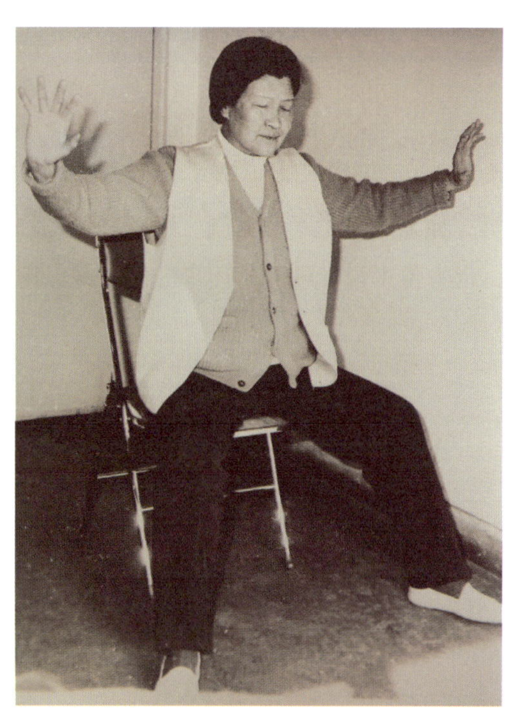
王玉芳老师示范“坐式（四）”

十一、卧式（一）

两臂抬至胸前，松肩撑肘，肘离床面半尺左右；十指分开略曲，似有松紧带相连，用意撑拉两臂，两膝提起，脚跟着床，累时双脚平放床上，肘部着床，闭目似睡。

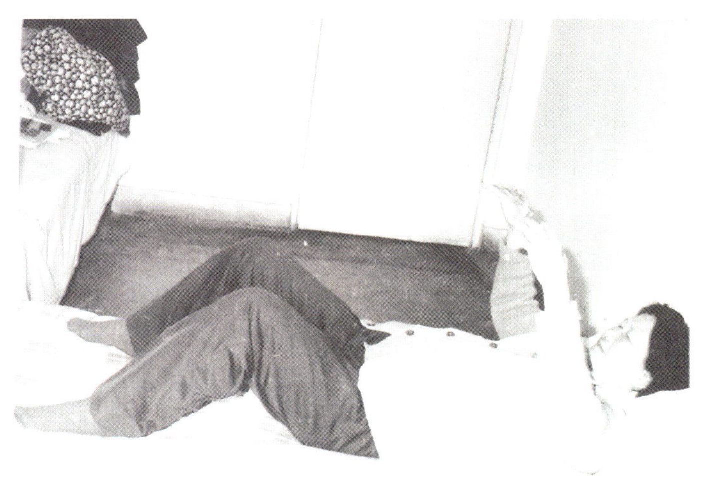

王玉芳老师示范“卧式（一）”

十二、卧式（二）

曲身仰卧，枕头高低相宜，两臂抬至胸前，松肩撑肘，肘似贴床，十指分开撑夹，手心向脚，两膝提起弯曲约 45°，脚跟着床；累时两脚平放下踏，肘部下落着床，反观内视，心胸浩瀚。

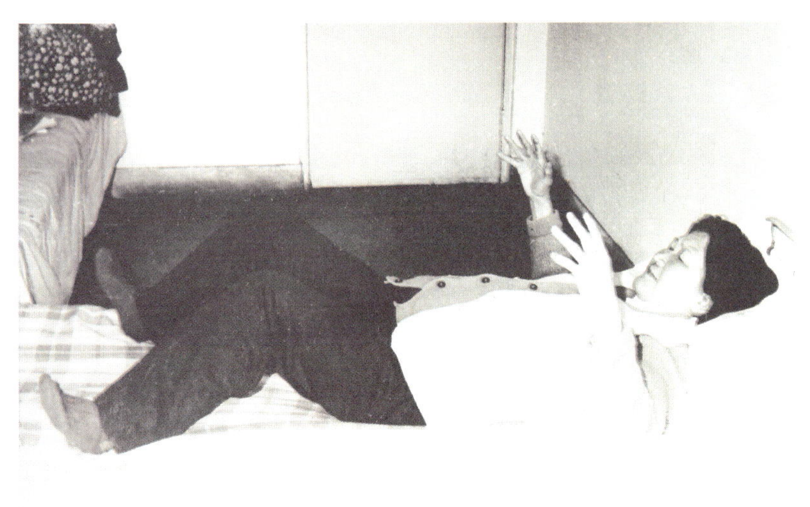

王玉芳老师示范“卧式（二）”

十三、卧式（三）

身体仰卧，两腿平伸，脚距约小于肩，闭目，嘴微张，双手贴于腹部，然后两手轻轻抬起，自上而下按摩丹田区域；累时如仰卧水中荡漾，体会自身似被大气包裹，合为一体，达到入睡状态。

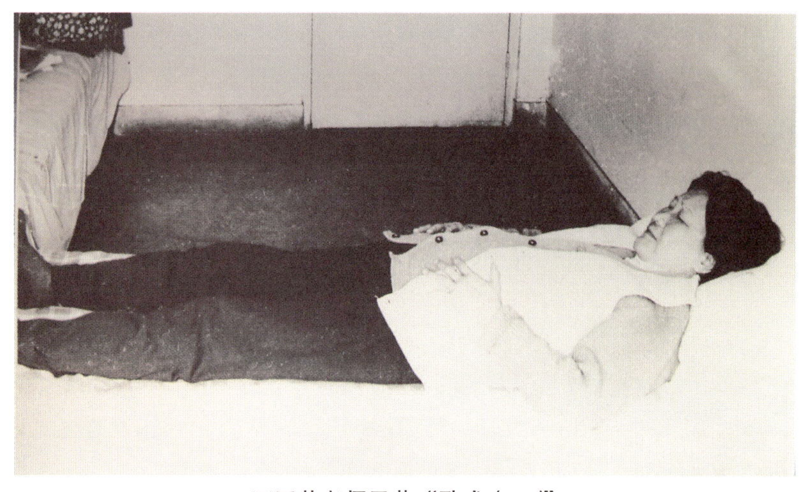

王玉芳老师示范“卧式（三）”

十四、卧式（四）

右侧卧式，两腿微曲，左腿放在右腿上，左手放在左腿上，右手曲放枕旁；设想自身卧于温水池里浮动。静听风吹树叶沙沙响，似有房檐流水滴答声，不知不觉蒙蒙入睡。

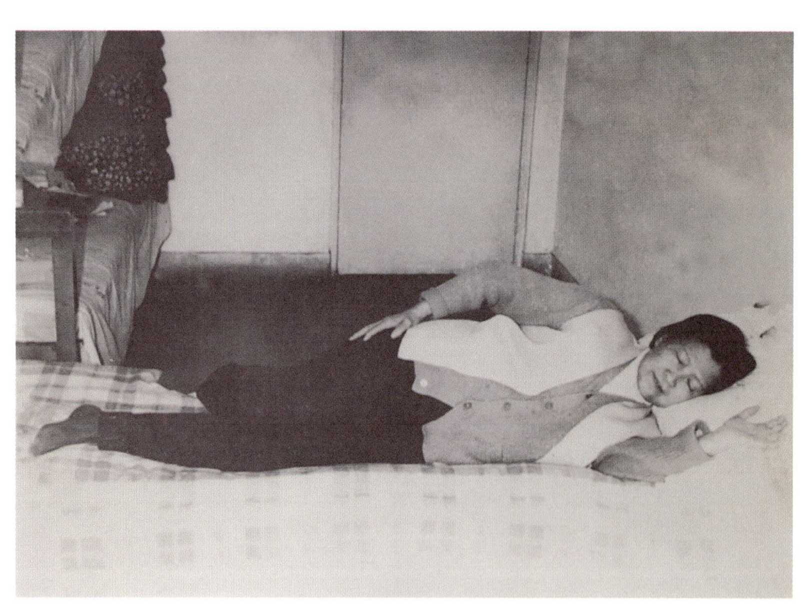

王玉芳老师示范“卧式（四）”

十五、扶物式

双手扶物，两手一上一下，脚站成丁八步，或一前一后，前脚平放，后脚跷起，累时可轮流倒换，上体向前略倾，也可左右倾斜，闭目，意念犹如脚似踩棉花包，自觉全身轻灵；从头部向下体逐渐放松，先由颈项、两肩、两臂、两腕、两手、胸背、腰腹、胯腿脚一直到脚趾，如此上下循环不已的反复进行，慢慢细心去体会，万勿急躁。

十六、双侧揉球

设想自己的两手扶于飘浮在空间的气球上，双手变化玩球，球欲脱手起飞，浑身要腿足提缩，进退卷臂，追捉不舍；总之身体与球处于动态之中，有欲动又欲止、欲止又欲动之意。

王玉芳老师示范“扶物式”

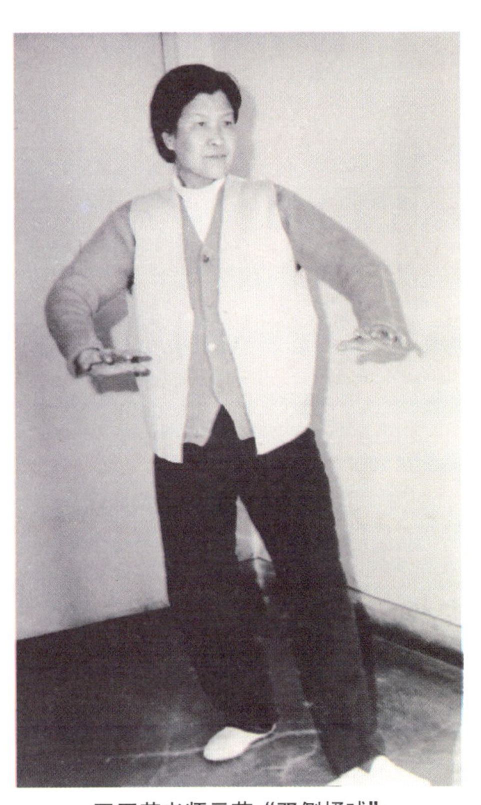

王玉芳老师示范“双侧揉球”

十七、单侧揉球

两足站成丁八步，两臂抬起在胸前，两手相距约 2～3 拳，十指分开，手心相对似揉一球；目远视，左手在前右手随后，要领是左手背向外撑拉，右手随着左手推，推到前方时，云手换位，右手背向外撑拉，左手随着右手推，左右两手反复互换，慢慢转动，臂半圆，腋半虚，前进后退或原地活动都可。

十八、丁八式

身体直立，精神集中，目远视，虚灵挺拔，脚站成丁八步，两脚距离与肩同宽，撑裆、两膝分争，三夹两顶（三夹：大腿跟夹，膝窝夹，脚脖子夹。两顶：膝盖顶，足趾顶），前脚着地，脚跟略抬起，后脚吃力（前四后六，或前三后七指的是腿的担负力量），双手抬至胸前，手心相对，十指向前。

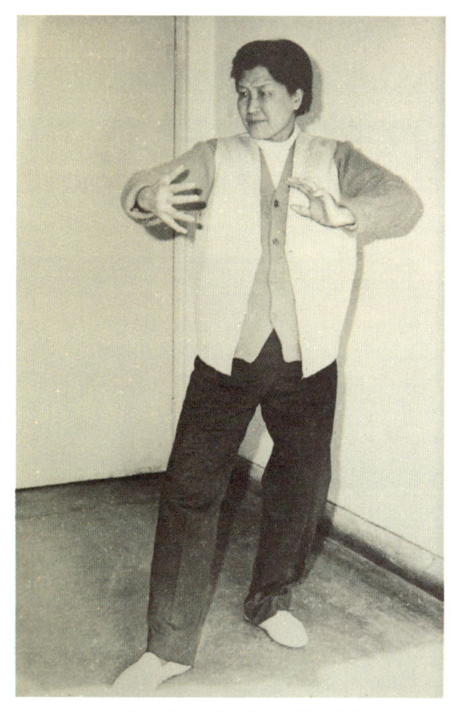
王玉芳老师示范“单侧揉球”

王玉芳老师示范“丁八式”

十九、金鸡独立

身体直立，精神集中，双臂抬起，手心向下，平放胸前，三分撑七分抱，十指分开，似按水中气球，虚灵挺拔，臀部似坐，左腿抬起，脚向外蹬，脚尖稍向回勾，右腿弯曲，臀部和脚跟成直线，目向前视，两腿可轮换时间以不超过自身负担为宜。

王玉芳老师示范“金鸡独立”

二十、加力降龙

两脚大步分开，身体前倾，前脚脚尖向外横平放，前腿弓，后腿绷，两臂分撑；一手向前似推物状，一手向后成搓按式，头向后扭，目视后手虎口，精神集中。

李见宇先生示范加力降龙桩

二十一、降龙式

见加力降龙式，动作减小，神意要足。

王玉芳老师示范“降龙式”

二十二、伏虎式

身体直立，大步分开，形如丁八式，前四后六，前腿弓，后腿撑，三夹两顶，两手在膝盖上部，两臂撑抱，似捉一虎，左手提抓，右手搓按，头带动全身，目向前平视，精神集中。

二十三、举手式

身体直立，两臂轻轻抬起，高不过眉。十指分开，似夹非夹，腕略用意，似推物状。两腿似曲非弯。背部似靠。胸略虚含。头直目正，凝神定意。嘴微张，意念要有内三合及外三合之感（内三合即心、意、力合；外三合即手、脚、膝、胯合）。小手指和脚趾，似松紧带相联系，肘尖和膝盖相联系，肩和胯相联系，下肢似有木杆撑，松紧相兼，需细心体认。

王玉芳老师示范“伏虎式”

王玉芳老师示范“举手式”

二十四、开合式

自然站立，成丁八步。以手行之，用肘带手开合，手指内扣勾拉，似拉弹簧。头带全身活动，收之意无断续，两手中间存在放纵张力。手掌如触球体，抗推压挤中间空隙，如此不断转化，久之便虚中求实，吞吐开合即在其中。

二十五、分争式

头要撑拧顶缩，肘似横，手腕勾错敛抗，抽胯提坐，撑膝，手往后拉，力量放远，手拉前指，力量则后来。全身处处都有逆力，动时要给自己设立阻意，大小关节才无处不争，总之在多种力量的分争中，求统一。

王玉芳老师示范“开合式”

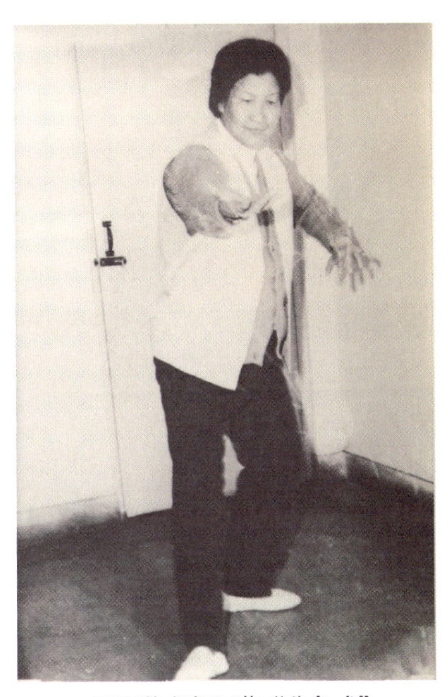
王玉芳老师示范“分争式”

二十六、前后分水

两足站成丁字步，膝微曲，双手不要高过胸，两臂分开，手心向前，为前分水式。手心向后，拇指向下，肘带小臂后拧者为后分水式，全身放松，似在水中游泳，此式要稳缓。双腿可倒换，要用意来领会。

二十七、陆地行舟

头直目正，目视远方。两臂分开，松肩撑肘，十指分开，似夹物状。两腿一前一后（丁八式），前脚落实，后脚似在泥中拔起，脚脖子上有如杂草牵拉之力，当后腿变为前腿伸出的时候，脚掌平离地面，似搓小球，缓缓向前滚动，两腿前后倒换，不断前进后退；膝上领，脚下随，缓缓向前运动时，要用意、手示意；腕如轴，小臂带大臂，头领全身，小腿带大腿，腰如轮轴带后腿，两脚交替，不断推动前进。

二十八、蜻蜓点水

身直立，面向前方，利用手的弹力斜面展开双臂，脚随双臂动作幅度自然前伸，稳踏重心，用腕带动手指，似按水中球，两脚总是一实一虚，起落自由，随意念掌握。

二十九、神龟出水（一）

设想自己身体如浸水中站立，如图所示以分解动作如下：缩身若有钻提放纵之形，同时双臂呈环抱状，臂半圆，腋半虚，双手如扶桌面，缩身拧裹，抽胯下坐，重心移向后腿。

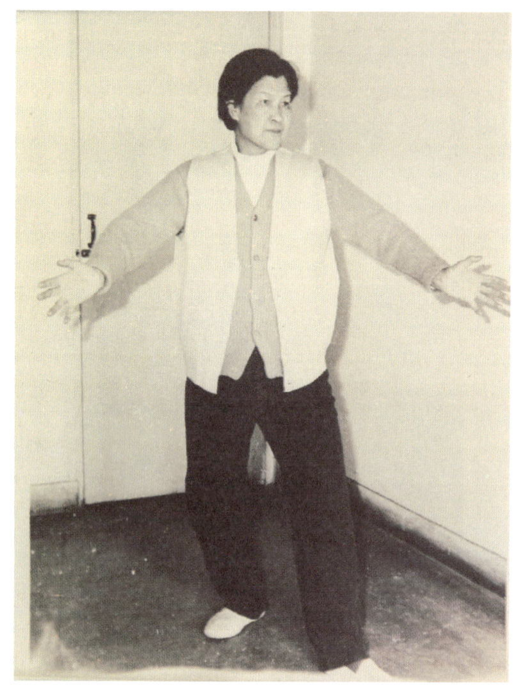

王玉芳老师示范“前后分水”

王玉芳老师示范“陆地行舟”

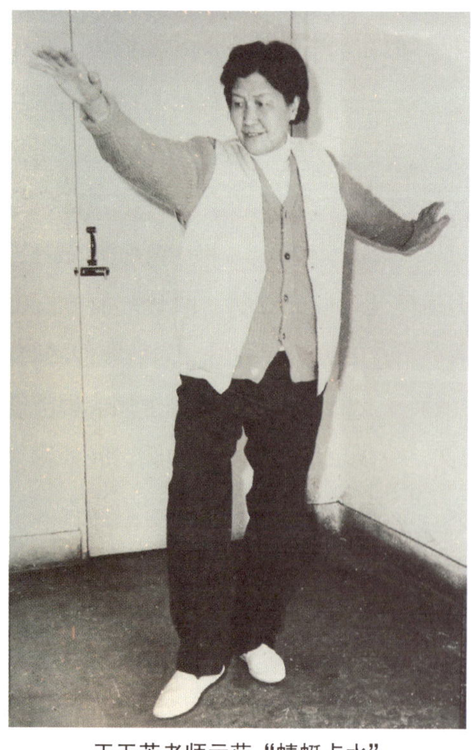

王玉芳老师示范“蜻蜓点水”

王玉芳老师示范“神龟出水（一）”

三十、神龟出水（二）

卷身催胯，以腰为轴，螺旋扬其身，如龙出水，同时头身手足肩肘膝胯，大小关节同时牵动，重心前移，双臂与身成反向运动。

三十一、神龟出水（三）

两足重量，前四后六时，双手如按水面之球，头带全身起伏，要均整，气贯一致，目视汪洋大海，显示出波澜壮阔之势。

王玉芳老师示范“神龟出水（二）”

王玉芳老师示范“神龟出水（三）”

胥按：本章除了“浮托式”“举手式”和李见宇先生示范照片，其余照片全部用王玉芳老师赠送我的原版照片扫描排版，弥足珍贵。此书出版后，我准备将照片赠给金桐华三哥。

第25章　大成拳与太气拳

泽井健一　著
傅存民　译

胥按：泽井健一在其1976年出版的《实战中国拳法——太气拳》一书中，较为详细地叙述了他与王芗斋先生的比武经过，并对武术的真谛，以及大成拳与“太气拳”的创立等，都做了论述。鄙人弟子傅存民翻译了泽井健一著作《实战中国拳法——太气拳》的部分内容，题目为笔者拟定。

泽井健一

在第二次世界大战已经过去三十年的今天，以所谓的武道之名，众多的格斗技术在世界流行，像这样的武道盛行的情况，或许是迄今所未有的。为什么各种武道如此之流行呢？我感到十分的迷惑。连根本谈不上是格斗技的东西也在走红，连影视剧也在随便使用武道的动作，已经很难对什么是武道下个结论。

不管质量如何，从数量上看，武道得以广泛的普及，众多人以各种形式表现出对武道的兴趣，通过修行武道而受益，是件令人欣喜的好事。并且，从各种武道技术中博采众长也是很好的事情。

但是，只重视普及，而牺牲武道的本质或内容，是在走弯路，不应当这么做。

不论什么事情，虽说都应当与时代以及时代的主要潮流相结合而发展，但就今天武道的情况来说，不得不说已经远离了武道的本质。现而今，各位武道家应当摒弃迎合时代潮流的行为，回归武道的本质，否则真正的武道就得不到发展。

作为武道来讲，原本就是不允许凑合的严肃的东西。习武之人时常处于生死之境，优柔寡断或者凑合的话，分分钟钟关系到自己的生死存亡。具备性命相寄的严肃精神并超越生死的武术家或者武艺，才是真正的武术家或者武道。

今天，以命相搏的比武或技术已经废止，被成熟的体育比赛取代。但是，不管形式如何变化，武术的本来面目，也就是关系生死的严肃性却是不能忘记的。将武道作为生活的手段，抑或是以此出风头，这样的教学者再多，也不会促进武道的发展。

我在二战的时候，身居中国的最前线，是在战争这种极限状态中度过的，因此我也就知道了人的生命到底是什么样的东西。当时，我向中国最大的武术家王芗斋先生学习了真正的武道、真正的拳法。本来，我对武道，特别是剑道和柔道充满自信。向王先生学习后，王先生教我知道了真正武道的伟大之处。

王先生的教学方法，于今一切都要讲究合理主义的观点看，是非常没有效率的方法，是特别花费时间的练习方法。举例来说，本书在“用气”的练习方法的部分也有说明，仅仅立禅一式，为了专心地将自己的身体自内开始锻炼，需要多年持续同样的单调的动作，对于当年血气方刚的年轻的自己来说，有时也十分痛苦。但是，离开先生后，经过三十年的专心练习，终于理解了只有使用这样的教学方法才能掌握真正的武道。

归根结底，武道都是需要长时间的练习才能技艺上身并精进的学问。讲求任何所谓合理性或科学性，都会阻碍体会武道的本质。如果想接近武道的本质，先进的方法呀，古老的方法呀，用这些道理都解决不了问题。只有一根筋地将自己的全部忘掉，养“气”练身，才是唯一的方法。

以我自身的体验来看，在凡事都有些性急的日本，最初也没有认为这是任谁都能够容易理解掌握的东西，所以只是为了自身而持续修习至今。但是，长期以来，理解我的拳法，一起练习的人士不断增多，最近连外国人也来学习了。此时，日贸出版社委托我出书，实际上我比较为难。为什么呢，因为这门拳法超越了道理，只能以自己的身体来体认，我担心能否以文字或照片讲的清楚。另外，通过书本学到的武道是否有用呢，我一直处于矛盾和疑问困惑中。

但是，也许即使通过一张照片也有人能获得其中真意呢？出版社如此说服我，我也就答应出书了。

本书的出版，和我一起练习的弟子们提供了莫大的帮助，我想借此写出他们的名字表示谢意。

首先是佐藤嘉道，还有岩间纪正、J 克林巴赫、吉田一男、伊藤幸夫、松村康男、中村光男、今井学和我的次子泽井昭男，对各位的协助，以及摄影师松永秀夫和日贸出版社的大力支持，表示衷心的感谢。

1976 年 10 月

一、太气拳的历史

（一）内家拳与外家拳

中国的武术据说始自达摩大师，这只是传说，并没有确实的证据。不过，传承至今的少林拳却可以印证当时存在武术锻炼的情况。之后，中国的拳法流派纷呈，传承至今。其中，有名的拳法有少林拳、太极拳、形意拳、八卦拳，不太有名的拳种就数不清了。

那么，本书所讲的太气拳，此拳法属于形意拳流派。形意拳与太极拳、八卦拳同属于内家拳。与此相对，少林拳属于外家拳。如此这般将中国拳法划分为外家拳和内家拳虽然有问题，但是非常有助于对中国拳法尤其是武术的理解。那么，就简单说明一下它们的不同。首先是外家拳，它是从形体的训练开始锻炼人体的筋肉，逐渐习得技艺的方法，外在表现为刚，技艺的修习从外形上容易理解，容易学习。然后是内家拳，它重视内气功夫，以禅法锻炼精神开始逐渐练习动功。与外家拳的刚相反，内家拳为柔，内家拳精神的锻炼需要的时间很长，可以说内家拳的修习是非常困难的。

（二）形意拳的发展

形意拳都说传自宋朝末期的岳飞，但也没有确实的证据。之后，河北省的李洛能成为有名的形意拳家，之后其弟子郭云深以半步崩拳打天下而闻名遐迩。郭云深的功夫极端恐怖，和他比武能免一死的据说只有其师兄弟车毅斋和八卦拳的董海川二人。另外，郭云深因与各地的武术家比武曾经打死过人，因而在监狱中度过了三年时光，期间创编了称为“魔手”的神技。

形意拳因郭云深的出现而扬名天下，其门下英才辈出，如其弟子李殿英、王芗斋以及其子郭深等都是有名的武术家。王芗斋，又名王宇僧，是大成拳的创始人，是我的老师。另外，李殿英的弟子孙禄堂发现了形意拳、八卦拳、太极拳三大内家拳的共同点，是为综合派。郭云深的同门刘奇兰继承了传统的形意拳，传承人有李存义，李存义又传了尚云祥，是为保守派。如此这般，自郭云深之后，形意拳就分为李存义的保守派，王芗斋的心意派，孙禄堂的综合派。孙禄堂在《形意拳（上・下）》一书中详细讲述了王芗斋的事情。

（三）大成拳与“气”

大成拳作为形意拳的一个流派，创始于王芗斋，如上所述，被称为心意派。那是因为王芗斋说过，“郭云深先生的神技来自于气力，不修气力得不到本能技艺”，因此王芗斋以立禅为重点练习武艺。而且，与对手切磋时，的确充分发挥了气的作用，也就是说，王芗斋的拳法达到了大成，他将此拳法命名为大成拳。

（四）与老师王芗斋的见面

我与王芗斋先生的见面缘于二战前我住在中国。王芗斋先生体格并不高大，步如鸭行。但是，想拜入先生的门下却非常艰难。想拜师的人来了只会被留在当场，想观摩学习的话就必须跟弟子们练习。我因为是外国人，所以当时有一些失礼的提问和行为。

和先生见面时，由于我是柔道五段，对自己的实力颇为自信。拜托先生比试时，我先抓住先生的手想施展技术，但是每次都被弹飞，不能一气抓牢施展技术。因此，我拜托先生等我抓牢后再动手。我抓住先生的左袖和右襟，想先摔倒先生，不行的话就施展寝技。说好开始的瞬间，我的右手被完全秒杀崩弹。我多次拜托比试，都是同样的结果。并且，我每次被弹飞时，都有心脏被轻微打击的感觉。虽然是被轻微的打击，但是心脏犹如被刺中一样，心脏摇摆，是一种怪异可怕的疼痛，至今难忘。即便如此，我也没有放弃。我想比试一下剑道，我持棍棒打击先生时，也被先生手持的短棍掸掉，一次也没有获胜。练习后，先生淡淡地说，剑也好，棍也好，无非都是手的延长。

（五）太气拳的创始

我瞬间失去了所有的自信，眼前一片黑暗，不得不一个劲儿地请求王芗斋先生教授我技艺。之后，每日练习先生说的以立禅为重点的技艺的同时，逐渐明白了在这块大陆源远流长的中国武术。

那以后，我学会了大成拳，创造了太气拳。我是一名外国弟子，所以老师要求我不提大成拳之名，单用气字，名为太气拳再展新途。今天，我非常自豪自己掌握了这门历史悠久的拳法。每当回顾往昔，王芗斋先生的身姿常在我的眼前浮现，就会想起先生常常对我说的话，“气的力之伟大，给你说几百遍几千遍你也不会明白，跟我一比试，你就知道了。你必须通过自己努力才能学到它”。战败回国后，有一次在某个道场的比试中突然感到这不正是先生说的气吗？大吃一惊。这次的吃惊，奠定了我作为武术家的一生之路，才有了太气拳的开始。

二、关于形意拳

（一）李洛能与神拳

形意拳又名心意拳，据说创拳者是宋朝的岳飞，但没有确实的证据。明末清初，山西人士姬际可枪术超群，奠定了形意拳的基础。之后，曹继武和马学礼继承了下来。

到了清代，曹继武的弟子戴龙邦或戴陵邦出现，又有听了戴龙邦传说的河北人李洛能拜入戴龙邦门下。李洛能在 45 岁以后被称为神拳，终成大家。比试时，对手因其力大手疾完全不能近身。其后归故里，教习弟子，河北省的形意拳声名鹊起，出现了许多优秀的弟子。其中，郭云深成为大家，号称全国无敌。

（二）郭云深与崩拳

郭云深特别擅长崩拳。据说几乎所有的对手倒在他的崩拳之下。他在一次寻仇的比试中杀了人，坐了三年的牢。期间，修习磨砺，创造了独特的崩拳技艺。因在牢狱中经常被绑缚，手与手的间隔受限，一手欲前，另一手也经常前出，也就是说，一手出拳打出，另一手经常出拳相随，形成攻防兼备的打法。如此这般，据说经常看准间隔时机，以随意的步幅攻击对手时，以手铐防御的同时，与对手交错（错身）而攻击。三年的牢狱生活成就了郭云深的这门独特技艺。郭云深体格并不高大，但功力强大。有一天，其他流派的僧人弟子请求试手，他半步前进出崩拳将僧人打飞。僧人请求再试，又被崩拳打折肋骨以至于不能起立。郭云深的崩拳就是具有如此的威力。

（三）从太极学到十二形

形意拳的练习，首先要学习太极学，通过立禅练习基本功的“气”，然后练习形意五行拳。五行拳有劈拳、崩拳、钻拳、炮拳和横拳，加之作为应用技术的进阶的连环拳。这些技术相互关联，实际与对手比试时，从这些技艺中取自己合适的一技使用。形意拳的练习里还有十二形。所谓的十二形，即龙形虎形猴形马形龟形鸡形鹞形燕形蛇形“鲐”形鹰形熊形，来自十二种动物的外形。形意拳名字的由来也源于此，意味着揣摩动物的意和形的拳法。这样就好理解了，包括人类在内，动物原本运动时并不通过大脑判断。动物的本能，也就是来自于动物的自然的意，以此意为形的东西就是形意拳。所以，没有意也就没有形。这一点是形意拳与其他拳术的最大不同。练习时，如果觉悟不到这个本来的意，即使学习再多的技术也没有意义。的确，通过多年的技艺学习，能够到达一定的水平，但想成为大家却是不可能的。追求武道的人需要早日留意这一要点，须臾不可懈怠地锻炼自己。

（四）形意拳的精髓

形意拳的特征，在于与对手比试时，面对对手攻击，有进无退。形意拳没有在一定距离踢腿的技术，在对手攻击的同时要近身抢中。第二个特征是，必须有一手防御。不管这只手是推还是拉，形意拳必须有完美的防御。第三个特征是形意拳没有伺机撤退或牵制对手的打法。随着对手的身体动作，自己的身体自然无碍地的瞬间运动，这是形意拳的精髓。不会在脑子里东想西想。举例来说，某种武道里有右手牵制对手的同时踢打对手的练习方法。但是，形意拳没有牵制等打法，如果对手牵制我方时，会迅速轻易地抢入对手身体中间攻击对手。这样的形意拳的技法，就是不用大脑判断对手的动作并思考应对方法，对于任何对手的动作，都是无意识地瞬间且丝毫不拖泥带水地准确地运用自己的身体来防御和攻击。

三、太气拳的特征

（一）气的养成

太气拳最重要的东西里，气居其一。可以说没有气就没有太气拳，气是非常重要的东西。但是，气也绝不是难学的东西，即便有强弱之差别，也是谁都具备的东西。立志学习武术的人通过气的锻炼，肯定可以变得强大，再进一步将气的力量在接触对手的瞬间充分发挥出来才是重要的事情。即使经过不断的练习，在与对手比试时，不能做到将气的力量外放，也是没有意义的事。

那么，如何才能做到在面对对手时将气的力量充分发挥出来呢？其实并无具体之法。但是，可以通过修习叫作立禅的太气拳、大成拳来养成。所谓立禅，是中国武道家操作的，通过站立方式做成的禅。这种的禅做成的话，神经系统会安静，变得敏锐，同时可以锻炼呼吸。进一步作禅站立的话，最初头脑里会浮现各种东西。随着手腿足腰会疲惫疼痛，头脑里考虑的东西就会集中于疼痛之处，就什么也想不了了。腿脚疼的话，光是腿脚的神经被刺激，手和腰有种从自己的感觉脱离开来的情形。就这样经年痛苦的修习，就能做成清晰的禅。于是，气也就在不知不觉中养成了。

我跟随王芗斋先生作禅的时候，非常痛苦，怀疑做这样的事情到底有什么意义呢。当时，王芗斋先生只是对我说，“给你说了几百遍气的力量你也没理解，这是需要靠自己的努力修习的东西”。我现在对自己的弟子也说同样的话。只有这样，通过针对自身的严格立禅的练习，气才能养成，并不是一教就会的东西，或许这才体现气的珍贵吧。

如上所述，气是几乎不能用语言解释的东西。所以，请允许我以陀螺举例来说明如何获得气的感觉。“气”就像是一个劲儿地旋转的陀螺，旋转快的陀螺，从一旁观察的话，就如同静立一般。但是，如果有东西触动陀螺的话，瞬间就会被弹飞。如不用东西触动它，就不能从外观上理解这个陀螺的威力。真正能够将“气”发挥出来的武术家，拥有类似旋转的陀螺那样的威力，与对手比试时，乍看像静静地站立着，对手攻击时，前出与对手接触的瞬间，“气”的力量就会发出来。

（二）有形与无形

太气拳是没有规定的形的。本书中虽然示范了许多防御攻击的技术，也无非是举例说明有这样的防御攻击的方法。

腰胯步练习

要点是通过修习立禅和腰胯步，达到完美程度后，因应对手的攻击，以自然的形用手或者身体来回应对方。勉强将形作出规定，不管大个子、小个子都用同样的形来练习技艺是没有意义的。另外，太拘泥于形的话，动作反倒会僵死。太气拳是自己来学会自己身体里已有的自己的动作。这里面太气拳的优势与难点共存，有了适合自己身体的自己的动作之后，可以说才具有作为内家拳拳法家的萌芽。太气拳有形无形，也就是说有形也没形，就是说的这个意思。

（三）天·地·人与身体的动作

迎手

太气拳必须将身体全部分开。手是手，脚是脚，练习将它们各自运动起来是十分重要的。所以，这个也与上述的太气拳没有形的事情是相关联的。右架，左架，这样规定的东西是没有的。手，是保护自己的触角，腰是起稳定身体的“地”的角色。太气拳有坐腰的动作，普通人腰下坐后就不能动作。那是因为腰部僵硬。受到充分锻炼的柔软的腰就没有这样的问题。另外，说到脚，为了充分锻炼身体，步幅不能大。顺便说一下，没有步幅大的名人。

太气拳，手的所有动作都含有防御和攻击。有时候，手也具有刀的功能。手的动作，分为迎手与掸手的技术。迎手，就是用手腕的内侧，接住对手的拳，引进来。掸手，就是用手腕的外侧将对手的攻击击退。进一步讲，还有迎手向掸手关联演化的技术。

现在，这里假如将肩膀到手指这一段都叫作手的话，做出像照片那样的样式，这就是像昆虫的触角那样的动作。然后，这个作为触角的手，在对方攻击过来时，是用手的内侧接，还是外侧接，自然决定。这个判断，绝不来自眼睛或大脑，手与大脑完全分开，靠自己触角的作用迅速回应对手的攻击。另外，像照片那样，右手上或下的时候，左手始终作为帮手，这一点需要注意。

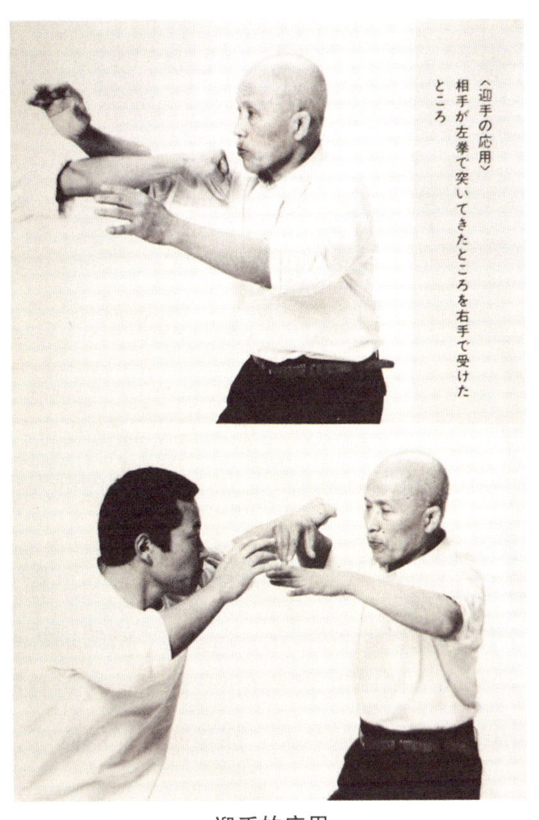

〈迎手の応用〉
相手が左拳で突いてきたところを右手で受けたところ

迎手的应用

所谓的帮手，是指接对手攻击拳的手失误时，另一只手来帮忙，这只手叫作帮手（添手）。

另外，根据手的触角感受，全部身体都要有所反应。手降腰也降，手进腰相随。如此腰手相合，手的威力倍增。想要学习太气拳的话，必须将这个太气拳独特的手始终放在脑子里进行练习。

（四）在大自然中训练

太气拳可以在室外练习，尤其是早晨在树木多的地方。在大自然中练习，可以从大自然中得到很多东西。所以，没有必要去道场。武道说到底是属于个人的东西，因此，在大自然中经常训练，是功夫增进的唯一法门。

我对于武道的理解是，这犹如一棵巨大的树木。树的下部是粗大的干，树幼时，随着年月增长，向上生长，树干变细，不久化为树枝。幼树时期树干粗壮有力，怎么练也能坚持。但是，年老后，变为树枝，风吹枝弯，不弯曲就会折断。年纪越大，像树梢的小树枝一样，完全委身大自然，没有炫耀，也没有蒙骗，所谓的枯枝添火，为后继者作垂范，这才是真正的优秀武术家应做的事情。

この場合、相手の攻撃をいかに防御するかということを想定して練習するのではなく、ただひたすら粘土のように身体を練り上げることがその秘訣である。
身体を練る過程には、迎手・払手・差手・打拳という四種類の稽古方法がある。写真はその基本運動を示したもので、①構えの姿勢から、②～⑤の順でゆっくりと身体を動かし、⑥逆足で元の構えに戻る。

练　习

（五）禅

在日本，普通人作禅通常坐着，称为坐禅。中国武术有站着进行的作禅叫作立禅。通过立禅，人们可以将持有的内力变强，养成瞬间的爆发力。这个从内部发出的瞬间爆发力，通常叫作“气”。立禅就是培养气功法的气的做法。

接下来，说一下气。气，靠说明来理解几乎是不可能的。如果有人可以教授气，那也不是真正的气。恐怕不过是语言上的气。气，归根结底，是通过严格的训练或者实战中与对手对峙得到的东西，此外别无他法。几千年的中国历史中，气也只能是通过对自己的严格训练，自己亲身领会得到的东西。形意拳、大成拳、太极拳的名人，都是通过禅的修炼，领会得到这个气的。

技术指导

前面讲过了，我在王芗斋先生给我说明气的时候，并没有听明白。但是，正如先生所讲，通过多年的禅的修炼，从中国回到日本后，和许多的人的比试中，某一天我突然感悟到“这就是气！”。王芗斋先生对于气的说明有这样的说法，“如果举例说明得到气的感觉的话，就如鱼在水里慢慢地游动，此时，将一粒小石子投入水中，鱼会唰的游走。瞬间发生，眨眼的速度。气就是类似那样。那不是一般所讲的运动神经，超越了这个”。王先生说的真实无误。我也是这样给我的弟子们说的。

领会得到气后，在与对手比试时能用上气的话，对手攻击来时，就能够将自身完全交给身体的自然运动。但是，如果没有领会得到气的话，即使做再多的筋肉锻炼，对手攻击过来时，或许自己也不会同时迎着对手去吧。当然，也可以抱着必死的念头突击对方，那或许是年轻气盛时的做法，并非武道家的做法。另外，如果追求攻击或踢打的速度，即使多年训练，速度也不会增加到两倍，而且随着年龄渐增，也会慢下来。但是，如果领会得到气的话，谁都可以有效迅速地突击或踢打吧。如此这般，当对手攻来时，都是自自然然无意识地随意进入对手，并且与对手交错时自己的身体得到防御，这不是速度的问题，而是得没得气的问题。

太气拳的立禅的姿势，不是单单的站立，其站立的方法就是内脏器官、腿脚、腰锻炼的具体方法，因此长期立禅可以使得腿脚、腰变的强韧。

立禅最适合早晨在户外进行。人类在自然当中才可以有新的气力奔涌而出。如果有志于成为武术家，则需具有任何地方都可以训练的能力。同样的地点，同样的道场，并且没有对手的话就训练不了，这样的人离成为武术家还差得很远，只能算是一个对武术有兴趣的人。在大自然的树木围绕中做禅，无法言喻的良好气氛中，自己也成为大自然的一部分。气也就在大自然中随着做禅而产生了。

（六）立禅

立禅是太气拳的基本功。通过立禅的训练培养气，所以必须学会正确的形。

步幅稍稍宽于肩（自然体态），手如抱粗树一样前举，眼睛的位置则是呆呆地目视前方（不要太凝视于一点）。脚跟微提，膝微曲。腰稍微下坐。

一开始可以立禅 10～15 分钟。多次训练后，增加到 30～60 分钟。一旦形体定下后，手腿足腰不要乱动，一直站立。

附：“呼吸法和潜力”

（引自《西野流呼吸法》泽井健一的弟子西野皓三所著）

女子体操选手科马内奇创造了奥运史上第一个满分时的呼吸，也是非比寻常。高低杠，平衡木，自由体操，不管哪一项，想不到观众无不屏住呼吸，被电视画面吸引。之前的奥运体操竞技史上还没有出现过 10 分满分的情况。当然，虽说这样的分数出现了，作为裁判员们却是暗自打分的，打出了现实中不会打的分数。科马内奇的技艺迷倒了裁判员，大家无意识地打出了满分。

这只能说是不可思议的呼吸吧。当时的科马内奇简直是神鬼一般的呼吸。之后，对于精彩的技艺，奥运会才开始了打满分的情况。

武道也是和呼吸紧密相连的。柔道名家三船久藏十段有个擅长的技术叫空气摔（呼吸摔），据说用了呼吸的力量。小个子要是摔大个子的话，就必须使用呼吸的力量。绝妙的技术的技巧称为呼吸也是相同的原因吧。

中国拳法史上被称为国手的，被全中国人敬畏的武术家王芗斋老师，是个小个子，手腕如同女子一般纤细。慕其高名，前来请求比试的有名的武术家，无不如孩童一般被其打飞。这就是内功的力量，“气”的力量。这个“气”与呼吸有密切的关系。这些内容虽说在很多中国武术家的书里写到过，而我是从王芗斋的亲传弟子、中国拳法的第一名人泽井健一先生那里听说的。

我亲身学习过芭蕾舞，又学了武道和中国拳法，深切体会到除了呼吸，没有发掘自身潜力的第二法门。

傅存民按：“在翻译的过程中，译者在使用什么样的术语来概括泽井健一先生对步的描述时，颇费了一些心思。我们中国人通常会使用摩擦步、蹚泥步等术语，泽井健一先生在书中使用了一个“爬”字，举了蛇类昂首挺胸依靠腰部动作前行的例子。如果忠实于原文来翻译，那么中国的读者会有所误解作者的本意。何镜宇前辈曾经翻译为匍行步，读者容易理解为匍匐前进，似乎也不是十分的确切。仔细琢磨了作者的原意，又参考了他本人还有他的一些弟子们的视频，发现重视腰胯带动行步是泽井健一先生的本意啊，这就和我们中国的摩擦步要领接近了。所以，定下了腰胯步这个术语。泽井先生的这个腰胯步，基本上没有蹚泥摩擦的意思，他可能当初在中国学的时候，没有学到全部要领。这也反映了，一些老一辈回忆说的没怎么教他，这样的传说是靠谱的。他是在旁边模仿学的，就是教他傻站了。为什么定义叫腰胯步呢？一个是体现它的动作本意。另一个是这个术语也比较优雅，显得更专业一点。”

胥按：泽井健一弟子在《太气拳》后记中写道：“（泽井健一先生）于 1976 年 4 月出版了《功夫太气拳的本质》的英文版，之后便与姚宗勋先生和王芗斋先生的女儿——王玉芳大姐取得联系。先生非常高兴，一直惊叹书的影响力。1984 年 4 月 28 日的朝日新闻‘天声人语’专栏有关于先生讲过的立禅。或许是道听途说的人们写作的吧，不过也说明立禅这个词语当时已经有很多人知道。书归正传，神宫的训练结束后到代代木车站附近的咖啡店请教先生问题是当时的惯常做法。自然立禅，之后随着感觉试着运动，就是养气训练。即使理解不了也坚持，没有别的方法。不管生活如何变化，都不能离开心里。这样上身之后，才是难得的幸福。‘难得的幸福’是先生的口头禅。因为理解不了气的概念，我们便开始了详细的提问。”

第26章　泽井健一谈王芗斋先生

何镜宇

泽井健一（1903—1989）是日本的武术名家，创太气拳，被誉为日本的拳圣和太气至诚拳法宗师。他的弟子中多有慕名而来或者被他的优秀拳法理论和实力吸引而来的。他的很多日本和欧洲的弟子写书赞誉泽井健一先生。如说他曾使瑞典空手道家、身高1.92米、体重110公斤的夏尔先生完全败服。其弟子佐藤嘉道写道："不论是谁看见先生练武，都为这种奇妙、轻快动作而惊奇。""不论什么柔术家，一碰到先生就被打回来。""有些技术，在门生中没有谁能达到。"因而，泽井先生不愧为日本的拳圣。但泽井先生强调说："外形漂亮不是上等武术……必须要求自身动作严谨。仅仅知道一百个、一千个各种各样的招数，在实践中起不了什么作用。而利用柔软的身体来了解对方拳脚攻击的强弱，则是很必要的。"这是精辟的拳理阐述。

太气拳的训练方法有立禅（站桩）、摇、匍行、练、探手和组手（推手）。组手是试探对手和自己的技术程度的训练。探手要假想对方在攻击，而自己的动作在一定时间内反复。泽井先生曾用喝醉酒的状态来比喻探手："心中飘飘然，很舒服地自然去动，而一般人稍微一动就想非常快地去动，此时如能控制自己慢慢地使速度加快，就是最好的探手，所以要适应不同的时间和情况，用拳或用掌的里外边，以及自由变化，在对方踢过来时，防御的手就要张开，但手张开时像荷花一样，手心深，自然张开，指端有奇妙的力量，不需很伸展，手的动作就快，最好有用手从下面把碗端起来的感觉，这样如打到对方脸上，就可发挥将人打倒的威力，要从肩到指尖像鞭子一样柔软，攻击时就像一根棍子，使用手腕的方法也要随机应变，锻炼手腕的柔软性在探手中也是最重要的，因为可用手腕挡对方踢过来的脚或把对方打过来的拳卷进来，探手中比什么都重要的是把训练的重点充分放在整个身上练出来。"这段论述表明泽井健一优秀拳法理论的一个侧面。

泽井健一是王芗斋先生（1886—1963）唯一的外国弟子，在泽井健一本人及其弟子的著作中常常提到王芗斋先生。如泽井健一在向其弟子谈太气拳中腕的使用有重要意义时提出王芗斋先生曾多次指导用腕的内侧。泽井先生说："王先生对于对手攻击过来的拳，总是用腕的内侧迎着挂上，一下子把对方弹回去……好像把对方的拳吃进去、再吐出来。当时觉得不可思议，想这可能是神技，后想不让被挂住……上下摇晃去攻击，但总是被用腕弹回。普通都是用腕的内侧把对手引过来，再用腕的外侧转为差手（手向前，插向对方之意）、拂手（手向旁拨之意）攻击。而像王先生用腕的内侧也能攻击的，确实不多。一般人几乎不知用腕的内侧，只是上下、内外来回挡，从感觉上不懂如何把拳吸过来。"因而泽井认为王芗斋先生的这种技巧达到了绝妙的地步。

泽井先生的弟子佐藤嘉道在其著作中体认："太气拳是气的武术，但不同于一般使用的气，而有独特的拳术上的含义，即'气'是人的无意识的瞬间爆发力，是人所具有的神秘的总合力。"泽井先生则引用王芗斋先生的比喻说："鱼在水中慢慢地游，假如扔一小块石头到水里，鱼便会突然跑跳，但这只是一瞬间，是一瞬间的速度。"气和这个很相似，但它不是一般所说的运动神经（指反应的灵敏程度和灵活性之意），而是更高一层的东西。又说："当你不注意时，手碰到热的东西上，就要以比平常快得多的瞬间动作来动。"王芗斋还对泽井健一说："我和你讲的气，讲几百遍你也不会明白，这种东西只有通过自身的力量才能得到。"

但泽井健一谈到他当年向王芗斋先生学习基本训练，尤其是站桩时，还是有怀疑的。泽井先生说："我是从开始见到王先生被他打了一顿后，才练站桩和匍行的。我每天在树下站桩时总是想，这样站着有什么用？在真的动起来就能产生气和力吗？这样想了大约三年。但如果要放弃，则有失日本武士的门面，怀着这样的心情……但因实际交手时王先生确实非常厉害，所以，不论怎样也想学到真正的技艺……当时像着魔一样，一有空就站桩。"

泽井先生回忆和王芗斋先生相会时王先生的形象说："我和王先生相会是第二次世界大战前在中国居住期间。王先生人并不高，行走的时候有点像鸭子一样。"又说："先生的腕很细……他皮肤耷拉在骨头上，但一碰上就如木棍似的，与其说是硬，还不如说不知道有什么感觉。有一次同妻子去先生家拜访，临别时先生送到门口，我挡了先生一下说：别送了，请回。王先生说：没关系。就反推了我一下，感到如圆的木桶。我想这可能是站桩的功夫。"

至于泽井先生师事王先生的原因，他说是由于和王芗斋先生交手时失去了自信，当即决心作王先生的徒弟，但被以"不收外国人做徒弟"而拒绝。经一星期的登门恳请，终于成为弟子，师事王先生。

泽井健一在书中（《实战中国拳法——太气拳》，1976）写道："和王先生交手时，我是柔道五段，因而对自己的腕力有些信心。当我作为王先生对手时，我总是先抓王先生的手，想先施展我的手法，但都被王先生把我弹飞出去。因而我了解到想冷不防抓住王先生施展手法是不行的，所以我和王先生对手时，我要求先生做成对抓状态，我想抓王先生的左袖和衣襟往外扔，如果失败时再用寝技（自己倒下去的技巧），也许可以。然而，刚刚搭话的瞬间，我的右手就完全被扼住，而我突然被弹飞出去。我们几次交手，结果都是一样，而我每次被突然弹飞之际，心脏的部位也被轻轻打一下。当然，即使被轻轻打一下，我也感到刺痛和恐惧。就是这样我还是不够明白，我又一次想出了剑道。我用棒向先生打去，但先生手拿一根短棒拨开，终于我一棒也没打着。学习之后，王先生轻声说：不管是剑，或是棒，都是手的延长。"

泽井先生又写道："我在那一瞬间完全失去自信，眼前一片黑暗，我只能求教于王先生，没有其他办法了。于是把先生常常说的站桩作为重点，每天不断学习。学习当中我也明白了漫长的中国武术。以后，我又领会了大成拳，创造了太气拳。因为我是外国人，我不称大成拳，而使用气字，从新的起点称为太气拳，得到了先生的许可。我在今日以能够理解这种历史拳法而自豪。"

泽井先生还写道："我曾向中国最了不起的拳法家王芗斋先生请教真正的武道和真正的拳法，

在这以前，我对武道，尤其是剑道和柔道是自信的，但自从师事王先生我才被教知真正的武道的伟大。”

这是外国知名的武术家谈王芗斋先生，并以亲身体验对王先生的拳法，也就是王芗斋先生所代表的中国武术做出评价，甚待有识者体察。

第 27 章　站桩功的基本理论

于永年

一、运动与医学的关系

人体的结构和功能绝不是一成不变的，肌肉越用越发达，感官越练越敏锐，人的体质强弱是可以改变的。

世界上的一切药物对身体来说都无法代替运动的良好作用。

劳动和体育锻炼可以使体质由弱变强，强而更强。体育锻炼能给整个身体以全面而积极的影响。运动是健身的法宝。强壮的身体不是“保养”出来的，而是“锻炼”出来的。坚强的斗争意志，革命的乐观情绪，紧张的工作学习，经常性的劳动，积极的体育锻炼，符合人体的辩证运动，无疑是增强体质，预防疾病，提高健康水平和工作效率，延长寿命的重要保证。

科学进步的弱点是造成人体运动不足，运动不足是引起肥胖病、糖尿病、心脏病、高血压和胃溃疡等这些所谓现代病的一个原因。由于运动不足，心脏的机能和消化吸收的机能，及全身的新陈代谢机能就会逐渐地衰弱，血管的弹性削弱，从而也就失去了对疾病的抵抗能力。因此，老年人和身体衰弱的病人，要想获得健康生活所需要的体力，必须经常性坚持一定程度的体力劳动与合理的体育锻炼。

合理的体育锻炼，能够切实可靠地增进全身的健康，增强中枢神经系统及各系统器官的生理功能，增强对外界不良环境的适应能力，也就是加强机体的抵抗力，达到少生病或不生病，即使得病也可以使患病的程度减轻。因此，体育运动可以视为有效的预防疾病的方法之一。

体育锻炼除有预防疾病的作用外，还可用于治疗许多疾病。医疗体育就是利用病人的自我锻炼以达到治疗疾病、健身延年的目的。这种治疗方法在调动病人的主观能动性及机能治疗上，有它独特的贡献。它既是健身强体的方法，又是治疗疾病的手段。

各种类型的体育运动都具有不同的特点及其适应条件。研究不同性质运动的生理特点，可以正确地评价各项运动的医疗效果，从而更好地利用它们作为治疗疾病和增强体质、保证健康的手段。

运动医学是医学科学中一个新兴的分科，是医学和体育的边缘学科。它是研究有关体育运动的各种医学问题的科学。

医生的任务是治疗疾病，而更重要的任务则是预防疾病。“预防为主”是我国早已确定的卫生工作方针。因此，医生除对病人进行直接的医疗之外，还必须关心和研究一切有利于增进人民健康，增强人民体质的各种类型的体育运动，并充分利用之，以达到更多、更快，更好、更省地治疗疾病及控制疾病的目的。

二、医生为什么不许某些病人进行体育运动

如上所述，体育运动既然能够增强人民的体质，促进人们的健康，而医疗体育又能治疗许多疾病，那么对于某些病人，医生为什么要让他们安静地休息，而不普遍地、广泛地、积极地组织他们或指导他们进行体育锻炼治疗呢？这岂不是一个矛盾吗？对的，这确实是一个极大的矛盾。但是，这个矛盾的产生是有一定的科学依据的。只有了解这个科学规律，才能解决这个矛盾。其主要问题就是在进行一般的体育运动过程中存在几种不利因素。

(1) 运动量很难掌握。

(2) 运动量一增大就要产生憋气作用，因而造成机体内部缺氧，出现氧债现象。

(3) 在运动停止后的那一时刻，又会产生右心房过度扩大与呼吸急促困难的现象。

以上这些现象对于身体健康、强壮的青年人没有什么不良影响，而且某些项目的体育运动还要利用这些现象的作用，来刺激机体，提高运动成绩；但是对于身体衰弱的病人或老年人是不利的。医生们就是根据这个已知的运动生理机制来限制某些病人进行体育运动，而让他们多休息，少活动，甚至完全禁止患有某些疾病的人进行体育运动。

憋气作用对心脏呼吸影响的生理机制如下：当人们进行了举重、摔跤或四肢进行强烈的用力动作时，为了完成任务或制胜对方，这时肩背部的肌肉，如背阔肌、斜方肌、胸大肌、胸小肌、三角肌、大圆肌、小圆肌、肱三头肌等必须尽最大努力进行收缩，以便使肩背与胸廓保持固定不动的状态。同时为了防止胸廓前后左右的活动，还必须在事前进行一次深吸气，随后便将声门紧紧地闭锁起来，使大量的空气密闭在肺脏里面，不许它逸出，俗称不许泄气，以便保证能够顺利地完成上述各项运动。与此同时，下肢的肌肉也要进行强烈的收缩。这样一来就造成了胸腔及腹腔内的气压显著提高，并且伴随着全身肌肉用力收缩，血管外围阻力便突然增大，小血管被压缩，结果绝大部分血液在内外高压的压挤作用下，不得不停留在静脉管中，因而造成静脉的血液不能回到右心房。这一现象叫作憋气。

憋气现象的强弱和四肢的肌肉尤其是躯干上部肩、背、胸等部肌肉群的收缩作用时间的长短与用力的大小成正比。长时间进行激烈的憋气时，胸腔内压可增高到13.3～33.3kPa。这时全身的血液循环受到阻碍，静脉的血液回流被阻止，绝大部分血液被迫停滞在胸廓以外的静脉管内。这时面部表现为面红耳赤，颞额部及侧颈部等处的皮下静脉高度怒张，心脏及胸腔内大动脉及肺脏等处的血量显著减少，因此，心脏便发生了严重的缺氧，心肌的营养供能系统也遭到损害，心脏的收缩作用受到严重的破坏，严重时可发生心脏停搏，脉搏消失。

上述现象进行到一定时间，当运动任务完成后，声门重新开放，憋气现象始得解除。这时被抑制密闭在肺内含有大量二氧化碳的空气，迅速地被排出体外，紧接着便开始进行急促的呼吸，这时被阻滞停留在胸廓以外的静脉血，以非常强大的高压涌入右心房，在这一瞬间可使右心房发

生过度扩大，脉搏突然增加，相继肺内大量瘀血，静脉管内反呈缺血状态。这种现象与保持憋气期间完全相反，表现为颜面苍白，呼吸急促，苦闷难堪。

在憋气期间，机体停止了气体交换活动，因而造成机体内部严重缺氧，形成了氧债状态；同时，血液内又积累了大量的二氧化碳，机体组织中没有蓄积的氧，因此，如果没有氧气的不断供应，则细胞内的氧化过程和整个生命活动都无法维持。在完全断绝氧气的供应后，数分钟之内就可以引起死亡。如果经常反复进行强烈的憋气运动，可使血液内的二氧化碳含量增高，使血液与氧气的结合率降低，容易出现疲劳、心脏扩大与心肌变性，对于已经发生动脉硬化的人可产生猝死的危险。因此，产生憋气缺氧的运动，对于老年人、身体衰弱者以及各种疾病的患者是有害无益的。医生们就是根据这个已知的运动生理机制原理，不主张病人进行产生憋气作用的体育运动。

但是，根据过去几年来的临床观察试验结果，我发现在医疗上应用“站桩”治疗疾病、锻炼身体、促进健康、增强体质的生理机制与上述已知的一般体育运动的生理机制截然不同。它可以根据每个人的体力强弱之不同而控制运动量，既能克服在运动进行过程中的憋气作用，从而免除缺氧现象，又能使运动停止后的当时绝不会产生右心房过度扩大与呼吸急促困难和脉搏突然上升的现象。因此，我们就不能以已知的一般体育运动的生理机制来衡量我国特有的“站桩”的生理机制。这是必须加以研究阐明和区别的重大问题。

三、站桩功的作用机制

站桩时，首先按照要求摆好一个姿势，并把这种姿势保持一定时间，这样就在大脑皮层内产生一个保持这种姿势的兴奋点。由于站桩练功姿势的外形没有活动变化，初练功者的条件反射还没有建立起来，或者刚刚建立却没有巩固，这时外感受器（眼、耳）的知觉输入量逐渐减少，而内感受器（肌肉、肌腱、关节）的新异刺激尚未上升到足以引起应有的作用期间，大脑皮层的思维活动，并不能立刻得到完全的抑制，因此，站桩练功开始后 10～20 分钟之内，会产生杂乱的思维活动，这叫作杂念丛生的阶段。为了防止杂念的出现而影响站桩练功，这时，可以配合适当的意念活动，也就是有意识的思维活动。例如，回忆美景，默记呼吸，自己设想搭扶、蹚水、抱球或放松肌肉，等等。也可以在墙壁上悬挂风景画片，欣赏艺术作品；在桌上摆设鱼缸、盆景、花草，悦目怡神；或收听广播节目，如音乐、戏剧、新闻报告等，增加良性刺激而转移重要力。这比上述回忆和设想的效果更好，这样可以使思想集中，排除杂念，清除急躁心烦情绪。缩短练功时间漫长的感觉，更重要的是可以促使机体内部提早出现新异刺激，从而引起大脑皮层探究反射的作用。

随着站桩练功时间的延长，机体内部将产生程度不等的生理变化，例如，手足的酸麻感，两肩两膝的胀痛感，等等。这些生理变化的现象叫作“新异刺激”，就是“信息”，也叫作“气感”。新异刺激使身体内部本体感受器（肌肉、肌腱、关节）产生兴奋，这种兴奋沿着传入神经纤维到达大脑皮层，经过大脑皮层的分析综合，发出信号来追究酸麻感有无改变，胀痛感有无增减，或者有无其他反应，等等。这种反射作用叫作“探究反射”，探究反射经传出神经到达效应器官，即保持站桩练功姿势的骨骼肌。

如果在同一部位，同样强度与同样性质的新异刺激连续不断地重复出现时，由于肌肉纤维的耐力增强和神经系统产生感觉的阈值逐渐提高，其新异性便逐渐减弱，相应地就不再引起探究反射了。例如，在练某种姿势的初期，能引起酸麻胀痛感，随着练功日期的进展，这种感觉便逐渐减弱以至消失，这就是机体对酸麻胀痛感的耐受性提高了的缘故。

但是，站桩练功可以利用同样姿势的不同角度变化和不同的意念活动变化，促使机体不断地产生不同性质与不同强度的新异刺激。因此，大脑皮层可以不断地产生探究反射而作用于效应器，这样反复地联系起来，便形成了一个强有力的条件反射弧。由于这个新异刺激所引起的兴奋灶的反射弧逐渐强化，因而抑制了杂念产生或病灶性恶性兴奋灶，并使之逐渐消失。

四肢肌肉产生酸麻胀痛是不舒适的，反应期往往难于坚持下去而停止练功。这时必须树立加强对疾病做斗争的坚强思想与必胜信心，克服困难，百折不挠，才能渡过难关。这是一个锻炼意志、奋发图强、自力更生、艰苦奋斗、战胜疾病的紧要关头。

站桩练功经过一两周后，由酸麻胀痛的反应期转变为轻微的肌肉颤动期，这时全身开始发热出汗，随之可以出现舒畅的感觉。也可以说出汗前后是酸麻胀痛感与舒畅感的分界线，是机体生理功能由量变到质变的转折点。

全身舒畅感是一个良性刺激，如果运动量掌握合适，不经过酸麻胀痛的反应期，也能进入这个时期。这个良性刺激越多越深，就愈促进大脑皮层的这个兴奋灶更为集中，更加巩固，更能扩散，以致进入“内抑制”状态。

内抑制是在觉醒状态下，局限于个别皮层细胞群内的抑制过程，也就是个别皮层细胞群的睡眠——分散的睡眠、局部的睡眠，它的作用不但可使大脑皮层产生保护性抑制作用，而且还可以切断大脑皮层的病灶性恶性循环的兴奋灶，使它转入抑制状态。

上述作用的出现，必须在脉搏与呼吸均匀地、持久地提高到正常安静状态以上的水平时，才能有效地医治大脑皮层细胞的病理状态，更广泛和更精确地调整机体内部各项不平衡的作用。也就是使脉搏保持持久性增高而呼吸却不发生困难的状态下，机体本身才能进行自检自修，自己诊断，自己治疗，自己改造生理、改造病理，增强体质，战胜疾病。

如果大脑皮层只有单纯的抑制，而脉搏并不增多，这是进入了睡眠状态；或者进行剧烈运动时，随着脉搏的增多，同时发生呼吸困难，这是因为发生了缺氧，造成了氧债的缘故。在这两种状态下都不能起到上述作用。这就是其他体育运动锻炼方法与站桩运动在医疗保健作用上的本质区别。

站桩应用在医疗保健上，如能经常坚持不懈地保持轻松舒畅的内抑制状态，可以说对改变机体的生理和病理机能，治疗某些慢性疾病，巩固疗效，增强体质方面会有一定作用。但是对于身体强壮的年轻人，从体育运动与中国拳学方面要求时，还要进一步锻炼肌肉，训练神经，养成一触即爆发、炸力无断续、整体的爆发力。这就需要大脑皮层由抑制状态转变为兴奋状态。它的具体训练方法是进行紧松动作的各项意念活动，例如，紧松活动、连接活动、扽筋活动、牵挂活动等等，以制造另外一种新异刺激与探究反射的作用，即第二随意运动。

站桩练功的特点就是能够根据每个人的身体健康情况，运用抑制与兴奋的不同作用去治疗疾病，增强体质，提高神经灵敏性，增长智力。

综合以上站桩练功过程中的反射转变，绘制成站桩作用机制示意表，如下表所示。

站桩作用机制示意表

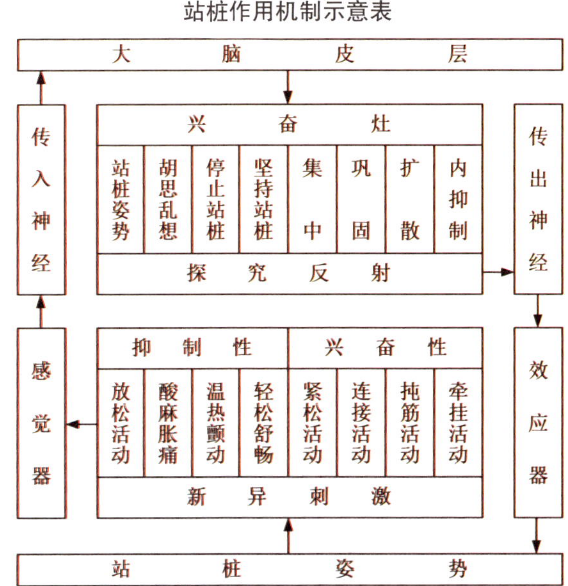

四、论“动中有静”与“静中有动”的标准问题

从古代的养生学到今天的老年保健学，千百年来提倡过许多养生方法，概括起来不外乎“动”与“静”二字。究竟“动”好还是“静”好，古往今来颇有争议。

打拳的人常说某某拳“动中有静”，练气功的人又说某某功法“静中有动”。究竟什么是“动中有静”，什么又是“静中有动”呢？“动”与“静”的标准是什么？怎样来证明你练的那套拳或功法达到了“动中有静”或“静中有动”的目的了呢？

本文根据“站桩”不动代表“静”的一方，另以位置移动的各种活动代表“动”的一方，进行运动分类，分析动中有静与静中有动的动与静的标准问题，提出个人意见，供大家讨论。

（一）动与静的标准

运动简称为“动”，安静简称为“静”。运动与安静是相对的，不是绝对的。宇宙间一切物体都是在不断地运动着，甚至那些在我们看来似乎不动的物体也是如此。不断的运动是物质的基本性质之一。马克思主义的哲学说明世界是物质的，物质是运动的，物质的运动是有规律的，物质运动的规律是可以认识的。

例如，我们生活在地球上，虽然我们感觉不到地球的动，但是，实际上它是按照一定的规律，日夜不停地在转动。这种动叫作“生生不已之动”。再如，生物界中有动物与植物之分，植物从表面上看来是不动的，它们的外形虽然不会像动物那样能够随便屈伸四肢进行移动，但是这并不妨碍它们内部细胞的活动。它们是在外形“不动”的状态下生长发育壮大起来的。因此，我们不能认为我们用肉眼看不见的和我们感觉不到的动就是不动。

人类是“动物”，动物的特点就是能够屈伸四肢进行活动，根据一般的习惯把这样的活动叫作运动。反之，则叫作安静。这种只根据肢体外形屈伸活动位移变化与否为基础的分类方法，只能说明机体的外表现象问题，不能说明机体内部机能状态的本质问题。所以这种只看表面，不问本质的运动分类方法是不全面的。那么什么是比较全面的运动分类法呢？我认为首先应当把下列四个基本问题弄清楚。

1. 外形的动与静

人体在空间发生位置移动或肢体外形上发生体形改变，例如，手足的屈伸、走路、跑步、跳跃、起卧、俯仰、转侧、攀登等等活动，都是属于外形上的运动，医学的术语叫作“随意运动”。随意运动是由大脑皮层的共同活动及骨骼肌的收缩运动所引起的。这是人类维持生命参加劳动所必不可缺少的活动。由于人体四肢在外形上发生位移活动变化是我们所常见的，是司空见惯的，所以我们便从习惯上总是把各关节活动的变化过程叫作运动，而把身体四肢保持固定不动的状态作为相对的安静。这是一般从肢体外部表现上区分的“动与静”。

2. 生理的动与静

人体为了维持生命，机体内部昼夜不停地进行血液循环、物质代谢、消化吸收等等过程。这些新陈代谢的活动过程，虽然从外观上用肉眼不能见到，但它们却都是有一定节律性的内在运动。这种运动是由植物性神经系统与内分泌体液调节活动直接管理，不随人们的意志为转移，科学的术语叫作“不随意运动”。例如，成年人在正常安静的情况下，每分钟心脏要收缩 60 次～80 次，呼吸 12 次～18 次。这说明即使除去了机体同周围环境中的各种刺激，如声音刺激、光线刺激，保持在最安静的环境中，也绝不能保证器官或各系统，如血液循环系统、呼吸系统等得到绝对的安静。甚至是在肌肉活动及消化活动过程完全静止时，或在睡眠的状态下，身体内部仍有一定量的能量消耗，这一定量的能量消耗为“基础代谢”。因此，我们把机体维持这种正常生理功能的活动，即脉搏、呼吸都保持正常的恒定状态者，称为“生理的安静”，简称为“静”；而把机体不管它通过任何形式，只要是由于骨骼肌的收缩运动后所引起的一系列生理功能超过上述正常水平以上的状态，即脉搏增多、呼吸加快或因发生困难而减少者，称为“生理的运动”，简称为“动”。后者正是我们迫切需要研究的问题。

3. 大脑的动与静

除上述各项动与静的分类之外，在人类大脑皮层活动方面也存在着动与静的关系。即大脑皮层的兴奋过程就是“动”的过程，而抑制过程就是“静”的过程。

兴奋过程与抑制过程是大脑皮层的两个基本神经过程，是同一神经过程的两个方面，它们互相对立，而又经常互相转化，互相制约，互相平衡，因而构成了大脑皮层的全部高级神经活动。

抑制过程与兴奋过程有同等的生物学意义。如果只有兴奋而无抑制过程，则动物机体不可能对外界环境保持精确的平衡；如果只有抑制过程而无兴奋过程，动物机体将长期陷于睡眠状态，而对外界环境中的种种变化根本不发生反应。二者缺一都是不可想象的。更具体地说，抑制过程具有调节、保护与医疗作用。人只有当大脑皮层中抑制与兴奋过程保持正常关系时，才能维持正常的生命活动。

机体在进行体育运动过程中，每一举一动都需要用眼去看，用耳去听，用脑去想的运动过程，我把它叫作大脑皮层的“动”的过程。

反之，如果在运动过程当中，不必用眼去看，也不必用耳去听，更不必用脑去想如何安排下一动作，而能达到运动的目的者（脉搏增多），我把它叫作大脑皮层相对的“静”的过程。

4. 动与静的结合方式

关于动与静的结合方式，一般分为两种：先后结合法与同时结合法。

动与静的先后结合法，是以肢体外形在空间发生活动变化的位移运动为“动”的指标叫作“动功”。另一方面以肢体外形保持固定不动状态的运动为“静”的指标叫作“静功”。练功时先练一种外形活动的动功，然后再练一种外形不动的静功，或者先练静功，然后再练动功。总之，动功与静功交替锻炼，二者不能在同一时间内同时进行，必须分开进行。这种动与静的结合方法叫作先后结合法。

动与静的同时结合法，是以一种练功方式同时兼备动与静的两个要素，故动与静能够相互结合起来，在同一时间内同时进行。这种方法是使肢体外表上形成一定的姿势和角度，外形上保持不动，以形成“静”（外形的静与大脑的静）的条件，但是实际上由于姿势与角度的作用，却自然地促使四肢的骨骼肌产生着生生不已之动，逐渐地提高生理功能之动。即脉搏可保持一定程度的持续性的增多，而呼吸却不发生困难为前提条件。由于外形的不动，因而神经系统就不必为保持自己的平衡与安全而不断地注意周围环境的变化。因此，视觉器官与听觉器官就可以减少或停止向大脑皮层发送兴奋传导，所以大脑皮层也能得到比较充分的安静休息而进入抑制状态。这是动与静同时结合的运动方法。

（二）运动分类法

机体在卧位、坐位或站位状态下，肌肉除保持应有的肌紧张之外，并没有强烈的收缩运动，这时脉搏保持恒定，氧气的摄入量等于氧气的消耗量，是收支平衡的，叫作恒定状态。这是一般的常态。如果在常态下发生心跳过多或呼吸困难时，那就是病态。但是，人们为了生活和生产劳动以及工作上的需要，不可能永远保持着恒定不动的状态。只要机体进行任何一种肌肉运动，依其运动速度的快慢、频率的高低、肌肉的松紧程度与力量的大小，以及运动种类之不同等等原因，则将发生或多或少的脉搏增多，同时呼吸也随之而发生改变。根据运动的性质及运动后一系列生理功能改变情况之不同，我把各项运动归纳为以下两大类型：一是位移运动；二是位静运动。运动分类如下表所示。

1. 位移运动

所谓位移运动，是以肢体外形上不断改变，体位不断转移活动为内容的体育运动。在进行这类运动时，大脑皮层必须高度集中注意力，动员所有内外感受器官，主要是视觉与听觉器官，随时注意观察周围环境的变化，并考虑下一动作应当如何，这就引起大脑皮层处于较强的兴奋过程。兴奋过程的强弱是根据运动的激烈程度与周围环境情况之不同而转移。这是促使大脑皮层不断产生新的高度兴奋活动的运动方式。所有肢体外形发生活动变化的位移运动都属于这一类型。这是动物的本能，因此，也称之为“动物式运动”。动物式运动根据其运动后生理机能改变情况之不同又分为以下两种。

运动分类表

运动分类	位移运动		位静运动	
运动本质	无效的动　阈值下动	有动无静　阈值上动	有静无动　单纯的静	有动有静　动静统一
动静关系	外动内静	外动内动	外静内静	外静内动
脉搏变化	正　常	增　多	减　少	增　多
呼吸变化	正　常	困　难	减　少	加　强
大脑变化	兴　奋	兴　奋	抑　制	抑制 ←→ 兴奋

(1) 无效的运动

如上所述，机体在维持正常的生理功能状态下，肌肉保持一定的肌紧张。当肌肉进行强烈收缩运动后，能够引起脉搏增多的主要原因，在于参加收缩运动的肌肉纤维数量之多寡，即运动单位的多少，收缩强度之大小，以及保持收缩时间之长短等等不同因素，这些因素的总和叫作运动量。能够引起脉搏较正常的安静状态时开始增多的最低运动量叫作“运动阈值”。每个人的运动阈值与其体质之强弱有关，体质较强者所需要的运动阈值大，体质较弱者所需要的运动阈值小。

无效的运动，即阈值下运动，这是肢体在外形上虽然发生了不断的体位转移或体形的改变，但是这些位移变化并没有引起生理功能上发生明显的改变。例如，手缓慢地屈伸，脚缓慢地走路，四肢各关节虽然都在空间发生了位置移动，但是由于速度慢、频率低、力量不大、时间也短，运动量很小，不足以引起脉搏频率的增多与呼吸机能的改变，这种运动是阈值下的运动，叫作“无效的运动”。

因而，运动与安静的客观指标问题就不能单纯地仅以肢体外形上改变与否，或体位形态的转移变化与否为依据，而应当以客观的生理变化，即脉搏增加与否，呼吸机能、代谢机能等等一系列生理机能改变与否，以及大脑皮层的兴奋与抑制状态等不同变化，来作为运动与安静的客观生理指标较为科学。换言之，肢体外形虽然发生了位移活动变化，它对局部有一定的作用，但是对全身来说并没有引起脉搏增多，亦即脉搏仍然保持在原来水平者，这种活动严格说来不能算作“生理的运动”。这是外动内静或动态的静，也可以叫作动中的不动，或外动内不动的无效的运动。

(2) 有动无静的运动

如果在运动中，机体的主要生理功能之一，如脉搏突然间显著增多，但另外一种主要生理功能，如呼吸不能满足机体当时的需氧量，即不能同时配合加强供应足够运动过程中所消耗的氧气，以致失去正常状态的均衡性时，则出现呼吸困难而形成氧债状态，这是由于在运动中产生了憋气作用所造成的。并且当运动停止后的当时，必然发生右心房过度扩大，呼吸急促困难，心跳气喘，颜色苍白等等现象。产生这种后果的运动叫作“有动无静”的运动。亦即脉搏可以明显增多，呼吸发生困难，大脑高度兴奋。这种运动从外形上来看是外运动内停止运动，即四肢运动了，但呼吸却发生了困难或停止。从精神状态来看是外动内动，内外皆动，即大脑皮层高度兴奋的运动。因此，这不是均匀地提高各项生理功能的运动。所有肢体外形上发生激烈地、迅速地转移活动变化的运动以及必须憋气用力的运动，都属于这一类型。

(3) 位移运动中的主要生理变化

在肌肉进行收缩运动的过程当中，脉搏较安静地增加，如果氧摄入量少于氧消耗量，则出现氧债状态。造成这种状态的运动，是入不敷出的欠债性运动。在欠债性运动期间，机体是处在缺氧状态下进行缺氧代谢的生理过程。发生氧债的根本原因是由于呼吸困堆，而呼吸困难则是由于在四肢肌肉进行收缩运动期间产生了憋气作用造成的。憋气作用的发生原因，是由于声门闭锁而阻塞了呼吸通道，因而使机体在运动期间所需要的大量氧气不能随时吸入，同时机体内部所产生的主要废物——二氧化碳，也由于同一原因不能及时排出体外。这是位移运动（动力性运动）及必须用力运动（静力性运动）所难避免的一般规律。

位移运动速度的快慢与用力之大小，同氧摄入量成反比，即其速度越快，力量越大，时间越长，则呼吸运动所遭受的阻碍就越大，吸入的氧量就越少。而位移运动速度的快慢与用力的大小又同氧耗量成正比，即速度越快，力量越大，时间越长，则氧耗量也就越多，所造成的氧债也就越大。

位移运动能够在极短的时间内，把骨骼肌的收缩运动速度或力量提升到极高水平。但是，它却不仅不能同时进行机体所需要的呼吸运动，反而把呼吸通道——声门紧密地闭锁起来，因此，便欠下了大量的氧债。所以说这种运动是突出地提高机体个别的运动器官，即骨骼肌的运动方法，也就是牺牲呼吸运动去完成骨骼肌的运动。这类运动由于在运动中产生了与正常生理状态完全相反的生理变化，即缺氧代谢过程，因此，叫作非常的运动，即不是正常状态的运动，或反常的运动。例如，百米赛跑时，仅仅在 10 秒多钟的时间内跑完全程后，便要欠下 80%～90% 的氧债。这笔大量的氧债必须等到跑完全程之后，才能开始偿还。身体健康强壮的运动员，需要 30～40 分钟才能还清这笔氧债。身体衰弱的病人根本无法忍受这种氧债的负担。强弱不同的个体对氧债的忍受能力各有一定的限度。反常的缺氧代谢运动，只适合年轻的身体强壮的健康人，不适合老弱和病人。年轻力壮的运动员可以忍受脉搏增加到每分钟高达 200 次上下，氧债量可以达到 80%～90% 上下。但是身体衰弱的病人，走路稍快一点或登几步楼梯都将引起难以忍受的心跳和气喘。

医生们深知病人没有忍受缺氧代谢的能力，不能担负大量氧债的刺激与过急的心跳。因此，常常建议病人多休息少活动，有时甚至严格禁止病人进行运动。虽然这是一种消极的手段，但是，在没有发现位静运动的主要生理变化以前，这是有一定理由的。

2. 位静运动

位静运动与位移运动完全相反。在练功运动中，肢体在外形上并没有活动转移的变化，只保持一定的姿势与必要的弯曲角度。这时首先不必动员视觉器官去注意观察周围环境的变化，更不需要用脑去考虑下一动作应当如何安排，这便给大脑皮层减少了许多分析与综合的兴奋活动，从而给进入内抑制状态创造了有利条件。同时由于肢体外形上的不活动，因而在练功运动过程中，不会产生呼吸困难，也不会形成氧债现象。这是均匀地提高机体各项生理功能的体育运动。它是模仿植物在站立不动的状态下生长发育壮大的特点，因此，又称之为"植物式运动"。植物式运动根据其生理变化之不同，分为以下两种。

(1) 有静无动的运动

所谓有静无动的运动，是在练功过程中，机体主要生理功能较练功运动前减少，如运动前每分钟脉搏为 74 次，呼吸 19 次，而在运动过程中，脉搏降为 69 次，较运动前减少 5 次，呼吸降至 10 次，较运动前减少 9 次。发生这种生理变化者，或基本上没有明显变化者，叫作"有静无动"的运动，当然并不是绝对的无动。

有静无动的练功方法，主要是使四肢的骨骼肌完全放松，尽量减少收缩运动的作用，是属于单纯的保持安静与松弛状态。由于运动量很小，因此，在一般情况下不仅不能引起机体生理功能发生"动"，即脉搏增多的作用，反而可使脉搏较练功前降低，这是外静内也静，内外皆静，即外形上肢体不活动，机体内部脉搏也不增多的练功方法。这种练功方法在一定时期内，由于它能对大脑皮层起到一定程度的内抑制作用，因而对治疗某些慢性疾病有一定的效果。但是，经过一定时期后，亦即体质稍有好转后，如果不能及时地调整运动量，则其提高疗效、增强体质的作用就会消失。例如，有的功种开始练习时效果很明显，到 3～6 个月后效果就不明显了，原因就在于此。

(2) 有动有静的运动

有动有静的运动，即"动中有静，静中有动"的运动，它的客观生理指标必须是在运动进行的过程当中：脉搏增多，呼吸畅通，大脑抑制。

以上三者必须互相结合，同时并存，缺一不可。

所谓"动"，就是骨骼肌的收缩运动，它的客观标志就是脉搏增多。无论哪种功法，如果在练功过程中，脉搏并不增多者，就不能称其为"生理的动"。

所谓"静"，就是呼吸运动的畅通无阻与大脑皮层的安静休息。

在这里需要特别说明的一点就是：骨骼肌的收缩运动，必须与呼吸运动的畅通无阻及大脑皮层的安静休息联合起来，在同一时间内同时进行，绝对不允许分开进行。

因此，只有"动"（脉搏增多）而无"静"（呼吸困难，大脑兴奋），或只有"静"（呼吸畅通无阻，大脑抑制）而无"动"（脉搏不增多）的练功运动，根本都不能算作有动有静（动中有静，静中有动）、动静结合的练功运动。

为了达到上述目的，在练功运动进行的过程当中，首先必须减少或消灭由于外界环境变化而影响自己安全的外感觉器官的知觉输入量。这就是说，首先必须使外感觉器官不去接受任何外界环境变化的传导刺激作用。例如，在练功运动中不需要用眼睛去注意观察周围环境的变化情况。这只有在原地不动才能达到这一目的。但是，一般的原地站立或坐着不动，都不能使脉搏增多，所以这又不能算作练功运动，因此，就需要采取促使脉搏增多的练功运动。

关键问题就在这里，矛盾的产生也在这里。这就是说，欲使脉搏增多，必须动员四肢的骨骼肌进行两种性质的收缩运动。一种是位移运动，另一种是位静运动。

在进行位移运动的过程当中，它的客观规律是，当骨骼肌进行位移运动时，只要运动量一大，速度一快，力量一大，呼吸运动必然要受到一定程度的阻碍，声门必然要发生程度不同的闭锁，因而造成呼吸困难，形成氧债现象。同时大脑皮层也处于高度兴奋状态。这种状态当然属于“有动无静”的运动。

但是，在进行位静运动过程当中，由于肩背胸等处肌肉呈放松状态，所以呼吸运动能够同时并进，声门可以保证开放无阻，呼吸畅通，绝不会产生也不可能产生氧债现象。

站桩就是在原地站立着不动的练功运动。在进行站桩运动时，大脑皮层既不需要随时随地为保持自己的安全而操心，也不需要花费很多精力去安排动作。因此，可使大脑皮层迅速进入内抑制状态，从而达到休息（即静）或抑制的目的。

在这里仍需要特别指出，大脑皮层的抑制必须建立在机体各项生理功能都发生了“动”（主要是脉搏增多，呼吸畅通）的基础之上，否则就是进入睡眠状态，或一般的安静状态，这些状态都不是运动。

以上所述仅就站桩作为医疗体育应用于治疗疾病时，可使大脑皮层迅速进入内抑制状态的机制过程。但是，站桩的特点并非仅此一点，另外一个特点就是把站桩当做体育运动训练时，它又可使大脑皮层处于高度兴奋状态。这种状态的改变在于使练功者运用一定的“意念活动”，例如紧松活动的结果。

因此，位静运动站桩对大脑皮层具有两种性质完全相反的作用，一种是抑制作用，另一种是兴奋作用。在同一种运动中对大脑皮层具有两种作用者，在其他项目的体育运动中确属少见，也可以说这是完全做不到的。

(3) 位静运动中的主要生理变化

位静运动与上述位移运动的生理机制完全相反。它在运动进行的过程当中，练功者的脉搏频率虽然可比安静时增加，且可以保持持久性的增多，但是氧气的摄入量，能与机体的需氧量相适应，达到等于机体在运动过程当中高涨了的氧耗标准。即脉搏增快了，氧耗量增多了，但是氧气的补给供应工作，二氧化碳的排出工作，都能和旺盛了的代谢作用亦步亦趋、协调并进。其所以能达到如此高度协调，主要在于能够排除憋气作用。站桩的术语叫作“意与气合”。正因为排除了憋气作用，所以在练功的过程当中，人们感觉到呼吸不是困难了，而是更加舒畅了；不是氧气不足了，而是充氧有余了。锻炼有了基础的人在练功中由于肺活量加大，呼吸频率会变慢变深，自然地形成静细慢长的呼吸形式。因此，我把这种运动叫作“充氧代谢”的过程，不是“缺氧代谢”的过程。

位静运动站桩所要求的不是肢体外形屈伸移位的活动变化，而是肌体内部肌肉纤维的收缩运动。现在已经发现的并能明确肯定的有股直肌，股内肌，股外肌等大腿部的肌肉群产生频率极高、速度极快、持续不断的、像波浪一样的、此起彼伏的收缩运动。它与屈伸移位运动相比较，在单位时间内，这种肌肉纤维的收缩运动频率高得多，幅度也大得多（详见下表）。它不仅能用双手明显地摸到，而且还可以在肉眼下观察到，它在不同程度上也能产生于其他肌肉群中。王芗斋先生总结为："大动不如小动，小动不如蠕动，不动之'动'，才是动中有静，静中有动，生生不已之动。"

总之，这项知识目前还停留在被发现的初步阶段，它那丰富多彩的、与众不同的生理变化，还有待于今后利用心电机、脑电机、肌电机等现代医学的科学精密仪器做进一步的全面性的探索了解和研究分析。

位移运动与位静运动主要生理异同表

运动阶段	运动过程当中		运动停止后当时	
运动类型	位移运动	位静运动	位移运动	位静运动
肩背部肌肉	紧	松	突松	松
声门	闭锁	开放	突开	开放
胸膜腔内压	突增	正常	突减	正常
腹内压	突增	正常	突减	正常
外周阻力	突增	有增有减	突减	正常
小血管	被压收缩	有压有扩	突张	正常
呼吸	–	自然	急促	自然
脉搏	+	+	先突增后下降	直接下降
体循环	瘀血	加速	缺血	正常
肺循环	缺血	加速	充血	正常
心脏	缺血	正常	突然扩大	正常
代谢关系	缺氧代谢	充氧代谢	急促	正常
面色	面红耳赤静脉怒张	正常	苍白	正常

五、站桩功的生理特点

（一）概述

站桩练功时，机体在完成肌肉运动的同时，伴有很多器官和系统活动上的改变，如循环系统、呼吸系统、内分泌腺、汗腺、肾脏以及其他器官的功能活动，都发生不同程度的变化。

站桩时，心脏血管发生的变化特别大，机体内血液进行重新分配，血液由内脏流向肌肉。在安静时，肌肉内只有很少的毛细血管扩张，站桩开始后，就有大量平时闭塞的毛细血管开放，投入循环工作。那些原来开放的毛细血管，也都粗壮起来了。站桩时手指感觉发胀、发沉，下肢皮肤表面充血，这就是毛细血管扩张和增多，血液进行重新分配的表现。站桩后眼底毛细血管变粗、增多1～3条的检查结果，也证明了这一点。在运动量合适时，站桩的时间越长，毛细血管开放就越多，外周血管阻力就越小，这样，就大大增加了肌肉组织的血液供应，也是直接减轻心脏过重负担的有效方法。

站桩时，呼吸器官也发生巨大变化，这与肌肉组织需要更多的氧有关。因为在站桩练功时，肌肉组织的氧化过程大大增强，需氧量也就大大增加。与此同时，机体内部又产生了大量的二氧化碳，它进入血液，作用于呼吸中枢，引起呼吸中枢的兴奋，开始时可使呼吸变快、变粗。练习日久之后，使呼吸变慢、变深、变长、变细。呼吸加深能使血液更加充分地携带氧气。

站桩时，呼吸系统与血液循环系统，在中枢神经系统特别是在大脑皮层的主导作用下，相互配合，相互作用，通过一系列的反射性调节机制，使机体与变化着的内环境相适应。呼吸系统的活动功能增强，能保证机体与外界的气体交换作用加快；循环系统的活动功能增加，保证了血液中气体的迅速搬运，使组织能够在运动进行期间及时得到大量氧气，同时又能使组织之间所产生的大量二氧化碳，在运动进行期间随时排出体外，不致滞留在体内，因而不会形成积压状态，不会形成氧债状态，也不会产生缺氧代谢的过程，因此，可使机体在运动进行期间，以及运动停止后的当时，都能维持正常的生理活动过程，即不会发生缺氧与呼吸困难的反常现象。

站桩时，排泄器官、汗腺的活动也增强了，这表现在全身发热出汗。这种作用的增强可使那些大量有害的分解产生物加速地排出体外。汗腺除了排泄汗液之外，在体温调节上也起着主要的作用。排泄器官功能增强还可以引起消化器官功能增强。消化吸收功能的增强又能作用于整个机体，是增强体质的原动力。

站桩练功与中枢神经系统的活动有直接关系。站桩时，由于四肢没有位移变化，所以，可使大脑皮层进入内抑制状态，从而可得到积极的休息，而四肢的工作肌都在保持着适宜的收缩运动。这一反射性的连环活动，不但能调节与治疗各种功能性的疾病，而且由于它的“后作用”，还能使脑力劳动的效率增加，同时也能使肌肉工作的体力劳动效率增加。逐步地、系统地坚持站桩练功，是获得良好疗效，更大地发挥机体潜在能力的有效方法。

（二）呼吸的概念

人体与外界环境进行不断的气体交换的过程叫作呼吸。人体的任何组织，为了维持其生命都必须进行氧化过程，如果没有足够的氧气，氧化过程就不可能实现。氧化的结果就是释放出能量，这种能量是有机体生命活动的源泉。

人们在呼吸时，肋骨与横膈膜同时活动。根据胸部的结构和呼吸动作的不同，可分为腹式呼吸、胸式呼吸以及混合呼吸。腹式呼吸主要是膈肌收缩；胸式呼吸主要是肋间肌的收缩；混合式呼吸则为膈肌和肋间肌的共同收缩。男人一般为腹式呼吸，女人则为胸式呼吸。但是呼吸形式并不是固定不变的，一般人的呼吸形式为混合式呼吸。

人的呼吸频率与年龄、性别、身体姿势、外界温度和居住的海拔有关。成年人的呼吸频率大约相当于心跳频率的1/4，每分钟平均为12～18次。呼吸次数也与年龄有关，新生儿每分钟呼吸 60 次，5 岁的儿童每分钟呼吸 25 次，15 岁则减为 12～18 次。女子的呼吸频率比男子快一些，平均每分钟多 1～2 次。躺卧时呼吸频率要比站立时少，睡觉时比清醒时少，这是机体代谢机能减少的缘故。当肌肉进行收缩运动或情绪激动时，呼吸频率跟脉搏一样也是增加的。

在进行肌肉运动时，由于运动性质及运动种类之不同，运动速度及持续时间的长短不同，以及用力大小不同等等，呼吸频率的增减情况也各不相同。所以，呼吸频率又可作为测定人体健康程度与锻炼程度的指标。

1. 呼吸器官的机能

人的主要呼吸器官是肺。在肺中，血与外部环境进行气体交换，血在肺中获得氧气，并将二氧化碳排出体外。血从肺中将氧运输到组织，从组织将二氧化碳运输到肺，所以血在气体的交换中起着重要作用。

肺中的空气必须经常更新，否则血与肺间的气体交换就不能持续进行。肺中空气的更新称为肺的通气，即肺中含氧量少、含二氧化碳多的陈气从肺中经呼气排出体外，而外界中含氧量多的新鲜空气经吸气进入肺中。

肺的呼吸形式是最完善的。只有在进化到高级阶段的高等动物即哺乳类才产生这种形式的呼吸，人类的呼吸就是这种形式。较低等的动物是皮肤呼吸、鳃呼吸、气管呼吸、肠呼吸，等等。

呼吸是由以下三种过程组成的：

(1) 外呼吸或称肺呼吸

这是在肺中进行的机体与外界环境间的气体交换，即血与肺间的气体交换和肺与外界空气间的气体交换。

(2) 内呼吸或称组织呼吸

这是在细胞组织内进行的呼吸过程，即进行氧化（消耗氧和产生二氧化碳的过程），以及组织与血液的气体交换。

(3) 血液运输气体

这是血液把氧由肺运送到组织，将二氧化碳由组织带到肺中的过程。

2. 呼吸运动的调节

呼吸运动是许多呼吸肌肉协同性的活动，主要呼吸肌为膈肌与肋间肌。呼吸运动经常能适应机体代谢的需要。代谢率降低时，肺通气量减少；增多时，肺通气量增加。由此可见，呼吸运动是在完善的神经调节之下进行着的。

调节呼吸运动的神经中枢称为呼吸中枢，其最基本的部位是在延髓。实际上，呼吸运动不仅受到中脑、脑桥与延髓某些神经元的调节，间脑以及大脑皮层的神经元同样能对呼吸运动发生调节作用，使得呼吸运动能够适应体内外环境的变化。因此，广义的呼吸中枢应该是包括大脑皮层在内的各级中枢部位与呼吸机能调节有关的各种神经细胞群，而延髓的呼吸中枢则是最基本的部分。

由于呼吸肌为横纹肌，而横纹肌的活动则一般均受大脑皮层高级神经活动的严密控制，故呼吸动作除表现自己的节律性以及受许多非条件因素的调节外，其频率与强度也在很大程度上受到“意念”的控制。换言之，亦即受到高级神经活动的控制。

人在清醒时，讲话、读书、歌唱等发声动作无一不与呼吸动作密切关联。其他如思维、注意新事物的出现、行走、跑步、举重物等等，也几乎无一不影响呼吸的形式、幅度、频率和节律性。

呼吸机能与机体其他机能密切联系，除呼吸器官以外，其他内外感受器的刺激对呼吸也具有不同程度的影响。有些反射具有很大协调性意义，如吞咽时暂时抑制呼吸运动，这种反射的适应性是很明显的，假如不发生这种反射，食物将有进入呼吸道的可能。皮肤的痛刺激及冷刺激对呼吸有加强作用。此外许多内部感觉器的刺激都可反射性地影响到呼吸中枢的活动，如腔静脉和右心房内压力突然增加时，亦能刺激呼吸。

3. 站桩练功中的呼吸运动

站桩练功中的呼吸运动，以舒适自然为主。首先要知道练功的效果，并不在于呼吸的形式如何。呼吸形式并无好坏之别，而且疗效的大小与呼吸的形式并无直接的关系，因此，不必有意识地去追求某种呼吸形式，以避免发生人为的副作用。

站桩时，两手及两肘改变了平时所保持的下垂状态而成举起姿势，并需一直地保持下去，肩背部及胸廓上部的肌肉为了保持这种姿势不动，就对提升肋骨完成胸式呼吸运动的外层肋间肌造成一定程度的困难。这样，由于上肢姿势形态的改变，不能顺利地进行胸式呼吸，就自然而然地迫使膈肌下降来加大腹式呼吸运动的作用，以弥补胸式呼吸之不足。所以，在站桩练功的过程中，虽然并没有教导患者有意识地训练腹式呼吸法，但是实际上他们已经在不知不觉中为姿势形态所迫，必然会开始自然的腹式呼吸。这种由于姿势形态的改变自然形成的、无意识的腹式呼吸，可以避免有意识地去追求腹式呼吸所产生的各种不良反应。

站桩练功达到一定水平后，由于上肢肌肉耐力的增强以及肩背部肌肉学会了放松，不发生过度紧张，这时上肢的抬举姿势就可减轻对肺部的压迫作用，因而，呼吸时可见到锁骨下肺尖部的扩张收缩，这就加强了胸式呼吸运动。

总之，呼吸运动是根据身体内部每一时间内的活动情况和各组织器官的实际需要，由呼吸中枢自行调节。当全身肌肉运动量增大时，机体当然就需要大量的氧，同时也产生了较多的二氧化碳。二氧化碳浓度的增加，可刺激呼吸中枢产生兴奋，便自然地加深或加速呼吸运动，以调节物质代谢的变化。因此，这时不要有意识地停顿呼吸，或故意地减慢呼吸，或进行闭气停息等动作，以便使机体能够自然地根据当时的需要吸入充足的氧气和顺利地排出不必要的二氧化碳等废物。

站桩练功时，以鼻孔呼吸为主，但在鼻孔通气不畅时，或仅用鼻呼吸不够用时，也可以用口和鼻同时呼吸。

4. 站桩对呼吸器官的作用

经过站桩锻炼后，呼吸器官的结构和机能都将发生很大变化。首先可使膈肌与肋间肌的放松与收缩能力提高，胸部发育良好，胸围加大，肺的通气量增加，呼吸的幅度加深，呼吸频率变慢，从而提高呼吸机能，等等。

一般开始站桩练功的最初阶段里，呼吸频率表现增多增快，有时会夹杂着一次较深长的呼吸，并有轻微闷气感觉。这是因为对站桩姿势不习惯，肩、背、胸等部肌肉群的放松程度不够完全，胸围扩展不大，肺通气量较小，促使呼吸次数增多了（20～30 次）。但是，经过一段时间坚持站桩锻炼之后，就可以见到呼吸频率明显减少（10～15 次），幅度明显增加，膈肌与肋间肌同时收缩，吸气时胸廓明显扩大，肋骨明显上升，尤其第七对以下的肋骨间隙明显变宽，腹部明显凸起，等等。这主要是站桩时要求头直，目正，身体保持直立，不许弯腰，不许低头，双手抬起，两肘外撑，肩部、背部肌肉必须放松，不许用力，从而减少了肩臂对肺部自然的压迫作用，使胸廓活动范围增大，通气量亦随之增大了。同时，这种姿势条件原本可以保证在站桩过程中，不致发生屏息作用，可使声门扩大，胸腔内压也不会增高，支气管平滑肌可保持弛缓状态，呼吸道的口径不但不致被挤压变窄，反而能扩张变宽，使空气进出肺内没有任何阻力，因此，可使肺通气量相应地增加，对肺泡的通气效果更为有利。

站桩练功时，四肢的骨骼肌、心脏、呼吸肌及其他器官对氧的需要量显著增加，因此，必须加强呼吸，加大肺通气量和血液循环来满足这些器官对氧的需要，当组织中氧化过程加强时，组织中的分压即剧烈下降，促使大量氧气由血液中分离出来供给组织。这样，肺泡里的氧大量进入血液，肺泡中氧含量减少。与此同时，相应的大量二氧化碳由组织中进入血液，血液中二氧化碳浓度增加就刺激了呼吸中枢，加强呼吸运动，因而肺通气量就相应地增多。

站桩练功时由于呼吸加深，牵引肺泡扩大，这时连平时闭锁的肺泡也都扩展开来，肺通气量因之加大，单位时间内吸入肺脏的氧气就增多了。同时，肺泡壁的通透性也加大，肺部毛细血管扩张，肺的血流量增多，所有这些变化都促进了血液与氧的结合加速和二氧化碳的迅速排出。因此，经过有计划地连续站桩训练后，在站桩练功时可产生脉搏增多，呼吸加深，频率变慢，并且有一种舒畅轻松的感觉。

（三）脉搏的概念

人的心脏跳动一次，动脉血管就随着搏动一次，这种节律性的搏动称为脉搏。脉搏的频率和心跳的频率是一致的，心跳加速，脉搏亦随之加速。反之，心跳变慢，脉搏亦减慢。正常的成年人在安静状态下脉搏的频率，男子每分钟 60～80 次，女子 70～90 次，一般平均为每分钟 70 次。但是，经过有计划的体育运动训练之后，由于心脏收缩能力增强，脉搏次数会减少到每分钟 60 次，最低有达 45～50 次的。这种脉搏次数减少现象是心脏血管系统机能增强的表现，所以脉搏频率是反映心脏血管机能的重要指标。

脉搏的频率也随年龄而产生差别。初生儿每分钟约 130 次，5 岁约 100 次 / 分，成年人约 70 次 / 分，老年人较青年人快些。经常参加体育锻炼的人比不参加锻炼的人脉搏慢些，身体衰弱的人或有病的人脉搏一般都快些。脉搏频率也因劳动条件、情绪波动、环境温度，以及在食物消化过程中，或因身体各种姿势及体育训练程度而有变动。

人体在安静时卧位姿势的脉搏最慢，睡眠时更慢。坐位姿势较卧位增加一些，站立位又比坐位要多一些。特别是在肌肉运动时，脉搏频率可以达到很高水平。

心脏功能强壮者，运动后脉搏增加率低；心脏功能衰弱者，运动后脉搏的增加率高。一般正常的健康人，卧位较站立脉搏少 1～10 次上下。如果站立位较卧位脉搏增多 20 次以上者，则为心脏衰弱的表现。

当运动停止后，脉搏恢复到正常时所需要的时间，反映着心脏的健康程度。心脏健康者，运动停止后脉搏频率很快即可基本上恢复到安静时的水平，即运动前的水平。心脏不健康者，所需要的恢复时间则相应较长。

在剧烈的体育运动后，脉搏增加的次数最明显。例如：健康的运动员在 10 秒多一点的时间内，完成 100 米赛跑后，可使脉搏增加到 150～200 次上下，需要 40～50 分钟才能恢复到原来水平。中距离 400～800 米赛跑后，脉搏平均可增加到 180～200 次上下，需要 1～2 小时才能恢复。

身体衰弱的人或有病的人，走路稍快一点或稍远一点，或上楼梯都会感到心跳加速，心慌气喘，这说明他们的心脏功能是薄弱的，因此，不适于参加短时间内能引起脉搏增加过多的剧烈运动。

站桩能增强心脏的收缩功能，有计划、有步骤地坚持站桩练功，可使脉搏逐渐降低，对心脏血管系统有良好作用。初学站桩练功的特点就是不可能在极短的时间内引起心跳增加过多，因此，它适合身体衰弱或有病的人以及老年人进行锻炼。

下面再谈谈站桩与脉搏的关系。

1. 站桩前后脉搏与呼吸的变化情况

为了观察站桩前后脉搏呼吸的变化情况，我们选了 4 名患者，利用身长计固定弯曲度，每日练习一次站桩。每次练 40 分钟，每隔半个月进行一次脉搏呼吸的检查，结果如下图所示。

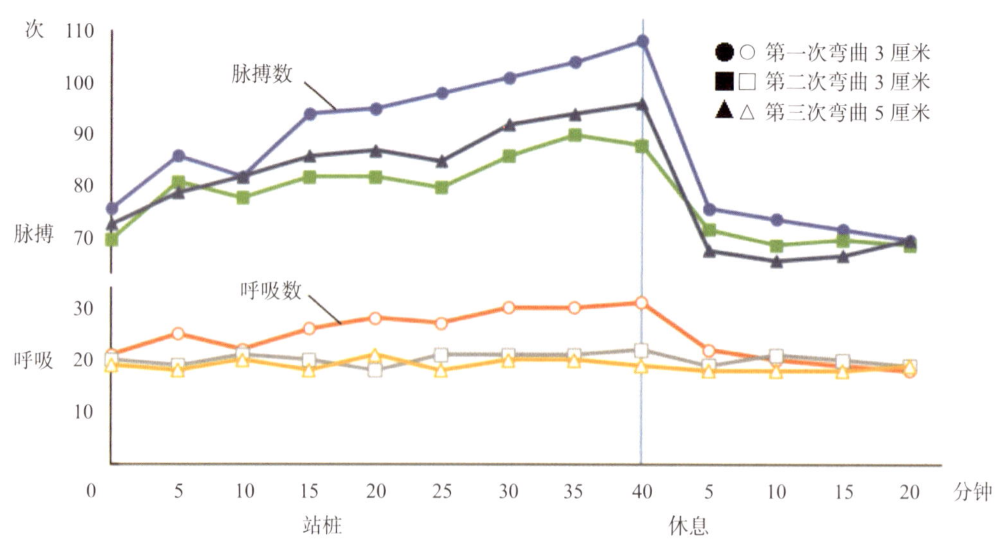

上图是4人的平均数，第一次与第二次弯曲3厘米，第三次弯曲5厘米，每次检查相隔15天。站桩姿势皆为站式练法第二式松肩提抱式。例如，用身长计测量站桩时，将柱上的横板固定在低于直立位身高的3厘米处。一般开始时，由于两腿的弯曲度较大，头顶部与横板之间有一两厘米的空隙，经过5～10分钟后，两腿逐渐地感到疲劳，就自然地一点一点地直立起来，头顶部就接近横板。但是，因为头顶部有横板限制，两腿不可能再立起来，所以其后的一段时间一直保持同等弯曲度。因此，脉搏的变化就没有开始时那样大。站桩到10分钟时，脉搏又增加7次，到15分钟时，又增加3次，一直到40分钟脉搏最高达到107次较站桩前增加32次。由此可以看出。站桩练功时，脉搏频率是逐渐增加起来的，而且能够长时间地保持持久性的增多。站桩时脉搏增加的多少与两腿保持的弯曲度和站桩时间的长短有直接关系。同样的弯曲度，练功时间愈长，脉搏增加就愈多。

站桩练功初期呼吸的变化与脉搏同样，也是逐步增多的。第一次检查站桩前的呼吸是20次，站桩练功到40分钟时，呼吸增加为31次，较站桩前增加11次，这主要是由于开始时对站桩姿势不习惯，以及肩、背、胸等部肌肉放松程度不够，胸廓扩张不足，肺通气量较小，因而促进呼吸次数增多，呼吸形式表现为浅速粗壮。

经过半个月的站桩锻炼后进行第二次检查的结果证明，站桩前的脉搏平均为69次，较第一次减少6次，站桩练功到35分钟时，脉搏增加最高达90次，较站桩前增加22次。站桩到40分钟时，呼吸是22次，较站桩前增加4次。

第一次与第二次检查结果证明，第二次的脉搏与呼吸都较第一次明显下降，这说明经过半个月的站桩练功，循环系统、呼吸系统的功能有了明显的提高。

根据上图检查结果还可以看出，站桩完了后，第一次休息5分钟时，脉搏是75次，呼吸22次。第二次脉搏是70次，呼吸是18次。两次检查说明站桩练功后，休息5分钟脉搏与呼吸都已恢复到站桩前水平。

又经过半个月进行第三次检查时，脉搏比第二次略有增加，这是因为加大了运动量所致。第一次与第二次检查时，两腿的弯曲都是3厘米。第三次检查时两腿弯曲5厘米。这次检查站桩到40分钟时，脉搏增加到94次，较站桩前增加22次，与第二次相比增加5次。这次检查呼吸的结果站桩到20分钟时，呼吸增加到21次，是唯一增多的一次，其他各次基本上没有增加，平均起来还减少1次。停止站桩休息5分钟的脉搏、呼吸恢复情况较第二次又有所提高，脉搏较站桩前减少4次，呼吸减少2次，休息20分钟时与休息5分钟时没有差别，说明经过1个月的站桩锻炼，机体的各项功能都大大提高。

2. 按每10秒钟的脉搏变化情况

任何产生憋气缺氧作用的运动，在运动停止后的当时，由于停滞在胸廓外部血管中的静脉血液以非常迅速的高压回流到右心房，因此，在这一瞬之间可引起右心房的扩张。这时每分钟最初10秒与最末10秒的脉搏数目差别很大，据检查结果反映有的相差可达10次之多。这种现象对一般患者，尤其是心脏疾病的患者是不合适的。

根据传韬等译《医疗体育》中介绍，负荷运动前后按10秒计算脉搏变化如下表所示。

负荷运动前后按 10 秒计算脉搏变化表

脉搏（次）＼时间（秒）	10	20	30	40	50	60	总计
运动前	12	12	12	12	12	12	72
运动后	22	18	20	15	13	12	100

根据上表检查结果可以看出，在负荷运动停止后当时，第一个 10 秒的脉搏是 22 次，以后便逐渐减少，到第六个 10 秒就降为 12 次，总计 1 分钟的实际脉搏虽然只有 100 次，但是先后相差可达 10 次之多。在这种情况下，如果按照一般常规检查脉搏的方法，只数第一个 10 秒再乘以 6 的话（22×6=132），那么 1 分钟是 132 次。如果数 20 秒再乘 3 的话（42×3=126 次），那么 1 分钟是 126 次。显然这都是错误的。因此，对于产生憋气缺氧作用的运动，采用这种常规计算脉搏的方法是不准确的。必须按每 10 秒计算一次，连续检查 1 分钟，才能真正符合实际情况。

我们为了观察屈膝起蹲运动时脉搏变化情况，以同一个人进行三种试验，其结果如下表所示。

屈膝起蹲前后脉搏变化情况表

脉搏（次）＼时间（秒）	10	20	30	40	50	60	总计
运动前	12	12	12	12	12	12	72
30 秒钟屈膝起蹲 20 次	20	19	17	16	15	14	101
1 分钟屈膝起蹲 40 次	22	22	19	19	17	17	116
2 分钟屈膝起蹲 80 次	28	26	24	22	20	19	139

根据上表检查结果，在 30 秒内屈膝起蹲 20 次，停止后第一个 10 秒的脉搏是 20 次，较运动前增加 8 次，以后逐渐减少到第六个 10 秒时已降为 14 次，前后相差 6 次。

第二例，1 分钟屈膝起蹲 40 次，停止运动后第一个及第二个 10 秒的脉搏都为 22 次，以后逐渐减少至第六个 10 秒时降为 17 次。

第三例，2 分钟屈膝起蹲 80 次的脉搏变化较以上二例明显增多。即第一个 10 秒是 28 次，以后逐渐减少至第六个 10 秒时降为 19 次，总计脉搏 139 次，前后相差 9 次。这说明运动量愈大，停止运动后脉搏的差别愈大。

我们为了观察站桩练功过程当中，以及站桩停止后的脉搏变化情况，用上述按每 10 秒计算一次脉搏的方法，采用脑电机自动记录脉搏检查结果如下表所示。

根据下表检查结果可以证明，站桩过程当中，每分钟的前 10 秒与最末 10 秒的脉搏变化最多不超过 2 次，尤其在停止站桩当时每分钟的前 10 秒与最末 10 秒没有差别，这是一般憋气用力运动所不可能达到的指标。如上述负荷运动后，每分钟只有 100 次的脉搏，其最初 10 秒与最末 10 秒竟相差 10 多次，而站桩练功时，每分钟脉搏虽然增加到 118 次之多，但其最初 10 秒与最末 10 秒的差别仅有 2 次。这就是站桩练功的最大特点。根据这个结果可以肯定，在站桩练功的过程当中，尤其在停止站桩的当时，绝对不会发生右心房过度扩大，因此，它适合多种慢性病人，尤其是心脏病人和老年人进行锻炼。

站桩前后按 10 秒计算脉搏变化表

脉搏（次） \ 时间（秒）		10	20	30	40	50	60	总计
第一例	站桩前坐位	13	13	12	12	13	12	75
	站桩 10 分钟	18	18	18	17	17	18	106
	站桩 20 分钟	17	18	17	18	17	17	104
	站桩 30 分钟	17	18	18	17	17	16	103
	停当时立位	16	16	16	16	16	16	96
第二例	站桩前坐位	13	12	12	13	13	13	76
	站桩 10 分钟	20	19	19	19	19	19	115
	站桩 20 分钟	21	20	20	19	19	19	118
	站桩 30 分钟	19	19	19	20	19	20	116
	停当时立位	17	17	17	17	17	17	102

3. 不同姿势的脉搏变化情况

(1) 不同坐式姿势的脉搏变化情况

为了观察各种坐式练功姿势对脉搏的变化情况，以同一个人在不同时间内练三种坐式姿势，检查脉搏的结果如下表所示。

根据下表检查结果可以看出，直腿端坐式，在练到 10 分钟时，脉搏较练功前仅仅增加 4 次，可以说基本上没有改变。这一练功姿势，只要求脊柱保持直立状态，四肢的骨骼肌并没有显著运动。对身体衰弱的病人，开始练这个姿势时，脉搏频率可能增加一些，但对一般健康人来讲这个姿势的作用不大。

不同坐式姿势脉搏变化情况表

坐式姿势 \ 脉搏（次） \ 时间（分）	坐位脉搏	练功时间		
		10	20	30
第一式直腿端坐	70	74	72	70
第二式端坐提抱	68	76	76	74
第三式伸足撑拔	72	88	80	82

端坐提抱式，由于两手悬空提了起来，增加了两臂的运动量，脉搏频率较直腿端坐式微微增加了一点，最多增加 8 次。

伸足撑拔式，由于两只手和两条腿都悬空抬举起来，因此，运动量较前两次增加了很多，练到 10 分钟时，脉搏增加到 88 次，较练功前增加了 16 次，以后由于疲劳两腿的位置放低了一些，因此，脉搏也减少了。

总之，坐式练功姿势的运动量较小，对健康人脉搏增加不多，对于病人或老年人可以根据体力灵活选用。

(2) 不同站式姿势的脉搏变化

为了观察不同站式姿势对脉搏的变化情况，以同一个人利用身长计，将两腿的弯曲固定为4厘米，练各种手位不同的姿势，检查脉搏变化情况如下表所示。

根据下表检查结果，可以看出松肩提抱式运动量最小，练到20分钟时，脉搏增加到90次，较练功前增加16次。

直胸撑拔式的脉搏增加最多，由开始到终了脉搏一直保持在92～95次，较练功前最多增加24次，比松肩提抱式平均增加8次，由此可以证明，两腿保持同样弯曲度，两手的位置不同，即肘关节与腋窝下面垂直的肋骨平面所形成的角度越大，上肢的运动量就越大，脉搏增加就多些。这两个姿势练到30分钟时，查完脉搏后当时就停止练功，立即坐在椅子上，再检查脉搏时，已经恢复到练功前水平了。

不同站式姿势脉搏变化情况表

站式姿势 \ 脉搏（次） \ 时间（分）	练前坐位	站桩练功			停当时立位	停当时坐位	坐位休息10
		10	20	30			
松肩提抱式	74	84	90	85	/	73	71
直胸撑拔式	71	95	92	94	/	71	67
拧裹推托式	70	86	91	94	83	/	71
前后分水式	71	91	94	95	84	/	70

拧裹推托式与前后分水式的脉搏变化，与直胸撑拔相差不多。这两个姿势停止练功后，把手放下，把腿直立起来，连续检查脉搏的结果，比练功到30分钟时减少11次。

前后分水式的两肘与腋窝到下面垂立的肋骨平面的角度，虽然比直胸撑拔式与拧裹推托式小，但因手位距肩较远，延长了力矩，增加了肩臂部肌肉群的负担力量，因此，其脉搏较松肩提抱式增多。

(3) 不同弯曲度的脉搏变化情况

为了观察同样手位姿势与不同腿部弯曲角度的脉搏变化情况，仍以同一个人利用身长计固定两腿的弯曲角度，进行站桩练功检查脉搏结果。如下表所示。

根据下表检查结果证明，两腿的弯曲越大，运动量就越大，脉搏增加的也就越多，停止练功后的恢复时间也越长。

两腿保持弯曲4厘米时，脉搏最多增加到95次，休息5分钟已恢复到练功前水平。弯曲6厘米时，脉搏最多增加到105次，较练功前增加25次，休息5分钟后仍未恢复到练功前水平。这可能与练功前休息不足有关。因为在这试验之前。还进行了另外的试验，表现在这次练功前坐位脉搏是80次。弯曲8厘米时，脉搏最多增加到106次，较练功前增加31次，休息10分钟开始恢复到练功前水平。弯曲 10 厘米时，脉搏最多增加到 118 次，较练功前增加 42 次，休息 10 分钟仍未能恢复到练功前水平。

两腿弯曲角度不同的脉搏变化情况表

时间（分） 脉搏（次） 弯曲度	练功前 坐　位	练功中			坐位休息		增加 最多	增加 最少
		10	20	30	5	10		
弯曲 4 厘米	71	95	92	94	71	67	+24	+21
弯曲 6 厘米	80	95	99	105	91	75	+25	+15
弯曲 8 厘米	75	106	104	103	96	76	+31	+28
弯曲 10 厘米	76	115	118	116	102	84	+42	+39

(4) 不同站桩日程的脉搏变化情况

在我们试验当中发现，凡能长期坚持站桩的患者，除各种自觉症状与体力有明显的好转之外，在临床上检查其脉搏的变化也有明显的改变，检查结果如下表所示。

根据下表第一行，陆某，男，65 岁，患支气管哮喘多年，虽经不断治疗，每年冬季必然发作，不敢外出，不能多走路。由夏季开始站桩练功后，一直坚持不懈从未间断，喘息症状明显好转，体力增强，精神饱满。在冬季 12 月 3 日站桩练功前立位脉搏是 78 次，用身长计固定弯曲 4 厘米，练松肩提抱式，在练到 10 分钟时，脉搏下降为 73 次，以后一直保持在 73 次，练到 40 分钟时，脉搏只增加到 84 次，较练功前仅仅增加 6 次。这说明这一姿势的弯曲度对他来说已经没有多大作用了。20 日后又进行一次弯曲 6 厘米的检查，这次在整个站桩练习过程中，脉搏一直保持 84 次，较练功前仅增加 5 次，这个姿势的弯曲度对他来说作用也不算大。这个成绩与初练站桩的人是不同的。

不同站桩日程的脉搏变化情况

检查 日期	姓名	性别	年龄	练功前 坐　位 脉　搏（次）	练功中脉搏次数				立位休息 10 分后脉搏 （次）	弯曲 （厘米）	站桩次数
					10 分	20 分	30 分	40 分			
12.3	陆某	男	65	78	73	73	73	84	72	4	已练 半年
12.23	陆某	男	65	79	84	84	84	84	69	6	已练 半年
12.14	张某	男	23	72	84	102	98	–	72	3	第 1 次
12.24	张某	男	23	70	82	86	80	80	61	3	第 10 次

我们选了一位身强力壮，没有任何疾病的青年人，张某，男，23 岁，作为对照试验。他从来没有练过站桩，于冬季 12 月 14 日进行第一次站桩，手位姿势与陆某相同，但两腿只弯曲 3 厘米，练到 10 分钟时，脉搏升到 84 次，练到 20 分钟时，脉搏升到 102 次，较练功前增加了 30 次，

而且只练了30分钟就坚持不下去了。以后每天坚持站桩一次，到第十日检查结果，除能够坚持练40分钟外，脉搏明显下降，站到20分钟时脉搏最多到86次，较练功前增加16次，比第一次站桩时减少16次。由此可见。凡能每天坚持站桩者，不论老年人、青年人、有病的人或无病的人，对增强体质、增加心血管系统功能都能起到良好作用。

（四）血液的概念

人体的血液是一种红色黏性液体，充盈在血管中，血液在机体内的作用是多种多样的，在消化过程中，营养物质由肠进入血液，血液再把它运送到身体各部。在生命活动过程中，细胞与组织产生许多机体不需要的，甚至是有害的最终产物，这些产物进入组织，然后进入血液，由血液送至肾脏或汗腺排出体外。

在正常人，女子每立方毫米血液内有红细胞400万～500万个，男子450万～500万个。红细胞内有红色的物质叫作血红蛋白（血红素），它是人体内氧气的搬运者，能够携带最大的氧，它既能与氧迅速结合，又能跟氧迅速分离，当血红蛋白经肺毛细血管时，能在极短的时间内吸取96%的氧并带走，当它经过各种器官与组织的毛细血管时，又能迅速地把氧放出（放出35%），以供组织的需要。血液中含氧量的多少与血红蛋白的含量有密切关系。血液的颜色随着红细胞所含氧量变化而不同。充满氧气的动脉血呈鲜红色，含氧量很少的静脉血呈暗红色。血液中血红蛋白较多的，其血液的含氧量就较多。每100ml血液中有14～16克血红蛋白，每1克血红蛋白能结合1.36毫升的氧。倘若每100毫升血中含有血红蛋白14克的话，那么每100毫升的血液就可吸氧14×1.36=19.04毫升。每立方毫米血液中，含有白细胞6000～8000个。白细胞对侵入机体的细菌有吞噬的作用，从而保证机体免受细菌及其他异物的侵害。

各种血细胞的数量是相当恒定的，虽然它们也经常有所变动，但对每个正常人来说，这种数量的变动都是不出一定范围的。两种血球比较起来，红细胞的数量最大，但是同一个人其变动范围最小，一般每立方毫米血液增减不出50万个。白细胞的数量较少，但变动范围较大。血球数量恒定的意义是很明显的，如果红细胞数量太少，则很难保证机体氧气的充分供应和二氧化碳的排除。贫血的患者不能适应劳动，就是由于氧供应满足不了劳动时的需要。

成年人的血量平均为体重的7%～8%。人体内的全部血液并不是同时都参加循环的，有部分血液的流动状态并不明显，贮存在肝脏、脾脏等器官内。这些器官由于有贮存血液的机能，故称为“血库”。人体在静止状态时，全身血液仅有55%～75%参加血液循环，其余的血贮存在“血库”中。人体在进行肌肉运动时，根据运动量的大小，会有更多的血液流入全身血管系统内参加循环，从而增加机体内的循环血量，以改善对各器官的氧和营养物质的供应，并加强代谢产物的排除工作。

为了观察站桩前后的血液变化，先后检查了5名站桩者的血液。检查方法是在患者练站桩以前先取一次耳血作为基数，待站桩完了马上再取一次耳血，作为站桩前后的比较对照。其结果是，有一例患者站桩1小时，血色素增加3.2克，红细胞增加152万个，白细胞增加3650个，这是增加最多的一例。其他4人皆练40分钟，其中血色素增加最多者2.3克，最少者1.5克；红细胞增加最多者 59 万，最少者 21 万；白细胞增加最多者 600 个，最少者 400 个。

站桩后血色素、红细胞、白细胞三者全部呈现增加，其增加的多少与运动量的大小和站桩练功的时间长短有关。这说明通过站桩运动后，血液循环得到改善，有更多的血液参加到循环中去，血色素的增加说明血液中氧含量比站桩前增多了，这就促进了氧的结合与运输加速，因而在站桩练功过程中会出现全身轻松舒畅的感觉。

（五）站桩的主要生理特点

1. 站桩对大脑皮层的作用

站桩是使大脑皮层抑制与兴奋兼备的体育智育运动。

站桩对大脑皮层有两种性质完全相反的作用，一种是抑制作用，一种是兴奋作用。当把站桩作为医疗体育手段应用于治疗某些慢性疾病时，由于它只要求保持一定姿势而不动，所以，大脑皮层既不需要动员所有感觉器官随时随地为保持自己的安全而操心，更不需要花费很多精力去安排如何动作。这就是在减少或削减了外感觉器官知觉输入量的同时，既能使机体保持一定量的肌肉运动，又可使大脑皮层迅速进入内抑制状态。并且，把它当作体育运动训练时，它又可以通过紧松动作的各项意念活动实现第二随意运动，使大脑皮层处于高度兴奋状态，从而达到锻炼肌肉、增强体质、训练神经、增长智力的目的。

2. 站桩对呼吸系统的作用

站桩是使呼吸系统无氧债的运动。

一般的运动，即位移运动，都可以经过人的意志努力在短时间内憋住一口气来完成最大限度的某项运动或某种动作。例如，尽全力快跑或持重物时都必须在憋气状态下进行。这就是说，为了完成最大的筋力运动，必须在短时间内停止呼吸，待运动停止后再重新呼吸。

进行这类运动时，机体首先发生的是缺氧反应，也就是由于呼吸困难、氧气供应的不足而造成氧债过多和乳酸等，达到了气尽氧绝的地步不得不停止运动。

但是，站桩运动能够根据每个人的体力强弱而准确地控制运动量，它可以使练功者的脉搏始终保持一定程度的增多。但根据实验，最多不可能超过安静时的 1 倍。因为运动量超限时，四肢的骨骼肌发生电击样烧灼性疼痛，不得不停止运动。这时，即是经过人的意志进行最大限度努力，憋住一口气也是无法忍受下去的。所以，站桩并不是首先发生缺氧反应，这一点与位置移动是相反的。站桩时，在脉搏保持持久性增多的状态下，氧气的摄入量等于氧气的消耗量，因此，不会发生氧债现象，是无氧债运动。

3. 站桩对循环系统的作用

站桩对循环系统的作用是，运动停止后脉搏直接下降。

站桩时，在肌肉进行收缩运动的过程当中，没有憋气现象，也没有呼吸困难现象，胸腔腹腔内压绝对不会突然间显著增高。当停止运动后当时的一刹那之间（5～10 秒内），绝对不会产生右心房过度扩大现象，其脉搏频率的恢复是直接下降的，而不是像位移运动那样，必须经过突然上升然后下降的过程。它适应心脏病及身体衰弱者进行锻炼的原因就在于此，详见下图。

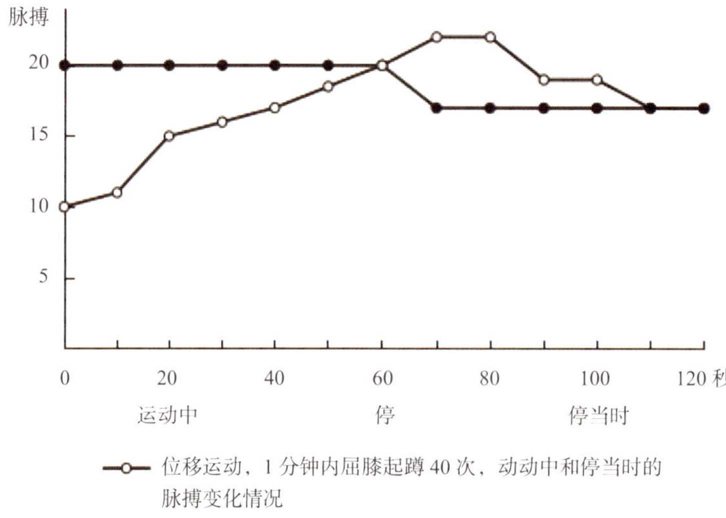

4. 站桩对肌肉系统的作用

站桩对肌肉系统的作用是，角度锻炼屈肌，意念锻炼伸肌。

站桩时可利用全身各关节的角度变化来锻炼屈肌，即角度锻炼屈肌，又叫角度锻炼工作肌。这是人人都会的工作肌的收缩运动。在进行这种运动时，可使大脑皮层进入内抑制状态，而屈肌仍然保持一定量的自动化运动，因而它具有医疗保健作用。

反之，站桩时又可以利用紧松动作的意念活动来训练伸肌，即意念训练伸肌，又叫作意念训练休息肌。这种运动并不是每一个人一开始就会的，必须经过一定时期的学习训练才能逐步掌握。

站桩时屈肌与伸肌在单位时间内既可分别训练，又可同时训练。既能分区分段训练，又能整体同时训练。当训练达到高级阶段时，即达到“肌肉若一”的程度时，全身肌肉能产生一种整体的爆发力，因而它又具有技击实战的作用。

5. 站桩对神经系统的作用

站桩对神经系统的作用是，第一随意运动锻炼肌肉，第二随意运动锻炼神经。

根据机体的每一动作，凡受固有的应该收缩的肌肉的牵引，而发生屈和伸的作用者，叫作工作肌的收缩运动，即第一随意运动。反之，把未参加这一收缩运动的肌肉叫作休息肌。

站桩对神经系统的作用是，它能利用紧松活动的意念活动来训练休息肌，使休息肌与工作肌产生同时收缩运动。这就是通过休息肌的收缩运动训练神经系统，建立一个新的运动体系，叫作第二随意运动。

第二随意运动是休息肌的随意运动，它是训练神经、增长智力，即活体力学的体育智育运动。

6. 站桩的医疗保健作用特点

站桩的医疗保健作用的特点是，诊断与治疗相结合。

站桩是研究机体从安静水平转变为运动状态下机体活动状态的良好方法。这种变化的产生是机体在固定不动的状态下，运用了具有定量强度，即一定的姿势与一定时间的身体机能负荷所引起的。

它是机体保持在正常、均匀地提高了各项生理机能（主要是循环机能与呼吸机能）的状态下，探求机体各器官活动状态客观指标的最科学的一种动态的机能诊断法。

动态的机能诊断法，代替了旧的主要只依靠病理解剖资料的诊断法，也代替了，在安静状态下所检查的正常的或病理的各器官的机能指标，即静态的机能诊断法。因为造成机体疾病的客观标志并非只限于确定器官中解剖结构的变化，或在安静状态下的客观指标的变化，有许多疾病在安静状态下，并没有机能性变化，只表现在运动状态下才发生机能性变化。所以探求各器官的动态的机能活动状态的客观标志是现代医学科学研究工作中的一门新兴的科学。

此外，更重要的，站桩不仅仅是动态机能诊断的良好方法，同时它又是增强机体机能和改变机体结构的良好方法。通过站桩既诊断机体的机能状态。同时又能自力更生，改变结构，增强体质，治疗疾病，在这方面，站桩具有任何药物都不能代替的良好作用。这是从根本上解决人体患病衰弱与健康强壮的本质问题；这是诊断与治疗相结合的医疗保健方法。

根据已经取得的效果，可以肯定它将为老年医学、慢性病学、运动生理学、生物力学、生物化学等等学科提供宝贵的、前所未有的新资料，并为研究运动医学、中西医结合创造我国新医学派开辟一条新的康庄大道。

于永年老师早年站桩照片（于冠英提供）

于永年，1920 年 3 月 31 日生，1942 年毕业于日本东京齿科大学。历任铁道部北京铁路总医院（现更名为：北京世纪坛医院）口腔科主任医师、科主任。1944 年师从大成拳创始人王芗斋先生学习大成拳站桩功。1953 年首先在北京铁路总医院应用站桩疗法治疗慢性病。经过多年实践、体认和潜心研究，提出："站桩求物、充氧运动、第一随意运动和第二随意运动"等科学理论，并把站桩求物与老子《道德经》的"抱一无离、独立不改"结合起来，制成"武术与心术两个运动体系表""老子为道图"及"老子大道哲学内物论、物的分类简表"，等等。曾先后出版有关站桩的多本专著和论文，并多次到国外传授站桩疗法。

第 28 章　聆听芗斋先生教诲纪实

何镜平[①]

我从 1943 年开始习练王芗斋先生的大成拳。因当时尚在少年时期，对大成拳也是一知半解，只知其然不知其所以然，但对强身健体却起了一定作用。后虽有人带我去过芗斋先生家中求教，听后也是似懂非懂难以理解。从 1946 年以后我即在家单独练习大成拳，几乎无大进展。20 世纪 50 年代，我在中山公园又见到了王芗斋，在先生亲自指导下，又重新系统地习练大成拳。我几乎每天抽时间去王芗斋家中求教聆听先生教诲，受益匪浅。先生的一些教诲我曾在一些文章中发表过，今再就当时先生的重点教诲纪实公布如下。

一、芗斋先生对各家拳的评论

芗斋先生对中国的拳术日趋衰落深表关心，因此他极力反对把中国拳术的实战方法丢掉，而只讲求花架子不求实效的练功方法。他认为有些拳术在练功时用蛮力的练习方法，不是什么健身养生，也无从达到实战效果，而是一种戕生运动，但对太极、形意、八卦、螳螂拳的评价是各有千秋。芗斋先生认为太极拳从杨露禅到杨澄甫其精华仍未失传，但后世练太极拳者大多逐步走向没落。太极拳力量运行的根本是"其根在脚，发于腿，主宰于腰，行于手指"而形成的整体练法，但后世的有些练家往往与先辈留传的练法相悖谬。例如对"上下相随，绵绵不断"的认识不清，往往是上身动作很慢，但下身步子却很快，上下动作的快慢不协调，这就达不到上下相随的要求。由于上下不相随，绵绵不断则无法形成。正因为太极拳的一些基本原则被忽略，因而把太极拳动作外观的是否优美，作为评论太极拳的标准，使太极拳形成了一种表演形式，而丢掉了实战的价值与作用。

芗斋先生谈及形意拳时认为，早年先辈在练习形意拳时，也是注重整体练习，而五形拳的劈、崩、钻、炮、横是一种活动方法，形意拳特别强调对神、意、气、力的练习。在谈到形意拳的先辈李洛能（能然）先生与对方交手时，在精神、气质上叫人望而生畏，在实战中两眼放光、

① 何镜平先生，北京人，为王芗斋先生入室弟子，是芗老晚年之得力助手之一，与芗老感情甚佳。1961 年，何先生和于永年老师随芗老参加了在河北保定召开的全省养生协作会议，在会上发表了《我对王芗斋先生气功法（站桩疗法）的实践与体会》一文，得到与会者的称赞，后亦流传于站桩功及大成拳爱好者之中。何先生喜爱游泳，曾获单位系统内北京市冠军，其兄何镜宇亦为芗老弟子，芗老分别称其为"大何""二何"。何老师出生中医世家，于中医方剂造诣颇深，笔者当年常去何老师家里请教拳学及中医问题，何老师诲人不倦，使我深受其益。

冷气逼人，两撇小黑胡随之震动，对方未及交手即被其神气所压倒，而丧失了战斗能力。及至郭云深先生的半步崩拳打遍天下无敌手，也都是以神、气先将对方压倒，然后将其击败。芗斋先生早年所创伏虎桩，就是从形意拳脱化而来的，对加强神、意、气、力的练习大有好处。

芗斋先生对八卦掌比较赞赏，他认为八卦掌的步法沉实、灵活、多变，确有其独到之处。八卦掌先辈眼镜程可以踏在眼镜上健步如飞，足见其功力之纯厚。芗斋先生说八卦掌最早只有单、双换掌，但后世逐渐把八卦掌变得招数繁多，编成了八八六十四掌等众多招数，这就离原来八卦掌的真髓相距甚远，也流于招数和形式。芗斋先生早年创立的大、小降龙桩就是从八卦掌脱化而来的。此外，芗斋先生认为螳螂拳也有绝妙之处，习拳者不容忽视。

二、师徒间对大成拳中整体求力与局部求力的学术争论

20 世纪 50 年代，芗斋先生与个别弟子分别教功时，对教功时的求力整体观与局部观的学术问题发生了争议。这一争议的焦点就是芗斋先生认为大成拳的练功求力，应从整体出发，求出的力即是整力，有了整力也就具备了局部各项力的要求。个别师兄则认为如先从整体求力，练功者难以理解，不如分部求力，最后再归为整体之力，这样即有局部力又有整体力。芗斋先生对此说教极力反对，认为这样练习求力法其效果绝不相同。为此，师徒间为这问题长期争论不休，未能统一。此即当时大家称之为大成拳求力学术问题的“一与二”“二与一”之争。

1958 年前后，由于师徒的学术争论不统一，广大练功者也各有所宗。芗斋先生教的学生都按整体求力方法练功，而个别师兄教的学生，则仍以分部求力方法练功。当时处在这样局面下，我以大成拳练功时如何求分闭力问题求教于芗斋先生。先生教导说：“练大成拳者求这个力时，应把分闭力作为一个整体去认识，分即是闭，闭即是分，分中有闭，闭中有分，二者不可割裂”；而询及个别师兄时，则谓“练功者求此力时，应先求分力后求闭力，最后使分闭统一起来形成整体。”在请教芗斋先生对分闭力的运用时，先生叫我真实地向他身上作拳，在我发拳刚接触到芗斋先生前胸部位的刹那间，先生用了分闭力，只见先生似笑不笑眼神发亮，没有什么大动作，顿时使我感觉到如同触电一般，身体受到猛烈震动，被弹出一丈多远。当我问及先生何以有如此强大威力时，芗斋先生说：“这就是从整体求力的效果，如果把分闭力分步脱节练习，则绝不可能出现这样的威力”。其他对遒放力的运用，芗斋先生教诲说：“遒放本同。欲遒先放，欲放先遒，都必须体现出整体求力的学术思想。”对芗斋先生的学术理论与实际运用的求教尝试，使我叹服不已，至今难忘。

三、关于大成拳的作用在于实战的论述

芗斋先生认为“既言拳就必须与实战相结合，如果拳术离开了实战只注重表演，那就不是真正的拳术而是表演拳”。芗斋先生否定了那些以拳术之名而行表演之实的做法，认为拳术应以实战为主表演为辅，这样拳术之真髓不失，又可供大家赏心悦目，收到欣赏的效果。芗斋先

生同时又认为，真正的拳术家，应该既是养生家又是实战家，而绝不应该把拳术练成了戕生运动。有些人在练拳时耍花架子，顿足、憋气、捶胸，甚至把地跺得咚咚乱响，给人以凶猛异常的感觉，这种练法首先使练者本身的全身气息肌肉处于极度紧张的状态，无法放松，长此下去完全达不到拳术养生目的，而形成了戕生运动，而这种练法也得不到真正的实战效果。芗斋先生又指出："用什么招数来破对方的什么招数，用什么力破对方的什么力"更是谬误的无稽之谈，因而指出"拳本无法，有法也空，一法不立，无法不容"。在进行拳术实战时，胜败只在刹那间，不可能容你去想用什么招来破对方招数。即使你准备了些招数，在实战刹那间对手变化神速莫测，而所准备的招数绝难以用上，尤其是有着相生相克的练功方法，与拳术的实战相去更远，在实战中绝不可能出现对方用的是金力，而我则用火力来克服他的局面。这种相生相克的说法，只是小说演义中叙述的幻想事情，与真正的拳术功夫是风马牛不相及的。芗斋先生指出："只有通过大成拳的基本方法练习，从整体中求得各种力，在实战中才能以不变应万变，以迅雷不及掩耳的速度将对方击出。"在实战应用上芗斋先生教诲说："拳技一道尚精神，内要提外要随，手脚齐到法为真，意要远、气要催，拳似炮，蛇蜷身，应敌犹如火烧身，充华必强骨，饰貌须表真，计谋须运划，精神似霹雳，心毒称上策，手狠方胜人。何为闪，何为进，进即闪，闪即进。何为打，何为顾，顾即打，打即顾。出手即是处，力如火药拳如弹，灵机一动鸟难腾。"这说明了大成拳实战中，所应具有的心态，从而才可取得实战的效果。这种效果绝不是练花架子所能求得，而必须在通过大成拳的实际练习中具有了各种力后，才能运用到实战的需要中去。

四、拳学的不断进步与拳学理论的发展有着不可分的关系

1926年芗斋先生在上海时所著《意拳正轨》一书，在内地早已散失无存。为了发掘整理芗斋先生的早年拳学著作，1961年芗斋先生在河北省保定市河北中医研究院工作期间，经河北省卫生厅长段慧轩同志帮助，芗斋先生回忆早年著作《意拳正轨》可能存在下落时，提出在香港的梁子膺（胥注：当为梁子鹏）先生处可能收藏此书。经联系，由香港的李英昂先生将此书的抄本寄至保定，经院方审阅，该书中芗斋先生当年提到了续气、养气、周天搬运法等，而这些方法，已是芗斋先生在工作期间认定是错误的，并加以批判，是不可取的方法。芗斋先生不惜暴露一己之失，以免后人走弯路，这一求实的科学对待学术态度，是为后人的学习榜样。也由此可看出芗斋先生对1944年所著《大成拳论》持肯定态度是无可争辩的事实。因为从芗斋先生的日常教诲中，他对拳学的态度不是故步自封、墨守成规的，直到晚年他仍强调"对拳学这门科学，我懂了没懂，入门没入门，仍是个疑问。"芗斋先生对拳学造诣颇深，仍能以客观的科学态度认识拳学，实让后来者应有所借鉴。

当时《意拳正轨》一书的抄本副件，由段慧轩同志给我寄到北京，嘱我亲手转给姚宗勋先生审阅。以后由姚宗勋的学生白金甲用仿宋体字复写多份，每份上都有姚宗勋先生的批注，赞扬了芗斋先生对待早年拳学著作的"弃者弃，立者立"的批判态度。

五、芗斋先生反对以封建迷信邪术骗人的实例

芗斋先生为我国著名养生家、拳术家，造诣颇深。他用拳术发力发人及用养生桩治病都堪称一绝，使人叹服不已。芗斋先生常说拳术、养生都具有科学道理，拳术能将人击出即是破坏了被击者平衡所致，养生功法能治病即是调整了患者人体内部脏腑、机能平衡所致，并无任何神秘可言。芗斋先生坚决反对把拳术及养生气功挂上封建迷信色彩，每遇及此常以善言相劝，嘱其莫以巫术骗人，不听劝阻者则敢揭露其伪于光天化日之下。

昔有一刘姓老翁与芗斋先生为故交，甚信仰拳术及气功但不善辨别真伪，每遇能人务必请至家中款待，并在乡里间为其传名，亲自拜师学艺。某日有一“道士”模样者，登门自荐称自己有张三丰白日飞升前密传绝技气功，可在蒲团上打坐七日夜不寝不食。刘翁等信其言待如上宾，数日后“道士”开始在蒲团上打坐练功，果然七日夜不寝不食，一时在乡里间传为奇闻。

芗斋先生与刘翁交谊甚厚，一日来访，刘翁述及“道士”绝技赞叹不已。芗斋先生不禁哑然失笑，谓刘翁受骗。在刘翁将信将疑之际，先生开始与“道士”交谈，要亲睹“道士”练功，但必须有两个条件，其一，要更换蒲团；其二，派人日夜轮流守候至七日夜期满。“道士”闻言惊慌失色汗出淋淋急欲告退，先生当众揭示其伪，指出蒲团内有暗藏食物，待夜深人静众人就寝后，“道士”又吃又睡，只要稍加机警即可施术骗人。“道士”闻言狼狈遁去。芗斋先生出言吓跑练功老道，一时传为趣谈。

六、芗斋先生的“丹田”试验法

1957年以后，有人一提起气功必定和“意守丹田”联系起来，“丹田”之说风靡一时。而“丹田”究竟在何部位众说纷纭，鲜有能道其详者。有的说在脐下一寸五，有的说在脐下一寸三，有的说脐下二寸五或二寸三，而有的则称在脐内一寸五，说法各异，莫衷一是。

芗斋先生面对众人说教，则力排众议，认为种田的人都清楚，种麦子的地称为麦田，种棉花的地称为棉田，而“丹田”顾名思义，则为存“丹”之处。先生认为“丹”为何物？谁曾见过均无从证实，认为“丹田”之说源于道家，而道家常以练“丹”之术可以长生不老欺骗世人。芗斋先生曾讲了一个中医界流传的故事：有个皇帝为求长生不老之术求教于道士，道士给皇帝服了所炼的一粒红色的“丹”，皇帝服后不久即毙命，中医界遂传有“红丸一下命归西”的警世诗句留传后世。

我当时以“丹田”之说既广为流传，有无可信之处求教先生。先生遂授以“丹田”试验法。试验时以手背在被试者的所谓“丹田”部位略加挤蹭时，即有反应，我有幸请先生在我腹上做个实验，在先生稍加挤蹭时，我顿时感到两眼冒金花，全身震颤难以支撑。我不解其意而请教先生，先生教诲说“我所用者仅为拳术上的轻微发力，你就难以忍耐。若以拳术重发力击之，非立即毙命亦成重伤，这足以证明，并无丹田之存在”。先生之一席话使我顿开茅塞。

现在芗斋先生逝世已经三十余年，先生当年的教诲时时在耳边回荡。事实已经说明，先生的教诲大都被证实是正确的。随着岁月的流逝，先生对某些问题的提法可能有不恰当之处，但他追求科学的精神和态度，值得后人敬仰。我作为芗斋先生的弟子，不敢久藏其密，愿将当时先生的教诲重点纪实公布于众，以飨有志研究大成拳的读者。

第 29 章　我向王芗斋先生学站桩

秘静克

1954 年期间，因长期夜间工作的原因，我的双眼患上视神经萎缩，当时虽经北京各大医院积极治疗，不仅无效，反而逐渐向坏的方向发展，最后，左眼视力为 0.01，右眼 0.3，不得已只好停止工作，长期休息。

1957 年，正在走投无路之际，友人劝我去中山公园学习站桩功，因我少年时期习过武，认为练功就是学武术，练本领，身体可以健康，怎么会治病呢？更别说我得的是眼病，就没有去。后来友人来我家问我，功练得怎么样了，才知我没去，又耐心劝我去试试。在碍于朋友面子的情况下，才答应到中山公园去看看。进门问一个扫地的清洁工，他举着扫帚做了一个站桩的姿势说是不是学这个？我一看，扭头就回来了，心想，看他做的那个样子活像日本鬼子投降，我反正是不学了。过了几天，友人见了生气地怪我说："良药苦口才治病啊，管它姿势好看不好看，反正你大医院都去了，治不好，这个练练试试再说吧，万一有用呢？要是你怕花钱，我帮你把学费交上。"

就这样，我第二次又去中山公园，到了学站桩功的地方一看，傻眼了。从来没见过，这哪像治病呀！一个个站在那里，有五六十人，双手举在胸前，有高有低，还有放在后背的，活像寺庙院里的十八罗汉一样，各种各样的姿势都有（后来才知道姿势是根据病理的不同而定的）。在他们中间有一位五六十岁的老人在给他们不时地调整一下姿势。我问旁边的一位学员，她说："那就是王芗斋老师。"然后，她带我去见王老师。我对王老师说："我眼睛不好，上不了班，来学学站桩。"王老师听罢，给我摆了一个姿势，让我先站一会儿。

大约站了二十分钟，王老师过来对我说："你眼睛不好，我给你疏导疏导。"说着，在我后背作了几个疏导的动作。当时我感到全身轻松一些，他说让我继续站着。

大约又过了二十分钟左右，王老师过来对我说："我再给你疏导一次。"这次感觉比刚才更轻松了。估计又过了一刻钟，练功该结束了，王老师说："今天就到这里吧。"

我练完功回家时，感觉太阳光不像往日那样刺得难受了，觉着两眼看东西有点力了。第一次练功，王老师给我做了两次疏导，不料当天就见效了，心想，这老师真神了。在那时养生疗疾术影响面还很小，一般人并不懂养生术怎么回事，所以当我第一天练功产生效果，不仅没有使我相信站桩功，反而产生了误解。虽然不相信人世间有神鬼，可我听说过有掐诀、念咒等巫术。真正的巫术内容是什么，我也不懂，因而，把王老师给我做的两次疏导误解为咒语、法术。

我把怀疑向友人说了，她劝我不管是什么法术吧，如果能把你的眼病治好，解除疾痛，不也是一件大好事吗。我想也只好这样，所以就接着练了下去。老师怎么教，我就怎么学，叫我一天练三次，这就按时认真地练。我是个好静的人，练了一段时间以后，每次闭上眼睛练功时，觉得已练到老师所讲的“凝神、定意”了。可是对老师的这些疑问实在是闷得慌。为了解除疑虑，我问一位跟老师学功多年的刘大哥：“老师在道门吗？”人家一听明白了我的心意，笑着说：“老师在拳与掌的道门。老师是拳学家，在什么道门！练拳的不单不信鬼神，旁门邪道的论说都不信。”后来，我还曾借口看望师娘到老师家去，看看有没有佛龛、神像之类的东西，结果一看什么都没有，这才消除了我的部分误解。当我练功到四个月时，万万没想到我左眼视力竟然恢复到 0.4，右眼恢复到 0.9，看书、写字已经没有问题了。我十分惊喜，也恢复了工作，开始上班了。

我这才相信站桩功不是什么巫术、咒语，而是真的能治病。但对于为什么能治病，搞不清楚，还是个谜。我反复想过，北京城这些个大医院，都是全国有名的，为什么几年来都治不好我的眼病？练站桩每天闭上眼站一会，老师给我疏导了两次，一个月后老师也不给疏导了，就治好了眼病，实在无法理解。我这个疑团越解不开，就越想弄个明白。上班后，每天早晨照常到中山公园练功，加强了向老师的询问，今天问这是怎么回事，明天问那是怎么回事，得到的回答总是一个：“少问，跟你讲不通，到那边多站会去。”确实老师讲的一些功法听不懂，跟听谜语一样。

有时候看见杨大姐、步大姐她们练推手，我也过去试试，被老师看见了，问我：“你来学什么了？”我说，我是来治病的，想多学点东西。老师说：“你的眼病彻底好了吗？你的眼上有什么功夫？不到边多站会去，也跟着瞎胡闹。”这样狠狠地呵斥了我一顿，我一听，心想，又来了，眼上还能有功夫，真新鲜，我不相信。可是，再也不敢追着问了，只好到那边多站会，反正傻练吧。

过了几天，老师来问我：“你眼上有功夫吗？”我不解地说：“眼上也可以有功夫吗？”老师说：“你还没有听说过吧？”我说：“没有。”老师说：“从明天开始，每天早晨闭目练功半个小时，再睁开眼，两眼放松看着前面大树练，要练到你的眼睛与树帽上的大气相衔接，那时你才可以算打开上乘功夫的大门了。”我问：“什么叫大气？”老师说：“就是树上吐出来的氧气。”这一说又引起了我的误解，谁能看见树往外吐氧？真是瞎说，我只看见对面有大树，树帽上哪里有什么大气！我没有患眼病之前，也没有人看见过树帽上有大气。把我对老师的怀疑向步大姐说了，她说可能叫你锻炼眼睛吧，我说远望是可以锻炼眼睛，为什么叫我与树帽上大气相衔接？你看见过树帽上的大气了吗？她说：“我没有看见过，既然你也知道远望可以锻炼眼睛就遵照老师的说法练吧，也可能有他的道理。”就这样，我带着不相信的态度练了下去。

练了数月后，一天早晨，我在中山公园后海边，面向北闭目练功，练了半个多小时，慢慢睁开眼睛往大树帽上一望，树帽上果然罩着厚厚的一层气，可是怎样与它相衔接呢？又去问老师，他又教我慢慢地用眼睛把大气拉过来再放回去，眼睛感觉到有点放劲，就是成功了。遵照所讲的接着练，这次练了不久眼睛与大气果然相衔接了，眼睛有了触激的感觉。我即时向老师汇报了这个情况，老师也很高兴。他说：“好，还按照这种练法继续练。”

我和步师姐、李师姐、李师妹，四人关系密切，经常到一起唠叨老师的不是。步师姐说，王老师保守不教她。我就说老师尽说些叽里咕噜的话，叫人听不懂。再一点，对我管得太严，每天只许我傻站，其他功法不许我练，试试推手，被他呵斥了一顿。就练了一次“摩擦步”，也被他看见了，呵斥了一顿。李师妹也顺着我的话说，老师太怪，不许人问，只许傻练功。李大姐比我们多学了一年多，她懂得多，把我们三人批评了一顿，怪我们不知好歹，说老师是关心我的时间紧张，才不准我练别的，是为了打好基础，教我真功夫。当时也不知李大姐说的是真是假，认为只是劝我少唠叨而已。后来，在几个师兄弟的请求下，老师开了山门（1959 年），把我们四个人都收为入门弟子。

这时我练功已经两年多了，对体内产生的变化，骨骼、肌肉位移的范围大小，触动气感的作用，都有了认识。老师再讲什么，一听就懂。不但知道它不是巫术了，而且知道它是非常科学的一种体育疗法。而这种不同于一般体育，一般体育动作猛烈，骨骼、肌肉位移范围大，因此全身的消耗量也大。站桩功，站立不动，由三角钝形的姿势，或支撑，促使骨骼肌产生短促迅速的缩张运动，是在静中生动，动中养静，动静结合的一种特殊的体育运动，是内功，练内力，全身的消耗极小。这种功法确实应该遵照老师的要求练成“空洞忘我，天地合一”，让躯体与大气相应合，增强吸收功能，大量摄取空气中的营养物质，激发躯体内的新陈代谢，以及大量转化热能、机械能、电能，相应地疏通了经络，调整了不平衡中的平衡，以达到治疗目的。这时，我不仅对老师什么意见也没有了，反而很佩服老师，非常感谢老师严格地要求我“傻站”。我与那些不遵守教导不傻站的练功人相比，我体会出来的东西较多。

有一天，老师来到我练功的地方对我说，我眼上有了功夫叫我再接着练“金刚指”。即在练功时两臂环抱，两眼远望，两手食指，像勾上眉毛，什么时候感觉到头往后微仰，或者头略抬，即感到与食指有拉拽劲了，就是有功力了。达到不练功的时候也有拽力，即为功成。这个时候老师一说我就能明白了，这步功法对我太有利了。第一，是练了食指上的力，第二，是锻炼了眼周围的功力，第三，是继续练了眼睛的视力。我很高兴，再不似过去那样被病魔缠着，被老师强制着练功。开始练时手指上感受有功力，眉毛上感觉不出来有东西，与手指也挂不上勾。练了有半个月，挂上勾了，就是拽劲不大，有时候还一拽就断。练到有一个多月时，才有点像老师说的那种拽劲了，并且感觉到头上的功力比身上的功力来得快。向老师汇报了练“金刚指”的情况，老师高兴地说：“你就是因祸得福，你如不患眼病，也练不成眼上功夫，他们那些专来学技击的人还练不成呢！学养生的更练不成了。好好保持这步功夫，虽然你在‘技击’方面用不上，可是对你一生的眼睛都有很大的好处。”老师说的确实是经验之谈，我今年已经是 88 岁的老人了，眼睛始终没有花。我问过许多练站桩功的人，学过“金刚指”吗？他们都很愕然，说没有听说过。我可真是得天独厚了。

原来不准我学推手、走摩擦步等技击方面的东西，这时老师却主动来给李师姐、步师姐和我讲拳学的功理、功法，讲了试声的字音和发声，讲了试力的关键问题。他说：“你们在没有练出蓄力来之前去推手，纯是瞎胡闹，白浪费时间，推手必须在站桩打好基础之后，去试力，将全身每个部位都试出力来，再去练推手摸劲，才能走捷径。身上没有功夫去推手很难摸出劲来，即使摸出人家的劲来，你也把人家发不出去，因为你的身上没有功力，是走大弯路。”我们听了老师的讲解，想起当初对老师的误解，发的那些牢骚，看到现在老师对我们这样真诚，这样耐心地传授真功夫，真想大哭一场，真是又惭愧又感恩、感德，不知道对老师说些什么才好。

这时老师不管我们了。有时我练完功，就到练技击的那边去看看。有一天，一个二十几的小伙子也站在那里看推手发人。老师来到小伙子跟前问他练完功了吗？小伙子说：“我看一会就去练。”老师拍了拍小伙子的肩背说：“这么糟的身体还不去好好练功，到处闲逛！”小伙子一听就瞪了眼，他说：“我是首钢厂的搬铁锭的工人，一块铁锭三百六十斤，我两手搬起来往肩上一扔就走，一上午我能搬十多块，我身体糟干得了这样的工作吗？”老师说：“是吗？这么大劲呀！咱俩掰掰腕子，叫我看看你的劲。”小伙子 1.80 米的身高，粗胳膊大手，很魁梧，看了看老师说：“您看看您的胳膊那么细，别掰了。”老师说：“哟！你是怕把我的胳膊掰折了，这样吧，你用拳头顶住我，把我顶得向后退了，就算你赢了，证明你的劲是真大。”小伙子一听，还是不相信他有劲，有点冒火，说：“好吧，可是我一用劲怕把你顶摔倒了，怎么办？”老师身后站着刘大哥等几个人，都看出这个小伙子不服气的样子。大家说：“不要紧，有我们这些人在老师身后哩，老师一倒我们就接住了，摔不着。”小伙子问老师顶什么位置，老师说：“你自己选择。”小伙子往老师胸腹上看了看，可能是找合适的位置。然后，握紧了拳顶在老师的腹部。老师说：“使上点劲。”小伙子即用上力，老师说：“这点劲不行，还得再加上点劲。”小伙子又把两腿弓了弓，加了加劲。老师说：“你舍不得力，那你就往后退吧。”真听话，老师向前迈步，小伙子就往后退。老师再进步，他再退，这样往后退了三四步。老师说：“行了，看你头上都出汗了，直起腰来缓口气吧。”小伙子愣住了。老师说：“我说你身体糟，你不服气，你那么大的拳头顶不动我，我用两个手指就能把你顶得往后倒退，怎么样？再试试吗？”小伙子可能缓过气来了，又表现出了不服气的样子，说：“来吧，试试。”分开两腿，直挺挺地站在那里。老师只用中指与食指两个手指的二指骨突（其他手指都握拳）顶住他的腹部，老师问：“准备好了吗？”小伙子说：“可以了。”老师说：“往后退。”小伙子就往后退，叫他再退，就再退。老师问他还退吗？小伙子的脸噌的一下子就红了，满脸惊讶。刘大哥过来拍拍他说：“好好听老师的话，快练功去吧。”

我从小有个最大的缺点，遇事就要追根求源，打破砂锅问到底。老师与首钢这个小伙子比劲，我也很惊讶。我觉着我对功理知道得不少了，可是那么魁梧强壮的青年人竟顶不动一个干巴老头，反而被干巴老头用肚子，用两个手指骨突推得他向后倒退，这可真奇怪。第二天我就去找那个小伙子，才知道他姓刘，26 岁，是来站桩治胃病的。我问他为什么顶不动老师。他说：“我越用劲，他的肚子就越硬，顶不动。”我问：“他用肚子顶你倒退时是不是肚子更硬了？”小刘说：“不是，他顶我倒退时，反而不觉那么硬了。”我说：“既然不那么硬了，为什么你不赶快加劲把他顶回去，你为什么还倒退呢？”他说：“我加劲了，不知道是怎么回事，就随着他说退的声音往后退。”我又问他：“老师用两个手指骨突顶你时，为什么你也倒退？”小刘说：“他那两个手指骨突像个铁塞子。塞得肚子使不出对抗劲。”我问了半天也没有弄明白。过了两天我找了刘大哥，刘大哥拳劲很深，练了二十四年的太极拳，练了十三年的螳螂拳，最后投入大成拳门，跟随王老师学功。我问刘大哥，老师使的什么招数，用肚子顶回小刘的，用二指骨突就能把小刘顶得倒退。刘大哥说：“你听说过老师讲‘平衡’吗？”我说听过。刘大哥说：“听过，还不知道是怎么回事？”这时我才恍然大悟，老师用了功力与“平衡”，看来较力点点滴滴之处都要掌握住“平衡”，才能立于不败之地。老师对功理、功法运用熟练、巧妙令人万分佩服。

步师姐是脾气很好的一个人，谁拿她试手，她也不拒绝。有一天，有个姓赵的与她推手，正推之际，老师“嗖”的一步抢过来把步师姐往侧边一拉，老赵啪的一声摔趴到地上。步师姐正在愣神不知是怎么回事，老师批评她说：“不论谁，你都和他推手。小赵是个生虎子，你若被他摔坏了怎么办？”扭头又批评老赵：“你找人家推手，人家就和你推，这就不错了。你还要用力发人家。她是六十来岁的老太太了，你若把她摔坏了，你担当得起吗？”老赵说：“我没有使劲，我只想试试我有没有爆发力。”老师说：“你没有使劲，怎么摔倒在地上了？”老赵说：“是您把步大姐拉到一边去了，我才摔倒的。”我们几个被老赵的摔倒声惊动，收功跑过来看是怎么回事的。听见老赵的谬论，大家哄然大笑，对老赵说：“你真会说歪理、蛮搅，今天是老师救了你们两个，救了步大姐没有挨摔，救了你没有惹出麻烦事，你俩都应该感谢老师才对。”在我们说老赵之时老师挺生气地走了，老赵也离开了。我问步大姐：“他要发你，你还不赶快躲开，你能反击吗？”步大姐说：“我没感觉到他要发我，老师‘嗖’的一下过来把我拉到一边，还把我吓了一跳呢，不知是怎么一回事。他批评我时，我才知道是老赵要发我，老师才过来救我的。”步大姐是个乐天派，惊讶过去了，反而美滋滋地说：“几年来老师讲的‘超速运动’我就是不知道是什么样的运动才是‘超速运动’，我也看见过那些练技击的发人了，我看他们并不是特别快，称不上‘超速运动’。今天我才亲身体会了老师讲的‘超速运动’。老师的动作之快速，超过闪电，他的眼睛也尖，我这个当事人还没有知觉哩，他就看出来老赵要发我了，并且能过来救我，真是神奇的功夫，神奇的人啊。中国的功夫真是博大精深啊。”

第 30 章　人体需要彻底大修

曾广骅

胥按：曾广骅先生于1922年生于山西太原（原籍湖北黄冈），1941年至1944年就读于重庆国立政治大学，和马鹤凌（马英九之父）、李元簇等为同学，后留学于美国哥伦比亚大学，并获佛蒙特大学经济学硕士学位。1958年响应周恩来总理的号召，夫妻从美回国，曾任职于中国科学院科学技术情报研究所，并在北京大学执教。1958年拜大成拳创始人王芗斋先生为师学习站桩功。1972年自河南农场回京后罹患肾炎、关节炎、高血压、肠炎、胃炎、心绞痛等多种疾病，在生不如死的煎熬中突然想到芗老的教导，遂下决心练习站桩功，竟得痊愈。退休后在纽约长岛建立气功颐寿院，推广站桩功。曾广骅先生是受过西方教育的现代知识分子，为了搞明白站桩功养生的科学道理，他又攻读了国外大学的运动生理学硕士学位和健康科学博士学位，并以自己学得的西方现代科学理论证明了大成拳站桩功是科学的健身方法，撰有《大成拳——科学站桩功》一书，从现代生理学的角度分析站桩功的机理。

常言说得好："人过中年日过午"，在度过了四五十年漫长的岁月之后，人体机构慢慢地衰败了下来，五脏六腑机能失调，七大系统亟待修补，像一辆跑了十多万里的汽车，已到了"大修"的时候。如果你给予一次新的喷漆，看起来漂亮得多，但无补于它的性能；如果你换上四个新轮胎，也仅能免于公路爆胎而已。人体也是一样，零星的表面性小修补是无济于事的，必须进行一次彻底的"大修"。那么，应该如何进行人体的大修呢？

人体的"大修"应包括以下九项条件。①促进人体耗氧能力，这是根本之图；②建立一个完善的交通网，即心血管及毛细血管系统，以便将营养及氧气有效地运往各组织；③建立更多的能工厂（线粒体）；④促进大脑功能；⑤加强免疫系统（包括淋巴系）；⑥加强燃脂能力；⑦增固性功能；⑧增强肌肉及骨架；⑨树立乐观、宽厚、助人、进取的人生观。

能完成这九项，才算得上是由里至外、由生理至心理的全部改造和彻底大修，这才是百年大计，一劳永逸，使你能心平气和，安享健康长寿之福。

读者诸君看到此处，也许会责怪我大言侈谈，也许会摇头叹息，认为这太难了，能完成一两项已经不易，何谈什么九项呢？请稍安勿躁，听我道来，答案是：容易得很！只要练站桩功，就能完成全部上述九项建设。您不必操心，也不用费心，只要循序练功，自然会调和鼎鼐于默默之中，再造乾坤于缓缓之际，最后潜移默化，水到渠成。读者也许还心存疑虑，或者半信半疑，那么请耐心容我慢慢道来。

老童生居然又一春

一九七二五十春　体败神昏一衰翁
内外煎熬心智短　双炎八病时过从
依稀已近黄泉路　孰意天道运转宏
百炼成钢轻如燕　黄昏夕照又一春

1972年是我这一生中最倒霉、最悲惨的一年。时年我50岁，不幸灾星高照，内外交迫，浑身病痛，除了肾炎和关节炎外，还有至少七八样毛病：高血压、心绞痛、心律不齐、气喘气短、作酸作呕、咳嗽不止、腰痛膝痛、头晕失眠，它们此来彼往，轮番侵袭，使人难以招架，真到了危急存亡之秋。当时打针服药，收效甚微；跑步打太极，也缓不济急，最后还是坚持锻炼站桩功，才使我却弱为强，转危为安，不但各种慢性病逐渐消失无踪，而且神清气爽，百炼成钢，与前判若两人。站桩功的神奇健身效果，令人叹服，一言难尽！

退休后在纽约长岛开始教授站桩功，在编写教材时常感资料缺乏，科学数据一片空白，理论阐述难以为继，于是我兴起继续研读之愿，欲为古老的中国气功寻找科学的依据。

1988年，一名66岁的老童生，在纽约法拉盛皇后学院的校园中出现，混迹于一批小伙子小姑娘之中，随班唱和，照考不误。还发生过一段小插曲：当时本人头上仍然黑发茏葱，虽有少许银丝，但并不醒目。脚登短统皮靴，身穿黄皮夹克，步履轻盈，精神倍长，将谓偷闲学少年，当然不敢自诩风度翩翩，却也颇能迷惑于一时，加之外国人对于中国人的年龄实在搞不清楚，居然有一位年轻金发女郎对本人垂青示好。说来也很难使人相信，翩翩惊鸿天外飞来，使我受宠若惊，当然我也颇有自知之明，不敢牵惹，只有敬谢不敏了！好在那已是最后一学期，不久毕业之后便各奔东西去了。俱往矣！“又一春”，只剩下点滴涟漪而已！

1991年，我69岁，在苦读两年半之后获得了皇后学院运动生理学硕士学位。当时雄心勃勃，仍要继续攻读博士，申请了几个学校，后来获得了哥伦比亚大学及联合大学的准许。当然哥大久享盛名，但考虑到交通问题，我住在长岛亨廷顿，需先开车至亨城车站，把车停好，再坐火车进城（曼哈顿）至34街总站换地铁上行至116街，出来再走四五个街口到哥大，一趟需两小时，来回就是四小时；也可开车到法拉盛直接坐七号地铁进城，换来换去，时间也差不多，而且这一路上有几处非常不安全，抢劫打闷棍的横行无忌，在四年中一千多天也就是来回两千多趟，夜深人稀，一个孤身老头子，只要遭上一次，那就吃不了兜着走，也许就“前功尽弃”矣！此外我常感眼力疲惫，夜间开车十分吃力，又不安全，所以还是遵照了孟子“故知命者不立乎岩墙之下”的教诲，选择了联合大学。联合大学（The Union University）坐落在俄亥俄州辛辛那提城，除了校本部外，还在加州圣地亚哥、洛杉矶、萨克拉门托、佛州迈阿密和首都华盛顿五地设有分校。该校号称为“没有校园”的大学，学生不必正式上课，可以在家自学或在其他大学选课。每个学生都有一“五教授学业指导委员会”及一论文指导教授，共同规划及监督学业之进行。学生入学后必先呈交一详细的学习计划（Learning Agreement），经指导委员会审查通过后，便需严格按照计划逐步实行。计划书必须慎重编写，不得了草敷衍，一般都是数十页至百余页，当然学习期间也可根据情况随时修改。

美国有众多的在职员工，他（她）们在工作了几年、十几年，甚至二三十年以后，在其本门行业中一般都积累了丰富的经验，此时许多人便想进一步钻研，获取硕士、博士学位，更有利于日后的升迁。但或有家室之累，或想多赚点钱，都希望“工作学习两不误”，于是联合大学便为这批人大开方便之门，其中也不乏奇才异能，卓有成就之人。

据该校 1997 年 14 卷第一期校刊（Network）所载：1990 年当时已 92 岁高龄的亚格纳丝·莱蒂（Agnes Rettig）夫人，印第安纳州人，在本校历史系获得博士学位，她是美国甚至全世界荣获博士学位的年纪最大的人了，不仅校长康雷博士亲致贺词，连布什总统夫人巴巴拉也从白宫专电祝贺，誉为活到老学到老之楷模。1992 年，94 岁的莱蒂夫人捐助其全部家产，在联合大学设置亚格纳丝奖学金。此后，每年都有学习优良的博士生受惠。1996 年 9 月 26 日，夫人安然升往天国，享年 99 岁。

一、老博士空前绝后

1993 年 11 月 5 日，我开车赴纽约上州的包林城，参加了为期十天的联合大学新生入学讲习会。71 岁的我，从此踏上了漫漫征程，以迄 1998 年 2 月 28 日正式毕业为止，历时 4 年 3 个月零 27 天，说长不算长，说短也不算短。我首先要做的，便是呈交了厚达 84 页的学习计划，以健康长寿为中心，如下图示之。

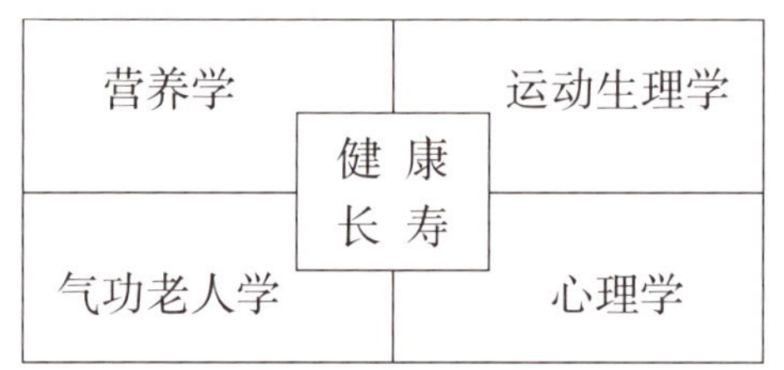

1994 年，我在曼哈顿市大研究院中心选读有关保健心理学的课程；1995 年，在长岛纽约技术学院选读有关营养学课程，以后两年便集中自学了。顺便说一 句：就我自己而言，自学所得，并不逊于课堂听讲，读书主要是靠自己。

在学期间，我还参加了校方规定的三次学术研讨会（Seminar）和十次小组讨论会（Peer Day）。三次研讨会第一次赴以色列，为期三周，回来后写了一篇《以色列去来》，载于 1994 年 11 月 13 日《世界日报》上；第二次赴佛州迈阿密，当然也顺便逛了一趟迪士尼乐园；第三次在俄州辛辛那提校本部；以及十次小组讨论，都次第完成了。此外，我还参加了 1995 年 4 月 7 日在加拿大温哥华举行的第四届国际气功大会，我的论文《站桩功生理反应实验》也刊登在该会学术论文集中。

但在我漫长的学习征途中，绝非一帆风顺，各种问题，多如山积，克难攻关，十分棘手。辗转反侧夜不成眠时有之，口干舌燥汗流浃背时有之，蹙眉苦思不得其解时有之，碰壁吃瘪长吁短叹时有之。有顺口溜四句为证：

意乱心烦斩不断　酸甜苦辣都尝遍

劳心劳力又劳神　动心忍性全不换

所幸我经常大脑清晰，精力不衰，惨淡经营，四年有余，数载辛劳，总算稍获补偿。但也有一点后遗症：就是此后我一看到书，便如避蛇蝎，连多一眼也不愿看，至少足足有半年多，我没有再碰过书本。

我生于1922年2月12日，按我正式毕业日期1998年2月28日计，恰好满76岁，可算得“老博士”了吧！在海内外的中国人中，不知能创造“空前绝后”之纪录否？书此存证。

二、站桩功的“十·五原理”

皇天不负苦心人，我终于对气功能稍窥堂奥，并试图从运动生理学、心理学和现代营养学的观点，来探讨并解释气功。首先是对传统的站桩功做了若干改进。原来先师王芗斋先生创意拳时，号称养生桩的站桩功，本来是技击功的入门功夫，因此只能采取自然呼吸法。现在既以养生为主要目的，理宜增加深呼吸的训练，即我们采用的全方向逆腹式呼吸法；同时，配合意念、入静、松弛以及促动循环系（提高心率）等作用，使它成为促进人体耗氧能力及协调七大系统的最佳方法，这是站桩功的基本训练。

第二是神经肌肉训练法，一天之中，随时随地都可进行。

第三是卧式功，睡前睡后躺着可以练（恕我多嘴，这对懒人先生、太太们而言，应该是最适合不过了）。

上述三项，即站桩功、肌肉训练及卧式功，组成了我们全套站桩功训练法。我可以毫不夸张地说：它是目前世界上保健长寿却病延年最好的锻炼法。只要按时坚持练功，它可使你有六大收获。

1. 促进整体健康；2. 消除许多慢性病；3. 消灭各种疼痛；4. 维持适当体重；5. 增强性功能；6. 心身之完美结合。

请想想看，世界上还有哪种运动或锻炼方法，能收到如此完美多项的效果呢？别说六项了，就是仅成一项甚或两项，也应该心满意足了！一位老先生在听到站桩功的介绍后激动地说：“我患有前列腺肿大，夜间尿频，每天夜里要起来四五次，睡不好觉，使我痛苦不堪，我又怕到医院开刀，你的站桩功如果能治好我的前列腺，哪怕我只起来一两次呢，只这一样，我就谢天谢地了！”老先生不知，与他同病相怜者在美国有1300万人，而站桩功（特别是卧式锻炼）确可有效地防止前列腺肥大。我自从练功以来，经常是倒头一觉到天亮，如果是头天晚上喝水太多，也不过夜半起来方便一次而已！

我听到过的诉苦和抱怨还有很多，什么久咳不愈啦，气管不顺啦，经常疲劳啦，头痛失眠啦，胸部疼痛啦，等等。虽然美国大夫学识技术高明，医院设备完善先进，但美国人患病之多以及他们孝敬大夫和医院金钱之巨，在世界上也是名列前茅的，这当然牵涉医疗及保险制度等因素，但中西医疗出发点的不同，恐怕也是主要原因之一。中国哲学和中国医学的特点是从全局出发，查病查其根源，然后进行整体的协调与促进；而西医则头痛医头，脚痛医脚，大夫只管治病，不管健身。美国有割肺换心、移肠植骨的大夫，却没有进行“人体大修”的医院或医师。

西方医学还有一个大缺点，便是过分重视药品的作用，而忽视对人体潜力的培养。他们也确实发明了许多好药，例如缓泻片，每天一粒，保证你大便通畅，但同时也消除了大肠的自然蠕动能力，你从此离不开药片，医药公司老板的荷包也就满满鼓起了。

站桩功即是进行人体大修的良方也！它之所以能产生如此优异的效果，我总结出了它的十大优点，称之为“十诫”。

1. 大量增氧；2. 逆腹式深呼吸；3. 增强脑力；4. 协调七大系统；5. 提高新陈代谢；6. 动员大肌肉束并增强肌肉；7. 增强免疫力；8. 增加燃脂能力；9. 强度适中；10. 身体精神灵魂之融合。

这整体性的十大功能，既非泛泛可成，亦非一蹴而就，而是由于采取了同时运用的五种方法才达成的。这五种方法我称之为“五通道”。

<table>
<tr><td colspan="2">1. 存想</td><td rowspan="6">心　灵
肉　体</td><td rowspan="6">心灵肉体之融合</td></tr>
<tr><td colspan="2">2. 入静</td></tr>
<tr><td rowspan="2">3. 松弛</td><td>精神放松</td></tr>
<tr><td>肉体放松</td></tr>
<tr><td colspan="2">4. 深呼吸（每分钟 4、5 次）</td></tr>
<tr><td colspan="2">5. 促进循环系统（提高心率）</td></tr>
</table>

世上各种运动锻炼种类繁多，其名称也千变万化，但其中绝大多数如跑步、快走、游泳、骑车及各种球类等，不过仅能完成第五项即使心率加快而已！还有一些近年兴起的东方式锻炼，如瑜伽、超觉静坐等，能完成一至四项，即能存想、入静、放松并进行深呼吸，但却未能促动其循环系，心率未见明显增加。就我所知，在今日之世界上，迄今为止，只有站桩功能同时完成一至五项，成为真正的、最有效的身心锻炼法，特别是在提高脑力方面。

上述十诫及五通道，我称之为站桩功的“十诫五通道原理”，或简称为“十・五原理”。本书即根据此原理，对站桩功的理论与实务等各方面进行详细阐述，并按照十项特点，将气功与跑步加以比较。此外，站桩功还有 7 项附带的优点。

①最简单——学会之后永不会忘；②最方便——天阴下雨，室内室外，只要有二尺见方之地便可；③最有效——六大收获；④最安全——跑步安全吗？除了摔断骨头扭伤脚以外，美国每年被狗咬的有一百多万人（包括跑步时），其中四千人需进医院；⑤最经济——现在医药费飞涨，请算算如果你少看大夫少吃药会节省多少钱；⑥易于融入日常生活中——特别是肌肉锻炼，更是如此；⑦乐在其中——初练站桩功，难免腰酸背痛，毫无乐趣可言，等练到恬静忘我的程度时，那就乐在其中矣！

这就是站桩功，这就是我们认为今日世界上最好的健身法，从此中老年人有了一套简单易行、卓越有效的保健长命术。我们不是夸夸其谈，哗众取宠，而是有科学根据的。希望读者诸君下定决心，坚定信心，保持恒心，培育耐心，发挥爱心，步上健康长寿的康庄大道吧！

谨引顺口溜四句以共勉：

人生七十才开始，八十还是小弟妹，
九十老莱笑嘻嘻，一百开外不稀奇。

美国著名历史学家唐德刚为《大成拳——科学站桩功》所写序言

老朋友曾广骅先生在纽约长岛教授气功，并写了一本书叫《大成拳——科学的站桩功》，要我写一篇序，我未加考虑便一口答应了；可是我的老朋友们、老读者们一见此“序”，一定会笑我“捞过了界”，甚至捞到匪夷所思的程度。

我是个学历史的，充其量可以说“文学是我的娱乐”而已。可是年来撰文，却连政治经济、哲学艺术、法律外交……通通碰过，已是十足的“捞过界”。如今连个“气功”也要敬陪末座“杂谈”一下。老友笑我，是在预料之中的。

但是我为什么连“气功”也要杂谈一番呢？主要原因是我和气功仁兄邂逅近30年了。谈谈30年的老友，也就不能算是绝对的“捞过界”吧！所以曾兄要我写序，我一口就答应下来了。

怎么说我和气功结缘30年呢？那是从20世纪60年代初，美国时兴的一种养生活动“静坐”开始的，那时我在哥伦比亚大学兼任副教授，专任中文图书馆主任。

哥大那时是全美“中国学”中“民国史”这一科的重心。我不但是当时哥大所特有的“中国口述历史学部”的两位全时研究员之一，也是当时全美搜集和整理民国史料的少数专业人员之一；更在哥大研究院教授两门有关的课程。其时我正值壮年，精力旺盛，白昼为大学工作鞠躬尽瘁，夜晚为自己的研究工作时常忙个通宵。我私人的研究工作是配合诸大学的需要设计的，所以我自己的研究工作一半也是大学工作的一部分吧。

那时我时常深夜不归，朋友们发现我如此“用功”，有位朋友曾向我老伴说：“他如此用功，并未‘用出’些什么东西来嘛！”朋友所说的“东西”，显然指的是“著书立说”；他不知道我的兴趣是“读书”。古人说：“读书最乐。”连12岁的胡洪辛也会说：“我不觉得读书是什么苦事。”正是这种不足为外人道的乐趣。

其时我为大学勤勤恳恳地工作，为自己认认真真地读书，虽无名无利，也倒心安理得。本图“万人如海一身藏”，做个不虞冻馁的读书人，谁知人毕竟是社会动物，在任何社会里你都是藏不了的。你读书、教书、写书、管书往往都是你的包袱，成绩愈好，包袱愈重。同一时期，太平洋彼岸被“揪斗”的“白专权威”的遭遇不就是这样吗？他们的罪名是他们的“权威”。我虽非权威，但是遭遇则一；所受精神折磨也是具体而微，大致相同。你为大学尽忠尽孝半辈子，如今拂袖而去和恋栈不去，精神痛苦都是一样的。在精神濒于分裂时，唯一自救之术便是找一块“精神避难所”。这个“避难所”我终于找到了，他的名字叫作“静坐”。在静坐中我才逐渐体会了我国古圣先哲的教诲：“知止而后有定；定而后能静；静而后能安；安而后能虑；虑而后能得。”

我对“静而后能安”的体会，真是得其三昧。静坐乃变成我日常生活的一部分了。

“静”是一泓止水。在微波不兴的状况之下，进入心安理得之境。心安理得之余，才能对天下事物的本末始终有清晰的认识。

在哥大中文图书馆内我也读了些佛经和道藏，再配合耶教圣经的教义，我发现在所有宗教中，“静而后能安”都是他们的共同基础。儒佛无神，道耶有神，认识不同，基础则一也。这时我对本师胡适先生的禅学也感到不足了。胡之对佛，有其知识（KNOWLEDGE），而无其体验（APPLICATION）。吾人对“不立文字”之教，只可以“坐禅”来体验之。书本知识，终嫌不足也，我对“坐禅”因而也发生了兴趣。

无师自通，体会三昧。

“静坐”与“坐禅”，方式无殊也，而其内涵则有“止水”、“流水”之别！

“大学之道”近于“坐禅”，这是宋明诸儒体会出来的，其境界则较今日西方时兴的“静坐”又高出一筹了。

在领悟“坐禅”的过程中，我受老友沈家桢先生的影响很大。最近承星云大师之约和他们师徒一道去内地朝名山、弘佛法，体会也很多。家桢先生曾劝我说：“练习‘打坐’要找个师傅指点指点。”但是我对“打坐”，只觉得它对修身养性有好处，并无意深入，要把涓涓细流流入沧海，所以我一直只是个“单干户”的“静坐者”（MEDITATOR）。退而省其私的静坐对个性急躁而直率的我修身养性的好处，是说不尽的。

静坐对我来说虽然是很好的习惯——尤其是在日常生活和工作忙如救火的纽约市。但我一直没有把“静坐”和“气功”联在一起。

我第一次知道点气功常识，是从我的一位妹妹那里听到的。我这位妹妹在 20 世纪 50 年代读大学时是共青团员，可是在 60 年代“文化大革命”期间竟然数度被迫自杀未遂。后来在北大荒劳改营内又受尽折磨。在身心交瘁的情况之下，我们兄妹一别 25 年之后再次聚会了。我看她濒于崩溃的身心状况，真为之痛惜、担心。我老伴初见时，对她健康条件之坏也深感惊悸。

我们又一别六年。在 1986 年我们两家又重聚了。时年的妹妹简直换了个人。她健康、活泼，甚至恢复了我对她童年的印象。她嫂嫂也说她比 1981 年的她，还要年轻十岁！

我对她说：“邓小平的开放政策，对你真有切身的好处啊！”

妹妹承认“开放政策”是她健康恢复的原因之一，但主要还是她自己练“气功”的结果。这是我第一次知道气功的实效。“气功”有这么大的功能！？妹妹姑妄言之，我也就姑妄听之了。

由于健康的恢复，妹妹便成为“气功”的信徒。她知道我外强中干，身体也有许多毛病，如轻性的高血压、耳鸣和一些消化系统上的毛病。她就不断地送些气功书给我，劝我和她一样变成气功信徒。做信徒我无心也；但是对“读闲书”却有既定的习惯。我把她寄给我的小册子都在三上（枕上、厕上、车上）读完了。“开卷有益”，这些卑之无甚高论的作品，对我读古书却有很多启发。我对“大学”中的“静而后能安”便想出了新的解释来，甚至对老庄、孟荀、淮南子、抱朴子等等都有了新的看法。以前的注疏家都和胡适先生一样，只在文字上求解答，而缺乏文字之外的“体验”。

宋明诸儒显然曾有身体力行的，但是他们很少明说，因此什么“天人合一”等等教条，都变成了“伟大的空话”；要不就变成王阳明对竹子去“格物”一样，一辈子也“格”不出什么来；等而下之，就变成某翁求“正心诚意”，连“昨夜与老妻敦伦（美国华人知识分子开玩笑语，即房事之意也）一次”也正心诚意出来了。

我读了那些小册子。那里几乎千篇一律地谈到“恒心、耐心、信心”，和“调身、调息、调心”等要点。因此我根据这些要点，也修正了我一贯“静坐”的方法。谁知“无心插柳柳成荫”，我这修正主义一来，竟然把“气功”也修正到自己身上来了。

那是1988年7月25日的夜半，也是我的修正主义实行数月之后，忽然间觉得头顶一炸，接着全身似乎有亿万只蚂蚁在上下乱爬，周而复始，一时颇为惊慌。随之便想到这或许便是书上所说的“气功八触”之一的“麻”现象了，乃静心待之。

其后“麻触”渐渐变成经常现象了，静坐着的身躯继之以“微微动摇”，似乎也是书上所说的“外动”了。自此以后，我在每日的日记上都把这些现象列为“头版头条”，以记其进度。这“外动”在日记上逐渐由“微动”“小动”“中动”“大动”而及于“狂动”——非以意识控制的“手舞足蹈”。但此一“狂动”虽然不是意识所控制的，可是我头脑却十分清醒，呼吸缓慢，对这自发的“手舞足蹈”，且有“看你横行到几时”的有趣心情。狂热约三五分钟乃自动停止，全身端坐如“泥塑木雕”——这四字是我在宋代道学家的笔记里看到的，想不到如今自身亦体验之也。

我没有老师。我的老师就是妹妹送我的那几本小册子。小册子说我不会“走火入魔”的，所以我也就大胆地、有恒心地坚持下去“以观其变”了。

“气功”是否对我也有些什么“疗效”呢？我只能说精神好些了。以前工作久了易于疲乏，现在显然是好多了。还有以前冬季时有腹泻，今冬是一次也没有过，排泄系统畅通。此外还有一些生理现象，如子侄辈告我，面孔上的“老人斑”淡减多矣。

这是我这位“在家修行”的个人经验，写出来或可得到其他学徒的共鸣，我并且写了一本三百天没有间断的“气功日记”，记录其逐渐发生的现象，也可与其他学徒交换经验。

以上所写仅是近年来自己“捞过了界”的古怪经验。这经验也是曾广骅先生约我写“序”，我就“一口答应”的原因。

曾广骅先生是我40年前在哥伦比亚大学的同学。祖国大陆当年改朝换代的时候，我想读完一两个“学位”再作打算时，他已携了位美丽而年轻的夫人和三岁的小千金“回国服务”去了。事隔20余年，他忽然又在纽约打电话给我说：“出来了！”原来他20世纪50年代初回国不久就被卷入国内的“运动”漩涡。一漩就漩了20余年；终以“劳改犯”收场。他在劳改期间，夫人（原是华侨）便申请探亲先一步“出来了”。曾兄劳改期满，乃以“侨眷”身份，也辗转地“出来了”。

在纽约再见广骅，我不觉大吃一惊。他和舍妹同属“劳改犯”；舍妹劳改一番，出来已成半死状态了，而曾君则反之。

我见广骅时，他留了撮小胡子，童颜黑发，精神抖擞，两目炯炯有光，望之如40许人——能不令我大吃一惊！？

问其所以然，才知道这位和我同年（年近古稀）的老同学，在国内碰见“异人”，学了一身绝技——他学通了气功中最简易有效的“站桩功”。这站桩功不仅使他免于长眠于“劳改场”，而且还使他返老还童——与我辈同寅者比，精神上、体力上简直是个青少年，容貌上也只是40挂边而已，真令老头子们羡煞人也！

曾君的奇迹传开了，求法者众，却之不尽，干脆著书立说、开门传授，如今俨然是一位知名大师了。

广骅生性聪明，大学毕业后又留学多年，中英文字皆训练有素，后碰到异人学艺，其出处自然异于该行中的大多数。

把气功科学化，广骅应是发轫者之一。不积跬步何以致千里？余读其书也来搞一阵“杂谈”，就是相信他能更深入、更有贡献于民族之健康、国粹之整理与夫读者大众对气功科学性之领悟。因此我才“捞过界”，写了这一篇“序”。

世事往往有出人意料者，广骅于1991年69岁时获皇后学院运动生理学硕士，后于1998年76岁时获联合大学健康科学博士，虽不敢言绝后，但肯定是空前了，谨致贺意。

曾广骅先生2010年留影

唐德刚

于新泽西寓所

简介：唐德刚（Te-Kong Tong，1920年8月23日— 2009年10月26日），安徽合肥人，毕业于美国哥伦比亚大学，历史学家、传记文学家、红学家。

其长期从事中国史、亚洲史、西方近代史等研究，代表著作有《袁氏当国》《段祺瑞政权》《李宗仁回忆录》《胡适口述自传》等。

第 31 章　站桩的逆腹式呼吸法

曾广骅

胥按：曾广骅认为王芗斋先生创立大成拳时，号称养生桩的站桩功，本来是技击功夫的入门功法，当然宜于采用自然呼吸，现在以养生为主要目的，理应增加深呼吸的训练，因此他采用了全方向逆腹式呼吸法。但这只是曾广骅先生的个人心得，仅供大家参考。大成拳无论技击桩还是养生桩，抑或在各种动功练习中，都要求自然呼吸，这一点必须明确。

一、血流循环

血流循环创造世界交通史上的奇迹。

人体密密麻麻布满血管，我们还很难找到一个适当的词来说明它的密度，若用“密如蛛网”四个字来形容它，那还差得远哩！血液在血管里不断循流，它到底会流经多远的旅程呢？说出来你也许会吓一跳。举例说明，一个 68.1 公斤（150 磅）的正常人，在 24 小时内，其血液与淋巴液流经全身动脉、静脉及淋巴三大系统的旅程共约 1500 公里，约等于纽约至旧金山的距离；而且，这 1500 公里中甚少平途坦道，绝大部分是由数不清的毛细血管网所组成，它们的直径只有七至九微米（每一微米等于千分之一毫米），比头发细多了，仅能容一个红细胞通过。血液在其中循流，绝非一帆风顺，它要历万水千山之艰，叩剑阁乌蒙之险，忽而攀登绝壁悬崖之上，忽又穿行羊肠小径之间，关隘巍巍，险阻重重，它还跑了那么远的路，真是开创了古今中外交通史上的奇迹矣！

它完成这个奇迹，只不过靠着一个小小心脏跳动抽吸鼓动之力，有许多毛细血管平时并不开放，只有当你运动或锻炼时才被血流冲开，过后又关闭起来。如果你天性喜静不喜动，那些血管将长期封闭、堵死、坏死，或你的心脏再有点什么毛病，抽吸无力，那就该你进医院孝敬大夫破财消灾了。更倒霉的是，如果在那千万条通往大脑的血管里，不幸有一条被什么小小血栓堵住，那就永远拜拜了！我们说这些并非危言耸听，只不过想说明血流畅通的重要和保持血流通达的不易，希望引起你的重视罢了。

促进血流加快的最好办法是运动。人类已经发明了千百种各式各样的运动，它们能使血流加快，把许多毛细血管冲开，将营养送到全身各个组织……且慢，有一样最重要的东西被遗忘了，那就是氧气呀！上文说过，有多少营养物，就得有多少氧气使它氧化，否则一切免谈。现在氧气跑到哪里去了呢？能到哪里找到它呢？任何运动都会使你气喘吁吁，上气不接下气，供氧难以为继，氧债愈积愈多，循环、呼吸两大系统产生了严重的矛盾，而这矛盾到现在仍然没有找到解决之方。

各种运动虽然造成缺氧现象，但是，一者热闹好玩，二者可以健壮筋骨肌肉，因此习以为常，仍然乐此不疲。不过我们要问："健壮的肌肉难道比健壮的大脑和五脏六腑更重要吗？难道世界上就没有更好的健身之法了吗？"

1. 巨树临风，静止不动

练站桩功要求两腿微屈，两臂环伸如抱球，有如巨树临风，静止不动，姿势简单到不能再简单，但健身效果却好到不能再好，关键就在于"静止不动"四个字。我们认为，最好的运动就是"保持一个固定的姿势而静止不动"的运动，这话说出来很难使人信服，甚至会被认为是胡说八道。因为按照人们习惯的想法，既云"运动"，身体四肢就必须"动"，而且愈快愈激烈愈好。这是没有研究中国哲学"静以制动"的道理之故。

先师意拳大师王芗斋先生曾云："大动不如小动，小动不如不动，不动之动才是生生不已之动。"此话含有很深的道理，因为只有静止不动，呼吸才能变得深长细匀，才能得到逆腹式深呼吸的好处，供氧量才能成倍增长；也只有静止不动，你的大脑才能入静，否则无论你做任何运动，你的大脑都要忙于指挥、综合和判断，哪能入静呢？而大脑入静是气功健身三大要素之一，所以"静止不动"这一简单姿势，竟能一箭双雕，使呼吸减缓、供氧加倍，并能使大脑入静。舍此之外，别无他途可由也！那么，这大量的氧气又是如何被送到大脑和全身各组织去的呢？

2. 循环、呼吸二系携手，意与气合

人体需要的全部营养和氧气，均赖血液沿血管循流供应。血球分红细胞、白细胞和血小板三类，红细胞数量最多，其中含有一种红色蛋白质为血红蛋白，人体约有 50 亿个红细胞，因此整个血液呈红色。每个红细胞内有 30%～33% 是血红蛋白，血红蛋白的最大特点是能够携带氧气。正常的红细胞并非圆如球形，而是两面内凹的扁圆形状，这种扁圆形状特别有利于气体的运输。

红细胞的平均寿命为 125 天。在人的一生中，由幼至老，红细胞在不断地破坏及生成，从不间断。人体健壮、运动愈多，红细胞的破坏及生成也愈多愈速，健身效果也愈好。红细胞是人体内工作效率最高的优秀分子。

据北京铁路总医院于永年大夫所做的实验结果表明，站桩一小时后，每立方毫米血液中，红细胞增加 152 万个，白细胞增加 3650 个，血红蛋白每 100 微升中增加 3.2 克，其活性也增强 40%；换言之，血红蛋白的携氧量增加一倍有余，倘若这时循环系流速不变、血流不快，则虽氧量增加，运不到第一线去也是枉然，站桩功的盛名就难免大大减损了。此时便有赖站桩功的另一项特点，即"两腿微屈和肌肉训练"来发挥作用。

由于腿肌弯曲支撑体重，它在辛勤工作，再加上松紧锻炼，可使你的脉搏直线上升，每分钟较平时增加 20、30、40、50、60，甚至 70 跳。血流既加快，供氧复充足，血红蛋白乃可大显身手，而站桩功就如此简单而巧妙地完成了循环、呼吸两大系统的密切合作，达到了意与气合的完美境界。

二、血液的两种循环系统

心脏是体内工作最繁重的器官之一，人还没有降生它已开始工作，直到咽最后一口气为止。它重不足 0.454 公斤（一磅），但在它每年四千万次的跳动中，其所发出的能量，足够把一个成人发射到 50 公里外的高空中去。

血液在体内循流，由心脏出发再回至心脏，我们称之为循环系，但实际上它是由肺循环和心血管循环两部分构成，心脏分为左右二部，正是为了配合两种不同循环之需要。含氧不多的静脉血通过右心房进入右心室，然后被泵至两肺中进行气体交换，放出二氧化碳而携氧，此为肺循环。充氧的动脉血通过左心房进入左心室，然后循流全身以供氧，此为心血管循环，二者密切合作，实际上成为一个循环系，供应维持生命所必需的全部养料和氧气。因此，两肺是人体唯一的供氧基地，它的容积约为四至六公升，和一个篮球的大小差不多，而两个肺的重量约为 1.16 公斤（2.5 磅）左右。

空气吸入肺中之后，通过气管、大小支气管、呼吸小支气管、肺泡管到达肺泡。肺泡极小，状如一串串葡萄。据估计，两肺中约有肺泡三四亿至六七亿个，如把它们的总面积铺展开来，约等于半个网球场，或一个羽毛球场那么大。上帝把这样大的面积植于人的两肺之中，为的是捕捉氧气方便，可惜人们并没有好好利用这一巨大的潜力，在平静时的胸式浅呼吸中，只不过动用了肺部顶端约 1/5 的部位，其他中部及底部 4/5 的地区很少触动，或者仅偶尔触动一下而已！肺部的一些退行性病变，多发生于这底部的地区，这难道不应该引起人们的警惕吗？

三、站桩呼吸之诀窍

1. 逆腹式是最科学的呼吸法

人的主要呼吸器官是肺，位于胸腔之内，其作用是吸入氧而呼出二氧化碳。肺分五叶，左肺有上、下两叶，右肺有上、中、下三叶，空气入肺后经过气管、叶支气管、段支气管（左右肺各有十个段支气管），再分成由中、小支气管组成的支气管树，管径在 1 毫米以下者称为细支气管。

通常所谓“支气管哮喘”即由于细支气管壁平滑肌痉挛，使管径变窄引起呼吸困难所致；细支气管再成一、二、三级呼吸性细支气管，最后形成肺泡管和肺泡，血液中的氧与二氧化碳，即通过肺泡进行交换。肺泡极小，其直径仅约 0.075～0.125 毫米，其总面积约一百平方米，其中具有呼吸机能者约占 3/4，比人体的总面积要大三四十倍，如此巨大的面积竟能容纳在小小的胸腔之内，这不仅证明了肺部结构的精巧，也说明了呼吸作用的重要。

人的一呼一吸，使胸廓一张一缩，而肺叶亦随之张缩。胸廓的张缩，乃由于胸肌、肋间肌及横膈膜三方面运动的结果，人们日常的呼吸系在不自觉的情况下进行，称为平静呼吸或胸式呼吸，但站桩功要求进行逆腹式呼吸，使胸肌、肋间肌及横膈膜的运动大大加强。

普通人平静呼吸时，每次约吸进空气 500 毫升（实际数值因人而异），呼出气量略相等，这种平静呼吸时所进出的空气量，称为“潮气量”（TIDAL AIR）；在平静吸气之后，再竭力作一吸气，这额外吸的气量称为“补吸气”，在普通成人约为1500毫升左右；在平静呼气之后，再竭力作一呼气，此额外呼出之气，称为“补呼气”。潮气、补吸气及补呼气三者相加之数，亦即竭力吸气后再加尽力呼出的空气量，称为“肺活量”（VITAL CAPACITY OF LUNG）。判断一个人肺功能的强弱，常以肺活量的大小为准。

在平静呼吸中，经常有一部分空气存在肺的深处，称为“肺泡气”，约有一升多，其中氧含量较少。普通我们吸入的空气中，氧约占20.96%，而肺泡气中氧仅为14.3%。练站桩进行逆腹式呼吸时，要求在每次呼吸完毕之后再竭力呼出一口（同时鼓出腹部）。为什么要再呼这一口气呢？它可以把含氧较少的肺泡气呼出，而代之以含氧较高的新鲜空气，这是完全符合科学原理的；仅这一口气，便使这一部分的氧量增加1/3。我们的老祖宗发明这样的呼吸时，恐怕还不理解什么肺泡气和氧含量的关系，只是由于经验累积，觉得这样呼吸更有益于人体罢了！

2. 大量供氧与益寿延年

氧的供应有赖于血液的运输，运氧工具为红细胞中的血红蛋白，普通成人每100毫升血液中约含血红蛋白14克到16克，每1克血红蛋白可载氧1.36毫升。血红蛋白为一种非常理想的载氧工具，不但能大量载运，而且装卸极迅速；当血红蛋白到达肺泡时，即能迅速吸氧达96%并带走，然后循流至大脑及全身各组织，将氧迅速放出（约放出35%左右），以供组织的需要，这就是它的优点。

血红蛋白与氧组合时，并不引起电子的转移，所以不称氧化，而称为氧合作用，氧合后血红蛋白即变为氧合血红蛋白（HbO_2），氧合血红蛋白把氧放出后即复原，而称为还原血红蛋白（Hb），其作用可简单以下式表示：

$$Hb + O_2 \rightleftharpoons HbO_2$$

实际上，血红蛋白与氧的组合或分离，要受许多复杂的理化因素的影响，其中较重要的有氧的分压、二氧化碳的分压、温度、氢离子浓度及电解物等，这里就不赘述了。此外，血红蛋白虽易与氧结合，但更易与一氧化碳结合，而且亲和力特别强，超过与氧的亲和力200倍，结合之后，便成为一氧化碳血红蛋白，便丧失了携氧的能力，遂致“引狼入室”，一氧化碳吸入愈多，人体供氧便愈少，最后窒息而死，俗称“煤气中毒”，这应该算是血红蛋白的一项缺点吧！

顺便说几句，我们都读过司马迁《史记》里的荆轲刺秦王的故事吧！荆轲的主要助手是秦舞阳。为了亲近秦王，荆轲先向秦王献上了得罪秦王逃至燕国的将军樊於期的头，接着是秦舞阳献燕国送给秦王许多城池的地图。地图里卷着匕首。秦舞阳心情紧张，变了脸色，群臣怪之，荆轲笑着解释……最后刺秦失败。秦舞阳由于激情迸发，大量耗氧，以致体内还原血红蛋白猛增而变了脸色，这完全是一种科学的生理变化。

前文提过，站桩时肺活量增大、血流加速，氧的供应量约可增加一倍有余。这大量新鲜氧气随着加速奔流的血液送达全身各器官组织，内至五脏六腑，外达皮肤肌肉，许多关闭的微血管被冲开了，许多奄奄一息的细胞获得了新生，营养物质全部氧化，不断释出能量（ATP），使你的四肢百骸日趋健壮，新陈代谢日益旺盛。一般运动虽可使血流加快但氧气减少，深呼吸虽可增加氧气但血流不快，只有站桩功能一石二鸟，使脉搏每分钟增加 50 跳，而呼吸却减少到每分钟 4 次（少数人可达到 70 跳及 2 次）。这就是站桩功的精华所在；它能治疗许多慢性病，并使你延年益寿的秘诀尽在于此矣！

采逆腹式呼吸变得深长细匀之后，空气在肺泡中停留时间增长，而且肺泡毛细血管的通透性增加，均有利于气体之交换，不但吸氧大增，而且排出二氧化碳也迅速有效；但如连续进行而造成“通气过度”的现象时，则血液中的二氧化碳过少，也将产生不利的影响。语云：“过犹不及”，此时延髓呼吸中枢的兴奋性将不能维持，结果遂致呼吸困难。练站桩功每次以三四十分钟为宜，最长不要超过一小时的道理在此。由于肺活量增大、呼吸减缓，不会造成气喘，因此特别适于心脏病患者练功。

3. 横膈膜、腹肌、花粉症

横膈膜介于胸腔与腹腔之间，状如罩子，当肌肉松弛时，右侧下面为肝脏所顶上，形成一凸起，左下面为胃和脾所顶上，亦形成一凸起，如下图的 A 处。平静吸气时由于肌肉收缩，膈的凸起处下降至图中 B 处，再深吸气，肌肉收缩愈甚，膈下降至图中 C 的位置，如此则胸腔内上下距离延长，胸腔容积因而扩大。

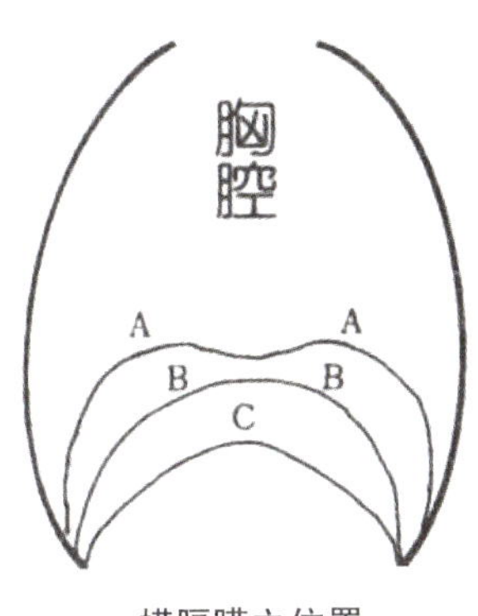

横膈膜之位置

横膈膜下降的同时，腹腔内诸器官因受压而使腹壁鼓起，此即顺腹式呼吸。隔膜下降腹壁外张，此时腹内各脏腑所受压力不大，按摩作用不强。但如采用逆腹式则吸气时腹肌内收，配合隔膜下降，上下交攻，则脏腑所受压力增大，按摩作用增强；呼气时气沉丹田，腹肌鼓出，使胸肌、肋间肌及腹肌均大大加强，对肠胃及各内脏都产生了良好的按摩作用；一次两次，效果不大，但如经常练功，日积月累，其功效就不可限量了。如果你再练揉腹功，那就更好了！站桩功之所以能治愈循环、排泄、消化系的毛病者，其故在此。

气贯丹田呼气终了时，虽要有意地把小腹鼓出一下，但也并非鼓出愈多愈好。逆腹式呼吸主要应顺势自然运行，虽可有意帮助一下，但不可过度用力或鼓出太多。另外在呼吸锻炼之初，常有滞涩不畅之感，如呼吸费力、长短不匀、胸闷气短等，需要深吸一口气才觉舒畅，这是必经的过程，不必在意。

最后谈谈花粉症，其学名叫过敏性鼻炎，俗名枯草热（花粉症）。此病在美国极为普遍；每逢春夏之交，美国有几千万人受其感染，为之苦恼，束手无策，根治无方，而站桩功确有大大缓解枯草热（花粉症）之效。

鼻腔为空气出入之孔道，其外段近鼻孔处生有丛毛，吸气时空气中的灰尘有一部分被阻于此，其向内一段的表面为黏膜组织，满布血管，黏膜经常分泌黏液，灰尘被粘着而排出，这就是鼻涕。黏膜中的血管很容易受外来影响而起变化，当受到花粉入侵时，血管扩张，黏膜肿胀，喉咙肿痛，呼吸不畅，流泪流涕，奇痒难耐，要不了命却难受得要命！站桩功挟血流奔腾之势，供纯氧滋润之能，内臻腠理，外达肌肤，鼻毛有如小丛林，生长日渐繁茂，有外阻花粉入侵之功，黏膜血管日趋健壮，局部循环日益改善，有内消枯草肆虐之效，氤氲润泽，遂能脱敏止痒。如你原需日服抗敏药两粒始能渡过难关，逐渐会减到一粒，慢慢地日服半粒也可以了，最后可完全不服或偶服半粒即可。

你也许会忍不住要问："所谓慢慢地究竟要多长时间呢？"请勿性急！这可是慢功，它会随着你整体健康的增进而逐渐奏效，也许一两年，也许二三年，只要你坚持锻炼，神奇的站桩功不会亏待你的，它会对你一视同仁，甚至特别照顾！有朝一日你会突然发现你的枯草热（花粉症）已不知何时消失了！不过如你自己时练时辍，练练停停，三天打鱼、两天晒网；松松垮垮，一曝十寒，它也会对你相应不理的。

请注意此处连用了六个短句来形容，目的是引起你的重视和警惕，因为这是人生中最易犯的毛病之一。不少人特别擅长找各种借口来原谅自己，不能坚持，功效如何得彰？虽金丹妙药，又于事何补！希望你戒慎戒惧，严于律己，好自为之也！

1. 两种呼吸法

我们日常所采用的短而浅的呼吸称为胸式呼吸，男子每分钟约 12 次，女子 14 次。另一种为深长细匀的腹式呼吸，我们的逆腹式呼吸法优点甚多。

首先，它动员了胸肌、腹肌、肋间肌和横膈膜，使胸腔逐渐扩大，肺活量也逐渐增大，结果是肺功能增强；其次是横隔膜运动的加深，产生了优良的按摩作用，促进了消化排泄功能。据统计，横膈膜运动每加深 1 厘米，肺活量将增加 300 毫升。在我们日常的呼吸中，横膈膜不过下行二三或三四厘米而已，只有在进行气功锻炼时，它才会加深到四五厘米或者七八厘米以上，使肺活量增加 1 升或更多，两肺的中部及底部也参加到运动中来，为你的肺功能打下稳固的基础。

2. 两种呼吸之比较

为什么要采用逆腹式呼吸呢？吸气时横膈膜下行，但同时腹壁内收，对脏腑产生了"夹击"的作用，此为按摩一；呼气时隔膜上行，腹壁外放，再加一鼓气，此为按摩二，二者相加，比你花五六十元请人按摩一次的效果还要好！许多消化排泄系的毛病如消化不良、吐酸水、腹泻或便秘等，都可不药而愈了，你也不用再花钱买抗酸片了！呼吸系统的毛病如气喘、咳嗽、慢性气管炎等，也会逐渐消失了！

美国有 20% 的人患有各种慢性肺部疾病，他们在所有慢性病患者中占百 40%，他们之中有 2400 万人的正常活动受到不同程度的妨碍，许多需要经常住院或长期住院，这对于患者自己及其家人，无论在经济上，或精神上都是十分沉重的负担。他们一定后悔没有及早从事一种有效的身体锻炼，那又怪得了谁呢？

肺功能是显示一个人总的健康状态和精力的重要标准之一，随着年龄的渐增，其肺活量会逐渐下降，至死亡前二三年会有明显的降低，预示了健康的恶化和精力的衰退。

青岛第一疗养院曾对 24 名气功锻炼者进行了五年的跟踪调查，结果发现他（她）们的肺功能（包括肺活量、用力肺活量、一秒最大呼气量、最大随意通气量等）都有明显的改进，而 25 名的对照组成员，虽然也做一些家务劳动和散步、打太极等，但其肺功能并无明显的改进。

气功还可增强免疫系的重要器官胸腺和淋巴系，并能提升氧的利用及燃脂能力，这就和肺泡的利用有关了。肺泡外面密布毛细血管，它们释放二氧化碳而吸入氧气，进行深呼吸时，肺的中部及底部都被动员了，参加工作的肺泡也大大增多，毛细血管吸取的氧也大量增加，供应线粒体的氧随之增加，你的氧利用能力也逐渐增加了！

四、五通道增强脑力

健康之体魄来源于健康的大脑，欲维持大脑的健康，首先必须充分供应它所需的养料：氧气、葡萄糖和微量矿物质，除此之外，它不需要什么别的了！

人脑仅占体重的 2%，但它却要消耗全身供氧 20%。氧的全身消耗百分比如下。

- 全身肌肉——25%；
- 大脑——20%；
- 肝肠及其他内脏——30%；
- 肾——25%。

请看：重不到 1.26 公斤（3 磅）的大脑其所耗的氧气竟和全身肌肉［20.43～31.78 公斤（45～70 磅）］所消耗的约略相等，足证它对氧气的倚重，也说明了对脑充分供氧之不易。

跑步时虽然供氧量增加，但绝大部分为腿肌消耗，到达脑部的氧很少，谈不到对脑的补益。而练气功时则决然不同，由于五通道之同时运用，换言之，也就是密切协作了三大系统：神经系统（存想、入静、松弛）、呼吸系统和循环系统，使营养并增强大脑的三要素同时发生了。

- 神经系统——大脑入静；
- 呼吸系统——逆腹式大量供氧；
- 循环系统——心率增高，快速运氧。

结果是大量新鲜氧气（以及葡萄糖等养料）到达脑部，而此时脑细胞正处于入静（休息）状态，易于浇灌补养，也就是线粒体的功能作用增强了，脑功能自然也就增强了！

许多人感到入静很难，越想入静越不能入静，而我们的利用存想而诱导入静实是非常高明的一招，当我们进行逆腹式呼吸时，意念（心绪）随着出入的气流而行，这是以一念代万念的运用，你就会在不知不觉间自然而然地入静了！一切紧张焦虑、烦躁不安等等杂念也就远离你而去了！于是你获得心理、生理的协作，也就是身心的美妙融合。

许多锻炼门派也标榜身心之结合，殊不知真正的结合必须完成三大系统的协作，具体言之，就是大脑入静，呼吸降至每分四五次，心率增加至少每分 20 跳。气功就是完成了五通道的运用，才能在千百种的运动锻炼中一枝独秀。

站桩达到了身心的完美融合，这一融合可不得了！它小则对各种脑神经病变以及一些疑难杂症有显著疗效，大则能修身养性，调和鼎鼐，逐渐改善你的人生观，使你在面对人生的各种际遇各个关头时，能善加应对，游刃有余，进退有据，更上层楼。

五、阿尔法（α）脑电波

脑电图简称 EEG（Electroencephalogram），为检查脑细胞活动情况的传统方法。脑电波分四种：

(1) 阿尔法（α）波——这是在没有外界的任何刺激下脑细胞活动最低时发出的波，也就是在半睡半醒时的波，换言之，也就是在气功态下发出的波。

(2) 贝塔（β）波——人清醒时做各种日常活动时的波。

(3) 西塔（θ）波——安息及入睡时发出此波。

(4) 代尔塔（δ）波——熟睡时的波。

阿尔法波是大脑处于平静松弛状态下才能发出的波，因此被称为“健康波”，因为只有阿尔法波在脑中呈优势集中时才能促进脑力之提升，我们当然希望自己脑中常常弥散着阿尔法健康波。

1999 年 4 月 28 日，我在纽约长岛北岸医院脑神经科作了一个脑电图（时年 77 岁），因为必须躺下，所以我只能作卧式四通道入静功，该院的诊断书中说：

“患者呈蒙眬半睡状态，9Hz～10Hz 的 α 波呈优势集中，其波幅为 10μV～30μV。随着睁眼或闭眼的指令，α 波也即时反应。光刺激并未产生显著的影响，在全过程中 α 波一直呈优势状态，偶尔会出现较高幅慢 θ 波及 δ 波。此外，并未发现有任何法兰克脑神经癫痫活动出现……”

这不正是我们所强调的气功态下 α 波的优势状态吗？

人体的潜力是十分巨大而奇妙的，脑力增强以后会发生一种“自我调节”的作用，许多慢性病和痼疾都会慢慢地不药而愈了。

六、协调全身七大系统

上文谈到练站桩功时大脑入静，首先达成三大系统之合作，其实不止三系，全身七大系统都加入这和谐的协作中了！

我们在深呼吸一节中谈过，横膈膜运动加深时，可有效地促动消化系和排泄系，同时也涉及免疫系和内分泌系。七大系进行整体的协调后，产生了良性刺激，促成身体内环境的稳定与健康，不但可治愈许多慢性病，也可有效地抵御新病之侵犯。

反之，跑步动员了循环系，也促动了消化系、排泄系等，但七系之间，并无像站桩功时的密切协作，而且在氧的分布方面，既不平均也不合理，主要供腿肌消耗，而供应脑心肝肾等需要氧气的部位则太少。当我们休息时，每 100 克的肌肉获得心脏泵来的血 4～7 毫升，也就是心脏泵血总量的 25%。当激烈运动（如跑步）时，每 100 克肌肉需氧 50～75 毫升，也就是心脏泵血总量的 85%，只剩下了 15% 的血供应全身其他器官。例如当休息时，每分钟流经两肾的血约为 1100 毫升，占了心脏总输出之 20%，与大脑一样。但在跑步时，每分钟供应两肾的血降至 250 毫升，仅代表此时心脏总输出之 1%，由 20% 降至 1%，流量也降了 3/4，怎能谈到各系间的协作呢？

第四篇

大成拳三世文集

第 32 章　探索推广“检膳站”打出健康“组合拳”

金桐华①

2020 庚子年春，在人类踏入 21 世纪第三个十年之际，新冠病毒袭击了整个地球，新冠病毒在全球肆虐，全球确诊病例破千万，波及全球 210 多个国家和地区，致使成千上万人被感染甚至失去生命，全球社会经济受到剧烈震动，引起世界性恐慌。触目惊心的数字再次显示出人类在灾难面前的渺小与无奈。

当下，大家都在探讨“后疫情时代”的经济社会发展走势。我认为，这次新冠肺炎疫情作为新中国成立以来传播速度最快、感染范围最广、防控难度最大的一次突发重大公共卫生事件，必将对大健康产业发展产生前所未有的影响。这次疫情大考将对人类未来产生哪些启迪？如何透过这次疫情防控聚焦大健康产业发展走势？如何把握祖国传统养生学在大健康产业中的定位？如何使意拳站桩这一中华民族瑰宝得以发扬光大？据大数据显示，自年初至今参与站桩的同仁尚无显示感染疫情的，通过核酸检测也证实这一点，而且，在疫情期间，我们开辟了线上教学的新渠道，扩大了站桩功法的影响面和普惠面，大家通过站桩，默对长空、独自修炼，有效避免了一些不必要的人群聚集，并且为最终战胜疫情强健了体魄，增强了信心。因此，我们现在需要站在世界正面临百年未有之大变局的维度对意拳站桩的价值和推广做出理性观察与深思。

习近平总书记提出的“没有全民健康，就没有全面小康”的重要论断，从实现民族复兴、增进人民福祉的高度，深化了对民生建设中人民健康事业发展的认识，丰富了对全面建成小康社会战略安排的理解。2019 年 10 月，全国中医药大会召开，习近平总书记对中医药工作做出重要指示，强调“中医药学包含着中华民族几千年的健康养生理念及其实践经验，是中华文明的一个瑰宝，凝聚着中国人民和中华民族的博大智慧。”数据显示，在全国新冠肺炎确诊病例中，有 74187 人使用了中医药，占 91.5%，其中湖北省有 61449 人使用了中医药，占 90.6%。临床疗效观察显示，中医药总有效率达到了 90%以上。中华民族历经 5000 年繁衍生息，古时候我们的先祖就掌握了健康的秘诀，这一宝贵的人类遗产存在的价值历经岁月沉淀和风雨考验，独具魅力。

我们积极推进站桩功法的精细化、规范化、程序化，经过长期研究实践，形成了有效的健身治疗手段——“检膳站”。这种方法将“现代医学检测、膳食进补调理、站桩养生治疗”有机结合，

① 金桐华：王芗斋先生外孙，王玉芳女士之三子。自幼得其母传授，近水楼台，全面地继承了王芗斋先生的学术体系，门下弟子众多。目前重点将站桩应用于健康与康复，在因病设式方面积累了丰富的经验。

融会贯通，真正实现三位一体，并且在实践中初见成效，得到广大患者的好评。这种治疗方法的益处有四点：

一是益患者。即对于大多数病患来说，采用“检膳站”进行治疗，避免了许多不必要的过度治疗，通过检查确诊、调整饮食、辅导理疗的途径进行诊治，最大限度地减少了在治疗过程中的痛苦。

二是益就业。在政策的推动下，社会办医疗机构快速发展，但从医疗人员、床位数及诊疗人次等方面看均显薄弱，优势缺乏。开展“检膳站”治疗需要医护进行专业辅导治疗，还要经过认证签约，辩证分科，对症施策，就可以广开就业之门，催生新兴的医疗产业的发展。

三是益社会。虽然我们实现基本医疗保险全覆盖，但是医疗的付出还是居高不下，同时也造成了巨大的社会负担。以美国为例，在医保未全覆盖、政府不干涉医院收费的情况下，公民医疗消费支出庞大，保险公司也趋向于寻求可替代的医疗资源。“检膳站”健康医疗消费性价比相对合理，对境外健康医疗需求方来说也不失为一种更好的选择。

四是益家庭。病患接受“检膳站”治疗的同时也可以积极地带动整个家庭开展站桩治疗，实现一人治疗，多人受益。在实现最大限度地减少患者家庭成员的精神负担和经济压力的同时，着眼以家庭为单位推广普及站桩疗法，做到“有病治病、无病健身”，全体家庭成员共同站向健康、站向快乐、站向幸福、共奔小康。

目前，我国医疗资源的配置忽视了基本医疗之外的多元化医疗服务需求。国务院批复《全面推进北京市服务业扩大开放综合试点工作方案》指出，在全面推进服务业扩大开放综合试点工作的基础上，以中医养生保健等为重点，培育康复、健身、养生与休闲旅游融合发展新业态，提供高品质、国际化的医疗配套服务。健康保障是国际交往的重要支撑，健康消费还将带动北京旅游消费可观地增长。

传统健康医疗资源丰富，但缺乏进一步挖掘和整合，特色和品牌不突出，未形成成熟的新业态、新模式和新服务，很难集中呈现并给予服务，因此，“检膳站”治疗就是一项非常有益的创新探索，也是实现先哲王芗斋先生“修正人心，抒发情感，改造生理，发挥潜能，神明体健，利国利民”的学术初心的积极实践。大健康事业的发展呼唤祖国传统医学发挥独特优势，“检膳站”非常有希望成为这一领域的品牌和亮点。

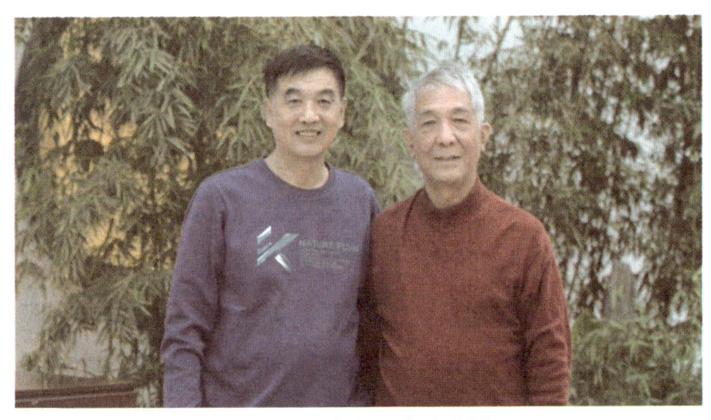

金桐华和张小元先生合影

第 33 章　纪念于永年老师百年诞辰

郭贵志

2019 年 5 月，于老先生的长子于东平、弟子于冠英等几人，从北京来到大同看望我，在交谈当中，我们共同商定在明年三月份，给于老先生搞一个百年诞辰的纪念活动。今年十月份前后，师弟于冠英又几次打电话说要搞一个纪念文集，让我写一篇纪念文章。我的岁数大了，写起来比较困难，好在以前我口述过当年随于老师学拳的经历，现在让我的儿子郭福海整理一下，形成一篇文章，以表达对于老先生的缅怀和纪念。

我今年八十七岁了，身强体健，吃得香，睡得香，天天站桩练功，每个星期还在辅导站给大家授一次课，精力比较充沛。冠英师弟以前对我说过，于老先生在纪念王芗斋先生诞辰 120 周年大会上说：我能活到今天，我就感谢王芗斋，感谢王芗斋老先生教会了我站桩功。现在，在这里我也要说：我能活到今天，我也要感谢于永年，感谢于永年老先生，当年没让我做手术而是教会了我站桩功。

我与于永年老先生是在铁道部北戴河疗养院认识的，那是在 1957 年的夏天。我原是大同铁路局装卸所的一名装卸工人，一天午饭后，我从火车上卸几百斤重的原木，猛的一努劲儿，伤了胃，造成了胃出血。组织上安排我先到北戴河疗养，半个月之后准备开刀手术，正是在这个时候，我认识了正好也在疗养院的于永年大夫，他劝我先不要手术，先练一练大成拳的站桩养生功。我就这么一站，浑身气血通畅，腹部发热，饭量也增加了，身体一天比一天好了起来，我就把手术推掉不做了。我从小就喜欢武术，从十岁开始就跟随外祖父朱国选先生练拳，练过金刚拳，八法拳，太祖拳，弹腿等。但是自从跟于老先生学了大成拳，我这一练就是一辈子，我是一辈子受益于于老先生，受益于大成拳了。

于老先生说我是一块练武的好材料，还亲自写介绍信，让师爷王芗斋先生亲自指导调教我。那是 1957 年，我从北戴河疗养院出来后，直接到北京中山公园找王芗斋先生，他当时正在“来今雨轩”喝茶呢。于老先生在信中说我身上有 800 斤的劲儿，功力如何如何大。王老先生说：今天你有多大的劲儿，就使多大的劲儿，都使出来，并让我先动手打他。我们来到院子当中，我上去就是一个虎扑，王老稍微一侧身，一扬手，我就朝后摔了一个屁蹲儿。此后我又被前后左右地打了六个滚儿，每次都是一搭手我就被崩弹了出去。王老先生说：你的劲儿再大都是蛮劲儿、死劲儿，而不是拳劲儿。我马上说我要跟你学这个拳劲儿。后来我利用在铁路工作的便利条件，经常来北京找王老先生接受指导。王老先生 1963 年在天津去世后，于老师又介绍我去姚宗勋那里学。

经过 20 多年下苦功修炼，我逐渐摸到了拳劲儿，掌握了六面浑圆力。改革开放以后，1981 年在北京玉渊潭公园，于老先生的教功辅导站，我第一次跟法国著名空手道高手直村茂比武，只一个照面，一个虎扑就把他打倒了，比了三次都把他打倒了。这时候我觉得我基本上掌握了拳劲儿了，虽然比不上当年王老先生打我那么轻松自如，但是一般的高手我是不放在眼里了。在此后的十多年里，有很多的外国技击高手、空手道名家，来北京来大同找我学大成拳。1997 年，我陪着于老先生第一次出国，在法国教拳，以后我又多次被邀请到法国的巴黎、里昂、马塞，意大利的威尼斯、米兰，还有瑞士、英国等地进行讲课授拳。在此期间，我还又与多位当地搏击高手（如：意大利拳击高手马克斯，法国散手冠军伊利亚，法国空手道高手方索，日本空手道教练一刚，法国剑道高手阿兰，法国太极拳教练巴特尔等）进行比武切磋，都十分佩服我的功力，后来他们都跟我改学大成拳了。于老师经常夸我说：大老郭的功力很棒，很能打，都打到国外去了，他是凭着一身真功夫，一双铁拳头，在欧洲打出了名气，弘扬了中国的武术国粹。

胥荣东和 88 岁的郭贵志先生合影
（2020 年 10 月 18 日摄）

自 1999 年起，我在英国欧洲大成拳协会任总教练，后又陆续在美国、加拿大、新加坡等国家担任大成拳协会的总教练。咱们的大成拳技击功法和养生功法在国外确实很受欢迎，前几年在国内我还被中国武术协会评为中国武术名人、山西省十大武术名家。无论是在国外还是在国内，应当说我给于永年老师争了光，给大成拳添了彩。

现在我们搞于永年老师的纪念会，感谢他指引我练了大成拳，使我一辈子有一个健康的身体，使我有了一身好功夫，还能到国外讲学教拳，弘扬中华武术国粹。今后我们的大成拳要代代相传，以告慰于老先生的在天之灵。

第 34 章　伟大的拳学革新家王芗斋

薄家骢[1]

斜阳草树，寻常巷陌，人道寄奴曾住。九河下艄天津卫，和平区于义庆里，曾居住过拳学伟人王芗斋。王芗斋先生，字尼宝，号宇僧，晚年自号矛盾老人，1885 年生于河北深县魏林村，1963 年 7 月在天津逝世，享年 78 岁。芗斋先生少年时代体弱多病，从形意拳名家郭云深先生学习形意拳，先生在就学中锻炼刻苦，钻研认真，很受郭老赞许，因之深得教益，奠定了他一生致力于研究我国拳学的理论与实践并予以革新的思想物质基础。

先生在学拳之始，就不拘泥于拳术的派系门户之见。他认为：我国拳术有悠久历史，自有其发展的轨迹。不同时期，不同地区，每一个有成就的拳术家，都自然具有不同的个人风格与擅长。这正是我国拳术所以源远流长，在历史上虽几经曲折但始终延续不断，并且直到今天日益繁荣兴旺的原因，先生对拳理的着眼点并不是一技、一得的局部学识。他毕生精力切磋钻研以求的是，从纷杂的表面现象里，探索和研究贯穿于拳学整个学术领域里的神圣真谛。

王芗斋先生并不是马列主义革命家，但绝对是唯物论和实践论的忠实执行者和倡导者。在他老人家的拳论中充满了科学的、唯物的、辩证的、矛盾的精彩论述，最有代表性的一句话就是："缩即发"。就我本人习练意拳近半个世纪的粗浅经历与体验，逐渐认识了这句经典的大成圣经。一般想来"发"是向前的动作，但是实际上一往向前是不可能将人发出去的，至今给我印象最深的是我老师姚宗勋先生的讲解示范，他老人家身体一个鼓荡就把人弹出去了。说白了就是俗话所讲的：身体一"顾涌"、一"鼓秋"、一"逛荡"、一"哆嗦"就完成了动作。看上去动作开始确实是先向后缩，然后再向前撞，其实就是意念先要想往回收，然后利用意念支配整体的力量向前冲撞，势如龙驹扭丝缰，谷应山摇一起"撞"。没有几年在明师的指导下，训练摸索试力、发力，是很难明了"缩即发"的真实奥妙的。"缩即发"就是辩证法，就是实践论。至于"意拳在十字当中求生活"这一条理论原则就更加深奥了。意拳有一条最重要的特点，就是一旦了解了一个练功原理，就会解决一大片实际问题。比如要想让一个坐在椅子上的人站不起来，往下按压是不行的，其实你只要用两个手指往前推他的脑门儿，不让他向前移动重心即可。这就是十字想法：应

[1] 薄家骢：1943 年生，天津市人。1958 年开始学意拳（大成拳）与创始人王芗斋家族有通家之好；1960 年拜意拳亚圣姚宗勋为师，开始终生研习意拳（大成拳）；1965 年毕业于北京体育学院，一级教练、国家级裁判；1985 年任北京市武协意拳研究会第二任会长；1988 年聘为日本意拳协会名誉会长；2000 年任北京市武协委员、意拳研究会监事长；2000 年列入"中华武术展现工程"，录制意拳教学系列 VCD 光碟。著有《大成拳探秘》《意拳索钥 -- 意拳（大成拳）进阶与点窍》。

该向下的垂直用力，变成前后的十字用力。这就是在十字中求生活。“身如弓弩拳似弹”也是这个道理。弓的上下伸展，产生前后的动力。在具体的训练实践中，前膝与后胯的争力是非常重要的，但你无论怎样去想着前后直争是不可能有实际效果的，这时你就要从十字中求生活：也就是说竖着的事要从横着去想，前后争变成左右争，这样一来你就会体会到在十字中求生活的奥秘了。再比如“一手竖，一手横”，“一动是横”都是这个道理。总之“意拳在十字当中求生活”就是矛盾论。王老拳学理论科学、实践、真实，讲求运动生理、运动医学、运动解剖、生物力学等理论基础，旗帜鲜明地批判伪气功、开石头、过刀枪的江湖吃托，虚无缥缈，海市蜃楼。

万事皆缘，我有幸与王老在津的故居住对门，王老的外孙王竹是我的拜把子兄弟。竹兄看我喜欢拳击、摔跤、散打，就告诉我姥爷是著名武术家，劝我练习大成拳。当时我不信这个瘦小干枯的老人家会真功夫。我以为就是太极、八卦，套路那些东西没用，我不练。竹兄给我讲了许多老人家的丰功伟绩，我还是半信半疑。后来通过几件事情，我才知道他老人家在武术界的崇高地位。有一天我们体校的校长穆成宽先生来拜访芗老。穆先生穿得很滑稽，长袍马褂头戴礼帽，手拿文明棍儿，一见芗老就是一个九十度大躬。穆先生毕恭毕敬的姿态，使我感到了芗老的非凡，因为穆先生在天津已是响当当的武林名人。往后还有一次天津跤坛四大张的头一位张魁元（大老九）先生来拜访芗老，也是毕恭毕敬，我真正感觉到老人家的厉害。穆先生，张九爷见到王老尚且如此谦单，可见芗老在武术界有多么高的威望。想起来我们一帮小孩子陪姥爷逛门口的小花园，在那里练拳的人有人认出芗老，大老远地跑过来打招呼，可老人家连头都不点一下，我们感到很尴尬。后来他老人家在河北省卫生厅厅长段慧轩的陪同下，到中山公园水榭看姚宗勋先生带我们练功，姚先生 90° 大躬，陪行人员前呼后拥，也没有看到老人家有任何表情，也没有听到老人家说一句话，就在众人的簇拥下离开了公园。芗老对外界的交往似乎有些不近人情，但对家里的孩子们却十分的慈祥。老人家不太爱说话，说得最多的就是拳，他老人家有浓重深县口音，拳字我们听起来总像是“劝”的发音挺好玩的。知道了大成拳的厉害，我缠着姥爷要学拳。磨不过我，他老人家就使了一计，叫我站大步托天桩，还一个劲地叫我步子低一些，把手拧到头。幸亏我在体校有少林十三式马步站桩的底子才勉强站了几分钟，姥爷说：小子，你吃不了这个苦，练不了拳。现在想起来这是老头在累傻小子呐。老人家在洗澡的时候，我看见他的小肚子上有一个小馒头似的鼓包，直到姚恩师驾鹤西游，我给他老人家擦洗身体的时候我惊奇地发现老师的小肚子上也有一个小馒头。我想这就是“小腹应常圆”，是宗师，亚圣拳拳服膺的体现。我们这一辈人谁也没有见过这种现象，师爷的生活习惯很特别：吃肥肉、喝酽茶。我就赶上一次，姥爷因为吃饭肉不够肥，而跟三姑发脾气的一幕。听姚恩师讲，师爷的口味相当重，他吃的饺子别人在水里涮着吃还齁的慌。我在王宅看到过一把日本指挥刀，是泽井健一送给芗老的，长长的刀把上，掐金丝，镶宝石，绝对是一把好刀。可惜岁寒三友竹、松、梅用它劈劈柴，刀刃上布满了不堪的锯齿儿。我曾经问过我老师这把刀，恩师说这把刀算得上日本的国宝，好刀是不能用来劈劈柴的，毁了怪心疼的。这把刀三姑（王玉白）把它上交了。

出于职业习惯，我曾经问过老师：我师爷的身体素质怎么样？姚师说：你师爷反应能力超乎寻常，就是你们搞体育的人也比不了。有关芗老的墨迹，书法丹青，我请教过有关专家里手，据权威人士讲都有极高的评价。芗老的作品没有世俗的匠气，充满浓重的书卷气，相当难得。姚师经常跟我们大家说：你们师爷不管是干哪一行都会是出类拔萃的顶尖人物。在我的心目中师爷就是个圣人。他老人家的一生毫无保留地奉献给中华武林的革新与发展。他的成就与建树，在我国拳术发展的历史上，将作为一位具有远见卓识的革新家与实践家，永远存于拳术爱好者的记忆之中和我国拳学的发展史中。作为我们意拳第三代传承人可以告慰芗老的是，意拳已在北京申遗成功，您老人家的徒子徒孙已经走出国门，意拳的发展已在世界范围成星星之火可以燎原之势。伟哉，意拳（大成拳）宗师王芗斋。

第 35 章　一生之缘和一得之见

史美伟[1]

笔者年轻时期，由于工作的原因，精神长期处于高度紧张状态，时日一久则引发神经衰弱，失眠而导致高血压（180/110mmHg），中西医治疗半年多，疗效甚微。医生建议体育疗法，学拳练练气功也许会有效果。经友人介绍得识启蒙老师傅恒明，练了半年病症全消失了。因此踏上终生修习意拳之路。我能够遇到意拳明师而终生坚持修习意拳功夫，这也是人生当中的一个缘分。

1. 我的老师与意拳传承

我有三个顶级老师：意拳传承师尢彭熙、意拳金刚师张长信、金刚启蒙师傅恒明。

尢彭熙老师乃芗老在上海创办的意拳社开山门大弟子，由其独自出资注册成立意拳社，并提供场地，招募学员，承担芗老在上海生活起居的所有开支。意拳能在上海顺利发展，尢彭熙居功至伟。芗老在上海居住五六年，每日清晨单独为尢彭熙传教三小时，余下时间则由芗老自由支配，或传教大众班弟子，亦可外出传教其他学生，师徒关系极其融洽。芗老倾囊传授功夫，徒弟无微不至关心师父生活。五日一小宴，十日一大宴，犹若父子。直到五年后见到尢彭熙功夫有成，自叹已教无可教，传无可传，才依依惜别返回故里。

尢彭熙在其遗著草稿中有这么一段话“形意门一代只传一人，郭云深→王芗斋→尢彭熙。”此话应该出自芗老之口，以尢彭熙的人品武德绝不会妄言，故此话可信度不容置疑。

郭云深拳论中说三种呼吸“调息、息调、胎息”，其实就是气沉丹田的意思。郭云深祖师门下弟子众多，可是能把气沉丹田承接下来，再传下去的人不多，传到第三代也仅孙禄堂、尚云祥等练到气沉丹田，而且都是在郭云深亲自传教很多年。从中也可印证此话并非妄言。

张长信出生武术世家，幼从马玉堂学形意，参加过两次武术擂台赛，芗老来沪后即转投芗老学艺。他学武天赋出众，一家兄弟三人都学武，唯他功夫最出众。因武艺出众颇得芗老赏识，芗老每月支付十元银洋聘作随身助教。尢彭熙赞其乃意拳门下“功架中正第一”。为弥补我在一个月只能上门授课一次的缺口，尢彭熙特嘱张长信代他关照我平常练功。我能在一年内练成六面混元一体劲，并在行动中能把松而不懈、紧而不僵自如运用，都得自张长信老师亲身示范悉心传授。

傅恒明老师出身官宦之家，痴迷拳术纯属爱好。随尢彭熙老师学过铁砂掌铁布衫硬功，也与尢彭熙老师同期加入意拳社，是芗老意拳铁杆弟子。虽是大众弟子，却随时会得到尢彭熙老师的特别关照，凡芗老传授新内容则会立马转传到其身，故对芗老拳学的功法理规与尢彭熙老师一样

① 史美伟：王芗斋弟子尢彭熙先生弟子。

精熟。只是尢彭熙老师能彻底舍弃硬功，傅恒明老师不舍，因此一个功夫日趋上乘，一个只能停留在中下乘。然傅恒明老师不失为一个明理之金刚师，他发现我是一个可教之才，因此力荐我到彭熙老师门下，意欲培养成为意拳传承接班人。一年后我练成气沉丹田，十年后尢彭熙定我是嫡传弟子，实现了傅恒明老师平生最大的一个愿望。

2. 气沉丹田解密

在三个老师合力辅教下，前后三年即练到“气沉丹田”，拳门内称之为“气通”。而随即出现厌恶荤腥，吃了点肉会恶心呕吐，还有大便发黑似肠胃出血，令人惊慌。即向傅恒明老师讨教，结果傅恒明老师连声向我道贺，说此乃气通后的排浊现象，黑便乃是清除自胎儿出生后积停在肠子里的污垢，故有点伤元气，然这是一种“脱胎换骨”的现象，并非每个练功者都会有此经历。只要饮食注意清淡，忌食生冷酸辣，一星期后就没事。

尢彭熙老师也专门为我解说了有关情况，当初芗老收其为徒时对其提出两条硬性条件，一是舍弃硬功夫，二是站桩练到气沉丹田后再传教动手功夫。所以，“气沉丹田”被立为门规也源自于此。并进一步阐述了气沉丹田的三大重要功用：第一它是修习内家功夫登堂入室开门钥匙，第二它是修习内家拳功夫精进的资粮，第三它是保持身体健康的保障，也是防治伤病的保险，甚至是保命的重要本钱。

故“气沉丹田”在理论上不是功法，可任何门派任何功法的修习都少不了它。因为功夫的传承都必须在“气沉丹田”的基础上得以传导和承接。这样也就能理解“形意门一代只传一人”的拳门规矩并非虚妄之说。尢彭熙老师赴美前夕对我耳语说“你是我的嫡传”。当时十分不解，同门师兄弟何其多，都由老师亲自传教，有何嫡不嫡之别。若干年后才忽然明白此话的真意，嫡传乃是得到他“气沉丹田”的传承之法，同时如何把此法再传下去的担子也就落在我的肩上了，为此，近十年来也传教了一些学生。虽然也有部分学生练到气沉丹田的初级程度。但没有发现“非其人不教，非其人不传”的学生良才。芗老此话的意思过去不甚明白，现在知道要寻找一个称心的徒弟是何其不易也。

3. 意拳认知

中国传统武术功夫，大道至简，道法自然。其博大精深源远流长几千年。中国拳教数以百计，然意拳乃是其中最突出最符合传统传承文化的经典。

说五千年前黄帝内经“提挈天地，把握阴阳，呼吸精气，独立守神，肌肉若一，寿敝天地”记录了上古祖先修习古武的文字记载，一直到一千多年前宋朝陈抟老祖传下来的心意六合八法拳经。“欲学心意经，首练筑基桩，拳拳要服膺，气气可归脐，登堂可入室，后学莫轻视”，历经四千年的演变化生出形意八卦，太极等拳种。而意拳恰恰是从形意拳舍弃形留其意演化而来，由繁入简，返璞归真，重返大道至简、道法自然的古武之路，实乃重振传统武术，对继承光大传统武术具有划时代意义。

首先，芗老确立了“拳拳服膺”为意拳总纲。一拳一脚不是拳，一套一套也不是拳，拳拳服膺才是拳。以我个人体认，在练拳练功过程中要“时时，刻刻，处处，招招式式都要注意符合中正融和的理规”。待到每时每刻每招每式都达到中正融合之理规要求，就能达到陈抟老祖拳经所云“气气可归脐”之境地。现代白话亦就是“气沉丹田”，然后也就能“登堂可入室”了。

故拳拳服膺乃是具体修习的功法理规，而气气归脐则是检测修习过程是否合理合规，对身架是否合格的标志，亦是取得登堂入室开门钥匙的必需条件。芗老一生力求奉行道法自然的修法，而气沉丹田也是自然呼吸随着身架中正融合的程度自然而然的结果，绝非执意导行气息沉到丹田之意，而导行法有走火入魔之危险，芗老在拳著上很少说气沉丹田，也是预防执着练气者而步入导行法歧路的措施。

其次，芗老强调练功要加强体认功夫。练功夫不能笨用功，亦不能浮聪明。只知身体苦练者是笨者所为，往往因劳累过度而练坏身体。要小聪明不想身体劳累则往往竹篮子打水一场空。只有既有笨办法下苦功的精神，又要善用心脑去体会认知练功过程中身架中正融合的实际情况，用神意不断予以修正、纠改，以达到正姿、松体，这才是用心练功的正轨，亦是事半功倍的最佳方法。

意拳重在用“意”，而意想不是空想，在于掌控身体间架是否合适密切结合起来。以点面劲为例，必须要掌握前挺与后靠有对拔之矛盾劲，左右撑抱则要掌控外撑内裹对拔之矛盾劲，头顶虚领而脚踩实地还需有入地三尺，才会达到上下对拔矛盾劲的拳规要求，这些都是需要用神意去掌控身体间架的配置，恰到好处以达到点面劲的功规，尔后才能练成点面劲。绝非光凭意想点面带劲就会连成点面带劲的整体的功夫境地。用拳理的说法就是意与形（行）要合一。体会意形（行）是否合一，知道意形（行）合一的滋味，这种功夫就叫体认功夫，也称其为心法、秘法。因为难以言表，只能心领神会，有点玄乎，难传难学，故拳界会有不传之秘的说法，大概就是如此而来。

最后，练功夫必须具备“法财侣地”四大要素，所谓法乃功法、练法。而练法又有笨练和巧练之别。芗老的拳著把“法”说得相当具体透彻。故应对芗老的原著精读细究。五十年前想看芗老的拳著十分困难，我有幸从一个前辈处借了一本手抄本如获珍宝。为让更多师兄弟能看到芗老所著大成拳论，我手抄了六七遍送人，自己看了无数遍，脑子里全是大成拳论的精论，行住坐卧无时无刻都是在功态中。这样对意拳之功法、练法日趋有了深刻的认知，明白了芗老所说他创立的意拳为“世上他人所无，唯我独有”并非虚言。因为意拳是唯独不挂太极之名而比太极拳更加推崇奉行阴阳虚实矛盾对立统一太极理念的拳种。

比如“攻中有守，守中寓攻”“松而不懈，紧而不僵。松紧紧松得其平”“大动不如小动，小动不如不动，不动之动乃生生不息之动，生生不息之动则谓极速运动”。这些拳学理念始终没有太极二字，却句句都属太极经典理念。看似平平淡淡，然到实作有所体认时就会理解其精神与奥妙。

若有三五志同道合的拳友能时常聚合在一起切磋研讨，推推手，练了发劲接发劲，互相观摩单操练功，相互指出他人不足，虚心学他人之长处，互相共进，不失为一个良好的练功氛围，有益于在正轨的道路前行而少走弯路。

限于篇幅只能把自认重点的认知书予文章，免不了挂一漏万，不能尽数完整表达芗老拳学真意。然自忖所写还是都在拳学思想的正轨，应对大家练功会有丁点帮助。久不动笔，文辞不足之处在所难免，既望谅解也希望同门拳友指正交流。愿我们大家共同努力，为光大意拳做点有益的贡献。

第36章 中国文人画家与天才武术家的精神境界是天人合一

王 成[①]

2014年5月16日国内要闻报道，习近平主席首次提出四观：“天人合一的宇宙观，协合万邦的国际观，和而不同的社会观，人心和善的道德观。”

我们伟大的祖国，为文明礼仪之邦，曾为世界文明做出过重大贡献。科技成果，珠玉串串，艺术人才，繁星灿灿。而各门艺术又是相互渗透和补益的，早在宋代，诗人、画家和书法家就多是三位一体了。至元、明以后，艺术家们又多将诗书画印熔为一炉，使作品的意境追求脱离了诸如线条色彩的繁文缛节和纯客观复制的桎梏而走向直抒胸臆，缘物寄情，营造意境之美。作为一代宗师的芗斋先生不仅融会贯通了各家拳派之长，而且从佛、道、儒、医、武等传统思想和传统的艺术文化中吸取借鉴了许多精华之处。正如他在《拳道中枢》中所说：“若从迹象比，老庄与佛释，班马古文章，右军钟张字，大李王维画，玄妙颇相似，造诣何能尔，善养吾浩气，总之尽抽象，精神须切实。”

自古中国杰出的知识分子多为“体系型”，西方文化人多为“职业型”。如专业画家，专业诗人，专业音乐家，专业教师……西方画家可以不是文人。如毕加索除了会画画以外，文史哲等姐妹共生艺术的修养根本谈不上！毕加索的作品到晚年越来越空虚，空虚表现是挖掘人的动物性的本能。他最后的绝笔作品，一个字的概括，叫“性”。中国文人则追求一种“天人合一”的境界，寄情于大自然，寄情于山水，参禅悟道。

中国文人画家与天才武术家，精神境界之高，知识涉猎面之广和高尚的人格品质，这是很普遍的现象。如王羲之、颜真卿、岳飞、王芗斋、孙禄堂、杜心武、万籁声、石壶等等。如文人李白、曹雪芹、青藤、白阳、八大山人、石涛、虚谷、任伯年、吴昌硕、齐白石、弘一大师、李苦禅等对诗文、书画、音乐、禅学、民俗、医学、武术、拳道、烹饪学、风筝艺术等都涉猎……书画更是一种重内在感受，是一种闲情逸致的“玩”的艺术；是一种养心、养性、养气，是内在“修养”的艺术，是修正后的养，贵在中正平和、文质彬彬、雍容宽厚，带有富贵之气。所以中国的文人书画是一种带有高贵特性的艺术，是一个人的心态、境界、操守、修养所留下的痕迹。

---

① 王成：天石王成先生，三项国际级三A裁判（自由搏击、MMA、泰拳）、山东枣庄市空手道协会名誉主席、北京市武协意拳研究会名誉理事、兰州生命科学学会首席顾问、中国国际意拳联盟常务副主席、国际武术意拳联合会副主席。弟子多次在全运会、世界跆拳道锦标赛与世界武术散打、搏击中获冠军。在2017年第五届全国意拳交流大赛中获当代意拳终身贡献奖。山东电视台、陕西电视台、中央电视台等曾多次采访报道。

再如苏东坡，从政政绩好，有口皆碑；有所感挥毫成大书法家；有所感填词成大词人；有所感为文便成大文学家；他把画画的随感写下来，便奠定中国文人画的理论基础；小涉烹调并非仅以“东坡肉”名世而实为中国烹饪美学之开山；涉及什么，均有大成。苏东坡究竟算什么家？他一家都不算却家家俱领千秋风骚，足可傲视群伦！这是一个民族自己的文化表达方式，是一个民族表述习惯，我们称之为传统。笔墨就是我们的视觉语言，黄宾虹先生说：“绘画民族性非笔墨无所见”，傅抱石说：“中国绘画是中国文化精神、民族精神的最大表白”。国画大师石壶（陈子庄），也是武林高手。幼时对绘画艺术产生了浓厚的兴趣，他一面牧牛、画画，一面拜当时著名拳师彭水老六、徐桥粑、谢棕粑锤为师学武术。以后竟成西南地区武林高手。民国26年，他参加成都武术打擂，打死第二十九军军部教官，荣获金奖，深受王瓒绪的青睐。后奉王之命赴上海迎接黄宾虹游蜀，于是有机会向著名大画家黄宾虹、齐白石学习，并同为王的上宾。

如毛泽东主席，是伟大的思想家，伟大的理论家，伟大的政治家，伟大的军事家，中国人民的伟大领袖，而且还是杰出的艺术大师，在最富有中华民族传统文化趣味的王国——书法的王国里，建造了自己的丰碑。毛泽东的书法艺术是任何一位现代书法家无法比拟的。这倒不是说，因为他是领袖，他身处高位，他可以君临一切，他的书法艺术因其政名而扬名天下。恰恰与此相反，他确确实实是一位杰出的书法艺术家，是中国现代书法艺术的主将和旗手，倒是因为他政名盖世、太响了，遮掩了他书名的光辉。上下几千年，帝王写诗填词的大有人在，但没有哪一位能像他的诗词那样想象丰富，气魄宏大，寓意深刻，意境高远。一首《沁园春·雪》令蒋委员长汗颜……更不用说那种昂扬奋进，高瞻远瞩的胆识和精神。他又是预言家，“一桥飞架南北，天堑变通途。更立西江石壁，截断巫山云雨，高峡出平湖。神女应无恙，当惊世界殊。”今天三峡工程，大江截流……

王芗斋先生集天地之灵，超然决然感悟后，创造出博大精深的王芗斋拳学思想，将中国传统武术提升到一个崭新的高层次，高境界，从站桩中体现天人合一的境界。站桩又称禅立，站桩的意念，我是金刚圣体，高大无比，气吞山河，俯视天地，三山五岳，唯吾独尊。总之意念放大，脚踏大地，头顶青天，似抱非抱，似笑非笑……把远处的声音收入耳底，意想把全身毛孔打开，把宇宙间的声光电气能全都吸收过来，呼气时把全身浊气射向天边。然后，慢慢把自己无限扩大，再把自己慢慢缩小，其大无外，其小无内。无我相，无人相，无众生相。经过反复训练，将自己慢慢融化在宇宙中、天地中，最终达到物我两忘，天人合一境界。然后再挥拳踢脚，无穷假借无穷意，身动挥浪舞，意力水上行，游龙白鹤戏，挥浪似蛇惊，风云吐华月，豪气贯长虹。中国历史上有所建树、真正能代表中华文化的文化人皆是多面手的体系型文人。体系型的学问、投入到任何具体的职业上，马上就能干这行的人所干不出的成就。禅门有言说得妙：“一江一河皆有名，汇入大海有何名？”一招一术皆有名，或为画家、诗人、艺术家、武术家与书家，皆是一江一河一渠一溪之小道而已矣！唯入于国学大海，才是无所名之名的大道！在中华文人这里，哲学、思维规律的探讨，最后参禅开悟与书画之道早已自然而当然地融为一体了！

写意花鸟，因为写意，“只求神意足，不求形骸似”。写意是用笔写出来的！若没有书法底子，只是画出来的，描出来的，修理出来，便没有魄力，不超脱，显得俗气。论艺术性，音乐比诗高，诗比书法高，书法比画高，因此具备前三者修养的人作出画来格调自然就高，这样的画境可带有一些时间艺术的意味，那是更高的艺术了。其实古代大写意画家多是文人画，王维“诗中有画，画中有诗”；青藤能诗善画，诗也绝妙！作画亦如是，为了体现一种美、一种力，也可以将数则美的因素、力的因素组织在一起，表现力就强了。真正达到，有法之极归无法，取法自然神达化，要想问鼎艺术高峰，唯一出路，学习佛法，参禅开悟。可以说，不了解禅宗思想，不参禅开悟，就无法深入理解中国的艺术精神。

中国文化，专干一门的总易流入匠气、俗气，终究格调不会高。在中国文化体系中，专画画为小道、末技。因为比画高的有书法（包括金石艺术），当书法家比当画家难；书法之上又有文学、当文学家比当书画家难；文学之上还有古典的哲理音乐，如“无弦之琴”“无声之乐”皆是有相当修养的知音之间才能共聆共鸣的！再上一层就是中国的古典哲理，儒学、老庄、易经，最终参禅开悟。反过来看，你要让自己的画高超不凡，就要有它上头的几层修养！西汉杨雄讲画为心画，心境高了笔下自然不同凡俗。至“五四”以后，西学渐入而大兴。当今天的文化人更比古人多了一筹。对文化修养之要求不可学西太后闭关自守，还要中西对比，中西合璧，两大体系参照而学始算全面修养。当代著名学者、书画大家、中国书协副主席王学仲题：“扬我国风，励我民魂；求我时尚，写我怀抱；欧风汉骨，东学西行。”

在中国的书法艺术中，数狂草的艺术性最高。狂草与写意画有意无意地结合就会提高了画的艺术性，因为空间艺术向着时间艺术去靠拢便有韵律感。中国书法艺术的最高度还是狂草，狂草简直像音乐。这就是文极则武！中国文明屹立于世者不胜枚举，比如中国“四大国粹”，书法、武术、中医、京剧。文武之道可见一斑。中国是文极而武，武极而文。作画作书本是斯文事，高者却不斯文，庄子笔下的画家“解衣盘礴”；唐张旭兴至时以头发代笔作狂草；张璪“笔飞墨喷”；怀素则赞赏“忽然绝叫三五声，满壁纵横千万字”的气魄，皆文极而武之意也！再看武术，本当动则有声，闪展腾挪，练高了，反倒文静之至，如意拳宗师王芗斋老先生讲：“大动不如小动，小动不如蠕动，不动之动乃生生不已之动也。”从外表看太极拳、意拳、形意、八卦等诸拳，绵绵无力，如抽丝、如摸鱼，如痴如呆，倘若应敌，上乘者不期然而然，莫知至而至的本能反应，被发出若干尺远，尚不知如何被推出的。再高了，则全练修养功夫，淡泊无争，非特殊境遇逼之，如打擂，自卫，平日则了无武人神态。意拳宗师王芗斋先生即如是。此则武极而文之意也。写到此处，想起了当年意拳宗师王芗斋先生与李苦禅大师一段佳话：有一年冬天，著名国画家李苦禅先生来到芗老的住处。多年不见，突然相逢，二人都感到很高兴。交谈多时后，芗老笑道：“苦禅啊，我练的是意拳，你呢，画的是‘意画’”。苦禅一听，兴奋地说：“如此说来，武术与绘画的艺理是相通的。”芗老点头道：“何止与画理相通，还与戏理，文理，医理，兵法之理，治国之理，人生之理，乃至宇宙之理相通。”苦禅说：“绘画讲：‘外师造化’”。芗老不假思索地回答：拳家假借之良师，乃风、波浪也。苦禅又说：“绘画还讲‘中发心源’。”芗老道：“拳术犹重‘内得浑圆’。”苦禅问：“古人为何观舞剑而泼墨？”芗老微微一笑说：“文至极则武也！”苦禅一指书案的文房四宝笑道：“先生可‘武至极则文也！’”二人相视一笑。芗老又说：“形无形，意无意，发拳之中是真意。”苦禅忙接道：“章不章，法不法，挥笔之际见真法。”芗老道：“意即无形拳，拳为有形意。”苦禅曰：“诗是无形画，画乃有形诗。”芗老：“武至文得上乘。”苦禅：“画至书为极则。”芗老：“自古文武交泰，书剑一家。”苦禅：“文需武助，武需文帮。文武合璧，天下无双……”芗老又曰：“若从迹象比，老庄与佛释。班马古文章，右军钟张字。大李王维画，玄妙颇相似。叱咤走风云，包罗小天地。造诣何能尔，善养吾浩气。总之尽抽象，精神须切实。”时苦禅感习意拳于作画在意境上有异曲同工之妙，受益终生。

自存拙趣，何谓拙中之趣，大智也。所谓：文章极处无奇巧，人品极处是本然。奇巧者常人皆喜之，最多称能品，匠气之作，岂能与大智相提并论。“拙”不等于难看，亦不是恶俗之气，是浑朴之所息，是灿烂之极之神采。“拙”则沉稳，不油滑，如做人。

注：本文参考了《毛泽东的书法艺术》《苦禅宗师艺缘录》《王芗斋拳学》。

国画大师李苦禅、京剧大师梅兰芳等先生当年跟随王芗斋先生学过拳，得芗老神韵而受益匪浅。并与芗老弟子姚宗勋、王玉芳、王斌魁、李见宇等先生交往甚厚，他们称兄道弟，至今王玉芳先生还称苦禅师兄，斌魁先生次子王永祥先生经常提起我师伯李苦禅先生等，斌魁先生还把他的学生陈宝泉师兄送到苦禅大师处学画，意拳界今天和李燕先生还有来往等。“苦禅宗师艺缘录”如此称呼，可能是当年没正式拜师，师友关系吧！就像我和著名书法家孔庆恕先生一样，也是师友关系，平时总称老师，更是好朋友！

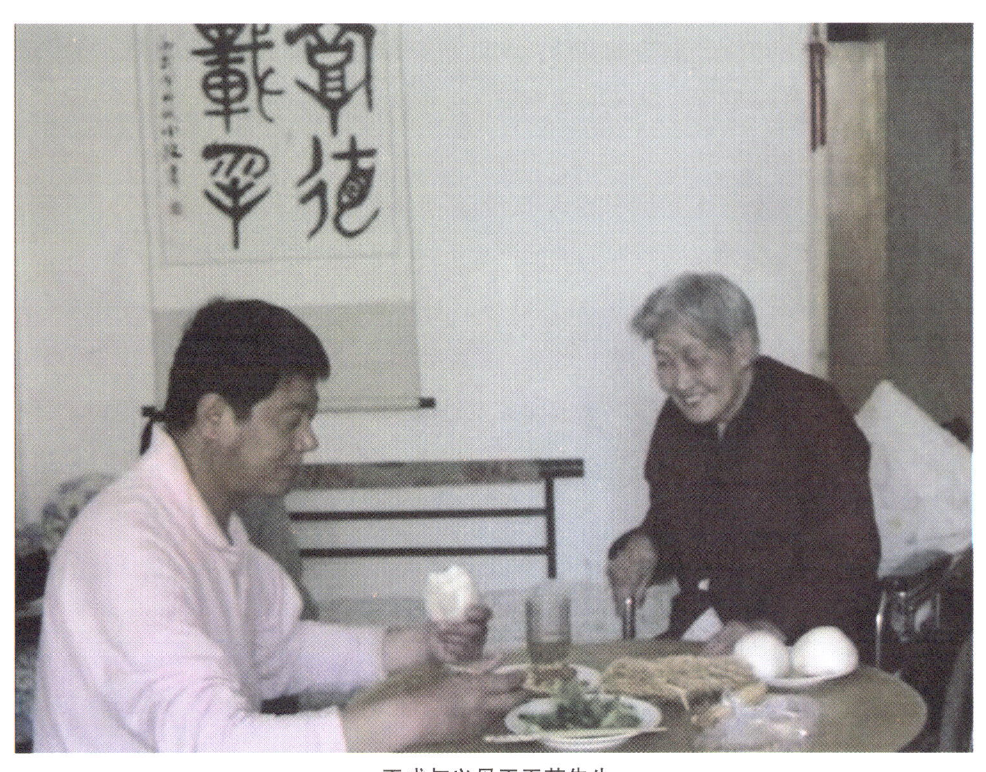

王成与义母王玉芳先生

第 37 章　我敬爱的意拳老师于永年

李敏生[1]

我是一个体育爱好者，曾经在伍绍祖同志的支持指导下成立了中国体育哲学会，作为中国马克思主义哲学史学的一个专业学会。伍绍祖、李梦华代表体育界，邵华泽、邢贲思代表哲学界出任名誉会长，我担任会长。当时我们非常关注的一个问题就是中华武术走向世界的问题。但是我不懂武术没有习武练拳，当时我在霍英东身边工作，他指示我协助他的二儿子霍震寰工作。霍震寰在亚洲武联、香港武联均有职务，是香港意拳学会会长，北京意拳研究会名誉会长。因为我搞体育哲学，所以他推荐我到北京意拳研究会工作，并且协助他处理有关武术界的工作。

由于工作关系我得到了很多研究意拳的资料，了解了意拳（大成拳）的发展历程和代表人物。其中关于意拳宗师王芗斋的资料最多，也包括姚宗勋、于永年先生等人的资料。我原以为到意拳研究会只是挂个名而已，但是读了王芗斋先生的书令我震惊，他讲武术处处充满了中国传统文化的理念，充满了反潮流的精神，具有深刻的哲学思维，他对运动的分析充满了辩证法，是我们在一般的哲学教科书中所看不到的。特别是王芗斋热爱祖国、道德高尚、武艺高超、威震四方，使我逐渐融入意拳。我利用霍英东体育基金会和霍家的一些有利条件支持北京意拳研究会的工作，负责组织了一些活动，得到了意拳同事的认同，推举我当了意拳研究会的秘书长。在意拳研究会我非常敬重多位德高望重武术造诣深厚的老师，其中之一就是于永年先生。

意拳研究会年长的多位老师不仅是武艺高超，同时都有高学历，很高的文化水平。然而年轻的一代由于“文革”的耽误，文化水平和老一辈相距甚远。所以我非常喜欢向老一辈的意拳武术家请教、谈心。于永年先生给我最突出的印象就是他学问高深、知识全面，他留学日本是著名的牙医专家，享有盛誉。他和意拳宗师王芗斋是同代人，曾经于 20 世纪 40 年代共同组织中国拳学研究会，为继承弘扬中华民族优秀武术文化做出了历史性的贡献。于永年在意拳技击方面也是著名的高手，年纪大了虽然不再介入技击，但是为我展示的一招一式却仍然是神采飘逸，雄风犹在！

于永年先生的贡献在于把意拳应用到医疗养生和健身，他在这些方面重视实践更加注重经验的积累总结和概括，他在这些方面出版了多种著作，很有水平，受到广大武术爱好者的欢迎。

---

[1] 李敏生：1940 年 12 月生，河北乐亭人，中国社会科学院研究员。主要学术专长为汉字哲学，现从事马克思主义哲学研究。1964 年 7 月毕业于吉林大学哲学系。1964 年 9 月至今在中国社会科学院哲学所编辑部、研究室工作，期间 1986—1989 年借调到中央党校工作。主要代表作有《汉字哲学初探》《昭雪汉字百年冤案：安子介汉字科学体系》《中华心：胡秋原政治・艺术・哲学文选》《邓小平同志的战略思考与决策》。

于永年的意拳造诣在于他继承和发扬了王芗斋的以德为先的武德理念，继承弘扬了王芗斋的武术哲学，他的武术为了人民、服务人民的精神为意拳界树立了光辉的榜样！

于永年晚年致力于理论研究，意拳哲学的研究。因为我是学哲学的，所以喜欢同我聊哲学。他在写作《大成拳—站桩与道德经》一书时曾邀请我到他家中讨论。讨论后，他集中提出了十来个问题，并且要求我写出文字回答。我遵嘱按照他的要求，逐一将这些深刻核心的拳学问题及哲学原理回答出来，写好之后又及时地送给了他。他表示很开心很满意。

我到于老家总要向他请教站桩的问题，他非常热心地给我详细讲解，他亲自示范，并且要求我按他的要求做，最后还要谈出我的感受和体会。

根据我自己的切身体会，我粗浅的认识到站桩不仅是武术工作者的基本功，也是大众健身的好方法。这个方法是不动之动，静中之动，内力之动，能够极大的调动人的内在力、内气、精神力，和跑跳伸弯的形体训练不同方式。这对人体的血液循环、新陈代谢、神经系统的影响和调整具有特殊的意义和作用。

于老对于我站桩的指导细腻具体，他也不烦我占用他宝贵的时间，我站桩后要测试我的脉搏的变化，说明站桩的功能。

纪念于老，怀念于老，学习于老！让于老在天之灵和我们一起欢笑、欢乐、欢庆我们伟大的祖国繁荣富强！最后我要告诉于老，习近平主席是非常重视体育、热爱武术的！

胥荣东和李敏生先生合影

第 38 章　先师韩星垣先生之制人功夫

叶希圣

《拳学新编》:“应敌要诀，千言万语，不外乎制人而不制于人。”这是拳学之至高境界。达到此境界的功夫，不外乎三个“一”。（一）“一击必杀”。这是“击打力”，如郭云深先生之“半步崩拳”或《意拳正轨》所说的“打人如拔草”。（二）“一碰即出”。这是“崩弹力”，如《习拳一得》所说的“一面鼓，一面荡，周身无点不弹簧。”亦即《意拳正轨》注释之“含有弹簧之崩力”。（三）“一触即发”。这是“惊抖力”,《苌氏武技书》说:“梦里着惊，无意燃火，不见有人，那知有我！”其附注说:“触着即发”。王老（芗斋老先生）在其《意拳正轨》亦说:“任敌千差万异，一惊而即败之”。不过，惊力经常都伴有弹力的，而意拳本来就是“综合劲力”。

意拳有句老话:“打人容易发人难，发人容易控人难”。可以想见，前面说过的“打”“发”功夫以外，还有更高一层次的“控”人功夫。“打”“发”“控”“控打”和“控发”都属于“制人而不制于人”的范畴。

说到“制人”功夫，先师韩星垣先生凭着他一身深厚之意拳功力，精湛之实战功夫，一生纵横于格斗场上，战绩辉煌，书不胜书，前辈均能耳熟能详，这且不表，免得有招摇之嫌，且亦可存忠厚。或许有人会问:“他的功夫究竟到了什么境界？”在这里套用几位前辈的说话以做回应:

王斌魁先生见证地说:“他真了不起！谁要跟他比兵器，他就跟谁比兵器；谁要跟他比拳，他就跟谁比拳……”姚宗勋先生更加赞叹（因为姚先生最崇拜的某某人也为先师所挫）说:“他的功力是顶尖的。”“他向来没人怕，就是怕王先生。”以上是涂行健同门拜会两前辈时所听的话。王老在京定居前的一众弟子中，现今资历最深，硕果仅存，堪称意拳大老，我视之为“意拳宝库”的韩星桥（樵）先生（先师胞兄）曾对我说:“他（先师）是意拳第一把手，他走了以后，再找不到第二人。”胞兄对弟弟如此抬举，真是泱泱风度，谦谦君子，令人拜服！

回头说说“制人功夫”的要素，基本以浑圆争力为核心。刚柔方圆、松紧虚实、单双轻重、鼓荡顺逆、动静开合、横竖高低、斜正吞吐、起伏胀缩、遒放争敛、推抱兜坠、钻裹翻拧、提顿伸缩、伸筋缩骨……种种的矛盾重重，参互错综而转化统一。更运动身形、步法，也即是重心变换，路线转移，使角度对敌准确，然后形之于主轴（人身之上下）螺旋，带动斜面三角的肩架螺旋，小臂（节段）亦同步螺旋。王老说:“力之为用，其变化不外乎刚柔方圆，斜面螺旋。”此外，“手要身子，身子要手，身手互要”之意拳原理更应辩证地去运用，不可执着一方。当中理应明白作用力与反作用力之巧妙互用，失衡与争衡所产生之断劲效应，弄清楚“移点”“黏点”“滑点”与“脱点”之要紧关系，活用“两点一线、一生两死、逢角（节）生力”之工匠口诀。间架具体要“形变力不变”，一如按压弹簧或皮球，要有形变反弹之力，掌握意拳间架与结构（力学）之优点，本能地使力量爆发之脉冲期极度缩短。形意拳诀说：“拳打三节不见形”，我个人认为掌打六节（亦可说是七节）不见形，理由是手指原来有三节，节节生力。王老说：“意达指尖前”；又说：“甲欲透骨而入髓”；更说：“指端力透电”“力感如透电”“着敌似电急”，可见指节与指尖对武力之重要性。能发人者，弹指间事耳！先师教导我们说：“肩撑肘横，大臂不动小臂动，力在指尖中。”这是巧妙地运用人体杠杆，完全符合人体运动力学的单臂杠杆原理。特别是“固定端”与“运动端”的尽善尽用，因而发挥出其优越性，且也非一般意拳同道所共有。

王老说：“为什么有此一动？”而今我问：“有否如下之动？”

一，伸筋缩骨。（为了方便阅读和理解，本段文字是汇集散见于各篇论著的句子，稍作堆砌并加简短解说。）《意拳正轨》说：“力生于骨而连于筋、筋长力大、骨重筋灵、筋伸骨要缩、骨灵则劲实”。“筋伸骨要缩”其义难明，因为一块骨头怎能会缩？不过，《拳学新编》却教你明白：“筋伸则骨节缩，骨灵则力实”，原来，骨缩或缩骨之骨，指的是骨节。对于骨节缩之运用，《拳学新编》说得明白：“力之外发，手、肘、肩、胯全身关节，骨缩筋伸”，《意拳正轨》亦说：“缩骨而出，放劲而落，缩即发也，放（发）亦即缩”，再看《拳学新编》：“临敌发力，缩骨而出，如弓之反弦，鱼之泼刺”，再对照《意拳正轨》：“骨重如弓背，筋伸似弓弦”，可以想见“伸筋缩骨”是发力重要之一环。所谓“如弓之反弦”和“骨重如弓背”，主要指的是脊骨，亦即武界所说的腰脊发力的地方是也。至于如“鱼之泼刺”及“筋伸似弓弦”合并指的是“发手”。至于脊骨之对拉拔长及缩短，《意拳正轨》亦有论及：“高则扬其身而身若有增长之意，低则缩其身而身若有蹟捉之形”，此动之关键在于“脱肩顿膊”，跪顶坐靠而为之，在“拔臂助长”之训练中可以求得。

二，“鼓荡”亦是发力重要之一环。在“一面鼓，一面荡”之动作过程中，能够发出弹簧之崩力。记得我在《意味集》里面以“不得了”为题，写了如下一小段文字：“浑圆争力不得了，鼓荡爆发了不得，若然争力得不了，结果还是不了得。”说实在话，你若没有浑圆争力，就等于泄了气的皮球；若然你具备了浑圆争力，你就相当于充足气的皮球，四面八方就争得起来，如此平衡均整之力，就叫作浑圆争力。运动鼓荡去引爆浑圆争力，就叫作浑圆爆发力。可惜的是，一般习意拳的人，鼓荡不分，有荡无鼓，甚至荡亦不行，又怎能“鼓荡爆发”！这好比以“推”为“发”，甚至以局部之手力去“推”，又怎能望能“发”人！

三，“浑圆争力”（兼谈“挺拔”）。要求得“浑圆争力”，就必须先求得王老所提的身体“上下相引”之力；要求得“上下相引”之力，就必须从“头”做起（包括颈项）。这就是说，要使头项“挺拔”起来。先师授拳时刻强调“挺拔”之重要性，因没有“挺拔”，“上下相引”之力就无法连通，争力自然无从谈起。所以“首领”之名，恰如其分（意思谓以头领起上下之力也）。那么，随便抬起头来就是“挺拔”了？那也未必。因为“挺拔”不在形态而在意力。“虚灵挺拔”是王老经常提及的，他晚年所著的《养生桩漫谈》仍一如既往的清晰地教导我们说：“永远保持意力，不断虚灵挺拔。”所以，我个人认为：“上下相引”乃“浑圆争力”之支柱，而“挺拔”则是“上下相引”之领导。当掌握到“挺拔”之后，“上下相引”之力乃成，不过，要达至全身四肢百骸之“浑圆争力”，则非手有之力不可。《意拳正轨》说：“伸筋腕项，则浑身之筋络皆开展”，这就是意拳同道常说的手足四腕和颈项，为五个脖子。又说：“四腕挺劲力自实”，这亦是先师同样强调的“手要带上劲”“力在指尖中”的伸筋力。至于肢体之间之空间，例如：手与头颈、手与腰膀……之争力，则须通过“争力线”用神意使之“灵通”起来。如此有形之肢体借“伸筋力”“连通”，和无形之“争力线”借神意“灵通”，才是神、形、意、力合一之“浑圆争力”。不过，肢体之伸筋力亦是神意之所为。至于刚才说过的“争力线”，可以“假借”求之。王老：“假借无穷意”，又说：“无穷假借无穷象”，但是，“精神须切实”才可“由抽象到实际”，如是，“争力线”才有实感。王芗斋谈拳学要义说：“虚无假借而求实当”。《习拳一得》亦说：“要在内外均整力合一，由虚空寻有力之真实，拳之道要，一大半在抽象中求实际”。上面讲了一大堆有关“浑圆争力”和“争力线”的文字，其实都是自己身体四肢百骸之浑圆争力。若要求“内外均整力合一”，则非依循王老所提的“在空气中游泳”求之不可。王老说：“离开己身，无物可求；执着己身，永无是处”。换句话说：“先求自我争力，再求物我争力”，那就是了。

关于“伸筋缩骨”“鼓荡”“浑圆争力”“挺拔”我们都有一套特定的训练法。

先师的打法是积极进取的，主要以“打破硬进”，出手不回，以步打人；其次，退也是打，反侧也是打，斜进竖打……其打、发也，无废料，无虚架花招，出手便是处，直截了当，清脆利落。打中手，“顾即是打，打即是顾”，亦有不顾而打（不招不架，就是一下），控打更是一绝！

先师时刻训导我们：应敌时要“你打你的，我打我的。”“不要以己之长就人之短，亦不要以己之短就人之长。”技击本来就是“损人不利己”的，与人较量时，在“武德”而言，应让则让；但在己身有危难之时，就要有“敢死精神”，不出手则已，一出手就抱有与敌偕亡之心，不可存九死一生之想。

前面说过“以步打人”，倒想起先师之灵活摩擦步法，略似“打人如走路”，有王老所说的“单重之妙”，步幅可大可小，可远可近；步速可疾可徐；路线随意转移，不受空间限制，简直是“神龙游空”，“四维空间”任我纵横。

我曾向先师问此步法，“为什么有此一动”？先师答曰：“留有余地也”。很有意思的留有余地“步”——这话是我说的。

尝见先师让学员连续击头，只见他利用“挺拔”领劲，运用轻灵活泼的摩擦步法，一一避过学员的来拳，学员休想触着他头脸。这正是：“一羽不能加，蝇虫不能落”。

“跑不了”，是一句经常挂在先师唇边的习用语。凡与先师搭手，将接未触之时（留意此时），即时有“离心”之感觉（注意此机），这正是被他打出去的时机。有时候，手是搭上了，但是发觉自己的力量用不上去，兼且全身动弹不得。更有时候，手搭上之后，己身重心立即被其控制，前后左右都站不住脚，无所依靠。上面说的是“搭手”功夫（亦即推手之始终）。若言“断手”，则无“招式”可言，“浑圆争力”就是“招式”，“招式”之打发，即是“浑圆争力”之爆发。兹举一例以示之：假设对方出右拳直向我的胸部击来，我即顺应来势出左手（或右手）接上彼右拳之力（这是很关键性的），对方随即惊觉自己的右拳欲进不能，欲退不得，己身同时失去平衡，亟须借助我之左手以求稳定；满以为我的左手是“扶手棍”，却原来我的左手是“捞命藤”，说时迟，那时快，对方已被我打出，服服帖帖地挂在墙上。这种效应，是"浑圆争力"及其"爆发"的结果。

些许时候，先师之发人也，不觉其动，人已弹出，其打、发、控功夫造诣之高，可以想见！

先师长相威武严肃，但微笑时却和蔼可亲。可是每当谈拳论武或发力时，他的眼睛瞪起，有如一只吊睛白额虎的眼睛，炯炯发光，虎虎生威，令人望而慑服！歌诀说的"鹰瞻虎视威"的"目击"功夫，简直是先师的写照。

尝见一中年汉子，登门拜访先师，稍谈片刻，来人蓦然"拾"的一声跪下，连声前辈，起来告辞而去。另有一个北方某大内家拳派的拳师来访，一见之下便满口前辈之声，谈拳半个钟后离去。据认识他的人告知，他本来欲试技，被先师目击之下便慑于其威，不敢造次。

注：先师韩星垣先生于1931年从王芗斋老先生习意拳。1937年，王老在北京定居，特召先师来京随侍左右，先师时年方二十二岁。当时，王老对先师疼爱有加，耳提面命，悉心培训过硬功夫，以底于成。当年，有关意拳教务及对外武事，其先遣工作许多时，多由先师负责。1938年先师胞兄韩星樵先生也奉召到京，从此兄弟俩同时助理意拳教务，直至1946年。所以凡在1946年前习意拳的，多蒙韩氏兄弟教益。1946年，韩氏兄弟告别王芗斋老先生回沪设立拳社，发扬意拳，广育英才。1949年先师移居香港，教授意拳，曾先后到美国两次，又到加拿大、英国等地传薪。总之，英、美、欧洲及东南亚各国于1983年以前之习意拳者，皆是先师所传，发扬意拳于海外者，先师为第一人。

第 39 章　抚今追昔忆先贤　薪火相传谱新篇

王永祥[①]

2020 年是拳学宗师王芗斋师爷诞辰 135 周年，师姑王玉芳女士 100 周年诞辰，他们两代人对拳学增进健康的事业孜孜以求，薪火相传，做出了巨大贡献。在此，作为晚辈后学，我以此文表达我最深切的崇敬感恩之情。

意拳是王芗斋先生一生习武，穷毕生之精力，闯荡大江南北，寻名师访益友，切磋拳艺，又有超人的天资，集各门派精粹于一身，经过再消化提炼升华而成今日之意拳。意拳比较全面的揭示了中国武术的本质，创立了以意念为主导，没有套路的独特的训练功法和理论。使之成为一种以实践和哲理为基础的崭新拳种，为中华武术续写了新的篇章，亦为后人留下了一笔宝贵的精神财富。

我自幼随先父（王斌魁）学拳，至今凡数十年，别无所爱、孜孜以求、参以拳理、证已体认，用多方面的资料来验证，实感意拳是融中医学、哲学和力学为一体的一门综合性的拳术。如在养生桩里体现中医的阴阳平衡，培养元气，清浊升降蓄养精神和哲学上的矛盾对立统一规律，精神变物质，矛盾产生力量及力学上的加速等等。我深深体认到意拳的一切运动均离不开意念活动，形体内外均离不开矛盾争力，这就是此拳意形结合的独到之处。记得我青年时，先师伯姚宗勋先生曾让我要用自己的理解和自己的话语把意拳说清楚，可那时我没有这个能力。这些年来，我就是一直坚持朝着这个方向努力。

要弘扬发展意拳，基本功法是不是科学，是个特别重要的问题。现在在全国和北京练意拳的人不少，但是经过各方面的了解和考证，很多练意拳的人经过多年的练功，身上还是没有意拳的整体协调性和爆发力，究其原因就是基本功法不科学，主要表现为体内、体外矛盾混淆不清，以至于效果不令人满意。意拳的基本功法主要就是一个哲学问题。

记得先父讲过在中山公园从学于王芗斋先生的一些关于老干部们说过的话："这老人讲的拳理符合于哲学。"因此，先父要求我们要认真地学习哲学理论，增强对意拳的理解，还讲到王老在晚年自称矛盾老人，意义是相当深刻的。通过家父对我的哲学引导，后来我一直以哲学理论来研究意拳，终于明白了很多原来不懂的道理，如：精神变物质，矛盾对立统一，量变到质变，事物是永远发展变化的。还认识到真理的客观性和实在性。就这个意义讲，真理面前人人平等，真

① 王永祥：出生于武术世家，自幼习武，14 岁时随父亲王斌魁与师伯姚宗勋先生学习意拳。三十余年全部身心投入于意拳的研究与实践。先后发表了《意拳的魅力》《大成拳之我见》《意拳推手是散手的基础》等理论文章。

理不能创造只能发现。我们要按照哲学道理去探讨去练意拳，使我们的基本功法科学化、真理化，要使人明拳理，懂练法，才能容易练，使练习者在较短的时间内有比较满意的收获。具体地讲，就是王老是怎样讲的，我是怎样认识的，我所教的基本功法是怎样练的。

矛盾是普遍存在的，没有矛盾就没有世界，矛盾是对立又统一的。如：音乐有高低音，其节奏有快慢，组合在一起抑扬顿挫才能成为一首美妙的乐曲；国画透视上有远近疏密，着色有浓淡，这样才能成为一幅美丽的图画；螺栓和螺母只有拧紧了才能使部件固定好，才能使用。像汽车行驶，人走路等等都是矛盾，王老在《拳学新编》里讲，试力为习拳之最大关键，试力要从徐徐二字中作体认功夫，初步试力应求二争力，从一中心异向发出，相等相乘。悟得二争力，再求全身各部分，均同时面面生力，无不相乘，互为应和，浑圆一致，共争一心，气力贯通，全身无空隙，习拳得此争力，方能使神气意力真实合一，然后可谓之得中，可谓之得力矣！教拳要申明争力的作用，以求发力自然，争力乃拳学不传之秘，能得与否，则系于学者，视学者志向与体认功夫如何耳。王老所讲这一部分就是体内矛盾，因相争而使身体组合在一起，才能形成浑圆，从而完成第一层次的试力，即体内矛盾试力，在我教学员练功时，用松紧带作示范，使学员明白前后、左右、上下争力具体应该怎样做，让学生练一个阶段后再把三个争力同时做出来，这样才能作浑圆技击桩，在练浑圆技击桩一个阶段后才能做整体与外界的矛盾，王老在《拳道中枢》里讲：周身鼓舞，四外牵连，足趾抓地，双膝撑拔，力向上提，足跟微起，如飓风卷树，拔地欲飞，拧摆横摇之势，要与天地相争，肩撑肘横，上兜下坠，推抱互为，永不失均整之力，背立腰直，小腹常圆，胸部微收。王老指出的这一部分，讲的是整体与外界的抗衡，从而提高了每个个体与外界抗衡的能力，也就是我们通常所说的功力，这就是第二个层次的试力。

以上所讲的程序是很清楚的，只有先练二争力，组合成浑圆技击桩，再练整体与外界矛盾的抗衡。这样先体内、再体内、外结合，比较容易理解，容易掌握。这是我三十年来的一点体会，如有错误，希望批评指正，因为真理面前人人平等，这样才能弘扬发展意拳。王老在《〈意拳论〉增补》中写道：“我所以用画龙点睛之法道破意拳哲理，实欲告诉学者一个真理，习拳而不接受其哲理，则无异抱石卵而盼司晨，终无所成。学者不可不明此理。”我将平日练习一些心得体会连缀为韵语，抄录如下与大家分享共勉。

其一：两足平立腿微曲，松静安详要调息；气沉丹田须自然，松圆常圆是根基。

其二：欲求浑圆气充足，矛盾意识最为先；三个争力须单作，然后组合出浑圆。

其三：两手相搭点相连，守中用中瞬息间；精神反应贵神速，浑圆一体气为先。

第40章　意拳桩功对身心健康的重要意义及原理探索

姚承光[1]

党的十九大提出的“实施健康中国战略”，是以习近平同志为核心的党中央从长远发展和时代前沿出发，做出的一项重要战略安排。它基于人民对美好生活的需求，旨在全面提高人民健康水平、促进人民健康发展，为新时代建设健康中国明确了具体落实方案。当前时期，中国现代社会的快速发展、紧张的生活节奏给人的身心健康带来一定压力，同时，受全球化影响，中国抗击新冠疫情难度逐渐增大的严峻形势，越来越多的人需要通过一种能够综合锻炼身心的方式提高免疫力，提高身心健康水平。意拳桩功作为经过实践检验的一种有益锻炼方式，应当勇于承担起时代责任，充分发挥此种锻炼方式对于人民健康美好生活的有益作用，其作用和原理探索如下：

意拳桩功是“动”与“静”有机结合的锻炼方式

芗老在大成拳论中提到：大动不如小动，小动不如不动，不动之动乃为生生不息之动。意拳桩功看似静止，内里气血运动浩瀚澎湃，正是生生不息之动的体现。有的习练者几十分钟的桩下来能够大汗淋漓，根据医学研究，这种形式更有利于心脑血管的健康，站桩训练加上适当动功，是最佳有氧运动形式，能够实现“动”与“静”的有机结合。

意拳桩功是“活”与“固”有机结合的锻炼方式

去健身房锻炼，是城市比较流行的健身方式，这需要相对固定的时间，固定的地点，是“固”化的健身方式，限制了相当一部分人的锻炼行为。相对于此，意拳的行、站、坐皆可以成桩，所有核心桩法都可以坐式方式练习，实现随时、随地、随机锻炼。极大提升站桩锻炼的灵“活”性。桩功与意拳其他运行形式，如走步综合试力等组合，能够实现“活”与“固”的有机结合。

意拳桩功是“意”与“身”有机结合的锻炼方式

姚宗勋先生创新性概括和总结意拳心法，提出“神游物外，力在自然，形似有无，意含宇宙”的锻炼心法，被意拳传承者奉为圭臬，其中力和形是“身”的范畴，神和意是“意”的范畴，意拳桩法是“意”与“身”的高度融合，高度协调统一。对于养身而言，精神方面的愉悦和舒适感即为意，能对“身”产生良性诱导，达到身心平衡，提高人体对外邪的抵抗力。姚宗勋先生在小

① 姚承光：北京市武协意拳专业委员会主任、宗勋武馆馆长。

关和先农坛组织集训时，是严格按照养练结合的思路进行，在高强度训练的同时要求坚持站桩养生健身。实践证明站桩的锻炼方式，对于治“未”病（未发之病）、除隐患能发挥非常好的效果。

意拳桩功是“智”与“识”有机结合的锻炼方式

中国古代先贤们对于人体良知良能的认识早已洞彻。芗老、姚宗勋先生也都强调意拳的锻炼最终是发挥人体自身的良知良能，良知良能可以理解为行为之“智”，是指能智慧对待环境、事物、行为的综合反应。人身体对外界的感知可以理解为“识”，站桩能让人产生敏锐捕捉外界微小变化之“识”。我们多少都有体会，当人脑特别冷静时，思路是很清晰的，这说明在神经细胞有序化的状态下，产生的信息较多，对外界的感知更敏锐，正所谓静能生定，定能生慧，站桩能让人产生这种定力，从而产生身心健康的智慧。

综上所述，以意拳桩功为代表的站桩训练方式是中华传统文化熏陶和浸润的结晶、是中华民族特有的文化载体。意拳桩法能够在大健康时代发挥突出作用，既练身又修心，不断提高人民健康水平。意拳的弘扬需要全体意拳修炼者，在政府支持和指引下，通过惠及更多的人群来实现。

姚承光先生示范意拳矛盾桩

第41章 缅怀前辈 光大芗学

冯万利

我自幼年就酷爱武术，拜师学艺，习练少林、形意、八卦等拳术。1976年，我拜保定赵宴升、吴振法两位先生为师，研修王芗斋先生的意拳。1985年又与师兄李洪喜同去天津拜访张恩贵先生，探知了王芗斋先生当年在天津的传拳内容，切实体会到了“如网天罗，无物能逃”的拳学境界。张恩贵先生回忆起他与张恩桐二人初次拜见王芗斋先生的情景，总是神往不已。二人诚心向芗老求学，通过芗老的传授和讲解，他们二人对芗老敬佩不已。芗老传授的三体桩心法、要点使人产生更大的内劲，即身体对内劲的感应比原来要好得多，周身之牵挂均整，使发力时更具有摧毁性。其间，恩贵先生的一位同门师兄弟也受他人影响而欲寻芗老试艺，恩贵先生劝道：“咱俩先动一动，你要弄了我，你再去。”于是二人搭手，刚一接触，先生手臂一横，身形扭错，就把这位师兄弟给横着抖了出去。恩贵先生遂说：“实话告诉你，我都不行，你就别去了，那真是有本事的老前辈。你别听别人瞎说，王先生的确了不起，道新他们都在学呢，你千万别再捣乱。”

恩贵先生自得芗老传授后，与恩桐先生更加刻苦练功，技艺更加精进。1929年，芗老携赵道新去上海传拳，名望渐隆，并于上海公开授徒，收下了一大批弟子。1935年，全运会于上海举办，张恩贵、张恩桐、冯振武、陆振林、杨同茂、鲍有生、吴玉昆等七人代表河北省武术运动员参加比赛，张恩贵先生获第三名，卜恩富则代表天津队夺得了拳击、摔跤冠军。

赛后，张恩贵、张恩桐、卜恩富三人同去拜访芗老。针对恩贵先生的特点，芗老为其传授了“豹形”打法，使恩贵先生的拳速和变化更加莫测，尤其是二次发力的应用，他在芗翁传承中绝无仅有。这期间，芗老对恩贵、恩桐、恩富三人尤加器重，根据各人特长，传授了很多功法。由于故土难离，芗老拟回深县为恩师郭云深立碑扫墓，并着手强化训练。芗老先到天津挑选了张恩贵、张恩桐、卜恩富三人，准备赴深县。上海韩星桥、高振东、张长信等人也相继而来。因恩贵先生家境富裕，又为独子，而且听说此次集训是为出国比武，父母百般阻拦，恩贵先生出于忠孝而未成行，成为老人终生遗憾。深县集训九个月结束了，出国的愿望也未实现，但受益最深的张恩桐先生的拳术水平更上层楼，从而成为芗老门下的中流砥柱。20世纪40年代，王芗斋先生寓居北京中南海万字廊，其间，张璧赠名“大成拳”，意在赞佩芗老之艺业已达巅峰。芗老由于言辞激烈，而使众多名家回避不出，致使芗老团结同道的初衷无法实现。其后芗老与张璧商议，改变做法，以演武形式，由芗老、张璧先生同下请柬于武林各派掌门，并买好往返车票以示诚意。遂使各派人物纷至沓来。恩贵、恩桐二兄弟则被芗老从天津招来参与大会筹备。据恩贵先生介绍，当时到场的均为各派之代表，而芗老作为主人则语重心长地告白：“我于报端点评各家拳派之本意是为能够引起各派高人之重视，希望大家前来交流、印证，共同提高拳学。然各位出于名声之考虑而不解本人真意，不肯前来交流，诚王某之语言不周。今请诸位前来不以实搏而论胜负，只求大家逐一登台献艺做一演示，适时王某也尽地主之谊。”

演武大会开始，恩贵先生打了一趟形意拳，恩桐先生则练了一趟独流太祖拳作为开场，之后各派名家诸如太极、八卦、形意、通背、少林、螳螂等均尽所能进行演示。因为此次演武不同往日，场下观众均为各拳派之代表，如不尽平生所学，使门派名誉受损。恩贵先生讲，此次演武会给他留下了极深的印象。他说：“各门各派都有好的东西。没有王先生，我真的没有机会去见识各家之长。”各派代表演练结束后，芗老走上台演示了健舞。恩贵先生感叹地说：“哎！我一闭上眼睛，王先生当年神采就在脑海中闪现，那真是无法形容的一种享受。”老人站起来为我们演示，只见老先生轻抬小臂，神意一起，但见先生如蛇之蠕动，身形螺旋而进，双臂前后应合，脊柱反衬，神意放纵中又带含蓄之意，一如行云流水般飘忽，而曲折中又见直行。忽见先生龙形而起，身形竖涨时，忽而又是四处游动，如在水面悠悠而行。但见先生精神凝重，又于瞬间劲力爆发，如闻炸力之声，全身惊抖不已，真不敢想象六旬老人尚可发此之浑元力。演武大会后，芗斋先生对恩贵、恩桐二人又点拨窍要，使二人的拳技水平大有提高。之后，二人经常往返京津向芗老问艺。

据恩贵先生讲述，芗老一举手一投足都堪称出神入化，被击者根本不知怎么被打败的，真所谓“拳打人不知”。恩贵先生经过多年潜心研习，归纳为以下四点：

一、劲法之根：意拳的核心是形意拳的劲法，间有八卦的身形。其打法虽是形意五行之形，但动法却与形意不同。意拳之神动、意动、气动、力动贯穿为形动。

二、厚重灵动，各有妙用：其一，一切动作的形成必须要有含义，即“为何有此一动”。明白动的目的，才会感到动作过程中的劲力变化，是否均整。在动功时，双手、双足要随肩胯之动而随动，形成以身带手足，一出一入不许有直，关节要含有螺旋缠绕。因为螺旋形式的运动是为了增加自身在运动中产生强大的空气摩擦力（阻力），即浑厚均整。其二，如何在自身与外界形成巨大阻力的条件下，能够以最小的消耗自由地运动起来。前一种是为了获得均整浑厚，后一种则是为了轻灵圆活，而欲同时具备二者，只有以全身关节螺旋运动才能获得，所谓又轻又重。

三、试力之根本：正如最基本的钩锉试力，芗老传授的这个运动模式就是一出一入的推拉，但其内涵则是由在推拉中旋转、变向，总以关节的不定向运动产生推出拉回，如鱼儿在浪中游动回旋。所以，试力并非去试推出拉回之力，而是去体认在推出拉回这个过程中的劲力变化能力。如此试力才能使试力在实际应用中产生效果。试力之动最关键所在就是肩要松沉，胯要提纵。如无肩胯相合的运动，一切动作均流于表象而无实际内容，因为胯不提纵，则足下不会生力，行步飘忽。所谓足踏泥泞半尺雪的状态就无法展现。如腿部无力，则上肢根本发不出整劲。

四、打练合一：意拳动功要领极为详细，对周身各部都有明确要求，而且每一动的要求必须符合实战的需要。芗老将所有的实战打法全部隐藏在身形动法之中，根本不见一拳一腿的打法招式，实战时只要身形一动，接点一触，招式就出来，根本不见预兆。

恩贵先生自50年代后匿居津门，除与张恩桐、赵道新、裘稚和等有较密切的接触外，不参与社会活动。老人心胸开阔，淡泊名利，对自己昔日的辉煌从不过多表白，而谈得最多的是王芗斋、尚云祥、赵道新、张恩桐等人的成就和拳艺，实为吾辈后学的楷模榜样。恩贵先生的变劲功夫十分巧妙，其动转之灵活，变化之无方，思之念之，令人神往之至。

第 42 章　访泰散记

张礼义

胥按：张礼义，湖南省武冈市人，生于 1951 年 4 月，大学文化。出生于武术世家，自幼习武，先后学习过形意、八卦、太极、南拳、长拳、峨眉拳、截拳道和武术散手。70 年代开始随大成拳专家王金铭大师学习大成拳，后拜王选杰先生为师，全面系统学习大成拳。经过近四十年的精研苦练，其功夫纯正深厚，已臻炉火纯青之境，是当代著名的武术理论家和武术实战家，为传播推广大成拳立下了汗马功劳。20 世纪 80 年代，笔者曾与张礼义师兄推手切磋技艺，其功力深厚笃实，令人钦佩。本文为 20 世纪 80 年代所写，最早发表在《大成拳研究》杂志。

去年我应国外武术界的邀请，先后出访了泰国、新加坡、马来西亚、日本等国家和地区，与国外武林同仁进行了广泛的交流和切磋，回国后很多会员和武林朋友纷纷来信询问出访情况，我因工作忙无暇一一作答，今借本刊一角，谈谈与国外同仁切磋交流的体会，因出访的地方太多，我想分两次刊出。

我们这次是以湖南武术代表团的名义出访的，由 6 名政府官员、8 名武术馆长、一名翻译组成，团员为六男三女，大多是从事套路和散打练习的，也有两个是练气功的。我们一行 15 人于出国前三天集中到湖南武术院学习有关出国的规矩和纪律，五月八日从深圳罗湖海关出关。由于改革开放的原因，不到一个小时就通过了海关，过了罗湖桥到了香港海关，也不到一小时办好入境手续，其他进入香港的人都要一个一个叫到警务人员办公室问话，我们是代表团，免了这些手续。入境以后乘 40 分钟的火车到九龙火车站，然后转乘中巴到香港机场，坐英国航空公司波音 747 飞机飞往泰国曼谷，在泰国机场受到了泰国同行们的热烈欢迎，礼仪小姐为我们全团人员献了花环，泰国是个信仰佛教的国家，到处是寺院，百分之八九十的人是佛教徒，人们善良好客。简单热烈的欢迎仪式以后，乘车一小时，来到白兰大酒店，一切都安排得很得体很舒适，给人一种宾至如归的感觉。

第二天，泰国武术家们在泰拳总部所在地曼谷市泰拳训练中心会客室和我们进行了会谈和交流，参加会谈的大约 30 多人，各占一半。泰拳联合会训练总部副部长介绍了泰拳的源流和发展史，详细地讲解了其特点和训练方法，同时看了他们的教学训练录像带，他们为能有其称雄世界的拳法而感到自豪，不时流露出骄傲的情形。我们一行十五人，我是科班出身，少不了安排我发表意见，我先表示感谢，而后谈了中华武术的光辉历史和当前的发展趋势，特别讲到中国武术的实用性和养生价值时，我将中国武术和泰拳作了比较，我先从养生的角度讲，我直言不讳地说："泰拳的训练方法是不可取的，因为他采用的是残害身体的手段，他利用器具敲打，强行使肌肉和骨骼承受抗击打的能力，违背了人体生理原则，毫无养生价值，所以一个好拳手一般只能活 40 多岁，这是其一；其二呢？他较之中国武术的传统技击也稍逊一筹，特别在控制打和摔放方法尤为欠缺，他最厉害的攻击武器为肘膝，但只要你能抓住时机，不让他有进攻的时机和距离，他也无能为力。"我阐明了中国武术不但在养生健身方面有很好的作用，而且在技击方面也威力无比，我列举了我国近代武术家们击败外国拳手的故事，特别介绍了王芗斋先生如何战胜各国拳学家的事迹，然后我又介绍了当代拳王王选杰先生如何击败美国拳手和泰国拳师的经过。我的发言同行们认为不无道理，但作为泰国的拳术家心里是不舒服的，从他们的形态和表情上看，似乎按捺不住了，有几个年轻点的拳师还暗暗地在握拳，手指骨握得嘎嘎地响，我想我不光是代表我们武术代表团在发言，也是代表我们整个武术界和国家在发言，我不愿人瞧不起我们，小看我们，我素来就是一个不服狠的人。泰国拳术家们大多能听懂华语，并能用华语讲基本的生活用语。有个名叫考西杰的青年拳手实在沉不住气，他站起来有些激动地说："张先生说中国功夫这么好，不知能不能试一试，你们已故的主席毛泽东说：'实践出真知'，可不可以实践一下。"我想这位先生对咱们中国够了解了，我随即站了起来说："可以试的！可以实践的！先生如有雅兴，我愿奉陪！"代表团的同行们为我担心，而我想既然来了，又有这么好的机会，我何不试一试，我的性格是宁愿被人打死，不愿被人吓死。随即我们来到大厅，地上铺着红色羊毛地毯，我们脱掉鞋子，赤着脚面对面站着，他拉开架势做好摆踏，朝我正面用直拳打来，我双手成十字手顺势上举，往前猛扑上去，捂住他的整个正面，浑身一整将他放倒在地，一个箭步上去将他攫住，他再无反抗之力。然后把他从地上拉起来，我的同行们为我获胜而高兴，而与我对阵的拳师却面红耳赤地指责我不懂拳，我当时也很激动，反问他什么叫作拳？他认为要一拳一拳地打，一脚一脚地踢才叫拳，他还举了个例子"比如中国的散打"。我说你打你的，我打我的，谁也不按谁的规矩，八仙过海，各显神通。我们重新回到大厅中央，他有些急躁，而我却心中自有把握。他起右边腿踢我左头部，攻势凌厉凶狠，只想一脚把我踢倒，我还是双手交叉，上前直奔对方中门，他的脚还未踢出，我的整个身子扎扎实实碰了他个满怀，他一步没挪动，原地倒下，半天缓不过气来。同行们为我拍手叫好，泰国武术家们总认为我力气很大，感到不可思议，与我对阵的考西杰说：我的功夫还没用就倒了，感到稀里糊涂。连我们代表团的同行们也搞不清为什么他这么不经碰，其实他们不知道，我用的是大成拳的正面整体发力，几十年的苦练没有白花，我心里很激动，感到芗斋先生无比伟大，我感谢我的师父王选杰先生的培养和教导。回到酒店后，代表团的同行们要我给他们讲讲大成拳，我向他们介绍了混元桩，可他们谁也不相信我的功夫是这么来的，总认为还是个什么绝招，不肯公开，弄得我哭笑不得，也懒得跟他们解释。

下午三点半（北京时间 4:30），我们全团在泰拳总部的两位负责人和华侨总会副理事长蔡先生的陪同下拜访乐佳斯拳馆。这是泰国最大，也是泰国最有名望的拳馆，四十多名来自世界各地的学生在教练员的带领下练习打沙袋和人靶，馆内有拳台和现代化的训练设施，一个个汗流浃背，光着脚板往沙袋上踢，拳、肘、脚、膝有一层厚厚的老茧。我的感觉是设备先进，训练严格。我问他们学员全年交多少学费，一个美国学员告诉我，学费以小时计算，每小时 360 泰铢（折人民币 120 元左右），每天训练 4～5 小时需 600 元人民币，相当于我们中国半年多的学费。据陪同我们的蔡先生介绍，乐佳斯拳馆的老大（馆长）是三连冠的泰拳冠军，号称世界拳王，本想见识见识，很碰巧不在馆内，老二（副馆长）是他的经纪人，45 岁年纪，挺着个大肚子，年轻时打过冠军，他说老大很少来拳馆，由他全权负责馆内工作。带训练的是两个 20 多岁的小伙子，一个五短身体，体重 70 公斤，肌肉鼓鼓的，黑油油发亮，叫乃杰·禁林；为春服泰拳赛冠军。另一名高个，大约一米七五左右，长了一脸络腮胡子，胸部、手脚也长满毛，像个猩猩，体重 70 公斤，叫克德马米纳，他和乃杰是师兄弟，比乃杰大几岁，曾多次获得过冠军，由他俩执掌拳馆教学训练工作。他们不懂华语，但见有人看他们训练，他们练得格外起劲，肘膝配合协调、冲挑顶撞招式凌厉，不但能原地打击，而且能跳起来用膝击头，一旦击中，性命休矣。泰拳总部的林先生对我说："张先生，你敢不敢跟他们试？"他指着乃杰·禁林教练，言下之意，我上午占了便宜，下午可没便宜占了。我听到这个"敢"字，心里格外不舒服，我说："为什么不敢呢？"他见我口气很硬，然后跟乃杰嘀咕了几句什么，随后他要我戴拳套，我不肯戴，大成拳讲本能，戴上拳套他得力，而我却怎么也不得力，经协商，他戴拳套，我不戴，各取所需，我们来到拳台上，拳台大约 80 厘米高，四面拉着有弹性的绳子，我们团的同仁和他们的学生将拳台围住，老二拉响铃子，宣布比赛开始，我们各自做好准备，乃杰不愧为身经百战的老手，他起右边腿踢我头部，我还是老方法一扑而上，他见我不退不躲，反而迎面而进，他迅速屈腿成膝，我顾不了许多，双手猛扑其胸、腹部迎住其膝，脚踏其中门，全身一整，他腾空而起，仰面倒在拉绳上，因他全身给了我劲，加之我发力太大，被拉绳反弹过来，我一闪身，他被反弹倒在拳台上，因用手抚地不及，造成肘关节脱臼，趴地不起。我去扶他，他不肯起来，他师兄跳上拳台将他扶起，只见他叽哩呱啦说些什么？而后我问蔡先生，蔡先生说："他讲你力气太大。"我摇摇头走下拳台。

晚上，乐佳斯拳馆在佳乐斯餐厅设宴招待我们，主人十分礼貌地给我敬酒，我感到他们不光有精湛的武技，而且有良好的武德。最有趣的是这个餐厅的服务员、穿溜冰鞋送菜，那潇洒的倩影在酒席间穿来穿去，犹如杂技演员，加之那舞台上来自中国香港、中国台湾、新加坡等地的歌星那婉转动听的歌声，和那轻柔的音乐，确实使人如在仙境。不知不觉过了两个小时，该回酒店了，我们和东道主一一握手告别。从佳乐斯餐厅到白兰大酒店不到四公里路，车子走了两小时半，餐厅留下的余兴，被这该死的堵车冲得干干净净，这时我想起一位香港朋友送我上飞机时的一句话：全世界交通最糟的是曼谷。此话一点不假。最后我们下车步行回酒店，比车子整整快了一小时。

第二天，我睡到九点还未起床，我因头天晚上与朋友聊天，很晚才睡，我还在床上，电话铃响了，懒洋洋地拿起话筒，一听是华侨总会的蔡先生，不好意思地向他道歉，他说："拳馆的老二和乃杰以及他师兄来拜访您，已到楼下了。"我住在 8 楼，我赶忙起床洗漱，还未等我完全弄好，他已敲响我的房门了，我把他们让进我的卧室，给他们拿饮料，只见乃杰手上吊着绷带，我知道伤得不轻，心里很抱歉。蔡先生说："他们想知道张先生练的是什么拳？怎么这么大的力量？"我给他们递了名片，我指着名片上说，我是练大成拳的，我简单地介绍了大成拳的原理和练功方法，他们摇摇头说："不可理解"。他们认为我保守，真冤枉，但转念一想，中国人都不能理解，怎么能要外国人理解呢？然后我不谈拳，说了一些友好的话，最后合了影，握手道别。

送走拳友，新中原日报（泰国华文报）的记者又敲响我的门，我只得以礼相待，他做了自我介绍，他说他的祖先是潮州人，他是第四代，小时候上过华侨小学，会讲华语、泰语和英语，我们论起老乡来了，说话也就随便了，他说："张先生武功高强，不知已练到何种程度？"我回答说："比好的差，比差的好。但还没碰到对手！"他很惊讶地说："中国地大物博，人杰地灵，能人辈出，难道您就说您是第一吗？"我笑着说："错了，我说我没碰到对手，而不是说没有对手，不要说对手，甚至比我高强的人多得很，只是没有碰到而言。"他说我说话很幽默，很有哲理。第二天《新中原日报》用显著的位置报道了我们切磋交流和他采访的经过，对我大加赞扬，说我武功精湛，已达炉火纯青之境界。而我却感到很不是滋味。我根本不配受此殊荣，我想只有我的老师王选杰先生才能称得上精湛和炉火纯青。

在曼谷住了一周，然后去北部的清迈，这是少数民族居住的地方，风景优美，使人心旷神怡，在清迈期间参观了金三角和缅泰边贸市场。三天以后乘火车返回曼谷，改乘高级空调中巴来到东方夏威夷芭提雅，这是一个海滨城市，有来自世界各个国家的度假者，人们白天在海里玩，街上看不到行人，晚上灯火辉煌，酒吧、商店、剧院整夜开放，给我印象最深的是人妖，据说这些人原来是男人，经过性处理变成了女人，但比女人漂亮，身材长相绝对一流，他们表演各个国家的歌舞，惟妙惟肖，难分泾渭。在清迈和芭提雅先后拜访了几个拳馆，在这里就不再介绍了。泰国是个靠旅游业发展的国家，据说现在称为"亚洲五小龙"了，曼谷人平均工资1000元人民币，不过消费很高，很多年轻貌美的女子因生活所迫，跑到曼谷来卖身。泰国妇女的地位很低，一位来自市郊的男人，带着他的爱人上街，男的进电影院看电影，要女的在门外等，在我们国家是不可能的。在泰国没有看到过自行车，交通工具是摩托和小汽车，中巴和公共汽车全是空调，人们很守规矩，只是马路太窄，坐车比不上走路快，我在曼谷一周，发生过四起抢劫大案，他们的抢劫对象是银行和珠宝行，作案工具绝对不是汽车，而用飞机。因为怕交通阻塞跑不掉。总之，这是个好地方，人民友好热情，大部分会讲华语。泰国朋友送我上飞机时，再次叮嘱："张先生，再来哟！"我会再去的，因为那里山好、水好、人更好！

第 43 章　缅怀大师风范　站桩促进健康

唐季礼[①]

2020 年是意拳（大成拳）创始人王芗斋宗师诞辰 135 周年、王玉芳大师 100 周年诞辰，值此，我的思绪不禁又回到了十年前……

2010 年 1 月 16 日，意拳站桩大师王玉芳先生 91 岁寿辰宴会举行，武术界知名人士和亲友等近百人到会贺寿，一派热闹喜庆气氛。我有幸参加了这次盛会，并向王玉芳大师求教拳学。王玉芳大师乃意拳宗师王芗斋先生之女，家学渊源，功臻化境。凡是求教过她的人，无不被其精湛的功夫造诣所折服，其拳术之独到，为国内外武术界所公认。她性格豪侠，重义轻金，颇具侠气，有乃父遗风。王玉芳大师一生致力于意拳站桩的传播推广，虽已耄耋之年而终不悔。大师精通拳理如数家珍，技艺精湛炉火纯青，令我叹为观止极为折服。经挚友的介绍和引荐，我当场拜在王玉芳大师门下系统研习意拳。我仰慕大师由来已久，真能如愿以偿，实乃三生有幸。

意拳（大成拳）由一代宗师王芗斋先生创建。芗翁认为，我国拳术历史悠久，不同时期、不同地区的有成就的拳术家，都具有不同的风格与特长。这正是我国拳术所以源远流长、繁荣兴旺的原因。芗翁对拳学的着眼点并不是一技、一得的局部学识，他用毕生精力探索和研究拳家学术领域里的真谛。为寻求拳术精髓，他游历大江南北，遍访高人，对大量搜集来的第一手材料加以整理、研究之后，创建了“意拳”。这是芗翁多年心血的结晶。意拳的创建无疑是我国传统武术的一次重大革新。芗翁有言：“拳道之大，实为民族精神之需要，学术之国本，人生哲学之基础，社会教育之命脉。其使命要在修正人心，抒发情感，改造生理，发挥良能，使学者神明体健，利国利群，故不专重技击一端也。”

多年来我坚持研习意拳，对此体悟尤为深刻。我生于香港，少时离家求学于海外。工作后即投身于影视界辗转于世界各地，直至如今回归祖国。一路走来，曾经遇到各种挫折和艰难险阻，都难撼动我的信心，永不言弃。回顾往事，皆因长年习拳之经历，造就我百折不挠、不屈不弃之品格。十几岁的时候，我就随香港内家拳大师梁子鹏的高足卢秀东学习意拳。中间又曾学习多种内外家拳法，如洪拳、螳螂拳（南派）和龙形拳等拳种，但唯有意拳对我影响至深。

意拳重在健身与技击两个方面。健身锻炼要求“顺乎自然，合于需要”。具体地说也是应该符合人体生理机制和所应达到的功能状态。芗翁指出，重要在于“凝神定意、舒适自然”。同时

① 唐季礼：王玉芳先生弟子，中国香港男导演、动作指导、编剧。因拍摄处女作《魔域飞龙》而受到关注，其后执导的《红番区》《十二生肖》《神话》等动作片，均取得优异的票房成绩。曾凭借《警察故事 4 之简单任务》获得金马奖和金像奖最佳动作指导。

使从事锻炼者的中枢神经系统的机能得到改善，使身体素质得到提高。在拳术锻炼方面，意拳的创建摒弃了延习数百年的“套路”和“固定招法”，返璞归真，显示了我国拳术的原貌并赋以新的理论内容。拳术锻炼如果只着眼于技击的技术和技巧，只偏于某一姿势或某一招式的刻板方法，就会背离拳术的总体要求。芗翁所总结和倡导的训练方法，不仅丰富了我国传统拳术的训练法，而且对现代体育运动同样具有重要的借鉴意义。作为电影导演，我还同时身兼监制、编导及武术指导多职，正所谓“我们不拼，观众不信”，为了给观众带来艺术享受和视觉惊喜，我们就要不断地在影片中运用许多崭新手法及创意。我们一进片场拍摄，经常要持续工作近 18 个小时，能够胜任这样高强度的工作，就是平时坚持站桩养生锻炼给身体打下的基础。所以，站桩所提倡的养生之道对我的人生、事业有很大帮助，站桩是终我一生也学不完的大学问。

我是站桩的受益者，更要做传播者，作为意拳的传人这是我们共同的责任与使命。目前，很多人对意拳还并不了解，我和很多同门都希望能拍关于意拳的电视剧和电影，进一步介绍和推广意拳站桩，让更多的人通过站桩强健身体。

唐季礼指导成龙等人练习意拳站桩

第44章　论意拳（大成拳）的矛盾观

张树新

意拳（大成拳）是宗师王芗斋先生于20世纪20年代，在北京创立的优秀拳种（该拳20世纪20年代名为意拳，40年代后又名大成拳）。该拳武学哲理深邃、养生内涵丰富、修炼方式简捷、搏击效果突出，在海内外产生强烈的影响，由于意拳（大成拳）涉及拳学理论体系中的各个方面，故本文无法概括全貌，仅从“矛盾”的角度出发，来探讨意拳（大成拳）的拳学要义。

宗师王芗斋先生晚年曾称自己为矛盾老人，意拳（大成拳）从训练方法到理论体系也处处充满着意拳（大成拳）所特有的矛盾观，其中最有代表性的观点即“松即是紧，紧即是松”。中国武术在内功修炼中，各门派皆以“松紧”为首要问题，然而意拳（大成拳）的“松紧”与其他拳种的“松紧”有着认识上的区别。在意拳（大成拳）的训练中，“松”不等于懈，“紧”不等于僵。意拳（大成拳）真正的“松”即是真正的“紧”，真正的“紧”亦即是真正的“松”，“松”和“紧”的任何一方都不能单独而论，这是意拳（大成拳）与其他拳种最明显的区别，离开了“紧”而只谈“松”，“松”就是懈，同样，离开了“松”而只谈“紧”，“紧”就是僵。

初步练习武术的人在训练中常会出现形懈意懈、形懈意滞的现象，许多人以为这就是“松”，还有人在训练中会出现形僵意懈、形僵意滞的现象，许多人还以为这就是“紧”。有的人盲目认为“松”就是不使劲儿，致使身体形成了懈的状态；还有人认为“紧”就是使劲儿，致使身体形成了僵滞的状态。其实“松”与“紧”若借用宗师王芗斋先生的话说应是“不使力而力自在”，它是一种“得力”状态。在意拳（大成拳）的训练过程中，拳术力量的产生若要使劲儿，非但不会产生力量，反而还会造成筋肉的僵死与气血的凝滞，故使劲儿并不是“紧”，意拳（大成拳）的这种“不使力而力自在”的“自在”之力，全赖于“假借”，这“假借”可谓意念的一种“紧”的体现。本人的授业恩师义母王玉芳大师常引用其父王芗斋先生的话说：“假借无穷意，得来无穷力”，这种“假借”意念的“紧”是否真实，是意拳（大成拳）修炼的关键。意拳（大成拳）的松与紧是一个系统工程，它甚至包括意拳（大成拳）全部的训练过程。

关于松和紧的训练大体可分为五种境界。

一、“松而不懈、紧而不僵”。该层次说明拳术在修炼的意识上要“松”“紧”不可为过，更要去除掉懈和僵的内容，故笔者认为这是拳术训练中的一种较低的境界。

二、“似松非松、似紧非紧”。这是一种摸劲状态，是探索劲力松紧变化的一种训练方式。该层次说明身体中已基本上去掉了懈和僵的毛病，已进入到“松紧”转换的层次。中国画大师齐白石先生在论写意画时曾言："太似则媚俗，不似则欺世，要在似与不似之间"，"似与不似"的观点，如同拳术中的"太松则懈怠""不松则僵滞"或"太紧则僵滞""不紧则懈怠"，故"似松非松、似紧非紧"在拳术中高于"松而不懈、紧而不僵"的境界。

三、"松中有紧、紧中有松"。这是一种深层的摸劲状态，"松"中孕育并含有"紧"的内容、"紧"中孕育并含有"松"的内容，如同太极图中的阴阳鱼，黑中有白，白中有黑。在这个阶段，拳术具有了真实而有效的威力，这是拳术中的一种较高的境界。

四、"松之非松、紧之非紧"。这是一种已说不清是"松"还是"紧"的模糊态，该层次说明身体中已进入到难分"松紧"的潜意识的自然状态之中，这种状态已接近化境，是拳术中的高境界。

五、"松即是紧、紧即是松"。这是一种矛盾观，在拳术中是至高的境界。中国文化的最高境界追求的是一种矛盾的"绝对"观念，正如佛家所言："色即是空，空即是色"，它是一种"色""空"不二的境界。意拳（大成拳）只有修炼到"松即是紧、紧即是松"的这种"绝对"的境界时，才真正符合了宗师王芗斋先生的拳学思想，故从这个角度来讲，"松"的定义应为："松即是紧"，而"紧"的定义则为："紧即是松"，这是意拳（大成拳）所独有的境界。从对拳学认识的角度来讲，意拳（大成拳）与别派拳种是有区别的，即意拳（大成拳）研究的是"松即是紧、紧即是松""虚即是实、实即是虚""刚即是柔、柔即是刚"的矛盾观，这是一种"绝对"的理念。而别派武功大多研究的是"松中有紧、紧中有松""虚中有实、实中有虚"及"刚柔相济"的"相对"理念。

综上所述，仅从意拳（大成拳）矛盾观中的"松紧"之学，虽只是管中窥豹，亦已看出宗师王芗斋先生所创立的意拳（大成拳），无论从思维方式，还是从拳学境界等方面，都是一种独立的拳学体系，该拳的创立在中华武学中独树一帜，具有划时代的意义。

张树新，号三沣，北京人，致力于美术、武术与书法研究。清华大学美术学院副教授，博士生导师。1978年开始学习大成拳，自1996年起在王玉芳大师处习练大成拳，2002年被王玉芳先生收为入室弟子、义子。现为中国武术6段，北京王芗斋意拳发展中心秘书长，国际意拳（大成拳）研究会副主席，海南省自由搏击运动协会名誉副主席，中国传统文化促进会武学委员会副主任。在美术方面，现为中国工艺美术学会纤维艺术专业委员会理事，北京工艺美术学会理事，中国工艺美术协会地毯专业委员会高级艺术顾问，教育部关工委社区教育中心青少年素养研究中心特约美术研究员，中央电视台CCTV中视购物频道书画艺术品收藏拍卖节目顾问。主要从事染织艺术教学、艺术创作及艺术理论研究，编著了包括《现代纺织品设计表现技法》《服饰图案》（普通高等教育"十一五"国家级规划教材）在内的多本著作及发表数十篇美术专业论文，论文多次获奖（国家级）。美术作品多次参加国内外大展，获奖和被收藏。在书法方面，现为北京榜书家协会副主席，北京榜书家协会昌平分会主席，北京榜书书画院名誉院长。

第45章　略谈王芗斋拳学思想及现实意义

于冠英

纪念王芗斋先生诞辰130周年，我认为纪念活动的主要内容应包括两个方面：一是充分肯定王芗斋先生在中国近代武术史上突出的成就与贡献，开一派武学新风，创立新拳——意拳/大成拳，成为一代武林宗师。二是这个特殊拳学已升华为拳道，为民族精神之需要，有着极其深远的现实意义。

在近代的中国，由于封建统治者的腐朽，西方帝国主义列强凭着坚船利炮敲开了沉睡的国门，两次鸦片战争使中国逐步沦为半封建半殖民地国家。甲午战争、日俄战争的惨状已使大清王朝只有苟延残喘的力气了。

否极泰来、物极必反，事物的发展总是朝着相反的方向转化的，国力羸弱，必定激发奋发图强之志。在新文化运动的滚滚洪流中，在科学思想渐已昌明氛围中，在推古纳新的时代呼唤中，当时武术界的天空应运升起了一颗璀璨的明星，这就是王芗斋先生独创的特殊拳学——意拳/大成拳。他一扫武坛浮夸颓废萎靡之风，以拳学革命家的姿态、锐气、胆识开一派武坛新风，创集各武术门派之精华的大成拳。他摒弃了传统武术套路之桎梏，还原武学自由洒脱之天性，重自然、重意感、重精神的培养，使武术升华为拳道，此举实为高屋建瓴、立意深远、利国利群、意义重大。

世纪伟人、共和国开国领袖毛泽东在五四新文化运动号角吹响的前夕，在1917年《新青年》第四卷发表《体育之研究》，这是毛泽东在全国极具影响力的刊物上发表的首篇最具分量的论文。他倡导并确立体育运动对国民身体素质及精神的重塑，有着深远的影响和重要作用。纵观全文，其主旨一言以蔽之，即是："欲文明其精神，必先野蛮其体魄。"即欲在将来宣扬传播优秀的中国传统文化，现在应积极行动起来，以近乎野蛮之锻炼方式，铸就其（全体国民）强健体魄，并预言："中日一战不可避免，不出二十年，定然爆发"。开展体育运动，强健国民身体素质，强国强种的认知理念在那时的中华大地上已蔚然成风，其产生的重要价值和积极意义亦是无可估量的。虽国力羸弱但精神却强大，万众一心，众志成城，最终战胜了一切外来侵略，取得了最后的胜利。

领袖毛泽东站在政治家、战略家的高度，拳学大师站在"拳道"的高度，他们强调了武术体育运动，强健的体魄及高昂的内在精神，是战胜一切敌人至关重要的伟大力量。

回望百年前的历史，当深重灾难的中华民族处于内忧外患，遭受外族入侵的时候，那些民族的脊梁，那些中华优秀儿女，不惜血洒疆场，不惜为国捐躯，在中国共产党的领导下，缔造了新中国。经百年风雨磨砺、峥嵘岁月，我们逐步走向了辉煌，国力增强了，军事强大了，人民富裕了。然而在我们的现实生活中，又刮起了一股享乐奢靡之风，这是一种精神上的堕落与颓废。物质生活提高后，精神文明及高昂的精神状态愈加显得极其重要，若没有正确清醒的认识，必然会堕入享乐颓靡的深渊而不能自拔，当然这也是人性中顽劣的弱点，历代王朝的更替无不证明了这点。正因为如此，武术运动及体育运动对于整个国民的整体素质的提升与强化就更凸显其积极的现实意义。

因此，在当今的现实生活中，我们仍然需要在民族危亡时，被迫发出那种吼声；在日本帝国主义铁蹄踏破祖国大好山河时，焕发出那种排山倒海的力量。习武练拳强健身体，进而提升心性胸怀，提升强大的精神力量，彰显我们中华民族传统文化的软实力。我以为这是我们纪念王芗斋诞辰130周年的精神实质和意义所在，也是其拳学思想的价值所在。

让我们再次聆听王芗斋先生在《拳道中枢》自志中，开宗明义对拳所做的注释与定义作为本篇的结束语。

拳道之大，实为民族精神之需要，学术之国本，人生哲学之基础，社会教育之命脉，其使命要在修正人心，抒发情感，改造生理，发挥良能，使学者神明体健，利国利群，故不专重技击一端也，若能完成其使命，则可谓之拳。

左起于冠英、崔有成、王成

资料：崔有成是徐皓峰在《大成若缺》（作家出版社）一书中描述的一位传奇式人物。崔有成一生喜欢与人实战，在大成拳圈子以外，罕有对手。他从小练芭蕾舞，他的“立脚”位移速度、协调性极好，与人推手时往往脚跟突然蹬地发力，将对方抛物样摔出几米之外（注：大成拳发力放人有三种摔法：平行线、抛物线、垂直线）。崔有成作拳优美潇洒，80年代独访五省，未遇对手。他衡量对手武功标准：一是被他一拳击倒者，二是一拳击倒，又能继续进攻者，三是第三拳击倒被人抬走者，能抵他三拳打击者，功夫已很不错了。多年来他重复着一句话：“决不开空头支票”，不分级别大小，一说开始，五秒之内，一拳击倒，根本不给对方出拳的机会。

第46章　大道至简

——神奇的站桩功

严洪亮[①]

2015年是王芗斋先生诞辰130周年，缅怀这位武学巨匠，他是近代武学史上最有成就的拳学家之一。他才识卓越，胸怀坦荡，走遍大江南北遍访名家高手，切磋交流，寻求拳理。毕生致力于中华武学的研究与实践，在吸取各门派之精华，取长补短，去伪存真，精研拳要的基础上，创建了符合人类养生、健身、技击为一体的意拳。首次提出了重精神、重意感、重自然力的发挥的拳学理论。改革了过去尚形式、重方法、练拳套的传统练法，提出以站桩为核心，以改变体质为内容的训练方法，使成千上万的人摆脱了疾病的困扰，甚至被医院判了不治之症的，由于站桩使身体得到康复，并由弱变强。为纪念这位划时代的伟大拳学家，以自己的练功体会和实际感受表达对芗老的崇敬感恩之情。

我是从小就喜欢武术，16岁那年正式拜师学艺，先后学过少林、通背、形意等拳。无论是下农村接受再教育，还是进工厂当工人；无论是参军当兵，还是进国企当职员，都没有忘记练拳。每天都是天一亮就起床，练拳一两个小时，从不间断。有时偶尔因为有事没练，也要抽时间补上。没有别的，就是爱好。34岁学陈氏太极，44岁学武当赵堡太极。一练就是20多年，风雨无阻。虽说没有什么高深的功夫，但有几个同门好友在一起聊聊拳法，推推手，自得其乐。59岁那年遇到一件事，彻底颠覆了我的看法。事情是这样的，2010年秋天的某一天，我和拳友新林一起玩推手，正玩得高兴他突然停下来说：你左胳膊怎么了，没有一点劲？我说不会呀，我怎么一点没有感觉到。他说我看看你胳膊，我就挽起袖子让他看，我和他一看吓了一跳，我左胳膊的二头肌塌陷了，无论怎样用力，一点反应都没有。新林说你明天赶快去医院检查，说不定是肌无力，那就麻烦了。第二天我就去自治区人民医院，神经外科的医生看了说你住院检查一下，当天我就住进了医院，随后几天进行各项检查后，医生对我说，你神经元可能出了问题，建议去北京、上海的大医院做进一步的检查治疗。

出院后，我百思不得其解，心想我太极拳练了20多年了，练的就是神经和肌肉的统一，怎么偏偏在这方面出问题了呢？会不会在练法上存在问题呢？我想先不要管它，即使神经元出了问题，到北京、上海也没有用，等等再说吧，我依然和拳友们玩，新林对我说你不妨试着站站桩，可以治好许多疑难杂症。我说行啊，有病乱求医嘛。新林就将站桩的要领讲了一下，回家后我就

---

① 严洪亮：王玉芳先生弟子。

开始站了。刚开始站我就浑身放松，意念上就想我在大海里漂荡，水齐腰深，微风刮着海面掀起阵阵浪花，我随浪漂荡，舒服极了。不知不觉就过了 40 多分钟。从那以后我每天都坚持站，从来没有间断过。大概过了三个多月，有一次我洗澡时不经意发现左胳膊塌陷的肌肉有点微微隆起。我高兴极了，心想真是太神奇了，这增强了我站桩的信心。

2011 年春节前的一个早晨，新林给我打电话说：有一个人给你介绍一下，我放下电话就去了他的办公室，看见他在跟一个陌生人说话，看见我进来就介绍说这是我同学叫金桐华，我们都叫他羊子，他是王芗斋的外孙，王玉芳的儿子，我一听心想真是有缘啊碰到嫡系部队了。我们在一起聊了很多，羊子详细地介绍了意拳的由来、拳理、拳法，以及如何练、注意事项等等。我听得入了迷提到好多问题，羊子都一一做了回答。临走时留下一本书：《拳学宗师王芗斋文集》。

那次谈话给我留下了深刻的印象，使我受益匪浅。回家后我就迫不及待打开书看，一边看一边想，这就是我追求的、梦想的中国武术的核心秘密。从那以后更坚定了我站桩的信心，我每天坚持站桩两次，每次 40 分钟以上。半年后我胳膊全好了，肌肉隆起，没有一点肌肉萎缩的样子。我去医院找了那位医生，医生看完我胳膊后说：你是在哪家医院治好的？我说哪家医院都没有去，我是站桩站好的。他大为吃惊地说："太不可思议了，简直就是奇迹。"我心想站桩真是神奇了，医院都治不好的病，就这么一站竟然好了，那么一般的病更不在话下。当时我暗暗想，站桩就是老祖宗给我们留下的宝贵财富，王芗斋老先生能将这宝贵财富继承发扬开来，真是太伟大了。要想锻炼好身体、要想延年益寿、要想在武学上有所造就，就要在站桩上下功夫。于是我停止了太极拳的训练，专心致志地练习站桩，时间也由过去的 40 多分钟延长到 1 个小时以上。下半年由于女儿怀孕，我们去北京照顾她，这样就有时间和羊子等一帮师兄弟交流切磋了。这期间我有幸拜访了 91 岁的王玉芳先生，她精神矍铄，气度不凡，还给我们摆桩，使我感动不已。我们一帮师兄弟经常在一起探讨拳理、拳法，研究站桩的要领，也使我受益匪浅。

在以后的近五年时间里，我基本上都是半年在北京，半年在新疆。在站桩上有什么问题，我都会回来看书寻求答案，实在搞不懂的就问师兄弟们，他们都是有问必答，毫不保留。使我少走了好多弯路，在此我向各位师兄弟表示最诚挚的谢意。通过几年的站桩，我的心态和身体都发生了很大变化。心态比以前平和了许多，身体上以前有高血压，主动脉硬化，前列腺增生等病，这次体检，血压在正常范围内，主动脉恢复弹性，前列腺钙化，验血各项指标均在正常范围内。我也常常纳闷，站桩真那么神吗？像高血压、主动脉硬化等病，医生嘱咐终身吃药，都不见好，单凭简简单单的站桩就治好了？事实胜于雄辩，白纸黑字，实实在在。如果讲给不站桩的人听，他肯定不相信，还会认为瞎说。

究竟是什么原理、机制使身体得到康复呢？经过这几年的体悟、研究，慢慢地有些眉目了。站桩首先能使大脑，中枢神经得到了充分的休息，因为站桩要求心身放松，意念要想美好的环境，使自己仿佛置身于鸟语花香的大自然中，身心愉悦。这在平时是做不到的，就是睡觉还要做梦，使大脑始终处在紧张状态，得不到充分的休息。其次养气血。站桩要求全身放松，而全身放松的前提是精神放松。我们知道血管、气脉、神经遍布周身，只有肌肉放松了，气血才能更加通畅，才能强化人体的自我修复功能，增强免变力。那么还有什么运动能同时符合这两项条件呢？

再次活筋骨。站桩的人都知道当站到气血旺盛时，全身的筋骨都拔开了，全身大小关节又酸又疼，就好像干了一天累活一点劲都没有，有时还可以听到关节拔开的声音。最后是修复病灶。在站桩时我们可以明显感觉到哪里有病，哪里不舒服，那里的感觉就最明显，等修复好了，另一个部位又不舒服了，直至全身都舒服了，病也就好了。综上所述，我们知道关键是养气血，气血充足了促进了新陈代谢，血流加快了，就可把血管壁上的垃圾渣滓清理出来，久之，血管干净了恢复弹性了，自然高血压、动脉硬化也随之消失了，正应了"气血一通百病不生"的中医论点。回忆初练站桩时看到芗老《拳道中枢》中讲：拳学使命要在修正人心，抒发情感，改造生理，发挥良能，使学者神明体健，利国利群。当时理解不深，现在看来句句真实，字字可靠。反映出芗老博大的胸怀和对国民素质提高的迫切愿望。

如何练好意拳是每个爱好者都要面对的问题，下面谈谈我这几年练功的体会和心得。

请各位师兄弟和同门好友批评指正，如果对初学者有所启迪和帮助，将十分欣慰。也是对芗老创建意拳，希望代代相传的宏愿，做出的一点微薄贡献。我觉得首先要对意拳有一个全面的认识和理解，意拳是芗老一生的习拳经验，融会了儒、释、道、医的精髓，去伪存真、取长补短、参以学理、证以体认形成了一套独有的特殊拳学。它特殊在不同于一般拳重形式、讲招法、练拳套，其核心就是站桩。对于这一点不能有丝毫怀疑，必须认认真真，老老实实地站桩才能有所收获。

因为站桩是基础，这就好比盖房子，基础打不牢，房子盖不高。其次对站桩要有一个清醒的认识，不是两三年的事，不能急于求成，要有打持久战的思想准备。芗老在他的著作《意拳论－桩功与四形》阐述得非常清楚。再次要对自己的天赋、功力、身体状况做一个分析，制定出一个符合自己的练功方案。根据我的体会站桩须经历三个阶段：第一阶段为养气血阶段；第二阶段为活筋骨阶段；第三阶段为激发本能阶段。（本人目前在第二阶段）下面分而述之。

养气血阶段，首先要搞清楚"养"字的含义，养就是使身心得到滋补和休息。比如养花、养草，提供必要的如水分、肥料、阳光等，让他自己慢慢地成长、壮大。同理，站桩时就是闭目养神，什么都不想最好，如果心静不下来，那就想你这辈子对你印象最深，最难忘的美好环境。我当时站桩时就想躺在一望无际的海面上，微风轻轻地吹着，看着蓝蓝的天上不时飘来几朵白云，好像身临其境，舒服极了。不知不觉一个小时就过去了。至于形，只要头直、身正，头往上领，胯往下坐，舌顶上颚，沉肩坠肘，怀里抱个气球就行了，怎么舒服就怎么站。这个阶段身体会出现麻、涨、热的感觉，有时还会出现触电、蚂蚁爬，两个胳膊合也合不住，撑也撑不开等现象，这些都是气感的反应，不要管它，来者不拒，去者不留。这样气血就慢慢地养起来了，半年到一年（因人而异）时间，你会感觉到能吃能睡，吃什么都香，在哪都可以睡着，面色比以前红润了，肌肉比以前结实了，精神面貌焕然一新。还有一点要特别注意，就是放松问题，好多人就是困在这个问题上走不远。一说放松就从形体上找，头放松了没有？肩放松了没有？胯放松了没有？从头找到脚一遍一遍的放松，殊不知如果精神不放松，形体是放松不了的，这就好比你坐在沙发上很放松地看电视，突然看到一个杀人场面，你不由得坐起来，手里捏了一把汗。所以说你越想那放松，那里就越紧，唯一的办法就是意念放松。或者什么都不想，或者想美好的事情。这也是芗老说“在精神，在意感，在自然力修炼”的本意。

活筋骨阶段，这个阶段是在气血养起来后进行的，我们知道站桩主要是形和意的相互作用、相互配合即生理影响心理，心理反作用于生理，也就是芗老在书中提到的以形取意、以意象形、意自形生，形随意转。我体会是先化整为零，先找上下劲，再找左右劲，最后再找前后劲。具体举上下劲的例子来说，从意上讲就是头往上领，胯往下坐，从形上讲就是从头到尾闾有对拉拔长的感觉，然后与呼吸配合，做一松一紧的运动，做一段时间后感觉整个脊椎都被拉开了（如果有腰椎间盘突出或经常腰疼的人，这时就会大有好转），然后做头往上领，脚往下踩配合呼吸做一松一紧的运动，这就是上下劲（立劲）的练习，这样做一段时间后，感觉一想就有了。然后做左右劲（横劲）的练习，最后做前后劲（竖劲）的练习。这其实也是六面争力的练习。为什么叫活筋骨呢？因为这个阶段你的大小关节都要被拉开，你会感觉肩、肘、腰、胯、膝、脚踝甚至手指、脚趾都要疼痛，有时会疼痛难忍。但要坚持住，过一段时间就会好的。疼痛消失后你会感觉到轻松无比，走路爬楼梯健步如飞。这样过一段时间后，在站桩时意念上稍一想，上下、左右、前后就都有了，然后就可以做综合练习了，假想你身上被无数条绳索上下、左右、前后捆绑，你要挣开它，与呼吸配合做松紧运动。做这项练习是很辛苦的，就好像干了一天重活，有时浑身一点劲都没有，早上练功后，吃完早饭就想睡觉，有时自己对这种练法也产生怀疑，到底对不对？不要练偏了，带着这个问题我又看了《拳学宗师王芗斋文集》，当看到“王芗斋生平大事记”中记载“先生携卜恩富、张恩桐、韩星樵三人返回深县训练弟子，据张恩桐说在深县学习期间，由于先生要求严格，站桩练功后全身疼痛难忍当时曾想不辞而别”。看到这里我释然了。

这个阶段要注意几个问题，一是意念不能太重，要似有似无，太重了，头会发晕，胸会发闷。二是对形的要求严格，要按照站桩的要求对照检查，哪怕是一些细微的要求都要做好，比如面带笑容，似笑非笑等。因为这时意和形要紧密配合，它们相互作用、相互影响的，哪一面做不好，都会影响另一面。三是将自然呼吸过渡到腹式呼吸。自然呼吸是上半身的胸腔呼吸，腹式呼吸才能带动全身。正是由于这种以呼吸带动全身的运动，才能将五脏六腑，四肢百骸乃至细胞统统调动起来。这期间身体变化是很大的，命门穴周围 24 小时发热、发烫，两条腿像灌铅一样，有时感觉似有两个火球从腿部串下去。面部好像布满了蜘蛛网等。这时你会感觉到肌肉更结实了，皮肤也光滑了，骨头也变硬了，抗击打能力增强了。站桩的积极性也增强了，有时候没有站桩，就像缺了什么似的。

本人因为还在第二阶段漫游，对第三阶段没有感受，等以后有了感觉再说吧。以上是我对意拳的理解和体会，也算是抛砖引玉，希望有更多的人谈谈自己的理解和体会，相互交流，共同提高。还有一点我想说的是芗老创建的意拳是真正的国宝，是货真价实老祖宗传下来宝贝，是全人类的共同财富。必定会被国人乃至全人类所认识，我们每一个习练意拳的人，都有责任、有义务将其传承下去，发扬光大。

下面谈一下王芗斋先生拳学思想的当代价值和意义。

1. 正本清源，返璞归真，揭示了拳道的本源。芗老生长在一个历史大变革的年代，经历了辛亥革命、军阀割据、抗日战争、解放战争直至建立新中国。对于每个历史时期的社会现象，人间百态，人生经历都有深刻的了解和感悟，特别是拳术界一些门派之争，相互诋毁、鱼目混杂，尤其是一些拳混子以假乱真，招摇撞骗等现象，深恶痛绝。决心搞清楚拳学的本源和真谛到底是什么？于是翻阅大量的历史资料，对拳理、拳法及各拳种的特点进行研究、对比。研究借鉴了儒释、道、医的精华，走访了大江南北的名家高手，并且亲身实践和体悟，去伪存真，终于搞清楚了拳学的本源就是《黄帝内经》素问篇上古天真论叙述的："提挈天地，把握阴阳，呼吸精气，独立守神，肌肉若一。"芗老根据自己多年的实际经验，对其进行了加工提炼，逐渐形成了以养生、健体、技击为一体的桩功，作为意拳的基础。正如芗老所说"恢复古原始"。

2. 独具慧眼，一语中的，揭示了拳道发展的本质规律：即精神与物质的关系问题，也就是拳论所述的"意"和"形"的关系问题，实际就是心理影响生理，生理影响心理。

首次明确提出了站桩功是"形、意互相联系，互相制约，调整阴阳平衡的整体运动"。形（姿势）和意（意念活动）是这一功法的根本，二者互相作用，不可偏废，以形取意，以意象形，意自形生，形随意转。只要练功时形和意得到灵活适宜的配合，则力不练自生，气不运自行。寥寥数语就将拳理、拳法形容的淋漓尽致。芗老还将矛盾的对立统一规律运用到拳学里，指出一切相对的事物都是矛盾的。虚实，刚柔，动静，松紧等，关键是如何将矛盾的对立转换到统一上来。晚年芗老自称"矛盾老人"。

3. 正气凛然，独树一帜，改革了沿袭多年的传统教法和练法，创建了意拳，形成了重精神，重意感，重自然力发挥的拳学思想。芗老对当时拳术界重形式，讲招式，练拳套的锻炼方法深感不妥，认为是花拳绣腿，是门外汉表演所用，非但毫无用处，且于神经、肢体、脑力有诸多妨碍。是戕害身体一切良能的罪魁祸首。如果不加以制止，将后患无穷。因此芗老不顾个人安危，以舍得一身剐敢把皇帝拉下马的大无畏精神，道破了拳套、招法的种种不足与危害。以期唤醒民众，知迷而返。并明确指出"大凡天地间高深学术，皆形简而意繁，而形式复杂者绝少精义。"时至今日练拳套的大有所在，且有越演越烈之势，可见芗老的高明、过人之处。

4. 尊重科学，顺应自然，制定了符合人体生理需要的训练方法，提出了一养，一练，三用的训练原则。程序不可倒置，养不达勿练之；练不达勿用之；用不明无效也。

这就好比养是小学，练是中学，用是大学。小学没有毕业不能入中学，中学没有毕业不能入大学。但是现在人心浮躁，小学没有上好就想上中学，中学没有上好就想上大学，结果是因为基础没有打好，什么也没有学到。站桩也是一样，气血没有养起来，筋骨还不硬朗，体质也没有变化，就想用，就想搞技击，结果也是一样，什么也没有，还弄了一身病。俗话说"欲速则不达"，慎记。

5. 有病治病，无病健身，创建了符合人体自然发展的站桩功，站桩虽看似不动，其实身体内部气血、筋肉、细胞已经工作，而且身体越放松，血液循环越快，气力增长越快，新陈代谢随之加快，使身体各器官平衡发展。由于站桩功不设招式，要求精神放松，所以思想没有负担，大脑能得到充分的休息，身体各部位都得到了休养生息，使有病的部位得到自然康复。实践证明凡是按照芗老的要求，认认真真地站桩，身体都能发生变化，有病的，治好了；没病的，由弱变强，尤其是医院治不好的慢性病，如神经类的、心脑血管类的，消化系统，内分泌系统等，都有很好的疗效。对一些像颈椎，腰椎的病都能起到立竿见影的效果，认真地站上两三个月，就能有大的转变。这对治疗医学、预防医学都具有重大的现实意义及研究价值。

芗老的书，看一次有一次的体会，一次新的收获，不由得对芗老肃然起敬，心中升起对芗老的景仰之情。他对拳学的研究可谓达到了极致，从古至今还没有一个人能留下如此丰富的拳学理论及知行合一达到如此境界，没有一个人能将拳学理论融会贯通到社会的方方面面。我们仿佛看到一位老人，在自己精心管理的菜园子里彷徨，自家菜园子是郁郁葱葱，一片茂盛；邻家菜园子则是稀稀拉拉，荒草横生。给他们讲，他们又不听，既无奈又无助。目前的状况又何尝不是，公园里讲招法、练拳套的比比皆是，还洋洋自得认为是国粹，可怜，可叹。如何改变这一状况，是我们每一个意拳传人义不容辞的责任和义务，首先，我们应该团结起来，向国家有关部门申请，要求将意拳纳入全民健身的计划大纲里，应该像推广太极拳一样推广意拳。其次，我们练意拳的人多到公园、广场等人多的地方去练，扩大宣传和影响，使这一真正的国粹福祉全社会、全人类。

第 47 章　身心的再次完善

——站桩第一义

于均刚 [①]

大凡到了而立之年，人便会生反思由于自身之脑力或肉体缺陷而不成功之原因。人身之发育完善、完美无外乎先天之禀赋与后天之营养环境，若二者皆无缺，则身想必是如“天庭饱满地阁方圆”之敦厚相，而实际上，先后天二者皆满足者少之又少，故人之十有七八皆发育不甚完美。人之一生待至十七八岁后，发育基本停滞，高矮胖瘦丑俊黑白便不可更改矣。至于脑力方面所表现，要么心有余而力不足，要么四肢强劲而头脑呈混混沌沌状，亦如是发育不善者。

以上之身体发育全在上天之操纵，待到个人明白事理，而身心已成，追悔莫及。然，至近代武术之内家拳，诸如太极拳、形意拳、八卦掌等的出现，为身体再触发先天之气机创造了条件。故清季以来，献身于武学领域者大有人在，在良好的气机熏陶下，强劲之人则循循如文人状，锋芒尽藏而不外显矣；弱者则遒劲若打虎者，英气焕然，黑白丑俊一时皆为气质所统率改造而高贵矣！

以上诸内家拳艺，皆在于循序渐进揭露人体之先天面目，而后脱胎于形意拳之桩功，在王芗斋宗师的改造下，其改变身心之功效则如一大力金刚神，强行把人身体之堵塞、壅闭之气脉在此打开，自从宗师王芗斋创出桩功以来，再经过二、三代弟子近百年的广泛传播，已经深入到社会的各个阶层。实践证明，凡习练桩功者，身心变化之快匪夷所思。

早年，我未正式入桩功领域之前，多次聆听前辈讲述桩功的功力之大，对此亦是半信半疑之间。我自从进入王玉芳先生之门墙，经过师父的调校，以及金桐华等师兄在技术上的提携和熏陶，我体悟桩功之要诀在于周身要调成圆满之状态，此状态如道家所谓太极，儒家之中庸坐忘，佛家之空空中妙有之境。唯此状态起先并不涉及意念及精神，即先从绝对之肢体形态做起，此甚是符合马克思之唯物主义观。在此饱满、圆满之状态下，脉络被强行冲开，此又别于佛道之打坐强调经脉之往复，故身体之原先壅闭、缺陷，无论是先天之不足或是后天之阻碍，而得以重新补充，至于身体之损伤，精神之靡弱皆得以修复，身体之茵茵润润如重回母胎而生出无限意境。根据我自身练功以及随同我一起站桩者之体验，因为气血充盈，骨节得以抻拔，有纵向生长 2～3

① 于均刚：从 20 世纪 90 年代开始，追随周永祥先生（山东省高校武协主席，武术八段）先后系统地学习了梅花螳螂拳，从周永福先生（山东省体工大队武术总教练，武术九段）学习形意拳。2003 年在北京体育大学读武学博士期间开始接触、练习桩功，2009 年正式拜在王玉芳先生门下，为第三代传人，现为山东体育学院武术学院硕士生导师。

公分者（站桩不满一年），也有横向变魁梧者，眉毛头发转为青秀，而性格躁者变静，智慧见长，逐渐喜读经典，甚至生出佛性，此皆为站桩之功效！

我自从练习桩功受益以来，把师父王玉芳先生传授给我的社会上积累的教功经验以及练习体会积极投入到群众健身的大潮中去。在山东积极推广养生桩法，惠及了众多亚健康人群以及老年病患者。有效促进了现在国家提倡的体医融合、康养结合的政策落地，对社会上“三高”人群，以及强直性脊髓炎、白血病、红斑狼疮、乳腺癌等患者的积极康复也起到了作用。

在新冠病毒疫情期间，山东体育学院把师父王玉芳先生传授给我的桩功做了视频，向社会推广，促进大众积极抗疫。

作为桩功传承人，我们应抱着发扬国粹，传承国学的理念，把自己所学到的知识与技能，无私地传授和培养后学，力争发扬光大，以便让更多的群众加入到站桩的队伍中来，强身健体，更好地为社会做贡献。不忘初心，坚守民族体育阵地，砥砺前行，在祖国繁荣强盛的道路上贡献自己的力量。

胥荣东和于均刚师弟合影

第 48 章　养生瑰宝站桩功

刘俊杰 ①

缘分天注定薪火可相传

回顾当年，20 世纪（80 年代）王玉芳老师应邀来到我们北京石景山发电厂开办“养生桩”学习班。我是在那个时空与师父结缘的。当时她的身份是北京气功研究会理事。遥想当年，恍如隔世，又像昨天。时空运转，光阴似箭。一梦流年 40 年，但师父的音容笑貌，还时常浮现在我的眼前：手把手的指导，心与心的交流，“四容”“五要”的教导，牢记心间。后来悟到，“四容”能使人仪表规范，“五要”能使君子翩翩。站桩的种子印入心田，更能使人智慧、清明、伟岸！

不忘初心使命弘扬妙法站桩

自从 80 年代初期跟王玉芳师父习练站桩，感觉越站越舒服，每天的业余时间几乎就是站桩，在高井电厂的办公前区，有两个对称的花园，每天中午都有人组织站桩。通过教桩、调桩和坚持站桩，大家的健康水平都有了不同程度的提高，特别是我在工会组织的养生讲座上，辅导站桩，大家站桩的兴致日益高涨。

站桩的益处是：简单易学，安全有效，疏通经络，畅通气血，滋润五脏，滑利关节，提高免疫，平衡阴阳。大家互相学习，互相鼓励。这种站桩养生的风气在电厂持续了大约 10 年。我的日记里珍藏着 40 年前写就的一首：芳草青青花绿红，处处安详站桩功；松柏芳香随风至，身心健康享安宁。感谢王玉芳师父的无私传授和大爱之心。另外，前些年我在电力系统内外弘扬中国优秀传统文化，传播站桩养生的单位名录如下：石电总厂班、干部班、离退休人员经络养生学习班，北京军区通信修理所，总参塔院干休所，海淀气功科研所，中国电机工程协会，北京科学会堂等。

践行师范治病救人

在 20 世纪 90 年代初，我在给石景山发电厂职工站桩班讲课，下课后一位女工过来找我，说让我给她看病，自述是肾炎尿蛋白 4+，每次吃 4 片激素。我看她气色发黑，面部水肿，肝肾不足。我开始问病制定了她的治疗方案：定期在背腧穴点穴，打通脏腑在体表的通道，以利于排

① 刘俊杰：王玉芳先生弟子。

毒。她开始每天练两次站桩养生，时间长短也是循序渐进。开始站桩时有她妈陪着，练了 1 个月就能 1 次站桩 1 个小时了。每月化验 1 次，3 个月后明显见好转，6 个月后，化验正常。医生确认痊愈。此后，她养成了每天站桩的好习惯，每天都主动站桩养生。

她母亲非常感动，每年带着她来我家串门，她家院里有棵大枣树，每年大枣下来，都制成“醉枣”送来，年年如此。不怪我女儿从小到大都说“她家有棵醉枣树”呢！她母亲临走前，叮嘱她们说，只要你们还活着，每年都得看看刘老师，他是你的救命恩人。所以每年春节前，都约好日子，她们姐仨过来，聊聊养生，调调身体，调调站桩，就像家人那样随和。连续 30 多年报恩的佳话，演绎了涌泉相报的故事，生命无价，情义无价！

第 49 章　文化的维度

——王芗斋拳学思想发展管窥

王眉涵[1]

纵观人类历史发展，每一种文化的背后，必然以一种宇宙观和世界观的哲学基础为支持。“天人合一”“中和之美”自古以来就是中国文化的核心思想。在这个大的哲学背景下，人的个体生命与天地精神的相合被视为最高道德要求，也是终极人格养成的必然。武学和古中医学至今被视为中国传统文化两大代表内容，不仅仅是因为它们是我们自古至今人民生活中须臾不能离开的日用范畴，更是因为它们是中国文化“道”之“体用不二”的完整诠释和载体。

王芗斋先生诞生于 1885 年，芗公成长生活的时代正是中国社会历经从未有过的巨变之动荡时期。中国传统文化遭受有史以来最大的冲击。而在这种西学入侵，国学颠沛的时代，武学却一枝独秀，既没有像其他所有传统文化例如中医遭受到当时执政政府历次废灭的提议，也没有在民间受到质疑和冷遇，即便是外国拳击等西方竞技体育运动进入中国后，中国武学却依然逆势如同苍茫大地上的火种遇到劲风般开启了一个伟大的创新与复兴时期。王芗斋先生所创之意拳既无套路也无招式，凭其站桩和心法要义，以在武术技击方面的卓越成就和“拳拳服膺”的拳学思想成为一代宗师，并被社会各界人士尝试练习后，奉之“大成”之名，因此又名大成拳。至今，在我们今天这个时代回望过去，不得不说这是中国拳学史上的一个里程碑，是中国传统文化在个体生命与天地同参，以抵达天人合德之终极境界的手段和方法上的一次体用合一的继承与创新。

本文将尝试通过《意拳正轨》《拳学新编》《拳道中枢》(《大成拳论》)(王眉涵注：王芗斋先生自定位《大成拳论》，后期出版时有部分版本更改为《拳道中枢》)三篇论著中各自的“前言”(自序、自志)章节来梳理芗公的武学生涯和思想发展，在“一阴一阳之谓道”“阴阳不测之谓神”和“拳拳服膺”的成己——仁人之道中管窥其当代价值和意义。

(一)勒马听风转识成智

王芗斋先生自序于“中华民国”十八年菊月的《意拳正轨》，是其一部系统性拳学著作。姚宗勋先生曾有附记说道：《意拳正轨》一文，系先生壮年之作(1929)，早已散佚。近由香港同

① 王眉涵：中国先秦史学会易道研究会专家；华文出版社当代南传佛教大师系列丛书编辑委员会；佛医心要编辑委员会副主编；中国红十字总会事业发展中心自然医学专项基金秘书长；北京尚中和医学研究院院长；王玉芳先生弟子。

好（王眉涵注：指 1983 年由香港麒麟图书公司出版，李英昂校注之版本《意拳正轨》）寄至保定，请重加修订者，先生以无暇及此，遂搁置迄今，因传抄之讹，间有错字漏字，余限于水平，不敢谬为补正，将有待就正于高明。纵观全文，与先生 1944 年所写《大成拳论》一文中所说未尽相同，与近年之说差距愈显（王眉涵注：见中国广播电视出版社出版的《拳学宗师王芗斋文集》76 页）。

这个附记说明了两个问题：一是此文原稿散佚，二是和后期思想有明显差异。但是，作为代表芗老早期拳学成就和思想的《意拳正轨》一书，除了这两个问题之外，后学是不是还忽略了什么？让我们从王芗斋拳学成长过程中初探王芗斋早期拳学理路的形成和建立。

首先，我们通过著作自序部分的落款知道文章写成于民国 18 年，也即是姚先生所记公元 1929 年。从芗老出生的 1885 年到 1929 年应该是芗老 44 岁左右。按照历史相关记载，芗老应在 8 岁至 13 岁时随郭云深先生习艺，郭师离世后，16 岁随父经商；22 岁离开家乡入京参军。凭借其武功深得吴三桂后裔武状元吴封君的赏识，把妹妹嫁与芗老。28 岁在陆军武技教练教学；在 1918 年，也就是 33 岁时因为时局动荡，教练所停办，芗老开始了他人生中一次重要的游历，包括拜访少林寺镇山之宝“心意把”的传人恒林方丈和湖南心意派巨匠衡阳谢铁夫先生、福建少林寺心意派嫡传方恰庄先生、鹤拳名家金邵峰先生、淮南心意门“健舞”巨匠黄慕樵先生等。南游结束之后，回到故乡为郭云深先生扫墓建碑。1926 年，芗老开始倡导意拳（王眉涵注：见《拳学新编》第三章，第一节，意拳倡导之意义）。1929 年赴杭州参加国术游艺大会后应师兄钱砚堂之约到上海。旅居上海传艺期间“登门者无数，先生不曾一负”。1931 年在上海先龙公司后的牛庄路成立“意拳社”。在此期间遇到心意六合八法拳宗师吴翼翚先生，并成为一生的拳学密友。1932 年在上海青年会击败世界轻量级拳击冠军匈牙利人英格。英格后在英国《泰晤士报》上发表《我所认识的中国拳术》一文，详细描述了他是如何“被电击了一般”败在王芗斋手下的。当时全国拳击和摔跤双料冠军卜恩富以及高振东、张长信、韩星樵、尤彭熙均投先生门下，至 1935 年，芗老 50 岁时束装北归（王眉涵注：见《王芗斋大事记》）。

根据上述记载，《意拳正轨》一书成于到上海教学期间前后，整体纵观这个时期，正是王芗斋先生从拜师入门到初证心法，从教授拳学到游学成长，从兼容各派然后自成一论，提出意拳之拳学思想体系并建立、完成时期。比较其他关于站桩训练和实战技法等专述和分论，《意拳正轨》一书明显已是其拳学思想的系统构建和拳学理论的概要说明，而非单纯武术技术之要点著论。但是，我们也必须同时看到这个系统构建是建立在其严谨的拳学训练和实战基础之上的，而芗老早期在拳学基础上的训练，也并不是仅仅停留在技击的基础上。

综其芗老一生全部拳学论著，所有文章中都有讲述拳道之心法和意拳哲理依据的篇幅。而桩功练习心法和实战技击心法更是讲解详细，论述分明。《意拳正轨》篇尾一节“意拳正轨”中写道：“意拳之正轨不外古势之老三拳与龙虎二气，龙虎二气为技，三拳为击。三拳者，践、裹、钻也”。又把三拳形容为：虚中（含蓄待发之用）、实中（被动反击之用）、化中（自动之用）。任敌千差万异，一惊而即败之，所谓“枢得环中，以应无穷”。

“桩法换劲”一节中点出把各类桩法合而为一曰浑元桩法；“锻炼筋骨”一节讲述桩功之对筋骨练习的要义；“用劲”一节讲述了各种用劲、求劲之方法。“练气、养气”两节分别讲述了道家内丹之吐纳功夫；“五行合一”则驳斥了对五行之错误理解，以五力来释五行，五力合一乃五行合一；“六合”寥寥数语，提醒学人谨慎对六合的错误认识。“交手径法”和“龙虎”二法则是技击实战中的方法策论。

通篇看来，《意拳正轨》一文从各个篇节中可以清晰地看到关于意拳方法论的“得中”“守一”之“错综需合一”要义，另外可以看出形意拳（心意拳）中老三拳和龙虎二气实则来源于更古拳谱中的重要部分。

芗老诠释“意拳正轨”即是老三拳和龙虎二气，又在《断手述要》“形意需归一，神意不着相”一篇中，也同样讲述了他创建意拳的过程：他查中国古代之拳谱发现都是形简意繁，并没有很多姿势和套路。因此他把已经很简洁的老三拳又“归一”进行了拳术的筛选并倡出意拳，而意拳的核心要领就是要通过“使归一之法出之无念”唤出“惰性之本能反应”。“有形有意都是假，技到无心始见真”（王眉涵注：此为王芗斋先生一直谈及师父郭云深先生传授教导时的话），这既是以拳学为出发点的中国文化的世界观也是以“中”道为核心的方法论。另一方面，在文中除了心法、技击部分，“养气”和“练气”也是王芗斋意拳训练中很重要的组成部分。可以说，运用浑元桩这个综合的站桩形式，王芗斋把当时社会流行的形意拳套路形式全部去掉，通过仔细研究古拳谱并结合实修实战心得，以亲自体证得出核心心法，强调养气、练气的内功练习，形成了没有套路但是更加利于身体塑造和改善，气力也更加醇厚和具有爆发力的新式拳种，是一次中国武学在几千年来历史发展过程中一次大的创新，这个创新并不是凭空而来，而是芗老基于亘古的中华文明中先人指出的一条真知古道，是演古开新的一次近现代拳术创新。

幼年跟随郭云深先生刻苦的站桩无异于是体用基础的双重收获，遥想当年一代武学巨擘带着一个处于神清智明的幼年弟子，每日亲自指点刻苦训练，这使得芗老在成长之初就对力、气、神三个方面全面掌握，运用也颇具心得。成年后教学相长的经历和技击实战训练更是一步一步夯实了芗老意拳拳学体系和理论的创建，这个时期意拳展示出来的“一阴一阳谓之道”和“阴阳不测谓之神”可以说是在沿着一条践行中国传统文化的世界观和方法论的精髓之路前行。

后人谈及这个时期芗老的拳学思想，往往提及与后期之大不同。但是站在全面看待其理论体系的高度上，没有这个阶段深厚的基础就不可能有后面《拳道中枢》（又名《大成拳论》）的转变。这是一个从拳学领域向生命智慧探索的奠基时期，这个地基有多大、多深，才决定了后期有多广、多高！

（二）拳拳服膺是为大成

史载芗老 1935 年自上海归甲，当时已经 50 岁，在家乡小住后，1937 年应齐振林先生之邀定居北平，教授拳学于四存学会体育班。这期间芗老早年学生齐执度先生（齐振林之子，我党地下工作者）深得先生拳法心得，并在 1938 年发表《国术新论》评章乃器的《科学的内功拳法》一书引起社会各界轰动。1939 年遵芗老之嘱开始整理芗老日常教学记录，1940 年经过芗老审定编印后在部分学生中传阅修习，这就是有明确记载的《拳学新编》一文。

这个时期，社会各界由于对意拳的文化内涵和技击实力赞叹不已纷纷习练意拳站桩功以涵养身心、强健体魄。一些社会名流和文化界著名人士都和芗老关系密切，报纸媒体更是经常连篇撰文刊登芗老之拳学思想，以 1940 年 6 月北平《实报》之“大成拳宗师谈拳学要义”及《新民报》之“大成拳宗师访问记”最具影响。社会各界在习练之后感触到意拳“拳拳服膺”之深刻文化，随奉之为武学集大成者，送“大成拳”之称。这个时期也是芗老亲自写作完成后期重要著作《大成拳论》初稿的阶段。

在这个历史的大背景下，我们看《拳学新编》一文虽不是由芗老亲自执笔，但是却是日常教学之记录整理并经过芗老亲自审定后才在部分学员中传阅习练。可见，这个时期是芗老思想更为成熟，社会公共教育活动更为频繁，也面临自身思想和人生观变化的临界之时。思想成熟外显在全社会各界对芗老思想的高度认知上，思想面临变化体现在芗老自己晚期最重要的著作《大成拳论》完成初稿后并未发表，直至 1944 年才最终落笔封稿。一个不能为社会各个阶层都能接受的文化一定不是一个成熟并极具普世价值的文化，尤其是作为一个武学拳种能够被当时北平诸多学者专家和文化界名人所赞同并奉为“大成”之武学。

我们知道中国文化的乾坤之道体现在人的精神上即为文武之道，芗老体现在意拳心法上即是“动静处中，能守能用”，他在论述桩功要诀时讲道：“拳学桩法，阴阳动静，虚实开合，胸腹呼吸与鼓荡皆不得分开而论，互为根用，不在外感之交乘，而在一意之应付”。

《中庸》中孔子曰：回之为人也，择乎中庸，得一善法，则拳拳服膺，而弗失之矣。芗老在《释拳》中即说：“‘动静处中，能守能用’言既得拳理，静守动用（静即动，动即静，其守用一也。）拳拳服膺，永保不失也，尽吾人气质本能之道也”。

在《意拳正轨》一文中写到关键是如何能够“得一产生人体之本能力量”，并说这不是外在的形式和套路所能达到的。故舍去大量的形式和套数，以倡导意拳之故。

在《拳学新编》中，芗老进一步谈到倡导意拳的意义：“拳以意名乃示拳理之所在，其练习方法重在站桩，以求实用，不讲求形式演变之拳套数，无论动静，皆以意领导，使意、气、力合一，以尽拳功争力之妙用。故正拳名曰意拳，意在泯宗派内外之纷争，以存拳学之真义也”，充分体现了芗老对拳学实相的洞彻能力，对拳学思想的高度抽象能力，以及反古演新的创新精神。

贯穿芗老前期和这个阶段的思想，有几点是保持一致的：自幼桩功所带来的深刻体证，这种体证一方面类似禅学中禅定所能够抵达的禅相之境，也兼有道家内丹吐纳之学练气养气所达到的炼精化气、练气化神之境所带动的身体毛发气血之变化，非此境地而不能得“守神专一”之“善法”，也不能得“身如铅铸”“整体如一”的身心合一之动用。还有就是在实践方法论上的“得力、得气、得神，而入化境”的出神入化之体认。而此阶段正是芗老思想要进入成熟转变的时期，在这样一个如同标准的拳学教材中，处处以“中”为统帅。可以说，如果就一个单拳种或者任何一门专业来讲，已经达到其认知与实践相结合的顶峰。

芗老曾经讲述到：功夫须从上坐下，不可以从下坐上。上者何？第一义也（王眉涵注：见《意拳拳道录》）。让我们重点看《拳学新编》中对拳学提纲挈领之释义。

“释拳”：拳者乃拳拳服膺谓之拳，动静处中，能守能用，此尽吾人气质本能之道，非纯套数专论招法之谓拳也。

“意拳”：如何使身心合一？须知心之动用为合意，身体之动用即身心合一之动用，自是发达身体而有益无损之动用，此乃顺自然之需求，应机合理之动用也。

“合意运动”：所以本能运动是身心一致，合于需要之运动，是基于心意支配之运动做到妙处，则成自动运动，不感受意支配，而其运动，无有不合其意者。习拳原为发达本能运动之工作，非臻于自动运动之境，不能得力、得气、得神，而入化境。

“习拳阶段”：无论何时何地何事，俱无不拳拳皆在操练，有时限之功夫，不如无时限之功夫。

“拳理”：理字需从规矩中来，能与规矩中将理参透，方能有成。

“重桩法粗迹”：拳之粗迹为何？乃桩法是也。

“要做体认功夫”：习拳须知，“心传意领”四字，是得力关头，此四字系于体证二字求之；体证功夫有内省、外观、实验三要点，缺一不可。根据芗老日常教学所整理的《拳学新编》一书，可以说是一本详细的意拳训练教程，从理论到实践体用合一，精准地记载诠释了芗老意拳的核心思想和教习方法，至今仍要视作意拳修习和教学的纲领。

（三）熔古硕今慈悲济世

在《拳学新编》成稿的时期，也是芗老自己写作《大成拳论》初稿时期。《大成拳论》后有版本出版时改为《拳道中枢》，自 1939 年初稿到 1944 年成稿，可以说是芗老晚年思想发生重大变化的轨迹表现。我所谈的这个变化和意拳拳学理论以及技击方法论的进一步发展无关，而是着重体现在其自身的人生思想变化上，或者说是芗老一生中由拳学进入道统的时期，个体人格的完成时期。

在前期所有著作中的序言部分都是开篇即是拳理和拳道，而在《大成拳论》中，开篇即是：“拳道之大，实为民族精神之需要，学术之国本，人生哲学之基础，社会教育之命脉，其使命要在修证人心，抒发情感，改造生理，发挥良能，使学者神明体健，利国利群，故不专重技击一端而”。开始自拳学——拳道——人道、传统——正统——道统两个纵横多维的发展进入“慈悲济世”的生命哲学之境界与民族家国之情怀。这部书芗老自落款写于太液万字廊（中南海万字廊）。

1937 年芗老定居北京，任四存学会体育班教员，一方面应对每日上门挑战、切磋的中外各界人士，一方面公开教授武林界秘不外传的站桩功，并把学员分为技击班和养生班两部分，提出全民健身之倡导。“国贫民弱，事事多不如人，中国人要强起来，习武以强其民族精神和体魄，知我罪我，笑骂由人”。当年芗老每日清晨到太庙散步，跟随站桩者甚多。其弟子在 1945 年呈请成立中国拳学研究会于太庙前，芗老任会长一职。每日倡导以意念诱导和精神假借为主要手段的大成拳站桩。后在中山公园唐花坞和西北角后河沿。主要研究站桩治疗慢性病，在医疗保健方面独有心法。1958 年 73 岁时应邀在北京中医研究院广安门医院开设站桩功门诊治疗各类慢性病，为解除患者痛苦，恢复人民健康做出了贡献。1961 年受聘于保定中医医院工作，教授养生桩治疗各类慢性病，并在 1962 年曾经表演“健舞”——“勒马听风舞”“惊蛇遇敌”，与会者为之震动。1963 年，病逝于天津。自此一代宗师之神姿不在，只留下芗老之著作和代代传人。

看《拳道中枢》之前文总纲中谈及："拳本服膺，推名大成""一法不立无法不容，拳本无法，有法也空""存理变质陶冶性灵""力合宇宙发挥良能""收视听内锻炼神经""蓄灵守默应感无穷"，无一不是在讲述意拳的核心心要。尤以在"论拳套与方法"中形象地比喻拳术套路犹如"庸医以方备妥，以待患者，而患者须按方患病，否则无可施其技矣"。可见芗老一生中都在践行和体证着幼年自郭云深先生那里得到的箴言："有形有意都是假，技到无心始见奇""心中之空谓之中"这一核心思想从来没有离开过芗老的意拳理论。而正是由于"中"的思想，才使芗老在意拳发展的过程中也完成了自身的人格发展。这一点尤以在晚年生活中，坚持自己的拳学真知和人生态度，不为任何凡俗所动坚定保持道统的风骨和站桩功中所蕴含的生命科学与真理，在社会各阶层中提倡以站桩功来滋养身心，强健体魄，免费为大众教授站桩和疾病疗愈，践行他利国利群、慈悲济世之情怀。

在《文明的新构建》(此文是笔者于2015年"第六届中国国际易道论坛"发表。该论坛由中国先秦史学会、清华大学思想文化研究所、北京大学中国哲学与文化研究所、中国人民大学国学院比较哲学中心、北京师范大学中国哲学与文化研究所联合举办)一文中讲道：如果说现代科学用以描述宇宙智慧和人类的精神需求是从低到高的垂直性维度，那我们可以形容中国文化的维度自创生开始就主张多维"圆满"，不同形态的文化和思想围绕在我们不同的侧面滋养、润泽着我们不同的人生需求，以"伦理制度"为主的孔孟儒学，以"道法自然"为主的老子道学，和自印度传入中国以"缘起性空"为主的汉传佛学等等。在以"天人合一"的世界观为终极核心向外辐射时，每一个人必以主动"圆满"每一个维度，如：天地、自然、个人、家庭、社群、国家等。而达到与主体精神的"合德"为终极目标，这个过程也是自我人格完成的必由过程。因此不同维度的客体并不是以垂直型由低到高的层次排列呈现，而是以满足主体不同社会关系、解决不同问题为目的"同在"。所以说，中国文化是具有"全维度"的文化：一个完整的人，必生活于全维度的文化中，用以处理人和自然、家庭、社会以及人与自己之间不同的关系。

圣人云："中者，天下之正道也。"

中国文化的多维性，就决定了一个鲜明的特点，就是其必以时刻把持"中道"才能完成其相互和谐共生的"整体性"。这就使得我们的文化始终具有一种"主体自我意识"的张力和调节功能。在"天人合一""中和之美"之核心哲学思想中，人类社会的道德要求被看作本体意义上的客观必然。把整个人类社会和宇宙自然看作一个有机的整体，以整体性为出发，人与人、人与自然、人与家庭、人与国家、人与自己都需从不同的维度趋向本体，正如《周易·文言传》所说的"与天地合其德，与日月合其明，与四时合其序，与鬼神合其吉凶，先天而天弗违，后天而奉天时。"

在这个哲学体系中，中国古拳学和古医学都无疑是最具代表的两个"体用"不二之领域。而这两个领域又都在生命哲学范畴中相互交叉，同源共生，是我们认知人类自身和宇宙的重要手段和途径。拳学通过对身体良能的开发和运用以及和外界的技击应对，完成了人和自己、人和宇宙自然，人和人、人和社群(民族)、人和国家之间的圆满维度。是"天行健，自强不息""地势坤，厚德载物"——乾坤之道的完整体现，一个仅仅停留在拳术上，而不能抵达众生生命以及家国情怀上的人，是不能完成中国文化中道体对个体超越之要求的。

芗老拳学思想正是以“中”把握了这种多维——整体性的文化特点，“枢得环中，以应无穷”，才使得自己也完成了自我人格的圆满维度，其拳学思想也从一个支点而完成到整个文化维度。

我们在今天来看芗老之拳学思想，无论在现代拳击赛事上还是康复养生医学上都具有重要价值和意义，因为中国文化无论从哪个角度出发，都可以使我们能够由用到体抵达生命哲学的维度，并启发我们爱己仁人、利国利群的人道精神。

第50章　我的两位老师

——记杨德茂、王选杰二先生

王海昆

胥按：本文发表于20世纪80年代，原文刊载于《大成拳研究》杂志。

中华武苑，奇花万种，大成拳可谓引人注目。中华武林，人才济济，王选杰先生堪称声名显赫。

王选杰先生早年好武，曾遍访名师，以探求武学真谛，初时所学甚博，后有幸入大成门成为武术大师王芗斋先生的关门弟子。从此后，在王芗斋先生的言传身教之下，功夫大进，成为大成门中之佼佼者。

60年代，尽管由于一些原因，大成拳并未十分普及，但由于王选杰先生有超人的武技和崇高的武德，他的名字在武术爱好者中，已广为流传。

笔者自幼喜好武术，七八岁拜著名武术家张立堂先生为师。张立堂先生精八极拳，且善使大枪，当时人称“神枪张”，因他是清光绪年间内阁总理大臣张之洞之孙，而我祖父及四叔祖均为当时皇宫侍卫，可谓世交，由于这层关系，得以从张先生学艺。

我家住在北京西城区积水潭北岸，家门西边不远便是汇通祠，是张立堂先生教拳和居住的场所。当时，我和众师兄弟们，每天晚上均在此练功。与汇通祠隔水相望，还有一座庙宇，称作高庙，庙内也有一家拳社，一位颇有名气的武师在这里执教，弟子数十人。

1960年秋的一天下午，高庙拳社的一名弟子，来到汇通祠，因张立堂先生未在，他就对我大师兄说“过一会儿，有一个练大成拳的人要到我们拳社比武，你们能不能带些人去站脚助威？”大师兄答应了。当时我已经十岁，觉得这事很新鲜，便跟大家一同来到高庙。拳社的人已经做好了准备，一位拳师坐在廊下中间的太师椅上，几十名弟子分列两边。等了大约一刻钟左右，从门外走进来一位二十多岁的青年，他个子不很高，身材不胖不瘦，但很精神。他步履轻松，表情自然，一副若无其事的样子。当时我觉得很失望，本以为要来很多人，而且都是五大三粗的大汉，能够开开眼界，看看热闹。没想到就来了这么一位，而且貌不惊人……

只听来人客气地对拳师说：“我来迟一步，让大家久等了，咱们开始吧，请问怎么个比法呢？”拳师说：“先推手听听劲吧。”然后他向旁边的一个弟子说了几句话，只见一个穿着黑色练功衣，黑色绲边裤的大块头青年走到来人对面，没等搭上手，便一个“虎扑子”扑了过去。来人脚下没动，只见他胸口微微一收，大块头师兄腾的一声被弹出丈外，立脚不稳，摔倒在地。在场的人，无不吃惊。大块头从地上爬起来，满面通红，不好意思地站到后面去了。另一个大高个，一个虎跳，到了面前，右手劈面一掌。来人身体稍稍向左移动一下，伸右臂接住对方右手，稍一发力，大高个突然两脚离地，仰面朝天，倒在院子中央。整个动作又整又快，没容大家看清楚，对手已被放了出去。

拳师“呼”地一下从太师椅上站了起来，看得出来，他很不满意。他急步走到来人面前：“看不出你小小年纪，还真不含糊，我来领教领教……”话没说完，左手向来人面门探去，只见来人伸出左手向拳师左小臂上一搭，拳师双臂护住头顶，来人身似蛇行，两手轮番挂压拳师左右两臂，脚下步子忽左忽右，身体忽高忽低，此时，拳师脚下步已乱了，东倒西歪，这时对方突然绕到拳师身后，在他的头顶轻轻拍了几下，口里清楚数着一二三，然后从容地向大家拱了拱手，就大踏步走了。

在场的众人都呆住了，半晌才醒过味来。我问身边的一位师兄“那人是谁”他告诉我说，那人名叫王选杰。

从此以后，许多年我没有看见过王选杰先生。大成拳对我来说一直是个谜。我想那位拳师习拳数十年，却轻而易举地败在一个青年手下，这件事在我心中留下极为深刻的印象。

后来，我虽然仍在汇通祠学拳，可一直在想着大成拳，后来张先生外出，拳社解散，我也无心于原来所学，开始四处寻觅。

直到 1967 年，一天早上，我见到一位身材不高，面貌和善的老人来到积水潭北岸站桩，以后每天都来。我向老人家请教，他告诉我他练的是大成拳，我当时真是惊喜万分，当即提出拜老人家为师，老人见我态度诚恳，答应了我的请求。后来我才知道，这位老人就是大成拳创始人王芗斋先生的爱徒，大名鼎鼎的杨德茂先生。并得知，他还是王选杰先生的启蒙老师。

我一直追随杨德茂先生练大成拳，从那时直到他老人家去世。

1969 年盛夏的一天下午，我到杨先生家去。一进门见到一位中年人，很眼熟。经杨先生介绍，才知是王选杰先生。啊！这原来就是王选杰先生，当年在高庙比武的王选杰先生！我当时真是高兴极了，我赶忙给王先生施礼。王选杰先生看上去精神依然如旧，只是比原来稍稍胖了些。

他说话和气，一点架子也没有，完全不像一个身怀绝技的武术家。我提起那段往事，并询问道：“您当时与某先生交手，为什么没放倒他，只是轻轻比画几下？”王选杰先生说：“我那时只不过二十出头，习大成拳只有几年，可谓初出茅庐，而某先生习拳已几十年，颇有名气，岁数又比我大得多，如我使他过于难堪，会影响他的威信”。他指了指杨先生说：“当年杨先生在中山公园，与一位太极拳名家当众推手，对方双脚腾空，身体失去平衡。如果此时，杨先生顺势发力，对方会被轻易放出，但杨先生却反手将对方扶住，使他深为感动。习武首先应明了武德，否则就不会受到别人尊重。”王先生的话，使我深深感到，他心胸坦荡，使我更增加了对他的崇敬。

王选杰先生走后，我问杨先生，据有的师兄弟说王先生曾是您的弟子，为什么您让我以老师相称呢？杨先生告诉我：“最初选杰是跟我和李永倧先生学拳，但他聪明过人，又肯用功，时间不长，我们发现他很有天赋，如能得高人指点肯定会前途无量，于是忍痛割爱，将他介绍到你师爷处（指王芗斋老先生），请芗老亲自教他。”

“当时芗老因年近七十，已决心不再收徒，但他第一次见选杰时，印象不错，于是命我一个师弟与他推手，选杰出手很重竟将我那师弟放了个跟头。芗老非常兴奋，破格将选杰收为弟子。选杰不负师望，几年中功夫大长，曾与许多国内武术名家比武，屡战屡胜。”

杨先生还对我讲述了这样一些事情：王芗斋老先生晚年时，他的大多数早期弟子由于各种各样的原因，已很少在身边，守在身边的只有王选杰等人。这一时期凡来访较技和求学者均由王选杰接待。有一次周子岩先生登门看望王芗斋老先生，杨先生亦在，三人在屋内谈话，院中一些弟子正在练习技击，忽听咕咚一声，周先生惊问怎么回事，芗老漫不经心地说：选杰又把人摔倒了。周先生半信半疑，推门向外一看，见王选杰正从地上将一人扶起并帮他撣土呢。周子岩先生回到屋里坐下，对芗老开玩笑说：“您这当先生的可有点偏心啊？选杰小小年纪，就有这么高道行，您定是另眼相看呐。”后来杨德茂先生告诉我，王芗斋老先生对选杰先生确实是另眼相看的，并于后来正式定他为关山门弟子。

杨德茂先生因家境贫寒从小练功又苦，晚年且患有职业病，经常发作，1978 年 10 月杨先生病危，住进了积水潭医院三号大楼病房，我始终守护在先生身边。先生曾对我说：“您随我练大成拳已多年，基本功法我都教给你了，这几年因身体不好，不能带你推手和练实作，如果有一天我不在了，你可以去找选杰，让他教你一定会有前途。”当时杨先生让我去找纸笔，要写介绍信，因我见杨先生病重，又不相信他会去世，所以劝他不要劳神，以后再说。几天后，杨先生病情缓解，我也因祖母病重，暂时离开杨先生。一星期后，我再到医院，却万万没想到，杨先生已离开人世，悲痛之余，我深深愧疚。我赶忙来到杨先生家中，师母告诉我先生的后事是由王先生一手操办的。先生去世后，王先生经常去看望我师母，关心她的身体和生活。师母每提起选杰先生，总是怀有很深的感情。几年后，我于 1974 年经师兄和振威和赵祯永介绍，有幸拜王选杰先生为师，继续大成拳的训练。

一次下中班我来到选杰先生的值班室，向他请教推手，开始，我有些拘谨，王先生让我放开手脚，不要有顾虑，我也正想体验一下王先生的功夫，于是运足力量，突然挂住他的两小臂。我感到自己双手已经实实落在他的两小臂上，就在此时，王先生像闪电一样贴近我，我想变步，但却被稳稳地定住了，王先生猛一发力，我被重重地放在了身后的床上，被王先生碰过的胸口像是被电击了一样，但奇怪的是并不觉得疼，看来王先生是手下留了情。我身高一米七六，体重 80 公斤，可在王先生面前是这样的无能为力。

这是我第一次亲身体验选杰先生的功夫，我深深感到王先生既具有高超的技击能力，又具有仁慈的心怀。次日我见到我年轻时的拳击老师马克俭先生，并对他说了这段事情。马克俭老师告诉我，当年，他曾与青年会的拳击手王洪启去找王选杰先生比拳，王选杰先生两手只一挂，将王洪启挂出两米开外，震伤了脖子，几个月后才痊愈。

以后，我经王先生精心培养，在拳学上有了很大的启发和进步。

王先生目前工作很忙，在处理国内外众多大成拳爱好者们的来信之外，还经常外出讲学，为发展和充实大成拳这一珍贵的国宝付出了辛勤的劳动。

第51章　不忘初心　师恩难忘

胥荣东

笔者1979年考入北京中医药大学，中小学多年的西化教育以及大学教育本身的问题，使大家普遍感到很难学习中医的思维。1982年到东直门医院临床见习，经友人介绍，和董彦琴老师学习站桩。董老师青年时期因为严重失眠，无法工作，和王芗斋先生练习站桩后，身体很快痊愈。她回忆说，“一次和芗老散步，芗老无意中踢到一个小石子，将石子踢出好远。我也试着踢，踢了好几块都踢不远，芗老说：你看我无意中踢出，石子出去好远，如果真使劲儿的话倒不一定出去多远。”

董彦琴老师和王玉芳老师是好友，某日对我说，我介绍你和芗老女儿学习，你拜王玉芳二姐为师，这样有利于你的发展。就这样，董老师把我带到太庙，和王玉芳老师学习站桩。

当时我由于用眼过度，感到视力有些下降，王玉芳老师就让我在站桩时遥望远处柏树树梢，站桩过程中盯住树梢看几十秒，要感觉似乎能看见柏树叶的细小鳞片，看累了就将目光收回，放松眼睛，不再盯住树梢，做到视而不见。过几分钟再遥望树梢，不做一定的次数要求，在站桩随意为之。不久我的视力很快恢复，直到现在我的视力一直很好，这完全得益于老师的教诲。近来，我又携弟子多次到金桐华三哥家小住，交流技艺，验证所学，知道了很多以前没听过的心要，受益良多，我带去的几位年轻弟子也得到了三哥的悉心教授。

三十多年来，我将王芗斋拳学理论与自己所学的针灸理论相结合，将原来倡导的“内功针刺”理论提升为“针道”，其完全是以《拳道中枢》为指导思想，以王芗斋拳学功法练习为基础，不仅自身的针灸疗效有了极大的提升，还教授了许多学生和弟子掌握了治病救人的技术。我之所以能够深刻地理解《黄帝内经》，主要是因为练习王芗斋站桩功之后，自己的境界提升了，能够深入古人的内心世界，这在今年由中国科学技术出版社出版的《灵枢经讲解》一书中有详细的论述。近年来我教授站桩集中面授班70期，站桩平日班已经教授29期。累计教授来自全国各地及海外学员六千余人，许多学员带动家人亲友一起站桩。根据反馈回来的信息得知，已有二十几位结婚多年不孕的女学员，经过站桩练习后怀孕生子，这种现象值得进一步深入研究。一位老年痴呆患者陈桂金，以前连自己女儿和外孙都不认识，通过站桩及针灸后完全恢复正常，目前在社区里组织大家跳舞及其他文艺活动。一位75岁的冠心病患者任尔康，2008年诊断左前降支堵60%，每天吃三种西药，吃两次，走路不到200米就呼吸困难。站桩半年后没有一次感冒，偶尔出现流涕、打喷嚏等感冒前兆，或者咳嗽几声，都通过站桩消失了。经常到欧洲等地旅游，还带动家人及小区里的邻居一起站桩。类似的例子不胜枚举。

胥荣东辅导母亲站桩

最难能可贵的是，去年我母亲和两个妹妹、妹夫也来京参加我的站桩班学习，我母亲年轻时因为劳累过度，患有支气管炎，冬天经常咳嗽。但自从和我学习站桩以后，现在身体比年轻时还好，啥症状都没有，每天自觉坚持站桩两个小时。

早在 20 世纪 50 年代，国家卫生部就将站桩功作为当时五大气功功法之一在全国推广。今天我们要进一步宣传推广站桩功，不忘王芗斋先生的初心，利国利民，让站桩功这一祖国优秀传统文化的瑰宝在实现中华民族伟大复兴“中国梦”的伟大实践中做出应有的贡献。

胥荣东教授国内外大成拳爱好者站桩

注：此文为“纪念王芗斋先生诞辰 135 周年、王玉芳诞辰 100 周年暨‘王芗斋站桩与健康’学术研讨会”大会发言稿

第 52 章　王玉芳老师和弟子胥荣东拳学问答录

胥荣东

问：练习站桩功前需要做哪些准备？

答：练习前应排空大、小便，并把衣扣及腰带等松开，去掉手表、眼镜等物，同时将手机电话等静音，尽量保持周围环境静谧。心情不好时尽量不要练功，饭前、饭后一小时内也不宜练功。

问：练习时间一般多少分钟合适，早晨好还是晚上好？

答：练习时间因人而异，总的原则是不可过分追求长时间的站桩，要留有余兴、留有余力。老年人或身体虚弱者以自己感觉不疲劳为标准，稍累就要放下休息。应注意循序渐进，不可急于求成。每次练习由 5 分钟始逐渐达到 30 分钟为宜，每日早晚可以各练习一次。一般早晨比较好，因为刚起床脑子清楚，想事儿少，但睡觉前一般不宜练功，因为有人会因站桩兴奋影响睡眠。

问：练功时是一般呼吸还是深呼吸？是否要意守丹田或冥想？

答：站桩功主张呼吸自然，不要人为地去调整呼吸，但随着练功时间的增加，会逐渐地过渡到腹式呼吸。不要意守丹田或冥想，但站桩功开始可以有一定的意念活动，但要在似有似无之间体会，不可执着。初练者往往杂念很多，不易入静，则应顺其自然，本着来者不拒、去者不留，听之任之的态度。可以设想自身似大冶熔炉，杂念好比纷飞的雪花，飘入炉内自会融化，也可以体会“敛神听微雨”的意态。随着功夫的深入，可以逐渐体认到《老子》里面讲的“惚兮恍兮，其中有象，恍兮惚兮，其中有物”的意境。意念活动又称为意念假借，其应用原则是“渡河需用筏，到岸不用船”，意思是说一旦达到了放松入静的状态，就要丢掉意念活动。我父亲讲过“神动得自有象外，意存妙在无念中”，在站桩中假如一直有意念活动的话反而不对了。假如无人指导的话最好是“傻站”，也就是双手保持抱球状休息就行了，否则是画蛇添足。

问：在家里可否练习？

答：可以在家中练功，但要尽量保持环境安静和空气清新，同时不要被风吹拂。嘱咐家人勿突然大声说话或敲门等，以免被惊扰。如果环境较为嘈杂，则应微睁双眼。老年人站桩容易晃动，以微睁双眼为宜，并且后背靠墙（离开一段距离），以免摔倒。

问：练习结束时如何收功？需要做哪些整理活动？

答：练习结束时慢慢放下双手即可，不用特殊收功，也不需要做其他整理活动。站桩结束后可以轻微活动一下四肢或缓慢散步，避免马上剧烈活动及大声讲话，也可以搓热双手后揉按自己的面部、腹部及四肢。

问：患有高血压，糖尿病，高脂血症，冠心病的人可否练习？

答：高血压病患者最好控制好血压再练站桩，患有糖尿病、高脂血症、冠心病的人也可以站桩，但体质虚弱者要量力而行，双手最好放低些，稍感劳累就要休息。需要说明的是，患有各种慢性病者一定要按医嘱坚持用药，我们的自我保健包括站桩练习等只是辅助性的。打个比方，医生的治疗如果是饺子的话，自我保健就好比是醋。

问：练过其他功法的人是否可以同时练习站桩功？

答：凡是练过“意守丹田”等功种的朋友，练习站桩功时应放弃原来的练功方法，因二者在练功基本方法上有冲突之处，故初学站桩功者不可同时练习其他功法，否则会产生胸闷、气短、头昏诸多不良反应，严重的会出偏。但练习太极拳、形意拳、八卦掌等内家拳的朋友可以同时练习站桩功。

问：请问养生桩的要领？

答：养生桩的概念是新中国成立后才有的，以前叫浑元桩，《拳道中枢》里叫作基本桩。养生桩要领是松肩坠肘，但头要轻轻地将身体领起。开始站桩时可以先将身体绷紧然后再放松，这样可以更好地体会放松的感觉。

问：基本桩站多长时间合适？

答：站桩要站透了，就像烧开水，最好一次烧开。如果有一定基础的话一次站桩最好在一个小时以上。这样浑身上下才会有松沉笃实的整劲儿，举手投足会有牵挂之感，为试力练习打下基础。

问：养生桩与技击桩的区别在哪里？

答：养生桩与技击桩在某种意义上讲只是一念之差。

技击桩要求手腕要保持往上提的劲，站桩时要掖胯。头要虚领顶劲，顶心暗缩，五趾要抓地，足踝要有挺劲，身体要有上下抻拔之意。技击桩要在丁步与八步之间找东西，身体要往后靠，如同拉满的弓保持含蓄待发的劲。桩架要撑起，最关键头顶要领起来。前膝往前顶往上提，脚要有回拉的劲，胯要裹，臀要敛。膝盖尽量不过脚尖，后大腿外侧吃劲就对了。养生桩以放松为主，以上要领基本可以忽略就行了，但如果年轻体质又好，可以适度加上以上要领。教拳就好比中医大夫开药，因人而异，辨证论治。

问：感觉按照以上要领去站桩，很容易紧张，比如头要虚领顶劲，顶心暗缩，五趾要抓地，足踝要有挺劲，身体要有上下抻拔之意。

答：这也是所有初学者的问题，我父亲对许多人说过一句口头禅："有那个意思就行了，真做出来就错了！"

问：如果练技击的话站桩如何用功。

答：练技击的话，站浑元桩一次保持的时间要长，尽力多站一会儿，最好在一个小时以上。技击桩一侧最好在40分钟以上，一般人双侧都要练，郭老是练一边。站到最后两分钟，可以把式子下到最低，步子最大，尽量让自己累一点。郭老站桩时把脚插在农村堂屋的门槛下面，以利下盘稳固及下肢力量的增强。站桩得劲后，每打一拳身体自然就拥上去，对方搪不住。

问：站桩的常见反应都有哪些？

答：练功过程中，可能会出现麻、疼痛、津液增多、打哈欠、打嗝、虚恭、刺痒、蚁走感、发热、出汗等反应。有时多年前的外伤部位在练功后还会有疼痛、刺痒的感觉。这些一般属于练功过程中的正常反应，过一段时间后会逐渐消失；若反应严重则应及时找医生诊疗咨询。

问：试力的要领有哪些？

答：试力就好比老人哄小孩儿，劲大不成，劲小不成，手前推时要沉肩、含胸，用身体前摧；双手回拉时意念要往前，前推时意念要往回。试力最高阶段要有指过留痕之意。试力的作用就是用意念调动和支配全身的肌肉尽量参加，以至全部参加工作，最后力争做到每个动作都是一动而全身皆动的整体运动。

问：步法练习的要领主要有哪些？

答：练步子起右腿时，左腿好像是中间的腿才稳，脚落要向前放，不要向边上放。摩擦步要肩胯动，要提胯，胯应是侧的，在脚往前落时慢慢把胯正过来。练习步法的作用非常大，只有练好方知妙处。桩上没有功夫，是走不好步子的。摩擦步要保持着这个劲走。手到步到。手到步不到，打人不为妙。要想着手比身体重，操拳、试力要想着手把身体带起来。拳打在对方身上，前胸后背都痛，是意念的关系，神意足，这和李广射虎同理。越想打得狠越要放松。一般人一想打就紧成了棍，有力也发不出来了。没有接触你时是局部，挨上你是整体。局部走起来，挨上你身体的劲"腾"就追上了。

问：如何理解大成拳中的"大成"二字？

答：我父亲是一位很谦逊的人，50年代他经常对身边的几位弟子们讲："咱们这个拳的发展主要经历了三个时代：一拳一腿、一刀一枪的年代，吸收动物之长的年代和锻炼筋骨的年代。自唐代以后到明末锻炼筋骨法越来越被拳家重视，许多拳家都认为此种练法是集天下之大成，明末已非常普及。"当初他跟郭云深先生学拳时，郭老教他的称之为功夫，郭老还说过自己练的"功

王玉芳老师示范技击桩（胥荣东珍藏照片）

夫”是集天下之大成，李洛能先生也说过，咱们的拳是集天下之大成。我父亲曾对常志朗说：“大成拳不是我所创，要真的是我所创就不值钱了，你想啊！我就是从出生就创拳创到现在才创了70多年，70多年能创出的拳不值钱，你70多年能创出个拳，别人70多年也能创出个拳，天下聪明人又不是我一个，聪明人有的是，大家都70多年创出个拳，那中国得有多少拳呀，还值钱吗？大成拳之所以值钱就是因为它是中国的能人用几千年的时间共同创造出来的。中国人用几千年时间创造出来的东西，外国人用几百年创造不出来，因为中国人比外国人也不笨。再说了，以前中国的能人都练拳，以后外国的能人不可能都练拳，它的学科多呀，能人就分散了。这人要想真棒就得练咱们这拳，不练咱们这拳真棒不了，你看李洛能先生，没练咱们这拳的时候，觉得自己挺棒，遇上戴先生了，知道自己不成了，跟戴先生站了十年桩真棒了。郭先生也是觉得自己挺棒，找着李先生了知道自己不棒了，跟着李先生站了十年桩可就真棒了。尚云祥也是，以前是练过很多拳也不成，后来跟着郭先生站了十年桩，尚云祥40岁才练咱们这拳，50岁成名。李先生和郭先生都是三十七八岁才练这拳，四十七八岁成名。一时的胜败在于力，千秋的胜败在于理，我相信我这拳能流传千百年，因为我这拳有道理。我教的有学问的人多了，没有不佩服我这拳的，学问越大的人越佩服我这拳，因为这拳是中国千百万拳家几千年共同创造出来的”。

问：推手练习很重要吗？

答：推手，又称揉手、搭手、打手，本质上是断手的放慢动作。可以说力由站桩而得，由试而知，由推手而懂。这里所说的力不是简单的力的概念，而是特指大成拳之劲力。如果不经过推手训练，在实作中就不具备大成拳的本质特征。我父亲说过："搭断是一，搭断不二，执于推手，操拳必败，离开推手，下乘拳法。推手是拳术的升华"。推手，按意图分为搭手和理手。

搭手，是指在推手中，双方可以训练出察觉对方虚实、强弱，力的大小、方向和作用。也就是说，对方的拳术素质在一接手之际便摸得一清二楚。在此种情况下，在松紧互为的变化中击败对手。不需双方手上断开，即可产生技击作用。从某种意义上说，这种推手是放慢的实作。

理手，是指在推手中，通过双方两手臂的接触，来体验自身是否舒适得力，俗称是否"得劲"，力量是否均整圆满，在运用中，是否能够把握主动，得机得势。如有不得劲之处，则通过这种训练进行纠正和改进。这种训练，从实质上说，是双人试力。

从形式上说，推手有单推手、双推手，其中又包括定步推手、动步推手、自由步推手等多种。不管是哪种推手都要体现大成拳练用原则，否则就会流于形式，成了为推手而推手的单纯推手而与技击脱离关系。或者表面上与技击有关（如在推手中使用摔跤、断点等法)，实际上与大成拳技击素质无关，这些都应该在训练中加以避免。

问：推手的要领都有哪些？

答：推手主要有以下要领。

(1) 守中用中

"守中用中"是大成拳体用中应贯彻始终的重要原则，推手亦当遵守。所谓"守中"，就是护住自身之中线，使之不被对方所攻击。从表面来讲，中线即人体前面正中之部位，亦即中医经络之中"任脉"位置。一方面，中线皆为要害部位。从更深层次来讲，人体的重心通过了任脉所在的矢状切面，故而控制了任脉，也就控制了对方的重心。所以深层次的守中用中乃是保护自己的重心所在垂线，同时控制对方的重心，而不单纯是任脉，或打或放皆由己定。守护己方中线即为守中，控制对方中线即为"用中"。另一方面，在推手时要注意时刻做到"守中用中"，这就需要一定的功夫和间架，结构要合理。即双手不论做何动作，总有一手护住自身中线，同时控制对方中线。与站桩、试力要领近似，要求"腋半虚，臂半圆"，肩撑肘横，头顶项竖，胸窝含蓄，小腹常圆，双手均不能低垂或闲置。

(2) 含蓄待发

含蓄是大成拳体用之重要原则。含蓄主要包括两个方面：一是精神要含蓄；二是劲力要含蓄；当然，目光也要含蓄。所谓含蓄，是指无论精神还是力量能发不发，能放不放，保持住这个态势。大家在《动物世界》中看到狮子老虎之类猛兽，在扑食猎物时瞬间的骇人状态就是"含蓄"。王芗斋先生说："神不外溢，意不露形，形不破体，力不出尖"，此即含蓄之态。在推手时，不要把控制对方中线理解成指向对方，而是精神及力量要有回收之意，要做到力若牵牛，才能控制住对方重心。

(3) 身形中正

推手时要求立身中正，即拳经所谓"尾闾中正"。"立身须中正安舒，支撑八面"。脊柱是人体枢纽之所在，只有尾闾中正，才能不失重心，放人发力时才能做到"力由脊发"。要注意胸窝微有含蓄，但切忌低头猫腰，左歪右斜。所谓“低头猫腰，其艺不高”，其原因就是失去了上下抻拔枢纽之力。也只有立身中正，头顶项竖，才能精神放纵，气势袭人。大成拳推手与太极拳不同，不但不要求，而且要尽力避免腰部单独拧转。因为那样很难护住自身中线，自己力量易向外侧无用方向偏斜，给对方造成可乘之机，同时也难于控制对方中线，违反了“守中用中”之原则。大成拳推手要求肩胯同动，活若机轮，用自身的柔化之力及重心的改变来化解对方的力量，这就要求肩胯灵活，使自身形成一动无不动的整体运动，不丢不顶，力量无过无不及。

(4) 点紧身松

所谓“点”，就是在推手或断手时，自身与对方相接触的部位。在推手时多用自己的小臂与对方的小臂相接触。推手时只有点紧，才能叫僵对手，才能控制对方，使对方像一根拐杖一样托着自己，同时体会对方之力量大小及方向变化。若点上放松，则上述目的难以达到，若无限放松，则与断开无异，且造成推手训练出的能力和拳学素质无法应用。因此，点上松是错误的，不可取的。在做到点紧的同时还要做到身松，只有身松，自身才能变化，才能发力，从而做到打对方的劲。即自身力量之变化总在敌先，拳谱谓之“人不知我，我独知人”。

(5) 不丢不顶

所谓“不丢”，就是在推手时不要丢开对方不管，自己撤回手臂，或松软无力，要保持适当的掤劲。“不顶”，就是不要顶住对方，不让对方进入，使双方处于“顶牛”状态。而是在撑住对方的同时大胆地把对方放进来，但又在自己的掌控之中。在推手过程中，只有做到不丢不顶，才能随时感知对方的劲力及变化，并随时控制对手，打击对手。大成拳之推手重在功夫，即在站桩、摸劲上下一番大功夫。在刚进入推手训练之初，要重在单推手，单推手练好了，双推手稍加熟练即成高手。而单推手则重在“打重轮”的功夫。通过“打重轮”的艰苦练习，才能练出“头沉把轻”“棉里裹铁”的功夫。当然这应是建立在站桩得力的基础之上的。

总之，推手时要点上紧、身上松，要多打轮，力由足发，推手要配合步法。力随时要含着，力都是向回的，不能向前，打人如牵牛才狠。推手并不是表面指着对方中线，而是要拉着对方中线，控制对方中线。推手时不要在平面上画圈，而是要有高低顿挫，起伏如波浪。推手时不要怕输，千万不能努劲顶着对方，要敢于把对方放进来，听着对方的劲而变化，这和打仗是一个道理。推手时前脚一定要挠住地，要有抓劲。要多和自己人推手，不要和外人没有把握就拉开架势实作，一旦遇上高手一定会吃亏的。

问：推手的注意事项都有哪些?

答：推手的注意事项主要有以下几点。

第一，练习时应注意肩胯带动小臂，避免腰部单独扭动。

第二，在双推手中，应特别注意单双重的问题。切忌双手用力平均，力量不分虚实。拳学术语称之“双重”。一旦出现双重，双手就失去变化，灵敏度降低，难以控制对方。重心放在两脚之间，也叫“双重”，两脚双重，步法必死，身法必滞，而且也发不出浑元整体之力。手与脚用力在一条线上，大成拳术语叫“单重”。单重容易产生片面之力，力量不能圆满均整，易被对方控制。

第三，以上所述单双重，并非只体现在双推手之中，在单推手之中也存在，在实战搏击中尤为重要。

第四，在推手训练过程中，有的人因不易掌握要领而以体力补充；有的人则以摔跤等技术相补充。这些都是错误的做法，虽能掩盖其不足，或一时取得小胜小效，但绝难走向拳学正轨，终难达“推断不二，搭手放人”之境。

说明：原文应金桐华先生之邀而写，本文略有改动。

第 53 章　浅谈宗鹤拳与意拳之间的友好渊源

方长玉[①]

北方名拳意拳（大成拳）和南方福建省的宗鹤拳有着深厚的渊源，这个话题要从 20 世纪初讲起。

20 世纪 20 年代，在京都已名声大振的王芗斋先生一路南下游历至福建，期间在福州府与方世培长孙方绍峰（又名“阿峨师”，另小名“恰庄”，此小名较少使用，知者不多）互相切磋，探讨拳理，惺惺相惜，遂结成莫逆之交。有文章言及王芗斋先生是与金绍峰交手切磋，在此要郑重澄清，我作为宗鹤拳发源地福清茶山方绍峰后代子孙证实，与芗老交往的好友，实为方绍峰，不是金绍峰，两人交往典故方家历代口口相传，不知金绍峰其人从何而来，我掌握的家传武学是方绍峰侄儿方美锦所亲身教授，他生前经常提及父辈与芗老之间往事。近年来，北方意拳传人，包括芗老亲外孙金桐华先生、大成拳研究会北京分会会长于冠英先生等都曾到福清茶山实地考证，特意找到方绍峰之墓，予以证实无误，方绍峰之墓距宗鹤拳创拳祖师方世培故居仅一箭之地。王芗斋先生与方绍峰较技后，切身体验到宗鹤拳的神妙之处，遂大胆吸收宗鹤拳部分武技精华，特别是宗劲发力及步型步法等，再融合其他拳学，武功遂至大成，始创意拳。意拳名家杨鸿晨先生曾在《也谈王芗斋先生、鹤拳与意拳的关系》一文中指出“意拳功法受鹤拳之益”，而这里的“鹤拳”应该确切地说是“宗鹤拳”。在切磋的过程中，宗鹤拳独有的“宗劲发力——弹抖震撞”功法给王芗斋先生留下极深的印象、极大的启发，捧基搭手、紧守中门、以正取斜、跟步追步（意拳谓之摩擦步）等宗鹤拳基本技手技法后来为意拳的创立奠定了部分基础。需要强调的是，福建白鹤拳、福州地区“飞、鸣、宿、食”等其他鹤拳的内外功法技法与宗鹤拳截然不同，无论内在外在面貌差异甚大。福建其他鹤拳在与宗鹤拳传人交流过程中，都承认拳种之间存在极为明显的差异性。没有亲身体验过宗鹤拳的人，是极难能够体会到宗鹤拳宗劲发力的奥妙独特之处，至于从拳名或某些未经宗鹤拳代表性传承人认可的文章进行推断，是不科学的，极易产生谬误。因篇幅所限，简单介绍一下，宗鹤拳初始名称是“虾法狗宗身”，方世培是以大自然飞禽走兽为师，从狗落水上岸后全身来回耸动瞬间抖尽身上的水，寒鸦雨后立于树枝上抖颤湿翎而树枝为之剧烈抖动等动物形态现象得到“弹抖宗炸”顿悟，还从河虾弹跃伸缩进退、鱼儿在溪石水草中柔游穿梭、鸪鸟内气发声、鹤翅凌厉弹拍等多种动物形姿得到启发，再辅以天竺寺禅宗长老点拨行气导息窍门，新创的武学已初露峥嵘，得到闽浙总督左宗棠等政界名人赏识，清末著名文学家、翻译

① 方长玉：福建省福清市宗鹤拳协会会长，第五代宗鹤拳代表性传承人。

家林纾先生更是亲随学艺修身。因不喜仕途牵绊，历经二十载独身行走江南各省，不断打磨技艺力求尽善尽美，与人交技均占上风，于是盛名远播，始创宗鹤一门，后来更是风靡台湾宝岛，弟子遍及全球，影响力巨大。（宗鹤拳具体功法在此不再细述）

从这几年与意拳传人接触过程当中，他们都不同程度了解到宗鹤拳与意拳彼此之间存在一定的历史渊源关系。王芗斋先生在世时，曾亲口嘱咐告诫弟子们，以后若遇见福建鹤拳（宗鹤拳）门人，不可轻敌。由此可见王芗斋对宗鹤拳拳技功法极为推崇，既然他认可宗鹤拳武功的独到神妙，依着芗老行走华夏海纳百川的气魄胸怀，借鉴一二也在情理之中。前个世纪初，各拳种之间门派观念极其严重，特别是南方武术界门户之见更甚，踢馆械斗甚至闹出人命之事屡见不鲜，而在那样世风不良环境之下，南北拳术巨擘能有如此真诚交流，实属难得，当为武林楷模。

我和我胞兄方长灿均为福建省非物质文化遗产保护项目南少林宗鹤拳代表性传承人，作为方世培祖师第六代孙，一直仰慕王芗斋先生在世时的风范，多年来有个心愿，就是要以先人为榜样，效法先人虔诚修武之道，也要担负历史使命，有机会能够与北方意拳传人，特别是与芗老后人进行接触，深入了解宗鹤拳与意拳之间关系。终于在 2016 年金秋十月，有幸邀请来王芗斋先生的亲外孙金桐华先生以及来自北京的著名书法家许福同先生、由振中先生、徐杰先生等意拳传人，在福清市举行的第七届海峡两岸宗鹤拳武术文化节上相见聚首，一见如故，开心畅谈，互相了解各自拳种传承发展情况，再续先人佳话。一晃四年过去了，期间宗鹤拳传人和意拳传人之间也有联络，但希望南北双方在历史渊源、功法技法上能多深入探讨研究，互相促进，共同进步！辉映南北，武坛长青，扬名华夏国际，造福人类健康福祉，共同为中华武术的传承与发展做出更大的贡献！

方长玉先生在《纪念王芗斋先生诞辰 135 周年、王玉芳女士诞辰 100 周年暨“王芗斋站桩与健康”学术研讨会》上表演宗鹤拳。

第五篇

大成拳四世文集

第 54 章　王芗斋先生拳学思想对当代社会的意义和价值初探意拳养生桩治病之机理

王　福[1]

（一）浅谈疾病的发生

整个世界整个宇宙都在运动，同时也都保持着一种平衡状态，即所谓的动态平衡。动态平衡这个词在化学中经常用到，后来在生态学、经济学、物理学等领域均有应用。

人体本身也存在着各种的动态平衡。不管从中医还是现代医学的角度来讲，疾病的发生均是由机体抵抗力和致病因素决定的，它们之间也存在着一种平衡，如果平衡破坏，就会导致疾病的发生。

首先，排除中西医的差别，我们从客观的角度分析疾病的发生和平衡的改变的问题。认真地思考一下，疾病的发生主要有以下几个原因。

(1) 外伤：包括各种意外事故导致的身体有损性创伤，也包括身体受到外力左右后引起的软组织挫伤等。外伤是由于外界作用的介入导致身体出现不平衡，比如头部外伤后致脑损伤，从而引起躯体活动障碍。

(2) 遗传性疾病：遗传病是指由遗传物质发生改变而引起的或者是由致病基因所控制的疾病。遗传病包括很多种：如 21 三体综合征、血友病，还有家族遗传病等。其实高血压属于多基因遗传性疾病，糖尿病（特别是 2 型糖尿病）也具有明显遗传易感性，此外乳腺癌、胃癌、肺癌、大肠癌等都具有明显的家族遗传倾向。遗传性疾病是各种因素导致机体遗传物质改变（本身的平衡被打破），从而引起机体生理功能的异常和疾病的发生。

(3) 不良生活习惯：贪凉、饮食不节、不按时睡眠、伤精等。长期的不良习惯导致机体免疫力和抵抗力下降，使机体抗病因素和致病因素之间的平衡发生了倾斜，导致机体更容易罹患各种疾病。

《黄帝内经》第一篇《上古天真论》中写道：今时之人不然也，以酒为浆，以妄为常，醉以入房，以欲竭其精，以耗散其真，不知持满，不时御神，务快其心，逆于生乐，起居无节，故半百而衰也。这就说明了以酒为浆以妄为常这种坏习惯对人体的影响，并阐述了机制。

(4) 心理异常：人体的健康应该包括身体（肉体）健康和心理（精神）健康两个方面。

① 王福：金桐华先生弟子，心内科医师。

正常人身体和心理之间也存在一个平衡：身体如果健康，心理也会阳光，充满正能量；心理如果坚强，对疾病的愈合也会有较好的效果。反之，如果心理异常，可能会导致抑郁症等精神性疾病；同理，如果身体长期处于疾病的状态，对人的心理也会产生巨大的影响，会导致焦虑、失眠等精神紧张状态。

比如一个人长期处于精神紧张的状态下，心理的改变会导致生理的变化，比如交感神经兴奋，肾上腺素分泌增加，从而引起心率的加快和血压的升高。

其次，从中医的角度来看待疾病的发生：

中医的重要理论体系就是阴阳和五行学说，阴阳平衡相济，五行相生相克处于一个动态平衡，则身体健康，反之，则出现疾病。

从中医角度来讲，中医以整体观看待世界，在天地人构成了宇宙的同时，人体本身也是一个小宇宙，所以人体本身也存在着动态平衡，如果动态平衡一直持续不被打破，人体表面上就可能看起来没有异常，一旦平衡打破之后，健康问题也会随之出现。从中医的理论来讲，人体内的平衡包括阴阳平衡、五行平衡、脏腑平衡等。脏腑之间相生相克的同时保持着多种平衡，一旦平衡被打破，即会出现各种疾病。比如肾虚时，肾水不能灭心火就可导致心火旺盛，而肝木盛的时候，木生火，也可导致心火旺盛。

最后，让我们从现代医学的角度探讨疾病的发生：

仔细地思考一下，我们就可以发现，即使从现代医学的角度来讲，人体内也是存在着各种动态平衡，疾病的发生也是由于平衡的改变。最简单的就是出血与凝血之间存在的平衡。人体内存在很多凝血因子，同时也有很多抗凝因子，在正常情况下，二者处于一种动态平衡，出血的时候凝血因子被激活，发生一系列的级联反应，促进血液凝固，之后又恢复之前的平衡。

再比如糖代谢，正常情况下，人体进食后，引起胰岛素的分泌，再加上胰高血糖素的作用，使体内血糖保持在一个相对稳定的范围，但是如果长期的进食过多，或者其他因素导致胰腺细胞损伤引起胰岛素和胰高血糖素之间的平衡紊乱，就会导致血糖的水平发生变化，如果有其他血糖相关激素的代偿，可能血糖水平会在一定范围内，一旦超出机体的代偿能力，就会出现血糖异常，最常见的就是血糖升高。由此可推出其他，比如血脂、血压等等都是存在一个相对的平衡，如果维持平衡的因素发生紊乱，平衡就会被打破，就会出现异常，引起疾病。

再往外延伸，体内的骨骼和肌肉也存在着相对平衡，这个平衡可以用力学、物理学或者机械学的理论来分析。以颈椎为例，颈椎周围有很多肌肉，这些肌肉的走行和起始点决定着肌肉收缩后牵拉颈椎移动的方向。正常情况下，这些肌肉的综合作用力使颈椎保持在一个特定的位置，如果长时间的保持一个固定的姿势或者坐姿不良，导致其中的某一块肌肉长期收缩紧张，就会引起颈椎的位置发生改变，更甚者引起其中的髓核受力不均而突出，就形成了颈椎病。这个理论也可以解释为什么颈椎病的病人髓核突出的方向不同，其根本原因可能是打破平衡的病变肌肉不同。

（二）平衡

就人体而言，失衡之后出现了各种疾病，对疾病的治疗本质就是恢复平衡的过程。不管是从中医还是从现代医学的角度来讲，所有的治疗措施都是在平衡破坏后致力于恢复平衡，但现代西方医学主要是从物质方面补充或者拮抗体内的某些物质，而中医则是通过用药或者其他方法调节阴阳五行和脏腑的平衡。比如糖尿病的病人，由于体内糖代谢失衡，升高血糖和降血糖的两种力量不均衡，导致血糖水平升高，西医的治疗措施主要是用降糖药物，包括磺脲类、双胍类、α-糖苷酶抑制剂类、胰岛素增敏剂类及胰岛素等，通过减少血糖的生成或者增加胰岛素的合成和分泌降低血糖，从而维持体内糖代谢的平衡。中医通过药物调理脏腑，恢复体内脏腑平衡，也可以降低血糖。中西医对糖尿病的治疗都是通过外力作用于人体，维持血糖的平衡，但这种平衡是暂时的，是表象上的平衡，需要给予药物才能保持这个平衡，一旦撤销外力的作用，这个平衡立刻就消失，血糖水平也会升高。

人体本身也有自我修复的能力，具体来讲就是人类抵御疾病的能力，抽象来讲就是维持体内各种平衡的能力，和其他能力一样，这个能力也因人而异。随着年龄的增长和各种致病因素的作用，导致人体的自我修复能力降低，体内平衡更容易被打破，从而出现各种疾病。因此，增强人体的自我修复能力就可以通过保持和恢复平衡而消除疾病。经过时间和实践的检验，我们发现通过一定的锻炼之后，人体的自我修复能力可以恢复甚至增强。

这种锻炼就是“运动”，与我们平常认识的运动不同。在现代人的世界观里，运动就是简单的指形体的运动，只要肢体动起来就称为运动，比如跑步，打球，骑自行车，游泳等等。而中国古代所讲的运动包括运和动，动就是指现在所讲的形体的活动，而运是指体内五脏六腑及经络中的气血的运行，并且古人认为只要体内气血运行通畅，人就可以保持健康。

其实芗老对运动早就有过辩证的认识。芗老认为：人身动用可以分为两种，合意运动和冲动运动。合意之运动，心理学家谓之本能运动，是由意（运动神经觉察能力）来考察全身之需要，顺意之支配，而为运动，系处于自主，而顺于自然。所以合意运动是身心一致，合于需要之运动，有益无损之运动。不合意之动用，心理学家谓之冲动运动，乃发于欲望之运动，非正规运动，系因受到冲动之后，由此冲动一变而变为欲望，一变而为执意，由执意而引起之实际运动也，反乎自然之运动，非出于自主（自由之决意）之运动，是为妄动。此种运动，动必吃力，吃力则血注，血注则血流失其自然，而神经为之伤害。此种运动，不但无益反而有害，所以站桩切忌妄动和吃力，即不许有冲动运动。

意拳站桩功就是一种可以增强人体自我修复能力的“运动”，属于有益无损的合意运动。通过形体放松和精神内守，使体内的气血运行速度加快，从而促进体内的物质交换和能量代谢，增强人体的自我修复能力，维持体内的各种平衡。意拳创始人王芗斋老先生有一句名言：“大动不如小动，小动不如不动，不动之动乃生生不已之动”，此言精准地点出了站桩功的真髓，说明站桩时人体表面上看起来是静止的状态，其实体内气血却在生生不已之动的运行，真乃微言大义也。

经过站桩后，体内气血运行加速，脏腑平衡易于恢复，人体自我修复能力恢复并增强，体内的平衡易于恢复，从而达到治疗疾病的目的。糖尿病的患者经过站桩练习后，血糖水平不需要借助药物就可以恢复正常水平，其根本原因就是增强了患者的自我修复能力，使失衡的血糖代谢恢复正常。

（三）站桩

养生之术在我国历史悠久，早在《黄帝内经》中就有记载“余闻上古有真人者，提挈天地，把握阴阳，呼吸精气，独立守神，肌肉若一，故能寿敝天地，无有终时，此其道生。”站桩功是中国众多养生术之一。王芗斋老先生根据站桩中刚柔、虚实、动静、松紧错综为用的原理和阴阳相交、水火相济的功用，结合自己几十年的练功经验，创造了动静相兼，内外皆养，用于防病治病、健身延年的养生桩。

站桩是精神、形体同时锻炼的一种方法，不需要注意呼吸，不意守丹田，不讲大小周天循环，也不讲阴阳八卦等等。放松之后，自然呼吸，凝神定意，在通过姿势、动静、虚实、松紧的调配，加上适当的意念活动，渐渐地达到呼吸的慢、长、细、匀，思想入静，身体舒适轻灵，体内息息相生。

站桩首先要学会放松，从精神到身体，最后达到整体的放松。精神的放松，首先要平心静气、精神集中。平心静气是放松的基础，如果一个人躁动不安，他是无法平静下来的。反过来，身体不平衡、不放松，大脑也静不下来。精神集中，是要尽量做到心无杂念，将思想集中到站桩活动上。其次，精神假借（意念活动）是通过心理暗示使站桩者达到平心静气、精神集中、专注于站桩锻炼，从而逐步达到身心平衡的目的。

下面简单地讨论一下站桩对现代医学中心血管系统的生理功能的影响。

站桩时迷走神经的兴奋会抑制心肌收缩力，同时动脉中血管平滑肌的舒张和周围肌肉放松使动脉血管扩张，最终使心脏的后负荷降低，从而降低收缩压。心肌收缩力增强及动脉管腔扩张使动脉血流速度加快，体内各器官供血及供氧量增加，从而增强脏器的功能，组织物质交换和新陈代谢速度也加快。同时，由于小动脉的舒张，外周阻力下降，使舒张压也减低。

冠状动脉是供给心脏营养的血管，它在心肌内行走，显然会受制于心肌收缩挤压的影响。也就是说，心脏收缩时，血液不易通过，只有当其舒张时，心脏方能得到足够的血流，这就是冠状动脉供血的特点。站桩时，通过形体和精神的放松，交感神经兴奋性降低，迷走神经兴奋性增强，心率降低，心动周期延长，心肌舒张期延长更明显，从而使冠脉血流增加，心肌供氧量增多。

综上，可以看出，站桩功可以降低收缩压和舒张压，降低心率，增加心肌供血量，适用于高血压、冠心病等心血管疾病。

除了对心血管系统有影响以外，站桩还对身体其他系统有影响：比如站桩时形成的匀慢细长的腹式呼吸可以增大肺通气量，对许多呼吸系统的疾病有较好的治疗效果；站桩还可以增强胃肠的蠕动，有利于食物的消化和吸收，增强消化系统的功能；站桩通过形体和精神的放松，可以降低精神紧张度，缓解焦虑失眠等症状，使心理上达到一个舒适平和的状态。

站桩时因病设式，因人设式。由于疾病的不同，患者体内病变的肌肉和神经系统也不同，因此站桩时采用的姿势就不一样。由于不同患者的生活条件、性情及其他各种特点不一样，因此即使同一种病，不同的人站桩采用的姿势也不完全一致。

（四）科学探讨站桩疗法的机制

自从站桩功应用于康复医疗以来，对于站桩疗法对慢性疾病的机制的研究一直没有停止。现根据以往一些医院、专家以及意拳前辈的研究以及实践经验，结合现代医学生理学及病理学，对站桩疗法治疗一些常见病的机制进行探讨。

1. 高血压

随着现代生活节奏的加快和生活压力的加大，高血压的发病率逐年上升。高血压的具体发病机制尚未明确。血压分为收缩压和舒张压，高血压可以是单纯收缩压升高也可以是单纯舒张压升高，但是以收缩压和舒张压均升高多见。从生理学的角度来讲，收缩压值的高低取决于心肌的收缩力大小和心脏搏出血量的多少；舒张压值的高低取决于动脉壁的弹性和小动脉阻力影响。收缩压升高的主要原因是心肌收缩力增强，而舒张压升高的原因主要是外周阻力增高。

老年人高血压以单纯收缩性高血压常见，主要由于随着年龄的增加，血管结构和功能发生改变导致血管老化（如动脉粥样硬化），血管壁顺应性下降，弹性降低，因此心脏射血后，射出的血液对血管壁压力增强，血压升高。

站桩疗法降血压的机制如下：站桩时通过精神放松，使交感神经的兴奋性降低，迷走神经兴奋性升高，从而使心肌收缩力降低，心搏出量下降，收缩压降低；外周小动脉紧张性降低，血管扩张，外周阻力下降，舒张压降低。站桩时肌肉也是放松的，肌肉放松后，对周围小血管壁的压迫减小，使血管顺应性增加，血管舒张，外周阻力减小，从而降低舒张压。

长期精神过度紧张也是高血压发病的一个危险因素，站桩疗法通过精神和身体的放松，外加精神假借（意念活动），可以缓解精神紧张，使血压下降。

高血压时，最害怕的就是情绪影响下气血往上走，所以首先要放松下来，然后采用扶按式，同时加上意念活动，比如说下毛毛雨、淋浴等，想象着水从头顶慢慢地流到手指滴到地下，流经前胸、后背、脚直到地下，反复几次设想水往下流的过程，血压就会降下来。

2. 糖尿病

随着人们生活水平的提高和生活方式的改变（静坐生活方式），糖尿病的发病率也大大升高。糖尿病的发病机制是由于各种致病因素作用于机体导致胰岛功能减退、胰岛素抵抗等而引发的糖、蛋白质、脂肪、水和电解质等一系列代谢紊乱综合征，临床上以高血糖为主要特点，典型病例可出现多尿、多饮、多食、消瘦等表现，即“三多一少”症状。其主要发病机理就是内分泌功能紊乱。不知道大家有没有发现，糖尿病患者的身体上下不平衡，下肢明显消瘦，从中医的角度来看是因为上身气血受阻无法到达下身，引起下半身营养供应不足，以致下肢逐渐消瘦。

站桩是一种静力性运动，表面上看起来是静止的，但是内部却在一直运动。站桩时，在精神和身体放松的状态下，随着呼吸运动胸廓和横膈不断的上下运动，体内脏器如心肺肝脾胰肾等也随之运动，这种运动就相当于对脏器进行了一次自我按摩，加速了脏器的血液循环，脏器的血流供应增多，氧气和营养物质的输送也随之增加，脏器功能也因此增强。站桩的同时，机体内部新陈代谢加速，能量代谢和营养物质的代谢增强，体内气血运行加速，机体自身修复能力增强，修复机体血糖代谢和降低血糖的能力，恢复血糖代谢的平衡，血糖水平在站桩后明显降低。

糖尿病时可以采用中位抱球式，配合蚕吐丝和分水等意念活动，结合下肢放松式辅助运动，促进下身血液循环，达到加强上下身气血循环交流的目的。

3. 高血脂

生活水平的提高，饮食习惯的改变和静坐生活方式的增多，由此引起的高脂血症及高脂血症引起的相关疾病的发病率也逐年升高。高脂血症主要是由于机体内部脂质代谢紊乱，血脂生成和降解不均衡，造成血脂水平升高。血脂升高后，血液黏滞度增高，血流缓慢，血管内皮受损，脂质沉积于血管内膜下，导致动脉粥样硬化的发生。此外，血脂中的甘油三酯升高还可导致胰腺炎的发生。动脉粥样硬化发生在冠状动脉就是冠心病，若发生在脑动脉则是脑动脉粥样硬化，严重者可导致心肌梗死和脑梗死的发生。从本质上来讲，血脂高的原因主要是营养物质摄入过多且运动量不足，摄入量与消耗量没有达到一个平衡。

站桩时，通过全身的放松，肌肉放松后，对血管的压迫就减小，血液循环阻力就相应减小，血液循环加速，血氧和营养物质的输送也加速，组织中营养物质的交换也变充足，物质代谢更加充分，因此血中的代谢不完全，营养物质消耗增多。站桩表面上看起来是静立不动的，其实机体内部是一直运动的，通过这种静力性运动机体内部血液循环加速，新陈代谢和物质交换也更加充分，血液中脂蛋白的分解也相应增多，因此可以降低血脂水平，恢复血脂代谢平衡，预防冠心病和脑血管病的发生。

如果仅有高血脂不伴有血压升高，在上半身放松后，站桩时可以采用高位的扶托式或沉托式；如果伴有高血压，则以扶按式为宜。

4. 颈椎病

颈椎病又称颈椎综合征，是颈椎骨关节炎、增生性颈椎炎、颈神经根综合征、颈椎间盘脱出症的总称，是一种以退行性病理改变为基础的疾患。

从中西方结合医学的角度来分析颈椎病的发病机制如下：不良的生活习惯或者风寒等刺激因素，导致颈部肌肉紧张性增加。长期的肌肉紧张导致肌肉僵硬，两侧的肌肉紧张性和张力的改变后，引起颈椎周围张力不平衡，导致颈椎收到牵拉后移位，颈椎间隙增大，从而导致髓核突出或者脱出；此外长期肌肉紧张还可以导致周围韧带增厚及继发性椎管狭窄，这些可压迫或刺激邻近的神经根、脊髓、动脉，就会出现一系列的症状，如疼痛和血液供应不足。在颈部可以表现为颈椎病，腰部可以表现为腰椎间盘突出和腰肌劳损等。

站桩疗法通过意念活动和姿势调整，对病变处肌肉拉伸和牵引，恢复颈椎周围肌张力的平衡，从而治疗颈椎病。

颈椎病的病人，只需要普通的站桩，身体放松后，加上头有绳吊系的意念活动及姿势的不同调配后即可，你就会发现颈部肌肉的不平衡的状态，但是如果颈椎病比较严重的话，需要长时间的坚持站桩才能有较好的效果。

第55章　王芗斋深州集训

韩远宏[1]

1935年，王芗斋率一批弟子在河北深县的家乡，以民间团体形式举办了旨在培养武学人才，迎战西方拳术为国争光的集训。由于时代久远，许多当事人故去，且对其中的内容少有记述，意义更是乏人论及，由之产生了许多历史性的误会曲解。

我们对斯年集训的探讨、研究，无疑是一场武人报国壮举的挖掘与整理，更是历史的继承与变革的再认识与大反思！

是年，王芗斋五十岁，已经历了清末民初与各派代表人物间互相参学及国外西方拳术家交流实践期，技艺炉火纯青，对东方武术与西方拳术的认知由感性上升为理性；生理上也由青壮欲向壮老转型，自离师三十余年千百次格斗、碰撞的实践，使他具备了对所学所用再次去芜存菁反复提纯升华的深厚底蕴。

该次集训缘于三十年代初的一次海上奇遇，当时芗老携弟子周子岩、张恩桐于海轮上练功，有一日本人走到近前震足挥拳以示其威，并向乘客宣扬大和空手道云云，有认识王芗斋的对其说：敢与之一较？双方遂斗。旅途寂寞的乘客见有比武，越围越多，双方一接手芗老即以精绝的推手功夫使之前倾后倒、如醉汉般踉跄但又不得脱，随之周身鼓荡一合，日人即伏身于船甲板。良久才起身深鞠一躬，告知姓名内山谦三，并问芗老所练，被告知“站桩”，再问姓氏，不答而去。

作为一场非正式的较量，原本应该曲终人散，但历史的机遇此刻却悄然出现，观众中有头等舱的乘客乃上海知名银行家余鲁伯，他目睹了这一精彩绝伦的较量后异常激动，并在交谈中了解到面前就是轰动上海轻取西方拳王英格的王芗斋后更加重了对中华武术的自信心与民族自豪感，至此两个感情上倍感压抑的中华赤子密切地走到一起，决心为日益沉沦的民族精神注入活力。不久双方签订了协约：余负责资金，王倾囊相授，训练一批人才，从中国打到欧美，弘扬中华武术，为民族争光。

王芗斋率一批弟子北归，于1935年春在深县故里开始了一生最重要的武学活动。深县古称深州，位于河北中部，京城以南三百公里，这一带自古便是兵家争伐要地。数千年的金戈铁马、

① 韩远宏：1961年9月生，祖籍山西大同市，生于河北邯郸峰峰矿区，现北京铁路局邯郸站工作。1996年接触大成拳，按书籍和录像自学，因无师而时习时废。2001年在石家庄得杨鸿晨先生指导渐入正规。2002年在《武魂》杂志上将感受以《武林见闻》为题予以记述。2006年在《台湾武林》二十八期发表《王芗斋深州集训》力作，广受关注。2008年正式拜杨鸿晨先生为师，成为入室弟子。

血火洗礼使这片土地任侠好义蔚然成风。尤其清代中叶，这里产生了以“神拳”李能然为代表在心意六合拳基础上发展出的形意拳，中国武术发展到当时的鼎盛时期，独领风骚、冠绝一时，门下弟子堪称宗师、大师级的人物成批涌现。如宋世荣、宋虎臣、宋铁麟；刘奇兰及门下李存义；张兆东及再传傅剑秋、尚云祥等；尤其更具代表性被称为“半步崩拳打遍天下”的郭云深就是深县人。其门下名家众多，杰出人物更是光耀华夏，如深入形意拳三摩地的王芗斋等等。深县历史上浓郁的武文化沉淀，尚武侠义的人文基础造就了深县独一无二的武学氛围，所谓地灵人杰是也！

王芗斋在此之前课徒着眼于国内环境，从这一年起变为放眼环球的万丈豪情，不再以一己、一派之荣辱挂怀，而以民族振兴为己任，胸襟的拓展与提升必然催生教学与理论的同步飞跃。参与人员有：大弟子周松山（字子岩）和裘玲（字致和）、韩星桥、高振东、张长信、卜恩富、张恩桐、宁大椿、马骥良、朱国祯、韩星垣、王道庄、赵逢尧、赵佐尧等14人。因公务缠身等原因训练月余后宁大椿、朱国祯、赵佐尧、高振东4人无奈离去，其他人在王芗斋严厉督导下继续训练，进境极速，对他们深寄厚望的王芗斋以“道”为倡而赐名。张恩桐名道德、裘玲名道庸、韩星桥名道宽、马骥良名道远、卜恩富名道魁、韩星垣名道广、赵逢尧名道宏、张长信名道城。赐名后的要求更加严苛，训练也更加系统和规范，惜10余日后，裘玲又因父病而离去，故有幸自始至终坚持集训者为：韩星桥、韩星垣、王道庄、赵逢尧、马骥良、卜恩富、张长信和张恩桐8人。

【集训的内容】

由于8位参加集训者德艺突飞猛进而声名大噪，就使后人对集训非常向往，更有人猜测集训的秘要，甚至造成了一些误解，如有人说王芗斋吸收引进了西方先进手段，训练时增加了打沙袋和跑步的内容。其实，打沙袋中国武术自古有之，而跑步更是习武者的基本训练。自古至今，跑步都是军事和体育项目中最基本课目，何谈学于西方？王芗斋教学，从不让人习拍打之功，跑步倒是集训重要内容，不过集训时跑步是忽而疾冲，忽而急停，忽而如履薄冰，忽而烈马奔腾，忽而槐虫，忽而蛇行……均以决斗和群战的假想敌，甚至以师兄弟们为对手的贴身近战或闪冲游斗。至于有人说练步穿拖鞋更是妄猜了。对此韩星桥先生有过批驳：“曾有人言及训练时穿拖鞋，抱公鸡走摩擦步，此事纯属杜撰。先生是一个教学严谨之人，而且是一个重仪表之人，如此颓废之象早已被赶出师门。”

集训的内容不外乎站桩、走步、发力。因为这是中华武术之根，也是异于西方拳术的关键处，否则，谈不上东西半球间技术风格各异的交流了。意拳桩法丰富、意念浩瀚，且作为拳术之集大成者，理论精妙形简意繁，一个人穷一生精力也难全部参透其中奥妙。故而王芗斋先生说：“学我者生，像我者死”是有深刻寓意的。

训练时首先要做到所谓六字诀：定位、到位、定点，不可分解，它是指要领完成的三个方面必须同步完成。例如“肩撑肘横”相信大家都耳熟能详，但真正能做对的却百难择一。拳学中的肩应称肩部较为准确，它包含肩胛骨、锁骨、肩关节，这是人体中节立柱脊骨与梢节掌指连接的枢纽，它的灵活与否意义重大。故苌乃周曰：“活肩乃练拳第一大法。”芗老则更直率：“肩胯若机轮”。站桩的目的是改造生理，改是改造旧有的、后天的僵拙之处，使肌肉、筋腱、骨骼逐渐变化，随着柔韧性、伸缩性、抗压性大为改观，良能自现，发挥就成为必然。“肩撑肘横”的目的：一，扩大肩部的活动范围；二，强化臂与腰背的横向联系；三，放长手臂的纵向肌肉束。这一要领的正确方法为：松者将肩关节向两侧拉伸，同时肩胛骨也随之移动，双肘如被钉子砸在空间，以肘关节为力点，逆向拥抱意念中的巨树。大家都明白碗口粗的小树双掌可抱，直径二尺的大树伸展小臂可抱，而直径一米以上的巨树非以肘抱（当然也包括身体）是不能实现的。肘横为外型，“肘抱”为核心，它是去僵拙现良能的根本。

所谓到位，即是各部要领定位达标后，由分解组合成的桩态变成同时同步一次做到并保持至站桩结束。真传的桩法是可视、可触到的。比如肩撑肘横正确后，初步阶段掌指背面筋腱绷凸，肘关节内侧一根筋似拉紧的弓弦，再深入背部外突，颈部两侧大筋显现等。

定点即保证时间，人们常说时间改变一切，桩法也用时间这一工具来改变人们后天形成的拙力。“桩法以换劲为根始”的另一重要元素就是时间，哲学上讲量变到质变，同样适于桩法。常看到一些文章动则站桩几小时云云，我不敢苟同，当桩法真正到位后，二十分钟也是极难忍耐的，功效却是非常宏大的。如此脱胎换骨肯定要淘汰一批人，缘于王芗斋技艺的高度也反映出催生人才的强烈愿望。参加集训的 8 个人就是熬过这痛苦的淬火过程后、脱颖而出的杰出典范与重要成果。

如所谓大式桩是为求取下肢最大的空间位置，目的通过对下肢关节、韧带和肌肉的训练从根本上解决和提高步法和发力的质量。大家都明白，老谱中提到：“足踏中门夺敌位，就是神仙也难防”，但反思一下，推手、实做中夺位绝非易事，倒是被对方躲过、顶住、压住的失利局面常现。根本原因在于步法质量的内涵，下肢与躯干的连通不过关，此桩专为解决这一问题而设。此桩双脚步距三脚半，前足足尖前指，五趾扒地；膝部前顶上提，与腿部内裹同步；后腿略高于前腿，腰背后贴绷紧，臀部下坐与竖项同步完成，左右两肋向胸腹里抱；前手握拳小天星左下拧，置于大腿上部，后手平抱式撑指吸掌于胸前，述之繁难，关键需各项要领同步到位，不得顾此失彼，并保持正确桩态 20 分钟。记得本人初站一般技击桩一个半小时不成问题，但面对此桩就显得伸拔量不足，刚坚持到 10 分钟时就颤抖着摔倒于地，此桩对腰背生理的改造开拓十分显著，对强化下肢与腰背的连通更是功效非凡。

如何面对西方拳如雨点、步法灵活的拳击，则是王芗斋所要面临的历史性课题。清朝几百年闭关锁国，整个社会往往因仇视列强，对于西方的新事物，要么一概否认，要么就是一副夜郎自大唯我独尊的态度，学习研究者反倒有“假洋鬼子”之嫌，常遭不明就理地挖苦、抵制和嘲讽。当时武术界派系林立，各代表人物面对列强的科技力量视而不见，忙于小团体利益，不然就是沉浸于义和团式冷兵格杀刀枪不入的幻境难以自拔。王芗斋却义无反顾的从拳学的角度去发扬民族气节，鼓舞大众斗志，绵延了几千年的中华武术至公元 1935 年，突然冷却冻结。

迷惘于过去的辉煌和现实的尴尬，困顿于弊端丛生的无奈与洋体育的咄咄逼人！终于惊涛裂岸、一触即发。一种蕴含中华武术精粹又能推陈出新、接轨于西方先进科技的崭新功法，如旭日东升喷薄而出。它彻底终结了鬼技神功的气脉，开启了武术走向发掘潜能，抒发感情，利国利民，融修身、健身和技击为一体的新纪元。

“前三后七，肩撑肘横，前手高与鼻齐，后手与肩平，大小关节皆钝三角相夹”，从传统“沉肩坠肘”基础上，提炼出的“肩撑肘横”技术，既是训练方法，也是形意嫡传核心“践裹钻”威力发挥的桥头堡，更是针对拳击设计的三角结构防护屏障。它的诞生无疑在头部织起了一道弹性十足的立体防护网，大大地推进了武术的进程，明晰了武术方向的必然趋势，突破了几千年传习的窠臼，却又不失传统精华的原汁原味。

反观传统的老“三体式”，作为训练和防护式是很科学的，但用于与西方拳术交流，则由于手臂远离头部，而条件反射区域却建立在胸腹，一逢身高臂长专击头部的拳击，优劣立判，二三十年代东西方无数次的较量中就已获得证实，中国武术的实战能力很不乐观。据记载当年就有一练“铁肚功”者，平时可以让人任意拳打脚踢腹部，但和拳击手交战时，马步刚站好就被击中鼻子，血流如注，又一拳击中下巴而倒地，对方根本不打其腹部。还有一位形意名家，发力就可将对方击倒，一记崩锤可将测力器打满至损，足见其功大力雄，当他与世界拳王英格交锋时，因不能适应拳击的节奏，同样被击中头部，虽然也一拳击中英格腹部却威力大减，最后落败。

“浑圆桩”长期训练有得后，条件反射区域由胸腹部提升至喉鼻部，对方的直拳、刺拳很难奏效，而“横肘”由于三角相夹具有很强的稳固性，对抗时根本无须防护，对手的摆拳会滑向臂部外侧，无法构成两侧的威胁，这样硬打硬进可以发挥绝佳的技术威力。尤其中华武术独有的内家核心技法，无须回撤即能爆发出巨大力量，当对方进攻无效之际，恰是实过虚现之时，正是还击的最佳时机，无形中弥补了东方人身矮臂短的缺憾，无疑是一个历史性的里程碑。

作为当时训练的另一项重要内容——“试力”，也无不体现武术融于竞技，迎向世界挑战的技术特色。例如“勾挫试力”，也称总试力，它始于“浑圆桩”，拧肘向下变为“扶按桩”，继续前拧变为形意绝学“三体式”，然后向上钩拧称“托婴桩”，继续回拧为“大天星”。千锤百炼后，内涵“偏”“拧”“钩”“锉”“惊”，加上身法上下起伏、左右摇旋、斜正互参，能充分适应高频率、快节奏的西洋拳法。“托婴桩”后拧裆反胯，左右横挥，则是八卦拳绝学“削掌”；“扶按式”终了争击，则为形意“炮拳”，上击为“钻拳”，吊肘下击则为“栽锤”，左右横拧、旋转，则为形意绝学“崩锤”。无论如何，皆是完成对头部防护后的变形而已。故“试力”若分拆、肢解则有违“意拳”之意的宗义。

融合了形意、鹤拳、八卦精华的“摩擦步”，亦是训练的重要内容。“双手如持弓，双足如战马”，格斗中双方的距离调整需要靠精妙的“步”来完成。起如挑担，是形意内容，起胯、落胯为八卦特色，这些技术综合运用如一后，整体百骸争拔摇旋起动，倾轧弹射而落，加上“天地相争”则不难完成急速运动中“整”的体现。

【集训的意义】

由于参加集训师生们的赤诚爱国之心和丰富的拳学经验，遂使集训始终洋溢着浓郁的学术风气。虽然和各国搏击家实战交流，以发扬中华武学的计划因日寇侵华而未能实现，但仍具有多方面的重大意义，在此仅述其主要三点：

一，首先是申明了“明心究理性，技击乃其次”。明确了拳学的使命，并对传统武术激浊扬清，去伪存真。此理念的伸张，同时打破很多人的饭碗，自然招致部分人的不满和仇恨，时至今日，所谓的障眼法、坑骗术，依旧是大行其道。70 年前，王芗斋就能坚持一个学者、一代宗师的尊严、良知和道义，是极为难能可贵的。

二，在实践的对抗中，师生们共同摸索，验证和确认了新武学的练习功法和步骤，而且将传统功法的精华由抽象设喻确定为详尽具体之定位、定意、定性阶段。

以“抛弃套路招法”和“重心吊起的悠放”为例。

套路和招法都是人为编造的，只能是同门派的人对练和谋生而用，而将体重全部压在下肢的马步、虚步和弓步等低站姿，更是无法适应拳击高站姿的轻灵多变，鉴于此，王芗斋首倡废弃“人造之拳架子”，并创立了“拔地欲飞”的高站位。卜恩富的拳法和摔法、张长信的拳法、马骥良的腿法，原本就是称誉武林的绝技，集训时均上升为束整连通后的浑元力自由本能。现在广大习武者透过影视媒介来分清中、西方武技的风格和优劣已很容易，应足以认同王芗斋的独到见地和成就。

三，王芗斋以身垂范，耳提面命，培养出了首批具备恭、慎、意、切、和，谨奉四容五要的文雅、谦和、清逸大勇之士。张恩桐、赵逢尧、马骥良、王道桩、韩星桥、卜恩富、张长信和韩星垣 8 人不仅艺业登堂，实战水平不在早期弟子赵恩庆（赐名道新）和衣钵弟子姚宗勋（赐名继芗）之下，而且由于集训都是共同练功和对抗，因此训练时根本不存在什么“三更密传”“独得青睐”，故他们切实体会到了其科学性，尤其是深知芗师的艰辛和殷切的期望，从而他们已远远超出了一般师徒和同门之间的感情，不仅敬师如父，全力实践其拳学要义和使命，而且多年协助芗师大力推广内外教务，代师培养出许多人才，捍卫着芗师的清誉和学术的纯洁性，师兄弟间更是携手共挽，如一奶同胞。数十年来，他们之间从无一人在人前背后有贬低别人，抬高自己的言行，反而还教对方的学生，若论起艺业功夫时，均盛赞对方如何优于自己，这就使后学对他们更加尊敬。他们之间，至今无一人创什么韩氏功、张氏拳，他们的学生也大多互敬互励，业承前贤。

我们所处的时代，是缺乏大师的时代，所谓科技文化界的大师，是指学富五车，高山仰止，品行兼优的学者。但自封的“大师”却满天横飞，甚至不学无术，滥竽充数，沽名钓誉，给社会带来极为恶劣的影响和后果，此皆旧社会风气和误导所致。

通过集训，韩星桥、卜恩富等 8 人，艺业独上高楼，并因在搏击和战场上成绩耀眼而声誉日隆。但他们从未自认是大师，一生唯道是争，甘守着高贵的平凡，为世人留下了真正追求真理的勇气和风范。

1935 年到如今，七十年的岁月涤尽了喧嚣的历史陈迹，清晰了期间芸芸众生相。回首 1935 年我们不难发现，历史多么深情，在民族危亡的时刻，依旧有民族精英在奋战。那血与火的时代反而成了奋进的动力，从而使庞杂、无序的中国武术进入了精益求精的“王芗斋时代”。同时历史又是多么的无情，它点燃了王芗斋以武报国的豪情，催生了他伟大的创造智慧，但又使他张弓无的、华彩蒙尘。虽然在 1948—1951 年间，王芗斋和弟子们使新武学打破藩篱领先时代，以卓越的变革和艰苦实践堆起了武术史上的高峰，但他们那炽热的胸怀与挺拔的身影却很快就孤寂地伫立，而对沿袭马良“新武术”的“蓬勃发展的武术运动”沉思。

难道不派系林立就不足以显得博大精深？难道小农经济思想下产生的自给自足的各门各派，只能永远如战国时代般的并存而不能一统？宁做鸡首不做牛后的民族劣根性是何其的顽固，一盘散沙式的群星闪烁，再怎么亮也终究无法与太阳争辉。2008 年奥运的临近，反问武界人士，我们到底在做什么？我们没有必要再去挖掘、猎奇文物级的东西，既然历史没有选择它，那么一定有它的合理性与必然性。最好的办法就是不要再打扰他们，还是让他们安息吧。同样当一些历史证明了是真正国粹的东西就应当完整准确的继承、发展它，也就没什么必要再编创什么新的拳学了吧。您的成就高不过前人，仅靠钱心利胆只会贻笑方家，70 年前的状态与现今的中国武坛有着太多的似曾相识！

第 56 章　我对王芗斋站桩的一点认识

吴　飞[①]

从清代到民国，中国社会虽然陷入了巨大的危机，传统武学却获得了相当大的发展，出现了不少重要的武术宗师，在武学上也有很大的理论推进。这一方面是因为传统武术在学术和实践上的长期积累，另外也是因为在民族危机之时，西方思想与体育带来的刺激与启发，王芗斋先生和他创建的意拳（大成拳）站桩法，就是这股潮流当中涌现出来的杰出代表，王先生幼年从学于形意拳大师郭云深先生，尽得其真传，后又周游各地，遍访名家，切磋技艺，将各家各派之长融会贯通，剔除传统武学之繁芜，取其精华，独将传统武学千百年的不传之秘站桩法提炼出来，于是有此意拳之形成。

笔者最早于 1993 年在北大张战山先生处接触意拳，断断续续有所练习，后于 2016 年初，结识程岩先生，并得到程先生极其耐心的教授与讲解，于今习练数年，始初窥站桩之门径。作为初学站桩的一个业余爱好者，略有心得，已深深感到，站桩，作为传统武学的一种现代形态，将中国传统文化的精神融入极其简易的站桩功法之中，是中国传统文化成功现代化的一个杰出范例。

和很多内家拳一样，站桩直接来自中医经络理论和道家内丹理论，站桩时使全身尽量做到充分放松，其意不在打通周天，然而气血自会沿任督二脉运行，并贯及周身经络，充分激活人体的本能之力，获得一种自然舒适的状态，刺激病灶，使一些多年的陈疾被排出来，并渐渐治愈。除了内丹理论，王先生又吸纳了佛学密宗的中脉之说，然而最终却归于中庸大旨。站桩之时虽然一直在强调放松，但并非无原则的松，而是在松紧之间求得一个中道。如虚灵挺拔时督脉的向上之力，养生桩中双臂抱球时的撑抱之力，都不只是放松，而是沿身体之枢纽撑出一个基本的架子，在这个架子中寻求松与紧的平衡，才能做到松而不懈，紧而不僵。等到做到自然放松、收放自由，这个架子也已经不重要了。

程岩先生直接从王老先生处学拳，因而在健在的意拳（大成拳）传承者当中，他从王先生处得到的教诲最多。除了学拳之外，笔者特别喜欢听程先生讲当年王老先生的各种掌故与轶事，而程先生也常常是通过这种方式，讲出意拳（大成拳）的真精神。我们多次听程先生讲这个道理：所谓拳，并非仅是五指相握成之拳，而是《中庸》中“拳拳服膺”之拳，这一点我深深认同。站桩时以意领气，勿忘勿助，靠的是拳拳一心之用，方能达到上下与天地同流的松静自然之境，如

① 吴飞：北京大学哲学系教授。

此才会渐渐去除体内的病灶，才能恢复自然的本能，才能增长力量。习练意拳的核心，不在技击格斗，而在达致这一境界，若能达致此境界，技击之术自然获得，但若仅为技击而习拳，终将伤害自己之身心。因而，意拳（大成拳）之境界，已经远远超出了技击之术，而是一种养生养心之道。

第 57 章　身心合一　桩以载道

垚　澜[1]

芗老所揭示的拳学思想，包涵了中国哲学极深奥的对立统一法则，与古代先哲们相比，芗老的拳学思想最为可贵的贡献是：从身体入手、逐渐将身体的修炼提升到心的修炼，通过身——脑——心的联动，并结合有效的训练方法，最终实现身与心的合一——古代先哲们则首先从“脑”入手，进而努力去找“心”，而往往把“身”忽略掉或干脆对“身”无能为力。芗老的拳学思想，因成功地找到了实现“身心合一”的训练方法，而突破了中国传统拳学和传统人文哲学的局限，它的伟大之处，正在和将要被越来越多的人所认识和珍视。

我生于 20 世纪 70 年代，我们这一代人的知识结构中，国学素养是普遍偏低的，然而，我们属于一个有着连续不断五千年历史记载的古老国度，古人的智慧已然成为每一个中国人的生命底色，如果我们对古人的智慧和经验采取轻视或忽略的态度，定会在遭遇人生课题的时候遇到难以抉择的困难。正因为内在精神世界的空虚，我在大学时代就陷入了深深的焦虑中，对于宗教和哲学的书籍和课程，我饥不择食般地去读去听，跌跌撞撞，走了许多弯路，有时候会全身心投入一种修行实践，“撞了南墙”之后再寻找救赎。

社会工作的外在消耗让我的身体积累了多年的不平衡：积寒凉、生物钟紊乱、情绪不稳定；精神求索所造成的内在消耗则让我六神无主、终日苦闷。2013 年，当我迈进金桐华老师开设的王芗斋站桩班（第一期）课堂时，我的状态就是如上述般糟糕，外在表现就是亚健康状态很严重。

然而，看似简单的“站”，实则“门槛”很高。对于一个都市女性，习练站桩时的外在表现是很不吸引人的：既没有瑜伽习练对身心产生的美感愉悦，又没有跑步运动能够带来的社会参与度和兴奋感——瑜伽与跑步，是现代都市女性群体中最流行的两类运动，我也不能免俗。自 2015 年至 2017 年，有近三年时间，我转而瑜伽和跑步，谁曾想，正是这两种运动，在悄悄地消耗着我已经极度虚弱的生命力。至 2017 年，我的身体虚弱到每个周末都要在床上躺两天“攒劲儿”，才能有力气支撑下一周的工作。一个偶然的机会，我见到宋宪伟师兄，他也是第一期站桩班的学员，与我不同的是，他一天也没有中断站桩，他的身体和精神状态让我惊讶，我因此意识到站桩的好处和重要，这才又重回金桐华老师门下。

自 2017 年 10 月至今，在金桐华老师的耐心指导下，我的身体发生了明显的转变，亚健康状态有了明显的好转，当身体不舒服的感受越来越少了之后，我的精力也越来越充沛，生活和工作

① 垚澜：本名刘晶，《中国国家地理》杂志内容总监。

都得到了正向的带动。我是以养护身体为初衷开始学站桩的，随着时间的推移，站桩令我对身体与心灵的感受力越来越强。恰在此时，我有幸结识了程岩老师，与他的交谈让我意识到芗老的拳学思想中竟然就包含着我百思不得其解的世界观的大问题——站好桩是修炼身心的最佳途径。在金桐华老师言传身教的带动下，在程岩老师的理论启发下，我明白了站桩是一种趋向真理的永无止境的修行。

在学习站桩的过程中，我在金桐华老师的周围认识了很多站桩的人，他们的谦和、谨慎、无私利他，以及深入的修行每每让我感动——这，也许就是受到从芗老到王玉芳先生再到金桐华老师一脉家传的影响吧——芗老的拳学修养已被代代相传，能够得到这样的传承，是我们此代人的幸运，我们因此，更应精进！

第 58 章　智慧人生源于安定的心

杨　进[①]

一个偶然的机会，寻到王芗斋大师的第三代传承人——金桐华先生，见证并亲身感受到金老师用他的"仁心、博爱"给求助于他，身患疾病的人们带去细致入微的关怀、陪伴、疗愈。王芗斋先生"武医济世、治病救人"的思想、理论、行动历经三代，得以一脉传承，不仅为身患疾病的人们带去生命的希望、甚至重生的力量，也为越来越多身体健康的人带来健身健心的选择。我也因结识金桐华先生，体验"养生桩"，对生命、精神世界有了更深刻的思考和领悟，开启了一段"向内寻找"的旅程。

在体悟"养生桩"的历程里，真真切切的经历了几个微妙迭变的阶段。养生桩给予的，不仅是身体的康复或者气血的运行。更重要的是，养生桩，起于身，益于心，帮助人们寻回内心的灵性。

让身体在一段时间里静止，试着让生活、工作中的种种在大脑中停顿片刻，让身体的安静逐渐带动大脑的清净。这其实与禅定有异曲同工之妙。随着时间的推移，把握平衡的能力，也越来越细微。慢下来才能体会世界深处、心灵深处的奥妙。金老师说"动就是静，静即是动"，动静之间寻求焦点，寻求平衡。

我们过多追求物质世界的丰富，太少关注精神世界；我们习惯于向外拥有世界，却忘记向内本自具足；经济学的基本假设是多多益善，然而真正的幸福却来自"减少"。

随着经济社会日新月异的发展，物质条件极大丰富，人们逐渐屈服甚至陷入到权力、财富、地位的无止境追求和享受中，而在人类不断去摄取有形物质财富的路上，原本是人类专属的"精神家园"慢慢被遗忘、甚至被彻底的放弃。迷失了精神家园的人们，成为"空心人"、成为拥有财富的"穷人"；更因人们对物质财富的无度、无法的追逐，而其带来的生态环境的日益破坏，将必然给未来的人类带来无法承受之"重"！

人唯有内心安定，精神才能够安定；唯有精神安定，身体才能够安定。反之亦然。想要在物欲横流的世界中守护好我们的精神家园，首先需要我们的心灵在现实追逐奔波的步伐中慢下来、停下来，好好被对待、修整，重新出发。

"拳道之大，其使命要在修正人心，抒发情感，改造生理，发挥良能，使学者神明体健，利国利群……"，芗老早在百年之前就在《拳道中枢》中深刻阐明了"拳道修心"的理念，而我们

① 杨进：中益联 CEO。

这些有幸结缘的后辈们，也正在通过王芗斋先生所授的有形之法，体悟到“修心”所获之无形“至宝”。

在与金桐华老师宝贵的几次讨教交流中，金老师跟我分享了“拳学”传承的体系化思路，让我深刻认识到，其能够向更广泛之众人推广的意义和价值——以“修心”之道法，从给少数人“治病”到推及到众人中去“健体防病”，从而唤回越来越多人们的灵性精神家园，带给这个社会更多的安宁与和谐！这是一份需要众人去倡导、又会让更多众人受益的事业。

希望这份公益事业蓬勃发展，希望更多人在养生桩“修身修心”中获得“至宝”，让王芗斋先生这份百年的“济世情怀”得以在众人中传递、传承。

第59章　大医精诚　惠泽苍生

杨俭　吴雅礼　胡增平①

随着越来越多的人亲身遭受现代医学带来的副作用（如终生服药或滥用抗生素带来的严重副作用等）之后，人们开始痛定思痛，逐渐清醒过来，发现脱离事物本质的概念越远，其效果越是南辕北辙。于是，人类只得把寻求的目光投向中国传统中医文化，开始向健康和预防为主的本质回归。但是，现代医学中的运动医学，在中国一般放在体育大学，而非医科大学，而竞技运动根本就不是养生。中医中药大学的教材删除了运动养生专业，那么，具有养生效果治未病的功法在哪里寻找？

距今3000多年的《黄帝内经·素问·上古天真论》中记载："夫上古圣人之教下也，皆谓之虚邪贼风，避之有时，恬淡虚无，真气从之，精神内守，病安从来。"从岐黄问答中，"余闻""上古"等明确的文字证实，中华养生功法是指内经成书之史前就已具备并被实践验证过的治未病之法。"上古"是指伏羲时期，而这些可从我国河北石家庄新乐市的"伏羲台"遗址得到考证；伏羲距今大约7800年历史，所以我们说中国传统的健康养生方法，维护着中国百姓的健康已走过了7800多年的历程。

《黄帝内经》记载的养生桩在哪里被完整地继承下来呢？就是中华武术界，有一位著名的拳医一如的大医家王芗斋！在他传承的武艺中有一个筑基功，是所有拳法的基本功法，这个筑基功就是来自于《黄帝内经·素问·上古天真论》，这就是"中华素问养生桩"，何为养生？养生乃不以药物和手术为手段的预防医学，也即不以针、药、刀、石为治疗方法的"治未病"的上工之理念和方法。"治未病"之意是无病防病，有病防变、防复发和防传染，以达到强身健体、祛病延年的奇效。所谓生，就是生命、生存、生长之意；所谓养，即保养、调养、补养之意。养生也就是保养生命的意思。以传统中医理论为指导，遵循阴阳五行生化收藏之变化规律，对人体进行科学调养，保持生命的健康活力。在世界医学史上，只有中华民族有一整套悠久而完善的养生文化体系。而在中华文化界、医学界和武术界，将其艰辛捍卫传留至今，并使之不断丰富和科学化的唯有芗老及其真正的后学们。

---

① 杨俭，吴雅礼，胡增平：大成拳第四代传人，均为杨鸿晨先生弟子。已传授芗学养生桩数十年，兢兢业业竭心尽力，受益者甚众。其中，杨俭为杨鸿晨先生公子，河北石家庄人。自幼随父学习大成拳，并得到多位武学前辈指导，游学大江南北，长城内外，研学原传拳法和结构功法，经多年实践磨砺，养生技击均得其妙，为大成拳第四代中之翘楚。净慧老和尚来河北弘法的首批俗家弟子，临济宗第四十五代俗家弟子。站桩有悟后精研先秦诸子百家及黄老学说，对传统文化有独到见解，著有《金匮抉微》一书。

早在新中国成立之初，周恩来总理和张云逸、廖承志、孙毅等领导同志就认识到这个道理并向芗老学习站桩，并大力推广，尤其是河北省省长杨秀峰和省卫生厅厅长段慧轩。还特意把芗老请到河北省中医院和省中医研究所开展站桩的教学和科研工作，取得了开拓性的成效。其影响历久弥新，至今亦盛。现在省会石家庄的各个公园和许多社区都有站桩的训练辅导站。省中医院已连续八年开展了站桩辅导工作，收效甚弘。篇幅所限，下文仅举几个小例。

刘喜宙（省台办）

得康健：站桩前有颈椎病，不但脖子痛，还影响到手麻木，手怕凉不敢伸进冰箱。腰椎间盘突出，只能坐硬凳。脚走路时遇到地不平，马上就反映到腰，更不敢跑步，现在全部正常。站桩前静脉曲张严重，现在基本上没事了。站桩前眼睛看东西模糊，现在大有好转。得力（劲）：站桩前与其他人一起走路，自己明显比别人慢，站桩后走路有力气，精力旺盛。自己拿东西时也明显比站桩前有劲。得理（理即礼）：头直，目正（俗话说身正不怕影子歪，打铁还须自身硬）。膝盖不过脚尖，高不过眉，低不过脐等站桩的要求。在为人处事上蕴涵着多么深做人的正能量。

王亚萍（石家庄市西兴小区）

2010 年，我查出患了糖尿病，身体疲乏、消瘦、血糖高。服用二甲双胍一段时间后，造成脾胃虚寒，便稀不成形，每年夏天需要吃附子理中丸调理肠胃。今年 5 月中旬，从《燕赵老年报》上获悉，河北省中医院治未病科举办养生桩免费培训班，可以调理脾胃，对慢性胃肠炎能起到辅助治疗作用，于是我来到培训班开始练习养生桩。在老师们的细心指导下，我慢慢地学会了站桩。一个月后，效果开始显现，肠胃寒凉症状减轻，到 6 月中旬，就不再服用附子理中丸了，能够吃点水果了。如今站桩三个月，脾胃不再虚寒，大便正常成形了，糖尿病症状有所减轻。

肖瑜（省航测局）

我今年 49 周岁，正是更年期的尴尬年龄，为了保持身体健康，最近一两年我喜好上了晨练。9 月份，在晨练时机缘巧合我接触到了养生桩，从此开始了我的养生站桩之路，刚开始由每次站桩 15 分钟到现在能站 40 分钟，我一直坚持从不懈怠，到今天练养生桩已近四个月了，短短的四个月我的许多小毛病都得到了意想不到的改善，心里感觉很是欣慰，也想把这种感受分享给大家。年轻时的劳累和不注意保养也不知何时落下了腰疼的毛病，大概在三四年前，我开始感觉到腰疼腰酸。一旦弯下腰做事，再想直起来就要做慢动作了，慢慢地起身，否则根本起不来，腰跟躯干好像是脱开的一样。腰没有力气也不敢走远路。站桩三个月后这种现象基本消失了，没有那种酸疼的感觉了，弯腰做事再也没有提不起腰的感觉。将近四个月就能感觉到腰切切实实的存在感了，腰有劲了，无论是干活还是走远路都感觉轻松了，人忽然就变得轻盈了很多。孕期留下了痔疮的毛病，年轻时气血旺盛也没啥感觉而且从来不发作。过了四十岁，体质变差了，这个毛病却时不时地出来捣乱，不敢久坐久站，人被折磨得痛苦不堪。练站桩一个月后这个毛病就不明显了，三个月后没有再复发过。

今年7月份偶然发现自己的左腿窝处静脉弯曲较明显，去医院看了，医生说没有可根除的药物，只能平时多加注意。我站了将近两个月的时候，左腿窝处鼓胀弯曲的血管平滑多了，静脉曲张明显见好，双腿也没有酸胀的感觉了，这些变化给我带来了惊喜，养生桩真是太神奇了，让我痛苦的颈椎病带来的头晕、呕吐、肩颈疼痛等症状都在站桩三个月后逐步减轻并消失。感触最深的是站桩到三个月尾时头部麻木感忽然强烈，心里有些不安，我咨询并按老师们说的要求坚持不懈地站桩，过了三周这些症状基本消失，颈椎出现了许久已没有的轻松和舒适感。同时肩周炎也在不知不觉中康复。体质也增强了。以前同事们总笑我说一年四季天天在感冒，自从开始站桩，神奇的事情就发生了，将近四个月了就从没感冒过，眼下正值寒冬，经过近四个月的养生桩练习，我现在双脚踩在地上感觉大地都是暖融融的，身体状况的好转带来了好心情。

张月山（省气象局）

站桩前患有颈椎病、肩周炎、腰疼、腿疼、失眠、焦虑、记忆力衰退、视力下降等疾病，病痛折磨，痛苦不堪生活质量大大下降。练习养生桩后，病痛慢慢减轻，不知不觉中，慢慢消失了，病“跑”了，生活快乐起来了。驼背，是我长期坐办公室、俯在电脑前高强度工作造成的；头歪，是小时候脖子上长疖子影响的，几十年的毛病没想到练养生桩给改变了。现在，背不驼了，头不歪了。现在拍的照片和站桩前的对比，判若两人，现在照相都有自信了。

心浮躁，是在快节奏生活下的通病，白天工作不安心，效率低，夜晚睡眠不好，魂不守窍。现在这种情况得到了彻底改变，白天在办公室，能专心工作，回到家，能静静的读诗、读小说、和电脑下象棋。夜晚入睡快，睡得沉，睡醒后浑身轻松。

近年来，我们坚持为患者和广大体弱多病者提供传统、纯正的养生桩服务，因以显著的效果，良好的医德武德之风，以人为本的服务意识和真传的功法，获得了广大患者的口碑相传的信任和赞誉。现在，仅省会石家庄就已经有六万余人受益，并长期进行站桩训练。

从实践中，我们深感体会到，芗学站桩功是最适合普及推广的全民健身功法。

在今天，为了落实《中共中央国务院健康中国2030规划纲要》，提出的健康中国健康目标和《国务院关于实施健康中国行的意见》（国发〔2019〕13号），中国一个全民健身和治未病的高潮已经到来，芗拳站桩功的开展，对于全国人民乃至全球人的健康所带来的巨大效益是无法估量的。

第60章　站桩　自立利他

刘向英

大约在2004年母亲被电动自行车撞倒而导致腰椎、骨盆的疼痛和行走困难，在求助西医未果的情况下，我开始关注了中医这个陌生的行业。并找到了御源堂中医诊所，在这里遇到恩师胥荣东主任医师。

学医和习拳都是一个渐进的过程，我在每一次拜师仪式上都和新入的同门说："拜师"成功不代表自己在某些方面能够突飞猛进，反而更要约束自己勤于练功和学习。这实际上是我自己的这几年跟师总结的其中一点。师父在东源文际医疗的"筋柔百病消"经筋班讲课，不论晚上的平日班还是节假日的集中班，我基本都是每场必到。在"行知堂"诊所出诊后对弟子的教拳，我更是积极参加。在师父不间断的耳提面授下，蓦然回首这几年，发现自己有了实实在在的改变。

一、身体的改变——自立

我是一名IT从业者，在我三十多岁的时候，就发现自己身体有了很多的小问题：颈部酸疼，腰酸背涨，睡觉多梦且质量不高，食欲不振，肠胃经常的鼓胀，眼干、眼涩，小腿酸困，精力不足，注意力不容易集中。符合中医讲的纳少腹胀，肢体倦怠，神疲乏力。实际上我每年都参加公司体检，结果都是在正常范围内，但是谁难受谁知道。

拜师后，师父就明确地告诉我：身体太弱，要好好站桩、有空就站。虽然在开始的时候我不理解站桩的意义，不过师父既然有要求就不打折扣的执行。站桩的种种辛苦和过程也许可以单独写篇文章讨论就不在这里细说了。

经过一段时间师父针刺的调理，以及自身的站桩不辍，有一天我忽然发现因工作压力和器械锻炼出来的僵硬肌肉变得柔软了，身上的汗毛敏感到可以感觉到衣服的质感，裸露的皮肤可以感受到空气中的阻力。也忽然发现身体上的那些小毛病在不知不觉间就消失或者减弱到无关紧要了，早上起床不再腰酸背疼如没有休息一般，也没有了缩短的筋让自己犹若被捆住般的难受。身体实实在在的变化让我对站桩，对学习"经筋"更加有热情了。

二、心理的改变——内省

年轻时就因为自己性格的"耿""倔"而四处碰壁受伤，虽然知道自己有着这样或者那样的问题，但苦于没有办法改变，听之任之，直到遇到恩师。

大家都知道胥老师不仅出诊也经常授课，作为弟子，我尽自己最大可能挤出时间跟随师父。课上反复听师父的教诲，课下整理胥老师的各种资料、规划整块时间站桩练功，内心的改变是不期而至。

胥老师在讲解站桩时心要“无住”，我做不到，在站桩过程中不由得会任其所想，随着站桩时间推移，千头万绪最后归成几个念头。借着站桩生出的内在的能量，趁着练功时思维敏捷和逻辑清晰的状态，配合胥老师在经筋班课程讲价值观，作为对自己内心拷问的方向。延着这几个念头不断追溯，反思自己过去的行为是否妥当，是否为自身导致，追问自己想要的是什么。这不也是“吾日三省乎吾身”么。

这是个痛苦的过程，因为要不断地挑战自己，我认为这就是修行。想清楚这些需要较长时间，问题想清楚了，站桩的时候也就不会再想这个问题了，这个事情就可以放下了，然后继续琢磨其他的念头。

心理的改变必然会导致行为的变化，一些习气会慢慢减少，“我执”也会变少。这直接带来的好处就是对家人、工作的态度发生改变，这些变化可能不是翻天覆地，可能只体现在一些微不足道的方面。我不知道自己最后会变成什么样，但是我会不断地让自己成长。

三、由武入医——利他

以拳入道，以道指医。拳道是医道的基础，尤其是按摩和针刺。自己的身体柔软了，有内功了，那么按摩、针刺也就更有效果。胥老师的内功按摩和针刺的效果是每一个体验过的学员感到不可思议的事情。

我刚对按摩有感觉的时候，参加一次家庭聚会。我丈母娘坐在桌子旁边和亲戚聊天，我在旁边也没事干，看着丈母娘的后背有些驼，就伸手站在她后面给她按摩。

丈母娘的两个肩膀肌肉比较紧，我用双手将她的肩膀肌肉提起来使其放松；用双手大拇指按摩肩胛骨内侧的筋结。我当时感觉这些问题都需要揉开，用的力度不轻让她感觉很疼，但是她没有拂我的好意所以咬着牙坚持。五分钟后就开始吃饭了，按摩也就停了。在吃饭过程中，一个姨兄过来向我说：你真孝顺，佩服你能给自己丈母娘揉肩膀。

过了几周后我再次看到丈母娘，她说：那次的按摩后那几天她的肩膀完全松下来了，但是按摩过程太疼了。

按摩有这么明显的效果，又体现出“孝”，让我始料不及和沾沾自喜。

我会带着儿子听胥老师的课并一同站桩，他有什么身体的不适或者体育课上锻炼后的肌肉疼，会及时地告诉我，也会主动要求扎针，因为他知道按摩更疼。从小让他接触大成拳和中医，有助于以后他对中医和传统文化的热爱。

也会给同事解决些小问题。一位年轻的男同事因为习惯每天早上洗完头上班，结果某天头发未干在冷气十足的地铁里吹了几十分钟，到公司就头疼不止。上午他还能忍着工作，中午小睡一觉也没有改善，到下午就疼得只能趴在办公桌上了。我根据他的描述，触摸到风池风府周围一些瘀堵的位置，按压阿是穴 2、3 分钟，他自述头疼就减少了一多半，然后就可以正常工作了。次日反馈头疼已经好了。据他说之前也有过类似的头疼，即使吃药一般要 3 天之后才能好转，这次居然这么快就好了，很惊奇。

有某女同事因为喜迁新居晚上喝酒较多，次日胃疼得不能直腰，脸色发白的过来找我。先建议喝藿香正气水，因为其味道而被拒绝。遂建议施针，女同事很痛快的答应。取两腿足三里快针，针出既有黑血流出。同事立即感觉胃部舒适了很多，几分钟后感觉自己可以把腰直起来了，当天下午就恢复正常。

用银针解决同事手指麻；通过针刺治疗朋友心悸、胸闷……这样的事情还有，鉴于篇幅不一一赘述。亲朋好友的各种赞叹让我有成就感之余想的是：其实我不过是按照胥老师讲的经筋理论、按摩手法进行处理。我可能无法成为执医，但是掌握的能力可以让我帮助家人和朋友更健康，遇到疾病不慌乱。胥老师教的东西这么好，还是需要多宣传，让更多人了解和掌握。

这些“改变”只是跟师后的一些外在、粗浅的效果，不是全部，恐怕不拜师是不能体会到。

我理解的“四十不惑”是人在这个阶段遇事明辨不疑，有自己主观的想法，在某种程度上来说也是不容易接受其他的观点，更不易被说服。我侥幸自己遇到“明师”，到了这个阶段能也不吝自己的改变，这也是一种“不惑”吧。

再说回母亲的事情。实际上就是为了解决母亲的病痛，才抱着试试的心态去找胥老师扎针。扎针的痛苦和过程就不细说了，简单地说个小事，胥老师用 0.35mm × 70mm 的长针直刺母亲臀部筋结处，当时我居然不能拔出扎在肉里的银针，甚至怀疑针扎在骨头里了所以卡住了。可想筋结之紧和胥老师的功力之深。

开始扎针的时候母亲是没有感觉的，不疼也不麻。经过一段时间内的调理后知道针扎进去了，但是感觉扎的不是自己。到后来就有些怕针了，某次进了诊室说：胥老师我就是来看看您，不扎针。胥老师听着也是笑。

这时候母亲由原来只能走 50 米，变成可以出去遛弯，原来不能上楼也变成一个人可以上五楼了；自己也可以照顾自己了。

感谢恩师！

第 61 章　从脏腑—经络—经筋角度，浅谈站桩养生原理

王云涛 ①

一、接触站桩

我高中三年一直饱受慢性肠炎、失眠的困扰。高考后考虑到如果身体垮了，一切都是没意义的，所以毅然报考医科大学。本想上北医，但因 2000 年北医与北大合并招生，没找到报考学校编码，所以上了北中医。

上学期间接触"智能气功"，跟着侯中伟师兄练习"捧三形"，也就是捧气贯顶法、三心并站庄（桩）、形神庄。经过练习智能气功，自己的身体逐渐好转起来。当时感觉最明显的就是"气感"，感到自己周身气血循环，人与天地气场感应，自身经脉循环。练习三心并站庄（桩）时身体发热出汗，头脑清明，气血充足。当时感觉练习站桩、导引真的很好，起码可以修复自身，提高体质，让头脑更灵活。

这个时期只是满足于练功带来的气感和舒畅，并不明白其中原理，也没有对站桩养生的原理进行思考。停留在老师怎么教，就怎么练习阶段。

二、站桩是武功的基础

有一段时间，每周末跟随郝斌师兄，去校外跟着八一电影制片厂内部门诊部针灸科的一位老师学习中医。这位老师叫林广兴（石欣），是道家太极门陆锦川的学生。在门诊部扎气针，效果很好。那时，每周末我们一行人向林老师学习中医处方、针灸，也接触到一些武功的事情。

我们谈起一个电影叫《精武家庭》，里面一个小孩以及冯德伦都有一套棍法很好看。林老师说，这是天门棍法，他的师兄陈虎（tigerchen，基努・李维斯的武术老师）教的这套棍法。并说起陆锦川当初教陈虎武功的事情。以上内容可以从陈虎的新浪博客《师傅（陆锦川）和我》

① 王云涛：主治医师，毕业于北京中医药大学，中医学硕士。曾在三级甲等医院从事中医科、生殖科（男科、妇科）工作，对月经、排卵等女性生理特点有独到认识，在痛经、不孕症治疗上疗效显著。对卵泡不破裂黄素化综合征等采用针灸治疗取得了可喜的效果。目前在北京行知堂中医诊所就职。本文在新浪微博阅读量已经超过 300 万人次，得到读者一致好评。

得到印证。

林老师说练武功先要站马步桩，并演示了小马步桩，一般要站两个时辰，也就是四个小时，才能够练后面的武功。站马步桩是练武功第一步，一方面让腿部气脉通畅，一方面可以内壮。练武功还要专门揉胃，一天揉胃四个时辰，把胃打开，就能吃很多饭了。我问为什么，林老师说：能吃饭才有力气，否则怎么出功夫！

马步桩、揉胃都是练武功的基础，马步通气脉，揉胃开胃口。这时我意识到站马步桩可以内壮，揉胃开胃口也算内壮吧，二者有什么联系呢？站马步桩对开胃口有没有帮助？有人说站桩增加腿部静态肌肉力量，如果是这样的话，那么站桩就属于外壮了，为什么林老师说站桩属于内壮呢？这个阶段我开始了对站桩的长期思考。

三、拜师学习站桩

来北京御源堂、东文中医诊所工作后，接触到胥荣东老师。胥荣东老师一直在东文中医诊所教授大成拳站桩，我做课程招生以及助教工作。这是第一次接触大成拳，所以很多知识都是以前没接触过的。与胥老师接触了一段时间后，感觉胥老师人特别实在，从无花里胡哨的东西，全部是真东西，而且出功夫快。有一次与徐文兵老师一起吃饭聊天，徐老师对胥老师的评价是“局气”，有肚量！

初学站桩，我在家里自己站，但是总觉得哪里不对。有一次去御源堂中医诊所找胥老师调整站桩姿势，胥老师说要“掖胯”，双手往我的髂前上棘外下侧一按，我顿时感觉力量下沉到足底，双足有了根，手足可以呼应了，力从脚底发。心想：自己瞎练不行，还得拜师。于是就拜胥老师为师父，学习站桩。

跟课期间，不断地重复学习，接受师父教导，进步很快，站桩时每只胳膊都可以让一个 100 斤的女同事挂起来。我也观察到很多学员在站桩时有很多反应，例如打嗝、矢气、流眼泪、出汗、肠鸣、抖动甚至自己打拳。很多学员反映，站桩后食欲很好、睡眠很好、眼睛明亮能够看得更清楚，身体轻松，大便通畅，腹泻好转等。站桩功效这么大，于是我又陷入了思考，站桩到底为什么有这么大的功效。

想着想着，一个学员开始打嗝了，不是呃逆，是类似于吃饱饭后的饱嗝，一个接一个。还有同学小心翼翼地排气。嗯，我感受了一下自己酸酸的股四头肌，似乎明白了点什么。打嗝—胃—经脉—经筋—股四头肌持续紧张产热—足阳明胃经—手阳明大肠经—手阳明经筋—肩部放松—手臂前伸，一连串的术语文字在我脑海显现，我要把它们梳理连贯起来。我似乎找到了解释站桩内壮原理的切入点。

四、脏腑—经络—经筋

中医是怎样认识人体脏腑—经络—经筋的关系的呢？五脏六腑都有经脉络脉，经脉连接某脏腑与肢体末端，络脉联络表里脏腑的里支或者肢体端的相表里的经脉。例如：肺手太阴之脉，起于中焦，先下络大肠，再过胃口，上膈属肺，走入上肢后，在列缺附近联络大肠手阳明之脉。也就是说，肺的经脉起自中焦，属于肺脏，在里支联络大肠，在浮支联络大肠经脉。肺气可以通过肺经脉里支进入大肠腑，可以通过浮支的络脉进入大肠经脉。肝的经脉“其支者，复从肝别贯膈，上注肺”，所以肝脉通过里支与肺脏连接。这样的话，肺的脏气，可以连接大肠腑和肝脏。其他脏腑仿此。

那经筋与经脉有什么关系呢？脏腑之气血通过经脉濡养经筋，经筋才能维持它的功能。经筋的作用是把人体骨骼组织联结起来，并提供人体运动所需的力。简单地说就是：脏腑能量通过经脉提供给经筋，经筋提供人体运动需要的力。一般对于脏腑—经脉—经筋关系的论述也就是这些了。我称这种叫“顺养”，也就是脏腑养经脉，经脉养经筋。但是，我认为还存在一种“逆养”，也就是经筋养经脉，经脉养脏腑。

为什么脏腑、经脉、经筋之间还存在“逆养”的关系呢？是因为我们可以观察到人们在日常锻炼中，通过经筋（肌肉）锻炼，可以增加人体温度（经脉阳气），增加脏腑功能（阳气温养）。例如慢性有氧运动，可以增加体温，出汗，增强心肺功能。这个现象就是经筋逆养脏腑的例子。站桩同时存在“顺养”和“逆养”现象。

我们以养生桩为例，看站桩中有哪些顺养和逆养。站桩时摆好姿势，双膝微弯曲，股四头肌（胃足阳明经筋）持力，掖胯松腹，足阳明经脉放松，脊柱竖直，双臂前举如抱球，肩部手阳明经筋持力，手臂处手阳明经脉放松，头虚领等。全身经筋除了维持姿势需要外，其他尽量放松。持力的肌肉需要能量供应，这些能量来自于脏腑，主要是元气通过胃、大肠腑输出，再通过经脉输送给经筋，经筋为了维持身体姿势，需要消耗能量，这是顺养。持力经筋局部发热产生阳气，阳气通过经脉逆回胃、大肠腑，并走相表里的脾、肺脏，温养胃、大肠、脾、肺，所以出现脏腑的反应，即：胃部发热蠕动打嗝，大肠蠕动加速可以排气，肺主皮毛，皮毛出汗；脾主运化，消化加快，脾脏气血疏通，这是逆养。

所以，从脏腑—经络—经筋角度看站桩养生原理就是，机体通过脏腑、经脉把能量输送给持力经筋，经筋消耗能量产热生阳气，阳气通过经脉传入本脏腑以及表里、相连脏腑，脏腑功能加强，达到内壮目的。

五、以养生桩为例看站桩要求的原理

养生桩的要求涉及形、气、神等层次，这里只讨论少量形、气的层次。

1. 两足平行站立，双足距离与肩同宽或者略宽，双膝微微弯曲

两足平行站立，指的是足尖角度朝向问题，如果两足尖外八字则骶骨部位被挤压，骶骨上下气血不通畅，无法气通于背。如果两足内八字，则骶骨部位打开，气血通畅，三心并站庄（桩）和钳羊马都是这个姿势，但是初学者胯僵硬，内八字必然扭曲膝关节，时间长了膝关节不舒服，所以两足平行站立比较合适。

双足与肩同宽或者略宽略有不同，比如峨眉十二桩中就有气平正立平肩裆与平肩扩大一字裆之分，前者同宽，后者略宽，对于养生桩以略宽为优。站养生桩，两足间距离略宽于肩，则上身重力正好由股四头肌（胃足阳明经筋）持力，且能打开会阴部，气机容易发动。我的一位太极拳师父告诉我一句话，开胯其实就是开会阴。所以两足与肩略宽，开会阴，任督冲脉气机容易发动。这个姿势正好是胃足阳明经筋（股四头肌）持力，且胯能打开。

膝关节微微弯曲，而不是弯曲太多甚至90度，因为对于练习养生桩的人来说，一般气血不太充足，如果弯曲太多，则股四头肌持力太大，消耗能量太多，会导致腿部抖动，剧烈酸痛，头晕眼花，听力短暂性下降，大汗出等，这属于“壮火”，对于普通人来说会导致气虚，也就是“壮火食气”，不利于养生，但是如果练武功，必须吃这个苦。膝关节微微弯曲，则股四头肌不需要太多能量，而且能够产生微热，产生“少火”，“少火生气”，消耗较少的储存能量，反过来给五脏六腑输送阳气，达到补气的养生目的。站桩后胃口大开，促进饮食消化，能补充能量。

2. 掖胯松腹

掖胯，是站养生桩很重要的一个姿势。如果不掖胯，则上身力无法全部卸到足底，也就是足底无法感觉到沉重的持力感，无法达到松沉中的沉。掖胯则感觉两足生根。掖胯可让大腿与腹部之间的筋放松，此处有胃的经脉通过，如果紧张，则经脉不畅，掖胯放松可使此处经脉畅通。股四头肌产生的阳气，可以顺利通过此处，沿着胃的经脉上升，通过腹部，进入胃脏。松腹也是让腹部经脉放松，使股四头肌产生的阳气顺利通过，而不是憋在腹股沟或者腹部，无法顺利达到胃脏。

3. 似坐非坐，似靠非靠，似笑非笑，似尿非尿

似某非某，其实就是放松主管某个动作的肌群。似坐非坐，就如坐吧台高凳一样，有往下坐的意识和动作，但就是不坐下去。可以让尾闾下垂，拉直脊柱，让气脉畅通。似靠非靠，就是让背部犹如靠墙一般，这句话也可以说是“背如刀切”，直上直下，整整齐齐，阳气上升，脉直则顺利，背部弯曲则脉弯曲，阳气上升不利。似笑非笑，人笑则气缓，肌肉容易放松，“喜则气缓”，所以似笑非笑则全身除了维持姿势的肌肉紧张外，其他肌肉容易放松，产生的阳气，容易扩散。似尿非尿，这个口诀很少听到，但是很重要。我认为主要是为了松下腹和气沉下腹。在某些练习丹田发力的武功中，也有练习气撞丹田的方法，类似于似尿非尿。

4. 头微微后仰，虚领，口如含珠

有人站桩后头晕，是因为颈部肌肉没有放松，如果想放松颈部肌肉，那么头微微后仰就可以了。有人站桩时含胸拔背收下颌，时间长了容易胸闷头晕。原因就是，含胸拔背收下颌是交手时卸力发力需要的姿势，不是站桩所需要的姿势。头微微后仰，颈部肌肉放松，颈后部经脉畅通，人迎穴打开，胃经脉的气血顺利上头。口如含珠，则颊车穴放松，胃经脉放松，阳气顺利入口目鼻。所以很多人站桩时眼泪汪汪、口水增多、鼻腔通畅。时间久了，口干、眼干、鼻炎都能治好。

还有其他很多姿势要求，就不一一解释了。姿势要求是为了达到站桩养气、气血通畅的目的。所以对于养生桩，能够使阳气产生，顺利通行经脉的姿势都是正确的。

六、用经筋—经络—脏腑逆养原理设计内壮术

人体有十二经络奇经八脉，共计二十经脉，十五络脉。又有十二经筋。传统健身术多从经筋入手达到内壮的养生目的。怎样合理锻炼经筋达到内壮呢？就需要使用前文所说的脏腑—经脉—经筋顺养与经筋—经脉—脏腑逆养的原理。

经筋运动，需要能量，这些能量从人体能量储备来，经过某脏腑及经脉输送到耗能经筋，所以传统运动（包含站桩）最初也会适度消耗人体能量。因此，最好在休息好、不饥饿的时候练习，这是站桩及其他运动的前提。

运用经筋—经脉—脏腑的逆养原理来达到内壮，则先要明确要锻炼什么。现代人脾胃多虚弱，且脾胃为后天之本，所以养生桩温养胃及脾显得效果突出。很多人站桩后先感觉到胃部堵塞，继而打嗝，继而胃部温暖舒服，就是养生桩温养胃的证明。现在食物毒素多，且人吃饭多为肥甘厚腻，多痰湿，所以排毒尤为重要，养生桩的手臂姿势可以让大肠经脉阳气旺盛，推动大肠蠕动，排出浊气，治疗便秘，促进排毒。站养生桩对于某些心脏缺血性疾病有很好的效果，原因就是胃经脉气血旺盛，阳气入胃络脾，脾脉畅通，而脾脉入心，疏通心脉。心肌缺血的很多问题原因不在心（包），在于脾。这就是为什么吃肥甘厚腻之人容易得心脏病。肥甘厚腻伤脾，脾伤则脾经脉瘀阻不畅，堵塞心脉。有些近现代中医重用四逆汤治疗心衰，说回阳救逆，西医称有强心作用。其实四逆汤又叫“小泻脾汤”，是泻脾实的。有人说舌下络脉迂曲怒张可能心脏有问题，舌下络脉刺血对于心脏有好处。这是因为脾的经脉“连舌本，散舌下”，舌下络脉反映的是脾脉气血多少以及通畅程度。

一个养生桩温养胃，疏通大肠，旁及脾心肺，就有这么大的功效。那么如果以此“逆养”原理，设计出针对五脏六腑的站桩姿势，那不是能够治疗更多的疾病了？其实传统武功早就设计好了很多的桩功专门练习经筋、经络、脏腑。例如降龙桩、伏虎桩、金鸡独立桩、四平马步桩、三体式、十二庄等，只是这些桩功的目的可能为了武功服务，而非全部为养生。如果以此逆养原理为养生治病设计一套桩功，就可以叫作五脏六腑内壮桩法了。

七、总结

感谢师父胥荣东教我站桩的诀窍，也感谢东文中医诊所让我跟师父的经筋班站桩课，在课上我能观察到那么多学员站桩后的反应。把这些反应综合起来，结合自己站桩感受，才想到了脏腑—经脉—经筋，经筋—经脉—脏腑的“顺逆养”原理。“念念不忘，必有回响”，这么多年，自己学习站桩，练习站桩，思考站桩就这么点心得，与前贤大德相比，我的理解可能很粗浅，望各位不要见笑。

第62章　与古为徒　寻找王芗斋

徐新芳[1]

引言：目前芗老的传人中，见过他老人家的可能只有十几位了：常志朗、郭贵志、程岩、薄家骢、金秋华、金林华、金桐华、王禹、王松、王竹、王梅等。

一整个春天，我都困在离愁别绪之中，不得不搬离北京，再想要到现场听师父的课，去跟着师父练拳，随师父出诊，都不是想去就可以去了，心中真是惝恍迷离。师父讲到"平肺脉来，厌厌聂聂，如落榆荚，曰肺平，秋以胃气为本"(《素问·平人气象论篇第十八》)，不仅带着弟子去树上捋榆钱，还非常得意地炫耀，终于搞清楚为何是榆荚了，成熟之后的榆钱就是像豆荚一样，中间是鼓起来的，特别甜。而我脑中出现的画面却是枯黄的榆荚，纷纷扬扬随风飘散，不知道落到哪里。

周一晚上从当归中医学堂听完师父讲《素问》，回去的地铁上，景文师兄问起我的状况，我如实回答，他就说，要不要跟师父说一下，问问师兄师姐，大家再想想办法。可我已经心灰意冷，不想麻烦别人，听了师兄的话，徒增伤感。紧接着，等事情出现转机的时候，我都觉得太不可思议了，就好像失而复得一般。特别开心地跟师父说：我不用离开北京了。后半句没好意思说出来，也不用离开师父了，我还没学会扎针，一时半会且不能出师呢。

听师父讲课多有意思呀。"夫平心脉来，累累如连珠，如循琅玕""死心脉来，前曲后居，如操带钩"，师父收藏的美玉、带钩、拓片、瓷器、弩机，都带来让弟子们欣赏，当你看到这些古代的物件，尤其是汉代的画像石拓片，想象那时的生活，再去理解那个年代集结的书，就容易多啦。

"平肝脉来，耎弱招招，如揭长竿末梢"，师父说，你试试去挥动一根长竹竿，观察末梢的颤动。"死肝脉来，急益劲，如新张弓弦"，师父说，曹丕《典论》里面写"弓燥手柔，草浅兽肥"，干燥的弓才有力量，武术高手一定是手柔。

"平脾脉来，和柔相离，如鸡践地"，师父说，践拳，就如马践地一般，可想而知它的力量。

"病肾脉来，如引葛，按之益坚"，师父说，《诗经·采葛》：彼采葛兮，一日不见，如三月兮！葛生命力强，到处生根，所以有机会一定去引葛，感知一下。葛藤纤维可以做成衣服，葛根粉可以食用。

师父这样带我们去理解《黄帝内经》，理解古人，与古人没隔阂。师父最近读孟子，非常有

---

① 徐新芳：曾任《中国文化报》《中国美术报》记者，现从事纪录片工作，作品有《我在敦煌》。自2016年初至今，跟随师父胥荣东先生学拳。

感触：孟子说得真好，就是我想说的话。师父说王宗岳的《太极拳论》“察四两拨千斤之句，显非力胜；观耄耋能御众之形，快何能为。”把感觉到的、体证到的描述得恰如其分，既精准又文雅。师父让我们多读经典，没事多站桩，别“招邀不三不四之闲人，谈讲不痛不痒之废话，花费不明不白之冤钱，浪费不该浪费的时间”（钱钟书语）。

师父给我们做出了典范。清明假期的经筋班尽管都过去半个月了，可是它的余绪仍在，从网上看到学员各种站桩后身体改善的反馈，在诊室见到一些学员满怀敬佩之情继续找师父治疗，真想让时光倒流，再去看一看师父当时的风采。七十多位学员，半天在室内讲课，半天在室外练功。原来练功推手的时候，有不服气的学员试技多是伟峰师兄来。这一次，伟峰师兄因为有事没来，师父只好自己动手，除了常规的调桩、推手以及示范一些神龟出水、摩擦步等动作步法之外，师父还推手放人。有不服气的就上来试，结果师父越练越精神，越战越勇。等到下课后，稍事休息，晚上又看诊了五十多位病人，直忙活到晚上十点，第二天又精神满满地带大家上课，连续三天都如此。师父由此感叹，人啊，不能老想着静养，越不动，越没精神。

选杰夫子曾说：生命在于合理运动。最近我见到了那位练了十多年形意拳的学员，在清明假期的经筋班上，他被师父的功力折服，要求拜师。师父说他练拳非常刻苦，经过了三次筑基，筑基就好比盖房子打地基，一般情况是，百日筑基，千日功成，可他筑基了三次，还是没练好。在课上，他和练了半年的小师妹袁梦琪推手，居然推不过，无奈地说，还是女生适合练推手。看着高高大大的他，我既庆幸又惭愧，自己一开始就找对了师父，师父真的教，让我们不走弯路，更没有出偏差的，而我们就是不用功，只有身体不舒服了才想起站桩。

我还见到了那位“会笑了”的学员，和她聊了聊。即便事情已经过去两三年了，当我问起她得面瘫的经过时，她想都没想张口就说那天是2016年11月25日，足见这件事多么深刻地影响了她的生活。她是南阳人，做金融工作，这一天，她在郑州培训，外面下了大雪，气温很低，室内开了中央空调，直吹她的百会穴，一冷一热，当晚睡觉她就觉得头疼，第二天早上，发现无法吐口水，面瘫了。她先去河南省中医院去看，开了中药，没拿药。同事介绍了河南中医学院一位教授，她去看，针药并用，大夫保证她半个月可治好，扎了三次针后，她回南阳继续吃中药，吃了半月中药，没效果。再去南阳市医院，一位邻居曾得过三次面瘫，经县医院一位大夫诊治，吃三付药就好，她也去找这位大夫开药，吃了四十九天，没好。前后两个大夫开的药全部是发汗的，一整个冬天她都在出汗，导致身体很虚弱。转眼过了春节，2017年2月，她到北京天坛医院求治，医生让她去做高压氧，因为在北京住宿不便，她到东北去找在部队的哥哥，到部队医院，一边针灸，一边做高压氧，治疗了两个月，扎针留针半小时，脸上常被扎得血直流。与此同时，又认识一人，说能用拨筋、刮痧的方法治面瘫，找他治，结果，伤到神经了。失望之余，回南阳，有人介绍去做艾灸，她便天天开车去，艾灸了三个月，效果不是很明显。又从网上看到在脸上拍一种药水，她去尝试，导致脸上变得黑青黑青的，去问医生，说那药水是激素，可不敢再用了。身体越治越毁，后来又得了肩周炎，手发抖，半边身子斜，腿脚疼，虚弱，走十来步就喘，脑袋里面如过飞机一样嗡嗡响，躺下就天旋地转，笑比哭还难看，原本性格开朗的她，一天到晚没有表情。她不治了，她开始尝试自救，用天麻、当归等药材炖鸡汤、炖鸽子汤来补身体，慢慢把体质调回来了。在来参加清明假期经筋班之前，她是在一个微信群里看到站桩调理身体的信息，一个学员跟她说：你去北京找胥荣东医生，他教的站桩效果好，胥老师是我人生当中遇到的最有良心最善良的一个医生。2019 年 4 月 4 日，她到京，当晚在东文找师父第一次扎针，并报名经筋班。5 日白天上课，晚上第二次扎针。6 日上午练功，大家正跟随师父练习炮拳时，她忽然大声说："我会笑了！"周围的学员都为她鼓掌。上完经筋班，她继续留在北京治疗，她说每天都有新的改变，僵硬的表情越来越自然，晚上睡觉也不做噩梦了，我就感觉可开心了，你们可以把我的真实姓名写上，胥老师给我治好了病，又不是让我编瞎话。她的名字叫张星丽。

"是故风者百病之长也，今风寒客于人……"，师父说，这位面瘫患者正是"风寒客于人"，在病初发时，一定注意针刺手法要轻柔，我用的是浅针多刺。今年春天大家对"春伤于风"有直观感受了吧，因为腠理疏松了，风一吹就进去了。4 月 9 日，北京降温降雨，晚上师父出诊，结果三四个病人都说，被风吹着了、受寒了，身上这难受那难受，有三位女性还贴着多块暖宝宝来的。一位年轻的女士，常在师父这看病，跟师父说：我打呼噜已经好了，我什么病在您这扎一次就好，而且您扎针看着特别轻松。师父听了很开心，开玩笑说，我这是游手好闲。（停了一会师父又改口，感觉用这个词不严肃，但我觉得还是很贴切嘛）。师父治病，治起来轻松，效果又好，这多酷啊。还是清明假期经筋班的一位学员，她第一天扎针，没跟师父说已经两个月没来例假了，第二天扎针，想要去跟师父反馈这个问题的时候，发现例假来了。师父在经筋班结束后跟弟子小聚时，笑眯眯地说，这就是无为无不为的境界。

师父教的站桩，更是无为无不为。"夫五脏者，身之强也。头者精明之府，头倾视深，精神将夺矣。背者胸中之府，背曲肩随，府将坏矣。腰者肾之府也，转摇不能，肾将惫矣。膝者筋之府，屈伸不能，行则偻附，筋将惫矣。骨者髓之府，不能久立，行则振掉，骨将惫矣。得强则生，失强则死。"师父讲到这一段，说，这描述的正是当下人们的不健康状态啊，而站桩，正好可以纠正，每一条都能对上：头直目正，独立守神，肩撑肘横，打开心胸，似坐非坐，膝盖微曲，全身放松，"久练此功，可收精神充沛、气贯周身和力量雄厚之效"。

周一师父刚在当归中医学堂讲完这一段，周二晚上来了一位老病人，跟师父反馈，站桩让她肩膀宽了，原来穿衣服总会溜肩，现在都不会了。师父说，这么巧，昨天刚讲了，她肯定不是听课后这么说的。这位病人原来总去御源堂那里就诊，我印象很深，她个子小小的，皮肤有点苍白，弱不禁风，有一次是晚上失眠，来找师父扎针，两眼无神，少气懒言，好像对世界都不抱希望了一样。更糟糕的情况是，她的爱人中风偏瘫，也一同拄着拐杖来诊所治疗。陪同两位老人一起来的，是他们的女儿，年龄应该比我还小。我当时心里就觉得这个女孩真不容易。后来我就不怎么见到这一家三口了，心里还嘀咕，肯定是身体太虚，扎针效果不好，所以就不来了。过了一阵子，师父说，那位中风病人一天站四个小时，现在站得可精神了。我想不起是哪个病人。师父说，就是那一家三口一块来治病的。我就想起来了，原来他们改去行知堂望京店那里找师父扎针，有一次我还碰上了，远远就认出来，跟他们打招呼，他们也特高兴地跟我打招呼，精神状态好了不是一点半点。这次临走，老太太眼睛里放光，当着那么多人，大声问我，你是不是谁谁谁？我不好意思地说是，她女儿在一旁说：我妈妈特别爱看你写的文章。我听了很是开心，我也有粉丝了耶。

师父的一位病人魏姐，曾经住在西四，见过选杰先生，她带我去西四胡同里面实地探查，找到了师爷曾经工作过的地方，还带我在路口的延吉餐厅吃了一碗冷面。师父说，以前跟着选杰先生练完拳，就在那家延吉餐厅吃冷面。

师父还带我拜访了于永年先生的高足于冠英先生，他一见面就高兴地说，我的步法可不比崔疯子（指崔有成）差。他讲了他的大师兄郭贵志先生第一次见王芗斋老先生的情景。郭先生外号是“八百斤”，很高大，他带着师父于永年先生的推荐信去拜会老先生，想试试身手，老先生以拳力，从上下左右不同角度把他打趴下了六次。

如果是以前，我肯定以为这是传说。现在通过师父，我窥见了大成拳的一丁半点，深信不疑。师父说，选杰先生功夫深，我们师兄弟当中很少有练得像他那么好的，因为功夫没到，所以只好学一些局部的技巧，比如学崔有成灵巧的步法。但就像豹子遇见狮子一样，狮子不用什么技巧，直接往上扑就行了，师父谦虚，早在他编著的《禅拳合一的中国武术——大成拳》一书中，就囊括了他收集的很多关于老先生、关于大成拳的资料。我们后辈还能挖掘出什么样的新史料，不知道，但有这方面的意识，很重要，因为这关乎我们对于拳道、对于传承的态度。

最近安徽安庆的一对母女每周末坐高铁来北京找师父扎针，师父说，从长江北岸来的。师父为病人这种信任而感动，与她们讲一件关于远近的趣事，一位老太太，师父劝她学一学站桩，老太太说，我住得太远了。师父问，你猜她住哪？她们猜广东还是哪里？师父说，这位老太太住在北京西城。

时间的久远、空间的距离，都不是事，关键是不是真的有求道的心。师父最近上课老讲《史记》里面的故事，而且讲起来绘声绘色，跟说评书似的。有一天去东文，我把《史记》装进包里，到地铁上翻开《项羽本纪》，到下车的地刚好读完，对项羽自 24 岁起兵至 31 岁自刎乌江的过程有所了解，当读到师父曾经讲过的一段时，一下子明白了师父的意思，心下震动：汉有善骑射者楼烦，楚挑战三合，楼烦辄杀之。项王大怒，乃自被甲持戟挑战。楼烦欲射之，项王瞋目叱之，楼烦目不敢视，手不敢发，遂走还入壁，不敢复出。师父想要说的是项羽的这种气势，这种精神，而练拳就是重精神，重意感。如果不是跟着师父练拳，根本注意不到这样的细节，更遑论去体会了。所以王芗斋先生诗词里面讲“伟大犹比楚项王，一声叱咤风雷响”。

师父说，你去看看《武林志》等一些武打影视剧，拍得那都是什么。我们有更实际的拳，有更真实的故事，没人去拍，而虚构一些荒诞的故事，以为那是民族精神。老话说得好，要弘扬正气，练拳就是要弘扬浩然正气。

第63章　不安支架　依靠站桩治疗冠心病

任尔康

我叫任尔康，今年七十五岁，是位冠心病患者。2008年因胸有刺痛去医院做造影，诊断前左降支堵60%，每天吃三种西药，吃两次。2015年，我走路不到200米就呼吸困难，又去医院造影，医生说我堵了75%，且是血管拐点，随时有生命危险。如果不装支架似乎活不到明天。因为我在医院乘电梯时曾听一患者问医生装支架好不好，他们似乎是亲属，医生果断说不装为好。于是我知道装支架是有问题的。所以不论医生如何劝说，我都谢绝了他们的好意，出了院。

这一年我七十三岁，是中国老人的一个坎，我不能说已勘破生死，我最担心的是一旦发病瘫痪床上，连累家人，更可怕的是不能自理，失掉了人的自尊。虽然已这个岁数，我仍然对自己进行了反思，我曾当过七年多的兵，干过行政，管过业务，过去是抽烟不怕熏，一天两三包，喝酒不怕醉，最少来半斤，吃肉拣肥的挑，无肉少油不吃饭，工作应酬本来多，自己又不节制，加上脾气暴躁，一点就着，部下背后叫我“老地雷”，这些应该是我患上冠心病的原因。事已至此，怎么办呢。家人也都很着急，女儿四处咨询，多数专家认为我血管堵的部位风险大，装了支架可脱离危险，提高生活质量。我也通过装了支架的熟人了解到，每天要吃不少西药，且大部分药物对肝脏有损害，大都装了一个没多久就要装第二个，我想想也是这个道理，支架只是解决了堵点，并没有改善血管和血液，没有从根本上解决问题。经家人研究，先找中医治治再说。经人介绍找了北京正安周腾大夫，周大夫为我调理扶阳，几付中药下来，人的精神有了较明显提升，原来冰凉的手变暖了，能坚持走二十来分钟的路，这使我和家人对中医治疗有了信心。

我女儿是中医迷，各种中医讲座、网络课，她都喜欢听，在她的带动下，我也开始对中医进行了解。原来认为中医主要是望闻问切，开方子，经过学习才知道，真正的中医，不仅源远流长，而且博大精深，不仅推拿、拔罐、艾灸、针刺是中医，站桩也属于中医中的最佳治疗手段，不仅治未病，而且治已病。一亲戚见我体力差，教我站桩，而且说，可以边看电视边站，每天站20分钟，后来又学了一下靠着门站，手放在腹部站，也站了近一个月，这两种办法对我来说，都感到很轻松，但站了一年，我的身体既没有反应也没有看到多少变化。

2016年9月7日，也是缘分，吴娜把我拉到了胥荣东先生弟子佳宁（张拥军）老师建的胥老师站桩生群，使我对站桩从不了解，到逐步有了认识，从随意站站到看成为生活的重要部分，每天站桩对我而言就如同吃饭、睡觉一样不可缺少。

刚开始，佳宁老师推荐我看张广华先生写的“康复日记”（《一个危重冠心病患者的康复日记：站桩绽放生命奇迹》），主要是学习张先生的刻苦、认真、坚持的精神，而我看到的是同我一样血管堵 75% 的冠心病患者通过站桩治愈的案例，这使我对站桩有了浓厚的兴趣，同时在群里看到胥先生在北京卫视做的节目，我几年前就在电视看到过，当时对胥先生的谦谦君子的形象有很深的印象，但对站桩印象不深，现在知道了如获至宝，认真按佳宁指点站了起来。

我的站桩目的非常明确，不安支架，治好冠心病。我从一开始就站 20 分钟以上，按胥先生的方法，站了几天就有了反应。第七天，云门穴至颈发硬、发胀，左右晃动厉害，以后总有痛处，或发硬，或发胀，有时痛得很厉害，当我知道这都是排病反应时，对这些痛点愉快地接受了。站了一个月，我可以站到 40 分钟了，站到一个半月就可以站到 60 分钟了，慢慢疼痛缓解，渐渐感觉在站桩当中自己成了一个气场，气感越来越强烈，气场在怀中变化，各种奇妙景象出现，身体不由自主做各种平时做不到的动作，有时似乎天地人融为一体。站完桩人感觉特别清新，特别轻松。

我坚持每天在群里打卡，写下我的感受，佳宁老师掌握着我的状态，随时关注着我，适时给我提醒、指点，多次为我调桩，她的热心、认真、执着，深深感动着我，使我对一个从未谋面的年轻人有一种充分的信任，她成了令我尊敬的老师。

进群站桩半年来，我没有一次感冒，偶尔出现流涕、打喷嚏等感冒前兆，或者咳嗽几声，都通过站桩消失了。这在前几年是没有过的。每到冬天我总要感冒一两次，吃感冒药、咳嗽药。去年从香港特别买回作备用的药，如今可能要过期了。

往年一到冬天出门，冷风一吹，眼泪迎风会一直流，要不断擦，这个冬天眼泪不见了。还有以前一到冬天就皮肤干燥，要靠润肤品控制，有时晚上半夜都要起来抹上一些解决瘙痒的烦恼。这个秋冬通过站桩，早已完全忘了这一需要，女儿为我购买的护肤品被我谢绝了。

原来晚上起夜两三次，现在一次，晚上十点上床，十分钟左右即可入睡，一晚能睡六个半小时以上。大便已不再困难，每天两次，肠道已确保通畅了。其他的改变还有很多。重要的是，通过站桩，心境比过去开阔很多，人变得更豁达，心基本能静下来，人显得有了朝气。亲朋好友见了我都说我脸色怎么这样好，陌生人见了我却不觉得我过了七十。

这半年的变化太大了，这都得感恩佳宁老师，她是一位高级教师，担负着高三学生班主任的重任。她由于自己通过站桩获益，萌发出善念，建立胥老师站桩养生群这一纯公益的微信群，以无私的精神，推广传授站桩养生的知识，且每周进行一次问题收集，由她来答疑解难，在胥老师及其弟子的支持下，大家在站桩中碰到的疑惑、问题得到解答指点，多数人克服了站桩中的孤独、烦躁，以及各种排病反应带来的酸胀、疼痛，在老师指导、伙伴鼓励中坚持了下来，身心得到改善，我自认为是最大的受益者。

为使自己的站桩在治疗冠心病的过程中进展更快些，我报名参加了第 39 期经筋班的培训。短短三天让我终生难忘。

第一天一早，大家企盼的胥老师主任医师，我们的老师来了，他脸上的微笑那么自然，给人以亲切温和感，每个站桩者都企盼这种自然的笑容能出现在自己的脸上。三天中有三个半天讲授理论，他用他学贯中西的渊博学识、丰富的人生阅历、生动的精彩典故，给我们讲述中西医的区别、中医的悠久历史，以及中华文明的哲学、宗教、医术、书法、武术，加深了大家对中医的了解，对民族文化的自信。三个半小时他不休息，不喝水，始终神采飞扬地讲课，体现了深厚的内家功力。他似乎有一股强大的气势罩着全场，学员们基本没有走动的，听得津津有味，下课时都舍不得离去，问着各种问题。

三个半天教授练功，以站桩为主，胥老师一个个耐心地为大家调桩。胥老师到了我面前，用他的手臂托住我的手臂，让我体会肩、臂放松的感觉。我觉得自己站了半年桩了，应该是放松的啊，但是试了几次，都不能达到他的要求，他一直耐心地引导我寻找到真正放松的感觉，直到他感到满意了才抽回自己的手臂。

这时，我感觉胳膊像放在水面上搁着，没有一丝重量，整个人似在水中漂浮，没有压力，轻飘飘的。整个人也静了下来，好似在飞天，爽得只想这么站下去。站桩结束，我再来体会，虽然比过去放松多了，但总觉得离老师的要求要差几分，培训结束快一个月了，对放松比过去要掌握得好多了。但总感觉比面授时差一点点。这使我知道为什么要面授，混元桩是大成拳重要的基础功夫，功夫有很多要诀，用语言不能说得透彻，有些甚至只能心领神会，仅就放松这一看似简单的要领，谁能说清到什么程度才叫放松呢。

对放松的理解加深，我觉得自己站桩又有了新的进展。肩部、手臂放松的同时，精神也能放松了。随着放松，心开始静下来，进入到过去没有感受过的状态，站桩中手臂环抱的气场不再乱窜，人基本处于平静状态，没有了孤独感，烦躁情绪也很少出现，胸部的挤压感及胸闷消失，比面授前站得更轻松愉快。

我是个较严重的冠心病患者，通过站桩，特别是通过面授，经过胥老师的培训，我对中医产生了自信，这是对民族文化的自信。我现在不再考虑如何治病，也没有再造影，造影手术虽小，但要将介质灌入血管，对身体多少有影响。我现在感觉很好，为什么要戕害自己呢。我每天坚持站桩，合理安排生活、饮食，不太劳累就好了。站桩既修身，更修了心，一个人阳气充足，三焦平衡，身心健康，是不会被疾病击倒的。现在，每当遇到我的人说：你这满脸红光的，精神怎么这么好啊。我都自信地对他说：我学了胥老师的大成拳混元功站桩，在佳宁老师的胥老师站桩生群里站桩，跟我一起学站桩吧。

任尔康先生近照

第 64 章　不识本心　学法无益

——我的站桩经历

王明龙

参加过胥老师“经筋班”的人对“不识本心，学法无益”这句话可能都印象深刻，这是《坛经》中五祖在六祖惠能悟法后，有感而发所说。第一次从胥老师口中听到这句话对我触动很大，既为禅宗语义精辟感叹，也为自己的学识浅薄惭愧。回想自己学习站桩的经历，似乎也是在印证这句话。

我今年 42 岁，是一名水利工程设计师，典型工科思维。从小由于父亲喜爱武术，我也在他的督促下习练，压腿下腰，翻跟头，练拳学套路。从小就有个疑问学了这么多的拳脚，似乎很花哨，漂亮，但真正到了实战的时候怎么用得上啊？后来了解多了，才知道武学的衰落，也正如中医一样。

我虽然从小习武，自感身体素质并不是很好，特别是到了 36 岁本命年以后，身体状况明显在走下坡路。各种毛病找上门来，虽然体检指标一切正常，但是身体不舒服只有自己最清楚，肩膀脖子僵硬，左肩疼了大概近 8 年，眼睛胀痛，腰部椎间盘膨出导致腰疼，右腹部肝区下部疼痛，湿疹，脚气，长期处在亚健康状态，容易紧张，处事不果断。和很多中医爱好者一样，都是因为自己或家人身体不好才逐渐接触中医的，入门也同样是通过徐文兵老师和梁冬老师讲的《黄帝内经》开始，通过这个音频节目第一次了解到了站桩，对于它对身体能起到的作用感觉非常好奇和神往，特别是了解到像我这样长期坐办公室，整天用电脑的人来讲，站桩似乎要比打坐更加适合。但苦于不知到哪里找学站桩的老师，于是就在网上到处搜索有关站桩的信息。

最先接触到的是武国忠老师讲的关于站桩的视频，于是就跟着视频开始了站桩，时间是 2014 年 10 月 10 日。站桩说简单也很简单，但越是站的久就越觉得难。刚开始站时，从每次 30 分钟开始，后来基本维持在 40 分钟，反应还是很多，打嗝，虚恭，手心发热，唾液增多，打哈欠，流眼泪，身体感觉也不错，站完了非常舒服。差不多站到有四个月左右的时候，在站的过程中就总感觉到憋气，想长舒一口气，有的时候又总是感觉呼吸不通畅，憋的非常不舒服，这时自己还是有点害怕，心想是不是自己站桩有问题，出偏了。

特别是到 2015 年 5 月的一件事，彻底把我吓到了，那天天气不错，到奥运公园走了 6km 左右，然后就在车里面晒着太阳睡着了，当时开着一点车窗，晚上回到家又站桩了 40 分钟，站的过程中就觉得左手腕部小肠经位置发麻，虚恭有点臭，站完后就觉得浑身发冷，一量体温

38.3℃，高烧至夜里 3 点，最高时到了 39℃（这在我来讲非常少见，平常很少发烧，即使发烧，最高也就到 38℃），期间就吃了一点感冒软胶囊。等到早晨起床后，体温正常，感觉还好，就是左手腕小肠经位置处有一大片瘀青，后来差不多一周时间才消退，直到现在我也不是很明白到底是什么原因造成的，从那以后，越发觉得应该找个老师当面请教一下站桩的方法。

也是一次偶然的机会，通过徐文兵老师的微博知道胥荣东老师在教授大成拳，对于大成拳我早就有所了解，特别是大成拳的站桩很吸引我，于是赶紧报名参加了 2015 年端午节那一期的经筋班。课上的信息量很大，但都非常有用，从经筋理论到按摩手法再到大成拳，从站桩到推手再到摩擦步，从来没有这么认真的发自内心的学习。积攒了快一年的心中疑虑，终于找到了答案，也坚定了自己继续站桩的信心。通过胥老师的指导，平常很多不正确的桩架细节被纠正，比如站桩时要松肩坠肘、嘴微张，面带微笑，掖跨，上身正直，双脚平行等等。很多地方要不是通过手把手的指导，是很难体会和意识到的。

紧张的三天时间不能仅仅用受益匪浅来形容了，可以说让我对中医，对大成拳有了全新的认识，也更激发了我对站桩的浓厚兴趣。直到现在为止，每周除了周五晚上休息或个别特殊情况无法站桩以外，基本上是每天坚持，平常下班后晚上站桩 40 分钟，周六、日早晨时间充裕，强化一下，每次达到 1 个小时。从开始站桩到现在有 2 年多了，也许是因为每次的时间不长的缘故，站桩带给我的变化是缓慢的，持续的。也曾请教过胥老师，为什么自己没有那么明显的身体感觉和入静的状态呢？回答很简单："继续站吧，站多了就体会到了。"功夫要靠时间慢慢磨出来，我已经下定决心把站桩作为自己生活的一部分了。参加经筋班还学到了一些按摩推拿的手法，感觉非常实用，家里人有点腰酸背痛之类的小毛病，也不必非得找医生了，我就可以牛刀小试，特别是站桩之后手是热的，家人反映效果不错。

下面谈谈站桩带给自己的变化。

第一，身体上的改变有很多。肩膀和脖子僵硬的肌肉变柔软了，左肩疼有所缓解，腰疼有了明显的好转，右腹部肝区下部疼痛基本上没有了，湿疹和脚气逐渐在好转，眼睛舒服多了，不再胀痛，视力也有所恢复，眼白变清澈了，脸色也由发黑逐渐有点变白了，一天工作下来也不觉得累。

第二，精气神上的改变也挺大的。遇事不那么心急火燎，犹豫不决，能够心平气和地处理问题，人也变得更冷静沉稳了，另外性格上也变得更加积极主动，心胸豁达，乐观向上了。

还想再谈谈自己对于健身运动一点体会，不知对不对，请大家指正。

当下对于健身运动，应该说大家都非常重视，运动的方式也多种多样。首先，要说明运动无所谓好坏，仅仅是我自己的一点体会。我开始站桩之前的几年里一直是在健身房运动，主要是跑步和游泳，坚持了几年之后身上的湿疹越来越重，关节也不舒服，后来就停下了。分析原因主要还是因为工作太忙，只能挤出晚上的时间去健身房，搞的很晚才睡觉，另外冬天游泳池的水温又偏低，时间久了就有寒湿侵入身体，不舒服很正常。对于上班族来讲，工作忙碌，时间紧张是常态，个人感觉与其在人定时分去健身房折腾，还不如找个安静的地方静静地站桩，给自己一个更高级的休息和锻炼。

其次，站桩不一定要拿出大把的时间专门去做，平常在汽车上、地铁上、飞机上都可以挤点时间出来，或站桩或坐桩其实都是可以的。特别在地铁上我习惯面对不开门的一侧闭目站一会儿，感觉还不错，至少比低头看手机要强。现在除了站桩以外，我一直还在坚持练习张至顺老道长的八部金刚功，二者一动一静，相得益彰，对于身体还是很有益处。

另外，我早晨站桩的感觉要比晚上更好，天气好时在外面站要比在房间里站感觉更好，特别有阳光时晒着后背站要更容易入静，同时也不觉得时间长。站了 2 年多了，现在的反应感觉比刚开始时要明显的多，手很快发热，还是经常打哈欠，流泪较多，肚子里面气感明显，打嗝虚恭，舒适感在增强。

站桩是要花时间磨才能出的功夫，指望站桩能包治百病，一蹴而就，都是不现实的。站桩只不过是能慢慢养人的阳气，给身体打下一个好的基础，同时培养起一种好的生活习惯，很多疾病还是要找专门的医生去治才能解决问题，但站桩应该能够在治疗的同时加速身体恢复的进程。

说了这么多关于健身的事，还是那句话“不识本心，学法无益”，只有真正认识到健康的重要，从内心感受到身体的需要和变化，才会给自己找到一种好的方法，同时也才会有毅力和信心坚持下去，我自认为是找到了不二法门。

胥荣东和站桩班学员合影

第65章　一个危重冠心病患者的康复日记

——站桩绽放生命奇迹

张广华

胥按：此章引自张广华先生所写《一个危重冠心病患者的康复日记——站桩绽放生命奇迹》书中的“自序”，并附上武国忠先生的荐言。一位被医院确诊为“心肌梗死”的冠心病危重患者，不顾医生的警告，硬是拒绝手术，从手术台上走了下来，居然通过自学站桩获得了新生，真是奇迹。即便如此，是否选用此文我还是犹豫良久，因为自己练功和指导别人练功完全是两码事。比如我到野山可以随便游玩，甚至可以爬悬崖，但我不能带领别人这样做。我早就看过这本书，也常常向学员推荐，当然我会告诉大家这本书存在的问题，许多站桩班的学员看了这本书以后也经常向我提问。首先，不是任何疾病都适合站桩。其次，有智慧的人自学健身可以，一般人自学很容易出问题。大成拳有严格的师承，教授站桩并不是一件容易的事，没有多年的练功体会很难指导他人练功，否则容易出现流弊。我想说明的是，张广华先生的练功体会只是个人心得，并不具有普遍指导意义，只能作为站桩有相当基础者的参考资料，而《一个危重冠心病患者的康复日记——站桩绽放生命奇迹》不能作为初学者的教材，希望张广华先生和各位读者能够理解我的用意。文中出现“率磁”二字，弟子左经文请教物理学专业教师，称从没有听过“率磁”这个词汇，或许作者想表达这两个频率是一个频率。对文中引用《黄帝内经》的多处文字错误直接做了改正。

回首2010，真可谓刻骨铭心，饱经生命的沧桑，看看现在的身轻体健、步履轻盈、矫健挺拔，回忆2010年拖着沉重的病体，粗重的呼吸，步履维艰，实不可同日而语。细细回忆、细细感悟，其实生死存乎一念，你只要心不死，心的力量与愿力将主导你的生命与方向，同样心死如灰生命也就很快凋零。记得，在山东工作时，有一个很好的朋友，27岁，很年轻，刚结婚不到一年，突发晚期肺癌，住院了，在医院里，一住就是两年。你很难想象一个晚期癌症可以生存两年，我去看他的时候，胸部插着导管，看起来精神状态没有什么变化，但是，当家人实在瞒不住，告诉他罹患癌症的真相，没有想到5天不到就去世了。精神的力量，心的力量太不可思议了。

还有不同的人，接到癌症判决书，有的人凭着坚强的意志，乐观的心态战胜了疾病，这样的例子很多；有的人因为拿错医院检查结果，没有来得及复查，就已经被吓死了；还有的人是误诊，根本就没有癌症，弄错了，但是，同样也去世了。这就是心导致的。有人曾经做过一个很残忍的实验，让一个死囚观看一只猴子被割脉流血死亡的整个过程，然后和死囚说你也是这样的死法，然后"人道"地蒙住死囚的双眼。他们只在他手腕的肌肉上划了一道口子，根本没有割破血管，与此同时把自来水的龙头悄悄打开能够听见流血一般的滴答声。仅仅过了几十分钟，这个死囚就死了，而且死得很苍白，和失血患者的死法是一样的。因为他的心告诉他，他的血已经快流完了，他被恐惧征服了，服从了心的指令，死了。他被这颗心欺骗了，蒙蔽了。类似的事还很多。我们在生命危急的时候，可以跨越平时不可能越过的壕沟，可以产生无穷的爆发力，这一切的变化，都来自于我们对自心的导向。

和癌症对比，如果癌症是被判为死缓，那么危重心脑疾病就是被判为死刑将随时立即执行，死亡如影随形。此时，你迈出的每一步，都要小心翼翼，这是我的切身感受。但是有一点，你如果怕死，就会和上述例子一样，死亡随时降临。所以，必须摆脱死亡的阴霾，融入生活和工作。当然，这个时候的生命维护是必不可少的，赞叹中药的伟大，可以使站桩治病锦上添花，加速度过排病危险期，西药虽然有其副作用，但是，在生命危重时期，你无法顾及这些，西药仍然起到控制病情恶化的作用，同样也挽救了生命。危重时期，中西药都在以站桩为核心，维持生命、延续生命。

回顾整个康复历程，有对于不明症状的疑惑，有对身体不良反应的得过且过，有对于死亡的恐惧，有对于生命的无奈，有寻觅救命之方的渴望与急迫，有担忧危重时期每一步都会跨入死亡的恐怖。每天拖着沉重的病体，步履维艰与死亡为伍，寻找救命之方的期望值不断降低，对救命之方的寻找几乎渺茫，最终奢望能够疏通经脉缓解疾病赢得喘息之机。偶然的机会看到了站桩，就因为它能够疏通经脉、能够治疗冠心病，文中仅有这两句话和冠心病有关，再也找不到与冠心病有关的详细内容，就是这么简单的一站，颠覆了医生的预测和预言，就是这么一站绽放了生命的奇迹。

站桩是我们的祖先从上古时期流传下来的修行筑基之法，涵盖佛道诸法门，只是秘而不宣而已，也可以称之为秘法，所以在以往的典籍之中鲜有所见，而修行秘籍中也少有阐述，仅仅口口相传。站桩也是道医、中医的一个重要的组成部分。站桩所引发的每一个症状，都是在实践、实证中医的伟大，站桩所引发的症状只有中医才能给予最合理、信服的诠释，感叹我们的祖先所开创的灿烂文化如此璀璨！现在的道医和中医，都源之于古代的传承。

站桩治病看似简单，其实简单之中却体现了大小世界、内外环境、阴阳平衡的宇宙哲理，所以大道至简。何谓筑基，筑基是修炼的入门基础。犹如盖高楼大厦，先要打好地基，这是首要的任务，筑基坚牢，才能建设高楼大厦，因此谓之"筑基"。筑基先要坚固自身充实本元，才能具备足够的保障。

站桩姿势简单，人体静止，似站非站，似坐非坐，双臂屈曲而抱，身体五脏六腑彻底放松，奇经八脉通达、经脉经络松弛，气血复苏、高速运行而通串。人体生命细胞能量、脉搏动能与空间微观能量衔接，人体、世界、宇宙一体，因为人体的运行"频率"和整个世界的运行"频率"是一个率磁。花草、树木、动物、昆虫、山、河、大地等等世间万物，都在依靠摄取微观能量而生存和繁衍，而人类更不能例外，正如《黄帝内经》言："苍天之气，清净则志意治，顺之则阳气固，虽有贼邪，弗能害也，此因时之序。故圣人抟精神，服天气，而通神明，失之则内闭九窍，外壅肌肉，卫气散解，此为自伤，气之削也。"因此，我们的祖先早在几千年以前，就已经认识到人类摄取、依靠宇宙微观能量而固化阳气，通达经脉；而如果诸穴、诸经脉闭塞失去和空间微观能量的交流融通，必然九窍闭阻不通，使正阳之气消散而失去保护，这属于自己招致伤害，身体得到的严重削弱。

只不过我们的祖先，把我们认为的微观能量称为"苍天之气"和"服天气"，其实皆为一物，只是人的肉眼无法看到而已。人体外气（外部微观能量）和内气碰撞，此时，开始引发剧烈的排病反应，这种剧烈的反应，就是"则内闭九窍，外壅肌肉，卫气散解，此为自伤，气之削也"的原理，尤其是冠心病，整个前胸遍布的经脉穴道闭塞，犹如大山又如巨石，气不通也，所以，站桩的这个过程比较艰难，尤其是危重患者。此时，应该闭关静修，以免发生不测。

度过"内闭九窍，外壅肌肉，卫气散解"的这个阶段，身体内气和外气（就是外部微观能量，这个宇宙微观能量，道家称之为"无"，并且也有详细的阐述）合二为一，就如《黄帝内经·上古天真论》言"上古有真人者，提挈天地，把握阴阳，呼吸精气，独立守神，肌肉若一，故能寿蔽天地。"此时，度过排病反应，基本上可以做到"独立守神，肌肉若一"，上下、内外、左右阴阳不协调得到了纠正和调整。但是，这时离真正的"提挈天地，把握阴阳，呼吸精气"还有比较长的距离，但是和排病时期的粗重呼吸相比较而言，已经舒畅深沉多了，真正的"提挈天地，把握阴阳，呼吸精气"就是在你站桩的过程中，鼻息微弱，几乎静止，而全身皮肤毛发同呼吸，这才是真正的"呼吸精气"。此时身体入静，清净纯然，突破身体躯壳，没有身体分别，此为"提挈天地"。此时，内外气合一，外部微观能量渗透肌肉皮层、渗入各层细胞，直达内脏，触动病灶，斩草除根的过程真正开始了，这是一个漫长的过程，是非常漫长的一个过程，可以称之为站桩"马拉松"。因为每个人的精进程度、身体状况不一样，因此站桩治病时间长度也不一样。

站桩治病的精髓如《黄帝内经》言"粗守形，上守神"，只要下盘稳固坚实，站桩的重心是实质核心，只要这个核心不变，以不变应万变，是站桩治病的精髓。在重心不变的情况下，一切的变化以病灶为主导，内观、内守、内觉、内感此为守神。此时，你会感觉到整个身体的气血全部汇聚到病灶，病灶变得尤为沉重、下坠，非常之沉重，几乎可以度量，这种沉重的体现从脏器的上部开始，随着病灶的消减进度，沉重感将随病灶缓慢下移，这就是"气到血到，气血相伴，气血下行"的过程。在这个过程当中双手抱球导引，上下的引动，将起到关键的作用，导引辐射将随病灶不断下延，不同的阶段，治病导引的位置也不同，正如站桩大家王芗斋老前辈所言："不求形骸似，但求神意足"精辟论述。导引之法是动静结合的一个部分，因此，动静结合非常重要，更是治病的精髓，"静为养、动为能"，必须掌握这样的一个节奏，否则长此以往，将失去站桩治病的效果，静为养——养五脏六腑之松，养奇经八脉之弛，养气血之速，从而滋养身心、脏器与经脉；动为能——大动不如小动，小动不如不动，不动之中有"大动"，这个大动，不是真正的动，而是微观能量和内气的联动，而产生的一种"能"，如水如气缠绵不绝，如丝如麻天地人浑然一体。正是因为具有这样的积蓄与储备，为下一个气血周期的吸收、融化、消融病垢做储备，因此动静有节，是必然的途径。抱球导引低不可过脐，过脐气露，过犹而不及；高不过眉，过眉气泄，欲速则不达，这是站桩的要义。

内气外气融为一体，通达脏器，行于病灶，直达病根，虽然找到了病根，但是想要彻底清除病垢，这个过程最艰苦，不是一般的艰苦，因为脏器或是动脉内的瘀血又坚、又硬、又紧、又牢，根本没有办法触动。这个时候最大的考验就是要极富耐心，耐心缺失就是你放弃的根源，很多人站桩，过不了这一个坎，在这个地方灰溜溜地放弃了。因此，治病先治“心”，万病由心生，正如佛曰：“一切由心而始，一切由心而化”，这颗心主导了一切，这颗心衍生了一切。因此，心病康复了，疾患也就顺理成章的康复了。尤其是站桩，对于心的考验极大，每一个关口都是“心”的关卡，厚重又坚又硬的瘀血融化了，可是下一个又硬又紧的瘀血又来了，一块又一块，绵延不绝。如果，在这里你没有耐心，三块瘀血就会让你败下阵来，即使，你闯过了这个关口，但是，整体化瘀之困、化瘀之坚，你永远无法想象。因为这里的瘀血凝固为一个整体，他们依靠吸收冠状动脉的气血为生，它们和血管互为一体，你首先要把这里软化，这些瘀血组织软化了，才能和血管分离，和血管分离了才能够吸收和消融。这样的一个复杂过程，超越了散点化瘀的无数倍，这里的瘀血几乎是几个星期才有一点点的化瘀起色，你的心行驶到这里，他就很不耐烦了，他就想罢工了，他不听你的了，他实在没有耐心了，每天他极不情愿的站，即使站了，他就想中途收兵，你如果听了他的摆布，你就成为“心”的奴隶，你就成为病痛的工具，被疾病所控制。所以，你必须真真正正的认识这颗心，这颗心实乃是幻影之尘，生死之源头，万物实有之错觉，皆源自于心，佛陀曰：“诸法性空，身心皆幻；心灵迷失了自我，灵魂升起恐惧，误认为幻影即是恒常。”因此，此时千万不要被这颗心带动，明辨身心皆幻，内观身心，观心之波动起伏，尽管此时，你无法分辨何为心，就去体察念头，与站桩背道而驰的一切念头，均为妄念，久而久之，你就知道心为何物心为妄想，心为业尘、心为习气。正如佛经所言世界即无明，色尘即众生，诸相即因果，心灵即是业障，正如《黄帝内经·素问》说：“心者，君主之官，神明出焉。”心乃神明之处所，站桩站久了，可以观心，观心了你就会知道何为神明出焉。因为，古代的中医乃十医九道，几乎所有的中医都是修行者，因此，人们只知道中医“望闻问切”，却不知道古代的中医还有“察和观”，这是现在的中医所不知道的秘密。何为“察和观”，即观疾病之因果，察疾病之缘由（源头），为什么要“察和观”，因为人原本没有什么病，即使得病无非有三，其一因鬼而得病（鬼病）；其二因食而得病（食病）；其三因蛊而得病（蛊病）。《左传》记载，所谓的鬼病，并不是鬼神之意，而是因果病，六道轮回之因果导致的病患，所以又产生了令人拍案叫绝、神奇的中医鬼门十三针（针灸）。因食而得病，顾名思义，饮食不当引发的疾病基本上是药到病除；还有一种神秘的疾病就是蛊病，蛊病自古就覆盖一层神秘面纱，魑魅魍魉四处游走，瘴气蕴绕山林。存在着各式奇风异俗，其中养蛊这种神秘巫术一直为人称奇，众人谈蛊色变，称之为迷惑或是下蛊之病。

真正的国医博大精深，真正的丹道道医神秘精绝，真正的行者行医只察因果不问病由。病了三年又十个月，由死亡到康复，由康复到奇迹，我几乎成了站桩医生，对于古老的文化深感兴趣，对于神秘的佛道意犹未尽。站桩治病只要你度过“心”这一关，剩下的治病就是走流程，不要问你患有脑血管疾病、还是冠心病、还是癌症、还是肾衰竭、还是不治之症，剩下的问题，就是走流程。因为，你会发现一个规律，每当攻克一段脏器的病症，开始非常硬，非常紧，但是这些都是假象。只要你站下去，不被心带动，你发现最多几个星期，或是一两个月过去了，接下来的病垢犹如泥沙俱下。此时，你每次站桩都像打了一个大胜仗，化瘀和消灭病垢实在是太快了，这种快速化瘀犹如兴奋剂，充斥你的每一个细胞，你同样要头脑清醒，不要被幻心带动，这仅仅是过程，因为，接下来还有艰苦，还有愉悦。只要没有到达脏器的核心，没有清除脏器里里外外的病垢，你就没有康复，所以站桩治病是一个修心的过程。

如果这个时候，你无法认识“心”，你不能内观，你无法发现他们，因为此时，他们就是你，你就是他们，你与他们一体。那么，就请你从生活的细节开始做吧，去感恩、无我、利他、牺牲、奉献、承受、宽恕、承让、宽容……把那颗深藏不露的大爱之心布施出去，忘掉自己，那些贪嗔痴慢疑惊恐惧仇恨怨怒，他们不是你，千万要记住。去珍爱心灵吧，珍爱心灵就是珍爱生命，珍爱心灵就是在珍爱未来，多种善根吧，一丝宽恕，就是一片光明，一丝感恩，就是一位天使，一丝施舍，就是一块福德，一念弥陀，就是一道天梯，一丝善良，就是一位天神，一念忍辱，就是一位护法金刚。爱护我们的心灵吧，心——即是通往新生与光明的唯一道路。

只要认清楚心的本来面目，彻底康复仅仅是水到渠成的过程，一切都是顺理成章。因此，站桩并不神秘、站桩并不陌生，他就在我们身边，你早晨去公园就会看到他们。站桩不是气功，如果你把站桩划入气功的范畴，那就是对于我们祖先最大的侮辱，因为气功是外道们为了追求神通、异能而发明的一种功能，而站桩是这个民族古老文化的沧海一粟，是佛道行者的筑基之功，是禅修之前一个必要必然的路径。

我就是因为站桩而脱胎换骨，站桩治病在道家百日筑基中记载，经历气冲病灶后“大死大活”的过程，称为脱胎换骨，何谓“大死大活”？道家称为找病、翻病、退病的过程，就是我们所说的排病反应。找病和翻病的过程并不以你的主观愿望为转移。气血运行有其自身规律，站桩不仅仅把已知的病灶翻出来，还要把潜伏、隐匿的、所有的病灶翻出来。站桩治病的潜在反应往往对一些不了解站桩的人，带来恐惧和困惑。有的人甚至认为站桩本身有问题，而自己“旧病未去、反而新的疾病不断暴发，身体越站越差”。其实这是道家修行中极为正常的好现象，称之为筑基补漏。站桩不仅仅修补已知的病，还将对身体进行全面彻底的体检和修复。因此，站桩又称为人体的“杀毒”软件，所以你度过了气冲病灶后“大死大活”的过程，才能真正算得上“脱胎换骨”。

站桩可以绽放生命的奇迹，站桩可以让生命更加精彩，站桩不单单可以治病。路就在你的脚下，开始吧，只要你能够直立和行走，你就能够治病，向内求大道无边，向内求大道至简。

去相信站桩吧，站桩才是我们治病的真正老师——站桩无师，站桩为师！

虽然为了出版此书付出了很多的精力，由于水平所限，加上很多专业因素的影响，难免会出现一些表述有失严谨或错误之处，恳请各位读者批评、指正，以便及时更正。

在这里我非常感谢樊正伦教授、武国忠老师、谢安朔老师在百忙之中通读全稿，提出宝贵意见和建议，并对本书作序。更加感谢樊正伦教授在我危重时期的妙手诊治和及时纠偏，感谢武国忠老师的《黄帝内经使用手册》在我站桩治病过程中给予的指导。非常感谢李天外、帆易、李发松在出版前期为本书做出的贡献…还有许多曾经帮助和支持我的朋友，我都永远铭记于心，永怀感恩之心！

在这里，我也要感谢我的家人、我的妻子、我的女儿，是他们给予了我战胜疾病的动力和源泉，在家人奉献付出和鼓励下，我才得以重生。她们为了“家”的幸福，做出了卓越的贡献，我的康复奇迹，就是她们的奉献所结出的幸福硕果。

我还要特别感谢一直默默无闻支持我“大爱站桩”博客的博友们。自 2010 年 12 月 9 日，我开博记述《危重冠心病康复日记》以来，是无数博友，是你们的支持，我才完整地记录了整个康复的过程，是你们在我最孤独、寂寞的站桩治病过程中，给予了我最大的鼓励和动力，你们的关心和祝福是陪伴我最亲切的阳光。是你们让我见证了冠心病的奇迹，因此，这部书有你们的贡献，也是我奉献给博友的最好礼物，你们永远是我最坚强的后盾，我也是博友们正在利用站桩治病而即将康复的动力源泉。

谨以此书献给生于斯养于斯的这片饱经沧桑的土地和始终如一支持我亲爱的博友们！

谨以此书——献给寻求健康的人们！

谨以此书——献给处于生死边缘，渴望康复的人们！

谨以此书——献给遭受病苦折磨的人们！

谨以此书——献给床榻之上的病者！

谨以此书——献给渴望康复、渴望求生的人们！

祝福、祝愿与祈祷！

三回九转见奇功

武国忠

张广华先生曾经是一名严重的心脏病患者，看了他书稿中的文章感觉非常受启发。张广华先生在书中用大量的篇幅介绍了自己与病魔做斗争的经历，并且在这个过程中取得了非常理想的效果，摘掉了心脏病的帽子。身体由康复而变得强壮，事实胜于雄辩。相信读者朋友们在读过此书后都会有所启发。张广华先生在高校工作，教书育人，视学术为神圣，治学严谨。他在患病中虽遇种种困惑，但是自己找到了一条自救之路并最终康复，这其中的经验是非常宝贵的，是值得大家借鉴和学习的。

书中所介绍的站桩功源自于 20 世纪 20 年代，由清末著名武术家王芗斋先生所传，王芗斋先生幼年患有顽固的哮喘，也是通过练习站桩功而痊愈的，不但顽疾消除，而且还练出了一身惊人的武功，创立了一门融武术养生于一体的全新拳法“大成拳”，又名“意拳”。王芗斋先生在拳论中提倡武学应该是一门“利己利人，利国利群”的学问。先生晚年专门倡导站桩养生，治愈了大量的患者，取得了惊人的疗效。

我本人少年时期追随王芗斋先生的次女王玉芳老师习拳练武，受益匪浅。工作后在大量的临床工作中也介绍很多患者练习站桩功配合治疗，使很多疑难重症得到了缓解甚至治愈。《大学》第三章汤之盘铭曰：“苟日新，日日新，又日新。”站桩功的练习亦是如此，每天习练，每天的感受都不一样，长期的坚持习练一定会收到意想不到的功效。希望有缘读到此书的读者朋友们切莫等闲视之！

甲午年正月于京郊听息楼

第 66 章　体认大成拳

杨伟峰

习拳以来，我以习练基本功为主，如站桩、单操、步法等，每天站桩平均 4 小时左右，其余时间以站桩的状态投入到练拳、工作、生活中。平日里我严格要求自己，生活中吃饭、走路、干活、睡觉等都处于练功的状态中，刻苦训练，练养结合。师父教什么，我就练什么。因怀着恭敬心，我并没有问太多的问题，只记得师父对我说过的两个字："傻站！"。当我站桩有了一些体会，和师父汇报，师父会根据我的情况进行间架调整以及心法传授。经过站桩、功法练习，在没有力量训练的情况下，我能明显感觉到身体逐渐从内散发出来的劲，自己的每一个关节中间似乎安装了一个弹簧，它的弹力在逐渐变强。我与人形容"这像是汽车的减震"，就是这样的感觉。我的力量比以前大了很多，整个身体变得浑厚饱满而结实，站桩过程中常常从心底生起一种喜悦感，渗透到我平日的生活、工作、学习当中。

在当今社会，身处习武圈中，难免常有人问起，你练这些有什么用？能用在技击防卫上吗？能用在工作生活中吗？我想，既然它是老祖宗留下来的中国传统文化的一部分，它就一定有用，而且受用终生。但前提是你要遇见明师，方向正确，方法得当，持之以恒，有信心地坚持下去，必会收到明显的效果。其一，坚持习练大成拳功法能够调养气血，强健脏腑，疏通经络。其二，练习大成拳功法能训练专注力和觉察力，它让我在做每件事时有更加持久的专注力，让我觉察问题的能力变得敏锐。其三，它能克服胆怯、消极、逃避以及自私的心理。其四，让人懂得包容、宽容，知道感恩。

一、与"老江湖"切磋技艺

2015 年春天，在陕西西安，经朋友引荐，我与民间武术爱好者、习练内家拳 20 余年的陈师傅进行武技的切磋交流，这时我和师父胥荣东练习大成拳刚一年多。据朋友讲，这位师傅功力大，下手狠，在他们练武的那一片，几乎没人能赢他。因此我便怀着学习的心态及警惕的心理与他交流。陈师傅问过我的师承以及平日习练的东西，便说可以与我试试。我们选择以搭手进行切磋，在场有陈师傅的几位拳友旁观，气氛并不轻松。因为这是我平生第一次以练拳人的身份与人切磋，既好奇也有些紧张，但并没有胆怯心。陈师傅伸出两臂一上一下，搭于我两臂上，大约划了 5 圈左右，突然发力欲破坏我的重心将我摔倒。当时，我本能的反应便是调整重心。记得师父曾说过，守中用中，间架不散。两人对抗了约 5、6 分钟，对方已开始大口喘气。我随即松手叫停，对方是老前辈又是朋友介绍，不能因比试伤了和气。事后陈师傅及旁观的人评价说：小伙子有功力，下盘稳，一年多能练成这样着实厉害，是个练武的好苗子。离开前陈师傅亦嘱咐我“好好练，以后没事过来一起玩”。

2015年冬，有朋友结识了一位厉害的拳师，教授徒弟、学生近600余人，他练习和教授的方法与一般拳师不一样。我感受到朋友似乎很佩服这位拳师，他说此人有点像央视节目《体验真功夫》里的辽东第一高手高臣，一定要介绍给我认识认识。抱着怀疑和好奇，我们一行4人来到河南某县李拳师家里。当我第一眼看到这位拳师，凭练功的直觉，我感到他并不像朋友说的那样厉害和让人畏惧。近两年的练功习武，我也接触过一些拳师，一个习武人应散发着一种积极的精神与浩然之气，手眼身法步都应处于他本有的位置上，因为这些都透露出他习武经历中的点点滴滴，以及他的内在修养。去之前朋友已在电话里说明我们此行的目的是交流学习。见面简单闲聊之后，李拳师说要看看我平日里练的东西，我便示范了站桩和试力。他看完便给出一些不太好的评价，随后开始阐述他的拳术理论。我感到有点不对劲，便提出：“能否亲身感受一下您所说的拳理？”

在我们到他家之前，李拳师将他的几个朋友和弟子都叫来了。我们一进门，他们的眼睛就盯着我们四人，挑衅的眼神中带着一点杀气，屋子里的气氛有些紧张。行完礼后，我问怎么试，李拳师说：“你随便发力、随便推。”还说让我感受进攻过程中的听劲和化劲。只见他前后脚站立，右手伸出挑于脸前。我的右手本能地迎接，左手托于对方左肘，又问“怎么推？”他说“你想怎么推就怎么推。”当我的手接触到他身上的那一瞬间，我不知道哪来的一股劲，这样的感觉似乎在我站桩过程中出现过无数次，我似乎和对方成为一个整体，一发力，李拳师向后退了几步，眼中流露出一丝诧异。他上前一步，继续伸出右手，同样的动作下，我还是一发力，对方又退出去了。这时，我对他之前讲的东西有了怀疑，那些理论好像并不切实际。当时的场面有些尴尬，幸好与我同行的朋友及时解围，缓和了当时的气氛。

午饭后，李拳师带我们去见他的师父。他的师父王某是当地有名的人物，练习内家拳多年，擅长擒拿，动作快、狠、准，当地人称他为大师。我们提前来到王某的武馆，不久王某和一个弟子到达。只见王某身材魁梧，步伐轻快，目测他体重约200斤。

我在学武的同时也在跟师学习中医，习惯观察人的脊椎外形。我发现王某的脖子歪向一边，似乎很不舒服，便用随身携带的毫针为其治疗。扎完针后他感到很舒服，症状缓解了一大半，后面他和我们就聊开了。我提出想亲身感受一下他的擒拿，他没有拒绝。刚一开始，王某伸出右手，上来就想拿我的手腕，我用手向上化解了他的来势。几番比试，任何他想使用的招数都没有得逞，反而是我让他有些被动。随即我与他和平地结束了切磋。

几次武技交流切磋，一个练功仅两年，初出茅庐的新手，也能让一些“老江湖”费劲，让我深深思考。所谓习武高人，不论在身体上还是修为上，至少是代表了这个拳种的大部分魅力。如果仅仅是在高深理论上夸夸其谈，身体上却没有相应的体认，那么对这个理论就要打个问号了。我开始在练武上有了更多思考，开始懂得接下来我要坚持习练的方向，以及如何做一个有体认的习武人。

在这之后，我还与一些喜欢实战的武术家和技击格斗高手进行过友好的交流和切磋，包括练习散打、摔跤、内家拳的，涉及国内国外的习武者几十人。所有的切磋与交流都是经人介绍，我的目的并不是为了胜负输赢，每次都是点到为止。我谨记师父给我讲的原则，即“形不破体，力不出尖；守中用中，间架不散”。每次的切磋，都是检验我最近练功的好机会，自己是不是做到了师父所讲的要求和原则，能不能在实操过程中保持住这样一种状态。每一次的切磋都让我受益很大，也更加让我明确了努力的方向。

王芗斋先生曾讲过：“本拳之所重者，在精神，在意感，在自然力之修炼。”而大成拳所有的功夫都是从站桩得来的，恢复良能，激发先天之灵性，所以站桩练习是大成拳的第一步，也是一辈子要练的东西。之所以每次切磋中我都能够灵活应对，反应灵敏，稳如泰山，以及与人身体接触一瞬间的所有感觉，都离不开两年来我在站桩上的刻苦与坚持。《拳道中枢》里说：“故凡遇之物，则神意一交，如张网天罗，无物能逃。”这一切都在我身体上得到了些许体认，让我更加坚定了习拳的方向，明确了练功的侧重点，就是务必遵照师父的传授勤加练习。

二、为家人调理身体

我在跟师父学习大成拳的同时，还跟师父学习中医。师父常说，要想成为针灸高手，首先要成为按摩高手，要想成为按摩高手，就要坚持站桩练功。到目前为止，家里人身体有问题的，凡是经过我调理的，效果都很好，有的会超过我的想象。但有的调理会持续时间较长，可能需要七八次，最终问题都得到了解决。在大多数的情况下，给自己家里人调理 2 到 3 次，就会有一个很好的效果。

我第一次扎针，是给我婶婶扎的。当时我婶婶被西安一家三甲医院确诊为腰椎间盘突出症，而且要求做手术。幸亏我回去的及时，幸亏她敢让我扎，也幸好我在北京跟师父学了针灸，这三个因素促成了我第一次给家人扎针调理。原先躺在床上翻身都困难的婶婶，我刚给她扎完针，就能缓缓下地站起来了。这第一次扎针，我对治疗的过程还没有一个清晰的认识。之后，我按照师父的要求，对人体解剖和病情诊断的学习，花了很大的精力和心思。后来再给家里人扎针，大概扎哪一个位置，刺激量的大小，针刺的深浅，每一针下去能够达到一个什么样的效果，心里就比较清晰了。随着自己跟诊学习，加上平时刻苦用功练针，后来每次给家里人调理的时候，效果都非常好。

跟师父刚学了梅花针，我就直接用梅花针给我妈妈调理了。我妈妈耳鸣四年，每天晚上很难入睡，有时候半夜耳朵里声音特别大。按照师父扎针的思路，我用梅花针给我妈妈调理，每次大概就是叩两三分钟。第二天问她，说前一天晚上睡的非常深沉，也没有耳鸣。于是我把梅花针的资料，师父发给我们的资料，以及他给我们演示的方法，又详细地研读了两遍，再给我妈妈扎，连着持续了一个星期。我给我妈扎到第七天，然后我就到北京了。那天中午到北京的时候，我给我妈打个电话。我说昨天晚上睡觉怎么样？她说已经好了，天天到七八点就瞌睡得不行，睡眠好，耳鸣也没有了。

三、几点体会

（一）按照师父传授的要领去练功体认，就能练出变化，练出功夫

我刚开始练站桩的时候，身体每天都有很多变化，比如感觉到手指之间有气啊、胀啊、浑身发胀啊，还有身上酸麻胀疼等。感觉到脊柱也有气感，当时别人问我，说像那个吐泡泡一样就从尾椎骨，一路往上很明显。当时我没有太在意这些东西，也没有跟师父说这个事，只是老老实实去站桩，因为那个东西它不是我想要的。现在有些筋经班学员一站桩，就问老师，我肩膀疼了到底怎么回事？怎么让肩膀放松？身上那个气是怎么回事？等等诸如此类问题。我从来没有问过师父这类问题。所有的变化是通过一天天的练习，体认出来的，问是问不明白的。最初练站桩的时候，师父就这样提醒我们。在我坚持了一年之后，我的身体、精神面貌，还有心理的变化，就有了一个质的变化。从我开始站桩练拳到现在，几乎每年不生病。没有站桩练拳之前，在公司上班的时候，感冒发烧拉肚子，一年有个五六次很正常。我的变化，家里人感受是最直接的。经常跟我在一块练拳的师兄弟们，也能感受到我的变化。

（二）用心练功，松静自然

站桩班有的学员会给我发信息，说回家练着练着，心里就不确定自己站的对不对。这个时候也容易懈怠和放弃，就谈不上站桩对身体的变化，大家要清楚我们站桩练的是什么？练功的心法很重要，师父常和我们讲起选杰先生的口头禅："谁的事儿谁办、哪的事儿哪儿了！"练习大成拳就是要把不自然的身体变得自然，就是心里不要有分别（不藏事），身体上不要较劲（不存力），那你才能变得自然，不自然就是处处都在较着劲儿。我自己感觉，在课上学的时候要认真听，练的时候用心练，而不是认真去练。为啥说要用心练，而不是认真练？有些人认真练，就会较劲，跟自身较劲，每天必须要怎么怎么样，每一下要怎么怎么样，这样身体上反而会容易紧张。用心练，就是你心里时时刻刻要有这个事，在身体上尽量让它松着去练，无论是站桩练拳的时候，还是生活工作，你不能把这个事给忘了。有一次站桩学习班，我跟师弟在宾馆住同一个标准间，我师弟说我晚上说梦话，还在给别人教站桩。我夫人也经常会听到我在梦里跟人聊拳，这是一个很真实的事情。因为人在那个状态，包括陪她去医院产检，我坐在凳子上就去体会身上那种关系，所有的这种练习都是一种无意识的状态，没有刻意。讲这个就是想告诉大家，无论学任何东西，跟师父去学扎针也罢，还是学站桩学试力还是摩擦步也罢，我觉得之所以你进步慢就是因为你今天在课堂上学完了之后，你回家之后被家里的琐事，被工作上的事全部就带偏了，你的心就不在练拳学扎针养生这件事情上。所以你的心跑了，以前人说道不远人，人心离道，所以道才远人，你的心就不在大道上，你说你怎么可能去体会拳里的、扎针里的东西？天天在那较着劲，你说你练，心里还不放松，还天天心里有很多怨恨：今儿谁把你欺负了，脑袋里去想那些事，或者今天我又占了一个小便宜，别人又把我给坑了怎么着，浑身都是紧的，心也是紧的，跟自己对抗，跟外界对抗，处处都较着劲，你说你能出功夫吗？你说自己跟自己较劲倒没事，回家之后跟家里人

较劲：我练功这么辛苦，你还跟我吵架，就把这当成一个事。就是你本身练功这个事儿跟你的生活它是融合的，你不要因为你练功了或者做某一件事了，把自己就孤立出来了。

我这两天跟师兄说，前段时间师父给我讲了一个东西，我最近才去消化掉。大家可能认为我一味在练拳，但是我师父告诉我，拳得练生活也得过好。我那天来了，师父说你爱人快生了吧？要生的话就别来北京了，等到生完之后调整好再来。就是练任何东西，包括学拳，练出来之后，应该是一个圆融的。不仅仅说你能打架，你还能生活，还能工作，还能给别人解决很多的问题，它是一个圆融的。但是我们很容易把一个东西方向化绝对化，你现在给大多数人一说拳他认为就是打人的，然后他说你打一个我看看，你把别人放倒了，他说你打的不漂亮，他既要你把人打倒，还要追求动作那么漂亮，而不是看合理不合理，这就是这些年所谓中国武术在媒体上传播的一个错误的观念。大家既要追求动作上的漂亮，还要把人能放倒已经偏离了实际（师父点评：那也不漂亮，是外行笨蛋认为漂亮，是吧？真正大成拳做好了那才叫漂亮，不过普通人未必看得懂）。我们练出来的是身体里面的一种气息，拿那个东西去用，在生活当中去用，有了危险去用，朋友之间去感受那个拳的那种细微的奥妙。分享我练拳站桩这个体验，就是希望大家在练的时候，有心练功，无心成功！才能练好，才能练成。心里老想着我天天要养生，你养不了生。功也得练，但是心里不要老去琢磨，不要去分别它。用不了一个月三个月，你会发现你超越自己之前一大截。

（三）最简单的心法是把身体先融入进去

现在很多人学历高，知识丰富，面对学习站桩，总放不下自己的认知，心里有判断，有猜疑。这样，就会对老师教的东西打一个折扣，那么学到的可能是十分之一。学站桩也罢，学扎针也罢，无论之前练过没练过，当你跟老师学的时候，最简单的一个心法就是把你知道的东西先放一放，把身体先融入进去。比如说站桩先站上一个月，如果这一个月身体没有任何反应，那就不再站了。假如这一个月你站进去了，你就超越了你的已有的认知。这是一个学习小心法。

胥荣东和掌门弟子杨伟峰合影

第67章　每一次相见都是久别重逢

王　慜

以前，常听先生念及他的师父胥荣东先生，以及跟师学艺的种种情景，我总是听得津津有味。以至于胥老师在我脑海中成为一个神秘人物，也想着跟师父学点什么，听听他讲中医，讲武术。尤其是在生活节奏飞快的今天，身心成长的脚步已远远赶不上科技发展的速度，身心倍受压迫，便希望从老师那儿求得一些长生不老的秘密，简单点说就是养生之道。

我在2017年春节过后终于见到了这位可敬的老师。第一天早上，老师走进教室，只见他飒爽而轻快的步伐，就像一阵快而实的疾风。这般走路气势，我真是第一次见到。这气势蓦地散入整间教室，让人立刻振奋起精神开始听课。老师端坐在木椅，笑眯眯的双眼炯炯有神，偌大的教室，讲课不用话筒，声音却铿锵有力，能达每个角落。就这样从早到晚大声讲一天课，带大家练功，在中午和晚上还出诊为患者扎针治疗，却毫不知疲倦，时时精神充沛。胥老师的气势与功力可见一斑，真的是"站如松、坐如钟、行如风"。

什么是养生？或者说，生活在这个时代的我们如何养生？老师一开始便以非常简单直观的方式，告诉大家这个问题的答案。他说，我们的汉字，藏着一些小奥秘。"养"字，在甲骨文中的字形是一个人牧羊的样子"羖"，后来演变为"養"，可以看出重点在于依靠食物的供养。再看看现在的"养"，下面的一撇一竖好像人站立的两条腿。当今人们的生活条件变好了，养尊处优，不再担忧吃不饱、吃不好，而是恐怕吃太多、身太懒，那么就需要站起来锻炼身体了。怎么锻炼呢？我们无须盲目崇尚国外人喜爱的跑步、游泳、健美等竞技运动。中国传统文化讲究动静结合，中国人自古以来便有自己高明的健身方法。

为什么站桩最养生呢？中国古代的道家和医家认为人体是形、气、神的统一。《淮南子·原道训》中说："夫形者，生之舍也；气者，生之充也；神者，生之制也。"形体刚健，阳气充足，心神收敛，形气神和谐统一，便是养生得道，可成为真人。什么是真人？《素问·上古天真论》里记载："上古有真人者，提挈天地，把握阴阳，呼吸精气，独立守神，肌肉若一。故能寿敝天地，无有终时，此其道生。"胥老师还说了《庄子》里面的两句话："真人之息以踵"，"真人无梦"。这些看似遥不可及的身心境界，通过坚持站桩，我们都有可能达到。站桩最养阳气，而我们现代人最缺的就是阳气。老师用很多病例和生活常识来说明阳气的重要性。阳主阴从，得阳者生，只要阳气充足了，许多身体上的毛病便可不攻自破了。

除了站桩，胥老师还教授了一些功法，可使全身动起来。像是神龟出水、摩擦步这样的练习，看似并不剧烈的运动，其实强度挺大。第二天早上，我起来后感到浑身酸痛，好像上了一下午体育课似的。这让我想起初中时代的体育课，因为要参加体育中考，每天下午放学后都要进行1、2个小时的体能训练，强度很大，但每天再疼再累都能坚持下来。站桩时产生的酸麻胀痛，还远不及小时候体育训练带来的酸痛感，为什么我们就忍受不了呢？初中时的阳光灿烂年少，心中没有杂念，只是面对困难时单纯的努力。而当我们年龄逐渐增长，加之现代的生活环境，成年人已有很多杂念，随之产生的是恐惧、怀疑、惰性……当我们面对身体的不适，接收到身体发出的不良反应时，内心的恐惧感、怀疑和惰性便会干扰意志，害怕接下来会发生什么不好的事情。

直面和接受身体不适感，是站桩的第一步。我的体会是，在站桩过程中，当酸麻胀痛持续并变强时，我便把胳膊的酸麻胀痛当作是我身体的一部分，并对自己说这就是我身体的真实模样。我先生曾对我说，一个人对自己身体，既要接受好的一面，也要接受不好的一面，平静接受身体产生的一切不适感。当我接受它时，我感到身体和内心在那一刻变轻松了。面对头脑中此起彼伏的杂念，便回想胥老师课上说的站桩的心法，"无念为宗"和"应无所住而生其心"。当我尝试着"锁心猿，拴意马"，尽量不执着于某个思绪某个想法，自己的呼吸渐渐变慢。一小时后，我感到深长的呼吸，好像自己睡着了一般。这个时候胳膊的酸麻胀痛也不明显了，它的状态可以说是已经放不下去了或者说不想放下去了。

站桩之后身上热起来了，不会感到怕冷，消化系统的动力也变强了。上课前两天我有些便秘，第一天站桩后立刻好转了。每个人站桩，身体都有反应，当学员们集体站桩大概20分钟左右，只听打嗝声、排气声、哈欠声，此起彼伏……我感到有趣的是，这些声音像是每个身体在讲述一些遥远的故事。这些都是每个人这么多年在生活中积压的悲与喜、苦与乐。身体以这样的方式，把一些陈年旧事倾诉、发泄出来了，人便舒服了许多。通过站桩，身体在逐渐清理堆积多年的浊气、垃圾、情绪，打通缠绕你多年的筋结，甚至心结。

站桩是胥老师教授给大家的养生第一法门。在养生这件事上，我们学了方法，还得听听老师讲的关于养生的真知，那就是疾病与健康的真相。胥老师用他多年的经验、广博的学识告诉你，什么是疾病，什么是中医，什么是天人相应，什么是"治未病，不治已病"，什么叫作"知之为知之，不知为不知，是知也"。他坐在大家面前，就像与朋友们唠家常一般，不时地随手拈来几个字、几个案例，或是经典古文、故事，甚至是早晨微博上看到的新闻或段子，便能让你明白关于健康的道理。

当年看电影《一代宗师》，有句台词印象特别深刻："世间所有的相遇，都是久别重逢。"好几年我都没太理解其中的深意，直到见到了胥老师，见到了师兄弟们，突然就明白了。

那天晚上，我跟着我先生参加了胥老师和弟子们聚会。师父说，我们练拳的能出伟峰这样一个各方面都具备的人，概率太小了。就像佛经里讲的，在茫茫的大海上，漂着一块木头，木头中间有个孔，一只瞎眼的乌龟在海里游，从水里钻上来的时候，正好头伸进木头的孔里。如果不是伟峰参加了那年的站桩班，也许就与师父就擦肩而过了。

师父说行医习武，皆是"圆融"。"不说硬话，不做软事"、"自利利他，自觉觉人"、"用得好，什么都是药"、"面对什么人，就说什么话、讲什么内容"，以及"谨言慎行"、"追求财富没错，还要有真性情"，这些都是圆融。师父说，有吃苦精神才能学有所成，正如孟子的那句话"天将降大任于斯人也，必先苦其心志，劳其筋骨，饿其体肤……”，你们现在得到的都太容易了。难得师父感慨过往岁月，大家都在专注的听师父讲话，刘向英师兄更是眼眶湿润。师父言语实在，有着真性情，他也乐于在弟子们面前安享自己这份真实自在的状态，言笑间洋溢着对师徒缘分的珍爱，渗透出对过往世事的包容。

这些话，师父在讲给他所有的弟子听，随性说说，说到哪是哪，都是鼓励和叮嘱。对于行医这件事，师父似乎很少说应该“做什么”，总是强调什么不能做，这是他对徒弟最直接的关切和负责。在座的师兄弟们在医学行业都很优秀，跟随师父学医习武，大家都有共同的目标和信念，念师恩、承师命，传承中医与武术，光大养东书院。

我是一个旁观者，却感受到了师兄弟们与师父之间的向心力，看到了书院未来的生机。

有个场面让我非常动容，就是师父送伟峰衣服，伟峰给师父磕头的时候。虽然是在饭桌旁边，但那场面仍不失庄重。师徒相对，每次行礼都是厚望所托、身负重任。最后一磕，我看到伟峰的头在地上停留了稍长一段时间，时间和空气好像在那一瞬间静止了。我感觉我是和伟峰在一起给师父磕头，我也心怀感恩、身负重任。师父说：“你们谁有困难都要放心说出来，跟我说跟师兄弟说都行，不要顾忌。师兄弟之间不要有分别心。”对于伟峰，师父说过两点。一个是，做自己想做的事，自己好好练功，其他的事不要去担心。这是他为伟峰着想。另一个，师父说我们养东书院出一个这样的人不容易，我们需要伟峰这样的人，国家也需要这样的人。师父有家国胸怀，他对伟峰的厚望不仅仅只是作为掌门弟子。

生命中所有的相见，都是久别重逢。今天我们有缘相见，说不定很久以前，乃至前世我们就曾相识。我只见过师父两次，每次师父大体上都跟弟子们说同样的话，只是故事不同。一个真正的习武人不仅仅是武林高手或者修行者，他还得有着中国人的精神，他的身心血液里都饱含着中国传统文化生生不息传承下来的那份圆融，那份精神。

念念不忘，必有回响。

第 68 章　我与站桩

赵昀[1]

下午收到站桩班助教的信息，询问可否写点站桩的收获，我欣快应允。这个答应并不意味着我已经有站桩获益要分享给大家，而是因为我一个西医妇科医生，竟然和站桩结缘，并连续两次交费参加站桩线下课程，这似乎已足以引起大家的兴趣。

我是北京大学人民医院的一名妇科医生。2020 年 9 月开始出现发音障碍，表现为说话过程中憋气，气流不能通过声带，从而不能发声，进而不能连续完整地说一句话。经过一系列检查后，排除器质性病变。我充分发挥自己作为医疗从业者的优势资源，看遍北京各大医院知名专家，无论是中医还是西医，大家一致的观点是，精神过度紧张造成肌肉痉挛，从而临床表现为自己的意识无法正常支配自己的躯体行为。

2021 年 3 月 15 日，因为联系其他事情，安徽省立医院妇科赵卫东主任了解到我的发音障碍，给我发信息三个字“要站桩！”，但我当时并没有特别在意。4 月 21 日我俩再次因为其他事情联系，赵主任得知我发音障碍依然没有恢复，就认真地对我说：“你有时间了解一下站桩，或者找我师父扎扎针试试”。并且一再说：“你一定要试试站桩！”。赵主任平时就是个认真严谨做事靠谱的医者，我知道他这么说话是非常 seriously 的。刚好适逢胥老师的五一线下站桩班，我毫不犹豫地报了名，尽管我当时并不知道站桩是什么，甚至不明白我报名的目的是什么，就这么来到了站桩班。

五一期间三天的线下站桩课，着实让我开眼界了。原来中国传统文化的传播竟然是这个样子的，原来还有老师可以这样讲课。因为身处教学医院，有各种各样的教学任务，我们也经常讲课，但通常是要借助电教设备的。胥老师的课程却不是这个样子。没有 PPT，没有视频，只有板书。单纯说没有电教设备其实也不合适，因为胥老师的板书内容是写在电子黑板上的，板书内容没有长篇大论，只有关键词。但仅仅就这么几个关键词的板书，胥老师竟然可以连续讲 4 个小时中间不带停的，并且从头到尾中气十足谈笑风生。如果把前半个小时和最后半个小时的录像截取下来单独播放，你根本看不出来其中有什么差别。

---

① 赵昀，博士研究生学历，北京大学人民医院妇产科副主任医师；2004 年于英国惠灵顿医院进行阴道镜培训，2012 年到澳大利亚悉尼 surepath 细胞学培训中心进行细胞学培训；2013 年作为访问学者在美国克利夫兰医学中心重点学习妇科细胞学、病理学、阴道镜等。参与多项基金项目，并多次参加国内外会议并发言。作为专家组成员，参与国家卫计委两癌筛查培训教材的编写及省级培训基地的评定。中国疾控中心农村地区宫颈癌监测试点项目国家级督导评估专家组成员。北京市两癌筛查项目专家组成员。社会任职：北京医学会妇产科学分会阴道镜协作组成员。

而作为学员的我，尽管一开始就被胥老师接地气、说实话、不失逻辑、严谨且诙谐幽默的语言所吸引，但无论如何也扛不住一坐4个小时的坐功啊，中间不知道起身多少次，喝过几次水，甚至打过几个盹了。再抬头看胥老师，依然面色红润、炯炯有神、滔滔不绝地讲，对此，我实在是佩服得五体投地。我看不出胥老师究竟有多大年纪，但我知道他是79年上的北京中医药大学，您说他年龄有多大吧。

第一次站桩课，给我的收获是，我认识到了通过站桩不仅可以让人全身放松，还可以达到安神、聚神、唤醒自身感/觉知的作用。或者更准确地说，应该是因为前者，从而达到后者的作用。

五一站桩班结束后，我回来连续站桩一周，每天45分钟左右。尽管经过站桩班几天的训练，自己站起来依然感觉枯燥无味而且累。我和助教杨伟峰老师反馈，是否可以放点背景音，类似自然界的白噪音，杨老师说不要。杨老师在站桩班做助教时语言和行为的点滴细节，让我感受到他是个值得信任的人。杨老师说不要，我就立刻打消了播放白噪音的想法。就按照胥老师说的，“你就傻站就好了”，我开始傻站。大概3～4天后，我发现事情有所变化。站桩时眼的视野所见变了，不再是不变的没有生气的建筑物或者一成不变的自然界，而是不断切换的场景。要么是不同的四季美景，要么是卡通人物，要么是田园生活。另外我逐渐感受到双手有发热的感觉，身体似乎更敏感了，能够敏感地感知到风、温度的变化。身体变软了，肌肉似乎放松了不少。

于是我自认为有点触摸到站桩的甜头了，即便暂停，等恢复时我应该很快再次找到感觉。当时适逢一个千人全国会议的工作准备，我暂停了两周站桩。但事实是，两周后我再站桩，之前的美景和卡通人物却不见了。而且即使站10–15分钟，身体也会觉得累，再回到45分钟已是奢侈。这让我认识到，对于知识和技能的学习，尤其是初学者，新手上路的时候，连续地坚持是多么重要。就如新司机开车上路，如果没有连续地开，很有可能未来的你又要像新手一样重新学习。

这就是促使我参加端午站桩班复训的原因，因为我需要从现场，从胥老师那里汲取能量后再上路。

端午站桩班再见胥老师，胥老师一如既往地神采奕奕、动如脱兔，一如既往地全程包场，一如既往地诙谐幽默、不失严谨的滔滔不绝，一如既往地板书关键词，但内容与上次站桩班竟然有80%左右的不同。这又是让我吃惊的一点，且着实佩服。因为我们也做教学，我能理解其中的功夫，这才叫真功夫！就像刘师兄说的，胥老师讲课时形散而神不散，我着实见证，并且内容也不同于从前。胥老师说，他开办站桩班这么多年，每次讲课内容都不同，我信！同时，我也理解每次讲课都会有助教负责录像的意义了，是因为每一次课程都是独一无二和与众不同的，错过了就没有了。

站桩众多桩式，矛盾桩，混元桩，还有其他什么桩，甚至其他功夫，在胥老师课堂上都有涉及。还有胥老师擅长的针灸、大成拳、推拿按摩，甚至还有一些其他领域的内容。我想，有难得住，或者胥老师不知道的内容吗？或许有，但我知道，如果真有人问到，胥老师一定会说“这方面我不太了解”，这就是胥老师。

这次站桩班有不少学员是奔着跟胥老师学针灸来的。我个人没有这方面的考虑，因为我知道要做个好的针灸医生是需要功夫的。这个功夫是全方位的功夫，不只是针刺的功夫，部位选择的功夫，练拳的功夫，力道的功夫，甚至哲学思维的功夫，这都不是一般人可以企及的。我的想法很单纯，我现在只想通过站桩达到安神、聚神、唤醒自己觉知的目的。我目标很明确，而且在这次线下班我达到了，也获得了想要的动力和再次启动站桩的能量。

希望借助这能量，下次线下班遇见时，你会遇见一个不同的我；这个不同，不只是你见到的不同，还有我遇见的不同。

参考文献

[1] 李洳波，李建鹏．河南心意六合拳 [M]．北京：北京科学技术出版社，2016.

[2] 张长信．华岳心意六合八法拳 [M]．北京：北京科学技术出版社，2017.

[3] 程庆余．戴氏心意拳秘密解读 [M]．北京：人民体育出版社，2014.

[4] 胥荣东．筋柔百病消 [M]．北京：人民卫生出版社，2015.

[5] 李学勤．走出疑古时代 [M]．长春：长春出版社，2007.

[6] 王玉祥，于永年．王芗斋生平大事记 [R]（内部资料）

[7] 王芗斋．意拳正轨 [M]．香港：麒麟图书公司，1983.

[8] 张卓星．太极拳锻炼要领 [M]．贵阳：贵州人民出版社，1983.

[9] 王芗斋．拳学宗师王芗斋文集 [M]．北京：中国广播电视出版社，1983.

[10] 吴翼翚，陈亦人．六合八法拳 [M]．太原：山西科学技术出版社，2006.

[11] 山东中医学院，等校释．黄帝内经素问校释（上册）[M]．2 版．北京：人民卫生出版社，2009.

[12] 吴殳．手臂录 [M]．台北：逸文出版有限公司，2003.

[13] 山东中医学院，河北医学院，校释．黄帝内经素问校释（下册）[M]．北京：人民卫生出版社，1982.

[14] 河北医学院，校释．灵枢经校释（上册）[M]．北京：人民卫生出版社，1982.

[15] 杨澄甫．太极拳使用法 [M]．台北：逸文武术文化有限公司，2008.

[16] 小曽户洋，篠原孝市，丸山敏秋，等．黄帝内经太素（上）[M]．大阪：东洋医学研究会，1981.

[17] 北京中医学院．中医学基础 [M]．上海：上海科学技术出版社，1978.

[18] 胥荣东．灵枢经讲解：针法探秘 [M]．北京：中国科学技术出版社，2020.

[19] 王洪图，李云重校．黄帝内经太素 [M]．北京：科学技术文献出版社，2013.

[20] 泽井健一．实战中国拳法太气拳 [M]．新装改订版．东京：日贸出版社，2007.

[21] 李瑞林．形意拳侠 [M]．修订版．香港：中国国际文化出版社，2009.

[22] 胥荣东．大成拳养生功法 [M]．北京：人民军医出版社，1991.

[23] 许海山．亚洲历史 [M]．北京：线装书局，2006.

[24] 薄家骢．意拳大成拳探秘 [M]．北京：中国中医药出版社，1999.

[25] 李荣玉．走进王芗斋 [M]．太原：山西科学技术出版社，2011.

[26] 胥荣东．大成拳养生功法 [M]．2 版．北京：人民军医出版社，1999.

[27] 李谨伯 . 呼吸之间 [M]. 珍藏版 . 北京：华夏出版社，2016.
[28] 于永年 . 大成拳：站桩与道德经 [M]. 2 版 . 太原：山西科学技术出版社，2013.
[29] 胥荣东 . 大成拳 [M]. 北京：宗教文化出版社，2003.
[30] 王芗斋 . 拳学宗师王芗斋文集 [M]. 北京：中国广播电视出版社，2010.
[31] 铃木大拙 . 禅者的思索 [M]. 未也，译 . 北京：中国青年出版社，1989.
[32] 杨鸿晨，尹洪波 . 厚德流光陶铸龙象：王芗斋先生的弟子们 [M]. 台北：逸文武术文化有限公司，2019.
[33] 胥荣东 . 大成拳 [M]. 北京：宗教文化出版社，1999.
[34] 杨明漪 . 近今北方健者传 [M]. 台北：逸文武术文化有限公司，2009.
[35] 张惠民 . 气功疗法趣谈 [M]. 天津：天津科学技术出版社，1980.
[36] 王选杰 . 大成拳功法及实作 [M]. 广州：科学普及出版社广州分社，1986.
[37] 曾广骅 . 大成拳：科学站桩功 [M]. 2 版 . 太原：山西科学技术出版社，2013.
[38] 西野皓三 . 西野流呼吸法 [M]. 东京：讲谈社，1987.
[39] 孙禄堂 . 孙禄堂武学录 [M]. 孙剑云，编 . 北京：人民体育出版社，2000.
[40] 佐藤嘉道 . 拳圣泽井健一先生 [M]. 东京：体育生活出版社，1982.
[41] 霍震寰，禤绍灿，李敬棠 . 意拳汇综 [M]. 香港：天地图书有限公司，1994.
[42] 王芗斋 .“意”无止境 [M]. 海口：海南出版社，2014.
[43] 赵祯永 . 杨德茂与大成拳 [M]. 北京：北京体育大学出版社，2009.
[44] 何镜平 . 王芗斋的大成拳 [M]. 2 版 . 太原：山西科学技术出版社，2013.
[45] 北京市总工会体育部，北京气功研究会 . 站桩功疗法汇编 [C].（内部学习资料）
[46] 李荣玉 . 走近王芗斋 [M]. 太原：山西科学技术出版社，2011.
[47] 习云太 . 中国武术史 [M]. 北京：人民体育出版社，1985.
[48] 杨鸿晨 . 王芗斋拳学 [M]. 台北：逸文武术文化有限公司，2002.
[49]《宽城抗战文化丛书》编委会 . 宽城抗日斗争史 [M]. 北京：解放军出版社，2015.
[50]《宽城抗战文化丛书》编委会 . 喜峰口长城抗战记 [M]. 北京：解放军出版社，2015.
[51] 王建中，徐皓峰 . 大成若缺：八十年代习武记 [M]. 北京：作家出版社，2011.
[52] 李燕，徐德亮 . 李燕聊李苦禅 [M]. 北京：北京大学出版社，2017.
[53] 王芗斋 . 意无止境 [M]. 北京：民主与建设出版社，2014.
[54] 医疗体育汇编 [C]. 新乡：新乡市王芗斋拳学研究会，2000.
[55] 王芗斋 . 意拳拳学 [M]. 北京：北京体育大学出版社，2002.
[56] 薛颠 . 薛颠武学辑注—形意拳术讲义（下编）[M]. 北京：北京科学技术出版社，2017.
[57] 李存义 . 李存义武学辑注—三十六剑谱 [M]. 北京：北京科学技术出版社，2017.
[58] 杨曾文 . 敦煌新本・六祖坛经 [M]. 北京：宗教文化出版社，2011.
[59] 南怀瑾 . 中国文化泛言（增订本）[M]. 北京：东方出版社，2015.
[60] 李敏生，李涛 . 昭雪汉字百年冤案—安子介汉字科学体系 [M]. 北京：社会科学文献出版社，

1994.
[61] 乌恩溥 . 四书译注 [M]. 长春：吉林文史出版社，1990.
[62] 郑为 . 中国绘画史（插图本）[M]. 北京：北京出版社，2004.
[63] 朱仁夫 . 中国古代书法史 [M]. 贵阳：贵州教育出版社，2010.
[64] 朱仁夫 . 中国现代书法史 [M]. 贵阳：贵州教育出版社，2010.
[65] 虚云大师 . 虚云大师文汇 [M]. 北京：华夏出版社，2012.
[66] 法尊大师 . 法尊大师文汇 [M]. 北京：华夏出版社，2012.
[67] 彭邦炯 . 甲骨文医学资料释文考辨与研究 [M]. 北京：人民卫生出版社，2008.
[70] 薛福辰 . 重广补注黄帝内经素问：影宋本 [M]. 北京：学苑出版社，2008.
[71] 高濂 . 遵生八笺 [M]. 兰州：甘肃文化出版社，2003.
[72] 刘长林 . 中国系统思维 [M]. 北京：中国社会科学出版社，1990.
[73] 卡普拉 . 物理学之“道”：近代物理学与东方神秘主义 [M]. 朱润生，译 . 北京：北京出版社，1999.
[74] 徐燕孙，唐中磊 . 巨擘传世——近现代中国画大家 [M]. 北京：高等教育出版社，2017.
[75] 李泽厚，刘纲纪 . 中国美学史（第一卷）[M]. 北京：中国社会科学出版社，1984.
[76] 刘正 . 图说汉学史 [M]. 桂林：广西师范大学出版社，2005.
[77] 万乐刚 . 张之江将军传 [M]. 北京：团结出版社，2015.
[78] 薄家骢 . 意拳索钥：意拳（大成拳）进阶与点窍 [M]. 北京：人民体育出版社，2013.
[79] 于德顺，樊庆敏 . 奥林匹克拳击 [M]. 北京：人民体育出版社，2005.
[80] 高树中 . 一针疗法《灵枢》诠用（修订本）[M]. 济南：济南出版社，2007.
[81] 南怀瑾 . 道家、密宗与东方神秘学 [M]. 北京：中国世界语出版社，1994.
[82] 庞玉森，等 . 中央国术馆史 [M]. 合肥：黄山书社，1996.
[83] 李敏生 . 中华心——胡秋原政治・文艺・哲学文选 [M]. 北京：社会科学文献出版社，1995.
[84] 司马迁 . 史记 [M]. 北京：线装书局，2007.
[85] 江灏，钱宗武 . 今古文尚书全译 [M]. 贵阳：贵州人民出版社，1990.
[86] 杨建峰 . 中国山水画全集：全 2 册 [M]. 北京：外文出版社，2011.
[87] 张远山 . 独与天地精神往来：庄子奥义 [M]. 成都：天地出版社，2020.
[88] 张远山 . 相忘于江湖：庄子与战国时代 [M]. 成都：天地出版社，2020.
[89] 薛立功 . 中国经筋学 [M]. 北京：中医古籍出版社，2009.
[90] 陈星 . 芳草碧连天——弘一大师传 [M]. 石家庄：河北人民出版社，1995.
[91] 南怀瑾 . 南怀瑾佛学讲录集——定慧初修 [M]. 北京：中国国际广播出版社，1998.
[92] 胡适 . 禅学指归 [M]. 西安：陕西师范大学出版社，2008.
[93] 梁兆康 . 耶稣也说禅 [M]. 胡因梦，张欣云，译 . 上海：上海社会科学院出版社，2018.
[94] 中国国家博物馆 . 文物史前史（彩色图文本）[M]. 北京：中华书局，2009.
[95] 韩峥嵘 . 诗经译注 [M]. 吉林：吉林文史出版社，1995.

[96] 黄龙祥 . 中国古典针灸学大纲 [M]. 北京：人民卫生出版社，2019.
[97] 俞丰 . 经典碑帖释文译注 [M]. 上海：上海书画出版社，2009.
[98] 仲威 . 善本碑帖过眼録 [M]. 北京：文物出版社，2013.
[99] 康殷 . 古篆文部首 [M]. 北京：中国友谊出版公司，1998.
[100] 石涛 . 石涛画集 [M]. 北京：荣宝斋出版社，2003.
[101] 胡海牙，武国忠 . 中华仙学养生全书（上册）[M]. 北京：华夏出版社，2006.
[102] 杨锡让，傅浩坚 . 运动生理学进展：质疑与思考 [M]. 北京：北京体育大学出版社，2000.
[103] 胡海牙 . 胡海牙仙学养生文集 [M]. 海口：海南出版社，2015.
[104] 徐燕孙 . 徐燕孙画集 [M]. 北京：中国美术出版社，2016.
[105] 钱穆 . 论语新解 [M]. 北京：生活・读书・新知三联书店，2002.
[106] 王毅 . 戴氏心意拳功理秘技 [M]. 北京：北京科学技术出版社，2017.
[107] 尹真人高弟 . 性命圭旨 [M]. 北京：中央编译出版社，2012.
[108] 韩远宏 . 王芗斋深州集训 [J]. 台湾武林，2006（1）：28.
[109] 孙机 . 从历史醒来：孙机谈中国古文物 [M]. 北京：生活・读书・新知三联书店，2016.
[110] 余江 . 卢式心意拳传习录 [M]. 北京：北京科学技术出版社，2019.
[111] 孙长友 . 王芗斋养生健身站桩功 [M]. 北京：人民体育出版社，1994.
[112] 梁启超 . 中国之武士道 [M]. 北京：中国档案出版社，2006.
[113] 许海山 . 中国历史 [M]. 北京：线装书局，2006.
[114] 张广华 . 一个危重冠心病患者的康复日记：站桩绽放生命奇迹 [M]. 北京：中国医药科技出版社，2014.
[115] 柳琴 . 最后的镖王——武林泰斗李尧臣传 [M]. 北京：光明日报出版社，2008.
[116] 李学勤 . 李学勤说先秦 [M]. 上海：上海科学技术文献出版社，2009.
[117] 高居翰 . 图说中国绘画史 [M]. 李渝，译 . 北京：生活・读书・新知三联书店，2014.
[118] 姚承光 . 姚宗勋拳学思想文集 [M]. 北京：北京图书出版社，2013.
[119] 王玉芳 . 意拳站桩 [M]. 北京：科学出版社，1989.
[120] 冯志强 . 陈式太极拳入门 [M]. 2 版 . 北京：人民体育出版社，1998.
[121] 葛业文，译注 . 纪效新书 [M]. 北京：中华书局，2017.
[122] 严健民 . 中国医学起源新论 [M]. 北京：北京科学技术出版社，2001.
[123] 于永年 . 站桩养生法 [M]. 北京：地震出版社，1989.
[124] 杨玉辉 . 道教养生学 [M]. 北京：宗教文化出版社，2006.
[125] 文尔邻 . 动静之间：优元谈中华智慧养生 [M]. 深圳：深圳报业集团出版社，2011.
[126] 于永年 . 健身良法：站桩 [M]. 北京：知识出版社，1982.
[127] 周稔丰 . 太极拳常识 [M]. 北京：人民体育出版社，1978.
[128] 晏耀辉 . 意拳养生法 [M]. 北京：人民卫生出版社，1986.
[129] 段逸山 .《素问》全元起本研究与辑复 [M]. 上海：上海科学技术出版社，2001.

[130] 贾题韬 . 转识成智——贾题韬与佛学 [M]. 成都：四川省人民出版社，1999.
[131] 丛文俊 . 中国书法史 . 先秦・秦代卷 [M]. 南京：江苏教育出版社，2009.
[132] 郑湧 . 读法和活法：《坛经》的哲学解读 [M]. 北京：中国社会科学出版社，2009.
[133] 奈斯比特 . 大趋势——改变我们生活的十个新方向 [M]. 梅艳，译 . 北京：中国社会科学出版社，1984.
[134] 王宗岳 . 太极拳谱 [M]. 2 版 . 北京：人民体育出版社，1995.
[135] 王建华，王晓东 . 站向健康：武术站桩养生问答 [M]. 北京：人民体育出版社，2014.
[136] 李学勤 . 周易溯源 [M]. 成都：巴蜀书社，2005.
[137] 罗贯中 . 三国演义 [M]. 长沙：岳麓书社，1993.
[138] 牛实为 . 内经生态观 [M]. 香港：心悦文化出版社，2004.
[139] 陈漫兮 . 殷墟探秘——甲骨文 [M]. 北京：文化艺术出版社，2010.
[140] 张文鼎 . 巫家艺（拳术）[M]. 武汉：湖北科学技术出版社，2014.
[141] 程俊英 . 诗经译注 [M]. 上海：上海古籍出版社，2004.
[142] 王选杰 . 王芗斋与大成拳 [M]. 北京：中国展望出版社，1986.
[143] 瑞迪，哈格曼 . 运动改造大脑 [M]. 浦溶，译 . 杭州：浙江人民出版社，2013.
[144] 刘殿琛 . 刘殿琛形意拳术抉微 [M]. 北京：北京科学技术出版社，2017.
[145] 薛颠 . 薛颠武学辑注——形意拳术讲义（上编）[M]. 北京：北京科学技术出版社，2017.
[146] 陈鼓应 . 老子注译及评介 [M]. 北京：中华书局，1984.
[147] 徐德亮 . 北京故人：时光深处的北京文化 [M]. 北京：中国工人出版社，2020.
[148] 弗里德，黑德莫诺斯 . 生物学 [M]. 2 版 . 田清涞，等译 . 北京：科学出版社，2002.
[149] 李仲轩，徐皓峰 . 逝去的武林 [M]. 北京：人民文学出版社，2013.
[150] 徐邦达，薛永年 . 徐邦达讲书画鉴定 [M]. 上海：上海书画出版社，2020.
[151] 孔见 . 中国书法艺术通论 [M]. 桂林：漓江出版社，2009.
[152] 觉音 . 清净道论 [M]. 叶均，译 . 北京：中国佛教文化研究所，1991.
[153] 朱琏 . 新针灸学 [M]. 北京：人民卫生出版社，1954.
[154] 姚宗勋 . 意拳——中国现代实战拳术 [M]. 北京：北京体育学院出版社，1989.
[155] 汤川秀树 . 创造力和直觉——一个物理学家对于东西方的考察 [M]. 周林东，译 . 上海：复旦大学出版社，1987.
[156] 克莱，庞兹 . 基础临床按摩疗法：解剖学与治疗学的结合 [M]. 李德淳，等译 . 天津：天津科技翻译出版公司，2004.
[157] 徐文兵，梁冬 . 黄帝内经家用说明书：上古天真论 [M]. 南京：江苏人民出版社，2009.
[158] 姚南强 . 因明学说史纲要 [M]. 上海：上海三联书店，2000.
[159] 马伯英 . 中国医学文化史 [M]. 上海：上海人民出版社，2010.
[160] 李致重 . 中医复兴论 [M]. 北京：中国医药科技出版社，2003.
[161] 杨曾文 . 当代佛教与社会 [M]. 北京：宗教文化出版社，2009.

[162] 张登本.《内经》的思考 [M]. 北京：中国中医药出版社，2006.
[163] 卡斯蒂廖尼 . 医学史 [M]. 程之范，主译 . 桂林：广西师范大学出版社，2003.
[164] 王玉兴 . 黄帝内经灵枢三家注：上编 [M]. 北京：中国中医药出版社，2013.
[165] 阎伯群，李瑞林 . 国术之魂：天津中华武士会健者传 [M]. 天津：天津古籍出版社，2018.
[166] 李致重 . 医理求真：中医形上特性还原 [M]. 太原：山西科学技术出版社，2012.
[167] DUUS P. 神经系统疾病定位诊断学——解剖、生理、临床 [M]. 刘宗惠，胡威夷，等译 . 北京：海洋出版社，1995.
[168] 中国中医药报社 . 哲眼看中医——21 世纪中医药科学问题专家访谈录 [M]. 北京：北京科学技术出版社，2005.
[169] 韩启德 . 医学的温度 [M]. 北京：商务印书馆，2020.
[170]《沧州武术志》编纂委员会 . 沧州武术志 [M]. 石家庄：河北人民出版社，1991.
[171] 托夫勒 . 第三次浪潮 [M]. 朱志焱，潘琪，张焱，译 . 北京：生活・读书・新知三联书店，1984.
[172] 陈巨来 . 安持人物琐忆 [M]. 上海：上海书画出版社，2011.
[173] 鲁迅 . 门外文谈 [M]. 北京：人民出版社，1974.
[174] 刘振民，周笃文，钱超尘，等 . 医古文基础 [M]. 北京：人民卫生出版社，1980.
[175] 钮韵铎 . 金针再传 [M]. 北京：科学技术文献出版社，1994.
[176] 崔月犁 . 中医沉思录（一）[M]. 北京：中医古籍出版社，1997.
[177] 迪昂 . 脑与意识 [M]. 章熠，译 . 杭州：杭州教育出版社，2018.
[178] 鲍尔吉・原野 . 原野上的原野：至纯至美的草原散文 [M]. 武汉：武汉出版社，2012.
[179] 福提 . 生命简史 [M]. 胡洲，译 . 北京：中央编译出版社，2010.
[180] 梅尔斯 . 解剖列车：徒手与动作治疗的肌筋膜经线 [M]. 3 版 . 关玲，周维金，翁长水，主译 . 北京：北京科学技术出版社，2016.
[181] 张双棣，等注译 . 吕氏春秋译注 [M]. 吉林：吉林文史出版社，1993.
[182] 贺林 . 贺普仁针灸三通法：找寻古针灸的气与神 [M]. 北京：北京科学技术出版社，2019.
[183] 邓匡林，于冠英 . 二人集：守望与回归 [M]. 北京：现代出版社，2020.
[184] 邹牧仑 . 听老子讲道 [M]. 深圳：海天出版社，2002.
[185] 魏宏森，曾国屏 . 系统论 [M]. 北京：清华大学出版社，1995.
[186] 李敏生 . 患难之交：抗美援朝霍英东历史解密 [M]. 北京：中国社会科学出版社，2003.
[187] 顾颉刚 . 古史辨自序（上、下册）[M]. 北京：商务印书馆，2011.
[188] 傅山 . 傅山临证医书合编 [M]. 太原：山西科学技术出版社，2005.
[189] 区结成 . 当中医遇上西医：历史与省思 [M]. 北京：生活・读书・新知三联书店，2005.
[190] 牟安世 . 义和团抵抗列强瓜分史 [M]. 北京：经济管理出版社，1997.
[191] 盖建民 . 道教医学 [M]. 北京：宗教文化出版社，2001.
[192] 艾宁 . 问中医几度秋凉 [M]. 北京：中国中医药出版社，2009.

[193] 索甲仁波切 . 西藏生死书 [M]. 郑振煌，译 . 杭州：浙江大学出版社，2011.
[194] 刘力红 . 思考中医 [M]. 2 版 . 桂林：广西师范大学出版社，2003.
[195] 马有清 . 吴图南太极功 [M]. 北京：世界图书出版公司北京公司，2012.
[196] 李文彬，尚芝蓉 . 李文彬、尚芝蓉专辑・尚氏形意拳械抉微 [M]. 香港：南粤出版社，1990.
[197] 玛格塔 . 医学的历史 [M]. 李城，译 . 太原：希望出版社，2003.
[198] 阿维森纳 . 阿维森纳医典 [M]. 朱明，主译 . 北京：人民卫生出版社，2010.
[199] 李光昭 . 涵养天机习太极：静出动势 [M]. 北京：华夏出版社，2018.
[200] 文中子 . 止学 [M]. 马树全，译注 . 合肥：黄山书社，2010.
[201] 刘源正，季培刚 . 三爷刘晚苍：刘晚苍武功传习录 [M]. 北京：北京科学技术出版社，2016.
[202] 田茂 . 形意拳传承谱系 [M]. 2 版 . 香港：中国国际出版社，2020.
[203] 马济人 . 中国气功学 [M]. 西安：陕西科学技术出版社，1983.
[204] 王芗斋 . 意无止境 [M]. 北京：民主与建设出版社，2018.
[205] 王玉芳 . 大成拳新编（站桩功）[G]. 新乡：新乡市职工意拳桩功研究会编印，1982.
[206] 刘长林 . 内经的哲学和中医学的方法 [M]. 北京：科学出版社，1982.
[207] 李燕 . 铁骨铮铮百炼成：记苦禅大师 [M]. 北京：学苑出版社，2015.
[208] 崔钟雷 . 鲁迅杂文集 [M]. 沈阳：万卷出版公司，2008.
[209] 承为奋，谢永光，梅焕慈，等 . 承淡安针灸选集 [M]. 上海：上海科学技术出版社，1986.
[210] 周利成 . 民国画报人物志 [M]. 桂林：广西师范大学出版社，2017.
[211] 托马斯 . 最年轻的科学——观察医学的札记 [M]. 周惠民，石珍荣，周云，译 . 青岛：青岛出版社，1996.
[212] 袁伟民，李志坚 . 中华人民共和国体育史（1949—1999）地方卷 [M]. 北京：中国书籍出版社，2002.
[213]《中国武术拳械录》编纂组 . 中华武术文库・理论部：中国武术拳械录 [M]. 北京：人民体育出版社，1993.
[214] 魏宏灿，校注 . 曹丕集校注 [M]. 合肥：安徽大学出版社，2009.
[215] 泽井健一 . 实战中国拳法 太气拳 [M]. 东京：日贸出版社，1990.

附录一 《拳学新编》油印件

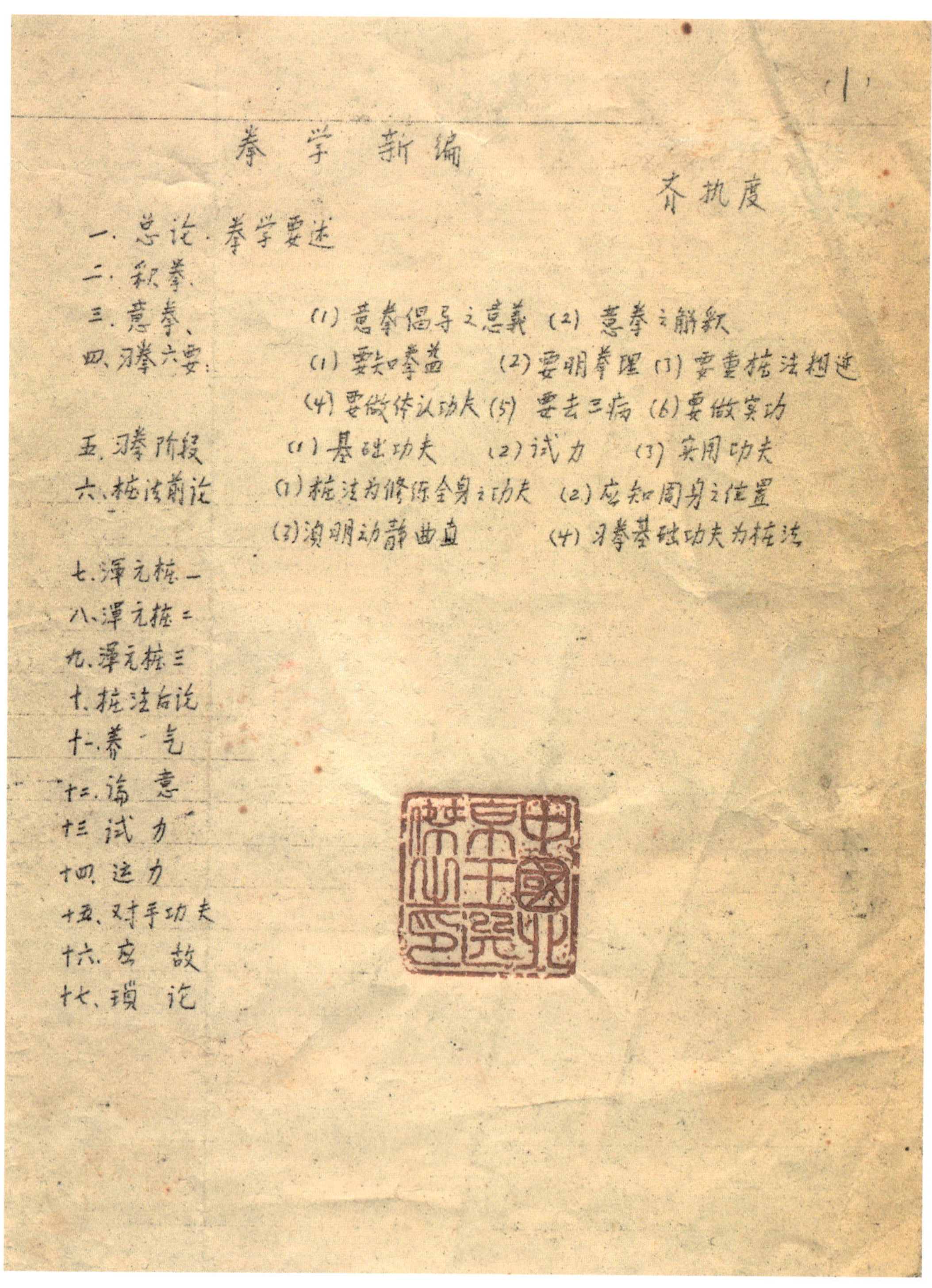

(1)

拳学新编

齐执度

一、总论·拳学要述

二、释拳

三、意拳 (1)意拳倡导之意义 (2)意拳之解释

四、习拳六要： (1)要知拳益 (2)要明拳理 (3)要重桩法相进 (4)要做体认功夫 (5)要去三病 (6)要做实功

五、习拳阶段 (1)基础功夫 (2)试力 (3)实用功夫

六、桩法前论 (1)桩法为修练全身之功夫 (2)应知周身之位置 (3)须明动静曲直 (4)习拳基础功夫为桩法

七、浑元桩一

八、浑元桩二

九、浑元桩三

十、桩法后论

十一、养气

十二、论意

十三、试力

十四、运力

十五、对手功夫

十六、应敌

十七、琐论

一、总　　论

拳学述要

我國拳学兴自战國时代，后以达摩易筋洗髓两法参之于华佗之五禽，始汇成斯技。迄今门派繁杂，其渊源一也。不论如何分派，总不出以拳为名。夫拳者，乃拳拳服膺之谓拳，动静处中，体守能用，此即吾人气質本能之道，非徒讲套数、专论招法之所谓拳也。

拳学一道不可认为奇难事也，须知非常功夫多得自平易，无论行、站、坐、卧，随时随地都能用功。首要端正身体，使意念空洞，凝神静气，扫除情缘，寂静调息（註一）以温养内外，涤除邪粒，筋骨气血不练而自练，不养而自養，人之本能逐渐发达矣。动作时不论姿式之优劣形式之繁简，只看全体大小关节能否上下前后左右相互为用，以及神经支配之大意和气血流行与调息所发之弹力如何，总以达到舒畅得力为止。察其神情，身如凌云宝樹，须假众木之撑持。又如在气浪中游泳动荡，毛发飘扬相依，大有伸長之意。气血如巨海汪洋之水，有波浪横流回旋不已之势，精神如大冶洪炉，无物不可陶熔，而身心将似渡海之浮囊，不容一针之渗漏，此身心气血修炼之要旨也。若是者非涤尽妄念，动静不失于自然，未易有得。然无论如何动作，最忌身心用力，用力则气滞，气滞则意停，意停则神断，全身皆非矣。他如试力之均整，间架之配備，发力之自乘，（注二）三角之螺旋，斜、构造不一之方，又如浑元假借之一切法则，均不可忽。尤应注意全身枢纽之松紧，面积之曲折，和遇敌时相机接触之利用，此皆非言语笔墨所能形容，愿学者恒心毅力，切志研究，自不难入法门而懂道真矣。

注一：寂静调息乃养气功夫，非作到无呼所谓勿忘勿助之境界，不能真有所得。宋儒云：勿念勿忘也。

注二：发力之自乘是说明争力作用。

（六）

二、拳

近世拳术，宗别派，作法各异，命名无不以拳，而对拳之意义实少研究。论者多就拳字字义为之解说，或指握手为拳，或指作用勇力徒手敌人者为拳，皆未注意及拳之真义者也。

芗斋先生解释拳义曰："拳者乃拳拳服膺之谓拳，动静处中，能守能用，此皆吾人之良能之道，非徒一套数，方法、招法之所谓拳也。"动静处中，能守能用，静即动，动即静，其守用一也。拳拳服膺，永保不失也，尽吾人之良能之道也，此即言拳理之所在，非徒一套数招法，则辨歧途纳学者于正轨也。

芗斋先生习拳一得中明拳义曰："拳之为拳，实不在身体动作之形式如何，而在于筋骨气力松紧之运用，精神之指挥，以及心意之领导如何耳。"习拳者重形式是本末错认，攻其末而忘其本，终无是处。非得其本者，不能言实践致用之实学，故应机而发，因势而变，动无自主，其神妙莫测者当非所谓专习套数招法者所能得也。

三、意拳

（1）意拳得名之意义

人身内外一致，意动一致，拳功拳理，祗有是非而不能分以内外。所以芗斋先生反对内家外家之拳名，并反对不合实用与拳理之招法套数，更为阐明拳理发扬拳学计，于一九二六年倡导意拳。拳以意名，乃示拳理之所在，其练习方法重在站桩，以求实用，不讲求形式，更无套数，无论动静皆以意领之，使意、气、力合一，以尽拳功、争力之妙用。由此可知先生名拳曰意拳，意在泯宗派内外之纷争以存拳学之真义也。

芗斋先生论意拳招法曰："拳学枝节阴阳、动静、虚实、开合、刚柔、呼吸等数道，皆由精神而论，都是互为根用，不在外感之交乘而在一意之应付，此谓之意拳也。"

（2）意拳之解说

意存于吾人自身，寓心之动，其作用最自我，确实存在，不得疑之。习拳应知[illegible]意[illegible]始能合于预而[illegible]于身。西谚云："身体之发达，可促进心之发达"[illegible]

[illegible]

[illegible]

六

体动用即身心合一之动用，自是发达身体而有益无损之动用。此乃顺自然之需要而合理之动用也。意为心之动，而欲达此意，司令全身者为脑，脑为身心之关键，故知脑之于身，如军中之帅。所以习拳先讲头直。意之发动属之于自由于万全，不附带强迫之感情者也。吾人之动作顺于自然，合于需要，方为合意之动用，为自由之决定，乃本能之作用。此种决定和作用以属于吾人，能感得而受之者惟其个人不待言也。

人身动用可分两种，合意之动用为有益运动，不合意之动用，心理学者为之冲动运动，乃发于感觉之运动，非已规之运动，系因受到冲动后，由此冲动一变而为感觉，一变而为执意，由执意而引起之实际运动也。故谓冲动运动反乎自然之运动，非出于自主（自由之决意）之运动，是谓妄动。此种运动，动必吃力，吃力则血注，则血流失其自然，而神经为之伤害。故运动结果必由此发生一种反射之冲动，神经转输受到冲动，发生抵抗；同时发出反射运动，发生此种反射运动最为强烈，神经中枢感受到刺激而受损伤。此种运动不但无益反而有害。所以习拳忌妄动和吃力，即不许有冲动运动也。

合意运动，心理学家谓之本能运动，是由用意（运用神经觉察能力）来观察全身之需要，以意之支配而起之运动，系出于自主而顺乎自然，所以本能运动是心身一致合乎需要之运动，有益无损之运动也。本能运动分为有意与自动，有意运动是基于心意支配之运动，做到妙处则成为自运动，不感觉受意之支配，而其运动无有不合意者。习拳原为发达本能之工作，非臻于自动之境，不能得力、得气、得神而入化境。

四、习拳六要

(1) 要知拳益

芗斋先生曰："不学拳是不要性命的傻子"，言拳功与人身关系切要，能健身修养性命，人人应知此理，应习此拳，普劝吾人练习之理由，一语道尽。若知习拳之益，习拳之乐，致力于练习功夫，定有欲罢不能之概况。设入歧途，吃力努气，伤及身体，是学习错误，非拳不可习也。

拳功做到妙境，真得窍要时，在他人看来反认为不精熟不好看者有之。故要知习拳为己非为人，此防身养身贴骨之事也。更须平时一心存之于拳，蓄养气血，无论何时何地何事，无不拳拳皆在操练，有时限之功夫不如无时限之功夫纯正确切，所以有固定时间非广泛不能练习者未必尽是也。

(3)

(2) 要明拳理

拳有拳之理拳之法拳之意，得其法理意方得谓之能拳。故有拳法而无拳理者非也，有拳理而无拳意者亦非也。拳之动其法不一，而有原理，动静变化，机神无方，出之自然，臻於神妙，盖由於一意之支配。得理尽法而成其用，所以习拳理字最为紧要。理字须从规律中得来，能于规律中得理澄透，方能有成，妙情在乎学者自成之。

习拳者得其理，方可与言气力。有气有力而不合於理，非真有之气力，知其理而不能用于气用於力，亦非真理。理与气会，气与力谋，动静合於理则气力为之用，而气力之神自见。然神其用者，还权之于意，故习拳之初，对其法理意均须彻底认识，方有所遵循也。

(3) 要重桩法粗迹

世人多以拳为小技不值一习，岂根本之论哉。拳为吾人动之始基，其理简而明，其迹粗而显，其用妙在几微。故论拳理言之深者本於几微，言之浅者本其粗迹。须知粗迹亡，其几微之理无从存，几微之理亡其粗迹则非。夫粗迹者极简易之动作方法也，得此粗迹即能变化於无穷，但非今日之拳套招法。拳之粗迹为何？乃桩法是也。岂可因其平易而忽之。观乎拳动用之神者无不由此一站生出也。

习拳须先求下手及着实功夫之门，习拳下手处站桩是也，久站乃为着实功夫之门也。舍此将无真实下手处，故学者应从此教，以此习，认定在此，终日乾乾，奥蕴自得，教学之道，不过如此，微乎微乎。

(4) 要做体认功夫

习拳须知心传意领四字是得力关头，此四字须於"体认"二字中求之。体认是一种实行功夫，运用意之支配，发挥自身智能体触之作用，将脑所接受予使身体实行出来，以身验知并以求其所不知者是也。要知口传心着，非真学真知，须得自实行，方是实真学实知。故习拳重体认功夫，乃易空想为实相之实功也。且精神气力之运化，非由体认，不足自发内知自成也。

体认功夫有内省、外观、实验三要点，缺一不可。内省者省察自己之意象如何也，外观者，内省自己，外观他人，以他人之表现参证其内容，作内省之助。实验係合内省外观之所得行之吾身而得有实效之事也。

习拳有得於师者，有得於己者，得於师者为规矩，得於己者乃循规程经体认实得於身之妙用也。学拳不得於身则规程无益于己，论及体认原有力气神三步功夫。力气神体认功夫分言之则为拳功深浅之界限，合言之心一气者，万力备是。力气神原有不可分离之性，三者实总於一气。气调则神经之训练，气血之调理，筋骨之锻炼，均得体认之实功。故曰：三步功夫实一步功夫也。桩法所示要点，皆为此气而培人生之基也。

(5) 要去三病

习拳有三病，一曰努气，二曰吃力，（即用拙力）三曰挺胸提腹。

染得三病则动静不合於理，拳功实难得力，得气而神之於用，慎之慎之。

习拳吃力是一大病，近之授拳者皆以使用力教导初学，误矣。教以使用力量欲手足用力也，要知四肢用力人身真动力必凝结，久之为害甚大。于今学拳应明此害，避之远之，应以近之，而免入歧途也。

芗斋先生曰：今之学拳者多急于拳套，用暴力以求迅速和美观，全身气空为之闭塞，而于自身气血之流通实大有阻碍。所有拳家凡用暴力者无不努目缩眉，顿足有声，是先闭其气后用其力，至练完则长吁短叹，急喘不止，伤及元气，所以往往有数十年功夫而终为门外汉者，岂非用此拙力之所致哉。

(6) 要求实功

习拳忌好高求速，恐不达也。余某岁请示发力，芗斋先生曰：汝已得个中味道，当能自信，对发力要领，恐尚未能领略。因发力种类甚多，无实用经验，歉难言，不易知。望加意用功，届时必将详告。现在即告亦不能懂，即懂亦不能行，应有务高好远之病也。又曰：功夫宜久经朝夕操练，无时或忘，得有日新成绩方是进步消息。语云：非有百折不回之真心，那能有万变无穷之妙用。

芗斋先生曰："用功须知全身气血川流（身外有物），养神敛性，通体无滞，是初步功夫。若听全体嘶嘶有声，无论行坐，一触即发，能跌人丈外，是中乘功夫；身外生气，光芒四射，如用目视人，其人如失知觉，然后渐入神化之境矣。

五、习拳阶段

习拳步骤有三，分述如下：

(1) 基础功夫

人之力生于气血，自然发动，由内达外，故通畅气血，锻炼筋骨为习拳基础，其法为站桩。站时

（4）

须间架身排安当，再从静止状态去作整饬神经、调息呼吸、温养筋骨，锻炼筋骨之各项体认功夫，而使内外合一，以达推专化灵，舒适轻健之目的。

(2) 试力

前项基础工夫，做到妙处，当练习气力之运用，试力是其初步。试力为得力之由，力由试而得知其所自发，更由知而得其所以用，故试力为习拳最大关键。

(3) 实用功夫：

拳功做到全身舒畅而得力运用变化，始能随机发动。至于快慢虚实与精神时机之运用，斤始松紧动静之互根，以及力量和假借之分析等等，尚须实地研究，故习拳功夫未可稍松懈也。

又论习拳各项功夫曰：习练桩法时，形虽不动，而浑身之筋肉气血与神经以及各种细胞，无不同时工作，若机盘之旋转快到极点，正是不动之动，所谓生生不已之动也。此学拳当注意之要点。一念之差，舍此正轨，则终身难入门墙矣。应敌时势如猿鸟，如龙蛇，而身心意力都要含蓄，暗中分析对手究竟，须全身收敛，随敌而动，以待发动之机。虽动用极速，并有高低左右纵横之转换，而心身气血之悠扬飘荡，实动犹不动也。以上为基础、实做两部工夫与动静区别原则。其中间试力方法太繁矣，兹简述一二：

试力既不许有绝对力，首要体认全身气力圆满否，光线锋棱与毛发撑触否，气力能否随时随地可以发出，自身之神与气能否和空气发生应合作用，指手动足全身各处都如有敌欲相比较，外形尚无动作，而精神早已与之周旋，非此是其力不能试得，学者于此，岂可忽哉。

六、桩法前论

(1) 桩法为操练全身之工夫

吾人一身虽分身手足头五官百体，内外原是整个一体，习拳操练要为人之全身一体，内外表里、身手头足、五官百体，既不得分开讲论，更不得分别操练。拳理是非之分在此，而学拳能否入道亦在此。

意拳桩法是统一意志、统一动作、统一力气神，是基础功夫；凡统一全身发达，增强气力神之法也。拳为全身动作，五官百骸、十指四肢以及毛发，各有轻重慢急之调，要知少一件非完人，有一不动不足为万合之动。全身一致受命于此意之所使，心之所降，气之所达，神之所感自然之应也。所以练习时，自习身心、习手、习足，须全身同时一致练习，不可分开，又不可偏重，尽其本能，统于一个回意。若各不受命，自为动作，是自为肢解，无能回拳矣。

(2) 应知全身之位置

习拳应先知自身之位置。吾人一生，戴天履地，而有上下左右前后中，其所处之境则天地四表，而身居空气中，此人人所晓，不待言也。习拳者须首先求得自身之位置，其法为本身以外四面八方，向自身看来乃得中立，立其不固，得中用中，妙用无穷。

(3) 须明动静曲直

习拳应知人之能生在于能动，其动源之于静，静直动曲，一动一静，一曲一直（形曲力直），拳理尽之於是。故习拳静以理其气，动以致其用，借此气活吾血，强吾力，运动全身，事其所事，而其动静，互因互生。习拳者乃习此动静也。习此动静，须慎之於始，其始则由直而曲，由静而动，形曲力直，动而还静之时也。静中有动，动中有静，求之之法则站桩耳。

(4) 习拳基础功夫为桩法

习拳站桩用意体察全身动静，功夫一到，方知如此一站，大有无妙不臻、无法不备之深味。欲尽拳功之妙用，应先致力於桩法。凡百运动皆基於此，此语实不我欺。古人躬行实践，乃易此深味之唯一法门。学者当致力乎哉。

或曰："习拳不站桩。"拳以站桩为基，以行动为用，基不固则无根。习拳不可不站桩，为是而自误，一身功夫须从根本做来方属真实耳。

七、浑元桩

浑元桩——为整筋立容（一名立式）立为拳功之基本间架。立时垂手直立，两足跟并齐，两足尖外分，角度为60°，要步步稳，气静神怡，应戴天履地，有与天地合而为一之意。站时应注意以下各点：

"头"居人身之最高位置，为一身之主宰。不宜倾斜，须用力上顶，收颏提颈而欲直，似顶非顶，似被绳提，要有领率全身之意。

"足"两足放平，大趾外蹬，小趾内扣，足心涵虚，脚跟微起，两膝微曲而上缩，使筋络舒展，不可吃力。足一吃力立便不稳。要知吃力於足必须于头，身体不舒，气力被阻，

(5)

全身关节即不能灵活，又焉能求其站立稳定。故曰修容足重者非吃力于足之谓也。

"闾骨"为脊神经之窟，居人身之中部，为支配上下肢体之中枢。闾骨要正直，平肩正胯，收颏挺颈，心窝微收，使胸宽而腹圆松，自无折腰努胸、挤背之病。

"手"两手下垂，指欲插入地内，但须向上微提，使肘微曲，舒筋络，并有外撑里裹之意。平肩正臂，腋下筋松，虚灵守默，如能容球。

"齿"齿轮上下啣接，不宜用力叩合。咬牙瞪眼，乃最大毛病。

"舌"舌尖微卷，接触上颚，似顶非顶，要领悟其有接引之意。

"鼻"鼻为气官，呼吸要匀而无声，气不可提，尤不可沉，匀静自然，为其要诀。气能平肃调息，方恰得其妙。切忌用口呼吸，犯之则气失通，鼻失其职，易致疾病，不可不慎。

"目"两目贵平直，能不为物引（不他顾，不转睛，不流视左右），心意自然不乱。

"耳"耳听八方，要用神凝。

八 浑元桩二

起以立式，立式站稳，使足向左右展开（横步），曲膝，蹲身成骑马式，两手高提，使骨肉筋络平行舒展，气血川流。此桩功力在于通气增加以及温养筋肉，训练神经，使各细胞无不工作。站时应注意下列各点：

"步"横步展开时，两足尖向前平行站齐，不可前后参差，其距离按各人足之长短计算，以两足尖相距约一尺七、八寸为宜。

"手"出手时两手向左右伸张，均不过鼻，以保中线。高不过眉，下不过脐，前伸不过足尖，回搬不许贴腹，此乃最重要而不可违犯之规律也。又不许有平面处，无处不曲，曲处力无不相连，体认八面出锋一语便得其奥妙。变掌为拳，五指相次，如拧麻花，各指力一如婴儿之持物，要有紧握密持之意。（此操未时易发力）切忌死握。能不吃力于手两臂圆活，而气力畅达手足相应矣。两肘要永久保持横撑力，勿使两手忽而挤近，忽而远离，失去活动之空间（两腋下之面积），与人以进击的机会。

"肩"步法改变两臂能否得力全系于两肩。要诀为松肩，松肩则下垂，左右腋下始有空间以能容球。两臂得此空间，活动方能自如，再使心窝微收，胸虚背圆，肩得其平，浑身气力贯于掌矣。

"筋骨"力生于骨而达于筋，筋長力大，骨重筋灵，筋伸则骨节缩，筋灵则力实，伸缩腕挺（手足四腕与颈项）则浑身之筋络开展，两肱横撑空平，有挽抱开合伸缩之力，两腿有提挟扒缩蹬崩拧裹之力，肩撑胯坠，尾闾中正，均不可忽。骨重如弓背，筋伸似弓弦，运动如弓满，发手似放箭，用力如抽丝，两手似撕棉。

站此桩时，全身上下左右前后八方并头与足、头与手，手与胯，肩与膝，肘与胯等处处相应，如有交互反向之绳索牵拽，或有人互为推移，不为行动之意。实际並无有绳索或人之牵拽及推移，不过存意如是。若真做出好似有被牵拽及推动之状则又误矣。是被筋肉之支配其动作不觉而已吃力，失於自然。站时从此体认，全身易於完整。久之当能做到得中之意，气力乃得中之意气力也。人身运动既有其运动之空间，而其运动头足身手各处所占之面积，因头足身手各处作用之不同而亦各不相同。至其争力作用与各处与各处因应之关系，复因之各异。欲明乎此，于浑元三桩中求之，自然得其奥妙。凡百运动皆由此基生出，岂可忽哉。

九、浑元桩三

学习以上二桩后，继习此桩。仍起以立式，站稳两行开步，左右两足前后展开，（是为进退步）曲膝蹲身，两手环抱，横撑拧裹，向前伸开，使筋肉束裹，骨节无节不曲，成钝形三角（即90°以上的角，不可有锐角）全身无有平面部分，更无有绝对力，曲折玲珑，浑元一体。兼有以上二桩之功用。遇机施巧，应变无穷，便於实搏，精於打较。站时注意浑元桩一、二腰膝两节所示各点及下列各点：

舒神情，周身轻快，妙不可言。李恕谷有云："涤荡邪秽，动荡血脉，流精神，养其中和之气德，而救其气质之偏。"夫站桩之功用尽于是矣。

初站桩时，气血流行未能通畅，遇有阻塞时，发生震动现象。要知此种震动，並非错误，亦非病态。用功日久若仍有此现象，气血流行不能平静，恐无良好成效。若遇震动时，可以神经起变化分解之。经此分解，如仍抖动，可另一姿式起变化，神经姿式同时起变化亦无不可，务使其平衡，至要至要。

习拳動静殊操，宜戒弄趣之现象最难免去此皆站桩功夫未到，心神混淆

(6)

所使然。平时锻炼应将心放下，不使浮动。气畜则胆壮，心静则神清。守之不失，自然动无不合。习拳不从此做去，为之旁求，是妄费心力，定难求得此一化齐之妙。

初习站桩，必觉浑身疲软，反如无力之人，及气血渐渐畅通，真力（即筋骨气血受意志之支配，自然发生之力）生发，则不分动静，气力周身一贯，而力之强大则专不可思议。功到自知，学者应求诸己也。

芗斋先生曰："学拳平日用功，常使神气聚而不离，如站桩之时，眼神不外驰，意不外想，精不妄动，气不轻浮，神不乱游，无站桩之形而收其实效，有不可思议之妙。"

或曰："细思站桩之益，学者何以不觉，则其心意注于手而不注于腰，不注于周身之故。"斯言颇堪玩味。又曰："习拳心动身不动则枉然，身动心不动亦枉然。身心一致加功，除站桩外无第二法门。"心动系说心意之动用，身动系说筋骨关节之动用，气血应合所生御该身之动用也。故习拳应从站桩下功夫，不然是以有用之精神付之无用之地也。

站桩功夫是使吾人生机活动，纯任自然，毫无残害生理之实。故真善拳者，其人必气力充，精神足，皮肤柔润，筋骨强健，绝非皮粗肉厚结为铁石者。

练习站桩乃习拳根本之学，有一势可变千百势，有千百式而归于一势之基也。谈着实勤习（知其理，习其事），践进是要，岂独拳学哉。

十、桩法后论

习拳站桩时间愈久愈妙。站时所生现象，依功夫深浅而有所不同。初学站桩，初站不数分钟，汗即涔涔而下。再站过数分钟，即觉肤中蠕动，甚至牵及全身。及练习已久，只觉周身吱吱作响，气血之动盈如流泉滚滚。初练气血尚未通畅，两腿感有疲楚麻痒时，可以稍憩再练，以免因勉强行而致吃力。拳功本在日积月累，以行之不间为要。（站的时间要逐渐增加）站桩时气身心要稳，再举两手。

"膝"开胯曲膝，骑马裆欲其低不欲其高，向下坐，胯往回收，臂前衰而胯外张（横撑胯平），两膝扣合，有外撑之意。膝盖骨处力之生发动用最须体认。由膝至脚而至膝有上撑之力，又有欲直之却被绳索将脚而与膝相连不得撑开之意。而膝盖骨以上部分具有向上急提之力，同时更具有下坐之力，膝内曲，大小腿筋络互相紧之力，同时又具有相反之支撑之力，此等力乃生之自然相寻相乘，名曰争力。习拳功夫一到，力动身形自然能领悟而知其难于讲述也。

“腰”腰为人身上下四肢运动之枢纽，全身中线之所在，乃重心之所系，最忌腰背弯曲。头直、肩松、臀坐（臀勿前撅）则腰直而上下通灵一气。

“手”两手高举，意在使筋肉伸展，而顺左右肩之方向向左右伸张，两手要向前微托，肘曲腕按，五指离开，向上伸张，如此手势，乃此桩基本姿式。两手姿式不论如何，筋肉与骨骼均须平行舒展，无拧裹力者皆属此桩。

按式：提两手于脐前，大指朝脐，掌心向地，指尖相对，两臂环垂。

托式：两手高提与心窝高处相平，掌心朝天，指尖相对，两臂环垂。（以上两式托式小指、按式大指离身四寸，两手指尖距离三寸，不可太近）

推式：两手高举，手伸出后再使两手指尖相对，掌心向外，肘腕平行，形曲如弓。

抱式：两手平伸后使掌心向内，指尖相对，腕肘平行，形如抱球。

提式：两手下垂，使肘微曲，并微拳其指，如提物状。

举式：两手高举过头，使肘微曲（不可太近头部），指尖相对，掌心朝天，手中五指不可紧靠，应行分开，求其活而得力也。五指微曲，如爪如钩，虎口撑圆而指尖微敛，掌心内吸，有持物欲坠之意。掌心吐力，手指向外扩张，又如受丝束缚有不得伸展之意。而此种神情（亦即争力之妙用）同时并具，出之自然，方得其妙。

十一、养　气

习拳者多言气功，言论纷歧，莫衷一是。芗斋先生授意拳，时常以意、气、力三字并用或气力简称，极重气字。而所授养气之理在于不为气害，其法至简至易，本乎自然，以鼻呼吸，要细匀而无声，而以匀静自然为要诀。今言气须知此气呼吸炭氧二气而言，并须先讲明人身动作与呼吸运动之原理，习拳养气调息呼吸及运用呼吸所生之弹力以尽拳之妙用，非如世人练成大肚子即是气功名手之谓也。

气充力强为学拳之结果，气之顺逆虚实关系人之壮老勇怯，而身体四肢筋骨之运使变化固之赖之，所以气充无以养其用。气之于人为元量供应，此人生原动力之所由生也。

（7）

欲力之强大，须从养气入手自不待言也。

养气功夫亦可谓之理气功夫，气係呼吸炭氧二气而言，前已言之，用呼吸方法使身体内外之气川流不息，此种呼吸功能，全身血脉之催动，由此可知气在体中或在体外，养之用之变化神乎至于无形，微乎至于无声，引自体外，充于体内，操拳动也灵妙莫可推测，静也严肃莫可撼移，无不买于此气，非养之有素何能臻此，养气之道岂可忽哉

讲养气者多矣，或胸内努力以鼓盪两肺，或沉气腹内以求气实而气结不通者，皆不明养气之理者也。养气之理在于呼吸自然，既不许用力来鼓盪，亦不许故用意志之支配，不急不迫，徐徐为之，顺其自然，能于不觉呼吸而为呼吸，全身血脉鼓盪，方能与呼吸相合，无论行动立止，均能如此，方符气满真实功夫，而后得孟子浩然之气，而明至大至刚之奥蕴矣。

芗斋先生曰：“士大夫常以坐功为禅学之秘，自认已得且极灵是矣。其实不过口云自然，其实腿一坐便不自然。即练之无害，也无所得，只知一时之神经清呼吸静，不能明此，非具体功夫也。”（神经不能自然镇定、肌肉不能全部舒卫）

气贯全身为养气要诀，气非畅通关节不能敏活也。盖因呼吸而血液之鼓盪，浑身各种细胞（毛发气孔）均同时为鼓动而生吸引之动作，此种呼吸动作乃拳之基本功夫。从此基点发生之操作，乃合理自然之动。动能自然然后方得天然生生不已之气而知其真滋味矣。

全身毛发同司呼吸，与鼻之呼吸互为应合，毛孔呼吸之功能实大于鼻息而人不自觉。故言气功者多论鼻息而鲜及于毛孔。要知调息以匀静自然为要诀，呼吸免去急迫短促，使肺量增加与毛孔呼吸互为应合，故曰鼻息调而毛孔呼吸细匀一致。但知鼻息而不知毛孔呼吸者对于气力运用恐难入妙境，以其不明了身内外之气运养而裕之也。

肺量增大在于垂肩虚胸（心窝微收），努胸挤背者误也，一试自知。拳要虚胸取气，气为虚中之实。芗斋先生曰：“动时要于身外留有余不尽之力与气，而浑身毛发直竖如戟（气达稍端方谓之气足）不见力处正是有力处，不觉呼吸时正是呼吸。”应于此处去下功夫。

或有问曰：芗斋先生尝云：“用神用意勿用力，能养气调息，川流不止，使神意与气合，

使得此道之真主宰和其奥妙机运矣。前言養气不许故用我意支配，而用神用意勿用力一语而又重在用意，岂非矛盾耶？答曰：未也。不许故用我意支配者，乃不许故意使气如何动用，以防滞其气而失于自然也。所谓用意，係以意体察使气归自然，全身周到，而保其匀静也。语虽不同而其用意则一，前者用则助，助则暴而乱其气，后能用则勿忘，得于自然而气肃，不可不知也。

養气专主讲求调息，反不如求之身外，使气不去而自调。其方法以目注视远方，假定一标点，神合意合光线合，我动时使标点随之而动，标点放大，其光如乾，缩小则大不可破。起始作时须令標点离身在十丈左右，与目光相平成一直线，练习日久，可使此标点由远缩近，或由近推远，或上或下。如此做去，气不练而自练，不養而自養矣。

气沉丹田，气贯小腹，为近来拳家所乐道。要知提气固非，沉气亦属非是。求沉其气则气不能自然，实不如听其自然，不加注意为妙。所以拳家讲运使以练其气者不足尚也。先哲有云："气不養则馁，何以充体。"充体者，气充全身也，非如拳家之言丹田也。既得養之之道，功夫一到，自能充实全身，无不贯到。惟腹部因发力上运用之不同，而有松丹、实丹之别。

松丹：气极静之时也，其气至乎贯于全身，浑然一致，此乃常态也。

实丹：气由静而动之时也，胸宽腹实为发力时瞬间之动用现象也。头顶足蹬，手张臂坐，气注于腹，用以足力，此乃变态也。

十二、论意

芗斋解释拳義，说明精神气質之运使，至为详尽。运用肢体使筋骨伸缩，气血川流，强健身体，则属之气質方面；至筋骨因何运动则属之精神方面。身体之动用原由于一意之支配，意为所计虑及精神现象之总称，意之所用神即前往，全身因之运动而行发力，顺乎自然出露体外，由此可知吾人之运动原之于意。而意之于身有全体统一之性，知觉之，觉察之，应付之，虚实动静，互为利用，乃均一意之所为。欲去此妙用，须要体会芗斋先生"拳力之发和一意之支配"二语。意气力运用必自身以外尚须有其运用之空间，意气力之字中处一，惜此空间不能成其妙用。

(8)

所以习拳有此身外空间为运使，方能尽其运化之妙。芗斋先生曰："练拳如在空中游泳，意在身外空中，身自然自整。"又言："学拳存意，使意离开己身不合道理。""只有己身，更有不妥。"

习拳须具精神合气质，拳练合一之要件，方能算为拳。欲达此境须求之於存意。欲言存意，须先知学习习拳之通病，在欲求速效。欲求速效，乃是贪婪，此念一生，身心突然吃力，能阻气血运行，使其力不能外发。违於助长，欲速不达。故制止身心用力是第一要事。制止之法厥为存意。存意检身，稍觉吃力，便要撤回。一动便觉，一觉便转。久之归於自然，全身舒适，如无力之人，其气方能畅达全身，力达外发，无往不利。此即用力不可反为所害之谓也，学者宜熟思之。

"意存动之先"为习拳要诀，觉古人千言万语尽於此矣。要知力随动生，基於动，而以取势为主，像由静而动，由动而静所生之势也。运力得势则随意动作无不得力。此则存意勿吃力之实功，所谓得意忘形则便成功也。

势欲左行者意先领于右，势欲右行者意先领于左，或上者势欲下垂，或下者势欲上耸，俱不可从本位径转一往。古拳谱曰："用力如春蚕吐丝。"又曰："起势如挑担，进步如槐虫。虚中取实，以势为之变化得一，先以顺施，继以逆送。"即详示势字运用也。顺施逆送，互根互用，同时并具。芗斋先生曰："习拳须知来势去势，来字去字，颇堪玩味。存意在此来去二字则得之。若先如何用力，再后如何用力，此样讲求则非矣。意存动之先，其动已止而意仍在，乃指示初学之语，亦求知求得求存之途径也。"

芗斋先生曰："操拳能作到不用心处方好。"又曰："写意两语最为微妙。意非从外面来至身内，而是由身内达于外面。"芗斋先生复常言："身外须有意，此意还存於身。"学者宜领悟也。

习拳宜知拳理拳意拳形，将意存於周身之外，使意在身外，领取身上法度，神理自然得之。专习拳之外形不知拳理拳意者，劳心乱意，不但终无获益，恐身反为之伤。芗斋先生曰："意足不求外形似，意足者神足，动则合意而得力，不求合而自合也。"习拳时时刻刻想着芗斋先生"为什么有此一动，此做的是什么"二语，再以之去努力，无有不成功者矣。

习拳讲求存意，须知得意为其前一步功夫。不能得何以言存？何谓之得意？须先知何谓之意。意字解前已言之，毋庸赘述。知字功夫要在动静变化中求之。无论如何一动，便要先问为什么有此一动？继要问此动是否合于需要？大小关节曲折、面积及点力有何作用？更问此动恰应时机否？尤要检查动后全身处处是否完整舒适如不动之时。习拳如此用功无不得意者矣。

存意做到无有不全身之动静完整舒适，非知意之存在者不能以意检身，以身知意，意自能存，意存不生于意求，则拳功臻于几微。故四肢中想存意者，不能存意者也，因此一想便将此一点意用错。所以习拳者能自知意做到得意，由得意做到存意，再臻不知存意而意存，方达知意得意存意之真境界。芗斋先生曰："有形有意都是假，真到无心始见奇。"即此之谓。

先哲论拳尝言守神专一，此说明得到存意真境界之情形和作用也。功夫到如此境界者之情形和作用也。功夫不到如此境界，何能言及自然，身动与意相忘，方得勿忘而免助长之害矣。

讲到存意，学者最易误解，认定存意乃一种静当作用。须知助长之病多出于欲望。芗斋先生尝教以求放心，讲求勿忘，以免助长，并常以禅道勿念勿忘来解释勿忘之真意义。如此看来，欲望必须根除，拳功方臻神化，此理当不谬也。芗斋先生论养气尝言："气调则意念平，能无念而神自清，神清方能心意空。"心意空，此则神与气足而如不动之时，如斯方谓之能动。故心不外驰，意不外想，神不乱游，精不妄动者，乃从存意养气入手到来之真功夫也。

十三　试　力

站桩基础做到妙处，应习气力之运用，其初步为试力。试力为得力之由，力由试而知其所自来，更由知而得其所以用，故试力为习拳最大关键。

初试须使浑身气力均整，关节灵活，骨骼支撑，筋骨收敛而舒放，然后有力气，自然应运外发。动时慢胜于快，缓胜于急，更须注意意不使断，神不使散，动一处牵全身，所谓动无不动，动犹不动也。习拳能达此地步，全身合一，自然动静中试力功夫方得其奥妙。

(9)

前言气力均整，关节灵活，骨骼支撑，筋骨收敛而舒放，冠以全身二字，係说明四种作用同时并具於一身，互为关係，是整個作用不得分开。作拳以此体认，自能得到动静基於一意之支配，须使全身任其自然，不可稍有停处。最妙造试力二字亦为存於意中，徐徐运动肢体，动一处即作全身想，以意领导神经支配全身。动时大动不如小动，快动不如慢动，动愈微而神愈全。如能做到不动之动才是生生不已之真动，心意照顾周到，气力圆整，上下左右不忘不失，如此则全身力一，力一则止於圆中，动静处中，自无妄动矣。（滑劲、硬劲、滞力、圆力以及丝毫散乱发出而四种不善之力自不生矣）

力止於中者，永是而不变为静之至也。力一者形变之始，形变之终，始终如一，动一字静，定心在中，无所妄动之力即造方也。此静为本体动为作用之真理也。芗斋先生曰："不觉力之力莫大於变化，惟生於自然，而不觉其力也，故谓之浑元。"

试力要从"徐徐"二字做体认功夫，不如是不能试得本身气力的何以及运使之所以用。

习时若生拙劲自势必先行吃力，吃力则不自然，必偏重一方失之於滑於暴，全身原有之浑元力（一贯力）不能畅达於体外矣。力之为变大变化，阴阳虚实开合顺逆，互为根用，悟出自然，滔滔不绝，用之不竭。变化虽有不同，其力则始终一不变。而力之外发，手肩肘胯全身关节，缩骨伸筋，气血鼓荡，面面有力出锋，生生不已，共争一中也。力出共争一中者乃言相争力也。其力名曰争力，又曰浑元力，全身处处交互均具有上下左右前后四隅之相争力。初步试习应求二争力，如手伸出，同时有前伸后撤、上托下压、外撑里裹相争之力，从一中心并向发出，相等相争。悟得二争力，再求得全身各部均约同时面面发力无不相争，互有应合，浑元一致，共争一心，气力贯通，全身无空隙。习拳得此争力，才能神气意力真实合一，然后可谓之得中，可谓之得力矣。

力不从一边发出，今失此意，故无八面玲珑之巧，而失分合虚实互用之基。"一动全身转，此身守正宜钦全，才有意无意间悟得自然神机之妙，方是试力功夫之到家。

芗斋先生曰："初习试力，使手自腕及指尖可稍加力，腕以后则不可有力，如此作去，容易入门。"又曰："不论怎样作法，总要力於力不断长，以动静互为枢纽，全身无不浑元一争，始得象外之妙，身外之意，拳外之拳。能否得之，在於一试，从此一试而得之者可与言拳道矣。"

芗斋先生教拳，由明争力作用，以求气力自然发动，乃拳学不传之秘。今揭以示人，其理显，其法易，能得与否，则属乎学者，学者志向修认如何耳。

十四　運　力

习拳得力后，才能进言运用运力之妙。因在於周身力一，运之於内，灵之於外，而神之於用。夫力静为动之基，动为静之效。习拳致力於静，正是求动，气充理足，然后运用，方能静不滞其机，动不见其迹。能静者方能动，静者乃有变化之源。桩法各章已详论矣。身手足之运用须要用意，使之灵通一气，其用则腰为之主。语云"身催"，此之谓也。手为全身力气神之前锋，其发出撤回非纯要两手往来之谓，实根於腰之运转及两臂之伸缩而成。发出收回之动作，实际上两手不使之局部动转也。所以习拳忌於空发空回，同时变换或拳或掌或指，翻转变化，运用灵活，但举忌过高，按忌过低，总以高不过眉，低不下脐，左右不出肩为常度。至於步法，应知步大不灵，所以进前足须跟后足，两足虚实互为根用，前足尚虚，后足尚实，虚为灵活，实则稳当。前后虽分虚实，其力并无二致。两肩脐之间为身手变幻之地，又神经中枢之所在，上达於手，下贯於足，成一神经系名曰中线。全身要领在此，可免有失矣。

手之变换或拳或掌或指，切忌死握紧钳，能不吃力於两肩两臂方活，气力畅达，手足相应矣。拳学要诀"步行要猫行"一语颇堪玩味。若吃力於足，或顿足进退，变换不得灵活，甚或戕害神经，易致脑病。神经末梢受到刺激，因反应作用，致使神经中枢为受伤也。

习拳对於声势二字应加领会。声字今姑不论，先言势字。运力得其势则得其力而妙其用，势生于气，为意之所发，因形体动静变化表露於外，势虽有不同，其气则一也。

拳家首"合"有内外之分。心与意合，意与气合，气与力合为内三合；手与足合，肘与膝合，肩与胯合为外三合。复有肝与筋、脾与肉、肺与身、肾与骨为内三合，头与足、手与身、身与足为外三合。皆未知拳之至要。须力气神以及光传声势统一于一意，方得谓之合也。但求形象对，岂得谓之合哉。

或曰："意拳在十字当中求生活也"，妙哉斯言，拳学真谛，一语道破。所谓十字者，是争力之作用，环中之真理也。拳家皆言得其环中，以应无穷，然所谓中者何在，所谓环中何为，

(10)

环即俗称之圆圈也，其结心即中所在。环中之力同一结心而有若干相互相乘之十字也。人身上肢掌腕肘臂，下肢趾踵膝胯，各身各部无不有其环中，然须统一为一体。所以拳非各处皆不能得环得中，而得其环中。中属之於静，环属之於动，能静乎方能动，待时赴机，动静运用之妙也。习拳如何能得其环中？总之须由中以求其环，並由环以求其中，而者化一乃得其环中，练之之法，应求之於站桩。

敌我两力相接即分优劣，运力之妙见矣。两力相接之时应知有所谓点力存乎其间。点力者何？即全身力气出露於外与对方相接部分之横端力量也。其力根源於周身之气力，彼此竞化各求其中，妙在一转。彼力经我一转即化为乌有，手腕肩背头等处之转皆然，浑身所觉松紧矛盾迴旋者是也。有时见於形，有时生於肢中内部一点转动，全身一致各处动则俱应。各处俱应对于点力之作用[illegible]足力作用，其实非各处俱应，乃同时俱动也。更有时无转动之形变，而其默化之妙用须细心领会。俗谓某式为拳打某式为肘打等，实未明运力之妙。不许部分推进或转动，岂得谓之是耶？

芗斋先生曰：“力不可由内外張，須由内斂，其力方能外发。”又曰：“应敌出手前进时，不许力向敌发，方能应机应时。”此言运力须有意，勿努力，並言意中不可有敌人，意中有敌则己之力己之气不免受气力之阻也。我之行动要正正堂堂，如入无人之境，气力不为敌夺，方得莫可当锋之效。然后始得运力之妙也。

芗斋先生曰：“运力外发，因其用之不同，运力可分为三种，曰虚中、实中、化中。”又曰：“应敌周旋顺应来势，形变不测，通体齐动，敏捷异常。而力之为用不外刚柔方圆斜面螺旋以及蓄力弹力惊力等等，变化虽有不同，按其总要不外乎得其环中以应无穷耳。”兹分述之于后。

刚力直竖（刚者力方便於转顿）如撞针然。浑身毛发皆竖如戟，其力尖锐出露体外，利攻守。

柔力短缩而力長（柔者力圆便於抽提），灵活如弹簧然，毛发动荡，锐力内含。

斜面力以偏击正，机灵异常，易於进攻。

螺旋力出於拧転，不论刚柔，应按法用乘隙而入，最易得力，有引导抛擲与缠绕拧拔之用。

蓄力即全身气力波潜於内未溢发於外者，外刚内柔，静以待动，转变利用，能生提力及粘着牵引之力，其妙在於虚灵守中，易於变化，故曰虚中。

弹力又名提力，如弹簧所发之力，此力生於挠动，外柔而内刚，如棉裹铁，为被动反击之用，故曰"实中"。

惊力运用於身体之梢端，其变化主动如腰如蛇如龍，刚柔相济，而阴阳虚实互为根用。任敌千差万异，纵敌近我周身而缠裹之，极其神速，故曰"化中"。

拳学通於易理，练拳用力，不出乾坤。乾者力之一，坤者力之二而仍一者也。圆出於乾，方出於坤，而坤浑于乾则统於圆。知其方而圆，遇机变化不一，动静静合，阴阳交错，运转乾坤，其道得矣。

薌斋先生曰："世之论拳者有某拳生某拳或某拳克某拳之说，似亦有理。但仍基於着法之讲求，若绳以拳理，当两手相接对出时，岂能有暇及此。若以目之所见，心再思之，然后出手制之，实不敢信其能也。况敌之来势迅速变更，岂有以某拳某式生克之说，而能致胜之理，此欺人误人谬误之甚也。苟能习得拳力，守中不失，不期然而然，莫知其而手足至，尚未敢说定能制人，如察来势思应付，出手论招操法论套者，真可谓门外谈拳者也。"

运力之妙，百出不穷，随机应变，方拟去而忽来，乍欲行而若止，阴阳刚柔，形体无方，意则一定而不易，故操不可好奇，但取适意，适意则流，永用不疲，初学应知吃力则力失中，不吃力而力自足，此乃用功所进之火候也。

薌斋先生曰："全身要浑元。"浑元力乃是争力，动静因而不同，不动时其力一贯，属之於静，动时大小关节无处不有上下左右前后百般之二争力，其力一贯属之於动。动时之力又因其动之不同，而分为金木水火土五力，实则乃一争力耳。兹分述五力於后。

金力：浑身之筋骨坚硬，心如铁石，运用时其力内虚化为实，有攻坚之能，其性属金，故曰金力。所谓皮肉如棉筋骨如钢之谓也。

木力：四肢百骸，处处皆有若树木之曲直形，其力实中有动，其性属木，故曰木力。

水力：身体之所动如神龙行空，矫曲之游水，行无定节活泼随转，犹如水之流动，其力虚中，其性属水，故曰水力。

（11）

火力：发手如炸药之爆烈，忽动如火之烧身，猛烈异常，其力由虚中化为实中，而复归于实中；动也甚速，其性属火，故曰火力。

土力：元满敦厚，沉实，意若山岳之重，无处不生锋芒，其力化中，具有虚实之妙用，其性属土，故曰土力。

芗斋先生曰："古人有云，静如水止，动如水流，身若蛇惊，气若长虹，能得枢纽环中的，自然动静互为根。而周身之气力其中平其化乎，堪与天地一平，全身动用与天地应合"。此力学之运用，加以精神之支配，对于拳理与实相，非得其三昧者，未易知也。

力之运用，阴阳虚实开合刚柔横竖等变化不穷，阴中生阳，阳中含阴，阴阳有错综之变。动为静也，静为动机，动静有感通之妙。虚为实用，实为虚体，虚实有真幻之妙。不开何合，不合何开，开合有嘘嗑之理。刚须寓柔，柔能克刚，刚柔有始终之化。横不离竖，竖不离横，横竖有衰补之功。要长出短出，要出抑扬，在柔在刚，或精于刚而中于柔，亦有时刚时柔，半刚半柔，复有柔退刚进，刚左而柔右，遇虚则柔而刚随其后。

实刚刚而柔在其先，过刚易折，过柔不进，刚柔互用，随机应变，有出令敌，忽去忽来，若行若止，虽行变而无方，意则一定而不易。运用之妙，不外归总于"重心不失，中线不断"为准。

天生万物，各其象各有其能，习拳取象参其变化，以合形体之妙用。而操练之时，要注意其动作神情，得其神则得其动静之势，得其势则得其力，妙其用，若只学其动作形式已失其真，则形非其形，便失取象之意。语云："假道练形，真道练神"，学者善自取法，运化之妙不难得也。

（龙蹲，虎坐，鹰目，猿神，猫行，马奔，鸡腿，蛇身）

人身与空气互运，身体力运左旋，空气则反而右旋，身体有静力，所向球方，空气则随之亦生变化。空气动则生力，无形无象，与体力应合为一。此所谓体生力，体外有力，回旋空际盘绕如游龙，虚动如飞龙，实则腾空去来无迹。习拳能体外生力，则势合意一，其力乃大。然能无中取势，空际用意，此不传之秘也。芗斋先生尝言：

"操拳要和空气作争战而使合为一体，其运力施意之妙，与游泳相似，善游者忘水，忘水则神全，所以能水也。

十五　对手功夫

习拳练习对打，以求实搏功夫，是拳功中一部分也。练习时应辨虚套与真实之不同，谚云："到厮打时忘了拳法"，此语说虚套花拳之病，足见美观不实用，实用不美观。而拳法之应用，须随意用敌，临敌致胜，对敌发力，要不早不迟，恰合时机，势势相乘而变化无穷，微妙莫测，方可谓之得了应字因字功夫。可知花法转身跳打，你来我往，不惟无益，且学熟误人，以其死套不堪实用，盖以其非由此应字因字而生之变化，不合时宜之动作也。

推究花法来源，想系因练习实用，而行对打，演成之把戏也。对打一名对手功夫，原系练习实搏，因先有损伤之戒心，失去实搏精神气力，成了好看勾当。观今对手套数，可资证明。如此看来，周旋华彩，俨然对局，拳术之病生于花法胜而正法昧，实无谬也。所以花法胜而拳学对手功夫教习之道远，于今论拳虚套而使其艺之难成，当以此为因也。

练习对手功夫以备应用，须知其要点为比较二字，比较者比较其真实功夫也。习时最好与真可相对搏打者为之，以免你强我弱，徒支虚架，演成花法，以备人前美观之现象，至于实敌本事将毫无得以增益于实处。

芗斋先生曰："作拳时如身之前后左右均有敌人来与搏打。"又曰："出作进退，要与空气（假设之敌）争地位，久之对敌则动不可当矣。"又曰："闲居坐卧嬉戏亦在练习，习以定时或场所，岂得谓之真练习哉。"

芗斋先生论拳极重"中"字，尝言"守中、用中、保中线、守中神、不失中气、不失中力、不失中神"，又尝言"当中一点，敌我相搏，彼此应当留意"。此乃对于自身则为守着当中一点，以防敌方侵入，对于敌方则向着敌人当中一点，以收制胜之功。初习对手功夫，最好用当中一点来说明或体认中字奥妙之所在。能得当中一点之妙用，然后出手对敌，不必傍照目之端详，一动即有守其心意之神气，如此焉有失败之理。谚云："不招不架，只是一下"，乃此理之申明，要知一下即万一之谓也。

人身鼻居其中央，其两侧形成长只有七八寸，交手时拨转敌方，出此七八寸即不及

（12）

我身，此乃动之果。言其动则俗语所云"妙在一寸中"之言耳，此语说尽操拳时无须两手高举为也。先哲有言曰："不必远求尚美观，只在眼前寸间变。"又曰："不论姿式好坏，只看进退虚实之大意。动作不拘繁简，任意所之，得力为止，因好看者未必有实用。

习拳能学会打圈已足，此说极精。习拳打圈，打大圈不如打小圈，打小圈不如打不显形之小圈，打不显形之小圈不如全身之齐动。全其神，全其气，全其力，此习拳求中用中之道也。

揉手你我争中线之功夫，亦试习与人对敌之功夫也。忌虚为招架，应着实推究。各求其空隙，遇有可乘即行进击，不使失掉时机。作实功不可以胜负为丑为夸，当思何以胜之，何以败之，勉而久试艺自精，胆自大，无怯敌之虑。若虚为招架，徒具乐我挫之形式，乃于己无利之事，何须习为。语云"对功夫不相等人打不得"，此语正防人有畏怯之念或自欺欺人之病而不能有所获益也。明于此后，手之转圈，足之进退，腰之运转，方有所因有所为而得其效，身手步运用方法可以学得，何需求乎哉。

芗斋先生尝言："摇身游身如行空游水"，是说明"活"字功夫。使动静一体，因势生发，八字灵动，力与交插相乘，向左不离右，向右而起于左，左无不宜，右无不有。上下四隅皆然，四顾周身无顾此失彼之念，此争力之运用也。争力者乃得其环中，以应无穷之实质也。

动无直出直入，是说明运力由曲处求其动促之状，更由直处以取拳曲之意。曲直相因，其变化不露痕迹，而力尤须内含，形曲力直，乃是说明此理，应善自体认争力，不难求得也。

练习时要注意实搏功夫，前已言之，交手时彼此进退互相攻击，当知人之头部或两肋前胸小腹心窝等处，一受拳击，重者能截断营卫，毙性命于顷刻，轻者或致伤其内部。要知攻击要害为应敌决战之动作，练习时慎勿行此，致伤于人，至为切要之也。

十六 应敌

应敌千言万语，不外乎"制人而不制于人"。对敌要审，如何为审？是一注意要点。今人言审敌，乃是审敌乃是审的，目中有敌在前去讲求如何应付也。殊不知审的不过是审中之一事，审字功夫求于"审"之二字可以尽之。使吾人身体神气力动静守中，手之举，足之动，腰之运转，无不守中，安固如不动之时，力之发出自无不中，无往不利矣。

审之功夫作到妙处，出于意求，自然能审。芗斋先生曰："拳能得八面意自然灵妙。"此审字功夫奥妙也。勿虑去讲的，审的己审己，仍审己工中一部功夫，被专重审的则谬矣。拳家所言心中有敌方可出拳，意中有敌方可动足也，审的功夫也。然动有原因自无妄为，仍审己也。

"应敌要明彼此"，顺人之势，借人之力，借力者乃拨转敌力而用之之谓也。所谓一指拨千斤者是也。要敏速，适应时机，又要似进实退，不可急进以求攻敌。先退后进，蓄势审敌，分析敌人，得其力，得其隙，退以备进，不败之道也。对敌"运力应机"，须在势气力相因相生之际，求之后人发、先人至，不可早，尤忌迟，更不管来的是拳是掌，认定他全身临"机"时一下（其机要在敌方真实击出将着未着之隙间或当应手而出即恰当之火候），何须费力，以静待动，以逸待劳，微乎微乎。然应机要知机，"机"者神用以意得之，以意应之，神之所为，任运而成，游于规矩準绳之中而不为所穷，方谓之能变化应用，知机当神乎技矣。

芗斋先生曰："畏心存则馁"，敌前先自怯，怯敌者必败，所以习拳者平日须练得精熟。临时手软身颤，举足不起，此必缺勇气而无实功也。有实功而得其艺者当无所畏也。

发手应敌，开声吐气，观敌心意，以张声势，须合时机，不用变势，只此一声而使敌胆寒。古人"声击"之说即此之谓也。但未与敌接，故意表张威武而开声吐气者实出于畏怯，先示人以弱，应知禁忌，岂可轻于开声自泄其气，以致败于人也。

芗斋先生曰："应敌要审要固，更具有以下之神情和气势，头要撞人，手要打人，身要谨人，步要逼人，足要踏人，神要过人，气要袭人，得机发力，胜券定我操，事所必然，岂可疑乎。"又曰："较技专概不思悟，思悟专寸步难行。进退动转着意莫

（13）

带形，带形定不靈。气如龙虎而动无定势，应机发动，劲断意不断，意断神犹连，神全则身安，如斯临敌，安有不胜之理哉。"复曰："应敌知机，方能发动制人，不必度来势机会自能揣敌人之短长，均在有意无意之间也。静以待动，动中处静，以退为进，以进为退，直出而侧入，斜进而正　，柔去而惊抖，刚来而缠绕，力之外发，缩胃而出，缩即发也。发力时意透其骨而入其髓，意存数尺外，敌身为我所束，岂能逃哉。"

或问两人较拳，甲于未学之时固胜於乙，既学之后，反为所败何也，芗斋先生曰："此由於较拳时不能应机运用也。较拳时不忍不可，不肯不可，不狠不可，（气要稳，心要狠，手要准）李广射虎，视虎则中，知其为石则羽不能入者，其神异也。胜负之际顷刻而决，其间错综变化之由不一而足。学理富而功力不敌不可，学理功力俱为富强而经验不足又不可，经验亦既富矣，其权变不能应机而神气不全亦不可也。故艺之优劣，有时不能尽以胜负判断，所谓是非不能以成败论也。学者但求其是而已，未可以一时之胜负馁其志也。"

应敌最要之诀则"守中用中"四字而已。总之身心一致，手肘肩腕并一身之关节处处都应如起锋棱，头足阖骨垂成直线，均有前后左右上下诸般之争力，三角之螺旋，身不难六通合灵共一壳，苟能如斯，不但己中不失，即对方之中不期然而然为我所乘，一击即发。此周身筋骨精神气力均归一贯，得其环中枢纽，自能变化无穷，常生变化，无时不生，无时不化，千化万化，不使留隙与人，浑元不可破，所谓己正不管他人斜也。

应敌出手守着面前尺许之路线，左右互相扶助，动用合一，而击动敌方起于一线，稍欲透其骨入其髓，筋骨微为转动，则扩　成。说来何须崩攀勾履地上，无论地势高低平坦自然气贯於小腹，随跳观点，掌气贯着脚趾头，要知手足转动源於腰之运转，腰转如轮齿尾锁到重心，保持留在腰，自头至足一气相贯。至於筋骨，则筋如弹簧，骨如针，筋骨一缩胃节生棱，针簧一动气力外发，方棱伸出，所遇莫可当锋。

芗斋先生曰："两手结合迎面伸出，前伸后撤，左右封固，务须守着中线，两足钻进抽撤保住重心，并无定位。踢跳如捲地风，纵横高低揣度进闪，随意变化，直奔敌人。重心莫为旁求，揣度情势，当进则进，拔其身，当退则退领其气，前后左右反转四顾，浑元一争。语云："手到步不到，打人不得妙。手到步也到，打人如玩笑"。手足齐到乃全身应付也。

遇敌时须要浩气放纵，心小胆大，静似木鸡（而善心忌），动若鹰浪，举动生神，处处有法，身动似虎蛇，手动速如风。平时练习面前如临大敌，（在三尺以外七八尺以内如有劲敌）但交时纵有千万人，我若入无人之境。神在手前，意透敌背。交手时有人若无人，有怒虎惊啸之势，扑食之勇，横冲直撞，头顶脚抓，周身鼓荡，出手似锉，回手如钩，不使分开使用，应使浑然纳于一圆。力不空发，意不空回。起手分拆扰横抖顿，落手分劈、揣、搬、扒、撑、说、拖、分、搓。力动缩亦即发，发亦即缩，动静合一，出之自然，起顿收扬，犹如生龙活虎，吟啸生威，谷应山摇，北　而无敌矣。

临敌发力，缩胃而出，如弓之反，弹之波射。其制胜要点，在于动静虚实已发未发之间。捉摸其火候，此随机施巧之时也。此中动静非明式上，动静全赖筋骨气血之运用，其奥妙决关神通，其机巧必须心悟，不可以目取或以力求，学者三致意焉。

薛斋先生曰："应敌要诀为身手齐到，所以进头进手须进身，内则提起精神，外则动作疾速，拳未动而力已尽，打要远，力要绝，（放字要诀）取胜尚须随意守运气，倘然不胜必是心有怀疑耳。

十七　琐　记

(1) 提倡拳学，反对练习拳套，申明拳理法。

(2) 拳功妙用，原为整仪容，养气血，一心志。

(3) 剑法拳功，异曲同工，不过练习时须得浑元力，方可再分学。不外乎面积与进退之配合或应合，大概言之，只要梢节直刺，中节斜转，根节及全身动要催而已。至其多种运用，则难以尽述，自待于身验。

(4) 今之学者，　全通，去宗派门户之见，共研拳学之真理，拳学振，拳理明，实为国学之光，吾人之任务在于以诚接物，勿倾轧，反于门较技以争胜负。

（完）

（14）

王芗斋先生诗

拳法别开一面新，　筋直劲力骨生神。
静如雾豹横空立，　动似腾蛟夹浪行。
氣似長虹猶貫日，　欲将大地腹中吞。
風雲叱咤龙蛇变，　巴掌雷轰天外闻。
吐纳灵源包宇宙，　陶熔万物转移中。
不知吾道千年后，　参透禅关有几人。

附录二 《站桩功概论》油印件

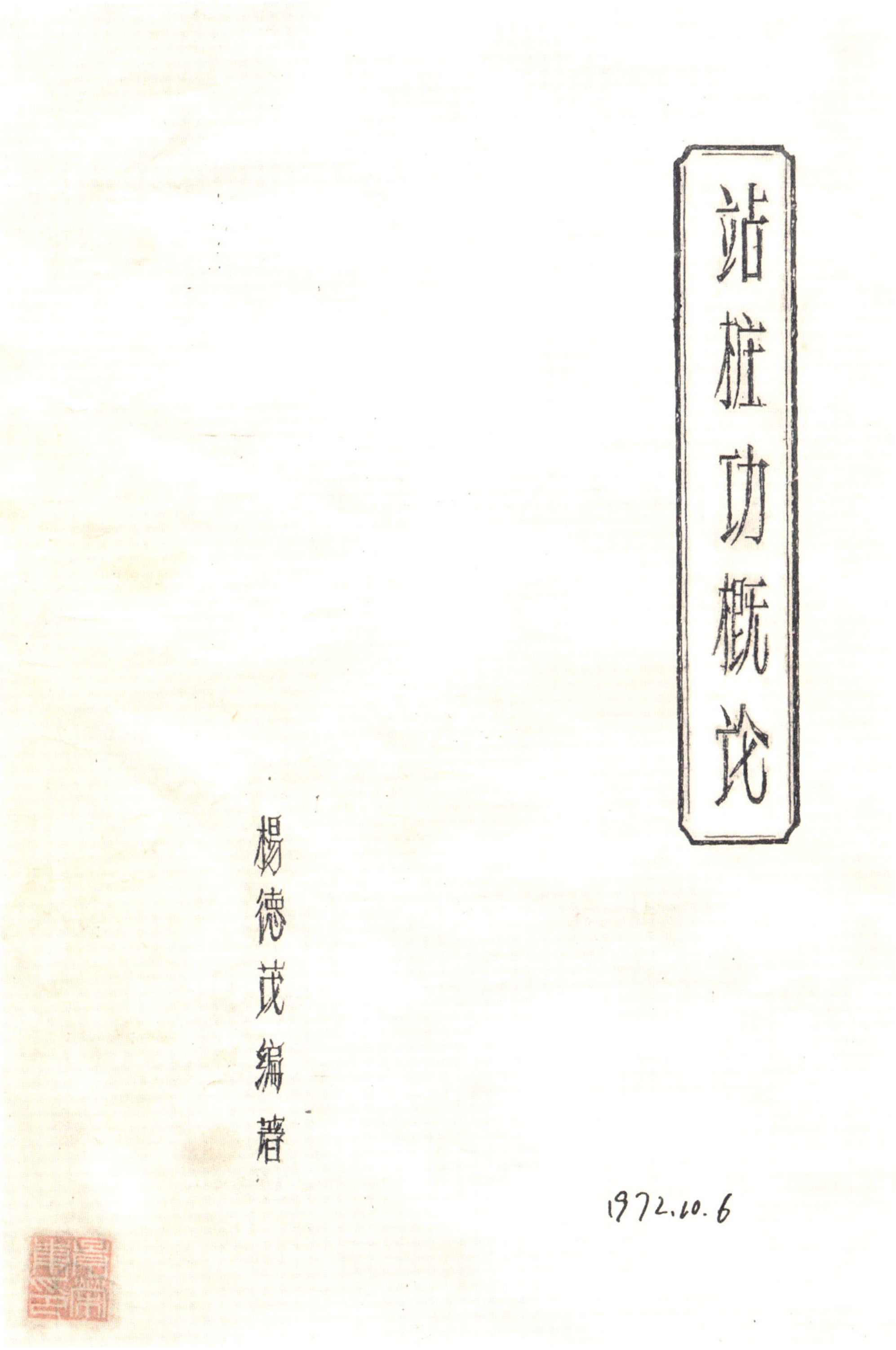

站桩功概论

楊德茂编著

1972.10.6

目录

前　言

自全国解放以来，党和政府对于开展体育运动非常关怀，对提高人民健康水平起了巨大作用。（此处删除当时的政治口号三十七字）伟大领袖毛主席"发展体育运动，增强人民体质"的指示日益深入人心，群众性的体育活动正在蓬勃开展。际此时机，本人愿将几十年练习站桩功和教授站桩功的体会，初步总结公诸于世，以供同志参考。

站桩功本来是形意拳的基本功，分为三才桩、浑元桩两种。由于三才桩能够使人的体身上中下各部分平均发展，具有增强体质，祛病延年的作用，不论男女老幼身体强弱一般均可练习，除了有志学习技击者应以此为基础更求深造以外，一般人有病者可以去病，无病者可以强身，故又名健身桩（原名养身桩）；至于浑元桩则是专为学习技击的基本功，故又名为技击桩。

拳术本是我国古代优秀的文化遗产之一，是劳动人民在生产生活斗争中积累了丰富的实践经验而创造的。先师王芗斋先生常说：在各种艺术中拳术是发展最早的艺术之一。因为人类的祖先最早就需要和各种野兽作斗争，为了防身自卫，为了猎取食物，都必须讲究技击之术。以后人与人作斗争，在部落内和部落外之间经常发生战斗，更必须研究如何克敌制胜。最初用拳用足，又逐渐发明了器械，这都是后代拳术的萌芽。以后经过我们祖先积累了多年世代相传的实践经验，历代的拳学名家又有所创造和发展，逐渐形成了内外结合的练功方法。由于在旧社会反动统治阶级对人民中学拳术者加以鄙视和压制，使不少技术而因失传，有些名拳师又将其技术秘不传人，也由于各人练功的方法不同，出现了内家拳、外家拳以及各种派别和门户，其实本以同出一源，其理亦当无一致。由站桩为基础来学习技击就是内外结合的练功方法。先师王芗斋先生常谈古代拳家没有不练习站桩的，在当时视之为瑰宝，在北方称为站桩。只因过去一些拳术家把站桩功作为不传之秘，遂使此功湮没不彰，甚至学拳几十年而不知站桩功者也不少。是王芗斋先生幼年得拳术名家郭云深先生的秘传，以后云游南北，最初亦不肯传人，中年以后才开始授之门徒，以后又将健身桩作为促进体育运动对外传播，才流传日广。

站桩功只是拳术的一种基本功，并没有什么神秘。练习站桩首先要有正确的认识，要有信心，要有恒心，既不可一曝十寒，更不可揠苗助长，只要勤奋去练，持之以恒，循序渐进，一定会收到预期的效果。反而过分看待站桩功是不对的。站桩虽有增强体质，祛病延年的作用，但是首先必须树立革命的乐观主义精神，胸襟开朗，心平气和，还要勿为七情六欲所伤，饮食起居等都应注意。不要认为只要练习站桩功就可以万病不生。当然长期练习站桩功体质既然增强，也就增强了抗病防病的能力，可以提高劳动能力和耐力，这已经可以说是大有益处了。

另外，过去有些小说家把拳术加上很多荒唐迷信的色彩，如飞仙剑侠之类，先师王芗斋先生经常痛斥这些荒诞无稽的说法。学功者万不可追求某些违反科学和人的生理本能根本不能达到的东西，否则就是误入歧途，为害不浅。如有教功者故弄玄虚，讲些荒诞无稽的理论，初学者亦不可上当。

一、健身桩的初步练法

站桩功是形意拳的精华所在，所以锻炼几十年仍是学无止境；但是如果单纯为了祛病健身，只要极其简便易行的医疗体育运动。而且站桩功虽有许多姿式和意念上的要求，初学者懂得过多，反而有害无益；懂得越少，意念越专，功夫越纯，收效越大。本人在教功中曾遇到不少实例，有的同志只听到过一二次讲授，所知甚少，即潜心用功，结果收效很大，所以初学者必须懂得循序渐进、水到自然渠成的道理，不可好高骛远。

初练健身桩者可采用抱球式或撑球式，两腿平均站立，两脚成八字形分开，宽度约与肩齐，两膝微曲，臀部稍向下坐，胸部放松，头向上顶，两眼向前平视，闭目或垂帘均可，呼吸听任自然，平心静气。左右两手向前平伸，成抱树或棒球状，两手距离约两拳之隔，高度最上高不过眉，低稍过脐，一切要求松静自然，舒适得力。

在意念中不可以认为自己是在用功，更不可有任何企求，否则就会造成紧张，违反了松静自然的原则。意念中认为自己是在休息，非常舒适。如果不能入静，亦不可强制入静，久久练习，自可达到入静的境地。先师王芗斋先生曾经讲过：求卫生使身体健康，是最容易的，只要舒适自然，松静无力，浑身像躺在水中或空气中睡觉，就大半成功。学功者可体会此意。

初学者能站多长时间，可由自己来决定。由于体质、性情等条件不同，有的人一学会就能站较长时间，有的人站十分钟或五分钟已感到不能忍耐，在此情况下也不可过分强求延长，可以休息一下或散散步再练。时间久了，自可延长每次可站四十分钟，甚至一小时以上。

一切开头难，据本人多年教功的经验，只要坚持两三个星期甚至一个星期，就会在身体内部产生感觉，就容易继续坚持下去。最初练习时由于身体不习惯，必然产生一些两臂酸痛、腿足疲涨等不舒适的感觉，练习稍久，舒适感就会胜过不舒适感，而逐渐引人入胜。练习既久，就会感到全身非常舒适，有非笔墨所可形容的妙趣。

上述内容看来似乎很简单，但只要坚持练习，就有很好的效果，不仅可以使体质转弱为强，有一些体弱年老的同志，在练习一个时期后，提高了劳动能力和耐力，而且实践证明了少疾病都有很好的疗效。根据王师和一些同门以及本人教授站桩功的经验，用在医疗上适应症非常广泛，如高血压、低血压、半身不遂、关节炎、肺炎、肝脏病、肠胃病、血管硬化、神经官能症、精神分裂症等等，有的单用站桩功即可痊愈，有的在配合药物治疗下获得疗效，曾有不少工作战线上工作的同志，因病长期休养，在练习站桩功一个时期后，恢复了工作。只要诚心诚意，并能坚持练功，没有效果是极其少见的。

一般学站桩功，均是如此入手，以后如果因为深造可以循序渐进，逐步在姿式上要细致，并逐渐增加意念活动。

二、健身桩和技击桩的基本姿式

在前面已经讲过，站桩功本来是拳术的基本功，由于习拳者在练功之初，必须增强体质，充实三宝（精气神），而三才桩能使人的身体

— 2 —

部分平均发展，所以又名健身桩。但是健身桩并不是没有技击方面的作用；同时专为强身祛病者固然可以不练混元桩，而混元桩对增强人的体质也是有很大作用的。因此这两种桩法是截然不能分开的，所以在下面介绍各种功法时也不可能不互相关联。

人的自我锻炼不外形体和精神两个方面：即形和意两个方面。形意拳就是形和意同时锻炼的一种体育运动，其原则是"以形取意，以意象形，意自形生，形随意转"。站桩功也离不开这些原则，初练时，以形带意（意自形生），久练后以意领形（形随意转）；姿式不可不讲究，但不能只求形似而神意索然，王师所传"神意足不求形骸似"，是最宜玩味的。人的自身锻炼又有静和动两个方面，细分起来又有意念的动和意念的静，形体的动和形体的静。由人的生理功能来说，大脑皮层，四肢百骸，五脏六腑，无时无刻不在运动中，就连每一个细胞都在时刻起着新陈代谢的变化，因此动是基本的，绝对的，静只是相对的，都是为了更好地动，而静和动又是矛盾的统一体。所以练功者要静中求动，动中求静，静中有动，动中有静，内静外动，外静内动。这就是王师所讲的"一动一静，互为其根"。站桩功的指导原则是："大动不如小动，小动不如不动，不动之动才是生生不已之动。"这里所说的不动，实际上是外静内动，静中求动，所以是生生不已之动。因此练习站桩功要保持一定的姿式不变，有了一定基础之后，才能从不动中求微动，微动中求速动。静如渊停岳峙，动如潮涌山移，缠绵如春雨，迅捷如[illegible]雷。练习既久自能有此体会。

"四容五要"是练习站桩功必须遵守的基本原则，四容是：头直、目正、神庄、气静，五要是恭、慎、意、切、和。具体解释是：恭则力空灵，慎如临水神，惰借无穷意，精神混圆真，意无求实切，勿失中和均，[illegible]要深刻体会四容五要的涵义。

"松肩、坠肘、紧背、含胸、提肛、叠肚、裹裆、护臀"是练习各种内家拳的共同要求，健身桩和技击桩的基本要求也是如此。这里应提起注意的是：松肩是肩部的肌肉松弛，不是单纯的沉肩；坠肘不是[illegible]的坠，而是要向外撑；叠肚是指脐以上的腹部，不是指小腹。同时凡是对一切姿式的要求，都要适度，不可过火（勿失中和均），如过火就过犹不及，差之毫厘，谬以千里。王师常谈一切不可绝对，也就是这个意思。

练习站桩功时要做到的气静神闲，恬然怡然，全身形曲力直，松静挺拔，如宝塔之耸立云端，如青松之傲出铁表，神不外溢，力不出尖，意不如形，神态要松紧自如，蓄意要深远雄浑，通体松轻舒适，如沐浴在大自然之内。有志练习技击者，除同样需要符合健身桩的要求以外，更需要加强意念的锻炼，必须形如怒虎，气似腾蛟，有泰山压于前而不倾的镇定，有气吞山河拔山扛鼎的气魄，有辟易万人风云叱咤之威势，有擒龙伏虎倒海移山之勇气，筋并劲力骨并续，有视敌如蒿草之意态。所谓技击无非三个内容：一、蓄力，二、试力，三、发力。站桩即是蓄力；各种动作都是试力；把力由体内（包括全身四肢和关节）放出就是发力。王师常谈，练习技击要练出各种力来，全身有精神力，三角力，二争力、三角螺旋力、波力、撬力、杠杆力、斜面力、分力、合力、矛盾力，惯借力、爆发力、滚互力、速力、惰力、顿挫力、钻力、劈力、横力、惊力、弹力（周身无处不弹簧）等等，功力愈深，其力愈全，这些力都需要在站桩和试力中求得。专为健身祛病者虽可不学发力，但必须兼作一些试力，才符合动静相兼要求，效果才能显著。

下面介绍一些基本姿式，但王师曾说"虽然讲究形式但不必拘泥，虽言意念但不必执着"。所以总以松静自然舒适得力为原则，初学者不可不知。但初学者又不可不讲究形式，在形式安排和意念活动上总要出于自然，不即不离，在有和无意之间，方能得其妙理。

甲　健身桩的基本姿式

养生桩以站式为主，但亦有坐式、卧式、半伏式、行走式，其基本原则为：平均站立，内撑虚而外圆合，全身关节都自然有微曲之意，成为纯形三角，两手高不过眉，低不过脐，远不过尺，近不贴身，右手不向身左去，左手不向右身来，在这些原则下，可以变为很多姿式，但练习者不宜求多，求多则功力不深，欲速不达。这里所介绍的只是一些基本姿式，对一般练功者已经足够选择采用。

(1)站式

1.叉腰式：在开始练功时要平心静气，两脚分开，宽度约与肩齐，两足足尖均稍向外前方。两目睁开向前平视，半开半闭或闭目均可，但两眼睁开时要神光内敛，不可注视任何目标，须有视而不见之意，谓之神不外驰。足掌和足跟着地，足心向上吸，意如双足吸着地面。自膝盖以下意如埋在土中，胯部放松，臀部似坐，脊部挺拔，下颌微向后收，挺劲，头顶上提，意如有绳吊系在空中，但顶心在意念中似向内收缩（紧背含胸，胸微向内收，小腹松圆）两手放于身体的腰眼部，手心向后。这种姿式既是锻炼，又是休息，可以作为其他桩的预备式，也可作为练其他桩时中间的休息。

注：为了便于练功者逐步深造，故对该姿式的要求提的比较细微，初学者按上节初步练法中所要求的就已经够了。万不可马上要求各方面都达到标准，总以舒适得力为原则，循序渐进，逐步向细微要求。

提按式：两臂提起，两肘向外撑，两手略低于脐，放在身体左右两侧，但不贴身，指尖向前，掌心向下，五指分开微曲，双手既有向上提又向下按之意。其余要求同第一式。

提插式：两肘向上提，向外撑，指尖向下，五指分开自然微曲，意如插在泥中。其余同第一式。

托球式：两手向外撑，两手向前，指尖向内，手心斜向上方，高度略高于脐，两手距离约为两拳，意如两手托一大球。其余要求同一式。

撑抱式：两手前伸成环抱状，指尖向，掌心向后，手指分开自然微曲，两手距离约七八寸，高度在眉下肩上，意如抱球，但同时又向外撑。其他要求同一式。

拧裹推式：两臂前伸成环抱状，位置高不过眉，掌心向外，指尖斜向内上方，两手食指之力欲搭成十字，两手距离约七八寸，手指分开自然微曲，两腕向外拧向里裹，两肘向外撑，两掌向外推又向上托。其余要求同第一式。

撑扶式：两手抬起，掌心向下，指尖向内，手指分开自然微曲高度约与肩齐，两肘向外撑，两手意如扶在物体之上，其余要求同一式。

按球式：臂向前伸，手指分开自然微曲，指尖向前，手的高度在乳下脐上约与中脘穴相平，掌心向下，两手如按水中浮球，其余要求同一式。

(2) 坐式：

坐式虽然姿式繁多，但手部臂部的姿式和站式的变化相同。下肢的变化可分为三种：(一)坐于适当高度的椅上或床上，两腿分开比肩略宽，两脚平均着地，此种姿式对脚腿部的要求与站式相同。(二)两腿分开比肩略宽，脚跟着地，脚尖向上跷起，向回勾，脚心向上吸；(三)两腿悬空，脚尖跷起向回勾，脚心向上吸。这三种姿式对上半身的要求均与站式相同，两手的姿式可按照站的姿式加以变化。只是叉腰式应改为双手放在大腿根部，两肘撑开。另外，凡坐式除病情严重不能直坐者外，背后均不可靠在椅背上。

(3) 卧式：

卧式可分为仰卧式和侧卧式两种：

(一)仰卧式：仰卧后全身放松，意如在水上仰游。两肘着床，两臂抬起成抱球状，两膝弯曲足跟着床，足尖回勾，足心内吸。

(二)侧卧式：以左半侧着床为例，左手放于枕上，手心扶头，右手放于右腿之上，或用右手轻轻按在床上亦可，使胸部空起。左腿伸出，右腿举起放于左腿之上。如向右侧卧可以类推。均意如卧于水中侧游，通体舒适轻灵。

(4) 半伏式：

两腿平行或一前一后均可，把重心放在一条腿上，另一条腿放松，用脚尖着地，两腿可交替练习。双手伏在案上，使胸部扩大张开，头略向上抬。有气喘病不能练站式时练此式最为适宜。

(5) 行走式

在行走时平心静气，头部颈部胸腹部的要求均与站式相同，臀部亦应稍向下坐，惟站式要求小腹收圆，行走则要求小腹长圆。两肘上提手向后勾，如持竿状，或用提按式亦可。意想小腹催步前行，如在泥水中行走。此功在初练时须缓步前行使意念不断，练习一个阶段后即可用正常行路速度前进，久久练习就使步履轻捷疾如奔马。

乙、技击桩的基本姿式

练习技击桩最好在练健身桩有了一定基础之后再开始。技击桩有要求很多和健身桩相同，不再重复。技击桩为了求得各种力而有不同姿式，所以姿式也可以有多种变化。但练习技击桩同样不宜求多，少则功力易深，有的拳师只练一二种桩式，由于功力深厚即成名家。否则贪多务广，浅尝辄止，反而效果不大。为此，这里所介绍的只是几种主要桩式，已经足够一般习拳者选练。

(一)矛盾桩：站好后平心静气，左脚伸出成稍屈状，右足足跟稍向外扭，成丁八字步（以下谈到丁八字步均是此种姿式）。大趾向内抓，其余四趾向外抓，脚脖子向里拧，膝盖向外拧向上提向前指，大腿根微向里拧。（练习健身桩者如求深造亦应有这些要求），左臂伸出抬起略成半圆形，左手五指分开，掌心向后，高度约与眉齐。右手在后约与肩齐，两手距离约七八寸，右手五指向前，对前手手腕。扭项面对前手手腕，两眼向前波视（波视即目光斜向远上方）但神光内敛，意如将光线收回，并不注视任何目标（凡站桩者均不可闭目，以下各桩式同）。两腿前虚后实，重力约为前三后七。前手如矛，后手如盾，故称为矛盾桩。前手要拧裹提拔，意如欲将大树拧倒拔出。后手如盾，有无坚不摧之意。此为左式，右手和右脚在前姿式可以类推。

(二)托宝贝：此桩亦以左式为例，左脚在前，右脚在后，站成丁八步，对脚、腿部的要求与矛盾桩相同，两眼向前方波视。左手在前，右手在后，两手前后相差一手，左右距离约七、八寸。前手高度与肩齐，后手略低于前手。五指分开自然微曲，两手手心均向内微向上托，手指向前斜向下插，大指根节及腕部向上挑。此桩的姿式类似两手托一婴儿之状，故名托宝贝。意如托婴儿既不敢用力，又不敢松手，但又有将婴儿抛出又吸回之意。又劲如撑绳，前手如有一能松紧的绳向前拉，又有一绳将手套在颈上，两手之间又有一绳，前手与腿又有一绳，意如撑绳时一松则全身皆松，一紧则全身俱紧。

(三)鸟难飞：一脚在前一脚在后站成丁八步。姿式略同于托宝贝，惟两手成半握拳状，拇指食指略似环形，有如虚拢鸟颈，掌虚握如虚拢鸟身，既不能握紧以防将鸟握死，又不能松开，以防鸟飞走。同时意念中鸟不断挣扎欲从掌内飞出，因此形和意都必须一紧一松。此桩因形象防鸟飞出，故名之鸟难飞。此係比较高级的桩法，初学者不可练习。

(四)抓球桩：站成丁八步，两眼向前波视。两手相对举起略高于肩，两肘下垂，两腕有向下曲，指尖向内向下，手指微曲，如提两大铁球。

(五)伏虎桩：站成扩大的丁八步，根据个人的体质和功力把步迈出最大限度后，再把前脚向前挪一只脚的位置。臀部下蹲，上身挺直略向前倾，目光远视，光线内敛。两手前伸，肘向外撑，两手一前一后，距离约一手，后手略低于前手，掌心向内相对，指尖向下，手指微曲，如按虎颈。此桩与下面的降龙桩均为大步桩，增长体力较快，但练习时消耗体力较大，体质强壮练技击桩有一定基础者方可练习。

(六)降龙桩：尽量把步放大，后腿微曲，成为弓箭步，（即前腿弓，后腿箭），头颈向后扭，目光向后看。前手横掌向前推，掌心向外，后手略低于前手，手向后推，手指微曲。要有胜过苍龙狠击之意，才能制服苍龙。

(七)子午桩：一腿立于地上微曲，另一腿放在一米左右或略高一点的台上（或桌上亦可），脚横放在台上，足尖回勾。如右脚抬起时右手举之过顶，左手齐胸，两手手指微曲，向前指，腕曲臂曲，手指尖前指时亦微向下。

除此桩一脚离地以外，练习矛盾桩，托宝贝桩在有了相当功力以后，前脚在保持原来形状下亦可微离地。但离地后仍如着地一样，脚提又踩，足腕又拧。

三、试力

先师王芗斋先生在谈到试力时曾经说过："遒力由试而得知，由知而知所以用"，因此学习技击者除了在站桩上下功夫以外必须同时练习试力，就是专练健身桩的也必须同时兼练试力，才能达到动静相兼，效果才能显著。

试力时要外动内静，全身放松，用意不用力，一举手一投足之间都以舒适得力为原则。同时又要精神贯注，意不断而力亦不断。先师王芗斋先生谈过：要想增长力量，确不可用力，一用力反没有增长力量的希望。用力则气滞，气滞则意停，意停则神断，全身皆非矣。王师谈试力时又讲过：在无力中求有力，在微动中求速动，一用力心身便紧，并有阻塞之弊。这种力是精神的，是意念的，有形便破体，无形能聚神。王师又说过："同时身体均在[illegible]，然后骨骼毛发都要支撑，动愈微而神愈全，慢优于快，缓胜于急，欲行而又止，欲止而又行，更有行于不得不止，止于不得不行之意。习时须体会空气阻力何似，我即用与阻力相等之力量与之应合，所用之力自无过与不及。初试以手行之，逐渐以全身行之，能逐渐认识此种力，持之以恒，自有不可思议之妙，而身体力量也不难入手而得。"这些都是练习试力的基本原则。

试力虽然初试时以手行之，但决不是局部的动作，而是一动无不动，可谓上动下身随，下动上身领，上下动中间攻，中间动上下合，内外相连，前后左右上下相互之动。试力虽然切忌用拙力，但是形松意紧，意内含力，静中带柔，决不可松懈从事。

广义言之，各种动功都是试力。现在简单介绍以下几项动作。

（一）站成丁八步，左脚在前，右脚在后（此为左式，右式可类推），膝微曲，臀略要松，左手在前右手在后，双手距离约七八寸，前后距离约一尺左右。同身体带手前行，臂需保持弯曲，不能伸直。推时掌心向下，手指向前指，如推水中浮球。向前推的程度以勿使手指尖超过前足尖，同时要两个掌心相对。向身体收手时，身体向后的程度也以不出中为标准（勿失中和均）。再同时把双手掌心向下向前推，如此反复练习，左式和右式可交替练习。试力的要领是：以身体带动双手，不是手和臂的局部动作。王师常谈"用手要身子，不是用身子要手"，就是这个道理。手不要出意不空回，练时要意识连续不断，向前推和向回拉均不需拙力，推时如将两手中浮球向外推出，向回拉时如把浮球拉回。练到一定程度后，意念中的水中浮球要变为泥中木球，以后还逐渐要变为铁球，但仍不需拙力，手往回来时向前指，手向前推力向后拉，双肘撑撑，手上要有抱裹撑拔提拖挤挫之力。王师常谈"双手要如钩锉刀叉"，就需要在试力中求得。

（二）站成丁八步，双手抬起，两手撑撑，掌心向下，如在水中按一浮球，此球在水中时起时伏旋转不已，双手亦随之按动。同时意念中这个浮球，有时要用手推出，有时要用手拨回，有时可以拉长，有时可以挤扁，甚至有时还会变为两个小球，两个小球又合为一个大球，双手均随之反复摆动。

（三）站成丁八步，双手一手在前，一手在后，意念中如按一大弹簧，双手下按时弹簧缩，双手随即随着弹簧的弹力而升起。如此一起一伏反复练习，不许使用拙力，但练习既久弹簧之弹力在意念中要逐渐增加。

四、走摩擦步、附降龙行桩

走摩擦步，亦称探球步或三角步，实际主要用双脚来试力。练习开始时先将两脚站成八字形，略似立正的姿态，但两脚微分开，然后两手各举向前侧方，手指向上，掌心向前（或掌心向前带心向下亦可）一脚向前方伸出，不可在地上擦，意念中如地面上有一小球用脚将其揉动。脚向前伸出后向外侧方徐徐落下，站稳后，另一脚随即向前伸出向另一外侧方落下。慢优于快，须使意不断而力亦不断。小腹用意催步前行，初练时如在水中行走，逐渐如在泥中行走。此系进式，退式则照上式一脚向后退，然后向外侧方落下，另一脚再向后退亦向外侧方后落下。一般进式练完后即可接练退式。走摩擦步其他方面的姿式如头向上顶，髋向下坐，含胸紧背等均与站桩相同。

站桩、试力、摩擦步是一套基本功，不论是健身桩或技击桩的都应同时练习。初学者应先从站桩入手，然后再学试力，最后再学摩擦步，在初练阶段，试力和摩擦步应分别练习，练到一定程度后，可以结合练习，即在试力同时走摩擦步。

另有一种练功叫做蹚泥步，是专为练习技击用的一种基本功，练法是站成丁八步，两手抬起指尖向前，两手亦一前一后，姿式要求与技击桩相同。两手下按带动前腿前进，后腿亦同时跟随前上，如向前滑行。意念中如拉一根绳子牵动全身前进，脚下是滑道，可以一下滑行很远。此功久练久熟，在技击时能使步法迅捷如飞。

五、试声

试声是和试力相辅而行的一种功夫，因为力不在声即不全，所以又是补救力量不全的最为便捷的方法，而且不习试声就不会发力，和技击大有关系。王老芗斋曾说过："试声为补足试力细微所不及"。要声力并发与拙作喊声意在威吓者不同，而同之者都是"吐气开声之意"。试声是用丹田闭力发出声音来，声音要圆要正，如发自内中，而气不外出，即可谓声由内转的工夫。练习时可用手在口鼻前试验，声音出而气不出才是正确的，如果感到有气撞在手上就不对了。

六、关于站功中的一些内容

（一）五盈四梢：五盈是指五脏（心肝脾肺肾）充盈，四梢是舌、发、齿、甲（手指甲与脚趾甲）。即舌乃肉之梢，发乃血之梢，齿乃骨之梢，甲乃筋之梢。古代拳家有说过"明了五行（指五脏）多一气，明了四梢多一力"。五盈是指练习站桩功时要上虚下实，胸腹空灵，但实际是为了使之盈满，故练到胸腹空灵境地时，要在意念中使之盈满充实。四梢是指气达四梢（五脏所讲毛发根根要如戟亦即气达四梢之意），技击时惊起四梢，舌发齿甲都如受惊时的状态，可以倍加其力。

（二）五心归一：五心是指两手心两脚心和顶门心（百会穴），在练习站桩功到一定程度时，要意想五心向内收，均归于丹田，故称为五心归一。亦有连心窝在内称为六心归一者。

（三）六合：指心与意合，意与气合，气与力合，称之为内三合；肩与胯合，肘与膝合，手与足合，称之为外三合。久练者自可体会，实际上功力深的精神方面和全身各处都能达到非常协调的地境，一般只提出六合，不过就其主要的提出而已。

（四）三圆：站桩时小腹松圆，走步时小腹长圆，发力时小腹实圆。

（五）三夹两顶：裆内、腋下、颔下均要夹（所谓夹不要误解为夹紧，而要裆内似夹一铁丝，牢不可拔，颔下腋下似夹一球体）头要上顶，舌尖要顶上颚，练久以后实际上不止三夹两顶，周身关节应该无曲不夹，死节不灵。

（六）三段九节：三段是指人的身体头至小腹是一段，肩至手是一段，胯至足是一段。九节是指头、胸、腰、肩、肘、腕、胯、膝、足。在技击时各有各的用处。古拳谱有云："上节不明，无依无宗；中节不明，浑身是空；下节不明，根本不清。"明了三节九段后，在技击时各段各节都可以发挥作用。

（七）齿似咬筋，舌似吞虹：在站时口微开，齿咬着但不紧闭，意念中如咬着牛筋，谓之齿似咬筋。舌向内稍抵上颚，谓之舌似吞虹。

七、练习站桩功中的一些问题：

（一）关于放松的问题：松和紧本来是对立的统一体，只是由于人的身体、肌肉、关节，在日常生活和劳动中经常处于紧张状态，所以在练功中特别要强调放松。因为放松后经络气血才可以达到自然畅通，各种舒适感才能产生，体质才可以加强。但是初学者往往苦于不能放松，总想放松而总感到发紧发僵，所以要想放松必须自然。王师还传授一个放松的诀窍是："上身似哭非哭，下身似尿非尿。"对初学者有很大帮助。但是学者必须了解到，身体的绝对紧和松是没有的，松和紧总是相对而存在的。比如，含胸是紧背相对而存在的；又如练功者讲究上虚下实，具体说来膝盖下如埋在土中，而上身要求放松，所以上虚是以下实为基础而存在的。而且需要注意的是颈项、手腕、足腕（合称五个颈子）不能放松，否则就不能保持固定的姿式，也可说其他各部位的松是以这五个颈子的紧为基础而存在的。因此站桩并不是绝对的松，而且松中有紧，紧中有松，时松时紧，时紧时松，要做到松紧适度，松而不懈，紧而不僵。练功者应在实践中体会之。初学者往往把下沉当成放松，实则下沉不是放松，放松是使肌肉松弛，但身体还要挺拔，如云補宝树，耸立冲霄。另外有的初学者觉得既然是练功，就得用劲才能得到功夫，则更是大错特错。正如王师所云："形体愈松，血液循环愈畅，气力增长愈快。如用力则身必发紧，全身失灵，甚至有血气阻塞之弊。"学者不可不知。练功中还讲形松意紧，所谓意紧是指精神专一，意念连贯不断，与精神紧张完全不同，否则精神一紧则形体亦不能放松了。

（二）关于入静的问题：练功时的各种意念活动都是在入静的基础上进行的，练功不能入静就不能收到明显的效果。但是初练者又往往感到入静很困难，强制入静，反而造成精神紧张，更加思绪纷繁，心如乱麻。对此先师王芗斋先生曾经说过："注意致力追求入静。但却不知追求愈急，精神负担愈大，以贼攻贼，贼去贼入，前念未消，后念复起。为此，历来养生家提有许多方法，如外寄内托固守一处等，对初学者有许多帮助。但依本人的经验，惟有采用听其自然来者不拒去者不留的方法，才能恢复和稳定神经，在杂念千头万绪的时候，不但不有意识的排除，而且大量吸收，本身好像大冶洪炉一样，宇宙间的万事万物尽在我的陶冶中，这样往往在不期静而静，不期制而制的情况下达到入静。"这是王师的宝贵经验。根据个人的体会，如果一时不能达到王师所说的身如大冶烘炉境地，当杂念纷起的时候确实不可强制排除杂念。可以经常对自身是否符合姿式要求进行检查，如头上是否似有长绳吊系，臀下是否和坐在凳子上一样，足心是否吸起等等，这样不强制排除杂念，而自然起了排除杂念的作用，久而久之，练功时自可不生杂念。诱导入静还有一个办法就是"细听微雨声"，耳中听到绵绵细雨淅淅沥沥，不疾不徐，声音越听越远而声越小，而始终在耳边。这样对入静很有帮助。又如：在意念中两只脚似站在两只船上，这两只船随波涛而起伏，此伏彼起，此伏彼伏，人无颠覆之虞，而心态悠然自得，这也是诱导入静的好办法。在初学者一要求入静，往往昏昏欲睡，这虽是一种比较正常的现象，对健康也有益无损。但昏昏欲睡并不是练功家所要求的入静，真正的入静应该是虽然杂念不生，但精神活泼泼地，神光内莹，犹如明月洁净，尘埃不入。久练者自可达到此种境地。为了便于入静，在练功初期固然应该尽量选择比较幽静环境比较优美的地方，但在练功中间为锻练闹中求静，能够适应外界各种不同的条件。例如，在练功当中听到乐音歌唱，甚至人语喧哗，不宜产生厌烦情绪，而是应该认为音乐歌唱正如为我练功伴奏，人语喧哗与我无涉。又如练功之地空旷寂寥，则应认为正好开拓我的胸怀，可以远眺旷野山川，使人心怀豁然；如在斗室中练功，则应认为容身已足，正好养静。又如天气较冷，则应认为清凉世界，可以洗涤尘襟；如天气较热，则认为薰风徐来，催人入静。对外界的飞、潜、动、植均抱着万物静观皆自得的心境，不仅不受外界条件的干扰，而总是愉快喜悦，怡然自得，只有这样的入静才能巩固。

(三)关于呼吸：练习站桩功是用自然呼吸，即呼吸一听其自然，因呼吸本是人的生理本能，一有矫揉造作，往往有害无益。口虽微张，但用鼻吸鼻呼。练习者不应注意口鼻的呼吸，更绝对不应故意长呼或憋气。但是这种自然呼吸并不等于平时的呼吸，练功既久，自然会形成腹式呼吸，即每次呼吸均能达到丹田（关于丹田的说法很不一致，本人认为不必拘泥于某一种说法，只认为丹田在脐下小腹部位即可）而且在自然呼吸的基础上逐步达到匀细深长。最好的境界是完全忘了口鼻的呼吸，好似已经不会呼吸，实际上呼吸是在非常自然地进行，而意念中周身毛孔都已张开放大，所有毛孔都在呼吸。这种境界非常舒适，但不可强求，工夫纯熟自可达到。总之呼吸必须自然，不可人为地追求任何状况，这是练站桩功的一条很重要的原则，否则容易练出毛病来，初学者必须切记。

八、关于站桩功的意念活动

站桩既然是历代拳术的基本功，所以它的立足点在于"动"，静是为了更好地动，这就和过去某些佛家道家所传的静功道功根本不同，它并不追求那种虚无寂灭、四大皆空的境地，而是在入静的基础上进行各种适当的意念活动。在前面我们强调入静的重要性，则因为不入静则思想纷繁，无法进行适当的意念活动。古人有云："心猿意马最难收"，我们强调入静也就好比是要降伏住心猿意马，使其听我支配。初练者必须注意入静，在入静的基础上逐步增加意念活动，不可精神负担过重，否则对练功的进步反有妨害。

古代练功家说过："全凭心意用工夫"。先师祖郭云深先生说过："神意足不求形骸似"。可见练功中意念的重要，这是因为形和意固然是辩证的统一体，而形终究还是受意支配的，所以姿式固然重要，但只有式而无意念，有如只得其皮毛而失其神髓。

— 10 —

根据四容五要中所说的"似浩无穷意，精神浑圆实。"王师也说过："本自皆具备，仅向身外求"。可以体会到意念的范围是极其广泛的。可以说专为健身祛病的凡一切怡情悦性有益于身心健康的事物和境地都可以作为意念活动的范围，譬如以游历过的名山大川雄伟壮丽的风景，绿草如茵繁花满树的园林，波平如镜游鱼可数的湖泊，花香鸟语的春天，日明风清的良宵，以及身体的各种舒适感觉，都可以作为意念活动的内容。练技击桩的随着桩式的不同所求之力不同而有不同的意念活动，例如降龙桩要意念中有夭矫蟠拏的苍龙；伏虎桩要意念中有咆哮发威之猛虎等等，一般的凡可以增加自己威力的，如：喑呜叱咤则风云变色，纵横驰骋则万人辟易，拔山扛鼎，穿金裂石，轻如飞鸟，捷似猿猱，都可作为意念活动的内容。为了便于初学略举几例，学者既不可受此范围所限，更须勿忘勿助，于有意无意之间求之。

(一) 站桩功中的各种姿式均应有在水中游泳的意念，想像身在水中，浮流浩浩，不冷不热，在全身荡漾，全身各部分均能假借水中之浮力，因而遍体轻灵，异常舒适。

(二) 意念中全身毛孔放大，全身汗毛须发都直立起来，即"毛发根根竖如戟。"而且意念中可以遍身毛发在不断地增长，数寸数尺以至数十丈，甚至其长度不可计量。最初如毛发在空中来回扫；以后逐渐意如毛发搭在遥远的四面八方，将自身悬在空中。这就是王师所说的"浑身肌肉挂太霄，毛发根根暖风摇。"

(三) 意念有如春风吹拂全身非常舒适，逐渐达到全身皆空洞无物，好像一个没有糊纸的铁丝灯笼悬在空中，悠悠荡荡，风能吹身体而过。王师所说来往有过堂风之感，就是此种意境。

(四) 温水浇头的意念：好像有人用一瓢冷热适宜的温水在自己头上浇下，水由头上经过颈，肩胸背腰股腿缓缓流下去，全身似乎都能感到，直流到脚下为止。然后再意想有人向头部将水浇下，如此反复多次，非常舒适。所以不用淋浴感，淋浴虽然比较容易理解，但是因为淋浴时水在头上不断浇下，容易造成精神紧张，所以乃用王师所传温水浇头的意念为好。这种意念最适合于上实下虚的高血压等症的患者。

(五) 意念中身体成螺旋形上升，即自双脚成螺旋形向上旋转，左转右转均可，旋转时身体亦随之升高，然后再向相反方向成螺旋形向下旋转，身体亦随之下降。另一种意念活动时在入静的基础上，意想身体前后和左右都在慢慢扩大，自觉扩大到了一定限度以后，再逐渐收缩还原。这两种意念对提功力效果较大，但运用不好亦易出偏差，初学者不可轻用，特别是高血压病患者应视为禁忌。

九 练功中的注意事项

在前面已经再三谈到松静自然舒适得力的原则，这是在练功过程中时刻注意的。站桩功的特点是一切不能违反生理之自然，不能姿式和意念总是以感到舒适得力为原则，不可拘泥执着。练功者如果感到不舒适，除了由于初练时候身体还不能适应以外，大部分是由于姿式不正确或意念活动过重，必须随时加以纠正。

在前面已经几次讲到循序渐进的原则，这也是练功者不可忘记的，姿式只可逐步要求正确细致，意念活动也只能在入静的基础上逐渐增加，桩式的选择也应该先易后难。有些学习技击者这次在练健身桩有了一定基础之后，再开始练技击桩，这个标准就是在站桩时感到全身浑厚增大，好象有了相当大的阻力，就可练习技击桩了。练习技击桩也要循序渐进，初练时只可练习矛盾桩，（或练祀空见桩亦可，但要注意逐渐增加。）较难的桩法须待以后再练。有的人往往对高深急于求成，殊不知瓜熟必然蒂落，水到自然渠成，揠苗助长，欲速不达，定为事与愿违。急于求成者往往有害无益，而潜心用功者往往于无意中收到很大效果。这是学功者所必须了解的。

练功者还必须注意火候适度。所谓火候适度是多方面的，在姿式的要求上必须注意全身的均整（例如中和问）过松则懈，过紧则僵。其他如含胸紧背头向上顶臀向下坐等具体要求，都要适度，不可过火。王师常说："一绝对便错"，就是这个道理。意念活动不能过重，过重则造成紧张。就是练功也应该适度，过去不少人为了技击精进，用功太过，虽然拳术造诣甚深，而对身体健康反而有害，可以引为鉴戒。

以上一般都是原则上应该注意的问题，以下再谈初学者应该注意的具体事项：

(一) 过饱过饿时均不宜练功，饭后如果练功，最好要隔开半小时。

(二) 收功后不可立即饮食，特别是切忌立即饮水，须休息片刻再进饮食方无妨害。

(三) 练功前先解完大小便，裤带如过紧时应放松一些。

(四) 情绪过分激动时不宜练功。在平时为了有益于身体健康，亦应尽量避免感情过于激动。特别是学习技击达到一定程度后，更应谦虚谨慎，心气和平，如果好勇斗狠争气斗强，则练功适以戕生。

(五) 在户外练功时，最好选择风景优美，空气清新的地方，如有树木花草溪流湖泊之处最为适宜。冬季如在室内练功，应该把窗子打开一些，使空气新鲜。

(六) 久练功者由于抵抗力增强，一般不易感冒，但练功过程中也应注意，夏日要避免日光曝晒，冬日应避免寒风侵袭。

(七) 在练功过程中，任何时候胸部应该放松，在用力时应小腹用力，不能以胸部用力。王师常说："胸部用力是戕生的，小腹用力是养身的"。

十、练功过程中的效应

练功者只要根据适应得力，循序渐进的原则，不自作聪明，不矫揉造作，就不会出什么偏差，所产生的效应一般都正常的。但由于每个人的体质不同，感受也就不同，所出现的现象也就有很大的差异，现举一些普遍的现象如下：

(一) 初学者感到腿脚腿发酸发疲或胸部发紧是正常现象，也是初练功者的必经过程，不必介意，可休息一下再练。但胸部无论何时都应放松。

(二) 如果感到练急难耐心烦意乱，不必勉强支持，可睁开眼把手放下，原地休息片刻或散散步，待心情安定后再练。

(三) 如果感到憋气时，大多是胸部和腰胯未能放松，可行一下再练并矫正姿式。

(四) 如果感到发困时是正常现象，对身体有益无损，但练功读好达到神光内敛，湛然怡然。所虽是正常现象，也应逐渐改正。

(五) 有些初练站桩功的人在闭目练功时，身体摇动过甚，身体的控如处女，出如脱兔。精于技击者也是这样。在临敌应变时，静则松静自然，浑噩无方，使对无隙可乘；动则迅雷掣电，石破天惊，使对方无从抵御。无论静和动都是气定神闲；如行云流水极其自然。一般人临敌时自谓精神集中，实则头脑紧张，自觉攒拳怒目，实则通体僵直，与人周技是没有不失败的。善于技击者在动静松紧之间掌握的是极其恰当的，非平时在站桩和试力中下功夫，不能到此境地。

第五，有的人不懂拳学的道理，看到站桩和试力既不花团锦簇，又不紧张热烈，怀疑这种功法的作用。实则技击之道应求实用，不必追究美观，站桩试力是由无力中求有力，由笨拙中求灵巧。先师所传："大动不如小动，小动不如不动，不动之动才是生生不已之动。"先师并曾解释说："外边大动里边不动，外边不动里边大动。"所以不动之动才是内动。至于临敌时动愈小则愈速，敌未动我不动，敌欲动我先动，全完切于实用，花团锦簇紧张热烈，但求美观之姿式，是并不切合实用的。

拳学之妙理，有时但可心领神会，有非言语所可表达笔墨所可形容者。欲在实践中体会拳学的妙理，必须从站桩功入手。站桩功似易实难，似难实易。所说它难是由于学无止境，练功几十年也难尽其奥妙；所说它易，是因为人人可练，很少出偏差，只要坚持下去，就会不断进步。但是先师王芗斋先生曾说研究拳学"百日一小成，千日一大成。"这当然是指方向条件都具备而又刻苦用功的人，不可由此也可以理解到，只要肯于用功，深造并非难事。凡习练此功的，只要具有恒心毅力是必定会大有成就的。

《站桩功概论》油印件，弥足珍贵。

《禅拳合一的中国武术：大成拳》1999 年由宗教文化出版社首次出版，其中的《站桩功概论》就是依据油印件整理而成，2003 年再版时，我将其中的一页附在文章后面。但遗憾的是，油印件原件遗失一页，特此说明。所幸《拳道中枢》《拳学新编》及杨德茂前辈墨宝得以完整保留。此次全部扫描出版，供大家学习研究。

附录三 《拳道中枢》手稿

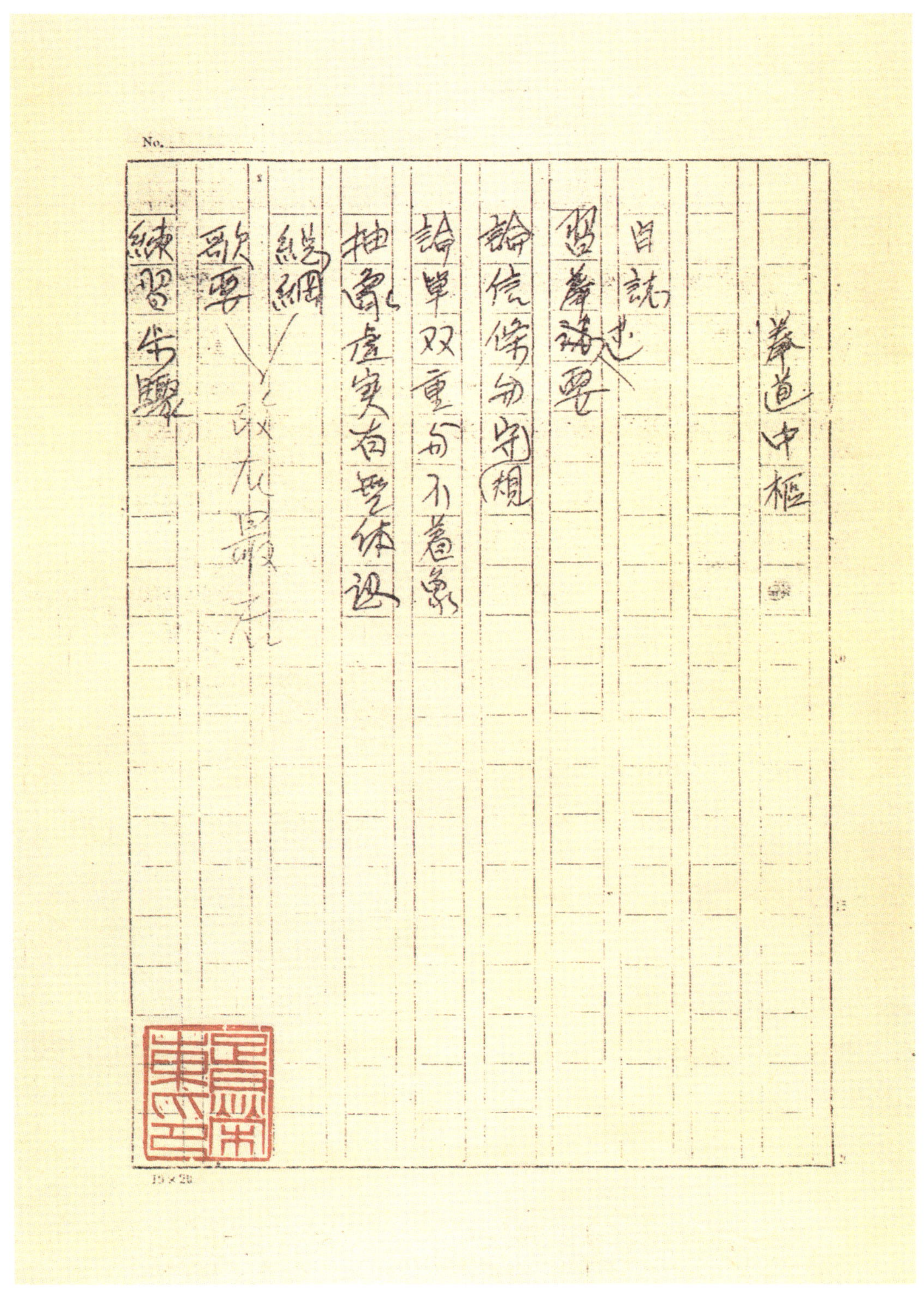

拳道中枢

自述

習拳述要

論信條分明規

論單双重分不着象

抽象虛實有無体認

總綱

歌要（改在最后）

練習步驟

站樁

試力

試声

自衛

技擊樁法

一）神意之運用

二）力之運用

論拳套分方法

論拳與器械之關係

論點穴

No.

天賦與學術之別

解除神秘

紀行解釋

拳道喪失之原因

解除師徒制之權衡

結論

习拳一得

站樁歌要

10×20

1

No.

自誌

拳道之大，实为民族精神之需要，學術之國本，人生哲學之基礎，社會敎育之命脈，其使命要在修正人心，抒發情感，改造生理，發揮良能，使學者神明体健，利國利群，固不專重技擊一端也。若能完成其使命，則可謂之拳，否則是異端耳。習異拳如飲酖毒，其害不可勝言也。余素以己立立人為懷，觸目痛心，未忍坐視，余本十餘年習拳經驗，採探其真義之所在，參以學理，証以体認，祛其弊，發其秘，接

10×20

2.

No.

短取長，去偽存真，融会貫通，以發揚而光大之。另成一私特殊拳学，而友人多試之甜蜜，習之愉快，因命以大成二字名吾拳，欲却之而無從也。隨呼之而已。今夫本拳之所重者，在精神，在意感，在自然力之修鍊，統而言之，使人身與大气相应合。分而言之，以宇宙之原則原理為本，養成神圓力方，形屈意直，虚實無定，鍛成觸覺活力之本能。以言其体，則無力不具。以言其用，則有感斯应。以視彼一般拳学家，尚形式，重方法，講蠻力者，固不可

10×20

3

No.

相提并論也。誠以一般拳家，多因注重形式與方法，而演成各種繁冗、畸形怪狀之拳套。更因講求蠻力之增進，而採各項激烈運動。誤傳誤後，自尚以為得意者，殊不知尽是戕生運動。其神經、肢体、氣血管、筋肉，已受其摧殘，而致頹廢，安能望其完成拳道之使命乎。余雖不敢謂本拳為無上之學，若以現代及過去論，信他所略，而亦独有也。學術理應代高一代，否則錯誤，亦無存在之必要矣。余深信拳學，適於神經肢体之鍛鍊、亦因而益智。尤適於肌

19×20

4.

No.

肉，溫養，血液之滋榮。更使呼吸舒暢，肺量加大強，而本能之力亦隨之而漸長，遂實現一觸即發之功能。至於致力之要，用工之法，統於篇內述之，茲不贅述。俾此篇原為同作習拳較易而設，非問世之文者比也。蓋因余年已老，本家但求，只得以留驚鴻爪影，於雪泥中尋之。謹將平日所學，拉雜記載，四作七卷，考將來人手十篇，領會較易。但余素以求知為職志，果有海內賢達，對本拳予以指正，或進而教之，則尤感焉。以一得之愚，得藉他山之攻，而益有

10×20

進益。自茲望從學諸生，虛心博訪，一方面從量問難，一方面盡力發揮，倘有心得，希隨時共同研討，以求博深精奧，而期福利人群，提高國民體育之水準，實為盼甚，否則毫無價值也。如此提高而不果，是吾輩之精神不篤，或智力未斜故耳。夫學術本為人類所共有，余亦個人，而敢自秘。所以不揣簡陋，努力而成是篇。余不文，對本拳之精微，不能闡發淨盡，所寫者，僅不過目錄而已，實難形容其底蘊，以詳吾胸中之事矣。一隅三反，是在學者，余因愛道之誠，情緒之熱，隨不免言論偏激，失之狂放，知我罪我，笑罵由人。

博陵鄭崙王尼寶誌於太液萬字節

No.

習拳述要

近世操拳者，多以筋肉之暴露，堅硬，以誇示人前，以為運動家之表現。殊不知此種畸形發達之現象，純係病態，既碍衛生，更無他用，最為生理家所禁忌，毫無運動之價值也。近年以來，余於報端，曾一再指摘其非，雖有一般明理之士，咸表同情，而大都仍是俗庸愚昧，忍心盲從，尤其信以誤人，此真不蠢，故終不免有諸多衝怨者。大凡從來獨抱絕學，為人類謀福利者，必極忠誠之士，私聰明絕頂者，社

10×20

8

No.

會從未鮮有諒解。永年之紙，亦想概見。然余為拳道之永久計，實不敢顧其私，布海內共諒之。

拙拳道之由來，原係採禽獸、搏鬥之長，相其形、會其意、逐漸演進，合精神假借、一切法則，始彙成斯技。余近代拳亂，形都不似，，更何有於精神、意感乎。然亦有云，用力則滯，用意則呆之說，詢其所以，則又瞠然莫辯。用力則筋肉滯、而百骸不靈，且不衛生，此固然矣。然在技擊方面言之，用力則是力窮

10×20

9.

，用法即是術擊：凡有方法，便是局部，便是後天之人造，非本能之學也。而精神便不能統一，用力亦不篤（实），更不能假（借）以宇宙力之呼應。其神經已必受其範圍之所限，動作似裹足而不前矣。且用力乃是抵抗之表象，抵抗是由畏敵擊出而起，如此豈非接受對方之擊，則又安得不為人擊中乎？用力之害，誠大失哉！要知用力、用意乃同出於一元之源。互根為之，用意即是用力，意即力也！然非筋肉凝緊（僵硬），注血之力謂之力。若非用意，支配全體之筋肉鬆和，永不能得伸縮自如，通放致用之活力也。既不能有自然之活力，其拳生命應用，吾不知其由何可以得之。要知意自神生，力隨意轉，意為力之帥，力為意之軍。所謂意緊力鬆，筋肉空靈，毛髮能張，力发生鍛積。非此不能得意中力之自然天趣。余本拳在廿年前，曾有一度意拳之名，舉一意字，以概精神，蓋即本拳又重意感意精神之義也。原期喚醒同仁，使之顧名思義，覺悟其非，而正鵠是趨，孰知一般拳家，各懷私見，積重難返，多不肯平心靜氣，捨短取長

11.

No.

，研討是非之所在。情甘抱殘守闕，奈何，奈何！遂至全體無由得償，所可慨也。余之智力所及，絕不甘隨波逐流，使吾拳道真義，永墮淪沉，且猶不時大聲疾呼，冀以振其麻痹，而發猛醒，此又區々之誠，不能自已者也。

10×20

12.

論信條與規守

拳學一道，不獨鍛鍊肢体，尚有重要深意存焉。就傳統言，首重德性，其應遵守之信條，如尊親，敬長，重师，尚孝友，信義，仁愛等，皆是也。此外更須有俠骨佛心之熱誠，捨己從人之蓄志，苟不具備，即不得謂拳家之上選，至於渾厚深沉之氣概，堅忍果決之精神，以靜抒發人類之情感，敏捷英勇之資質，尤為學者所必備之根本要件，否則恐難得傳，即傳之，則亦難能得其神髓矣。故先輩每於傳人之际，必再

13

No.

三審慎行之者，蓋因人材難得，不肯輕錄門牆。至其傳受之程序，率皆先以四容、五要為本，如頭直、目正、身莊、聲靜，再以恭、慎、意、切、和，五字訣示之。茲將五字訣歌解列後，以釋其義。

習拳既入門，首要尊師親，尚友須重義，武德更謹遵。動則如龍虎，靜猶古佛心，舉止宜恭慎，如同會大賓。恭則神不散，慎如深淵臨，假借無窮意，精滿混元身。虛無求實切，不失中和均，力感如運電，所學日日深。運聲由內轉，音韻似龍吟，恭慎意切和，五字秘訣分。

10×20

14

No.

見性明理後、反向身外尋、莫被法理拘、更勿絞學人

10×20

15

No.

論單双重與不着象

以拳道之原則原理論，勿論平時練習，抑在技擊之中，須保持全身之均整，使之毫不偏倚。凡有些微不平衡，即為形着象，亦力破體也。蓋神、形、意、力皆不許有着象。一着象便是片面。既不衡生，且易為人所乘。學者宜謹記之。夫均衡，非呆板也。稍板，則易犯双重之病。然尤不許过灵，过灵則易趋於滑而不實也。須要具體節枚，處斯為蓄。如發力時，亦不許斷續，所謂力不亡者是也。蓋双重，非專指

10×20

16.

No.

兩足步位而言，頭，手，身，足，肩，肘，膝，胯，以及大小關節，即一吳細微之力，都有單双鬆緊、虛實、輕重之別。今之拳家，大都由片面之單重，走入絕對之双重。更由絕對之双重，而趨於死亡之途。甚矣單双重之学，愈久而愈湮也。就以今之各家拳譜論，亦都根本失去。况其作者，多是露形、犯規，而大破其体者。所有姿勢，誠荒天下之唐，麻世人之肉矣。愈習之，則愈去拳道之所經，而遠甚。不善蓄而成死板。一善蓄散亂無章。總然身遇單重之

10×20

17

No.

妙，因無能領畧，此亦無異於双重也。非弄到不舒適，不自然，百體失已，而若已。是以不得不走入刻板方法之途徑。永無隨机而動，变化無方，更無發揮良能之日矣。噫，亦識可憐之甚也。至於神意之不着象，乃純應用觸覺良能之活力，不足以說明之。譬如雙方決鬥，利害當前，間不容髮。已接未觸之時，尚不知應用者為何。解決之後，復不知適間所用者為何。所謂不期然而然，莫知至而至。又謂極中致和，本能力之自動良能者也。

10×20

抽象虛實有無体認

習拳入手之法，非只一端，而其结晶之妙，則全在於神、形、意、力之運用，互為一致。此種運用，都視之無形，聽之無聲，無体亦無象。就以有形而論：其勢如空中之旗，飄擺無定，惟風力是應，即所謂與大氣之應合。又如浪中之魚，起伏無方，縱横往還，以聽其觸，只有一片相机而動，無感而發，和虛灵守默之合蓄精神。要在以虛無而度其有，亦以有處而揣其無。識滅與老釋（莊佛），無為而有為，萬法皆空，

19.

No.

即為實象，一切學理多稱謹似。又如倪黄作画，各以峭逸之筆，孤行天壤，堪並論也。其机其趣，完全在於無形神似之間，度其意向所以亦之。所以習时有對鏡操作之戒者。恐一求形似，則内虚而神敗矣。

習時須假定三尺以外，七尺之内，四圍如有大刀濶斧之巨敵，與毒蛇猛獸、蜿蜒而來，其共争生存之情景，須當以大無畏之精神，而應付之。以求虚中之實也。如一旦大敵林立，在我若入無人之境，以周旋之。則為實中求虚。要

10×20

No.

在平日，操存体認，涵蓄修養，總之都是由抽象中得来，所謂神意足，不求形骸似，更不許存有對象，而解脫一切者是也。

切記，有時要慢，而神宜速。手不要出，意不要固。即些微細小之点力動作，則須具体無微而不應。内外相連，虚実相需，而为一貫，須要無時無處，不含有应付技擊之本能。使一求速，則一切经过之路径，滑然而过。再由何得其体認之作用矣，故初學時，須要站樁，漸漸体会而以行之。

10×20

21.

No.

綜之須要神，形，意，力成為一貫。亦須大心相合，頂心、本心、手心、足心神經統一。一動無不動，亦更無微而不合。の使百骸，悉在其中。不執著，不停斷。再與大氣之呼應，氣練力之鬆緊，互以為用。庶乎了矣。離開己身，無物可求。執著己身，永無是處。旨哉斯言。細心体会，自不難窺拳道之堂奧也矣。

綜綱

拳本服膺，推名大成，平易近人，理趣叢生，一法不立，無法不容，拳本無法，有法也空，

10×20

22.

No.

修理变質，陶冶性靈，信義仁勇，悉在其中，力任自然，矯健猶龍，吐納靈源，体会功能，不即不離，礼讓謙恭，力合宇宙，發揮良能，持環得樞，机变無形，收听視內，鍛鍊神經，动若怒虎，靜似蟄龍，神似霧豹，力若犀行，蓄靈守默，應感無窮。

歌要

古人多以歌訣之法，以為教授之具，謹師此意，略加变更，特制歌要列后，以飨學者。

拳道極微細，勿以小道視，開闢首重武，學術皆於此，

10×20

23

No.

當代多失傳、荒唐無邊際、本拳甚服膺、無長不彙集、
切志倡拳學、欲復故元始、鍛心究理性、技擊乃其次、
要知拳真髓、首由站樁起、意在懸空間、體認學試力、
百骸撐均衡、曲折有面積、彷彿起雲端、呼吸靜長細、
舒適更悠揚、形象若瘋癲、絕緣棄雜念、斂神聽微雨、
渾身空靈意、不容粘毫羽、有形似流水、無形如大氣、
神綿覺如醉、悠然水中宿、默對洞天空、虛靈須定意、
洪爐大冶身、陶鎔粉不計、神機自內變、調息聽靜噓、
半靜如處女、動似蟄龍迷、力鬆意須緊、毛髮勢如戟、
筋肉遒欲放、支點力滾絲、螺旋力無形、遍體彈簧似、

10×20

24

No.

関節若机輪、揣摩意中力、筋肉似驚蛇、履步風捲席、
縱橫起巨波、若鯨游勢旋、頂上力空靈、身如繩吊繫、
兩目神凝斂、听內耳外際、小腹應常圓、胸間微含蓄、
指端力透電、骨節鋒稜起、神猶逾猿捷、足踹貓距似（跼踦）
一觸即暴發、炸力無斷續、學者莫好奇、平易生天趣、
反嬰孩無穎、軀柔似童孩、勿忘勿助長、升堂漸入室、
然或論應敵、拳道微末技、首先力均整、樞紐不偏倚、
動靜互為根、精神多暗示、路線踏重心、鬆緊不滑滯、
旋轉謹穩準、鉤錯互用宜、利鈍智或愚、切當對方意、
隨曲忽就伸、虛實自轉移、蓄力如弓滿、着敵似電急、

10×20

25.

No.

鹰瞻虎視威、足腕如戲泥、鹤游似龍蹬、訛身盡爭力、
蓄意肯忍狠、胆大心更细、劈缠躜裹横、撩膈揣剋时、
習之若恒久、不期自然至、变化形無形、周旋意無意、
比喻若風雲、包羅小天地、若從跡象比、老莊與佛釋、
班馬古文章、右軍鍾張字、大李王維画、玄妙頗相似、
造詣何能尔、善養吾浩氣、綜之盡抽象、精神須切實。

練習步驟

本拳之基礎練習，即為站樁。其效用，在能鍛練神經，調劑呼吸，通暢血液，靜和筋肉，（此处应加[illegible]，增長力量之句（编注））誠養生強身益智之學也，亦為優生運動。

10×20

26.

其次為試力，試聲，假想，体認各法則。再次為自衛，為大氣之呼應，和波浪之鬆緊，良能之覺察，虛實互根之切要。茲將各階段述於後。

站樁

站樁即立樁平均之站立也。初習為基本樁，習時須首先將全体之間架配備，安排妥當，內清虛，而外脫換，鬆和自然，頭直，目正，身端，項豎，神莊，力均，氣靜，息平，意思遠望，髮挺腰鬆，具体關節，似有微曲之意，掃

10×20

27.

No.

除萬慮，默對長空，內念不外游，外緣不內侵，以神光朗照顛頂，虛靈獨存，渾身毛髮，有長伸直竖之勢，周身內外，激盪迴旋，覺如雲端寶樹，上有繩吊繫，下有木支撑，其悅懌相依之神情，喻曰此乃氣游泳，殊近似也。然後再使會各私細胞之動盪之情態，鍛鍊有得，自知夫所謂正常中之運動者，在運動中能使心臟之搏動為正常運動。夫所謂正常者，即改造生理之要增加而呼吸却不失常態，即不發喘，不缺氧之謂也。然在精道，能使貧血者，可以增高，血压高者，而降神方面，低。蓋因其勿論如何運動，永使心臟之搏動，不失常態，平衡發達，正常工作，然在精神方

10×20

面，須視此身，如大冶洪炉，無物不在陶镕体認中。同時但須覺察各項細胞，發自然並同時工作，不得有絲毫勉強。更不許有幻象（想）。如依上述之鍛練，則肌体（全身）之筋肉，不鍛而自鍛，神經不養而自養，周身舒暢，氣質亦隨之漸漸變化，其本能自然之力，由內而外，自不難漸漸發達。然一切欲身心用力，稍有注血，便失鬆和，不鬆則氣滯而力板，意停而神斷，全体皆非矣。總之不論站樁，或試力，或技擊，只要呼吸一失常，或橫隔膜一發緊，便是錯誤，願學者宜慎行

29.

之，萬勿忽視。

試力（体認、假想，描述其内，不單独再論）

以上基本練習，既有相当基礎後，則一切良能之發展，当日益增强，則应继續学試力工作，体認各項力量之神情，以期真實效用。此項練習，为拳中之最重要、最困難之一部份工作。盖試力为得力之由，力由試而得知，更由知始能得其所以用。習時須使全体均整，筋肉空靈，思全体毛孔，無根不有穿堂风往還之感。並骨骼毛髮，都要支撑道放争斂互为。动愈微

30.

No.

，而神愈足。慢優於快，緩勝於急，欲行而又止，欲止而又行，更有行乎不得止，止乎不得行之意。以体認全体之意力圓满否？其意力，能否能隨时隨地，應感而出否？全身能與宇宙之力，起感應合否。倘借之力，果能成為事実否？欲與宇宙力起應合，須先與大氣，發生感覺。感覺之後，漸漸呼應，再試氣波之鬆緊，與地心爭力作用。習时須体会空氣之阻力何似，亦即用與阻力相等之量，與之應合，於是所用之力，自然無過，亦無不及。初試以手縱之

10×20

31.

No.

，逐漸以全体行之。能認識此力，良能漸發，操之有恒，自有不可思議之妙，而各項力量，亦不難入手而得。至於意不使斷，靈不使散，渾噩一致，動微處牽全身，上下，左右，前後，不忘不失，能達到舒適得力，奇趣橫生之地境，不足曰得拳之妙也。所試各力之名稱甚繁，如蓄力，彈力，驚力，開合力，以及重速，定中，纏綿，撐抱，惰性，三角，螺旋，槓杆，輪軸，滑車，斜面，種切力量，亦自然試而得之，蓋全体關節，無微不含屈勢，同時亦無

10×20

32.

節不合放縱與開展，所謂適放互為，固無節節不成鈍形三角，且無平面積，尤無固定之三角形，（不過與機械之名同而結异，蓋拳學之力，都是精神方面之體會而得之，形則微矣。）表面觀之，形似不動，而三角之螺旋，實自輪轉不定；錯綜不已，要知有形則力散，無形則神聚，非自身領略之後，不能知也。蓋螺旋力，以余之體認觀之，非由三角力，不得產生也，而所有一切力量，都是筋肉動盪，與精神假想，參互而為，皆有密切之帶運關係，若分而言之，

33.

No.

則又走入方法之門，成為片面耳，所以非口傳心授，未易有得，更非毫端所能形容，故不作詳述也。

總之一切力量，都是精神之集結，緊密，內外合為一致而為用。若單獨而論，則成為有形破体機械之拳道，非精神意義之拳也。余據四十餘年，体會操存之經驗。吾感各項力量，都由混圓闊大，空洞無我產生而來。然渾圓空洞，亦都由細微之稜角形成，漸漸体會，方能有得，是以吾又感天地間之一切學術，無一不矛盾

10×20

34.

No.

，同時亦感無一不是圓融，然而須得打破圓融，統一矛盾，始能融會貫通，方可利用其分工合作，否則不易收理，至於用力之法，混靈之要，絕不在形式之好壞，亦不在姿式之繁簡，要在神經支配之大義，和意義之領導，與全體內外之工作如何，動作時，形式方面，不論單出雙回，齊出独進，橫走竪撞，正斜互爭，渾身之節，點，面，線，一切法則，無微不有先後，輕重，鬆緊之別，但須形不外露，力不出尖，亦無斷續，更不許使有輕重方向之感，

10×20

35

No.

不論試力，或發力，須保持全體鬆和，發力含蓄，而有所力，以待其觸，神宜內斂，骨宜藏棱，要在身外三尺以內，似有一層羅網包護之，而包羅之內，各大力又勾錯，並蓄有蓄勢待發之勢，然都在毛髮筋肉，伸縮撥轉，全身內外，無微不有滾珠，起棱之處，他如虛無假借，秘神無窮之力，言之太繁，姑不具論，學者神而明之。

以上各力，果身得之後，切莫以為習拳之道已畢，此不過僅得些資本而已，始有學拳之可

10×20

能性，若動則即能，鬆緊緊鬆分過已，豈虛虛實實得其中平之樞中訣要，則又能久經大敵，實作通家，不易得也，然則須要絕頂天資，過人氣度，古須工力篤純，方可逐漸，不加思索，不煩擬意，不期然而然，莫知為而為，本能觸覺之活力也。總之，具体極細微之莫力，亦須切忌無的放矢之動作，然後又能作到，全体無的放矢而不可，否則難能得其妙。

試聲

試聲，為補助試力之細微所不及，其效力在

37.

No.

運用聲之音波鼓盪，全體之細胞工作，其原定不在威嚇，而聞之者，則起不然驚恐之感。實因其声力并發，與徒作喊声，意在威嚇者不同。試声以內之氣，不得外吐，乃運用声由內轉工夫，初試求有聲，漸以有聲而变無聲。蓋人之聲各異，惟試声之声，世人皆同。其声如幽谷撞鐘之声相似，故若聾云以試声猶如黄鐘大呂之本也。非筆墨毫端所能形容。須使学者，觀其神，度其體，聞其声，揣其意，然後以試其声力之情態，方能有得。

10×20

No.

自衛

自衛，即技擊之謂也，須知大動不如小動，小動不如不動，要知不動才是生生不已之動。譬如机械之輪，或兒童之捻轉，快到極處形似不動，如現之已動，則是將不動，無力之表現矣。所謂不動之動，速於動，極速之動猶不動，一動一靜互根為用，其運用之妙，多在於神經支配，意念領導與呼吸之彈力，樞紐之穩固，路線之轉移，重心之變換，以上諸法，若能用之得机適當，則技擊之基礎備矣。並須在平

10×20

39

No.

自養成，隨時隨地，一舉手一投足，皆含有應機而發之準備，要在虛靈含蓄，意感無窮，方是足貴也。然在學者於打法一道，雖無足深究，亦似有須要。然經之過程，如對方呆板緊滯，且時刻表現其重心、路線、部位之所在，則無足論，倘動作迅速，身無定位，而活若猿猱，更不必曰各項力之具備者，就以其運動之速，則亦非一般所能應付也。故平日對於打法，亦應加以研討，當時首應鍛練，下肢充實，臂部力[illegible]也。頭、手、肩、肘、胯、膝、足，各有打法。至於提打，鉤

10×20

40.

下乘打法

打，抱打，掛打，鑣打，躦打，搓打，拂打，疊打，錯打，裹打，践打，截打，堵打，摧打，撥打，滚力打，支力打，滑力打，粘力打，圈步打，引步打，進步打，退步打，顺步打，横步打，蹩步打，半步打，斜面飞打，飞面斜打，具体之片面打，局部之整個打，上下撓打，左右顧打，内外顧打，前后旋打，力断意不断，意断神連，动静已發未發之时机，一切拳示打法，離條局部，若非实地練習，亦不易得，然終是下乘工夫，必聰明智慧者，則無須習

41.

No.

此。

技擊樁法

技擊樁、又名基本樁，神形精異，然仍依原則以為本，步如八字形，亦名丁八步，又為半丁半八之弓箭步也。兩足重量，前三後七，兩臂撑抱之力，內七外三，何時發力，力始平均，平衡之際，仍須返原，以擒拖之彈簧，伸縮不斷之意也。兩手足應有之距離，長不過尺，短不逾寸，前後左右，互換無窮，操之愈熟，愈感其妙，至於懸空沉實之利用，柔静聲彈之

10×20

42.

No.

揣摩，路徑之遠近，間架之配備，發力之虛實，宇宙之力波，以及利用时間之机会，然後逐漸研討，拳學之整體問題也。在平时，須假定虎豹當前，當用勢對搏，力爭生存之境況，此技擊入手之初，不二法門，亦为最初之法則，茲再申述神，意，力，三者之運用如左：

七）神意之運用

技擊之站樁，要在具体微均整，精神飽滿，神如霧豹，意若靈犀，具有烈馬奔放，神龍嘶噬之勢，頭頂項豎，頂心暗縮，周身鼓舞，

10×20

43.

No.

の外牽連，足指抓地，双膝撑拔，力向上提，足跟微起，有如巨风捲樹，思有拔地欲飛，撑攏横撐之勢矣，而具俱有撑裹豎漲，毛髮如戟之力，上下樞紐，曲折百纏，垂線自乘，其抽拔之力，要有天地相爭，肩撑肘横，裹捲迴環，撥旋無已，上兜下墜，推抱互爲，永不失平衡，均整之力，指端斜插，左右向撑，外翻内裹，有推动山岳，地球之感，筋肉含力，骨總即生棱，具俱收斂，躍跳思动，含蓄吞吐，運力縱横，动靜開合，撑裹直前，有撥滾推錯兜捲之

10×20

44.

No.

力，毛髮森立，背豎腰直，小腹常圓，胸部微收，動則有怒虎出林，攫山欲崩之狀，全体有霧豹蟄變之態，亦猶似火燒身之急，更有蟄龍振蟄，直飛之神策，全感筋肉之激盪，力如火藥，手如彈，神機微動，雀難飛，頗似有神助之勇爲，故凡遇之物，則神意一發，如網天羅，無物能逃，如雷霆之鼓鱗甲，霜雪之肅草木，且其發動之神速，更無物可以喻之，是以余於此極稱意運動，命名之曰，超速運動，言其速度之快，超出一切速度之上也，以上所言多

10×20

45:

No.

係抽象，而精神方面，須切實為之，以免流入虛幻。

以力之運用

神意之外，力之運用，更為切要，但係良能之力，非片面力也，惟大部份，須於試力上求之，習時須先由節段，面積之偏倚，而求力量之均整，繼由點力之均整，揣摩虛實之偏倚，復由偏倚之鬆緊，以試發力之適當，更由適當之發力，利用神光離合之旋繞，與波浪彈力之鍊積，再以渾身毛髮，有出詢問路之狀，而期

10×20

46.

No.

実現一觸即發之功能，且時時準備搏擊之攻守，亦時刻運用和大敵之周旋，尤須注意發力所擊之要点，万不可無的放矢，見虛不擊之實處，要知實處之虛，虛實轉移樞紐處，若非久歷永不知，能擊虛打亦有益，須看對方他並誰，正面徹轉即斜面，斜面迎擊亡可推，勤習勿懈力摸求，敬，謹，意，切，静揣思。

搏擊在性命相搏之一方面言之，則為決鬥，決鬥則無道義，更須要抱定，肯、忍、狠、謹、穩、準、八大字訣要，且與對方抱有同死決心，若擊之不

10×20

47

中，自不能擊，動則便能致其死，方可擊之，其法亦如此，自然不勝，此指勢均力敵者言之，如技能精熟，不妨讓之，若在同道相訪，較試身手方面言之，則為較量，較量為友誼研討性質，與決鬥不同，須首重道義，尤須觀察對方之能力何如，倘相去遠，則須完全讓之，使其畏威懷德以為切要，較量之說，須以禮讓為前，言詞應和藹，舉動要有禮度，萬不許驕橫狂躁，有傷和雅，未而以武德可以漸復，古道可以常存，吾人拳道無上光榮，則余有厚望焉

48.

No.

論拳套的方法

拳之深邃本無窮盡，縱學者穎悟絕世，更具有篤信力行精神，終身習行，亦難究其極，而拳套的方法，所謂人造之拳架子是也。由清三百年來，為一般門外之儀，擺差表演而用，即拳渾子謀生之工具，果欲研拳者，則又何暇而習此，非但毫無用處，且於神經肢體與腦力，各俱有碍，戕害其體一切良能，故習此者，鮮有智識，而於應用，亦不適合，且害處極多，

10×20

49.

No.

筆難寫罄，對於拳之使命，衛生原則相距太遠，則根本不談，對於較技，設不用方法拳套，而亂幹混擊，或不致敗，倘或用之，則必敗無疑，至謂五行生尅之論，則尤妄甚，在未勝負一瞬之間，乃無暇思攷，若以目之所見，一再思索，然後出手以應敵，鮮有不敗者，生尅之論，若然三尺幼童，亦難盡信，夫誰信之，可詢之於淵博通者，自知吾言不謬，見漢書洪範五行誌，乃指政治人民，需要開發金，木，水，火，土應用而言，後經一般不學無識之輩，

10×20

5-0.

No.

，濫加採用，妄為偽造，致演為世之所謂五行生剋之論，此不過為江湖者流信口云云而已，豈學者亦可以讀此，蓋拳套一項，大都係人偽造，然根勢方法，又何嘗不是人作偽，皆非拳之原則，發揮本能之學也。縱有絕篤之工夫，信者之堅忍，恒心毅力而為，然亦終歸是舍精華而就糟粕者也。要知拳學根本無法，亦可云無微不法，一有方法，精神便不能一致，力亦不篤，動作散慢不果速，一切不能統一，更有背於良能，所謂法者，乃原理原則之法，非

10×20

51

No.

枝節片面之法而为法。習枝節之法，猶之乎庸医然也，所学者，都是備些药方以待患者，而患者須按方患病，否則無所施其技矣。凡以拳套方法而为拳，是不啻以神蛇牛鬼之説而亂大道，皆拳道之罪人也。嘆今之学者，縱有精研之志，苦無入径之門，故全不顧一切，甚必道破。夫拳套方法既毫無用，而且有害，何輾傳者，習者尚不乏人者何也，概因此中人，大都智識淺弱，故多好奇喜異，即告之以真，彼亦難悟，悟亦難行。蓋習之者，感以拳套方法又

10×20

5·2

No. ....

假此貽人而誇世而傳之者，更以拳套方法，能欺人，且欲藉此以消磨時日而便於謀生，殊極（永無止境）未不識拳為何物者，故相率而以誤遺誤，誤認可憐可哭（笑），亦復可氣也，噫！豈僅拳之一道，吾感一切學術，大都亦是畸形發展，思之好不令人心痛哉，念實不忍目睹同類之走入迷途汪洋劫而不救，故不惜本體認，及實地之經驗，所得所知，反復申論，以正其妄，而期喚醒一切，勿復執迷不悟也。大凡天地間之高深學術，皆所謂言簡意繁，而形式繁雜者，絕少精義，固不僅

10×20

5·3

拳道也，願同志三思之。

論拳與器械之關係

古云拳成兵器就，莫言有刀槍，若能獲得拳中之真理，再復对各項力之功能，與節段面積之屈折，長短斜正之虚實，三段九節之功用，路線高低之方向，机接觸时間之失候，果能意領神會，則勿論刀槍劍棍，種種兵器，稍加指點，俱無不精，即偶遇從無見聞之兵器，且执於使用該兵器專家之手，彼亦不敵，何則，譬如工程師比小炉匠，医博士比護士，根本無比倒之可擬。

論點穴

點穴之說，世人都以為奇，有云穴道者，有云時間者，甚於種之紛論不已，聞之令人生厭面欲嘔，所論皆非也。蓋雙方較技，其勢均力敵，不必曰固定之穴，不為擊中，即不論何處，擊中甚難，此僅以其之可點，再加以時間之校識，則早為對方擊破矣。總之茲無拳中之根本能力，縱使其任意戳點，亦無所施其技，即幸而點中，亦無效果。如已得拳中之真實理力，

55.

No.

则不论两肋前胸之某一部位，一被击中，立能致死，非有意之点穴，而所击之处，则无不是穴。若专学某处点穴，某时可点，其道不亦疏远乎。

天赋与学术之别

世人常云，某某身高八尺，力逾千斤，其勇不可当，要知身高八尺，力逾千斤，只可谓得天笃厚，不得用以代表拳学。

又云，某一拳击断巨鹿扇，单掌劈碎八块砖，及前纵一丈，后跃八尺，果能如此，仅不过

10×20

5-6.

No.

愚人局部工夫，則必將走入歧人迷径，此且不談，然却不得以拳道而目之，如上所談，世人却以為特殊奇士，若普通家遇，則毫無能為，至論飛檐走壁，劍侠之説，此皆小説家，夢想侃造，只可付之一笑，如開石頭，过刀槍，乃江湖中，所謂吃托之流，此下而又下，不值一道。

解除神秘

每有天資低，而学識浅者，其為人訾議，然已承师教，且有深造独专，絕大純篤之工夫，

10×20

57.

雖係局部，但多不及，惟其言論之玄妙，觀其効用之功能，識别浅者，即以为人莫能比，便以神秘視之，殊不知神秘之說根本荒謬，概由智識薄弱，鑑别力浅，及体認未達而起，即或偏尔僥倖得到，拳中真義，奈無能顧瞻，而漠然放过，所以每於理趣較深厚者，輒起一種神秘思想，若夫智之深，見聞廣，理有所遇，自能豁然洞悉，而不疑有他，凡事皆然，豈独拳哉。

知行解释

5-8

世術一道，要在知而能行，行亦能知，否則終不免欺人自欺，妄語叢之，言之多無边際，知行二字，名雖簡易，實則繁雜，世每有謂知難行易者，亦有謂知易行難者，更有謂知難難而行亦不易，與知行合一，及事之本無難易者，以上所談各具有理，然究屬攏統且多片面：不能使人澈底明瞭。余以為凡對一門學問，有深刻之工力，已有相当効果，而因智識所限，不能道其所以然者，皆可云知難行易。世識鑑賞，工力深，知難易，而行亦不難。若有識

No.

別而無工力，則可云，知易行難。倘無工力，又乏智識，則知行二者兩不可能。學術本無止境，其有若干知，或有若干行，行至此何地步，知到怎樣程度，方為真知，真行，則余實不敢妄加論定。然應以能知者 即能行，能行者，亦能知，始可謂知行一致。非由真知，永無真行之一日。亦非由真行不克有真知之時也。誠以相需而相成，不二真理，學術皆然，武道尤甚。蓋因此道中，須時刻覺察，雙方相遇，無暇思考，更不容老生常談。夫學術一道，首要

20×20

60.

No.

的理，更須切實用工。若不首先明理，不知用工切要之所在，易於走入歧途，工夫愈深，戕害愈烈。不論讀書，寫字，任何藝術，往往在幼時多以為可造，豈知年長工深，名滿天下，反而不堪造就矣。此比比皆是，概因師法不良，用工未表明理，所謂盲從者是也。若習而不果，則亦永無體認之可言，茫然一生，毫無實際且易起神秘思想，終不得窺見門墻，由是而喪其所學，以至終無體認也。哀哉！須知，巧者不過習者之門。是故曰，子孫雖愚，讀書不可

10×20

61.

免，亦要明理，更要实践，表里内外，互相佐之，否则终难入轨。

拳道丧失之原因

习拳之要，有三原则，一健身，一自卫，一利群，利群为吾人天职，亦其基本要项，然一切之一切，则须完全，由於身心康健中得来，不健康绝无充足之精神，精神不足，永无可歌可泣之壮烈事迹，且不必曰杀身成仁，舍生取义，吾想见人溺水或自缢，亦将畏缩而不前也，况路见不平，拔刀相助哉，不但此也，凡身

62.

之弱者，受氣量小，而情緒惡，是處物悖情，亦非身体健康不可。健身爲人生之本，習拳爲健身之基，一切事業悉賴之，其関係既如是之大，豈能任其以錯亂真，欺天下萬世而不辯乎？且按拳道之起初最簡，厥后始趋繁雜。夫拳道爲改造生理之工具，發揮良能之要訣，由簡入繁，則似可也。由繁而違背生理之原理，原則則不可也。凡形意拳者初有三拳，且三拳爲（后來連環一氣演）一动作，所謂践蹤裏，共爲三拳之合一作用也。至五行十二形亦包括在内，蓋五行，原爲五

63

形力之代名词，如十二形，乃谓十二种禽兽，各有特长，应博採之，非单独有十二形，及各种难类之拳禽也。如八卦拳，亦如是矣，初只有单双换掌，后因认识浅者流入，未悉此中真义，竟变为编造，至演有六十四掌，及七十二腿等，似式，非徒无益，而犹害之。太极拳，流弊尤深，惟其害不烈，于生理方面，尚不十分背谬，但一切姿态，亦毫无可取，此所谓拳谱论，文字较雅，惜精义少而泛泛多，且大都有拢统之病。综之，接近代所有拳术根本谈不到，若生命

64.

No.

技擊之考求，亦無一法能合乎生理原則之需要者，余在四十年足踏大江南北，所遇拳家有萬千，從無見有一式而能得其均衡者，況精奧乎。夫拳本形簡而意繁，且有修身育行，而不能得其真義者。至達於至善之地境，則尤屬鳳毛麟角，又況於此道，根本不是者。此非拳道之原理難明，實因一般人缺乏平易思想，以堅強意者日降及今世，門戶發生，招式方法多至不可以名狀，詢其所以曰博美觀，以備表演耳。習拳者以悅人為目的，是何如然，舍習拳而演戲劇乎

10×20

65

No.

。且戲劇中，尚有不少有來之處，較之一般拳家，誠高一頭也。每聞今之習拳者，常語人曰，能會若干套，每若干手，自鳴得意者，殊不知識者，早經為竊笑於傍，更為之嘆惜不置也矣。然則拳道之喪失，豈非拳套方法階之為厲哉。三百年來，相習既已成風，積重難返，下焉者流，推波助瀾，致演為四象五行之說、九宮八卦之論，以及河洛之學者，凡荒唐玄奇之詞，盡量採用而附會，使習者不明真象，惑於聲說，趨之若鶩。拳道之原理，焉得不日就澌滅

10×20

66

No.

哉。此外尚有學得几套刀槍拳棍，欲假此以謀生，幸乘机遇巧合，其計獲售，而固謀生無不遂者，認為有机可乘，争相效法，布滿社会，此等行徑，不惟拳道之真義，背棄無餘，而尚義俠骨之風，亦相與隨之而俱廢。然其間或不免有特達之士，能窺拳中之奧蘊者，惜又為積習成見所囿，不肯將所得精華逞以示人，豈知汪洋之水，何患人掬，是何圖所見之不廣，其小之若是也。夫學術本為人類所共有，苟有所得，理應公諸社會，焉可以私付密，使之湮没

10×20

67

No.

不歉乎？此迷未更聞有依傍佛門，說神，話鬼，妄言如何修道，如何遇仙，其荒誕不經，又為邪怪亂道之尤甚者，良可慨也，夫今為科學昌明之世界，竟敢作此野狐之謬說，傳之人口，聳諸報端，此輩庸愚民賤之徒，真不知人間有羞恥之事矣，佛必有果，不知對此流傳謬說之類，作何想歟，世間求生謀生之道，不止一端，何必利用社會弱點，自欺欺人，其言及此，不禁為拳道悲而更為世道人心嘆也。拳道之發揚，固應罪康雍二帝，以其時倡之不以其

10×20

68.

No. ....

道也。然吾人皆同仁智，識不足，根性不良，以致為其所愚，近今以誤傳誤，而於此道都莫能識辨也。即武術間有覺悟者，因牢以上之成見，而是非人為，愈趨而愈下也。拳之一道，學之得當，有益身心，更可補助一切事業之不及；學之不當，能使成病，神經、肢体、情性都可失常，且影响生命，因而誤及終身。謂余不信，請看過去拳術名家，多因筋肉失和，而罹癱瘓下、痿者，比比皆是。習拳原為養生，反得戕生，結果殊可惆也。世人多呼拳道為國粹，如此豈

10×20

69.　　9

No.

非製造某人之工具乎。民十五年間，在地設有國術館，以其他各術皆不配當之一國字也，然則此等人裝點，毫無價值之國術，亦僅在國可以見，但未悉個中，尚有如此高明之奇技，能賜其偉大之命名，余不知其大膽，若輩又作何想也，至論提倡運動一般大人先生，終日振臂高呼為天下倡，豈知凡是運動健將，都是提前死亡之顛覆者，噫，何以甘自從之荒廢矣，惟願世人靜夜慎思，須明辨也，人生最寶貴者，莫過于身，豈能任一般盲目之支配，信意而摧

妄人

10×20

70.

No.

武术甚矣！授师学技，不可不慎也。今之学拳，只知有是非之者来，不知有门户之派别，为使拳道昌明，愿将平生所得所知，交代后任，更愿社会无不知之秘，故有来则教，何视人类如此骨肉，从不喜有师徒之称，以期逐渐扫除门派之观念，则拳道或可光大乎，是所厚望也。

解除师徒制之商榷

师徒之制，诚为美谈，然往往极义满之事，行之于我国，则流弊丛生，丑态百现，而拳界为尤甚焉，故社会多以为不齿，学之者，毫无不

10×20

71

拜师，虽能得其密。教之者，亦以不拜师，不足表现其亲，更不肯授之以要诀，尤而效之，习为固然。噫！诚堪慨哉！姑不论浅薄者流，根本无技之可密，即云有焉，则彼密，此密，始密，终密，势不至将拳道真义，密之于乌何有之乡也。甚至门墙之内，亦自有其密，而不传者，余实不解其故。此真下而极下者也。拳道之不彰，有故矣。大降至今日，异拳邪说，遍天下，作俑阶厉，可胜叹哉。盖拳道之真义，可云与人生大道，同其凡常。亦可云与天地精微，

No.

，同樣深奧。不以其道而習之，終身求之不可得。果以其道而習之，終身習行不能盡。又有何暇而為惡之乎。凡屬人類，都應以胞與為懷，以敵讎自視，果有背此，而天下道，否則繼全世界人類死亡，只餘你一家存在，可謂自私之望已極，則又將如之何，豈與人類之幸福，永斷絕矣。國民積弱，事事多不如人，病亦在此也。而況學術為千古人類共有之物，根本不應有畛域之分。更不必曰一國之法，同族之中，不為有異視，即於他國別族，亦須旨抱大同，

10×20

73

No.

而学術更不為國界所限也。熙熙然皆生於光
天化日之下，有何秘密之有！其作用異端邪，
真不值一文也。是以在傳授拳学一事，從来秉
者不拒之旨，凡属同好，有来则教，教必尽力
，有問則告，告必尽含義。惶惶然，惟恐人之不
能得，或無以使人得之也。故每於傳授之際，有
聆而不悟，或悟而不能見諸实行者，輒戚戚然
自恨。唯一見其知而能行，行而有得者，則又色
然自喜。區區此心，一以慰人為慰，固未嘗以
師自居也。盖以人之相與，而精神，而情感，

10×20

74

No.

不在形式之称謂也，果有真实学術以授人，亦雖不以師自居，而獲其益者，誰不怀徳，附義而師事之。是師之名亡，而實存也，又何損焉？若以異拳替說以欺世，縱令拜門称弟，而昭達者一旦覺其妄，且將痛悪之不置焉。此又何師之有，師名雖存而实亡也。又何取焉？不但此也，師徒之名分一定，而尊卑之観念以起，徒對師說即覺有不当，常恐有犯師之尊嚴，而不敢背，即背之而師為自保尊嚴計，亦必痛加駁斥，而不自反，此尚何学術道義之可言！師徒制

10×20

之無補拳道可概見矣。又何況门派之争，常以师徒制之流行而益烈，入主出奴，入附出汙，纷呶擾攘，由师承而成門户，由門户而成派别，更由派别之纷歧，而致學理之龐雜，以此則拳道真義，將永無昌明之一日矣，其患不以更甚乎，且学之有得，始乃有师，此叩頭三千，呼师八萬，而於学術根本茫然，是究竟不知其师之所在也。要知学術才是宇宙神聖，公有师尊，此吾所以力主师徒制之解除也。雖然此为余個人之見，而师徒制在拳界積習已久，此一時

76.

No.

不能遽除，尚慎重計，則亦須依雙方學識品德，互有真切認識而後行之，藉免盲從抨擊之弊，似較為妥當也。

結論

習拳不在年限之遠近與工力之深淺，和身体及年齡之高下，更不在方法之多寡，動作之快慢，輩分之高低，要在於學術原則，原理，通與不通故耳。尤須在天賦之精神，有無真實力量，再度其才志之何似，始定其造詣之深淺，將來之成就，至何地境也。習拳最貴明理和精

10×20

神有力。換言之，即有無獸性之氣力也。果能如是之力氣，再加之以修養，鍛成神志清逸之大勇，自不難深入法海，博得道要，至通家而超神化之境界也矣。夫所謂通家者不僅精於一門，而於諸般學術，聞其言，便知其程度何似，是否正軌，有無實際。視其作法，一望而知其底蘊，或具体，或局部，或具体而微，至用何法補救，自能一語道破。所謂得其環中，以應無窮。夫為教授者，能誨人以規矩，不能示人巧，更不得為人工，是在學技者，精心摩仿，使

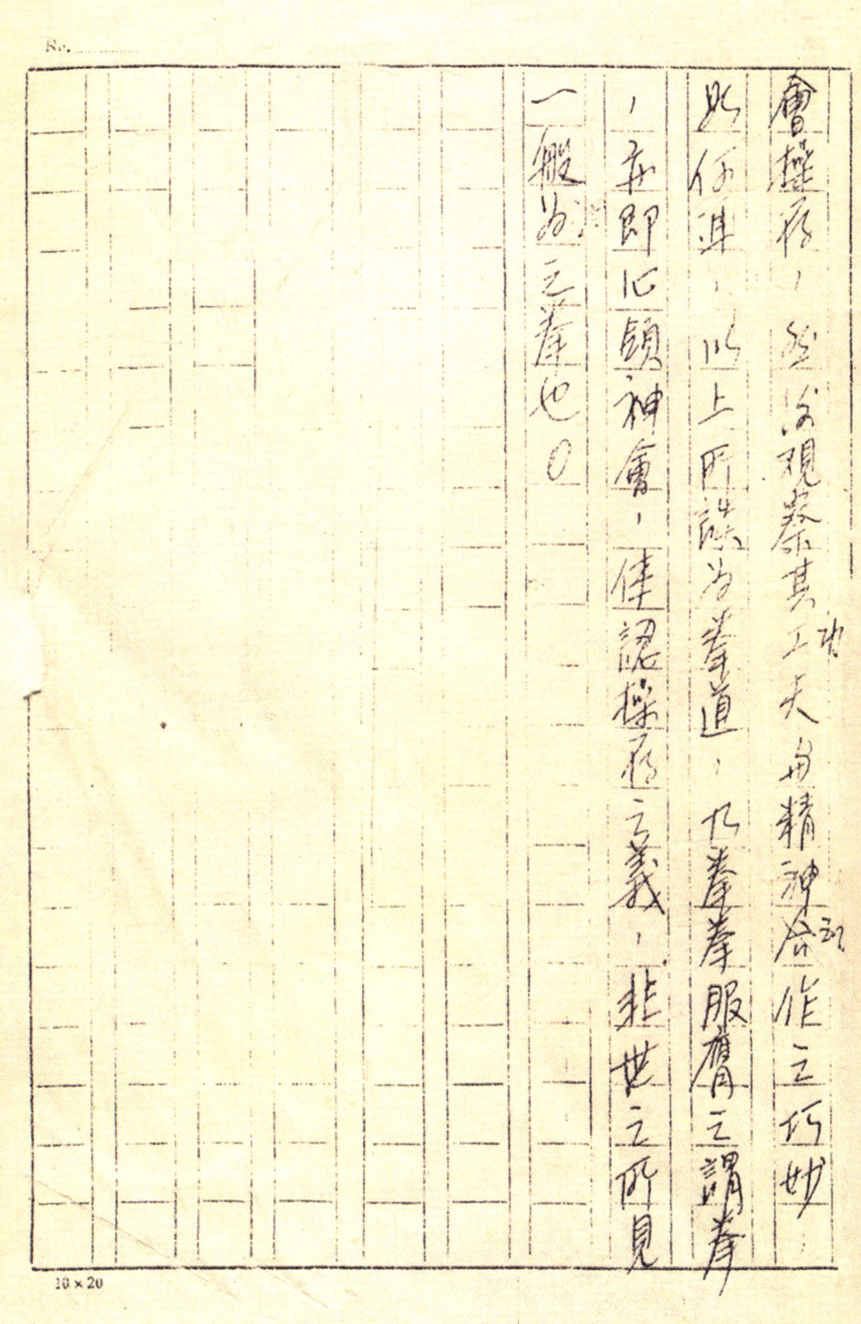
No.

會擬形，然後觀察其工夫與精神合作之巧妙，如何耳，以上所談為拳道，乃拳拳服膺之謂拳，亦即心領神會，體認操存之義，非世之所見一般為之拳也。

10×20

附录四 《形意要论》手稿

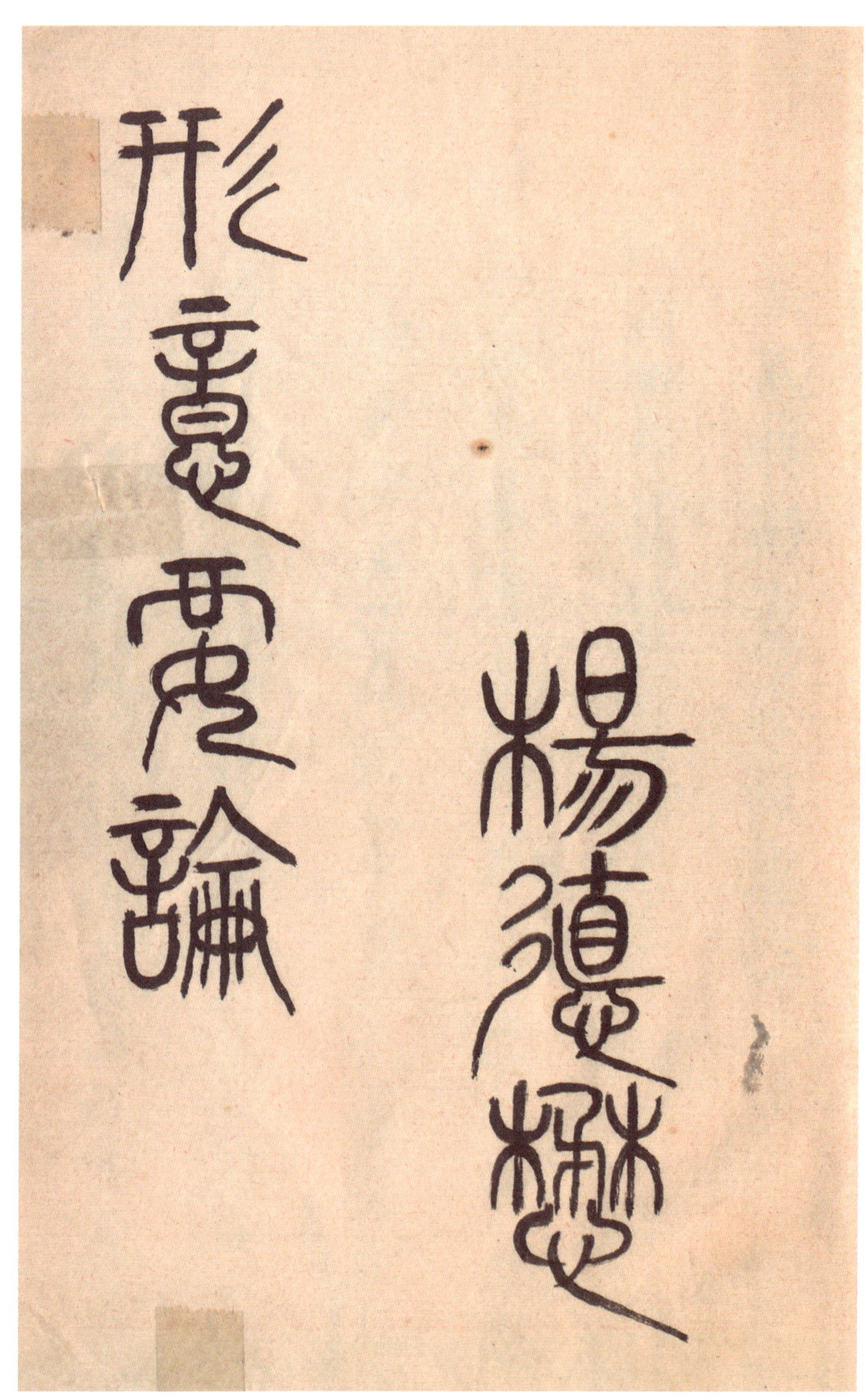

形意要論

楊德懋

岳武穆形意拳經要論

民國四年夏，余南归，道经吾鄉原公作傑家，取其藏書，武穆拳谱，读之，中有要論九篇，交手法一篇，雖字句不无差錯，然其中要論九篇，行文瑰瑋雄暢，洵為武穆之作，而理精透，尤非武穆不能道，余曰，形意真谱也，得此灵光，其遍愈久而愈彰乎。急抄録之，携之京師，公诸同好，天下習武之士，與凡素慕岳公其人者，其守此勿失也。可濟源後学。

濟源後学　鄭濂浦　謹識

一要論

從来散之必有其統也，分之必有其合也，以故天壤間，四面八方紛紛者各有所屬，千頭萬緒，攘攘者自有其原，蓋一本可散為萬殊，而萬殊歸於一本，事有必然者。且武事之論，亦甚繁矣，而要千变萬化，無往非勢，既無往非勢，既（亦）無往非氣，勢雖不類，而氣歸於一。夫所謂一者，從上至足底，内而有臟腑筋骨，外而有肌肉皮膚，五官百骸，相联而為一貫者也，破之而不開，撞之而不散，（上）動而下自隨，下欲動而上自領，（上）下動而中節攻，中節動而上下合，

内外相联，前後相需，所謂一貫者也，其斯
之謂歟，而要非勉強以致之，襲焉而為之也。
當時而靜，寂然，湛然，居其所而穩如山岳，
當時而動，如雷如塌，出手疾如閃電，且靜无
不靜，表裏上下，全无參錯差牽掛之形，洵乎
意，动无不动，左右前後，並无抽扯游移之
若水之就下，沛然而莫之能禦，若火之内攻，

發之而不及掩耳，不假思索，不煩擬議，誠不期然而然，莫之致而致，是所无所自而云然乎，蓋氣以日積而有益，功以久練而始成，觀聖門一貫之傳，必俟多聞強識之後，豁然之境，不廢格物致知之功，是知事无難易，功難自尽，不可躐等，不可急遽，按步就班，循次而進，夫而後官骸肢節，自有通貫，上下表裏，不難联合，庶乎散者统之，分者合之，四肢百骸，終歸於一氣而已矣。

二要论

嘗有世之论捶者，而兼论氣者矣，夫氣主於一，（而）何分為二，所謂二者，即呼吸也，呼

吸即陰陽也 捶不能无動靜，氣不能無
呼吸，吸則為陰，呼則為陽，主乎靜者为
陰，主乎動者為陽，上升為陽，下降為陰，
陽氣上升而為陽，陽氣不行而為陰，陰氣
上（不）行即（而）為陽（陰），陰氣上行即為陽，此陰陽
之分也 何謂清濁，升而上者為清，降而下

者為濁，清氣上升，濁氣下降，清者為陽，濁者為陰，而要之陽以滋陰，渾而言之統為氣，合而言之為陰陽，氣不能無陰陽，即所謂人不能无動靜，口不能无呼吸，鼻不能无出入，而謂對待循環不易之理也，然則氣分為二，而實在於一，有志於斯途者甚勿以為拘拘焉。

三要論

夫氣本諸体，而身之節無定處，三節者，上中下也，以身言之，頭為上節，身為中節，腿為下節，以头言之，天庭為上節，鼻為中節，海底為下節，以中節言之胸為上節，腹為中節，丹田為下節。以下節言之，足為梢節，膝為中節，胯為上節。以肱言之，手為梢節，肘為中節，肩為根節。以手言之，指為梢節，掌為中節，腕為根節。觀於足，而足之不必論矣。然則自頂至足，莫不各有三節矣。要之，既無三節之所，即無着意之處，蓋上節不明，无依无宗；中節不明，渾身是空；下節不明，根本不清，顛可忽視哉。至於氣之發動，要皆梢節動，中節隨，根節催之而矣（已）。然此猶是節節而分言之也，若夫合而言之，則上至頭頂，下至足底，四肢百骸總為一節，又何三節之有哉，又何三節中之各有三節云乎哉。

四要論

试於論身論氣之外，進而論夫梢者焉。

夫梢者，身之餘緒也，言身者，初不及此，言氣者亦所罕論，捶以內而發外，氣由身而達梢，故氣之用，不本諸身，則虛而不實，不形诸梢、則實而仍靈、梢亦烏可不講、然此特身之梢耳、而猶未及於氣之梢耳、四梢為何、髮其一也、夫髮之所係、不列於五行、无關於四体、似不足論矣、然髮為血之梢、血為氣之海、縱不必本诸髮而論氣、要不能離乎血而生氣、不離乎血、即不得不兼及毛髮、髮欲冲冠，血梢足矣。抑舌為肉之梢，而肉為氣囊，氣不能形諸肉之梢，即无以克（充）其氣之量，故必舌欲摧齒，而後肉梢足矣。至於骨梢者，齒也；筋梢者，指甲也。而欲足乎尔者，要非齒欲斷筋、甲欲透骨不能也。果能如此，則四梢足矣。四梢足，而氣自足矣。

豈復有靈而不實，實而仍靈者乎。

五要論

今夫捶以言勢，勢以重氣，人得五臟以成形，即由五臟而生氣，五臟實為生牲（生）之源，生氣之本，而名為心肝脾（肺）胃腎也。心為火而有炎上之象，肝為木而有曲直之形，脾為土而有敦厚之势，肺為金而有從事[革]之能，腎為水而有潤下之功，此乃五臟之義而有準之於氣者，皆各有所配合焉。此所以論武事者，要不離乎斯也。其在於內，胸部為肺經之位，而為諸臟之華[盖]。故肺經動，而諸臟不能靜。兩乳之中為心，而肺包護[河]之。肺之下胃之上、心經之位也、心爲君、大動而相火无不奉合爲、而兩脇之间、右左肝(右爲肝)、右左脾(左爲脾)、背脊十四骨節、皆爲腎、此故五臟之位、然五臟之係、皆係於背、通於骨髓、故爲腎、至於腰、則爲腎之位、而爲先天之第一、尤爲諸臟之根源、故腎水足、而金木水火土咸有生機、此

乃五臟之位也且五臟之存於內者各有定
位而具於內身者亦自有[其]所專屬領頂腦
骨背脊腎也兩耳也為腎兩脣兩腮皆
脾也兩眼則為肺[肝]天庭為七[六]陽之首而萃五
臟之精華實為头面之主腦不啻一身之座
督矣印堂者陽明胃氣之衝天庭之巨

機也，兩目皆為肝，而光之上包為脾，下包為胃，大角為心經，小角為小腸，白則為肺，黑則為肝，瞳則為腎，实為五臟精華所聚，而不得專謂之肝也，鼻孔為肺，兩腮為腎，耳門之前為胆經，耳後之骨亦腎也，鼻為中央之土，萬物資生之源，实為中氣之主也，人中乃為血氣之會，上冲印堂，達於水庭，亦為主要之所，兩唇之下為承漿，承漿之下為地閣，上與天庭相應，亦腎經位也，領頂（項）為頸。頂者五臟之道途，血氣之總會，前為食氣出入之道，後為腎氣升降之途，肝氣由之而左旋，脾氣由之而右旋，其係更重，而為周身之要領，兩乳為肝，肩愈（俞）為肺，兩肘為腎，四肢為脾，兩肩背膊皆為脾，而十指則為心肝脾肺腎也。膝與脛皆腎也，兩脚根為腎之要，湧泉為腎穴，大約身之所係，心者為心，窩者為肺，骨之露外者皆為腎，筋之聯處皆為肝，肉之厚處皆為脾，象其意心如猛虎，肝如箭，脾氣力大甚无穷，肝经之位最灵，变腎氣之動快如風，其為用也，用其经，擧凡身之所属於某经者，終不能无意焉，是在當局者，自為体驗，而非筆墨所能為者也。至於生尅治化，雖有另论，而充其要領，自有统会，五行百体，總為一元，

四体之心、合為一氣、奚必昭昭於一經絡節節

而為之哉。

六要論

心與意合、意與氣合、氣與力合、內三合

也、手與足合、肘與膝合、肩與胯合、外三

合也、此為六合、左手與右足相合、左肘與右

膝相合，左肩與右胯相合，右之與左亦然，以及头與手合，手與身合，身與步合，孰非外合，心與眼合，肝與筋合，脾與肉合，肺與身合，腎與骨合，孰非內合，豈但六合而已哉。然此特分而言之也，總之，一動而无不動，一合而無不合，五形百骸，悉在其中矣。

七要論

頭為六陽之首，而為周身之主，五官百骸，莫不本以為向，故头不可不進也，手為先行，根基在膊，膊不進，而手則却而不前矣，此所謂以膊貴於進也，氣聚中腕（脘），機關在腰，腰々不進而氣則餒而不實矣，此所以腰貴於進也。意实周身，運動在步，步不進而意則瞠然无所為矣。此所以步必取其進也。以及上左必需進右，上右必需進左。其為七進，孰非所以着力之地歟？而要之，未及其進，合周身而毫无關動之意；一言其進，统全体而具无抽扯游移之形。

八要论

身法维何，縱横高低，進退反側而矣。縱則放其勢，一往而不返，横則裹其力，開拓而莫阻，高則揚其身，若有增長之意，低則抑其身，而若有鉆捉之形，當進則進，彈其身而勇往直前衝，當退則退，領其氣而回轉伏

勢主於反身顧後々即前也側顧左右左

右无敢當我哉而要非拘々焉爲人也察乎

人々之強弱運吾之機關有忽縱而忽橫縱

橫因勢爲變遷不可一概而推有高而忽低

高低隨時而轉移不可勢格而論時而宜進

故不可退而餒其氣時而宜退即當以退

而鼓其進，是進故進也，退亦進也，退亦實以賴其進，若反身顧後，顧其後亦不覺其為後，側顧左右，而左右亦不覺為左右矣，總之机關在眼，變通在心，而握其要者，則本諸身，身而前，則四体不令而行矣，身而卻，則百骸莫不冥然而處矣，身法顧可置而不論乎。

九要论

今夫五官百骸主於動，而实運用多在於步，步乃一身之根基，运用之樞紐也，以故應敌對战本諸身，而所以為身之底柱者，莫非步，随機應变在於手，而所以為手之轉移者亦在步，進退反側，非步何以作鼓盪之機，抑提伸縮，非步无以示变化之妙，所谓機關者在眼，变化者在心，而所以轉彎磨角者，千变萬化而不至於窘迫者，何莫非步之司命歟，而要非勉强以致之也，動作出於无心，鼓舞出於不覺，身欲動而步自然隨之周旋，手將動而步亦早為之催逼，不期然而然，莫之驅而驅，所謂上欲動而下自隨之，其斯之謂歟。且步分前後，有定位者步也，然而所定位者亦為步，若以前步作後，〻步作前，更以前步作後，後之前步，後步作前之後步，則前後亦自然无定位矣。總之拳以勢論，而握要者為步，活與不活，亦在於步，灵與不灵，亦在於步，步步之為用大矣哉，此捶亦名心意，蓋心意者，意自心生，拳隨意發，總之要知己知彼，隨機應变，心氣一发，四肢皆動，足起有地，膝起有數，動轉有位，合膊望胯，三尖對照，心意氣內三相合，拳與足合，肘與膝合，腰肩與胯合，外三相合，手心、足心、本心，三心一氣相合。遠不发手，摟打五尺以内，三尺以外，不論前後左右，一步一摟，发手以得人為準，以不見形為妙，发手快似風箭，响如雷崩，出没遇（於）象，圍如生鳥入群籠之狀，戰敵（原為單）似巨炮摧薄壁之勢，骨節帶勢，勇躍直吞，未曾交手一

氣當先，既入其手，灵動為妙，見孔不打
見橫打，見孔不立見橫立，上中下想（意）氣把
定，身手足，規矩繩束，既不望空起，也不
望空落，精明灵巧，全在於活，能去能就，
能柔能剛，能進能退，不動如山岳，難知如
陰陽，无窮如天地，充實如太蒼，浩渺如

四海，眩耀如三光，察来势之機会，惴（揣）敌人之短長，静以待動有法，動以制静借法容易，上法難，還是上法最為先，交勇者不可思誤，思誤者寸步難行，起如箭鉆落如風，隈催兼施，手接手，皆合暗迷中，由路如閃電，兩邊提防，左右背反，如虎搜山，斬撫勇猛不可當，斬梢迎面取中堂，搶上搶下勢如虎，好似鷹鸇下鴳塲，翻江倒海不須忙，丹鳳朝陽才為強，雲背日月天地交，武艺相爭見短長，步路寸開尺劈面見輸贏，上右腿進左步，此法前行，進人要進身，身手齊到是為真，发中有絶何从（以）用、解開其意妙如神、鵲（鷂）子鑽林麻着翅、鷹捉四平足存身、取勝四梢要聚齊、不勝必因含射心、計謀施運化、霹靂鬼神驚、心毒稱上策、手眼狠方勝人、何謂閃、何謂進、進即閃、々即進、不必遠求、何謂打、何謂顧、々即打、々即顧、發手便是處、心如火药拳如子、灵機一動鳥難飛，身似弓弦手似箭，弦响鳥落見神奇，起手如閃電，閃電不容合眸，打人如迅雷，迅雷不及掩耳，五道本是五道攔，无人把守自遮攔，左腮手過，右腮手去，右腮手去過，左腮手來，兩手束脇迎面出，五攔之門攔得嚴，拳从心内发向鼻尖，

落从足下，起足起快，向心大作。五行，金木水

火土，火炎上，向水就下，我有心肝脾胃肾。（肺）

五行相推无错误。

十交手法

占左進右，占右進左，发步時足跟先

着地，腳以十指抓地，步要稳當，身要莊

重，捶沉實而有骨力，去是撒手，着人成拳，用拳要捲緊，用把、有氣，上下氣要停均，出入心為主宰，眼手足隨之，志不貪不歉，不即不離，肘落肘窩，手落手窩，右足當先，膊尖向前，此是換步，拳从心发，以身力摧（催）手，手以心把，心以手把，進人進步，一步一捶，一发動，百肢具随，发中有绝，渾（一握）身皆握，一伸渾身皆伸，要伸得進，握要握得狠，如捲炮，捲得緊，崩得有力，不拘（拘）提打，按打，（砍）頭打，烘打，旋打，斬打，冲打，鑄打，肘打，膊打，掌打，頭打，進步打，退步打，順步打，横步打，以及前後左右，百般打法，皆要一氣相隨，出手先要面正門，此是巧地，骨節要對，不對則无力，手把要灵，不灵則生变，发手要快，不快則遲誤，舉手要活，不活則不快，打手要很（狠），不很則不濟，存心要毒，不毒則不準，腳手要活，不活則担險，存心要精，不精則受愚，发手要鷹揚勇猛，外要胆大，機要

熟運，萬勿畏懼遲疑，心小胆大，面善心悪静

似書生，動如雷发，人之来勢，尔當審查，脚

踢头歪，拳打膊作，窄身進步，仗身起发，斜门

换步，拦打倒身，抬腿身发，脚指東顧，須防西殺，

詭弊

上雷不必着实，跪蔽指不勝屈，灵机須自揣摸，手

急打手慢，俗言即是其真的確，起望落，落

望起，起落要相随，身手齊到是為真，剪子股，望眉斬，加脊背，如虎搜山，三尺羅衣掛在无影樹上，起手如闪电，打下如迅雷，雨行風，鷹捉兔，鷂鉆林，鸡摸鵞，摸塌地，起手時，三心相对，不動如書生，動之如龍虎，遠不发手打，双手双心打，右来右迎，此為捷取，遠了使上手、近了便加肘、遠了使脚踢、近了便加膝、遠近宜知、拳打踢膀头歪、把勢審人能叫一思進有意莫帶形、帶形必不赢、捷取人法、審顧地形、拳打上風手要急、足要輕把勢走動如貓行、心要整、目聚精、手足齊到定要赢、若是手到足不到、打人不得妙、竿到步也到，打人如拔草，上打咽喉下打陰，右左兩脇在中心，前打一丈不為遠，近者只在一寸間，身動時，如墻倒山崩，脚落時如大樹栽根，手起時火炮直冲，身要如灵蛇，击首則尾應，击尾則首應，击中則首尾皆應，打前要顧後，知進須知退，心動快似馬，臂動速如風，操演時，面前如有人，交手時，視人如无物，起前手，後手緊摧，起前腳，後腳緊跟，前面有手不見手，胸前有肘不見肘，如見空不打，見空不上，拳不打空起，亦不打空落，手起足要落，足落手要起，心要占先，意要勝人，身要攻人，步要逼人，前腿似跏，後腿似夯，首要仰起，胸要吸起，腰要長起，丹田要运氣，自頂至足，要一氣相貫，胆戰心寒，必不能取勝，未能審言觀色者，必不能防人，必不能先動，先動為師，後動為弟，能叫一思進，不叫一思退，三節要停，三尖要照，四梢要齊，明瞭三心多一才（精），明了三節多一方，明了四梢多一精（九），明了五行多一氣，明了三節不貪不歉，起落進退多變，三迴九轉是一勢，總要一心爲主宰，统於五行，運乎一氣，時時操演，勿誤朝夕，盤打時而勉強，功用久而自然，誠哉是言豈虛語哉。（完）

附录五 《先师芗斋意拳经》手稿

薌齋先師意拳經

動靜原无分，遍體盡靈灵，

凝神須定念，默對向天空，

洪爐大冶身，无物不陶熔，

机巧由内變，調息暗裏聽，

守靜如處女，動轉似蟄龍，

活潑若猿捷、踏步如貓輕

意貫週身外　氣欲吞長虹

神情宜恭謹　遠大欲飛騰

毛髮勢如戟　骨節趣角稜

筋肉須鼓蕩　血液有嘶聲

甲力透骨髓　勢猶乘電風

縱橫生波浪，旋轉不露形，

運力常遒放，互根鬆緊爭，

反嬰尋天籟，軀柔似槐虫，

一身皆渾噩，變化應无窮，

勿忘勿助長，久久自登峰。

渾噩身一貫，形具切須忌，手出似流星，

发力速如電，齒扣指抓意混然，耳凝头頂如雲托，胸窩後收，小腹要鬆圓，二目神光需内斂，腰動似灵蛇，腿力似夹剪，更要扒縮緊，迴環兩足輕，：灵隨風旋渾身毛髮如生電，蓄灵守默頂上懸，兩肩如担太行山，學者莫在形外看，都在意義

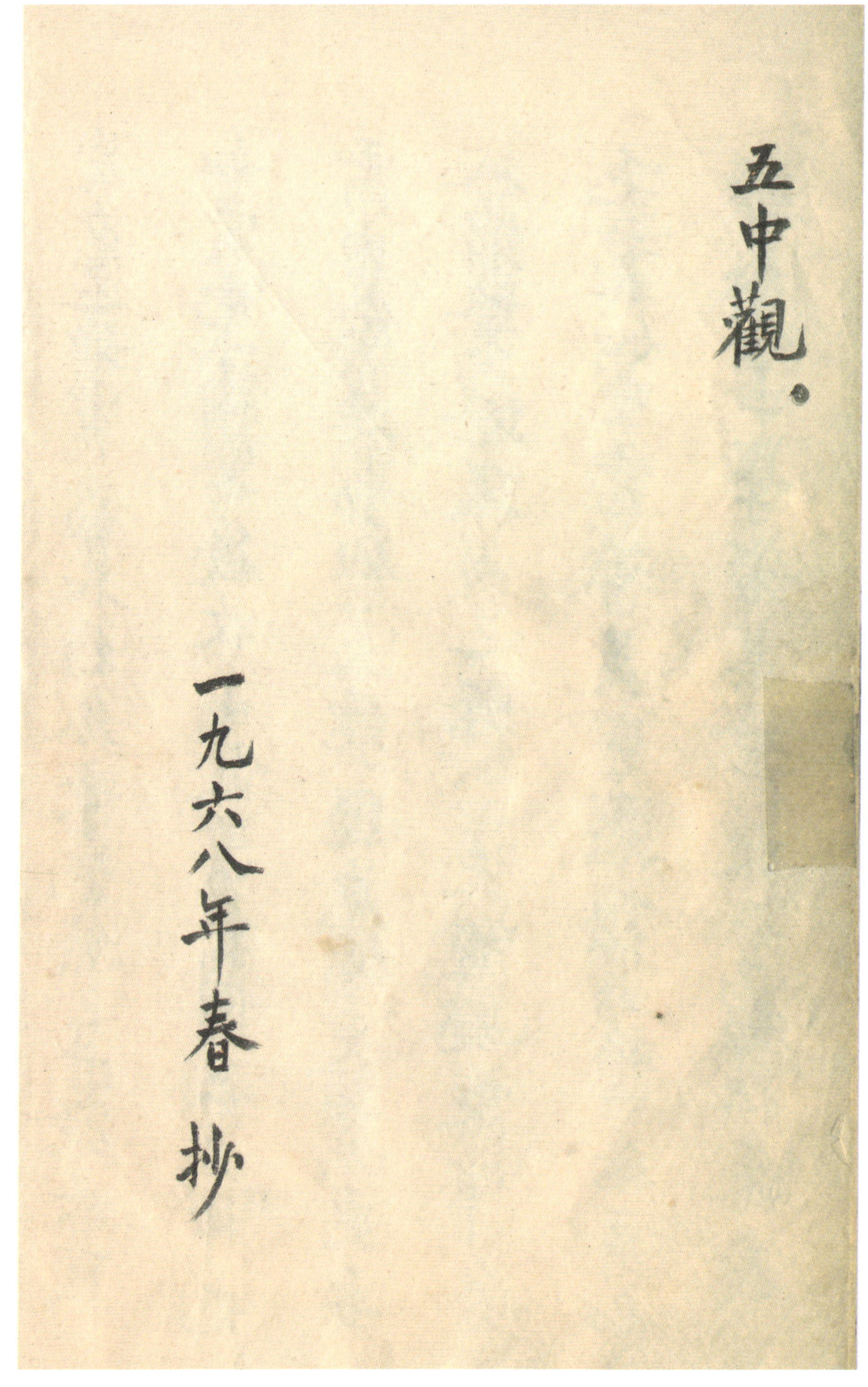

五中觀。

一九六八年春 抄